Haarmann
Geschichte der arabischen Welt

Geschichte der arabischen Welt

Unter Mitwirkung von
Ulrich Haarmann, Heinz Halm,
Barbara Kellner-Heinkele, Helmut Mejcher,
Tilman Nagel, Albrecht Noth, Alexander Schölch,
Hans-Rudolf Singer, Peter von Sivers

herausgegeben von
Ulrich Haarmann

Zweite, durchgesehene Auflage

Verlag C. H. Beck München

Mit 14 Karten

Die Deutsche Bibliothek – CIP-Einheitsaufnahme

Geschichte der arabischen Welt / unter Mitw. von Ulrich Haarmann ... Hrsg. von Ulrich Haarmann. – 2., durchges. Aufl. – München : Beck, 1991
ISBN 3 406 31488 0
NE: Haarmann, Ulrich [Hrsg.]

Zweite, durchgesehene Auflage. 1991

ISBN 3 406 31488 0

Satz und Druck: C. H. Beck'sche Buchdruckerei, Nördlingen
Printed in Germany

Inhalt

Anhang

Vorbemerkung

Mit dem Propheten Muḥammad treten die Araber im siebten Jahrhundert nach Christus in die Weltgeschichte ein. Die Entwicklung dieses Volkes in islamischer Zeit, das heißt also seit etwa 615, und die Geschichte des Raumes, den es sprachlich-kulturell, seit dem Zeitalter des Nationalismus vor allem aber auch politisch prägt, sind der Gegenstand des vorliegenden Gemeinschaftswerkes jüngerer deutscher Islamhistoriker. Acht Beiträge behandeln den arabischen Osten, zwei Beiträge Nordafrika (Marokko, Algerien, Tunesien und Libyen) und die Geschichte des arabischen Spanien bis zum Fall von Granada.

Die Autoren haben eigene Forschungsansätze und -ergebnisse zur allgemeinverständlichen Darstellung ihrer Sachgebiete genutzt. So hat jedes der zehn Kapitel ein eigenes Gesicht. Dennoch bleiben bestimmte Leitlinien im Gesamtwerk erkennbar: Welche Institutionen geben einer Epoche ihren Charakter, und welche religiös-politischen Ideen und Ideologien stehen dahinter? Von der Stellvertreterschaft des Propheten, dem Kalifat, nach orthodoxer wie auch schiitischer Auffassung und von den Schwierigkeiten, diese Ansprüche – ob nun im sunnitischen Kalifat der Abbasiden oder im Reich der ismailitischen Fatimiden – in der Regierungspraxis zu verwirklichen, wird ebenso ausführlich die Rede sein wie von dem eigentümlichen Herrschaftssystem der Mamluken in Ägypten und Syrien im späten Mittelalter.

Weiterhin: Wie hat sich ein ethnisches Bewußtsein der Araber entwickelt und welche Rolle spielt in diesem Zusammenhang der Gegensatz zwischen nomadischer und nichtnomadischer Bevölkerung? Als Empfänger des Korans, der aus islamischer Sicht letzten und endgültigen Offenbarung, in ihrer eigenen Sprache mußten sich die Araber privilegiert fühlen. Im Laufe des Mittelalters aber ließ sich der arabische Führungsanspruch nicht behaupten. Im Wettbewerb mit anderen Völkern verloren sie rasch an politischem und kulturellem Gewicht. Eingebettet in die von Muḥammad, dem arabischen Propheten, gestiftete islamische *societas fidelium* ertrugen sie jahrhundertelang fremde, meist türkische Herrschaft. Als Ethnos mit einer ruhmreichen Geschichte, gerade in frühislamischer Zeit und insbesondere auch auf den Gebieten von Kunst und Wissenschaft, haben sich die Araber eigentlich erst in jüngerer Vergangenheit unter dem Einfluß des europäischen Nationalismus wahrzunehmen gelernt. Gleichzeitig mußten sie erleben, daß der christlich geprägte Westen, dem doch nach dem islamischen Heilsplan und vor allem auch nach der vielfältigen mittelalterlichen geschichtlichen Erfahrung die Rolle des unterlegenen, weniger kultivierten

Nachbarn und Konkurrenten zukam, jetzt in allen maßgeblichen Bereichen wie Politik, Wirtschaft, Militärwesen und Kultur, die arabische Welt zu unterwerfen und zu dominieren begann. Diese spezifische Ernüchterung (die den islamischen Orient durchaus von anderen Regionen der Erde unterscheidet, die von Europa kolonisiert worden sind) prägt das Verhältnis zwischen der arabischen Welt und dem Westen bis heute. Abhängigkeit von Europa, Verbundenheit mit Europa und Abwehr Europas gehen Hand in Hand. In der Defensive gegen den Westen haben die Araber große Mühe zu akzeptieren, daß die ihr Volk (Muslime, aber auch Christen) verbindende Sprache und Kultur als Grundlage für einen Nationalstaat europäischen Musters vom Atlantik bis zum Golf bisher nicht genügten.

Der Primat der Sozialgeschichte, der politischer und wirtschaftlicher Wandel, aber auch Veränderungen in der Kultur und im kollektiven Bewußtsein der Zeit beigeordnet werden, aber kennzeichnet diesen Sammelband besonders. Steht z. B. im einleitenden Beitrag die Transformation der vorislamischen arabischen Stammesordnung durch den Islam – auch im Spiegel ihrer eigenen Begriffswelt – im Vordergrund, so geht es in der letzten Abhandlung des Buches um die gesellschaftliche Umgestaltung des Maghreb in den letzten fünfhundert Jahren durch technologische Neuerungen und sich mit steigender Geschwindigkeit verändernde Lebens- und Wirtschaftsweisen.

Die neun Verfasser informieren in einem ausführlichen bibliographischen Essay, der in einen Quellen- und einen Literaturteil gegliedert ist, über den Forschungsstand und geben Hinweise auf weiterführende Literatur, namentlich in deutscher Sprache. Karten illustrieren die Veränderungen in der politischen Geographie. Arabische Eigennamen und Termini werden, soweit sie nicht in einer festen Form ins Deutsche eingebürgert sind, normalerweise in Umschrift gegeben (vgl. die Tabelle auf S. 718); in Zweifelsfällen werden bei der ersten Nennung beide Schreibungen verwendet. Inkonsequenzen lassen sich hierbei nicht immer ganz vermeiden.

Herr Professor Dr. Alexander Schölch (Erlangen), international hochangesehener Fachmann für die Geschichte Ägyptens und Syriens in jüngerer Zeit und Verfasser des Beitrags über den Mašriq im neunzehnten Jahrhundert, hat das Erscheinen des Buches nicht mehr erlebt. Zur Bestürzung aller Beteiligten ist er im 43. Lebensjahr am 29. August 1986 plötzlich verstorben.

Princeton, im Januar 1987 — Ulrich Haarmann

Für die zweite Auflage wurden der Text und der Anhang durchgesehen und, wo nötig, korrigiert.

Freiburg, im April 1991 — Ulrich Haarmann

I. Früher Islam

(Albrecht Noth)

1. Die Hiğra

Als der Kalif ʿUmar (634–644), das zweite politische Oberhaupt der Muslime nach dem Tode des Propheten Muḥammad, die Notwendigkeit gegeben sah, für seine Korrespondenz eine spezifisch muslimische Datierung einzuführen, entschied er sich – nach Beratung mit seiner Umgebung – für die Übersiedlung Muḥammads von Mekka nach Medina (*hiğra*) als Epochendatum. Diese Festlegung scheint seinerzeit kaum kontrovers gewesen zu sein; ein Alternativvorschlag war noch die „Aussendung" Muḥammads (durch Gott). Die offenbar überzeugende Festlegung auf die Hiğra Muḥammads (622) ist so begründet worden: Muḥammad habe damals „das Territorium des Polytheismus (*širk*) hinter sich gelassen" oder auch, „seine Auswanderung habe die (endgültige) Scheidung von (im weitesten Sinne) Richtig (*ḥaqq*) und Falsch (*bāṭil*) bedeutet"; beide Begründungen, die nicht zeitgenössisch sein müssen, besagen, daß mit der Hiğra etwas grundlegend Neues begann, ein Epochendatum im wahrsten Sinne des Wortes.[1] Die Muslime haben diesen entscheidenden Einschnitt in ihrer Geschichte denn auch auf die Offenbarungen Gottes an ihren Propheten übertragen: Bei den Bemühungen, die Suren des Koran historisch einzuordnen, ist die Unterscheidung nach Suren aus der Zeit *vor* der Hiğra („mekkanisch") und aus der Periode *nach* der Hiğra („medinensisch") ein grundlegendes Kriterium gewesen.[2] Die vom Kalifen ʿUmar nur wenige Jahre nach dem Tode des Propheten institutionalisierte Hiğra-Datierung ist dann für die Zukunft unangefochten verbindlich geblieben und wird bekanntlich auch heute noch – neuerdings wieder zunehmend demonstrativ – verwendet.

Die Tatsache, daß die Muslime selbst der Umsiedlung Muḥammads und seiner Anhänger von Mekka nach Medina bereits in frühester Zeit eine derart hohe und grundlegende Bedeutung beimaßen, daß sie ihre Zeitrechnung damit begannen, könnte allein schon Grund genug sein, eine Geschichte der islamischen Araber mit der Hiğra zu beginnen. Doch es lassen sich noch weitere Gründe ins Feld führen, von denen der wichtigste vielleicht so formuliert werden könnte: Bis zur Auswanderung nach Medina waren Muḥammad und seine Anhänger *Objekt* – aus muslimischer Sicht auch: Opfer – eines historischen Kontextes gewesen, den sie zwar verändern wollten, aber nicht konnten, mit der Hiğra begannen sie zum bestimmenden *Subjekt* in historischen Entwicklungen zu werden, die zunächst in ihrer näheren und weiteren Umgebung gänzlich neue Maßstäbe setzten und schließlich welthistorische Dimensionen annehmen sollten. Nehmen wir also die Hiğra als Wendepunkt, als „Krisis", und versuchen wir, rückblickend und vorschauend die wesentlichen Komponenten in Umrissen zu charakterisieren, die die Hiğra in ihrer Bedeutung verständlich machen, ebenso aber auch in der weiteren Entwicklung der Anhängerschaft Muḥammads bestimmende Faktoren darstellen sollten. Die Hiğra läßt hier als „Bruchstelle", wie sich vielleicht zeigen wird, diese Komponenten als solche und in ihrer Beziehung zueinander besonders deutlich sichtbar werden.

a) Stamm und Clan

Ein Individuum in der Zeit und in der gesellschaftlichen Umgebung Muḥammads war in seinem Selbstverständnis und für seine Lebens- und Zeitgenossen durch seine wirkliche oder erworbene genealogische Zugehörigkeit markiert und dadurch auch sehr weitgehend in seinen Aktivitäten festgelegt. Muḥammad, um 570 in Mekka geboren,[3] erhielt mit seiner Geburt als wesentliche Personalia, die auch für seine frühen Biographen, die ihn längst als „Gesandten Gottes" verehrten, noch von einiger Bedeutung sind,[4] die folgenden: Muḥammad b. (= Ibn – „Sohn des ...") ʿAbdallāh b. ʿAbd al-Muṭṭalib *b. Hāšim* b. ʿAbd Manāf *al-Qurašī*; in seiner Vaterstadt war er damit als Angehöriger des Clans („Banū") *Hāšim* gekennzeichnet; daß er über seine Mutter Āmina bint (= „Tochter des ...") Wahb mit der Sippe Zuhra in genealogischer Verbindung stand,[5] war mit Sicherheit ebenfalls allgemein bekannt. Sein entscheidendes Kennzeichen in der weiteren Umgebung außerhalb Mekkas war seine Zugehörigkeit zum Stamm der *Qurayš*, die in Mekka und Umgebung wohnten; hier war er ein Qurašī mit allen positiven und negativen Implikationen, die eine solche Zugehörigkeit bedeuten konnte.

Es ist nicht einfach – vielleicht auch gar nicht möglich –, die Position von Muḥammads Stamm, eben den Qurayš, im Stämme-Miteinander oder auch -Gegeneinander auf der Arabischen Halbinsel genauer zu bestimmen. Hinderlich ist dabei nicht zuletzt die mit dem Fortschreiten der islamischen Geschichte zunehmende Tendenz, den Stamm des Propheten insgesamt in den (islamischen) Adelsstand zu erheben – bis hin zu der Bestimmung des islamischen Gesetzes, daß nur ein Qurašī Kalif werden könne.[6] Diese Tendenz konnte eben dazu führen, den Qurayš rückwirkend bereits für die vorislamische und vorprophetische Zeit eine Bedeutung beizumessen, die ihnen so nicht zukam. In der Überlieferung über das religiös-moralische Verhalten der Qurayš ist andererseits das Bestreben zu erkennen, sie als besonders „heidnisch" zu charakterisieren, um den Kontrast zu den Lehren und Anweisungen des Islam wirkungsvoll zu unterstreichen. Beide überlieferungsgeschichtlichen Vorurteile sind verständlicherweise für eine realistische Positionsbestimmung der Qurayš zur mekkanischen Lebenszeit des Propheten nicht eben förderlich. Verläßliche Aussagen lassen sich vielleicht noch am ehesten über den Typus von Stamm machen, dem die Qurayš im Vergleich zu den übrigen tribalen Gruppen auf der Arabischen Halbinsel zuzuordnen sind.

Tribale Strukturen – oft fälschlicherweise mit Nomadentum gleichgesetzt – manifestierten sich auf der Arabischen Halbinsel um 600 in nomadischen, seminomadischen und seßhaften Gruppen oder Konföderationen von Gruppen.[7] Nomaden haben dabei wahrscheinlich den kleinsten, Seminomaden den größten Bevölkerungsanteil gebildet. Die Abgrenzung zwischen diesen Gruppen-Typen hat man sich nicht starr, sondern in Permanenz und dynamisch fließend vorzustellen, wobei die Richtung vom Nomadentum zur seminomadischen Lebensform oder zur Seßhaftigkeit die vorherrschende, wenn auch nicht die ausschließliche war. Dies bedeutet u. a. auch, daß eine fest angesiedelte tribale Gruppe in der Regel nicht „von Natur aus" seßhaft war, sondern irgendwann einmal seßhaft geworden war. Das gegenseitige Verhältnis der Stämme, von denen jeder traditionell die Auffassung vertreten *mußte,* die vorzüglichste Gemeinschaft überhaupt zu sein, tendierte eher zur Feindseligkeit als zu Bündnissen. Letztere kamen – meist nur vorübergehend – für genau definierte gemeinsame Ziele zustande, oder sie wurden auf kriegerischem Wege erzwungen, begründeten also (auch finanzielle) Abhängigkeiten. Auf diese Weise entstandene Konföderationen, die länger andauern konnten, wurden in der Regel von nomadischen Stämmen, geübten Kriegern, zustandegebracht und dominiert. Über längere Zeit erfolgreiche Aktionen dieser Art ließen die dominierenden Stämme als besonders „edel" erscheinen, schufen einen allseits respektierten „Kriegeradel".

Ein solches Adelsprädikat konnten seßhaft gewordene Stämme in der Regel nicht erwerben, wenn sie auch – den Gepflogenheiten der Zeit entsprechend – im Rahmen der Stammestradition gerne mit kriegerischen Großtaten (der Vergangenheit) prahlten; ihr Bestreben mußte es vielmehr sein, sich in irgendeiner Form mit den nicht-seßhaften Stämmen der näheren oder weiteren Umgebung zu arrangieren, um ihre lebensnotwendigen Erwerbsquellen zu schützen: ihre Landwirtschaft und/oder ihren Handel. Solche Schutzmaßnahmen bestanden in „Stillhalteabkommen" oder auch Bündnissen mit Seminomaden und Nomaden, zu denen diese sich nicht zuletzt auch deswegen bereitfanden, weil sie die Seßhaften wegen des Warenaustausches, ihrer Märkte im weitesten Sinne also, auch brauchten. Die Anziehungskraft seßhafter tribaler Gruppen für Stämme anderer Lebensform konnte sich noch verstärken, wenn die Seßhaften – was mitunter vorkam – eine religiöse Kultstätte in ihrem Siedlungsgebiet vorzuweisen hatten. Mit einem solchen – jährlich zu einem festen Termin aufgesuchten – Heiligtum war nämlich in der Regel dreierlei verbunden: eine geschützte Zeit, ein geschützter Ort und ein umfangreicherer Markt. Diese Trias ist als sachliche Einheit zu denken; der religiöse Kult am Heiligtum, das samt einem festgelegten Umkreis ein immuner Bezirk (*ḥaram*) war, gab den Anlaß und den Rahmen für einen *überregionalen* Markt, wobei zur Sicherung des freien Zuganges zum Heiligtum (einschließlich Markt) und des Kultus ebendort eine Friedenszeit vereinbart war, deren Verletzung als schwerer Rechtsbruch galt. Den beweglichen tribalen Gruppen bot sich folglich mit dem Besuch des Heiligtums die vorteilhafte Gelegenheit, mit einer Vielzahl von anderen, durchaus auch feindlichen, Stämmen im Status und an einem Ort des „Friedens" zusammenzutreffen, was zu Absprachen und zur Beilegung von Streitigkeiten führen konnte, ganz abgesehen von den Vorteilen, die die Möglichkeit eines umfangreicheren Warenaustausches mit sich brachte. Der materielle Vorteil, den der jährlich regelmäßig wiederkehrende Besucherstrom für die von Landwirtschaft und/oder Handel lebenden Seßhaften, in deren Siedlungsgebiet sich ein solches Kultzentrum befand, mit sich brachte, liegt auf der Hand. Des weiteren war die Anwesenheit verschiedener Stämme auch für sie ein besonders günstiger Anlaß, Vereinbarungen und Arrangements zu treffen, gegebenenfalls auch als Neutrale in Stammesstreitigkeiten zu intervenieren; beides mochte zum Aufbau regionaler und zeitweiliger „Machtpositionen" führen. Ob man allerdings so weit gehen kann, aus den Aktivitäten von seßhaften Stämmen rund um ein Kultzentrum auch einen „religiösen Adel (religious aristocracy)" auf der Arabischen Halbinsel entstanden zu sehen,[8] erscheint mir unsicher.

Die für die tribale Gesellschaft auf der Arabischen Halbinsel typische Konkurrenzsituation der Stämme untereinander, die zu häufigen Positionswechseln führte, vom Bündnis etwa, das sich als vorteilhaft erwiesen hatte, zur kriegerischen Auseinandersetzung, wenn die Gelegenheit günstig erschien (und oft aus nichtigem Anlaß), und umgekehrt, hatte – in kleinerem Maßstab – ihre Entsprechung im gegenseitigen Verhältnis der Clans innerhalb eines jeden Stammes, ja man kann mit einigem Recht die Clans als „Stämme im Stamm" auffassen. Auf jeden Fall scheint die Solidarität innerhalb der einzelnen Sippen stärker gewesen zu sein als die Solidarität des Gesamtstammes, wenn man sich auch möglichst hütete, dies nach außen sichtbar werden zu lassen. Für das individuelle Mitglied eines Stammes ging denn auch die erste und stärkere Loyalität – vor allem innertribal – zum Clan, dann erst folgte die Loyalität zum Gesamtstamm. All dies hat nichts mit Gefühl oder ähnlichem zu tun, sondern ergab sich aus der schlichten Tatsache, daß der Einzelne den stärksten und wirkungsvollsten (Rechts-)Schutz in allen Lebensbereichen vom Clan zu erwarten hatte, ja nur von ihm auch direkt einfordern konnte.

Die Rivalität der Stammes-Clans untereinander, bei der der Streit um die Führerschaft im Stamm eine wesentliche Rolle spielte, konnte im übrigen im Extremfall durchaus zur Aufspaltung, ja zur Auflösung eines Stammes führen. Die Regel war jedoch eher ein labiles Gleichgewicht der Sippen untereinander, gekennzeichnet durch Zweckallianzen einerseits und zeitweilige Reibereien andererseits, eben dem gegenseitigen Verhältnis der Stämme nicht unähnlich, nur daß gewaltsame Auseinandersetzungen möglichst vermieden wurden. Mit aller Vorsicht läßt sich des weiteren die Feststellung machen, daß die Individualität und das Eigengewicht der Clans um so stärker hervortrat, je „seßhafter" ein Stamm wurde: Bei hoher Mobilität des Gesamtstammes in schwierigem Gelände und angesichts der ständigen Gefahr feindlicher Überfälle waren die Clans eher aufeinander angewiesen und brauchten den Zusammenhalt, aus der Seßhaftigkeit ergab sich getrenntes Siedeln der Clans und eine zunehmende Tendenz zur „Arbeitsteilung" innerhalb des Stammes, beides einer eigenständigen „Politik" der Sippen zumindest förderlich.

Muḥammads Stamm, die Qurayš, gehörten zu den seßhaft *gewordenen* Stämmen.[9] Wieweit ihre Seßhaftigkeit zurückreicht, läßt sich nicht bestimmen; ihre Ansiedlung als geschlossene Gruppe in Mekka und Umgebung, wahrscheinlich nicht mit dem Beginn ihrer Seßhaftigkeit identisch, ist vielleicht um 500 anzusetzen. In der Zeit nach ihrer Ansiedlung auf mekkanischem Gebiet war es mehrfach zu Auseinandersetzungen zwischen Clan-Konföderationen innerhalb des Stammes gekommen, die auch zu Lebzeiten Muḥammads noch latent weiterwirkten, wenn sie auch ihre aktuelle Schärfe wohl verloren hatten. Kriegerischer Großtaten konnten sich die Qurayš anscheinend nicht rühmen; jedenfalls mußte sich der Qurayšit Muʿāwiya, als er bereits Gouverneur von Syrien und einer der mächtigsten Männer im islamischen Staatswesen war (bald danach auch Kalif: 661–680), noch von nicht-qurayšitischen Arabern vorhalten lassen, daß sein Stamm in vorislamischer Zeit weder sonderlich umfangreich noch beeindruckend kriegstüchtig gewesen sei, ein Vorwurf, dem Muʿāwiya nur dadurch begegnen konnte, daß er andere Tugenden seines Stammes ins Feld führte.[10] Während die Qurayš also sicherlich nicht zum „Kriegeradel" auf der Arabischen Halbinsel zu rechnen waren, hatten sie es verstanden, sich ein anderes Renommée zu verschaffen, das eher in Opposition zum Kriegshandwerk stand: Sie galten als geschickte, erfolgreiche und – vergleichsweise – wohlhabende Händler.[11] Die Einkünfte aus dem Handel scheinen nicht nur die wesentliche Lebensgrundlage der Qurayš gewesen zu sein, es sieht vielmehr auch so aus, als hätten in erster Linie gemeinsame Handelsinteressen der verschiedenen – durchaus rivalisierenden – Qurayšiten-Clans den Zusammenhalt der Qurayš als tribale Gruppe gesichert und den Stamm vor dem Verfall bewahrt. Wann und wie die Qurayš zum Handel als ihrem „Markenzeichen" gekommen sind, ist ganz unsicher. In ihrer Stammestradition – dies mag ein Hinweis sein – spielt die Kaʿba, das Heiligtum um den „Schwarzen Stein", eine wichtige Rolle als Kristallisationskern ihrer Ansiedlung in Mekka und damit ihres Zusammenlebens als geschlossene tribale Gruppe überhaupt.[12] Das Kaʿba-Heiligtum dürfte von verschiedenen Stämmen regelmäßig aufgesucht worden sein, und so mag der Ursprung des qurayšitischen Handels im Warenaustausch mit den Besuchern des „Schwarzen Steins" zu suchen sein. Sehr viel gewinnträchtiger noch war jedoch für einen Stamm, der den Handel zu seiner Lebensgrundlage machen wollte oder mußte, der in die unmittelbare Nähe von Mekka führende, weit überregionale Zustrom von Stämmen im Rahmen des großen Ḥağğ, zentriert um den Besuch des heiligen Bezirks von ʿArafa (auch ʿArafāt – ca. 20 km östlich von Mekka) und weitere Kultstätten – ob auch die Kaʿba dazugehörte, ist nicht sicher[13] – umfassend.[14] Der jährliche Ḥağğ (ich belasse es bei diesem Terminus, um die schiefen europäisierenden Worte „Pilgerfahrt, Wallfahrt/pilgrimage/pèlerinage" etc. zu vermeiden), dessen Bedeutung für Zentral-Arabien und darüber hinaus vor allem auch darin sichtbar wird, daß er mit einer Friedenszeit von drei Monaten, den „unverletzlichen/heiligen Monaten" (Koran, Sure 9,5), verbunden war, hatte selbstverständlich auch ausgedehnte Märkte in seinem Gefolge, ja diese mögen eine größere Anziehungskraft ausgeübt haben als die Kulthandlungen an den Heiligtümern selbst. Die Händlerqualitäten der nahe siedelnden Qurayš könnten sich also durchaus im Zusammenhang mit dem Ḥağğ entwickelt und vervollkommnet haben, jedenfalls ist der Ḥağğ als wesentliches Element aus der Geschichte des Stammes nicht wegzudenken; schließlich hat ihn ja auch der Qurayšit Muḥammad – in gereinigter Form – in die Reihe der Pflichthandlungen seiner Religionsgemeinschaft aufgenommen.

Zu Lebzeiten Muḥammads, und sicherlich auch schon einige Zeit vorher, waren die Handelsaktivitäten der Qurayš, zumindest aber einiger Clans des Stammes, nicht (mehr nur) durch Geschäfte in der näheren und weiteren Umgebung von Mekka gekennzeichnet, sie hatten weit überregionale Formen angenommen; die Rede ist vom Karawanenhandel der Qurayš. Wenn man auch darüber streiten kann, wie weit die Ausdehnung, das „Netz" der qurayšitischen Handelsbeziehungen reichte, und auch darüber, mit welcher Art von Gütern gehandelt wurde,[15] so läßt sich doch gar nicht bezweifeln, daß die Qurayš Karawanen ausrüsteten, Geschäfte in Palästina/Syrien und im Jemen machten, und wohl auch mit Äthiopien Handelsbeziehungen hatten. Allein die Tatsache, daß sie Fernhandel betrieben (wie „fern" dieser auch immer gewesen sein mag), läßt darauf schließen, daß sie – auf ihre arabische Umgebung bezogen, und *nur* auf diese bezogen – über beträchtlichen Wohlstand verfügten. Mag man diesen ihren „Reichtum" nun als Ursache oder Wirkung dabei ansehen, die Qurayš hatten es auf jeden Fall verstanden, auf die in Betracht kommenden Stämme auf der Arabischen Halbinsel in einer Weise Einfluß zu nehmen und sich mit ihnen zu arrangieren – der jährliche Ḥağğ gab dazu ja ausreichend Gelegenheit –, daß sie ihren Handel ohne empfindliche Störungen betreiben konnten. Für ihre Fähigkeit zum Arrangement und Kompromiß scheinen sie denn auch vor allem bekannt gewesen zu sein.[16] Kriegführung war mit Sicherheit nicht das Handwerk der Qurayš, ebenso sicher waren sie aber auch nicht wehrlos. Wie sie ihren kriegerischen

Schutz sicherstellten, wird aus den Quellen nicht genau deutlich: Möglicherweise verfügten sie über ein Söldnerkontingent, sie mögen auch – dies hat einiges für sich – in ihren Absprachen mit arabischen Stämmen kriegerischen Schutz durch sie im Bedarfsfalle vereinbart haben; in beiden Fällen würde dies bedeuten, daß sie (bereits) in der Lage waren, kämpfen zu lassen statt selbst zu kämpfen.[17]

b) Ein Prophet im Stamm

Innerhalb dieses nicht eben sonderlich „edlen", aber auch nicht unbedeutenden, eher ein wenig aus dem allgemeinen Rahmen fallenden Qurayš-Stammes wurde Muḥammad, wie schon erwähnt, in den Clan Hāšim hineingeboren. Wiederum ist eine Positionsbestimmung der Sippe Hāšim im Stammesganzen der Qurayš nicht einfach. Tendiert – darauf wurde oben hingewiesen – die Überlieferung schon dazu, den Stamm des Propheten rückwirkend in die vorislamische Zeit hinein aufzuwerten, so gilt dies für den Clan des Gottesgesandten in besonderem Maße; verstärkend kommt hier noch dazu, daß die Sippe Hāšim in der Herrschaftsideologie der zweiten islamischen Kalifen-Dynastie, der Abbasiden (750–1258), eine zentrale Rolle spielt.[18] Wenn man also die notwendigen Abstriche an den Quellenschriften macht, dann bleibt über die Sippe Hāšim im allgemeinen und für die vorprophetische Zeit Muḥammads im besonderen nicht mehr allzuviel zu berichten. Sie scheint in der Hierarchie der Qurayš-Sippen, die sich wohl vorwiegend nach deren Wohlstand bestimmt hat, zwar nicht am Ende, aber auch nicht sehr weit oben rangiert zu haben; das Gleiche dürfte für den mütterlichen Clan Muḥammads, die Zuhra, zutreffen.[19] Das Sagen unter den Qurayš hatten zu Lebzeiten Muḥammads jedenfalls andere Clans, vor allem die ʿAbd Šams (auch – eine Generation abwärts –: Umayya) unter Führung von Abū Sufyān und die Sippe Maḫzūm mit den Protagonisten al-Walīd b. al-Muġīra und Abū Ǧahl.

Der Hāšim-Angehörige Muḥammad war seit früher Kindheit Vollwaise, damit allerdings im Rahmen des engen Sippen-Verbundes keineswegs „arm und hilflos". Nach seinem Großvater (den patrilinearen Verhältnissen entsprechend: väterlicherseits) übernahm sein Onkel (wiederum: väterlicherseits) Abū Ṭālib, der bis zu seinem Tode (619?) auch das Clan-Oberhaupt der Hāšim war, die Fürsorge und den – später so dringend benötigten – Schutz Muḥammads. Zwischen diesen beiden Verwandten muß ein sehr enges persönliches Verhältnis bestanden haben, da dieses später auch den fundamental verschiedenen Grundüberzeugungen der beiden standhielt: Abū Ṭālib ist niemals Muslim geworden. Als Erwachsener verdiente Muḥammad seinen Lebensunterhalt mit einer durchaus Qurayš-typischen Beschäftigung, dem Handel. In den Rahmen dieser Tätigkeit gehört dann auch seine Ehe mit Ḫadīǧa bint Ḫuwaylid (vom Clan der Asad), die, verwitwet und angeblich um einiges älter als Muḥammad, in eigener Regie Handelsgeschäfte (bis nach Syrien) betrieb und über einigen Wohlstand verfügt zu haben scheint. Für Muḥammad, den Propheten, ist sie später vor allem deswegen von höchster Bedeutung gewesen, weil sie von Anfang an an seine Sendung glaubte und ihn sowohl gegen seine anfänglichen Selbstzweifel, die ihn noch lange quälten, als auch gegen die zunehmenden Anfeindungen in seinem Stamm wirkungsvoll verteidigte, wobei Letzteres nicht nur unter einem psychologischen Aspekt zu verstehen ist, sondern auch unter dem Gesichtspunkt, daß ihre materiell abgesicherte und damit unabhängige Position es ihr wohl erlaubte, Partei *für* Muḥammad und *gegen* ihren und seinen Stamm zu ergreifen.[20]

Muḥammad hätte wahrscheinlich sein Leben als nicht unvermögender qurayšitischer Kaufmann aus der Sippe Hāšim beschlossen, wenn sich in ihm nicht – im Alter von ungefähr vierzig Jahren – ein radikaler Wandel vollzogen hätte.[21] Über das – zu seiner Zeit und in seiner Umgebung nicht gänzlich ungewöhnliche – zeitweilige Eremitendasein in der nahe Mekka gelegenen Bergwüste gelangte er in einem längeren Prozeß zu der Überzeugung, daß Gott ihn dazu bestimmt habe, Botschaften an seine Landsleute weiterzugeben, göttliche Offenbarungen, die ihm der Engel Ǧibrīl (Gabriel) in unregelmäßigen Abständen übermittelte. Zu Muḥammads Eigenschaft als „Gesandter Gottes (*rasūl Allāh*)" ist hier nur soviel zu sagen, daß an der subjektiven Ehrlichkeit dieses Selbstverständnisses Muḥammads überhaupt nicht zu zweifeln ist; dafür hat ihm das Bewußtsein seiner Sendung – dies ist in den Quellen noch sehr deutlich spürbar – viel zuviel innere Zerrissenheit und äußere Schwierigkeiten bereitet. Mit dieser Feststellung aber kann und muß es aber auch für den *Historiker* sein Bewenden haben; alle weitergehenden Qualifikationen von Muḥammads Prophetentum sind Sache von *Theologen,* welcher Religion auch immer sie angehören mögen.[22]

Über die Entwicklung von Charakter und Inhalt der Offenbarungen an Muḥammad sind Bibliotheken geschrieben worden, die immer wieder neu gestellten und verschieden beantworteten Fragen nach Fremdeinflüssen mit eingeschlossen.[23] In einer historischen Darstellung mag es nun allerdings legitim, wenn nicht erforderlich sein, die Mitteilungen Gottes an Muḥammad nicht in allen ihren religionsgeschichtlichen Facetten und Implikationen zum Gegenstand der Betrachtung zu machen, sondern vor allem einen ganz bestimmten Aspekt in den Vordergrund zu rücken, der sich in die Frage kleiden läßt: Worin bestand die Wirkung der göttlichen Offenbarungen auf das Handeln der von ihnen betroffenen Personenkreise, hier zunächst also der tribalen Umgebung des Propheten? Bei dem Versuch, diese Frage zu beantworten, kann es durchaus von Nutzen sein, einmal vorübergehend die Position der Qurayš einzunehmen, ihre Opposition gegen das Neue nicht als „eo ipso" böswillig und verblendet anzusehen, vielmehr in Rechnung zu stellen, daß im Sinne der damaligen Gesellschaftsordnung das „Recht" auf ihrer Seite war, während Muḥammad als Prophet – im Sinne ebendieser Ordnung – zumindest als Außenseiter zu gelten hatte. Muḥammads Sendung aus der Sicht und in ihrer Wirkung auf seine Stammesgenossen sei also hier einmal zur Debatte gestellt, wobei sich genug Gelegenheit ergeben wird, auf alle wesentlichen Inhalte der Offenbarungen selbst einzugehen, und wobei vielleicht manche Züge im Prophetentum Muḥammads – vor allem unter dem Gesichtspunkt der historischen Entwicklung des frühen Islam – in ihrer Bedeutung und in ihren Konsequenzen deutlicher sichtbar werden, als es bei einer vorwiegend Muḥammad-zentrierten und religionswissenschaftlichen Betrachtungsweise der Fall sein kann.

Die Sicht der Dinge durch die Qurayš läßt sich, wenigstens in Umrissen, einerseits durch den Koran selbst, zum anderen durch die frühe Geschichtsüberlieferung rekonstruieren. Der Koran enthält nicht selten direkte oder indirekte Zitate der Opponenten des Propheten, die Geschichtsüberlieferung scheint doch wohl unter der späteren islamischen Übermalung manches Authentische bewahrt zu haben:[24] Auffällig ist jedenfalls, daß sie auch von Argumenten und Verhaltensweisen der Qurayš berichtet, die als solche – und besonders auch bezogen auf tribale Vorstellungen – überhaupt nicht negativ sind, einen negativen Charakter vielmehr ausschließlich dadurch erhalten, daß sie zur Opposition gegen Muḥammad führten, ja führen mußten. Gerade solche Traditionen – es gibt eine Vielzahl anderer, die eindeutig tendenziös schwarzmalen – sind hier von Interesse.

Einmal abgesehen von einer – dies wird glaubwürdig berichtet – anfänglichen sympathisierenden Neugier der Qurayš für das, was ihnen ihr Stammesgenosse als Offenbarungen Gottes vortrug,[25] läßt sich ihre Reaktion auf das Verhalten und die Mitteilungen Muḥammads vielleicht am zutreffendsten als Unverständnis charakterisieren. Die breite Skala dieses Unverständnisses reichte von Desinteresse über Amüsement und Spott bis zur offenen Feindseligkeit, all dies variierend in den verschiedenen Clans und innerhalb dieser wiederum bei deren einzelnen Angehörigen; schließlich ist auch noch der jeweilige Zeitpunkt innerhalb der Spanne vom öffentlichen Auftreten des Propheten bis zu seiner Hiǧra als Variable zu nennen. Der schlagendste Beweis für dieses Unverständnis, das im übrigen selbst in seinen extremsten Äußerungen nicht zu einer allgemeinen und systematischen Verfolgung Muḥammads und seiner Anhänger – im Sinne von „Christenverfolgungen“ etwa – geführt hat,[26] ist immer noch die unbestreitbare Tatsache, daß Muḥammad nur einen verschwindend geringen Prozentsatz seiner Stammesgenossen für seine Sache gewinnen konnte, ein Tatbestand, der deswegen in der frühen Überlieferung so wenig durchscheint, weil sie – verständlicherweise – die qurayšitischen *Muslime* „zählt“ und ihnen breiteste verbale Anteilnahme zukommen läßt.

Über den Typus eines „Gesandten Gottes“ oder „Propheten“ war auf der Arabischen Halbinsel zur Zeit Muḥammads sicherlich dies und das zu erfahren, immerhin gab es dort größere tribale Gruppen jüdischer und christlicher Religion;[27] den meisten Qurayš allerdings dürften die Wesenszüge einer solchen Figur nicht sonderlich vertraut gewesen sein, jedenfalls scheinen sie ihren Stammesgenossen Muḥammad damit nicht haben in Verbindung bringen zu können. Ihre Assoziationen angesichts des Verhaltens und der Verkündigung Muḥammads sollen, was nicht unglaubwürdig klingt, in andere Richtungen gegangen sein: Sie sollen ihn – ohne daß sich die zeitliche Abfolge genauer festmachen ließe – mal für einen mit übernatürlichen Kräften begabten (mitunter auch von Scharlatanerie nicht freien) Magier (*sāḥir*), mal für einen – nicht unbedingt in negativem Sinne – von Geistern (*ǧinn*) Besessenen (*maǧnūn*), dann wieder für einen Seher (*kāhin*) oder auch für einen Dichter (*šāʿir*) gehalten haben, wobei Seher und Dichter sich auf den nicht immer leicht verständlichen Inhalt und den poetischen Stil der frühen Offenbarungen an Muḥammad beziehen dürfte.[28] Der gemeinsame Grundzug bei diesen Versuchen der Qurayš, Muḥammad in ihnen geläufige Personenkategorien einzuordnen, ist darin zu sehen, daß sie ihn als gesellschaftlichen Außenseiter identifizierten, der zwar Verbindungen zum Übernatürlichen haben möchte (das konnte damals durchaus auch für den Dichter gelten), der diese übernatürlichen, mitunter auch ein wenig unheimlichen Fähigkeiten aber nicht dazu verwandte (und verwenden durfte), die anerkannten Wertnormen grundsätzlich in Frage zu stellen oder gar zu versuchen, diese durch neue zu ersetzen. Wie wenig Verständnis die Qurayš für den göttlichen Auftrag ihres Stammesgenossen aufbrachten, geht des weiteren auch daraus hervor, daß sie sich anscheinend nicht vorstellen konnten, wie jemand, der sich wie Muḥammad verhielt, nicht – zumindest auch – persönliche Vorteile im Blick hatte. So hören wir von Angeboten der Qurayš an den eigenwilligen, aber in seiner Konsequenz und Kompromißlosigkeit offenbar auch beeindruckenden Hāšimiten, ihn durch finanzielle Zuwendungen und/oder durch das Versprechen einer führenden Position im Stammesverband zum Einlenken, d. h. zur Schonung quraysitischer Empfindlichkeiten in seiner Predigt, und damit letzten Endes zur – für beide Seiten – vorteilhaften Zusammenarbeit zu bewegen. Mögen die entsprechenden Nachrichten in der überkommenen Form auch islamisch stilisiert sein, die Tatsache derartiger Angebote ist jedenfalls nicht unwahrscheinlich.[29]

Fiel es den Qurayš schon schwer, das Selbstverständnis Muḥammads als „Gesandter Gottes", der die Aufgabe hatte, seine Stammesgenossen zu warnen, *funktional* zu begreifen, da ihnen ein solcher Personen-Typus überhaupt nicht geläufig war, sie den Prediger aus dem Hāšim-Clan folglich nirgends recht einordnen konnten, so mußten sie sich vom *Inhalt* und den *Konsequenzen* seiner Verkündigung – vor allem als tribale Gruppe – essentiell betroffen fühlen. Sie konnten auf keinen Fall zulassen, daß Muḥammad mit Aussicht auf Erfolg ihre „Götterschaft" (*āliha*) und den damit verbundenen Kultus (*dīn*[30]) angriff und Neues an deren Stelle setzte. Dieses Neue war bekanntlich ein *einziger* Gott, Allāh, d. h. „*der* Gott"; der

Islam ist wohl die am kompromißlosesten monotheistisch fundierte Religion. Nun mag es sehr wohl sein, daß sich in Muḥammads Gesichtskreis – abhängig oder unabhängig von den Juden und/oder Christen auf der Arabischen Halbinsel – bereits eine Tendenz zum Monotheismus abzeichnete,[31] vielleicht sogar auch bei den Qurayš; zudem spricht manches dafür, daß Muḥammads Gottesverständnis anfangs zwar schon im Grundtenor monotheistisch war, sich aber erst nach und nach zu seiner späteren strikten Ausschließlichkeit geformt hat.[32] Anscheinend nicht eindeutig zu entscheiden ist ferner, ob in den frühen Offenbarungen an Muḥammad Allāh als der gütige, den Menschen wohlwollende Schöpfergott oder Allāh als der strenge Richter am Jüngsten Tage stärker im Vordergrund gestanden hat.[33] Eines läßt sich jedoch mit Sicherheit sagen: Die ausschließliche „Unterwerfung“ unter Allāh (dies ist wohl die ursprüngliche Bedeutung von *Islām*) und der traditionelle Kultus der Qurayš waren auf die Dauer unvereinbare Gegensätze.

Diese Unvereinbarkeit hatte – von den Qurayš aus gesehen – allenfalls am Rande theologische oder Glaubensgründe in unserem Sinne. Was die Qurayš „glaubten“ oder „nicht glaubten“, dürfte ihnen selbst kaum sehr deutlich bewußt gewesen sein. Aber sie wußten sehr genau, was sie traditionellerweise zu tun hatten. Dies war der regelmäßige religiöse Kultus an den Heiligtümern vor allem dreier Göttinnen, der al-Lāt in aṭ-Ṭā'if, der al-ʿUzzā im Mekka benachbarten Naḫla und der Manāt in Qudayd (zwischen Mekka und Medina), während der Kult an ihrem eigenen Heiligtum, der Kaʿba (vor allem der Gott Hubal?), für sie nicht so sehr im Vordergrund gestanden zu haben scheint.[34] Die kultische Pflege dieser Gottheiten, wozu noch einige weitere, weniger prominente, gekommen sein dürften, ist nun weniger unter unserem Begriff „Religion“ als vielmehr unter den Aspekten „Tradition“ und „Symbol“ zu rubrizieren: Der ererbte religiöse Kultus, im Sinne einer Summe von festliegenden (regelmäßig wiederholten) Handlungsabläufen, gehörte zu den wesentlichen integrierenden Elementen eines Stammes, auf die er nicht verzichten konnte, ohne seine Identität zu verlieren oder zumindest in Gefahr zu bringen. Jeder Stamm, und natürlich auch die Qurayš, bedurfte unverwechselbarer Merkmale, auf die sich – nach innen – das Zusammengehörigkeitsbewußtsein seiner Angehörigen gründete, und die – nach außen – den Stamm gegen andere tribale Gruppen abgrenzten. Zu diesen Merkmalen gehörten z. B. die mit dem Stammesnamen verbundenen etymologischen Legenden, die genealogische Definition des Stammes und seiner Clans, die Überlieferungen über Ursprung und Ruhmestaten des Stammes und eben auch – und zwar an hervorragender Stelle – die kultische Verehrung ganz bestimmter Gottheiten, wobei unter dem Gesichtspunkt der Stammesidentität nicht in erster Linie die Qualität oder der Nutzen dieser Gottheiten als vielmehr die Tatsache ihrer Verehrung ausschlaggebend war. Wenn also Muḥammad, seinem monotheistischen Auftrag folgend, konsequenterweise die Götterschaft seines Stammes ablehnte, dann verletzte er ein Tabu, und zwar in zweifacher Hinsicht: Stammesintern griff er ein wesentliches Identifikations-Symbol der Qurayš an (heute vergleichbar – wenn auch auf sehr viel niedrigerer Ebene – wäre etwa die Verunglimpfung von Staatssymbolen wie Nationalflagge, -hymne, -denkmal etc.), nach außen hin – auch dies dürfte den Qurayš bewußt gewesen sein – machte er ein wichtiges Stammesmerkmal verächtlich, d. h. seinen eigenen Stamm in höchstem Maße lächerlich; war es doch der allgemeine Usus, auf den eigenen Stamm kritiklos ausschließlich Lobeshymnen zu singen (und die Konkurrenzstämme ebenso maßlos zu verunglimpfen).[35] Vor diesem Hintergrund, und nicht etwa vor dem Hintergrund einer „theologischen" Auseinandersetzung Muḥammads mit seinen qurayšitischen Opponenten, wird die Nachricht erst recht verständlich, die Qurayš hätten Muḥammad zu Beginn seiner Verkündigung durchaus Aufmerksamkeit geschenkt und ihn erst dann geschnitten, als „er (in negativem Sinne) auf ihre Gottheiten zu sprechen kam".[36]

Muḥammad, der ja schließlich selbst in einer tribalistischen Gedankenwelt groß geworden war, scheint sich der tabuverletzenden Konsequenz seines göttlichen Auftrags sehr deutlich bewußt gewesen zu sein. Aus Überlieferungen, die später zu erfinden sinnlos gewesen wäre, erfahren wir, daß Muḥammad für eine kurze Zeitspanne geglaubt habe, er dürfe die wichtigsten Gottheiten der Qurayš, eben al-Lāt, al-ʿUzzā und Manāt, als eine Art von übermenschlich-gottähnlichen Mittlerwesen gelten lassen, was ihm sofort die Zuwendung der sichtlich erleichterten Qurayš eingebracht habe. Sehr bald habe er jedoch das, was ihm als göttliche Offenbarung erschienen war, als Einflüsterung Satans erkannt und Offenbarungen erhalten, die den verhängnisvollen Irrtum korrigierten.[37] Der für die Qurayš verheißungsvolle Ansatz, nun natürlich ohne die „satanische" Fortsetzung, ist noch in den neutralen Koranversen (Sure 53,19f.) erhalten geblieben: „Was meint ihr denn, (wie es sich) mit al-Lāt und al-ʿUzzā (verhält) [19] und weiter mit Manāt, der dritten (dieser weiblichen Wesen)? [20]".[38]

In diesem Zusammenhang ist vielleicht auch die außerordentlich häufige Sammelbezeichnung des Koran für die qurayšitischen Gegner des Propheten zu sehen: *al-mušrikūn*.[39] Die geläufige Übersetzung dieser islamischen Wortschöpfung mit „Polytheisten" verbirgt den ursprünglichen Sinn. Die genaue Bedeutung ist: „diejenigen, die Gefährten beigeben", und das nicht genannte Objekt ist eindeutig Allāh. Aus dieser Wortwahl läßt sich eigentlich nur der – indirekte, aber damit umso verläßlichere – Schluß ziehen, daß die Offenbarungen an Muḥammad von der – sicherlich begründeten – Annahme ausgingen, den Qurayš sei Allāh als eine übergeordnete Gottheit nicht fremd gewesen, denn „Gefährten beigeben" verlangt einen „Adressaten" und deutet gleichzeitig dessen Führerschaft an. Hat man sich folglich die Qurayš – was den Glauben betrifft – bereits auf dem Wege zu einer Art Monotheismus vorzustellen, und hinderte sie nur ihre Stammestradition daran, sich auf Allāh als den Einzigen zu beschränken? Wenn dem so wäre, würde Muḥammads Verbitterung über die Renitenz seiner Stammesgenossen noch besonders gut verständlich werden, sich zugleich aber auch in aller wünschenswerten Deutlichkeit zeigen, wie zentral für einen Stamm, hier die Qurayš, das Festhalten an den überlieferten Formen des religiösen Kultus gewesen ist, wie wenig schließlich auch dieser Kultus mit „Glauben" in unserem Sinne zu tun hatte, wie viel dagegen mit „guter alter" Gewohnheit.

„Gute alte" Gewohnheit, auf der die Identität eines Stammes nach innen und außen beruhte, auf der vor allem auch seine gesamte Rechtsordnung aufbaute, war wesentlich bestimmt durch die Überlieferungen über das – wirkliche oder auch nur angenommene – Verhalten der Vorfahren („Väter"). Wenn Muḥammad daher, seinem höheren Auftrag folgend, gegen die Götterschaft und den Kultus der Qurayš Stellung nahm, dann zog er gleichzeitig auch das religiöse Verhalten der Vorfahren in Zweifel und indirekt mehr als das, nämlich das „Väter"-Verhalten als normsetzende und verbindliche Lebens- und Rechtsordnung. Unter diesem Aspekt müssen wohl die Proteste der Qurayš bewertet werden, daß ein Angriff auf ihren Kultus auch eine Verunglimpfung (des Kultus) ihrer – und Muḥammads! – Vorfahren bedeute:[40] alles andere folglich als ein historischer Rückblick, vielmehr ein besonders starkes Gegenargument! Die unüberwindlichen Schwierigkeiten, die das kompromißlose – nach tribalistischen Vorstellungen aber auch unbedingt notwendige – Festhalten der Qurayš am Brauch der Vorfahren dem Wirken des Propheten bereitete, hat denn auch in den frühen Offenbarungen des Koran reichhaltigen Niederschlag gefunden, sei es daß die Opponenten Muḥammads direkt zu Wort kommen, sei es daß in den Erzählungen des Koran über frühere Propheten („Prophetengeschichten")[41] deren Gegner offensichtlich „qurayšitisch" argumentieren.[42] Charakteristisch ist auch hierbei wiederum, daß eine inhaltliche Auseinandersetzung mit den Botschaften des (oder: der) Propheten so gut wie nicht stattfindet; der Hinweis auf die Praxis der „Väter" reicht als Legitimation für die Ablehnung der neuen Lehren vollkommen aus, setzt den jeweiligen Propheten – im Sinne der Opponenten – „eo ipso" ins Unrecht. Einige wenige Beispiele mögen dies verdeutlichen. Im Rahmen einer der typischen „Prophetengeschichten" des Koran, die dem Muster folgen, daß ein Prophet (= Muḥammad) sein Volk (= die Qurayš) zum Monotheismus und zur Umkehr aufruft, andernfalls sie die Strafe Gottes treffen werde, worauf nur wenige dem Propheten glauben, das angekündigte vernichtende Strafgericht Gottes das Volk trifft und nur der Prophet und die geringe Zahl der Gläubigen errettet werden, wird in der Sure Hūd (11) über den Propheten Ṣāliḥ und das Volk der Ṯamūd dies berichtet (vv. 61f.): „Er (Ṣāliḥ) sagte: ‚Ihr Leute! Dienet Gott! Ihr habt keinen anderen Gott als ihn. Er hat euch aus der Erde entstehen lassen und euch auf ihr die Möglichkeit zum Leben gegeben. Bittet ihn nun um Vergebung und wendet euch hierauf (reumütig) wieder ihm zu! Mein Herr ist nahe und erhört (das Gebet)!' [61] Sie sagten: ,Ṣāliḥ! Man hatte ehedem unter uns (große) Hoffnung auf dich gesetzt. Willst du uns denn (jetzt) *verbieten, den Göttern zu dienen, denen unsere Väter (von jeher) gedient haben?* Wir hegen über das, wozu du uns aufforderst, erhebliche Zweifel' [62]."

Ganz ähnliche Argumente begegnen in der Noah-Geschichte des Koran, der Noah (Nūḥ) als Gesandten Gottes zu seinem Volk und die Sintflut als Strafgericht Gottes für die Ablehnung der Botschaft Noahs durch dieses Volk begreift (Sure 23,23–25): „Und wir haben ja den Noah (als unseren Boten) zu seinem Volk gesandt. Er sagte: ,Ihr Leute! Dienet Gott! Ihr habt keinen anderen Gott als ihn. Wollt ihr denn nicht gottesfürchtig sein?' [23]. Da sagten die Vornehmen aus seinem Volk, die ungläubig waren: ,Das ist ja nur ein Mensch wie ihr, der (ohne Grund) etwas Besseres sein will als ihr. Wenn Gott gewollt hätte, hätte er Engel (als seine Boten) herabgesandt. *Wir haben nicht gehört, daß es so etwas bei unseren Vorvätern gegeben hätte* [24]. Er ist nichts anderes als ein Besessener. Wartet (nur) eine Zeitlang mit ihm ab! (Dann wird sich von selber herausstellen, daß nichts dahintersteckt)' [25]." Die Gleichung Noah = Muḥammad ist hier mit Händen zu greifen: Die „Vornehmen" in Noahs Volk sind natürlich die Wortführer aus den führenden Clans der Qurayš (vor allem Maḫzūm und ʿAbd Šams); von der zeitweiligen Qualifizierung Muḥammads als „Besessener" durch seine qurayšitischen Opponenten war bereits die Rede;[43] im übrigen wird hier gleichzeitig mit dem Verkündigungsinhalt auch die Funktion Noahs = Muḥammads als „Gesandter Gottes" durch Noahs Volk = Qurayš mit dem Hinweis auf das Fehlen einer entsprechenden „Väter-"/Stammes-Tradition ad absurdum geführt.

In weniger „historisch" verfremdeter Form und ganz besonders eindrucksvoll ist schließlich in einer Passage der 43. Sure (vv. 21–24) vom „Väter"-Verhalten als der maßgeblichen Lebensnorm für die Ungläubigen (Qurayš) die Rede. Nachdem die Verehrung weiblicher Gottwesen – vermutlich wiederum: al-Lāt, al-ʿUzzā und Manāt – gegeißelt worden ist, wird die Frage nach Beweisen gestellt, die die Ungläubigen für die Zulässigkeit dieses ihres Kultes ins Feld führen können. Es heißt dann: „Oder haben wir ihnen (etwa) vordem eine Schrift gegeben, an die sie sich halten könnten? [21] Aber nein! Sie sagen: ,Wir fanden, daß *unsere Väter* eine (Glaubens-)Richtung (*umma*) einhielten, und wir sind *hinter ihnen her auf dem rechten Weg*' [22]. So haben wir auch (schon) vor dir in keine Stadt einen Warner gesandt, ohne daß diejenigen aus ihr, die ein Wohlleben führten, gesagt hätten: ,Wir fanden, daß *unsere Väter* eine (Glaubens-)Richtung einhielten, und wir *folgen ihrem Vorbild*' [23]. Er sagte ,Wenn ich nun (aber) mit etwas zu euch gekommen bin, was *eher rechtleitet* als das, was ihr als *Brauch eurer Väter* vorgefunden habt?' Sie sagten: ,*Wir glauben nicht an die Botschaft*, die euch aufgetragen worden ist' [24]."

Muḥammads neue Lehre konnte von den Qurayš – dies ist aus dem Voraufgehenden vielleicht deutlich geworden – von einem bestimmten Zeitpunkt an nicht mehr als religiöse „Privatsache" des Hāšimiten betrachtet werden. Seine öffentlichen Angriffe auf den Stammeskultus und gleichzeitig auf die Verbindlichkeit des „Väter"-Verhaltens mußte von ihnen in letzter Konsequenz als ein Angriff auf die Identität und die Rechtsnormen des ganzen Stammes verstanden werden. Dazu kam noch, daß sie Muḥammad mit Recht vorwerfen konnten, er halte etwas für wertlos (genau: „erkläre für dumm" – *s-f-h*-II.), worauf sie offenbar nicht nur besonders stolz, sondern wofür sie auch außerhalb positiv bekannt waren, ihre *aḥlām*.[44] Der Bedeutungsinhalt von *aḥlām*, der Form nach ein Plural, läßt sich allenfalls annähernd bestimmen. Es scheint sich dabei um die Summe der Fähigkeiten zu handeln, die es den Qurayš ermöglicht hatten, ihren Handel weitgehend reibungslos zu organisieren und dabei relativ wohlhabend zu werden; Intelligenz, Besonnenheit und vielleicht auch diplomatisches Geschick im Umgang mit anderen tribalen Gruppen scheinen die wesentlichen Komponenten der quraysitischen *aḥlām* gewesen zu sein. Versuchsweise und in Ermangelung von Besserem kann man *aḥlām* vielleicht am ehesten noch mit „cleverness" wiedergeben.[45]

Weniger Muḥammads monotheistischer Auftrag, sehr wohl aber der andere, wahrscheinlich älteste, Offenbarungsinhalt, die Lehre von einem nahenden Weltende verbunden mit der Auferweckung der Toten zu einem Strafgericht Gottes,[46] mußte in seiner weiteren koranischen Ausformung zu einer Geringschätzung der quraysitischen *aḥlām* führen. Ganz abgesehen einmal davon, daß der Gedanke einer Auferweckung nach dem Tode den Qurayš, wie den meisten Arabern, gänzlich fremd war, daß sie ihn eher komisch fanden und sich mitunter darüber lustig machten,[47] läßt die damit verbundene Vorstellung von einem Gericht Gottes über die Auferweckten den Menschen als hilflos und in allen seinen diesseitigen Bestrebungen und Handlungen als grundsätzlich im Unrecht erscheinen. Um der drohenden Strafe Gottes zu entgehen, gab es nur das Mittel der Umkehr, der bedingungslosen Unterwerfung unter den einzigen Gott, d.h. der grundlegenden Änderung des Lebens- und Handlungsstils. Innerhalb dieses Vorstellungskomplexes war für die *aḥlām* der Qurayš kein Platz: Ihre vermeintlichen Tugenden, auf die sie stolz und für die sie bekannt waren, erhielten eher den Charakter von Lastern, zumindest aber – gerade im Hinblick auf die letztendliche Abwägung der menschlichen Taten durch Gott als Richter – den von Belastungen am Jüngsten Tag. Undankbarkeit gegen Gott, Geiz und den Verfolg falscher Ideale wirft der Koran den Ungläubigen immer wieder vor, ihr gesamtes Tun und Treiben wird durchweg negativ beurteilt.[48]

Muḥammad als „Bußprediger" tat damit das genaue Gegenteil von dem, was er nach tribalistischer Auffassung hätte tun müssen, nämlich die Vorzüge des eigenen Stammes, etwa die *aḥlām* der Qurayš, bedingungslos zu preisen. In den Augen der Qurayš verhielt er sich somit wie ein Stammesfremder, der nach dem Usus der Zeit eben gehalten war, die Fehler und Schwächen konkurrierender Stämme schonungslos anzuprangern. Vor allem auch angesichts der Tatsache, daß Muḥammads Verkündigung mit fortschreitender Zeit zunehmend auch Nicht-Qurayšiten bekannt wurde, mußte den Qurayš seine Predigt, die Kritik an ihren *aḥlām* zumal, als eine Art „Stammesverrat" erscheinen; eben dies drückt der – im Kern vielleicht authentische – Vorwurf der Qurayš gegen Muḥammad aus: „Unseres Wissens hat noch nie ein Araber gegen seinen Stamm derartiges vorgebracht, was du gegen deinen Stamm vorgebracht hast".[49]

Die Qurayš sollen schließlich noch ein weiteres bedrohliches Element im Wirken Muḥammads erblickt haben, eine mögliche Gefahr für die Einheit (*ǧamāʿa*) ihres Stammes.[50] Nun war allerdings – darauf wurde schon hingewiesen – die Zahl der Qurayšiten, die sich von Muḥammads göttlichem Auftrag und dessen Inhalt überzeugen ließen, vergleichsweise sehr gering, zudem enthielten sich Muḥammad und seine qurayšitischen „Gläubigen" bewußt jeder physischen Aggression. Einheitsbedrohend mochte jedoch die Qualität der Anhängerschaft des Propheten[51] erscheinen, und zwar unter zwei Aspekten: „Muslim" konnte – gleichberechtigt – jeder werden, ungeachtet seiner Clan-Zugehörigkeit und seines sozialen Status. Um zunächst Letzteres kurz zu erläutern: Muḥammads Prophetentum ist sicherlich nicht in erster Linie durch sozialreformerische Ziele bestimmt gewesen, doch die kompromißlose Unterscheidung von Gläubigen und Ungläubigen ließ notwendigerweise jede soziale Differenzierung außer Acht. So befanden sich unter den Anhängern Muḥammads eben auch Angehörige der untersten Schicht, die sogenannten „als schwach Angesehenen (*mustaḍʿafūn*)", deren niedriger sozialer Status in der Gefolgschaft Muḥammads bedeutungslos wurde, die vielmehr auf gleicher Stufe wie alle anderen qurayšitischen Muslime als Gläubige angesehen wurden, eine Qualifikation zudem, die sie – im Sinne der Lehren des Propheten – über alle ungläubigen Qurayš, mochten diese auch noch so vornehm sein, heraushob. Manche *mustaḍʿafūn* mögen daher in ihrem Anschluß an Muḥammad eine Chance für sich erblickt haben, den Qurayš dagegen mußte diese ganz ungewöhnliche „Gleichmacherei" als höchst suspekt, in ihren möglichen Konsequenzen – bei einem starken Anwachsen einer *solchen* Anhängerschaft des Propheten etwa – als für das gesamte (Sozial-)Gefüge des Stammes eben auch bedrohlich erscheinen.

Unter dem Aspekt einer möglichen Gefahr für die Einheit des Stammes dürfte es jedoch von noch größerer Bedeutung gewesen sein, daß sich unter den Anhängern Muḥammads Angehörige *aller* Sippen der Qurayš befanden. Die *mustaḍʿafūn*, im wesentlichen wohl Abhängige minderen Rechts, konnte man notfalls durch Pressionen und Gewalt zur Raison bringen; entsprechende Maßnahmen sind denn auch – wenn wir den Quellen glauben können, in sehr massiver Form (Folterungen etc.)[52] – von den Qurayš ergriffen worden. Mit den vollberechtigten Mitgliedern eines Clans jedoch ließ sich so einfach nicht verfahren, nicht einmal mit denjenigen der eigenen Sippe. Das Haupthindernis für ein gezieltes und systematisches Vorgehen gegen die „Gläubigen" bestand darin, daß die unbedingte Schutzpflicht eines Clans für seine Angehörigen ein sehr hoher Wert war, eine Verpflichtung somit, die sich keine Sippe von einer oder mehreren anderen leichthin bestreiten lassen wollte und konnte; die „Betroffenheit" *aller* Clans kam erschwerend hinzu, denn somit entfiel die Möglichkeit, eine oder einige wenige Sippen zu isolieren und ihrer Gläubigen wegen unter Druck zu setzen. Auch die führenden Clans der Qurayš waren eben nicht „verschont" geblieben: So konnte Muḥammad z. B. Abū Salama und al-Arqam von den Maḫzūm und Ḫālid b. Saʿīd sowie (den späteren Kalifen) ʿUṯmān b. ʿAffān von den ʿAbd Šams zu seiner Gefolgschaft zählen. Wenn auch diese Gefolgschaft des Propheten sehr klein blieb, wenn zudem seine Anhänger, meist junge Leute, in ihren jeweiligen Sippen nicht zur Prominenz gehörten, so konnte doch die breite – den gesamten Stamm erfassende – Streuung der quraysitischen Muslime die Opponenten Muḥammads sehr wohl beunruhigen: Im Ansatz war hier die Entstehung gänzlich *neuer* – und mit den bestehenden und als notwendig erachteten konkurrierender – Loyalitäten zu beobachten, die im Prinzip durchaus geeignet waren, die Einheit des Stammes zu sprengen. Dieser Gefahr zu begegnen, gab es nur zwei Möglichkeiten: Entweder – dies hatte Muḥammad gehofft und als die Erfüllung seines göttlichen Auftrages angesehen – der gesamte Stamm schloß sich dem Propheten und seiner Lehre an – dafür war die Zeit jedoch noch nicht reif; oder Muḥammad und seine Anhänger hatten den Stamm zu verlassen – das geschah mit der Hiğra in die sehr andersartige tribale Umwelt von Medina.

Muḥammad hatte sich, so wie die Qurayš die Dinge sahen und nach den tribalistischen Vorstellungen der Zeit auch sehen mußten, als Stammesangehöriger, als Qurayšit, selbst disqualifiziert: Er hatte mit seiner Aufforderung zum strikten Monotheismus ein unverzichtbares und äußeres Stammessymbol, den traditionellen Kultus bestimmter Gottheiten, angegriffen und für nichtig erklärt, er hatte damit gleichzeitig die normsetzende Verbindlichkeit der „Väter-"/Stammes-Tradition, die angesichts ungeschriebenen Rechts *die* Rechtsquelle schlechthin darstellte, angezweifelt, er hatte die „Tugenden" (*aḥlām*) seines Stammes, auf die sich dessen Selbstachtung und Ansehen gründeten, zu falschen Idealen entwertet, er hatte schließlich durch die Art von Gefolgschaft, die er für sich gewann, nämlich eine Schicht und Clan übergreifende Gruppe von Stammesangehörigen, eine – wenn auch noch nicht direkt aktuelle, so doch mögliche – Gefahr für die Einheit des Stammes sichtbar werden lassen. All dies ist noch – die Schwere der „Stammesschädigung" potenzierend – vor dem Hintergrund der Tatsache zu sehen, daß Muḥammads Ansichten und Wirken zunehmend auch außerhalb seines Stammes bekannt wurden, und in der damaligen wie in jeder tribalistischen Gesellschaft jegliche öffentliche Kritik am eigenen Stamm absolut unüblich war. Nachdem Muḥammad – einen kurzen Moment des Schwankens vielleicht ausgenommen[53] – keinerlei Kompromißbereitschaft hatte erkennen lassen, war es überhaupt keine Frage mehr, daß, sondern nur noch eine Frage, wann und wie Muḥammad und seine Anhänger aus dem Stammesverband der Qurayš auszuscheiden hatten.

c) Ächtung Muḥammads und die Gründung eines islamischen „Stammes"

Die allmähliche – wie sich später herausstellen sollte, nur vorübergehende – Loslösung Muḥammads und seiner Gefolgschaft von ihrem Stamm (in der Schwere des Inhalts und der Konsequenzen am ehesten noch vergleichbar mit dem heutigen „Verlust der bürgerlichen Ehrenrechte") vollzog sich vor allem unter zwei Aspekten: dem Versuch der Qurayš, dem Propheten die Anhänger abspenstig zu machen, womit sie hin und wieder Erfolg hatten, und ihrem Bemühen, die Sippe des Propheten, die Hāšim, dazu zu bewegen, Muḥammad gegenüber ihre Schutzpflicht aufzugeben, ihn damit „vogelfrei" zu machen. Der Koran und die frühe Geschichtsüberlieferung fassen diese Aktivitäten unter dem Wort *fitna* (= „Versuchung, Prüfung")[54] zusammen. Leichtes Spiel hatten die Qurayš bei dieser *fitna* jedoch nur mit den „Schwachen" (*mustaḍʿafūn*), den Angehörigen der unteren Schichten, in Muḥammads Gefolgschaft; diese konnten sie, wenn auch nicht ganz unwidersprochen, sehr harten, gerade auch physischen, Zwangsmaßnahmen aussetzen. Was die mit vollen Rechten ausgestatteten Stammesangehörigen betraf, so war der Zugriff auf sie nur über die durch die Schutzpflicht sehr stark gebundenen jeweiligen Sippen-Oberen möglich; ein diese Schutzverpflichtung auflösendes höheres (Stammes-)Recht existierte ebensowenig wie eine Stammes-Truppe, die man für eine gewaltsame Lösung hätte einsetzen können. Diesen stammestypischen Verhältnissen vor allem dürften es Muḥammad und seine Gefolgschaft verdankt haben, daß sie sich so lange – immerhin etwa ein Jahrzehnt – in ihrem Stamm noch haben halten können. Die zwar nicht lebensbedrohenden, aber äußerst entmutigenden Schikanen, denen sich die qurayšitischen Muslime von seiten ihrer Gegner ausgesetzt sahen, scheinen im Laufe dieses Jahrzehnts von unterschiedlicher Intensität gewesen zu sein. Möglicherweise auf einem Höhepunkt – um 615 – sah sich jedenfalls eine Gruppe von Muslimen bereits veranlaßt, das Stammesterritorium in Richtung Äthiopien zu verlassen, ein Land, das den Qurayš durch den Handel bekannt war und das den Muslimen aufgrund des monotheistischen (christlichen) Glaubens seiner Bewohner als geeigneter Zufluchtsort erschienen sein mag.[55] Muḥammad selbst „loszuwerden", ist seinen Gegnern erst sehr viel später gelungen, und gerade sein Beispiel zeigt, wie wenig im Grunde gegen die streng gewahrte Schutzverpflichtung eines Clans gegenüber seinen Angehörigen auszurichten war, selbst wenn dieser Clan, wie die Hāšim, keineswegs zu den führenden im Stamm gehörte. Sippenoberhaupt der Hāšim war seit Muḥammads Jugend und bis etwa 619 der schon erwähnte[56] Onkel (väterlicherseits) und Ersatzvater Muḥammads, Abū Ṭālib. Obwohl selber nie Muslim geworden – und damit vielleicht das eindrucksvollste personelle Beispiel für die Kraft der qurayšitischen Stammestradition, gegen die Muḥammad als Prophet anzukämpfen hatte –, hat er bis zuletzt allen Versuchen der Qurayš widerstanden, ihn zur Aufgabe des Sippenschutzes für Muḥammad zu veranlassen. Der bedrohlichste dieser Versuche bestand in einer feierlich beschworenen und auch schriftlich fixierten Vereinbarung, den gesamten Hāšim-Clan praktisch aus dem qurayšitischen Stammesverband auszuschließen, denn kaum etwas anderes als dies bedeutete die Einigung darauf, die Hāšim vom Heiratsmarkt fernzuhalten, d. h. für die Zukunft das Entstehen von Verwandtschaftsbeziehungen zu den anderen Sippen zu unterbinden, und jeglichen innertribalen Handelsverkehr mit den Hāšim abzubrechen, d. h. ihnen die Lebensgrundlage zu entziehen. Anscheinend vor allem nur halbherzige (erzwungene?) Zustimmung einer Reihe von Qurayšiten zu diesem Komplott und bereits bestehende verwandtschaftliche Beziehungen zwischen den Hāšim und anderen Sippen haben dazu geführt, daß diese „Ächtung" nur etwa zwei Jahre lang (616–618) aufrechterhalten werden konnte.[57]

Den Anfang vom Ende für Muḥammads Existenzmöglichkeit auf qurayšitischem Stammesgebiet dürfte der Tod Abū Ṭālibs bedeutet haben (um 619), der zudem noch in großer zeitlicher Nähe zum Tode von Muḥammads Frau Ḫadīğa erfolgte, die dem Propheten wohl die wichtigste persönliche Stütze bei seinem Wirken gewesen war. Der vermutliche Nachfolger Abū Ṭālibs in der Führung des Hāšim-Clans, Abū Lahab, ein persönlicher Feind Muḥammads, der sogar in einer koranischen Offenbarung verflucht wird (Sure 111), wollte, wie es scheint, zwar zunächst trotz aller Feindseligkeit seiner Schutzverpflichtung noch nachkommen, wurde schließlich aber von führenden Qurayšiten zur Aufgabe dieser Verpflichtung bewogen, wenn wir der Überlieferung glauben können, durch den Hinweis auf eine besonders schwerwiegende Form von „Väter"-Verunglimpfung durch Muḥammad.[58] Was nun folgte, war eine ganze Serie von – zum Teil verzweifelten – Versuchen des Propheten, den überlebensnotwendigen Schutz von einer tribalen Gruppe *außerhalb* seines Stammes zu bekommen.[59] Die Art von Muḥammads Vorgehensweise dabei war naheliegend: Er bot sich zunächst einem seßhaften Nachbar-(= Konkurrenz-)Stamm, den Ṯaqīf in Ṭā'if, an, die ihm in ziemlich massiver Form ihr Desinteresse bekundeten. Er nutzte ferner die Anwesenheit einer Vielzahl von Nomaden-Seminomaden-Stämmen in der Gegend von Mekka während der Periode des großen Ḥağğ,[60] um eine ganze Reihe von jeweiligen Stammes-Scheichs für sich und sein Anliegen zu interessieren. Doch auch die Reaktionen der Ḥağğ-Teilnehmer waren fast durchweg ablehnend bis auf eine – glückliche und von Muḥammad vielleicht kaum mehr erwartete – Ausnahme: Eine Gruppe von Ḥaǧǧ-Teilnehmern aus der ca. 400 km nördlich von Mekka gelegenen großen Oasensiedlung Yaṯrib (von Ortsfremden wohl schon damals als „die Stadt": *al-Madīna/Medina* bezeichnet) zeigte sich interessiert daran, mit dem in seinem Stamm isolierten Qurayšiten in nähere Verbindung zu treten.

Muḥammads weitgehende Erfolglosigkeit bei der Suche nach neuem tribalen Schutz ist eigentlich eher verwunderlich als selbstverständlich und bedarf deswegen einer kurzen Erläuterung. Für den Schutz eines Stammesfremden kannte das Gewohnheitsrecht der damaligen Zeit die beiden Institutionen des *ǧiwār* (eher befristet und gekennzeichnet durch eine deutlichere Distanz des Gaststammes zum Beschützten) und des *ḥilf* (längerandauernd mit einer Tendenz zum Unbefristeten, die Möglichkeit einer genealogischen Integration des Fremden in den neuen Stamm eher voraussetzend als ausschließend). Beide Formen des Schutzes waren durchaus gängig und nicht sonderlich schwer zu bekommen.[61] Die vielfache Ablehnung, die Muḥammad erhielt, dürfte folglich darin begründet sein, daß er sich den verschiedenen tribalen Gruppen als „Gesandter Gottes" präsentierte und nicht nur als ein Schutz suchender Stammesfremder. Damit war er für die potentiellen Schutzspender in dreifacher Hinsicht problematisch: Er verlangte die Zuwendung zum Monotheismus und damit – was ihn schon bei den Quravš hatte scheitern lassen – die Aufgabe einer wesentlichen Komponente der Stammestradition; mit der Anerkennung Muḥammads als „Gesandten Gottes" hätte sich zudem die Übernahme einer – wenn nicht *der* – Führungsposition im Gaststamme durch den Qurayšiten kaum vermeiden lassen; schließlich waren mit der Aufnahme Muḥammads kriegerische Verwicklungen – und seien sie auch nur defensiver Natur – mit den Qurayš zu befürchten. Diese Trias von Belastungen, die durch erkennbare Vorteile nicht aufgewogen wurde, wollte anscheinend – bis auf eine Ausnahme – keine der von Muḥammad angesprochenen tribalen Gruppen übernehmen.

Im übrigen scheint sich mit den von den Qurayš erzwungenen Bemühungen Muḥammads um die Aufnahme in einen *fremden* Stamm bereits ein Stilwechsel im Wirken des Propheten anzudeuten. Der göttliche Auftrag, das *eigene* Volk – die Qurayš – zu warnen und zur Umkehr zu bewegen, erweiterte sich nun auch auf andere Stämme, eine Grenze, zunächst mit unbestimmtem Ziel, war überschritten.[62] Hatte sich Muḥammad zudem während seiner Tätigkeit im eigenen Stamm eher in dienender Funktion gesehen, so trat er den fremden Stämmen gegenüber – möglicherweise durchaus aufgrund einer gewissen qurayšitischen Überheblichkeit – eher fordernd auf; im übrigen mag ihm bei seinen Verhandlungen mit den Stämmen deutlich geworden sein, daß ihm im Falle eines Erfolges, d.h. falls man ihn als „Gesandten Gottes" anerkannte und sich dem Islam zuwandte, eine erhebliche Machtposition im Gaststamm zufallen würde.[63] Die mögliche Verbindung von Prophetentum und „politischen" Funktionen mag sich ihm in diesen Zusammenhängen zum ersten Mal erschlossen haben. Ein solches Junktim ist jedenfalls bei seinen Verhandlungen mit den Leuten von Yaṯrib/Medina, die sich bereit erklärten, ihm Schutz zu gewähren und ihn bei sich aufzunehmen, „in nuce" bereits zu erkennen.

Doch bevor wir auf diesen neuen Aspekt im Prophetentum Muḥammads näher eingehen, ist noch die Frage zu stellen, weshalb der „Gesandte Gottes", der als solcher weder von den Qurayš noch von einer Reihe anderer Stämme akzeptiert wurde und wohl auch nicht akzeptiert werden konnte, einigen, offenbar nicht einflußlosen, Leuten aus der Oase Yaṯrib/Medina nicht nur akzeptabel, sondern anscheinend auch attraktiv erschien. Die Antworten auf diese Frage können – dies sei gleich vorweggenommen – nur vorläufig und vielfach hypothetisch ausfallen, aber diese Aporie diskreditiert die Notwendigkeit der Fragestellung gewiß nicht. Von einiger Bedeutung dürfte wohl der Tatbestand gewesen sein, daß sich die tribalen Verhältnisse in Yaṯrib von denen, in die Muḥammad hineingeboren war, auffällig unterschieden. Die Seßhaftigkeit der Bewohnerschaft von Yaṯrib, dies kann als sicher gelten, war nicht, wie dies mit den Qurayš in Mekka und Umgebung geschehen war, durch die Niederlassung *eines* Stammes zustande gekommen, sondern durch eine Reihe von aufeinanderfolgenden Immigrationen heterogener tribaler Gruppen.[64] Die Quellen nennen zwei Stämme, die Aws und die Ḫazraǧ, als die tonangebenden Gruppierungen im Yaṯrib-Gebiet zur Zeit des Propheten, doch verhielten sich deren jeweilige Clans und Sub-Clans in fortwährenden internen Auseinandersetzungen so wenig stammessolidarisch, d. h. nahmen in ihren ständig wechselnden Allianzen so wenig Rücksicht auf ihre Aws- oder Ḫazraǧ-Zugehörigkeit, daß sich – jedenfalls zur Zeit des Propheten – diese beiden Stämme in einem rapiden Auflösungsprozeß befunden haben müssen; es lassen sich sogar gute Argumente dafür ins Feld führen, daß die Berichte über das Vorhandensein zweier „Stämme" Aws und Ḫazraǧ auf sekundäre genealogische Rekonstruktionen zurückzuführen sind. Die größte tribale Einheit, soweit sie zu annähernd gemeinsamem Handeln führte, dürfte in Yaṯrib/Medina jedenfalls die Sippe gewesen sein. Allerdings zeigen die Nachrichten über die internen Streitereien auch wiederum, daß selbst in den Clans konstante Gemeinsamkeit nicht vorausgesetzt werden kann. Die schwere Durchschaubarkeit dieses bunten Gruppen-Mosaiks mag unter anderem auch noch – sowohl historisch als auch überlieferungsgeschichtlich – darin begründet sein, daß in Yaṯrib offenbar noch matrilineare/matrilokale Strukturen und Zuordnungen eine nicht unerhebliche Rolle spielten. Als eine ältere (wie alte?) Bevölkerungsschicht gaben zudem Sippen/Stämme jüdischer Religion Yaṯrib/Medina eine besondere Prägung: Drei Gruppen vor allem, die Qaynuqāʿ, die Naḍīr und die Qurayẓa, sind hier zu nennen; jüdische Stämme siedelten ferner in Oasen der weiteren Umgebung von Yaṯrib.

In dem grundlegenden Bündnisvertrag, den Muḥammad bald nach seiner

Ankunft in Yaṯrib/Medina mit der dortigen Bewohnerschaft geschlossen und schriftlich fixiert hat (dieser Vertrag begegnet in der Sekundärliteratur als „Gemeindeordnung", „Verfassung", „Constitution" u. ä. von Medina, alles Bezeichnungen, die wenig glücklich sind, da sie zu unsachgemäßen Assoziationen führen können[65]), werden die vertragschließenden Parteien als „die Gläubigen und Muslime von *den Qurayš* und von *Yaṯrib*" bezeichnet.[66] In diesem urkundlichen Quellenzeugnis erscheinen folglich Muḥammad und seine Anhänger unter einem Stammesnamen, ihre medinensischen Bündnispartner dagegen unter einem Toponym. Daraus geht mit aller wünschenswerten Deutlichkeit hervor, daß sich die Araber von Yaṯrib nicht (mehr) als Angehörige eines oder mehrerer Stämme verstanden haben; im weiteren Text des Bündnisdokuments werden denn auch nur noch verschiedene Sippen als zusammenfaßbare Gruppen genannt.[67] Diese Sippen nun befanden sich – dies wurde schon angedeutet – seit längerer Zeit mit häufig wechselnden Allianzen in fortwährenden bewaffneten Auseinandersetzungen, nahezu in einem Kampf eines „Jeden gegen Jeden", wobei es im wesentlichen darum ging, dem jeweils Schwächeren und/oder Konkurrenten das landwirtschaftlich nutzbare Gebiet abzujagen oder zu verkleinern. Etwa fünf Jahre vor der Ankunft Muḥammads in Yaṯrib hatte der letzte größere „Krieg", der „Tag von Buʿāṯ", stattgefunden, der aber offenbar wieder einmal von allen streitenden Gruppen verloren worden war, da keine sich entscheidende Vorteile hatte sichern können; es war zu einem labilen Waffenstillstand gekommen, oder vielleicht besser: zu einem Aufhören des Kampfes wegen allseitiger Erschöpfung . In solchen Fällen einer intern unlösbaren Verfehdung hatte es durchaus gute Tradition, einen Stammesfremden als Schiedsrichter zu bemühen, und so mag es sein, daß die ersten Kontakte von Medinensern zu Muḥammad, von dessen Wirken, aber auch von dessen Schwierigkeiten im eigenen Stamm man gehört haben dürfte, u. a. auch unter diesem Vorzeichen geknüpft worden sind.[68]

Einer von Selbstbewußtsein und wohl auch wirtschaftlichem Erfolg unterstützten Stammestradition der Qurayš in Mekka, die zudem über ein Clan-übergreifendes Gremium (*mala'*) verfügten, in dem Angelegenheiten des Gesamtstammes auf dem Wege der Beratung und des Kompromisses friedlich geregelt werden konnten,[69] stand somit in Yaṯrib/Medina eine nahezu hoffnungslose Fragmentierung verfeindeter tribaler Gruppen gegenüber, die aus eigener Kraft offenbar zu einer längerfristigen Einigung nicht mehr in der Lage waren. Auch in der Beurteilung der Person Muḥammads mußte der Kontrast zwischen Mekka und Yaṯrib/Medina erheblich sein: Für die Qurayš war der Hāšimit – mit gewissem Recht – ein unangenehmer, möglicherweise gefährlicher, Unruhestifter; den Bewohnern von Yaṯrib/Medina mußte der Qurayšit zunächst einmal als ein Ortsfremder erscheinen, der in ihre internen Streitigkeiten in keiner Weise involviert war, der zudem mit seiner kompromißlosen Haltung in der

Auseinandersetzung mit dem eigenen Stamm persönlichen Mut und Standhaftigkeit bewiesen hatte; als Außenstehender mit einigem persönlichen Profil konnte er somit für sie durchaus als Schlichter in ihren inneren Auseinandersetzungen in Frage kommen.

Den Leuten von Yaṯrib/Medina, die sich im Rahmen des großen Ḥaǧǧ – zweimal (?) 621 (?) und 622[70] – heimlich mit Muḥammad zu konkreten Abmachungen trafen, war allerdings mit Sicherheit bewußt, daß sie mit Muḥammad nicht nur einen (zeitweiligen) Schlichter in ihre Oasen-Siedlung aufnehmen würden, sondern einen „Gesandten Gottes", der seine Anerkennung als solchen und die Annahme des Inhalts seiner göttlichen Offenbarungen, d. h. den letztendlichen Übertritt seiner Bündnispartner zum Islam, als wesentliches Ziel nach seiner und seiner Anhänger Übersiedlung nach Yaṯrib verfolgen würde. Diese Erwartung scheint die einladenden Medinenser jedoch eher angezogen als abgeschreckt zu haben; anders ausgedrückt: sie scheinen ihn (auch) wegen seines Prophetentums und nicht trotz dieser Eigenschaft bei sich haben aufnehmen wollen. Die Gründe dafür können nicht mit letzter Sicherheit bestimmt werden, doch zwei – vielleicht richtungsweisende – Aspekte seien hervorgehoben. Zum einen war es offenbar mit dem „Heidentum" der Bewohner von Yaṯrib nicht sehr weit her. Sicherlich hatten auch die Medinenser ihre Götter und Götzen, doch ihrer weitgehenden gesellschaftlichen Fragmentierung und Zerstrittenheit scheint auch das Fehlen eines integrierenden und damit unverzichtbaren religiösen Kultus – von der Art des traditionellen „Väter"-Kultus der Qurayš etwa – entsprochen zu haben; wieweit zudem ihr andauerndes „innenpolitisches" Dilemma ihnen die Wirksamkeit ihrer Götter hat fragwürdig werden lassen, sei dahingestellt. Jedenfalls dürfte es den Medinensern ungleich leichter als den Qurayš gefallen sein, sich mit dem Gedanken eines Kultus-Wechsels zu befreunden, ja der Übergang zu einem Kultus, dessen wesentlicher Grundgedanke die Einheit war, mag ihnen geradezu als rettender Ausweg erschienen sein. So ist es sicherlich auch bezeichnend, daß es der Prophet mit einer spezifisch heidnischen Opposition in Medina nur ganz am Rande zu tun hatte.[71]

Der andere Aspekt ergibt sich aus der Tatsache, daß in Yaṯrib/Medina – wie bereits erwähnt – seit langem tribale Gruppen jüdischer Religion siedelten. Zwischen ihnen und den heidnischen Clans von Yaṯrib bestanden vielerlei Kontakte, waren sie doch in das Wechselspiel der Koalitionen und Gegenkoalitionen zwischen den medinensischen Sippen durchaus miteinbezogen. Der ausschließende Monotheismus und das Prophetentum Muḥammads dürften den Medinensern somit keine unbekannten Größen gewesen sein,[72] Konzepte jedenfalls, die ihnen sehr viel vertrauter sein mußten als den Qurayš, die allenfalls eine vage Vorstellung von einem „obersten Gott" gehabt zu haben scheinen,[73] dem aber kein festliegender Kultus gewidmet war, und die mit der Figur eines „Gesandten Gottes" offenbar nichts anzufangen wußten.[74]

Muḥammad und seine qurayšitischen Muslime sind – dies kann nicht deutlich genug hervorgehoben werden – auch mit ihrer Hiǧra im Jahre 622 weiterhin in einer tribal geordneten und bestimmten Umgebung verblieben, in einer Gesellschaftsordnung, die auch Muḥammad als Prophet gar nicht ändern konnte, selbst wenn er es gewollt hätte. Kaum etwas vermag dies besser zu verdeutlichen als Inhalt und Diktion des grundlegenden Abkommens, welches sehr bald nach der Hiǧra zwischen den qurayšitischen Neuankömmlingen und den sie aufnehmenden Bewohnern von Yaṯrib/Medina geschlossen und schriftlich fixiert wurde (die sog. „Gemeindeordnung/Verfassung" etc.):[75] Die am Abkommen beteiligten Clans von Yaṯrib erscheinen – einzeln namentlich aufgeführt – als weitgehend autonome Einheiten, die „Hiǧra-Leute von den Qurayš" werden ihnen wie ein weiterer Clan parallelgesetzt und gleichgestellt.[76] Die vorhandene tribale Struktur wurde folglich nicht „vertikal" durchbrochen oder gar aufgelöst, sondern nur „horizontal" ergänzt.

Was sich für Muḥammad und den Islam mit der Hiǧra als neu, anders und zukunftsweisend darstellte, war vielmehr einerseits die – im Verhältnis zum Qurayš-Stamm – sehr andersartige Ausformung der tribalen Verhältnisse in Yaṯrib, verbunden mit einer sehr verworrenen aktuellen Lage der medinensischen Interna – davon war bereits die Rede;[77] das war andererseits die Ausgangsposition Muḥammads und seiner Anhänger in ihrer neuen tribalen Umgebung – davon und von deren Konsequenzen wird jetzt noch kurz die Rede sein müssen.

Zieht man die Lage der Muslime im Qurayš-Stamm zum Vergleich heran, so ergibt sich zunächst als entscheidender Unterschied, daß Muḥammad als „Gesandter Gottes" und seine Gefolgschaft als Muslime in Yaṯrib/Medina prinzipiell erwünscht und damit geschützt waren. Die Zeit, da sie als Störfaktor im Stammesverband angesehen wurden und den Verlust des überlebensnotwendigen (Sippen-Stammes-)Schutzes befürchten mußten, war damit endgültig vorbei. Des weiteren hatte sich ein beachtlicher Teil der Bewohnerschaft in Yaṯrib/Medina – dadurch war die Hiǧra ja überhaupt erst möglich geworden – bereits dem Islam angeschlossen, und – dies ist wesentlich – die vorherrschende Tendenz in der Oasensiedlung ging in die Richtung einer permanent fortschreitenden Islamisierung der dort lebenden tribalen Gruppen bis hin zur Vollständigkeit. Damit begann sich eine Umkehrung der Relationen abzuzeichnen: Muslim zu sein, wurde in Yaṯrib/Medina zunehmend das Normale, die Ablehnung des Islam führte immer mehr in eine Außenseiterposition, derjenigen der Muslime im Stammesverband der Qurayš vor der Hiǧra vergleichbar.

Dieser quantitative Aspekt der fortschreitenden Islamisierung der Bewohnerschaft von Yaṯrib/Medina ist nun allerdings nur der äußere Ausdruck einer entscheidenden qualitativen Neubestimmung der medinensischen Clans: Mit der Aufgabe ihrer heidnischen Kulte und dem Wechsel zum Glauben und Kultus des monotheistischen Islam einigten sie sich – sei es nach langer Zeit wiederum, sei es zum ersten Mal überhaupt – auf ein gemeinsames Konzept und homogenes Handeln in einem zentralen Lebensbereich; nach außen hin bedeutete dieser zunehmend einhellige Kultuswechsel der Sippen von Yaṯrib/Medina die Annahme eines gruppenspezifischen, d. h. andere ausschließenden Merkmals und Erkennungszeichens hohen Ranges. Entsprechend den tribalistischen Vorstellungen der Zeit läßt sich dieser Vorgang somit durchaus auch als Stammeskonsolidierung, wenn nicht -gründung verstehen. Der von Muḥammad initiierte Grundlagenvertrag zwischen den qurayšitischen Muslimen und den medinensischen Clans (soweit sie damals schon islamisiert waren) drückt dies so aus: „*Sie* (d. h. die vertragschließenden Parteien; das Hinzukommen weiterer Personen[-gruppen] unter den gleichen Konditionen ist ausdrücklich vorgesehen[78]) *sind eine Konföderation/Gemeinschaft* (umma) *unter Ausschluß aller anderen*".[79] Die hier unter dem Vorzeichen des Islam ins Leben gerufene Gemeinschaft/Konföderation konstituiert Gemeinsamkeit eindeutig unter zwei Aspekten: Sie integriert – mit der wesentlichen Implikation des Schutzes – Muḥammad und die qurayšitischen Muslime in das Gefüge der medinensischen Clans, dies, wie oben erwähnt,[80] in der Form einer den Clans von Medina parallelgesetzten und gleichgestellten „Sippe"; sie faßt aber auch – und dies ist ebenso wesentlich – die vorher zur Einigung unfähigen Clans von Yaṯrib/Medina überhaupt erst – unter Einschluß der qurayšitischen Muslime – zu einer Einheit zusammen. Der Architekt dieser vorher nichtexistenten Konföderation/Gemeinschaft war der „Gesandte Gottes" und ihr wesentliches Kennzeichen damit der Islam; mögen sich auch zum Zeitpunkt des Vertragsabschlusses noch nicht alle beteiligten Medinenser formell zum Islam bekannt haben, auf die Dauer würden dieser neuen *umma* nur noch Muslime angehören können.

Die Funktion, so läßt sich zusammenfassend sagen, die der „Gesandte Gottes" in Yaṯrib/Medina erfüllen konnte, stellte nahezu das Gegenteil seiner Wirkungsmöglichkeiten im Qurayš-Stamm dar. Hier, im eigenen Stammesverband, konnte der Hāšimit – mit einigem Recht – als Gefahr für die Einheit des Stammes angesehen werden,[81] dort hat er mit Erfolg Einheit schaffen können; den Qurayš mußte er als potentieller Zerstörer guter alter (Stammes-)Traditionen erscheinen;[82] in Yaṯrib/Medina konnte er zum Traditionsbegründer werden. Die hoffnungslose Zerstrittenheit der tribalen Gruppen in Medina und die Tatsache, daß Muḥammad als Stammesfremder *und* „Gesandter Gottes" zur Verfügung stand, hat diesen für die Zukunft so entscheidenden Übergang der Islam-Anhänger von einer kaum geduldeten Minorität zu einer bestimmenden Majorität ermöglicht.

Für die neugeschaffene *umma* war der Islam zunächst einmal „nur" eine äußere Klammer und die Losung des Zusammenhalts. Ein grundlegend neues Ordnungsprinzip für die unter seinem Vorzeichen entstandene Konföderation/Gemeinschaft konnte er anfangs (noch) nicht darstellen. So wird in dem grundlegenden Bündnisvertrag die tribale Autonomie der sich zusammenschließenden Clans denn auch ausdrücklich hervorgehoben: „Sie regeln ihre internen Angelegenheiten selbst",[83] heißt es in ständiger Wiederholung für alle – nacheinander aufgezählten – am Bündnis beteiligten Gruppen, einschließlich des „Clans" der qurayšitischen Muslime. Ebenso eindeutig war es allerdings auch, daß Muḥammad innerhalb dieser auch weiterhin tribal strukturierten *umma* von Anfang an die beherrschende Persönlichkeit sein mußte; dazu bedurfte es keines Entschlusses seinerseits, nun auch „Staatsmann" werden zu wollen, keiner Veränderung seiner Persönlichkeitsstruktur oder gar der Grundprinzipien der ihm geoffenbarten Lehre. Diese Situation ergab sich vielmehr wie selbstverständlich aus der Tatsache, daß er der Repräsentant schlechthin des neuen Kultus war, der den Kristallisationskern für die medinensische Konföderation gebildet hatte. Aber mehr noch: Der neue Kultus unterschied sich von allen heidnischen Vorgängerkulten grundlegend dadurch, daß er nicht passiven Göttern galt, sondern die Verehrung eines aktiven, sich offenbarenden Gottes bedeutete; Muḥammad als Übermittler dieser Offenbarungen, die zudem zum Zeitpunkt der Hiǧra keineswegs abgeschlossen waren, vielmehr bis an sein Lebensende fortlaufend zu ihm „herabkamen" (so der islamische Terminus), verfügte damit über eine – sich ständig erneuernde – Legitimation zur Führung der unter dem Vorzeichen des Islam konstituierten *umma*, eine Legitimation, die in ihrem Rang mit nichts in seiner Umwelt bisher Bekanntem vergleichbar war, etwa auch weit über die Qualitäten und Vorrechte eines mit der Aufsicht über den Kultus einer heidnischen (Stammes-)Gottheit betrauten „Priesters" hinausging.

Muḥammads Führungsposition läßt sich nun nicht etwa in einen religiösen und einen politischen Bereich aufteilen; eine solche – uns heute geläufige – Aufspaltung hätten weder Muḥammad noch seine Zeitgenossen überhaupt verstanden. Will man die Führerschaft des „Gesandten Gottes" näher qualifizieren, so läßt sie sich vielleicht am ehesten als letzte/höchste Instanz in allen clan-übergreifenden Gemeinschaftsfragen beschreiben, in dem gesamten Handlungsbereich also, der durch die Konstituierung der *umma* überhaupt erst neu erschlossen worden war. In einem Zusatzdokument zu dem grundlegenden Bündnisvertrag, welches ebenfalls sehr bald nach der Hiǧra schriftlich fixiert worden sein dürfte,[84] findet sich abschließend und programmatisch folgende Bestimmung: „In allen Fällen, wo ihr verschiedener Meinung seid/euch nicht einigen könnt, soll die Angelegenheit vor Gott (Eulogie) und Muḥammad (Eulogie) gebracht werden".[85] Worauf man sich hiermit festgelegt hat, ist die Unterwerfung unter die – natürlich unanfechtbaren und endgültigen – Entscheidungen Gottes in strittigen Fragen; überhaupt erst erfahrbar und damit mitteilbar wurde der Inhalt dieser göttlichen Entscheidungen dann durch seinen Gesandten, eben Muḥammad. Das Eingreifen Gottes durch Muḥammad, und das bedeutete in der Praxis die Verfügungsgewalt Muḥammads innerhalb der medinensischen *umma*, wird hier nun allerdings auf diejenigen Fälle beschränkt, in denen keine Einigung erzielt werden kann. Damit ist zugleich indirekt ausgedrückt, daß es für den „Normalfall" Regeln gab, die unter dem Vorzeichen des Islam nicht geändert zu werden brauchten, Muḥammads durch den Islam in Verbindung mit seiner Eigenschaft als „Gesandter Gottes" legitimierte Verfügungsgewalt war also anfangs keineswegs total, und sie ist es – dies sei vorweggenommen – auch später nicht geworden. Zwar erweiterte sich im Laufe der Zeit der Handlungsbereich, in dem erst noch Einigung erzielt werden mußte und in dem daher Entscheidungen Gottes/Muḥammads notwendig wurden, beträchtlich, vor allem durch die neuen – und damit „eo ipso" regelungsbedürftigen – Aktivitäten der medinensischen *umma* unter der Führung des Propheten. Aber es blieben Lebensbereiche, die durch tribales Gewohnheitsrecht abgedeckt waren, die einer aus dem Islam abzuleitenden Normierung prinzipiell nicht bedurften. Von Beginn an zeigte sich hier somit ein Nebeneinander – das sich als Symbiose, Wechselspiel oder auch Gegeneinander äußern konnte – von neuen islamischen Regelungen und älteren tribalistischen Verhaltensnormen. Mit diesem *Spannungsfeld zwischen Islam und Tribalismus* fassen wir im übrigen – dies wird sich im Folgenden immer wieder zeigen – ein wesentliches, wenn nicht *das* wesentliche, Charakteristikum frühislamischer Geschichtsabläufe.

Für die Lebenszeit Muḥammads sei die hier namhaft gemachte Interrelation von Neuem und Altem abschließend noch an dafür charakteristischen und zugleich zukunftsträchtigen Verhaltensweisen des Propheten ein wenig näher verdeutlicht. Im größeren Zusammenhang der Verteidigung, Konsolidierung und Erweiterung der medinensischen *umma* durch den Propheten ist die Auseinandersetzung mit seinem Ursprungsstamm, den Qurayš, zweifellos das bestimmende Moment gewesen. Unter den vielfältigen Aspekten, die diese Auseinandersetzung geprägt haben,[86] hat gewiß der Wunsch des Propheten, seinen ursprünglichen göttlichen Auftrag zu erfüllen, nämlich „*sein* Volk" zu warnen und zur Umkehr zu bewegen, eine entscheidende Rolle gespielt. Dem ist nun – auf einer anderen Ebene – die Beobachtung an die Seite zu stellen, daß Muḥammad allem Anschein nach trotz aller – sehr wohl berechtigten – Feindschaft gegenüber seinem Stamm niemals gänzlich aufgehört hat, Qurayšit zu sein; man könnte mit einigem Recht von einem „character indelebilis" sprechen.

Zwar hat Muḥammad seinen Stamm in erbitterter Form bekämpft, wobei die Initiative dazu von ihm und nicht von den Qurayš ausging; zudem stehen die koranischen Offenbarungen, die den Muslimen den „heiligen Kampf (*ğihād*)" zunächst erlauben, später vorschreiben und damit in der Religion des Islam verankern, in engem Sachzusammenhang mit Muḥammads kriegerischen Aktionen gegen die Qurayš.[87] Das Ende der kriegerischen Auseinandersetzungen des Propheten mit seinem Stamm war jedoch eben gerade nicht die kriegerische Einnahme seiner Vaterstadt und die Auflösung des Qurayš-Stammes, sondern der weitgehend friedliche Einzug Muḥammads in Mekka (630) und die Eingliederung der Qurayš als Ganzes in die medinensische Konföderation.[88] Alledem war bereits lange vorher als grundlegender und richtungsweisender Schritt die Integration des spezifisch qurayšitischen Heiligtums der Kaʿba (schließlich auch der anderen Heiligtümer des großen Ḥağğ[89]) in die monotheistische Konzeption des Islam vorausgegangen,[90] dem folgte ein – durchaus innermuslimischer Kritik ausgesetzter – Waffenstillstand des Propheten mit den Qurayš (628 in Ḥudaybiya), durch den er mit beachtlichen Zugeständnissen seinerseits sich und seinen Anhängern die Erlaubnis erwirkte, die Kaʿba-Kultstätte ungestört zu besuchen,[91] was dann im darauffolgenden Jahr auch geschah. In diesen „qurayšitischen Kontext" scheint mir aber auch zu gehören, daß Muḥammad beim Einzug in Mekka seinen Stammesgenossen – das sofortige Bekenntnis des Islam nicht einmal durchweg voraussetzend![92] – eine weitestgehende Amnestie gewährte,[93] daß er unmittelbar nach dem Anschluß der Qurayš mit ihnen *zusammen* von Mekka aus ihre alten Gegner und Rivalen, die Stammesgruppierungen der Hawāzin und Ṯaqīf angriff und besiegte (bei Ḥunayn 630), daß er schließlich einige prominente Qurayš, die noch bis vor kurzem seine Gegner gewesen waren, bei der Verteilung der Beute von Ḥunayn beträchtlich bevorzugte.[94] Dieser ganze Komplex von Verhaltensweisen des Propheten dürfte sich doch wohl durch eine besondere Affinität zu seinem Ursprungsstamm immer noch am besten erklären lassen: Auf langen Umwegen war der Hiğra die Reintegration gefolgt, freilich nun zu den Konditionen des Propheten und des Islam. Für den weiteren Ablauf der islamischen Geschichte sollten dieser qurayšitische Grundzug in der Person des Propheten und die Konsequenzen, die sich daraus für sein Verhalten gegenüber seinem Stamm ergaben, jedenfalls von ganz erheblicher Bedeutung werden: Auch und gerade qurayšitische „Muslime der letzten Stunde" erhielten damit die Möglichkeit, in der *umma* bestimmende Funktionen zu übernehmen, schließlich sogar bis zur Würde des Kalifates (die Sippe Umayya = Umayyaden); andererseits sollten Rangstreitigkeiten zwischen (stammübergreifenden) „Altmuslimen" und qurayšitischen „Spätmuslimen" schon bald für erhebliche Unruhe innerhalb der *umma* sorgen. Auf den qurayšitischen Ursprung des Propheten ist es allerdings letztlich auch zurückzuführen, daß die Kaʿba in Mekka zum zentralen Heiligtum des Islam wurde und dies bis heute geblieben ist.

Das Zusammenwirken der neuen muslimischen Konzeption mit den älteren gesellschaftlichen Vorgaben der Zeit und der weiteren Umgebung des Propheten wird schließlich in seiner ganzen Vielfalt in derjenigen Ereignisabfolge – zugleich exemplarisch und zukunftsweisend – deutlich, die man als die „Einigung der Araber" durch Muḥammad bezeichnet hat.[95] Es ist nun hier nicht der Ort, diese Vorgänge im Detail darzustellen, dafür sei auf die grundlegenden Studien zum Thema verwiesen.[96] Nur auf einige für die Folgezeit bedeutsame Charakteristika sei in diesem Zusammenhang aufmerksam gemacht. Zunächst: Die Mittel, derer sich Muḥammad bei der Anbindung eines großen Teils (keineswegs der Gesamtheit) der tribalen Gruppen auf der Arabischen Halbinsel an die medinensische *umma* bediente, waren größtenteils nicht grundsätzlich neu, und – dies eine Folge dessen – das politische Gefüge, welches der Prophet bei seinem Tode hinterließ, war sicherlich kein arabischer oder arabisch/islamischer „Staat" in unserem Sinne. Die Wege, die zur Anbindung einer kontinuierlich größer werdenden Anzahl von tribalen Einheiten (oft unterhalb der Stammesebene bis hin zu Einzelpersonen) an den Propheten und die *umma* führten, bestanden im wesentlichen aus Verhandlungen, zu denen die Initiative zunächst eher von Muḥammad ausging, die aber mit fortschreitendem Erfolg des Propheten und der *umma* zunehmend mehr von bündnisbereiten tribalen Gruppen selbst in der Form von Delegationen (*wufūd*/sg. *wafd*) gesucht wurden; sie bestanden ferner in kriegerischen Unternehmungen (*maġāzī*/sg. *ġazwa*), die aber in ihrer überwiegenden Zahl eher den Charakter von kriegerischen Einschüchterungen als den von regelrechten Kriegszügen hatten; zu nennen ist schließlich der Zentripetal-Effekt des muslimischen Erfolgs, der zunehmend auch weiter entfernte tribale Gruppen den Blick nach Medina als einem maßgebenden politischen Zentrum auf der Arabischen Halbinsel richten ließ. Der Weg einer systematischen islamischen „Mission" oder gar von Missionskriegen dagegen wurde – dies verdient besonders hervorgehoben zu werden – nicht beschritten. Den – im Grundmuster – konventionellen Mitteln, mit denen der Prophet Sippen und Stämme auf der Arabischen Halbinsel an sich und die von ihm geführte *umma* band, entsprach – als Ergebnis – ein eher konventionelles Gefüge von Loyalitäten, das sich in der Qualität von früheren größeren Konföderationen nicht wesentlich unterschied (diese allerdings quantitativ wohl erheblich übertraf): Die Skala reichte von der direkten Ansiedlung kleinerer Gruppen im Bereich der Oase von Medina und von Bündnissen, die zu einem permanenten, vor allem auch kriegerischen, Zusammengehen mit dem Propheten führten, über Abkommen, aus denen zeitlich und/oder räumlich begrenzte Kooperation resultierte, bis zu nur wohlwollender – oder vielleicht besser: abwartender – Neutralitäts- bzw. Loyalitäts-Bekundung. Wesentlich ist bei alledem, daß die innertribale Autonomie, d. h. die Regelung der internen Personenbeziehungen nach den jeweils traditionellen Mustern, bei den Gruppen, die sich dem Propheten anschlossen, weitestgehend erhalten blieb.

Das – in seinen Formen und direkten praktischen Auswirkungen eher konventionelle – Bündnissystem des Propheten unterschied sich nun allerdings in einem Punkt fundamental von den Ergebnissen bisheriger Bündnispraxis auf der Arabischen Halbinsel: Muḥammad ist seine verschiedenartigen Bündnisse – und darüber hat er seine Partner kaum einmal im Zweifel gelassen – nicht als zunehmend mächtiger werdender Stammes-Scheich, sondern immer als „Gesandter Gottes" eingegangen. Ein Abkommen mit ihm war daher – zumindest aus seiner Sicht und der Sicht seiner Anhänger – von grundlegend anderer Qualität als alle Bündnisse althergebrachter Art. Die Verbindlichkeit eines – wie immer gearteten – Anschlusses an den Propheten und die medinensische *umma* war auf einer viel höheren Ebene angesiedelt als bisher: Die Bündnispartner gingen eine Verpflichtung unter dem Vorzeichen Gottes und des Islam ein.[97] Eine Verletzung von Abmachungen erhielt unter diesem neuen Aspekt dann den Charakter eines religiösen Vergehens. Die Frage war nun allerdings, wieweit dieses fundamental neue Bündnisverständnis des Propheten von seinen verschiedenen Partnern anerkannt wurde. Man wird diese Frage nicht generell beantworten können, auf jeden Fall mit erheblichen graduellen Unterschieden zu rechnen haben. Dabei ist vor allem zu beachten, daß sich keineswegs alle Gruppen, die sich dem Propheten anschlossen, auch direkt zum Islam bekannten,[98] und daß selbst manchen, die dies taten, im Koran eine nur formale und oberflächliche Islamisierung bescheinigt wird (Sure 49,14): ,,Die Beduinen sagen: ,Wir sind gläubig'. Sag: ,Ihr seid nicht gläubig. Sagt lieber: Wir haben den Islam angenommen. Der Glaube ist euch noch nicht ins Herz eingegangen.'" Ausschlaggebend bleibt dennoch, daß mit der religiösen Sublimierung konventioneller Bündnis-Formen ein bisher unbekanntes und zukunftsweisendes Element höherer Verbindlichkeit in die Bündnispraxis auf der Arabischen Halbinsel hineinkam, soweit sie ein Zusammengehen mit dem Propheten und der medinensischen *umma* betraf; ob mit diesem Zusammengehen ein direktes Bekenntnis zur Religion des Islam verbunden war, und wenn ja, welchen Tiefgang dieses hatte, spielte dabei eher eine sekundäre Rolle. In jedem Falle bedeutete es ein höheres Risiko, eine Abmachung mit dem Propheten zu verletzen, als ein Bündnis traditioneller Art aufzukündigen.

Die ,,Einigung der Araber" durch den Propheten bestand somit – dies läßt sich zusammenfassend sagen – sicherlich nicht in der Errichtung eines ,,Staates", sie beinhaltete nicht einmal die Unterwerfung der sich dem Propheten – freiwillig oder unter Druck – anschließenden tribalen Gruppen, denn diese behielten, auch wenn sie sich zum Islam bekannten, weitgehend ihre tribale Autonomie. Sie stellt sich – formal gesehen – eher als Aufbau einer sehr umfangreichen Konföderation alten Stils dar. Entscheidend neu war allerdings, daß der Bezugspunkt *dieser* Konföderation über die Mittlerfunktion des Propheten Gott und der Islam waren und ein Ausscheren aus ihr als religiöses Vergehen angesehen und geahndet werden konnte. Der Testfall für diese neue Bündnisqualität trat mit dem Tode des Propheten ein (632); sie bewährte sich: Ein erstaunlich großer Teil der zusammengeschlossenen Gruppen fühlte sich auch weiterhin seinem Bündnis mit dem Propheten verpflichtet; die übrigen wurden – bei anscheinend weitgehendem Konsens – der ,,Apostasie vom Islam (*ridda*)" für schuldig befunden und unter diesem Aspekt auf kriegerischem Wege zur Rechenschaft gezogen.

d) Islamische Neuerungen

Vor dem Hintergrund der bisherigen Ausführungen und vielfach an diese anknüpfend, sollen nun im folgenden die für eine historische Betrachtungsweise wesentlichen Phänomene kurz zusammengefaßt und charakterisiert werden, die, aus den Offenbarungen an Muḥammad und seinem Prophetentum sich direkt oder indirekt herleitend, die Basis für grundlegende Veränderungen im gesellschaftlichen und politischen Bereich auf der Arabischen Halbinsel und darüber hinaus bilden sollten. Da diese islamischen Neuerungen zwar ihren Ursprung durchweg in der Lebenszeit des Propheten haben, sich aber zum Teil erst in den Jahrzehnten nach seinem Tode voll entfalten und in ihren Konsequenzen deutlich werden, empfiehlt es sich, den Betrachtungszeitraum dementsprechend zu erweitern. Über die Grundlehren der Offenbarungen Gottes an Muḥammad und Muḥammads Prophetentum – die islamische Neuerung schlechthin! – ist im übrigen das in einem historischen Rahmen Notwendige bereits dargelegt worden, so daß wir uns hier auf die ,,Ableitungen" daraus beschränken können.

Islamisch definierte Personengruppen: Der Auftrag Gottes an Muḥammad, sein Volk, die Qurayš, zu warnen und sie zur Umkehr, d.h. zur ausschließlichen Verehrung des *einzigen* Gottes, zu bewegen, mußte zur Folge haben, daß sich für Muḥammad die in seinem Gesichts- und Wirkungskreis befindlichen Mitmenschen in zwei Gruppen schieden: diejenigen, die ihn als Propheten anerkannten und sich warnen ließen und diejenigen, die sich beidem verweigerten. Erstere werden in der koranischen Terminologie mit dem Ausdruck ,,für wahr Haltende/Gläubige – *al-mu'minūn*"[99] oder mit dem Wort ,,sich (Gott) völlig Unterwerfende – *al-muslimūn*"[100] als Gruppe zusammengefaßt, wobei *al-mu'minūn* (und grammatische Entsprechungen) im Koran die sehr viel häufigere Bezeichnung ist, während *al-muslimūn* (daher unser Lehnwort ,,Muslime") im weiteren Sprachgebrauch als Gesamtbezeichnung für die Anhänger der neuen Lehre zunehmend die Oberhand gewinnt. Zwei Sammelbezeichnungen auch für alle, die Muḥammad als Propheten nicht anerkannten und sich seiner Botschaft verschlossen: das – bereits im Koran – weit überwiegende Lehnwort (christlicher oder jüdischer Provenienz?) ,,Ungläubige/Undankbare – *al-kāfirūn, -kuffār*/sg. *-kāfir*" (und grammatische Entsprechungen),[101] ferner die oben schon erwähnte[102] Qualifizierung als ,,diejenigen, die (dem einzigen Gott) Gefährten beigeben; die Polytheisten – *al-mušrikūn*".[103]

Ursprünglich *nicht* zu den ,,Ungläubigen/Polytheisten (*-kāfirūn, -kuffār/-mušrikūn*)" hat der Prophet die in seinem Gesichtskreis liegenden Anhänger der älteren Offenbarungsreligionen, die Juden (*al-yahūd*) und Christen (*an-naṣārā* – ,,Nazarener"), gerechnet. Im Verständnis früher koranischer Offenbarungen hatten diese vormals die *gleiche* Botschaft Gottes erhalten wie Muḥammad, waren also bereits ,,Gläubige"; das erneute Sich-Offenbaren Gottes und die Erwählung Muḥammads als seinen Boten hatte nur zum Ziel, nun auch den noch ungläubigen Mitmenschen Muḥammads die ewig gültige Lehre und Gottesverehrung zu vermitteln. In den auf der Arabischen Halbinsel siedelnden tribalen Gruppen christlicher und jüdischer Religion, als Empfänger und Bewahrer der göttlichen Offenbarungen in Schriftform (Altes, Neues Testament) auch gemeinsam als „Buch-/Schrift-Besitzer (*ahl al-kitāb*)" bezeichnet, hat der Prophet daher – zunächst – seine natürlichen Verbündeten gesehen.[104]

Diese theologische und politische Einschätzung der „Schriftbesitzer" durch Muḥammad wendete sich jedoch sehr bald nach der Hiǧra zum Negativen aufgrund der konkreten praktischen Erfahrungen, die der Prophet beim Auf- und Ausbau der medinensischen „Konföderation (*umma*)" mit den in Yaṯrib/Medina siedelnden jüdischen „Schriftbesitzern" machte, verschiedenen Clans und tribalen Gruppen von einigem Gewicht.[105] Zwar erscheinen die Juden im grundlegenden Bündnisvertrag mit den Clans von Medina noch als assoziierte Mitglieder der neuen Konföderation,[106] aber sie verweigerten sich in der Folgezeit einer vollständigen Integration in die *umma*, indem sie sich deren entscheidendes „Stammesmerkmal" nicht zu eigen machen wollten: den Islam und die Anerkennung Muḥammads als Propheten.

Mit diesem Verhalten begaben sie sich notwendigerweise in eine mit der wachsenden Konsolidierung der *umma* zunehmend stärker werdende Isolation, waren vor allem im Zusammenhang mit den kriegerischen Aktivitäten des Propheten und der medinensischen *umma* (gegen die Qurayš in erster Linie) immer dem – berechtigten oder unberechtigten – Verdacht fehlender Loyalität und der Bereitschaft zur Kollaboration mit den Gegnern der Muslime ausgesetzt. Es war somit nur noch eine Frage der Zeit, wann die jüdischen Gruppen zum Verlassen des medinensischen Territoriums der *umma* gezwungen werden würden. Kriegerische Unternehmungen der Muslime gegen die Banū Qaynuqāʿ (624) und die Banū Naḍīr (625) endeten mit deren Auswanderung; die Banū Qurayẓa wurden, in einem Racheakt wegen angeblicher Aufkündigung ihres Vertrages mit dem Propheten während der Belagerung von Medina durch die Qurayš (627), regelrecht ausgerottet.[107] Jüdische Oasensiedlungen im weiteren Umkreis von Medina, die wichtigste Ḫaybar, der Zufluchtsort der vertriebenen Banū Naḍīr und damit eine ständige Bedrohung für die Muslime, kamen mit Unterwerfungsverträgen, die sie zu hohen Abgaben verpflichteten, davon.[108]

Für die weitere islamische Geschichte von weit höherer Bedeutung als die – hier nur kurz zusammengefaßte – Ereignisabfolge von Muḥammads enttäuschter Abwendung von den (jüdischen) „Schriftbesitzern" und den daraus folgenden Konsequenzen sollten jedoch die Aussagen der koranischen Offenbarungen werden, die direkt oder indirekt mit diesen Ereignissen in Verbindung stehen. Ganz allgemein ist festzustellen, daß in den

Offenbarungen an Muḥammad, vom Beginn seiner Auseinandersetzungen mit den Juden in Medina an bis zu seinem Tode, die „Schriftbesitzer" – und zwar in einer Art Kollektivhaftung *alle* „Schriftbesitzer" – in einem auch moralisch sehr negativen Licht erscheinen, in sehr große Nähe zu den „Ungläubigen" rücken.[109] Nur ihre einmal anerkannte und unbezweifelbare Qualifikation als Empfänger einer schriftlichen Offenbarung Gottes scheint sie davor bewahrt zu haben, gänzlich in die Kategorie der „Ungläubigen" = „Götzendiener/Heiden" eingeordnet zu werden. Die entsprechenden koranischen Offenbarungen, die mit den Juden besonders hart ins Gericht gehen, haben dann für die Zukunft bis heute das Gesamtbild der Muslime von den „Schriftbesitzern" als allenfalls „Halbgläubigen", die an der ihnen zuteil gewordenen Offenbarung Gottes Veränderungen vorgenommen haben, entscheidend bestimmt.

Diesem Bewertungs- und Stimmungswechsel gingen konkrete Änderungen im muslimischen Kultus parallel: Die ursprünglich in manchen Ausprägungen sichtbare Nähe der islamischen Religions*praxis* zum Gottesdienst der „Schriftbesitzer" wich deutlichen formalen Abgrenzungen.[110] Die einschneidendste und für die Zukunft bedeutsamste Änderung in diesem Zusammenhang dürfte wohl der Wechsel in der Ausrichtung (*qibla*) des rituellen Gebets (*ṣalāt*) gewesen sein, das nun nicht mehr mit dem Blick nach Jerusalem, sondern mit der Hinwendung zum Kaʿba-Heiligtum in Mekka zu vollziehen war.[111] Seines heidnischen Charakters gänzlich entkleidet wurde diese Kultstätte der Qurayš[112] durch Offenbarungen an Muḥammad, die den alttestamentlichen Patriarchen Abraham als Stifter dieses Heiligtums um den Schwarzen Stein historisch verankern. Mit der Offenbarung eines abrahamitischen Islam wurde dieser Religion aber gleichzeitig auch ein gutes Stück zeitliche (und damit indirekt sachliche) Priorität vor den beiden anderen Offenbarungsreligionen eingeräumt.[113]

Wie in dieser Welt mit den widerspenstigen „Schriftbesitzern", die nicht fähig gewesen waren, die ihnen zuteil gewordene göttliche Offenbarung in ihrer reinen Form zu bewahren,[114] für die Zukunft zu verfahren sei, wird in Sure 9,29 dann endgültig festgelegt, und entsprechend haben sich Muḥammad und die Muslime verhalten: Die „Schriftbesitzer" können und sollen zwar das Ziel kriegerischer Unternehmungen der Muslime sein, aber die Form ihrer Kapitulation braucht nicht in der (sicherlich wünschenswerten, aber aufgrund der bisherigen Erfahrungen kaum mehr zu erwartenden) Annahme des Islam zu bestehen, sondern kann durch die Leistung einer Abgabe (*ǧizya*) erfolgen, deren Art und Höhe allerdings nicht näher beschrieben wird. Mit dieser – eher resignativen – Offenbarung war für die Zukunft Bahnbrechendes geschehen: Sie eröffnete die Möglichkeit und bildete die Basis für ein Nebeneinander von Muslimen und Nicht-Muslimen (des „Schriftbesitzer"-Typs) innerhalb eines islamisch definierten und dominierten politischen Verbundes. Sie hat damit vor allem auch wesentlich dazu beigetragen, daß die islamische Herrschaft nach dem Tode des

Propheten so erfolgreich und schnell expandieren konnte; „Schriftbesitzer", denen die erobernden Muslime zunächst fast ausschließlich entgegentraten, konnten sich auf *ǧizya*, über deren Höhe sich verhandeln ließ, mit den Muslimen allenfalls einigen; mit der kompromißlosen Forderung eines Übertritts zum Islam wären die Eroberer auf einen dauerhaft wohl kaum zu überwindenden Widerstand gestoßen.[115]

Nicht nur unter den Gegnern, auch unter den Anhängern des Islam und des Propheten haben sich schon zu Lebzeiten Muḥammads bedeutsame Differenzierungen entwickelt. So wurden innerhalb der medinensischen Konföderation zwei Gruppen terminologisch unterschieden: die mit Muḥammad aus ihrem Stamm ausgeschiedenen qurayšitischen Muslime, die „Hiǧra-Leute (*al-muhāǧirūn*)", und die aufnahmebereiten und mit ihnen verbündeten medinensischen Clans, die „Helfer (*al-anṣār*)". Die Tatsache einer solchen terminologischen Abgrenzung allein schon ist aufschlußreich: Sie akzentuiert die unterschiedliche Herkunft, tribale Zuordnung und Islam-Annahme der in der medinensischen *umma* zusammengefaßten Muslime. Ein völliges Zusammenwachsen beider Gruppen ist denn auch niemals erfolgt; im Gegenteil: Nur mit Mühe konnte nach dem Tode des Propheten eine Spaltung verhindert werden.[116] Entfernt deutet sich hier bereits das die ganze frühislamische Geschichte durchziehende Problem verschiedener „Klassen" von Muslimen an, wenn auch die Annahme, Muḥammad und seine qurayšitischen *muhāǧirūn* hätten die *anṣār* als „Muslime zweiter Klasse" betrachtet, sicherlich zu weit gehen würde. Dennoch bleibt zu beachten, daß immer dann, wenn die Hiǧra als ein besonderes Verdienst um den Islam hervorgehoben wird (z.B. 2,218), die *anṣār* grundsätzlich ausgeschlossen bleiben müssen.

Allem Anschein nach hauptsächlich in der Gruppe der *anṣār* ist der Personenkreis zu suchen, der mit der Negativbezeichnung „*al-munāfiqūn* (= Heuchler; besser vielleicht: Unzuverlässige[117])" zusammengefaßt wird. Hierbei handelt es sich um Medinenser, deren Islam-Zugehörigkeit zwar unbestreitbar war, die aber nicht zu bedingungsloser Gefolgschaft des Propheten in allen seinen Plänen und Unternehmungen bereit waren. Dies gilt vor allem für die Unterstützung seiner kriegerischen Aktivitäten, gerade auch weil sie – besonders anfangs – mit persönlichem Risiko und finanziellem Aufwand verbunden waren. Dazu kam die fehlende Bereitschaft, sich alle Feindbilder des Propheten uneingeschränkt zu eigen zu machen, so etwa auch, was die jüdischen Clans in Medina betraf; der Vorwurf der Lauheit und Kollaborationsbereitschaft lag somit nahe. In einer beachtlichen Zahl von koranischen Offenbarungen wird das Verhalten dieser *munāfiqūn* in äußerst negativer Form charakterisiert und verurteilt.[118] Damit war für die Zukunft eine Personenkategorie geschaffen, die im Rahmen *inner*muslimischer Auseinandersetzungen zur Disqualifizierung des jeweiligen Gegners immer wieder wirksam verwendet werden konnte.

Einen Islam minderer Qualität schließlich hat der Prophet offensichtlich

– und wohl mit Recht – bei den verschiedenen tribalen Gruppen, den *aʿrāb* (in der Sekundärliteratur meist: „Beduinen"), vermutet, die ihren bündnismäßigen Anschluß an die medinensische Konföderation – in Abmachungen sehr verschiedenartiger Verbindlichkeit[119] – mit dem Bekenntnis zum Islam und der Anerkennung Muḥammads als Propheten verbunden hatten.[120] Die oben zitierte koranische Offenbarung, die mit Bezug auf die *aʿrāb* zwischen dem (formalen) Bekenntnis zum Islam und dem (wirklichen) Glauben unterscheidet,[121] läßt hier an Deutlichkeit nichts zu wünschen übrig. Darüber hinaus darf man vielleicht sogar annehmen, daß eine völlige Gleichstellung von medinensischen Muslimen und muslimischen *aʿrāb* von beiden Gruppen – von den *aʿrāb* wegen der damit verbundenen höheren Verpflichtungen – nicht unbedingt auch gewünscht wurde.

Alle diese „natürlichen" Differenzierungen zwischen Muslimen, die sich aus der historischen Situation ihrer Islam-Annahme und ihrem Verhalten nach dem Bekenntnis zu dieser Religion ergaben, blieben als allgemeine Kriterien in der frühislamischen Geschichte auch weiterhin virulent, wobei nur die Personengruppen wechselten, auf die sie angewendet wurden. Was die Zeitgenossen des Propheten betrifft, so verwischten sich die ursprünglichen Unterscheidungen mit zunehmendem zeitlichen Abstand immer stärker: Nur wenige Generationen nach Muḥammads Tod erscheinen nahezu alle Muslime seiner Zeit als die einheitliche – und hochverehrte, da vorbildhafte – Gruppe der „Prophetengefährten (*aṣḥāb/ṣaḥāba* – sg. *ṣaḥābī*)". Die allmähliche Entwicklung, die auf eine zunehmende Erweiterung des *aṣḥāb/ṣaḥāba*-Begriffs hinauslief, läßt sich allgemein noch nachvollziehen. Sie führte über die Stufen: enge Vertraute des Propheten – Muslime der medinensischen *umma* – alle, die den Propheten gesehen und/oder mit ihm gesprochen haben – alle, die den Propheten vielleicht gesehen haben – alle, die Kontakt zu ihm hätten haben können, bis zu allen Muslimen der Lebenszeit des Propheten.[122]

Die auf der Basis des Islam entstandenen neuen Definitionen von Personengruppen haben nun allerdings die traditionellen älteren Zusammenordnungen und Abgrenzungen einer Stammesgesellschaft, d. h. die Einteilung nach dem Prinzip einer wirklichen oder auch nur angenommenen genealogischen Zusammengehörigkeit (*nasab*), nur überlagert und keineswegs verdrängt. Diese scheinen vielmehr – mal stärker, mal weniger stark – immer wieder durch. Bis zu einem gewissen Grade trägt sogar die Unterscheidung in *muhāǧirūn* und *anṣār* diesem Prinzip Rechnung, insofern hiermit die Qurayš von den medinensischen Clans (insgesamt) abgegrenzt werden; der islamische – besser vielleicht: islamhistorische – Inhalt der neuen Bezeichnungen ist auf alle Fälle noch kongruent mit dem unterschiedlichen tribalen Kontext der beiden Gruppen. In diesem Zusammenhang scheint mir auch die oben schon angesprochene[123] Affinität des Propheten zu den Qurayš insgesamt zu gehören, die ihn – unter bestimmten Umständen – dazu veranlaßt hat, bei seinem Ursprungsstamm von einer strikten Dichotomie „Gläubige – Ungläubige" und ihren Konsequenzen abzusehen. Besonders deutlich tritt das Nebeneinander von islamischen und älteren tribalen Gruppen-Definitionen in Überlieferungen zutage, welche die im Verlaufe größerer kriegerischer Unternehmungen des Propheten auf *beiden* Seiten Gefallenen in Form von Listen namentlich aufführen. Das übergeordnete Einteilungsprinzip in diesen Listen ist zwar *muslimūn – mušrikūn* und innerhalb der *muslimūn* noch *muhāǧirūn – anṣār*, doch die Namen der Gefallenen sind dann – als *nächst*liegendem Bezugsrahmen – ihren nacheinander einzeln aufgeführten Clans zugeordnet.[124]

Schließlich ist hier noch auf das Entstehen eines „islamischen Adels" hinzuweisen, der sich nicht nach Verdiensten um den Islam bestimmte, sondern dem genealogischen Prinzip folgte, nämlich der – mit fortschreitender Zeit zunehmend weitergefaßten – Verwandtschaft zum Propheten (*qarāba*).[125] Während den Verwandten des Propheten bereits im Koran gewisse Vergünstigungen zugestanden werden,[126] entwickelt sich vor allem *nach* dem Tode des Propheten die Eigenschaft der *qarāba* zu einem wichtigen Kriterium bei der Frage, wer zur Führung der *umma* berechtigt sei. Das schiitische Herrschaftskonzept ebenso wie nicht-schiitische Kalifats-Theorien sind von dieser Art genealogischen Denkens bestimmt, und ganz allgemein wurde – mit zunehmendem Zeitabstand – die Abstammung vom Clan des Propheten (Hāšim), dann von seinem Stamm (Qurayš) zum Adelsprädikat schlechthin.

Kultische und rechtliche Regelungen: Die während der gesamten Lebenszeit des Propheten an ihn „herabgesandten" Offenbarungen Gottes, die bekanntlich erst nach seinem Tode in ihrer Gesamtheit unter dem – in älterer Zeit auch die einzelne göttliche Offenbarung bezeichnenden[127] – Begriff *qur'ān* (Koran) schriftlich fixiert worden sind, gaben dem Propheten oder den Muslimen auch eine Vielzahl von ganz konkreten Verhaltensmaßregeln, denen vor allem dies gemeinsam ist, daß ihre Befolgung oder Vernachlässigung sichtbar und nachprüfbar war, was innermuslimisch die Möglichkeit von (auch gegenseitigen) Kontrollen und gegebenenfalls Sanktionen bedeutete, aber auch – und dies ist sicherlich ebenso wesentlich – den Muslimen ihre Zusammengehörigkeit immer wieder konkret vor Augen führte; nach außen stellte die gemeinsame Befolgung der nach und nach offenbarten Verhaltensvorschriften das Erkennungsmerkmal der Muslime dar und bewirkte eine deutlich sichtbare Abgrenzung gegenüber allen „Ungläubigen".

Die konkreten koranischen Verhaltensmaßregeln betreffen die Form der Gottesverehrung (den Gottes*dienst* im weitesten Sinne) ebenso wie den Umgang der Muslime miteinander und ihr Verhalten gegenüber „Ungläubigen". Ersteres würden wir heute unter „Religion" oder „Kultus" rubrizieren, letzteres unter „Recht". Für Muḥammad und seine Zeitgenossen, und ihnen nachfolgend für die Muslime allgemein, war eine solche Distinktion, wenn überhaupt, allenfalls von weit nachgeordneter Bedeutung,[128] beherrschend im Vordergrund stand das Gemeinsame, nämlich daß es sich in allen Fällen um Offenbarungen Gottes handelte, zwischen denen prinzipiell kein Qualitätsunterschied bestand: Zur Gemeinschaft der Muslime zu gehören bedeutete (und bedeutet), *alle* Vorschriften Gottes gleichermaßen zu befolgen; eine individuelle Auswahl zu treffen, etwa nur die Vorschriften des Gottesdienstes als verbindlich anzuerkennen, war für Muḥammad und seine Zeitgenossen ganz undenkbar (und dies gilt auch heute noch für jeden ernsthaften Muslim). Auf dieses Prinzip der Gleichrangigkeit der Verhaltensmaßregeln gründete sich dann später auch die islamische Rechtsordnung, die Scharia (*šarīʿa*), wenn sie auch sachlich/thematisch – den Notwendigkeiten der historischen Entwicklung Rechnung tragend – weit über die Anordnungen des Koran, der weder ein „Katechismus" noch ein „Gesetzbuch" sein konnte und wollte, hinausgehen mußte. Nur ein Zugeständnis an die uns geläufige Systematik ist es daher, wenn im folgenden die gottesdienstlichen und die rechtlichen Neuerungen des Islam getrennt beschrieben werden; für die Muslime war und ist dies ein und derselbe Komplex verbindlicher göttlicher Anordnungen.

Mit dem öffentlichen Bekenntnis zum Islam durch die Worte: „Es gibt keinen Gott außer Gott. Muḥammad ist der Gesandte Gottes" übernahm ein nun zum Muslim gewordener „Ungläubiger" oder „Schriftbesitzer" die Verpflichtung, sich mehrmals am Tage in festliegenden Formen der reinen Gottesverehrung zu widmen, die absolute Herrschaft des einzigen Gottes in Demut anzuerkennen (nicht etwa zu ihm zu beten, ihn um etwas anzuflehen!), eine Handlung zu vollziehen, welche (die) *ṣalāt* (in der Sekundärliteratur meist: „rituelles Gebet" o.ä.) genannt wird.[129] Wie die meisten Verhaltensvorschriften für die Muslime, so ist auch die *ṣalāt* und ihr Handlungsumfeld erst nach dem Tode des Propheten allmählich in allen Details ausgearbeitet und festgelegt worden. Für die spätere Lebenszeit des Propheten mag nur dies als wahrscheinlich gesichert gelten: Die *ṣalāt* wurde dreimal (noch nicht fünfmal) am Tage verrichtet (morgens, mittags und abends); die Gebetsrichtung (*qibla*) war – nach ihrer programmatischen Änderung, von der oben bereits die Rede war[130] – das Kaʿba-Heiligtum in Mekka; zur *ṣalāt* wurde durch einen *muʾaḏḏin* (Muezzin) gerufen; vor diesem Akt der Gottesverehrung hatten die Gläubigen eine (rituelle) Reinigung vorzunehmen. Während die übliche *ṣalāt* an jedem beliebigen Ort und von jedem Muslim allein für sich verrichtet werden konnte, wurde es zur Regel, die Mittags-*ṣalāt* am Freitag in einer größeren Gemeinschaft zu vollziehen zugleich mit der Tendenz, dies an einem bestimmten Ort zu tun – hier der Ausgangspunkt für die Entstehung der Moschee (*masǧid* – „Ort des sich [vor Gott] Niederwerfens"), die auch bei aller späteren architektonischen Abgrenzung und Ausschmückung nicht als „heiliger" oder „geweihter" Ort, sondern immer nur als Versammlungszentrum für die mit dem Dienst an Gott befaßten Muslime verstanden worden ist. Für die Gemeinschafts-*ṣalāt* bürgerte sich der Brauch ein, daß die Muslime die festliegende Abfolge der Demutshaltungen (stehen, knien, kniend mit dem Kopf die Erde berühren) hinter einem Vorbeter (*imām*) verrichteten; dieser *imām* war in der Regel eine angesehene Persönlichkeit, ohne allerdings mit irgendwelchen „priesterlichen" Eigenschaften (Weihe/Mittlerfunktion zwischen Gott und den Gläubigen) ausgestattet zu sein, die dem Islam prinzipiell fremd sind.

Dem Gedenken an den Beginn von Gottes Offenbarungswerk im Monat Ramaḍān ist die prinzipiell alle Muslime verpflichtende Vorschrift gewidmet, sich während dieses Monats jeweils vom Beginn der Morgendämmerung bis Sonnenuntergang jeglichen Essens, Trinkens und Geschlechtsverkehrs zu enthalten („Fasten – *ṣawm/ṣiyām*").[131] Dieser das Leben der Muslime so typisch bestimmende Fastenmonat, dessen koranische Grundbestimmungen im Laufe der Zeit zu genauesten Regeln ausgearbeitet und mit einer Fülle begleitenden Brauchtums ausgestattet worden sind, war nicht lange nach der Hiǧra an die Stelle eines Tages-Fastens getreten, das sich wahrscheinlich an einen Brauch der (jüdischen) „Schriftbesitzer" angelehnt hatte; wie die Änderung der *qibla,* so gehört wohl die Institution des autonom-islamisch begründeten Ramaḍān-Fastens – zumindest auch – in den größeren Zusammenhang der programmatischen Abwendung und Abgrenzung von den sich dem Prophetentum Muḥammads und dem Islam definitiv verweigernden Juden und Christen.

In die gleiche Richtung – mit der auffälligen Affinität des Qurayšiten Muḥammad zu seinem Ursprungsstamm[132] als bestimmend hinzutretende Komponente – weist die Integration des vorislamischen großen Ḥaǧǧ[133] in den Pflichtenkanon islamischer Gottesverehrung.[134] Während die äußeren Formen des traditionell-arabischen Ḥaǧǧ (die Jahreszeit seiner Durchführung eingeschlossen) wohl im wesentlichen beibehalten und mit islamischen Inhalten ausgefüllt wurden, erhält nun allerdings das qurayšitische Kaʿba-Heiligtum – im heidnischen Ḥaǧǧ eher von marginaler Bedeutung[135] – eine zentrale Position. Die historische Fixierung Abrahams *(Ibrāhīm)* als Gründer dieser im islamischen Ḥaǧǧ zentralen Stätte der Gottesverehrung schloß nicht nur die „Heiden" definitiv vom Ḥaǧǧ aus, der vormals eines ihrer bedeutsamsten Feste gewesen war, auch die Ausgrenzung der „Schriftbesitzer" aus dem Islam war hiermit besonders massiv und nachhaltig vollzogen.[136] Der Besuch des Kaʿba-Heiligtums (unter Auslassung der anderen Stätten auch für sich genommen bereits ein verdienstvolles Werk – *ʿumra*) und damit der genuin islamische Ḥaǧǧ wurde den Muslimen erst nach dem Vertrag mit den Qurayš bei Ḥudaybiya (628) möglich; Muḥammad selbst hat den vollständigen Ḥaǧǧ sogar erst in seinem Todesjahr (632) durchführen können. Seine Handlungen und Verhaltensweisen während dieses Unternehmens sind dann zur Grundlage für die Erstellung des äußerst differenzierten Regelkanons für den muslimischen Ḥaǧǧ geworden.

Materielle (finanzielle) Notlagen und Notwendigkeiten, sei es einzelner Muslime – dies bereits in der Zeit des Minoritäten-Daseins unter den Qurayš –, sei es der medinensischen *umma* insgesamt, haben dazu geführt, daß eine Fülle koranischer Offenbarungen die dazu fähigen Muslime zu Spenden (in der Sekundärliteratur meist „Almosen" – *ṣadaqa/zakāt* und verbale Derivate) aufruft. Der Ausgleich zwischen Arm und Reich als Ausdruck muslimischer Solidarität einerseits, die Unterstützung der vor allem auch kriegerischen Aktivitäten der medinensischen *umma* andererseits wird den Muslimen in diesen Offenbarungen teils empfehlend, teils als sichtbarer Ausdruck der Ernsthaftigkeit ihres Glaubens, teils aber auch drohend sehr nahegelegt. Damit rückte *ṣadaqa/zakāt* zumindest in die Nähe einer Pflicht für alle Gläubigen, die zu solchen Spenden in der Lage waren. In Bündnisabkommen mit tribalen Gruppen, die sich zum Islam bekannten, konnte die kumulative Verpflichtung der Bündnispartner auf die Abgabe einer *ṣadaqa* zudem ein Bestandteil des Vertrages sein.[137] Zu einer individuellen Pflicht für alle Muslime, die über ein bestimmtes Mindesteinkommen verfügten, und zu einer Abgabe, die in einem bestimmten prozentualen Verhältnis zum Besitz zu stehen hatte (Richtwert und Höchstgrenze 10%), zu einer regelrechten islamischen Religions-*Steuer* also, hat sich die *zakāt* (dieser Terminus setzt sich für die Pflichtabgabe durch, während *ṣadaqa* zunehmend mehr die freiwillige Spende meint) erst allmählich nach dem Tode des Propheten entwickelt.[138]

Eine sicht- und spürbare Abgrenzung der muslimischen *umma* von allen anderen tribalen Gruppen der Zeit bewirkten in gleicher Weise eine Anzahl von koranischen Vorschriften, die traditionelle Verhaltensweisen der damaligen arabischen Gesellschaft korrigierten oder auch reformierten. Zu einer generellen Veränderung der vorhandenen Gesellschaftsstruktur konnten und sollten diese Korrekturen sicherlich nicht führen, aber sie waren sehr wohl geeignet, den Sonderstatus der Muslime hervorzuheben, diesen ein Solidaritätsgefühl des Anders-(= Besser-)Seins zu vermitteln und in vielen Fällen auch, die medinensische *umma* für (noch) Außenstehende attraktiv zu machen. Letzteres gilt sicherlich weniger für das Verbot von Wein und Glücksspiel,[139] das vielleicht nicht so sehr in moralisch-disziplinarischer Absicht als vielmehr deswegen offenbart wurde, weil Weintrinken und Spiel in naher Verbindung zu spezifisch heidnischen Praktiken standen,[140] es dürfte aber gelten für den gesamten Komplex von Vorschriften, der die persönliche Sicherheit der in der *umma* zusammengeschlossenen Muslime betraf – man hat in diesem Zusammenhang von der Entstehung einer „Pax Islamica" gesprochen.[141] Zwar blieb der vorislamisch-tribalistische Grundsatz, daß eine Gruppe, der durch eine andere Schaden (= Schwächung) zugefügt wurde, der verursachenden Gruppe gegenüber ein Anrecht auf gleichwertige Entschädigung hatte, und daß dieser Ausgleich durch die am direktesten Geschädigten innerhalb der einen Gruppe von den Verursachern innerhalb der anderen Gruppe persönlich eingefordert werden mußte (bei Personenschaden im Extremfall also „Blutrache" oder „Wergeld"), im wesentlichen unangetastet, doch wurde durch die entsprechenden koranischen Offenbarungen einem maßlosen Ausufern der möglichen Konsequenzen dieses Prinzips ein Riegel vorgeschoben. Zum einen wurde festgelegt, daß ein Streitfall nach Erlangung des Ausgleichs durch den geschädigten Personenkreis endgültig erledigt sein müsse, bei Totschlag also nach der Tötung eines Gleichwertigen unter den Verursachern, wobei die Gleichwertigkeit – dies ist wesentlich – nach dem Personenstand bestimmt wurde (ein Freier für einen Freien, Sklave – Sklave, Frau – Frau); die Vorschrift der Endgültigkeit sollte verhindern, daß der rechtmäßige Ausgleich als solcher von der betroffenen Gruppe wiederum als Delikt betrachtet wurde, der nun sie zu einem Ausgleich berechtige usw., die Blutfehde also sollte unterbunden werden; die Bestimmung der Gleichwertigkeit nach dem Personenstand sollte den zum Ausgleich Berechtigten die Möglichkeit nehmen, mit dem Argument, der bei ihnen Getötete (oder Verletzte) habe einen sehr hohen Wert gehabt (Ansehen, Alter, Kampfeskraft etc.), mehr als eine Person der Gegenseite zur Erlangung des Ausgleichs als „Opfer" in Betracht zu ziehen – hier mag das Konzept der prinzipiellen Gleichheit aller Muslime mit hineingespielt haben.

Zum anderen – und dies scheint wichtiger – haben koranische Offenbarungen die Bereitschaft, in solchen Fällen auf ein Recht ganz oder teilweise zu verzichten, vor allem aber von der Möglichkeit des materiellen Ausgleichs („Wergeld") vorzugsweise Gebrauch zu machen, deutlich favorisiert, ja als religiöses Verdienst apostrophiert. Ersteres führte bis dato – zumindest – in die Nähe der sozialen Ächtung, letzteres wurde weitgehend als ein Zeichen der Schwäche einer tribalen Gruppe ausgelegt. Die entsprechenden Offenbarungen an Muḥammad bedeuteten somit in diesem für das sichere Zusammenleben und für die Aktionsfähigkeit der gesamten *umma* zentralen Bereich eine massive Umwertung traditioneller Wertvorstellungen, die sicherlich nur deswegen akzeptiert werden konnte, weil sie von einer als solche anerkannten unangreifbar hohen Instanz ausging. Ohne jeden Zweifel haben diese Vorschriften und Ermahnungen Gottes, wozu in weiterem Sinne auch noch die drakonische Strafregelung für Diebstahl[142] zu rechnen ist, dazu geführt, daß es sich im Rahmen der islamischen *umma* sehr viel sicherer leben ließ als in außerislamischer tribaler Umgebung. Dies gilt auch noch für die ersten Jahrzehnte nach dem Tode des Propheten. Die dann auftretenden Störungen der „Pax Islamica" entsprangen nicht mehr in erster Linie den problematischen Konsequenzen des tribalistischen Rechts auf vollwertigen Schadensausgleich – so typisch für die endlosen Fehden des vorislamischen arabischen Tribalismus –, ihr Ausgangspunkt war vielmehr vornehmlich der Streit um das „richtige" Weiterleben einer islamischen *umma* ohne Propheten – doch davon wird später noch ausführlich die Rede sein müssen.

Entscheidend neue Akzente haben göttliche Vorschriften ferner in dem so wesentlichen Lebensbereich des gegenseitigen Verhältnisses von Mann und Frau gesetzt, obgleich auch hier wiederum vorislamische Grundmuster nicht „abgeschafft" und durch ein gänzlich neues Konzept ersetzt wurden.[143] Unangetastet blieb vor allem die weit überlegene Rechtsstellung des Mannes, etwa sein Initiativrecht auf Anbahnung und Auflösung eines Eheverhältnisses, seine – auch finanzielle – Dominanz innerhalb der Ehe, sein Recht auf mehrere Frauen, sei es im Rahmen einer Ehe, sei es – auch gleichzeitig – im Rahmen des (legalen) Konkubinats (mit Sklavinnen). Immerhin wird einem Mißbrauch dieser unbestrittenen Herrschaft des öfteren empfehlend und warnend Einhalt geboten, die Herrschaft damit eher in die Nähe von Verantwortlichkeit gerückt.[144]

Eine wesentliche „atmosphärische" Veränderung im Verhältnis der Geschlechter zueinander bedeutete es zudem, daß Mann und Frau in ihrer Eigenschaft als Gläubige als prinzipiell absolut gleichberechtigt angesehen wurden; eine Ebene, auf der ein solcher grundsätzlicher Ausgleich des Gefälles zwischen den Geschlechtern hätte stattfinden können, war bis dahin nicht existent, ihre Schaffung kann man mit gewissem Recht als revolutionär bezeichnen. Einmal davon abgesehen, daß Musliminnen auf dieser Basis ganz allgemein unter günstigeren Rahmenbedingungen leben konnten als ihre „heidnischen" Geschlechtsgenossinnen, hatte diese religiöse Gleichberechtigung zur Folge, daß sich Frauen in einem wichtigen Lebensbereich die gleichen Verdienste wie Männer erwerben konnten, so etwa auch später als Trägerinnen religiösen Wissens eine nicht unbedeutende Rolle im spezifisch islamischen Wissenschaftsbetrieb zu spielen vermochten.[145]

Über diese grundsätzliche Aufwertung des Frauenbildes hinaus und gewiß davon ausgehend kam es dann durch koranische Offenbarungen auch zu sehr konkreten Einschränkungen der traditionellen männlichen Dominanz. Dies geschah – entscheidend – vor allem über finanzielle Regulative. So wird die Brautgabe des Mannes nach Vollzug der Ehe Eigentum der Frau (nicht mehr Eigentum ihrer Familie, genauer: des männlichen Teils dieser Familie), wie sie auch allgemein in der Ehe Vermögen erwerben und über dieses – bei strikter Gütertrennung! – verfügen kann. Wenn auch mit geringerem Anteil als die männlichen Berechtigten, so kann sie doch überhaupt (das ist das Entscheidende!) Verwandte, auch ihren Mann, beerben. Als Geschiedene oder Witwe ist sie zudem – ihre neue finanzielle Eigenständigkeit gab dazu überhaupt erst die Möglichkeit – jeder männlichen Verfügungsgewalt entzogen: weder ihre noch die Verwandten ihres Mannes haben gegen ihren Willen Zugang zu ihrem Vermögen oder das Recht, sie wieder zu verheiraten.

Ebenfalls eindeutig zugunsten des weiblichen Bestandteils der muslimischen *umma* regeln göttliche Offenbarungen die traditionelle Erscheinungsform der Polygamie. Gewiß nicht der Gesichtspunkt einer Erweiterung der Möglichkeiten des sexuellen Genusses, sondern eindeutig der Aspekt der – gerade auch finanziellen – Fürsorgepflicht des Mannes steht bestimmend im Vordergrund: Allenfalls vier Frauen sind gleichzeitig gestattet, und nur dann, wenn der Mann in der Lage ist, auf der Basis der Gleichheit seiner Frauen die materielle Versorgung und die emotionale Zuwendung zu gewährleisten; die entsprechenden Offenbarungen scheinen im übrigen gewiß nicht den Charakter einer Ermunterung zur Polygamie zu haben, sie erwecken eher den Eindruck einer Warnung vor den damit verbundenen Belastungen und Risiken, geben eher Verhaltensratschläge für den Fall ihrer Unvermeidbarkeit.

Gewiß ist das Bild, welches sich aus all diesen koranischen Vorschriften und Regeln für das Verhältnis der Geschlechter zueinander ergibt, von einer „Gleichberechtigung“ im Sinne heutiger Vorstellungen und Forderungen meilenweit entfernt. Der einzig zulässige Vergleich, nämlich derjenige mit der Situation auf der Arabischen Halbinsel zur Zeit Muḥammads, muß jedoch zu dem Urteil führen, daß hier grundlegend neue Akzentsetzungen vorgenommen worden sind, die sich vielleicht so zusammenfassen lassen: Innerhalb einer eindeutig von Männern dominierten Gesellschaft verliert die Muslimin den nahezu ausschließlichen Objekt-Charakter ihrer heidnischen Geschlechtsgenossin, ihr werden vergleichsweise bedeutsame Möglichkeiten – sowohl in materieller als auch in ideeller Hinsicht – eröffnet, auch als handelndes Subjekt aufzutreten.

Kampf im Dienst Gottes: In der zeitlichen und gesellschaftlichen Umgebung Muḥammads und der Muslime bedeutete der Einsatz kämpferischer Mittel zum Erhalt und zur Stärkung der jeweiligen tribalen Gruppe etwas Normales, zum Leben Gehöriges; ja mehr noch, ein Großteil der Tugenden, die eine Einzelperson, und des Ansehens, das eine tribale Gruppe erwerben konnte, hatte seinen Ursprung in kriegerischen Aktivitäten.[146] Das Vorhandensein koranischer Vorschriften und Regeln zum Thema „Kampf und Krieg“ (*nach* der Hiǧra; während des Minoritätendaseins der Muslime unter den Qurayš hätte kriegerisches Verhalten Selbstmord bedeutet) ist daher alles andere als außergewöhnlich, das Fehlen entsprechender Offenbarungen wäre eher verwunderlich. Bezeichnenderweise stellen denn auch die hier einschlägigen Koranverse keine Rechtfertigung kriegerischer Aktivitäten als solcher oder gar eine islamreligiöse Kriegstheorie dar; nicht von der Legitimität des Kampfes mußten die Muslime überzeugt werden, sondern davon, daß der Einsatz dieses legitimen Mittels trotz aller damit verbundenen Risiken und der zu erwartenden personellen und materiellen Opfer in seiner Zielsetzung und in den Formen seiner Durchführung sinnvoll, ja notwendig war.[147] Vor allem bei den nicht-qurayšitischen (medinensischen) Gruppen innerhalb der islamischen Konföderation scheint hier immer wieder erneute Überzeugungsarbeit angezeigt gewesen zu sein.

Die Notwendigkeit intensiver Überzeugungsarbeit wird aus der Wahl des ersten und in der Folgezeit die gesamten Kampfesaktivitäten der Muslime wesentlich bestimmenden Gegners verständlich. Muḥammad wagte es bereits wenig mehr als ein Jahr nach der Hiǧra, die Qurayš (und damit die mit diesen verbündeten tribalen Gruppen) herauszufordern, indem die Muslime Handelskarawanen von ihnen überfielen, die erste zudem – eine auch in einer koranischen Offenbarung (2,217) zugegebene Ungeheuerlichkeit! – während einer rechtlich geschützten („heiligen") Zeit.[148] In diesen ersten Angriffen auf qurayšitische Handelszüge ist doch wohl eine grundsätzliche Kampfansage Muḥammads an seinen Ursprungsstamm zu sehen, mag auch das Bestreben, die materielle Lage der *muhāǧirūn*-Gruppe innerhalb der medinensischen Konföderation zu verbessern, eine Rolle dabei gespielt haben.[149] Denn daß es die Qurayš für die Zukunft dabei bewenden lassen würden, solche Bedrohungen ihrer lebenswichtigen Handelsaktivitäten nur abzuwehren, hat Muḥammad kaum annehmen können. Seinen ursprünglichen prophetischen Auftrag, seinen Stamm zu warnen und zum Bekenntnis des monotheistischen Islam zu bewegen, suchte Muḥammad anscheinend von nun an mit anderen – im übrigen durchaus zeitgemäßen und legitimen, wenn auch zunächst höchst risikoreichen – Mitteln zu erfüllen.[150]

Daß der Kampf der Muslime in erster Linie der „Wiedervereinigung" mit den Qurayš unter islamischen Vorzeichen galt, wird vor allem auch aus koranischen Angaben über die Ziele dieses Kampfes deutlich: Die Muslime sollen gegen die Ungläubigen kämpfen, bis die *fitna* aufhört und Glaube und Kultus (*dīn*) ausschließlich auf Gott ausgerichtet sind (Sure 2,193 und 8,39). Unter *fitna* (= Versuchung) ist hier die Summe aller Aktivitäten der Qurayš (und nicht anderer tribaler Gruppen, die dazu weder willens noch in der Lage waren) zu verstehen, die Muslime, seien es solche, die noch unter ihnen lebten, seien es die *muhāǧirūn,* zur Apostasie vom Islam zu verlocken oder zu zwingen;[151] das Aufhören der *fitna* ist dann erreicht, wenn „Glauben und Kultus" eben dieser Qurayš auf Gott ausgerichtet sind, mit ihrem Bekenntnis zum Islam also.

Die wichtigsten Stationen auf dem ca. sechsjährigen Weg vom Beginn der Kämpfe bis zum Ende der *fitna,* für Muslime bis heute klangvolle Namen und ruhmreiche Ereignisse, seien hier nur in aller Kürze charakterisiert: Ein vor allem für das Selbstvertrauen und den Zusammenhalt der medinensischen Konföderation bedeutsamer Sieg über die seinerzeit anscheinend zahlenmäßig erheblich überlegenen Qurayš und ihre Verbündeten gelang Muḥammad und seinen Muslimen 624 bei Badr; eine Art Rachefeldzug der Qurayš für ihre Toten bei Badr ein Jahr später (625) endete in einem Treffen am Berg Uḥud nicht weit (nördlich) von Medina eher mit einer Niederlage der Muslime, doch scheint der halbe Sieg der Qurayš nicht überzeugend genug gewesen zu sein, um sie zu weitergehenden militärischen Aktionen gegen Medina veranlassen zu können. Dies geschah dann nach umfangreichen Vorbereitungen, vor allem auch durch Mobilisierung kooperationswilliger Stämme, zwei Jahre später (627) mit dem Versuch, Medina einzunehmen, ein Vorhaben, das anscheinend in erster Linie daran gescheitert ist, daß die Muslime sich – eine ganz ungewöhnliche und für die Angreifer offenbar völlig überraschende Taktik – durch Ausheben eines Grabens (*ḫandaq*) verteidigten; als Ḫandaq ist diese erfolglose Belagerung Medinas durch die Qurayš und ihre Verbündeten denn auch in die islamische Geschichtsüberlieferung eingegangen. Der prestigeträchtige Erfolg der Muslime bei Ḫandaq, für die Qurayš der unübersehbare Hinweis darauf, daß eine Ausschaltung der medinensischen *umma* mit kriegerischen Mitteln kaum noch möglich sein werde,[152] hat den Qurayšiten Muḥammad allerdings nicht dazu veranlaßt, das Ende der *fitna,* nämlich die Islamisierung seines Ursprungsstammes, nun seinerseits ausschließlich oder auch nur vorwiegend auf kriegerischem Weg herbeizuführen. Ein Jahr nach Ḫandaq (628) handelte er mit den Qurayš – unter erheblichen Zugeständnissen – bei Ḥudaybiya einen auf zehn Jahre befristeten Waffenstillstand und die Konzession eines Besuchs des Kaʿba-Heiligtums im nächsten Jahr aus.[153] Zwar verletzte er das Waffenstillstandsabkommen zwei Jahre später (630), indem er mit einer offenbar imponierenden Kriegsmacht – tribale Gruppen in größerer Zahl hatten sich von seinen Erfolgen überzeugen lassen und waren ihm gefolgt – vor seine Vaterstadt zog, doch machte er von seiner militärischen Überlegenheit keinen Gebrauch: Großzügige Sicherheitsgarantien seinerseits nahmen Widerstandswilligen ihre Befürchtungen; der Prophet und die Muslime zogen in Mekka ein; Tötung, Plünderung, Zerstörung – das Mögliche, ja eher Übliche – standen nicht zur Diskussion.[154] Von den möglichen Gründen für dieses Verhalten des Qurayšiten Muḥammad war oben bereits die Rede.[155]

Parallel zu den Kämpfen und Maßnahmen des Propheten und der Muslime für die Integration der Qurayš in die muslimisch-medinensische Konföderation, doch diesen in der sachlichen Gewichtung im wesentlichen nachgeordnet (allerdings häufig indirekt mit ihnen in Verbindung stehend), führten die Muslime eine Vielzahl weiterer kriegerischer Aktionen durch, keineswegs immer unter Führung des Propheten und oft nur mit geringer Teilnehmerzahl und sehr begrenzten Zielen. Die zahlreichen kleineren Expeditionen – „Razzien" traditionellen Stils – hatten, dienten sie nicht nur schnellem Beutegewinn, vor allem den Zweck, tribale Gruppen (auch christlicher und jüdischer Religion) im näheren, später weiteren, Umkreis von Medina auf dem Wege der Einschüchterung zur Zusammenarbeit mit der medinensischen *umma* zu bewegen oder wenigstens zu verhindern, daß sie mit Gegnern der Muslime kollaborierten, gegebenenfalls auch, sie für diesen gewährte Unterstützung zu bestrafen. Es ging um die – nur in mühevoller Kleinarbeit zu erreichende – allmähliche Erweiterung der Kontrolle Medinas über arabische Stämme, Unterstämme und Clans, einer Kontrolle, die eine sehr unterschiedliche Form und Festigkeit der Anbindung der verschiedenen Gruppen an die medinensische *umma* beinhaltete, im übrigen allerdings kaum einmal mit den Kategorien „Herrschaft" und „Unterwerfung" beschrieben werden kann.[156] Drei umfangreiche Unternehmungen dieser Art und Zielsetzung seien hier hervorgehoben: Die beiden „Nord-Expeditionen" 629 nach Mu'ta (im heutigen Jordanien), bei der die Muslime zum ersten Mal byzantinisches Territorium betraten, aber erfolglos blieben, und 630 – unter Führung des Propheten – nach Tabūk (im Norden des heutigen Saudi-Arabien), ein Unternehmen, das bei großem (personellen) Aufwand eher nur bescheidene Resultate erbrachte. Die im Zusammenhang mit diesen beiden Unternehmungen immer wieder gestellte Frage, ob bereits der Prophet eine Expansion des Islam über die Grenzen des eigentlichen Arabien hinaus in byzantinisches Gebiet (und möglicherweise andere Richtungen) im Blick gehabt habe, wird sich allerdings kaum schlüssig beantworten lassen.[157] Schließlich ist noch der muslimische Sieg bei Ḥunayn (630) im unmittelbaren Anschluß an den Einzug in Mekka zu nennen, weil es hier gelang, die einflußreichen Hawāzin- und Ṯaqīf-Stämme unter muslimische Kontrolle zu bringen, und weil bei diesem Unternehmen zum ersten Mal der Gesamtstamm der Qurayš unter muslimischem Vorzeichen und der Führung des ehemals „geächteten" Propheten beteiligt war.[158]

Zu den kriegerischen Auseinandersetzungen Muḥammads mit den Juden ist das in diesem Rahmen Notwendige bereits in anderem Zusammenhang gesagt worden:[159] Die – je nachdem wie man es sehen will: standhafte oder hartnäckige – Weigerung dieser medinensischen „Schriftbesitzer"-Gruppen, sich das integrierende Merkmal der von Muḥammad geschaffenen neuen Konföderation, Prophetentum Muḥammads und Islam, zu eigen zu machen, ließ sie zunehmend mehr als ein fremdes und gefährliches Element in der *umma* erscheinen; ihr Ausschluß aus dieser Gemeinschaft konnte, ja mußte vielleicht, dem Propheten als notwendig erscheinen, ganz ähnlich wie vordem seine eigene Ablehnung und Bekämpfung qurayšitischer Stammes-Spezifika *sein* Ausscheiden aus dem Qurayš-Stamm zur notwendigen Folge gehabt hatte.

Die kriegerische Herausforderung der einflußreichen Qurayš, die sich immer auch der Unterstützung durch eine Anzahl tribaler Gruppen zu versichern vermochten, aber auch das gewaltsame Vorgehen gegen alteingesessene jüdische Clans in Medina, die ja zunächst noch der Konföderation von Medina assoziiert waren,[160] und schließlich anstrengende, aufwendige und risikoreiche Unternehmungen wie etwa diejenige nach Tabūk haben offenbar nicht immer alle Gruppen der medinensischen *umma* für opportun gehalten und befürwortet. Andererseits ist mit einiger Sicherheit anzunehmen, daß nahezu alle Muslime kämpferische Aktivitäten zum (risikolosen) Vorteil der Gemeinschaft – im Sinne damaliger Wertvorstellungen – durchaus für normal und legitim hielten. Diese Gegebenheiten haben offensichtlich den Charakter der göttlichen Offenbarungen zum Kampf der Muslime vor allem in zweifacher Hinsicht geprägt: Sie konnten zum einen – darauf wurde bereits hingewiesen – auf eine theoretisch-theologische Rechtfertigung des Kampfes als solchen weitestgehend verzichten, zum anderen legten sie, deren ad-hoc-Charakter meist deutlich erkennbar ist, den Hauptakzent auf die Werbung von Kämpfern für bestimmte Vorhaben, die anscheinend nicht allen Mitgliedern oder Gruppen der medinensischen *umma* opportun erschienen, was die Zielsetzung, den Zeitpunkt oder die Art der Durchführung betraf.[161] Die Tendenz der Werbung für umstrittene kriegerische Notwendigkeiten äußert sich nun sowohl darin, daß die einzelnen Gläubigen sehr persönlich angesprochen werden, als auch in einer zum Teil sehr intensiven, herausfordernden Diktion. Die häufige Aufforderung an die Muslime lautet, sie sollten „sich abmühen auf dem Wege Gottes (für die Sache Gottes/im Dienst Gottes) unter Einsatz ihres Besitzes und ihres Lebens (*ǧihād fī sabīl allāh bi-amwālihim wa-anfusihim*)".[162] Die Intensität dieser jedes muslimische Individuum ansprechenden Aufforderung wird vielleicht am besten deutlich, wenn man sich deren negative Implikation vor Augen hält: Diejenigen, die sich dem Kampf verweigern, sind nicht bereit, im Dienste Gottes Mühen auf sich zu nehmen, die Sache Gottes ist ihnen den Einsatz von Leben und Besitz nicht wert. Damit nun rückt die Bereitschaft zum Kampf in die Nähe eines (notwendigen) Glaubensbeweises, seine Verweigerung kommt dem Unglauben nahe. In Offenbarungen, die in der 9. Sure zusammengefaßt sind, und die möglicherweise mit der Expedition nach Tabūk[163] in Verbindung stehen,[164] kommt dies in aller wünschenswerten Deutlichkeit zum Ausdruck: „Diejenigen, die zurückgelassen worden sind, freuen sich darüber, daß sie hinter dem Gesandten Gottes daheim geblieben sind. Es ist ihnen zuwider, unter Einsatz ihres Besitzes und ihres Lebens auf dem Wege Gottes sich abzumühen (= zu kämpfen), und sie sagen: ‚Zieht doch nicht in der heißen Jahreszeit („Hitze") aus!' Sag: ‚Das *Höllenfeuer* ist heißer.' Wenn sie doch Verstand annehmen würden [81]. Sie werden nur kurz lachen, aber (dereinst) lange zu weinen haben. (Dies geschieht) zur Vergeltung für das, was sie begangen haben [82] ... Und sprich niemals, wenn einer von ihnen stirbt, das Gebet über ihm und stehe nicht an seinem Grab! *Sie haben (ja) an Gott und seinen Gesandten nicht geglaubt und sind als Frevler gestorben* [84]." Nach der positiven Seite gewendet, wird ein Junktim von Glauben und Kampfesbereitschaft wenige Verse weiter in der gleichen Sure so hergestellt: „Aber der Gesandte und diejenigen, *die mit ihm glauben*, mühen sich ab (= kämpfen) unter Einsatz ihres Besitzes und ihres Lebens. Ihnen kommen (dereinst) die guten Dinge zu, und es wird ihnen wohl ergehen [88]." Darüber hinaus erhält auch der Tod während dieser „Mühewaltung im Dienste Gottes", während der Tätigkeit des *ǧihād* also, eine besondere Weihe (Sure 3,169f.). Die „für die Sache Gottes" Gefallenen sind nicht wirklich tot, sondern leben in großer Gottesnähe direkt weiter, umgehen somit die Schrecken des göttlichen Gerichtstages –

dies der Ausgangspunkt für das spezifisch islamische Kriegermartyrium.[165]

Die Notwendigkeit, die Muslime – vor allem auch in Medina – zur Teilnahme an kriegerischen Unternehmungen zu überreden, das Erfordernis der Werbung also, dürfte mit den sich einstellenden kriegerischen Erfolgen und der fortschreitenden Einflußerweiterung der medinensischen *umma* zunehmend geringer geworden sein. Die entsprechenden koranischen Offenbarungen mit all ihrer – hier nur kurz dokumentierten – religiösen Intensität blieben als Anweisungen und Richtlinien Gottes jedoch auch weiterhin bestehen und verbindlich. Dieser Tatbestand war dann vor allem für die weitere Entwicklung der islamischen Geschichte von außerordentlicher Bedeutung. Kampf und Krieg gehörte für fast alle tribalen Gruppen in der arabischen Gesellschaft zur Zeit des Propheten zum Lebensstil, auf wirklichen oder auch nur angenommenen kriegerischen Erfolgen beruhte wesentlich das Selbstbewußtsein und Ansehen eines Stammes, und mit Ruhmestaten im Kampf konnte der einzelne Stammesangehörige, auch seine Familie und sein Clan, zu Macht und Einfluß im Stamm gelangen. In den tribalen Gruppen, die sich, von den muslimischen Erfolgen bewogen oder auch genötigt, in zunehmend größerer Zahl der *umma* anschlossen, sich – in welcher Qualität auch immer – zum Islam bekannten, erwuchs der islamischen Gemeinschaft somit ein kriegerisches Potential von ganz erheblicher Stärke und Durchschlagskraft. Denn ein essentieller Bestandteil tribalistischer Lebensform im damaligen Arabien, der Kampf, ohnehin bereits auf der positiven Seite der Wertnormen-Skala angesiedelt, wurde nun – und nur darin bestand die islamische Neuerung – als „*ğihād* auf dem Wege Gottes" zu einem hochangesetzten religiösen Verdienst sublimiert, ja zu einer möglichen Form des Glaubensbeweises erhoben; diesen Glaubensbeweis zu erbringen fiel arabischen Stammeskriegern erheblich leichter als etwa die Erfüllung der *ṣalāt*-Pflicht oder die *ṣadaqa/zakāt*-Abgabe,[166] zumal die islamische Sache zunehmend mehr einen Erfolgskurs steuerte. Das bereitstehende kriegerische Potential bedurfte nur mehr einer den Interessen der *umma* zweckdienlichen Kanalisierung. An möglichen Gegnern mangelte es nicht: Noch gab es beträchtliche Gruppen von Nicht-Muslimen auf der Arabischen Halbinsel, doch richtete sich der Blick schon bald nach dem Tode des Propheten über diesen geographischen Raum hinaus; das byzantinische Syrien/Palästina und der persisch-sassanidische Irak begannen als Ziele kämpferischer Aktivitäten attraktiv zu werden. Daß die dortigen Nicht-Muslime in großen Teilen zugleich auch Nicht-Araber (*ʿağam*) waren, scheint auf die arabischen Stammeskrieger einen zusätzlichen Anreiz ausgeübt zu haben.[167] Doch damit stehen wir bereits am Beginn der islamischen Expansion, mit deren Hauptaspekten wir uns im folgenden Kapitel zu befassen haben.

2. Die arabisch-islamische Expansion

Als eine Art Vorspiel oder auch Generalprobe zu den umfangreichen muslimischen Eroberungen, in deren Verlauf die Grundlagen für die weltgeschichtlichen Wirkungsmodalitäten islamischer Religion und Kultur geschaffen wurden, lassen sich die – sehr bald nach dem Tode des Propheten (632) – von der islamischen *umma* auf der Arabischen Halbinsel durchgeführten kriegerischen Unternehmungen verstehen, die unter der Bezeichnung „Apostasie (*ridda*)"(-Kämpfe) in die islamische Geschichtsüberlieferung eingegangen sind und mit der nahezu vollständigen „Islamisierung" Arabiens endeten.[168] Es ging bei diesen Kämpfen, die bereits gegen Ende 633 im wesentlichen beendet waren, in erster Linie darum, die islamische *umma,* nachdem sich ihr medinensischer Kern – nicht ohne Schwierigkeiten – auf eine neue Führungspersönlichkeit, den „Stellvertreter (*ḫalīfa/ Kalif*)" Abū Bakr (632–34), geeinigt hatte,[169] auch ohne Propheten als das politische Gravitationszentrum schlechthin und als die einzig zukunftweisende Ordnungsmacht auf der Arabischen Halbinsel endgültig zu etablieren.

Die bekämpften und schließlich ein für allemal der islamischen *umma* angegliederten und dieser für ihre kommende Expansion als Krieger- und Siedler-Ressourcen zur Verfügung stehenden tribalen Gruppen waren keineswegs durchweg „Apostaten". Ein Teil von ihnen hatte sich der medinensischen Konföderation nur sehr unverbindlich oder überhaupt noch nicht angeschlossen. Auf der anderen Seite scheint es eher erstaunlich, daß eine beachtliche Zahl der durch Verträge verschiedenster Art mit dem Propheten und den Muslimen Verbündeten sich der *ridda* nicht schuldig machte; die vom Propheten eingeführte neue – auf Gott und den Islam bezogene – Bündnisqualität[170] dürfte ein wesentlicher Grund dafür gewesen sein. Eben dieser neue, überpersonale, Bündnistyp erlaubte es aber auch – zumindest nach Auffassung der Muslime –, tribale Gruppen, die sich nach dem Führungswechsel in Medina – durchaus zeitgemäß! – an ihre Abmachungen (vor allem Loyalität und Abgaben betreffend) nicht mehr gebunden fühlten, unter dem religiösen Aspekt des „Abfalls vom Islam" zu bekriegen.

Neben vertragsbrüchigen Gruppen und solchen, die beim Tode des Propheten der islamischen *umma* noch gar nicht assoziiert gewesen waren, erscheinen als Gegner der Muslime in den *ridda*-Kämpfen schließlich Stammeseinheiten, die von „Propheten" geführt wurden, vier an der Zahl, darunter eine „Prophetin".[171] Sollten diese „Propheten", was eher wahrscheinlich ist, „Nachfolgetäter" gewesen sein, dann wäre dies ein sehr eindrucksvolles indirektes Zeugnis für das, worin Zeitgenossen Muḥammads das Geheimnis seines durch weitgehende Einheit und daraus resultierende Macht gekennzeichneten Erfolges gesehen haben: weniger in der

Verkündigung einer neuen Lehre denn in seiner Eigenschaft als religiös-charismatische Führerfigur.

Im Verlauf der *ridda*-Kämpfe, die schließlich zur islamischen Einigung der Arabischen Halbinsel führten, kam es bereits zu in die Zukunft weisenden Aktionen der Muslime über die ohnehin nicht allzu klar definierte politische Nordgrenze (Beginn byzantinischen und persisch-sassanidischen Einflußgebietes) der Halbinsel hinaus: Abmachungen über eine – auch kriegerische – Zusammenarbeit scheinen mit einer Gruppe der Banū Šaybān, deren Siedlungs- und Bewegungsregion das Euphratgebiet einschloß, und mit nur teilweise bereits zu Lebzeiten des Propheten islamisierten tribalen Gruppen im Süden Palästinas/Syriens zustandegekommen zu sein.[172]

Ebenso schon in die Zukunft weist der Personenkreis, aus dem sich die Anführer der Muslime in den *ridda*-Kämpfen, allen in den kriegerischen Fähigkeiten weit voran das „Schwert Gottes (*sayf Allāh*)" Ḫālid b. al-Walīd, rekrutierten. Wie Ḫālid, so gehörte auch die Mehrzahl der anderen den Qurayš an, wobei diese Zugehörigkeit als solche, weniger dagegen das Kriterium früher Verdienste um den Islam, im Vordergrund stand (Ḫālid z.B. hatte sich erst nach Ḥudaybiya – 628 – zum Islam bekannt).[173] Auch in den ersten Phasen muslimischer Eroberungstätigkeit sollte das Kriterium früher Islamzugehörigkeit nicht in erster Linie für die militärische Führerschaft und die z.T. daraus erwachsende Herrschaft in den eroberten Provinzen ausschlaggebend sein.

Als charakteristisch für die arabisch-islamische Expansion sind immer wieder ihre ungewöhnliche Schnelligkeit ebenso wie ihre anscheinend unaufhaltsame Stetigkeit hervorgehoben worden. Schon ein kurzer Blick auf die – übrigens nicht immer ganz sichere – Chronologie der wichtigsten Resultate muslimischer Eroberungstätigkeit ist allerdings beeindruckend: Ausgehend von ersten muslimischen Einfällen ins persisch-sassanidische Südmesopotamien und ins byzantinisch kontrollierte Südpalästina in den Jahren 633/34 wird bereits 635 Damaskus eingenommen; bald danach – möglicherweise in ein und demselben Jahr (636) – schlagen muslimische Formationen massive byzantinische und persisch-sassanidische Aufgebote vernichtend und entscheidend, erstere am Jordan-Nebenfluß Yarmūk, letztere bei Qādisiyya (westl. von Nadschaf/Irak); der Sieg bei Qādisiyya führte letztlich zur baldigen Einnahme der sassanidischen Hauptstadt Ktesiphon/arab.: al-Madā'in, mit dem Erfolg am Yarmūk wird Syrien/Palästina de facto muslimisch, die Eroberung der Hafenstadt Caesarea/Qayṣariyya (zw. Haifa und Jaffa) 640 nimmt den Byzantinern den letzten Außenposten in ihrer ehemaligen Provinz; in den Jahren 639–642 unterwerfen sich die Muslime Ägypten, ein späterer (645/46) Versuch der Byzantiner, Alexandrien zurückzugewinnen, scheitert letztlich; fast gleichzeitig mit der Eroberung Ägyptens, etwa in den Jahren 640–642, kommt nahezu ganz Persien unter muslimische Kontrolle. Entscheidend dürfte die Niederlage eines sassanidischen Heeres bei Nihāwand (im Zagros, südl. von Hamadān) gewesen sein (wohl 642); dem folgen in den vierziger und fünfziger Jahren die Eroberungen von Südost-Iran und Nord/Ost-Iran (im wesentlichen das Gebiet von Chorasan); von Ägypten aus führen, um 650 beginnend, fortlaufende Unternehmungen zur allmählichen Islamisierung Nordafrikas, wichtiger Standort wird das um 670 gegründete Kairuan/al-Qayrawān (heute Tunesien), die letzten Byzantiner verlassen um 700 Nordafrika (Karthago); in der zweiten Hälfte der vierziger Jahre werden die Muslime – mit der entscheidenden Hilfe „abtrünniger" byzantinischer Experten – auch zur See aktiv, 649 können sie Zypern erobern, 655 vor der kleinasiatischen Küste eine byzantinische Flotte vernichten, 652 und 667 Angriffe auf Sizilien unternehmen; 672 sah sich Konstantinopel selbst zum ersten Mal einer muslimischen Belagerung gegenüber; bereits 652 war auch Armenien erobert worden, im gleichen Jahr hatten Vorstöße von Ägypten aus nach Nubien zu einer Art muslimischer Kontrolle auch über dieses Gebiet geführt; das Jahr 711 markiert den Beginn der weitesten muslimischen Vorstöße in die – von Medina aus gesehen – Himmelsrichtungen (Süd-)Ost und (Nord-)West: In diesem Jahr erscheinen muslimische Truppen einerseits zum ersten Mal auf dem indischen Subkontinent (im Sind/Südindus-Gebiet), während ein Jahr später von Chorasan aus die für die weitere islamische Geschichte so bedeutsame Eroberung Transoxaniens einsetzt; andererseits setzen die Muslime 711 von Nordafrika (Tanger) aus nach Spanien über und schlagen den letzten Gotenkönig (Roderich) entscheidend; in den folgenden zwei bis drei Jahrzehnten gelingt es dann bekanntlich, nahezu die gesamte Iberische Halbinsel und (zeitweilig) größere Teile Südfrankreichs unter muslimische Kontrolle zu bringen, das christliche Abendland beginnt eine „Sarazenen"-Gefahr zu spüren; hundert Jahre nach dem Tode des Propheten muß (732) ein – wohl eher „Razzia"-artiger – Vorstoß der „Sarazenen" in Richtung Loire von Karl Martell in der Gegend zwischen Tours und Poitiers aufgehalten werden: Der nicht mehr genau zu lokalisierende Platz des Treffens verbindet sich in der abendländischen Geschichtsbetrachtung mit der endgültigen Bannung einer großen Gefahr, in der islamischen Geschichtsüberlieferung nennt er sich „(Befestigte) Straße der (Krieger-)Märtyrer (*balāṭ aš-šuhadāʾ*)";[174] von muslimischer Seite aus gesehen sehr viel schwerwiegender und ernüchternder ist allerdings die, trotz großen Aufwandes erfolglose, zweite und für sehr lange Zeit letzte Belagerung von Byzanz in den Jahren 715–718 gewesen.[175] Ganz allgemein läßt sich zur Mitte des achten Jahrhunderts hin ein Abflauen muslimischer Eroberungs-Aktivität verzeichnen; die Befestigung und – nicht immer erfolgreiche – Verteidigung der erreichten Grenzen tritt zunehmend in den Vordergrund.

Es ist verständlich, daß man sich immer wieder um Erklärungsmodelle für diese frappierend schnellen und weiträumigen Eroberungs-Erfolge der Muslime im ersten islamischen Jahrhundert bemüht hat.[176] Diese Suche

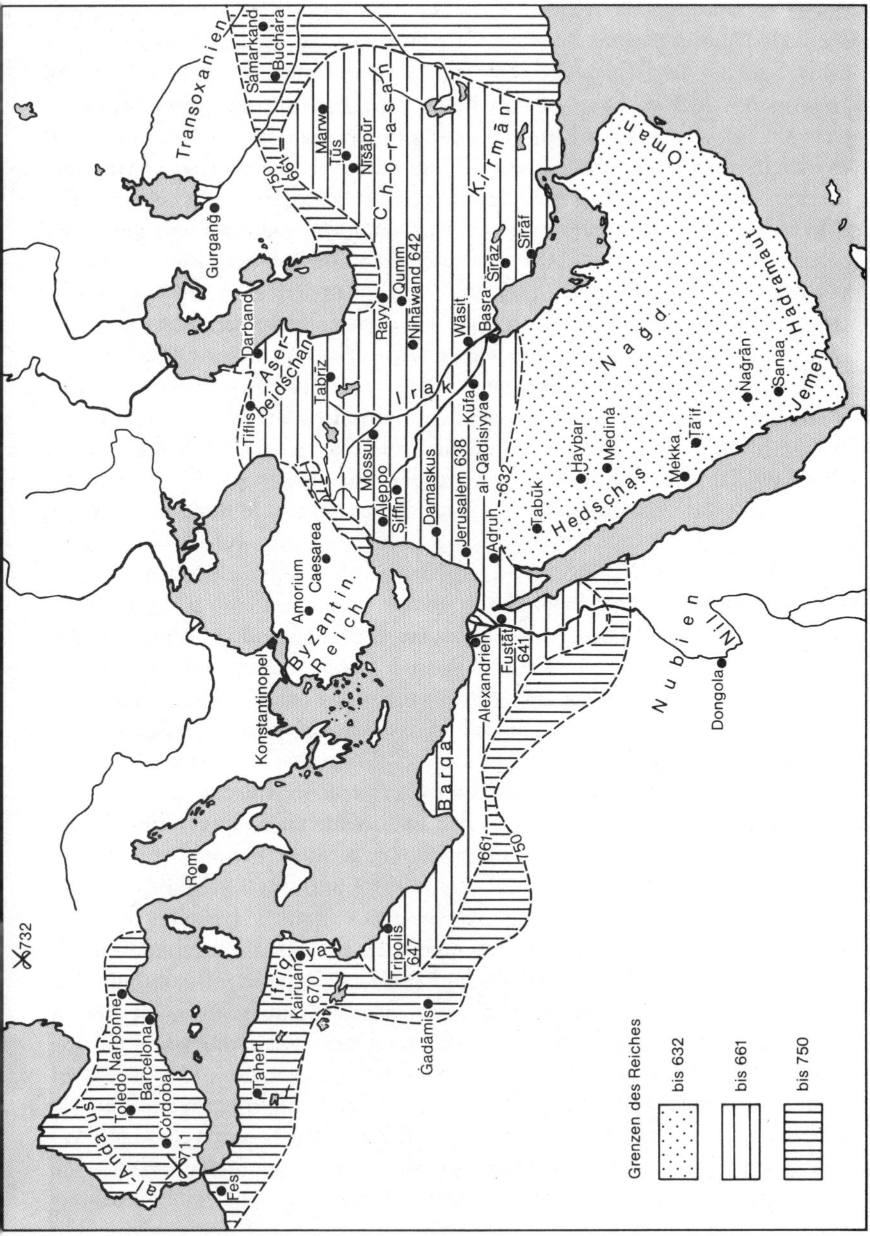

1. Die Ausdehnung des Islamischen Reiches vom Tode des Propheten (632) bis zum Sturz der Umayyaden (750)

nach den Ursachen hat m. E. bisher vor allem zweierlei ergeben: Zum einen sind alle Deutungsversuche wenig überzeugend, die die Rolle des Islam als neue Lebens- und (in weitestem Sinne) politische Ordnungsform dabei minimieren oder als Faktor gar ausklammern wollen,[177] zum anderen wird man sich von eher monokausalen Erklärungen weg auf die Annahme und in vielem noch zu leistende Erforschung einer – alles andere als unkomplizierten – Polykausalität hin zu bewegen haben.

Was in diesem Rahmen nur geschehen kann und soll, ist eine allgemeine Charakterisierung typischer Verhaltensweisen der an den großen Eroberungen (arab.: *futūḥ*) Beteiligten und von ihnen Betroffenen im Rahmen der generellen historischen Vorgaben. Bei dieser Darstellung werden einerseits sicherlich – vorwiegend in indirekter Form – Erklärungsmöglichkeiten des Phänomens *futūḥ* sichtbar werden, andererseits ist damit Gelegenheit gegeben, auf die Entwicklung spezifischer Lebensformen und Institutionen (im weitesten Sinne) einzugehen, die erst in dieser entscheidenden Phase aufkamen, eine Phase, die dem Islam schließlich die Form gegeben hat, in der er universalhistorisch von Bedeutung und wirksam werden sollte.

Die historischen Voraussetzungen für die ersten – so entscheidenden – Erfolge muslimischer tribaler Gruppen außerhalb der Arabischen Halbinsel waren in den dreißiger Jahren des siebten Jahrhunderts ohne Zweifel äußerst günstig.[178] Im Norden und Nordosten, wo im übrigen geographische Barrieren (zumindest für Araber) nicht vorhanden waren, befanden sich weitestgehend unbefestigte und immer schon durchlässige Randgebiete von entfernten Provinzen der beiden Großreiche (Byzanz, Iran der Sassaniden-Dynastie), die schließlich – ersteres in wesentlichen Teilen, letzteres insgesamt – der muslimischen Eroberung zum Opfer fielen. Diese beiden seit langem konkurrierenden Imperien hatten zudem bis kurz vor dem Erscheinen muslimischer Formationen auf ihrem Territorium im Kampf um die Herrschaft über Syrien erschöpfende Kriege miteinander geführt und waren im hier entscheidenden Zeitraum auch innenpolitisch alles andere als stabil. Ernsthafte – und vor allem schnelle – Reaktionen auf die ersten lokalen Erfolge der Muslime mögen gerade auch aus diesen Gründen nicht erfolgt sein. Wesentlicher allerdings scheint eine Fehleinschätzung (Unterschätzung) des Gegners gewesen zu sein, die jedoch den seinerzeit Verantwortlichen kaum anzulasten ist: An ephemere Überfälle arabischer tribaler Gruppen auf die jeweiligen Randzonen im Süden (Byzanz) und Osten/Südosten (Iran) war man seit langer Zeit gewöhnt, sie waren lästig, stellten aber keine essentielle Gefahr dar. Die ersten muslimischen Angriffe hatten nun – gerade auch aus der Ferne gesehen – den traditionellen „Razzia"-Charakter; daß sie im Zusammenhang mit einer gänzlich neuen politischen Konzeption standen, war nicht sofort zu erkennen; als die Gefahr dann in ihrem ganzen Ausmaß deutlich wurde und die beiden Großreiche mit massiven Aufgeboten reagierten – die beiden schon kurz erwähnten Schlachten am Yarmūk und bei Qādisiyya (wohl 636) markieren hier den Höhepunkt und aufgrund der muslimischen Siege auch schon den Anfang vom Ende –, war der entscheidende Zeitpunkt für eine erfolgreiche Abwehr bereits verpaßt, zu fest schon hatten sich die Muslime in ihren Zielregionen etablieren können.

Wenn wir die muslimische Seite der ersten *futūḥ*-Erfolge betrachten, so erscheint zunächst als wesentlicher Faktor die Tatsache, daß es im Rahmen und/oder nach Abschluß der *ridda*-Kämpfe offenbar gelang, tribale Gruppen in den Randzonen für eine – zunächst wohl nur als lokal und zeitlich begrenzt gedachte – Zusammenarbeit zu gewinnen, für gemeinsame Aktionen also, deren Ziele nicht genau festgelegt waren, die aber den miteinander Verbündeten aufgrund der wechselseitigen Stärkung erfolgversprechend erschienen (und ja auch erfolgreich waren) und bei denen muslimischerseits das Bekenntnis der Partner zum Islam nicht unbedingt als Voraussetzung für die Zusammenarbeit verlangt wurde. Unter diesen Partnern der Muslime scheinen vor allem auch tribale Gruppen gewesen zu sein, die theoretisch „in Diensten" der Großreiche standen, nämlich – im Rahmen von deren bewährter Politik, ihre Grenzen *vor* Arabern *durch* Araber schützen zu lassen – gegen ein Entgelt Überfälle von Süden kommender Stämme und Clans abzuwehren hatten. Die tribalen Gruppen in den Randzonen – ob nun von den Großreichen abhängig oder nicht – hatten mit Sicherheit von der Konstitutierung, dem umfangreichen Bündnissystem und den Erfolgen der islamischen *umma*, zuletzt in den *ridda*-Kämpfen, erfahren; ihre teilweise Bereitschaft zur Zusammenarbeit dürfte eine Ausrichtung nach dem Erfolg gewesen sein; den Muslimen jedenfalls verhalf sie wesentlich zur Besetzung erster wichtiger Positionen in Syrien/Palästina und am Euphrat.

Die Abmachungen zwischen den muslimischen Eroberern, welch letztere man sich – zumindest in den ersten Jahrzehnten – nicht so sehr als geordnete Heere, sondern eher als eine Vielzahl von recht selbständig agierenden tribalen Einheiten vorzustellen hat, und Stammesgruppierungen in den Grenzregionen mit dem Ziel gemeinsamer Unternehmungen, ohne daß von den Muslimen das (sofortige) Bekenntnis der Kooperationswilligen zum Islam eingefordert wurde, lassen bereits in den Anfängen eine Verhaltensweise der Eroberer erkennen, die außerordentlich weitreichende Konsequenzen haben sollte: ihre Bereitschaft (und Fähigkeit) zum Kompromiß und Arrangement. Eine muslimische Ökumene – so läßt sich hier schon generalisierend feststellen – ist wesentlich durch Vereinbarungen und Verträge zustandegekommen und nicht durch eine praktizierte Missionskriegs-Mentalität. Den Muslimen ist anscheinend sehr schnell deutlich geworden, daß die autochthone Bevölkerung in den Regionen ihrer ersten Vorstöße zu großen Teilen wenig Grund und Neigung zur Loyalität gegenüber den Repräsentanten der jeweiligen politischen Ordnungen hatte, in die sie eingebunden war, daher auch keine großen Anstrengungen unternahm, diese ernsthaft zu verteidigen. Der Grund hierfür ist vor allem in bereits seit langer Zeit schwelenden und zum Teil erbittert ausgetragenen Religionskonflikten zwischen Provinzbevölkerung und herrschender Staatsgewalt zu suchen; dies gilt vornehmlich für die byzantinischen Gebiete, trifft aber zum Teil auch auf das sassanidische Iran zu. Die Christen in Syrien/Palästina und Ägypten (Kopten) gehörten überwiegend monophysitischen Glaubensrichtungen des Christentums an, waren damit im Sinne der „orthodoxen" (chalkedonischen) byzantinischen Staatskirche Häretiker und seit langem erheblichen Pressionen ausgesetzt; im westlichen Iran gab es große Gruppen von (nestorianischen) Christen und von Anhängern anderer Religionsgemeinschaften, die mit dem staatstragenden Zoroastrismus nicht in Einklang standen. Eine politische Neuorientierung, möglicherweise ein Wechsel in der Herrschaft, konnten daher großen Teilen der autochthonen Provinzbevölkerung in Syrien/Palästina und im Irak durchaus als attraktiv erscheinen, falls sie sich unter Voraussetzungen vollzogen, die eine Verbesserung ihrer Lebensumstände versprachen.

In dieser Situation war es nun von höchster Bedeutung, daß die allmählich vordringenden Muslime von der eingesessenen Bevölkerung in den Provinzen der Großreiche durchweg Unterwerfung, nicht aber Konversion zum Islam verlangten; zwar erging muslimischerseits in der Regel eine Aufforderung zur Islam-Annahme (*daʿwa*[179]), aber die Konsequenzen einer Ablehnung waren nun eben nicht muslimische Versuche, einen Religionswechsel mit kriegerischen Mitteln zu erzwingen. Man hatte es nämlich während der *futūḥ* vornehmlich mit „Schriftbesitzern" im oben beschriebenen Sinne[180] zu tun. Mit „Schriftbesitzer"-Gruppen auf der Arabischen Halbinsel hatte sich bereits der Prophet verschiedentlich vertraglich geeinigt,[181] und in Sure 9,29 war offenbart worden, daß diese zu bekämpfen seien, *bis* sie eine Abgabe (*ǧizya*) entrichten; und diese war in Art und Höhe nicht festgelegt, somit gab es weiten Verhandlungsspielraum. Da nun die Muslime schon sehr bald über die distanzierte bis feindselige Haltung der ihnen begegnenden Provinzbevölkerung gegenüber ihren Staatsgewalten informiert gewesen sein dürften (entsprechende Hinweise scheinen z. T. von Repräsentanten der Bevölkerung selbst gekommen zu sein), bestimmte zunehmend mehr die *ǧizya*-Alternative der koranischen Offenbarung ihr Verhalten, während die dort viel stärker betonte Aufforderung zum Kampf – *ǧizya* eher als „ultima ratio"! – in den Hintergrund rückte. Es entwickelte sich die für die muslimischen Eroberungen so typische und für ihren Erfolg so entscheidende Vertragspraxis der Eroberer, der bei aller Verschiedenheit der Abmachungen das einfache Schema zugrundelag: Die Muslime erhalten Abgaben (eben: *ǧizya*) – ihre Vertragspartner erhalten Schutz (*ḏimma*), dies bei wechselseitiger Abhängigkeit der Konditionen.[182] Die ausgehandelten Abgaben – häufig noch ergänzt durch nichtmaterielle Verpflichtungen – variierten anfangs in Qualität und Quantität beträchtlich (hier spielte die jeweilige Verhandlungsposition der Partner eine entscheidende Rolle[183]), später mündeten sie in eine regelrechte Besteuerung ein. Der muslimischerseits gewährte Schutz bezog sich vor allem auf Leben, mobilen und immobilen Besitz, ferner Kultstätten und Religionsausübung der jeweiligen „Schriftbesitzer"; in diesem Sinne zu schützen waren die Vertragspartner nicht nur vor Übergriffen von Muslimen, sondern vor Angriffen jeglicher Art, also auch von Seiten potentieller Feinde der Muslime – das umfassende tribalistische Schutz/*ḏimma*-Konzept liegt hier zugrunde.

Die Muslime auf der Basis derartiger Verträge, die wohl fast durchweg schriftlich fixiert worden sind,[184] als neue Oberherren zu akzeptieren, fiel großen Teilen der betroffenen Bevölkerung offensichtlich nicht allzu schwer, zumal nachdem abzusehen war, daß die Muslime Herr der Lage bleiben würden und Sanktionen der möglicherweise zurückkehrenden früheren Staatsgewalten kaum mehr zu befürchten waren: Die ausgehandelten Abgaben dürften des öfteren niedriger als die vordem abzuführenden Steuern gewesen sein; die anfängliche Unerfahrenheit der Muslime in diesen Dingen erwies sich hier als günstig. Wesentlicher aber war die muslimische Schutzgarantie für die freie Religionsausübung, eine Garantie, an die sich die Eroberer fast durchweg strikt hielten, auf Einschränkungen nur dort insistierten, wo die praktische Ausübung des Fremdkultus der eigenen Religionspraxis störend oder belästigend in den Weg trat.[185] Religionsfreiheit hatte aus den eben genannten Gründen für viele der von der muslimischen Eroberung betroffenen Untertanen der beiden zentralistischen Großreiche bis dato nicht bestanden, der Herrschaftswechsel brachte somit in einem wesentlichen Bereich erhebliche Vorteile, ja die muslimischen Eroberer wurden mitunter regelrecht als Befreier begrüßt.[186] Es verwundert daher auch nicht, daß die Muslime in der autochthonen Bevölkerung immer wieder auf Bereitschaft stießen, ihnen bei der Errichtung, Erhaltung und dem Ausbau ihrer Herrschaft behilflich zu sein.

Die muslimische Vertragsbereitschaft und Vertragspraxis, legitimiert durch prophetische Präzedenz und göttliche Offenbarung, darf man wohl als die entscheidende Basis betrachten, auf der die *futūḥ* überhaupt erst möglich wurden. Ohne Unterstützung durch die jeweilige lokale Bevölkerung, zumindest aber ohne deren wohlwollende Neutralität, die nur durch entsprechende Zugeständnisse zu erreichen waren, hätte sich muslimische Herrschaft außerhalb der Arabischen Halbinsel kaum über längere Zeit halten können. Nur durch die auf Vereinbarungen beruhende Unterstützung von Seiten der Einwohner in den *futūḥ*-Regionen ließ sich überhaupt die gesamte Logistik der muslimischen Unternehmungen bewältigen: Verpflegung, Gastung, Führerdienste, Kundschafteraufgaben u. ä. sind denn auch die Dienstleistungen, die in den Verträgen immer wieder begegnen, und manches davon scheint sogar unter der – inhaltlich unbestimmten – *ǧizya* rubriziert worden zu sein. Diese gesamte unentbehrliche, ja überlebensnotwendige Basis-Unterstützung wäre den muslimischen Eroberer-

Gruppen mit Sicherheit nicht zuteil geworden, wenn sie mit dem Konzept einer auf kriegerischem Wege zu erreichenden Zwangsbekehrung zum Islam angetreten wären. Der Einsicht der Muslime in diese Notwendigkeiten ist es wohl auch zuzuschreiben, daß sie im Laufe der *futūḥ* den Personenkreis, der durch die koranischen Offenbarungen als „Schriftbesitzer" definiert und infolgedessen – darauf kam es hier an – vertragsfähig auf der *ǧizya* – Schutz/*ḏimma*-Grundlage war, erheblich erweitert haben. Hatte man es anfänglich noch in überwiegendem Maße mit „Schriftbesitzern" im koranischen Sinne, nämlich Christen (vor allem) und Juden zu tun, so begegnete man bei den weiteren Vorstößen nach Osten vor allem Anhängern des Zoroastrismus (arab.: *maǧūs*). Auch diese wurden nun als „Schriftbesitzer" qualifiziert, womit der Zwang entfiel, sie wie „Götzendiener" unter allen Umständen zum Islam zu bekehren, und sich die Möglichkeit eröffnete, mit ihnen zu vertraglichen Vereinbarungen zu kommen, eine Möglichkeit, von der die muslimischen Heerführer dann auch ausgiebig Gebrauch gemacht haben. Das hier so deutlich sichtbar werdende Bestreben der muslimischen Eroberer, sich die für eine dauerhafte Sicherung ihrer Erfolge und für weitere Vorstöße unerläßliche Vertrags-Option – durchweg verbunden mit dem Zugeständnis der Religionsfreiheit – offenzuhalten, belegt besonders eindrucksvoll die Argumentation eines muslimischen Heerführers, der im Sind/Südindus-Gebiet (zu Beginn des achten Jahrhunderts) mit Buddhisten einen Vertrag abschloß und ihnen dabei die Unverletzlichkeit ihres Buddha-Heiligtums garantierte: „Ein Buddha-Tempel ist (ja schließlich) nichts anderes als die Gotteshäuser der Christen und Juden und die Feuer-Heiligtümer der Zoroastrier *(maǧūs)*."[187]

Nun hat natürlich die Vertragsbereitschaft der muslimischen Eroberer nicht ausgeschlossen, daß es im Verlauf der *futūḥ* auch immer wieder zu Kämpfen mit der jeweils einheimischen Bevölkerung gekommen ist. Die Muslime hatten ihre militärische Stärke, sei es in Gefechten, sei es bei der Belagerung von festen Plätzen, des öfteren erst einmal zu demonstrieren, bevor ihre nicht-muslimischen Kontrahenten zu der Überzeugung kamen, daß eine vertragliche Einigung mit den Muslimen für sie die vorteilhafteste Lösung sei. Auch erforderte gelegentlicher Vertragsbruch von Seiten der unterworfenen Nicht-Muslime kriegerische Interventionen. Doch es konnte eben auch sehr häufig auf den Einsatz kriegerischer Mittel verzichtet werden, zumal nachdem die überraschend günstigen Unterwerfungs-Konditionen zunehmend mehr bekannt geworden waren und sich die Tatsache herumgesprochen hatte, daß sich die Muslime in der Regel an ihre Vereinbarungen hielten; die Fälle scheinen daher nicht selten gewesen zu sein, daß ein Vertragsangebot auch von Seiten der Nicht-Muslime an die Eroberer herangetragen wurde.[188] Doch ganz gleich, ob nun die Unterwerfung der jeweils lokalen Bevölkerung mitunter mit Kämpfen verbunden war oder nicht, entscheidend war, daß die gesamte Tendenz der *futūḥ* letztendlich auf vertragliche Vereinbarungen hinauslief, die für die sich

Unterwerfenden tragbar, eher günstig waren, ja nicht selten ihre bisherige Lage erheblich verbesserten, so daß sich eine Art Grundkonsens zwischen den sich Unterwerfenden und ihren neuen Oberherren entwickeln konnte, der ihre Unterstützung und die Zusammenarbeit mit ihnen, zumindest aber ihre Duldung, ohne die permanente Anwendung von Zwangsmaßnahmen muslimischerseits möglich machte. Kompromißlose kriegerische Auseinandersetzungen auf Leben und Tod, die – übrigens gar nicht sehr häufigen – Schlachten der *futūḥ*, entwickelten sich dagegen in der Regel mit einem ganz anderen Typus von Gegnern als ihn – falls überhaupt! – die lokale Bevölkerung darstellte: mit den regulären Truppenaufgeboten der Großreiche, die vorwiegend aus landfremden Söldnern bestanden und die keineswegs durchweg auf die Unterstützung durch die regionale Bevölkerung rechnen konnten, deren Land zu verteidigen sie beauftragt waren; die bereits erwähnten Schlachten am Yarmūk, bei Qādisiyya und bei Nihāwand[189] seien als Beispiele für diese Art von kriegerischen Auseinandersetzungen und diesen Typus von Gegnern genannt.

Wir kommen damit in den größeren Sachzusammenhang der (im weitesten Sinne) kämpferischen Organisation der muslimischen Eroberer, die ja nun in erster Linie als Krieger in Erscheinung traten, zu ihren Formationen, militärischen Vorgehensweisen und Zielen, ferner zu den Institutionen, die sich aus diesem Sachkomplex zu entwickeln begannen; auch hier können wieder nur einige wesentliche Charakteristika in verallgemeinerter Form hervorgehoben werden.[190]

Ein – wohl treffendes – Diktum, durch welches die Erfolge Bismarcks folgendermaßen erklärt werden: „Er wußte nicht, wohin er ging, darum eben kam er am weitesten,"[191] läßt sich „cum grano salis" durchaus auch zur Charakterisierung der muslimischen *futūḥ*-Erfolge verwenden: Ihnen lagen weder ein festes Kriegsziel, noch ein größeres strategisches Konzept, noch ausgeklügelte militärtaktische Erwägungen zugrunde; und gerade im Fehlen von Organisationsweisen und Zielsetzungen, die sich mit der Begrifflichkeit der neuzeitlichen Militärwissenschaft erfassen und plausibel machen ließen, scheint *ein* Geheimnis der so eindrucksvollen Weiträumigkeit arabisch-islamischer Expansion zu liegen.

Nun wird man allerdings auch von der Vorstellung Abschied nehmen müssen, diese Expansion sei das Ergebnis eines Aufbruches tribaler „Urgewalten" aus den Trockengebieten der Arabischen Halbinsel gewesen, eine Überflutung des Kulturlandes durch mehr oder weniger anarchische Haufen, eine Art unaufhaltsame „Völkerwanderung". Die muslimischen Eroberer traten vielmehr durchaus in strukturierten Formationen in Erscheinung, wobei sowohl funktionale Ordnungskriterien – dies scheint vor allem für die medinensischen „Kern-Muslime" (Qurayš, Anṣār) zu gelten – als auch das Ordnungsprinzip tribaler Zusammengehörigkeit – hier sind die der *umma* durch den Propheten und dann im Rahmen der *ridda*-Kämpfe assoziierten tribalen Gruppen zu nennen – bestimmend sein konnten. Auch Regeln und Kontinuitäten in der Führerschaft der jeweiligen muslimischen Formationen haben allem Anschein nach bestanden.[192] Was aber von Anfang an fehlte – und dies blieb auch noch weitgehend für spätere *futūḥ* (des achten Jahrhunderts) charakteristisch –, waren ein einheitlicher, durchsetzbarer militärischer Oberbefehl und eine zentrale Definition der Kriegsziele – sei es anfangs für die kriegerischen Aktionen insgesamt, sei es später für die Unternehmungen, die von den bereits unter muslimische Kontrolle gebrachten Provinzen (etwa Ägypten, Nordafrika, Iran/Chorasan) ihren Ausgang nahmen. Dieses Charakteristikum der *futūḥ* dürfte wesentlich darauf zurückzuführen sein, daß die politischen Nachfolger des Propheten in der *umma,* die Kalifen, aktiv an den Eroberungen so gut wie nicht beteiligt waren. Sie haben zwar immer – mit mehr oder weniger Erfolg – versucht, regelnd und kanalisierend in das *futūḥ*-Geschehen einzugreifen, aber die arabisch-islamische Expansion ist nicht das Werk der Kalifen gewesen.[193]

Das einigende Element in den *futūḥ* ist somit nicht in Führungspersönlichkeiten oder klar definierten und unter allen Umständen zu erreichenden Kriegszielen zu suchen, sondern in der Einstellung und den Handlungsmaximen der die Eroberungen tragenden Personengruppen. Um jene zu definieren, genügt es nun nicht, das Streben nach materiellem Gewinn, die immer wieder berufene „Beutegier" u. ä., zu reklamieren, obwohl dies sicherlich auch eine Rolle gespielt hat; in diesem Zusammenhang ist sehr wohl auf den Islam als formative und entscheidende Kraft zu verweisen. Dabei muß allerdings der Aspekt der religiösen Überzeugung, des „Glaubens", der *futūḥ*-Kämpfer beiseite bleiben, nicht weil er als irrelevant anzusehen wäre, sondern weil er nicht zu qualifizieren ist. Die Rede kann und muß aber sein vom Islam als integrierender Kraft und als Basis für das Streben des einzelnen *futūḥ*-Kämpfers nach persönlicher Anerkennung. Es wurde schon des öfteren darauf hingewiesen, daß der Kampf ein normaler und vor allem auch positiv bewerteter Bestandteil tribalistischer Lebensform auf der Arabischen Halbinsel gewesen ist. Gekämpft wurde *für* den Erhalt und die Stärkung der jeweils eigenen tribalen Gruppe und *gegen* – prinzipiell – *alle* anderen Gruppen; gelegentliches kämpferisches Zusammengehen mit den „Anderen" war eher kurzfristig, zweckgebunden und labil. Aus der Kombination der spezifischen Einbindung des Kampfes in das Offenbarungswerk Gottes[194] *mit* der – nach den *ridda*-Kämpfen vollzogenen – Einigung der tribalen Gruppen auf der Arabischen Halbinsel unter dem Vorzeichen des Islam ergab sich nun für die bereitstehenden arabischen Stammeskrieger ein revolutionär-neues sowohl „Für" als auch „Gegen" ihres Kriegshandwerks. Das „Für" war nun nicht mehr durch kleinräumige tribale Egoismen definiert, sondern durch die umfassenden Belange aller, die in der islamischen *umma* zusammengeschlossen waren; die generelle (koranische) Qualifizierung dieser Belange als „Sache Gottes" gab dem Kampf zudem eine bis dahin unbekannte religiöse Legitimation.

Das neue „Gegen" (*nur noch* Nicht-Muslime) konnte die vorhandenen kriegerischen Kräfte, die sich bislang im tribalen Gegeneinander mehr oder weniger neutralisiert hatten, zum ersten Mal bündeln und in eine Richtung lenken. Der Erfolg der *futūḥ* bezeugt zur Genüge die Stoßkraft dieser erst durch den Islam möglich gewordenen Konzentration der lange vorhandenen und wohlgeübten kämpferischen Fähigkeiten der Araber.

Neben der integrierenden Funktion des Islam, die im Zusammenhang mit den *futūḥ* gar nicht hoch genug eingeschätzt werden kann, dürfte zudem die sehr persönliche „Werbung" der koranischen Offenbarungen für den *ǧihād*[195] von erheblichem Gewicht gewesen sein. In der arabischen Gesellschaft spielte gerade die kriegerische Großtat des einzelnen Stammeskriegers – oft im Einzelkampf gegen einen anderen Kampfeshelden oder gegen mehrere feindliche Krieger nacheinander – als allgemeine Anerkennung und Ruhm begründendes Faktum eine wichtige Rolle.[196] Dieser individualistischen Sicht des Krieger- und Heldentums kamen nun die entsprechenden Formulierungen des Koran außerordentlich entgegen: Die Bewährung des Einzelnen im Kampf, auch ohne islamische Implikationen bereits eine hocheingeschätzte Fähigkeit und eine mögliche Basis sozialen Aufstiegs, erfährt durch koranische Offenbarungen die zusätzliche Aufwertung zu einem hohen Verdienst um die Religion des Islam, bringt im Todesfall den Kämpfer ohne Umwege in unmittelbare Gottesnähe. Dieser Vorstellungskomplex dürfte, abgesehen von seiner mobilisierenden Wirkung bei den verschiedenen tribalen Gruppen, vor allem auch eine bedeutsame Konsequenz für die gesamte Art der Kriegführung während der *futūḥ* gehabt haben: Die Teilnahme an Eroberungszügen war für den einzelnen Kämpfer mehr als die *Mit*wirkung an einem wichtigen Gemeinschaftsunternehmen; sein kämpferischer Einsatz stellte für ihn vielmehr einen Wert an sich dar, war somit unabhängig von Sieg oder Niederlage, größerem oder kleinerem militärischen Erfolg. Die für die gesamten *futūḥ* so typische Vielzahl von immer erneuten – oft auch sehr begrenzten – Einzelinitiativen, für deren Zustandekommen weder muslimische Erfolge (im Sinne eines „Sich-Zufriedengeben mit dem Erreichten") noch muslimische Mißerfolge (im Sinne eines „Bis hierher und nicht weiter") ein Hindernis darstellten, scheint wesentlich von der Auffassung des *ǧihād* als eines unbegrenzten – und damit von der militärisch-politischen Gesamtlage unabhängigen – persönlichen Auftrages hoher Verdienstlichkeit bestimmt gewesen zu sein.[197]

Aus ihrer tribalistischen Tradition – und diese unter islamischem Vorzeichen fortsetzend – brachten die Muslime schließlich zwei wichtige Voraussetzungen mit, die ihre kämpferischen Aktivitäten wesentlich bestimmt und zu deren dauerhaftem Erfolg entscheidend beigetragen haben: ein hohes Maß an Beweglichkeit, verbunden mit einer erstaunlichen Fähigkeit zur Improvisation, und die Verfügung über ein großes und leicht zu aktivierendes Reservoir an personellem Nachschub in ihrer Ursprungsregion, eben auf der Arabischen Halbinsel. Die Beweglichkeit der muslimischen Eroberer – übrigens der Grund dafür, daß alle Versuche, die *futūḥ* nach dem Muster von „Feldzügen" mit bestimmten Kriegszielen darzustellen, scheitern müssen – wird auf mehreren Ebenen deutlich (nebenbei: auch in der diffusen Chronologie der *futūḥ*). Da ist zunächst das gleichzeitige – und zum Teil voneinander unabhängige – Agieren mehrerer Einheiten (vorwiegend tribal, zum Teil auch formativ geordnet oder eine Mischung aus beidem darstellend) in der gleichen Region. Diese Einheiten konnten sich zu gemeinsamen Aktionen zusammenschließen, aber danach eben auch wieder weitgehend selbständig tätig werden. Ebenso konnten sich aus einem anfänglich größeren muslimischen Aufgebot unter einem gemeinsamen Oberbefehl im Zielgebiet wieder einzelne Gruppen herauslösen und in verschiedene Richtungen *ġazawāt* (sg. *ġazwa*; davon abgeleitet und gleicher Bedeutung „Razzia") in eigener Regie durchführen. Diese alles andere als monolithische Art muslimischen Vorgehens hat vor allem auch verhindert, daß sich Niederlagen (und solche hat es durchaus gegeben) zu Katastrophen endgültigen Charakters auswachsen konnten; für die Gegner der Muslime bedeutete diese Art der Kriegführung, daß sie eine „Hauptstreitmacht" der Muslime für eine „Entscheidungsschlacht" praktisch nicht stellen konnten – das Bild von der Hydra ist hier durchaus einschlägig.

Durch Beweglichkeit und Improvisationstalent ist des weiteren auch das Itinerar der arabisch-islamischen Expansion gekennzeichnet. Abgesehen vielleicht von Konstantinopel/Byzanz, dem Ziel zweier größerer Expeditionen in den Jahren 672 und 715–718, gab es kein eigentliches „Prestige-Objekt" der muslimischen *futūḥ*, wie es etwa für die kriegerischen Aktivitäten des Propheten noch in seiner Heimatstadt Mekka bestanden hatte. Für die aus den kargen Verhältnissen der Arabischen Halbinsel kommenden Eroberer-Gruppen, aber auch unter dem Gesichtspunkt, daß jeder einzelne *futūḥ*-Teilnehmer seinen verdienstvollen *ǧihād* immer und überall „für die Sache Gottes" betreibe, war jedes – auch noch so lokal begrenzte – Voranschreiten ein Erfolg. Andererseits aber haben sich die Eroberer offensichtlich auch nicht als „zum Erfolg verdammt" betrachtet; analog zu dem vorislamischen tribalen Kampfesstil auf der Arabischen Halbinsel wurde – unter dem Gesichtspunkt, die eigenen Verluste möglichst gering zu halten – durchweg nur das Mögliche und Erfolgversprechende versucht, gegebenenfalls auch mehrmals nacheinander; der doppelte und dreifache (oder mehr) Eroberungsversuch kann fast als typisch für die *futūḥ* gelten, während der endgültige Verzicht nach einem Mißerfolg – wie im Falle der Niederlage gegen Karl Martell – eher die Ausnahme darstellt. Das Bild, welches sich aus dieser grundsätzlichen Ausrichtung der *futūḥ*-Kämpfer nach der Gunst der Stunde (statt nach festgelegten Kriegszielen), aus der Ausübung ihres Kampfes als einer „Kunst des Möglichen" für die arabisch-islamische Expansion ergibt, ist dasjenige eines dynamischen Hin-

und-Her an Bewegung, und wollte man versuchen, das Itinerar der *futūḥ* graphisch darzustellen, so käme man zu einer verwirrenden Vielfalt sich überschneidender Zickzack-Linien mit der einzigen Grundtendenz freilich, daß sich diese Linien zunehmend weiter (und radial) vom Ausgangspunkt der *futūḥ* (der Nordregion der Arabischen Halbinsel) entfernen.

Bewegliche und flexible Kampfesweise mag schließlich auch die Siege der Muslime im konkreten Fall von größeren Gefechten und Schlachten mit den regulären Truppen der Großreiche erklären, die ihnen – zumindest in den ersten Jahrzehnten – im gesamten Bereich der militärischen Ausstattung und Vorgehensweise weit überlegen gewesen sein *müssen*. Die massiven Formationen der Imperien – auf sassanidischer Seite etwa hören wir vom Einsatz von Kriegselefanten und davon, daß die Krieger untereinander mit Ketten verbunden waren, wodurch ihre Flucht verhindert werden sollte[198] – sind vielleicht vor allem deswegen bezwungen worden, weil sie zu schwerfällig waren, um auf schnell aufeinanderfolgende, von allen Seiten vorgetragene Angriffe einer Vielzahl von kleinen, beweglichen Formationen angemessen reagieren zu können. Doch muß es hier bei Vermutungen bleiben: Die muslimischen Traditionen zu diesen Vorgängen sind zu fragmentiert und teilweise auch zu legendär verbrämt und die außermuslimischen Quellen zu dürftig, als daß sich sichere Aussagen – von einer Erstellung von Schlachtskizzen ganz zu schweigen – machen ließen.

Mit einiger Sicherheit läßt sich dagegen sagen, daß ein kaum zu überschätzender Vorteil der arabischen Muslime gegenüber ihren Gegnern darin bestanden hat, daß sie über einen langen Zeitraum ihre kriegerische Mannschaft ohne größere Schwierigkeiten immer wieder ergänzen konnten und ergänzt haben. Bereits in die *futūḥ* involvierte tribale Gruppen zogen ihre „Verwandten“ nach, fortlaufend neue Stämme und Clans setzten sich nach Norden in Bewegung. Die Schwierigkeit, ein einsatzfähiges Heer zu rekrutieren und zu unterhalten, bestand für die muslimische *umma* – vor allem in den entscheidenden ersten Jahrzehnten der Expansion – so gut wie nicht: „Kämpfer für die Sache Gottes“ standen zur Genüge bereit, vor allem nachdem die ersten großen Erfolge bekannt geworden waren, und für den Unterhalt dieser Kämpfer reichten die anfallende Beute und die einkommenden Abgaben (*ǧizya* im weitesten Sinne) mehr als aus.

Die institutionellen Konsequenzen der *futūḥ*, auf die hier abschließend noch in aller Kürze hinzuweisen ist, ergaben sich aus den Charakteristika des Expansions-Ablaufs. Ebenso wie ein gesamtstrategisches fehlte den Muslimen ein administratives Konzept; andererseits sind sie – wie sich zeigen ließ – bereit und fähig gewesen, mit der jeweils autochthonen Bevölkerung – vor oder nach kriegerischen Auseinandersetzungen – in ein vertragliches Verhältnis, jedenfalls zu einem beiderseitig akzeptierten „modus vivendi“ zu kommen. Somit war der Weg offen, die Administration der eroberten Regionen weitgehend so zu belassen, wie sie bisher gewesen war, und auch dort zu belassen, wo sie bisher gewesen war: in den Händen der

„Beamtenschaft" der nicht-muslimischen Unterworfenen. Frühislamische Länderverwaltung konstituiert sich folglich in weitesten Bereichen als byzantinische und spätsassanidische Provinzverwaltung mit oberster Kontrolle durch Muslime: Noch bis ins ausgehende siebte Jahrhundert sind die Verwaltungssprachen im islamischen „Staat" Griechisch und Mittelpersisch (Pahlawi).

Was für die Unterworfenen – auch was die Möglichkeit betraf, in ihren Wohnsitzen und bei ihrer Religion zu verbleiben – auf eine weitgehende Erhaltung des „Status quo" hinauslief, stellte sich für die aus dem tribalen Milieu der Arabischen Halbinsel kommenden muslimischen Araber als Übergang in eine sehr neue und sehr fremde Umgebung dar, in der sie zudem als Muslime noch über lange Zeit zahlenmäßig weit in der Minderheit gewesen sein dürften. So bedurfte es auch eines langgestreckten – mindestens ein Jahrhundert umfassenden – Prozesses, bis die muslimischen Eroberer die vorgefundenen und zunächst „weiterbenutzten" Verwaltungsstrukturen der nicht-muslimischen Unterworfenen zu Institutionen umgeformt hatten, die man dann als spezifisch muslimisch (was nur sehr begrenzt in religiösem Sinne zu verstehen ist) bezeichnen kann.[199] Zum Islam konvertierte Unterworfene, die unter dem Begriff *mawālī* zusammengefaßten Neo-Muslime, haben dabei eine – wenn nicht *die* – wesentliche Rolle gespielt.

Die Fremdheit und auch Unsicherheit der *futūḥ*-Kämpfer in ihrer neuen Umgebung in Verbindung mit ihren tribalistischen Traditionen haben dazu geführt, daß sie ihre Ansiedlung in den nach und nach eroberten Regionen nicht zwischen oder unter, sondern überwiegend *neben* der unterworfenen Bevölkerung vollzogen, sei es bei städtischen Zentren (so eher, aber nicht durchweg, in Syrien und Ägypten), sei es an dafür geeignet erscheinenden kaum besiedelten Plätzen (so vor allem im Irak). Die Niederlassung an diesen als *amṣār* (sg. *miṣr*) oder *ağnād* (sg. *ğund*) bezeichneten Orten geschah nach tribaler Ordnung: Die verschiedenen tribalen Einheiten siedelten gemeinsam in voneinander abgegrenzten Bezirken (*ḫiṭaṭ*/sg. *ḫiṭṭa*).[200] Diese ursprüngliche Form der Ansiedlung blieb dann – sowohl was die Konzentration auf eine nicht allzu große Zahl von Siedlungsplätzen als auch, was die Niederlassung ebendort in getrennten (tribalen) Gruppen betrifft – noch für einige Jahrzehnte bestimmend.[201] Das Nebeneinander von muslimischen Eroberern (dann ihren Nachkommen) und nicht-muslimischen Unterworfenen ging erst sehr allmählich in einen homogeneren gesellschaftlichen Verbund über, dadurch vor allem, daß zunehmend größere Teile der unterworfenen Bevölkerung – vorwiegend freiwillig-opportunistisch – den Islam annahmen. Ebenso war auch die Auflösung der tribalen Verbände in nicht-tribal definierte gesellschaftliche Gruppen erst das Ergebnis eines langwierigen – und nie vollständig vollzogenen – Prozesses.[202]

Die *ağnād*/*amṣār* (als die wichtigsten seien genannt: Damaskus, Fusṭāṭ

(Kairo), Alexandrien, Kairuan, Kūfa, Basra), entstanden und zunächst fungierend als Ausgangsbasen für *futūḥ*-Unternehmungen und erste Sammelstellen für die dabei einkommende Beute und die (vertraglich) vereinbarten Abgaben, entwickelten sich nach und nach zu den Zentren muslimischer Länderverwaltung und als solche zu Residenzen von Statthaltern (*wālī*/pl. *wulāt*; auch: *ʿāmil*/pl. *ʿummāl, amīr*/pl. *umarāʾ*), die sich zunächst vorwiegend aus Führungspersönlichkeiten der *futūḥ* rekrutierten. Diese Gouverneure wurden notwendigerweise zu Schlüsselfiguren in der politischen Geschichte der frühislamischen *umma*. Denn ihre Auswahl und ihr Verhalten bestimmte die Qualität des Verhältnisses der eroberten Regionen zu den jeweiligen Herrschaftszentren der muslimischen *umma* (zunächst Medina, dann [kurzfristig Kūfa und] Damaskus), den Residenzen der Kalifen. Die Qualität dieser Relationen wiederum war von maßgeblichem Einfluß auf den Handlungsspielraum der die *umma* repräsentierenden „Propheten-Stellvertreter" (dies die Grundbedeutung von *ḫalīfa*/Kalif), denn die militärische und vor allem auch finanzielle Potenz der durch die *futūḥ* unter muslimische Kontrolle gekommenen Regionen hatte sehr bald zu einer Verlagerung des politischen Schwergewichts aus der Arabischen Halbinsel in die *futūḥ*-Provinzen geführt. Wir kommen damit zu dem Sachkomplex frühislamischen Herrschertums, dessen spezifische Entwicklung sehr viel maßgeblicher durch den Prozeß der *futūḥ* bestimmt worden ist als – umgekehrt – dieser durch die Aktivitäten der ersten nicht-prophetischen Repräsentanten der *umma*. Die Frage nach den Charakteristika frühislamischer Herrschaft hat deswegen *hier* ihren Platz.

3. Herrscher und „Untertanen"

a) Legitimationsfragen

Islamisches Herrschertum hat seine Geschichte unter denkbar ungünstigen Verhältnissen angetreten. Diese ungünstige Konstellation seiner historischen Vorgaben hat letzten Endes dazu geführt, daß sein Einfluß auf die Formierung und die Geschicke der muslimischen Ökumene insgesamt erheblich geringer zu veranschlagen ist, als es theoretische Definitionen seiner Qualität und die Selbstdarstellung islamischer Herrscher glauben machen wollen; ja, es läßt sich vielleicht sogar die Ansicht vertreten, daß islamisches Herrschertum in der Theorie und von einigen seiner Repräsentanten u. a. auch deswegen so hoch angesetzt worden ist, weil es galt, ein faktisches Defizit zu kompensieren. Auf jeden Fall läßt sich mit einigem Recht die Frage stellen, ob es tunlich ist, islamische Geschichte – und dies gilt besonders für die frühislamische – (weiterhin) am Herrschertum „entlangzuschreiben".

Im Glauben, Kultus und in den „rechtlichen" Vorschriften des Islam, wie er Muḥammad in der Zeit seines Prophetentums nach und nach offenbart worden ist, war eine ,,weltliche" Obrigkeit ,,sui generis" nicht vorgesehen; in der Sache (Recht, Finanzen, Krieg) hat der Prophet zwar herrscherliche Aufgaben wahrgenommen, dies aber nur aufgrund seiner Eigenschaft als ,,Gesandter Gottes", als Empfänger, Interpret und Ausführender entsprechender Offenbarungen Gottes. Nach seinem Tode war dazu niemand mehr legitimiert. Der vielleicht deutlichste Hinweis auf das Fehlen einer unabhängigen Komponente ,,Herrschaft" in der Konzeption des prophetischen Islam ist wohl in der Tatsache zu sehen, daß der Prophet selbst allem Anschein nach die Bestimmung eines Nachfolgers für die Führung der *umma* in ihren ,,weltlich-politischen" Belangen nicht für nötig gehalten hat. Dieses Verhalten ist sicherlich nicht einem *après-moi-le-déluge*-Denken des Propheten zuzuschreiben; ihm hat vielleicht am ehesten für die Zeit nach seinem Tode eine Führung der *umma* durch mehrere seiner engeren Vertrauten mit jeweils verschiedenen Aufgabenbereichen vor Augen gestanden – doch muß dies, wie alle Vermutungen über die Zukunftsvorstellungen des Propheten, Hypothese bleiben.

Dem Schweigen des Propheten stand der weitgehende Konsens der – nun propheten-losen – muslimischen Konföderation gegenüber, daß sie *eines* Repräsentanten nach innen und außen bedürfe; die Gefahr eines Auseinanderbrechens der Konföderation unmittelbar nach dem Tode Muḥammads, wie sie in den – oben bereits behandelten – ,,Apostasie (*ridda*)"-Vorgängen deutlich wurde,[203] mag diesen Konsens wesentlich befördert haben. Damit begann aber auch bereits die innermuslimische Diskussion darüber, welcher Personenkreis, und innerhalb dieses, welches konkrete muslimische Individuum zur Repräsentation der *umma* legitimiert sei. Die Geschichte dieser (z. T. bis heute andauernden) Diskussion ist zugleich ein wesentlicher Bestandteil der Geschichte islamischen Herrschertums; die Tatsache andererseits, daß es von Anfang an solcher Diskussionen bedurfte, d. h. schon zu Beginn keine Einhelligkeit bestand, ist zudem als ein entscheidendes (wenn nicht *das* entscheidende) Manko islamischer Herrschaft anzusehen. Wir haben uns im folgenden darauf zu beschränken, die *früh*islamischen Charakteristika dieser Auseinandersetzung in ihren Auswirkungen auf das wechselseitige Verhältnis von Herrschern und ,,Untertanen" exemplarisch zu verdeutlichen.[204]

In diesem Zusammenhang scheint es mir zunächst nötig, eine allgemein bekannte Tatsache noch einmal deutlich zu akzentuieren, die angesichts der tendenziell universalen Botschaft des Islam und der auf zunehmende Einheit (auf der Arabischen Halbinsel) ausgerichteten Politik des Propheten, die dieser Botschaft entsprach, so selbstverständlich gar nicht war, wie sie aufgrund der historischen Entwicklung nach dem Tode des Propheten scheinen könnte: Der weiteste Rahmen für den zur Führung der *umma* berechtigten Personenkreis ist in der Praxis (und weitestgehend auch in der Theorie[205]) von Anfang an (und dann für die Zukunft) niemals mit Aussicht auf Erfolg über den Stamm des Propheten, die Qurayš, hinaus fixiert worden. Bereits Versuche einer Gruppe von (medinensischen) *anṣār* – also Nicht-Qurayšiten, die aber immerhin für sich in Anspruch nehmen konnten, für das Überleben Muḥammads und seiner Anhänger, und damit für die Zukunft des Islam, den entscheidenden Beitrag geleistet zu haben –, wenigstens eine Beteiligung an der Führung der *umma* zu erlangen,[206] schlugen gleich zu Beginn gründlich fehl und wurden nicht wiederholt; ähnliche Ansprüche wurden von anderen nicht-qurayšitischen Gruppen von Muslimen gar nicht erst erhoben. Das genealogisch-tribale Prinzip (*nasab*) – hier orientiert an der tribalen Zugehörigkeit des Qurayšiten Muḥammad – besaß nach wie vor als allgemeiner Richtwert die stärkste Durchsetzungskraft.

Nur innerhalb dieses generellen qurayšitischen Rahmens kam – jedenfalls, was die Frage nach der Legitimation zur Führung der *umma* betrifft – ein auf die Religion des Islams bezogenes Kriterium ins Spiel, die Frage nach (frühen) Verdiensten um die Unterstützung und Durchsetzung des neuen Glaubens (*sābiqa*). Dieser *sābiqa*-Gedanke hat zweifellos die Einigung der Muslime auf die ersten Repräsentanten der nachprophetischen *umma* wesentlich bestimmt, doch beherrschte er nicht konkurrenzlos das Feld. Genealogische Überlegungen, gleichsam ein engerer *nasab* innerhalb des weiteren qurayšitischen *nasab*, machten sich neben dem *sābiqa*-Kriterium bemerkbar, und zwar in zwei Spielarten: Die größtmögliche genealogische Nähe zum Propheten (der keine männlichen Nachkommen hatte, die ihn überlebten) und die – ganz „unislamische" – Berücksichtigung der Zugehörigkeit zu einem der in vorislamischer Zeit führenden Clans der Qurayš (zu denen der Clan des Propheten, Hāšim, *nicht* gehörte[207]) spielten bei den frühen Diskussionen um die Berechtigung zur Führung der *umma* ebenfalls schon eine bedeutsame Rolle.

Eindeutig aufgrund des *sābiqa*-Prinzips wurden die ersten beiden nachprophetischen Repräsentanten der *umma*, Abū Bakr (632–634) und ʿUmar (634–644), von den medinensischen „Kern"-Muslimen in ihr Amt erhoben und von der weiteren Gesamtheit der Muslime als oberste Instanzen akzeptiert: Beide hatten sich früh zum Islam bekannt und gehörten zur engen Umgebung des Propheten, während ihr *nasab* in keiner Richtung sonderlich prominent war, weder was die genealogische Nähe zum Propheten noch was ihre Clan-Zugehörigkeit im Qurayš-Stamm (Abū Bakr: Taym; ʿUmar: ʿAdī) betraf. Auf diese beiden geht denn auch die spezifische Benennung der Repräsentanten der *umma* zurück, die seinerzeit noch Ausdruck ihres Selbstverständnisses und möglicherweise auch Programm – und nicht, wie später, bloße Titulatur – bedeutete. Abū Bakr nannte sich und verstand sich als „Stellvertreter des Gesandten Gottes (*ḫalīfat rasūl allāh*)", dies die Herkunft und ursprüngliche Bedeutung unseres Lehnworts „Kalif". Die Wahl dieser Amtsbezeichnung durch Abū Bakr ist wohl am ehesten als ein Ausdruck vorsichtiger Bescheidenheit zu verstehen: Ein „Ḫalīfa", in untechnischem Sinne auch weiterhin in der (frühen) arabischen Literatur so verwendet, ist nicht mehr als der Stellvertreter eines Würdenträgers (auf allen Ebenen der sozialen Hierarchie), der von diesem für die Zeit einer notwendigen Abwesenheit bestellt und mit der Aufgabe betraut worden war, den „status quo" in dessen Wirkungskreis bis zu seiner Rückkehr aufrecht zu erhalten. In diesem Sinne hatte auch der Prophet während seiner Abwesenheit von Medina – während eines kriegerischen Unternehmens etwa – „Kalifen" bestimmt, die dort für (muslimische) Ordnung zu sorgen hatten, besonders auch den ordnungsgemäßen Ablauf des so zentralen gemeinsamen Freitagsgebetes[208] zu gewährleisten und diesem als Vorbeter (*imām*), anstelle des Propheten, voranzustehen. In der Aufrechterhaltung des „status quo" der Prophetenzeit in der medinensischen *umma* mag wohl auch der „Ḫalīfa" Abū Bakr in erster Linie seine Aufgabe gesehen haben.[209] Abū Bakrs Nachfolger ʿUmar fügte dieser Amtsbezeichnung dann noch eine weitere hinzu: „Anführer der Gläubigen (im Kampf)-(*amīr al-muʾminīn*)"; in dieser Erweiterung des „Ḫalīfa"-Titels dürften sich einerseits die ersten großen Erfolge widerspiegeln, die die muslimischen Eroberer während der Amtszeit ʿUmars erzielen konnten, andererseits aber auch ein – mit den Realitäten keineswegs deckungsgleicher – Anspruch des zweiten „Ḫalīfa", die *futūḥ*-Aktivitäten in seine Regie zu nehmen.[210] „Ḫalīfa" und „Amīr al-muʾminīn" sollten dann für die Zukunft die Grundtitulatur islamischer Herrscher bleiben, wobei allerdings „Ḫalīfa" schon bald eine bedeutsame Neu-Interpretation erfuhr, von der gleich noch die Rede sein wird.

Eine Verbindung des *sābiqa*-Gedankens mit *nasab*-Kriterien hat die Erhebung der beiden auf ʿUmar folgenden „Stellvertreter des Gesandten Gottes", ʿUṯmān (644–656) und ʿAlī (656–661), bestimmt, die beide bereits als Repräsentanten der *umma* – trotz ihrer doppelten Qualifikation – äußerst umstritten waren, wie nicht zuletzt die Tatsache, daß sie beide „politischen" Morden durch Muslime zum Opfer fielen, in aller wünschenswerten Deutlichkeit zeigt. ʿUṯmān, ein sehr früher Anhänger des Propheten und des Islam, gehörte zugleich der Sippe der ʿAbd Šams/Umayya an, deren führende Stellung im Qurayš-Stamm ebenso unumstritten war wie ihre besonders hartnäckige Opposition gegen Muḥammad und den Islam;[211] ʿUṯmān als früher Muslim war hier eine der – je nach Sichtweise positiven oder negativen – Ausnahmen. Sicherlich sind für die Einigung auf ʿUṯmān vor allem seine frühen Verdienste um den Islam, seine *sābiqa* also, grundlegend gewesen, doch standen durchaus Kandidaten mit vergleichbarer *sābiqa* bereit,[212] und so ist die Annahme nicht von der Hand zu weisen, daß sein vorislamisch-qurayšitischer „Adel", diese Art von *nasab* also, letztlich den Ausschlag gegeben hat. Ist diese Annahme richtig, dann hätte sich mit der Erhebung ʿUṯmāns zum „Ḫalīfa" zum ersten Mal traditionell-qurayšitischer *nasab* auch in der Frage islamischer Herrschaft deutlich zu Gehör gebracht.[213] An das Kalifat ʿUṯmāns jedenfalls knüpft die erste familiale Lösung des islamischen Herrschaftsproblems (sachlich) unmittelbar an: die Kalifenfolge aus dem Clan der Banū Umayya, in der (humanistisch beeinflußten) Sekundärliteratur die „Umayyaden“ (661–750).

Ebenso wie ʿUṯmān verfügte auch der glücklose und bis heute unter Muslimen umstrittene „Ḫalīfa“ ʿAlī über eine unbezweifelbare *sābiqa*, doch scheint sein Anrecht auf das Kalifat schon von seinen Zeitgenossen – und nicht erst in späterer Tradition – in erster Linie (und nicht nur zusätzlich) mit seinem spezifischen *nasab* begründet worden zu sein: Als Sohn des Abū Ṭālib, der uns bereits als Sippen-Oberhaupt der Hāšim und unbestechlicher Garant des so notwendigen innertribalen Schutzes für Muḥammad begegnet ist,[214] war er der Vetter (väterlicherseits) des Propheten und als Ehemann der Propheten-Tochter Fāṭima auch dessen Schwiegersohn. Sein *nasab* war damit – angesichts des Fehlens überlebender männlicher Nachkommen Muḥammads – der „de facto“ nächste zum Propheten. Diese engstens begrenzte biologische Nähe zum Propheten (ʿAlī, dann die jeweils ältesten männlichen Nachkommen aus seiner Ehe mit Fāṭima) hat nun – wohl schon während der Amtszeit ʿUṯmāns; noch früher? – eine Gruppe von medinensischen Muslimen, die zunehmend mehr Anhänger auch außerhalb des muslimischen Kerngebietes, vor allem im Irak, fand, zur alleinigen Legitimations-Basis für die Führung der *umma* erhoben. Für diese Gruppe setzte sich die Bezeichnung „Anhängerschaft ʿAlīs (*šīʿat ʿAlī*)“ durch, verkürzt dann zu *šīʿa* (= „Schia/Schiiten“).

Das Herrschafts-Konzept der „Anhängerschaft“ war von den im frühen Islam diskutierten Möglichkeiten im Grunde das einzige, welches – hätte es sich allgemein durchsetzen können – die Einheit der *umma*, bezogen auf Herrschaft, zu sichern vermochte, jedenfalls solange männliche Nachkommen in der engsten Propheten-Linie vorhanden waren: Sein Prinzip nämlich garantierte Eindeutigkeit der jeweils in Frage kommenden Kandidaten, und Schia-intern ist man sich auch mehrere Generationen lang über die Person des zur Führung der *umma* berechtigten Imam (dies der von der Schia bevorzugte Herrschertitel) einig gewesen. Den nicht-schiitischen Konzepten dagegen fehlte diese Eindeutigkeit; allenfalls ein Kreis von Kandidaten ließ sich bestimmen, nicht aber – das, was man brauchte – der Kandidat schlechthin. Das *sābiqa*-Prinzip, anfangs brauchbar, mußte sich naturgemäß „biologisch“ auswachsen: früheste Anhänger des Propheten konnten nicht mehr geboren werden. Der *sābiqa*-Gedanke ließ sich allenfalls dadurch perpetuieren, daß man auch Nachkommen (also wiederum *nasab*!) von prominenten frühen Muslimen in die Legitimations-Frage mit einbezog: Dies scheint beim Kalifat des ʿAbdallāh b. az-Zubayr (684–692), des Sohnes eines bedeutenden frühen Propheten-Gefährten, (zumindest auch) eine Rolle gespielt zu haben. Dieser ʿAbdallāh erscheint übrigens in der Sekundärliteratur meist als „Gegenkalif“. Eine solche Bezeichnung wäre nur dann berechtigt, wenn seinerzeit weitestgehende Einhelligkeit in der *umma* darüber bestanden hätte, daß der „Ḫalīfa“ ein Angehöriger der

Banū Umayya sein müsse; die zeitweilig weit überwiegende Anerkennung des ʿAbdallāh b. az-Zubayr als „Ḫalīfa" zeigt jedoch, daß zu dieser Annahme kein Anlaß besteht.[215] Vielmehr macht das Nebeneinander zweier Typen von Kalifen, der Nachkomme eines Propheten-Gefährten im Hedschas und Angehörige der vorislamisch-„adligen" Banū Umayya in Syrien (Marwān I. 684–685/ʿAbd al-Malik 685–705), nur deutlich, daß auch mehr als fünfzig Jahre nach dem Tode des Propheten die Legitimationsfrage islamischer Herrschaft noch in keiner Weise gelöst war.

Das *sābiqa*-Prinzip über den *nasab* zu verlängern, war jedoch auf die Dauer kaum praktikabel: Zunehmend diffuser mußte hier der Kreis der möglichen Anwärter werden. Zur gleichen Aporie führte eine andere, in der Frühzeit ins Spiel gebrachte und auch später immer wieder einmal diskutierte Möglichkeit, den *sābiqa*-Gedanken aktuell zu halten: Verdienste um den Islam von der gleichen Qualität, wie sie die frühe Annahme des Islam und Unterstützung des Propheten bedeutete, konnten auch später noch in anderen Zusammenhängen erworben werden; der jeweils hervorragendste Träger solcher Verdienste, der „beste Muslim" also, solle „Ḫalīfa" sein. In diese Richtung gingen die Forderungen einer Gruppe, die sich von der „Anhängerschaft ʿAlīs" noch zu seinen Lebzeiten abspaltete, der Ḫāriǧiyya, der die bis dahin gelaufene Entwicklung in der Herrschaftsfrage islamischen Grundsätzen zu wenig zu entsprechen schien. Doch diese Theorie, die auch nicht-qurayšitische Kalifen zugelassen hätte, erwies sich nicht einmal bei der Ḫāriǧiyya selbst als, einen längeren Zeitraum und größere Gruppen umfassend, realisierbar.[216]

Was schließlich zu einer – wenigstens äußerlichen – Kontinuität in der frühislamischen Herrscherfrage führte, war bekanntlich die Etablierung der Banū Umayya in Damaskus, eine Lösung folglich im Sinne des vorislamisch-qurayšitischen „Adels". Diese Entwicklung ist ausschließlich den persönlichen Qualitäten des Muʿāwiya b. Abī Sufyān (661–680) zuzuschreiben, Sohn übrigens eines der zähesten qurayšitischen Gegner des Propheten. Er hatte sich im eroberten Syrien in den vierziger und fünfziger Jahren als Statthalter ebendort eine zuverlässige Hausmacht schaffen können, und bereits während der Amtszeit ʿUṯmāns dürfte er der mächtigste Mann in der *umma* gewesen sein. Nach dem Tod ʿAlīs, den und dessen Anhänger er unter dem Vorwand bekämpft hatte, sie hätten sich des Mordes an ʿUṯmān (mit-)schuldig gemacht (für die schließliche Ermordung ʿAlīs war im übrigen nicht er, sondern ein Ḫāriǧī verantwortlich), erschien Muʿāwiya einer überwiegenden Mehrheit der Muslime als die einzige unter den gegebenen Verhältnissen zur Herrschaft *fähige* Persönlichkeit in der *umma*, und seine Übernahme des „Ḫalīfa"-Amtes fand daher weitgehende Anerkennung. Mit dem Kalifat Muʿāwiyas, das in den Augen der Zeitgenossen in keiner Weise eine Kalifen*folge* der Banū Umayya präjudizierte, hatte sich das islamische Herrschaftsproblem eindeutig von einer Legitimationsfrage zu einer Machtfrage hin verschoben, und „de facto" sollte es

– was die Herrschaft der Umayya-Familie betrifft – auch in diesem Bereich bleiben. Ihre Legitimität auch nur einer Majorität in der *umma* plausibel zu machen – sei es durch theoretische Konstruktionen, sei es durch rechtzeitige (zu Lebzeiten des jeweiligen „Ḫalīfa“) Bestimmung von Nachfolgern, denen man von Anhängern „huldigen“ ließ[217] –, ist den Kalifen der Banū Umayya nicht gelungen.

Die auf Herrschaft bezogene Konsistenz der *umma* war infolgedessen von den – sehr unterschiedlichen – Fähigkeiten der Umayya-Kalifen (von denen – nach Muʿāwiya dreizehn an der Zahl – übrigens nur fünf Söhne ihres jeweiligen Vorgängers waren; ansonsten Bruder, Vetter, Neffe, entferntere Verwandtschaft) und/oder von der Bereitschaft der verschiedenen, sehr heterogenen Interessengruppen in den eroberten Provinzen abhängig, sie zu unterstützen oder wenigstens nicht gegen sie zu arbeiten; und bei genauerem Hinsehen erweist sich die durch vierzehn aus demselben Clan aufeinander folgenden Kalifen scheinbar zu erschließende Einheit der *umma* als Täuschung. Von den Umayya-internen Brüchen in der Herrscherfolge (durch Marwān [I.] b. al-Ḥakam 684–685, ʿUmar [II.] b. ʿAbd al-ʿAzīz 717–720 und Marwān [II.] b. Muḥammad 744–750) einmal ganz abgesehen, sei auf die folgenden Uneinheitlichkeiten verwiesen, die man nur dann mit negativen Prädikaten wie „Unbotmäßigkeit“, „Verschwörung“, „Revolte“, „Aufruhr“ etc. belegen kann, wenn man eine „dynastische“ Herrscherfolge für das Normale und Richtige hält, die aber – neutral betrachtet – nur ein Ausdruck der Tatsache sind, daß zur Zeit der Banū Umayya ein konsensfähiger islamischer Staat (noch) nicht bestanden hat: Die „Anhängerschaft ʿAlīs (*šīʿa*/Schia)“, vor allem im Irak und z. T. auch den davon abhängigen Ostprovinzen angesiedelt, *konnte* aufgrund ihres „Ḫalīfa“-Konzepts[218] die Banū Umayya als Führer der *umma* gar nicht anerkennen und hat sich entsprechend verhalten; das gleiche gilt aus dem gleichen Grund und mit den gleichen Konsequenzen – d. h. Bekämpfung der Banū Umayya und ihrer Repräsentanten – für die verschiedenen Gruppen der Ḫāriǧiyya;[219] in den Jahren 684 bis 692 hat, wie schon erwähnt, ein zweites Kalifat bestanden, welches – an islamischen Grundsätzen gemessen – „besser“ legitimiert war als das gleichzeitige der Banū Umayya und zeitweilig weiteste Anerkennung gefunden hat;[220] schließlich wird um 700 mit zunehmender Breitenwirkung eine gegen die Kalifate der Banū Umayya gerichtete Bewegung aktiv, die unter dem Namen (und Programm) Hāšimiyya für ein neues Legitimations-Prinzip wirbt[221] und dieses dann auch mit der Etablierung der Banū l-ʿAbbās („Abbasiden“) als Kalifen, verbunden mit der Vertreibung und nahezu vollständigen physischen Vernichtung der Umayya-Sippe, erfolgreich realisiert: Das Hāšimiyya-Konzept sah einen „Ḫalīfa“ aus der Sippe des Propheten (Hāšim) vor, exkludierte durch diesen enggefaßten *nasab* folglich alle anderen Qurayš-Clans (natürlich auch die Banū Umayya); andererseits wies es zwar nicht die strikte Beschränkung der Schia auf die direkte Propheten-Linie auf, war den schiitischen Forderungen aber nahe genug, um auch Schiiten zeitweilig – vor allem, da sie für die Durchsetzung *ihrer* Kandidaten wenig Chancen sahen – zur Unterstützung dieses Programms veranlassen zu können.

Die hier kurz charakterisierten Uneinheitlichkeiten: Schia, Ḫāriǧiyya, Zweit-Kalifat und Hāšimiyya-Bewegung, markieren im übrigen nur die großflächige Fragmentierung der frühislamischen *umma;* innerhalb dieser größeren Komplexe und neben ihnen ging die Fragmentierung durch Gruppenbildungen noch sehr viel weiter. Die Herrschafts-Führung – sehr unterschiedlicher Qualität und Intensität – der Banū Umayya kann daher mit einigem Recht als nur *ein* Element in der politischen Gesamtlandschaft des ersten islamischen Jahrhunderts betrachtet werden, und es läßt sich somit durchaus die Frage stellen, ob der Periodisierungsbegriff „Umayyadenzeit" (o. ä.) als generelle *Qualitäts*bezeichnung für die islamische Geschichte von 661 (Kalifat Muʿāwiyas) bis 750 (Übernahme des Kalifats durch die hāšimitischen Banū l-ʿAbbās) überhaupt taugt, ob es sich nicht empfiehlt, ihn eher nur – da er sich nun einmal eingebürgert hat, wird man schlecht auf ihn verzichten können – als chronologischen Richtwert zu verstehen und zu verwenden. Diese Beobachtungen und Überlegungen lassen sich noch weiter konkretisieren, wenn wir jetzt die notwendige Frage nach den Inhalten und der Reichweite frühislamischen Herrschertums stellen; bei ihrer Beantwortung wird zugleich das wechselseitige Verhältnis von Herrschern zu „Untertanen" in seinen Grundzügen deutlich werden.

b) Zur realen Macht frühislamischer Kalifen

Die Qualität frühislamischen Herrschertums, des Kalifats also, läßt sich vielleicht am besten bestimmen, wenn wir nach dem Ausmaß seiner Kontrollmöglichkeiten über die zentralen Bereiche „Kultus/Recht", „Kriegführung (Militär)" und „materielle Ressourcen (Finanzen)" fragen; obwohl mannigfach untereinander verknüpft, erlaubt, ja verlangt vielleicht sogar die prinzipielle Eigenständigkeit dieser Bereiche eine jeweils gesonderte Betrachtung.

Es ist kein Zufall, daß sich unter den frühislamischen Kalifen (das gleiche gilt für die islamischen Herrscher der folgenden Jahrhunderte) kein Gesetzgeber findet. Die Praxis der medinensischen *umma* zur Zeit des Propheten, bestimmt durch die göttliche Offenbarung an Muḥammad und durch dessen Verfahrensweisen in konkreten Fällen, galt – und hier herrschte Konsens – als der unangreifbare Rahmen, innerhalb dessen sich muslimisches Tun und Treiben in *allen* Lebensbereichen zu bewegen hatte. Eine unabhängige Gesetzgebung in Konkurrenz zu diesem Komplex von göttlich/prophetischen Lebens-Regulativen (oder auch nur neben diesem) war ganz undenkbar: Der „Ḫalīfa", eben als „Stellvertreter/Statthalter des Gesandten Gottes", hatte den vorgegebenen Rahmen zu konservieren und dafür zu sorgen, daß sich muslimisches Leben korrekt in diesen Abmessungen gestaltete, nicht aber neue Setzungen vorzunehmen.

Nach dem Tode des Propheten war der Gesamtbestand islamischer Regulative noch konkret faßbar in der Summe der göttlichen Offenbarungen, dem Qur'ān, der seit dem Kalifat von ʿUṯmān insgesamt schriftlich fixiert vorlag,[222] daneben aber auch weiterhin mündlich lebte, und in Reminiszenzen an Verfügungen und Verhaltensweisen des Propheten. Verlorengegangen war mit dem Tode des Propheten der muslimischen *umma* (und damit auch ihren Repräsentanten) jedoch ein ganz entscheidendes Stück Handlungsspielraum: die Möglichkeit, auf neue Situationen in konsensfähiger Form zu reagieren. Dieses Problem hatte zu Lebzeiten des Propheten deswegen nicht bestanden, weil seine Entscheidungen bei neu auftretenden Fragen aufgrund seiner prophetischen Autorität allgemein akzeptiert wurden, auch dann, wenn sie nicht in Form einer koranischen Offenbarung „herabkamen“, sondern „nur“ Anordnungen Muḥammads waren. Solche nicht-koranischen Entscheidungen des Propheten aber dürften die alltägliche Lebens- und Handlungs-Praxis der medinensischen *umma* – erwähnt seien nur so wichtige Bereiche wie die detaillierte Gestaltung des Kultus, Kriegführung, Bündnisse, Abgaben – in ganz erheblich höherem Maße bestimmt haben als die Offenbarungen des Koran, der zwar mancherlei rechtliche Regelungen enthält,[223] aber die Funktion eines umfassenden Gesetzbuches weder erfüllen sollte noch konnte. Die Notwendigkeit, Entscheidungen zu treffen, die sich nicht oder nur entfernt auf göttliche Offenbarung berufen konnten, schon zu Lebzeiten des Propheten eine wesentliche Komponente in der Führung der *umma*, nahm nun nach seinem Tode zunehmend größere Ausmaße und dringlichere Formen an. Es genügt, in diesem Zusammenhang hinzuweisen auf die arabisch-islamische Expansion, deren Ablauf selbst, vor allem aber deren Ergebnisse eine völlig neue Dimension rechtlicher Desiderata eröffnete, ferner auf die Entstehung einer nicht-prophetischen Führung der *umma*, eben des Kalifats, welches selbst erst einmal in seinen Funktionen rechtlich zu definieren war.

Gerade in dem Zeitraum aber, da die *umma* einer anerkannten Entscheidungsautorität mehr denn jemals vorher oder nachher bedurfte, fehlten ihr – qua Definition – die Voraussetzungen, über eine solche zu verfügen: Anordnungen der Kalifen, die getroffen werden mußten und getroffen wurden, konnten die Verbindlichkeit prophetischer Entscheidungen in keiner Weise für sich beanspruchen, ganz abgesehen davon, daß sie für die Belange einer mit atemberaubender Schnelligkeit expandierenden islamischen Ökumene in der Sache nicht flächendeckend sein, ja nicht einmal überall (rechtzeitig) hingelangen konnten. Was sich aus dieser Situation ergab, muß man wohl prinzipiell als Rechtsunsicherheit bezeichnen, „de facto“ etablierten sich mannigfache Formen von Gewohnheitsrecht, die später – abhängig von dem Grad ihrer Akzeptanz oder auch nur von

Zufällen – entweder nachträglich sanktioniert oder verworfen wurden.[224] Genannt seien in diesem Zusammenhang: Vorislamische Stammestraditionen (vor allem in den Personenbeziehungen bei den im Rahmen der *futūḥ* agierenden tribalen Gruppen und im Kriegsrecht), die von islamischen Regulativen (Koran, Prophet) noch gar nicht berührt gewesen sein dürften;[225] Praktiken im islamischen Kultus und Strafrecht, die zwar auf den entsprechenden koranischen Offenbarungen basierten, sich aber regional unterschiedlich weiterentwickelten; vertragliche Abmachungen mit den sich unterwerfenden Nicht-Muslimen im Laufe der *futūḥ,* die sich zwar als solche auf den Koran und prophetisches Vorbild berufen konnten,[226] inhaltlich aber vielfach neues Recht schufen;[227] die Übernahme byzantinischer und sassanidischer Besteuerungspraxis[228] und des darin enthaltenen „fremden" Rechts; schließlich die situationsbedingten Anordnungen der Kalifen und ihrer Statthalter in den Bereichen der Verwaltung und der alltäglichen Rechtspflege.

Während sich ein beträchtlicher Anteil dieser gewohnheitsrechtlichen Praxis ohne Zutun – oft wohl auch ohne Wissen – der jeweiligen „Propheten-Stellvertreter" konstituiert haben dürfte, konnten nicht einmal ihre eigenen Verfügungen *eo ipso* damit rechnen, allgemein akzeptiert zu werden; sie wurden vielmehr immer mit der Frage konfrontiert, ob sie auch „islamgemäß" seien. Diese Frage konnte – positiv oder negativ – prinzipiell jeder Muslim beantworten und die entsprechenden Konsequenzen für sich daraus ziehen; in der politischen Praxis lief die Sache in der Regel darauf hinaus, daß die jeweiligen Parteigänger eines Kalifen seine Entscheidungen als islamkonform akzeptierten, seine Gegner immer bereit waren, den Vorwurf unislamischer „Neuerungen (*bidʿa*/pl. *bidaʿ*)" zu erheben, oft auch grundsätzlich die Legitimationsfrage damit zu verbinden. Tendenziell hatten jedenfalls die frühislamischen Herrscher bei allen ordnungspolitischen Verfügungen die Beweislast der Islam-Konformität zu tragen; da es selten gelang, diesen Beweis für *alle* Muslime überzeugend zu erbringen, reduzierte sich die Durchsetzbarkeit solcher Verfügungen weitgehend auf eine Machtfrage.

Eine Ausnahme scheinen in diesem Zusammenhang nur die beiden eindeutigen *sābiqa*-Kalifen, Abū Bakr (632–634) und ʿUmar (634–644), gebildet zu haben: Ihren Entscheidungen auf dem Gebiet „Kultus/Recht" scheint man allgemein schon sehr früh – bereits zu Lebzeiten? – „Islamgemäßheit" im Sinne der noch vom Propheten geführten *umma* zugestanden zu haben; doch schon Verfügungen ʿUṯmāns und ʿAlīs, dann erst recht solche der Banū Umayya, waren nicht mehr durchweg konsensfähig. Ein probates Mittel der Banū Umayya, ihren Anordnungen Gewicht zu verleihen, scheint es daher gewesen zu sein, sie als solche der *sābiqa*-Kalifen auszugeben, vor allem ʿUmars, der wegen seiner längeren Amtszeit und aufgrund der Tatsache, daß die erste wichtige Phase der *futūḥ,* die zu mancherlei neuen rechtlichen Regelungen hatte Anlaß geben können, in sein Kalifat fiel, am ehesten in Frage kam. So entstand der Typus „Anordnungen ʿUmars", bei dem Authentisches und spätere Zuschreibungen durch die Banū Umayya (in eigener Sache) oft schwer voneinander zu unterscheiden sind.[229] Im übrigen – und darauf kommt es hier vor allem an – weist die offenbar als notwendig erachtete Rückdatierung von Verfügungen auf einen *sābiqa*-Kalifen nur allzu deutlich auf eine nicht allzu hoch zu veranschlagende, falls überhaupt vorhandene, Rechtsautorität der jeweiligen frühislamischen Herrscher hin, die – in ihrer Legitimität umstritten – auf Abū Bakr und ʿUmar folgten.

Wie eingeschränkt die rechtliche Handlungsfreiheit frühislamischer Kalifen sein konnte, beleuchtet schlaglichtartig und exemplarisch zugleich der jahrzehntelange Rechtsstreit um die Erweiterung der Hauptmoschee von Damaskus, der heutigen Umayyadenmoschee.[230] Damaskus war bereits sehr früh (635) auf dem Wege eines Vertrages mit der überwiegend christlichen Einwohnerschaft unter muslimische Kontrolle gekommen.[231] Vertragliche Eroberung implizierte – davon war oben bereits die Rede[232] – u. a. die Unverletzlichkeit der nicht-muslimischen Kultstätten, in Damaskus folglich auch die der im Zentrum gelegenen Johannes-Kirche. Der rechtliche Schutz dieses Gotteshauses war somit durch die muslimischen Eroberer, genauer ihren damaligen Anführer Ḫālid b. al-Walīd, begründet worden, basierend auf ähnlichen Abmachungen des Propheten mit Nicht-Muslimen und ohne Zutun des fernab von den *futūḥ* in Medina residierenden „Ḫalīfa" (ʿUmar). In unmittelbarer Nähe der Johannes-Kirche war dann in der Folgezeit die muslimische Freitagsmoschee angelegt worden, die allerdings offenbar schon bald die Gläubigen nicht mehr faßte und einer Erweiterung bedurfte; das Terrain der christlichen Kirche, die im übrigen auch wegen des unmittelbaren Nebeneinanders der unterschiedlichen Kulte als störend empfunden worden sein dürfte, scheint sich als der am besten geeignete Raum für die Erweiterungspläne der Muslime angeboten zu haben. Muʿāwiya (661–680), mit dem Damaskus zur Residenz der Banū Umayya-Kalifen aufstieg, unternahm den ersten Vorstoß in Richtung auf eine Einbeziehung der Kirche in den Moscheebezirk, mußte aber sein Vorhaben aufgeben, weil die Damaszener Christen eine Abtretung der Kirche verweigerten. Ebenso erfolglos blieb ʿAbd al-Malik (685–705), der die Christen trotz des Angebots einer finanziellen Entschädigung (womit er ebenfalls ihr durch die muslimischen Eroberer garantiertes Recht anerkannte) nicht zum Einlenken bewegen konnte. Al-Walīd (I., 705–715), bekanntlich der Erbauer der (neuen) Umayyadenmoschee, löste das Problem auf dem Machtwege: Als die Christen auf ein anscheinend sehr hohes finanzielles Angebot nicht eingingen, ließ er die Johannes-Kirche kurzerhand einreißen und dem Moschee-Komplex einverleiben. Damit war die Sache allerdings keineswegs erledigt. Die Christen von Damaskus klagten bei al-Walīds zweitem Nachfolger, ʿUmar II. (b. ʿAbd al-ʿAzīz, 717–720). Dieser erkannte auf Rechtsbruch seines Vorgängers und ordnete die Rückgabe des ehemaligen Kirchen-Grundstücks an. Damit aber stieß er auf den entschiedenen Widerspruch der Damaszener Muslime, angeführt von dortigen Religionslehrern (*fuqahā'*): ‚Sollen denn (Teile der) Moschee zerstört und wieder zur Kirche gemacht werden, nachdem wir dort zum Gebet gerufen und gebetet haben?' Erst als daraufhin mit den Christen ein für diese offenbar außerordentlich vorteilhafter Immobilientausch ausgehandelt werden konnte, kam dieser ca. fünfzig Jahre währende Rechtsstreit zu einem endgültigen Abschluß.

Die in diesem Zusammenhang agierenden „Herrscher der Gläubigen" waren also – dies wird hier vor allem deutlich – nicht in der Lage, sich gegen Rechtspositionen durchzusetzen, die unabhängig von ihnen entstanden waren: Den Konsequenzen der Vertragspraxis muslimischer Eroberer hatten sie sich ebenso zu beugen wie (ʿUmar II.) dem – überhaupt erst durch die *futūḥ* möglich und notwendig gewordenen – islamischen Grundsatz „Eine zur Moschee gewordene Kirche kann nicht wieder Kirche werden". Dabei vertraten die Umayya-Kalifen im ersten Fall auch noch eindeutig muslimische Interessen gegen die Rechte nicht-muslimischer Unterworfener, und zur Debatte stand immerhin die Freitagsmoschee der damaligen Kalifen-Residenz! Dennoch wurde der Rechtsbruch al-Walīds, seine Lösung auf dem *Macht*wege, nicht etwa zum Präzedens, sondern von einem seiner Nachfolger als Rechtsbruch qualifiziert und entsprechend korrigiert.

Als solche anerkannte „Herren des Rechts" sind frühislamische Herrscher niemals geworden, auch wenn sie sich selbst – gegen Ende des siebten Jahrhunderts – von „Stellvertretern des Gesandten Gottes" zu „Stellvertretern Gottes (*ḫalīfat allāh*)" aufwerteten oder aufwerten ließen[233] und, so sie dazu in der Lage waren, ihre Vorstellungen von Recht und Ordnung vielfach auch durchsetzten. Entscheidend blieb der Tatbestand, daß sie die Beugung der muslimischen „Untertanen" unter ihre Verordnungen und Satzungen allenfalls erzwingen, nicht aber aufgrund ihrer Position als „Stellvertreter des Gesandten Gottes" (oder gar Gottes direkt) selbstverständlich einfordern konnten. Der gutgemeinte, aber nicht realisierte (und nicht realisierbare!) Vorschlag an einen Kalifen, er solle doch Gesetze und Verfügungen kodifizieren, der um die Mitte des achten Jahrhunderts von Ibn al-Muqaffaʿ (ca. 720–ca. 756), einem aus persisch-sassanidischer Tradition kommenden Verwaltungsbeamten der späten Banū Umayya- und ersten Banū l-ʿAbbās-Kalifen, in einer Denkschrift mit guten Argumenten zur Debatte gestellt wurde,[234] ist hier in zweifacher Hinsicht aufschlußreich: Der Vorschlag als solcher läßt erkennen, was ein Administrator, dem die Modalitäten persisch-sassanidischer Herrschaftsführung vertraut waren, für ein dringendes Desiderat des islamischen Kalifats hielt, nämlich Gesetzgebung; die Tatsache andererseits, daß ein solcher Vorschlag keinerlei Realisierungschancen hatte, verdeutlicht die Grenzen, die dem Kalifat in einem so zentralen Bereich der Ausübung von Herrschaft gezogen waren.

Was in der muslimischen Ökumene – mit dem Anspruch auf Verbindlichkeit – rechtens war und sein sollte, wurde in einem langgestreckten Prozeß von Persönlichkeiten und Gruppen allmählich entwickelt (und letztlich, nachdem dieser Prozeß zu einem gewissen Abschluß gekommen war, um die Mitte des neunten Jahrhunderts, auch vertreten und „verwaltet“), die prinzipiell der konkreten Ausübung von Herrschaft fernstanden, sich jedenfalls in keiner Weise als Diener der Kalifen betrachtet wissen wollten: von den islamischen Religionsgelehrten (*ʿulamāʾ, fuqahāʾ*). Da der Prozeß ihrer Rechtsdiskussionen, der dann schließlich zur Entstehung eines islamischen religiösen Gesetzes, der Scharia (*šarīʿa*), führte, in dem von uns zu behandelnden Zeitraum erst seinen Anfang nahm, ist er hier – vor allem was seine personellen Träger und seine institutionelle Ausgestaltung betrifft – nicht weiter zu verfolgen.[235] Nur dies muß in unserem Zusammenhang hervorgehoben werden: Mit den Richtlinien und Maßstäben, welche die Basis für das allmählich entstehende Gebäude der Scharia bildeten, nämlich den (verschiedenartig auszulegenden) „rechtlichen“ Offenbarungen des Koran und den beispielgebenden Verhaltensweisen des Propheten und der ersten beiden Kalifen, oder was man dafür hielt und halten wollte (*sunna*), waren auch bereits frühislamische Herrscher in Permanenz konfrontiert; an ihnen mußten sie sich messen lassen. Da diese Beurteilungskriterien – ihrer Herkunft und personellen Trägerschaft entsprechend – bei weitem nicht immer mit der Notwendigkeit „weltlicher“ Herrschaftsführung in Einklang standen, konnten Verfügungen von Kalifen leicht ins Zwielicht der Illegalität geraten oder von oppositionellen Gruppen dorthin gerückt werden. Diese Diskrepanz zwischen Herrschaftspraxis und den außerhalb dieser entwickelten Idealforderungen islamischer Religionsgelehrter, übrigens eine Konstante islamischer Geschichte, wird an einem der frühesten Schriftzeugnisse islamischer Jurisprudenz, der „Abhandlung über Besteuerung (*Kitāb al-ḫarāǧ*)“ des Abū Yūsuf (st. 798), frappierend deutlich: Diese Schrift entstand im Auftrag eines der ersten Kalifen aus der ʿAbbās-Familie, des Hārūn ar-Rašīd („Harun El Raschid“; 786–809); es ist genau genommen eine Sammlung ausführlicher Antworten auf einen Katalog von Fragen dieses Kalifen an den damaligen Qadi der Hauptstadt Bagdad, eben den Qadi der Qadis, Abū Yūsuf. Die Informationen und Ratschläge des Qadis sollten dem Wunsch des Kalifen dienen, „(bisher geschehenes) Unrecht an seinen Untertanen für die Zukunft zu unterbinden und für ihre ordnungsgemäße Behandlung (= vor allem: Besteuerung) zu sorgen“. Was Abū Yūsuf dann dem Kalifen in seinen Antworten präsentierte, ist nicht weniger als ein aus islamischen (im Sinne der frühen Religionsgelehrten) Grundsätzen entwickeltes Fiskalrecht in umfassender Anlage und detailliertester Ausgestaltung.[236] Die offensichtliche Unkenntnis des Harūn ar-Rašīd von den islamrechtlichen Grundlagen der Besteuerung ist entlarvend: Die tradierte Besteuerungspraxis der Kalifen bis auf seine Zeit scheint sich um (vorhandene!) islamrechtliche Maßstäbe für den Fiskus so wenig gekümmert zu haben, daß Hārūn praktisch ,,ab ovo" informiert werden mußte!

Die mißliche Tatsache, daß die frühislamischen Herrscher keinen originären Anspruch darauf besaßen, die Unterwerfung der Muslime unter ihre Regelungen im Bereich ,,Kultus/Recht" auf der Grundlage einer übergeordneten, außerhalb jeder Diskussion stehenden Autorität einzufordern – Machtweg oder Kompromiß blieben ihnen als Alternativen –, wurde nun etwa auch nicht dadurch aufgewogen, daß sie über ein jederzeit einsetzbares, verläßliches *militärisches Potential* verfügen konnten, mit dem sie die Durchsetzung ihrer politischen Vorstellungen und Ziele in der *umma* durchweg hätten erzwingen können. Auch eine unbestreitbare Kontrolle über die kriegerischen Ressourcen der *umma* war mit dem Kalifenamt nicht originär verbunden; der von ʿUmar eingeführte (zweite) Herrschertitel ,,Anführer der Gläubigen (im Krieg)"[237] war Anspruch, nicht Wirklichkeit.

Die Wirklichkeit allerdings auch nur in groben Umrissen und in ihren Hauptentwicklungslinien zu erfassen und darzustellen, erscheint (vorerst) als ein nahezu aussichtsloses Unterfangen. Voraussetzung dafür wäre eine bessere Kenntnis frühislamischer ,,Gruppenbildungen", genauer: der Konstanten und Variablen im Verhalten der tribalen Verbände während der *futūḥ und* im Kontext ihres vorübergehenden oder endgültigen Sich-Niederlassens in den eroberten Regionen (besonders auch: *wo* genau dort?). Das bisherige (und jemals entscheidend zu behebende?) Defizit an notwendigen Informationen zu diesen Vorgängen und Verhaltensweisen resultiert vor allem aus dem besonderen Charakter der verfügbaren Quellen-Nachrichten zum Thema, der seinerseits wiederum auch Abbild einer schwer durchschaubaren historischen Realität sein dürfte: Der Historiker steht vor einer Fülle von äußerst fragmentierten Einzelinformationen, die darüber hinaus z. T. sehr widersprüchlich sind; diese Fragmentierung und Widersprüchlichkeit wiederum scheint vor allem daher zu rühren, daß die Nachrichten einerseits Momentaufnahmen innerhalb eines dynamischen Entwicklungsprozesses darstellen, infolgedessen ,,Hochrechnungen" auf längerfristige Zustände kaum zulassen, andererseits im positiven oder negativen Sinne parteiisch sein können, d. h. mit historischen Vorgängen begründete Ansprüche oder Polemik involvierter (tribaler) Gruppen wiedergeben. Aus diesem historiographischen Dilemma ist eigentlich nur durch umfangreiche – auf quellenkritischer Basis durchgeführte – Detailuntersuchungen zu den Aktivitäten und Bewegungen einzelner Gruppen und zur Rolle der Führungspersönlichkeiten solcher Gruppen herauszukommen; mit Untersuchungen dieser Art ist in letzter Zeit begonnen worden, bis zur Erstellung eines einigermaßen geschlossenen Gesamtbildes ist jedoch noch ein gutes Stück Arbeit zu leisten.[238] Die folgenden kurzen Ausführungen können daher allenfalls generelle Richtlinien geben, sollen im übrigen eher die Probleme beschreiben als Lösungen anbieten und sind mit entsprechenden Fragezeichen zu versehen.

Zwei unbestreitbare Grundtatsachen können – so scheint mir – hier nicht deutlich genug hervorgehoben werden: Erstens haben die waffenfähigen Personengruppen in frühislamischer Zeit – bestehend nahezu ausschließlich aus volljährigen, freien Muslimen – ihre kämpferischen Aktivitäten prinzipiell als in ihrer jeweils eigenen Regie befindlich betrachtet; wollte jemand – wer immer das war – über ihr kriegerisches Potential verfügen, dann hatte er ein überzeugendes Angebot zu machen, wobei ein solches Angebot aus (im weitesten Sinne) „Bezahlung“ oder (ebenfalls im weitesten Sinne) „Erpressung“ bestehen konnte, aber erfolgen mußte; eine übergeordnete Kampf-(Wehr-)Pflicht hat, soweit ich sehe, zu keiner Zeit bestanden.[239] Zweitens hat sich, ganz anders als der Prophet, keiner der frühislamischen Kalifen während seiner Amtszeit als längerfristiger konkreter „Anführer der Gläubigen (*amīr al-mu'minīn*)“ Verdienste erworben. Der zentrale – und nicht nur kriegerische – Ereigniskomplex frühislamischer Geschichte schlechthin, die arabisch-islamische Expansion, vollzog sich weitestgehend ohne die persönliche Mitwirkung der „Stellvertreter des Propheten (Gottes)“.[240] Diese beiden grundlegenden Tatsachen scheinen mir nun im wesentlichen den Rahmen bestimmt zu haben, innerhalb dessen sich der gesamte Entwicklungskomplex „Herrscher – Heerfolge“ in frühislamischer Zeit in seinen außerordentlich vielfältigen Spielarten gestaltet hat. Wir müssen uns hier darauf beschränken, einige auffällige Züge dieses Komplexes – versuchsweise und vorläufig – als (möglicherweise) exemplarische Phänomene kurz zu erläutern.

Die kriegerische Autonomie der vormals arabisch-heidnischen, dann muslimischen Gruppen und Verbände (zunächst vorwiegend tribal bestimmt; später treten zunehmend auch andere Ordnungsprinzipien hinzu, wobei allerdings tribale Denk- und Handlungsweisen noch lange bestimmend bleiben[241]) zu überwinden und in eine übergeordnete und dauerhafte Verpflichtung auf den Repräsentanten der *umma* umzuformen, ist nicht einmal dem Propheten gelungen, obwohl er des öfteren die muslimischen Einheiten selbst befehligt hat, und sich daraus eine spezifische Loyalität zum (erfolgreichen *und* prophetischen!) Anführer hätte entwickeln können. Die – oben ausführlich behandelten – koranischen Offenbarungen zum „Kampf für die Sache Gottes“ zeigen in aller Deutlichkeit: Bis zuletzt mußte die Ausübung des *ǧihād* durch Werbung und/oder Drohung provoziert werden; selbstverständlich war sie eben nicht.[242] Von der Aktions- und Entscheidungsfreiheit der kämpfenden und Verträge schließenden muslimischen Einheiten im Rahmen der *futūḥ* war bereits ausführlich die Rede;[243] einige Hinweise zur weiteren Illustration mögen hier genügen: Der Baǧīla-Stamm, während der *futūḥ* im Irak und dann vor allem in der entscheidenden Schlacht bei Qādisiyya (636)[244] wohl eines der wirkungsvollsten muslimischen Truppenkontingente, hatte für seine Bereitschaft, in den Irak zu ziehen, mit dem Kalifen (ʿUmar) einen regelrechten Handel abgeschlossen, durch den sich die Baǧīla einen erheblich höheren Anteil aus der erwarteten Beute sicherten,[245] ein – nicht vereinzelter – Fall von „Heerfolge auf Geschäftsbasis". Die entscheidenden Schritte sowohl zur Eroberung Ägyptens (639ff) als auch zur Islamisierung Spaniens (711ff) sind ohne Wissen, wenn nicht gegen den Willen der jeweiligen Repräsentanten der *umma* erfolgt,[246] für Dutzende räumlich begrenzter – und weniger folgenschwerer – Vorstöße ist das gleiche nachweisbar oder wahrscheinlich. Die Befürchtung von „Propheten-Stellvertretern", die Kontrolle über die *futūḥ* gänzlich zu verlieren, vielleicht eher sogar ein indirektes Eingeständnis der Tatsache, daß dies bereits geschehen war, wird in Nachrichten über ihre Versuche faßbar, den muslimischen Eroberern Grenzen im Sinne eines „Bis hierher und nicht weiter" zu setzen[247] – ebenso instruktiv wie diese Versuche ist deren Erfolglosigkeit. Sicherlich nicht als Programm, sondern als nachträgliche Rechtfertigung, die wohl der Abwehr von Vorwürfen und Ansprüchen der *futūḥ*-Kämpfer zu dienen hatte, sind die Argumente zu werten, mit denen die Abwesenheit der Kalifen vom *futūḥ*-Geschehen generell entschuldigt wird; der so gerne als Autorität „benutzte" ʿUmar[248] hat hier die Begründung für das kriegerische Defizit der Kalifen zu präsentieren: Die kriegerische Betätigung eines Kalifen – davon läßt er sich *nolens volens* durch hochrangige Berater überzeugen – könne die gesamte *umma* in Gefahr bringen; denn die Niederlage eines muslimischen Heeres *ohne* Kalif sei allenfalls noch zu verschmerzen, die Niederlage eines vom Kalifen geführten Heeres, mit der möglichen Folge gar, daß dieser den Tod dabei finde, bedeute eine Katastrophe und könne zum Ende des Islam führen.[249] Mindestens ebenso instruktiv wie die direkte Aussage dieser späteren Konstruktion ist die Tatsache, daß offenbar eine Notwendigkeit gesehen wurde, eine nachträgliche „Entschuldigung" zu liefern.

Zwei – allerdings auch wiederum bezeichnende – Ausnahmen von der *futūḥ*-Abstinenz frühislamischer Herrscher verdienen hier noch erwähnt zu werden. Das wohl einzige Prestige-Ziel der muslimischen *futūḥ*, die sich im übrigen – wie gezeigt wurde[250] – am Machbaren und nicht an unbedingt zu erreichenden Kriegszielen orientierten, die Einnahme von Konstantinopel, ist offensichtlich *das* zentrale Anliegen des Umayya-Kalifen Sulaymān b. ʿAbd al-Malik (715–717) gewesen. In diesem Zusammenhang kümmerte er sich selbst um die Bereitstellung der muslimischen kriegerischen Einheiten, nahm auch in Dābiq (ca. 40 km nördlich von Aleppo), dem Sammelplatz und der Ausgangsbasis dieses Unternehmens (715–718), Quartier; die direkte Kriegführung jedoch überließ er seinem Bruder Maslama, einem erfahrenen *futūḥ*-Kämpfer, dessen bisherige Erfolge (an der Einnahme Konstantinopels scheiterte er dann bekanntlich) ihm eine loyale kriegerische Gefolgschaft hatten zuwachsen lassen.[251]

Die zweite Ausnahme bildet Muʿāwiya, der erste Umayya-Kalif

(661–680). Er war über einen längeren Zeitraum – in den dreißiger bis fünfziger Jahren des siebten Jahrhunderts –, zunächst in untergeordneter Position, dann, nach dem vorzeitigen Ausscheiden einer Reihe von medinensischen Konkurrenten, als beherrschende Figur in das *futūḥ*-Geschehen in Syrien/Palästina involviert, die endgültige Vertreibung der Byzantiner also aus dieser Region und die von dort ausgehende Herrschaftsübernahme der Muslime in Ägypten ist mit seinem Namen verbunden. In erster Linie in seiner Eigenschaft als erfolgreicher *futūḥ*-Kämpfer dürfte es ihm dann auch gelungen sein, den größten Teil der in Syrien (und Ägypten) kämpfenden und später siedelnden (tribalen) Verbände auf seine Person zu verpflichten und damit den Grundstein dafür zu legen, daß die Kalifen der Banū Umayya, deren Reihe er einleitet, eine verläßliche kriegerische Gefolgschaft, wenn überhaupt, dann am ehesten noch in Syrien (und z.T. auch Ägypten) gefunden haben.[252] Bezeichnenderweise allerdings liegt der Schwerpunkt seiner *futūḥ*-Aktivitäten vor seinem Kalifat, genauer noch: Seine *futūḥ*-Erfolge verschafften ihm das Kalifat und nicht umgekehrt.

Es ist als ein schwerwiegendes Defizit des frühislamischen Kalifats anzusehen, daß sich eine spezifische Verpflichtung der kämpfenden muslimischen Einheiten auf die Kalifen im Rahmen der *futūḥ* nicht hat entwickeln können, daß eher das Gegenteil der Fall war, nämlich eine Stärkung der (kriegerischen) Autonomie der erobernden Gruppen und ihrer jeweiligen Anführer. Denn die „Stellvertreter des Propheten (Gottes)" waren auf eine verläßliche Gefolgschaft dringend angewiesen, da sie ihre Position vorwiegend in innermuslimischen Auseinandersetzungen zu verteidigen hatten, und in diesem Kontext spielte durchweg die – vorerst ungelöste[253] – Legitimationsfrage eine entscheidende Rolle. Die Weigerung, einen Kalifen zu verteidigen oder zu unterstützen, konnte daher immer (und das ist oft genug geschehen) damit begründet werden, daß er für dieses Amt nicht legitimiert sei, wobei es gleichgültig war, ob einer solchen Weigerung Überzeugung oder Opportunismus zugrunde lag. Diese Situation führte im Grund dazu, daß sich die Kalifen ihre kriegerische Gefolgschaft vorwiegend in irgendeiner Form zu „kaufen" hatten und nie sicher sein konnten, daß nicht von anderer Seite ein besseres „Angebot" kam. Die wechselnden Loyalitäten der kampffähigen Gruppierungen im ersten islamischen Jahrhundert auch einmal – und vielleicht vor allem – unter diesem materiell-geschäftlichen Aspekt konsequent zu verfolgen, will mir jedenfalls notwendig und lohnend erscheinen. Sicherlich nicht zufällig entwickelte sich das islamische Heerwesen, soweit es die Kalifen betrifft, zunehmend immer stärker in Richtung auf die Erstellung bezahlter und damit – aber auch *nur* aufgrund dessen – abhängiger Söldner-Kontingente.[254]

Die prekäre Lage frühislamischer Herrscher im Hinblick auf die Verfügbarkeit militärischer Unterstützung wird an Extremfällen besonders deutlich, den Situationen eines „Kalifen ohne (genügend) Truppen". Als erstes und bekanntestes Beispiel ist hier ʿUṯmān (644–656) zu nennen, der den aus den eroberten Regionen Irak und Ägypten nach Medina ausgerückten tribalen Gruppen, die einschneidende Korrekturen in der Herrschaftsführung von ihm verlangten (vor allem wohl die Aufgabe seiner die Qurayš und speziell seinen Clan, die Banū Umayya, einseitig fördernden Stammes/Familien-Politik), nahezu wehrlos ausgeliefert war und schließlich ermordet wurde.[255] Ähnlich hilflos mußte ʿAlī (656–661) zusehen, wie nach seiner Auseinandersetzung mit Muʿāwiya bei Ṣiffīn (am oberen Euphrat, nicht weit von Raqqa, heutiges Nord-Ost-Syrien) und den daran anschließenden Verhandlungen (657/8), in deren Verlauf er weder militärisch noch in der Frage seiner allgemeinen Anerkennung als Kalif die Oberhand gewinnen konnte, zunehmend immer mehr Gruppen und Verbände aus seiner militärischen Gefolgschaft ausschieden, so daß er zum Zeitpunkt seiner Ermordung (661 durch einen Ḫāriǧī[256]) zu nennenswerten kriegerischen Unternehmungen so gut wie nicht mehr in der Lage war.[257] In hohem Maße instruktiv erscheint mir ferner die Geschwindigkeit, mit der die Banū Umayya 683/4, als sie Probleme mit der Präsentation eines geeigneten Kandidaten für das Kalifat hatten, ihre kriegerische Gefolgschaft – selbst in Syrien – fast ganz zugunsten des „Konkurrenz"-Kalifen ʿAbdallāh b. az-Zubayr[258] verloren, ebenso aber auch die kurze Frist, innerhalb derer es ihnen – nun durch einen fähigen Kalifats-Prätendenten vertreten – wieder gelang (684ff), dem Konkurrenten im Hedschas seine kriegerische Anhängerschaft nahezu gänzlich abzuwerben.[259] Schließlich ist auf das „Trauerspiel" der letzten Umayya-Kalifen zu verweisen (ca. 740ff): Sie waren der von ihnen nicht mehr kontrollierten und nicht kontrollierbaren Polarisierung der kriegerischen Verbände in sogenannte „Nordaraber" und „Südaraber" (eine Kennzeichnung dieser Verbände, die über deren jeweils wirkliche Herkunft wenig aussagt, sich aber bezeichnenderweise an tribale Denkformen anlehnt[260]) hilflos ausgeliefert, waren eher Objekt als Subjekt ihrer jeweiligen kriegerischen Gefolgschaft.[261]

Die Verwaltung der *finanziellen Ressourcen* der *umma* stellt vielleicht am ehesten noch einen Bereich dar, in dem den frühislamischen Kalifen eine Art originärer Bestimmungsfunktion zugestanden wurde, wenn diese allerdings auch von einer absoluten Handlungsfreiheit weit entfernt war. Auch dieser Komplex kann in diesem Zusammenhang nur in seinen Grundmustern – und versuchsweise – kurz charakterisiert werden; für eine einigermaßen verläßliche Gesamtdarstellung fehlen auch hier noch eingehende Detailuntersuchungen auf quellenkritischer Basis.[262]

Die der *umma* insgesamt zur Verfügung stehenden materiellen Güter (Naturalien und Geld) kamen in dem hier zu behandelnden Zeitraum vor allem aus zwei Quellen, der *ṣadaqa/zakāt*-Abgabe der Muslime und den finanziellen Verpflichtungen der Nicht-Muslime, die durch die umfangreichen *futūḥ* begründet waren. Die *ṣadaqa/zakāt*, zur Zeit des Propheten eher noch Spende oder auch Abgabe von Seiten tribaler Bündnispartner,[263] entwickelte sich schon bald nach seinem Tode zu einer Pflichtabgabe/Steuer für alle Muslime, deren Einkünfte über einem festgesetzten Mindestwert lagen, und war an einem Basis-Satz von ungefähr einem Zehntel (*ʿušr*) ausgerichtet; die *ʿušr*-Steuer stellte im übrigen die *einzige* als islamgemäß angesehene – und damit legale – Abgabe von Muslimen dar. Noch nicht zu Lebzeiten des Propheten, doch bereits ein Jahrzehnt nach seinem Tode dürften die *ṣadaqa/zakāt (ʿušr)*-Abgaben im Haushalt der *umma* zu einer beinahe zu vernachlässigenden Größe im Verhältnis zu den Einnahmen geworden sein, die den Muslimen aufgrund ihrer kriegerischen Aktivitäten in – zunächst noch – ständig steigendem Maße zuflossen. Diese *futūḥ*-Einnahmen bestanden aus dem Fünftel (*ḫums*) der jeweiligen Beute und (dies waren erheblich höhere Summen, die vor allem dauerhaft einkamen) aus den Abgaben der sich unterwerfenden nichtmuslimischen Bevölkerung in den nach und nach unter muslimische Kontrolle kommenden Regionen (zunächst noch unterschiedslos entweder – in Anlehnung an Sure 9,29 – als *ǧizya*, oder aber, mit einem Terminus ungeklärter Herkunft, als *ḫarāǧ* bezeichnet).

Das Verfahren mit der Kriegsbeute (*ġanīma/nafal*), die während der *futūḥ* z.T. aus erheblichen Werten bestand (auch Sklaven, die als Sache galten, gehörten dazu), war bereits durch koranische Offenbarungen (Sure 8,41 und 59,7) in Anlehnung an tribale Gewohnheiten der Zeit geregelt worden: Während vier Fünftel des Beutegutes an Ort und Stelle unter die anwesenden Kämpfer verteilt wurden, sollte ein Fünftel reserviert bleiben, um (Gott und) dem Propheten, ferner unterstützenswerten Personengruppen in der *umma* zu Verfügung zu stehen. Nach dem Tode des Propheten ging dieses Fünftel praktisch in die Regie der Repräsentanten der *umma* (der Kalifen) über, war allerdings für allgemeine Belange der *umma* zweckgebunden.

Für die Abgaben der Nicht-Muslime, mit denen diese sich das Verbleiben bei ihrer jeweiligen Religion „erkaufen" konnten,[264] hatte die grundlegende Offenbarung (Sure 9,29) weder qualifizierende noch quantifizierende Hinweise gegeben, es heißt: „... bis sie die *ǧizya* ... geben"; der Prophet war zudem in seinen Vereinbarungen mit Nicht-Muslimen auf der Arabischen Halbinsel – situationsbedingt – recht verschiedenartig verfahren. Den muslimischen Eroberer-Gruppen fehlten folglich feste Richtsätze für Art und Höhe der von den sich unterwerfenden Nicht-Muslimen einzufordernden *ǧizya/ḫarāǧ*, und so sind die in den Verträgen vereinbarten Abgaben außerordentlich vielfältig gewesen, mit der einzigen Gemeinsamkeit vielleicht, daß eine finanzielle Leistung aller in den Vertrag einbezogenen (wohl: männlichen, erwachsenen) nichtmuslimischen Personen zur Grundlage für die Berechnung der jeweiligen Gesamt-Abgabe gemacht wurde.[265] Jedenfalls entwickelte sich aus den vertraglichen Vereinbarungen während der *futūḥ* die Tatsache einer absolut obligatorischen Individual-Steuer für Nicht-Muslime, deren Höhe jedoch nach Zeit und Ort außerordentlich stark variieren konnte (allerdings immer über der *ṣadaqa/zakāt* für Muslime zu liegen hatte). Im übrigen hat wohl die (anfängliche) Unkenntnis der muslimischen *futūḥ*-Verbände von der wirklichen finanziellen Leistungskraft ihrer Vertragspartner des öfteren zu für diese sehr günstigen Abgabebedingungen geführt und ganz allgemein die Unterwerfungsbereitschaft von Nicht-Muslimen gefördert.

Weitgehend unvorbereitet dürften die muslimischen Eroberer mit der Tatsache konfrontiert worden sein, daß mit der Unterwerfung städtischer Zentren und fester Plätze nahezu automatisch auch umfangreiche und außerordentlich fruchtbare Agrargebiete unter ihre Kontrolle kamen (vor allem im Irak, in Mesopotamien [Ǧazīra], Ägypten und Mittelpersien [Ǧibāl][266]); jedenfalls scheint der finanzielle Profit, der aus den Agrar- und Plantagen-Gebieten gezogen werden konnte, in den vertraglichen Vereinbarungen kaum (oder in keiner Weise angemessen) berücksichtigt worden zu sein. Die Unterstellung dieses Agrarlandes unter muslimische Kontrolle und seine finanzielle Nutzung durch die *umma* gestaltete sich deshalb wohl meist nachträglich in sehr direkter (d. h. ohne den Umweg über Verträge) und – bei aller Vielfalt in den Einzelfällen – prinzipiell sehr einfacher Form: Der bei der Ankunft der Muslime jeweils vorgefundene Besteuerungsmodus der Vorgänger-Staaten (Byzanz, Sassanidenreich) wurde im wesentlichen beibehalten, nur flossen die Steuererträge jetzt den Muslimen zu. Dabei wurde nicht nur die landbewirtschaftende Bevölkerung in ihrem bisherigen Status, sondern auch weitgehend die – in der Regel nicht-muslimische – Steuer-Beamtenschaft in ihren Positionen belassen, mit der Folge u. a., daß noch bis ins ausgehende siebte Jahrhundert in einem zentralen Bereich der Administration in der *umma* das Personal vorwiegend nicht-muslimisch und die Verwaltungssprache nicht-arabisch (Griechisch, Persisch) war,[267] während nur die oberste Kontrolle durch arabische Muslime ausgeübt wurde. Für die nach byzantinischem oder sassanidischem Vorbild eingehobene Agrar/Boden-Steuer setzte sich im übrigen zunehmend mehr die Bezeichnung *ḫarāǧ* durch; die koranische *ǧizya* entwickelte sich parallel dazu zum bevorzugten Terminus für die Individual-Steuer der Nicht-Muslime.

Aus *ṣadaqa/zakāt* (*ʿušr*) von Muslimen und Beute-Fünftel (*ḫums*), *ǧizya* und *ḫarāǧ* von Nicht-Muslimen, die übrigens noch lange Zeit eine ganz erhebliche zahlenmäßige Majorität gegenüber ihren muslimischen Eroberern und Beherrschern besessen haben dürften, setzten sich also im Wesentlichen die Einnahmen der *umma* zusammen, die dann in den Zentren islamischer Herrschaft (den zentralen Siedlungsplätzen der Eroberer und den Residenzen der Kalifen[268]) jeweils in einem sogenannten „Haus der materiellen Güter (*bayt al-māl*)" zusammenflossen. Dabei dürften *ǧizya* und *ḫarāǧ* den weitaus größten, ja den eigentlich wesentlichen Teil des Steueraufkommens gebildet haben. Dies bedeutete nun, daß die frühislamische *umma* weitestgehend von ihren nicht-muslimischen Untertanen „finanziert" wurde, und es wird deswegen verständlich, daß in der islamischen Frühzeit wenig Interesse an Konversionen (größeren Stils) zum Islam bestanden hat.

Die Rolle, die den frühislamischen Herrschern – bei offenbar weitgehendem Konsens – im Finanzwesen zugestanden wurde, war diejenige eines dem Vorbild des Propheten folgenden (gerechten) Distributors der materiellen Güter, die der *umma* zuflossen. Angesichts der Tatsache, daß der größte Teil dieser Güter seinen Ursprung in den muslimischen Eroberungen hatte, und die Zeitgenossen dabei sehr deutlich vor allem Kategorien des Beuterechts vor Augen hatten, kann man die frühislamischen Kalifen in diesem Kontext mit einigem Recht als oberste Beute-Verteiler der *umma* qualifizieren. Die angemessene Verteilung der *futūḥ*-Beute, deren Ausmaß die Muslime anfangs überrascht, ja fast erschreckt zu haben scheint, ist jedenfalls Anlaß und Inhalt der wichtigsten genuin-muslimischen Verwaltungseinrichtung in frühislamischer Zeit gewesen, des durch den zweiten Kalifen, ʿUmar, geschaffenen *dīwān.*[269] Dieser *dīwān* dürfte ein umfangreiches Corpus von Listen gewesen sein, auf denen die Namen derjenigen Einzelpersonen und Gruppen verzeichnet waren, die als berechtigt angesehen wurden, jährlich einen bestimmten Betrag aus den im *bayt al-māl* von Medina eingekommenen Abgaben und Steuern der eroberten Provinzen in Empfang zu nehmen. Die Reihenfolge der im *dīwān* verzeichneten Namen, die z.T. wiederum nach bestimmten Bewertungskriterien zu Gruppen zusammengefaßt waren (z.B. „Teilnehmer an dem Kampf bei Badr"[270]), markierte zugleich die Höhe der Dotation in absteigender Linie (also: je höher in den Listen, desto höher die Auszahlung). Die Aufnahme in diese Listen und die Plazierung dort richtete sich nach der Prominenz (im weitesten Sinne) der jeweiligen Personen und Gruppen in der *umma.* Dabei traten wiederum zwei Kriterien miteinander in Konkurrenz, die uns schon in der Legitimationsdiskussion um das Kalifen-Amt begegnet sind: (frühe) Verdienste um den Islam (*sābiqa*) und genealogische Nähe zum Propheten (*nasab*). Diese Konkurrenzsituation, die zu erheblichen Streitigkeiten führen mußte und geführt hat, scheint im Zusammenhang mit dem *dīwān* noch viel schwerwiegendere Folgen gehabt zu haben als in der Kalifatsfrage, da sie nahezu *alle* muslimischen Gruppen betraf, und dies in der – grundsätzlich zentralen – Frage des persönlichen Besitzes.

ʿUmars „Ur-Diwan" von Medina wurde dann in der Folge in entsprechende Listen-Werke in den Zentren der eroberten Provinzen (Kūfa, Damaskus, Alexandrien etc.) ausdifferenziert, ein mit der Führung der Listen befaßtes Personal und dafür notwendige Baulichkeiten führten dazu, daß *dīwān* allmählich etwa die Bedeutung von „Behörde" erhielt und (mit qualifizierenden Zusätzen) auch zur Bezeichnung anderer zentraler Verwaltungseinrichtungen verwendet wurde. Die *dīwāne* in den Provinzen folgten zunächst ʿUmars Muster: Sie verzeichneten, in (tribalen) Gruppen zusammengefaßt, die aktiven *futūḥ*-Kämpfer, ihre Familien, dann auch ihre erwachsenen Nachkommen. Auch hier wurden Rangfolgen mit der Konsequenz unterschiedlicher Dotationshöhen erstellt, wobei die Kriterien in Analogie zu denjenigen des *dīwāns* von Medina standen, nämlich vorislamischer Adel (*nasab*) und in Konkurrenz dazu frühe Verdienste um die *futūḥ* (*sābiqa*), etwa Teilnahme bereits an den Kämpfen *vor* der Schlacht bei Qādisiyya (636?). Die Festsetzung und Anwendung dieser Art von Kriterien scheinen die Ursache für ganz erhebliche Auseinandersetzungen gewesen zu sein, sowohl der davon betroffenen Gruppen untereinander als auch zwischen diesen und den Repräsentanten der Kalifen, die die entsprechende Hierarchie in den Dotationen durchzusetzen hatten, Auseinandersetzungen im übrigen, deren detaillierte Untersuchung noch aussteht.[271] Die *dīwāne* verloren dann im ausgehenden siebten/beginnenden achten Jahrhundert zunehmend ihre „Versorgungs"-Funktion für (tribale) Gruppen, die im Rahmen der *futūḥ* die Arabische Halbinsel verlassen hatten; die Tendenz ging dahin, nur noch solche Mitglieder dieser Gruppen in die Listen aufzunehmen und zu dotieren, die auch wirklich als Kämpfer jederzeit einsetzbar waren, kurz: Die *dīwāne* entwickelten sich in Richtung auf Erfassungs- und Besoldungsstellen von Berufskriegern. Damit trat für die in Frage kommenden Personengruppen zunehmend mehr das Desiderat in den Vordergrund, überhaupt in die *dīwāne* aufgenommen zu werden; parallel dazu wurde die – als solche beibehaltene – Rangfolge im *dīwān* vor allem nach dem Kampfwert (Ausrüstung, Erfahrung) und nicht mehr so sehr nach „ideellen" Kriterien bestimmt.

Die prinzipielle Funktion der „Stellvertreter des Propheten (Gottes)" als Verwalter und Verteiler der *futūḥ*-Beute (im weitesten Sinne) hat diesen zwar ein nicht unwesentliches Machtinstrument (Geld!) in die Hand gegeben, von dem sie allerdings auch wiederum nicht uneingeschränkt und problemlos Gebrauch machen konnten. Abschließend und in aller Kürze sei also noch von den Schwierigkeiten und Widerständen die Rede, denen sich die frühislamischen Kalifen in ihrer Verwalter-/Verteiler-Rolle ausgesetzt sahen, Probleme im übrigen, die in vielfältigen Kombinationen mit den Konsequenzen der bereits behandelten Herrschafts-Defizite der Kalifen auf den Gebieten der Legitimation, des Rechts (Kultus) und der kriegerischen Gefolgschaft die internen Auseinandersetzungen der Muslime im ersten Jahrhundert nach dem Tode des Propheten sehr wesentlich bestimmt haben.

Was verteilt werden sollte, mußte erst einmal einkommen. Vor allem in diesem Punkt stießen die Kalifen und ihre Repräsentanten auf z. T. erhebliche Widerstände, und zwar bezeichnenderweise nur in Ausnahmefällen von Seiten der zu Abgaben/Steuern verpflichteten Nicht-Muslime,[272] vielmehr in der Regel von Seiten der *futūḥ*-Kämpfer, dann auch deren Nachkommen, durch deren kriegerische Aktivitäten die finanziellen Verpflichtungen der Nicht-Muslime begründet worden waren. Zunächst sind durchaus Zweifel angebracht, ob das Beute-Fünftel (*ḫums*) auch wirklich immer regelmäßig abgeführt wurde.[273] Viel schwerwiegender war jedoch die von Eroberer-Gruppen vertretene – und im Sinne tribaler Traditionen durchaus rechtmäßige – Auffassung, die mehr oder weniger kampflos unter muslimische Kontrolle gekommenen reichen Agrargebiete (vor allem im Irak und in den von dort aus eroberten und davon abhängigen Ostprovinzen) seien Kriegsbeute und folglich nach Abzug des Fünftels unter die beteiligten *futūḥ*-Kämpfer zu verteilen (gedacht war wohl weniger an direkten Landbesitz der Eroberer als vielmehr an ihr Anrecht auf vier Fünftel der von den Agrar-Distrikten einkommenden Abgaben/Steuern). Durchgesetzt hat sich schließlich die Ansicht, diese Ländereien seien Gesamtbesitz der Muslime (*fay'*), sie müßten auch noch für den Unterhalt kommender Generationen von Muslimen zur Verfügung stehen, ihre (Steuer-)Erträge hätten deswegen ans *bayt al-māl* zu gehen.[274] Doch durchgesetzt werden konnte diese neue Rechtsposition nur auf dem Machtwege; was danach blieb, war die teils verdeckte, teils offene Opposition von Gruppen, die sich um ein gutes – und durchaus vertretbares – Recht betrogen fühlten.

Ein noch heikleres Problem, welches ebenfalls wiederum nur auf dem Machtwege, verbunden mit dem entsprechenden Substanzverlust an kalifaler Autorität, gelöst werden konnte, war die Konversion nicht-muslimischer Landbesitzer zum Islam und das Gegenstück, der Landerwerb von Muslimen. In beiden Fällen hätte es der Rechtslage entsprochen, wenn die Bodensteuer (*ḫarāǧ*) auf ein Zehntel (*ʿušr*) gesenkt worden wäre, die Höhe der *ṣadaqa/zakāt* für Muslime also.[275] Die Beibehaltung dieser Rechtsposition aber hätte Massenkonversionen geradezu provoziert und für die Finanzen der *umma* katastrophale Folgen gehabt. Es wurde daher die neue Rechtsposition entwickelt, vertreten und schließlich auch durchgesetzt, daß nur die Person Muslim wird (oder ist), der Boden aber nicht „konvertieren“ kann, die ursprünglich veranlagte Steuer folglich weiter zu entrichten sei. Betroffen waren von dieser Maßnahme vor allem die Neu-Muslime nicht-arabischer Herkunft, die sogenannten *mawālī*, eine Bevölkerungsgruppe in der frühislamischen *umma*, die als späte und nicht-arabische Muslime ohnehin Schwierigkeiten hatte, als gleichberechtigt anerkannt zu werden:[276] Zeit- und situationsversetzt, wenn auch in viel größerem Ausmaß, wiederholte sich hier die Abstufung: (qurayšitische) *muhāǧirūn* – (nicht-qurayšitische) *anṣār* der Prophetenzeit.[277] Der Kalif ʿUmar II. (717–720) hat wohl – sich wie in manchen seiner Maßnahmen der Rechtsposition von Religionsgelehrten[278] anschließend – noch einmal versucht, die anstößige *ḫarāǧ*-Steuer für Muslime teilweise aufzuheben, letzten Endes ohne Erfolg. Sein Bemühen in dieser Angelegenheit allerdings scheint wesentlich dazu beigetragen zu haben, daß er als einziger Kalif der Banū Umayya von der islamischen Geschichtsüberlieferung – und im Geschichtsbild der Muslime bis heute – als „islamgemäß“ akzeptiert wird; die Brisanz des *ḫarāǧ*-Problems mag gerade daran besonders eindrucksvoll abzulesen sein.

Von den Problemen, die die Verteiler-Rolle der Kalifen mit sich brachte, war bereits die Rede: Das im *dīwān*-System implizierte Prinzip der Rangfolge mußte immer dazu führen, daß Gruppen von „Privilegierten" und „Unterprivilegierten" entstanden; die frühislamische Geschichte ließe sich über weite Strecken als eine Geschichte des Streites verschiedener Gruppen und Konföderationen um die *dīwān*-Dotationen schreiben.[279] Nur darauf ist hier noch hinzuweisen, daß wiederum vor allem die *mawālī* Schwierigkeiten hatten, überhaupt in die *dīwān*-Listen aufgenommen zu werden, und wenn dies gelang, dort angemessen (d. h. gleichwertig mit arabischstämmigen Muslimen) plaziert zu werden. Es verwundert deswegen nicht, wenn gerade immer wieder *mawālī*-Gruppen in den Reihen der Gegner der Banū Umayya stark repräsentiert waren.

Abschließend ist noch auf ein schwerwiegendes funktionales Problem in der Verwaltung der finanziellen Ressourcen der *umma* aufmerksam zu machen. Erste Sammelstellen der einkommenden materiellen Güter waren, ihrer sachlichen (*futūḥ*) und regionalen Herkunft entsprechend, nicht so sehr die Residenzen der Kalifen (Medina, Damaskus), sondern die Siedlungszentren in den eroberten Provinzen, die als Ausgangs- und Stützpunkte der *futūḥ* gedient hatten und z. T. weiterhin dienten (Basra, Kūfa, Fusṭāṭ, Alexandrien, Kairuan u. a.). Die Kalifen konnten deswegen vorwiegend nur eine indirekte Kontrolle über Einnahmen und Ausgaben ausüben, nämlich über ihre dortigen Gouverneure. Um deren Loyalität war es nun keineswegs immer zum besten bestellt, besser vielleicht als vieles andere bezeugen dies die z. T. außerordentlich häufigen Gouverneurswechsel.[280] Mit Sicherheit ist ein beträchtlicher Teil der einkommenden Abgaben und Steuern bereits in diesen ersten Sammelstellen versickert, wobei nicht nur (vielleicht nicht einmal in erster Linie) an persönliche Bereicherung durch die Repräsentanten der Kalifen zu denken ist, sondern ebensosehr auch an deren – oft notwendiges – Bemühen, sich (und dem Kalifen, den sie vertraten) durch finanzielle Zuwendungen und Privilegien die Gefolgschaft einflußreicher Gruppen in den Provinzzentren zu sichern (genauer: zu erkaufen).[281]

Die nicht eben langen Zeitspannen, innerhalb derer Umayya-Kalifen in der Lage waren, die Funktion als Verwalter/Verteiler der finanziellen Ressourcen in ihrem Sinne wahrzunehmen, verbinden sich vor allem mit den Amtszeiten zweier Gouverneure in den wegen ihres überragenden finanziellen[282] und militärischen Potentials so wichtigen Ostprovinzen, des Ziyād b. Abīhi (662–675, für den Kalifen Muʿāwiya)[283] und des al-Ḥaǧǧāǧ b. Yūsuf (694–714, für ʿAbd al-Malik und al-Walīd I.).[284] Beide – dies eher die Ausnahme – zeichneten sich durch absolute Loyalität ihren Herren gegenüber aus, und ihnen im Wesentlichen ist die Durchsetzung der oben beschriebenen neuen Rechtspositionen, die Unterstellung der Agrargebiete unter das *bayt al-māl* und die Abgabe der Bodensteuer durch Muslime betreffend, zuzuschreiben. Doch die Durchsetzung des neuen Rechts gelang ihnen über weite Strecken nur auf gewaltsamem Wege, und so ist die sogenannte „Ruhe und Ordnung“, die sie in den Ostprovinzen herstellten, nur ein zweifelhafter Erfolg gewesen: Die ohnehin vorhandene Opposition gegen die als solche umstrittenen Umayya-Kalifen fand durch deren „Rechtsverletzungen“ neue Nahrung und Anhänger. Der besseren Kontrolle der im *bayt al-māl* einkommenden Abgaben diente schließlich auch die sogenannte „Verwaltungsreform“ (beg. um 700) zur Zeit des Kalifen ʿAbd al-Malik (685–705).[285] Mit der Schaffung eines einheitlichen Währungssystems (Gold/Dīnār, Silber/Dirham – das byzantinische Vorbild „dīnários – dráchmī“ ist unverkennbar) wurde die Vergleichbarkeit der in unterschiedlichsten Formen einkommenden Güter überhaupt erst durchgehend möglich; die Umstellung der (Steuer-)Verwaltungssprache auf das Arabische entzog den (meist noch nicht muslimischen) Steuerbeamten das Monopol in der Buchführung, machte ihre Arbeit kontrollierbar. Diese beiden Maßnahmen nun sind, da sie für die *umma* insgesamt von Nutzen waren, von bleibendem Wert gewesen.

c) Charakteristika innermuslimischer Auseinandersetzungen

Die bisherigen Ausführungen dieses Kapitels haben vielleicht dies deutlich werden lassen: Die erheblichen Differenzen über die Frage, *wer* „Stellvertreter des Propheten“ in der *umma* sein solle oder dürfe, und über die Frage, welche Befugnisse dieser „Ḫalīfa“ haben solle oder dürfe, gehen alle auf einen Ursprung zurück, nämlich das Bemühen der sehr heterogenen Gruppen in der prophetenlosen *umma*, an Traditionen aus der Prophetenzeit anzuknüpfen, gleich ob man diese Traditionen nun bewahren oder (nur) benutzen wollte. Somit hatten – zumindest in der Herrschaftsfrage – alle widerstreitenden Gruppen, *futūḥ*-Kämpfer, Schiiten, Umayya-Kalifen, „Religionsgelehrte“ etc., immer in irgendeiner Form recht. Eine Instanz, die über besseres Recht, weniger gutes Recht, Unrecht, hätte entscheiden können, existierte nicht, und auch der heutige Historiker sollte sich davor hüten, hier nachträglich Urteile zu fällen (die bisher vorzugsweise zugunsten der Umayya-Kalifen ausgefallen sind). Nur über einen Grundsatz waren sich alle Gruppen in der prophetenlosen *umma* einig: *Ein* Repräsentant der *umma* mußte vorhanden sein;[286] durch die Persönlichkeit und das Wirken des Propheten war die Einherrschaft in der Auffassung der Muslime zum integrierenden Bestandteil der *umma* geworden.

Vor diesem Hintergrund sei nun abschließend noch von den größeren – auch kriegerischen – internen Verwerfungen in der frühislamischen *umma* die Rede; dies mehr unter typologischen Aspekten als in der Form ereignisgeschichtlicher „Nacherzählung“. Wenn wir hier das Werden und Wachsen der Hāšimiyya-Bewegung, die schließlich (750) zur Ausrottung des Umayya-Clans und zur Etablierung einer Kalifenfolge aus der ʿAbbās-Familie führte,[287] einmal beiseite lassen (dies wird Gegenstand des folgenden Beitrages sein), so hat sich unser Interesse auf zwei Ereignisabfolgen zu konzentrieren, die in der Sekundärliteratur als erster und zweiter „Bürgerkrieg" erscheinen; da mir diese Bezeichnung sowohl in ihrem ersten *und* zweiten Wortteil wie auch als zusammengesetzter Ausdruck eine anachronistische Fehlbenennung zu sein scheint, möchte ich hier die zeitgenössische arabische Terminologie verwenden und von der ersten und zweiten *fitna* sprechen.

Fitna ist uns in Wort und Sache bereits mehrfach begegnet;[288] mit der Grundbedeutung „Versuchung, Probe" bezeichnet dieser Terminus alle Situationen und Aktivitäten, die den Bestand des Islam als Glaubensrichtung und Lebensform gefährden, sein Ende bedeuten können. Diese Gefahr hat man nach dem Tode des Propheten – mit Recht – vor allem in einem Auseinanderbrechen der *umma* gesehen, und *fitna* scheint daher in den Quellen manchmal der direkte Gegenbegriff zu „Einheit der *umma* (*ǧamāʿa*)" gewesen zu sein. *Ǧamāʿa* dürfte dabei im übrigen oft nicht mehr als „Grundkonsens" der Muslime bedeutet haben, der interne Streitigkeiten durchaus noch zuließ. Doch selbst dieser minimale Grundkonsens schien in den Ereignissen der ersten und zweiten *fitna* gefährdet.

Die äußeren Ereignisse dieser beiden Krisen der frühislamischen *umma* (mit den beiden Daten 656–661 und 683–692 nur grob umrissen), die uns zum größten Teil schon in anderen Zusammenhängen begegnet sind, seien zunächst noch einmal kurz zusammengefaßt. Die erste *fitna:* Der dritte Kalif ʿUṯmān wird in Medina von *futūḥ*-Kämpfer-Gruppen aus Ägypten und dem Irak belagert und schließlich ermordet (656);[288a] ʿAlī wird nur von Teilen der *umma* als Kalif anerkannt,[289] nicht vor allem von Muʿāwiya und seinen Anhängern in Syrien und Ägypten, der ihm die (Mit-)Schuld an der Ermordung ʿUṯmāns (wie Muʿāwiya aus der Sippe Umayya) gibt; ʿAlī begibt sich in den Irak nach Kūfa, siegt dort über ein von der Prophetenwitwe ʿĀʾiša und zwei verdienten Prophetengefährten angeführtes Truppenkontingent in der sogenannten „Kamelschlacht"[290] und wird im Irak als Kalif akzeptiert; gegen Muʿāwiya (und die Syrer) kann er sich militärisch nicht durchsetzen (Treffen bei Ṣiffīn, 657); ein „unparteiisches" Schiedskollegium, welches entscheiden soll, ob ʿAlī oder Muʿāwiya das „Ḫalīfa"-Amt zustehe, kommt zu keinem Ergebnis; tribale Gruppen aus der Anhängerschaft ʿAlīs verlassen ihn und konstituieren sich unter dem (gegen die Zulassung eines Schiedskollegiums durch ʿAlī gerichteten?) Motto: „Ein Urteil steht allein Gott zu" als die unabhängige Bewegung der Ḫāriǧiyya (= „die Außenstehenden");[291] ʿAlī hat sich in der Folgezeit vor allem mit diesen auseinanderzusetzen, sein Sieg bei Nahrawān (658) ist nicht entscheidend; der zunehmend mehr und mehr auch von seinen Anhängern verlassene ʿAlī wird von einem Ḫāriǧī in Kūfa ermordet (661); Muʿāwiya „kauft" ʿAlīs ältestem Sohn Ḥasan dessen (aus schiitischer Sicht) Anspruch auf das Kalifen-Amt „ab";[292] er wird von der Majorität der *umma* als Kalif akzeptiert.

Die äußere Gestalt der zweiten *fitna*[293]: 683/4 haben die Banū Umayya kurzfristig keinen geeigneten Kandidaten für das Kalifen-Amt (die direkte Linie Muʿāwiyas I. war am Ende); ʿAbdallāh b. az-Zubayr, Sohn eines prominenten Prophetengefährten, wird (zunächst) in Mekka als Kalif akzeptiert (Anfang 684); in kurzer Zeit entscheidet sich nahezu die gesamte *umma* (einschließlich der syrischen Anhängerschaft der Banū Umayya), ihn als „Ḫalīfa" anzuerkennen; die Banū Umayya einigen sich auf Marwān (I. b. al-Ḥakam) als Kandidaten für das Kalifat, der gewinnt Anhängerschaft in Syrien zurück; in der „Schlacht" bei Marǧ Rāhiṭ (östlich von Damaskus) stehen sich syrische Anhänger Marwāns, die sich als „Nordaraber (Kalb)" definieren, seinen syrischen Gegnern und Anhängern des Kalifen ʿAbdallāh, die sich als „Südaraber (Qays/Yaman)" verstehen, gegenüber; Marwān und seine „Nordaraber" sind siegreich (Juli 684); die Auseinandersetzung bei Marǧ Rāhiṭ bewirkt für die Zukunft eine scharfe Polarisierung der kriegerischen Verbände in der *umma* in die beiden Parteien Nordaraber/Südaraber;[294] Marwān wird in Syrien als Kalif akzeptiert, gewinnt (noch 684) auch Ägypten zurück; 684–692 Existenz zweier Kalifate, ʿAbdallāh mit Sitz im Hedschas, Marwān (st. 685) und sein Sohn ʿAbd al-Malik (685–705) mit Sitz in Damaskus; erst 691 Rückgewinnung des Irak durch die Umayya, ein nun möglich gewordener Feldzug in den Hedschas endet mit dem Tod des Kalifen ʿAbdallāh (692).

Aus den Ereignissen dieser beiden Existenz-Krisen der frühislamischen *umma* lassen sich m. E. genau diejenigen Elemente herausfiltern, die generell auch andere innermuslimische Auseinandersetzungen der Zeit in den vielfältigsten Kombinationen bestimmt haben, die allerdings in der ersten und zweiten *fitna* in einer für den Bestand der *umma* besonders gefährlichen brisanten Mischung auftraten. Sie lassen sich vielleicht sehr vereinfacht so benennen:

– der bereits ausführlich behandelte[295] *Dissens in der Legitimationsfrage*, der drei unvereinbare Kristallisationskerne für „ideologische" Gruppenbildungen entstehen ließ (Schia – Ḫāriǧiyya – alle anderen, die sich später als Sunniten definierten);

– *die Autonomie der tribalen Gruppen* (und der kriegerischen Verbände, die später aus ihnen erwuchsen, aber in ihrem Handeln tribalen Mustern folgten); ihr autonomes Selbstverständnis war durch die *futūḥ* wesentlich gestärkt worden, sie brauchten zwar ein Kalifat als Zahlstelle, nicht aber als Ziel ihrer Loyalität. Eigenen Gesetzen folgend,[296] führten sie die für die gesamte *umma* äußerst gefährliche Polarisierung in die beiden Parteien der „Nordaraber" und „Südaraber" herbei.

– die *Nichteinhaltung des islamischen Gleichheitsgebots;* sie äußerte sich in der Beurteilung und Behandlung wechselnder muslimischer Gruppen als „Muslime zweiter Klasse", wobei – und daher die Brisanz! – dieser Klassifizierung ein sachfremdes, vor allem die Genealogie (*nasab*) betreffendes Werturteil zugrundelag. Solche Gruppen waren in der Prophetenzeit bereits als Typus vorgeprägt (Nicht-Qurayšiten![297]), in den Jahrzehnten danach sind vor allem – aber nicht nur – die nicht-arabischen *mawālī*[298] zu nennen. Die Affinität der jeweils „zweitklassigen" Muslime ging verständlicherweise zu Bewegungen, die Veränderungen in Richtung auf Gleichheit, sei es regional, sei es auf die gesamte *umma* bezogen, versprachen, zur Schia etwa (ʿAlī z. B. wurde sehr nachdrücklich von medinensischen *anṣār* unterstützt) oder zur Ḫāriǧiyya („der beste Muslim soll die *umma* führen").

Diese in vielfältigen Mischungen wirkenden Elemente inneren Zwistes – alle bereits in Traditionen der prophetischen *umma* wurzelnd – waren nun allerdings von einer Qualität, die sie allenfalls veränderbar, nicht aber auflösbar machte, und sie haben weit über den hier zu behandelnden Zeitraum hinaus die islamische Geschichte bestimmt. Was die frühislamische Zeit betrifft, so fällt es angesichts der permanenten Wirksamkeit dieser Elemente schwer, in der *umma* dieser Zeit (ohne qualifizierende Zusätze) einen „Staat" oder gar ein „Weltreich" zu sehen. Von einem komplexen, dynamischen „Personenverband", der Einheit wollte, aber (dies durchaus wertfrei!) nicht dafür geschaffen war, sie in „staatlicher" Form (auf anderen Ebenen ist dies durchaus gelungen) zu verwirklichen, von einer „muslimischen Ökumene" vielleicht zu sprechen, mag der Sache näher kommen.

II. Das Kalifat der Abbasiden

(Tilman Nagel)

1. Der abbasidische Umsturz

In der modernen Geschichtsschreibung hat man im Übergang des Kalifats von den Umayyaden auf die Abbasiden meist mehr gesehen als einen bloßen Wechsel des Herrschergeschlechtes. Die Geschehnisse der Jahre 129/747 bis 132/750 markieren eine Veränderung, die alle Bereiche des islamischen Gemeinwesens und der jungen muslimischen Kultur erfaßte, so daß man sich nicht gescheut hat, von einer Revolution[1] zu sprechen. Gewiß ist es fragwürdig, diesen Begriff auf jene uns zeitlich und räumlich fernen Vorgänge anzuwenden; doch mag man ihn als Ausdruck für die Wucht, mit der sich neue Kräfte Bahn brachen und das Bestehende beiseiteschoben, durchgehen lassen. Denn in der Tat ist es bemerkenswert, wie rasch die Herrschaft der Umayyaden zusammenbrach und wie wenig Widerstand diese Dynastie zu leisten vermochte. Am 25. Ramaḍān 129/9. Juni 747 hißte Abū Muslim, der geniale Organisator des Aufstandes, in Marw, im fernen Osten des Reiches, die beiden schwarzen Fahnen, die ihm der in einem Dorf unweit Ammans wohnende Abbaside Ibrāhīm übersandt hatte:[2] für die Mitglieder der im geheimen wirkenden Bewegung der Hāšimiyya das Zeichen, offen loszuschlagen. Denn der Augenblick war günstig; im mörderischen Stammeszwist zwischen Nord- und Südarabern hatten sich Kräfte und Ansehen des umayyadischen Statthalters in Marw längst aufgezehrt. ,,Zwischen der Asche sehe ich Glut funkeln – wie leicht könnte sie auflodern! Aus zwei Hölzern reibt man Feuer, und der Krieg beginnt mit Gerede! Verwundert frage ich: ‚Wer weiß, sind die Umayyaden wach, oder schlafen sie?''‛[3] Diese Verse wurden berühmt, aber Marwān II, den sie zu wirksamer Hilfe drängen wollten, hatte keine Gelegenheit mehr, seine Ostprovinz zu retten. Zwar ließ er jenen Ibrāhīm, der in der vierten Generation ein Nachkomme des ʿAbbās, eines Onkels des Propheten war, festsetzen und vermutlich auch im Gefängnis umbringen, doch das Schicksal der Damaszener Umayyaden war längst besiegelt. Abū Muslim schwang sich zum Herrn über Marw auf. Der umayyadische Statthalter setzte sich nach Westen ab und starb auf der Flucht. Die Truppen der Aufständischen drangen zu Beginn des Jahres 132/750 in das Zweistromland ein. Ein umayyadisches Heer wurde in die Flucht geschlagen. In Kūfa, dem Zentrum der Hāšimiyya-Bewegung, wurde kurz darauf Abū l-ʿAbbās, ein Bruder Ibrāhīms, zum Kalifen ausgerufen. Unterdessen hatte sich Marwān II. am Zāb, der bei Mossul in den Tigris mündet, verschanzt. Im Ǧumādā II 132 / Januar 750 erlitt er dort eine vernichtende Niederlage. Mit wenigen Getreuen zog er sich durch das Gebiet des Fruchtbaren Halbmonds in Richtung auf seine Hauptstadt zurück. Doch nirgendwo fand er mehr eine Bleibe; selbst Damaskus, wo Marwān seinen Schwiegersohn als Statthalter zurückließ, wurde bald von der Hāšimiyya besetzt. Über das Jordantal und Palästina ging die Flucht weiter nach Ägypten, dort wurde Marwān II. schließlich von den Häschern des neuen Kalifats umgebracht.

Dem wenig ruhmreichen Ende des letzten Damaszener Umayyaden steht die hochgespannte Erwartung gegenüber, mit der die neuen Herren und ihre Anhängerschar die Ereignisse aufnahmen. Für sie war das alles eine endgültige Wende zum Besseren, ein unwiderrufliches Geschehen von endzeitlicher Tragweite. „Denjenigen, die kämpfen, weil ihnen ein Unrecht angetan wurde, ist der Kampf erlaubt, und Gott hat die Macht, sie zum Sieg zu führen!" (Sure 22, 39). Diese Worte des Korans rief Abū Muslim seinen Gefolgsleuten zu, indem er ihnen jene beiden Standarten übergab. Und als zwei Jahre später Abū l-ʿAbbās sich in Kūfa huldigen ließ, beendete sein Onkel Dāʾūd b. ʿAlī seine triumphierende Ansprache mit einem klaren Hinweis auf die chiliastische Bedeutung dieses Vorgangs: „Wisset, daß diese Herrschaft bei uns liegt und uns nicht mehr entgleiten wird, bis wir sie Jesus, dem Sohn der Maria, übergeben werden!"[4] So ist, in Anspielung an das Erzählgut über das Ende der Geschichte, der Beginn des abbasidischen Kalifats die ersehnte Wende zum endgültig Guten und Gerechten, die Verwirklichung der gottgewollten Ordnung auf Erden.

In nüchterner Betrachtungsweise hat man des öfteren vom Untergang des arabischen Reiches und seiner Ablösung durch das islamische gesprochen. In der Tat gerät mit der Betonung dieses Gegensatzes etwas Wesentliches in den Blick. Das umayyadische Kalifat stützte sich vor allem auf die Ergebenheit arabischer Stammesführer; seine Macht wurde untergraben, als seit vorislamischer Zeit bestehende Rivalitäten zwischen den Arabern der ʿAdnān- (Nordaraber) und der Qaḥṭān-Linie (Südaraber) wiederbelebt und politisch ausgeschlachtet wurden.[5] Es machte sich nachteilig bemerkbar, daß ein allein dem Kalifen verantwortlicher Verwaltungsapparat noch nicht zur Verfügung stand. Die Ansätze zu seiner Herausbildung, die in spätumayyadischer Zeit greifbar werden, konnten sich nicht mehr festigend auswirken. Erst unter den frühen Abbasiden gewann eine Schicht von Verwaltungsbeamten, die nicht selten aus erst jüngst islamisierten Familien stammten, rasch an Einfluß. Den nichtarabischen Muslimen, die unter den Umayyaden kaum in die Machtelite einzudringen vermochten, eröffnete sich nun ein weites Betätigungsfeld. Insofern war Bagdad vermutlich internationaler als Damaskus; die koranische Lehre, nach der der Rang eines Menschen nicht durch Geburt bestimmt werde, sondern allein durch die „Frömmigkeit" (Sure 49, 13), die Verdienste um den Islam, schien unter den Abbasiden eher Wirklichkeit werden zu können.

Die Propaganda der Hāšimiyya-Bewegung verrät uns einiges über das Unvermögen der Umayyaden, die Zeichen der Zeit richtig zu deuten und dementsprechend zu handeln. „Derjenige aus der Familie Muḥammads, mit dem man einverstanden sein wird", solle über die Muslime herrschen, lautete eine der Hauptforderungen. Mit der Familie Muḥammads meinte man seit der Wende vom siebten zum achten Jahrhundert nicht mehr allein seine leiblichen Kindeskinder aus der Ehe seiner Tochter Fāṭima, die mit seinem Vetter ʿAlī b. Abī Ṭālib verheiratet gewesen war, sondern die gesamte Nachkommenschaft der Söhne ʿAbd al-Muṭṭalib b. Hāšims, des Großvaters des Propheten. Ihr hatten neben ʿAbdallāh, dem Vater des Propheten, auch Abū Ṭālib, der Vater ʿAlīs, und ʿAbbās, der Ahnherr der späteren Dynastie, angehört. Alle diese Hāšimiten bildeten die Gegenlinie zu den Umayyaden, deren Vorfahr Umayya b. ʿAbd Šams ein Vetter ʿAbd al-Muṭṭalib b. Hāšims gewesen war.

Nun ist die bloße Forderung, der Herrscher über die Muslime dürfe kein Umayyade sein, sondern müsse dem Muḥammad näher verwandten Kreis der Hāšimiten entstammen, wenig inhaltsreich. Entscheidend für die Stoßkraft und den Erfolg der Hāšimiyya-Bewegung waren die Hoffnungen, die sich für die Schar ihrer Anhänger mit dieser Parole verknüpften. Da ist zunächst die Frage nach der Gleichheit aller gläubigen Muslime, ein sehr unterschiedlich auslegbarer Begriff. Die Umayyaden verstießen nach Ansicht ihrer Gegner in zweifacher Weise gegen jenen Grundsatz. Sie betonten, daß die Qurayš durch das Prophetentum Muḥammads vor allen Arabern ausgezeichnet und damit auch zur Herrschaft ausgewählt worden seien, und sie verweigerten den Neumuslimen fremder Herkunft die Gleichbehandlung, nicht zuletzt auf dem Gebiet der Steuern.

Die Ablehnung des qurayšitischen Herrschaftsanspruchs ist natürlich das ältere der beiden hier in Rede stehenden Motive für die Forderung nach Gleichheit. Seine Wurzeln reichen bis in die letzten Jahre des Wirkens Muḥammads in Medina zurück. Der erste Bürgerkrieg, der mit der Ermordung ʿAlīs begann und schließlich den Umayyaden zur Kalifenwürde verhalf, hatte an der Seite ʿAlīs vor allem Mitglieder aus Stämmen gesehen, die das Machtstreben Mekkas schon in vorislamischer Zeit abgelehnt und nach Muḥammads Aussöhnung mit seiner Vaterstadt befürchtet hatten, der Islam könnte „qurayšitisch" werden. Vielleicht um sie zu beruhigen, hatte man ʿAlī mit den Töchtern mehrerer dieser anti-qurayšitisch gesonnenen Stammesführer verheiratet. Später, seit dem Kalifat ʿAbd al-Maliks, machten wiederum die gleichen Stämme als „Südaraber" gegen die Umayyaden Front. So war der Grundstein für die eigenartige Koalition zwischen den anti-qurayšitischen „Südarabern" und den Hāšimiten, einer der vornehmsten qurayšitischen Sippen, schon früh gelegt worden. Die Parole von der vorenthaltenen Gleichstellung, davon, daß die Südaraber, was Macht und Beute betreffe, in den atemberaubenden Eroberungszügen der jungen islamischen Geschichte zu kurz gekommen seien, erwies sich als zugkräftig.

Sie wurde mit religiösem und ideologischem Gedankengut angereichert: Die genealogische Nähe der Aliden – später: der Hāšimiten – zum Propheten befähige in besonderer Weise, das Erbe Muḥammads anzutreten und die gottgewollte Ordnung, die in prophetischer Zeit verwirklicht gewesen sei, wiederherzustellen, nachdem sie durch die Umayyaden besudelt und geschändet worden sei; darüber hinaus könne das Südarabertum auf eine uralte Herrschertradition zurückblicken, angesichts derer die Umayyaden nur als erbärmliche Emporkömmlinge gelten könnten. Solches vor allem von den unterschiedlichen Richtungen der Schia verbreitetes Ideengut zielte vordergründig auf die Gleichheit zwischen Süd- und Nordarabern; es zermürbte die anfangs gute Verbindung zwischen Umayyaden und Südarabern und führte schließlich – eine sich selbst erfüllende Voraussage – dazu, daß vor allem ʿAbd al-Maliks Nachfolger in ihrer Politik mehr und mehr die Nordaraber begünstigten.

Auch das Problem der Gleichheit von arabischen und nichtarabischen Muslimen wurde akut und bereicherte das Schlagwortarsenal der im Entstehen begriffenen Hāšimiyya-Bewegung. In der Erhebung des Muḫtār b. Abī ʿUbayd hatten zum ersten Mal die *mawālī* eine wichtige Rolle gespielt. Einige Jahrzehnte nach der Niederlage al-Muḫtārs war ein Teil seiner ehemaligen Anhängerschaft augenscheinlich von der Hāšimiyya aufgesogen worden. Die von zwei unterschiedlichen Lagern vorgetragene Forderung nach Gleichheit deutet auf den fortschreitenden Verfall des alten arabischen Ordnungsgefüges hin, dem die Umayyaden zum Teil ihre Macht verdankten. Größere Staatenbildung mit überregionaler Herrschaft war den Arabern bis zum Auftreten Muḥammads weitgehend fremd geblieben. Die Lebensverhältnisse waren daher entschieden von der Ungleichheit geprägt: Ein Mann von den Qurayš hatte mit einem Angehörigen der Banū Aws in politischer Hinsicht nichts gemein, es sei denn, es hätte zwischen Stämmen ein Bündnis bestanden; doch auch dann hätten die Loyalität und alles Handeln nur dem Nutzen des eigenen Stammes dienen dürfen. Bündnisse stifteten keine die Stämme übergreifenden politischen Gemeinschaften, sondern waren Vereinigungen, die der Erzielung bestimmter Zwecke dienten, welche auch kultischer Art sein konnten. Erst die von Muḥammad verkündete Religion verlangte, da sie die eine göttliche Ordnung auf Erden zu verwirklichen strebte, im Prinzip die Gleichheit aller Gläubigen und damit die Zerschlagung des überkommenen stammesgebundenen gesellschaftlichen und politischen Gefüges. Muḥammads Wirken in Medina lief zunächst eindeutig auf dieses Ziel zu; in den letzten Jahren seines Lebens mehrten sich aber die Anzeichen dafür, daß diese gewaltige Aufgabe durch ihn nicht vollendet werden könne. Die Auseinandersetzungen in der Epoche der vier Rechtgeleiteten Kalifen folgen dem Leitmotiv des Ringens zwischen überlieferter Stammesloyalität und universal-religiöser Ordnung. Die Umayyaden erbten diesen Konflikt.

Sie versuchten, ihn zu lösen, indem sie den vorislamischen Machtanspruch, den die Qurayš als Verwalter der Kaʿba den übrigen Stämmen des mekkanischen Kultverbandes gegenüber vertreten hatten, mit den religiös-politischen Grundideen Muḥammads verbanden. Da die Qurayš, Nachfahren Ismāʿīls, von Gott zum Wächteramt an der Kaʿba erwählt und später durch das Prophetentum Muḥammads ausgezeichnet worden seien, könnten sie nun – in der Gestalt der umayyadischen Kalifen – die Herrschaft über alle Araber beanspruchen. Die Qurayš seien die Spitze aller Araber, die unter ihrer Führung zu einem die Stammesgrenzen übersteigenden Gemeinwesen zusammenzuschließen seien. Letzteres wurde jedoch noch nicht so sehr als ein religiöses, sondern eher als ein genealogisches verstanden. Alle arabischen Stämme waren in die Ismāʿīl-Genealogie einzufügen. Hiergegen richtete sich der Protest der Südaraber, die mit dem alten Kultverband der Qurayš nichts zu tun gehabt hatten. Sie hoben hervor, daß ihr Ahnherr Qaḥṭān weit vor Ismāʿīls Zeit gelebt habe und daß sie die eigentlichen reinen Araber seien.

Die Umayyaden betrieben also sehr wohl eine Politik der Vereinheitlichung und Überwindung der Stammesgrenzen, aber eben noch mit genealogischen Argumenten, gegen die sich die aus der vorislamischen Zeit ererbten Überlieferungen nur allzu leicht ins Feld führen ließen. Angesichts der Idee einer im Islam begründeten Einheit aller Gläubigen haftete diesen umayyadischen Bestrebungen etwas Zweideutiges, Unzureichendes an. So schlitterte man unaufhaltsam in die Katastrophe der Polarisierung in Süd- und Nordaraber hinein.

Während diese ihrem Höhepunkt zutrieb, konnte sich die Hāšimiyya-Bewegung formieren. Sie wandte den Widerspruch gegen die Einverleibung der Südaraber in ein von den Qurayš beherrschtes gemeinarabisches Ordnungsgefüge ins Islamische und trug damit den gesellschaftlichen Entwicklungen Rechnung, die sich als Folge der Entstehung eines viele Völker umfassenden Reiches eingestellt hatten. Nach der umayyadischen Herrschaftsideologie hatten sie letzlich keinen Platz im Reich. Gewiß, eine bestimmte Anzahl solcher Neumuslime kann durch Affiliation in die genealogische Ordnung aufgenommen werden. Doch je höher deren Zahl steigt, desto mehr wird diese Ordnung ausgehöhlt, desto mehr erscheint sie als veraltete Zwangsjacke. Daher braucht es nicht zu verwundern, daß die Hāšimiyya-Bewegung ihren Rückhalt nicht auf der Arabischen Halbinsel, nicht im schon vor dem Islam weitgehend arabisierten syrisch-palästinensischen Raum, sondern im Irak und in Iran findet. Die Marwer Anhängerschaft der Hāšimiyya, über die wir am besten unterrichtet sind, wurde von Männern geführt, deren Familien zwar oft arabischer Herkunft waren; jedoch lebten sie schon lange dort und hatten sich vielleicht schon mit der iranischen Bevölkerung vermischt. Welchem arabischen Stamm sie angehörten, war für sie zweitrangig geworden. So vermerken die Quellen ausdrücklich, daß sie sich nicht mehr nach ihrem Stamm, sondern nach der Ortschaft benannten, in der sie wohnten.[6] Wie sehr die umayyadische

Politik in dieser Beziehung hinter der Wirklichkeit zurückgeblieben war, zeigt die Tatsache, daß nach dem abbasidischen Umsturz der Zwist zwischen Nord- und Südarabern rasch seine Bedeutung einbüßt. An seine Stelle tritt ein anderes Thema: Dürfen die Araber, da Muḥammad ihrem Volk entsproß, einen Vorrang vor den übrigen Muslimen behaupten? Im Kampf gegen die Umayyaden war die Gleichheit von Arabern und Nichtarabern leicht zu versprechen gewesen, sie nach der Erringung der Macht herbeizuführen, war jedoch schwierig.

Die Losung von der Herrschaft „desjenigen aus der Familie Muḥammads, mit dem man einverstanden sein wird", führte uns in den Problemkreis der politischen Gleichheit aller Muslime und damit zu weitreichenden gesellschaftlichen Veränderungen, denen die Umayyaden offensichtlich nicht gewachsen waren. Es wurde deutlich, daß die Auseinandersetzung um die Schlußfolgerungen aus diesen Veränderungen z. T. mit religiösen Begriffen ausgetragen wurde. Hier werden Bezüge zu einer breiten, vor allem im Irak belegten Grundströmung faßbar, die eine stärkere Islamisierung der Institutionen des Gemeinwesens und des gesamten Alltags forderte. Solche Bestrebungen machte sich die Hāšimiyya-Bewegung zu eigen, indem sie die Parole ausgab, der von ihr zu bestimmende Herrscher solle aus einer Beratschlagung hervorgehen. Diese Formel zielte oberflächlich betrachtet nur gegen den umayyadischen Anspruch, von Gott erwählt zu sein. Man hob demgegenüber hervor, daß ʿUṯmān durch ein von seinem Vorgänger eingesetztes Ratskollegium zum Kalifen bestimmt worden war, und wollte hieraus ableiten, daß jeder islamische Herrscher auf diese Weise in sein Amt gelangen müsse, heiße es doch im Koran (Sure 42, 38): „.. Ihre Angelegenheit ist Gegenstand gemeinsamer Beratung ..." Man träumte davon, daß der durch ein solches islamisch-legitimes Verfahren berufene Herrscher für Gerechtigkeit im Sinne des dem Propheten offenbarten Gesetzes sorgen werde. Die Herrschaft der umayyadischen „Tyrannen" werde er zerschmettern, alle zu kurz Gekommenen werde er mit vollen Händen beschenken, so erzählte man sich. Alles werde wieder sein wie zur Zeit des Propheten, verhieß Dāʾūd b. ʿAlī kurz nach dem Umsturz: „Ihr habt die Schutzgarantie Gottes, seines Gesandten und des ʿAbbās dafür, daß wir unter euch richten gemäß dem, was Gott offenbart hat, daß wir euch nach den Vorschriften des Buches Gottes behandeln und gegenüber dem Niedrigen und dem Hohen unter euch nach dem Vorbild des Gottesgesandten verfahren." Übelste Beschimpfungen gegen die Umayyaden, deren letzten, Marwān II., Dāʾūd b. ʿAlī als „Feind des barmherzigen Gottes und Kalifen des Satans" tituliert, kennzeichnen den Inhalt der Rede. Tatsächliche Verstöße der Umayyaden gegen das islamische Recht werden in ihr nicht erwähnt. Dies liegt nicht nur daran, daß die Besprechung von Fakten dem Rauschgefühl, das diese Rede erzeugen soll, abträglich sein müßte, sondern auch daran, daß in jenen Tagen kaum jemand mit Sicherheit hätte sagen können, wie denn ein bestimmter Fall nach „islamischem Recht" zu entscheiden gewesen wäre. In späteren Verlautbarungen wurden die Abbasiden nicht müde, ihre Vorgänger zu verfluchen, und als skandalösesten umayyadischen Verstoß gegen das islamische Recht strichen sie dann stets die Adoption Ziyāds durch Muʿāwiya I. heraus,[7] eine Maßnahme, die seinerzeit Aufsehen erregt hatte und einen angeblichen Ausspruch Muḥammads mißachtete. Die Hāšimiyya-Bewegung konnte leicht von islamischem Recht sprechen, es zu schaffen blieb die Aufgabe der frühen Abbasiden. Es zeigte sich dann, daß sie nicht immer auf die Mithilfe gerade der Kreise rechnen konnten, die in den letzten Jahrzehnten der Umayyaden-Dynastie am lautesten nach einer vollständigen Islamisierung des Reiches gerufen hatten.

Die Forderung nach einer gänzlich islamischen Bewertung alles Tuns und Redens hatte eine theologische Seite, die wenigstens kurz gestreift werden soll. Die Umayyaden fühlten sich von Gott in ihr Amt berufen. Sie handelten als ,,Stellvertreter *(ḫalīfa)*" Gottes auf Erden. Daher waren ihre Taten so, wie sie geschahen, von Gott gewollt. Das Gegenargument lautete: Gott hat dem Menschen die Fähigkeit zu eigenverantwortlichem Handeln anerschaffen, und in Sonderheit die Herrscher sind für ihre Untertanen vor Gott verantwortlich wie der Hirte für seine Herde. Es scheint folgerichtig, daß man den ersten Abbasiden nachsagt, sie hätten derartigen Gedanken von einer Willensfreiheit des Menschen und seiner gerechten Aburteilung durch Gott nahegestanden. Wäre alles determiniert, wozu sollte man dann in einem Aufstand Kopf und Kragen riskieren? Ebenso selbstverständlich ist aber, daß die Abbasiden, nachdem sie selber an die Macht gelangt waren, zu solcher Art von Theologie nur noch ein etwas getrübtes Verhältnis aufrechterhalten konnten. Gleichwohl war die Frage nach dem theologischen Fundament des Kalifats gestellt. Sie konnte nicht mehr abgewiesen werden und barg viel Zündstoff für die folgenden Jahrzehnte.

Die Hāšimiyya-Bewegung versprach mithin die Lösung eines ganzen Bündels von Schwierigkeiten, die in der Umayyadenzeit verschleppt oder verdeckt worden waren. Sie erklären sich zum einen aus der raschen Entwicklung des Reiches zum Vielvölkerstaat, zum anderen aus dem universalreligiösen Inhalt der Botschaft des Propheten, der immer wichtiger werden mußte, je umfassender das Reich wurde und je mehr Völkerschaften den Weg zum islamischen Glauben fanden. Die Hāšimiyya-Bewegung war nur eine der oppositionellen Gruppierungen, die den unbewältigten Problemen Ausdruck verliehen. Eine Verkettung von Ereignissen wollte es, daß gerade sie siegreich war.

ʿAbd al-Malik hatte vor allem dank der Tatkraft seines Statthalters Ḥağğāğ b. Yūsuf die schiitische Opposition im Irak zerschlagen. Politisch unbedeutende Splittergruppen lebten jedoch weiter, so auch eine Kaysāniyya genannte Gruppierung, die Abū Hāšim b. Muḥammad b. al-Ḥanafiyya, einen Enkel ʿAlī b. Abī Ṭālibs, als ihre Führungsgestalt betrachtete und meinte, er werde in irgendeiner Weise ihre chiliastischen Sehnsüchte erfüllen. Abū Hāšim aber enttäuschte sie und mied politische Abenteuer. Er starb einige Zeit bevor das erste Jahrhundert des Islams vollendet war; an den Anbruch des neuen Säkulums aber knüpften sich mannigfache Spekulationen. Abū Hāšim soll in einem Testament den Abbasiden Muḥammad b. ʿAlī, in dritter Generation Nachkomme des ʿAbbās, zu seinem Erben eingesetzt und ihm damit die Herrschaft über den Rest seiner kaysānitischen Anhängerschaft übertragen haben. Im Jahre 100 d. H., so heißt es in der Erzählung weiter, wird dann Abū l-ʿAbbās as-Saffāḥ geboren, in dem die Organisatoren der Hāšimiyya-Bewegung ihren zukünftigen Herrn erkennen.

Dies ist natürlich alles Erfindung, die den Zweck verfolgt zu erklären, warum ausgerechnet as-Saffāḥ und niemand anderes aus dem weiten Kreis der Hāšimiten Kalif und Erfüller der chiliastischen Erwartungen wurde. Besonders perfide wirkt diese Fälschung, wenn man sich vor Augen hält, daß ein Alide zu diesem Zweck mißbraucht wird, ein Angehöriger eben jenes hāšimitischen Zweiges, der mit Abstand die größten Opfer im Kampf gegen die Umayyaden gebracht hatte. Dieses ,,Testament“ besitzt für uns dennoch Wert, weil es verrät, wie gering wir für die erste Zeit der hāšimitischen Umtriebe den Anteil der Abbasiden daran veranschlagen müssen.

Bis zum Aufstand des Muḫtār b. Abī ʿUbayd waren alle schiitischen Bewegungen gegen die Umayyaden entweder von Aliden geführt oder zumindest in deren Namen unternommen worden. Danach geriet die übersteigerte Verehrung ʿAlīs und seiner Nachkommen allmählich in Mißkredit. Selbst für antiumayyadische Kreise schien ihr etwas Sektiererisches anzuhaften, nicht zuletzt wegen der kultischen Absonderlichkeiten, denen sich Splittergruppen wie die Kaysāniyya widmeten. Statt der glühenden Liebe zu ʿAlīs Nachkommen galt jetzt die Ehrfurcht vor allen frommen Hāšimiten als empfehlenswert. Die *Hāšimiyyāt* genannten Gedichte des Kumayt (st. 126/743) machten diese neue Gesinnung populär.

In der wirren Lage, die im Irak nach der Niederschlagung der Rebellen des Ibn al-Ašʿaṯ entstanden war (82/701), hören wir von der ersten politischen Erprobung dieser Idee. Die Aufständischen, ihres Führers schon beraubt, besannen sich darauf, daß in ihren Reihen ein gewisser ʿAbd ar-Raḥmān kämpfte. ,,Erhebt euch und huldigt ihm, denn er ist ein Mann von den Qurayš, des weiteren von den Banū Hāšim, aus der Familie eures Propheten!“ ʿAbd ar-Raḥmān war in dritter Generation Nachkomme des al-Ḥāriṯ b. ʿAbd al-Muṭṭalib, eines Bruders von ʿAbbās. Angehörige seiner Linie erhielten noch nach der großen Wende ihren Anspruch auf das hāšimitische Kalifat aufrecht, anscheinend mit dem Hinweis, daß al-Ḥāriṯ der älteste der Söhne ʿAbd al-Muṭṭalibs gewesen sei, so daß nach altarabischem Recht seine Nachkommen eher als die Abbasiden als Erben zu gelten hätten.[8]

Doch zurück zu den Anfängen der Hāšimiyya-Bewegung! Es ist deutlich geworden, warum man den historischen Quellen, die den Abbasiden von Anfang an die führende Rolle zuerkennen, nicht trauen darf. Wir wissen nicht, wo und wann diese Bewegung ihren Anfang nahm. Möglicherweise war Kūfa der Ausgangspunkt. Dort residierte in den letzten Jahren vor dem Umsturz der sogenannte „Wesir der Familie Muḥammads", bei dem viele Fäden zusammenliefen, offenbar aber nicht alle. Als zweites Zentrum hāšimitischer Aktivitäten ist uns Marw bekannt, vielleicht aber nur wegen seiner Bedeutung für die späteren Ereignisse, die die Verdienste anderer Stützpunkte, wenn es sie gegeben hat, gänzlich verdeckt haben können.

Offenbar tauchte zum ersten Mal im Zeitraum zwischen 106/725 und 109/728 ein abbasidischer Agent in Marw auf, um unter den hāšimitisch gesinnten Bewohnern der Gegend für die Abbasiden zu werben. Der damalige umayyadische Statthalter machte dessen Treiben ein Ende, doch war immerhin ein Anlaufpunkt geschaffen worden, den sich später der Mann zunutze machen konnte, dem die Abbasiden ihren Aufstieg verdanken: Abū Muslim. Die Nachrichten über seine Herkunft sind widersprüchlich; wir wissen nicht genau, wann er in die Dienste der Abbasidenfamilie trat und unter welchen Umständen. Ibrāhīm, der „Imam" genannt, entsandte ihn 128/746 nach Marw, um die alten Beziehungen zu der dortigen Hāšimiyya wieder aufzufrischen. Inzwischen hatte freilich im südlichen Iran bereits ein Alide, ʿAbdallāh b. Muʿāwiya, ein Gegenkalifat ausgerufen und scheint sich auch der Unterstützung der Hāšimiyya-Bewegung erfreut zu haben. Mitglieder aus dem Hause ʿAbbās, unter ihnen der spätere Kalif al-Manṣūr, hatten es in dieser Lage nicht verschmäht, bei ʿAbdallāh b. Muʿāwiya um Pfründen nachzusuchen.

Mit offenen Armen wurde Abū Muslim von den führenden Vertretern der Marwer Hāšimiyya nicht empfangen. Man dachte sich wohl eher einen Aliden als den künftigen „Fürsten der Gläubigen". Wie Abū Muslim mit diesen Widrigkeiten fertig wurde, verschweigen die Quellen, wir wissen nur, daß er sie binnen kurzem überwand. Nicht nur in Marw scharte er die Hāšimiyya um sich, es gelang ihm auch, in den westlichen Teilen von Chorasan viele Männer für seine Sache zu begeistern. Es mag ein tollkühner Schritt gewesen sein, als Abū Muslim im Jahre 129/747 offen auftrat, in Schwarz, die Farbe der Hāšimiten gekleidet, um mit seinen Anhängern das Kalifat für einen Angehörigen des Hauses ʿAbbās zu erstreiten.

Abū Muslim war jedoch sicher nicht ein einfacher Draufgänger. Die Quellen bezeugen, mit welch außerordentlichem Geschick er zwischen den Parteiungen der sich zersetzenden Umayyadenherrschaft zu lavieren verstand. Den Zug des Hāšimiyya-Heeres nach Westen, der dem Kalifat Marwāns II. den Todesstoß versetzen sollte, ließ er erst beginnen, als er soviel wie möglich aus der Hinterlassenschaft der übrigen Parteiungen übernommen hatte.

Das Heer, dessen Kern Abū Muslims ergebene Mitglieder der Marwer

Hāšimiyya bildeten, erregte wegen seiner Geschlossenheit, Kampfkraft und bedingungslosen Disziplin das schaudernde Erstaunen der Zeitgenossen. Alle Soldaten hatten einen Schwur zu leisten, der sie zwar in allgemeiner Form auf die Ziele der Hāšimiyya-Bewegung verpflichtete: „... auf das Buch Gottes, die Sunna des Propheten und auf den Gehorsam gegenüber dem aus der Familie des Gesandten Gottes, mit dem man (als Herrscher) einverstanden sein wird. Hierin obliegt euch Bund und Vertrag mit Gott ..." Für den alltäglichen Dienst wichtiger war der zweite Teil des Eides: „... darauf, daß ihr weder Sold noch Unterhalt verlangt, bevor eure Anführer euch freiwillig etwas zuteilen, sowie daß ihr jemandes Feind, und befinde dieser sich auch euch zu Füßen, erst auf Befehl eurer Anführer zum Kampf reizt!" Ein Beamter und Literat iranischer Herkunft, der Zeitgenosse des Umsturzes ʿAbdallāh b. al-Muqaffaʿ, schrieb bewundernd: „Das chorasanische Heer ist ein Heer, desgleichen man im Islam noch nicht gekannt hat ... (Seine Soldaten) sind Leute mit Einsicht in die Notwendigkeit des Gehorsams, Leute, die bei der Bevölkerung als vorzüglich gelten, sich nicht an Menschenleben vergreifen, sich der Unzucht enthalten, sich von Untaten abwenden, sich den Anführern unterwerfen. Dies sind Verhältnisse, wie man sie unseres Wissens bei niemandem außer bei ihnen antrifft." Abū Muslims Armee, nicht mehr von Stammesrivalitäten gelähmt, dafür aber im Namen einer Idee zu äußerstem Gehorsam und zu nie gekannter Wirksamkeit geeint, nimmt die Ideale der abbasidischen Politik der folgenden Jahrzehnte vorweg. Sie läßt den Typ von Mensch erahnen, der in der Zukunft vor allen anderen gesucht sein wird: der Soldat und Bürokrat ohne Hausmacht, ohne Rückhalt in Stamm oder Sippe, daher vom Willen des Herrschers abhängig, jedoch mit diesem in der Sache verbunden – im besten Falle! –, freilich nicht auf persönliche Weise, nicht aus dem Gefühl einer Clansolidarität heraus.

2. Erfolge und Mißerfolge bei der inneren Konsolidierung

Vom Siegeszug des von Abū Muslim aufgebauten Heeres hörten wir schon. Das Kalifat des Abū l-ʿAbbās war auf den Erfolg dieser Truppen gegründet, und die nächsten Monate bewiesen, daß man weiter der Dienste Abū Muslims bedurfte, um sich überhaupt an der Macht halten zu können. Der kūfische „Wesir der Familie des Propheten", das Oberhaupt der Hāšimiyya-Bewegung, war durch die Einsetzung des Abbasiden überrumpelt worden; er hätte einem alidischen Kalifen den Vorzug gegeben. Auf Abū Muslims Anraten wurde dieser Wesir kaltblütig aus dem Wege geräumt. Unentbehrlich war den Abbasiden Abū Muslim von Anfang an gewesen, nun wurde er ihnen allmählich unheimlich.

Ohnehin spielten sich im fernen Osten des Reiches Vorgänge ab, die der Kontrolle des noch schwachen Kalifats entzogen waren. Das Dorf, in dem

Abū Muslim im Jahre 129/747 den Kampf für das hāšimitische Kalifat eröffnete, gehörte einem Mann namens Ḫālid b. Ibrāhīm. Im Jahre 134/752 finden wir eben diesen Ḫālid als Anführer eines Raubzuges gegen einen sogdischen Fürsten im Gebiet von Samarkand. Obwohl letzterer sich bereits unterworfen hatte, wurde er von Ḫālid getötet, wobei man zahlreiche Beute machte, u. a. vergoldete chinesische Gefäße, „wie man sie noch nie gesehen hatte". Abū Muslim, der sich mit der Befestigung Samarkands beschäftigte – doch wohl nur, um von dort aus vielversprechende Vorstöße in ein dem Islam noch nicht erschlossenes Neuland zu wagen – hatte gegen derartige Unternehmungen offenbar nichts einzuwenden. Als wegen dieser Vorgänge deutlich geworden war, daß Abū Muslim eigene Ziele verfolgen könnte, versuchte der Kalif, mittels Intrigen die Stellung Abū Muslims zu untergraben. Es entstand östlich von Balḫ eine Meuterei, die der Kalif gefördert haben soll. Abū Muslim zeigte sich der Lage gewachsen, und bald kehrte ein Teil der Meuterer unter seine Botmäßigkeit zurück; ihr Anführer wurde umgebracht.[9] Wenig später zog Abū Muslim, umgeben von einem großen Teil seiner Gefolgschaft in den Irak, zunächst um dem Kalifen seine Aufwartung zu machen und dann nach Mekka zu pilgern. Über die wahren Beweggründe für dieses Unternehmen sagen die Quellen nichts aus. Wollte er verdeutlichen, daß er ein gutes Verhältnis zum Kalifen anstrebte? Oder wollte er diesen einschüchtern? Zusammen mit al-Manṣūr, dem Thronfolger und Bruder des Kalifen, machte er sich, nachdem er einige Zeit bei Abū l-ʿAbbās verbracht hatte, nach Mekka auf. Unterwegs erfuhren beide vom plötzlichen Tode as-Saffāḥs. Al-Manṣūr konnte sich aber noch nicht der ihm so unerwartet zugefallenen Würde eines „Fürsten der Gläubigen" freuen, denn sein Onkel ʿAbdallāh b. ʿAlī, unter dessen Führung die hāšimitischen Truppen im Irak den letzten umayyadischen Widerstand niedergezwungen hatten, machte ihm das Kalifat streitig. Obwohl die Quellen erzählen, daß zwischen al-Manṣūr und Abū Muslim nur sehr kühle, wenn nicht feindselige Beziehungen bestanden, lieferte sich Abū Muslim mehrere Monate lang blutige Gefechte mit ʿAbdallāh b. ʿAlī, der schließlich flüchtete. Al-Manṣūr, von dessen Habgier immer wieder berichtet wird, soll sich nach diesem für ihn so glücklichen Ausgang des Krieges nicht gescheut haben, von Abū Muslim die Herausgabe der Beute zu verlangen. Abū Muslim entschloß sich, unverzüglich nach Chorasan zurückzukehren, wo er sich sicher fühlen konnte. Wiederum ist unbegreiflich, daß er sich von diesem Entschluß noch einmal abbringen ließ. Er betrat unbewaffnet das Zelt, in dem al-Manṣūr auf ihn wartete. Dieser überschüttete ihn mit Vorwürfen; Abū Muslim, ein Mann niederer Herkunft, habe zu hoch gespielt. „Gott soll mich umbringen, wenn ich dich nicht umbringe!" Und auf einen verabredeten Wink stürzten zwei Meuchelmörder aus ihrem Versteck und streckten Abū Muslim nieder. Dies geschah im Jahre 137/755.[10]

In den nächsten Jahrzehnten trat in Iran eine Sekte auf, die die Wiederkehr Abū Muslims erwartete, der nur entrückt, nicht getötet worden sei.[11] Und in einem frühosmanischen Epos ist Abū Muslim zu einem volkstümlichen Streiter für die Ausbreitung des Islams geworden[12] – ein fernes Echo auf sein Wirken in Samarkand?

Zu den geschichtlichen Vorgängen, die sich weitgehend einer stimmigen Erklärung entziehen, gehört die Tatsache, daß es al-Manṣūr in verhältnismäßig kurzer Zeit gelang, auf den schwankenden Fundamenten, deren Erbe er nicht ohne Anwendung von Hinterlist und Gewalt geworden war, eine feste Herrschaft zu errichten. Das Geld, das er so sehr liebte, mag ihm dabei geholfen haben: Er soll sich die Treue der Unterführer Abū Muslims gekauft haben. In Chorasan ließ er eine Säuberung in den Reihen der Hāšimiyya-Bewegung durchführen.[13] Seinen Onkel ʿAbdallāh b. ʿAlī lockte er aus dem Versteck heraus, stellte ihn unter Arrest und sorgte für die Ausschaltung seiner Gefolgsleute. Rebellionen in den fernen Randgebieten, im Industal oder in Ṭabaristān, konnten ihm nun nicht mehr gefährlich werden.

Bald nach dem Antritt seiner Herrschaft fühlte sich al-Manṣūr gedrängt, dem jungen Kalifat eine Hauptstadt zu errichten, die man als ein Symbol des universalen Machtanspruchs deuten mag, deren Grundriß jedoch genauso gut aus Sicherheitserwägungen erklärt werden kann. Vier Jahre vor der Gründung Bagdads war al-Manṣūr durch den Aufruhr einer Gruppe von Sektierern in Kūfa in Bedrängnis geraten. Seitdem, so erzählt man, habe er nach einem günstig gelegenen Ort für eine neue Residenz Ausschau gehalten. Diesen fand er schließlich an der Stelle des heutigen Bagdad: ein Stück Land, das durch Euphrat und Tigris geschützt war, so daß man nur auf Brücken zum Kalifen gelangen konnte. Im Jahre 145/760 begann man mit dem Bau. Ein kreisrundes Gelände von mehr als einer Meile Durchmesser wurde abgesteckt und in vier gleich große Segmente unterteilt. Zwei Mauerringe umschlossen diesen Kreis, jedes der Segmente war durch ein Tor in der äußeren und in der inneren Mauer zu erreichen. Beide Tore lagen nicht einander gegenüber, sondern waren leicht versetzt angeordnet, eine Maßnahme, die vermutlich das Eindringen mit Hilfe von Rammböcken vereiteln sollte. Von den Toren aus liefen vier Straßen auf den Mittelpunkt des Kreises zu, wo der Palast und die große Freitagsmoschee entstanden. Für diese Prachtbauten wurden, wie in frühislamischer Zeit üblich, andere ältere Bauwerke geplündert, in diesem Fall die sassanidische Residenz Ktesiphon. Als al-Manṣūr jedoch entdeckte, daß es preisgünstiger war, die Steine an Ort und Stelle behauen zu lassen, gab er jenes Verfahren auf. So erhielten sich Reste der eindrucksvollen sassanidischen Anlage bis in die Neuzeit. Im übrigen belegt die rasche Fertigstellung der Residenz, daß die abbasidische Macht immerhin so gefestigt war, daß man aus allen Teilen des Reiches Arbeitskräfte zusammenziehen, die Baukosten aufbringen und die große Zahl an zusammengeströmten Menschen auch versorgen konnte. Einer Nachricht zufolge war das Angebot an Nahrungsmitteln sogar derart reichhaltig, daß die Preise ungewöhnlich niedrig lagen. Alles dies begünstigte ein schnelles Anwachsen von Märkten und Gewerbevierteln. Binnen kurzem bildete sich eine Weltstadt, deren Privatbauten zunächst wohl nur recht bescheidenen Charakter trugen, denn es wird überliefert, daß al-Manṣūr und seine Nachfolger mehrmals gewaltsam in das Stadtbild eingriffen, z. B. um ganze Marktviertel zu verlegen.[14]

Wenn Bagdad vielleicht nicht als sichtbares Zeichen imperialer Macht entworfen worden ist, so hat es doch in wenigen Jahren diese Rolle erworben. Dies war nur möglich, weil al-Manṣūr die schwierigen Probleme, die ihm von den Umayyaden überlassen und die durch den chiliastisch gestimmten Tatendrang der Hāšimiyya-Bewegung noch zusätzlich kompliziert worden waren, mit Härte und Energie in Angriff nahm. Al-Manṣūr erkannte, daß es zur Sicherung seiner Herrschaft unabdingbar war, zum einen das Heer der Hāšimiyya fest in die Hand zu bekommen – die Ermordung Abū Muslims war der entscheidende Schritt hierzu – und zum anderen auch die Unterstützung breiter Kreise der Muslime zu gewinnen, die dem Umsturz und den Idealen, in deren Namen er herbeigeführt worden war, gleichgültig, wenn nicht gar feindlich gegenübergestanden hatten. Die Hāšimiyya-Bewegung war ja, wie schon gesagt, keineswegs durch und durch abbasidisch gewesen, und manchen alten Kämpfer mag ein Gefühl des Unwillens beschlichen haben, als er ausgerechnet einen Abbasiden die Früchte der Kämpfe einheimsen sah. Das „Testament des Abū Hāšim" mußte nunmehr peinlich erscheinen, wenn nicht gar kompromittierend wirken. Dies um so mehr, als im Jahre 145/760 im Hedschas ein Aufstand losbrach, der von dem Aliden Muḥammad b. ʿAbdallāh angeführt wurde. Dieser war ein Nachkomme Ḥasan b. ʿAlīs und führte für seine Ansprüche ins Feld, daß er im Gegensatz zu al-Manṣūr auch mütterlicherseits reinster qurayšitischer Abstammung sei, ein Argument, das die Hāšimiyya-Bewegung, die gerade die über die angeborene Würde hinausweisenden Ideale des Islams betonte, wenig beeindruckt haben mag.

Nachdem al-Manṣūr den Aufstand, der sich bis in den Irak ausgedehnt hatte und den Abbasiden durchaus gefährlich wurde, unterdrückt hatte, hielt er es für angebracht, einen deutlichen Trennungsstrich zwischen sich und den Aliden zu ziehen. Bereits in einem Brief an Muhammad b. ʿAbdallāh wies er darauf hin, daß ʿAbbās als letzter der Oheime des Propheten verstorben sei und mithin als dessen Erbe gelten müsse.[15] Vor den chorasanischen Truppen soll der Kalif nach dem Sieg über Muḥammad b. ʿAbdallāh eine aufrüttelnde Rede gehalten haben, in der er wiederum auf das angebliche Erbe des Propheten anspielte und die Aliden wegen der vielen gescheiterten Rebellionen der Unfähigkeit zieh: „Sie waren feige gegenüber den Umayyaden, sind aber unverschämt gegen uns!" Noch nach zwei Jahrhunderten erinnerte man sich, daß die strenge Scheidung zwischen Aliden und Abbasiden – beide bildeten nunmehr die zwei Gruppen des „islamischen Adels", kontrolliert von alidischen und abbasidischen Obmännern – bis in die Zeit al-Manṣūrs zurückreichte. Welche unmittelbaren Folgen die Politik al-Manṣūrs für die Aliden hatte, wissen wir nicht. Das Ansehen, das diese Familie bei weiten Teilen der Bevölkerung genoß, wird der Kalif kaum haben schmälern können. Daß er stets wachsam bleiben mußte, zeigte ein Vorfall, der sich ein Jahr vor seinem Tode ereignete. Der von al-Manṣūr eingesetzte Bagdader Marktvogt war ein heimlicher Anhänger der Aliden und hatte sein Amt mißbraucht, um „den Pöbel zu verführen". Er wurde enttarnt und getötet. Der Kalif ordnete an, die Märkte aus der Stadt Bagdad in den Vorort am Karḫ-Tor zu verlegen.[16] Dieses Viertel wurde in der weiteren Geschichte für die fanatische Alidenverehrung seiner Bewohner berüchtigt.

Al-Mahdī, der Nachfolger al-Manṣūrs, vollendete die Trennung von den Aliden: Es wurde nun offizielle Herrschaftsideologie, daß die Führerschaft der islamischen Gemeinde vom Propheten auf ʿAbbās übertragen worden sei; danach sei sie in dessen Nachkommenschaft vererbt worden. Damit waren alle alidischen Kämpfe gegen die Umayyaden als ungesetzliche Eingriffe in den vom Propheten beabsichtigten Gang der Geschichte abgewertet. As-Saffāḥ hatte bei seiner ersten Rede als hāšimitischer Kalif noch ausdrücklich hervorgehoben, die Abbasiden hätten sich nur deswegen gegen die Umayyaden erhoben, weil sie den Aliden zu ihrem Recht hätten verhelfen wollen. Nun dagegen entstand eine offiziöse Fassung der islamischen Geschichte, die, der neuen Lehre getreu, entdeckte, wie das prophetische Erbe innerhalb der Nachfahren des ʿAbbās durch letztwillige Verfügungen weitergereicht worden war.

Das neue Staatsdogma diente jedoch nicht allein zur Abweisung alidischen Ehrgeizes, es war zugleich ein wichtiger Schritt zur Sicherung der Thronfolge innerhalb der Dynastie. Das Erbe des Propheten war, so wollte es das offizielle Geschichtsbild, immer nach einer ausdrücklichen Willenserklärung des Inhabers auf dessen Nachfolger übergegangen, und so sollte es auch nun sein, da die Abbasiden tatsächlich herrschten. As-Saffāḥ war von der Hāšimiyya-Bewegung zum Kalifen ausgerufen worden; al-Manṣūr mußte sich mit Hilfe Abū Muslims gegen ʿAbdallāh b. ʿAlī durchsetzen. Auch als al-Mahdī den Kalifenthron bestieg, mußte mit Gewalt und List ein älteres Familienmitglied beiseite gedrängt werden. Al-Mahdī rang „seinen Gefährten und Vertrauten und der Gemeinde" das Zugeständnis ab, daß er, der Kalif, allein das Recht besitze, den Thronfolger zu bestimmen. Der Fürst der Gläubigen befreite sich damit ein gutes Stück von der Bevormundung durch die Hāšimiyya-Bewegung; die Voraussetzung zu innerer Geschlossenheit wurde geschaffen, denn wenn der Kalif seinen Nachfolger selber ernannte, war sein Amt weniger durch von außen gesteuerte Prätendenten zu erschüttern.[17]

Etwas Abstand von der Hāšimiyya-Bewegung zu gewinnen, war auch aus einem anderen Grund nötig. Das von Abū Muslim aufgebaute Heer glänzte durch ungewöhnliche Disziplin, die aber nicht nur der Einsicht in militärische Notwendigkeiten entsprang, sondern sich mit sektiererischen Ansichten über Wesen und Befugnisse des Imams, des Kalifen, als des religiös-politischen Führers der Gläubigen, verwob. Ibn al-Muqaffaʿ schreibt, bei den Truppen sei der Glaube verbreitet, man müsse dem Imam selbst dann gehorchen, wenn er befehle, nicht mehr nach Mekka gewandt zu beten; ja selbst die Berge würden einer Anweisung des Kalifen, sich von der Stelle zu bewegen, Folge leisten. „Dies sind Worte, ... die kaum jemandem zu Ohren kommen werden, ohne in seinem Herzen Argwohn und Zweifel zu erzeugen. (Nur) das, was die Gemäßigten unter den Muslimen vertreten, kann Herrschaft und Macht weiter stärken ..."[18] Schon im Jahre 141/756 sah sich al-Manṣūr vor die Notwendigkeit gestellt, diesen Strömungen innerhalb der Hāšimiyya-Bewegung eine klare Abfuhr zu erteilen. Eine unter dem Namen Rāwandiyya bekannte Splittergruppe hatte sich zur Residenz des Kalifen begeben, ihres „Herrgotts", der sie „speiste und tränkte". Al-Manṣūr ließ ihre Anführer festsetzten, worauf die übrigen einen Umzug mit einem leeren Thron veranstalteten – ähnlich den Bräuchen der Kaysāniyya zur Zeit al-Muḫtārs. Gewaltsam befreiten sie ihre gefangenen Anhänger. Nur mit Mühe gelang es dem Kalifen, des Tumultes Herr zu werden. Die sonderbaren Schwärmer wurden bis auf den letzten Mann umgebracht.[19] Damit war ein deutliches Zeichen gegen jegliche Art von Sektierertum gesetzt. Das Kalifat hielt einen mittleren Kurs in der Religionspolitik ein und entledigte sich all der unbequemen Helfer, die diesen Kurs nicht ebenfalls einschlagen wollten. Der Anfang des Strebens nach einem Kalifat, das seine Stärke aus einem einheitlichen Glauben der großen Masse zog und von einem in seinen Entschlüssen uneingeschränkten Fürsten der Gläubigen bzw. „Imam der Rechtleitung" beherrscht wurde, war unter al-Manṣūr und al-Mahdī gemacht worden. Wie weit sich diese Ziele würden verwirklichen lassen, hing nicht zuletzt von der Schaffung einer guten Verwaltung ab, die auf einheitlichen und überprüfbaren Rechtsnormen beruhte, sowie von der Neuorganisation des Heerwesens.

Über den Aufbau einer Bürokratie, die in der Hauptstadt die Verfügungen des Herrschers ausführte und auch seinen Zugriff auf die Provinzen sicherte, erfahren wir am Anfang des abbasidischen Kalifats nur wenig. Eine Klage Ibn al-Muqaffaʿs über den allzu ungehemmten Aufstieg unfähiger Amtsträger[20] läßt den Schluß zu, daß nach dem Zusammenbruch des Umayyadenreiches bis in die unteren Ränge hinab ein Neuanfang gewagt wurde. Al-Manṣūr und al-Mahdī haben die wichtigsten Entscheidungen vermutlich noch selber getroffen. In ihrem Dienst befanden sich jedoch schon Männer, deren Familien einige Zeit später zu höchsten Machtpositionen aufstiegen. Meist hatten sich diese Leute in der Hāšimiyya-Bewegung hervorgetan. So findet sich Ḫālid b. Barmak, der Vater des berühmten Wesirs Hārūn ar-Rašīds, unter den Heerführern, die Abū Muslim mit Ämtern an verschiedenen Orten des islamischen Ostens betraute.[21] Später war Ḫālid der Sekretär des Kalifen as-Saffāḥ. Unter al-Manṣūr mußte Ḫālid sich seinen inzwischen aufgehäuften Reichtum, es ist von drei Millionen Dirham die Rede, vom Kalifen abpressen lassen,[22] ein in späterer Zeit stets geübter Brauch, wenn die Staatskasse leer war – und wann wäre sie das nicht gewesen? Al-Mahdī förderte Ḫālids Aufstieg, so daß dieser den Verlust sicherlich rasch verschmerzte.

Die Hāšimiyya-Mitglieder mußten von den Abbasiden, als diese an der Macht waren, gewissermaßen übernommen werden. Da sich viele der ehemaligen Kämpfer den Kalifen gegenüber loyal zeigten, wirkte sich dies ohne Zweifel günstig aus. Dennoch war das Verhältnis der Kalifen zur Hāšimiyya nicht völlig von Vertrauen geprägt, und sie bemühten sich, Mitglieder ihrer eigenen weitverzweigten Familie in die wichtigsten Statthalterschaften einzusetzen. Stellt man die Namen aller Statthalter während der Kalifate as-Saffāḥs, al-Manṣūrs, al-Mahdīs und ar-Rašīds zusammen, dann ergibt sich, daß Angehörige des Herrscherhauses im Gebiet des heutigen Irak und auf der Arabischen Halbinsel zum Zuge gekommen sind. Al-Manṣūr hatte seinen Sohn und Thronfolger al-Mahdī zwar zum Gouverneur über den Osten ernannt, doch ist ungewiß, ob er sich dort wirklich gegen die alten Führer durchsetzen konnte.[23] Letzten Endes blieb das Problem, wie man den Einfluß und ein gewisses Selbstgefühl der chorasanischen Hāšimiyya zügeln könne, ungelöst und führte schon um das Jahr 200 d. H. zur Herausbildung einer nahezu unabhängigen Statthalterschaft.

„Wesir der Familie Muḥammads" hatte sich der oberste Würdenträger der Hāšimiyya-Bewegung genannt. Wesir bedeutet so viel wie Helfer; die Angelegenheiten des noch unbekannten Kalifen aus der Sippe der Banū Hāšim wurden durch jenen Mann in Kūfa wahrgenommen. Wie weit dies der Wirklichkeit entsprach, ist unklar. Daß die Abbasiden an die Macht kamen, zeigt, wie wenig dieser Wesir seinen Willen durchsetzen konnte. Unter as-Saffāḥ und al-Manṣūr finden wir kein Amt mit dieser Bezeichnung. Namentlich von al-Manṣūr wird immer wieder berichtet, er habe sich möglichst um alles selber gekümmert. Von al-Mahdī dagegen heißt es, er habe im Jahr nach der Thronbesteigung einen gewissen Abū ʿUbaydallāh zu seinem Wesir ernannt. Die Aufgabe des Wesirats war offenbar die Oberaufsicht über alle zentralen Behörden (*dawāwīn*),[24] deren wichtigste das Büro der offiziellen Schreiben, das Steueramt, die Schatzverwaltung, die nach Regionen unterteilte Heeresverwaltung und die Sicherheitsbehörde waren.[25] Die Zuständigkeit dieser Ämter, die oft umorganisiert wurden, war nur unscharf abgegrenzt. Es konnten beispielsweise Steuer- und Heeresverwaltung eines bestimmten Gebietes zusammengefaßt sein, geographische und sachliche Gesichtspunkte bei der Ämteraufteilung also miteinander vermischt werden. Unter al-Mahdī hatten nach Abū ʿUbaydallāh noch eine Reihe anderer Männer das Wesirat inne. Schon unter Hārūn war die Machtfülle dieser Position so angewachsen, daß man mit Recht davon spricht, daß der Kalif das Leben eines Müßiggängers zu führen begann.

Nichtsdestoweniger waren die Wesire, ständig Ziel der Intrigen der Hofkamarilla, meist nur sehr kurze Zeit im Amt. Aufstieg, Sturz und oft auch Wiederaufstieg folgten rasch aufeinander. Schon unter al-Mahdī zeichnete sich ab, daß das abbasidische Kalifat die verstetigende Wirkung einer über den Parteiungen stehenden Verwaltung würde entbehren müssen. Damit fehlte eine der wichtigsten Voraussetzungen für die Schaffung eines einheitlichen, im Innern festgefügten Reiches.

Wenig erfolgreich waren auch die Versuche, eine vereinheitlichte, nach islamischen Prinzipien ausgerichtete Rechtspflege aufzubauen. Wieder können wir Ibn al-Muqaffaʿ als Kronzeugen anführen, der in eindringlichen Worten die schlimme Rechtsunsicherheit schildert, unter der die Bevölkerung in der ausgehenden Umayyadenzeit zu leiden hatte. Im Grunde wurden Urteile vor allem nach dem Gutdünken der Statthalter oder ihrer mit dem Rechtswesen beauftragten Helfer gefällt. Regionales Gewohnheitsrecht, so wissen wir, galt oft mehr als ausdrückliche Bestimmungen des Korans – deren es ohnehin nicht viele gibt. In einem Schreiben, das vermutlich an al-Manṣūr gerichtet ist, empfahl Ibn al-Muqaffaʿ, der Kalif solle alle unterschiedlichen Verfahrensweisen und Urteile sammeln lassen, ferner alle Sunna-Normen und alle Analogieschlüsse, mit denen die Rechsgelehrten argumentiert hätten. Dann solle er alles mit der ihm von Gott eingegebenen Einsicht überprüfen und entscheiden, welche Normen und Urteile allgemeine Gültigkeit hätten. Dies solle er in einem Werk niederlegen lassen, dem einhellige Zustimmung zuteil werden werde, da es ja auf der von Gott rechtgeleiteten Erkenntnis des Fürsten der Gläubigen beruhe.[26]

Ein derartiger Plan ist weder von al-Manṣūr noch einem seiner Nachfolger gefaßt worden. Dennoch waren sich die ersten Abbasiden dieser Aufgabe bewußt. Al-Manṣūr nahm Verbindungen zu Gelehrten auf, die sich mit den Überlieferungen vom normsetzenden Reden und Handeln des Propheten, mit der Sunna, beschäftigten. Vor allem Privatgelehrte waren darangegangen, anhand solcher Überlieferungen – die, wie man heute weiß, nur sehr selten tatsächlich auf Muḥammad zurückgehen – eine Grundlage für das Verhalten im Alltag und auch für rechtliche Fragen zu errichten. Die Hinneigung zur Sunna hatte zur Zeit al-Manṣūrs auch schon die staatliche Rechtspflege erfaßt, wenn auch in weit geringerem Maße. Al-Manṣūr scheint die aufblühende Sunna-Gelehrsamkeit finanziell gefördert zu haben. Sein Sohn setzte diese Politik fort. Allerdings zeigte sich bald, daß viele Sunna-Gelehrte sich wegen theologischer Bedenken dem Dienst für den Kalifen entzogen.[27] Für die Beurteilung dieses Sachverhaltes sind auch regionale Besonderheiten in Erwägung zu ziehen. Zweifellos war der Hedschas für die frühe Sunna-Wissenschaft besonders wichtig, schon allein, weil er den echten Rahmen für diese gelehrten Bemühungen abgab. Zugleich war er aber seit einem Jahrhundert zur politischen Provinz abgesunken, und es waren vor allem irakische Gelehrte, die in den letzten

Jahrzehnten der Umayyadenherrschaft nachdrücklich die Islamisierung des Rechts und damit dessen Verknüpfung mit der prophetischen Sunna verlangt hatten. Im Irak wohnte derartigen Wünschen mehr tagespolitische Sprengkraft inne, hier, wo nun das Zentrum der Macht lag, stellte sich unabweisbar die Frage, inwieweit die Sunna in die Praxis umgesetzt werden konnte. In Medina konnte dagegen der theoretische Aspekt der Sunna-Gelehrsamkeit stets sein Übergewicht bewahren.

Am Hof im Irak siegte daher eine Richtung, die zwar die auf Muḥammad zurückgeführten Normen in großem Maß berücksichtigte, dies aber nicht zum unerschütterlichen Dogma erhob, sondern dem Entscheidungsvermögen der Richter nach wie vor genügend Freiheit einräumte. Ihren Lehrer sah diese irakische Richtung in Abū Ḥanīfa (st. 150/767), der allerdings selber noch kein Richteramt ausgeübt hatte. Unter Hārūn gelangten einige seiner Schüler in höchste Ämter, unter ihnen Abū Yūsuf (st. 182/798), der für den Kalifen ein Buch über die Grundsteuern verfaßte. Es enthält zwar schon viele auf den Propheten zurückgeführte Überlieferungen, doch schlägt Abū Yūsuf oft Verfahren vor, die sich nicht mit der Sunna bekräftigen lassen. Bemerkenswert ist der Umstand, daß die Vertreter des hanafitischen Rechts in ihren theologischen Ansichten oft Gedanken vertraten, deren Ursprung Männern im Osten des Reiches zugeschrieben wird. Die von den Erfordernissen der Praxis weniger berührte Sunna-Wissenschaft des Hedschas fand während der Regierungszeit Hārūns auch in Bagdad regen Zulauf, anscheinend aber vor allem in den ungebildeten Schichten. Während die den Hanafiten nahestehende Theologie um eine rationalistische Durchdringung und Aufarbeitung des islamischen Glaubens bemüht war, hoffte die Sunna-Gelehrsamkeit, Glaubensgewißheit in einer frommen Aneigung des prophetischen Vorbildes zu finden. Eine bedrohliche Polarisierung des gesamten geistigen Lebens begann sich abzuzeichnen, die, war sie erst mit der noch ungelösten Frage nach dem Einfluß der chorasanischen ehemaligen Hāšimiyya verquickt, den Bestand des Kalifats gefährden konnte.

3. Das Militär

Die gewaltigen innenpolitischen Schwierigkeiten, vor denen das abbasidische Kalifat in den ersten Jahrzehnten stand, ließen kriegerische Unternehmungen gegen die angrenzenden nichtislamischen Staaten zunächst weniger wichtig erscheinen. Nur im Osten des Reiches fanden von Samarkand aus die schon angesprochenen Raubzüge statt, die vermutlich im Interesse der hāšimitischen Führer lagen. Einige Erfolge wurden auch in Ṭabaristān erzielt; dieses schwer zugängliche Gebiet südlich des Kaspischen Meeres wurde im Jahre 141/756 von al-Mahdī erobert. Unsicher war die Lage im Indus-Tal, und ebenso im Westen, in Andalusien, wohin sich ein Angehöriger des Umayyadenhauses gerettet hatte, der nicht daran dachte, sich den Abbasiden zu unterwerfen. Wenig sind wir über die Verhältnisse im Raum des heutigen Algerien und Marokko unterrichtet. Schon zur Regierungszeit Hārūns gründete dort ein Mitglied des hasanidischen Zweiges der Aliden ein Fürstentum. Die gewaltige räumliche Ausdehnung, die das umayyadische Kalifat – nominell – erreicht hatte, konnte von den Abbasiden von Anfang an nicht verteidigt werden. Für das Reich selber bedeutete dieser Umstand allerdings keine Gefährdung.

Ernster mußten da schon die Auseinandersetzungen mit Byzanz genommen werden, das die Levanteküste und von Anatolien her den Fruchtbaren Halbmond in unmittelbarer Nähe zur abbasidischen Metropole bedrohte. Unter Maslama b. ʿAbd al-Malik hatte ein umayyadisches Heer die Mauern Konstantinopels erblickt, hatte sich dann aber unter grauenhaften Verlusten zurückziehen müssen. Seitdem hatte die muslimische Seite keine wirkungsvollen Angriffe mehr vortragen können. In den ersten Jahren der abbasidischen Herrschaft scheint wenig für die Sicherung des islamischen Gebietes gegen Byzanz getan worden zu sein. Als al-Mahdī einmal auf dem Weg nach Jerusalem durch Damaskus zog, mahnte der bekannte Sunna-Gelehrte al-Awzāʿī, der Prophet habe den Gläubigen dringend geraten, sich für den Grenzkampf zur Verfügung zu stellen. In einem Schreiben machte al-Awzāʿī auf die mangelnde finanzielle Unterstützung der Männer aufmerksam, die die Küste gegen Angriffe des Feindes schützten. Ein anderes Mal führte er Klage darüber, daß der Kalif nicht bereit sei, gefangene Muslime bei den Byzantinern auszulösen.[28]

Al-Mahdī ließ durch seinen Sohn Hārūn das gesamte Grenzgebiet südlich des Taurus reorganisieren. Schon 163/780 führte der Thronfolger die muslimischen Truppen auf byzantinisches Gebiet. Drei Jahre später erlebte Hārūn seinen größten militärischen Triumph: Er stieß bis an den Bosporus vor und zwang die Kaiserin Irene zu einem Waffenstillstand, der ihr harte Bedingungen auferlegte. Die Beute an Vieh und Kriegsgerät war so gewaltig, daß im islamischen Heer die Preise für derartige Güter verfielen. Ein Maulesel kostete nur noch einem Dirham, ein Maultier weniger als zehn Dirham, ein Kettenhemd weniger als einen Dirham, und für einen Dirham konnte man zwanzig Schwerter erstehen.[29] Auch Hārūns Nachfolger bis hin zu al-Muʿtaṣim (reg. 218/833–227/842) errangen Erfolge gegen Byzanz. Dennoch gelang es nicht, dauerhaft nördlich des Taurus Fuß zu fassen. Die Kämpfe gegen Byzanz waren die bedeutendsten militärischen Unternehmungen der abbasidischen Kalifen.

Die militärischen Erfolge Hārūns waren nicht zuletzt einigen erfahrenen Führern des Hāšimiyya-Heeres zu verdanken, die den Thronfolger begleiteten. Das abbasidische Heer bewahrte verhältnismäßig lange seinen chorasanischen Charakter. Von einem durchgreifenden Umbau, der die Zerschlagung der alten Bindungen an die erprobten Anführer und die Aufstellung eines neuen, ganz auf den Kalifen ausgerichteten Offizierskorps bedeutet hätte, hören wir bis in die erste Hälfte des neunten Jahrhunderts nichts. Dabei hätten die Eigenmächtigkeiten Abū Muslims ein Warnzeichen sein müssen, selbst wenn dessen Unterführer sich danach hatten kaufen lassen. Den Kern des abbasidischen Heeres bildeten aber noch unter Hārūn die Soldaten der Hāšimiyya-Bewegung im engeren Sinn. Schon Abū Muslim hatte Reste arabischer Verbände, die sich nach Stammeszugehörigkeit gliederten und in die Wirren der sich zersetzenden Umayyadenherrschaft verwickelt gewesen waren, der Hāšimiyya-Armee eingegliedert, und es ist anzunehmen, daß auch nach seiner Ermordung die abbasidischen Truppen auf diese Weise erweitert wurden.

Ein Vorort Bagdads, al-Ḥarbiyya, beherbergte ein großes Kontigent dieser chorasanischen Armee. Selbst in Kriegszeiten blieb eine ausreichende Reserve zum Schutz des Kalifen in Bagdad zurück.[30] In Bagdad befanden sich auch die Zentralbehörden der Heeresverwaltung, die den Sold auszahlen mußten, eine seit dem neunten Jahrhundert immer schwierigere Aufgabe. Gegen Byzanz zog aber nicht allein dieses offizielle Heer ins Feld. Es werden zahlreiche freiwillige Kämpfer erwähnt, die sich, von der Aussicht auf Beute und auf religiöses Verdienst gleichermaßen getrieben, den Truppen anschlossen.

Bei den Teilen des Hāšimiyya-Heeres, die in Bagdad kaserniert worden waren, lockerten sich allmählich die Bindungen an ihre iranische Heimat; unter Hārūn wurden sie als die „Söhne der (hāšimitischen) Propaganda“ bekannt oder auch als die „Söhne der abbasidischen Partei.“[31] Im Bürgerkrieg zwischen Hārūns Söhnen al-Amīn und al-Ma'mūn traten sie als Gruppierung mit eigenen Zielen auf. Die politischen Umstände verhinderten aber, daß diese inzwischen gänzlich arabisierten „Söhne“ zum Grundstock einer ganz auf den Kalifen eingeschworenen Armee wurden. Die Nachfolger al-Ma'mūns setzten lieber auf Söldnertruppen aus den Grenzgebieten des Reiches, aus dem Westen, vor allem aber aus Zentralasien; sie schufen sich damit Schwierigkeiten, die zu einem langen und quälenden Machtverfall des Kalifats führten.

4. Das Reich in der Krise

So leitet uns dieser kurze Blick auf die Militärgeschichte der frühen Abbasidenzeit hin zur schweren politischen Krise des Kalifats am Anfang des neunten Jahrhunderts, einer Krise zugleich des Islams, die sich entzündet an den Problemen, die die Hāšimiyya-Bewegung bewußt gemacht hat. Die ersten Abbasidenkalifen hatten diese Probleme angepackt, aber eine umfassende Lösung war ihnen nicht geglückt. Die Islamisierung des Rechts hatte begonnen – aber nicht in so radikaler Weise, wie sich viele Sunna-Gelehrte dies gewünscht hätten. Die Ideale, die sie der prophetischen Urgemeinde nachsagten – Schlichtheit, spontane Gläubigkeit, ohne nach dem Wie und Warum zu fragen, Eintracht und Bescheidenheit – alle diese Ideale zählten wenig in der aufblühenden Hauptstadt. Das auf die Genealogie gegründete Ordnungsdenken der Umayyaden war zerstört, und die Nichtaraber konnten sich als Muslime den Arabern gleichgeachtet sehen. In der neuen Bürokratie gab es für sie glänzende Möglichkeiten des Aufstiegs. Aber es blieb die Frage nach der Rolle der Chorasanier, eine Frage, die oft in der Klage über deren ungebührlich hohen Einfluß gipfelte. Dies nährte die Ressentiments der „Araber", die sich als bessere Muslime fühlen mochten, gegen die „Iraner", die man verdächtigte, ihrer ruhmvollen Vergangenheit nachzutrauern und ihre alten religiösen Vorstellungen zu bewahren, seien sie doch nur zum Schein Muslime geworden. Nicht wegen der hohen Unkosten habe al-Manṣūr auf den Abriß des Sassanidenpalastes von Ktesiphon verzichtet, sondern weil der „Iraner" Ḫālid b. Barmak ihm mit klug gewählten Argumenten davon abgeraten habe,[32] so wußte man nun zu berichten.

Der Unzufriedenheit breiter Kreise der Bagdader Bevölkerung mit der vermeintlichen Vorherrschaft einer chorasanischen Clique von zweifelhaftem Glauben verlieh ein im Jahre 170 (begann am 3. 7. 786), kurz nach dem Tode al-Mahdīs, verbreitetes Pamphlet Ausdruck. Der Verfasser gibt vor, Zeuge einer vom Kalifen veranstalteten Erörterung über die Behandlung der Provinz Chorasan gewesen und dabei mit allem Nachdruck für die Entsendung eines Mannes aus dem Herrscherhaus eingetreten zu sein, der dort hätte nach dem Rechten sehen sollen. Wie erinnerlich, hatte al-Mahdī selber als Thronfolger in der Ostprovinz seine Erfahrungen machen dürfen. Das Pamphlet verficht unumwunden eine gewisse Strenge gegenüber den Chorasaniern, wie sie in der Tat Mūsā al-Hādī (reg. 169/785–170/786) während seines kurzen Kalifats walten ließ. Unter Hārūn (reg. 170/786–193/809) mußte der Verfasser der Streitschrift für einige Zeit ins Gefängnis; er hatte den Kalifen vor der unerträglichen Machtfülle der Barmakidenfamilie gewarnt. Al-Faḍl b. Yaḥyā, ein Enkel Ḫālid b. Barmaks, hatte als Statthalter die Chorasanier begünstigt; sein Nachfolger dagegen preßte aus der Provinz bedeutende Summen Geldes heraus, weshalb es zu einem Streit zwischen den Barmakiden und dem Kalifen kam.[33]

Dieses Ereignis sowie eine Reihe weiterer Nachrichten zeichnen uns die Barmakiden als hartnäckige Verfechter der Belange Chorasans. Für die Bagdader Bevölkerung waren sie heimliche Agenten der Nichtaraber des islamischen Ostens, vermutlich eine unzutreffende Deutung. Es läßt sich gut belegen, daß die enge Verbindung der Barmakiden mit Hārūn weit in die Zeit vor dessen Kalifat zurückreicht. Bei seinem Amtsantritt räumt er ihnen soviel Einfluß ein, daß sie die eigentlichen Herren werden. Nächst dem Kalifenhof war ihr Palast der glanzvollste. Die berühmtesten Sänger und Literaten, die großen Vertreter der sich entfaltenden rationalistischen Theologie des Islams, gingen dort ein und aus. Hārūns zweitältesten Sohn al-Ma'mūn, in der Thronfolge nach seinem Bruder al-Amīn auf Rang zwei, hatten sie ganz an sich gezogen. Er wuchs in ihrem Palast auf und wurde in der geistigen Umgebung herangebildet, die durch einen Rationalismus in der Theologie und in der Weltdeutung geprägt war, weiterhin durch die sachliche Erörterung unterschiedlicher Auffassungen und durch den Glauben, auf diese Weise zur Wahrheit zu finden, einer Wahrheit, die, da rational bewiesen, auch von jedermann anerkannt werden könne und müsse.

Daß die Barmakiden nicht nur die ergebenen Diener ihrer Herren waren, sondern auch ihren politischen Vorteil im Auge behielten, wurde in einem merkwürdigen Vorgang sichtbar, der als Vorspiel für den großen Bürgerkrieg nach dem Tode Hārūns anzusehen ist. Im Jahre 186/802, al-Ma'mūn war sechzehn Jahre alt, ließ der Kalif in der Kaʿba Urkunden hinterlegen, in denen mittelbar eine Teilung des gesamten Reiches verabredet wurde. Es wurde festgelegt, daß zwar al-Amīn nach Hārūns Tod das Kalifat erben sollte; doch wurde ihm das seit al-Mahdī verbriefte Recht des Kalifen genommen, seinen Thronfolger selbst zu bestimmen. Denn der erste Thronfolger al-Amīns sollte in jedem Fall sein Bruder al-Ma'mūn sein. Des weiteren mußte al-Amīn anerkennen, daß al-Ma'mūn auf Dauer die Statthalterschaft über den gesamten Osten des Reiches zustehe, ein Amt, das ihm dann formell schon zu Lebzeiten seines Vaters Hārūn übertragen worden ist. Die prochorasanische Clique am Hof konnte auf diese Weise ihre Stellung absichern. Es zeichnete sich ab, daß der Osten allmählich dem Zugriff des Kalifats entgleiten und faktisch unabhängig werden würde.

Zunächst aber erlitten alle derartigen Bestrebungen einen schweren Rückschlag. Ein Jahr nach jener denkwürdigen Hinterlegung der Urkunden gelang den Feinden der Barmakiden der Gegenschlag. Jäh, so behaupten die Quellen, änderte der Kalif seine Meinung über seine engsten Vertrauten. Sie fielen in Ungnade, und Ǧaʿfar al-Barmakī, dem Kalifen seit der Jugendzeit verbunden, wurde hingerichtet. Viel ist über diesen dramatischen Sturz aus der höchsten Höhe herrscherlicher Gunst spekuliert worden. Ǧaʿfar habe einen Aufrührer gegen den Willen des Kalifen freigelassen, meinen einige. Andere wollen wissen, daß Hārūns Zorn keine Grenze mehr kannte, als er erfahren habe, daß ein Verhältnis seiner Schwester mit Ǧaʿfar al-Barmakī nicht ohne Folgen geblieben sei. Ǧaʿfar genoß gerade das Amüsement einer kleinen Abendgesellschaft. „Jeden Mann im besten Alter ereilt der Tod, sei es abends, sei es morgens ...", diesen Vers habe ein Sänger in dem Augenblick vorgetragen, als die Schergen Ǧaʿfar packten und fesselten.[34] In den volkstümlichen Erzählungen bis hin zu der großartigen Sammlung der Märchen aus Tausendundeiner Nacht verkörpert das Zweigespann Hārūn ar-Rašīd und Ǧaʿfar al-Barmakī die versunkene Blütezeit des abbasidischen Kalifats, ein Traumbild der vielleicht nicht mehr erreichbaren Größe.

Nicht alle Barmakiden verloren nun ihren Einfluß, aber das gute Einvernehmen zwischen ihnen und dem Kalifen war gestört. Der Kalif verdächtigte sie der Teilnahme an einer Verschwörung zu seinem Sturz. Chorasan wurde eine Zeitlang wieder jenem Statthalter unterstellt, der einst dort so viele Abgaben zu sammeln verstanden hatte. Erneut sollen die Barmakiden hiergegen Einspruch erhoben haben. Hārūn begab sich selber nach Rayy, um Klagen nachzugehen, fand aber alles in bester Ordnung. Zugleich bekräftigte er das Recht al-Ma'mūns auf die Thronfolge. Im Jahre 191/807 erschütterte ein Aufruhr die Provinz; der gestrenge Statthalter verlor sein Amt. Hārūn sah sich genötigt, ein Jahr darauf selber in den Osten zu reisen, obwohl er von einer Krankheit gezeichnet war. Al-Amīn ließ er als seinen Stellvertreter in Bagdad zurück; al-Ma'mūn begleitete ihn, wie man sagt, weil er sich vor den möglichen Übergriffen seines Bruders fürchtete, falls der Kalif auf der Reise sterben sollte. Dies mag eine Deutung sein, die unter dem Eindruck der folgenden Ereignisse entstand. Immerhin war ja al-Ma'mūn offiziell für den Osten des Reiches zuständig, so daß es nicht verwunderlich ist, daß er mit seinem Vater reiste. Anfang 193/809 ereilte Hārūn in Ṭūs der Tod. Es schien, als habe das Schicksal den beiden Parteien, die seit langem gegeneinander gearbeitet hatten, nun den Weg zu offenem Gefecht freigeräumt. Al-Ma'mūn befand sich mitten unter seinen Chorasaniern. Den Thron in Bagdad bestieg al-Amīn, dem die Quellen gute Beziehungen zur Gegenpartei nachsagen. Die Eide, die an der Ka'ba geschworen worden waren und die al-Ma'mūn den Osten und die Thronfolge nach al-Amīn sichern sollten, erwiesen sich schnell als wertlos.

Al-Amīn versuchte, durch seinen Vertrauten al-Faḍl b. ar-Rabīʿ Einfluß auf die Armee in Chorasan zu gewinnen und die Macht seines Bruders zu beschneiden. Al-Faḍl b. ar-Rabīʿ hatte unter al-Hādī, dessen Politik darauf abzielte, Chorasan einer strengen Kontrolle zu unterwerfen, bereits ein hohes Amt bekleitet.[35] In den folgenden Ereignissen erscheint er als graue Eminenz, die al-Amīn mehr und mehr in den Zwist mit seinem Bruder hineintreibt. In Chorasan ging es zunächst darum, die Führer der Armee zu bewegen, ihren Eid zu brechen, mit dem sie einst geschworen hatten, al-Ma'mūn als ständigen Statthalter des Ostens und als Thronfolger al-Amīns anzuerkennen. Doch konnte sich al-Ma'mūn die Ergebenheit seines Heeres sichern.

In Bagdad suchten al-Faḍl b. ar-Rabīʿ und sein Anhang, die Lage zuzuspitzen. Schon im Jahre 194/810 gelang es, al-Amīn zu bewegen, an der Stelle al-Ma'mūns seinen eigenen Sohn Mūsā, ein Kleinkind, zum Thronfolger zu erheben. Mūsā erhielt den Herrschernamen an-Nāṭiq bil-ḥaqq, d. h. der, der die Wahrheit spricht; Teile der Bagdader Bevölkerung haben diesen seltsamen Vorgang mit Spott und Sarkasmus beobachtet. Berühmtheit erlangten die Verse eines Dichters mit dem Namen ʿAlī b. Abī Ṭālib, der auch das weitere Geschehen in Bagdad mit seinen Reimen glossierte: „Wunderdinge tut der Kalif, noch Wundersameres ein Wesir! Doch am wundersamsten ist, daß wir hier einem Säugling huldigen, jemandem, der sich noch nicht die Nase abwischen kann, der noch ständig an der Brust der Amme hängt!"[36] Nicht allein wegen solcher Machenschaften, auch wegen eines ausschweifenden Lebenswandels gerieten al-Amīn und seine engste Umgebung schnell in Verruf. Der Gegenseite lieferte dies willkommenen Stoff für ihre Propaganda.

Die Bagdader Clique schreckte nicht davor zurück, eine Botschaft an al-Ma'mūn zu schicken und ihn aufzufordern, die Änderung der Thronfolge zu bestätigen. Natürlich ging er hierauf nicht ein, sondern soll sich von da an selber als Imam haben titulieren lassen, womit er seinerseits zum Ausdruck bringen wollte, daß er nach der Verletzung des Rechts durch seinen Bruder nunmehr als legitimer Herrscher zu gelten habe. In einer Unterredung erklärte er den Abgesandten al-Amīns, er werde diesem, dem Kalifen, so lange gehorchen, wie dieser ihm nicht sein Recht schmälere. Doch alle Versuche, zu einem Ausgleich zu gelangen, scheiterten. Im Jahre 195/811 zog von Bagdad aus ein Heer nach Osten. Auch al-Ma'mūn wollte jetzt die Entscheidung mit der Waffe. Er schickte seinerseits ein Heer nach Westen, befehligt von Ṭāhir b. al-Ḥusayn, einem Mann, dessen Vorväter in der Hāšimiyya-Bewegung eine wichtige Rolle gespielt hatten. Von dieser Truppe soll al-Ma'mūn zum ersten Mal als der rechtmäßige Kalif gefeiert worden sein. Al-Ma'mūn bemühte sich, an die kriegerische Tradition der Hāšimiyya anzuknüpfen; sein Kampf sollte, wie mehr als sechs Jahrzehnte zuvor derjenige gegen das Umayyadenreich, ein Kampf um die Wiederherstellung des Rechts und die Beachtung der Sunna-Normen und der Bestimmungen des Korans sein.[37]

Etwa zur selben Zeit ließ al-Ma'mūn ein Schriftstück verfassen, das sich an die Führer seines Heeres wandte. Hier spricht er den Dienst an, den deren Vorfahren der „Familie des Propheten" erwiesen hätten, und hebt hervor, daß sie nun von Gott erneut dazu ausersehen seien, dem rechtmäßigen Herrscher zur Macht zu verhelfen. Zugleich gibt al-Ma'mūn eine ausführliche religiös-ideologische Skizzierung seines Herrscheramtes, die erste ihrer Art, die uns überliefert ist. Sie zeigt deutlich den Einfluß der rationalistischen Theologie: Alle Gaben Gottes, insbesondere aber die menschliche Einsichtsfähigkeit, dienen dem alleinigen Zweck, die Existenz und das ständige Walten des einen Schöpfergottes zu erschließen. Hieraus sei auch mit Notwendigkeit zu folgern, daß es nur einen Gott als Lenker des Universums gäbe; denn nur als einziger könne er vollkommen, und damit jedem anderen Wesen überlegen sein. Dieser eine, vollkommene, allem Geschaffenen unendlich überlegene Gott nehme sich der Menschen an und führe sie zur Erkenntnis seiner Einheit. Sonst müßten sie sich in ständigem Kampf gegeneinander aufreiben. Die natürliche Gotteserkenntnis allein genügt allerdings nicht. Deshalb schickt Gott die Propheten, die den Menschen gewissermaßen explizit die implizit bereits in der Schöpfung erfaßbare gottgewollte Ordnung verkünden. Da Muḥammad der letzte Prophet gewesen ist, sind nach ihm seine Verwandten aufgerufen, für die Aufrechterhaltung dieser Ordnung zu streiten. Die bevorzugte Stellung

der Verwandten des Propheten innerhalb der Gemeinde der Gläubigen gehe auf eine Entscheidung des Schöpfers selber zurück: „Gott will durch euch (d.h. die Prophetenfamilie) Erleichterung nicht Bedrängnis bewirken!" laute es im Koran (Sure 2,185), wobei der Bezug auf die Nachkommen Muḥammads von al-Ma'mūn einfach unterstellt wird. Der Text gibt ihn eigentlich nicht her. Die Pflicht eines solchen Herrschers aus der Prophetenfamilie, des „Imams der Rechtleitung", wie al-Ma'mūn sagt, besteht darin, daß er seine Untertanen derart erzieht, daß sie die Botschaft, die Gott ihnen mittelbar – durch die Gesamtheit seiner Schöpfung – und unmittelbar – durch das Wort des Propheten – zuteil werden ließ, sich aneignen und sie infolgedessen ein nach der gottgewollten Ordnung ausgerichtetes, einheitliches Gemeinwesen bilden, das eben durch den Glauben an Gott und in der Beachtung seiner Gesetze gemeint ist.[38]
In der Gegend von Rayy trafen die Truppen Ṭāhirs mit dem Bagdader Heer zusammen. Die Bagdader wurden geschlagen. Bei Hamadān versuchten sie, gegen den vorrückenden Ṭāhir eine Auffanglinie aufzubauen, jedoch vergeblich. Al-Amīn schaute wie gelähmt auf das sich nähernde Verhängnis; sein Mentor al-Faḍl b. ar-Rabīʿ klagte über die Untätigkeit des Kalifen. Dessen Anhängerschaft zeigte erste Auflösungserscheinungen. Ohne große Eile rückte Ṭāhir näher. Auch er konnte sich nicht völlig auf seine Streitmacht verlassen. Ende 196/812, die Wirren in Bagdad erreichten ihren Höhepunkt, begingen einige tausend Mann seiner Soldaten Fahnenflucht, und er erlitt eine Niederlage. Dennoch schlug Ṭāhir schließlich vor dem al-Anbār-Tor sein Lager auf. Al-Amīn hielt sich im Palast. In der Stadt selbst war die Herrschaft des Kalifen zusammengebrochen; es regierten Wortführer der niederen Bevölkerungsschichten, die Ṭāhir zähen Widerstand entgegensetzten. Wie erinnerlich, war man schon unter al-Mahdī in diesen Kreisen nicht gut auf die Chorasanier zu sprechen, eine Mißstimmung, die durch das erwähnte Pamphlet noch angeheizt worden war. Nur allmählich gewannen Ṭāhirs Truppen die Oberhand. Im Jahre 198/813 war al-Amīn schließlich nur noch der Gefangene seines Palastes. Ein Fluchtversuch mißlang. Auf Befehl Ṭāhirs wurde al-Amīn getötet.

Kaum schien der Triumph al-Ma'mūns sicher und das Ende des Bruderkrieges gekommen, als in Kūfa ein alidischer Aufstand losbrach, der sich bis in den Hedschas ausweitete. In kurzer Zeit konnte die Erhebung niedergeschlagen werden. Man ergriff in Mekka auch den Aliden, der seinen Namen für dieses Abenteuer hergegeben hatte. Er erklärte, allein das Gerücht, al-Ma'mūn sei gestorben, habe ihn veranlaßt, sich zum Kalifen ausrufen zu lassen. Da er nun erfahre, daß der rechtmäßige Herrscher noch lebe, wolle er diesem die Treue bewahren. Im selben Jahr 201/816 ließ al-Ma'mūn im fernen Chorasan ein Edikt verkünden, das, wäre es eingehalten worden, das baldige Ende der Abbasidendynastie bedeutet hätte. Einer der an der Unterwerfung des Hedschas beteiligten Offiziere hatte zugleich den Befehl erhalten, eine Anzahl von Aliden festzunehmen und nach Chorasan zu bringen. Unter diesen befand sich auch ʿAlī b. Mūsā, ein Nachkomme ʿAlīs in der sechsten Generation. Diesen ʿAlī b. Mūsā, so erklärte al-Ma'mūn jetzt, wolle er als seinen Thronfolger einsetzen, denn zu den Pflichten eines Imams gehöre es, rechtzeitig für einen Nachfolger zu sorgen, damit Bürgerkriege verhindert würden. Ein Kandidat für das Kalifenamt müsse vor allem über herausragende Fähigkeiten verfügen, und dies treffe auf ʿAlī b. Mūsā zu. Al-Ma'mūn verlieh ihm den Herrschernamen ar-Riḍā „der, mit dem man einverstanden ist", eine Anspielung auf die alte Losung der Hāšimiyya.

Wenn man sich die Erfahrungen vor Augen hält, die al-Ma'mūn mit seinem Bruder machen mußte, dazu die Tatsache, daß die Aliden immer noch viele Anhänger zusammenscharen konnten, dann wird dieser Schritt verständlich. Zu bedenken ist auch, daß al-Ma'mūn mit dieser Maßnahme die Ausübung des Rechtes für sich beanspruchte, das sein Bruder mit dem peinlichen Schauspiel um an-Nāṭiq bil-ḥaqq mißbraucht hatte: die Bestimmung eines Thronfolgers, aber eben eines auch wirklich zum Regieren befähigten.[39] In Bagdad konnte man auf diese guten Gründe wenig geben. Wahrscheinlich war man eher schockiert. Jedenfalls regten sich die von Ṭāhir gerade niedergerungenen Kräfte aufs neue. Sie wählten Ibrāhīm, einen Sohn al-Mahdīs, zum Gegenkalifen, der ein Jahr später seine Herrschaft über den südlichen Irak ausdehnte. Al-Ma'mūn erkannte, daß es jetzt höchste Zeit war, das sichere Chorasan zu verlassen und an der Spitze seiner Truppen den Einzug in Bagdad zu erkämpfen. Auf dem Weg dorthin verstarb der von al-Ma'mūn designierte Thronfolger; schiitische Quellen behaupten, er sei vergiftet worden. Ungelegen wird dieser Tod dem Kalifen nicht gekommen sein, denn der wichtigste Grund für das Bagdader Gegenkalifat war nun entfallen. In der Tat mußte sich Ibrāhīm b. al-Mahdī, sobald bekannt wurde, daß sich al-Ma'mūn nähere, verbergen, denn die Stimmung war zugunsten al-Ma'mūns umgeschlagen. Als im Jahre 204/819 al-Ma'mūn in die verwüstete Hauptstadt einzog, trug er noch grüne Gewänder – Zeichen seiner Abkehr von den Abbasiden, im Volksmund jedoch als Farbe der Magier verschrien. In der öffentlichen Zeremonie vertauschte er sie aber bald mit dem traditionellen Schwarz. Ibrāhīm b. al-Mahdī wurde erst sechs Jahre später gefaßt. Er erlangte die Verzeihung al-Ma'mūns.

Auf der ganzen Linie erschien al-Ma'mūn als der Sieger. Aber der Sieg war sehr teuer erkauft. Ṭāhir, dem der Kalif letzten Endes den Triumph verdankte, wurde zum Statthalter über Chorasan ernannt. Wie sich bald zeigte, hatte al-Ma'mūn hiermit faktisch auf die Herrschaft im Osten verzichtet. Ṭāhir verfügte dort über eine solche Machtfülle, daß er schon 207/822, kurz vor seinem Tod, die Nennung des Kalifen in der Freitagspredigt unterlassen haben soll – womit ausgesprochen war, daß sich Ṭāhir nicht mehr in Abhängigkeit von Bagdad sah. Al-Ma'mūn konnte es nicht auf einen Krieg ankommen lassen. Nachdem Ṭāhir verstorben war, herrschte im Osten dessen Sohn Ṭalḥa, offiziell als vom Kalifen bestimmter Statthalter. Das Kalifat begnügte sich, auf diese Weise eine formelle Oberhoheit zu wahren. In der Zukunft sollte es mehr und mehr dazu gezwungen sein, diesen Ausweg zu beschreiten. So entglitt Ägypten unter der Statthalterdynastie der Tuluniden schon 254/868 dem unmittelbaren Zugriff der Abbasiden. In Transoxanien blühte mit Buchara als Zentrum um dieselbe Zeit das Herrscherhaus der Samaniden auf, die um 250/864 die Tahiriden ablösten. Der Zerfall des großen Kalifates in selbständige Regionalbereiche setzte nach dem Bürgerkrieg zwischen al-Amīn und al-Ma'mūn ein. Die zentralistischen Kräfte, die schon unter den Kalifen vor al-Ma'mūn schwach gewesen waren und sich nur schwer gegen die Interessen der chorasanischen Hāšimiyya hatten behaupten können, waren die eigentlichen Verlierer. Sobald al-Ma'mūn in Bagdad eingezogen war, bedurften die „Chorasanier" seiner nicht mehr. Das bedeutete allerdings noch nicht, daß sie den Kalifen vollkommen im Stich ließen. Selbst die Tahiriden fochten bisweilen noch für seine Belange. Aber der Kalif konnte auf sie nicht mehr zur Durchsetzung aller Ziele rechnen, die der Stärkung seiner Stellung gedient hätten. Es bildete sich ein eigentümlicher und unbefriedigender Schwebezustand heraus: Einerseits versicherten die Statthalterdynastien die Kalifen ihrer Ergebenheit, führten bisweilen auch Steuern ab, arbeiteten, wenn es ihnen günstig erschien, auch militärisch mit dem Kalifat zusammen – andererseits fanden sie nichts dabei, ganz auf eigene Faust Politik zu machen; da sich beim Wechsel eines solchen Regionaldynasten das Kalifat stets beeilen mußte, den Nachfolger förmlich als einen von Bagdad ernannten Statthalter zu legitimieren, konnte letzterer immer ins Feld führen, daß er ja stets im Sinne des Kalifen, seines Oberherrn, handele.

5. Die Inquisition

Noch war es freilich nicht ganz so weit. Al-Ma'mūn und seine Nachfolger al-Muʿtaṣim (reg. 218/833–227/842) und al-Wāṯiq (reg. 227/842–232/847) versuchten, auf ideologischem und militärischem Gebiet die Einheit des Reiches zu retten. Als al-Ma'mūn in Bagdad eingezogen war, schien sein Glaube, mit einem Mahnruf an die Vernunft aller widerstreitenden Parteien den inneren Frieden zu gewinnen, noch ungebrochen. In der arabischen Geschichtsschreibung tritt er häufig als Veranstalter von Streitgesprächen auf, an denen Anhänger der unterschiedlichsten Richtungen, sogar Ungläubige teilnehmen. Frei und allein der Richtschnur des Verstandes verpflichtet sollten die Argumente ausgetauscht werden. Natürlich hat am Schluß noch immer die vom Kalifen verfochtene Meinung, eine auf den Erkenntnismöglichkeiten des Verstandes aufgebaute islamische Glaubenslehre, die Oberhand behalten – jedenfalls behaupten dies unsere Quellen.

An der hartnäckigen Gegnerschaft großer Teile der Bagdader Bevölkerung scheiterten alle diese Träumereien. Im Bürgerkrieg hatten sich die einfachen Schichten der Einwohner mit aller Kraft gegen die Truppen Ṭāhirs gewehrt. Mit ihrem Haß auf die Chorasanier verband sich eine Mißachtung, ja Ablehnung der geistreichen Verstandestheologie. Politisch verdächtig und religiös bedenklich war ihnen solches Spekulieren. Der Prophet und seine Gefährten, so glaubte man zu wissen, haben derartige Dinge nicht getrieben – also unterlasse man sie. Die „Leute der Sunna" konnten sich für diese ihre Meinung auf berühmte Vorläufer berufen, die längst im Geruch eines heiligmäßigen Lebenswandels standen. Und es fanden sich herausragende Persönlichkeiten, die sich in die Überlieferungen vom Propheten vertieft hatten, den Gegensatz zwischen den tradierten Idealen und dem wirklichen Verhalten der Herrschenden benennen konnten und damit in die Rolle von Anführern der Schichten der Sunna-Gläubigen hineinwuchsen. Wie hätten sie sich von den vernunftgemäßen Erörterungen beeindrucken lassen sollen, in denen der Kalif als „Imam der Rechtleitung" den Schiedsrichter in eigener Sache spielte?

Die Geduld des Kalifen war nicht unerschöpflich. In den Jahren 211/826 und 212/827 ließ er zwei Edikte verkündigen, mit denen er bestimmte religiöse und politische Anschauungen untersagte. Er verbot, vom ersten Umayyadenkalifen Muʿāwiya gut zu reden, und verfügte, daß ʿAlī der vortrefflichste aller Gefährten Muḥammads gewesen sei. Beides diente dem Zweck, das Bild, das sich die Sunniten vom frühen Islam machten, für ungesetzlich zu erklären; damit war zugleich ihre religiöse Überzeugung, die doch auf der Heiligung des Vorbildes der Altvorderen beruhte, in Frage gestellt. Abū Bakr, ʿUmar, ʿUṯmān waren nach ihrem Verständnis die besten Bürgen für die Sunna; ʿAlī kam höchstens an vierter Stelle. Und auch Muʿāwiya zählte für sie zu den Zeugen der Überlieferung. Das Schiitentum, aus dem die Hāšimiyya hervorgegangen war, vermochte in ihm dagegen nichts als den schändlichen Verfälscher islamischer Gesittung zu sehen. Al-Maʾmūn verfügte des weiteren, daß der Koran dem Bereich des Geschaffenen zuzurechnen und völlig wesensverschieden von dem einen Schöpfer sei. Auch dies zielte gegen die Sunniten, die lehrten, der Koran sei das unerschaffen ewige Wort Gottes. Neben der unterschiedlichen Beurteilung der Frühgeschichte des Islam war dies der wichtigste Streitpunkt zwischen den Rationalisten, in jener Zeit unter dem Namen Muʿtaziliten bekannt, und den Sunniten.

Die folgenden Jahre sind mit kriegerischen Unternehmungen gegen die unruhigen Gebiete südlich des Kaspischen Meeres und mit Feldzügen gegen Byzanz erfüllt. Erst 218/833, kurz vor seinem Tod, nimmt sich der Kalif noch einmal der Frage der Einheitlichkeit des Glaubens an. Diesmal will er das von ihm als richtig, weil dem Verstand gemäß, erkannte Dogma mit Gewalt durchsetzen. Er beauftragte den Bagdader Polizeichef, alle Richter und Notare sowie die herausragenden Führer des Sunnitentums im

Hinblick auf ihre Haltung zur Erschaffenheit des Korans zu überprüfen. Mit unbeherrschten, ja rüden Worten geißelt der Kalif in einem Erlaß jene Leute, die sich dem Volk gegenüber als die Bewahrer des reinen Glaubens ausgäben, sich in Wirklichkeit aber bloß die Massen gefügig machen wollten. „Sie sind das Übel der Gemeinde, die Häupter der religiösen Irrlehre, sind ihres Anteils ... am Glauben verlustig gegangen. Sie sind die Gefäße der religiösen Unwissenheit, die Standarten der Lüge, die redenden Zungen des Satans ..., ein Schrecknis seiner Feinde, der Bekenner der Religion Gottes ..." So rief al-Ma'mūn die Inquisition ins Leben. Wer schriftlich erklärte, er bekenne sich zur Lehre der Erschaffenheit des Korans, der blieb unbehelligt. Diejenigen, die sich widersetzten, wurden strengen Verhören, oft der Folter unterzogen. Manche starben. Alle Widerspenstigen aber wurden in den Augen der sunnitischen Bevölkerung zu Märtyrern, und der Haß auf das Kalifat wuchs. Al-Muʿtaṣim und al-Wāṯiq setzten trotzdem die Inquisition mit wechselnder Kraft fort.

Je länger die Heimsuchung des Sunnitentums dauerte, desto mehr schwand die Hoffnung auf inneren Frieden, der Glaube an die eine mittels des Verstandes erkennbare gottgewollte Ordnung, als deren Inbegriff auf Erden das Reich mit dem Imam der Rechtleitung an der Spitze in der großartigen Vision al-Ma'mūns erschienen war. Im Gegenteil! Bürgerkriegsähnliche Zustände verzeichnen die Quellen. Nicht selten rotteten sich die Massen zusammen und griffen aus geringem Anlaß bekannte Vertreter des Staatsdogmas an.

Unermeßliche Kräfte wurden durch al-Ma'mūn und seine beiden Nachfolger in dieser Machtprobe vergeudet. Die Geschichte der kommenden Jahrhunderte zeigt, daß es dem Kalifat niemals gelingen sollte, eine Lehrautorität zu erringen, wie al-Ma'mūn es versucht hatte. Gescheitert ist er einmal an den politischen Umständen, zum anderen aber auch an der Unfähigkeit zu erkennen, daß ein religiöses Dogma, soll es für die große Masse der Gläubigen annehmbar sein, zwar rational nachvollziehbar sein kann, nie jedoch dem nicht mit dem Verstand Begründbaren, der verehrenden Liebe zum Propheten und seinen Gefährten, die Daseinsberechtigung versagen darf. Und die Durchsetzung eines theologischen Dogmas kann nur mit Hilfe einer festgefügten geistlichen Hierarchie erfolgen; die aber hat es im Islam nie gegeben. Unter al-Mutawakkil, der 232/847 den Thron bestieg, wurde die Inquisition aufgehoben. Vertreter des Sunnitentums waren nun bei Hofe gern gesehen. Der langjährige Chef der Inquisition hatte um diese Zeit gerade einen Schlaganfall erlitten. Ein Haßgesang weidet sich an seinem Unglück: „Möge deine Lähmung von Dauer sein, mögest du noch vor dem Tod deine Söhne verlieren! Bei einem von ihnen sehe ich schon die Wundmale auf der Schulter, geschlagen vom Schergen mit der Peitsche des Kalifen! – Und ich sehe schon deinen Kopf, auf der Brücke zur Schau gestellt, über anderen Köpfen, mit einem schwarzen Zeichen markiert!"[40]

Al-Mutawakkil hatte sich für das Sunnitentum entschieden. Doch war er offensichtlich nicht in der Lage, diese Entscheidung durch eine langfristig angelegte Politik abzusichern und auf diese Weise dem Reich eine innere Festigkeit zu verschaffen. In den folgenden eineinhalb Jahrhunderten kann ohnehin kaum von einer eigenständigen Machtausübung des Kalifats gesprochen werden. Söldnergeneräle diktieren das Geschehen. Die Kalifen sind wie Marionetten in ihren Händen; doch die Erinnerung an die Bemühungen al-Ma'mūns um die Errichtung eines Imamats der Rechtleitung und um die Aussöhnung der streitenden Strömungen und Parteien blieb wach. Al-Muʿtaḍid (reg. 279/892–289/902) faßte den Plan, wie al-Ma'mūn einen Erlaß gegen die Verehrung Muʿāwiyas herauszugeben. Zugleich sollte in dem Schriftstück auch gegenüber den Aliden der auf den Propheten zurückgeführte Herrschaftsanspruch der Abbasiden herausgestrichen werden. Dies war durchaus nötig, denn noch als Kronprinz hatte al-Muʿtaḍid sich an der Niederschlagung eines vor allem von Negern, die in den Salzmarschen des südlichen Irak als Sklaven arbeiteten, getragenen Aufstands zu beteiligen, dessen Führer sich als Alide ausgab.[41] Während seiner Herrschaft erlebte er die Anfänge einer weiteren schiitischen Bewegung, der Qarmaten, die vom Südirak und Bahrain aus das Kalifat bedrohten. Innerhalb des Sunnitentums war zur Zeit al-Muʿtaḍids die Richtung erstarkt, die sich auf Aḥmad b. Ḥanbal berief. Dieser hatte zu den bekanntesten sunnitischen Führern gehört, die die Verfolgungen der Inquisition überstanden hatten und bei breiten Schichten der Bevölkerung hohes Ansehen genossen. Seinen Namen benutzten alle, die für ein kämpferisches Sunnitentum eintraten und als Ausdruck ihrer Unzufriedenheit mit dem Kalifat eifrig Muʿāwiya priesen. Zugleich verwarfen sie die rationale Erörterung von Glaubensfragen und stellten sich damit gegen al-Muʿtaḍid, der sich wie sein Vorbild al-Ma'mūn an die Muʿtaziliten hielt. Der Wesir riet dem Kalifen dringend von der Verkündigung seines Erlasses ab, und sie unterblieb. Das Wagnis einer Wiederbelebung der Politik al-Ma'mūns war doch zu groß. Einige der Nachfolger al-Muʿtaḍids im 4./10. Jahrhundert sahen sich gezwungen, gegen das Hanbalitentum vorzugehen. Doch es gelang ihnen nicht, diese Strömung einzudämmen. Erst im 5./11. Jahrhundert gewann die Religionspolitik des Kalifats wieder feste Umrisse, freilich unter gänzlich veränderten Voraussetzungen.[42]

6. Das Söldnertum

Die von al-Ma'mūn eingerichtete Inquisition ist der Höhepunkt des abbasidischen Strebens nach unangefochtener Autorität in Fragen der Glaubenslehre; ein Mittel zur Erringung inneren Friedens hatte diese Maßnahme sein sollen. Hierzu bedurfte man jedoch auch einer schlagkräftigen, allein auf den Kalifen eingeschworenen Armee. Die „Söhne" der alten

Hāšimiyya-Kämpfer hätten ihren Kern bilden können, wären sie nicht durch Ṭāhirs für al-Ma'mūn erfochtenen Sieg zur Bedeutungslosigkeit verurteilt worden. Die Tahiriden aber hatten, wie wir sahen, Interessen, die sich nicht stets mit denen des Kalifats deckten. Noch während des Bürgerkriegs hatte sich al-Muʿtaṣim, der spätere Nachfolger al-Ma'mūns, mit einer Leibgarde aus türkischen Söldnern umgeben. Auf Feldzügen in Ägypten und gegen Byzanz bewährten sich diese aus Zentralasien stammenden Truppen, die vermutlich mit Ṭāhir in den Irak gelangt waren. In diesen Jahren und danach gelang es, den Islam in den östlichen Grenzgebieten des Reiches zu festigen und ihn in türkisches Gebiet voranzutragen,[43] so daß die Zufuhr von Kriegssklaven gesichert war.

Die Chorasanier sahen das Heranwachsen einer ganz neuen Armee im Irak mit viel Mißtrauen. Im Jahre 223/837 wurde eine Verschwörung gegen al-Muʿtaṣim aufgedeckt, die offensichtlich von Chorasaniern eingefädelt worden war und in die nicht nur ein Feldherr und Ratgeber des verstorbenen Kalifen al-Ma'mūn verwickelt war, sondern auch des letzteren Sohn al-ʿAbbās, der sich hatte Hoffnungen auf die Thronfolge machen können – mit al-Muʿtaṣim war aber ein Bruder al-Ma'mūns an die Macht gekommen. Nach diesem Komplott war der Bruch al-Muʿtaṣims mit den Chorasaniern unvermeidlich. Selbst in höchste Ämter schleuste er nun seine Vertrauten aus Zentralasien. Etwa seit dem Jahr 220/835 trug sich der Kalif mit dem Gedanken, eine neue Hauptstadt zu bauen. Obwohl die Quellen viel über die Beweggründe eines solchen Wunsches erzählen, ist keine Klarheit zu gewinnen. Es wird u. a. berichtet, es sei ständig zu Reibereien zwischen den Einheimischen und den Söldnern gekommen. Al-Muʿtaṣim gründete die Stadt Samarra, die zunächst besonders als Heerlager diente.[44] Das Gelände für die Märkte, die große Moschee, vor allem aber für die Quartiere der Armee wurde abgesteckt. „Der Kalif forderte schriftlich Bauarbeiter und Maurer an, Handwerker wie Schmiede und Zimmerleute, sowie indisches Teakholz, andere Holzarten und Stämme, und zwar aus Basra und den daran angrenzenden Regionen wie Bagdad und dem Südirak, ferner aus Antiochien und dem übrigen Gebiet der Levanteküste. Marmorarbeiter und Marmorplatten ließ er ebenfalls kommen. In Latakiya und anderswo wurden Marmorwerkstätten eingerichtet." Die Türkenviertel wurden von den übrigen Stadtteilen abgesondert. In ihrer Nähe lagen allein die Truppen aus Ferghana, also ebenfalls ein zentralasiatisches Kontingent.[45]

Wahrscheinlich überschritt die Stärke der Söldnertruppen in Samarra niemals die Zahl von zwanzigtausend. Jährlich gelangten einige tausend neuer türkischer Sklaven nach Samarra. Beträchtliche Massen von Söldnern wurden von dort aus in die westlichen Provinzen weitergeleitet. Seit 236/850 war in Syrien, seit 241/855 auch in Ägypten der Statthalter des Kalifen ein türkischer Offizier. Während in Chorasan mit der Festigung der Tahiriden-Herrschaft und dem Aufstieg der Samaniden die Bestrebungen um größere Unabhängigkeit vom Kalifat durch einheimische Familien vorangetrieben wurden, waren es im Westen, vor allem in Ägypten, türkische Statthalterdynastien, die Tuluniden und Iḫšīdiden, die eine ähnliche Entwicklung einleiteten. Auch in der Umgebung des Kalifen stieg der Einfluß der Söldneroffiziere bedenklich rasch, was natürlich die zentrifugalen Tendenzen begünstigte. Die Tuluniden (254/868–292/905) nützten die Schwäche des Kalifats aus und dehnten ihren Einfluß über Palästina und Syrien bis an den Taurus aus. Als im Jahre 272/892 al-Muʿtaḍid den Thron bestieg, garantierte er den Tuluniden für dreißig Jahre die Statthalterschaft über diese Gebiete und erkannte damit letzten Endes die Unabhängigkeit der Herren Ägyptens an. Die eindrucksvolle Moschee des Ibn Ṭūlūn in Kairo legt noch heute Zeugnis für den Willen ab, sich als eigenständige islamische Macht neben dem Kalifat der Abbasiden zu behaupten.

Al-Wāṯiq starb nach kurzer Herrschaft, ohne Anordnungen über eine Thronfolge getroffen zu haben. Daher versammelten sich die wichtigsten Männer des Hofes, um eine Entscheidung zu fällen. Dem Gremium gehörten bereits zwei Türken an. Die Quellen behaupten, daß es nicht zuletzt ihrem Einfluß zu verdanken war, daß al-Mutawakkil den Thron besteigen konnte. Man kolportiert, al-Mutawakkil habe die Nachricht von seiner Wahl erfahren, als er gerade mit den Söhnen von Türken in einem geselligen Beisammensein vereint gewesen sei. Unter al-Mutawakkil verstärkte sich der Einfluß der Türken am Hof weiter. Die Verhältnisse trieben einer ernsten Krise zu. Manches deutet darauf hin, daß sich al-Mutawakkil nämlich doch des übermächtigen Einflusses der türkischen Söldner zu entledigen suchte. Er bildete als Gegengewicht von ihnen eine Truppe aus arabischen und persischen Söldnern, die er dem Befehl seines Wesirs unterstellte. Außerdem entsandte er in verstärktem Maße türkische Truppen in die Provinzen. Auch spielte al-Mutawakkil mit dem Gedanken, Samarra als Residenz aufzugeben. Er plante, eine eigene Stadt zu gründen. Endlich begab er sich nach Damaskus, anscheinend um dort länger zu bleiben. Er hatte schon den Befehl gegeben, die zentralen Behörden dorthin umzusiedeln, als er plötzlich doch in den Irak zurückging. Die überhastete Rückkehr läßt sich mit dem Widerstand erklären, den die türkischen Truppen einer Verlegung der Hauptstadt entgegensetzten. Sie befürchteten, daß eine solche Maßnahme sie an den Rand des politischen Geschehens drängen würde. Ein Zerwürfnis mit Waṣīf, einem der beiden türkischen Befehlshaber, die sich einst für die Wahl al-Mutawakkils ausgesprochen hatten, mag den letzten Anstoß für eine Verschwörung türkischer Söldnerführer zur Ermordung des Kalifen gegeben haben. Al-Muntaṣir, sein Sohn, war in das Vorhaben eingeweiht, denn es gab Kreise am Hof, die ihn von der Thronfolge ausschließen wollten. In einer Winternacht des Jahres 247/861 hielt der Kalif ein Zechgelage. Als die Mörder bei ihm eindrangen, war er schon stark angetrunken und nur noch von wenigen Gesellschaftern umgeben.

Mit dem Meuchelmord an al-Mutawakkil beginnt eine längere Periode von Wirren, deren Triebkraft der Machtkampf der keineswegs immer gemeinsam handelnden Sölnerführer mit den Kalifen war. Auch al-Muntaṣir, der zunächst den Nutzen aus dem Verbrechen zog, starb nach ganz kurzer Herrschaft, einigen Hinweisen zufolge nicht eines natürlichen Todes. Allein die Streitereien unter den fremden Truppen bestimmten nun das Geschehen, und die Lage wurde immer undurchschaubarer. ,,Der Kalif ist in einem Käfig zwischen (den Türkenführern) Waṣīf und Boǧā; er spricht, was die beiden ihm sagen, wie ein Papagei nach!"[46] heißt es in einem zeitgenössischen Spottgedicht.

Nach längeren Wirren riß al-Muwaffaq die Regierungsgeschäfte an sich, nachdem seinem Bruder al-Muʿtamid (256/870), einem den Türken genehmen Mann ohne politischen Ehrgeiz, gehuldigt worden war. Al-Muwaffaq errang das Vertrauen der Söldnerführer; er setzte die Truppen in zahlreichen Kriegen ein, z. B. gegen den schiitischen Negeraufstand im Süden des Irak und gegen Rebellionen im fernen Siǧistān. Unter ihm begriffen die Türken anscheinend, daß der völlige Zusammenbruch des abbasidischen Kalifats für sie nicht von Vorteil wäre.[47] Al-Muwaffaq legte mit seinen Erfolgen den Grundstein für den kurzen Aufschwung, den das Kalifat unter seinem Bruder al-Muʿtamid nahm, der nicht mehr in Samarra, sondern wieder in Bagdad residierte. Die Zeitspanne der Erholung abbasidischer Macht ging jedoch im dritten Jahrzehnt des zehnten Jahrhunderts zu Ende. Danach erlebte der Hof zwölf Jahre erneuter Machtkämpfe seiner Gardeoffiziere, ehe sich der Buyide Aḥmad in den Besitz Bagdads setzte, vom Kalifen mit dem kurz vorher aufgekommenen Titel *amīr al-umarāʾ*, ,,Heerführer der Heerführer", bedacht. Für mehr als ein Jahrhundert unterlag nun das Kalifat der oft erniedrigenden Schutzherrschaft dieses aus Daylam, südlich des Kaspischen Meeres, stammenden Herrschergeschlechtes.

7. Die Zerrüttung der Wirtschaft und der Finanzen

Den gewaltigen Anstrengungen, die al-Maʾmūn und einige seiner Nachfolger unternommen hatten, um das Kalifat zum Mittelpunkt eines im Innern geeinten, durch eine im Glauben begründete Herrschaftsideologie gefestigten Gemeinwesens zu machen und seine Macht durch die Schaffung eines nur ihm ergebenen Heeres abzusichern, war nur vorübergehend Erfolg beschieden gewesen. Die Mittel, mit denen diese Ziele hatten erreicht werden sollen, mögen im Augenblick ihrer Anwendung tauglich erschienen sein; auf die Dauer erwiesen sie sich als zerstörerisch. Die Inquisition schändete den Anspruch des Kalifen auf das Imamat der Rechtleitung, sie gab den Gruppen Auftrieb, die keinesfalls die Einheit der Gläubigen mit Vernunft herbeiführen wollten. Während sich die Söldner zu einer unberechenbaren Macht entwickelten, nahm die Selbstherrlichkeit mancher Provinzstatthalter immer mehr zu. Im zehnten Jahrhundert werden im iranischen Raum zum ersten Mal Stimmen laut, die ernsthaft vom Ende der Herrschaft der „Araber" reden und eine Wiederbelebung der vorislamischen Reichstradition Irans für ein erreichbares Ziel erklären.

Die Schwächung, wenn nicht gar Auszehrung der Macht der Abbasiden ist mit den bislang beschriebenen Gründen allein noch nicht erklärt. Hinzu kommt der erschreckende Verfall der Staatsfinanzen, der nicht selten Anlaß für die Söldnerunruhen des späten neunten und frühen zehnten Jahrhunderts gewesen ist. Die faktische Unabhängigkeit einstiger Provinzen, etwa Ägyptens, schmälerte die Staatseinkünfte; die militärischen Aufgaben nahmen dagegen eher zu.

Die Kalifen hatten sich dabei von Anfang an um eine Förderung von Handel und Gewerbe bemüht. Sowohl in Bagdad als auch in Samarra hatten sie neben den Palästen und Kasernen Märkte anlegen lassen. Die dort tätigen Kaufleute und Handwerker waren sicher ein wesentlicher Faktor des Wirtschaftslebens im Reich,[48] eine bedeutende Einnahmequelle für den Fiskus stellten sie aber nicht dar, denn das islamische Steuerrecht forderte von ihnen nur sehr bescheidene Abgaben. Der weitaus größte Teil der Staatseinkünfte erwuchs aus der Besteuerung des bebauten Landes. Das Steuersystem bestand in seinen Grundzügen seit der späten Umayyadenzeit und wurde von den Abbasiden zunächst unverändert übernommen, jedoch stärker bürokratisiert. So legte man nun in Syrien und in Chorasan einen Kataster des steuerpflichtigen Landes an, um eine sichere Grundlage für die Schätzung der Staatseinnahmen zu besitzen. Im Irak dagegen führte man eine Naturalsteuer ein, die je nach dem Ernteertrag bemessen wurde. Die drei seit der Umayyadenzeit bestehenden fiskalischen Kategorien, in die das gesamte bebaute Land einzuordnen war, waren nach wie vor die Staatsdomänen, über die der Kalif verfügen konnte und deren Erträge ihm unmittelbar zuflossen; zum anderen das Ḫarāǧ-Land, Güter, die nach der islamischen Erorberung in der Hand ihrer nichtmuslimischen Eigentümer geblieben waren und auf denen eine meist zwanzigprozentige Ertragssteuer lag. Selbst wenn die Eigentümer längst Muslime geworden waren, änderte sich diese Belastung nicht. Schließlich gab es Land, das nur mit dem Zehnten belegt war. Hierbei hatte es sich in der Regel um aufgelassene Gebiete oder um Brachland gehandelt, das unter diesen günstigen Bedingungen wieder unter den Pflug genommen worden war.

Schon in der frühumayyadischen Zeit war es vorgekommen, daß der Kalif Teile der ihm zufallenden Staatsdomänen an einzelne Muslime oder an Gruppen zur Bearbeitung vergeben hatte. Als Entgelt führten diese den Zehnten ihres Ertrages an den Fiskus ab. Unter den Abbasiden erweiterte sich rasch das System der Landvergabe durch den Staat. Zu Beginn des zehnten Jahrhunderts spricht ein Verwaltungshandbuch bereits von drei unterschiedlichen Formen, in denen der Kalif nicht nur Ländereien, sondern auch weitere Quellen seiner Einkünfte zeitweilig oder auch auf Dauer anderen übertragen kann: Erstens die Landvergabe, auf Lebenszeit oder sogar vererbbar; sie sollte nur an Muslime erfolgen und niemals Ḫarāǧ-Land betreffen. Solchermaßen vergebene Güter sind mit dem Zehnten belastet. Zweitens Landvergabe mit Gewährung von Steuerimmunität; die staatlichen Steuerbeamten hatten zu diesem Land keinen Zutritt; der Begünstigte entrichtete jährlich eine vertraglich festgelegte Summe an den Fiskus. In dieser Form wurde nunmehr das Ḫarāǧ-Land veräußert. Drittens verschiedene Soldzahlungen und Pensionen. Zu ergänzen ist diese Liste noch durch eine weitere Form der Landveräußerung, bei der Ḫarāǧ-Güter gegen eine in jedem Mondjahr zu entrichtende Summe vergeben wurden, die sich aus einem nach dem langjährigen Mittel festgelegten Betrag errechnete.[49] Es zeigt sich also, daß parallel zum Aufstieg der Söldnertruppen das Kalifat mehr und mehr seine wirtschaftlichen Grundlagen verlor und damit auch die Möglichkeit, gegen zentrifugale Kräfte wirksam anzugehen.

Die Aufwendungen für die Söldnertruppen überstiegen die Finanzkraft des Kalifats bei weitem. Man muß sich vor Augen halten, daß im zehnten Jahrhundert ein einfacher Fußsoldat zwischen 500 und 1000 Dirham im Jahr verdiente, etwa das dreifache des Lohns eines Handwerksgesellen. Der Sold für die Kavallerie war erheblich höher. Aus mancherlei Anlässen verlangten und erhielten die Truppen zusätzliche Zuwendungen. Darüber hinaus deckte der Staat die gewaltigen Kosten für Kleidung, Kriegsgerät usw. Man hat geschätzt, daß etwa die Hälfte aller Staatseinkünfte für das Militär aufgebraucht wurde. Die Knappheit der Mittel führte immer wieder zu Steuererhöhungen, diese wiederum reizten zum Aufruhr, der nur mit noch mehr Militär unterdrückt werden konnte. Zudem war es oft schwierig, den fälligen Sold, selbst wenn er in der Kasse war, rechtzeitig den in den Provinzen stationierten Truppen zu überweisen. Klagen über verspätete Zahlungen wurden mit dem Versprechen künftiger Solderhöhungen gedämpft, und die Kalifen übertrugen den Generälen in den Provinzen gleich die Vollmacht zur Steuererhebung und zur Auszahlung des Soldes – ein weiterer Schritt in Richtung auf die schon mehrfach berührte Regionalisierung des Reiches.

Trotz aller Bemühungen fehlte es häufig an Bargeld. Um dieser Not zu steuern, mußte die Heeresverwaltung auf eine unbare Vergütung der Leistungen der Söldner zurückgreifen. Da bot es sich an, den Militärs Land zuzuteilen (*iqṭāʿ*), damit diese dort in eigener Verantwortung Steuern einzögen. Für eine bestimmte Frist, bisweilen solange der betreffende Söldner dienstfähig war, aber eben auch auf Lebenszeit oder sogar als vererbbares Gut empfingen sie Ländereien, wobei deren Ertrag nicht nur den Sold ersetzen mußte, sondern auch die übrigen Unkosten für Kriegsgerät und ähnliches zu decken hatte und die Auslagen für die Verwaltung, die zuvor vom Staat getragen worden waren, abwerfen sollte. Die Folgen dieser aus der Not geborenen Maßnahmen waren für das Kalifat verheerend. Das Militär, dessen oberste Befehlshaber auf diese Weise ganze Landstriche in ihren Besitz brachten, wurde auch zur wirtschaftlich stärksten Macht des Reiches. Die Einkünfte des Kalifen wurden immer geringer; er verlor die Möglichkeit, durch fiskalische Anordnungen auf das Militär Einfluß zu nehmen. Waren die Söldner erst einmal zu Grundherren geworden, die im Gegensatz zum Kalifen auch faktisch Gewalt ausüben konnten, dann wuchs ihr Landbesitz rasch. Unabhängige, allein dem staatlichen Steuereinnehmer zahlungspflichtige Grundherren zogen es häufig vor, ihr Land dem „Schutz" eines Militärführers zu unterstellen, der sich möglicherweise mit einem etwas geringeren Steuersatz als dem zwanzigprozentigen Ḫarāǧ zufriedengab und in unsicherer Zeit seinen Besitz auch tatsächlich gegen Übergriffe verteidigen konnte. Schon für das Jahr 256/871 wird verzeichnet, daß das Militär neben vom Fiskus zugewiesenem Land über zahlreiche „Schutzländereien" verfügte,[50] deren Steueraufkommen natürlich für den Kalifen verloren war.

Zu Beginn des zehnten Jahrhunderts hatte die Zerrüttung der Finanzen unvorstellbare Ausmaße erreicht. Die höchsten Hofbeamten suchten ihrerseits aus der Lage das Beste für sich herauszuschlagen. Die Wesire, deren Amtszeit in der Regel sehr kurz war, bereicherten sich schamlos. Man wetteiferte um den Empfang von „Garantie-Ländereien"; der Empfänger garantierte nämlich, pro Jahr für ein ihm zur freien Ausbeutung überlassenes Gebiet an den Fiskus eine bestimmte Summe zu zahlen. Wer am meisten garantierte, bekam den Zuschlag. Diese Summe – und natürlich ein nicht zu knapper Gewinn – wurden aus den betroffenen Gebieten herausgepreßt; die feinen Unterscheidungen, die das islamische Gesetz zwischen den steuerlichen Kategorien gemacht hatte, waren bei diesem Verfahren längst ohne Bedeutung. Es herrschte die nackte Gewalt. Der erschreckende Niedergang der orientalischen Landwirtschaft ist nicht zuletzt hierin begründet. Freilich konnten die Glücksritter ihres Gewinnes nie sicher sein. Im ständigen Intrigenspiel konnte sie ganz überraschend eine Konfiszierungsaktion treffen. Es wird für den Beginn des zehnten Jahrhunderts in Bagdad eine Behörde erwähnt, die sich ausschließlich derartigen Verfahren widmete. Oft unter Folter wurde dem Opfer entlockt, wo es auch die letzten seiner Schätze verborgen hatte.[51]

8. Bagdad und die Kultur des Islams

Militärherrschaft, Verfall der Macht und des Ansehens des Kalifen, Zerstörung der wirtschaftlichen Grundlagen, Auflösung des Reiches in regionale Machtzentren mit unklarer Beziehung zum Kalifen, religiöse Zerwürfnisse, die sich nicht selten in Tumulten des Pöbels entluden – man könnte meinen, daß die Ergebnisse von zwei Jahrhunderten abbasidischer Herrschaft nur verhängnisvoll, nur schädlich gewesen seien. Gewiß, auf politischem Gebiet blieb von den hochgemuten Plänen und Unternehmungen eines al-Ma'mūn nichts zurück, und die militärischen Maßnahmen al-Mu'taṣims führten in ein ungeahntes Chaos. Doch schon für die Muslime des zehnten Jahrhunderts hatte sich jene Zeit, in der Bagdad in Blüte gestanden hatte – jene wenigen Jahrzehnte vor dem schicksalhaften Bürgerkrieg zwischen al-Amīn und al-Ma'mūn – zum Höhepunkt der islamischen Geschichte verklärt. Die Probleme der Chorasan-Politik, der heraufziehende Streit zwischen Rationalismus und sunnitischer Gläubigkeit, ja selbst die Anstrengungen, die schließlich zu großen Siegen gegen Byzanz führten, all dies war im islamischen Geschichtsbewußtsein in den Hintergrund getreten, wenn nicht ganz überdeckt worden. Nicht als Inbegriff militärischer Stärke und politischer Machtentfaltung leuchtete Bagdad in der wehmütigen Erinnerung auf, sondern als die Metropolis der die ganze wahrgenommene Welt einigenden Kultur, als der Mittelpunkt der menschlichen Zivilisation, die auf islamischen Grundwerten ruhte.

Nur vier Tage war ein Postbeutel aus dem Hedschas nach Bagdad unterwegs, schwärmt ein Autor des 11. Jahrhunderts, nur elf Tage benötigte die Post aus Ägypten, ,,und für al-Mu'taṣim wurde aus Damaskus der Spargel in Bleibehältern abgeschickt und kam schon am sechsten Tage an". Schon unter al-Mu'taḍid, so berichtet uns dieselbe Quelle, habe man sich von dem alten Bagdad, das im furchtbaren Bruderkrieg untergegangen war, wahre Wundergeschichten erzählt. So habe es dort in jenen glanzvollen Tagen zweitausend Bäder gegeben, wenn nicht noch mehr, und auch eine gewaltige Anzahl von Moscheen und Webereien. Für al-Mu'taḍid, der den Glanz alter Zeiten erneuern wollte, wurde eine kleine Schrift verfaßt, deren Autor solche Phantastereien widerlegt, indem er ausrechnet, daß zur Bedienung eines jeden Bades immerhin sechs Wärter notwendig seien und sich im Durchschnitt zur Zeit al-Ma'mūns je zweihundert Wohnungen in ein öffentliches Bad teilen mußten.[52]

Daß das Bagdad der Blütezeit der Brennpunkt des islamischen Geisteslebens war, galt der späteren Überlieferung als unbezweifelbar. Wenn auch das Kalifat nur in begrenztem Maß und nur unter ganz bestimmtem Blickwinkel die Theologie und die Rechtswissenschaft förderte, so bewirkten allein schon diese Anregungen, daß in der Hauptstadt die Verfechter der unterschiedlichsten Lehren zusammenströmten. Ganz anders, als es das Damaskus der Umayyaden je gewesen war, war Bagdad der Kampfplatz der Ideen und Meinungen. Unter al-Mahdī beherrschten die Gefechte gegen die Zindiqen die intellektuelle Szenerie. Mit Zindiqen bezeichnete man die Anhänger der dualistischen Glaubensformen Irans. Doch ging es damals nicht nur um einige religiöse Streitfragen. Die Zindiqen hatten den Islam mit seinem Verständnis vom Wirken eines persönlichen Schöpfergottes zum Ziel ihrer Kritik und ihres Spottes genommen. Was manche Stellen des Korans von diesem Gott aussagten, empfanden sie als lächerlich und peinlich. Und als kleinkariert betrachteten sie das islamische Weinverbot, die Verpönung von Musik und Gesang, kurz, viele Dinge, die dem Leben Heiterkeit verleihen – bis hin zur Frivolität – und die den Menschen einen Augenblick vergessen machen, daß er stets gemäß dem Gesetz seines Schöpfers zu reden und zu handeln hat. Auf der Ebene des Dogmas wurde das Zindiqentum bald bezwungen. Unter Verfolgungen schmolz die Zahl der an iranischen Glaubenstraditionen Festhaltenden schnell dahin. Für die im Entstehen begriffene rationalistische Theologie des Islams war die geistige Auseinandersetzung mit dem dualistischen Gedankengut eine hervorragende Schulung. Ohne sie wäre die Hochblüte der Muʿtazila im frühen neunten Jahrhundert undenkbar.[53] Was aber blieb, war die verfeinerte, bisweilen für den Frömmler anstößige Lebensart, die es mit den islamischen Verboten nicht ganz so genau nahm. Sie prägte den Stil der Hofgesellschaften und der Reichen – und einer großen Zahl von Schmarotzern. Ein solcher Schmarotzer erblickte eines Tages eine Schar von Zindiqen, deren feine äußere Erscheinung darauf hinzudeuten schien, daß sie zu einem Gastmahl unterwegs waren; in Wirklichkeit wurden sie aber zur Hinrichtung gebracht, so heißt es in einem bekannten Schwank. Nichtsahnend schleicht sich der Schmarotzer zwischen sie und bemerkt seinen furchtbaren Irrtum zu spät. Der Scharfrichter schenkt seiner Erklärung keinen Glauben, worauf der Arme fleht, man solle ihm mit dem Schwert nicht den Hals, sondern den Bauch durchtrennen „denn er ist es, der mich in diese Klemme gebracht hat!“ Da lachte der Polizeipräfekt, und als er in Erfahrung bringt, daß es sich tatsächlich um einen berüchtigten Nassauer handelt, läßt er ihn des Weges ziehen.[54]

Abū Nuwās (ca. 140/756–195/810) ist der große Poet dieses Lebensgefühls des Schwelgens und der Leichtfertigkeit, des Genusses, ja der Ausschweifung und Obszönität, der Freiheit von Verboten und Tabus bis hin zur Verruchtheit, er ist der Dichter, der selbst mit den geheiligtsten Grundsätzen des islamischen Glaubens und mit der Terminologie der Theologie und Sunna-Wissenschaft seinen Spott treibt. Zusammen mit Hārūn ar-Rašīd und Ǧaʿfar al-Barmakī bildet er das Dreigestirn, das in der Erinnerung den Zenit Bagdads markiert. Auch Abū Nuwās brachte man mit dem Dualismus in Verbindung, aber einer Anekdote zufolge rettete er seine Haut, indem er nicht nur, wie von ihm verlangt, das ihm vorgehaltene Bild Manis bespie, sondern sich sogar den Finger in den Hals steckte und sich erbrach.[55] Dem weltstädtischen Glanz des gesellschaftlichen und kulturellen Lebens des alten Bagdads trauerte man in der islamischen Literatur lange nach, ohne sich recht bewußt zu werden, wie geschichtsmächtig und prägend das Werk der frühen abbasidischen Kalifen trotz allen politischen Scheiterns war. Denn jenseits jeglicher Idealisierung und literarischen Stilisierung jener Epoche muß man sich vor Augen führen, daß erst im Streit gegen die Zindiqen und in der Auseinandersetzung mit fremdem religiösen Gedankengut von den Muslimen selber richtig erfaßt wurde, was der Kern ihres Glaubens sei, wie er der Vernunft gemäß beschrieben und gegen andere Religionen verteidigt werden könne und in welchem Verhältnis die innerislamischen Glaubensrichtungen zueinander stünden. Erst jetzt, als sich der Blick geweitet hatte, erkannte man das Problem, das in dem Anspruch des Islams lag, die allumfassende gottgewollte Ordnung zu sein, und bemühte sich, sowohl in theoretischer Spekulation als auch in vergleichender Beurteilung der Überlieferung eine tragfähige und auch allgemein anerkannte Grundlage für das islamische Gemeinwesen zu schaffen. Das Ziel des Kalifats, sich auf dogmatischem und juristischem Gebiet als alleinbestimmende Macht durchzusetzen, wurde verfehlt, doch befruchtete dieser Versuch die weitere Entwicklung entscheidend. Um die Wende zum zehnten Jahrhundert gewinnt der sunnitische Islam als die Glaubensform der breiten Masse Gestalt.

Die islamische Kultur gewann in jenen Jahrhunderten ihren kosmopolitischen Charakter. Von Nordafrika bis an die Grenzen Indiens und bis nach Innerasien reichte der islamische Einfluß, und die Handelsbeziehungen erstreckten sich weit nach Schwarzafrika hinein, im Osten bis nach China. Im 4./10. Jahrhundert wurden auch das im Entstehen begriffene russische Reich und das Reich der Chazaren an der Wolga den muslimischen Kaufleuten zugänglich. Bagdad und Alexandrien waren nun die Zentren des Austausches aller begehrten Güter, für die es sich lohnte, die Risiken einer weiten Reise zu Wasser oder zu Lande auf sich zu nehmen. Ibn an-Nadīm, ein Bagdader Buchhändler des zehnten Jahrhunderts, hat uns ein wertvolles Verzeichnis der arabischen Werke hinterlassen, die ihm während seiner Tätigkeit bekannt geworden sind. Dieses Verzeichnis leitet er mit einer Darstellung aller ihm bekannt gewordenen Schriftsysteme ein. Er beschreibt nicht nur die damals noch gebräuchlichen Alphabete semitischer und iranischer Sprachen, nennt ausführlich die griechische Schrift, diejenige der Franken, Langobarden und Sachsen, sondern weiß sogar von den chinesischen Schriftzeichen zu berichten.[56] Im Mittelpunkt der islamischen Welt finden wir natürlich die Völker, die sich diesem Glauben unterworfen haben, die Araber, Perser, Türken, die Berber und die Neger. Sie alle haben nun Anteil an der islamischen Kultur, und man bemüht sich, sie genauer kennenzulernen und ihre Vorzüge gegeneinander abzuwägen. Al-Ǧāḥiẓ, beredter Anhänger der von al-Maʾmūn eingeführten Kalifatsideologie und vielleicht geistvollster Literat der damals die Gunst der Herrscher genießenden Intelligenz, schreibt ein Werk über die Vorzüge der Schwarzen gegenüber den Weißen.[57] In einem anderen Werk lobt er die vortrefflichen Eigenschaften der Türken.[58] Die Bedeutung der iranischen Kultur konnte ohnehin nicht geleugnet werden.

Selbstverständlich ging es bei dieser Thematik nicht ganz ohne Polemik ab. Die Tugenden und kulturellen Leistungen der vielen Völker (*šuʿūb*), die nach den arabischen Eroberungszügen den Islam angenommen hatten, waren nach Ansicht mancher Leute viel höher einzuschätzen als die der Araber, die Gott – befremdlicherweise – durch das Prophetentum auszeichnete. Den gleichen Rang aller islamischen Völker forderte daher eine Šuʿūbiyya genannte literarische Richtung; manche ihrer Vertreter schossen weit über das Ziel hinaus und meinten sogar, außer dem Prophetentum hätten die Araber nichts vorzuweisen, sie seien mithin Barbaren gewesen, und die islamische Kultur nähre sich ganz aus anderen Quellen. Ein im frühen neunten Jahrhundert gestorbener Literat aus Basra sammelte alle Gehässigkeiten, die über die Araber in Umlauf waren, in einem aufsehenerregenden Buch. Ein oder zwei Generationen später bemerkte ein anderer Schriftsteller, Ibn Qutayba (st. 276/889), zu diesem Pamphlet, nur Emporkömmlinge seien versucht, voreinander mit ihrer Volkszugehörigkeit zu prahlen; wer von wirklich vornehmer Herkunft sei, der verzichte auf derlei Torheiten. „Das richtige Urteil über den angeborenen Rang lautet: Die Menschen stammen von einem Vater und einer Mutter ab. Sie wurden aus Staub geschaffen und werden wieder zu Staub. Durch die Harnröhre floß ihr Same, im Kot sind sie im Mutterleib zusammengekauert. Dies ist ihre vornehmste Genealogie, die alle Verständigen davon abhält, ihre Herkunft hochzuschätzen und stolz zu sein. Dann, später, kehren sie zu Gott zurück, und alle Genealogie bricht ab, alle Ehren werden nichtig, es sei denn, jemandes Ehre habe in der Gottesfurcht bestanden und sein Ansehen im Gehorsam gegen Gott."[59]

Die Verschmelzung Angehöriger verschiedenster Völker zu einer Gemeinschaft der Gläubigen, in der allerdings das Arabische als die *eine* überregionale Kultursprache eine Sonderstellung behauptete, ist das erstaunliche Ergebnis der ersten drei Jahrhunderte abbasidischer Herrschaft. Es entwickelte sich ein vom Islam bestimmtes Zusammengehörigkeitsgefühl, dessen Nachwirkungen bis in die Gegenwart spürbar sind. Zwar gab es in der islamischen Geschichte nach dem zehnten Jahrhundert des öfteren kriegerische Auseinandersetzungen, zu deren Beweggründen auch gefühlsbedingte Vorurteile islamischer Völker gegeneinander zählen, doch entwickelte sich seit dem Verfall der Macht des Kalifen nirgendwo auf islamischem Boden ein Nationalstaatsbewußtsein im europäischen Sinn. Erst als Übernahme aus Europa drang nationalistisches Gedankengut in den islamischen Orient ein und steht seitdem in einem unüberbrückbaren Gegensatz zum Ideal übernationaler islamischer Staatlichkeit. Die Forderung der Hāšimiyya-Bewegung nach Gleichheit und Gerechtigkeit wurde vom islamischen Kalifat nur in einer inhaltlich wenig scharfen, wenn nicht gar unvollkommenen Weise erfüllt; gleichwohl waren die Ergebnisse der damals eingeleiteten und geförderten Entwicklung unumkehrbar.

9. Das Großemirat

Die Regierungszeit al-Muqtadirs (295/908–320/932) zeigt uns das Kalifat in einem Zustand innerer Auflösung. Dreizehn Wesire eroberten für kurze Zeit ihr Amt, um sich zu bereichern, und verloren es genauso unvermittelt, wie sie es gewonnen hatten. Einige von ihnen endeten durch die Hand des Scharfrichters. Die graue Eminenz, die im Hintergrund die Fäden zog, war al-Muqtadirs türkische Mutter. Die militärische Macht lag in den Händen des Eunuchen al-Muʾnis. Das Ansehen der Abbasiden war so weit gesunken, daß in Andalusien der umayyadische Emir ʿAbd ar-Raḥmān III. nicht mehr davor zurückschreckte, sich seinerseits als Kalif anreden zu lassen. Im heutigen Tunesien entstand im Jahre 297/909 ein drittes Kalifat; der dem ismailitischen Zweig der Schia zugerechnete „Mahdī" ʿUbaydallāh und die für ihn kämpfende Bewegung, die manche Analogien zur Hāšimiyya aufweist, besiegten die Aġlabiden, die offiziell Statthalter der Abbasiden gewesen waren. Das sogenannte fatimidische Kalifat, das sich im Laufe von sechzig Jahren nach Ägypten ausdehnte, wurde schließlich im elften Jahrhundert zum gefährlichsten Nebenbuhler der Abbasiden.

Im Jahre 320/932 hatte al-Muʾnis in der Gegend von Mossul zu tun. Wegen ausgebliebener Soldzahlungen entstand eine Meuterei. In den Wirren, die um sich griffen, als der Kalif die aufgebrachten Truppen nicht zufriedenstellen konnte, wurde al-Muqtadir von einer Gruppe marodierender nordafrikanischer Söldner umgebracht, die al-Muʾnis unterstanden. Sie hatten, wie es heißt, eine auf den Kopf eines jeden getöteten Gegners ausgesetzte Belohnung gewinnen wollen. Die Selbstherrlichkeit al-Muʾnis' „war die Ursache dafür, daß sich die Machthaber der Gebiete des Reiches gegen die Kalifen erfrechten und begehrten, was ihnen zuvor nie in den Sinn gekommen war. Die Ehrfurcht vor dem Kalifen wurde verletzt, das Kalifat wurde schwach ... Allerdings hatte al-Muqtadir das Kalifat sehr vernachlässigt und Weiber und Diener über dessen Angelegenheiten entscheiden lassen; er hatte Gelder verschwendet, Wesire ein- und abgesetzt, wodurch die Begehrlichkeit der regionalen Machthaber und der Amtsträger geweckt und sie zum Aufkündigen des Gehorsams bewegt wurden", urteilt ein Geschichtsschreiber des dreizehnten Jahrhunderts aus der Rückschau.[60] Al-Muqtadirs Nachfolgern im nächsten Jahrzehnt erging es ebenso schlecht. Mehrere von ihnen wurden nach kurzer Herrschaft gestürzt und geblendet; einen von ihnen soll man danach als Bettler auf den Straßen Bagdads gesehen haben. Unter ar-Rāḍī (reg. 322/934–329/940) wurde sogar der Name des allmächtigen al-Muʾnis neben demjenigen des Kalifen in der Freitagspredigt genannt. Den Geschichtsschreibern gilt ar-Rāḍī als der für lange Zeit letzte Kalif, der noch selber einige Aufgaben wahrnahm.[61]

Während das abbasidische Kalifat mit Schmach überladen wurde, vollzog sich in manchen Provinzen des Reiches der Aufstieg von Herrschergeschlechtern, deren Gründer zunächst eine untergeordnete Militärfunktion innegehabt hatten. Ein aus Daylam stammender Heerführer regierte zu Beginn des 10. Jahrhunderts von Isfahan aus einen Teil Irans. In seinen Truppen errangen drei Brüder Waffenruhm. Die oft miteinander rivalisierenden Herrscherfamilien, deren Ahnherren sie waren, werden unter dem Namen Buyiden zusammengefaßt. ʿAlī, der Älteste, schwang sich in Isfahan zum Herrscher auf und brachte die ganze Persis in seinen Besitz. Ḥasan hatte Medien unter sich. Aḥmad regierte Kirmān und Chusistan. Im Jahre 334/945 rückte Aḥmad, nachdem er sich bereits vorher in die inneren Streitigkeiten der Bagdader Militärs eingemischt hatte, in die Hauptstadt ein und beschlagnahmte den Palast al-Muʾnis' als seinen Wohnsitz. Die türkischen Garden flohen, weshalb der Kalif über die Ankunft Aḥmads mit seinem Heer erfreut gewesen sein soll. Er und Aḥmad huldigten sich gegenseitig. Der neue Herr bestand darauf, nicht schlechter als sein Vorgänger gestellt zu sein: Er erhielt den Titel „Befehlshaber der Befehlshaber", der fortan im Bagdader Zweig der Buyiden vererbt wurde; auch Aḥmad wurde neben dem Kalifen in der Freitagspredigt genannt.

Wenig später wurde der Kalif, der in den Verdacht geraten war, sich gegen Aḥmads Willen die Botmäßigkeit der daylamitischen Truppen erwerben zu wollen, geblendet und durch einen anderen ersetzt. Bis zum Beginn des elften Jahrhunderts tritt nun das abbasidische Kalifat völlig in den Hintergrund. Möglichkeiten zu einer eigenständigen Politik gibt es nun nicht mehr. Der Schwerpunkt alles Geschehens verlagert sich an den Hof der Buyiden in Šīrāz. In Bagdad unterhalten die Buyiden nur eine Residenz.

ʿAḍud ad-Dawla (reg. 338/949–372/983) war die herausragende Gestalt dieses Herrscherhauses. Ihm gelang es, auch die anderen Zweige der Dynastie zur Anerkennung seiner Vormacht zu zwingen. Zu einer längeren Phase der Ruhe führten die Erfolge ʿAḍud ad-Dawlas jedoch nicht. Es blieb bei den ständigen Reibereien der Buyiden untereinander und bei den Kämpfen mit anderen islamischen Fürstentümern, namentlich im Gebiet des Fruchtbaren Halbmonds. ʿAḍud ad-Dawla scheint dennoch gehofft zu haben, der islamischen Welt – wenigstens im Osten, denn der Westen war ja in der Hand der Umayyaden und Fatimiden – eine neue Ordnung zu geben. Er hatte offenbar den Plan, das Kalifat auf seine eigene Familie übergehen zu lassen. Er verschwägerte sich mit dem Kalifen aṭ-Ṭāʾiʿ (reg. 363/947–381/991). Schon dieser Wunsch zeigt, wie tief verwurzelt im Bewußtsein der islamischen Welt von damals das abbasidische Kalifat war. Es wäre den Buyiden ein Leichtes gewesen, diese Institution aufzuheben. Ohnehin konnten sie als Schiiten für die Abbasiden kaum eine religiös begründbare Loyalität empfinden. Seit den Tagen al-Manṣūrs und al-Mahdīs hatten die Schiiten unter den Verdächtigungen und Verfolgungen durch die Abbasiden zu leiden gehabt – einmal abgesehen vom Kalifat al-Maʾ-

mūns. Dessen Nachfolger hatten einen Zweig der Nachkommenschaft ʿAlīs nach Bagdad und später nach Samarra verschleppt, um schiitische Aktivitäten im Untergrund zu erschweren. In Samarra war, wie ein großer Teil der Schiiten behauptete, im Jahre 260/874 ihr zwölfter Imam entrückt worden, weil die Nachstellungen durch die Abbasiden unerträglich geworden seien. Seitdem die Buyiden in Bagdad herrschten, erfreute sich das dortige Schiitentum einer nachhaltigen Ermunterung. Die Gedenktage für das Martyrium Ḥusayns wurden festlich begangen; Freudenfeiern fanden alljährlich zur Erinnerung an die Begegnung statt, bei der Muḥammad am Teich von Ḫumm ʿAlī die Herrschaft über die Gläubigen verheißen haben soll.

Der Grund, weshalb sich die Buyiden dennoch nicht dazu entschließen konnten, dem abbasidischen Kalifat ein Ende zu bereiten, ist wohl in der politischen Lage zu suchen. In der zweiten Hälfte des zehnten Jahrhunderts hielten zwei Ereignisse von überregionaler Bedeutung die islamische Welt in Atem. Kilikien, von wo aus Hārūn ar-Rašīd zu Feldzügen gegen das byzantinische Reich aufgebrochen war, wurde durch den späteren Kaiser Nikephoros Phokas rückerobert. Die Byzantiner drangen weiter nach Süden vor und nahmen im Jahre 962 Aleppo ein, freilich ohne es für längere Zeit zu besetzen. Zypern ging dem islamischen Reich verloren. Antiochien wurde 969 wieder byzantinisch. Johannes Tzimiskes (reg. 969–976) setzte die Politik seines Vorgängers fort. Ganz Syrien schien offen vor ihm zu liegen, das Ziel einer Befreiung Jerusalems war zum Greifen nahe. Unvorstellbar war die Erschütterung, die die islamische Welt erfaßte. Zum ersten Mal waren die Ungläubigen auf dem Vormarsch![62]

Das zweite Ereignis, das die politische Lage im Vorderen Orient tiefgreifend verwandelte, war die Eroberung Ägyptens durch die Fatimiden im Jahre 358/969. Die Fatimiden waren auf religiös-ideologischem Gebiet wohl die entscheidendsten Gegner des Bagdader Kalifats. Die von ihnen beherrschte Richtung der sogenannten Siebener oder ismailitischen Schia hatte alle umstürzlerischen Elemente des Schiitentums aufgesogen und wollte mit Waffengewalt die, wie sie meinte, allein rechtmäßige Herrschaft eines Imams aus dem Hause Ismāʿīl b. Ǧaʿfar aṣ-Ṣādiqs über die Gesamtheit der Muslime erzwingen. Die von den Buyiden begünstigte Strömung, die Zwölfer-Schia, neigte dagegen zum politischen Quietismus, der Gläubige sollte sich in der von den Feinden der Familie ʿAlīs regierten Welt einrichten, so gut es gehe, und die Rückkunft des entschwundenen zwölften Imams am Ende der Zeit abwarten. Seitdem sich die Fatimiden Ägyptens bemächtigt und Kairo zu ihrer Hauptstadt erhoben hatten, waren sie zu unmittelbaren Nachbarn des buyidischen Einflußbereiches geworden: im syrisch-palästinensischen Raum, in dem sich die zunächst so verlustreichen Kämpfe gegen die Byzantiner abspielten, überkreuzten sich naturgemäß die politischen Interessen beider Mächte. Um den Gang der Geschehnisse im Norden Syriens überwachen und leiten zu können, stieß ʿAḍud ad-Dawla seit 367/978 in das Gebiet des Fruchtbaren Halbmonds vor und unterwarf einige dort auf eigene Faust agierende arabische Stammesfürsten. Die Fatimiden dehnten dagegen ihren Einfluß bald bis Damaskus aus und fanden z. T. ebenfalls bei den arabischen Stammesfürsten Rückhalt, da einige von ihnen offen für das Schiitentum eintraten. Seit dem ausgehenden zehnten Jahrhundert bestimmt der Zweikampf der Buyiden und Fatimiden um die Vormachtstellung in Syrien und seinen nördlichen und östlichen Grenzräumen mittelbar die Geschicke des dahinsiechenden abbasidischen Kalifats. Denn dieser Krieg wurde nicht nur mit dem Schwert ausgefochten, sondern auch mit einer wirkungsvollen Untergrundbewegung, die von Kairo aus gesteuert wurde und im Osten der islamischen Welt, aber auch im Zweistromland, mit Erfolg wichtige Persönlichkeiten zur Ismāʿīliyya bekehrte und im elften Jahrhundert sogar in den Clan der Buyiden einsikkerte.

Ein Sieg der Fatimiden hätte zweifellos die Buyiden zu deren Vasallen erniedrigt. Da war es aus buyidischer Sicht schon erheblich günstiger, sich des Ansehens des von ihnen nicht geliebten abbasidischen Kalifats zu versichern; die eigenen schiitischen Überzeugungen brauchte man dabei nicht zu verleugnen. Denn viele Schiiten, denen die tatkräftige und kampfesmutige Abart ihres Glaubens unbehaglich war, verdächtigten die Fatimiden, ihre Abstammung fälschlich auf Ismāʿīl b. Ǧaʿfar zurückzuführen. Im Jahre 401/1010 hatte sich der in Mossul residierende Fürst der Banū ʿUqayl verleiten lassen, die Freitagspredigt nicht mehr mit dem Namen des Abbasiden vortragen zu lassen, sondern den Fatimiden als seinen Oberherrn zu erwähnen. Darauf beeilte man sich in Bagdad, ihn mit üppigen Geschenken zur Rücknahme dieser Entscheidung zu bewegen. Dies gelang, und um den Umtrieben der Fatimiden einen Schlag zu versetzen, unterzeichneten die Oberhäupter der Bagdader Aliden und einige Qadis ein Protokoll, in welchem die obskure Abstammung der fatimidischen Kalifen entlarvt werden sollte. Dieses Dokument wurde von den Predigtkanzeln in Teilen der islamischen Welt verlesen, die noch offiziell den Abbasiden als das Oberhaupt des Gemeinwesens anerkannten.[63] Dieser Vorfall belegt deutlich, wie nützlich es für die Buyiden nunmehr war, daß sie darauf verweisen konnten, formal für ein legitimes Kalifat die Geschäfte zu führen.

So überlebten die abbasidischen Kalifen eine Zeit, in der sie nicht nur keinen Einfluß auf den Gang der Politik hatten, sondern zunächst sogar gänzlich überflüssig erschienen waren. Doch überlebten sie nicht allein deshalb, weil die Buyiden sie in der geschilderten politischen Situation benötigten. Vielmehr ist stets zu beachten, daß neben der formellen und durch die Herrschaftsideologie des Kalifats gerechtfertigten, auf eine Mitte hin ausgerichteten Loyalität zahlreiche konkurrierende Bindungen die Wirklichkeit des Gemeinwesens ausmachen. Je schwächer die Zwingkraft des Kalifen wird, desto stärker treten jene anderen Bindungen hervor. Am

Aufstieg der Militärführer beobachten wir diesen Umstand schon, der jedoch in die Herrschaftsideologie zunächst keinen Eingang findet. Die Regionalisierung der tatsächlichen Machtausübung nahm unter den Buyiden rasch zu. Ihnen selber war es ja nicht möglich gewesen, eine auf den Willen nur eines Mitgliedes ihres Clans ausgerichtete Dynastie zu schaffen. Daneben entstanden im zehnten Jahrhundert unter noch wenig untersuchten Begleitumständen im Gebiet des Fruchtbaren Halbmonds eine Anzahl von arabischen Stammesfürstentümern,[64] getragen von Verbänden mit beduinischer Lebensweise. Auch sie galten formal als von den Abbasiden abhängig, waren aber in Wirklichkeit selbständig und besaßen ihrerseits wechselnde Bindungen an verschiedene Zweige der Buyiden. Das eben beschriebene fatimidische Zwischenspiel der ʿUqayliden lehrt, daß die formalen Bindungen, die das Gewirr tatsächlicher Abhängigkeiten zu einer Einheit zusammenfassen, nicht gänzlich ohne Bedeutung waren; Wert hatten sie für den abbasidischen Kalifen wohl nur in geringem Maße. Aber sie waren ein Mittel innerhalb des andauernden Wechselspiels der faktischen Machthaber.[65]

Der sich wandelnde Inhalt von Landvergabeverträgen spiegelt zunächst besser als die Kalifatstheorie die Verlagerung der Macht aus dem Mittelpunkt an die regionalen Herrscher wieder. Ging es bis zur Wende des zehnten Jahrhunderts vor allem um das Entgelt für militärische Leistungen, zu welchem Zweck das Kalifat schlimmstenfalls auf seine Steuerhoheit verzichtete, so werden den Empfängern von Belehnungen jetzt auch eine Reihe von Herrschaftsfunktionen übertragen, die zuvor allein den Statthaltern des Kalifen zugestanden hatten. So mußte der Kalif aṭ-Ṭāʾiʿ auf Anweisung ʿAḍud ad-Dawlas dessen Bruder Faḫr ad-Dawla große Gebiete Westirans übertragen. In der literarisch überlieferten diesbezüglichen Urkunde heißt es: Der Kalif „übergibt ihm die Leitung des Gebets sowie die Verwaltungen des Militärs, der Hilfs- und Polizeitruppen, der Ḫarāǧ- und der Zehntsteuer, der Domänen, der Münzgeldbegutachtung, der Almosenabgaben, der Steuern für die Ungläubigen und aller übrigen Abgabenarten, sowie der Musterung und Besoldung des Heeres, ... der Rechtsprechung bei Beschwerden gegen den Herrscher, (die Kontrolle) der Sklavenmärkte und der Eichstelle im Münzamt, ... von Hamadān, Astarābād, Dīnavar und Qarmasīn, in den beiden der staatlichen Steuerhoheit entzogenen Gebieten Karaǧ und Burǧ (bei Isfahan) sowie in den Statthalterschaften Aserbeidschan, Saḫānīn und Mūqān ...“. Des weiteren wird Faḫr ad-Dawla die Aufsicht über das Gerichtswesen übertragen; allein bei mit koranischen Strafen bedrohten Verbrechen wie Diebstahl, Unzucht, Wegelagerei, habe er dem Kalifen Bericht zu erstatten. In diesen Fällen ist nämlich die islamische Staatsautorität nach dem Verständnis der Scharia im Namen Gottes tätig, und als Sachwalter der göttlichen Ordnung auf Erden kann der Kalif schwerlich auf eine wenigstens formale Aburteilung dieser Fälle verzichten. Mit solchen Verträgen kam man im islamischen Orient dem sich in

Europa entwickelnden Lehenswesen in mancher Hinsicht verhältnismäßig nahe.[66]

Auch in den Städten lösen sich die eindeutigen Loyalitätsbindungen auf. Schon im Kampf gegen die Truppen Ṭāhirs traten Verbände in Erscheinung, die, offenbar zumeist aus Mitgliedern der unteren Bevölkerungsschichten gebildet, ganze Stadtviertel ihrem Regime unterwarfen und den Vornehmen und Reichen Schutzgelder abpreßten. Auch in westiranischen Städten treffen wir nun auf ähnliche Erscheinungen. In der Buyidenzeit hört man des öfteren von solchen Gruppierungen. In den Stadtvierteln haben sie ihre Oberhäupter, die wiederum den Schutz des betreffenden Viertels gegen Übergriffe von außen organisieren. Aufruhr wegen religiöser Streitigkeiten war seit der Inquisition nicht selten; in der Buyidenzeit verschärfen sich zudem die Gegensätze zwischen den sunnitischen und schiitischen Wohnbezirken. In der Mitte des elften Jahrhunderts beginnen sich die verfeindeten Stadtteile durch die Errichtung von Mauern gegeneinander zu sichern. Die Kosten hierfür werden nicht aus der Staatskasse beglichen, sondern von der jeweiligen Einwohnerschaft getragen.[67]

In diesem außerordentlich mannigfaltigen Geflecht von Macht und Loyalität war eben seit dem zehnten Jahrhundert der abbasidische Kalif nur ein Faktor unter vielen, noch dazu kein sehr gefährlicher, aber immerhin mit dem Glanz eines großen Namens und einer religiösen Würde umgeben. Warum also hätte man dieses Kalifat abschaffen sollen? Ohnmächtig, aber doch eine gewisse Ehrfurcht genießend, sah sein Inhaber im zehnten und frühen elften Jahrhundert dem Verwirrspiel der großen Politik zu. Wie sehr er außerhalb des Tagesgeschehens stand, belegt die Tatsache, daß sich die 110 Jahre buyidischer Vorherrschaft nur vier Kalifen teilen. Deren Vorgänger dagegen hatten sich kaum an ihren Titel gewöhnen dürfen, ehe sie der nächsten Palastrevolte zum Opfer fielen. In diesen Jahren der Ruhe reifte jetzt unmerklich die Zeit für eine neue Rolle des Kalifats heran, die gewiß weniger beeindruckend war als diejenige Hārūns und al-Ma'mūns, die aber dennoch geschichtlich bedeutsam sein sollte.

10. Die Entstehung des Sultanats

Während in Westiran und im Zweistromland die Buyiden ihre vielen Kriege führten, blühte im Osten der islamischen Welt das Reich der Samaniden auf, dessen glanzvoller Mittelpunkt Buchara war. Der Form nach waren die Samaniden Statthalter der Abbasiden; erfolgte bei ihnen ein Herrscherwechsel, wurde dieses Ergebnis dem Kalifen mitgeteilt, und er bestätigte den betreffenden Samaniden in seiner Statthalterschaft. Kam ein neuer Kalif auf den Thron, ließ man aus Buchara wissen, daß man ihm huldige. Um das Jahr 390/1000 zeigten sich Auflösungserscheinungen bei den Samaniden. Wie die Kalifen in Bagdad hatten auch sie für die Bewältigung ihrer militärischen Aufgaben türkische Söldner angeworben. Diese neigten doch dazu, sich von Buchara loszusagen, unter ihnen Sebüktegin, der im afghanischen Ghazna stationiert war. Dessen Sohn Maḥmūd schlug im Jahre 389/999 den Angriff eines samanidischen Heeres ab, und sein Biograph feiert dieses Ereignis als den Beginn des von Buchara unabhängigen Ghaznawidenreiches. In Bagdad war einige Jahre zuvor der Kalif aṭ-Ṭāʾiʿ durch seinen Vetter al-Qādir (reg. 381/991–422/1031) ersetzt worden. Gegen diesen Wechsel hatten die Samaniden Einspruch erhoben und es bislang versäumt, an al-Qādir das übliche Huldigungsschreiben zu schikken. Aus dieser Sachlage gedachte Maḥmūd Nutzen zu ziehen. Er brachte ein Schreiben nach Bagdad auf den Weg, in welchem er al-Qādir auseinandersetzte, daß er allein um dessen Anerkennung als des rechtmäßigen Kalifen jene Schlacht gegen die Samaniden geschlagen habe. Er verlangte zum Dank dafür nichts weiter, als daß der Kalif die so entstandenen politischen Verhältnisse legitimiere und Maḥmūd die unumschränkte Herrschaft über Chorasan und weitere Gebiete, die noch zu erobern seien, bestätige. Von einer bloßen Statthalterschaft ist nicht mehr die Rede.

Der Kalif entsprach der Bitte Maḥmūds. Die guten Beziehungen al-Qādirs zu den türkischen Emporkömmlingen im Osten sollten sich in der Zukunft für die Abbasiden als außerordentlich nützlich erweisen. Um das Jahr 390/1000 hatte auch die buyidische Macht ihren Zenith überschritten. Die Bagdader Sunniten begannen, sich gegen den Übermut der Schiiten zu wehren, die sich als Schützlinge der Buyiden bislang für unangreifbar gehalten hatten. Die Feindseligkeiten zwischen den beiden Bevölkerungsgruppen wurden immer erbitterter und entluden sich 408/1017 in heftigen bürgerkriegsähnlichen Kämpfen. Die daylamitischen Truppen der Buyiden waren für einige Zeit aus der Stadt vertrieben worden, es herrschten wiederum jene Gruppierungen der Unterschicht, die mehr als zweihundert Jahre zuvor im Bruderkrieg zwischen al-Amīn und al-Maʾmūn auf der Seite des Sunnitentums gestanden hatten. Die jetzigen Kämpfe gelten in der Geschichtsüberlieferung als das Ereignis, von dem der großartige Triumph des Sunnitentums seinen Ausgang nahm, und zwar nunmehr ausdrücklich unterstützt durch den abbasidischen Kalifen. Nach den schweren Unruhen von 408/1017 wurde im Namen al-Qādirs ein Schreiben abgefaßt, das die Grundsätze des sunnitischen Islams für die einzig richtige Glaubensform erklärte. Die Lehren der Muʿtazila und der Schiiten wurden ausdrücklich verworfen.[68]

Nachdem Maḥmūd von Ghazna die so dringend geforderte Aufwertung durch al-Qādir erhalten hatte, ließ er erklären, er wolle zur weiteren Ausdehnung des Islams – des Bereiches offizieller Oberhoheit der Abbasiden – alljährlich einen Feldzug nach Indien unternehmen, ein sehr einträgliches Vorhaben. Al-Qādir seinerseits bat, Maḥmūd solle in seinem Herrschaftsbereich nach Möglichkeit die anti-sunnitischen Umtriebe unterbinden. Die Agententätigkeit des fatimidischen Kalifats in Kairo war in jener Zeit auch im Osten der islamischen Welt erfolgreich. Spannungen und Mißtrauen kennzeichneten infolgedessen die inneren Verhältnisse.[69]

Seitdem sich immer klarer abzeichnete, daß die Herrschaft der Buyiden ihrem Ende zuging, fand Maḥmūd auch Gelegenheit, im westlichen Iran zu seinen Gunsten einzugreifen. In Rayy war ein buyidischer Fürst so naiv gewesen, in einem Streit mit seinen Söldnern Maḥmūd um Schutz zu bitten. Der Ghaznawide erschien in der Stadt und nahm den Buyiden gefangen, den er offenbar für einen verbildeten Schwächling hielt. In einer Botschaft berichtete Maḥmūd al-Qādir, welch unglaubliche Zustände er in Rayy angetroffen habe. Maḥmūd ließ die – angeblich – ismailitischen Vertrauten des Buyiden ans Kreuz schlagen, verbannte die Muʿtaziliten nach Chorasan, wo er sie vielleicht besser beaufsichtigen konnte, und „verbrannte Bücher über Philosophie, über die muʿtazilitische Lehre und über Sternkunde. Einhundert Ladungen Bücher nahm er des weiteren mit sich."[70]

Das politische Augenmerk des Ghaznawiden wurde allmählich immer mehr auf die Vorgänge im Kerngebiet der islamischen Welt gelenkt. Maḥmud erkannte, daß es notwendig sei, die Pilgerwege zu sichern, zunächst um auf den Umweg über Syrien verzichten zu können, aber auch um sich selbst zum Herrn über die heiligen Stätten des Islams aufzuschwingen, die unter den Einfluß der Fatimiden geraten waren. Ein großer Westfeldzug, von dem Maḥmūd anscheinend geträumt hatte, blieb unausgeführt. Sein Sohn und Nachfolger Masʿūd (reg. 421/1031–432/1041) ließ den Kalifen wissen, er habe sich mit der Absicht getragen, im Namen des Kalifen von Rayy aus alle „jene Länder bis Konstantinopel und auf der anderen Seite bis Ägypten" zu erobern, doch leider sei ihm bislang der Nachfolgestreit mit seinem Bruder dazwischengekommen.

Um das Jahr 1000 weidet bei Buchara ein in den arabischen Quellen als al-Ġuzz bezeichneter türkischer Volksstamm sein Vieh. Sein Anführer Arslān b. Selǧūq wird von Maḥmūd festgenommen, der versucht hat, die Ġuzz mit militärischen Mitteln am weiteren Vordringen zu hindern. Dies jedoch mißlingt; sie schlagen sich bis nach Westiran durch und richten in den Jahren 429/1040 und 430/1041 in Rayy und Hamadān schwere Verwüstungen an. Wenig später treffen wir eine Gruppe der Ġuzz in Aserbeidschan. Der dortige Fürst arrangiert in Tabrīz für sie ein Gastmahl, in dessen Verlauf er viele von ihnen erschlagen läßt. Die Überlebenden fliehen in das Kurdengebiet von Hakkārī, ständig um ihr Leben kämpfend. Auch die Gegend um Diyārbakr bleibt nicht von ihnen verschont, und die arabischen Kleinfürsten im Fruchtbaren Halbmond müssen sich jetzt mit ihnen befassen; Mossul wird von den Ġuzz genommen; sie plündern, brandschatzen, morden. Eine ordnungsgemäße Bestattung der vielen Getöteten ist nicht mehr möglich; sie werden in einem Massengrab verscharrt. Die Ġuzz führen Streifzüge bis nach Armenien; mit reicher Beute kehren sie zurück, so daß wegen Überangebots der Sklavenmarkt im Irak zusammenbricht. „Der Preis für ein schönes Mädchen betrug nur noch fünf Dinar; nach Knaben gab es keine Nachfrage mehr." Dem ʿUqayliden-Fürsten Qirwāš, dem arabischen Herrn von Mossul, gelingt 435/1044 endlich ein entscheidender Sieg über die Ġuzz; von mehr als 30000 kommen keine 5000 mit dem Leben davon.[71]

Mit dem Mann, der von sich behauptete, der Oberherr auch dieser schrecklichen Ġuzz zu sein, mußte das abbasidische Kalifat, auf dessen Thron seit 422/1031 al-Qāʾim (reg. bis 467/1075) saß, Politik machen: mit dem Führer der Seldschuken, Ṭoġrilbeg. Dieser hatte 432/1040 mit seinen türkmenischen Nomaden einen entscheidenden Sieg über die Ghaznawiden erstritten und sich in Nīšābūr festgesetzt. Frei lag vor ihm jetzt der Weg nach Westen. Wer hätte ihn aufhalten können, wo man doch schon den Verwüstungen, die die verhältnismäßig geringe Schar der Ġuzz angerichtet hatte, lange Zeit hilflos zugeschaut hatte? Im Irak selber herrschte das Chaos. Für al-Qāʾim war es in dieser Lage am besten, mit jenem Ṭoġrilbeg in Beziehung zu treten, ehe dieser in feindlicher Absicht nach Westen aufbrechen konnte. Der Kalif entsandte daher al-Māwardī, den schafiitischen Oberqadi von Bagdad, der ihm schon mehrmals als Diplomat gedient hatte, zu Ṭoġrilbeg. Obwohl al-Māwardī ohne Umschweife von den Verheerungen berichtete, der Brief aber durch die Türkmenen abgefangen worden war, behandelte Ṭoġrilbeg seinen Gast ehrerbietig. Nach einer zweiten Gesandtschaft im Jahre 436/1044 – die Türkmenen befanden sich nun schon in Ǧurǧān – konnte al-Māwardī dem Kalifen berichten, man versichere ihn der unverbrüchlichen Botmäßigkeit und stehe ihm zu Diensten. Die Seldschuken waren auf diese Weise zu Erben der ghaznawidischen Politik gegenüber dem Kalifat geworden. Sie traten als Beschützer und Förderer des sunnitischen Islams auf, als dessen verehrungswürdiges Oberhaupt der Abbaside betrachtet wurde. Ṭoġrilbeg versicherte, die Angst und Schrecken verbreitenden Ġuzz, die die Gegend von Mossul unsicher machten, hätten sich nur seinem Befehl entzogen und er wolle sich darum kümmern, daß sie ihm wieder gehorchten. Einem arabischen Stammesfürsten aus dem Fruchtbaren Halbmond schlug er vor, er möge doch die Ġuzz als Hilfstruppen gegen Byzanz benutzen und sie damit einer sinnvollen Beschäftigung zuführen.[72]

Während die Abbasiden auf die gänzlich neue Machtkonstellation im Osten geschmeidig reagiert und sich auf mittlere Sicht Vorteile erhandelt hatten, war die Lage in ihrer unmittelbaren Umgebung immer schwerer beherrschbar geworden. Der Anführer der türkischen Söldner unter dem Großwesir Ǧalāl ad-Dawla, al-Basāsīrī, zeichnete sich in Kämpfen gegen die ʿUqayliden aus und entwickelte sich um 440/1048 zum vielleicht wichtigsten Machtfaktor im Zweistromland. Unterdessen hatte nach Ǧalāl ad-Dawlas Tod sein Verwandter Abū Kālīǧār die Gelegenheit genutzt, seinen Einfluß von Šīrāz aus auch auf das abbasidische Kalifat auszudehnen. Das brachte dem schwergeprüften Bagdad jedoch nur wenige Monate Ruhe.

Als die von einem Sohn Abū Kālīǧārs kommandierten Truppen die Stadt wieder verließen, flammten bürgerkriegsähnliche Unruhen zwischen Sunniten und Schiiten auf. Beide Bevölkerungsteile begannen, wie schon erwähnt, sich durch Mauern voneinander abzutrennen. Die gegenseitigen Übergriffe dauerten über Jahre an. Al-Basāsīrī war unterdessen fast ausschließlich mit der Befriedung des Fruchtbaren Halbmondes beschäftigt; Ṭoġrilbeg war in der gleichen Zeit bis nach Erzurum vorgedrungen.

In das Ende des Jahres 446/1054 verlegen die Quellen den Beginn des Zerwürfnisses zwischen dem Kalifen und al-Basāsīrī. Als Anlaß wird ein Vorfall genannt, bei dem wiederum die verwickelte Politik zwischen den arabischen Stammesfürsten eine Rolle spielt. Al-Basāsīrī meinte, hier sei in sein ureigenes Tätigkeitsfeld eingegriffen worden, und äußerte vor allem den Verdacht, in Bagdad wolle man die Türkmenen gegen die Buyiden ausspielen. Die Gegenseite beschuldigte nunmehr al-Basāsīrī, mit den Fatimiden in einem geheimen Bund zu stehen; diese hatten unter den Stammesfürsten des Fruchtbaren Halbmonds durchaus erfolgreich für ihre Sache geworben. Aus all diesen Querelen zog Ṭoġrilbeg den Nutzen. Er machte wahr, was er schon lange versprochen hatte: Er rückte vor die Hauptstadt des Kalifats und ließ sich herbei, noch einmal dem Kalifen, aber auch dem Buyiden Treue zu schwören. Wegen eines Mißverständnisses entstand zwischen den Türkmenen und der Bagdader Bevölkerung ein Tumult; viele Türkmenen wurden überrumpelt und getötet. Dann aber gewannen die Truppen Ṭoġrilbegs die Oberhand. Bagdad wurde von ihnen geplündert; sie nahmen den letzten Buyiden, einen Sohn Abū Kālīǧārs, fest und wollten ihn auch nicht freigeben, als al-Qā'im sich für ihn einsetzte, Ṭoġrilbeg an seine Eide erinnernd. Der Seldschuke suchte sogleich, seine Macht in Bagdad zu festigen. Er ließ die Landvergabeverträge kündigen, aus denen das buyidische Heer seine Einkünfte bezogen hatte. Die Betroffenen gingen in Scharen zu al-Basāsīrī über. So hatte man sich das Regiment der seldschukischen Ordnungsmacht doch nicht vorgestellt; man hatte die Türkmenen gegen unliebsame Dritte ausspielen wollen, aber nicht daran gedacht, sich von ihnen das Geschehen diktieren zu lassen. Der Kalif drohte Ṭoġrilbeg, er werde Bagdad verlassen. Der Türkmene, der nichts sehnlicher wünschte, als ein großer Vorkämpfer des sunnitischen Islams und seines Kalifen zu sein, ließ sich hiervon wenigstens etwas beeindrukken: Einige der gefangengesetzten Gefolgsleute des Buyiden kamen frei. Ṭoġrilbeg forderte einen der arabischen Stammesfürsten, bei denen sich al-Basāsīrī aufhielt, auf, diesen zu vertreiben. So geschah es. Al-Basāsīrī ging mit seiner Anhängerschaft nach Syrien und unterstellte sich in aller Form dem fatimidischen Kalifen. Die Vorherrschaft der Buyiden über die Abbasiden hatte damit ihr Ende gefunden. Aber die Sache der Fatimiden hatte durch den Übertritt al-Basāsīrīs erheblich an Auftrieb gewonnen. Die plündernden und mordenden Türkmenen waren jetzt die einzige Macht in Bagdad. Al-Qā'im mußte wohl oder übel mit ihnen auskommen. Die Bevölkerung machte Furchtbares durch; der Ackerbau nahm schweren Schaden, denn die Türkmenen zogen als Nomaden mit ihren Herden umher. Für entsetzliche Barbaren hielt man diese Leute, die erst vor wenigen Jahrzehnten mit der islamischen Kultur in Berührung gekommen waren. Spottgeschichten über ihre Unkenntnis aller Gegenstände feiner Lebensart waren in Umlauf. Als ihnen z. B. zum ersten Mal Kampfer in die Hände gefallen war, hätten sie es für Salz gehalten, sich allerdings über den bitteren Geschmack gewundert.[73]

Solchen Leuten nun war al-Qā'im auf Gedeih und Verderb ausgeliefert. Ṭoġrilbeg nahm aber wenig Rücksicht auf etwaige Empfindlichkeiten der feinen Abbasiden. Bereits wenige Monate nach seinem Einzug in Bagdad verheiratete er seine Nichte mit dem Kalifen.[74] Die Buyiden hatten mit einem ähnlichen Vorhaben Jahrzehnte gezögert; den Seldschuken aber verlangte es nach einer raschen Selbstbestätigung. Die Buyiden hatten in ihrer Herrschaftsideologie aber auch an eine sassanidische Überlieferung anknüpfen können;[75] den Türkmenen stand nichts Vergleichbares zur Verfügung. Ihre ganze Herrscherwürde konnte daher nur auf den islamischen Glauben gegründet werden, zu dem sie sich erst seit etwa fünfzig Jahren bekannten. Barbarisch waren die Türkmenenscharen, deren Herr Ṭoġrilbeg war; er selber aber war fromm und hielt es sich sehr zugute, daß der von ihm hochgeachtete Kalif, der Verwandte des Propheten, ihn jetzt mit Ehren überhäufte – überhäufen mußte. Der Bevölkerung der Hauptstadt wurde die Anwesenheit der vielen Türkmenen mittlerweile unerträglich. Der Kalif sah sich genötigt, in aller Vorsicht den Wesir Ṭoġrilbegs, al-Kundurī, hiervon in Kenntnis zu setzen. Daraufhin entschuldigte sich Ṭoġrilbeg für die Übergriffe seiner Türkmenen. Al-Kundurī sollte dem Kalifen mitteilen, daß es leider noch an der Gelegenheit gefehlt habe, sie zu disziplinieren. In der Nacht, bevor dem Kalifen diese hinhaltende Antwort überbracht werden sollte, träumte Ṭoġrilbeg, er stehe an der Kaʿba und wolle den Propheten grüßen; der aber wende sich von ihm ab und tadele ihn: „Gott hat dich zum Herrscher über sein Land und seine Knechte gemacht, du aber beachtest ihn in deinem Verhalten ihnen gegenüber gar nicht, schämst dich nicht einmal vor seiner Erhabenheit, wenn du sie bedrängst, und meinst in deiner Verblendung, er werde es dir nachsehen, wenn du ihnen Gewalt antust!" Erschrocken soll Ṭoġrilbeg aus dem Schlaf aufgefahren sein. Sofort ließ er den Kalifen wissen, er erfülle ihm den Wunsch und rücke mit seinen Leuten ab.[76] Im Norden des Zweistromlandes konnten die Türkmenen in Kämpfen mit den Stammesfürsten, unter denen der fatimidische Einfluß weiter gestiegen war, ihr Ungestüm austoben.

Das Jahr 450/1058 begann mit einem ernsthaften Zerwürfnis zwischen Ṭoġrilbeg und seinem Bruder Ibrāhīm, dem die Sicherung der Gegend um Mossul übertragen worden war, der sich aber dieser Aufgabe entzogen hatte. Ṭoġrilbeg mußte mit seinem Anhang den Irak verlassen, um nach

Hamadān zu eilen, wo sich sein Staatsschatz und der Haupttroß befanden, deren sich Ibrāhīm zu bemächtigen suchte, um die Herrschaft über die Türkmenen an sich zu reißen. Daß Bagdad, durch diese Umstände bedingt, nun gänzlich von seldschukischen Truppen entblößt wurde, war dem Kalifen nicht recht. Denn er mußte al-Basāsīrī fürchten, der nunmehr unerwartet freie Bahn bekommen hatte. Während Ṭoġrilbeg und Ibrāhīm einander bekriegten, bewahrheiteten sich in Bagdad die Vermutungen, daß al-Basāsīrī zugreifen werde. Der Kalif ließ das Angebot eines ihm freundlich gesonnenen Beduinenfürsten, sich in dessen Schutz zu begeben, ungenutzt, und wenig später erschien al-Basāsīrī mit vierhundert ärmlichen Soldaten in Bagdad, unterstützt von einigen seiner Bundesgenossen, unter ihnen der ʿUqaylidenfürst Qirwāš b. Badrān. „... Der Kalif ließ um seinen Palast ... Gräben ausheben, sowie die verfallenden Teile der Mauern ausbessern. Am 29. D̲ū l-Qaʿda (17. 1. 1059) versammelte al-Basāsīrī seine Truppen, sowie die Bewohner der Westseite allgemein, besonders aber die von al-Karḫ, und zog in den Kampf gegen den Kalifen. Zwei Tage fochten sie, auf beiden Seiten gab es viele Tote. Danach rückte al-Basāsīrī mit seinen Truppen erneut gegen den Palast vor und legte Feuer in den Märkten des Viertels Nahr al-muʿallā und in benachbarten Gebieten. Nur ganz wenige Menschen waren auf der Westseite geblieben, alles Volk war zum Plündern über den Tigris gekommen ..." „Al-Basāsīrī bemühte sich, sie daran zu hindern, doch vergeblich, denn die Bewohner von al-Karḫ zeigten nun offen den Haß, der in ihren Herzen verborgen war. Die Leute, die im Viertel des Basra-Tores geblieben waren, mußten nackt und bloß ihre Häuser verlassen, zusammen mit Frauen und Kindern, und hockten an den Wegen und Verkaufsständen. Da es Winter war und sehr kalt, starben die meisten von ihnen. Die Bewohner von al-Karḫ aber ... frohlockten und freuten sich, weil sie ihr Mütchen kühlen konnten für all die Angst und Erniedrigung, die sie erduldet hatten. Sie machten eine weiße Standarte, auf der der Name al-Mustanṣirs (des fatimidischen Kalifen) stand, und pflanzten sie mitten in al-Karḫ auf." Als der Palast des Kalifen ausgeraubt worden war, „schickte der Kalif an den Beduinenfürsten Qirwāš b. Badrān al-ʿUqaylī ... und dieser gewährte ihm Schutz". Der Kalif wurde schließlich in einen kleinen Ort am Euphrat gebracht, wo er unter Arrest gestellt blieb.[77]

Nachdem jedoch Ṭoġrilbeg seinen Bruder unterworfen hatte, wandte er sich wieder in den Irak. Al-Basāsīrī schlug ein Angebot des Seldschuken zu einer gütlichen Einigung aus und verließ schließlich Bagdad. Zugleich wiederholte sich das schauerliche Spiel des Plünderns und Brandschatzens, nur diesmal eben mit vertauschten Rollen: die Schiiten von al-Karḫ waren die Leidtragenden. Ṭoġrilbeg ließ dem Kalifen al-Qāʾim an dessen Verbannungsort eine Botschaft zukommen und bedankte sich bei den ʿUqayliden dafür, daß sie den Abbasiden seinem Rang entsprechend behandelt hatten. Ende 451/1059 traf al-Qāʾim mit Ṭoġrilbeg bei Nahrawān zusammen, und einen Tag später zog man in das verwüstete Bagdad ein, dessen Bevölkerung hungerte und erbärmlich fror. Al-Basāsīrī wurde bald darauf überrumpelt und auf der Flucht getötet. Damit war dem Bestreben der Fatimiden, den Irak unter ihre Kontrolle zu bringen, ein Ende gesetzt. Die Seldschuken waren jetzt die unangefochtenen Herren in der Mitte und im Osten der islamischen Welt. Ṭoġrilbeg forderte im Jahre 454/1062 eine Tochter des Kalifen zur Frau. Al-Qā'im wollte sich mit verschiedenen Mitteln der Erfüllung dieses Wunsches entziehen, aber vergeblich. Bei Tabrīz wurde der Abschluß des Ehevertrages festlich begangen, „und dergleichen war noch nie den Kalifen widerfahren. Denn die Buyiden mit all ihrer Selbstherrlichkeit und obwohl sie eine andere Glaubensrichtung als die der Kalifen verfochten, haben nie ein solches Ansinnen gestellt, noch gar den Kalifen dessen Ausführung abverlangt", so urteilt ein Geschichtsschreiber.[78] Anfang des nächsten Jahres durfte Ṭoġrilbeg, inzwischen um die siebzig Jahre alt, seine Braut in Bagdad sehen, allerdings ohne sie zu berühren, denn die Verbindung sei nur zur Ehrung Ṭoġrilbegs, nicht aber zum Zwecke des tatsächlichen Vollzugs der Ehe geknüpft worden. Ohnehin galt Ṭoġrilbeg als zeugungsunfähig. Die Braut wurde in den Palast des Seldschuken getragen, dort saß sie dann auf einem mit Goldstoff bedeckten Thron. „Ṭoġrilbeg trat ein, küßte vor ihr den Boden und machte ihr seine Aufwartung, sie aber lüftete nicht den Schleier vor dem Gesicht, erhob sich auch nicht vor ihm. Er ließ ihr viele Juwelen und anderes bringen. Jeden Tag erschien er, machte ihr seine Aufwartung und ging wieder." Lange genoß er sein Eheglück nicht. Bald darauf mußte er nach Rayy aufbrechen. Dort starb er im Ramaḍān des Jahres 455/1063.[79]

11. Kalif und Sultan

Diese Ereignisse führen uns zur Frage nach dem Verhältnis der Kalifen zu den Machthabern, deren sie sich einerseits zu erwehren suchten, auf die sie andererseits aber nicht verzichten konnten, weil ihnen kaum noch Mittel geblieben waren, sich im chaotischen Ringen der Militärführer zu behaupten, von einer Durchsetzung einer eigenen Politik gar nicht zu reden. Unter den Buyiden waren nicht nur de facto alle Entscheidungsbefugnisse in die Hände der Militärs übergegangen; die Belehnungen mit Ländereien dienten nicht mehr allein dem Zweck, die Besoldung in Bargeld zu ersetzen. Mit der Landvergabe war zugleich die Übertragung von hoheitlichen Funktionen verbunden, die nur der Kalif hätte wahrnehmen dürfen, in eigener Person oder durch eigens von ihm ernannte Statthalter. Die politischen Verhältnisse bedingten trotzdem, wie gezeigt, das Überleben des abbasidischen Kalifats. Den Ghaznawiden und ihren Erben in Iran, den Seldschuken, war jedoch aus einem anderen Grund am Fortbestand des abbasidischen Kalifats gelegen. Ihnen ging es um die islamische Legitimität ihrer neu errungenen Herrschaft. Die aber konnte ihnen nur der Kalif verschaffen, der mit seiner Person dafür stand, daß die einst dem Propheten offenbarte, gottgewollte Ordnung auf Erden nicht zerstört wurde. Ein Herrschertum, das sich aus eigener Kraft bildet und die Gesetze des Handelns selber bestimmt – und sei es auch unter Berufung auf die Scharia –, kannte man im Islam damals noch nicht. Wenn auch Maḥmūd von Ghazna ausschließlich zu seinem eigenen Vorteil die ihm zu Gebote stehenden militärischen Mittel einsetzte, so mußte der Zweck doch auch als legitim nach dem Verständnis des dem Propheten übermittelten und von dem Kalifen repräsentierten göttlichen Gesetzes gelten. Es wäre zu einfach, Maḥmūds Schreiben an al-Qādir als fromme Augenwischerei abzutun. Maḥmūd nutzte die günstige Gelegenheit, die ihm aus dem Umstand zuwuchs, daß die Samaniden noch nicht offiziell al-Qādir gehuldigt hatten. Er verschaffte sich listig die islamische Rechtfertigung seiner Herrschaft, die er benötigte, nicht nur seinem Heer und den anderen islamischen Machthabern gegenüber, sondern sicher auch für sich selbst. Dem Kalifat fiel damit eine Würde zu, die es in dieser Form nicht besessen hatte, solange es noch selber über die Machtmittel zu einer eigenständigen Politik verfügte. Damals, etwa zur Zeit al-Ma'mūns oder noch während der Auseinandersetzungen mit den Söldnerführern, hatte der Kalif seinen Gegnern gegenübertreten müssen wie eine Kriegspartei der anderen. Nun, da er tatsächlich ohne Macht war, konnte sich sein Amt zum Symbol für die Herrschaft des islamischen Gesetzes entwickeln, dem alle Muslime verpflichtet sind.

Natürlich mußte eine so grundsätzliche Veränderung des Inhalts des Kalifenamtes in irgendeiner Weise auch in der Theorie vom islamischen Gemeinwesen ihren Niederschlag finden. Al-Māwardī, jener schafiitische Oberqadi, der im Auftrage al-Qā'ims die ersten offiziellen Verbindungen mit Ṭoġrilbeg angeknüpft hatte, hat sich mit diesen Fragen in einer Abhandlung beschäftigt, die für die kommenden Jahrhunderte richtungweisend wurde, obschon sie Wunschvorstellungen über den Gang der weiteren Geschichte enthielt, die sich ganz und gar nicht bewahrheiten sollten. In den „Bestimmungen der Machtausübung und den in der göttlichen Ordnung verankerten Ämtern", so der Titel seines Werkes, betont al-Māwardī gleich zu Beginn, Gott habe für die Gemeinde der Gläubigen einen Führer bestellt, der das Prophetenamt fortsetze. Dieser Führer ist bei al-Māwardī aber keine untätige Symbolfigur, er wird noch als der tatsächliche Lenker aller Regierungsgeschäfte aufgefaßt. Al-Māwardī bezeichnet ihn als Imam, um schon mit diesem Begriff den Anspruch auf wirkliche Herrschaft hervorzuheben, denn Imam bedeutet Anführer, Kalif dagegen nur soviel wie Nachfolger – des Propheten – oder Stellvertreter Gottes. Das Kalifat in seiner Funktion als Imamat ist der „Grundpfeiler, auf dem die Fundamente der Glaubensgemeinschaft ruhen und gemäß dem das Wohl der Gemeinde geordnet ist. Folglich gründen sich alle allgemeinen

Angelegenheiten auf (das Imamat), leiten sich alle besonderen Ämter aus ihm ab.“ Der Imam ist für al-Māwardī der Brennpunkt aller legitimen islamischen Macht; jede Art von öffentlichem Amt oder jede Form von Herrschaft muß daher in irgendeiner Form auf diesen Brennpunkt zurückgeführt werden können. Die Pflichten des Imams faßt al-Māwardī unter zehn Rubriken zusammen: 1. er muß den Islam in seinen Grundlagen bewahren und hat, sobald unzulässige Neuerungen um sich greifen, hiergegen vorzugehen. Al-Māwardī beschreibt hiermit recht klar die von al-Qādir so tatkräftig vorangetriebene Politik der Verfolgung von Richtungen, die dem Sunnitentum zuwiderliefen. 2. der Imam hat, sobald Zwistigkeiten das Gemeinwesen erschüttern, für deren Schlichtung zu sorgen, und zwar streng nach den Bestimmungen der Scharia; es müsse Rechtssicherheit herrschen. 3. im islamischen Reich muß die öffentliche Sicherheit gewährleistet sein. 4. die vom Koran vorgeschriebenen Strafen für Hochverrat und Kapitalverbrechen müssen unter Aufsicht des Imams angewendet werden. 5. die Grenzen zu den nichtislamischen Ländern müssen befestigt sein. 6. der heilige Kampf gegen die Ungläubigen muß aufrechterhalten werden. 7. die in der Scharia vorgesehenen Steuern müssen eingezogen werden, und 8. die Einkünfte müssen in die richtigen Hände gelangen. 9. fähige und zuverlässige Männer sollen vom Imam mit Verwaltungsaufgaben betraut werden, 10. er selber aber soll ständig den Gang der Staatsgeschäfte beobachten, um Fehler sofort berichtigen zu können.

In eigener Person kann der Imam im riesigen islamischen Reich niemals alle diese Aufgaben wahrnehmen. Deshalb entwickelt al-Māwardī eine ausführliche Theorie der Delegierung von Befugnissen. In der Praxis ist selbstverständlich immer so verfahren worden, und in den Quellen begegnet uns eine unübersehbare Fülle von Funktionen, die als Ämter erklärt werden können, die durch einen Akt der Delegierung zustandegekommen sind. Al-Māwardī bemüht sich, alle Funktionsträger in vier Kategorien unterzubringen. Deren höchste nehmen die Wesire des Kalifen ein; sie besitzen eine allgemeine Amtsbefugnis, d.h. ihre Zuständigkeit ist weder nach Gesichtspunkten der Sache noch nach geographischen beschränkt. Al-Māwardī hat hier die Verhältnisse im Auge, die sich seit dem Kalifat Hārūns herausgebildet haben, der den Barmakiden die Führung aller Staatsgeschäfte übertragen hatte. Den Wesiren nachgeordnet sind die Statthalter in den Provinzen. Ihre Vollmachten sind der Sache nach ebenso unbegrenzt wie die der Wesire, gelten jedoch nur für ein bestimmtes Gebiet des Reiches. Die dritte Kategorie bildet Amtsträger mit einer klar umrissenen Kompetenz, die sich allerdings auf alle islamischen Länder erstreckt. Hier ist der Oberqadi zu nennen, dem die Aufsicht über die gesamte Rechtspflege untersteht. Schließlich gibt es Beamte mit der Sache nach eingeschränkter Zuständigkeit, die nur in einem ganz bestimmten Gebiet des Reiches gilt. Es sind dies die Qadis in den Provinzen, die Steuereinnehmer, Söldnerführer usw.

Entscheidend ist nun die Frage, wie in diese Hierarchie delegierter Ämter die Militärmachthaber eingefügt werden können. Al-Māwardī findet unter ihnen solche mit beschränkter Zuständigkeit und einige mit unbegrenzter Befugnis. In die letztgenannte Kategorie gehören für ihn offensichtlich die großen Heerführer und Dynasten vom Schlage der Buyiden oder Samaniden, die formal durch den Kalifen als Statthalter bestätigt werden mußten. Das System al-Māwardīs spiegelt die Verhältnisse der Buyidenzeit vielleicht noch ganz gut wieder. Wie die oben besprochene Urkunde zeigt, in der einem Mitglied des Buyidenhauses große Landstriche zur Verwaltung und Ausbeutung übertragen wurden, versuchte der Kalif, bestimmte Hoheitsrechte für sich zu behalten. Und immerhin bedurfte es wohl dieser Urkunde, bevor der Empfänger – nach dem Willen seines mächtigen Bruders ʿAḍud ad-Dawla – in den Genuß jener Einkünfte gelangen konnte. Im Falle Maḥmūds von Ghazna dagegen war eine wenn auch noch so schwache Kontrolle des politischen Geschehens durch den Kalifen nicht mehr möglich. Er hatte ja nicht als Militärführer in Diensten des Kalifats die Macht an sich gerissen, sondern sich von den Samaniden losgesagt und einen Akt der Usurpation begangen. Und mit ähnlichen Begriffen ist vom Gesichtspunkt des Kalifats aus der Aufstieg Ṭoġrilbegs zu beurteilen. Al-Māwardī setzt sich in seiner Abhandlung auch mit diesen für seine Zeit kennzeichnenden Vorgängen auseinander. „Das Emirat der Usurpation wird aufgrund von Zwang eingesetzt. Es besteht darin, daß sich ein Emir (d. h. Militärmachthaber) einer Gegend bemächtigt. Der Kalif überträgt ihm darauf das Emirat über (jene Gegend) und delegiert an ihn die Verwaltung und Führerschaft. Auf diese Weise ist der Emir kraft seiner Usurpation alleiniger Inhaber von Verwaltung und Führerschaft. Der Kalif aber vollzieht mit der Erlaubnis (des Usurpators) die Bestimmungen der göttlichen Ordnung, ... damit (deren Anwendung) nicht mehr verhindert, sondern erlaubt sei. Wenn dieses Verfahren auch außerhalb der Gepflogenheit ... steht, so birgt es wenigstens ein solches Maß an Wahrung der Scharia-Gesetze und an Schutz der religiösen Bestimmungen in sich, daß es unklug wäre (die göttliche Ordnung) geschädigt ... sich selbst zu überlassen. Deshalb ist (unter solchen Umständen) statthaft, was bei einer Ämterübertragung wegen erwiesener Fähigkeit (des Kandidaten) und nach freier Wahl (durch den Kalifen) verboten ist. Denn zwischen den Bedingungen der Stärke und der Schwäche (des Kalifats) besteht ein Unterschied."[80]

Auf den ersten Blick erscheint es wie ein Taschenspielertrick, wenn al-Māwardī nach der Usurpation den Kalifen die Befugnisse auf den Statthalter übertragen läßt, womit dann formal wiederum die Delegierung eines Amtes verbunden ist. Dem Schein nach kann auf diese Weise die Einheit des islamischen Reiches gewahrt bleiben. Doch in Wirklichkeit geht es um viel mehr. Wenn nämlich irgendwo in der islamischen Welt ein Usurpator auftritt, dann ist dessen Herrschergewalt, selbst wenn er sich zum Islam bekennt, so lange illegitim, wie sie nicht in irgendeinem Bezug zur Sachwalterschaft über die Scharia besteht, die nach der Meinung jener Zeit dem Kalifen als Imam obliegt. Das hat zur Folge, daß im Machtbereich jenes Usurpators keine ordnungsgemäße Rechtspflege, keine den Gesetzen entsprechende Finanzverwaltung, ja nicht einmal ein gültiger Gottesdienst durchgeführt werden kann. Denn alle diese öffentlichen Aufgaben leiten sich aus dem Prophetenamt Muḥammads und danach aus den Pflichten seiner Nachfolger, der Kalifen, ab. Dem Kalifen bleibt unter dem Gesichtspunkt der tatsächlichen Machtverhältnisse nichts weiter übrig, als die Usurpation nachträglich zu legalisieren; er muß nämlich, und das ist für den Muslim das gewichtigere Argument, gewährleisten, daß die Gläubigen in den betroffenen Gebieten die Möglichkeit behalten, durch die Einbindung in ein religiös-politisch legitimes Gemeinwesen ihr Heil im Jenseits sicherzustellen. Das einige Reich unter dem Kalifen ist daher nicht nur ein großartiges politisches Programm, es ist auch eine tief empfundene, in den Grundsätzen des Islams wurzelnde Notwendigkeit.

12. Die Selbstbehauptung des Kalifats

Noch vor dem Krieg gegen seinen Bruder Ibrāhīm wurde in Bagdad eine Zeremonie veranstaltet, bei der Ṭoġrilbeg in aller Form als Herrscher bestätigt wurde, der seine Macht vom Kalifat ableitete. Ṭoġrilbeg wurde in Audienz vom Kalifen empfangen. Dem Seldschuken wurden sieben Ehrengewänder umgehängt, die sieben Klimata symbolisierend; ihm wurden zwei Schwerter überreicht, die die Herrschaft über den Westen und den Osten darstellten. Ṭoġrilbegs Wesir al-Kundurī, der während der Feierlichkeiten als Dolmetscher zwischen dem Türkmenen und dem Kalifen fungierte, wurde vom Kalifen als das Faustpfand bezeichnet, das er bei Ṭoġrilbeg hinterlegt habe, und al-Qā'im riet dem Seldschuken, dieses Pfand pfleglich zu behandeln. Das sollte heißen, daß der Wesir al-Kundurī gewissermaßen im Auftrag des Kalifen darauf zu achten hatte, daß Ṭoġrilbegs Herrschaft wirklich im Sinne der Scharia und ihres höchsten Repräsentanten geführt wurde. Al-Kundurīs herausgehobene Stellung wurde schließlich noch dadurch unterstrichen, daß ihm der Kalif ein Stück aus dem – angeblichen – Mantel des Propheten schenkte. Dieser Mantel, das Szepter, der Siegelring und das Schwert Muḥammads waren die Insignien der Herrschaft der abbasidischen Kalifen.[81] Mit einem solchen Geschenk war vor aller Welt klargestellt, daß al-Kundurī gegenüber Ṭoġrilbeg im Auftrag des Kalifen und zur Einhaltung der dem Propheten offenbarten göttlichen Ordnung tätig war.

Die geschilderte Zeremonie diente dem Zweck, das Verhältnis Ṭoġrilbegs zum Kalifen auf eine feste Grundlage zu stellen; für jedermann sollte sichtbar sein, daß die Macht vom Kalifen ausging und Ṭoġrilbeg, dem „Sultan", nur übertragen worden war, so wie al-Māwardī es gefordert hatte. Ṭoġrilbeg war der erste islamische Herrscher, der sich offiziell Sultan, d.h. bevollmächtigter Herrscher, nannte. Bis in jene Tage war das Wort Sultan meist als ein Abstraktum im Sinne von Vollmacht, die Gott verleiht, oder Herrschergewalt gebraucht worden. Ṭoġrilbeg ließ sich schon seit 432/1040 als „Erhabenster bevollmächtigter Herrscher" anreden; al-Qā'im legalisierte diesen Titel,[82] der sich in wenigen Jahrzehnten in der islamischen Welt verbreitete und Machthaber bezeichnete, die ähnlich wie Ṭoġrilbeg nur dadurch Legitimität erlangen konnten, daß sie sich vom Kalifen ihre faktische Herrschergewalt bestätigen ließen. Und da in den kommenden Jahrhunderten fast überall in der islamischen Welt keine bodenständigen Dynastien, sondern fremdbürtige Militärführer herrschten, deren Macht auf leichtbeweglichen, noch der nomadischen Lebensweise nahestehenden Bevölkerungsschichten oder auf eingeführten Kriegssklaven beruhten, waren die politischen Verhältnisse sehr unbeständig, so daß es einen großen Bedarf an nachträglich zu gewährender Legitimität gab.

Nach dem Tode Ṭoġrilbegs wurde dessen Neffe Alp Arslān zum Sultan erhoben. Der Kalif ließ das Ereignis von den Predigtkanzeln herab verkünden und bestätigte damit zugleich die pompöse Titulatur, die sich der Seldschuke inzwischen zugelegt hatte – eine Zusammenfassung alles bisher Dagewesenen, ergänzt um einige weitere Ausdrücke. Zugleich wurde dem neuen Sultan die Zuständigkeit für alles „außerhalb des Tores des Kalifenpalastes" zugesprochen.[83] Der Wechsel im Sultanat führte auch den Sturz und die Ermordung al-Kundurīs herbei.

Sein Amtsnachfolger Niẓām al-Mulk fühlte sich nicht mehr als Verbindungsmann des Kalifen beim Sultan. Niẓām al-Mulks Politik zielte allein auf eine Stärkung der Macht seines seldschukischen Herrn, und dies zu dem Zweck, endlich in der Welt wieder einen wirksamen und funktionstüchtigen Staatsapparat aufzubauen. Das Problem der Legitimität des Sultanats schien ihn weniger zu beunruhigen. In seinem „Buch von der Staatslenkung" gibt Niẓām al-Mulk zu erkennen, daß die Aufrechterhaltung der Macht und einer gerechten Ordnung für ihn vor allem eine Frage pragmatischen Handelns ist.[84] Niẓām al-Mulk trug Sorge für die Heranbildung begabter junger Männer, mit denen er wichtige Posten besetzte. Zum ersten Mal wurde auch gegen die von den Fatimiden gelenkte ismailitische Unterwanderung mehr getan als die Veröffentlichung eines Pamphletes über den angeblich gefälschten Stammbaum jener Dynastie. Niẓām al-Mulk ließ in allen größeren Städten Lehranstalten errichten, deren Personal sich zum Teil auf sehr hohem Niveau der Auseinandersetzung mit dem Gedankengut der Ismāʿīliyya, vor allem aber auch mit allgemeinen Grundsatzfragen des Rechts und der Theologie widmete. Gefördert wurde von Niẓām al-Mulk eine Richtung innerhalb des Sunnitentums, die sich die Methodik des muʿtazilitischen Rationalismus angeeignet hatte, ohne dessen dogmatischen Standpunkt zu übernehmen. Diese Richtung wurde vor allem von Gelehrten der schafiitischen Rechtsschule vertreten, weniger von

Hanafiten, zu denen sich die Seldschuken bekannten, und überhaupt nicht von den Hanbaliten, die in Bagdad sehr stark waren. Die Religionspolitik Niẓām al-Mulks zeitigte hervorragende, für die islamische Geistesgeschichte seither bestimmende Ergebnisse. Die Gegnerschaft der Hanafiten und vor allem der Hanbaliten bildete jedoch eine schwere innenpolitische Belastung.

Niẓām al-Mulks kühles Verhältnis zum Kalifen, in dem er vielleicht nur ein überflüssiges Hindernis für die Verwirklichung seiner Reformpläne sah, kommt mittelbar in einem von ihm angeregten Werk über die Eigenschaften des islamischen Gemeinwesens zum Ausdruck. Al-Māwardīs These von der nachträglichen Legitimierung des Usurpators wird hier verworfen. Ein solcher Akt sei gar nicht notwendig; wenn kein fähiger und frommer Qurayšit zur Verfügung stehe – nur ein solcher konnte nach der bis dahin gängigen Auffassung Kalif bzw. Imam werden –, dann ist eben der taugliche Herrscher, der die Staatsgeschäfte führt, zugleich auch das legitime Oberhaupt des islamischen Reiches. Herrschaft sei nicht delegierbar, sondern sie müsse tatsächlich ausgeübt werden. Nicht ausgeübte Macht sei gar keine. Deshalb sei der seldschukische Sultan eben auch der rechtmäßige Herrscher über die Gebiete, die er sich unterworfen habe, und leite seine Herrschaft nicht von einer übergeordneten Instanz ab. Die prächtigen Einsetzungszeremonien, in denen der Kalif dem Sultan die beiden Schwerter überreichte und ihn in Ehrengewänder hüllte, fanden zwar auch nach Ṭoġrilbeg statt, hatten unter diesen Umständen aber sicher für die auf diese Weise Geehrten nicht mehr die Bedeutung wie für den Gründer der Dynastie. Gewiß stellte sich damit die von al-Māwardī so klug gelöste Frage, inwieweit diese faktische Sultansherrschaft noch die gottgewollte Ordnung sei, die für den Gläubigen heilsnotwendig ist. Niẓām al-Mulk gab selber die Antwort, indem er in seinem ,,Buch von der Staatslenkung" betont, der Sultan sei ja von Gott selber erwählt worden; des weiteren umgebe sich der Herrscher stets mit gelehrten Kennern der Scharia, so daß die Entscheidungen dem islamischen Gesetz entsprächen. Nicht mehr der Kalif als Person repräsentiert für Nīẓam al-Mulk die heilstiftende religiös-politische Ordnung des Islams, sondern diese selbst ist in den Rechtsgelehrten gegenwärtig. Auf die Symbolfigur des Kalifen kann unter diesen Voraussetzungen verzichtet werden.

In der Tat war die Epoche, in der Niẓām al-Mulk das seldschukische Wesirat innehatte, für die Abbasiden wenig erfreulich. Denn die politische Ordnung, die entstand, beruhte auf der militärischen Macht der Seldschuken und orientierte sich infolgedessen an deren Wünschen und Absichten. Nur mittelbar hatte das Kalifat bisweilen einigen Nutzen hiervon. So schufen die Seldschuken mit harter Hand Sicherheit im Gebiet des Fruchtbaren Halbmonds, indem sie die dortigen arabischen Stammesfürsten unterwarfen. Auf diese Weise wurde den Fatimiden ein Bereich entzogen, in dem sie immer wieder hatten Intrigen einfädeln können, die stets eine verborgene und schwer auszurechnende Bedrohung für die Abbasiden dargestellt hatten. Auch in Syrien faßten die Seldschuken Fuß, und schließlich brachten sie den Hedschas mit den heiligen Stätten unter ihre Kontrolle, so daß sich das fatimidische Reich bald auf Ägypten beschränkte. Auch Byzanz, das im zehnten Jahrhundert noch einmal weit nach Syrien und Palästina vorgedrungen war, erlitt gegen die von den Seldschuken geführten Türkmenenscharen eine verheerende Niederlage. Bei Mantzikert wurde 463/1071 das byzantinische Heer vernichtend geschlagen, und schon wenige Jahre später standen die Türkmenen in Städten wie Ikonium/Konya. Die Türkisierung Anatoliens hatte begonnen.

Niẓām al-Mulk war der Architekt der Politik der Sultane Alp Arslān und Malikšāh (reg. 465/1072–485/1092), unter denen diese Erfolge errungen wurden. Gleichwohl sind es nicht diese Siege, in denen die Geschichtsschreiber das Wesentliche jener Epoche erkennen, sondern die wechselvollen und spannungsreichen Beziehungen zum Kalifen verdienen, zumindest aus Bagdader Sicht, das Hauptaugenmerk. Denn in der Person eines Stadtkommandanten in Bagdad war die militärische Macht der Seldschuken immer in nächster Nähe des Kalifen, selbst wenn Niẓām al-Mulk und der Sultan meist in Isfahan residierten. Von dort aus bemühte man sich, in die Angelegenheiten des Kalifen, bescheiden wie diese auch waren, hineinzuregieren und ihm beispielsweise die Entlassung eines Wesirs abzuverlangen, der sich bei den Seldschuken unbeliebt gemacht hatte.[85] Zu dem Kalifen al-Muqtadī (reg. 467/1075–487/1094) kühlten sich die Beziehungen schließlich sehr ab, als der Sultan ihm nahelegte, Bagdad als Residenz aufzugeben und nach Damaskus oder in den Hedschas überzusiedeln.[86] Dieser Vorschlag zielte darauf ab, die Abbasiden ganz aus dem Zweistromland herauszudrängen, wo sie zweifellos noch über einige Hausmacht verfügten. Gegen Ende der Regierungszeit Malikšāhs war man offensichtlich bestrebt, wieder zu einem besseren Verhältnis zu gelangen. Im Jahre 479/1089 wurde der Sultan durch den Kalifen festlich empfangen. Bei dieser Gelegenheit besuchte er nicht nur die Grabstätte Abū Ḥanīfas, sondern auch mehrere von den Schiiten in hohen Ehren gehaltene Orte wie etwa das Grab Ḥusayns in Kerbela. Der Sultan spendete reichlich zum Unterhalt der schiitischen Wallfahrtsorte, und Niẓām al-Mulk soll mit seiner Freigebigkeit für diesen Zweck den Sultan sogar noch übertroffen haben – ein recht merkwürdiges Verhalten, das mehrere Deutungen zuläßt. Man kann darin eine krasse Brüskierung der Abbasiden sehen, insonderheit in der Ehrung des Aliden Mūsā b. Ǧaʿfar, der einst von Hārūn wegen des Verdachtes, einen Aufstand anzuzetteln, gefangengesetzt worden war. Möglich ist jedoch auch, daß sich die Spitzen des seldschukischen Staates vor aller Augen von dem Verdacht befreien wollten, unversöhnliche Feinde der Schiiten zu sein. Immerhin fürchtete man sich vor extrem-schiitischen Verschwörern, hinter denen man die Fatimiden oder eine ihren Kreisen nahestehende Gruppierung vermutete, und wie sich bald zeigen sollte, war diese Furcht nicht unbegründet. Jedenfalls war dreißig Jahre, nachdem man die Abbasiden vor der Vernichtung durch al-Basāsīrī gerettet hatte, eine unbefangen gegen die Schiiten gerichtete Politik nicht mehr möglich. Niẓām al-Mulk besetzte im selben Jahr auch die Stelle des Rektors der von ihm gegründeten theologischen Hochschule in Bagdad mit einem Aliden, eine Maßnahme, die ihm sicher auf Seiten der in Bagdad erstarkten Hanbaliten, denen diese Lehranstalt ohnehin ein Dorn im Auge war, keine Zustimmung eintrug.[87]

Zum zweiten Mal reiste Malikšāh drei Jahre später nach Bagdad. In der Nähe von Nihāwand trat ein Daylamit auf Niẓām al-Mulk zu, der den Sultan begleitete, und stach ihn nieder. Der Attentäter wird der ismailitischen Schia zugerechnet. Nach dem Tode Niẓām al-Mulks setzte der Sultan seine Reise fort. Wenig später erkrankte er schwer und starb. In wenigen Wochen hatte das seldschukische Sultanat den Verlust der beiden Männer zu beklagen, die es zu seiner größten Machtentfaltung geführt hatten. Es folgen nun Jahrzehnte der allmählichen Auflösung des Seldschukensultanats. In Syrien, im Gebiet des Fruchtbaren Halbmonds und in Iran bilden sich lokale Dynastien heraus, die von Atabegs gegründet werden. Die Atabegs, „väterliche Befehlshaber", waren ursprünglich vom Sultan ernannte Militärs gewesen, die in den Provinzen die noch unerfahrenen Prinzen in die Geheimnisse der Staatskunst hatten einführen sollen, sich aber mehr oder minder dem Einfluß des Sultanats entzogen. Für die Abbasiden bot sich in dieser Zeit die Gelegenheit, allmählich die ungeliebten Bindungen an das Sultanat zu lockern und in der zweiten Hälfte des 6./12. Jahrhunderts ein unabhängiges Regionalreich aufzubauen, das ungefähr den heutigen Irak umfaßte.

Der Kalif al-Mustaršid (reg. 512/1118–529/1135) war der erste Abbaside, der, anscheinend mehr durch ein Ränkespiel verführt denn auf eigene Planung hin, einen Kampf gegen den Sultan einging. Die entscheidende Schlacht verlor al-Mustaršid. Er wurde gefangengenommen und kurz darauf ermordet, angeblich von einem schiitischen Extremisten, der im geheimen Auftrag des Sultans Sanǧar (reg. 511/1118–552/1157) gehandelt haben soll. In Bagdad wurde hiernach al-Mustaršids Sohn ar-Rāšid zum Kalifen erhoben. Mit dieser Regelung der Nachfolge war al-Masʿūd, der in Medien regierende Seldschuke, nicht einverstanden. Er setzte durch, daß ar-Rāšid nach kurzer Zeit aus dem Amt entfernt und an seiner Stelle ein anderer Abbaside ernannt wurde, der unter dem Namen al-Muqtafī von 530/1136–555/1160 das Kalifat innehatte. Der unglückliche ar-Rāšid hatte wohl seine Hoffnung auf die Rückkehr auf den Thron nicht aufgegeben. Er diente im Verwirrspiel der untereinander rivalisierenden Seldschukensultane als eine Nebenfigur, bis auch ihn im Jahre 532/1138 der Dolch eines schiitischen Mörders traf. Nachdem al-Muqtafīs Schutzherr, der Sultan al-Masʿūd, 547/1152 gestorben war, gelang es dem Abbasiden, sich dank der Tatkraft seines Wesirs Ibn Hubayra des Iraks von Kūfa bis Ḥulwān, von

Takrīt bis ʿAbbādān (Abadan) zu bemächtigen. Die seldschukischen Besatzungstruppen Bagdads hatten sich in der unklaren Lage nach al-Masʿūds Tod zurückgezogen. Unter Ibn Hubayra wurden Bagdads Befestigungsanlagen ausgebessert, und es wurde ein Heer aufgebaut, in das keine Türken aufgenommen werden durften. Söldner verschaffte man sich aus Byzanz und aus Armenien. Unterdessen dauerte der seldschukische Familienzwist an; einen wirklichen Großsultan, der wie zuletzt Sanǧar bis zu einem gewissen Grad die inneren Streitigkeiten schlichten und eine übergeordnete Autorität darstellen konnte, gab es nicht mehr. Dem Sultan Sulaymān, einem der Anwärter auf die Herrschaft in Medien, verweigerte al-Muqtafī das Recht, den eigenen Namen in der Freitagspredigt erwähnen zu lassen, und dies, obwohl Sulaymān gegen Rivalen erfolgreich geblieben und Hamadān eingenommen hatte. Eine größere Zahl von seldschukischen Anführern wollte die Brüskierungen durch den Kalifen nicht so ohne weiteres hinnehmen, zumal er auch über ihre irakischen Militärlehen anderweitig verfügt hatte. Angeblich gegen den Widerstand des medischen Sultans brachen sie in den Irak auf. Das Heer des Kalifen schlug sie 549/1154 in die Flucht und bestand damit seine erste Feuerprobe. Zwei Jahre danach wurde Bagdad von einem Heer, das diesmal vom Sultan selber befehligt wurde, belagert. Dieser letzte großangelegte Versuch der Seldschuken, den Irak und das Kalifat wieder fest in die Hand zu bekommen, scheiterte. Der Erfolg des Kalifen erklärt sich nicht zuletzt dadurch, daß al-Muqtafī den Atabeg von Aserbeidschan hatte überreden können, in Medien einzufallen. Bald darauf stand in Medien die Ernennung eines neuen Sultans an. Der Kalif konnte durchsetzen, daß ein ihm genehmer Kandidat durchkam: das Verhältnis Kalif-Sultan hatte sich umgekehrt. Unter al-Mustanǧid (reg. 555/1160–566/1170) endete gewissermaßen auch formal die enge Verbindung, die seit Ṭoġrilbeg zwischen den Seldschuken und den Abbasiden bestanden hatte. Denn das Ansinnen des Sultans, in Bagdad wieder einen Statthalter einsetzen zu dürfen, wurde keiner Antwort gewürdigt, und „kein Sultan erkühnte sich mehr" gegen diese Stadt.[88]

Die Grundmauern, auf denen von neuem ein politisch handlungsfähiges Kalifat errichtet werden konnte, waren nunmehr fertiggestellt. Das Kalifat mußte, so lautete die Lehre aus den vergangenen Jahrhunderten der Ohnmacht und Erniedrigung, eigene Werkzeuge der Herrschaft besitzen; es konnte sich nicht auf fremde Machthaber verlassen, denn diese würden letzten Endes doch nur zu eigenen Gunsten tätig werden, sobald sie erst durch das Kalifat die nötige Legitimierung bekommen hätten. Nicht daß der Kalif ganz darauf hätte verzichten können, sein Ansehen als Repräsentant der gottgewollten Ordnung einzusetzen – doch mußte dieser Einsatz mit tatsächlicher Macht verbunden sein.

An-Nāṣir li-dīn Allāh (reg. 575/1180–622/1225) war der Abbaside, der in seinem langen Kalifat bestrebt war, diese Einsichten in die Tat umzusetzen. Das Gebiet, über das an-Nāṣir herrschte, umfaßte ungefähr den heutigen

Irak. In diesem Land, und nicht in entfernten Gegenden der islamischen Welt, mußten auch die Machtmittel zu finden sein, mit denen der Kalif Politik betreiben konnte. Er entdeckte sie in den Gruppierungen innerhalb der Städte, vor allem Bagdads, die sich schon mehrfach während der abbasidischen Geschichte bemerkbar gemacht hatten, freilich häufig als Gegner des Kalifats. Sie waren die erbittertsten Feinde al-Ma'mūns gewesen; sie hatten später, etwa zur Zeit der Seldschuken, oft gegen diese fremden Militärs gestanden und damit die Lage der Abbasiden zusätzlich erschwert. Nun aber, da die fremden Machthaber das Feld geräumt hatten, konnten das Kalifat und jene Gruppierungen zu einer fruchtbaren Zusammenarbeit finden. Der Charakter jener Gruppierungen – man nennt sie nunmehr die ,,Futuwwa-Bünde" – hatte sich seit ihrem ersten Auftreten im 3./9. Jahrhundert geändert. Damals waren sie wie der Abschaum der städtischen Gesellschaft erschienen, in wilder Todesverachtung gegen Ṭāhirs Truppen kämpfend und die Bessergestellten der Bagdader Bevölkerung einem Schreckensregiment unterwerfend. Der Ruf, Räuber und Wegelagerer zu sein, hing ihnen nach wie vor an, aber, wie eine Schrift aus der Zeit an-Nāṣirs richtigstellen möchte, ganz zu Unrecht. Ihr Ideal der ,,Futuwwa", d. h. der Tugenden eines jugendlichen, kämpferischen Mannes, umgreife so hohe Werte wie Gottesdienst und skrupelhafte Erfüllung der rituellen Pflichten, eine Lebenseinstellung des Verzichts zugunsten des Kampfes für das islamische Gemeinwesen, sei es mit der Waffe, sei es mit friedlichen Mitteln. In ʿAlī b. Abī Ṭālib, dem Schwiegersohn des Propheten und vierten Kalifen, glaubten sie ihre Ideale am vollständigsten verkörpert. Die Erzählungen von seinen Heldentaten, mit denen er an der Seite Muḥammads den Aufstieg islamischer Macht begründet haben soll, waren längst auch Allgemeingut des sunnitischen Islams geworden. Daher konnte in den Futuwwa-Bünden auch der Gegensatz zwischen Sunniten und Schiiten, der immer in die Tagespolitik hineinwirkte, gemildert werden.

Schon bald nach seiner Thronbesteigung trat an-Nāṣir der Bagdader Futuwwa bei, in der er eine führende Rolle zu spielen begann. Zahlreiche wichtige Persönlichkeiten folgten seinem Beispiel. Im Jahre 604/1207 gestaltete er die Satzungen der Futuwwa um; es sollte nun gelten, daß die Futuwwa ein ,,gereinigter imamitischer Dienst" sei, der ,,der Religion Gottes den Sieg verleiht". Alle Mitglieder der Bünde sollten den Wünschen und Befehlen des Kalifen verpflichtet sein. Die Futuwwa-Bünde wurden damit gewissermaßen in eine Armee des Kalifen umgewandelt, und sie bildeten auch seine Hausmacht gegen mögliche Feinde von außen und von innen. Des weiteren diente die Futuwwa-Organisation dazu, Lokaldynastien in ein hierarchisch gegliedertes Gefüge einzubinden, an dessen Spitze der Kalif stand. Ayyubiden-Prinzen, ein Ghoride im fernen Afghanistan, der Herrscher von Ḫwārizm (Choresm), Fürsten in Kleinasien usw. ließen sich in die Futuwwa aufnehmen. Als an-Nāṣir starb, hatte er den größten Teil der islamischen Welt in eine neue Ordnung eingegliedert, die mehr

Standfestigkeit versprach als seinerzeit das heikle Verhältnis zwischen Kalif und Sultan. Der Kalif verfügte in den Futuwwa-Bünden über ein Machtinstrument im Irak, aber auch über Einfluß in den Lokaldynastien, der vermutlich größer war als zur Zeit der rein formalen Abhängigkeit des Sultans vom Kalifen. Denn in den lokalen Bünden, die ja auch auf den Kalifen verpflichtet waren, hätten die örtlichen Herrscher eine gegen das Kalifat gerichtete Politik schwerer durchsetzen können als dies etwa die seldschukischen Sultane vermocht hatten, deren Truppen und Anführer keine Beziehung zum Kalifat besessen hatten.[89]

13. Das Ende

Wir müssen es bei dieser Vermutung belassen. Langfristige Folgen sollten dem Werk an-Nāṣirs nicht beschieden sein. Der Herrscher von H̱wārizm hatte seit 615/1218 neue Nachbarn bekommen: Die Mongolen, die in das Siebenstromland eingefallen waren. Durch einen Grenzzwischenfall – ein Gouverneur des H̱wārizmšāhs soll mongolische Gesandte ermordet haben – wurde eine historische Katastrophe ausgelöst. Die Mongolen überrannten binnen kurzem das Reich von H̱wārizm; der Herrscher floh und versuchte vergeblich, den Widerstand gegen die Invasoren zu organisieren. Der Großkhan Möngke, ein Enkel Dschingis Khans, beauftragte in der Mitte des dreizehnten Jahrhunderts seinen Bruder Hülägü mit der Absicherung und Ausweitung des mongolischen Herrschaftsbereichs nach Westen. Iran wurde in wenigen Jahren unterworfen, und 656/1258 stand das mongolische Heer vor Bagdad. Al-Mustaʿṣim (reg. 640/1242–656/1258) hatte auf das Ansinnen Hülägüs, diesen bei der Erstürmung der iranischen Assassinen-Festung Alamūt zu unterstützen, nicht geantwortet. Daraufhin hatte er einen im Namen des Mongolen abgefaßten Brief erhalten, in dem drohend in Erinnerung gerufen wurde, daß die Abbasiden von vielen islamischen Herrschern wie etwa den Seldschuken in ihrer eigenen Hauptstadt überrannt worden seien; für die Mongolen sei es ein Leichtes, diesem Beispiel zu folgen. Einen wirksamen militärischen Widerstand konnte das Kalifat gegen die übermächtigen Eindringlinge nicht aufbauen. Man hatte sich in Bagdad auf eine Hinhaltetaktik geeinigt, von der sich Hülägü aber nicht beeindrucken ließ. Er forderte den Kalifen zur Kapitulation auf; als dieser nicht vor den Mauern der Stadt erschien, um sich dem Eroberer auszuliefern, begann der Angriff. „Hülägü – möge Gott ihn verfluchen – drang zu Roß in den Palast des Kalifen ein und blieb auf seinem Pferde, bis er zum Thron des Kalifen kam – den Thron, vor dem sich sonst die Löwen ducken und den das höchste Glück umfängt – wie einer, der sich darüber lustig machte. Er schändete die Unverletzlichkeit des Kalifenhauses und anderes mehr. Den Palast gab er einem der Christen. In den Bethäusern und Moscheen vergoß man Wein in Masse und hinderte die

Muslime an der Verkündigung des Gebetsrufes. Es gibt weder Macht und Stärke außer bei Gott, dem Erhabenen, dem Mächtigen! Dies ist nun Bagdad, das noch nie die Stätte des Unglaubens gewesen war, das aber jetzt dieses erlebte, was sich bisher noch nie ereignet hatte, seit die Welt bestand. Der Kalif wurde getötet, und wenn auch auf der Welt schon Schlimmeres als dies geschehen war, so kam dazu noch die Erniedrigung des Glaubens und die Heimsuchung, welche nicht nur einzelne, sondern vielmehr alle Muslime betraf. Dies aber ist etwas, das Gott, der Erhabene, vorherbestimmte und für das er dann die Entschlußkraft dieses Kalifen scheitern ließ, damit Gott vollbringen konnte, was er vorherbestimmt hatte."[90]

Zwei Jahre nach diesem Ereignis kam mit einer Gruppe von Beduinen ein Mann in Kairo an, der, wie seine Begleiter bezeugten, ein Enkel des Kalifen an-Nāṣir war. Der Führer der ägyptischen Mamluken, Baybars, nahm den Flüchtling auf, huldigte ihm und versprach ihm, bei der Rückeroberung der verlorenen Länder behilflich zu sein. Bei ʿAyn Ǧālūt in Palästina hatte Baybars dem Heer Hülägüs die erste schwere Niederlage beigebracht, so daß die Mongolen nicht weiter vordringen konnten. Nun rüstete er seinen abbasidischen Kalifen aus und gab ihm den Auftrag, Bagdad zu befreien. Das Unternehmen scheiterte, der Abbaside fand den Tod. Baybars ließ sich nicht entmutigen. Aus Bagdad holte man einen fünfzehnjährigen Jüngling, ein Mitglied des Clans der Abbasiden, jedoch mit nicht ganz eindeutigem Stammbaum. In einer Feier erhob Baybars diesen Jüngling zum Kalifen mit dem Herrschernamen al-Ḥākim. Bis 701/1302 versah dieser nun sein eigenartiges, im Grunde inhaltsloses Amt. Denn, wie ein Geschichtsschreiber der Mamlukenzeit mit Recht bemerkt, es waren alle tatsächlichen Befugnisse der Herrschaft in der Hand des Sultans vereint. „Nachdem das abbasidische Kalifat nach Ägypten verlegt worden war, beschränkte sich das Kennzeichen des Kalifen allein auf die Verträge für den Sultan, in welchem diesem die gesamte Herrschaft übertragen wird. Alle tatsächlichen Einzelanordnungen werden vom Sultan abgezeichnet, eben weil ihm der Kalif dies übertragen hat."[91] Bis zum Jahre 923/1517, als Ägypten von den Osmanen erobert wurde, hatten die Nachkommen jenes al-Ḥākim ein Scheinkalifat inne, ausgehalten vom Sultan, dem sie die notwendige islamische Legitimität zu verschaffen hatten. Mehr noch als die Seldschuken fühlten sich die Sultane der Mamluken auf diese Formalität angewiesen, denn sie besaßen ja nicht einmal die Legitimität, die aus der Zugehörigkeit zu einer Herrscherfamilie entspringt. Als reine Militärmachthaber brauchten sie das Kalifat, das ihrem Sultanat den Anschein einer in der islamischen Ordnung wurzelnden Stetigkeit verlieh.

III. Die Fatimiden

(Heinz Halm)

1. Das fatimidische Gegenkalifat in Nordafrika

Die fatimidische Revolution ist – nach der abbasidischen – der zweite Versuch, das islamische Universalreich von Grund auf zu erneuern. Zwar wurde dieses Ziel nicht erreicht, doch hat das fatimidische Kalifat sich immerhin vom Maghreb bis an den Euphrat erstreckt und die heiligen Stätten von Mekka und Medina beherrscht; sogar eine Übernahme der Macht in Bagdad selbst schien zeitweilig zum Greifen nahe.

Mit der abbasidischen Revolution verbindet den Umsturzversuch der Fatimiden nicht zufällig eine Reihe von ähnlichen Zügen, die die Wesensverwandtschaft beider Bewegungen deutlich werden lassen. In beiden Fällen wird der politische Umsturz vorbereitet durch die von wandernden Propagandisten (*dāʿī*) konspirativ verbreitete Werbung (*daʿwa*) für einen künftigen, zunächst nicht namentlich genannten Imam-Kalifen, den „Rechtgeleiteten" (*al-mahdī*) aus dem Geschlecht des Propheten; dessen baldiges Erscheinen soll mit dem Sturz der regierenden Usurpatoren eine Wende (*dawla*) heraufführen und das islamische Universalreich nicht nur in seiner früheren Form wiederherstellen, sondern durch die Eroberung von Konstantinopel vollenden. Gemeinsam ist beiden Bewegungen auch der militärische Verlauf, der vom Erscheinen an der Peripherie ins Zentrum der islamischen Welt zielt.

Die später als „Fatimiden" bezeichnete Dynastie ist wahrscheinlich qurayšitisch-hāšimitischer Abkunft; jedenfalls galten die Vorfahren des Reichsgründers ʿAbdallāh al-Mahdī in ihrer Heimat im südlichen Irak als Nachkommen eines Bruders des vierten Kalifen ʿAlī, ʿAqīl b. Abī Ṭālib. Um die Mitte des neunten Jahrhunderts war al-Mahdīs Urgroßvater ʿAbdallāh „der Ältere" in der Gegend von al-Ahwāz, später in Basra, als schiitischer Propagandist und Sektengründer aufgetreten; die von ihm und seinen Sendboten verbreitete Heilslehre verband gnostische Vorstellungen von der himmlischen Herkunft der Menschenseelen und ihrer Erlösung durch die nur den Eingeweihten zugängliche „Erkenntnis" (*ʿilm*) mit der auch außerhalb schiitischer Kreise verbreiteten Erwartung einer endzeitlichen Rettergestalt: Nachdem die Propheten Noah, Abraham, Moses, Jesus und Muḥammad der sündigen Menschheit zu ihrer Züchtigung je eine beschwerliche Gesetzesreligion mit drückenden kultischen Pflichten auferlegt hätten, werde der erwartete letzte Gottesbote, der Mahdī oder Qāʾim (*al-qāʾim bi-amr Allāh,* „der sich der Sache Gottes annimmt"), alle Gesetzesreligionen, auch die islamische, aufheben und die kultlose Urreligion wiederherstellen, mit der einst Adam und die Engel im Paradies den noch unverhüllten Gott angebetet hätten – das bloße Bekenntnis von Gottes Einzigkeit (*tawḥīd*) ohne die lästigen kultischen Pflichten wie Gebetsübungen, Fasten oder Wallfahrt.

Nachdem der Gründer der Sekte nach Syrien hatte fliehen müssen und sich in dem Landstädtchen Salamiyya südöstlich von Ḥamāh als Kaufmann niedergelassen hatte, verbreiteten er und seine Nachkommen – von den späteren Fatimiden als die „verborgenen Imame" verehrt – die Geheimlehre mit Hilfe ihrer Sendboten bis an die Ränder der islamischen Welt; Gemeinden des neuen Glaubens, den sie „Verkündigung der Wahrheit" (*daʿwat al-ḥaqq*) nannten (und den wir als Ismailitentum bezeichnen), entstanden im Irak, in Iran, an der Ostküste der Arabischen Halbinsel (Bahrain), im jemenitischen Hochland, im nordwestlichen Indien und bei den Berberstämmen des heutigen Algerien. Von befestigten Fluchtburgen im Niemandsland aus, die in Anspielung auf die Auswanderung des Propheten aus dem heidnischen und verderbten Mekka als „Stätten des Exils" (*dār al-hiǧra*) bezeichnet wurden, begannen dort einzelne Werber, Anhänger um sich zu scharen und sich für das erwartete Hervortreten des Mahdī-Qāʾim zu wappnen.

Die erfolgreichste dieser sektiererischen Zellen war neben der jemenitischen diejenige, die im Jahre 893 der Sendbote Abū ʿAbdallāh aš-Šīʿī im Stammesgebiet des bäuerlich-seßhaften Berbervolks der Kutāma gründete; die *dār al-hiǧra* auf dem Berg Ikǧān bei Mīla (nordwestlich von Constantine) wurde zur Keimzelle des fatimidischen Staates. Dem Missionar gelang es, die Clans und Stämme der Kutāma nach und nach unter der Fahne des verheißenen Mahdī zu einigen, die dünn gesäten Städte des östlichen Maghreb zu erobern und schließlich im Jahre 909 das von den Aġlabiden-Emiren regierte Ifrīqiya (Tunesien) zu überrennen. In Kairuan (al-Qayrawān) wurden im Namen des noch immer ungenannten Mahdī die Freitagspredigt gehalten und Münzen geprägt; dann machte der *dāʿī* sich auf, seinen Herrn und Meister feierlich einzuholen.

ʿAbdallāh „al-Mahdī", das vierte Oberhaupt der Sekte, hatte wenige Jahre zuvor, im Sommer 905, seine Heimatstadt Salamiyya in Syrien, wo er als angesehener Kaufmann lebte, fluchtartig verlassen müssen, als übereifrige Anhänger, Beduinen aus der Palmyrene, angeführt von einem ungeduldigen *dāʿī*, in Syrien eingefallen waren, um den verheißenen Mahdī-Staat zu errichten; dabei war die Identität ihres heimlichen Oberhauptes vorzeitig enthüllt worden. ʿAbdallāh war mit seiner Familie zuerst nach Ägypten, dann in den Maghreb geflüchtet und lebte seitdem – immer noch in der Maske eines Kaufmanns – in der Oasenstadt Siǧilmāsa am Fuß des Hohen Atlas, der Kopfstation der westlichen Transsahara-Route. Hier wurde er im August 909 von dem siegreichen *dāʿī* Abū ʿAbdallāh aš-Šīʿī

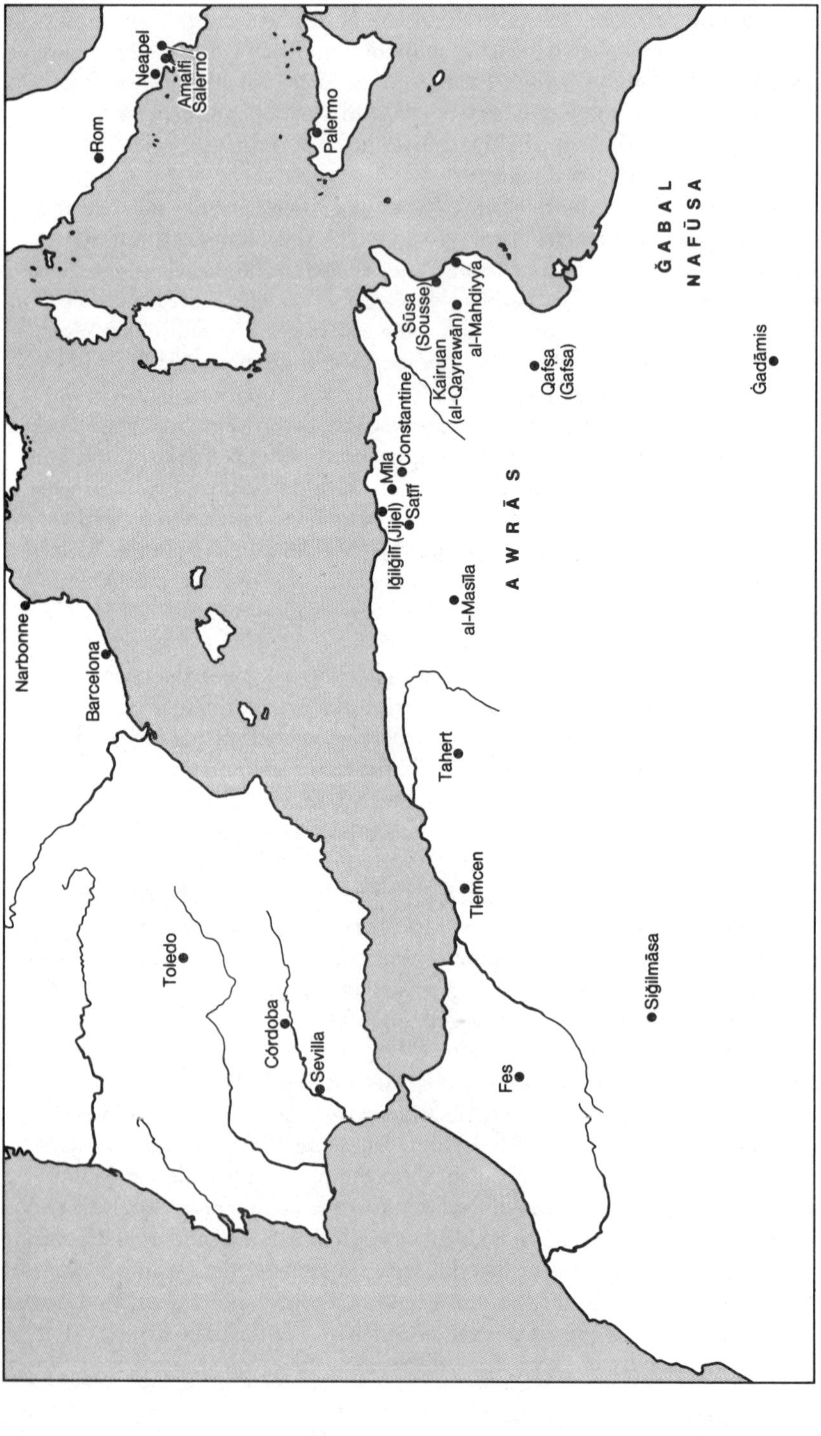

2. Nordafrika im 10. Jahrhundert

und seinen Berberscharen eingeholt und als Imam und Mahdī begrüßt; am 6. Januar 910 hielt er seinen Einzug in der Palaststadt Raqqāda bei Kairuan und wurde zum Kalifen proklamiert; mit seinem Thronnamen und Titel „'Abdallāh Abū Muḥammad, der Imam, der von Gott Rechtgeleitete, der Befehlshaber der Gläubigen (*amīr al-mu'minīn*)" reklamierte er die von den Abbasiden in Bagdad „usurpierte" Kalifenwürde für sich und erklärte seinen Anspruch auf die alleinige Lenkung der universalen islamischen Gemeinde (*umma*). Legitimiert wurde dieser Anspruch durch einen Stammbaum, der die Herkunft des Mahdī auf al-Ḥusayn, den Sohn 'Alīs und der Prophetentochter Fāṭima, zurückführte; die Echtheit dieser Genealogie ist von den arabischen Genealogen stets bestritten worden.[1] Seit dem Jahre 921 residierte al-Mahdī in seiner neuen *dār al-hiǧra*, der Fluchtburg al-Mahdiyya auf einer schmalen Halbinsel südlich des tunesischen Sūsa (Sousse), doch war diese Residenz lediglich als Sprungbrett nach Ägypten und weiter nach Bagdad und Konstantinopel gedacht.

Die Herrschaft der Fatimiden über Nordafrika war ihrem Wesen nach eine Hegemonie des Kutāma-Volkes, dessen Stämme als die „Heiligen Gottes" (*awliyā' Allāh*) die Vorkämpfer des Mahdī waren und deren Häuptlinge als Gouverneure der wichtigsten Städte das Rückgrat der fatimidischen Herrschaft bildeten; die dem Imam-Kalifen treu ergebenen Kutāma-Krieger stellten das Gros des fatimidischen Heeres. Daneben aber bedienten sich die Fatimiden in wachsendem Maße importierter Kriegssklaven (*'abīd*) meist slawischer Herkunft, die über die Adria importiert wurden.[2] Das seit der islamischen Eroberung in der Lagerstadt Kairuan angesiedelte arabische Heer (*ǧund*) trat unter der neuen Dynastie in den Hintergrund; es blieb ein unberechenbarer Unsicherheitsfaktor, da es traditionell sunnitisch war und den heterodoxen Imam-Kalifen ablehnend gegenüberstand.

Gestützt auf die Stammeskrieger der Kutāma und auf ihre im ursprünglichen Sinne des Wortes „eigenen" (*mamlūk*) slawischen Kriegssklaven konnten die Fatimiden nun darangehen, ihre Herrschaft nach Westen gegen die spanischen Umayyaden, in Sizilien und Unteritalien gegen Byzanz und im Osten gegen Ägypten auszudehnen. Der designierte Thronfolger Abū l-Qāsim Muḥammad, der spätere Kalif al-Qā'im, versuchte zweimal vergeblich, Ägypten durch eine kombinierte Land- und Seeoperation zu erobern (914/15 und 919/20). Das Nilland stand damals unter der Dynastie der Iḫšīdiden-Emire nur noch in nomineller Abhängigkeit von den Kalifen in Bagdad; allerdings wurde es nur durch eine aus dem Irak entsandte Armee vor der Besetzung durch die Fatimiden bewahrt. In den Jahren 927/28 hat der Thronfolger auf einem Heerzug nach Westen die Anerkennung des fatimidischen Kalifats durch die Berberstämme des mittleren Maghreb erzwungen.

Die Regierung des zweiten Fatimidenkalifen al-Qā'im (934–946) war zunächst durch schwere Unruhen in Sizilien und dann durch eine Erhebung der nichtschiitischen Berberstämme, vor allem der Hawwāra des Ǧabal Awrās (Aurès), gegen die Hegemonie der Kutāma bedroht (seit 944). Der Stammeskrieg kleidete sich in das Gewand religiöser Propaganda: Gegen die ketzerische Dynastie verkündete der Anführer des Aufstands, der berberische Wanderprediger Abū Yazīd, der „Mann mit dem Esel", die ḫāriǧitische Doktrin von der Berufung des Besten und Frömmsten zum allein legitimierten Oberhaupt der islamischen Gemeinde. Der Berberaufstand überrollte ganz Ifrīqiya und gipfelte in der monatelangen Blockade der Palastfestung von al-Mahdiyya. Der Verlust der Kontrolle über das Binnenland war vor allem auf den Abfall des sunnitischen arabischen Heeres, des *ǧund* von Kairuan, zurückzuführen, doch konnte der Kalif, gestützt auf die Küstenfestungen und die unangreifbare Flotte, den undisziplinierten und für einen Belagerungskrieg nicht gerüsteten Berberscharen standhalten, und die Rückkehr von Teilen des *ǧund* unter die Botmäßigkeit des Imams wendete schließlich das Blatt. Nachdem al-Qā'im im Mai 946 gestorben war, trat der Thronfolger Ismā'īl hervor, der die Rebellen zerstreute und in einem strapazenreichen Winterfeldzug 946/47 bis in die Wüstengebiete jenseits des Šaṭṭ al-Ḥuḍna verfolgte. Nachdem Abū Yazīd sein Ende gefunden hatte, nahm Ismā'īl den Thronnamen *al-Manṣūr*, „der Siegreiche", an. Der energische Kalif starb indes bereits 953 im Alter von vierzig Jahren in seiner vor den Toren Kairuans erbauten Lagerstadt, der neuen *dār al-hiǧra* al-Manṣūriyya.

Sein Sohn al-Mu'izz (953–975) hat zunächst die auch nach Abū Yazīds Tod noch immer rebellischen Berberstämme des Awrās-Massivs unterworfen (953/54). In den Jahren 958/59 führte der slawische General Ǧawhar abermals eine Expedition in den westlichen Maghreb, dessen antike urbane Zivilisation damals fast ganz erloschen war, unterwarf die nomadischen Zanāta-Stämme um Tahert (Tiaret) und drang bis zum Atlantik vor; Fes mußte sich den Fatimiden unterwerfen. Auf einem zweiten Zug im Jahre 968 hat Ǧawhar die fatimidische Herrschaft über den Maghreb gefestigt, und nun erst konnten die alten Pläne zur Eroberung Ägyptens wiederaufgenommen werden.

2. Die Fatimiden in Ägypten und Syrien

Das Nilland war nach dem Tode des tatkräftigen Majordomus der Iḫšīdiden, des schwarzen Eunuchen Kāfūr (968), in Anarchie verfallen; die Bevölkerung litt unter Mißernten und Teuerung, Seuchen, Ratten- und Heuschreckenplage. Da von Bagdad Hilfe und Besserung nicht zu erwarten war, setzte sich bei den Notabeln der ägyptischen Hauptstadt der Gedanke durch, den Fatimiden – ungeachtet seines heterodoxen Bekenntnisses – als Kalifen anzuerkennen. Als im Frühjahr 969 die fatimidische Armee unter Führung Ǧawhars im Nildelta erschien, traten der ägyptische Wesir Ibn al-

Furāt, der Oberqadi und die Senioren des lokalen hasanidischen und husainidischen Zweiges des Prophetenhauses in Verhandlungen mit dem fatimidischen Heerführer ein und unterwarfen sich, nachdem ihnen eine Sicherheitsgarantie *(amān)* gewährt worden war, der Oberhoheit des fatimidischen Imam-Kalifen.

Die von Ǧawhar ausgestellte *amān*-Urkunde, deren Wortlaut überliefert ist, stellt so etwas wie das Grundgesetz der fatimidischen Herrschaft über Ägypten dar. Sie verspricht die Sicherung der von Beduinen bedrohten Pilgerstraße nach Mekka, die Wiederaufnahme des Heiligen Krieges gegen die Feinde des Islam – eben damals schickte Kaiser Nikephoros Phokas sich an, Syrien für Byzanz zurückzuerobern –, die Wiederherstellung einer festen Währung und die Aufhebung unkanonischer Steuern und Zölle, vor allem aber die ungehinderte Übung des sunnitischen Kultus in den herkömmlichen Formen.

Nach seiner Einigung mit den zivilen Notabeln wurde Ǧawhar mit dem Widerstand einiger Offiziere rasch fertig; nach einem Gefecht am Brückenkopf von Gize konnte er mit seinen Kutāma-Scharen am 6. Juli auf das rechte Nilufer hinüberziehen, und am Freitag, dem 9. Juli, wurde die Predigt erstmals mit einem Segenswunsch für den Kalifen al-Muʿizz beschlossen. Nur wenige Wochen später begann Ǧawhar, einige Meilen nördlich der alten arabischen Lagerstadt Fusṭāṭ Miṣr eine neue *dār al-hiǧra* für seinen Herrn zu gründen, die „Siegreiche" (al-Qāhira = Kairo), die – wie ihr Vorbild al-Manṣūriyya bei Kairuan – als Palaststadt, Sitz der Verwaltung und Heerlager gedacht war und als Zentrum der erneuerten *umma* deutlich von der alten Metropole getrennt wurde. Der Kultus in der „Alten Moschee", der ʿAmr-Moschee in Fusṭāṭ, blieb sunnitisch, während der in der Palastmoschee von Kairo – der Azhar – von Anfang an ismailitisch war; der ismailitische Gebetsruf mit dem Zusatz „Auf zum besten Tun!" wurde zunächst nur hier verwendet, und während die fatimidischen Krieger in Kairo das Ende des Fastenmonats Ramaḍān nach schiitischem Brauch durch Berechnung ermittelten, hielten sich die Sunniten in Fusṭāṭ an ihren Usus, erst nach dem Sichtbarwerden des neuen Mondes das Fasten zu brechen. Der sunnitische Oberqadi blieb im Amt, während für die „Maghrebiner" ein eigener, ismailitischer Heeresqadi zuständig war. Die Beamten der Verwaltungsbehörden (Diwane) ließ Ǧawhar im Amt, da sie als Kenner der komplizierten Verwaltungs- und Besteuerungspraxis des Nillandes unentbehrlich waren, doch besetzte er die Spitzen der wichtigsten Ämter doppelt: Neben den einheimischen Experten trat ein Kutāma-Berber als Kontrolleur; dieses Prinzip der Doppelbesetzung spielte vor allem in den Finanzbehörden und bei der städtischen Polizeitruppe eine wichtige Rolle.

Vier Jahre lang hat Ǧawhar als Vizekönig Ägypten regiert; dann erst waren die Bauarbeiten in Kairo so weit fortgeschritten, daß der Kalif al-Muʿizz selbst in seine neue Hauptstadt übersiedeln konnte. Dieser Umzug eines ganzen Staatswesens von einem Land in ein anderes ist kennzeichnend für das Wesen islamischer Herrschaft: Der Imam-Kalif ist weder durch seine Herkunft noch durch anderweitige Loyalitäten an eine bestimmte Region oder ein bestimmtes Territorium gebunden; sein Herrschaftsanspruch ist universal-islamisch und kann überall innerhalb der *dār al-islām* geltend gemacht werden; auch Kairo sollte ja nur eine vorläufige Station sein auf einem Weg, der erst nach Bagdad und dann nach Konstantinopel führen sollte. Im August 972 wurde zu Lande und zur See alles nach Ägypten verfrachtet, was den fatimidischen „Staat" ausmachte: der Kalif selbst mit seiner Familie und den Särgen seiner Väter, die Reichsinsignien – ʿAlīs Schwert und der Sonnenschirm –, das Silbergeld, zu Barren eingeschmolzen, die heiligen Bücher der ismailitischen Lehre, die slawischen Pagen und Gardisten; auch eine große Anzahl von Kutāma-Berbern folgte ihrem Imam in die Fremde; sie wurden in einem besonderen Viertel von Kairo und in mehreren Dörfern im Nildelta, die noch heute ihre Namen tragen, angesiedelt. Nordafrika erhielt einen Gouverneur in der Person des berberischen Ṣanhāǧa-Fürsten Buluggīn b. Zīrī, dessen Vater sich bei der Niederwerfung der Rebellion des Abū Yazīd als loyaler Vasall erwiesen hatte; seine Nachkommen, die Ziriden, haben den Maghreb bis 1048 als fatimidische Vizekönige regiert.

Am 11. Juni 973 zog der Kalif al-Muʿizz in Kairo ein. Die Doppelstadt – die sunnitische Altstadt von Fusṭāṭ Miṣr (oder kurz: Miṣr) am Nilufer und die nordöstlich gelegene ummauerte Palaststadt al-Qāhira – war und blieb noch lange eine arabisch-islamische Insel in einem überwiegend anderssprachigen und andersgläubigen Land, und die fatimidische Politik hatte dem Rechnung zu tragen. Unter keinem anderen islamischen Regime haben die ägyptischen Christen und Juden ähnlich weitreichende Freiheiten und Privilegien genossen wie unter dem der ersten Fatimidenkalifen. Die christlichen Feste – vor allem das karnevalsähnlich begangene Neujahr (Ende August), das Epiphaniasfest, bei dem die Gläubigen nach einer feierlichen Prozession ein Tauchbad im Nil nahmen, oder das Osterfest – waren auch bei der muslimischen Bevölkerung beliebte Volksfeste, bei denen der Wein floß und Sänger, Gaukler und Schattenspieler die Menge unterhielten. Das rege wirtschaftliche und gesellschaftliche Leben der Kairiner Judengemeinde bezeugen die Dokumente aus der 1896 geöffneten Geniza, dem Depotraum der Kairiner Synagoge. Christliche und jüdische Beamte versahen ihre unentbehrlichen Dienste in den Behörden, den Diwanen, vor allem in der Steuer- und Finanzverwaltung. Unter al-Muʿizz' Sohn und Nachfolger al-ʿAzīz (975–996) wurde das Finanzwesen Ägyptens von dem Christen ʿĪsā b. Nasṭūrus (Nestorios), das von Syrien von dem Juden Isaak ben Menašše kontrolliert. Die Leitung der Staatsgeschäfte lag von 979 bis 991 in den Händen des jüdischen Wesirs Yaʿqūb b. Killis; das militärische Oberkommando hatte der zum Islam übergetretene Jude al-Faḍl b. Ṣāliḥ inne. Daß der Kalif und seine beiden höchsten Würdenträger sich fast ausschließlich mit christlichen Sekretären umgaben, erregte indes den Unwillen der Muslime und führte sogar zu öffentlichen Protestdemonstrationen; der Kairiner Volksmund spottete über die unheilige Dreifaltigkeit an der Spitze des Staates:

> „Werde Christ, denn das ist eine wahre Religion, wie unsere heutige Zeit beweist.
> Bekenne dich zu Dreien – groß und erhaben sind sie! – und verwirf alle anderen als unnütz:
> Yaʿqūb der Wesir ist der Vater,
> ʿAzīz aber ist der Sohn, und Faḍl der heilige Geist!"

Es war indes der also geschmähte Yaʿqūb b. Killis, der im Jahre 988 – nach seinem Übertritt zum Islam – die Palastmoschee al-Azhar („die hell Leuchtende") durch eine großzügige Stiftung mit 35 juristischen Lehrstühlen ausstattete und damit die bis in unsere Tage bestehende bedeutendste Hochschule der islamischen Welt ins Leben rief.

Der sunnitischen Bevölkerung von Alt-Kairo (Fusṭāṭ Miṣr) haben die Fatimiden ihr ismailitisches Bekenntnis nicht aufzuzwingen versucht. Zwar wurde der schiitische Zusatz zum Gebetsruf schließlich auch für die Moscheen der Altstadt obligatorisch, was für die Sunniten mit ihrer notorischen Empfindlichkeit gegenüber unkanonischen Neuerungen im Ritual eine schwere Provokation darstellte, doch wurde niemand zur Annahme des heterodoxen Bekenntnisses der Dynastie gezwungen. Es wurde lediglich in öffentlichen Lehrsitzungen (*maǧālis al-ḥikma*), die an zwei Wochentagen im Palast – für Männer und Frauen getrennt – stattfanden, für die neue Lehre geworben und den Neophyten das Gelübde abgenommen. Diese vorsichtige Religionspolitik hat es sicher auch den Scherifen von Mekka und Medina – direkten Nachkommen des Propheten Muḥammad – leicht gemacht, den schiitischen Imam als Kalifen anzuerkennen. Schon im Jahre 970 hatte al-Muʿizz noch vor seiner Übersiedlung nach Ägypten veranlaßt, daß zwanzig Traglasten Geld unter militärischer Bedeckung nach den beiden heiligen Städten entsandt wurden; zumindest in Medina wurde daraufhin der Name des Fatimiden in der Freitagspredigt genannt. Nachdem al-Muʿizz seine Residenz nach Kairo verlegt hatte, folgte auch der Scherif von Mekka, so daß der Kalif in seinem letzten Lebensjahr 975 zum ersten Mal den Aufruf zur Pilgerfahrt erlassen konnte. Von nun an war nicht mehr der Bagdader Kalif, sondern der jeweilige Herr von Kairo der Protektor der heiligen Städte und Beschützer der Pilgerkarawanen; im Niltal lagen die wichtigsten Stiftungsländereien, die die religiösen und sozialen Institutionen in Mekka finanzierten; die Stadt wurde regelmäßig mit ägyptischem Getreide alimentiert, und auch die Kiswa, das alljährlich erneuerte Tuch, das die Kaʿba einhüllte, entstand in ägyptischen Webereien. Die Anerkennung durch die religiösen Zentren des Islam bedeutete natürlich einen beträchtlichen Prestigegewinn des fatimidischen Kalifen; zugleich legitimierte sie die Ausdehnung seiner politischen Macht auf beide Gestade des Roten Meeres und damit die Kontrolle einer der wichtigsten Seerouten des damaligen Welthandels, des Seeweges nach Indien und Ostasien.

Der abbasidische Kalif in Bagdad und sein buyidischer Majordomus hatten weder den Verlust Ägyptens noch den der heiligen Stätten verhindern können; ihre Reaktion beschränkte sich auf einen propagandistischen Gegenzug: ein genealogisches Gutachten stellte – wie nicht anders zu erwarten – die Abkunft der Fatimiden vom Propheten und damit ihre Legitimität in Frage; al-ʿAzīz sah sich zu einer öffentlichen Darlegung seiner alidischen Genealogie gezwungen, doch tat die Offensive aus Bagdad seiner realen Macht keinerlei Abbruch.

Auch Syrien vermochten die Abbasiden nicht zu behaupten. Der Gedanke, den Euphrat zur Grenze Ägyptens und damit Palästina und Syrien zu einem ägyptischen Glacis zu machen, ist seit den Tagen des Pharao Thutmosis III. eine Konstante ägyptischer Außenpolitik; die Fatimiden haben dieses Ziel ebenso angestrebt wie die Ptolemäer oder die Tuluniden. Allerdings war Syrien noch schwieriger zu halten als zu gewinnen. Im Unterschied zu dem straff zentralisierten, bürokratisch verwalteten Nilland war Syrien ein Chaos zentrifugaler Partikulargewalten ganz unterschiedlichen Charakters. Über das südliche Palästina etwa herrschte die große Nomadenkonföderation der Ṭayyiʾ; ihre Häuptlinge aus dem Clan der Banū l-Ǧarrāḥ mußten sich bereits 969 dem von Ǧawhar entsandten Berbergeneral Ǧaʿfar b. Falāḥ unterwerfen, doch wurden sie als fatimidische Gouverneure von Ramla eingesetzt und waren fortan eine wichtige, aber auch höchst unsichere und schwankende Stütze der Fatimidenmacht in Palästina. Tiberias (Ṭabariyya), der Hauptort der Jordanprovinz, unterwarf sich kampflos; schließlich wurde Damaskus von den Berbertruppen Ibn Falāḥs besetzt. Die syrische Metropole war nur mit Gewalt unter fatimidischer Botmäßigkeit zu halten. Ausschreitungen der berberischen Besatzung, der verhaßten „Maghrebiner", lösten monatelange Straßenkämpfe aus; vor allem die bewaffneten Clubs der *aḥdāṯ* („Jünglinge"), die sich aus dem städtischen Handwerkertum rekrutierten, organisierten den Widerstand gegen die fremde Besatzungsmacht. Die *aḥdāṯ* waren allerdings nicht nur ein Element anarchischer Insubordination, sondern zeigten in ihrer Organisation unter populären lokalen Führern Ansätze städtischer Autonomie und Selbstverwaltung; gegen sie hatten sich die aus Kairo gesandten Militärgouverneure stets aufs neue durchzusetzen.

Das unruhige Damaskus war der nördlichste Stützpunkt der fatimidischen Macht in Syrien. Der Norden des Landes blieb unter der Herrschaft der Hamdaniden-Emire von Aleppo, die zwischen Bagdad und Kairo eine geschickte Schaukelpolitik trieben und sich dabei notfalls auf die dritte Großmacht stützen konnten, die Ansprüche auf Syrien erhob: das byzantinische Reich.

Die Zeit der ersten Fatimiden in Ägypten fällt zusammen mit dem machtvollen Ausgreifen von Byzanz nach Syrien. Zum ersten Mal seit dreihundert Jahren gerät der Islam an der Taurusgrenze in die Defensive: Kaiser Nikephoros Phokas erobert 965 die kilikische Ebene, besetzt Zypern und nimmt die Städte an der syrischen Küste bis hinunter nach Tortosa (Ṭarṭūs) ein; am 28. Oktober 969 – nicht ganz vier Monate nach der Inbesitznahme Ägyptens durch die Fatimiden – fällt der alte Patriarchensitz Antiochen an die Christen zurück. Im Jahre 975 nimmt dann Nikephoros' Nachfolger Johannes Tzimiskes die Städte des syrischen Binnenlandes ein: Ḥimṣ (Emesa), Baalbek, Damaskus, Tiberias und Nazareth; dann wendet er sich zur Küste, wo Akkon (ʿAkkā) und Caesarea, schließlich auch Sidon (Ṣaydā) und Beirut in seine Hand fallen; die Wiedereroberung Jerusalems durch die Christen rückt erstmals in greifbare Nähe.

Über den Vorbereitungen zu einem Gegenstoß ist der Kalif al-Muʿizz gestorben; der Feldzug, den sein Sohn al-ʿAzīz in den Jahren 977 und 978 unternahm, brachte zwar Damaskus wieder unter fatimidische Botmäßigkeit, konnte aber die byzantinische Herrschaft über Nordsyrien nicht erschüttern. Erst in seinen letzten Lebensjahren hat al-ʿAzīz seine syrischen Statthalter gegen Aleppo und Antiochien marschieren lassen, doch ohne Erfolg; der Emir von Aleppo, inzwischen auch formell ein Vasall des christlichen Kaisers, konnte sich auf den Beistand der griechischen Generäle verlassen. Im Jahre 995 erschien Kaiser Basileios II. selbst in Aleppo, Apameia (Fāmiya) und Ḥimṣ, um die byzantinische Herrschaft zu befestigen; im Jahr darauf starb der 42jährige al-ʿAzīz – wie sein Vater während der Vorbereitungen zu einem Syrienzug – und hinterließ die Herrschaft seinem erst elfjährigen Sohn al-Ḥākim.

3. Der Kalif al-Ḥākim und die Anfänge des Drusentums

Das Bild des dritten ägyptischen Fatimidenkalifen al-Ḥākim (996–1021) hat eine feindliche Überlieferung mit monströsen Zügen ausgestattet: er wird uns präsentiert als blutgieriger Wüstling, der seine Untertanen mit unsinnigen und widersprüchlichen Erlassen tyrannisiert, als Ketzer, der heimlich Mars und Saturn verehrt oder sich gar selbst als Gott anbeten läßt, als Psychopath, der Haare und Fingernägel wachsen läßt und sich jahrelang nicht wäscht, bis seine Kleider vom Schweiß verfilzt sind. Dieses Horrorbild, das auch von den meisten modernen wissenschaftlichen Darstellungen übernommen wird, bedarf dringend der Korrektur; es geht in seinen wesentlichen Zügen auf die christliche und die pro-abbasidische sunnitische Propaganda und Historiographie zurück. Die erhaltenen Reste der zeitgenössischen Kairiner Annalistik dagegen – vor allem die darin zitierten zahlreichen Dekrete des Kalifen – zeigen zwar einen Herrscher mit stark ausgeprägten Eigenarten und Vorstellungen, geben jedoch keinerlei

Anlaß zur Annahme eines abnormen oder krankhaft deformierten Charakters.

Vier Jahre lang war der minderjährige Kalif den Eigenmächtigkeiten und Demütigungen der Militärs und Höflinge ausgeliefert, die sich seine Vormundschaft anmaßten. Während dieser Regentschaft trat erstmals die Rivalität zwischen den Kutāma-Berbern, den ältesten Stützen der fatimidischen Herrschaft, und den türkischen Sklavengarden zu Tage, auf die sich al-Ḥākims Vater al-ʿAzīz in wachsendem Maße gestützt hatte; seit dieser Zeit begannen die türkischen „Mamluken" ihre Rolle in der ägyptischen Politik zu spielen; aus ihren Reihen hervorgegangene Offiziere erhielten nun immer häufiger militärische Kommandos und Statthalterposten – beides bis dahin eine Domäne der Berber. Sieger in dem ausbrechenden Machtkampf blieb der slawische Eunuch Barǧuwān, dem es gelang, mit Hilfe der Türken die Berber zu entmachten und die Leitung der Staatsgeschäfte zu übernehmen. Im März des Jahres 1000 hat sich der fünfzehnjährige al-Ḥākim jedoch des allmächtigen Regenten durch Meuchelmord entledigt und die Zügel der Regierung selbst in die Hand genommen.

Das Gelingen des Anschlags muß dem jungen Kalifen die Fülle seiner Macht schlagartig zum Bewußtsein gebracht haben. Ähnlich wie bei dem Zaren Ivan IV. Groznyj, dem „Gestrengen" oder „Schrecklichen", dürften die demütigenden Erfahrungen seiner Kindheit ihm ein tiefes Mißtrauen gegenüber seinen engsten Beratern eingegeben haben – den einzigen Charakterzug al-Ḥākims, den wir mit einiger Sicherheit durch die Quellen bezeugt finden. Keinen seiner Wesire, Höflinge und Offiziere hat er neben sich mächtig werden lassen; die meisten wurden früher oder später Opfer seiner Ungnade.

Al-Ḥākim eröffnete sein persönliches Regiment mit dem Erlaß eines Dekrets, in dem er den Sturz Barǧuwāns rechtfertigte und zugleich eine gerechte Regierung versprach; die Untertanen wurden eingeladen, sich mit allen Wünschen und Begehren direkt an den Imam-Kalifen zu wenden. Der sonst nach dem Vorbild des byzantinischen Kaisers hinter einem Vorhang verborgene Kalif war nun persönlich anwesend, wenn sein Wesir in der alltäglichen, jedermann zugänglichen Audienz Eingaben und Petitionen entgegennahm und durch Reskript (*tawqīʿ*) auf dem Rand oder der Rückseite des Blattes entschied. Bei den Ausritten, die er bis an sein Ende als Gewohnheit pflegte, nahm al-Ḥākim Eingaben persönlich entgegen.

Neben der Aktenarbeit der Sekretäre (*kuttāb*, Sing. *kātib*) in den Diwanen und solcher Erledigung von Einzelfällen durch Reskripte steht als drittes Instrument der Regierungspraxis des Kalifen die Anordnung allgemeingültiger Vorschriften durch Dekrete (*siǧill*, vom lat. *sigillum*). Die *siǧillāt* sind Urkunden, die in der Kanzlei (*dīwān al-inšāʾ*) aufgesetzt und dem zusammengetrommelten Volk von einer Loge des Schloßhofes aus durch den Hofprediger verlesen werden; sie werden dann beim nächsten Freitagsgottesdienst von den Kanzeln der Kairiner Moscheen verkündet.

Al-Ḥākim hat seine Untertanen mit einer Lawine solcher Dekrete überschüttet, deren offenkundiges Ziel es war, aus seinem Volk eine ideale islamische Gemeinde (*umma*) unter einem vorbildlichen Lenker (*imām*) zu machen. Viele seiner Anordnungen greifen gescheiterte Ansätze seiner Vorgänger wieder auf; als Richtschnur dienen die Rechtssätze des großen ismailitischen Rechtskompendiums, der „Stützen des Islam" (*Daʿāʾim al-islām*) des Qadi an-Nuʿmān (st. 974). Vor allem aber versucht al-Ḥākim, die Sicherheitsgarantie (*amān*) des Ǧawhar von 969 mit ihrer Duldung des sunnitischen Kultus – die Magna Charta der fatimidischen Herrschaft – in die Praxis umzusetzen.

Die Dekrete al-Ḥākims[3] spiegeln die alltägliche Regierungspraxis eines gewissenhaften islamischen Herrschers wieder, der seine Rolle als Treuhänder Gottes (*amīn Allāh*) ernstnimmt. Nicht wenige haben die Hebung der öffentlichen Wohlfahrt und Sicherheit zum Ziel: Überwachung von Maßen und Gewichten, Beleuchtung und Feuerschutz der Altstadt, Tötung der zur Plage werdenden Hunde, Schutz des Rinderbestandes durch das Verbot von Schlachtungen bei den großen muslimischen und christlichen Festen, Abschaffung einer Reihe von unkanonischen Binnenzöllen (*maks*, Pl. *mukūs*) in den Kairiner Flußhäfen, die die Grundnahrungsmittel des Volkes – Brotgetreide und Datteln – verteuerten; diese Subventionierung der Lebensmittelpreise der hauptstädtischen Bevölkerung erinnert an die *cura annonae* der römischen Kaiser.

Daneben versuchte der Kalif durch zahllose Erlasse seine Untertanen zwangsweise zu guten Muslimen zu machen. Der Weingenuß wurde verboten und verfolgt; als mehrere Dekrete nichts bewirkten, ließ al-Ḥākim die Rohstoffe – Trauben, Rosinen und Honig – vernichten. Honigbier (*fuqqāʿ*) und Hirsebier (*mizr*) wurden verboten. Dazu kam das Verbot des Genusses von allem schuppenlosen Meeresgetier, darunter der in Ägypten besonders beliebten Tellmuschel, und einiger von den Schiiten seit je verpönter Gemüse; al-Ḥākim hat mehrfach versucht, diesen schon in den *Daʿāʾim* des Qadi an-Nuʿmān formulierten Verboten Nachdruck zu verleihen. Das Auftreten von Frauen in der Öffentlichkeit wurde Beschränkungen unterworfen: Der Schleier wurde obligatorisch, nächtlicher Ausgang, Teilnahme an Begräbnissen und der Besuch der öffentlichen Bäder und der beliebten Ausflugsziele wurden untersagt, schließlich sogar der Ausgang ohne Begleitung eines männlichen Verwandten unterbunden – ausgenommen bestimmte Berufe wie Hebammen, Leichenwäscherinnen, Wasserträgerinnen, Friseusen usw. (Daß den Frauen sieben Jahre lang jeder Ausgang überhaupt untersagt und sogar die Herstellung von Frauenschuhen verboten worden sei, ist eine spätere legendäre Übertreibung). Al-Ḥākim erweist sich in diesen Maßnahmen als das, was wir heute einen „Fundamentalisten" nennen würden. Die häufige Erneuerung dieser Dekrete wirft jedoch ein bezeichnendes Licht auf ihre Wirksamkeit; offenbar konnten sie trotz der angedrohten Prügelstrafen nicht durchgesetzt werden. Der verbissene Kampf des Kalifen gegen die Gewohnheiten der trink- und festesfreudigen Ägypter hat gelegentlich Züge von Donquichotterie.

Profitiert hat von al-Ḥākims Maßnahmen vor allem die sunnitische Mehrheit der muslimischen Bevölkerung. Mit den Duldungsgarantien von Ǧawhars *amān* wurde Ernst gemacht; der schiitische Zusatz zum Gebetsruf wurde zurückgenommen, Zusatzgebete am Vormittag und in den Ramaḍān-Nächten wurden erlaubt und die vor allem bei den schiitischen Festen und Prozessionen üblichen Schmähungen der Prophetengefährten Abū Bakr, ʿUmar, ʿUṯmān usw. unterbunden; sogar die wöchentlichen öffentlichen Lehrsitzungen der ismailitischen Missionare wurden zeitweilig eingestellt. Im Jahre 1006 hat al-Ḥākim ein regelrechtes Toleranzedikt erlassen, das 1009 erneuert wurde (beide Urkunden sind uns im Wortlaut überliefert). Damit aber scheint al-Ḥākim doch auf den Widerstand seiner eigenen Glaubensgenossen gestoßen zu sein, denn er mußte die weitgehenden Zugeständnisse an die Sunniten zum Teil wieder zurücknehmen.

Dagegen bekamen Christen und Juden die Bemühungen al-Ḥākims um die Wiederherstellung der idealen *umma* schmerzlich zu spüren. Zwar garantierte ihnen der *amān* des Ǧawhar die Ausübung ihres Kultes, und dessen Unterdrückung hat al-Ḥākim denn auch nie versucht. Aber der weite Spielraum, den die Nichtmuslime unter seinen beiden Vorgängern gehabt hatten, wurde nun stark eingeengt. Streng verfügte der Imam die Wiedereinführung der diskriminierenden Maßnahmen, die die islamische Überlieferung auf einen Vertrag des zweiten Kalifen ʿUmar zurückführt[4] und die schon der Abbasidenkalif al-Mutawakkil im Jahre 850 in Bagdad und auch Ǧawhar nach der Besetzung Ägyptens wiederzubeleben versucht hatten: Prozessionen und Feste der Christen in der Öffentlichkeit wurden untersagt, Glockengeläut und das öffentliche Zeigen von Kreuzen verboten, Kirchenneubauten niedergerissen; auffällige Kennzeichen *(ġiyār)* an der Kleidung – Gürtel, schwarze Turbane und Kopftücher – wurden vorgeschrieben; sogar im Badehaus sollten die Christen an einem um den Hals getragenen kleinen Holzkreuz und die Juden an einem Glöckchen erkennbar sein. (Auch hier hat die christliche Überlieferung später maßlos übertrieben; sie fabuliert von ellenlangen Kreuzen und fünf Pfund schweren Holzkugeln für die Juden). Auf die christlichen Sekretäre der Diwane – ein altes Ärgernis – wurde starker Druck ausgeübt; viele von ihnen traten zum Islam über. Was für al-Ḥākim nichts anderes war als die Herstellung des gesetzlichen Normalzustands, mußten die Christen Ägyptens und Syriens als Verfolgung empfinden. Blut ist nicht geflossen, doch machten viele Christen von al-Ḥākims Angebot Gebrauch, auf christliches Gebiet – nach Nubien oder in die syrischen Küstenstädte Latakia (Laodikeia) und Antiochien – überzusiedeln.

Alle diese Maßnahmen al-Ḥākims, die mit dem Jahr 1004 einsetzten und bis zum Ende seiner Regierung in Kraft blieben, waren – zumindest nach islamischer Auffassung – durch die Verträge der Eroberungszeit gedeckt und damit legal. Offenkundiges Unrecht aber beging der Kalif, als er im Jahre 1008 begann, einzelne Kirchen und Klöster zu plündern und zu zerstören und ihren Grundbesitz zu konfiszieren. Einem Dekret al-Ḥākims – unter einem christlichen Wesir von einem christlichen Kanzler ausgestellt – fällt im September 1009 die Grabeskirche in Jerusalem zum Opfer; die Kirche Konstantins, die Grabrotunde und die Schädelstätte *(kraníon)* werden abgerissen. In Ramla fällt die Georgskirche, in Damiette (Dimyāṭ) die Marienkirche der Spitzhacke zum Opfer; das Kloster Dayr al-Qaṣīr über dem Grab des Hl. Arsenios auf dem Muqaṭṭam bei Kairo wird abgerissen. Von einem Befehl zur Zerstörung *aller* Kirchen und Klöster kann keine Rede sein; das Skētē-Kloster bei Alexandrien und das Katharinenkloster auf dem Sinai bleiben ebenso erhalten wie die Kirchen Mar Schenute, die Marienkirche *(al-Muʿallaqa)* und andere Gotteshäuser in Alt-Kairo. Al-Ḥākim hat keineswegs versucht, das Christentum auszurotten; er brauchte lediglich, wie christliche und muslimische Autoren einmütig bestätigen, Geld zur Besoldung seiner Soldaten und zur Wiederherstellung verfallener Moscheen und hielt sich, wie andere ägyptische Regenten vor und nach ihm, an die reichen Christengemeinden. Der Abt des Katharinenklosters z. B. konnte sich bei dem Offizier, dem seine Ländereien als Lehen zugesprochen worden waren, durch eine größere Geldsumme freikaufen.

Die Christen haben dem Kalifen die Zerstörung der Grabeskirche, in der in der Osternacht mit dem Entzünden eines Lichtermeeres das Hauptfest der östlichen Christenheit gefeiert wurde,[5] damit vergolten, daß sie ihn als Tyrannen und Verfolger in den schwärzesten Farben schilderten; für den Historiker Johannes von Antiochien (Yaḥyā al-Anṭākī) war al-Ḥākim dazu verdammt, dem Tempelzerstörer Nebukadnezar gleich, von Reue geplagt, mit verwildertem Haupt- und Barthaar in der Wüste herumzuirren – eine Anspielung auf al-Ḥākims bekannte Vorliebe für nächtliche Spazierritte. Die christliche Geschichtsschreibung vor allem ist für das negative Bild des Kalifen verantwortlich, und die pro-abbasidische Propaganda hat alle Greuelmärchen über ihn begierig aufgegriffen.

Die Maßnahmen gegen Kirchen und Klöster sind indes bald eingestellt und von al-Ḥākim selbst rückgängig gemacht worden. So erhielt das Kloster Dayr al-Qaṣīr im Jahre 1020 seinen Besitz zurück und wurde unter al-Ḥākims persönlicher Anteilnahme wiederaufgebaut; in Jerusalem, wo der Kalif einen neuen Patriarchen einsetzte, wurde den Christen die Ruine der Grabeskirche mit allem Grundbesitz zurückgegeben; al-Ḥākims Sohn und Nachfolger aẓ-Ẓāhir hat dann 1027 den Wiederaufbau des Heiligtums gestattet. Den unter Zwang zum Islam übergetretenen christlichen Beamten wurde unter Berufung auf den Koranvers 2, 256 – „Es gibt keinen Zwang in der Religion" – die Rückkehr zu ihrem alten Glauben gestattet, obwohl das islamische Recht den Abfall vom Islam mit dem Tode bedroht. Es ist allerdings bezeichnend für al-Ḥākims Politik, daß die erneut Übertretenden sogleich wieder den diskriminierenden Kleidervorschriften unterworfen wurden.

Zu al-Ḥākims bedeutendsten Schöpfungen gehört – neben seiner noch heute bestehenden Freitagsmoschee am Nordrand von Kairo – die Gründung einer wissenschaftlichen Akademie. Das „Haus der Wissenschaft" *(dār al-ʿilm)* oder „Haus der Weisheit" *(dār al-ḥikma)*, das im Jahre 1005 nahe dem Palast im Hause eines früheren Kastellans (gegenüber der späteren Aqmar-Moschee) eingerichtet wurde, unterscheidet sich grundlegend von dem herkömmlichen Typ der religiös-juristischen Hochschule *(madrasa)*, den es im Fatimidenreich damals nur an der Azhar gab: die von al-Ḥākim gegründete Institution war der Pflege „*aller* Art von Wissenschaft und Bildung" gewidmet. Kernstück war die Bibliothek, deren Grundbestand aus dem Palast des Kalifen kam; neben einem Bibliothekar und mehreren Pförtnern und Wärtern wurden wissenschaftliche Lehrer verpflichtet und besoldet, und zwar nicht nur Vertreter der üblichen religiösen Disziplinen Recht, Tradition *(ḥadīṯ)* und Koranlesung, sondern auch Grammatiker und Philologen, Logiker, Mathematiker und Astronomen sowie Mediziner. Die Bibliothek war der Öffentlichkeit zugänglich; jeder konnte jeden Text kopieren; Federn, Tinte und Papier wurden gestellt. Gelegentlich lud der Kalif die Vertreter der einzelnen Disziplinen zu gelehrten Disputationen in den Palast.

Mit der Gründung dieser Universität – einer der ganz wenigen Institutionen des mittelalterlichen Islam, die diesen Namen verdienen – folgte al-Ḥākim einem berühmten Vorbild: dem „Haus der Weisheit" *(bayt al-ḥikma)*, das der abbasidische Kalif al-Ma'mūn im Jahre 830 in Bagdad gegründet hatte, das aber seine Arbeit längst wieder eingestellt hatte. Auch al-Ḥākims Kairiner Universität hat nur wenig mehr als ein Jahrhundert bestanden; im Jahre 1123 ist sie von dem Wesir al-Afḍal wegen angeblich dort verbreiteter Ketzereien geschlossen worden. Die wichtigsten wissenschaftlichen Leistungen der Institution lagen wohl auf dem Gebiet der Astronomie, die al-Ḥākim, ein erklärter Feind des astrologischen Aberglaubens, besonders gefördert hat; der Astronom Ibn Yūnus aṣ-Ṣadafī hat mit der „Ḥākimschen Tafel" *(az-zīǧ al-Ḥākimī)* das astronomische Wissen der Araber auf den neuesten Stand gebracht; sein Werk sollte erst in der Mongolenzeit durch den *zīǧ al-Īlḫānī* des Naṣīr ad-dīn Ṭūsī (st. 1274) abgelöst werden. Im Jahre 1012 begann zudem al-Ḥākims Oberqadi Mālik b. Saʿīd mit dem Bau eines Observatoriums, das indes nicht vollendet wurde; erst der Wesir al-Afḍal hat ein Jahrhundert später auf einem Ausläufer des Muqaṭṭam südöstlich von Kairo „eine Kugel zur Beobachtung der Gestirne" installiert.

Al-Ḥākims 25jährige Regierung ist auch außenpolitisch durchaus erfolgreich gewesen. Noch zur Zeit seiner Minderjährigkeit war es dem Regenten Barǧuwān gelungen, Palästina und Damaskus wieder fest an die Fatimiden zu binden und sogar die byzantinischen Truppen bis unter die Mauern von Antiochien zu verfolgen. Eine Expedition des Kaisers Basileios II., der im Winter 999/1000 den Orontes aufwärts zog, Šayzar, Ḥimṣ und Baalbek plünderte und dann an der Küste Tripolis (Ṭarābulus) vergeblich belagerte, zeigte, daß die Byzantiner ihre Pläne zur Wiedergewinnung Syriens noch keineswegs aufgegeben hatten. Es gelang Barǧuwān jedoch, durch einen zehnjährigen Waffenstillstand, den der Patriarch Orestes von Jerusalem – mütterlicherseits ein Onkel al-Ḥākims – in Byzanz vermittelte, den Rükken frei zu bekommen, um sich der Festigung der fatimidischen Herrschaft im Innern widmen zu können. So blieb der äußere Friede für die ganze Zeit von al-Ḥākims Regierung gewahrt, doch ist seine Herrschaft im Inneren zweimal in Frage gestellt worden, und zwar beide Male unter ähnlichen Umständen: Beide Erhebungen bedurften eines Gegenkalifen als Legitimation, und beide stützten sich auf die militärische Macht großer arabischer Beduinenstämme.

Im Jahre 1004 erhoben sich die arabischen Banū Qurra, die am westlichen Rand des Nildeltas nomadisierten, und die Berberstämme des heutigen Libyen, Luwāta, Mazāta und Zanāta, unter der Führung eines angeblichen spanischen Umayyadenprinzen, Abū Rakwa, eroberten Barqa in der Cyrenaika und bedrohten Ägypten; nur mit Mühe und nach mehreren Niederlagen konnten al-Ḥākims Generäle der Eindringlinge Herr werden (1005); der ins christliche Nubien geflüchtete Abū Rakwa wurde nach Kairo ausgeliefert und hingerichtet.

Die andere Erhebung ging von dem stets unruhigen Palästina aus: Im Jahre 1011 kündigte der Fürst der Ṭayyi'-Stämme, Mufarriǧ b. Daǧfal b. al-Ǧarrāḥ, dem Fatimiden den Gehorsam auf und ließ den Scherifen von Mekka, al-Ḥasan b. Ǧaʿfar, zum Kalifen ausrufen; der Scherif erschien sogar in Ramla, um sich huldigen zu lassen. Diesmal gelang es al-Ḥākim jedoch, die Gefahr ohne den Einsatz seiner Armee zu bannen: Von Kairo durch größere Summen bestochen, schickten die Beduinenhäuptlinge ihren Prätendenten nach Mekka zurück.

Der größte außenpolitische Erfolg al-Ḥākims war seine Anerkennung durch den Emir von Aleppo im Jahre 1015, die zugleich die Lösung Nordsyriens aus der Lehenshoheit des byzantinischen Kaisers bedeutete. 1011 war der Fatimide sogar für eine Zeit lang in Mossul und Kūfa in der Freitagspredigt als Souverän genannt worden, doch waren solche ephemeren Erfolge eher das Ergebnis gegen Bagdad gerichteter Unabhängigkeitsbestrebungen lokaler Machthaber als der Ausdruck echter profatimidischer Gesinnung.

Während der letzten Jahre al-Ḥākims, 1017 bis 1021, trat in Kairo eine sektiererische Lehre hervor, die in dem fatimidischen Imam-Kalifen eine Inkarnation Gottes sah und mit der Offenbarung dieses Geheimnisses die Botschaft vom Ende des islamischen Gesetzes verband. Die Propheten dieser Lehre sind die Begründer jener Religionsgemeinschaft, die wir heute in Syrien, im Libanon und in Galiläa unter dem Namen „Drusen" kennen.

Das Drusentum ist eine ismailitische Häresie, die die antinomistischen Tendenzen konsequent zu Ende führt, die in der ismailitischen Erlösungserwartung von Anfang an latent angelegt waren (s. o. S. 166f.). Dort war die paradiesische Urreligion, das kultlose Bekenntnis der Engel und des ersten Menschen zur Einzigkeit *(tawḥīd)* des noch unverhüllten Gottes, durch den Sündenfall Adams verdunkelt worden; der ursprünglich sichtbare Gott hatte sich der sündigen Menschheit entzogen und verhüllt und ihr dann, um sie zu züchtigen, durch die Propheten Noah, Abraham, Moses, Jesus und Muḥammad eine Gesetzesreligion *(šarīʿa)* nach der anderen auferlegt. Nur eine Minderheit von Eingeweihten – eben die Ismailiten – kannte die hinter dem Wortlaut der Offenbarung *(tanzīl)* verborgene Deutung *(taʾwīl)* und wußte über Ursprung und Ziel der Menschheit Bescheid. Der Mahdī/Qāʾim – so war die Heilsgewißheit des Ismailiten – wird den ursprünglichen Zustand wiederherstellen, indem er die „Beschwernis der Gesetzesreligion" mit all ihren Verboten, Geboten und kultischen Pflichten aufhebt *(rafʿ aš-šarīʿa)*.

Was aber für die orthodoxe ismailitische Staatsreligion der Fatimiden eschatologische Heilserwartung blieb – keiner der Fatimidenkalifen hat das islamische Gesetz in Frage gestellt –, das holten die drusischen Agitatoren in die Gegenwart hinein: Die Zeit war gekommen, die Ära der koranischen Offenbarung *(tanzīl)* und der ismailitischen Deutung *(taʾwīl)* war nun vorbei, das ursprüngliche Einheitsbekenntnis *(tawḥīd)* ohne Kult und Gesetz galt schon jetzt, denn Gott selber war den Menschen wieder sichtbar geworden – in der Person des Kalifen al-Ḥākim. Der Islam war im Begriff, eine neue Religion aus sich zu entlassen.

Der eigentliche Schöpfer des spekulativen Systems der Drusen ist Ḥamza al-Labbād (der Filzmacher), der aus Ostiran stammte. Seine Traktate – beginnend im Sommer 1017 – bilden den Grundstock des heiligen Schriftenkanons der Drusen. Er lehrte in einer kleinen Moschee vor den nördlichen Stadttoren von Kairo, wo ihn der Kalif bei seinen Ausritten mehrfach aufsuchte, um sich mit ihm zu unterhalten. Ḥamza legte sich den Titel *al-Hādī* (der Führer) bei; als seine rechte Hand fungierte ein Türke aus Buchara, Anuštekin ad-Darzī (der Schneider). Inwieweit al-Ḥākim das Treiben dieser Propheten geduldet oder gar ermuntert hat und ob er selbst der „Versuchung der Göttlichkeit" (van Ess) erlegen ist, bleibt ungewiß; eine eindeutige Stellungnahme zugunsten der neuen Lehre hat er jedenfalls nicht abgegeben. Die Stützen der ismailitischen Orthodoxie dagegen, der Oberste Qadi und der Oberste Dāʿī, waren erbitterte Gegner der Häresie.

Zum Eklat kam es, als im Juni 1019 einige Anhänger der neuen Lehre in der ʿAmr-Moschee von Alt-Kairo lautstark ihren Glauben bekannten und dem zur Gerichtssitzung erschienenen Oberqadi ein Schreiben mit der blasphemischen Einleitung „Im Namen Gottes, al-Ḥākims, des barmherzigen Erbarmers" überreichten. In dem ausbrechenden Tumult wurden drei der Ketzer getötet, in der Stadt kam es zu Pogromen. Darzī, in dem man den Hauptschuldigen sah, flüchtete in den Palast; al-Ḥākim versicherte der aufgebrachten Menge, er habe ihn hinrichten lassen. Darzī tauchte in der Tat nie wieder auf; obwohl er in den Drusenschriften als vorzeitiger Enthüller des göttlichen Geheimnisses als Verräter gebrandmarkt wird, hat sein Name die (Fremd-)Bezeichnung für die Sekte geliefert: *Durūz* (Drusen) ist der arabische Plural zu *Darzī.* Sein Meister Ḥamza entkam und ging in den Untergrund; er hat in den folgenden Jahren in einer Reihe von Traktaten und Sendschreiben, die in den beiden ersten Büchern des Drusenkanons gesammelt sind, die drusische Lehre entwickelt und formuliert. Auch sein Nachfolger Bahā' ad-dīn al-Muqtanā hat aus dem Untergrund in Alexandrien die Werbung für die Lehre fortgeführt; die in Ägypten verfolgten Anhänger der Sekte fanden Zuflucht in den Gebirgstälern zwischen Libanon und Hermon. Im Jahre 1043 hat al-Muqtanā unter dem Druck der Verfolgung die Mission eingestellt; das Drusentum wurde zur Geheimreligion, deren heilige Schriften nur wenige Eingeweihte, die „Verständigen" *(ʿuqqāl),* in abgelegenen Gebirgsklausen studieren dürfen, während die große Masse der „Unwissenden" *(ǧuhhāl)* davon ausgeschlossen bleibt. Erst in unseren Tagen beginnen drusische Gelehrte vorsichtig, ihre religiöse Tradition in zeitgemäßer Interpretation ihren eigenen Glaubensgenossen publik zu machen.

Nicht lange nach den drusischen Wirren ist der Kalif al-Ḥākim verschwunden; am 13. Februar 1021 kehrte er von einem seiner Ausritte in die östliche Wüste nicht zurück. Man fand seinen Esel und seine von Dolchstichen zerfetzten Gewänder. Seine ältere Schwester Sitt al-Mulk, die die Regierungsgeschäfte tatkräftig in die Hand nahm, ließ den Häuptling der Kutāma-Berber, Ibn Dawwās, als Anstifter des Mordes und zwei seiner Sklaven als Mörder hinrichten. Die pro-abbasidischen Historiker des Irak haben behauptet, die Prinzessin habe damit nur die Mitwisser ihrer eigenen Schuld beseitigt, doch ist das vielleicht nur anti-fatimidische Propaganda. Den Drusen aber gilt al-Ḥākims Verschwinden als Bestätigung ihrer Lehre: Der Schöpfergott hatte die Erde abermals verlassen und sich erneut verhüllt. Al-Ḥākims Nachfolger aẓ-Ẓāhir hat die Sekte in Ägypten ausgerottet; nur in den Tälern des Libanon konnte sie, vor allem zur Zeit der Kreuzzüge von keiner staatlichen Autorität behelligt, überleben.

4. Das elfte Jahrhundert: Ägypten als Großmacht

Die Regierungszeit von al-Ḥākims Sohn und Enkel, aẓ-Ẓāhir (1021–1036) und al-Mustanṣir (1036–1094), markiert den Zenit des fatimidischen Kalifats. Ägypten, das nicht nur die nubischen Goldminen ausbeutet, sondern auch aus seiner Funktion als Drehscheibe des Handels zwischen dem Indischen Ozean und dem Mittelmeer beträchtlichen Gewinn zieht, steht im elften Jahrhundert als ebenbürtige Großmacht dem byzantinischen Reich gegenüber, mit dem es im ganzen östlichen Mittelmeerbecken – von Süditalien bis Syrien – um die Vorherrschaft rivalisiert. Der Kalif von Kairo, nomineller Oberherr Siziliens und des Maghreb, gebietet im Osten nicht nur über Syrien und den Hedschas mit den heiligen Städten, sondern kontrolliert durch eine jemenitische Vasallendynastie auch den Süden des Roten Meeres; zugleich schickt er sich an, seine Macht auf den Irak auszudehnen und den Seeweg vom Persischen Golf nach Indien ebenfalls unter seine Kontrolle zu bringen.

Die Sicherung Syriens gegen die byzantinische Expansion war nach al-Ḥākims Verschwinden die Hauptsorge der Regentin Sitt al-Mulk. In ihrem Auftrag verhandelte im Jahre 1023 der Patriarch von Jerusalem, Nikephoros – ein ehemaliger Schreiner aus den Kairiner Palastwerkstätten –, in Konstantinopel mit Kaiser Basileios II. über einen neuen Friedensvertrag. Mit welchen politischen Kräften man in Syrien zu rechnen hatte, zeigen die Ereignisse des Jahres 1025: Die drei bedeutendsten beduinischen Stammesverbände Syriens griffen im Bündnis miteinander nach der Macht in den Städten: die Kilāb unter ihrem Fürsten Ibn Mirdās bemächtigten sich Aleppos, die Kalb der Palmyrene suchten Damaskus unter ihre Abhängigkeit zu bringen, und die Ṭayyiʾ in Palästina brannten al-ʿArīš nieder und bedrohten Ägypten. Wäre der Kaiser ihrem Hilferuf gefolgt, so hätten die Fatimiden Syrien wohl kaum behaupten können. So aber gelang es einem energischen Gouverneur von Damaskus, dem Türken Anuštekin, die Koalition der Stämme im Jahre 1029 in der Nähe von Tiberias zu zerschlagen.

Ein byzantinischer Vorstoß gegen Jerusalem (1030) zeigte noch einmal deutlich die Gefahr, die aus dem Norden drohte. Der fatimidische Kalif ließ daraufhin die Stadt in den Jahren 1033–34 mit einer Mauer umgeben, zu deren Bau auch das Material abgerissener Kirchen und Klöster diente. Aber gleichzeitig wurden Verhandlungen mit Konstantinopel angeknüpft, die sich unter den Kaisern Romanos III. Argyros und Michael IV. bis ins Jahr 1038 hinzogen. Besser als die ständigen Kriegs- und Plünderungszüge in Syrien zeigen die hier verhandelten Punkte, welche politischen Ziele die beiden Großmächte des östlichen Mittelmeerraums verfolgten. Der Kaiser beharrte vor allem auf seiner Lehnshoheit über Aleppo, wo die Banū Mirdās ihr Regiment gefestigt hatten. Ferner strebte er nach direktem Einfluß in Jerusalem, dessen Patriarchen er künftig ernennen wollte; er erbot sich, die Grabeskirche wiederaufzubauen, und verlangte auch die Wiederherstellung der anderen von al-Ḥākim zerstörten Kirchen. Hinzu kam die Frage Unteritaliens: Der Fatimide sollte seinen Vasallen, den arabischen Emir von Sizilien, hindern, seine Plünderungszüge ins byzantinische Kalabrien und Apulien fortzusetzen. Der auf dreißig Jahre geschlossene Friede von 1038 (der schon 1048 erneuert wurde) hat in der Tat dazu geführt, daß die Grabeskirche von griechischen Architekten wiederaufgebaut werden konnte; die Christen erhielten in Syrien und Ägypten wieder ähnlichen Spielraum wie unter al-Ḥākims Vorgängern. Das gute Einvernehmen mit Byzanz ging sogar so weit, daß anläßlich der Hungersnot Ägyptens im Jahre 1054 der Kaiser Konstantin IX. Monomachos sich zu Getreidelieferungen bereitfand. Als jedoch seine Nachfolgerin Theodora 1055 als Gegenleistung ein Militärbündnis verlangte, kühlte sich das freundliche Klima wieder ab, die Kämpfe in Nordsyrien flammten erneut auf, und al-Mustanṣir griff – wie schon sein Großvater al-Ḥākim – nach den Schätzen der Grabeskirche. Doch bald wurden die friedlichen Beziehungen wieder angeknüpft, wie eine fatimidische Gesandtschaft in Konstantinopel 1069 zeigte, und nach dem Erscheinen der Kreuzfahrer sollte die Kooperation zwischen dem Kaiser und dem Fatimidenkalifen noch enger werden.

Was den fatimidischen Einfluß auf Sizilien angeht, so war er damals bereits sehr schwach und sollte bald ganz schwinden. Zwar war der Kalif noch immer der Suzerän nicht nur des Emirs von Palermo, sondern auch des in Kairuan/al-Manṣūriyya residierenden Ziriden al-Muʿizz b. Bādīs, der, auf seine Ṣanhāǧa-Berber gestützt, als fatimidischer Vizekönig des Maghreb fungierte. Aus Kairo kamen lediglich die Einsetzungsurkunden für die beiden Emire, die dafür regelmäßig Geschenke und Geld nach Ägypten sandten; direkten Einfluß auf die Regierung Nordafrikas und Siziliens aber hatte der Kalif nicht mehr und vermochte sich auch nicht durchzusetzen, als der Ziride in Sizilien einem Emir eigener Wahl zur Macht verhalf. Die Spannungen im Verhältnis zu Kairo veranlaßten den Ziriden, seine Unabhängigkeit in der Anlehnung an den abbasidischen Kalifen in Bagdad zu suchen (das Kalifat der Umayyaden von Córdoba hatte 1031 zu bestehen aufgehört): Im Jahre 1051 ließ al-Muʿizz b. Bādīs den Bagdader Kalifen in der Freitagspredigt nennen und erhielt ein Bestallungsdiplom aus Bagdad.

Die Ägypter haben keinen ernsthaften Versuch gemacht, den Maghreb militärisch zurückzugewinnen; der Wesir al-Yāzūrī begnügte sich damit, die in Oberägypten als lästig empfundenen Beduinenstämme der Banū Hilāl und Banū Sulaym nach Westen abzuschieben und dort Unruhe zu schaffen. Einer ersten Welle, die plündernd über Barqa (die Cyrenaika) herfiel, folgten bald weitere Stämme und Clans, darunter auch die zu den Hilāl gezählten Banū Qurra des westlichen Deltarandes, an deren Stelle Ṭayyiʾ-Clans vom Sinai herüberwechselten. „Wie die Heuschrecken" seien die Beduinen über den Maghreb hergefallen, heißt es bei einem nordafrikanischen Autor. 1054 belagerten die Hilāl Kairuan, und drei Jahre später gab der Ziride die alte Hauptstadt von Ifrīqiya zugunsten der Seefestung al-Mahdiyya auf.

Das Ausmaß der Zerstörung, das den Hilāl und Sulaym zugeschrieben wird, ist schwer abzuschätzen und mag übertrieben worden sein. Jedenfalls war die spätantike Stadtkultur des westlichen Nordafrika schon zur Zeit Justinians stark zurückgegangen; unter den Fatimiden gab es westlich der Linie Igilgili (Ǧīǧil/Jijel an der algerischen Küste) – Sitifis (Saṭīf/Sétif) – Zabi (Masīla) im Binnenland so gut wie gar keine Städte mehr außer Tahert und Tilimsān (Tlemcen). Auch der Grad der Urbanisation des eigentlichen Ifrīqiya (Tunesien und Ostalgerien) scheint sich nach der Hilāl-Invasion nicht wesentlich verringert zu haben. Doch ist die Westwanderung der arabischen Stämme in anderer Hinsicht epochemachend: Mit ihr beginnt eigentlich erst der sich über Jahrhunderte hinziehende, bis heute nicht abgeschlossene Prozeß der Arabisierung Nordafrikas. Im Verlauf dieses Prozesses werden die Siedlungs- und Wandergebiete der Berbervölker durch die einströmenden viehzüchtenden arabischen Nomadenstämme immer stärker eingeengt und nach und nach auf gebirgige Rückzugsgebiete wie den Ǧabal Nafūsa in Tripolitanien, den Awrās, den Ḥuḍna und die Kabyleien in Algerien oder die Atlasketten in Marokko beschränkt. In den Städten weicht die afrikanische Kirche nun rasch dem Islam: von den um die Jahrtausendwende bezeugten 47 nordafrikanischen Bistümern sind unter dem Pontifikat Leos IX. (1049–54) nur noch fünf übrig. Mit dem Christentum schwindet der vulgärlateinische Dialekt Nordafrikas, der sich nur in abgelegenen Oasen wie Gafsa (Qafṣa) noch bis ins zwölfte Jahrhundert hält;[6] die lateinischen Inschriften christlicher Grabsteine sind in Tripolitanien und Kairuan nur bis zum elften Jahrhundert noch zu finden. Nordafrika wird ein Teil der arabischen Welt.

Die Loslösung Nordafrikas vom Fatimidenreich hatte sich im Einvernehmen mit Bagdad vollzogen; der abbasidische Kalif war und blieb der Hauptgegner des fatimidischen Imams. Bagdad konnte indes nicht viel mehr tun als die Legitimation der Fatimiden immer wieder in Frage zu stellen; im Jahre 1011 hatte der Kalif al-Qādir erneut die Abstammung der Fatimiden vom Propheten in einem Manifest bestritten, das von namhaften Bagdader Scherifen, Juristen und Genealogen unterzeichnet war. In Wirklichkeit jedoch war Bagdad in der Defensive; in Nordmesopotamien, aber auch in Bagdad selbst, waren fatimidische Propagandisten – Missionare und Geheimagenten in einer Person – im Untergrund tätig, um für die Sache des ägyptischen Kalifen zu werben.

Seit den dreißiger Jahren des Jahrhunderts war im Osten Irans eine neue Macht erschienen, die die politischen Gewichte ganz Vorderasiens nachhaltig verschieben sollte: Die zentralasiatischen Türkvölker, die in der islamischen Welt bis dahin nur als importierte Militärsklaven *(ġulām, mamlūk)* eine Rolle gespielt hatten, begannen nun in ganzen Stammesverbänden in Iran einzudringen und westwärts zu wandern. An der Spitze einer Konföderation türkischer Nomadenstämme hatte sich die Häuptlingsfamilie der Seldschuken (benannt nach ihrem Stammvater Selčük) ganz Zentralasiens und Ostirans bemächtigt und suchte ihren Einfluß auch nach Westen auszudehnen. Der Häuptling Ṭoġrilbeg, der seit 1038 den Titel Sultan führte, suchte seine mit Waffengewalt errungene Macht durch eine betont sunnitische Propaganda zu legitimieren und erklärte als seine Ziele die Befreiung des abbasidischen Kalifen aus der Vormundschaft der schiitischen Buyiden, die Vernichtung des ketzerischen Fatimidenkalifats und die

Wiedergewinnung der Schutzherrschaft über Mekka für den Kalifen von Bagdad. Dieser ließ den Namen des Seldschuken in die Segensformeln der Freitagspredigt aufnehmen, und am 18. Dezember 1055 hielt Ṭoġrilbeg seinen Einzug in Bagdad und wurde nun auch offiziell als Sultan, als weltlicher Herrscher neben dem Kalifen, anerkannt.

In dieser Situation schien plötzlich das von den Fatimiden seit eh und je angestrebte politische Ziel in greifbare Nähe zu rücken: Die schiitischen und anti-seldschukischen Kräfte des Irak scharten sich um den Mamluken-Offizier Arslān al-Basāsīrī, der, gestützt durch fatimidische Waffen und Gelder, Unruhen innerhalb des seldschukischen Herrscherhauses schürte, die Sultan Ṭoġrilbeg vorübergehend zum Verlassen Bagdads zwangen. Im Dezember 1058 zog al-Basāsīrī in Bagdad ein, die schwarzen Banner wichen den weißen der Fatimiden, und al-Mustanṣir wurde in der Freitagspredigt als Souverän genannt. Der abbasidische Kalif mußte abdanken; seine Amtsrobe – schwarzer Mantel und Turban – wurde nach Kairo gesandt. Während des ganzen Jahres 1059 hielt al-Basāsīrī Bagdad im Namen der Fatimiden, obwohl er von Kairo eher beargwöhnt als unterstützt wurde. Seine Herrschaft über den Irak markiert den Höhepunkt der territorialen Ausdehnung des Fatimidenreiches: Ägypten, Syrien, Mesopotamien und der Irak sowie der Hedschas anerkannten al-Mustanṣir als Kalifen; im Jemen hatte schon 1038 ein ismailitischer Missionar die Herrschaft an sich gerissen und die Dynastie der Ṣulayḥiden von Sanaa (Ṣanʿāʾ) begründet, die sich als Parteigänger der fatimidischen Imame bewährten, und 1062 sollte auch der Herrscher des Maghreb, der Ziride Tamīm b. al-Muʿizz, zeitweilig wieder unter fatimidische Oberhoheit zurückkehren. Al-Mustanṣirs Missionar-Agenten wirkten überall im seldschukischen Iran bis in die Hochtäler des Hindukusch und Pamir und waren auch im nordwestlichen Indien aktiv.

Aber der Erfolg des Basāsīrī blieb Episode; die materielle Unterstützung aus Kairo blieb aus, und so konnte Sultan Ṭoġrilbeg im Januar 1060 mit seinem Schützling, dem Abbasidenkalifen al-Qāʾim, wieder in Bagdad einziehen. Das Scheitern der fatimidischen Ambitionen hatte schwerwiegende Folgen. Das Pendel schwang zurück, und die Ausdehnung der seldschukischen Macht nach Westen brachte das Fatimidenreich binnen kurzem an den Rand des Zusammenbruchs. 1071 öffnete Aleppo dem Seldschukensultan Alp Arslān als dem Vorkämpfer der Sunna und Beschützer des rechtmäßigen Kalifen die Tore, und am 19. August desselben Jahres besiegte das Türkenheer den byzantinischen Kaiser Romanos IV. Diogenes beim armenischen Mantzikert (nördlich des Van-Sees) und öffnete damit das griechische Kleinasien der islamischen Eroberung. Einer von Alp Arslāns Heerführern, Atsiz, stieß weit nach Süden vor, eroberte Ramla und Jerusalem und belagerte Damaskus, das sich ihm schließlich im Sommer 1076 ergab. Da auch Tyros (Ṣūr) von den Fatimiden abfiel, blieb ihnen nur noch die palästinische Küste mit Askalon (ʿAsqalān) und Akkon.

Mit den außenpolitischen Rückschlägen gingen innere Wirren einher. In Kairo verbündeten sich die türkischen und berberischen Truppen gegen die schwarzen Garden, die unter dem Regiment von al-Mustanṣirs Mutter, einer Nubierin, an Einfluß gewonnen hatten, und lieferten ihnen vor den Toren der Hauptstadt regelrechte Schlachten. Wiederholte unzureichende Nilhöhen seit 1065 hatten Hungersnöte und Teuerungen im Gefolge, Seuchen wüteten unter der Bevölkerung, und die ständig steigenden Kosten für die Armee leerten die Staatskasse, so daß der Kalif Anfang 1068 seine Zahlungsunfähigkeit eingestehen mußte. Die Einstellung der alljährlichen Getreidelieferungen in die heiligen Städte hatte zur Folge, daß auch der Scherif von Mekka sich einen neuen Schutzherrn suchte; er nahm Kontakt zum Seldschukensultan auf und erkannte 1070 den Abbasiden als rechtmäßigen Kalifen an. Sogar in Alexandrien, Damiette und anderen Städten des Deltas ließ ein frondierender General die Freitagspredigt im Namen des Abbasidenkalifen halten; 1072 konnte er sogar Kairo besetzen und den Fatimiden in seinem Palast gefangenhalten. Das Ende der Dynastie schien gekommen; gerettet wurde sie nur durch das Attentat eines türkischen Offiziers, dem der Rebell zum Opfer fiel.

Als Retter des Staates berief der Kalif einen Mamlukenoffizier armenischer Herkunft, Badr al-Ǧamālī, der Gouverneur von Damaskus gewesen war und der sich, während Syrien und Palästina in Anarchie versanken, in Akkon und Askalon behauptet hatte. Im Dezember 1073 landete Badr, von Akkon kommend, mit einer Truppe meist armenischer Söldner bei Damiette und erschien im Januar 1074 in Kairo. Die berberischen und türkischen Truppeneinheiten – bisher die militärische Stütze der Dynastie – wurden aufgelöst; Badrs Armenier traten an ihre Stelle. Als Wesir und Armeechef *(amīr al-ǧuyūš)* hat Badr al-Ǧamālī nun zwanzig Jahre lang Ägypten regiert. Drei Jahre brauchte er, um das Nilland in regelrechten Feldzügen zu befrieden: Das rebellische Alexandrien wurde erstürmt, der Berberstamm der Luwāta, der das Delta unsicher machte, besiegt; die arabischen Stämme, die Oberägypten ausplünderten, wurden niedergeworfen. Schließlich wurde im Februar 1077 die Armee des Türken Atsiz, des Herrn von Damaskus, die ins Delta eingedrungen war, geschlagen. Nichts dokumentiert die Unsicherheit, die in Kairo herrschte, besser als der Bau einer neuen Stadtmauer, mit dem Badr al-Ǧamālī 1087 begann und deren wehrhafte Haupttore – das Bāb Zuwayla im Süden und das Bāb an-Naṣr und Bāb al-Futūḥ im Norden – noch heute das Stadtbild beherrschen.

Die Ära des Badr al-Ǧamālī ist ein Beispiel für die erstaunliche Schnelligkeit, mit der sich das Nilland unter einem stabilen Regime mit geordneter Verwaltung immer wieder wirtschaftlich erholen konnte. Den Hauptposten der Staatseinkünfte des Agrarlandes Ägypten machte natürlich der *ḫarāǧ* aus, die auf den Ernteertrag erhobene Steuer. Der Fiskus sicherte sich eine gewisse Regelmäßigkeit des Steuereingangs dadurch, daß er die Dörfer Ägyptens an meistbietende Konzessionäre *(mutaqabbil)* vergab, die die Garantie *(ḍamān)* für ein bestimmtes Steueraufkommen übernahmen und die garantierte Summe in zwei Jahresraten an die Staatskasse abführten; um das Risiko schlechter Niljahre zu mindern, wurden diese Kontrakte *(qabāla)* auf vier Jahre abgeschlossen. Badr al-Ǧamālī hat indes nach seinem Amtsantritt auf dem Höhepunkt der Krise den *ḫarāǧ* zunächst einmal für drei Jahre ganz erlassen müssen, um dem ausgesogenen Land eine Erholung zu ermöglichen.

Die Höhe des nach Kairo fließenden *ḫarāǧ* kennen wir für einige Stichjahre; so werden für 969, das Jahr von Ǧawhars Einzug in Ägypten, 3,4 Millionen Golddinar genannt; unter Badr al-Ǧamālīs Sohn und Nachfolger als Wesir, al-Afḍal, sind es 5 Millionen, später unter Saladin – allerdings bei einem anderen Vergabesystem – 3,6 Millionen im Jahr 1181 und 4,6 im Jahr 1189. Diese Zahlen scheinen einen über Jahrhunderte hin gültigen Normalwert zu spiegeln, der jedoch von einem Jahr aufs andere beträchtlichen Schwankungen unterworfen sein konnte, vor allem wenn es bei unzureichender Nilhöhe zu Ernte- und damit zu Steuerausfällen kam; Hungersnot und Teuerung waren regelmäßig die Folge. Der unter den letzten Fatimiden und unter Saladin in der Steuerverwaltung tätige Ibn Mammātī, der Sproß einer koptischen Beamtenfamilie, gibt in seinem Verwaltungshandbuch „Richtlinien der Diwane" folgende Faustregel: „Erreicht der Nil sechzehn Ellen, so wird der *ḫarāǧ* (wie vorgesehen) fällig; überschreitet er diesen Pegel um eine Elle, so erhöht sich der *ḫarāǧ* um 100000 Dinar; bleibt er eine Elle darunter, so verringert sich der *ḫarāǧ* um ebendiesen Betrag". Mehrere magere Jahre hintereinander konnten kastastrophale Folgen haben. Als 1052 die Speicher leer blieben und auch 1054 der Nil nur magere 15 Ellen stieg, kam es zu einer Hungersnot; Getreide mußte aus Byzanz importiert werden; der amtierende Wesir al-Yāzūrī verzeichnete in einem Jahr nur eine Million Dinar *ḫarāǧ* aus Ägypten (plus einer Million aus Syrien).

Die zweite wichtige Einnahmequelle Ägyptens waren die Zölle *(maks,* vom aramäischen *maksā).* Mit der Etablierung der ismailitischen Vasallendynastie der Ṣulayḥiden im Jemen war das Rote Meer ganz unter die Kontrolle der Fatimiden gekommen; Ägypten verband die Mittelmeerwelt und Europa mit Indien, Südostasien und dem Fernen Osten. Der Stapelplatz für Palästina und Syrien war al-Qulzum, das antike Klysma (beim heutigen Suez); an dem unwirtlichen Küstenstrich gegenüber von Mekka und Ǧidda entstand das Emporium ʿAyḏāb, von wo aus die Waren des Indischen Ozeans – vor allem Gewürze,[7] Parfüms, Perlen, Korallen und Edelsteine – auf einer Karawanenstraße ins Niltal nach Assuan (Aswān), in späterer Zeit direkt nach Qūṣ (nördlich von Luxor) gingen. Diese Route durch die Nubische Wüste war so gut organisiert, daß sie nach der Etablierung der Kreuzfahrer im Ostjordanland der Beförderung größerer Scharen von Mekkapilgern aus Ägypten und dem Mittelmeerraum dienen konnte. Assuan war zudem das Tor zum Sudan; seit der islamischen Eroberung

Ägyptens lieferten die christlichen Königreiche Nubiens im Rahmen des damals abgeschlossenen Paktes (arabisch *al-baqṭ)* alljährlich Elfenbein und schwarze Sklaven.

Der Fiskus zog aus der Besteuerung des Warenverkehrs erhebliche Gewinne. Allerdings waren die Zölle nicht durch das islamische Recht legitimiert und waren als tyrannisches Unrecht verschrien; fromme Herrscher – z. B. al-Ḥākim – versuchten deshalb gelegentlich, sie abzuschaffen, oft gegen den Widerstand ihrer Finanzbeamten, auf deren Drängen sie dann meist bald wieder eingeführt wurden. So verzeichnete die Staatskasse, als Sultan Saladin die von den Fatimiden eingeführten Zölle für abgeschafft erklärte, ein jährliches Einnahmeminus von 100000 Dinar, davon allein 33000 für die Gewürzzölle.

Ägypten profitierte indes nicht nur vom Transithandel, sondern produzierte auch selbst, vor allem Textilien. In Mittel- und Oberägypten (al-Bahnasā, al-Ušmūnayn, Asyūṭ) war die Produktion und Verarbeitung von Wollstoffen konzentriert, für die die Beduinen den Rohstoff lieferten; die wollenen Turbane von Asyūṭ z. B. wurden auf dem Seeweg nach Iran exportiert. Im Nildelta lagen die großen Leinen- und Brokatwebereien, vor allem in Dabīq, Damiette und der Inselstadt Tinnīs; hier entstanden die unter Staatsmonopol erzeugten kostbaren Robenstoffe *(ṭirāz)* mit der eingewebten Titulatur des Kalifen, der sie an seine Beamten bei Beförderungen oder als Teil des regulären Salärs vergab, sie als Geschenke im internationalen diplomatischen Verkehr verwandte oder sie nach Übersee verkaufte; es gab kaum einen Hof oder Domschatz in Italien oder Frankreich, der nicht mit Stoffen aus Ägypten geprunkt hätte. Staatsmonopol war auch der Abbau des in der Libyschen Wüste anstehenden Alaun, der in Europa als Beize in der Färberei und als Gerbstoff sehr begehrt war.

Über die Häfen von Alexandrien und Damiette, den Flußhafen von Kairo und den Hafen von Tripolis im Libanon – wo ein ausgezeichnetes Papier hergestellt wurde – gingen die ägyptischen und syrischen Produkte wie auch die Waren aus dem Indischen Ozean nach Byzanz, Italien, Spanien und Nordafrika, in fatimidischer Zeit zu einem großen Teil auf ägyptischen Schiffen. Daneben treten in wachsendem Maße die italienischen Seerepubliken in den Häfen des Orients auf: Schon 996 sind die Amalfitaner mit einem Kontor im Arsenal von Kairo bezeugt; seit etwa 1061 besitzen sie in Jerusalem ein Kloster mit Hospital und Kirche (Santa Maria de Latina). Ägypten bezog aus Italien und Dalmatien vor allem Holz und Pech für den Schiffsbau; mehrfach drohten der Papst mit dem Interdikt und der byzantinische Kaiser mit Kaperung und schwerer Strafe, um zu verhindern, daß der Feind der Christenheit mit diesem kriegswichtigen Material versorgt würde. Die Italiener haben sich dadurch kaum beirren lassen; zur Zeit des Kalifen al-Āmir (1101–1130) sind Kaufleute aus Amalfi und Genua mit einer Ladung Schiffsbauholz in Ägypten bezeugt. Mit den Kreuzzügen treten dann auch Pisaner und Venezianer im östlichen Mittelmeer auf; der *fondaco* der Pisaner in Alexandrien ist unter aẓ-Ẓāfir (1149–1154) erstmals erwähnt.

Daß Ägypten im elften Jahrhundert als Großmacht auftreten konnte, verdankt es seinem unermeßlichen Reichtum, der allerdings fast ausschließlich in Kairo zusammenfloß; die damals noch überwiegend christlichen Fellachen (arab. *fallāḥ* = Bauer) wurden unnachsichtig ausgebeutet. Der Fiskus hortete seine Reichtümer in Form von Bargeld, Edelmetallbarren oder Sachwerten wie Juwelen, Textilien, Spezereien, aber auch Getreide; unter dem Wesirat von Badr al-Ǧamālīs Sohn al-Afḍal wurde der Bestand der staatlichen Kornspeicher auf eine Million Artaben (1 *ardabb* = 198 Liter) geschätzt. Die Schatzkammern für Textilien und Juwelen bargen unvorstellbare Kostbarkeiten, wie ein erhaltenes detailliertes Inventar aus der Zeit al-Mustanṣirs zeigt.[8]

Auf diese Schätze konnte der Kalif in Krisenzeiten zurückgreifen. So hat al-Mustanṣir, als im Jahr 1068 die übermäßigen Ausgaben für die Kairiner Soldaten – 400000 Dinar im Jahr – seine Kassen geleert hatten, einen Teil seiner Schätze verkaufen müssen, darunter 7 *mudd* (= 126 Liter) Smaragde, die man vorsichtig auf 300000 Dinar schätzte. Als gelegentliche Einnahmequelle bot sich daneben die Konfiskation der von den hohen Würdenträgern zusammengerafften Reichtümer an: Nachdem der Kalif al-Āmir im Jahre 1121 sich seines Wesirs al-Afḍal b. Badr al-Ǧamālī durch Meuchelmord entledigt hatte, benötigten seine Sekretäre vierzig Tage, um dessen Hinterlassenschaft zu inventarisieren; allein in Bargeld fanden sich über zwölf Millionen Dinar und 50 Artaben (= 9900 Liter) Silberdirhams.

5. Ägypten und der erste Kreuzzug

Der Tod des Wesirs und Militärdiktators Badr al-Ǧamālī und wenige Monate später der des Kalifen al-Mustanṣir, der im Dezember 1094 nach über sechzigjähriger Regierung starb, hatten eine erneute Krise des fatimidischen Kalifats zur Folge. Der als Nachfolger seines Vaters Badr nominierte Wesir al-Afḍal verdrängte den Thronfolger Nizār und setzte die Erhebung eines jüngeren Prinzen, Aḥmad „al-Mustaʿlī", durch. Nizār, der sich, gestützt auf die Araberstämme des Nildeltas, in Alexandrien zum Kalifen ausrufen ließ, wurde besiegt, gefangen und im Kerker umgebracht. Dieses Umstoßen der Thronfolge war eine schwere Verletzung der geheiligten Grundsätze der ismailitischen Imamatslehre und führte sogleich zu einem religiösen Schisma: Ein Teil der Ismailiten hielt am Imamat Nizārs fest; da dieser heimlich getötet worden war, regte sich sogleich die alte schiitische Hoffnung, der Imam sei nur entrückt und werde alsbald wiedererscheinen. Das Zentrum der „nizaritischen" Sekte wurde die persische Burg Alamūt südlich des Kaspischen Meeres, von wo der Propagandist und Missionar Ḥasan-i Ṣabbāḥ die Hoffnung auf die Wiederkehr Nizārs predigte und politische Attentate auf sunnitische, fatimidische und christliche Herrscher und Würdenträger verüben ließ. Diese Attentäter, die „sich Opfernden" *(fidāʾiyyūn)*, die von den Franken *assassini* genannt wurden,[9] terrorisierten Iran, Syrien und Ägypten; unter ihren Opfern waren der seldschukische Wesir Niẓām al-Mulk (1092), der Fatimidenkalif al-Āmir (1130) und der König von Jerusalem Konrad von Montferrat (1192). Das nizaritische Schisma, das die Ismailiten bis heute spaltet,[10] war historisch insofern bedeutsam, als es dem Einfluß des Kairiner Hofes auf die ismailitischen Missionszellen in Iran ein Ende machte; damit verloren die Fatimiden die bisher geschickt und nicht ohne Erfolg genutzte Möglichkeit, die Herrschaft des Abbasidenkalifen und des Seldschukensultans von innen auszuhöhlen.

Der universale Herrschaftsanspruch der fatimidischen Imame war ohnedies längst obsolet, und das Erscheinen des ersten Kreuzfahrerheeres, das 1098/99 die syrische Küste und Palästina eroberte und Jerusalem erstürmte, konfrontierte den Kalifen von Kairo mit einem ganz neuen politischen Problem; der Verlust Palästinas setzte Ägypten selbst einer direkten Bedrohung aus.

Ein Blitz aus heiterem Himmel war der Vorstoß der Kreuzfahrer indes gewiß nicht. Syrien und Palästina hatten seit dem ersten Vorstoß Kaiser Nikephoros' Phokas über den Taurus (964) ständig unter christlicher Bedrohung gestanden, und schon 1030 hatten die Byzantiner versucht, Jerusalem zu erobern. Für die muslimische Bevölkerung machte es kaum einen Unterschied, ob die Invasoren „Rhomäer" *(Rūm)* oder „Franken" *(Franğ)* waren.

Die Stadt Jerusalem hatte im achten Jahrhundert unter den Umayyadenkalifen durch den Bau der Aqṣā-Moschee und des Felsendoms und deren Verknüpfung mit der Legende von der nächtlichen Himmelsreise des Propheten[11] auch für die Muslime religiöses Prestige erhalten, das sich im arabischen Namen der Stadt widerspiegelte: Aus Īliyā (vom antiken *Aelia Hadriana)* war *Bayt al-Maqdis* („Stätte des Heiligtums") oder kurz *al-Quds* („Heiligtum") geworden. Unter den Abbasiden und Fatimiden hatte diese religiöse Bedeutung der Stadt allerdings kaum mehr als eine lokale Rolle gespielt; unter den Fatimiden war Jerusalem eine durchaus zweitrangige Stadt, die sich an Bedeutung weder mit Ramla noch mit Tiberias messen konnte. Anscheinend hat erst der Verlust der Stadt ihre Bedeutung wieder ins allgemeine Bewußtsein gerückt; auch scheint der religiöse Nimbus, mit dem die Christen die Stadt umgaben, im Verlauf der Kreuzzüge auf die Muslime ausgestrahlt zu haben; aber noch 1229 sollte der Ayyubidensultan al-Kāmil Jerusalem in einem Vertrag an die Franken abtreten, ohne von religiösen Skrupeln geplagt zu werden.

Die Kreuzfahrer stießen in Syrien auf keinen koordinierten Widerstand. Die großen Städte des syrischen Binnenlandes – Aleppo, Ḥamāh, Ḥimṣ, Damaskus – und die Hafenstadt Tripolis wurden von Emiren beherrscht,

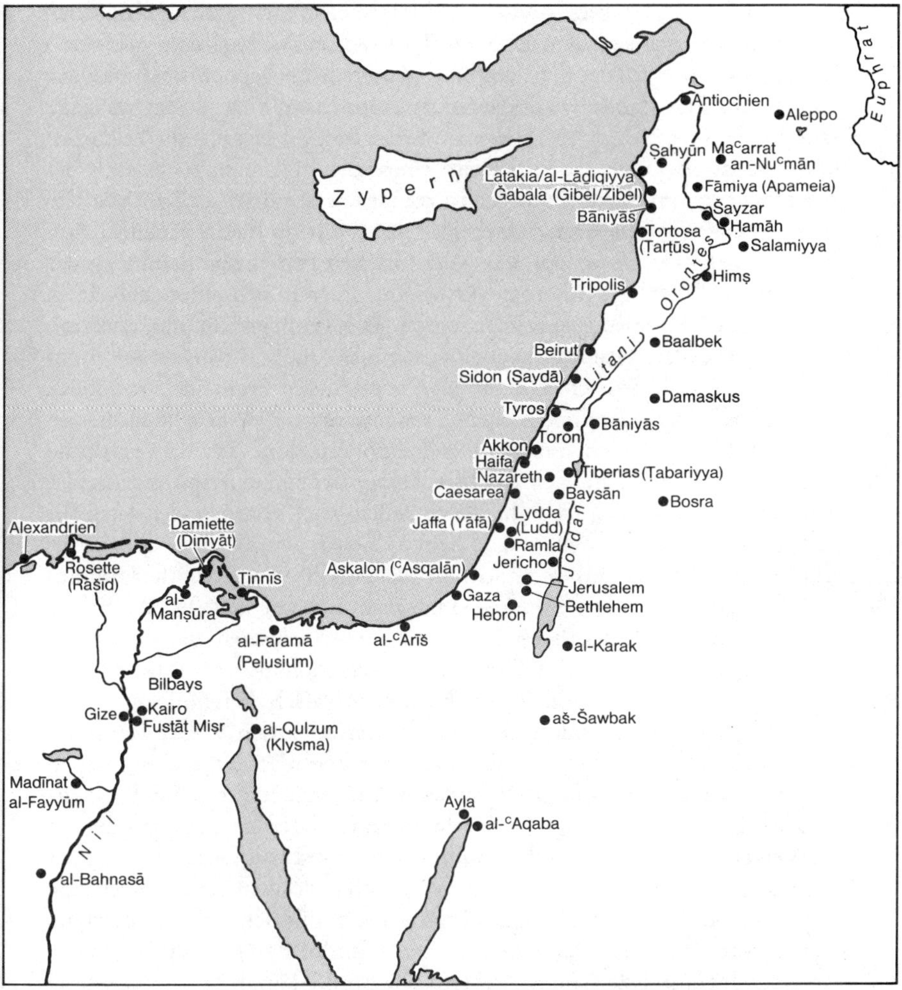

3. Ägypten und Syrien zur Zeit der Kreuzzüge

die den Abbasidenkalifen und den Seldschukensultan anerkannten. Auch Jerusalem gehörte seit dem Zug des Türken Atsiz (1071) dem Emir von Damaskus, doch hatten die Fatimiden die Stadt im September 1098 nach mühevoller Belagerung wiedergewinnen können, nur um sie im nächsten Jahr an die Kreuzfahrer zu verlieren. Weder der Kaiser noch die Seldschuken Kleinasiens noch die syrischen Emire brachten den Vormarsch des Kreuzheeres zum Stehen, und Kairo reagierte erst, als es zu spät war. Im Juni 1098 nahmen die Kreuzfahrer das seit 1087 seldschukische Antiochien ein, und nach der Besetzung der palästinischen Provinzhauptstadt Ramla erstürmten sie am 15. Juli 1099 Jerusalem, das nur von einer schwachen fatimidischen Garnison verteidigt wurde. Die Truppen, die der Wesir al-Afḍal um die Hafenfestung Askalon zusammenzog, wurden von den Franken auseinandergetrieben, ehe sie in Aktion treten konnten. 1101 fielen Haifa und Caesarea an die Christen, 1104 mußte auch Akkon kapitulieren. Den Fatimiden blieben nur Gaza (Ġazza), Askalon, Tyros, Sidon und Beirut. Nachdem schließlich das hartnäckig verteidigte Tripolis nach siebenjähriger Belagerung im Juli 1109 gefallen war, konnten sich auch die übrigen Küstenplätze nicht mehr halten; Beirut wurde im Juli 1110 erstürmt, und Sidon kapitulierte noch im selben Jahr, ohne daß die fatimidische Flotte es verhindern konnte. 1124 schließlich fiel auch Tyros.

Die Etablierung christlich-fränkischer Feudalherrschaften entlang der ganzen Levanteküste – der Grafschaft Edessa am oberen Euphrat, des normannischen Fürstentums Antiochien, der Grafschaft Tripolis unter den Grafen von Toulouse und des Königreichs Jerusalem unter dem lothringischen Haus Bouillon – ist von den muslimischen Mächten nicht ernsthaft gestört worden. Zeitgenössische muslimische Autoren, besonders natürlich die sunnitischen, beschuldigen die Fatimiden der Untätigkeit oder gar des Verrats, doch haben auch die sunnitischen Emire Syriens sich zu keiner gemeinsamen Abwehr der Invasoren aufraffen können; die Herren von Damaskus und Ḥimṣ haben bald ihren Frieden mit den Kreuzfahrern gemacht, wie denn überhaupt die syrischen Emire des Binnenlands einen *modus vivendi* mit den die Küste – und damit die Handelshäfen – beherrschenden Franken gesucht haben. Prototyp des arabischen Burgherrn, der sich in seinem ritterlichen Habitus nur wenig von den fränkischen Baronen unterschied – und sich zuzeiten dementsprechend gut mit ihnen verstehen konnte – ist Usāma b. Munqiḏ (st. 1188), der Herr der Burg Šayzar am Orontes (nördlich von Ḥamāh), der in seiner Autobiographie ein lebendiges Bild von den durchaus nicht nur feindseligen Beziehungen zwischen Franken und Muslimen zeichnet.[12]

Trotz des Verlustes Palästinas ist die fast dreißigjährige Regentschaft des Wesirs al-Afḍal b. Badr al-Ǧamālī – seit 1101 für den mit fünf Jahren inthronisierten Kalifen al-Āmir – für Ägypten selbst eine Zeit großer innenpolitischer Leistungen gewesen. Mit einer Reihe von Reformmaßnahmen auf dem Gebiet des Münzwesens, der Steuer- und Finanzverwaltung setzte al-Afḍal das Werk seines Vaters fort; die sich über ein halbes Jahrhundert (1073–1121) erstreckende Ära der beiden armenischen Hausmeier, die mit dem Rang des Wesirs und des Oberbefehlshabers der Heere *(amīr al-ǧuyūš)* zivile und militärische Gewalt in ihrer Hand vereinigten, hat dem Nilland noch einmal eine Epoche innerer Stabilität und wachsenden Wohlstands beschert. Die Kreuzfahrer vermochten den Handel auf dem Roten Meer nicht zu unterbinden. Zwar sind von ihren südlichsten Burgen al-Karak und Šawbak (südöstlich des Toten Meeres) aus gelegentlich Vorstösse nach Süden unternommen worden; so hat der Herr von Oultrejourdain, Rainald von Châtillon, 1182/83 in einem spektakulären Flottenunternehmen von Ayla (al-ʿAqaba) aus die Küsten des Roten Meeres bis hinunter nach ʿAyḏāb unsicher gemacht, doch lag Ägyptens Rotmeerhafen zu weit südlich, um von den fränkischen Kapern auf die Dauer ernsthaft bedroht zu werden. Zu den Reichtümern, die der Handel über den Indischen Ozean ins Land brachte, kam die infolge der Reformen der beiden Wesire steigende Prosperität Ägyptens selber; der Reichtum Kairos spiegelte sich in den Bauten, den prächtigen Festen und dem Luxus al-Afḍals, von dessen nachgelassenen Schätzen bereits die Rede war. Der erzwungene Verzicht auf eine weitgespannte imperiale Politik, wie sie noch al-Mustanṣir verfolgt hatte, kam dem Nilland zugute; unter Badr und al-Afḍal beschränkte sich Ägypten endgültig auf die Rolle, die es aufgrund seiner Lage und seiner Ressourcen allein zu spielen vermochte und – vor allem unter den Mamlukensultanen – auch erfolgreich gespielt hat: als Territorialstaat, der seine außenpolitische Rolle darin sah, in dem zersplitterten Syrien als Ordnungsmacht und in den heiligen Städten des Hedschas als Schutzherr aufzutreten.

6. Ägypten als fränkisches Protektorat

Der Tod des Kalifen al-Āmir, der am 7. Oktober 1130 dem Anschlag eines Assassinen erlag, markiert den Anfang vom Ende der fatimidischen Dynastie. Da al-Āmir keinen Sohn hinterließ, übernahm einer seiner Vettern die Regentschaft und bald auch den Titel des Imams und Kalifen. Die zwanzigjährige Regierung al-Ḥāfiẓ' (1131–1149) ist eine ununterbrochene Folge innerer Wirren, in der Minister, Provinzstatthalter und Generäle sich in Straßenkämpfen die Macht streitig machten. Zudem spaltete ein neues Schisma die ismailitische Gemeinde, da al-Ḥāfiẓ wegen des erneuten Knicks in der Erbfolge des Imamats nicht von allen Ismailiten als rechtmäßiger Imam anerkannt wurde; die Abgefallenen verfochten die Ansprüche eines angeblich in die Verborgenheit entrückten Sohnes al-Āmirs, aṭ-Ṭayyib. Es war fatal für die Fatimiden, daß ihre jemenitischen Vasallen, die Ṣulayḥiden, sich dieser Richtung anschlossen, um dem „Usurpator" in Kairo die Gefolgschaft aufkündigen zu können.

Auch in Ägypten selbst war das religiöse Charisma der Dynastie längst verblaßt; einer von al-Ḥāfiẓ' Wesiren hatte neben dem ismailitischen Oberqadi einen zwölferschiitischen (imamitischen) und zwei sunnitische Richter eingesetzt; ein anderer Wesir, der armenische Christ Bahrām, hatte tausende seiner Landsleute nach Kairo geholt, deren Kirchen und Klöster dermaßen zunahmen, daß die koptische Kirche um ihre dominierende Position zu fürchten begann.[13]

Unter dem Kalifen aẓ-Ẓāfir (1149–1154) beginnt, eingeleitet von dem Wesir Ibn Sallār, das politische und militärische Zusammenspiel zwischen Ägypten und Syrien, zwischen Kairo und Aleppo, dem die Kreuzfahrerstaaten schließlich erliegen werden. Der Emir von Aleppo, Zengī, hatte 1144 Edessa erobert und den nördlichsten der Kreuzfahrerstaaten zerschlagen. Auf Zengī folgten 1146 sein Sohn Nūr ad-dīn Maḥmūd in Aleppo und dessen Bruder in Mossul. Indem die Emire von Aleppo das ganze nördliche Mesopotamien gewannen, sicherten sie sich ein unerschöpfliches Reservoir an Menschen, aus denen sie ihre Armeen immer wieder auffüllen konnten: Zu den arabischen Beduinen der Ǧazīra (zwischen mittlerem Euphrat und Tigris) kamen nicht nur die (iranisch sprechenden) Kurden der Bergländer am oberen Tigris, sondern auch die unablässig aus Zentralasien einströmenden und westwärts driftenden Türkmenen, die die Hochtäler Aserbeidschans und Armeniens durchzogen.

Nach seldschukischem Vorbild (und im Unterschied zu den Fatimiden) besoldeten Zengī und Nūr ad-dīn ihre Krieger nicht aus der Staatskasse, sondern überließen es diesen selbst, den *ḫarāǧ* bestimmter Dörfer zu erheben, die ihnen als Lehen (*iqṭā*ʿ, arab. „Zuteilung") überlassen wurden, um davon die Kosten für ihren Lebensunterhalt, ihre Ausrüstung und den Kauf von Militärsklaven zu bestreiten. Das Verfahren befreite zwar den Emir von der Sorge, seine Truppen mit dem stets knappen Bargeld bei der Fahne halten zu müssen, entzog aber den größten Teil des Steueraufkommens des Landes der Kontrolle des Hofes und ersetzte die herkömmliche zentrale Zivilverwaltung durch ein rein auf militärische Bedürfnisse zugeschnittenes System, das mit seiner Tendenz zur Erblichkeit der „Zuteilungen" schon bald feudalistische Züge annahm. Das *iqṭā*ʿ-System, das von den Ayyubiden, Mamluken und Osmanen übernommen wird, hat die wirtschaftlichen und sozialen Verhältnisse der arabischen Länder bis weit in die Neuzeit geprägt.

Zengī und Nūr ad-dīn haben als erste mit Nachdruck den Gedanken des Heiligen Krieges, des *ǧihād,* gegen die Kreuzfahrer propagiert und ihn dazu benutzt, ihren Herrschaftsanspruch und die Ausdehnung ihrer Macht auf das ganze islamische Syrien zu legitimieren: Erst nach der Einigung der Muslime werde man sich gegen den äußeren Feind wenden können.

Der Fall Edessas hatte die abendländischen Fürsten alarmiert; der zweite Kreuzzug unter der Führung des deutschen Königs Konrads III. und König Ludwigs VII. von Frankreich war die unmittelbare Folge. In Jerusalem beschloß der Kronrat mit den deutschen und französischen Fürsten einen Angriff auf Damaskus, der im Sommer 1148 kläglich scheiterte; im folgenden Jahr erfocht Nūr ad-dīn seinen ersten großen Sieg über die Franken bei Inab nahe Antiochien. Die Folge war, daß das bedrohte Damaskus Anlehnung an Aleppo suchte; 1154 öffnete die Stadt Nūr ad-dīn die Tore. Die Vereinigung von Aleppo und Damaskus in einer Hand schuf eine völlig neue politische Situation in Syrien. Nūr ad-dīn fiel damit die Rolle des Vorkämpfers des Islams gegen die Ungläubigen zu; selbst der Kairiner Hof nahm Kontakt zu Aleppo auf. Die Einigung Syriens vollzog sich indes unter betont sunnitischem Vorzeichen; Nūr ad-dīn drängte den schiitischen Einfluß in den syrischen Städten zurück und führte in Aleppo und Damaskus nach dem Vorbild des seldschukischen Ostens die juristisch-theologische Hochschule *(madrasa)* ein, an der das islamische Recht nach sunnitischer Tradition gelehrt wurde.[14]

Die sunnitische Aufbruchstimmung fand Resonanz in Bagdad, wo die abbasidischen Kalifen sich nach langer Ohnmacht aus der Vormundschaft der Seldschukensultane zu lösen begannen. Der Kalif al-Muqtafī (1136–1160) nutzte die Streitigkeiten der seldschukischen Prinzen, um sich die Herrschaft über die Städte des Irak – von Takrīt im Norden bis al-Ḥilla und Wāsiṭ im Süden – zu sichern und den in Isfahan und Marw residierenden Sultanen jede Einmischung in die Regierung des Irak zu verwehren. Auch der abbasidische Kalif war – wie der fatimidische – zum Fürsten eines beschränkten Territoriums geworden; sein universalistischer Machtanspruch aber war darum noch nicht aufgegeben. Der Kalif von Bagdad nutzte die neugewonnene Bewegungsfreiheit, um seine seit langem nur noch *de jure* bestehende Oberhoheit über Syrien wieder zur Geltung zu bringen, indem er sich propagandistisch an die Spitze der sunnitischen *ǧihād*-Bewegung zu stellen versuchte.

Auch in Ägypten waren die Erfolge Nūr ad-dīns im nördlichen Syrien nicht ohne Wirkung geblieben. Der Wesir Ṭalāʾiʿ b. Ruzzīk, Regent für den mit fünf Jahren zum Kalifen erhobenen al-Fāʾiz (1154–1160), versuchte mit drängenden Briefen, Geld- und Pferdelieferungen den Emir von Aleppo zu einer Allianz gegen die Kreuzfahrer zu gewinnen. Doch Nūr ad-dīn hatte andere Pläne; er hatte wohl damals schon selbst die Gewinnung Ägyptens ins Auge gefaßt. Doch der Syrer war nicht der einzige, den die Wirren in Kairo zum Eingreifen verlockten; auch das Königreich Jerusalem begann sich in die inneren Verhältnisse Ägyptens einzumischen und einzelne Prätendenten zu stützen, besonders nachdem 1160 auf den elfjährigen Kalifen al-Fāʾiz der neunjährige al-ʿĀḍid gefolgt und Ṭalāʾiʿ, der letzte energische Wesir der Fatimiden, einem Anschlag zum Opfer gefallen war (1161). Ägypten wurde nun zum Spielball der Interessen seiner Nachbarn. Sogar der byzantinische Kaiser Manuel hatte ein Auge auf das Fatimidenreich geworfen; der Bischof Wilhelm von Tyros verhandelte in Konstantinopel mit dem Kaiser über eine gemeinsame Besetzung des Nillandes.

Die Erstürmung Askalons im August 1153 hatte den Franken den letzten fatimidischen Besitz an der palästinischen Küste in die Hände gebracht und damit den Weg nach Ägypten geöffnet; der Wesir Ṭalāʾiʿ hatte daraufhin die Stadt Bilbays im östlichen Nildelta befestigen müssen, um Kairo gegen eine fränkische Invasion zu schützen. Im Jahre 1161 wurde der Einmarsch König Amalrichs von Jerusalem in Ägypten nur dadurch abgewendet, daß der Wesir sich zur Zahlung eines jährlichen Tributs von 160000 Dinar verpflichtete. Wenn dieser Tribut wohl auch nie gezahlt worden ist, so war doch ein gefährlicher Präzedenzfall geschaffen und dem fränkischen König ein Rechtstitel oder zumindest ein Vorwand gegeben, in Ägypten einzugreifen. Amalrichs Einmarsch ins Nildelta (1162), der bis Bilbays führte und nur durch die Nilüberschwemmung zum Stehen gebracht wurde, war der Anfang einer Reihe militärischer Unternehmen der Kreuzfahrer zur Eroberung Ägyptens. Allerdings hat diese fränkische Politik die Einmischung Nūr ad-dīns in die ägyptischen Angelegenheiten provoziert.

Erleichtert wurde die Intervention der fremden Mächte durch die Rivalitäten der ägyptischen Großen, die sich gegenseitig das Wesirat streitig machten und sich nicht scheuten, sich dabei auf die Syrer oder gar auf die Christen zu stützen. Eine verhängnisvolle Schaukelpolitik versuchte der Wesir Šāwar, der, von einem Rivalen verdrängt, in Syrien Zuflucht suchte (1163) und dem es gelang, sich mit Hilfe einer von Nūr ad-dīn aufgestellten Armee unter der Führung des kurdischen Offiziers Šīrkūh nach Ägypten zurückzuführen zu lassen (1164), der dann aber, um seinen lästigen Helfer loszuwerden, noch im selben Jahr König Amalrich ins Land rief, mit dem zusammen er den Abzug der Syrer aus Bilbays erzwingen konnte.

Drei Jahre später versuchten die Syrer unter Führung Šīrkūhs erneut, mit einer Armee türkischer und kurdischer Reiter Ägypten zu besetzen, und wieder war es Amalrich, der den Wesir Šāwar rettete; der König von Jerusalem hat mit seinen Rittern die Syrer bis nach Oberägypten verfolgt und sie schließlich aus Ägypten vertrieben (1167). Auch dieser zweite syrische Versuch scheiterte also am Zusammenspiel von Franken und Fatimiden; das fatimidische Kalifat war in diesen Jahren nicht viel mehr als ein Protektorat des Königreichs Jerusalem. Šāwar hatte nicht nur für die Kosten der fränkischen Expeditionen aufzukommen, sondern mußte sich auch zu einem jährlichen Tribut verpflichten und sogar fränkische Truppen und eine Art Kommissar des Königs in Kairo dulden.

Eine entscheidende Wendung nahmen die Dinge, als Amalrich 1168 unter Mißachtung der mit Šāwar geschlossenen Verträge und mit byzantinischer Rückendeckung zum dritten Mal in Ägypten erschien, diesmal ungerufen und mit unverhohlenen Eroberungsplänen. Bilbays wurde von den Franken genommen, die vor Kairo erschienen, und der Wesir Šāwar mußte erneut die Syrer zu Hilfe rufen. Zum dritten Mal erschien Šīrkūh, von Nūr ad-dīn ausgerüstet, am Nil und konnte nach dem Abzug der Christen im Januar 1169 seinen Einzug in Kairo halten. Wenige Tage später wurde

Šāwar unter ungeklärten Umständen ermordet; Šīrkūh, dessen syrische Truppen die stärkste militärische Kraft in Ägypten darstellten, wurde vom Kalifen zum Wesir ernannt. Er starb indes schon am 23. März, und in Übereinkunft mit dem Gros der syrischen Offiziere berief der Fatimide nun Šīrkūhs etwa 31jährigen Neffen Ṣalāḥ ad-dīn (Saladin) Yūsuf b. Ayyūb, der sich während des Ägyptenzuges des Vorjahres militärisch ausgezeichnet hatte, als Wesir.

Saladins Position war, was das Verhältnis zu Syrien anging, zweideutig: Offiziell war er fatimidischer Wesir; zugleich aber war die Truppe, die er als Nachfolger seines Onkels kommandierte, von dem Emir von Aleppo ausgerüstet worden, und Nūr ad-dīn, dessen Name neben dem des Fatimidenkalifen in der Freitagspredigt genannt wurde, konnte mit Recht erwarten, daß das „syrische" Regime in Kairo nun mit ihm zusammenwirken und die Kreuzfahrerstaaten in die Zange nehmen werde. Doch Saladin war zunächst darauf bedacht, seine eigene Position zu festigen; seine syrisch-kurdischen Truppen – er selbst war kurdischer Herkunft – wurden zur alleinigen militärischen Kraft in Kairo, nachdem sie die rebellischen Negerregimenter und die armenischen Bogenschützen des Kalifen in einer Straßenschlacht zerschlagen hatten (August 1169).

Erst zwei Jahre später fühlte sich Saladin fest genug im Sattel, um dem Drängen des Kalifen von Bagdad und des Emirs von Aleppo nachzugeben und die fatimidische Ketzerdynastie zu stürzen. Die ismailitischen Richter wurden durch sunnitische ersetzt, und am 10. September 1171 wurde die Freitagspredigt in der ʿAmr-Moschee von Fusṭāṭ (Altkairo) erstmals wieder im Namen des Abbasidenkalifen al-Mustaḍīʾ gehalten; der ismailitische Zusatz zum Gebetsruf – „Auf zum besten Tun!" –, das Schibboleth der Ketzerei, wurde unterlassen. Drei Tage später starb der letzte Fatimidenkalif, der neunzehnjährige al-ʿĀḍid, im Palast von Kairo, und am darauffolgenden Freitag wurde auch in der Palastmoschee, der Azhar, der Abbaside im Freitagsgebet genannt; die ismailitischen Lehrsitzungen *(maǧālis al-ḥikma)* wurden eingestellt. Noch im selben Jahr wurden Münzen mit den Namen des Abbasidenkalifen und Nūr ad-dīns geprägt; Saladin zeigte den Tod des Fatimiden offiziell in Bagdad an und wurde dafür mit Ehrengewändern dekoriert. Nach mehr als zweihundertjährigem schiitischen Gegenkalifat kehrte Ägypten unter die Suzeränität des sunnitischen Kalifen von Bagdad zurück.

IV. Die Ayyubiden

(Heinz Halm)

1. Saladin und der *ǧihād*

Wie die Fatimiden bietet auch die von Saladin gegründete Dynastie der Ayyubiden ein Beispiel dafür, wie wenig islamische Herrschaft im Mittelalter auf ethnische und lokale Bindungen angewiesen ist. Saladins Vater Ayyūb und dessen Bruder Šīrkūh waren Kurden aus der Gegend von Dvin bei Eriwan; sie waren als Söldner in den Irak gekommen, wo Ayyūb es bis zum Festungskommandanten von Takrīt am Tigris gebracht hatte. Dort wurde Saladin geboren; zusammen mit dem Vater und dem Onkel kam er nach Syrien in die Dienste des Emirs Zengī von Aleppo, von dem Ayyūb das Kommando über die Zitadelle von Baalbek – den zur Festung ausgebauten antiken Tempelbezirk – erhielt.

Söldner und Condottieri dieses Schlags wurden überall benötigt und waren überall einsetzbar; ihre Herkunft und ethnische Zugehörigkeit spielte keine Rolle. Längst hatte das aus arabischen Stammeskriegern bestehende Heer *(ǧund)* der Eroberungszeit und der umayyadischen Epoche, das in den Lagerstädten Kūfa und Basra, Fusṭāṭ und Kairuan angesiedelt war, seine Bedeutung verloren: Stammeskrieger und Söldner wurden in zunehmendem Maße aus nichtarabischen Völkern rekrutiert. Schon das Heer, das die Abbasiden an die Macht gebracht hatte, war aus Arabern und Iranern zusammengesetzt gewesen; die Fatimiden brachten ihre berberischen Anhänger aus dem Maghreb nach Kairo und stellten dort nubische und armenische Regimenter auf; die Zengiden warben unter den Kurden und Türkmenen. Neben dem freien, berufsmäßigen Reitersöldner stand seit dem neunten Jahrhundert der gekaufte, militärisch ausgebildete Kriegssklave (*ʿabd, ġulām, mamlūk*), der, nach einer gewissen Dienstzeit freigelassen, zum Offiziersrang aufsteigen konnte. Die Mamluken rekrutierten sich im Osten der islamischen Welt hauptsächlich aus den zentralasiatischen Türkvölkern, im Maghreb und in Spanien aus den Slawen Osteuropas und der Balkanhalbinsel. Das arabische Element trat – auch in den arabischen Ländern Syrien und Irak – immer mehr zurück; nur bei Bedarf wurden Beduinen vorübergehend als leichte Reiter angeworben oder die tributpflichtigen Stämme der Wüstenrandgebiete aufgeboten.

Die Offiziere dieser Armeen, die Emire (arab. *amīr* = Befehlshaber), bildeten eine Militäraristokratie, in die aufzusteigen jedem offenstand, auch dem ehemaligen Kriegssklaven. Diese Schicht übernimmt in der mittelalterlichen islamischen Welt die Rolle, die im Abendland der erbliche, landsässige Feudaladel spielt; aus ihr rekrutieren sich Heerführer, Stadt- und Festungskommandanten, Provinzstatthalter, Wesire und Sultane.

In der Zeit der Kreuzzüge kommt den festen Städten und Burgen eine immer größere Bedeutung zu. Die Befestigungsanlagen werden in einem bis dahin unbekannten Ausmaß unter großem technischen Aufwand ausgebaut und erneuert; besonders in Syrien, wo die Verwendung des Steinquaderbaus Tradition hatte, entstehen eindrucksvolle Beispiele einer hochentwickelten Fortifikationstechnik. Aleppo und Damaskus erhalten durch die unter den Ayyubiden erneuerten Mauern, Tore und Zitadellen ihr heutiges Gesicht; in Kairo läßt Saladin seit 1183 auf einem Ausläufer des Muqaṭṭam über der fatimidischen Palaststadt durch seinen Mamluken Qarāqūš die Zitadelle *(qalʿat al-ǧabal)* erbauen.

Die ägyptische Armee hat Saladin nach syrischem Vorbild neuformiert. Das im Irak entstandene und unter den Seldschuken nach Syrien übertragene *iqṭāʿ*-System (s. o. S. 196) wird nun auch in Ägypten eingeführt: Der freie Reitersoldat *(ṭawāšī)*, der sich beritten und gewappnet, begleitet von mindestens einem Knappen *(ġulām)* und mehreren Saumpferden, bei Aufgebot stellen muß, erhält statt eines Soldes das Recht, den *ḫarāǧ* eines der ihm zugewiesenen Dörfer (oder einen Teil davon) selbst zu erheben. Allerdings werden nicht alle Dörfer auf diese Weise vergeben; der Sultan behält einen Teil davon als Kronland *(ḫāṣṣ)* ein, dessen Steueraufkommen auch weiterhin dem Fiskus zufließt. Das *iqṭāʿ*-System hat in Ägypten wie überall weitreichende wirtschaftliche und soziale Folgen gehabt, die bis in die Gegenwart nachwirken; es hat große Teile des Steueraufkommens aus der landwirtschaftlichen Produktion in den Dienst einer sich rasch ausbildenden Militärkaste mit zunehmend feudalen Zügen gestellt, die aber ihre Wohnsitze nicht wie der europäische Adel auf dem Land hatte, sondern sich in Kairo konzentrierte, wohin die Reichtümer des Landes nun für Jahrhunderte flossen.

Die Umstellung der von den Fatimiden überkommenen Verwaltung auf das neue System hat sich über mehrere Jahre hingezogen. Die Neubewertung der durchschnittlichen Steuererträge eines jeden Dorfes und die Verteilung an die Soldaten – eine Maßnahme, die mit einem alten ägyptischen Wort als *rōk* (demotisch *ruḫ* = Landverteilung) bezeichnet wird – begann im Jahre 1176 und zog sich anscheinend bis 1181 hin; die schließlich festgestellte Heeresrolle *(dīwān al-ǧayš)* wies 111 Offiziere, 6976 Reiter *(ṭawāšī)* und 1553 Mann leichte Kavallerie *(qarāġulām)* aus. Die Mamluken, die jeder dieser freien Reiter ins Feld stellen konnte, sind dabei nicht mitgezählt; hinzu kamen noch die an den Rändern des Niltals und auf dem Sinai aufzubietenden Beduinen sowie Scharen freiwilliger Glaubenskämpfer *(ġāzī)*, wenn es gegen die Ungläubigen ging.

Mit dem *ǧihād* ließ sich Saladin indes viel Zeit. Seine erste Sorge galt der Ausweitung seiner Herrschaft im Süden: 1173 besetzte sein Bruder Tūrānšāh Nubien; im folgenden Jahr marschierte dieser über Medina und Mekka nach dem Jemen, um Ägypten nach fatimidischem Vorbild die Herrschaft über das Rote Meer und die Kontrolle des Handels mit dem Indischen Ozean zu sichern.

Von Saladins zwiespältigem Verhältnis zu seinem syrischen Oberherrn Nūr ad-dīn war schon die Rede: Der Emir von Aleppo betrachtete Saladin als seinen Vasallen und entsandte einen Mann seines Vertrauens nach Kairo, der die Heereslisten und die Verzeichnisse der Einkünfte des Landes einzusehen begehrte; Saladin jedoch war keineswegs gewillt, die dringend benötigten Gelder auch nur zum Teil nach Syrien abzuführen. Der Tod Nūr ad-dīns (Mai 1174) bewahrte ihn vor dem drohenden Konflikt und eröffnete nun ihm die Möglichkeit, seinen Einfluß in Syrien geltend zu machen, zumal da die Erben Nūr ad-dīns in Damaskus und Aleppo zerstritten waren.

Im Oktober 1174 verließ Saladin mit siebenhundert Reitern Ägypten, durchquerte den Sinai und gelangte unter Umgehung des fränkischen Transjordanlandes über Bosra nach Damaskus, dessen überraschte Besatzung kaum Widerstand leistete. Auch Ḥimṣ und Ḥamāh ergaben sich, und am 30. Dezember erschien Saladin vor Aleppo. Nach einigen Kämpfen gegen die Ratgeber und Emire von Nūr ad-dīns elfjährigem Sohn aṣ-Ṣāliḥ kam es im Mai 1175 zu einem Abkommen, demzufolge Damaskus und Nordsyrien bis hinauf nach Ḥamāh und Maʿarrat an-Nuʿmān in Saladins Hand blieben, der dafür aṣ-Ṣāliḥ als seinen nominellen Oberherrn anerkannte.

Saladin hatte seinen Griff nach dem muslimischen Syrien in Briefen an den Kalifen in Bagdad mit propagandistischem Geschick mit der Notwendigkeit gerechtfertigt, die zerstrittenen Muslime zu einigen, bevor das eine große Ziel, der *ǧihād* gegen die Ungläubigen, in Angriff genommen werden könne. Der Kalif übersandte ihm daraufhin ein Diplom, das ihn im Besitz seiner Länder bestätigte und so die Usurpation der Herrschaft in Ägypten und Syrien legitimierte. Seit 1177 führte Saladin den Titel „Wiederbeleber der Herrschaft des Befehlshabers der Gläubigen" *(muḥyī dawlat amīr al-muʾminīn).*

Im Kampf gegen die Kreuzfahrer geschah indes mehr als fünfzehn Jahre lang nichts Entscheidendes. Zwar kam es gelegentlich zu kleineren Unternehmungen der von Saladin aufgebauten ägyptischen Flotte gegen die palästinischen Häfen, zu Scharmützeln in Mittelsyrien und zu zwei erfolglosen Vorstößen gegen al-Karak, von wo aus Rainald von Châtillon die schwache Verbindung zwischen Ägypten und Syrien bedrohte. Aber all dies hielt sich in lokalem Rahmen. Vielmehr hat sich Saladin in einer Reihe von Waffenstillstandsverträgen mit den Franken (1175, 1180, 1183, 1185) den Rücken frei gehalten, um seine Macht auch nach Nordsyrien und in die Ǧazīra (Obermesopotamien) auszudehnen – dieselbe Politik, wie sie Nūr ad-dīn verfolgt hatte. Ohne das mesopotamische Hinterland, nur von der dünnen Kette der syrischen Städte aus, ließ sich der *ǧihād* nicht führen. Der Sultan hielt sich nun ständig in Syrien auf; die Regierung Ägyptens überließ er seinem Bruder al-ʿĀdil. Der Waffenstillstand von 1183 erlaubte es ihm, der Herrschaft der Zengiden ein Ende zu machen; ganz Mesopotamien mit den Städten Edessa (ar-Ruhā), Ḥarrān, Mārdīn, Sinǧār, Naṣībīn und Āmid (Diyarbakir) wurde in Besitz genommen; nach mehrwöchiger Belagerung ergab sich Aleppo, und 1186 erkannte auch der zengidische Emir von Mossul Saladin als seinen Oberherrn an.

Den Anlaß zum eigentlichen Ausbruch des Krieges mit den Kreuzfahrern bot ein Überfall des Herrn von Karak, Rainald von Châtillon, auf eine syrisch-ägyptische Karawane im Jahr 1187. Nachdem Saladin vom König von Jerusalem, Guy de Lusignan, vergeblich Genugtuung gefordert hatte, rief er den *ǧihād* aus und begann seine syrischen und mesopotamischen Truppen im Golan (Ǧawlān) zusammenzuziehen; auch das ägyptische Heer wurde aufgeboten. Die Einnahme von Tiberias durch die Muslime und der drohende Fall der Zitadelle der Stadt veranlaßten König Guy, das in Galiläa zusammengezogene Heer der Kreuzfahrer eilig in Marsch zu setzen; nach einem Tagesmarsch in glühender Sommerhitze konnte es allerdings weder nach Tiberias vorstoßen noch das rettende Ufer des Sees Genezareth erreichen und wurde am folgenden Tag, dem 4. Juli 1187, bei dem Dorf Ḥaṭṭīn von den Muslimen zersprengt und aufgerieben; der König, der Großmeister des Templerordens sowie Rainald von Châtillon und zahlreiche andere fränkische Barone gerieten in Gefangenschaft. In Erfüllung eines früher geleisteten Eides ließ Saladin seinen Erzfeind Rainald und die Angehörigen der Ritterorden hinrichten.

Das Feldheer des Königreichs Jerusalem war bei Ḥaṭṭīn mit einem einzigen Schlag vernichtet worden; Saladin konnte sich nun in Palästina völlig ungehindert bewegen und die Burgen und festen Städte einnehmen. Schon am 5. Juli kapitulierte die Zitadelle von Tiberias, und am 9. ergab sich Akkon kampflos. Im Juli und August eroberten die Muslime das ganze Heilige Land mit Nazareth und Nablus, Baysān und Jericho, Ramla, Hebron und Gaza; mit Hilfe der ägyptischen Flotte wurden die Hafenstädte von Haifa bis hinauf nach Beirut und Byblos (Ǧubayl/Giblet) bezwungen; mit der Kapitulation von Askalon am 5. September erkaufte sich König Guy die Freiheit; nur das wichtige Tyros wurde durch rechtzeitig eintreffende Verstärkung aus Europa gerettet. Schließlich kapitulierte am 2. Oktober Jerusalem – ein Gewinn von geringer strategischer und wirtschaftlicher Bedeutung, aber ein Prestigeerfolg, der sich propagandistisch nutzen ließ, um Saladin als den erfolgreichen Vorkämpfer des Islam gegen die Ungläubigen zu feiern.

Innerhalb nur weniger Monate hatte Saladin das Königreich Jerusalem zerschlagen. Im folgenden Jahr 1188 wandte er sich gegen die beiden nördlichen Kreuzfahrerstaaten, die Grafschaft Tripolis und das Fürstentum Antiochien. Zwar blieb das schwer befestigte und gut verteidigte Tripolis selbst unbehelligt, doch eroberte Saladin im Juli die Küstenplätze bis hinauf nach Latakia (al-Lāḏiqiyya/Laodikeia) und die Burg Ṣahyūn, die deren Hinterland beherrschte, und wandte sich im Tal des Orontes wieder nach Süden, wo schließlich auch al-Karak erobert wurde. Aber im selben Jahr erlitt er auch einen ersten Rückschlag, der dazu führen sollte, daß sich das Königreich Jerusalem – wenn auch ohne Jerusalem selbst – behaupten konnte. Im August 1189 rückte König Guy de Lusignan überraschend von Tyros aus nach Süden gegen Akkon, das er mit seinem Heer einschloß. Um die von der muslimischen Besatzung verteidigte Stadt entbrannte nun ein langwieriger Belagerungskrieg, der alle Kräfte beider Gegner band. Akkon wurde über See von Ägypten aus versorgt; der Belagerungsring der Franken wurde wiederum von Saladins Truppen eingeschlossen.

Der Fall Jerusalems veranlaßte die europäischen Herrscher, einen gemeinsamen Kreuzzug vorzubereiten, der die Christenheit im Kampf gegen die Heiden einen sollte. Im Mai 1189 brach als erster Kaiser Friedrich Barbarossa von Regensburg auf. Sein Tod in Kleinasien befreite zwar Saladin von der unmittelbaren Bedrohung, doch wurde das Frankenheer bei Akkon durch ständigen Zustrom aus Europa verstärkt. Im April 1191 landete der König von Frankreich, Philipp II. August, und im Juni erschien auch der englische König Richard Löwenherz im Lager vor Akkon. Am 12. Juli mußte die Besatzung der Stadt nach zweijähriger Belagerung den Christen die Tore öffnen. Akkon wurde nun – bis zu seinem endgültigen Fall genau hundert Jahre später – die tatsächliche Hauptstadt des Königreichs Jerusalem und neben Tripolis der bedeutendste Umschlagplatz für die Waren des syrischen Hinterlandes.

Nach der Abreise des französischen Königs hat Richard Löwenherz allein den Kampf gegen Saladin weitergeführt. Nach der Rückeroberung Jaffas schien auch die Wiedergewinnung Jerusalems in greifbare Nähe gerückt, doch scheint der König dies nicht ernsthaft erwogen zu haben; er war von Anfang an auf eine Verhandlungslösung aus, um wenigstens den Bestand der Kreuzfahrerstaaten zu retten. Der Waffenstillstandsvertrag, der schließlich am 2. September 1192 zustande kam, beließ Saladin notgedrungen alle seine Eroberungen im Binnenland sowie Gaza und Askalon, während die Küstenstädte bis Jaffa im Süden dem König von Jerusalem verblieben; Saladin sicherte den christlichen Pilgern den ungehinderten Besuch der heiligen Stätten in Jerusalem zu. Mit diesem Vertrag hatte Saladin wohl mehr erreicht, als er hatte erwarten können; im Winter 1192/93 entließ er seine Heere und zog sich nach Damaskus zurück, wo er am 4. März 1193 nach kurzer Krankheit gestorben ist. Der Waffenstillstand, den er auf drei Jahre befristet hatte, sollte jedoch, ohne daß er verlängert worden wäre, für fünfundzwanzig Jahre Bestand haben und beiden Seiten eine Atempause gewähren, die der Stabilisierung der Herrschaft der Ayyubiden zugute kam.

2. Das Ayyubidenreich – ein dynastischer Herrschaftsverband

Saladins Herrschaft hatte sich auf die Loyalität seiner zahlreichen Verwandten stützen können, die er mit militärischen und administrativen Aufgaben betraute; zu seinen zwei älteren und drei jüngeren Brüdern und deren Nachkommenschaft kamen seine eigenen vier Söhne sowie die Nachkommen seines Onkels Šīrkūh. Während die Fatimiden aus Sorge um die Unteilbarkeit der charismatischen Imamswürde die Prinzen niemals mit irgendwelchen Machtbefugnissen betraut, sondern sie ihr Leben lang im Palast interniert hatten – die meisten sind nicht einmal dem Namen nach bekannt –, beruhte das Herrschaftssystem der Ayyubiden gerade auf der Beteiligung aller Angehörigen des rasch anwachsenden Clans an der Regierung. Die Nachfolge in der Leitung des Gesamtreichs war nicht formal geregelt. Zunächst setzte sich das Prinzip des Seniorats durch: Saladins Bruder Abū Bakr mit dem Thronnamen *al-Malik al-ʿĀdil*, der schon die Verhandlungen mit Richard Löwenherz zäh und klug geführt hatte und der beim Tode Saladins die Ǧazīra besaß, setzte sich als Senior der Sippe gegen die zerstrittenen Söhne des Sultans durch; nachdem er im Jahre 1200 auch Ägypten in Besitz genommen hatte, war er unumstrittener Chef des ayyubidischen Hauses und ließ die Reichsteile durch seine drei Söhne regieren: den designierten Thronfolger al-Malik al-Kāmil in Kairo, al-Malik al-Ašraf in der Ǧazīra und al-Malik al-Muʿaẓẓam in Syrien.[1] Unter dem letzteren geboten in Aleppo ein Sohn Saladins, in Ḥamāh die Nachkommen von Saladins Bruder Tūrānšāh, in Ḥimṣ die Nachkommen Šīrkūhs; weitere Zweige des Hauses etablierten sich in Bāniyās, Bosra, Baalbek und al-Karak sowie im Jemen. Al-ʿĀdil regierte das Gesamtreich ohne feste Residenz; meist pendelte er zwischen Kairo und Damaskus hin und her.

Diese nur durch das dynastische Band zusammengehaltene „Familienföderation" (Cahen) regionaler und lokaler Herrschaften unter Kontrolle zu behalten und zu gemeinsamem politischen und militärischen Handeln zu führen, erforderte beträchtliches Geschick, zumal sie durch die zentrifugalen Bestrebungen der nur lose angeschlossenen Fürstentümer am oberen Tigris – der Zengiden von Sinǧār und Mossul und der türkmenischen Ortoqiden von Mārdīn und Āmid (Diyārbakr) und im südlichen Armenien – zusätzlich destabilisiert wurde. Glücklicherweise drohte von den Kreuzfahrerstaaten auch nach Ablauf von Saladins Waffenstillstand keine Gefahr; der vierte Kreuzzug hatte im Jahre 1204 unerwartet seine Richtung geändert und sich gegen das christliche Byzanz gewandt, und von dem auf die Küstenstädte zurückgeworfenen Königreich Jerusalem war wegen seiner inneren Wirren wenig zu befürchten. Die unermüdliche Kreuzzugspropaganda Papst Innozenz' III. ließ jedoch erwarten, daß diese Ruhe befristet sein würde, zumal auch der junge Stauferkönig Friedrich II. bei seiner Thronbesteigung im Jahre 1215 das Kreuz genommen hatte.

Es dauerte allerdings eine Weile, bis ein neuer Kreuzzug in Bewegung kam; prominenteste Teilnehmer waren der Herzog Leopold VI. von Österreich und König Andreas von Ungarn, die 1217 in Akkon landeten. Die Kreuzfahrer griffen den Plan auf, den König Amalrich ein halbes Jahrhundert zuvor vergeblich zu verwirklichen versucht hatte: Man wollte Ägypten erobern und damit das syrische Ayyubidenreich seiner Basis berauben. Im Mai 1218 landeten die Franken bei Damiette an der Mündung des östlichen Nilarms; im November wurde die Stadt eingenommen.

Dem ägyptischen Herrscher al-Kāmil erschien die Situation so bedrohlich, daß er den Franken anbot, für ihren Abzug alle Eroberungen Saladins westlich des Jordans einschließlich Jerusalem zurückzugeben – gewiß nicht ohne den Hintergedanken, daß sich die Franken auf die Dauer nicht gegen die ayyubidische Übermacht würden behaupten können, zumal die Muslime die Mauern von Jerusalem und die wichtigsten Burgen Palästinas vorsorglich hatten schleifen lassen. Aber die Verhandlungen scheiterten an der Intransigenz des päpstlichen Legaten, des Kardinals Pelagius von Albano, dem eine vollständige Vernichtung des Islams greifbar nahe gerückt schien und der zudem unter dem Druck der italienischen Seerepubliken, vor allem der Venezianer, Pisaner und Genuesen stand, die am Nil ihre Kontore eröffnen wollten.

Als sich das fränkische Heer nach langem Zögern im Juli 1221 von Damiette in Bewegung setzte und durch das Nildelta gegen Kairo vorrückte, trat ihm die Streitmacht des gesamten Ayyubidenreiches vereint entgegen; die drei Teilfürsten von Mesopotamien, Syrien und Ägypten agierten auch nach dem Tode ihres Vaters al-ʿĀdil (August 1218) angesichts der äußeren Bedrohung gemeinsam. In dem von den Ägyptern nach der Nilschwelle unter Wasser gesetzten Delta zerniert, mußten die Franken vor al-Kāmils Lagerfestung al-Manṣūra („die Siegreiche") aufgeben und das Land räumen.

Der Wegfall des äußeren Druckes ließ jedoch die inneren Spannungen des Ayyubidenstaates gleich wieder in den Vordergrund treten; die Bestrebungen des syrischen Fürsten al-Muʿaẓẓam, seinen Machtbereich zu erweitern, hielten seine Brüder in Atem.

Bei seiner Kaiserkrönung im Jahre 1220 hatte Friedrich II. sein Kreuzzugsgelübde erneuern müssen; der Kaiser war entschlossen, seine prekäre politische Situation in Europa durch einen Erfolg im Heiligen Land zu festigen. Seine Rüstungen blieben den Ägyptern nicht verborgen, und so nahm al-Kāmil schon vor dem Aufbruch des Kaisers Verhandlungen auf, in denen er sein früheres Angebot einer Rückgabe Jerusalems erneuerte – eine Zusage, die ja auf Kosten seines in Damaskus regierenden Bruders ging. Al-Kāmils wichtigstes Ziel war die Sicherung des Bestandes des ayyubidischen Gesamtreiches, dessen Einigung unter seiner eigenen Führung er nur erreichen konnte, wenn er vor den Franken Ruhe hatte; demgegenüber erschien der – ohnedies als vorläufig betrachtete – Verzicht auf das unbefestigte Jerusalem als ein geringer Preis; als der Kaiser im September 1228 in Akkon landete, war die Rückgabe der Stadt bereits so gut wie beschlossene Sache. Allerdings hatte sich die Position al-Kāmils inzwischen durch den Tod seines Bruders al-Muʿaẓẓam von Damaskus entscheidend verbessert; von seinem Hauptrivalen befreit, konnte er sich mit seinem zweiten Bruder al-Ašraf über die Neuaufteilung der Herrschaftsgebiete einigen und sich Palästina sichern, zugleich aber die Zugeständnisse an die Franken zurückschrauben. Da auch dem Kaiser nur an einem in Europa vorzeigbaren Prestigeerfolg gelegen war, einigten sich die Politiker – gegen den Widerstand der religiösen Eiferer in beiden Lagern – sehr rasch und schlossen im Februar 1229 in Jaffa einen auf zehn Jahre befristeten Frieden, der den Interessen beider genügte: Beiden war an der Sicherung und Festigung ihrer Herrschaft mehr gelegen als an Jerusalem. Die Stadt wurde an die Franken zurückgegeben; nur der Tempelplatz mit dem Felsendom und der Aqṣā-Moschee blieb muslimisch, und die islamische Gemeinde behielt ihre eigene Jurisdiktion unter ihrem Qadi. Von einer Rückgabe *aller* Eroberungen Saladins war nun nicht mehr die Rede; Friedrich begnügte sich denn auch – gegen den heftigen Widerstand der Kirche – mit Bethlehem, Nazareth, Lydda, Toron, Sidon und einigen Dörfern – Zugeständnisse, die al-Kāmil ohne militärischen Nachteil gewähren konnte, zumal auch die Franken Jerusalem nicht wieder befestigten. Die Rückendeckung, die ihm der Vertrag mit dem Kaiser bot, erlaubte es al-Kāmil nun, die Herrschaftsverhältnisse in Syrien nach seinen Vorstellungen neu zu ordnen. 1229 belagerten er und sein Bruder al-Ašraf Damaskus und zwangen ihren Neffen an-Nāṣir zum Verzicht auf die syrische Hauptstadt und zum Rückzug nach al-Karak. Fortan regierte al-Ašraf das zentrale Syrien, während al-Kāmil als Herr von Ägypten und Sultan des Gesamtreichs auch die mesopotamischen Gebiete regierte, die nun stärker in den Vordergrund rückten.

Armenien und das nördliche Mesopotamien waren in der Tat die kritischsten Gebiete der ayyubidischen Herrschaft. Während an der Grenze zu den Kreuzfahrerstaaten in den folgenden Jahren meist Ruhe herrschte, machten sich im Nordosten Turbulenzen bemerkbar, die durch das Vordringen der Mongolen in Zentralasien und Nordost-Iran ausgelöst waren. Zunächst war es der Herrscher Irans, der Ḫwārizmšāh[2] Ǧalāl ad-dīn Mankūbirtī, der, von den Mongolen aus seinem Reich verdrängt, von Aserbeidschan aus sich den Westen zu unterwerfen suchte. Das veranlaßte die Ayyubiden und die Rūm-Seldschuken von Kleinasien zu gemeinsamem Vorgehen; ihr Heer schlug den Abenteurer, dessen Umtriebe das labile politische Gleichgewicht im östlichen Kleinasien ständig störten und eine wirksame Abwehr der Mongolen verhinderten, im August 1230 bei Erzinǧān. Auf seinen Fersen aber drangen die Mongolen 1231 erstmals in Armenien ein. In den folgenden Jahren bedrohten sie wiederholt den Irak, so daß sich der Bagdader Kalif al-Mustanṣir, der selber ohne militärische

Macht war, wiederholt um ein Bündnis der muslimischen Herrscher bemühte und die Ayyubiden bat, auf seine Kosten in ihrem Herrschaftsgebiet Reiter anzuwerben. Doch die von den Mongolen drohende Gefahr scheint von den westlichen islamischen Staaten allgemein unterschätzt worden zu sein; statt ein Bündnis gegen die Mongolen einzugehen, suchten al-Kāmil und der Sultan von Konya, Kaykubād, sich gegenseitig Armenien und Mesopotamien streitig zu machen.

Im Jahr 1232 beseitigte al-Kāmil die Herrschaft der unzuverlässigen ortoqidischen Fürsten von Āmid (Diyarbakir) und Ḥiṣn Kayfā (Hasankeyif) und wurde dadurch unmittelbar Herr der Landschaft am oberen Tigris. Diese Position nutzte er 1234 zu einem Feldzug gegen die Rūm-Seldschuken, bei dem ihm sämtliche Ayyubidenprinzen, sechzehn an der Zahl, Gefolgschaft leisteten. Al-Kāmil plante nichts Geringeres als den Sturz der Seldschukenherrschaft in Kleinasien; wäre sein Plan gelungen, so wäre ein Reich entstanden, das sich vom Schwarzen Meer bis in den Jemen erstreckt hätte – ein ganz neuartiges politisches Gebilde, das ohne Zweifel seinen Druck auf das Bagdader Kalifat hätte fühlbar werden lassen und dem als wichtigste außenpolitische Aufgaben die Beseitigung der Kreuzfahrerstaaten und die Abwehr der Mongolen zugefallen wären. Aber dazu kam es nicht; das ayyubidische Heer wurde bereits in den gut verteidigten Taurus-Pässen zum Stehen gebracht; zudem unterstützten die ayyubidischen Prinzen ihren Senior nur halbherzig, da sie – wohl nicht ohne Grund – argwöhnten, al-Kāmil plane, Ägypten, Syrien und Mesopotamien zu einem straff geführten Zentralstaat zusammenzufassen und sie allesamt aus ihren angestammten Fürstentümern zu verdrängen und in Kleinasien und Armenien zu entschädigen.

Die Struktur des dynastischen „Bundesstaates" (Gottschalk) war und blieb der Schwachpunkt des Ayyubidenreichs. Al-Kāmil versuchte in seinen letzten Jahren, seine Vorherrschaft gegenüber seinen syrischen Brüdern, Vettern und Neffen stärker zur Geltung zu bringen, doch stieß er auf heftigen Widerstand. Unter der Führung seines Bruders al-Ašraf, des Herrn von Damaskus, bildete sich gegen das Vormachtstreben des ägyptischen Sultans eine Fronde, die sich nicht scheute, beim Sultan von Konya Rückendeckung zu suchen; al-Kāmil zog abermals nach Syrien und nahm Damaskus ein (Januar 1238). Doch mit seinem Tod am 6. März brach das ayyubidische Reich in anarchischen Nachfolgekämpfen auseinander. Der vom Vater als Herrscher des Gesamtreichs designierte achtzehnjährige al-Malik al-ʿĀdil II., der Herr von Ägypten, konnte sich nicht durchsetzen; drei Jahre lang bekriegten sich die ayyubidischen Teilfürsten in wechselnden Allianzen; vergeblich versuchte der Bagdader Kalif al-Mustanṣir zu vermitteln. Unterdessen lief im September 1239 der mit Friedrich II. geschlossene Waffenstillstand ab, und der Fürst von al-Karak nutzte die Gelegenheit, das unbefestigte Jerusalem zu besetzen (5. Januar 1240). Die Stadt war jedoch nicht zu halten, als eine eben aus Europa eingetroffene

Kreuzfahrerschar unter Thibaut, dem Grafen der Champagne, sie wieder in Besitz nahm.

Aus den Nachfolgewirren ging 1240 al-Kāmils Sohn Ayyūb mit dem Thronnamen al-Malik aṣ-Ṣāliḥ als Sieger hervor: In Kairo hatten die Mamlukenoffiziere den jungen Sultan al-ʿĀdil II. abgesetzt und riefen seinen älteren Bruder aṣ-Ṣāliḥ, dessen Apanage am oberen Tigris lag, ins Land. Aṣ-Ṣāliḥ Ayyūb (1240–1249) hat noch einmal versucht, die Pläne seines Vaters wiederaufzunehmen und Mesopotamien, Syrien und Ägypten zu einem zentral geführten Einheitsstaat zusammenzuschließen. Das Zentrum seiner Macht war Kairo, wo er sich auf der Nilinsel Roda (ar-Rawḍa) einen befestigten Palast baute, dem die Wohnviertel mit ihren Kirchen und Moscheen weichen mußten. In der mit sechzig Türmen bewehrten Inselfestung lagen die Kasernen der türkischen Mamluken, die aṣ-Ṣāliḥ in großer Zahl einkaufte, um sich eine nur ihm selbst verpflichtete loyale Truppe zu schaffen; auf etwa achthundert bis tausend Mann wuchs das Korps dieser „Baḥrī"- (Fluß-)Mamluken schließlich an, das von nun an den Kern des ägyptischen Heeres bildete.

Die innere Situation des Ayyubidenreiches kennzeichnet nichts besser als die Tatsache, daß aṣ-Ṣāliḥ Ayyūb sich mit den Franken einigen mußte, um für die Wiedergewinnung Syriens den Rücken freizubekommen. Mit Richard, dem Earl von Cornwall, der ein neues Kreuzfahrerheer ins Heilige Land geführt hatte, schloß der Sultan 1241 einen Vertrag, der die Abtretungen al-Kāmils an Friedrich II. bestätigte und sogar beträchtlich erweiterte: Jaffa, Askalon und Tiberias wurden an die Christen zurückgegeben. Auch die syrischen Fürsten, an ihrer Spitze aṣ-Ṣāliḥs Onkel Ismāʿīl, der Herr von Damaskus, suchten eine Annäherung an die Franken, die natürlich die Entstehung eines syrisch-ägyptischen Gesamtreiches nach Kräften zu verhindern suchten. Aṣ-Ṣāliḥ Ayyūb jedoch suchte sich einen Verbündeten in dem ḫwārizmischen Heer, dessen Reste seit der Niederlage des Ḫwārizmšāhs gegen die Mongolen herrenlos in Kleinasien und Mesopotamien herumirrten, zeitweilig dem Sultan von Konya dienten und von aṣ-Ṣāliḥ in der Gegend von Edessa und Ḥarrān mit Lehen ausgestattet wurden. Im Frühjahr 1244 überschritten die Ḫwārizmier den Euphrat und durchzogen sengend und plündernd Syrien; sie besetzten Jerusalem, das ihnen ohne Gegenwehr zufiel (und das nun nicht wieder in christliche Hand kommen sollte) und vereinigten sich bei Gaza mit aṣ-Ṣāliḥs ägyptischen Truppen. Gemeinsam brachten sie hier am 17. Oktober den verbündeten Syrern und Franken eine vernichtende Niederlage bei – die schwerste, die die Kreuzfahrer nach Saladins Sieg bei Ḥaṭṭīn erlitten haben. Aṣ-Ṣāliḥ Ayyūb konnte nun, moralisch unterstützt vom Kalifen in Bagdad, Syrien in Besitz nehmen; Damaskus kapitulierte 1245 nach schwerer Belagerung, und nachdem es dem Sultan gelungen war, die Fürsten von Ḥimṣ und Aleppo auf seine Seite zu ziehen, konnte er 1246 den letzten Widerstand – auch den der marodierenden Ḫwārizmier – brechen. Aṣ-Ṣāliḥ

Ayyūb erschien selbst in Syrien und ließ sich in Damaskus, dann in Baalbek, Bosra und Jerusalem huldigen; Tiberias und Askalon wurden den Franken wieder genommen (1247).

Acht Jahre hatte aṣ-Ṣāliḥ benötigt, um seine Herrschaft über Syrien durchzusetzen. In dem Augenblick jedoch, da das Ayyubidenreich wiederhergestellt erschien, wurde es in seinem Zentrum bedroht: Am 5. Juni 1249 landete, von Zypern kommend, das Kreuzfahrerheer König Ludwigs IX. von Frankreich bei Damiette und besetzte die Stadt, die von ihrer Garnison kampflos geräumt worden war. Die Ereignisse des Kreuzzuges von 1218/21 schienen sich zu wiederholen. Aṣ-Ṣāliḥ Ayyūb – damals bereits todkrank – zog seine Truppen bei al-Manṣūra zusammen, der Festung am östlichen Nilarm, die sein Vater gegen die fränkischen Invasoren errichtet hatte. König Ludwig wartete jedoch, um eine Katastrophe wie die von 1221 zu vermeiden, das Ende der Nilschwelle im Herbst ab und setzte sich erst im November nach Süden in Marsch. Doch auch diesmal blieb die fränkische Invasion vor al-Manṣūra stecken. Durch Hunger und Krankheiten zermürbt, mußten die Kreuzfahrer den Rückzug antreten und schließlich am 6. April 1250 die Waffen strecken; durch die Räumung Damiettes und die Zahlung eines Lösegeldes von 800000 Dinar mußte sich König Ludwig die Freiheit erkaufen.

Schon während des Anmarsches der Franken war aṣ-Ṣāliḥ Ayyūb seiner Krankheit erlegen. Seine Witwe Šağar ad-durr hatte eiligst den Thronfolger Tūrānšāh aus Mesopotamien herbeirufen lassen, doch der junge Sultan versuchte unklugerweise, die Mamlukenoffiziere seines Vaters beiseite zu schieben und durch seine eigenen Leute zu ersetzen; eine Revolte der Baḥrī-Mamluken kostete ihn das Leben (1. Mai 1250). Die wahren Herren Ägyptens waren nun die türkischen Baḥrī-Mamluken, an ihrer Spitze der Generalissimus der Armeen *(atābak al-ʿasākir)* Aybak und der Verteidiger al-Manṣūras, Baybars. Aber für die Erhebung eines Mamlukenemirs zum Sultan fehlte es noch an legitimen Formen, und so regierte zunächst aṣ-Ṣāliḥs Witwe Šağar ad-durr – für eine islamische Dynastie ganz ungewöhnlich – als Sultanin mit eigenem Thronnamen „Königin der Muslime" *(malikat al-muslimīn);* die Legitimität ihrer Herrschaft leitete sie, wie ihr Titel „Mutter des al-Malik al-Manṣūr Ḫalīl" zeigt, daraus ab, daß sie dem Sultan aṣ-Ṣāliḥ einen (bereits im Kindesalter verstorbenen) Sohn geboren hatte. Aber diese Konstruktion war gegen den Anspruch der syrischen Ayyubidenfürsten nicht aufrechtzuerhalten, und so mußte die Königin auf Druck der Mamluken den Generalissimus Aybak zum Mann nehmen und es sich schließlich sogar gefallen lassen, daß ein Kind, ein sechsjähriger Ayyubidenprinz – al-Ašraf Mūsā – als nomineller Sultan präsentiert wurde, den man den Syrern gegenüber als legitimen Herrscher vorzeigte. Erst 1252 konnte Aybak es wagen, diesen letzten ägyptischen Ayyubiden für abgesetzt zu erklären, um fortan kraft eigenen Rechts den Sultanstitel *(al-Malik al-Muʿizz)* zu führen. Nach der Terminologie der ägyptischen

Chronisten endete so das Regime der „Kurden“ *(al-akrād)*, und es begann das „türkische Regime“ *(ad-dawla at-turkiyya)* der Baḥrī-Mamluken.

3. Austausch mit Europa

Die Kreuzzüge haben den Handelsverkehr zwischen Europa und den islamischen Ländern des östlichen Mittelmeerbeckens nicht etwa unterbrochen, sondern haben ihm im Gegenteil neue starke Impulse gebracht. Initiatoren und Nutznießer dieser Entwicklung waren die italienischen Seerepubliken Genua, Pisa und Venedig, ohne deren Flotten während des ersten Kreuzzuges die Eroberung der levantinischen Küstenplätze nicht möglich gewesen wäre; die Kommunen hatten sich ihre Dienste von den Fürsten der entstehenden Kreuzfahrerherrschaften durch Privilegien entgelten lassen, die ihnen nicht nur eine dominierende Position im Handelsverkehr, sondern häufig auch direkten Zugriff auf die Zölle der orientalischen Häfen verschafften. So hatte Gottfried von Bouillon den Erzbischof Daimbert von Pisa zum ersten lateinischen Patriarchen von Jerusalem erhoben und ihm zudem noch ein Stadtviertel von Jaffa zu Lehen gegeben; König Balduin von Jerusalem verlieh den Genuesen 1104 je ein Drittel der palästinischen Häfen Arsūf, Caesarea und Akkon, dazu ein Drittel der Zolleinnahmen von Akkon sowie eigene Stadtviertel in Jerusalem und Jaffa; der Graf von Toulouse vergab ganz Byblos an die Genuesen und versprach ihnen ein Drittel des noch belagerten Tripolis; 1108 verlieh der Normanne Tankred den Pisanern Stadtviertel in Antiochien und Latakia und garantierte ihnen freien Handel in seinem ganzen Fürstentum. Venedig hatte gar, als es im Jahre 1100 eine Flotte von zweihundert Schiffen nach Jaffa entsandte, von Gottfried ein Drittel aller noch zu erobernden Städte und völlige Abgabenfreiheit verlangt und auch zugesagt erhalten. Zwar erfüllten sich nicht alle diese Träume, und auch die tatsächlich eingerichteten Quartiere der italienischen Kommunen mit ihrem eigenen Oberhaupt *(vicecomes, bailus* oder *consul)*, mit eigener Gerichtsbarkeit und eigenen Maßen und Gewichten, mit Faktorei *(fondaco)*, Kirche, Bad und Bäckerei, waren ihres Reichtums wegen oft dem begehrlichen Zugriff der Feudalherren ausgesetzt. Dennoch hat die Kontrolle des gesamten Levantehandels und des Pilgerverkehrs nach dem Heiligen Land wie auch der Transport von immer neuen Kreuzfahrerheeren den italienischen Kommunen einen ungeahnten Reichtum gebracht, mit dessen Hilfe sie nicht nur ihre Unabhängigkeit in republikanischen Formen weiter festigen, sondern auch das äußere Gesicht ihrer Städte prächtig verschönern konnten; ohne die unermeßlichen Gewinne aus dem Orienthandel wäre der Neubau von Dom, Baptisterium und Campanile in Pisa im 12. Jahrhundert ebensowenig möglich gewesen wie etwa die prachtvolle Ausstattung der Kirchenfassade des winzigen Hafen- und Marktortes St-Gilles im Rhonedelta um 1140).

Der Handel mit dem Feind der Christenheit galt keineswegs als verwerflich; auch Feudaladel und Kirche profitierten davon. So wirkte die Ankunft kampfeslustiger Kreuzfahrerscharen, die nach kriegerischen Taten dürsteten, meist eher als lästige Beeinträchtigung denn als wirkliche Unterbrechung des Handelsverkehrs; nur bei größeren Kreuzfahrtunternehmen, von deren Gelingen neue Privilegien zu erhoffen waren, haben die Seestädte selbst jeden Handel mit dem Feind verboten – so etwa Venedig vor dem Kreuzzug Friedrichs II. Ein strenges Embargo lag indes stets auf den für die ägyptische Flotte dringend benötigten Baumaterialien Eisen, Holz und Pech, doch die Konzilsbeschlüsse und päpstlichen Breves und die Verbote des byzantinischen Kaisers oder der Könige von Jerusalem und Aragon, die den Export dieser kriegswichtigen Waren als Verrat an der Christenheit brandmarkten und mit strengen Strafen, Exkommunikation, Interdikt, Kaperung und Leibesstrafen bedrohten, blieben weithin unwirksam. So hat etwa die Stadt Pisa, die noch 1156 von König Balduin IV. nachdrücklich ermahnt worden war, sich 1173 vertraglich verpflichtet, die begehrte Konterbande nach Ägypten zu liefern, und König Alfons III. von Aragon gestattete 1290 seinen Untertanen dasselbe.

Die muslimischen Herrscher profitierten von dem florierenden Handel natürlich ebenfalls – und mußten ihre Kontakte mit dem Erbfeind gegen ähnliche religiöse Bedenken verteidigen. So hat Saladin in einem Brief an den Kalifen von Bagdad seine guten Beziehungen mit Genua, Pisa und Venedig damit verteidigt, daß die christlichen Kaufleute für den *ǧihād* wichtige Waren brächten.

Seit Saladin Aleppo gewonnen hatte, kontrollierten die Ayyubiden nicht nur, wie ihre fatimidischen Vorgänger, den Seeweg des Roten Meeres, sondern gewannen auch direkten Anschluß an die vom Persischen Golf den Euphrat aufwärts führende Route und an den wichtigsten Strang der Seidenstraße, der von Samarkand nach Bagdad verlief. Zwar hatten die Ayyubiden an der nordsyrischen Küste von Saladins Eroberungen nur zwei Hafenstädte behauptet, Latakia und Ǧabala (Gibel/Zibel), doch führte von hier – gedeckt durch die Burg von Ṣahyūn – eine Straße über den Orontes nach Aleppo; im Unterschied zu den übrigen levantinischen Häfen erhoben hier die Muslime selbst Zölle und Hafengebühren. Diese Route, die die Waren aus Zentralasien, dem Fernen Osten und vom Persischen Golf nach Aleppo brachte und zudem den Export der Stadt selbst – vor allem Seide und Baumwolle – erschloß, war für die Europäer so interessant, daß sich hier die Venezianer engagierten, obwohl deren Interessen seit dem vierten Kreuzzug und der Errichtung des lateinischen Kaiserreichs in Konstantinopel (1204) eher auf den Balkan, die Ägäis und das Schwarze Meer gerichtet waren. Seit 1208 besaßen die Venezianer in Aleppo einen *fondaco*, eine Kirche und ein Bad; Ein- und Ausfuhrzölle waren vertraglich geregelt und wurden 1225 sogar von 12% auf 6% reduziert; die venezianische Kolonie in Latakia erhielt 1225 einen *bailo* mit eigener Gerichtsbarkeit; zugleich wurde mit dem Burgherrn des nahen Ṣahyūn die Senkung der Zölle auf Pfeffer und syrische Baumwolle vereinbart.

Die Städte des syrischen Binnenlandes wickelten ihren Handel dagegen über die fränkischen Häfen ab; so standen Ḥamāh und Ḥimṣ mit Tortosa und Tripolis in enger Verbindung, Damaskus – mit seinem Export von Seide, Brokaten und hochwertigem Stahl – mit Beirut, Tyros und Akkon. Besonders Akkon, die tatsächliche Hauptstadt des Königreichs Jerusalem, entwickelte sich zum Hauptumschlagplatz und Bankenzentrum der Levante und spielte so die Rolle, die in der Neuzeit Beirut übernehmen sollte. In Akkon waren neben Genua und Pisa, Venedig und Ancona auch die Handelsstädte des südlichen Frankreich vertreten: Marseille, St-Gilles, Aigues Mortes, Montpellier und Narbonne, daneben das von den Königen von Aragon geförderte und nun rasch aufstrebende Barcelona.

Auf dem Roten Meer dagegen verkehrten ausschließlich muslimische Schiffe; die Ayyubiden wie auch später die Mamlukensultane haben ihre absolute Hoheit in diesen Gewässern denn auch bis zur Entdeckung der Route um das Kap der guten Hoffnung durch den Portugiesen Vasco da Gama (1497) mühelos behaupten können. Der Handelsverkehr ging hier von Aden, wo die Waren auf Schiffe mit geringerem Tiefgang geleichtert wurden, nach ʿAyḏāb und von dort auf der Wüstenroute in fünfzehn bis zwanzig Tagen nach Qūṣ am Nil; am Nordende des Roten Meeres war al-Qulzum (Suez) mit al-Faramā, dem antiken Pelusium (nahe dem heutigen Port Saʿīd), verbunden. Der Haupthafen Ägyptens indes war und blieb Alexandrien, nach den Worten des Bischofs und Chronisten Wilhelm von Tyrus „*forum publicum utrique orbi*", der Markt beider Welten.

Kontore europäischer Händler gab es in Ägypten seit der Fatimidenzeit; die Amalfitaner sind schon im Jahre 996 in Kairo bezeugt; die Pisaner besaßen um 1150 einen *fondaco* in Alexandrien und erfreuten sich des besonderen Schutzes des Wesirs Ṭalāʾiʿ ibn Ruzzīk (s. o. S. 197); mit al-Malik al-ʿAdil schloß die Stadt Pisa 1207 ein Handelsabkommen, das 1215 präzisiert wurde. Genuesische Schiffe holten im zwölften Jahrhundert aus Ägypten Pfeffer, Muskatnüsse, Zimt, Gewürznelken, indisches Rotholz und ägyptischen Alaun; von 1177 datiert ein Handelsvertrag Genuas mit Saladin; seitdem wohl saß ein genuesischer *consul* in Alexandrien. Venedigs Beziehungen zum Nilland sind sehr viel älter, hatten venezianische Seeleute doch schon im Jahre 828 die Gebeine des heiligen Markus in Alexandrien erworben; unter dem Dogen Sebastiano Zani (1172–78) schloß die Markusrepublik einen Vertrag mit dem ägyptischen Sultan und besaß seitdem einen *fondaco* in Alexandrien.

Die italienischen Seestädte wollten sich indes mit ihrer bloß geduldeten Präsenz in Alexandrien nicht abfinden. Häufig waren sie demütigenden Bedingungen und Schikanen unterworfen; so mußten sie Steuerruder und Lateinerrah ihrer Galeeren beim Hafenmeister von Alexandrien abliefern, bis sie die Erlaubnis zum Auslaufen erhielten; bei kriegerischen Unternehmungen ihrer Heimatstädte wurden die fränkischen Kaufleute von den muslimischen Behörden interniert und konnten ihr Vermögen verlieren. Es war keine Frage, daß ihr Spielraum und ihr Profit unter einer christlichen Obrigkeit sehr viel größer sein würden, und so sind es denn vor allem Genua, Pisa und Venedig gewesen, die den Plan eines Kreuzzuges nach Ägypten immer wieder ins Spiel brachten; die Patrizier der italienischen Kommunen haben hier eine Politik betrieben, die man durchaus als kolonialistisch im modernen Sinne bezeichnen kann. Nach König Amalrichs vergeblichen Versuchen, Ägypten unter fränkische Kontrolle zu bringen (1161–68), war es Richard Löwenherz, der 1192 erstmals den Plan faßte, das Land für die Europäer zu erobern – sicher nicht ohne Zutun der Genuesen, die ihre Flotte zu dem Unternehmen beisteuern sollten. Dann war es der Kreuzzug von 1218–21, auf den die Seerepubliken ihre Hoffnungen setzten; bezeichnenderweise haben sich Genua, Pisa und vor allem Venedig nach dem katastrophalen Ausgang der Invasion der Rückgabe Damiettes an den Sultan zu widersetzen versucht. Daß der Doge vor dem Kreuzzug Friedrichs II. jeden Handel Venedigs mit Ägypten strikt unterband, zeigt, daß die Markusrepublik sich von dem Unternehmen direkteren Einfluß erhoffte – vergeblich, denn der Kaiser konnte nicht einmal die Befreiung seiner eigenen Untertanen in Alexandrien und Rosette (Rašīd) von allen Abgaben und Zöllen erlangen; Kairo hat sich – auch später im Handelsvertrag zwischen dem Mamlukensultan Qalāwūn und König Alfons III. von Aragon (1290) – keine Ermäßigung seiner einträglichen Hafenzölle abhandeln lassen. Auch König Ludwig IX. von Frankreich war für seinen Ägyptenzug (1249) auf die Flotten Genuas und Marseilles angewiesen; als auch er Damiette an die Muslime zurückgeben mußte, zog er sich den Zorn der Venezianer, Pisaner und Genuesen zu.

Der Austausch zwischen Morgen- und Abendland blieb jedoch nicht auf die Handelswaren beschränkt. Die vielfältigen, nicht nur feindseligen Berührungen zwischen den beiden bis dahin einander fremden Welten weckten auch Neugier und wissenschaftliches Interesse, wenn auch weniger in den Kreuzfahrerstaaten selbst; weder von den Burgen der fränkischen Barone noch vom Hof des Königs von Jerusalem gingen Impulse zu einer geistigen Auseinandersetzung mit der Welt des Islams aus; zudem stand der Einfluß der Kirche und der Ritterorden einer Annäherung im Wege. Von der Übersetzertätigkeit im Spanien der Reconquista ist an anderer Stelle die Rede; daneben spielte eine wichtige Mittlerrolle zwischen Orient und Okzident das 1160 bis 1191 von den Normannen eroberte Sizilien, dessen Könige in Palermo in halb orientalischer Umgebung Hof hielten. Für den Normannenkönig Roger II. (1130–1154) schrieb der in Ceuta geborene Muḥammad al-Idrīsī auf Arabisch sein 1154 vollendetes großes geographisches Kompendium, das Roger-Buch *(Liber Rogeris, Kitāb Rūǧar)* mit dem Titel „Das Vergnügen dessen, der die Horizonte zu durchstreifen wünscht" *(Nuzhat al-muštāq fī iḫtirāq al-āfāq)*, eine mit siebzig

Karten ausgestattete Beschreibung der damals bekannten Welt, durch die die Araber erstmals Kunde von den Ländern und Städten West- und Nordeuropas erhielten; Burgund, Frankreich, Deutschland und die slawische Welt Mittel- und Osteuropas rücken damit ins Blickfeld der arabischen Geographen. Auf einer silbernen Scheibe hat Idrīsī die Daten seines Riesenwerks zu einer Erdkarte zusammengefaßt.

Die christliche Welt konnte Entsprechendes nicht bieten. Zwar wurde unter Roger auch erstmals die Geographie des Ptolemäus aus dem Griechischen ins Lateinische übersetzt, aber Idrīsīs viel aktuelleres Werk ist im Mittelalter in keine abendländische Sprache übertragen worden;[3] so blieben seine Kapitel über die orientalischen Länder in Europa unbekannt. Wie die Welt jenseits von Aleppo und Alexandrien aussah, entzog sich der Kenntnis auch der gelehrten Europäer; noch Joinville, der Begleiter und Chronist des Ägyptenkreuzzuges Ludwigs IX., berichtet allen Ernstes, die Gewürze, die man in Ägypten kaufe, wüchsen in Oberägypten auf Bäumen, würden vom Nil davongetragen und von den Ägyptern mit Netzen aus dem Wasser gefischt. Zwar haben die Berichte europäischer Reisender über das mongolische Weltreich (Piano Carpini 1245–47; de Longjumeau 1249–52; Rubruck 1253–54) das Blickfeld Europas nach Osten geweitet, doch selbst Marco Polos um 1300 veröffentlichter und vielgelesener *Milione*, der erstmals genaue Kunde über Mossul und Bagdad, Iran, den Persischen Golf, den Indischen Ozean und die südostasiatische Inselwelt brachte, hat auf die europäische Kartographie lange Zeit keinen Einfluß gehabt.[4]

Wie seine normannischen Vorgänger hat auch der Staufer Friedrich II. (1215–50) großes Interesse für Wissenschaft und Philosophie der Araber bekundet. Der schottische Gelehrte Michael Scotus, aus Toledo an den Hof von Palermo berufen, brachte die Kommentare des spanischen Arabers Ibn Rušd (lat. Averroës) zu den Werken des Aristoteles mit, übersetzte verschiedene Werke aus dem Arabischen und verfaßte selbst für den Kaiser eine Zusammenfassung von Aristoteles' *De animalibus* aufgrund der arabisch überlieferten Texte und des Kommentars des Ibn Sīnā (Avicenna). Friedrichs Hofastrologe Theodor, ein syrischer Christ aus Antiochien, mußte einen arabischen Traktat über die Falkenjagd übersetzen, auf dem des Kaisers eigene Abhandlung *De arte cum avibus venandi* („Über die Kunst, mit Vögeln zu jagen") beruhte. Friedrich hat überdies die von ihm initiierten Übersetzungen wissenschaftlicher arabischer Werke an den Hochschulen Italiens eingeführt, so an der Medizinhochschule von Salerno – einer Gründung des normannischen Königs Roger – wie auch an der von ihm selbst 1224 gegründeten Universität Neapel; der Universität Bologna hat er 1232 zahlreiche Bücher, darunter die Werke des Aristoteles über Logik und Physik mit ihren arabischen Kommentaren, geschenkt. Sein Sohn Manfred, an dessen Hof der Historiker der Ayyubidendynastie, Ibn Wāṣil, als Gesandter weilte, soll selbst aus dem Arabischen übersetzt haben, und auch das Haus Anjou, an das die Herrschaft über Süditalien und

Sizilien überging, sollte diese normannisch-staufische Tradition fortführen: Unter Karl I. von Anjou übersetzte 1279 der jüdische Arzt Farağ b. Sālim (lat. Faragut) die umfangreichste Enzyklopädie der arabischen Medizin, die ,,Umfassende" (arab. *al-Ḥāwī,* lat. *Continens)* des Abū Bakr Muḥammad ar-Rāzī (lat. Rhazes, st. 923) ins Lateinische.

Die sizilianischen Herrscher haben indes nicht nur als Anreger und Förderer von Übersetzungen gewirkt, sondern zum Teil auch persönliche Anteilnahme an philosophischen Fragen und wissenschaftlichen Problemen gezeigt. So hat Friedrich II. auf seinem Kreuzzug während der Friedensverhandlungen mit den Ayyubiden seinen Kontrahenten al-Malik al-Kāmil um die Lösung naturwissenschaftlicher und mathematischer Probleme – etwa die Quadratur des Kreissegments – gebeten und sich über die Institution des Kalifats unterrichten lassen. 1232 sandte al-Malik al-Ašraf von Damaskus ein kunstvolles Planetarium nach Palermo; Friedrich wiederum schickte um 1240 an die orientalischen Höfe ein Rundschreiben mit den ,,sizilischen Fragen", in denen die Stellungnahme der arabischen Gelehrten zu den Problemen der Ewigkeit oder Erschaffenheit der Welt und der Ewigkeit der Seele, zur Definition des ,,Wissens von Gott" oder zu Anzahl und Art der Kategorien des Aristoteles erbeten wurde; für den Sultan von Marokko hat der spanische Gelehrte und Mystiker Ibn Sabʿīn 1242 die ,,Fragen" *(al-Masāʾil)* des fränkischen Kaisers beantwortet. Eine Ökumene der Philosophie und der Wissenschaft scheint sich hier verheissungsvoll abzuzeichnen, doch haben sich auch die Gelehrten nicht aus dem Bann des religiösen Gegensatzes lösen können; Ibn Sabʿīns Antworten auf die Sizilianischen Fragen schlagen einen herablassenden oder aggressiven Ton an; der große Aristoteles-Kommentator Ibn Rušd (Averroës) erhält zwar von Dante einen ehrenvollen Platz in der Vorhölle angewiesen, doch zeigt ihn die christliche Kunst nur, wie er sich unter den Füßen seines Überwinders Thomas von Aquin krümmt. Das vorurteilslose, von religiösen Bedenken freie Forschen Friedrichs II. wurde nicht nur in Rom beargwöhnt, sondern war auch muslimischen Beobachtern suspekt: dem Damaszener Chronisten Sibṭ b. al-Ǧawzī erschien der Kaiser als ein Materialist *(dahrī).* Dennoch ist die Bedeutung des wissenschaftlichen Austauschs im zwölften und dreizehnten Jahrhundert – bei dem das christliche Abendland meist der empfangende Teil war – kaum hoch genug einzuschätzen; ohne das materielle und geistige Vermächtnis des Morgenlandes ist die europäische Kultur des hohen Mittelalters nicht vorstellbar.

V. Der arabische Osten im späten Mittelalter 1250–1517

(Ulrich Haarmann)

1. Das Herrschaftssystem der Mamluken

a) „Der Segen des Sklaventums"

Von dem nordafrikanischen Geschichtsphilosphen Ibn Ḫaldūn (st. 1406), der sich mittleren Alters in Kairo als malikitischer Rechtsprofessor niederließ, stammt der eigentümlich klingende Ausspruch, der Sklavenstand der Mamluken sei eine Gnade göttlicher Vorsehung.[1] Ibn Ḫaldūn hatte die Verteidigung des Islams gegen äußere Feinde, insbesondere das Wunder der Mongolenabwehr im Auge. Denn es war den Mamluken nach der Eroberung der Abbasidenhauptstadt Bagdad durch Dschingis Khans Enkel Hülägü (1258) zwei Jahre später gelungen, den – wie es schien – unaufhaltsamen Vormarsch der mit den verruchten Kreuzfahrern verbündeten Mongolen nach Westen zum Stillstand zu bringen, Ägypten, Syrien und den gesamten arabischen Westen vor der Unterwerfung unter heidnisches Joch zu bewahren und diesseits der neuen und schroffen, zwischen Syrien und Mesopotamien verlaufenden Grenze dem orthodoxen Islam arabischer Prägung ein ungestörtes Weiterleben zu sichern.

Zwei Überlieferungen, die aus türkisch-mongolischem Milieu im dreizehnten Jahrhundert an den Nil gelangten und in einer arabischen Fassung auf uns gekommen sind, spielen auf die Barriere an, die die Mamluken den weltenstürmenden und sieggewohnten Mongolen auf ihrem Vorstoß nach Westen entgegensetzten:

Dschingis Khan träumt, er stehe auf dem heiligen Schwarzen Berg der Türken am Ostrande Chinas, und die Sonne, das Symbol der Weltherrschaft, senke sich in seine Hände; aber als er nach ihr greifen will, um sie seinem Volke darzureichen, gleitet sie nach Westen. Ein ander Mal sehen wir den mongolischen Eroberer als noch jungen Mann in der Stunde der Not als einen von drei Kandidaten für die Führung seines Volkes; in der Nacht der Entscheidung leert die Schamanin von den drei vor ihren Zeltwagen gestellten Schüsseln zwar diejenige Dschingis Khans und bestimmt damit ihn zum Herrscher der Mongolen, freilich bleibt ein Rest der Speise in der Westecke des Gefäßes unberührt.[2]

Das Gefühl, einer schweren Heimsuchung und unmittelbaren Bedrohung entronnen zu sein, blieb in der Bevölkerung Ägyptens und Syriens generationenlang lebendig und verfestigte sich bald zu einer den historischen Kern des Geschehens überlagernden Ideologie. Zu der schuldigen Dankbarkeit gesellte sich das Staunen der arabischen Untertanen der Mamluken, warum es wohl Gott gefallen habe, daß die nomadischen Mongolen ausgerechnet von ihren Stammesbrüdern, den aus der Kiptschakensteppe Westasiens und den Vorlanden des Kaukasus in den Vorderen Orient importierten türkischen Mamluken überwunden wurden. „Es ist doch bemerkenswert, daß die Tataren von ihresgleichen, den Türken, besiegt und vernichtet wurden ... Wahrlich, gegen alles gibt es ein Gift aus der eigenen Art", schrieb ein zeitgenössischer Chronist.[3] Junge Militärsklaven, die ihre Familien und ihre Heimat verlassen hatten, in ein ihnen völlig fremdes Land verpflanzt wurden, bewährten sich ohne äußeren Zwang als die Verteidiger ihrer neuen Umgebung und sicherten furchtlos die gottgewollte islamische Ordnung vor dem Zusammenbruch, obwohl sie doch selbst als Heiden geboren waren. Noch Ibn Ḫaldūn, der ein Jahrhundert nach der heroischen Frühzeit des Mamlukensultanats schrieb, pries das eigentümliche Amalgam aufrichtigen „islamischen Glaubenseifers" *(ʿazāʾim īmāniyya)* und unangetasteter „nomadischer Tugenden" *(aḫlāq badawiyya)* bei den mamlukischen Militärsklaven.[4] Freilich ahnt man den Widerspruch in dieser auf dem Gegensatz zwischen Einheimischen und Fremden fundierten Ideologie: Wie hoch durfte der Preis sein, den man sich von den fremdstämmigen Herrschern für ihre Heilstat abverlangen ließ? Wie gelang es den arabischen Untertanen, die natürliche Aversion gegenüber diesen mächtigen und despotischen Fremden angesichts deren Verdienste um die eigene Kultur und Religion zu sublimieren? Und schließlich: Wie tief war die Kluft wirklich? Hat sie sich nicht doch im Alltag immer wieder als überbrückbar erwiesen?

b) Die historischen Wurzeln des Mamlukensultanats (bis 1260)

Die Verwendung von Militärsklaven, arabisch: *mamlūk*, „zueigen, in Besitz genommen", geht in das frühe neunte Jahrhundert zurück. Türkische Kaufsklaven sicherten als Prätorianergardisten seit al-Muʿtaṣims Tagen (833–42) in Bagdad und Samarra die Macht der Abbasidenkalifen und rissen schon kurze Zeit danach, ihrer elitären Sonderstellung voll bewußt, die Herrschaft an sich. „Die Türken sind zu Kommandeuren geworden. Alles schenkt ihnen Gehör. Jedermann beugt sich ihrem Willen", stellt nüchtern al-Masʿūdī, der große Polyhistor des zehnten Jahrhunderts fest.[5] In Ägypten begegnen uns Militärsklaven im Gefolge türkischstämmiger Statthalter ebenfalls schon in der Mitte des neunten Jahrhunderts, wurden aber auch dort als bedrohlich empfunden. Ibn Ṭūlūns Sohn Ḫumārawayh (reg. 884–896) schaffte sich mit Bedacht als Gegengewicht gegen die Türken eine arabisch-beduinische Leibwache.[6]

Man hat sich darüber Gedanken gemacht, ob die Militärsklaverei, eine in der islamischen mittelalterlichen Welt allgegenwärtige, außerhalb der islamischen Kulturgrenzen aber nicht anzutreffende Institution, womöglich aus der islamischen Doktrin selbst heraus zu erklären sei und u. a. damit zusammenhänge, daß die staatstragenden arabischen Bevölkerungsteile, denen der Militärdienst als dem Glauben abträglich erschien, in der frühen Kalifenzeit an ihrer Statt fremde Berufssoldaten kämpfen und als Folge wohl oder übel auch herrschen ließen.[7] Wie dem auch sei: Im elften Jahrhundert bereits hatte man sich mit dieser Macht- und Funktionsverteilung arrangiert, und selbst die hinter den Entwicklungen herhinkende politische Theorie begann die reale Zweiteilung der Macht in spirituell-repräsentative Führerschaft, das arabisch-qurayšitische Imamat bzw. Kalifat, und reale Staatsmacht, das fremde, meist türkische Sultanat, zu akzeptieren. Al-Ġazzālī, der große Theologe und Jurist der Seldschukenzeit, verknüpfte beide Instanzen, Imamat und Sultanat, miteinander. Er ließ sie in der Verantwortung für die Einhaltung des religiösen Gesetzes zum Heile der *umma* zusammenwirken, ohne – wie seine Vorgänger – den anachronistischen Versuch zu machen, dem Sultan – sei er nun frei oder als Sklave geboren – als Inhaber der tatsächlichen Macht unter Berufung auf die idealen Verhältnisse der islamischen Frühzeit ethische Fesseln aufzuerlegen.

Zahlenmäßig und politisch bedeutsam wurden die Mamluken unter dem letzten Ayyubiden aṣ-Ṣāliḥ Ayyūb (1240–49), einem Großneffen Saladins, dem es noch einmal in heftigen Auseinandersetzungen mit seinen Verwandten gelungen war, Syrien unter seine Botmäßigkeit zu bringen. Er importierte zu Hunderten türkische Mamluken aus Südrußland als Leibgardisten und isolierte sie von der Bevölkerung, vor allem aber auch von den meist kurdischen freien Truppenteilen (die nun rasch an Bedeutung verloren), indem er sie in seinem neuerrichteten Herrschaftsbezirk auf der Nilinsel Roda (ar-Rawḍa) kasernierte. Vom Wort für Strom (= Nil), arabisch: *baḥr,* leitet sich die für das dominierende Mamlukencorps rasch eingebürgerte Bezeichnung *al-baḥriyya,* Baḥrī-Mamluken her.

Zweierlei Bande gaben diesen entwurzelten jungen Kriegern in der fremden ägyptischen Umgebung Halt: die Kameraderie mit den ,,Kommilitonen" auf der Grundlage eines deutlich empfundenen gemeinsamen türkisch-kiptschakischen Volkstums *(ǧinsiyya)* sowie die Treuebindung an die Person ihres Meisters *(ustāḏ)* aṣ-Ṣāliḥ Ayyūb. Sie galt also gewiß nicht dem dynastischen Familienclan der Ayyubiden und auch nicht dem ihnen völlig unbekannten Sohn und Nachfolger ihres Herrn, Tūrānšāh, der auf Posten am fernen Tigris war.

Als Tūrānšāh in aller Hast nach dem Tode aṣ-Ṣāliḥs in das vom Kreuzzugsheer Ludwigs des Heiligen bedrängte Ägypten gerufen wurde, versuchte er, seine aus dem Osten mitgebrachten Günstlinge auf Kosten der Mamluken seines verstorbenen Vaters mit Kommandos und Pfründen auszustatten, und mußte für diese Unklugheit prompt mit dem Tode büßen; der Führer der Baḥrī-Mamluken, al-Fāris Aqṭāy, brachte ihn am 1. Mai 1250 persönlich um – wohl ein Hinweis auf das schon im zehnten Jahrhundert belegte[8] und in der frühen Mamlukenzeit als spezifisch türkisch *(asat at-turk)* formulierte Prinzip,[9] dem Königsmörder gebühre die Herrschaft.

Dabei waren die Voraussetzungen für eine glanzvolle Fortsetzung der Ayyubidendynastie günstig gewesen. Tūrānšāh hatte man in Damaskus als Sultan gehuldigt. Und die Kapitulation des in al-Manṣūra eingeschlossenen Heeres König Ludwigs war zu seinem persönlichen Triumph geworden. Für die Zeit nach der Beseitigung des ayyubidischen Thronfolgers waren nun keinerlei Vorkehrungen getroffen. Daß man ausgerechnet einer Frau, der tatkräftigen Witwe aṣ-Ṣāliḥ Ayyūbs, Šağar ad-durr, huldigte und Mühe hatte, ihr einen verantwortlichen Heereskommandeur *(atābak al-ʿasākir)* zur Seite zu stellen – zwei Kandidaten winkten ab, bis man sich auf den kriegerisch nicht weiter hervorgetretenen Aybak einigte –, illustriert die Planlosigkeit der mamlukischen Revolte. Die eben noch mit Mühe von aṣ-Ṣāliḥ Ayyūb seinem Reich eingegliederten syrischen Reichsteile fielen jetzt wieder von Ägypten ab. Der ayyubidische Herrscher von Aleppo, an-Nāṣir Yūsuf, zog in Damaskus ein. Manches sprach dafür, daß die aus ayyubidisch-loyalistischer Sicht (vor allem aber auch aus der Perspektive des Kalifenhofes) illegitimen Soldatenherrscher in Kairo nur kurze Zeit würden regieren können.

Von den Versuchen der Mamluken, dieses Defizit an Legitimität auszugleichen, war schon im vorausgehenden Beitrag über die Ayyubiden die Rede: Aybak heiratete Šağar ad-durr, die Witwe seines Herrn, auch dies alter seldschukisch-türkischer Brauch, nachdem er sich selbst mit dem Thronnamen al-Malik al-Muʿizz zum Sultan hatte proklamieren lassen. Zwar trat er wenige Tage danach wieder zurück und ließ einem sechsjährigen Sproß der jemenitischen Ayyubiden, al-Ašraf Mūsā, huldigen. Aber nachdem auch diese Gesten bei den Widersachern in Damaskus und Bagdad keine Sympathien für die Emporkömmlinge am Nil zu wecken vermochten und sich vor allem ein sicherer Sieg an-Nāṣir Yūsufs gegen die Mamluken in der Schlacht von al-Kurāʿ im östlichen Nildelta im Februar 1251 zuletzt doch noch in eine demütigende Niederlage verwandelt hatte, kehrte Aybak resolut in aller Form auf den Sultansthron zurück und löschte damit endgültig die ayyubidische Herrschaft über Ägypten aus. Ayyubidische Macht war fortan, und nur noch auf Zeit, auf Syrien und das entlegene Ḥiṣn Kayfā in Obermesopotamien (bis ins fünfzehnte Jahrhundert) beschränkt, aus dem Tūrānšāh gekommen war.

Auch die heftigen innermamlukischen Konflikte der nächsten Jahre vermochten die noch junge neue Ordnung nicht mehr zu erschüttern. Nach der Ermordung al-Fāris Aqṭāys, des Führers der Baḥrī-Mamluken, flohen ein großer Teil seiner Regimentskameraden – darunter der spätere Sultan Baybars – aus Kairo und suchten jahrelang (wie die versprengten Ḫwārizmier ein Jahrzehnt zuvor) in Palästina und Damaskus, vor allem aber in Transjordanien am Hofe des halbautonomen Ayyubiden von al-Karak, al-Muġīṯ ʿUmar, ruhelos Glück und Unterstützung für eine Rückkehr nach

Ägypten. Dort blieb es turbulent. Die legendenumwobene „Sultanin von Ägypten", Šağar ad-durr, ließ im April 1257 aus Eifersucht ihren Mann Aybak töten, der eine politische Ehe mit einer Tochter des an der Ostgrenze des syrischen Widersachers an-Nāṣir Yūsuf herrschenden Atabegs von Mossul plante. Šağar ad-durr selbst fand wenige Tage darauf ein gewaltsames Ende. Neuer Sultan wurde ein Sohn Aybaks, al-Manṣūr ʿAlī, der aber schon kurze Zeit danach angesichts der drohenden Mongolengefahr vom neuen starken Mann, dem aus Ḫwārizm stammenden Quṭuz beiseite geschoben und nach Byzanz verbannt wurde. Auf die letzten Spuren des Stammes des ersten Mamlukensultans Aybak stoßen wir – dies sei erwähnt – Jahre später, im Frühjahr 1274, als Qāʾān, der genannte Sohn Aybaks, in der Kairoer Totenstadt in der Grabmoschee seines Vaters verstört aufgegriffen und sogleich als Staatsfeind in Haft genommen wurde.[10]

Eine gewaltige äußere Herausforderung sollte dem noch ganz und gar nicht konsolidierten Mamlukenregime von Kairo innere Geschlossenheit und territoriale Expansion, vor allem aber auch Legitimität, Nimbus und das Gefühl eigener Stärke verleihen: der Sieg über die Mongolen. Wie bereits erwähnt, hatte Hülägü 1258 zum Entsetzen der orthodoxen Muslime die ehrwürdige Kalifenhauptstadt Bagdad im Sturm genommen, die Dynastie der Abbasiden ausgelöscht, das vom letzten überlebenden Sohn Saladins mannhaft verteidigte Aleppo verwüstet und in Syrien panische Angst vor den, so schien es, unbesiegbaren Mongolen verbreitet. Der unschlüssige an-Nāṣir Yūsuf suchte sich zuerst halbherzig Alliierte gegen die Mongolen und brach schließlich doch nach Tabrīz zum Īlḫān Hülägü selbst auf, um ihm seinen Treueid zu leisten. Am 2. März 1260 zog Hülägüs General Kitbuġā, begleitet von den drei neuernannten mongolischen Vizekönigen für Syrien, dem Christen Hetoum, König von Kleinarmenien, dem Christen Bohemund VI., Fürst von Antiochien und Tripolis, und dem abtrünnigen, angeblich – horribile dictu – zum Christentum bekehrten ayyubidischen Herrn von Bāniyās, zum Schrecken der muslimischen Bevölkerung in Damaskus ein.

Genau ein halbes Jahr später, am 3. September 1260, schlug Sultan Quṭuz, mit dem sich die geflüchteten Baḥriyya-Offiziere angesichts der Gefahr zusammengetan hatten, bei ʿAyn Ǧālūt unweit von Nazareth in einer militärischen Glanzleistung[11] das gefürchtete mongolische Heer. Ein Stillhalteabkommen mit den Franken hatte den Mamluken auf dem palästinensischen Kriegsschauplatz Flankenschutz gegeben. Die Mongolen räumten Syrien. Damaskus und Aleppo wurden Bestandteile des mamlukischen Reiches. Nur den kleineren ayyubidischen Fürstentümern von Karak, Ḥimṣ und Ḥamāh, deren Herren sich – die einen früher und mit ganzem, die anderen später und mit halbem Einsatz – in den Abwehrkampf gegen die Mongolen eingereiht hatten, wurde die Autonomie belassen.

Sultan Quṭuz sollte sich seines Triumphes nur sieben Wochen freuen. Wieder, so scheint es, kam das „Gesetz der Türken" zum Zuge: Baybars, der neue Anführer des Baḥriyya-Regiments und Stratege des Sieges von ʿAyn Ǧālūt, tötete Quṭuz, den Mörder seines Vorgängers al-Fāris Aqṭāy, auf der Jagd und ließ sich selbst zum neuen Herrscher ausrufen. Zur gleichen Zeit starb am Hof zu Tabrīz an-Nāṣir Yūsuf von Hülägüs eigener Hand; an ihm glaubte sich der Īlḫān für die Demütigung durch die Mamluken rächen zu können.

Wenn man sinnvolle, d. h. raumübergreifende, Zäsuren in der mittelalterlichen Geschichte des Vorderen Orients setzt, kann man das Jahr 1260 nicht übergehen. Unter Führung Baybars', des eigentlichen Begründers des Mamlukensultanats, entstand nach einem Jahrzehnt eines institutionellen Provisoriums auf den Fundamenten der ayyubidischen Föderation ein dem Staat der mongolischen Īlḫāne ebenbürtiges zentralistisches Großreich, das Ägypten und Syrien ein Vierteljahrtausend äußerer Sicherheit, innerer Balance, wirtschaftlicher Prosperität und kultureller Entfaltungsmöglichkeiten bescherte. Daß diese Wende hin zu einem Zeitalter der Stabilität und Restauration von irgendwo in der barbarischen Fremde als Heiden großgewordenen türkischen Sklavenoffizieren ermöglicht wurde, konnte wohl als göttliche Fügung gesehen werden und macht Ibn Ḫaldūns Diktum vom „Segen des Sklavenstandes" plausibel.

c) Die mamlukische Militäraristokratie

Wie setzte sich die mamlukische Herrscherelite zusammen und wie funktionierte das von ihnen begründete Staatswesen?

Die von aṣ-Ṣāliḥ Ayyūb, einem freigeborenen kurdischen Herrscher, inaugurierte Praxis des Imports junger Kaufsklaven wurde von den unversehens an die Macht gelangten mamlukischen Offizieren in einem erstaunlichen Nachahmungsprozeß fortgeführt. Waren sie selbst seinerzeit über den Kairoer (oder später insbesondere den Alexandriner) Sklavenmarkt und die Kasernen auf Roda bzw. der Kairoer Zitadelle zu Macht und Status gelangt, so beschafften sie sich den Nachwuchs für ihre rigoros abgeschottete Herrscherkaste ausschließlich auf demselben Weg. Nur Mamluken waren prinzipiell zum Kauf weißer Kriegssklaven befugt. Politische Macht, militärische Befehlsgewalt und der Anspruch auf Nutzung der Reichtümer des Landes waren einer sich jeweils von außen regenerierenden „ersten" Generation von Militärsklaven vorbehalten.

Nur derjenige kam in den Genuß der mamlukischen Privilegien, der im „Lande des Krieges", also auf nichtislamischem Territorium als Heide geboren, versklavt (angesichts der Karriereaussichten gewiß nicht immer gegen seinen Willen!), verkauft, kaserniert, zum Islam bekehrt, in den kriegerischen und ritterlichen Künsten ausgebildet und schließlich freigelassen worden war. Auswärtige Beobachter haben dieses Grundgesetz klarer erkannt und formuliert als die einheimischen Theoretiker;[12] ein solcher außenstehender Zeuge ist z. B. der Franziskaner André Thevet im sechzehnten Jahrhundert.[13]

Zum Zeichen ihres Adels behielten die Mamluken ihre heidnischen Namen bei. Wenn ein Angehöriger der mamlukischen Militäraristokratie seinen türkischen Vornamen freiwillig ablegte, war dies u. U. ein bewußter Verstoß gegen die innermamlukischen Regeln. Außerhalb mamlukischer Kreise waren türkische Namen extrem selten; eine solche Ausnahme waren die wegen ihrer Obhut über die Heiligen Stätten des Islams besonders angesehenen Scherifen des Hedschas.

Zwar gab es christliche Renegaten (Südslawen, Griechen, Albaner, Ungarn, aber auch Italiener und ab und zu auch Deutsche)[14] unter den Mamluken, aber – darin täuschten sich die europäischen Reisenden – diese stellten nicht die Gesamtheit, sondern höchstens eine kleine Minderheit. Aus diesem Irrtum wuchs im Burgund des fünfzehnten Jahrhunderts die schimpfliche Benennung von (politischen) Überläufern als „Mamluken", sprich: Abtrünnigen, von der rechten Sache Abgefallenen.[15]

Die kleinste Einheit der herrschenden mamlukischen Elite, der *nās*, eigentlich „(vornehmen) Leute", wie man sie ehrfurchtsvoll titulierte, war die um einen bestimmten Herrn und Freilasser *(ustāḏ)* gescharte Ersatzfamilie. Sie trug den Namen ihres *ustāḏ* und erlosch erst mit dem Tode des letzten ihrer Mitglieder. Sultan Aybak, mit Thronnamen al-Malik al-Muʿizz, z. B. begründete die Muʿizziyya, deren Mitglieder unbemerkt seinem unglücklichen Sohn Qāʾān im Gefängnis zu Kairo das Lebensnotwendige zusteckten. Die Treue zum Herrn (an der auch die Sklavenhändler partizipiert zu haben scheinen, verdankte der erfolgreiche Mamluk doch ihnen den Weg zur Karriere) und die im Kampf um Macht freilich nicht unbegrenzt belastbare Solidarität mit den um denselben Ersatzvater gescharten „Kommilitonen", der *ḫušdāšiyya,* waren nach dem mamlukischen Ideal unverbrüchlich und lebenslang. Sie gaben dem entwurzelten einzelnen Mamluken Standort und sozialen Halt. Die Kehrseite dieses ausgeprägten Corpsgeistes war die innermamlukische Rivalität zwischen den diversen Familien, die resultierende innere Zerrissenheit der mamlukischen Herrscherkaste insgesamt und im besonderen die Zwangsläufigkeit des Abschieds von der Macht beim Sturz oder Tod des jeweiligen Protektors. Die privilegierten sogenannten Sultansmamluken – d. h. die vom herrschenden Sultan gekauften, ausgebildeten und freigelassenen jungen Krieger – waren jeweils die prominentesten Opfer und gefährlichsten Gegner eines neuen Regimes. Die dem mamlukischen Herrschaftsmodell zuwiderlaufende Neigung, die Söhne eines verstorbenen Sultans, die doch im Lande als Muslime – wenn auch in Purpur – geboren waren und damit über die Kennzeichen eines echten Mamluken gar nicht verfügten, als Nachfolger zu installieren, wird in diesem Zusammenhang eher verständlich.

Die Unnatürlichkeit der Lebensform, in der die jungen Mamluken von (wir wissen es nicht genau) anfangs sieben bis zehn Jahren – fern ihrer Eltern und ihrer Heimat und in einer ihnen völlig fremden sprachlichen, klimatischen, landschaftlichen und kulturellen Umgebung – groß wurden, hatte ihre Folgen auf das Kollektivverhalten dieser Kaste. Obwohl zur Sozialisation der Mamluken noch jegliche Voruntersuchungen fehlen, hängt die sprichwörtliche Grausamkeit der Mamluken im Umgang mit ihresgleichen (und auch die Gefaßtheit, mit der sie selbst die Folter und die oft scheußlichsten Hinrichtungsarten ertrugen) wohl nicht nur mit der ehernen Disziplin zusammen, in der sie als Knaben in den Kasernen ausgebildet wurden, sondern sicherlich auch mit der emotionalen Orientierungslosigkeit, in der sie sich, abgeschnitten von ihren Wurzeln, befanden. Auch das notorische Mißtrauen der Mamluken nicht nur gegenüber den Standesgenossen, sondern auch gegenüber der ansonsten verachteten Untertanenschaft *(raʿiyya)*, gehört in dieses Psychogramm.

Natürlich begegnet uns als Gegenstück dieser Unsicherheit auch die Überheblichkeit. Die Mamluken waren im Genuß der unumschränkten Macht. Als Beschützer der ihnen anvertrauten wehrlosen (und, wie sie es sehen mußten, auch wehrunfähigen) autochthonen Bevölkerung glaubten sie, die Erträge Ägyptens und Syriens als ihnen allein zustehendes Eigentum nutzen zu können. Das militärische Ehr- und Standesgefühl verstärkte dieses Überlegenheitsbewußtsein. Für staatswichtige, aber nichtmilitärische Bereiche wie die Finanz- und Steuerpolitik, die Landwirtschaft oder auch den internationalen Handel entwickelten die Mamluken nur geringes Interesse, und dies auch nur unter Druck.

Über den Weg der Mamluken aus dem Gebiet der Goldenen Horde nach Syrien und Ägypten, die Rolle und Identität der Sklavenhändler und die äußeren Umstände des Sklavenkaufs (der streng nach den Bestimmungen der Scharia erfolgte) sind wir nur vage unterrichtet. Auch über die Ausbildung der jungen Kriegssklaven *(kuttābī)* und ihre Vorbereitung auf den späteren Heeres- und Staatsdienst wissen wir leider nur wenig, so interessant gerade diese prägende Phase in der Entwicklung des Mamluken für den Sozialhistoriker ist. Die spärlichen Angaben beziehen sich überdies fast ausschließlich auf die Sultansmamluken (von denen ein verschwindend kleiner begünstigter Teil mit den Kindern des Herrschers zusammen im Harem großgezogen wurde).[16]

Schon Sultan Baybars (reg. 1260–77) ließ Kasernen, aber auch Wohngebäude für verheiratete und unverheiratete Mamluken auf der Kairoer Zitadelle errichten.[17] Zu Beginn des vierzehnten Jahrhunderts wurden die alten Kasernen abgerissen und verlagert bzw. erweitert. Je nach ethnischer Herkunft wurden die Mamluken in verschiedene Gebäude eingewiesen und verschiedenen Präzeptoren unterstellt, die sich (wegen der naheliegenden Neigung zur Homosexualität) ausschließlich aus Eunuchen rekrutierten. Sultansspiegel des vierzehnten und fünfzehnten Jahrhunderts gehen detailliert auf den Pflichtenkanon des verschnittenen, im übrigen mit vielen Privilegien begünstigten Generalinspekteurs der Kasernen *(muqaddam al-mamālīk)* ein. Er haftete persönlich für den untadeligen Lebenswandel seiner Zöglinge.

Am Beginn des Unterrichtsprogramms der Mamlukenkadetten stand die Einführung in den Islam, also Koranrezitation, arabische Schrift (und Rudimente der ihnen fremden arabischen Sprache), allgemeines Recht und vor allem die Pflichtenlehre. Von Emiren der mamlukischen Spätzeit wissen wir, daß sie sich von ihren Mamlukeneleven religiöse, aber auch literarische Texte als wohlfeilen Grundstock für eine eigene Bibliothek kopieren und bibliophil illuminieren ließen.[18]

Das Training in den eigentlichen militärisch-ritterlichen Künsten *(furūsiyya),* also Bogenschießen, Lanzenspiel, Polo und Pferderennen, begann mit der Pubertät. Über die Konstruktion und Verwendung der meistgebrauchten Waffen und Zielobjekte für den Speerwurf, über die Turnierbräuche, die Reitkunst und – auch dies ein Posten auf dem Ausbildungsplan – Veterinärmedizin gibt es eine ansehnliche, oft anschaulich bebilderte Literatur nicht nur in arabischer, sondern – ein Rarum – auch in kiptschakisch-türkischer Sprache aus der Feder von Mamluken oder solchen Autoren, die Zugang zu den Militärschulen und Hippodromen hatten. Am Ende der Kasernierung erst folgte die Unterweisung in der Technik der Schwertführung im Kampf, beim Angriff wie auch auf dem Rückzug. Nach Abschluß dieses Kurrikulums erhielt der *kuttābī* gemeinsam mit seinen Alterskameraden feierlich sein Befreiungsdiplom, ein Pferd, die nötige Ausrüstung und aus dem Deputat seines Herrn eine Pfründe. Von nun an war er als vorerst einfacher Soldat *(ǧundī)* verfügbar für Amt und Würden in der mamlukischen Militärhierarchie. War schon das „Sklaventum" (dieser Begriff ruft bei uns heute viel negativere Assoziationen hervor) des Kadetten eher Privileg als Benachteiligung gewesen, so taten sich jetzt die Tore zur höchsten Macht auf, von der alle „Nicht-Sklaven" ausgeschlossen blieben. Bisher wissen wir leider nur wenig über das private Leben der Mamluken. In der ersten Phase des Sultanats heirateten viele, vielleicht die meisten Mamluken Frauen aus ihren Herkunftsländern, oft Schwestern, Töchter, aber auch Witwen ihrer engeren Kameraden.

In der mamlukischen Spätzeit wurden, sehr zum Kummer zeitgenössischer, auf politische Stabilität und militärische Sicherheit erpichter Beobachter, diese Regeln nicht mehr eingehalten. Die nach Ägypten gebrachten Mamluken waren dann keine formbaren Knaben mehr, von denen man erwarten konnte, daß sie sich der strikten Disziplin und dem Gebot, sich von den Einheimischen fernzuhalten, beugen würden, sondern oft schon gestandene Männer mit einem Beruf z. B. als Seemann oder Handwerker. Diesen Leuten waren die ordenshaften Grundregeln der mamlukischen Gemeinschaft nicht mehr ohne weiteres aufzunötigen. Ihre Unterweisung in die islamische Religion und Pflichtenlehre wurde häufig gar nicht mehr versucht. Man ließ sie von der Zitadelle in die Stadt ziehen und sich mit einheimischen Frauen verheiraten.

Für den Aufstieg in höhere und lukrativere Funktionen gab es keine festen Regeln und vor allem keine Garantie. Der Historiker al-Maqrīzī (st.

1442) tröstet einen imaginären verdrossenen *ǧundī*, dem ein militärisches Kommando versagt blieb, mit den Worten: „Sein Charakter ist (sc. durch die mamlukische Schulung) wenigstens gut gebildet worden, seine Sitten haben sich gebessert und die Hochachtung vor dem Islam und seinen Bekennern ist ihm zur Herzensangelegenheit geworden."[19] Für außenstehende Beobachter waren diese einfachen Mamluken, denen zeit ihres Lebens eine militärische Beförderung versagt blieb, offenbar nicht viel mehr als „Sklaven der anderen".[20] Bestes Fundament für eine Karriere war die Zugehörigkeit zu den Sultansmamluken. „Sie sind der wichtigste und höchstgeachtete Teil der Armee, die engsten Gefährten des Herrschers und Nutznießer der reichsten Lehen. Aus ihren Reihen werden die Offiziere unterschiedlicher Rangstufen berufen", sagt al-Qalqašandī (st. 1418), der Verfasser eines monumentalen Werkes über das Kanzleiwesen und die Staatsverwaltung der Mamluken.[21] Im übrigen war die Mitgliedschaft eines jungen Mamluken in der herrscherlichen Leibgarde *(ḫāṣṣakiyya)*, die sich des Vorrechts ständigen Zutritts zum Sultan erfreute, die wohl beste Startposition für eine rasche Laufbahn.

Voraussetzung dafür war allerdings, man zählte zu den begünstigten Sultansmamluken des Regierenden, und nicht zu denjenigen des Vorgängers. Letztere standen, wie schon erwähnt, unter dem ständigen Druck, ihre Schlüsselpositionen den Vertrauten des neuen Herrn abtreten zu müssen. Dieser umgekehrt mußte ohne eine stabile Hausmacht in den wichtigsten Armee- und Staatsämtern um die Stabilität seiner Herrschaft bangen. Im vierzehnten Jahrhundert hing die kurze Dauer mancher Sultanate gewiß damit zusammen, daß es dem neuen Sultan nicht rasch genug gelang, mit einer ausreichend großen Zahl eigener Sultansmamluken die Magnaten des Vorgängers zu verdrängen. Aus dieser Erfahrung zogen wiederum andere, wie die Emire Minṭāš und Yalbuġā im späten vierzehnten Jahrhundert, die brutale Konsequenz, die vom entmachteten Vorgänger geerbten Sultansmamluken kurzerhand zu verjagen, zu inhaftieren oder gar umzubringen.

Sultansmamluken gab es nicht nur in Kairo, sondern in kleinen Abteilungen auch an strategisch wichtigen Stellen des Reiches, wie in Qūṣ in Oberägypten, in Mekka oder im fünfzehnten Jahrhundert auf dem den Christen abgenommenen Zypern. Ihre Zahl schwankte. Baybars erwarb mehr als 4000 Mamluken während seiner Herrschaft. Sultan Qalāwūn (reg. 1279–90) erhöhte die Zahl auf wenigstens das Doppelte. Nach allem, was wir wissen, erreichte sie unter dem lange Jahrzehnte regierenden al-Malik an-Nāṣir Muḥammad (reg. 1293–94, 1299–1309, 1310–41), Qalāwūns Sohn, mit ca. 12000[22] ein Maximum. Im späten vierzehnten und im fünfzehnten Jahrhundert, in der Zeit der sogenannten Tscherkessensultane, sank die Zahl – parallel zum allgemeinen Bevölkerungsschwund – wieder auf Werte zwischen 4000 und 6000.

Ein äußeres Zeichen des streng pyramidalen Aufbaus der mamlukischen Militäraristokratie war die Aufteilung des Offizierscorps in drei Ränge, eine Regelung, die wohl in Baybars' Regierungszeit fiel: den *amīr ʿašara,* der über zehn berittene einfache Mamluken gebot; den *amīr ṭablḫāna* (den „Offizier mit Militärkapelle"), dem vierzig eigene Mamluken unterstanden, und als höchste Stufe (mit offiziell vierundzwanzig Emiren) den *amīr miʾa wa-muqaddam alf,* den „Emir mit hundert (eigenen) Mamluken und Befehlshaber von tausend (Reservisten der sogenannten *ḥalqa*)".

Die *ḥalqa,* ursprünglich aus der Leibgarde Saladins hervorgegangen und ihren Namen und ihre Traditionen weiterführend, war neben den Sultans- und den über das ganze Land verstreuten, minderprivilegierten Emirsmamluken die dritte Säule der mamlukischen Streitmacht. Ihre militärische Bedeutung sank schon in der frühen Mamlukenzeit. Al-Malik an-Nāṣir Muḥammad entzog diesem Regiment 1315 den größten Teil der ihm zustehenden Militärbenefizien und beschleunigte damit den Verfall dieser in ayyubidischer Zeit noch besonders glanzvollen Truppe. In die Lehenslisten der *ḥalqa* waren Nichtmamluken unterschiedlicher Couleur inskribiert: Freie kurdische und mongolische Krieger, die sich als hochwillkommene Gäste *(wāfidiyya)* z. Zt. Baybars' den Mamluken anschlossen; Beduinenführer, die die heikle Grenze in der syrischen Wüste oder die Verbindungswege bei Alexandrien, im östlichen Nildelta oder in der Sinai-Halbinsel kontrollierten und um deren Loyalität oder doch wenigstens Wohlwollen man bemüht sein mußte; das eunuchische Militärpersonal, dem nicht nur die Ausbildung der Mamlukenzöglinge, sondern auch die Verwaltung des königlichen Palastes unterstand; türkmenische Stammesführer in Syrien; ayyubidische Prinzen; und – ab dem vierzehnten Jahrhundert in bedenklich steigendem Maße – verdiente Zivilisten. Eine militärische Gegenleistung für die staatliche Honorierung erwartete man von vielen von ihnen offenkundig gar nicht. Ab einer bestimmten Zeit konnten sich Angehörige der *ḥalqa,* die es so gut nicht hatten und sich regelmäßig zum Nachweis ihrer Einsatzbereitschaft dem Test mit dem Kampfbogen unterziehen mußten, zum Ingrimm der zeitgenössischen Kommentatoren von der gefährlichen Teilnahme an Kriegszügen freikaufen.

Vor allem aber gehörten der *ḥalqa* in einer Sondereinheit die *awlād an-nās,* die „Söhne der Edlen" an, die Nachkommenschaft der Mamluken, die nach den mamlukischen Regeln grundsätzlich von den Prärogativen ihrer Väter ausgeschlossen waren. Ihre Anführer waren naheliegenderweise nichtregierende Söhne von Sultanen. Nach den in jüngerer Zeit neuerschlossenen Quellen läßt sich indessen die These vom Ausschluß der *awlād an-nās* von der Macht nicht mehr ohne Einschränkung vertreten. Unter Sultan Ḥasan in der Mitte des vierzehnten Jahrhunderts waren höchste Staatsämter in der Hand von Emirssöhnen (und Eunuchen). Auch nach der darauffolgenden systematischen „Remamlukisierung" der Armeeführung und Staatsverwaltung finden sich noch 1388/89, beim Sturz Sultan Barqūqs, unter den inhaftierten neun Emiren des höchsten Ranges immerhin zwei *awlād an-nās.* In den mittleren und unteren Rängen stieg ihr Anteil zu dieser Zeit auf ein Viertel bzw. mehr als die Hälfte.[23] Bestimmte hohe Ämter, z. B. dasjenige des Stadtkommandanten von Kairo oder des Verwalters des herrscherlichen Turnierplatzes, waren offenbar Mamlukennachfahren ohne weiteres zugänglich. Im übrigen hatten sie, wie auch pensionierte Offiziere oder deren Witwen, Zugang zu der Institution der Versorgungslehen *(rizaq mabrūra)*,[24] und scheinen – wie die Urkunden vornehmlich der mamlukischen Spätzeit dokumentieren – nicht selten reichen ländlichen Privatbesitz in ihrer Hand vereinigt zu haben.

d) Die hohen Reichsämter

Durch die Person und Würde des Sultans ordnete sich die ansonsten eigenen Gesetzen gehorchende mamlukische Militärkaste in die staatlichen Institutionen ein, die sie in Ägypten und Syrien bei ihrem Coup vorgefunden hatte. Entsprechend doppelgesichtig war das höchste Amt im Reich. Vor seinen gleichberechtigten Mitstreitern (zum größten Teil Angehörige derselben Ersatzfamilie) legitimierte sich der Sultan – wenigstens in mamlukischer Frühzeit – als *primus inter pares* durch Initiative und Führerschaft im Kampf, insbesondere auch gegen einen ungerechten Herrscher (das erwähnte „Gesetz der Türken") und gegen die äußeren Feinde der seinem Schutze anvertrauten Gemeinschaft. Durch den Heiligen Kampf gegen die Widersacher des Islams verschaffte er sich aber auch außerhalb der eigenen Reihen Respekt. Freilich war das Stigma des Sklaventums, der heidnischen Geburt und der dynastischen Illegitimität damit allein noch nicht zu tilgen. Gewissenhaft kopierten die frühen Mamlukensultane die Königstitulatur, die Regalien (namentlich die herrscherliche vergoldete Satteldecke) und das Hofzeremoniell ihrer ayyubidischen Vorgänger.

Auch in der Nachfolgeregelung konkurrierten nomadisch-oligarchische und erblich-monarchische Traditionen. Insgesamt setzte sich das Prinzip der Wahl und Huldigung des Sultans durch die am Hof weilenden Großemire der jeweils dominierenden Mamlukenpartei durch, aus deren Reihen der Sultan gekürt wurde, ohne daß dieser Modus je formell-konstitutionell abgesichert worden wäre. Die Usurpation des Thrones (mit nachträglicher Duldung des *fait accompli)* ließe sich auch zu diesem Typus rechnen. Auf der anderen Seite erleben wir Sultansdynastien, deren eine – die Qalāwūniden – gar vier Generationen umfaßte und länger regierte als das Haus der Ayyubiden! Die beiden Söhne Qalāwūns auf dem Sultansthron, al-Ašraf Ḫalīl (reg. 1290–93), der ruhmreiche Eroberer ʿAkkās (Akkons), und al-Malik an-Nāṣir Muḥammad, dem die endgültige Eindämmung der Mongolengefahr gelang, regierten noch aus eigener Kraft und mit der Rückendekkung zahlreicher ihnen ergebener Sultansmamluken. Die nächste Generation, die Nachfahren al-Malik an-Nāṣirs in der Mitte des vierzehnten Jahrhunderts, hatte aber schon große Mühe, unter den Fittichen der Großemire ihre eigenen Interessen durchzusetzen.

Am Ende des vierzehnten Jahrhunderts zerbrach in einer wichtigen Zäsur das zur Zeit der Qalāwūniden wenigstens als Fassade aufrechterhaltene dynastische Prinzip. So erhielten die Familienangehörigen des Sultans – diesen Anschein hat es – nach 1395 keine Militärbenefizien mehr zugeteilt. Die dafür zuvor verfügbaren Mittel wanderten statt dessen ganz im Sinne des mamlukischen Systems in einen neubegründeten Etat zur Alimentierung der staatstragenden Sultansmamluken.

Die Söhne verstorbener Sultane wurden nach 1412 nur noch interimistisch auf den Thron gesetzt und dort solange geduldet, bis sich die Großemire auf einen ihnen passenden Kandidaten aus den eigenen Reihen als effektiven Nachfolger hatten einigen können. Von einem Herrschaftsanspruch, auch einem partiellen, der Sultansnachkommen konnte am Ende des fünfzehnten Jahrhunderts überhaupt keine Rede mehr sein. Die Installierung des Muḥammad b. Qāyitbāy noch zu Lebzeiten seines Vaters (reg. 1468–96) wurde dem Venezianer Konsul Sanuto von seinen ägyptischen Briefpartnern als flagranter Rechtsbruch geschildert. Zur Macht befugt sei nur der Kaufsklave, d.h. der Mamluk der ersten Generation.[25] Die christlichen Reisenden der Zeit legten sich eine biblische Erklärung für diese nach ihrem Empfinden absurde Regelung zurecht: Sei es doch seit den Tagen Josephs, den seine Brüder nach Ägypten verkauft hatten, dortzulande Brauch, daß der Herrscher fremdbürtiger und andersgläubiger Sklave sein müsse.[26]

Die in der frühmamlukischen Geschichte schon einmal – und zwar gegen Qalāwūns Sohn al-Malik an-Nāṣir[27] – propagandistisch verwendete Formel *al-mulk ʿaqīm*, „Königtum ist kinderlos", d.h. die Herrschaft kann nicht vererbt werden, wurde nun feste Norm. Wenn auch nicht ganz: Zwischen den meist tscherkessischen Herrschern der mamlukischen Spätzeit, so wenig sie auch abstammungsmäßig miteinander zu tun hatten, bestand ein spezifisch mamlukisches, quasi-verwandtschaftliches Verhältnis. Alle entstammten nämlich direkt oder indirekt dem Haushalt des tscherkessischen Dynastiegründers Barqūq, und die letzten fünf Mamlukensultane gar waren Kommilitonen in der Obhut eines und desselben *ustāḏ*, des lange Jahre regierenden Sultans Qāyitbāy, gewesen.[28]

Das trefflichste Legitimationsmittel der um die Anerkennung ihres königlichen Ranges vor allem außerhalb der Reichsgrenzen besorgten Mamlukensultane war die Wiedereinsetzung eines Kalifen bereits wenige Monate nach der Schlacht von ʿAyn Ǧālūt, und zwar von Sultans Gnaden. Zwei Abbasidenprinzen, die den Fall Bagdads überlebt hatten (einer von beiden als Häftling, dem Hülägü die Freiheit gebracht hatte), gelangten nach Kairo. Der erste, schwächere, wurde von Baybars mit einer kleinen Truppe gen Osten geschickt, gemeinsam mit anderen verdrängten Potentaten den Irak den Mongolen wieder zu entreißen. Als im November 1261 diese Heerschar von den Mongolen aufgerieben worden war, wandte sich Baybars – anfangs eher widerwillig – dem zweiten zu, al-Ḥākim bi-amr

Allāh, einem kriegserfahrenen und offenkundig recht geschickten Politiker, der zum Stammvater vieler Generationen von Schattenkalifen von Kairo werden sollte.

Baybars huldigte dem Abbasiden als Haupt der Gemeinschaft der Gläubigen *(amīr al-mu'minīn)*. Die Gegenleistung war die ‚Investitur' des Sultans für die von ihm beherrschten und die noch rückzuerobernden islamischen Territorien und seine feierliche Kooptierung in die Bruderschaft der Futuwwa, von der im Beitrag über das letzte Jahrhundert des Abbasidenkalifats von Bagdad bereits gehandelt wurde. Ganz im Sinne des Sultans war die Innenwirkung des Kalifen gering, seine Außenwirkung hingegen beträchtlich. Muslimische Herrscher in Indien – insbesondere in Gudjarat –, Obermesopotamien und Südarabien ließen sich vom Kairoer Kalifen, dessen Macht weit überschätzt wurde,[29] in ihrer Herrschaft sanktionieren. Bei der Begründung der Allianz zwischen Baybars und dem Chan der Goldenen Horde, Berke, der in heftiger Bruderfehde mit dem Īlḫān von Persien stand und für den Übertritt zum Islam gewonnen werden konnte (1261–63), repräsentierte der Kalif wohlkalkuliert dem mächtigen neuen Konvertiten an der Wolga die spirituelle Macht des Islams. Baybars war klug genug, Berke nicht nur reiche exotische Geschenke zu senden, sondern dessen Gesandte an den Nil ebenfalls feierlich in den seinerzeit von den Bagdader Kalifen gestifteten Futuwwa-Bund aufzunehmen.

Im Inneren aber waren die Rechte und Pflichten des Kalifen, wie schon angedeutet, formell und zeremoniell. „Seine Funktion ist es, sich mit Wissenschaft zu befassen und eine Bibliothek zu haben. Wenn der Sultan in einer wichtigen Angelegenheit reist, hat er ihn zum Wohle der Muslime zu begleiten. Er verfügt über zahlreiche Einnahmequellen und schöne Behausungen", schreibt Ḫalīl b. Šāhīn aẓ-Ẓāhirī in seinem politischen Leitfaden des fünfzehnten Jahrhunderts in rechter Einschätzung seiner Vorrechte.[30]

Gemeinsam mit den vier Oberrichtern sah man den Kalifen in der mamlukischen Spätzeit allmonatlich nach dem Erscheinen des neuen Mondes dem Sultan seine Aufwartung machen. Ab der Mitte des vierzehnten Jahrhunderts haben Huldiger und Gehuldigter sogar die Rollen vertauscht. Jetzt leistete der Kalif dem Sultan, dem „heutzutage erhabensten und vornehmsten Herrscher",[31] den Huldigungseid. Bei Staatsstreichen besann man sich der Kalifen als geeigneter Legitimierungsinstanz. Setzte sich aber der von ihm bestätigte Usurpator nicht durch, dann mochte Gott dem Kalifen gnädig sein; Alexandrien mit seinem gefürchteten Gefängnis und die Zitadelle im entlegenen oberägyptischen Qūṣ waren beliebte Verbannungsorte für die machtlosen „Fürsten der Gläubigen". Der Kalif al-Musta'īn, der 1412, inmitten der Wirren um die Macht, vor allem der Auseinandersetzungen zwischen türkisch-kiptschakischer und tscherkessisch-abchasischer Fronde, von den uneinigen Oligarchen als Kompromißkandidat auf den Sultansthron gesetzt wurde und damit wenige Wochen nominell Inhaber beider höchster Gewalten im Reiche war, verkörperte in seiner demütigenden Karriere die marionettenhafte Machtlosigkeit der Kalifen. Der letzte Kalif von Sultans Gnaden, al-Mutawakkil III., wurde 1517 nach dem Fall Kairos von dem osmanischen Eroberer Selīm nach Istanbul gebracht, wo sich seine Spuren verloren. Bereits bei Beginn des Feldzugs gegen die Osmanen hatte er wohlweislich seine Ländereien an seine Tochter verkauft.[32]

Der Sultan war oberster Heerführer, erster Mamluk, aber auch Chef der Staatsverwaltung, deren Aufgaben wie in früheren Zeiten maßgeblich von zivilen Kanzleibeamten oft christlichen Bekenntnisses wahrgenommen wurden. Noch im Jahre 1504 begegnet uns ein Kopte, Yūḥannā Ibrāhīm ʿAfīf, als Sekretär der herrscherlichen Stallungen.[33] Die noch unter den Ayyubiden beachtete klare Trennung des militärischen vom zivilen Bereich wurde von den Mamlukensultanen nicht mehr konsequent beachtet und zum Teil preisgegeben, gewiß auch deshalb, weil sie sich der in ihrer eigenen Person verkörperten Doppelfunktion und in diesem Rahmen wiederum des Primats der kriegerischen vor der administrativen Leistung bewußt waren.

Ein gutes Beispiel für diese Entwicklung ist das Wesirat, noch unter den Ayyubiden (wie in klassischen Zeiten) das Amt des mit weitreichenden Vollmachten ausgestatteten ersten Reichsministers. Schon 1288 war die Wesirswürde nicht mehr einem „Turbanträger", einem rechtskundigen zivilen Fachmann, sondern einem „Mützenträger" (*mukalwat* = mit dem charakteristischen Mamlukenhut, der *kallawta,* versehen), also einem Offizier übertragen. Erst lange nachdem dieses Amt seine Hauptrechte und -funktionen, die Mittlerschaft zwischen Souverän und Bürokratie und die Stellvertreterschaft des Sultans in der gesamten Reichsverwaltung, an diverse, zum Teil neugeschaffene Ämter – dasjenige des Vizekönigs, eines hohen Militärs, aber auch des Geheimschreibers, eines Zivilisten – hatte abtreten müssen, öffnete man es wieder für Nichtmamluken. Aber da war es, wie ein kritischer Autor im fünfzehnten Jahrhundert beklagte, längst nicht mehr die hehre „Würde der Staatsführung", sondern war der Begriff Wesir längst zu einem „Namen für denjenigen, der sich um die ungesetzlichen Steuerabgaben und andere finanzielle Angelegenheiten zu kümmern hat"[34] abgesunken. Metzger und andere Angehörige einfacher Stände drängten sich am Ende des Mamlukensultanats in dieses einst so erhabene Amt.

Die Militarisierung bzw. Mamlukisierung erfaßte aber auch die traditionellen Hofämter und gestaltete sie – vergleichbar der Entwicklung der Erzämter im Heiligen Römischen Reich – zu wichtigen administrativen Funktionen um. Der Träger des herrscherlichen Tintenfasses (*dawādār*) z. B., der dem Sultan bei der Abzeichnung von Petitionen oder Erlassen assistierte und den Federkasten als heraldisches Emblem trug, wandelte sich im Laufe der Jahrzehnte von einem niederrangigen Zivilisten zum mächtigen Staatssekretär im höchsten militärischen Rang und heimlichen „Außenminister", der den gesamten diplomatischen Verkehr mit dem Ausland observierte. Der letzte Mamlukensultan gelangte gar aus dieser Charge auf den Thron.

Ähnlich der Kämmerer: Aus dem Türhüter von einst wurde der Leiter einer Behörde zur Schlichtung innermamlukischer Streitfragen, der sich zur Bestürzung der um das Monopol der Scharia besorgten Beobachter im fünfzehnten Jahrhundert auch jurisdiktionelle Vollmachten außerhalb des mamlukischen Milieus und der dort praktizierten, an der Yāsa Dschingis Khans orientierten Rechtsprechung anmaßte. „Jetzt verwenden die Türken den Begriff (sc. Kämmerer) gar allgemein für jemanden, der einen Schiedsspruch ausführt und in Streitfällen entscheidet", klagt ein Zeitgenosse.[35]

Der Hausmeier (*ustādār*) wiederum, dem ursprünglich nur die Aufsicht über die königliche Küche und Speisekammer unterstand, übernahm im fünfzehnten Jahrhundert die Verantwortung für die Bezahlung und Versorgung der Sultansmamluken, von deren Zahl und Verläßlichkeit die Stabilität der Sultansherrschaft maßgeblich abhing.

Traditionelle Sprungbretter zur höchsten Macht im Staat, dem Sultanat, waren die beiden nicht aus Hofämtern hervorgegangenen militärischen Ämter des Stellvertreters des Sultans *(nā'ib as-salṭana)* und des Heeresatabegs.

Ersterer hatte zwar neben seinen Regierungspflichten erstaunlicherweise kein militärisches Kommando inne, war aber bis zur zeitweiligen Abschaffung des Amtes durch den autokratisch regierenden Sultan al-Malik an-Nāṣir Muḥammad im Jahre 1326, wahrlich – wie al-ʿUmarī betont – ein zweiter Sultan, der in Verwaltung und Rechtsprechung den Herrscher mit vollen Befugnissen vertrat.[36]

Das Amt des Vizekönigs verlor im vierzehnten Jahrhundert (1407 wurde der letzte ernannt), einem Jahrhundert des äußeren Friedens und der Konsolidierung der staatlichen Institutionen, viel von seiner Bedeutung an den Oberkämmerer und den Heeresatabeg, der in der frühmamlukischen Periode – wir haben davon gehört – unmündige oder anderweitig zum Heerkönigtum unfähige Sultane als Oberkommandeur der Streitkräfte vertrat. Die große Zeit der Heeresatabegs kam nach dem Tode al-Malik an-Nāṣirs (1341), als im Schatten solcher Generalissimi ein schwacher Qalāwūnide in rascher Sequenz von einem anderen abgelöst wurde. In der Zeit der Tscherkessensultane (1382–1517) wurde der Begriff des Heeresatabegs von einer konkreten Funktionsbezeichnung zu der zuletzt auch außerhalb Ägyptens verliehenen Würde des ranghöchsten oder auch nur angesehensten Emirs.

Anders als zur Zeit der Ayyubiden unterstanden die außerägyptischen Provinzen des Mamlukenreichs zentraler Kontrolle. Mamlukische Gouverneure *(nā'ib,* pl. *nuwwāb)* dienten, jederzeit abrufbereit, als weisungsgebundene Vertreter des Herrschers in Damaskus (von den dortigen mächtigen Statthaltern gingen in den 250 Jahren mamlukischer Herrschaft viele, z. T. auch erfolgreiche Revolten und auch mancher Sezessionsversuch aus) und in Aleppo, der militärisch bedeutsamen, stark befestigten Hauptstadt der Nordostregion des Reiches. Gouverneure wurden aber auch in den historischen Kleinprovinzen Syriens wie Karak oder Safad eingesetzt, deren Bestand und Grenzen im Laufe der mamlukischen Periode beträchtlichen Wandlungen unterworfen waren. En miniature unterhielten diese Statthalter (wie auch andere hohe militärische Würdenträger) einen am Kairoer Vorbild ausgerichteten Hofstaat, der sich bei einer Versetzung des Amtsträgers mit auf Reisen begab. Auf ihre syrischen Militär- und Zivilbeamten konnten sich diejenigen Sultane des fünfzehnten Jahrhunderts, die über das Gouverneursamt von Damaskus an die Spitze des Reiches gelangt waren, immer besonders verlassen. In der fremden ägyptischen Umgebung gehörten die Loyalitäten dieser Untergebenen ungeteilt dem Meister und Dienstherrn, von dessen Patronage sie auf Gedeih und Verderb abhingen. Der Anteil von Syrern an der zentralen Bürokratie in Kairo war beträchtlich.

e) Das mamlukische Militärbenefizium

Die mamlukische Militäraristokratie gebot aber nicht nur über das Heer und den Regierungsapparat, sondern beanspruchte, wie bereits erwähnt, auch die ländlichen Erträge des Reiches für sich, und zwar als Gegenleistung für die Sicherung der Existenz, Wohlfahrt und nicht zuletzt Rechtgläubigkeit ihrer Untertanen. Die Nutzung des Bodens durch die Mamluken erfolgte in der Organisationsform des *iqṭāʿ*-Systems, uns schon seit der Seldschukenzeit aus Mesopotamien und Syrien und seit 1181, seit Saladins *rōk*, auch aus Ägypten vertraut.

Der *muqṭaʿ*, Nutznießer eines *iqṭāʿ*, erhielt als Sold für seine genau bezeichnete und bewertete militärische, aber auch administrative Leistung (Instandhaltung der Bewässerungsanlagen, Hofdienst) den Ertrag (*ʿibra*) eines bestimmten Dorfes bzw. Steuerbezirks (*ǧiha*) ganz oder aber zu einem festgelegten Anteil zugewiesen. Sehr zum Kummer zeitgenössischer Chronisten, denen die Leistungsfähigkeit der ägyptischen Wirtschaft am Herzen lag, war das Gesamtlehen eines hohen Beamten oder Offiziers oft über das ganze Land auf verschiedene Dörfer parzelliert, – ob nun der Grund, wie al-Maqrīzī mutmaßt,[37] die Infamie koptischer Katastersekretäre war, die auf diese Weise die Schlagkraft des herrschenden Systems zu untergraben suchten, oder aber ob die Erklärung nicht realistischer bei dem Stifter dieser Ordnung, Sultan al-Malik an-Nāṣir Muḥammad, zu suchen ist, der die Steuerbezirke potentieller Konkurrenten um die Macht möglichst weit auseinanderspannen ließ, um die Bildung regional fest umrissener Hausmachten zu verhindern.

Bei der Bewertung eines Steuerbezirks spielte neben der mit uralten Meßtechniken ermittelten Größe der Parzelle die Bodenqualität, also die jeweils mögliche Fruchtfolge, die Bewässerung, aber auch die Modalität des Abflusses der Nilflut im Herbst die ausschlaggebende Rolle. Bei gravierenden geographischen Veränderungen, z. B. der Versteppung bestimmter Landstriche (wir erleben dies im fünfzehnten Jahrhundert im östlichen Delta) oder der immer wiederkehrenden Verlagerung des Nilbettes, das heute Ortschaften verschlang und morgen Kleinlehen mit kostbarem neuem Schwemmland ausstattete, bemühte man sich um die Anpassung der *ʿibra.* Aber die Bürokratie arbeitete langsam. Die Steuererträge im Grundbuch al-Malik an-Nāṣirs wurden trotz beachtlicher Geldentwertung in den Jahrzehnten bis zum Ende des vierzehnten Jahrhunderts nicht angehoben. Man bediente sich der *ʿibra* ab einem bestimmten Zeitpunkt offenbar im wesentlichen nur noch als einer Vergleichsgröße, die unbeschadet ihres momentanen Realwertes nach den diversen Rängen (Hunderter-, Vierziger- und Zehneremir) gestaffelt war.

Auch der Heeresdinar, in dem die *ʿibra* berechnet wurde, war keine fixe, sondern ein variable Größe. Er setzte sich aus Anteilen an Geld (Golddinaren) und Sachleistungen der Bauernschaft zusammen. Sein Wert stieg und fiel also mit dem Getreidepreis oder dem Wechselkurs des Dinars. Dennoch hatte der Benefizient, gleichbleibende natürliche Bedingungen vorausgesetzt, in diesem Remunerierungssystem durchaus die Möglichkeit, durch geschicktes Investieren und sparsames Wirtschaften den ihm zugestandenen, auf Langzeitmitteln basierenden Ertrag zu mehren, wie bei der Vernachlässigung des Militärlehens auch das Umgekehrte geschehen mochte. Zur Orientierung seien Zahlen genannt: Die *iqṭāʿs* der ausgehenden Mamlukenzeit schwankten zwischen 250000 (Heeres-)Dinar für die höchsten Ämter in der Armee und 250 bis 800 Dinar für die Angehörigen der *ḥalqa.*

Von al-Qalqašandī wissen wir, daß im vierzehnten und fünfzehnten Jahrhundert für bestimmte Gruppen von Benefizienten bestimmte Qualitätsstufen des bebauten Bodens vorgesehen waren. Die Emire bekamen das beste, die noch nicht mit einem Kommando ausgestatteten Sultansmamluken das zweitbeste und die Soldaten der *ḥalqa* das am wenigsten attraktive Land zugeteilt.[38] In den beiden uns erhaltenen Steuerlisten bzw. Katastern Ägyptens aus dem ausgehenden vierzehnten bzw. fünfzehnten Jahrhundert finden wir nicht nur genaue Angaben über die einzelnen Steuerbezirke (Dörfer; Plantagen und Inseln ohne Siedlung; Zollpfründen und gewinnbringende Kleinmanufakturen wie Ölmühlen etc.), sondern auch über ihre Rechtsform (*iqṭāʿ*-Land, Stiftungsland, Königsgut, Privateigentum) und vor allem die Identität und den Stand ihrer Steuerherren. In Verbindung mit den neuerschlossenen Stiftungsurkunden der Mamlukenzeit mit ihren reichen Daten zu den Eigentumsverhältnissen auch im ländlichen Bereich erscheinen differenzierte wirtschafts- und siedlungsgeographische Untersuchungen über Ägypten im späten Mittelalter nicht mehr utopisch. Bestimmte Provinzen – wie Manfalūṭ in Mittelägypten – hatten schon unter den Ayyubiden einen Sonderstatus. In mamlukischer Zeit kamen wichtige Gebiete um Kairo (Gize, Qalyūbiyya) hinzu, in denen sich das Königsgut und der Allodialbesitz der Angehörigen der Herrscherfamilie konzentrierte.

Leider fehlen für Syrien (die dortigen Lehen galten weniger) vergleichbare Quellen, wenn auch die Dokumente des Islamischen Museums auf dem Tempelberg von Jerusalem mit ihren reichen Informationen zum Sozial- und Wirtschaftsleben Zentralpalästinas gegen Ende des vierzehnten Jahrhunderts auf eine bessere Lage hoffen lassen.

Die Mamluken veränderten das *iqṭāʿ*-System gegenüber den Ayyubiden nur geringfügig. Die Position des Heeresdiwans (*dīwān al-ǧayš*) wurde gestärkt. In dieser Behörde, die in Unterabteilungen für Ägypten, Syrien, die beduinischen *muqṭaʿs,* die als Nichtmamluken statusmäßig aus dem Rahmen fielen[39], und für Alterspensionen gegliedert war, wurden die Lehen registriert und gegebenenfalls neubewertet. Nach dem Tode, der Beförderung oder Degradierung eines Lehensempfängers wurde ein *iqṭāʿ* eingezogen und an einen für die jeweilige Steuerleistung Anspruchsberechtigten neu vergeben. Ein für unzureichend gehaltenes *iqṭāʿ* konnte auf entsprechendes Ersuchen durchaus gegen ein angemessenes Pendant eingetauscht werden. Der Heimfall der Lehen war auf jeden Fall gewährleistet – ein wichtiger Unterschied zu den Verhältnissen im islamischen Osten insbesondere nach der mongolischen Eroberung. Eigentumsrechte konnten von den Benefizienten nicht erworben werden. Dem ständigen Druck zur Mediatisierung und zur Vererbung von *iqṭāʿ*s vermochte sich die Lehensverwaltung getreu den Spielregeln des mamlukischen Systems, das sich in jeder Generation erneuerte, meist zu widersetzen. An der Spitze des Heeresdiwans stand ein mit Fragen der Finanzverwaltung und Agrargeographie vertrauter Zivilist. Bei der Besetzung dieser Funktion wogen also Kompetenz und Neutralität des Amtsinhabers schwerer als die sonst allfällige Tendenz zur Militarisierung der Bürokratie.

Ein gravierender Einschnitt in der Geschichte des spätmittelalterlichen Lehenswesens war der unter Sultan Lāǧīn (reg. 1297–99) im Jahre 1298 gescheiterte, dann aber im zweiten Anlauf von dem geschickt planenden, zuletzt rasch handelnden an-Nāṣir Muḥammad 1313 bis 1316 gemeisterte Versuch, den verleihbaren Boden im Reiche umzuverteilen, und zwar zu Lasten „unproduktiver" militärischer Gruppen wie Pensionären (die mit Barzahlungen entschädigt wurden) und *ḥalqa*-Soldaten. Dafür erhielten – offenbar erstmals[40] – die Sultansmamluken eigene *iqṭāʿ*s. Vor allem aber steigerte der Sultan den Anteil des für ein unabhängiges Herrschertum unentbehrlichen, dem Heeresdiwan entzogenen Königsguts von einem Sechstel auf das zweieinhalbfache, nämlich fünf Zwölftel des ägyptischen *iqṭāʿ*-Landes. Der gleichzeitige Widerruf unkanonischer Steuern bescherte dieser Reform zugunsten des Herrscherhauses öffentliche Anerkennung und entzog der Opposition der zum Teil schwer geschädigten Gruppen den Boden.

Von seinem Militärlehen hatte der *muqṭaʿ* die seinem Rang entsprechende Zahl von Soldaten bereitzustellen und im Kriegsfall ins Feld zu führen. Für deren Bedürfnisse war er voll und ganz verantwortlich. Ein Drittel des *iqṭāʿ* – so heißt es bei al-Maqrīzī[41] – kam dem Offizier, zwei Drittel den ihm unterstellten Kavalleristen zugute. Ob sich diese Einteilung auf den realen Steuerertrag oder aber auf das zum Lehen gehörige kultivierte Land bezog, wissen wir nicht genau. Für den Mamlukenoffizier gab es aber auch noch andere Zuwendungen: regelmäßige Zahlungen, deren Bedeutung in der Spätzeit, wie wir noch sehen werden, im Vergleich mit dem Ertrag des *iqṭāʿ* zunahm; Deputate an Fleisch, Pferdefutter und Zelttuch; Kleidung und Reittiere; Opfertiere für die hohen Feste sowie Sonderlöhnungen bei Thronbesteigungen und als gewiß nicht unangebrachte Aufmunterung vor gefährlichen Feldzügen. Im Winter wurden unter der Aufsicht des Wesirs die Luzernen- und Kleefelder südlich Kairos für die Weide der Pferde privilegierter Gruppen freigegeben.[42]

2. Ägypten, Syrien und Arabien im politischen Wandel (1260–1517)

Sultan Baybars gilt zu Recht als eigentlicher Begründer des Mamlukensultanats. Er legte die Fundamente dieser mächtigen Monarchie, die bis zum Aufstieg der Osmanen – nicht zuletzt als Schirmherrin der Heiligen Stätten in Palästina – der wichtigste Partner und Gegner des Abendlandes in der Levante blieb. Die europäischen Reisenden, die auf dem Wege ins Heilige Land gerne auch Ägypten, das Land wundersamer Bauten der Vorzeit, besuchten und deren detailliertes Zeugnis von der Forschung noch bei weitem nicht ausgeschöpft ist, erzählen über die Mamluken nicht nur spannende Kuriosa – z. B. in Kairo deutschsprachigen Mamluken aus Basel und Dänemark begegnet zu sein und mit diesen ein paar feuchtfröhliche Abende verbracht zu haben –,[43] sondern erkannten sehr genau die Quelle der beeindruckenden politischen und militärischen Stärke des Widersachers im östlichen Mittelmeer: nämlich die Exklusivität der bewaffneten Mamlukenkaste und den Wettbewerb zwischen den tüchtigsten und erfahrensten Offizieren um das Sultanat bei prinzipiell gleichen Voraussetzungen. Baybars als Stifter dieser Ordnung genoß im islamischen späten Mittelalter einen legendären Ruf. Sein Leben, insbesondere seine Siege gegen Mongolen und Kreuzfahrer, wurde schon früh zum Gegenstand eines arabischen Volksbuchs. Das im heutigen Ägypten düstere Image der mamlukischen Institution geht in erster Linie auf die neomamlukischen Beys aus osmanischer Zeit zurück, mit deren letzten und korrupten Repräsentanten sich Napoleon und in seiner Nachfolge Muḥammad ʿAlī auseinanderzusetzen hatten.

Die Zentralisierung des Reiches und die Eindämmung des äußeren Feindes, d.h. eine aktive Syrienpolitik, waren die wichtigsten Maximen der Politik Sultan Baybars' und seiner Nachfolger.

Die Abwehr der Mongolen, die sich nach der Niederlage von ʿAyn Ǧālūt nicht geschlagen gaben, sondern mehrfach noch – ein letztes Mal im Jahre 1313 – in Syrien einfielen, gelang. Ja, im letzten Jahre seiner Regierung, 1276, drang Baybars in einer letztendlich folgenlosen Kampagne nach Anatolien in den īlḫānidischen Machtbereich ein und ließ sich in Kayseri/Qayṣariyya von den Notabeln des Landes Rūm huldigen. Das Bündnis mit dem zum Islam übergetretenen Chan der Goldenen Horde, von dem bereits die Rede war, und gute Beziehungen mit Byzanz, den Gebieten also, aus denen und durch die der Hauptnachschub an Mamluken kam, entlasteten Baybars in seinem Verteidigungskampf gegen Hülägüs Nachfolger Abaqa. Das von den Mamluken mit Recht gefürchtete, vom Papst und einigen abendländischen Mächten forcierte Bündnis zwischen den Mongolen Irans und den verbliebenen Kreuzfahrerstaaten kam nicht zustande. Der einzige Versuch einer solchen Koordinierung (zwischen Prinz Eduard von England, dem Sohn Heinrichs III., und Abaqa) im Jahre 1271 scheiterte kläglich.

In Syrien, wohin Baybars fast jedes Jahr zu Felde zog (auf dem Wege nach Karak besuchte er bei einer dieser Gelegenheiten voller Staunen die Ruinen von Petra), löste sich die Opposition gegen die Mamluken und ihre zentralistische Reichspolitik allmählich auf.

Die einst so gefürchteten Ismailiten wurden – z.T. durch verlockende Pfründen in Ägypten,[44] zum Teil durch militärische Maßnahmen – zur Aufgabe ihrer letzten Bastionen im syrischen Küstengebirge genötigt. Ismailiten behandelte man wie Christen, also als Ungläubige. Die ihnen abgenommenen Gebetsstätten bedurften der kultischen Reinigung.[45] 1262 enteignete Baybars die verbliebenen Nachfahren der einstmals herrschenden Fatimiden, in deren Namen 1297/8 im abgelegenen oberägyptischen Edfu noch ein allerletztes Mal ein Prätendent auftrat.[46] Al-Maqrīzīs optimistische Feststellung zu Beginn des fünfzehnten Jahrhunderts, „die Anhänger der Schia, der Ismāʿīliyya und der Imāmiyya, sind untergetaucht, ja ganz vom Boden Ägyptens verschwunden",[47] ließ sich allerdings nicht auf Syrien übertragen. Noch um 1300 versuchten die Mamluken mit nur begrenztem Erfolg, der Schiiten im Kisrawān, dem heute von Maroniten dominierten Teil des Libanongebirges, Herr zu werden.

Der Kampf gegen jegliches schiitisches Sektierertum war und blieb mamlukisches Prinzip, die kompromißlose Unterdrückung der *rawāfiḍ*, der Ketzer, die hehrste Pflicht des Herrschers. Der für die dogmatische Entwicklung der Zwölferschia wichtige Jurist Ibn Makkī al-ʿĀmilī aus dem Südlibanon wurde als „erster Märtyrer" (*aš-šahīd al-awwal*) der Imāmiyya 1384 in Damaskus für seine ketzerischen Umtriebe hingerichtet. Die Widersprüche der mamlukischen Religionspolitik spiegelten sich im Umgang der höchsten staatlichen Würdenträger mit dem populären und streitbaren hanbalitischen Religions- und Rechtsgelehrten Ibn Taymiyya (st. 1328), den man heute wegen seiner Attacken gegen das aus seiner Sicht korrupte religiöse Establishment in Haft steckte und morgen wieder als Volkstribun für einen neuen, gegen die Versuchungen der Ketzerei gefeiten Islam werben ließ.

Gerade in Syrien zeigte sich Baybars' diplomatisches Geschick. Das Gespür für die Grenzen dessen, was er seinen Untertanen in der syrischen Provinz, um deren Treue die frühen Mamluken noch ringen mußten, zumuten konnte, bewahrte ihn vor tragischen Fehlentscheidungen. So beraubte er zwar eine wehrlose betagte Ayyubidenprinzessin ohne Skrupel mit Hilfe juristischer Finten ihrer wertvollen Besitzungen im Damaszener Umland.[48] Andererseits wagte er es nicht, dem großen Damaszener Juristen und Traditionarier an-Nawāwī (st. 1277) ein Leid zu tun, der 1274 als einziger Vertreter seiner Zunft couragiert – und nicht ganz erfolglos! – gegen eine Sonderumlage zu Lasten der Damaszener Kaufmannschaft für den Kampf gegen die Tataren polemisierte, ,,wo du (sc. Baybars) dir selbst Mamluken für 20000 Dirham pro Kopf leistest und sie noch dazu mit edelsteinbesetzten Gürteln ausstattest".[49] Den führenden Damaszener Rechtsgelehrten gegenüber zeigte man sich tunlichst kompromißbereit. Diese Erfahrung mußten auch noch eine ganze Reihe späterer Sultane machen.

Baybars bemühte sich um Kontakte zur Bevölkerung. Wie weiland Hārūn ar-Rašīd soll er bei Nacht verkleidet durch die Straßen der Hauptstadt geeilt sein – die Effizienz der Kairoer Nachtpolizei (*ʿasas*) wurde noch im fünfzehnten Jahrhundert von auswärtigen Reisenden, ob sie nun aus Europa oder Iran kamen, hoch gepriesen. Dienstags und Samstags, wenn er Pferdepolo spielte, vor allem aber auch, wenn er sich an Qumiz, vergorener Stutenmilch ergötzt hatte, präsentierte sich Baybars als vorbildlicher, jedem Bürger seines Reiches zugänglicher Landesvater.[50]

In Syrien aber hatte es Baybars nicht nur mit zivilem Ungehorsam und ketzerischen Umtrieben zu tun, auch andere Kräfte, von denen jetzt zu reden sein wird, standen der Schaffung eines straff und zentral geleiteten Einheitsstaates entgegen.

An erster Stelle seien die Ayyubiden genannt. Geschickt setzte Baybars deren letzte Vertreter unter Druck. Der Herr von Karak, al-Muġīṯ ʿUmar, dem Baybars seinerzeit als Lehensmann gedient hatte, verlor Königtum und Leben durch Verrat. Auch das Fürstentum von Ḥimṣ fiel an Baybars heim. Allein der Ayyubide von Ḥamāh, der realistisch in all den Auseinandersetzungen des ausgehenden dreizehnten Jahrhunderts stets die Partei der mächtigen Ägypter ergriff, wurde geschont – nicht als bemitleideter Lakai, sondern als anerkannter Partner, dem zu Ehren zu Zeiten Baybars' sonst vermaledeite Genüsse wie Musik und Wein erlaubt waren,[51] und der zuletzt von dem doch so selbstherrlich regierenden Sultan al-Malik an-

Nāṣir Muḥammad gar den Sultanstitel verliehen bekam. Ḥamāh bewahrte seine Autonomie bis weit hinein ins vierzehnte Jahrhundert. Sein letzter Herr war der berühmte Geograph und Universalhistoriker Abū l-Fidāʾ (st. 1331). Gelehrsamkeit war ein Proprium der Ayyubiden von Ḥamāh; schon ein Vorfahre Abū l-Fidāʾs hatte sich hervorgetan. Bald nach Abū l-Fidāʾs Tod wurde das kleine Fürstentum den übrigen syrischen Provinzen unter einem mamlukischen Gouverneur gleichgestellt.

Versuche des jeweiligen Damaszener Gouverneurs, sich von Kairo unabhängig zu machen, scheiterten sowohl beim Regierungsantritt Baybars' wie auch seines eigentlichen Nachfolgers Qalāwūn (reg. 1279–90). Baybars' Bemühungen, den populären eigenen Sohn Berke Qān,[52] dessen „türkisches Herz“ (*himma turkiyya*) von einem zeitgenössischen Panegyriker beredt gepriesen wurde,[53] schon vor dem eigenen Ende als dauerhaften Nachfolger zu installieren, waren vergeblich. Berke Qāns Schwiegervater Qalāwūn, als Heeresatabeg der Macht besonders nahe, usurpierte den Thron und konnte sich nach langen Auseinandersetzungen mit der syrischen Ẓāhiriyya, der Partei des Baybars und Berke Qāns, zuletzt im ganzen Reich durchsetzen.

Der größte Erfolg der Syrienpolitik Baybars', Qalāwūns und dessen Sohnes und Nachfolgers al-Ašraf Ḫalīl aber war die Auslöschung der Kreuzfahrerreiche. Baybars verwarf die Politik eines toleranten, wenn auch heiklen Nebeneinanders von Christen und Muslimen, die Saladin und vor allem dessen Nachfolger al-ʿĀdil und al-Kāmil sehr zum Schaden ihrer innerislamischen Reputation verfolgt hatten, und überzog Syrien und Palästina mit ständigem Krieg. Dreihundert fränkische Ritter – darunter der Sohn des Herrn von Arsūf – sollen allein während Sultan Baybars' Sultanat zu den Mamluken übergelaufen, zum Islam übergetreten und mit Pfründen in der *ḥalqa* und anderen üppigen Vergünstigungen ausgestattet worden sein.[54]

Bei Baybars' Tod waren Caesarea, Askalon, Jaffa, Haifa und der Patriarchensitz Antiochien wieder in muslimischer Hand. In den binnenländischen Eroberungen – z. B. in Safad in Galiläa oder im berühmten Crac des Chevaliers (Ḥiṣn al-Akrād) – wurden die Befestigungswerke wiederhergestellt und mit eigenen Garnisonen bestückt. Die Festungen an der Küste aber wurden geschleift, um Kreuzfahrerheeren jegliche Hoffnung auf einen Brückenkopf für eine Invasion zu nehmen. Türkmenische, kurdische und mongolische Krieger, die sich den Mamluken angeschlossen hatten, wurden zu Tausenden – die Rede ist von allein 40000 Türkmenenzelten zwischen Gaza und Antiochien z. Zt. des Baybars[55] – im ehemals fränkischen Küstenstreifen als Abschreckungsstreitmacht angesiedelt – nicht unähnlich den Kosaken an Don und Wolga oder den Wehrbauern an der kroatischen Militärgrenze des Habsburgerreiches vom sechzehnten bis zum achtzehnten Jahrhundert.

Sultan Qalāwūn war der Triumph der Einnahme von Tripolis, der – nach

Edessa und Antiochien – dritten Kreuzfahrerhauptstadt, vergönnt. Qalāwūns Sohn al-Ašraf Ḫalīl, obzwar keine herausragende politische Führerpersönlichkeit, eroberte dank der noch von seinem Vater geleisteten Vorbereitungen nach einer wochenlangen, für beide Seiten verlustreichen Belagerung schließlich im Mai 1291 St. Jean d'Acre (Akkon, ʿAkkā), die Hauptstadt des Königreichs Jerusalem. Das gotische Portal der Kathedrale von Akkon wurde als Trophäe nach Kairo gebracht und ziert noch heute die von Sultan Kitbuġā (reg. 1295–97) gestiftete, dann von al-Malik an-Nāṣir Muḥammad b. Qalāwūn übernommene Madrasa in der fatimidischen Altstadt Kairos. Beirut und die anderen, noch von Lateinern gehaltenen Plätze an der libanesischen und palästinensischen Küste ergaben sich nach Akkons Fall kampflos. Das Abenteuer der Kreuzzüge hatte ein im Westen beklagtes dramatisches Ende gefunden. Die einzige Stellung, die den Christen noch ein paar Jahre blieb, war – düsteres Symbol der totalen Niederlage – die winzige wasserlose Insel Arwād vor der Küste des syrischen Tortosa (Ṭarṭūs).

Auch im Süden und Westen expandierte das Reich während Baybars' Sultanat. Erstmals seit frühester islamischer Zeit gelang es, die Grenze zwischen Ägypten und dem Sudan weiter nach Süden zu verschieben. Das christliche Königreich Nubien wurde zum Vasallen der Mamluken; der Islamisierung des mittleren Niltals südlich des ersten und zweiten Katarakts waren nun die Tore geöffnet. Auch nach Libyen stießen die Mamluken vor. Die Beduinen der Cyrenaika waren Ende des dreizehnten Jahrhunderts unter ägyptischer Kontrolle. „Vom Euphrat bis nach Dongola (im heutigen Sudan)" erstreckte sich jetzt die mamlukische Souveränität.

Sultan Qalāwūn, der Stifter des berühmten Krankenhauskomplexes in der Sultansbauten vorbehaltenen Prachtstraße *bayn al-qaṣrayn*, d. h. „zwischen den beiden (sc. fatimidischen, mittlerweile abgetragenen bzw. überbauten) Stadtpalästen (Kairos)", setzte Baybars' Außen- und Syrienpolitik fort. Er war der letzte Mamlukensultan, der noch unter den Ayyubiden gedient hatte. Qalāwūn war es, der erstmals in großer Zahl tscherkessische Mamluken anwarb. Das tscherkessische Regiment der Burǧiyya (so benannt nach seinen Unterkünften im Turm – *burǧ*, ‚Burg' – der Kairoer Zitadelle) sollte zur Keimzelle späterer tscherkessischer Hegemonie innerhalb der mamlukischen Elite werden.

Nach der Ermordung des Siegers von Akkon, al-Ašraf Ḫalīl, Ende 1293 begannen Jahre innerer und äußerer Instabilität, die erst mit der endgültigen Abwehr der īlḫānidischen Bedrohung, einem Friedensvertrag mit den Mongolen im Jahre 1322/3 und der Konsolidierung der mamlukischen Monarchie in der dritten Regierungszeit al-Malik an Nāṣir Muḥammads (1310–41) zu Ende ging.

Von der Neuordnung des Bodenrechts zugunsten des Königsguts unter an-Nāṣir Muḥammad war schon die Rede. Die Herrschaft dieses lange regierenden Sultans war unangefochten. Bis zum Sturz und der Ermordung des Damaszener Vizekönigs Tankiz im Jahre 1340 durch den alt und pathologisch mißtrauisch gewordenen an-Nāṣir waren Ägypten und Syrien erstmals in mamlukischer Zeit zu einem funktionierenden Einheitsstaat zusammengewachsen. Äußere Feinde von Gewicht gab es nicht mehr. Es waren Jahrzehnte des Friedens. Energisch konnten die zivilen Einrichtungen ausgebaut und die damals noch reichlich vorhandenen ökonomischen Ressourcen des Reiches in nichtmilitärische Unternehmungen gelenkt werden. Kairo erlebte unter al-Malik an-Nāṣir einen seit den Fatimiden nicht mehr erlebten Bauboom. Ein neuer Kanal wurde gestochen, der das bislang unbesiedelte Land zwischen dem Nil und der Stadt Kairo erschloß. Die schönen Künste blühten. Aus den Werkstätten al-Malik an-Nāṣirs stammen einige der prachtvollsten Kupfer- und Glasgefäße des islamischen Mittelalters. Die mit Fayencen persischer Provenienz und vielen Dutzend Spolien gezierte Moschee an-Nāṣir Muḥammads auf der Kairoer Zitadelle (erbaut 1318, restauriert 1335) wurde zum Zeichen seiner imperialen Macht.

In der Zeit der Herrschaft an-Nāṣirs faßten die Mamluken festen Fuß auf der arabischen Halbinsel. Im Jemen regierte seit 1233 die mamlukisch-türkische Dynastie der Rasuliden in den beiden Hauptstädten Zabīd und Taʿizz. Die Rasuliden (die zwar die dynastische Erbfolge kannten, deren Aufstieg zur Macht, deren Institutionen und deren sunnitische – in diesem Falle antizaiditische – Religionspolitik aber frappant an die Verhältnisse im Mamlukenreich selbst erinnern) betrieben eine aktive Außen- und Handelspolitik. Sie sandten Emissäre nach Indien und China, bauten ihren Hafen Aden (ʿAdan) aus und betrachteten sich sogar als Souveräne des Hedschas. Hier mußte es zum Konflikt mit den Mamluken kommen, die sich in Nachfolge der Ayyubiden als „Diener der beiden Heiligtümer" (sc. Mekkas und Medinas) verstanden und – wie man im fünfzehnten Jahrhundert in nur scheinbar protokollarischen, in Wirklichkeit handfesten politischen Auseinandersetzungen mit dem Timuriden Šāh-Ruḫ und dem Türkmenen Uzun Ḥasan erlebte – keiner anderen Macht auch nur eine symbolische Präsenz in Mekka und am Grabe des Propheten zugestehen mochten. Sultan al-Malik an-Nāṣir Muḥammad sandte 1322 zum ersten Mal ein mamlukisches Expeditionskorps in den Jemen. Ein zweites folgte 1350. Nach dieser Erfahrung fügten sich die Rasuliden in die Vasallenrolle.

Die in sich heftig zerstrittenen Scherifen von Mekka (und Medina) machten es dem Mamlukensultan leichter, seinen Anspruch auf Oberhoheit durchzusetzen. Dreimal allein reiste Sultan al-Malik an-Nāṣir persönlich, ohne Furcht vor einem Coup d'Etat in seiner Abwesenheit, wallfahrend in den Hedschas. Im fünfzehnten Jahrhundert verstärkte sich noch die mamlukische Präsenz in der Halbinsel. Mit dem Niedergang der Rasuliden, deren Reich 1454 endgültig zerfiel, sank auch der Stern Adens. Ǧidda, Mekkas Hafen (*bandar*), wurde von den Mamluken nun systematisch zum Hauptplatz des Rotmeerhandels von und nach Indien ausgebaut. 1425,

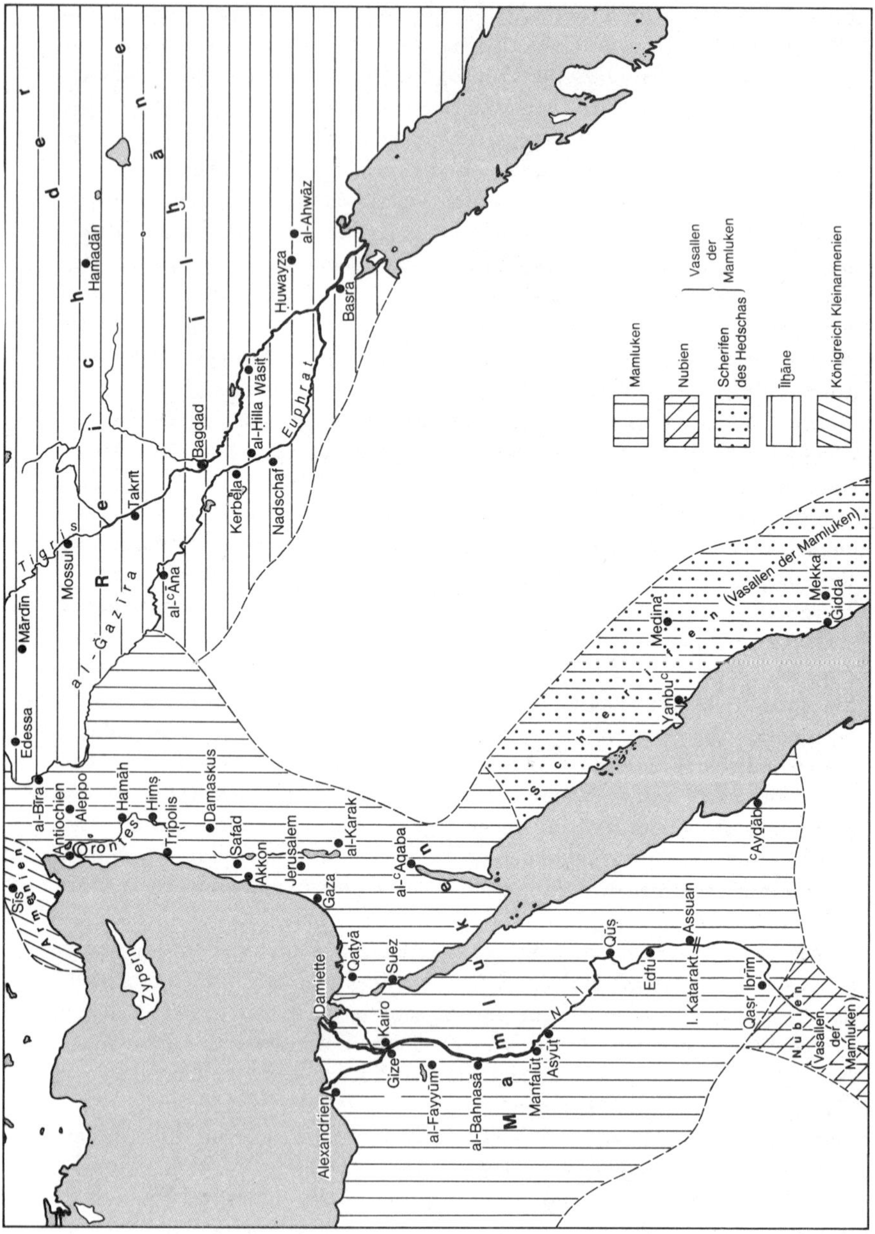

4. Der Vordere Orient im frühen 14. Jahrhundert

unter Sultan Barsbāy, kam Ǧidda unter mamlukische Zollverwaltung. Die Einkünfte teilte man sich mit dem Scherifen von Mekka. Wer Herr im Hause war, demonstrierte eine Garnison mit Elitemamluken in Mekka selbst.

Es war schon davon die Rede, daß nach dem Tode an-Nāṣir Muḥammads dessen Söhne und Enkel noch bis 1382 im Schatten mächtiger Reichsverweser und Großemire regierten. Wieso diese starken Männer der Zeit nicht selbst das Sultanat übernahmen, ist noch nicht geklärt. Im übrigen war die Machtbasis der zahlreichen Qalāwūniden doch wohl größer als bisher angenommen. Vom Königsgut einmal ganz abgesehen standen nämlich im Jahre 1376, über das wir genaue Angaben haben, den männlichen Angehörigen (Brüdern und Söhnen) des Herrschers – in diesem Falle Sultan Šaʿbāns – die Erträge von immerhin acht Prozent des gesamten kultivierten Bodens Ägyptens zur persönlichen Nutzung zur Verfügung.[56] Von den Qalāwūniden des vierzehnten Jahrhunderts als völlig bedeutungslosen Marionetten zu sprechen, ist demnach sicher nicht mehr angemessen. Sultan Ḥasan, der zweimal – zuerst als Jüngling in der schlimmen Pestzeit von 1348 bis 1350 – auf den Thron kam und in tragischer Weise durch die Rebellion eines seiner eigenen Gardemamluken, Yalbuġā al-ʿUmarī, im Jahre 1361 ums Leben kam, war vielmehr eine der interessantesten Herrscherpersönlichkeiten der ganzen mamlukischen Geschichte. Wie schon erwähnt förderte er die *awlād an-nās* und die Eunuchen, zwei Gruppen, die zwar auch bisher schon an der Macht und am Reichtum des Landes teilhatten, aber nach mamlukischem Komment nicht zur Elite im engeren Sinne zählten. Diese Politik, die wohl in Zusammenhang mit der Entmilitarisierung des politischen Lebens in Ägypten und Syrien nach der Beseitigung der Mongolengefahr zu sehen ist, schien den Aufständischen um Yalbuġā bedrohlich, gefährdete sie doch die Privilegien der Mamluken schlechthin.

Sultan Ḥasan, der demonstrativ seinen türkischen Namen Qumārī ablegte und auch sonst aus seiner Antipathie gegenüber den türkischen Haudegen keinen Hehl machte, war nach mamlukischen Maßstäben hochgebildet. Er beschäftigte sich mit Theologie, galt als sehr fromm und verewigte sich mit seiner mächtigen, mit erlesenem und aufwendigem Dekor ausgestatteten Madrasa unterhalb der Kairoer Zitadelle, die zu den bedeutendsten Zeugnissen der mamlukischen Architektur zählt. Die vier sunnitischen Rechtsschulen haben in diesem auch für den Gottesdienst bestimmten Monumentalbau jede ihren eigenen Īwān. Sultan Ḥasan war ein Liebling der zeitgenössischen Intellektuellen. Der marokkanische Immigrant Ibn Abī Ḥaǧala (st. 1375) hat Ḥasan ein bedeutendes *adab*-Werk, das „Buch von der Zuckerbüchse des Sultans"[57] gewidmet.

Nach Ḥasans Tod führte Yalbuġā, Sachwalter der Remamlukisierung der staatlichen Verwaltung, lange Jahre für Ḥasans Neffen Sultan Šaʿbān als Heeresatabeg die Regierungsgeschäfte. In diese Zeit fielen die Versuche des zyprischen Königs Peter von Lusignan, seinem Anspruch auf das Königreich Jerusalem[58] (schon um 1359 hatte er, wenn auch vergeblich, Sultan Ḥasan gebeten, ihm die Reise zur alten Krönungsstätte Tyros zu gestatten)[59] durch Raub- und Beutezüge gegen die mamlukischen Küstenstädte Geltung zu verleihen. 1365 wurde Alexandrien gebrandschatzt. Zwei Jahre später folgten Angriffe gegen Tripolis, Latakia und schließlich Ayās (Lajazzo), das Handelszentrum am Ende der syrischen Handelswege in Kilikisch-Armenien, das die Mamluken erst 1346 den Christen entrissen hatten. Hauptleidtragende dieser Pirateriem waren die italienischen Kaufleute, deren Handelsgeschäfte in Ägypten und Syrien in einem Klima des Fremden- und insbesondere Christenhasses schwere Einbußen erlitten.

Wenn wir über die muslimischen Reaktionen auf Peters Feldzüge so gut Bescheid wissen, verdanken wir das dem zeitgenössischen Alexandriner Autor Muḥammad b. Qāsim an-Nuwayrī al-Iskandarānī (st. nach 1374). Dieser hatte um ein Trauergedicht des eben genannten Ibn Abī Ḥaǧala anläßlich der Verwüstung Alexandriens herum eine ganze Enzyklopädie voller historischer, volkskundlicher und geographischer Exkurse kompiliert.[60] Eine von den Christen ganz sicher nicht beabsichtigte mittelbare Folge der Angriffe Peters von Zypern und seiner Nachfolger waren, ein halbes Jahrhundert später, die Feldzüge Sultan Barsbāys gegen die Insel, die 1426 schließlich zum Erfolg führten: Zypern wurde erobert, sein König zum mamlukischen Gefolgsmann degradiert. Es war dies die einzige nennenswerte Kampagne zur See in der mamlukischen Geschichte.[61]

Die Entmachtung des letzten Qalāwūniden und der Regierungsantritt Sultan Barqūqs wurde von den Zeitgenossen als wichtiger Einschnitt registriert. Die Epoche der „Türken" wurde von derjenigen der „Tscherkessen" abgelöst.

Der erste tscherkessische, aus dem Burǧiyya-Regiment hervorgegangene Machthaber von Rang war übrigens – viele Jahrzehnte vor dem „Dynastienwechsel" unter Sultan Barqūq (reg. 1382–89, 1390–99) – der gebildete Baybars II. al-Ǧāšnkīr („Vorkoster") gewesen, der – keine Selbstverständlichkeit für Mamlukensultane der ersten Generation – vorzüglich Arabisch sprechen konnte. Er hatte es als Gefangener Sultan Kitbuġās, eines seiner kurze Zeit regierenden Vorgänger, in Muße lernen können. Baybars II. regierte ein Jahrzehnt mit einem Partner als Regent al-Malik an-Nāṣir Muḥammads und dann zehn ereignisreiche Monate des Jahres 1309/10 als Sultan über das Reich. Baybars II. stiftete noch als Emir das erste Sufikloster *(ḫānaqāh)* in Kairo, einen der eindrucksvollsten Bauten aus frühmamlukischer Zeit. Es scheint, als hätten sich die Tscherkessen – mehr noch als die kiptschakisch-türkischen Mamluken – zu Sufis, heiligmäßigen Männern *(muʿtaqadūn)* und religiösen Schwärmern hingezogen gefühlt. Mit Sultan Barqūq (übrigens gab es schon in frühmamlukischer Zeit Träger dieses Namens)[62] begann auf jeden Fall plötzlich die systematische öffentliche Förderung mystischer Bruderschaften und deren Ausstattung mit reichen Stiftungsgütern. Dieser Prozeß, der sich am Ende der Mamlukenherrschaft wieder abschwächte, mag durchaus auch bei den Zeitgenossen Barqūqs das Gefühl einer Zeitenwende befördert haben.

Die jüngst erschlossene Stiftungsurkunde der Ḫānaqāh und Moscheehochschule Sultan Barqūqs ist eine Fundgrube für den Sozialhistoriker. Wir erfahren nicht nur, welche Texte die Sufis bei welchen Anlässen zu rezitieren hatten, wieviel Naschwerk sie bei den hohen Festen bekamen und in welcher Hierarchie die Professoren der verschiedenen sunnitischen Rechtsschulen alimentiert und mit Urlaub bedacht wurden, sondern auch, daß Mamluken und selbst all denen, die zu den Emiren engen Kontakt hatten, die Mitgliedschaft in der Hochschule strikt untersagt war – ein Indiz für das Bemühen des Stifters, diese Stätten der Religion und Gelehrsamkeit nicht in den heftigen innermamlukischen Parteienstreit hineingeraten zu lassen.[63]

Die tscherkessischen Sultane des fünfzehnten Jahrhunderts waren ob ihrer persönlichen Frömmigkeit zum Teil hochangesehen. Sultan Ḫušqadam (reg. 1461–67) z. B. wurde wegen seiner Arabischkenntnisse, seiner Verehrung für den Heiligen Unterägyptens, Aḥmad al-Badawī von Ṭanṭā, und seiner konsequenten Versuche, der Scharia Geltung zu verschaffen, freundlich kommentiert.[64] Die Sultane Qāyitbāy (reg. 1468–96) und Qānṣawh al-Ġawrī (reg. 1501–16) und so manch einer ihrer Höflinge taten sich nicht nur als Feldherrn und Politiker, sondern auch als Autoren frommer türkischer, zum Teil auch persischer und arabischer Verse hervor. Insbesondere Werke der klassischen persischen Literatur wurden in Kairo ins altosmanische Türkisch übersetzt.

Das Alter der nach Ägypten eingeführten Mamluken, dies sei noch einmal in Erinnerung gerufen, war im fünfzehnten Jahrhundert höher als in der Frühzeit. Auf der Zitadelle, in den Kasernen, in den Palästen, auf den Hippodromen, aber auch vor den Mausoleen der Totenstädte entwickelte sich eine stark vom Sufitum geprägte religiöse Kultur in türkischer Sprache. Die Moschee Sultan al-Mu'ayyad Šayḫs (erbaut 1415–20) unmittelbar neben dem Bāb Zuwayla, dem Südtor der fatimidischen Altstadt Kairos (an der Stelle errichtet, an der al-Mu'ayyad Šayḫ zuvor in einem Verlies geschmachtet hatte) wurde und blieb vom fünfzehnten bis zum achtzehnten Jahrhundert ein Zentrum türkischen religiösen und gelehrten Lebens. Zweisprachige ʿUlamā' wie der Historiker und Kairoer Marktprovost al-Badr al-ʿAynī (st. 1451) oder der Chronist Ibn Taġrībirdī (st. 1470), Sohn eines der mächtigsten Emire der Zeit und Schwager des hanafitischen Oberqadis von Kairo, in dessen Haus er aufwuchs, stellten die Verbindung zwischen dem kulturellen Leben am Hofe und dem autochthonen, ganz und gar arabisch fühlenden Umfeld dar; davon wird später noch einmal die Rede sein.

Die Jahrzehnte äußeren Friedens endeten mit dem Sultanat Barqūqs. Timurs Westfeldzüge bedrohten auch Syrien und Ägypten. Die Flucht des ǧalāyiridischen Sultans von Bagdad, Aḥmad b. Uways, nach Kairo, die Rache für die von Barqūq getöteten Gesandten Timurs, vor allem aber – nach Barqūqs Tod im Jahre 1399 – die inneren Unruhen im Mamlukenreich, wo sich Barqūqs Sohn Faraǧ (reg. 1399–1405, 1405–12) nur mühevoll behaupten konnte, forderten Timur geradezu zur Intervention heraus. Nachdem die von Barqūq geschmiedete Allianz mit den Osmanen von den Großemiren um Faraǧ leichtfertig preisgegeben worden war, konnte sich Timur um seine beiden Hauptgegner im Westen nacheinander kümmern. Faraǧ und sein Heer mußten Syrien räumen. Timur eroberte von Norden kommend Aleppo, Ḥamāh, Ḥimṣ und Damaskus, wo er sich von den machtlosen ʿUlamāʾ der Stadt sogar noch seinen Gewaltstreich sanktionieren ließ. Auch der mittlerweile über siebzigjährige berühmte Historiker Ibn Ḫaldūn, der aus Tunesien ins Mamlukenreich gelangt war und dem wir das eingangs zitierte Wort vom „Segen des Sklaventums" verdanken, trat dem turkestanischen Eroberer entgegen und bemühte sich, ihn zu einer maßvollen Haltung gegenüber den Besiegten zu bewegen. Die Invasion Ägyptens fand auch diesmal nicht statt. Timurs Tod und Schrecken verbreitendes Heer zog im März 1400 nach Anatolien zur Entscheidungsschlacht gegen die Osmanen ab.

Zwar war das Schlimmste nicht eingetreten, dennoch waren die Folgen von Timurs Feldzug für Syrien und das ganze Reich verheerend. Die Städte waren zerstört, die besten Handwerker in Timurs Hauptstadt Samarkand deportiert, vor allem aber waren die wirtschaftlichen Kräfte des Reiches erschöpft. Immer neue Kriegsanleihen hatte man zur Finanzierung der mamlukischen Streitkräfte aufnehmen müssen. Das bis dahin intakte Währungssystem brach zusammen. Man rechnete nun endgültig nicht mehr in Silberdirham als Scheidemünze, sondern in Kupfer, dem ominösen Sendboten wirtschaftlichen Niedergangs. In engem inneren Zusammenhang erschwerten Hungersnöte, Pestepidemien, Mißernten, Beduinenüberfälle und die fehlende zentrale Autorität den Wiederaufbau Syriens. Ganz hat sich das Land von Timurs Einfall bis zur osmanischen Eroberung im Jahre 1516/17 nicht mehr erholen können – eine parallele Entwicklung zum Irak, wo man ebenfalls darüber streiten kann, ob der Einschnitt des Jahres 1258 oder aber das Jahr 1403 für die Geschichte der Region letztlich bedeutsamer gewesen ist. Ein Hauptleidtragender der Ereignisse war Sultan Faraǧ. Nach seiner unglücklichen kurzen Regierung kam er im innermamlukischen Bürgerkrieg, in dem – wie zur Zeit seines Vaters – der ethnische Gegensatz zwischen Türken und Tscherkessen eine maßgebliche Rolle spielte, elend um. Al-Maqrīzī, der schon mehrfach zitierte, wohl bedeutendste unter den wahrlich nicht dünn gesäten Historikern Ägyptens unter den Tscherkessensultanen, nannte Faraǧ teilnahmsvoll „den unseligsten *(ašʾam)* König Ägyptens".[65] Nachfolger Faraǧs wurde – nach dem erwähnten Zwischenspiel des Kalifen al-Mustaʿīn – der starke Mann aus Syrien, al-Muʾayyad Šayḫ (reg. 1412–21).

Die Schwierigkeiten, mit denen das Mamlukenreich im fünfzehnten Jahrhundert zu ringen hatte, waren nicht, oder jedenfalls nicht primär, politischer Art. Dies gilt gewiß für die äußeren Beziehungen. Zwar blieb die Ostgrenze auch nach Timurs Tod bedroht. Von den Versuchen der Turkmenenherrscher des Irak, namentlich Uzun Ḥasans (reg. 1457–78), des Sultans der sogenannten ‚Weißen Horde' (Aq Qoyunlu), ihr Einflußgebiet auf mamlukisches Territorium bzw. die mamlukische Interessensphäre im südöstlichen Anatolien auszudehnen, werden wir noch hören. Aber die Grenzen blieben stabil. Es gelang sogar, im Wettbewerb mit den wiedererstehenden Osmanen – ihnen gelang 1453 die Eroberung Konstantinopels – die Souveränität über das im strategischen Knoten um Elbistan gelegene türkmenische Grenzfürstentum der Dulgadır (Ḏū l-Qadr) zu erringen. Ein erster mamlukisch-osmanischer Krieg um die Taurusgrenze in den Jahren 1485 bis 1490 (der indessen von osmanischer Seite nicht mit allem Einsatz geführt wurde) endete unentschieden, ja mit einem leichten militärischen Plus für die Mamluken.

Aber auch die heftigen Parteienkämpfe innerhalb der Mamlukenkaste, die dem fünfzehnten Jahrhundert in den Darstellungen der auf „Herrschaftsgeschichte" kaprizierten Chroniken ein besonders düsteres und blutiges Bild verleihen, waren eher eine Folge als eine Ursache des allgemeinen wirtschaftlichen und demographischen Niedergangs, von dem die Quellen im Überfluß berichten.

Genau sind die Zusammenhänge zwischen der Bevölkerungsentwicklung, der Währungsordnung, den internationalen Handelsbeziehungen und der Geschichte von Preisen und Löhnen in dieser kritischen Zeit noch nicht untersucht, freilich zeichnet sich folgendes Bild in deutlichen Konturen ab:[66] Der Ausgangspunkt des recht abrupt einsetzenden allgemeinen Verfalls war die Entvölkerung Ägyptens durch die Pestepidemien. Von der ersten und schlimmsten in den Jahren 1347 bis 1349 war schon kurz die Rede. Mit Recht ist dieses Ereignis als die vielleicht tiefste Zäsur der spätmittelalterlichen Geschichte des Vorderen Orients ins Gespräch gebracht worden.[67] Zwölf weitere Pestwellen folgten im fünfzehnten Jahrhundert. Die ägyptische Bauernschaft wurde dezimiert. Ganze Landstriche wurden entvölkert. In der Hafenstadt Alexandrien und im Nildelta wütete die Krankheit besonders schlimm. In Oberägypten, das von nun an abseits der Verkehrsströme lag, drangen die Beduinen vor. Einem Unterstamm der Föderation der Hawwāra konzedierte Sultan Barqūq das *iqṭāʿ* von Girga (Ǧirǧa). Bis weit hinein in die osmanische Periode übten diese Nomaden die effektive Macht im ägyptischen Süden aus.

Die Mamluken wurden durch den Zusammenbruch der Landwirtschaft ausnehmend hart getroffen, bezogen sie doch aus ihren ländlichen Pfründen den größten Teil ihrer Einkünfte. Im fünfzehnten Jahrhundert sanken die Erträge der ägyptischen Landwirtschaft von über neun auf weniger als zwei Millionen Dinar. In Industrie und Handel sah es nicht besser aus.

Von den 66 Zuckerraffinerien von Fusṭāṭ zur Zeit al-Malik an-Nāṣir Muḥammads waren Anfang des fünfzehnten Jahrhunderts noch ganze neunzehn in Betrieb. Der Syrienhandel, für den um 1325 in Kairo das prachtvolle Kontor *(wakāla)* des Emirs Qawṣūn errichtet worden war, brach zusammen. Die Zollstelle von Qaṭyā an der Hauptverkehrslinie von Syrien nach Ägypten nahm am Ende des fünfzehnten Jahrhunderts nur noch ein Vierzigstel dessen an Abgaben ein, was 1326 eingehoben worden war. Die gedeckten Märkte Kairos, einst das Herz der städtischen Wirtschaft, waren, als al-Maqrīzī schrieb, schon weitgehend verfallen. Ganze Wohnviertel verödeten. Für ihn und seine Zeitgenossen schien schon damals eine vertraute Welt unwiederbringlich verloren. Allein der Getreidehandel auf dem Nil florierte noch, um die geschrumpfte Bevölkerung zu ernähren.

Dienstleistungen wurden – zum Segen der Arbeitskräfte, die die Pestepidemien überlebt hatten – hoch honoriert. Das Teure am rapide steigenden Brotpreis dieser Jahrzehnte war nicht das Getreide (dessen Preis an der Kaufkraft gemessen kontinuierlich sank), sondern waren die Löhne für Schiffer, Müller, Lastenträger und Bäcker, die sich von 1360 bis 1420 vervielfachten.[68] Es waren nicht genügend Leute da, die bereit waren, diese Tätigkeiten zu verrichten. Wohin ein so unausgewogener Arbeitsmarkt führen konnte, lesen wir mit Erstaunen in der bereits vorgestellten Stiftungsurkunde Sultan Barqūqs: Dem für die Sauberkeit der Hochschule verantwortlichen Diener wurde ein ebenso hoher Lohn bezahlt (30 Dinar pro Monat) wie dem Assistenten des ranghöchsten Professors der Hochschule.

Vor allem für die Mamluken, wie bereits gesagt, waren die Verluste aus der Landwirtschaft schwer zu verkraften. Ihre Reihen hatten sich während der Pest besonders gelichtet – und zwar wohl nicht, weil sie als Fremdlinge im ungewohnten Klima seuchenanfälliger gewesen wären als Einheimische, sondern wegen der günstigen Bedingungen für die wechselseitige Ansteckung in ihrem abgeschlossenen Milieu. Um den für die Erhaltung des Systems nötigen Ersatzbedarf an Mamluken zu finanzieren, mußten hohe Summen ohne volkswirtschaftlichen Gegenwert für das Land aufgebracht werden, zumal nach Timurs Feldzügen gegen die Goldene Horde die alten Rekrutierungsgründe nördlich des Kaukasus nicht mehr so ergiebig waren wie in früheren Jahrzehnten.

Auch war es teuer geworden, sich die Loyalität der eigenen Mamluken zu sichern. Sie kamen nicht mehr als anpassungswillige, ihrem Herrn auf Gedeih und Verderb verpflichtete Knaben nach Ägypten, sondern als selbstbewußte Erwachsene mit festen materiellen Erwartungen. Noch aufwendiger war es, ungebundene Mamluken früherer Herren in den ständigen bürgerkriegsähnlichen Machtkämpfen der Spätzeit für sich zu gewinnen. Der Anteil der Sonderlöhnungen an den Einkünften der Emire stieg entsprechend immer weiter an.

Als alternative Quellen der Bereicherung boten sich den insolventen

Mamluken das städtische Handwerk und der Fernhandel an. Beide Bereiche, an denen Mamluken bisher so gut wie keinen Anteil hatten, waren höchst lukrativ und aus unterschiedlichen Gründen unversehrt geblieben.

Die erste Gruppe, die Handwerker und städtischen Gewerbetreibenden, die die Pest überlebt hatten, waren zu einem großen Teil Nutznießer der Hinterlassenschaften verstorbener Angehöriger. Ihre Vermögen wuchsen mit steigender Nachfrage nach ihren Leistungen, ihr Lebensstandard setzte neue, hohe Maßstäbe. Luxusgüter wie kostbare Pelze aus Osteuropa fanden in Kairo um 1400 reißenden Absatz.

Die Fernhändler wiederum hatten das Glück, daß etwa zur Zeit der ersten Pestwelle in der Mitte des vierzehnten Jahrhunderts der gewinnträchtige Gewürzhandel zwischen Indien und Europa wieder nach Ägypten, und zwar nicht auf die oberägyptische Überlandroute, sondern auf den Seeweg durch das Rote Meer (Suez – Fusṭāṭ/Kairo – Alexandrien/Damiette), zurückgekehrt war. Vor allem die sogenannten Kārimī-Kaufleute, die seit dem zwölften Jahrhundert den ägyptischen Transithandel kontrollierten und durch einen besonders niedrigen Steuersatz privilegiert waren (2½ v.H. pro Jahr – der Almosensteuer vergleichbar –, die am Umsatzort zu entrichten waren), profitierten von dieser neuen Blüte. In einer Zeit allgemeinen wirtschaftlichen Niedergangs traten sie als Mäzene in Erscheinung. Ihre Gewinnspannen müssen enorm gewesen sein, selbst wenn die Quellen übertreiben.

Kaufleute hatten den Mamlukensultanen schon in der Vergangenheit gute Dienste geleistet. Ibn as-Salʿūs, der engste Vertraute Sultan al-Ašraf Ḫalīls, war ebenso Kaufmann gewesen wie der verwegene und weltläufige Maǧd ad-dīn as-Sallāmī, der 1323 trotz hoher psychologischer Barrieren den Frieden zwischen al-Malik an-Nāṣir Muḥammad und dem Īlḫān Abū Saʿīd hatte vermitteln können und dabei als Gegenleistung einen Teil seiner Abgaben erlassen bekam. Ein dritter Kaufmann, Abū l-Ḫayr an-Naḥḥās, war in der Mitte des fünfzehnten Jahrhunderts Verwalter der Schatzkammer des Reiches. Noch unter Sultan Barsbāy (reg. 1422–37) hatten kaufmännische Ratgeber ungehinderten Zutritt zum Herrscher. Aber Barsbāy war es auch, der der Versuchung erlag, durch die Monopolisierung der besonders ertragreichen Wirtschaftszweige durch den Staat die öffentlichen Finanzen sanieren zu wollen. 1423 wurde die Zuckerproduktion verstaatlicht. Kurz darauf folgte der außenwirtschaftlich bedeutsame Gewürzhandel. Die ersten Opfer waren die venezianischen Händler in Alexandrien.

Mittel- und langfristig war diese dirigistische und protektionistische Handelspolitik aber vor allem für Ägypten und Syrien verhängnisvoll. Das Handelsvolumen und die ohnehin schon knappen Währungsreserven des Reiches schrumpften. Die wirtschaftliche Abhängigkeit Ägyptens von den Handelspartnern in Indien und Osteuropa, wohin der Reichtum des Landes vor allem floß, zuletzt aber auch von Europa, schlug in politische

Schwäche um. Dieser Prozeß beschleunigte sich, als seit dem Ende des fünfzehnten Jahrhunderts die Portugiesen in das Rote Meer eindrangen und den muslimischen Kauffahrern zuzusetzen begannen.

Hohe städtische Sondersteuern, Konfiskationen, die beängstigend zunahmen, und Zwangskäufe künstlich überteuerter staatlicher Monopolwaren (denen wir auch im mongolischen Irak begegnen werden) unterminierten den letzten noch intakten Wirtschaftsbereich. Nachdem sich die Goldvorräte in Oberägypten längst erschöpft hatten und auch gemünztes Silber vom Markt zu verschwinden begann, geriet die Wirtschaft des Landes in zunehmende Abhängigkeit von den standardisierten, wegen ihres garantiert gleichbleibenden Gewichts von der Bevölkerung hochgeschätzten Florentiner und Venezianer Goldmünzen. Versuche Barsbāys, mit einer Lokalprägung im Jahre 1426 und 1430 (die sogar ein geringfügig höheres Goldgewicht hatte als die Dukaten und Zechinen) das fremde Geld wieder zu bannen, scheiterten. Der von al-Ašraf Barsbāy in Umlauf gebrachte Ašrafī Golddinar scheint außerhalb Ägyptens mancherorts (z. B. in Iran) eine womöglich größere währungshistorische Rolle erlangt zu haben als im Ursprungsland.

Ein scheinbares Paradoxon angesichts der sinkenden Ressourcen der mamlukischen Elite war die systematische Ausdehnung des Stiftungswesens durch Emire und Sultane, vor allem aber auch deren Frauen, Töchter, Söhne und Enkel – mit der dazugehörigen Fülle Tausender schlecht alimentierter Studenten und meist nur mittelmäßig ausgebildeter Professoren, was dem internationalen Nimbus und der Attraktivität Kairos, des gelehrten Zentrums der islamischen Orthodoxie, allerdings keinen Abbruch zu tun vermochte, zu viele Glanzlichter lehrten dort. In der zweiten Hälfte des fünfzehnten Jahrhunderts gab es in Kairo 130 Hochschulen; die Studentenzahlen schwankten zwischen 3000 im fünfzehnten und 6000 im vierzehnten Jahrhundert.

Kritisch kommentierte der Jurist Abū Ḥāmid al-Qudsī diese Inflation an karitativen und gelehrten Stiftungen: „Die Stifter sollen aufrichtig sein, wenn sie solche Bauten errichten ... Die meisten tun es heutzutage doch nur, um ihren eigenen Namen bekannt zu machen, auf daß es heiße, dies sei die Freitagsmoschee des Soundso.“[69] Qudsī, aber auch schon Ibn Ḫaldūn[70] bemerkten zu Recht, Stiftungen, namentlich die sogenannten Familienstiftungen, seien zu ihrer Zeit in erster Linie Versorgungseinrichtungen für den Stifter und seine Nachkommen, da ihnen ja die mamlukischen Privilegien und Besitztümer nicht vererbt werden konnten. Das Amt des Stiftungsverwalters war gut besoldet, wenn auch gerade in dieser Zeit heftig diskutiert wurde, ob die Personalunion von Stifter (bzw. Stiftungsnachfahre) und Verwalter auch wirklich zulässig sei.[71]

Um das Stiftungswesen herum bildete sich eine regelrechte Schattenwirtschaft.[72] Die Sultane führten die anschwellenden Einnahmen aus Konfiskationen und anderen Zwangsmaßnahmen, aber auch den Grundbesitz des

Königsguts mehr und mehr in Stiftungsvermögen über. Diese Mittel konnten ohne eine staatliche Kontrollinstanz zur Sicherung der eigenen Klientel verwendet werden. Ein ansehnlicher privater Wirtschaftssektor entstand.

Umgekehrt waren die Güter der Toten Hand (arabisch: *waqf*, pl. *awqāf*) gegen den Zugriff der Obrigkeit nicht gefeit: Als 1491 die Staatskasse leer war, verfügte der sonst so fromme Sultan Qāyitbāy, daß die Stiftungseinrichtungen des Landes den Gegenwert der Einkünfte von fünf Monaten an den Fiskus abzuführen hätten.[73]

Aus der mamlukischen Spätzeit sind Hunderte von Urkunden über Tauschgeschäfte erhalten, in denen an sich unveräußerliche *waqf*-Güter, auf die ein mamlukischer Würdenträger sein Auge geworfen hatte, mit dem Segen der Urkundsbeamten durch andere, *in dubio* weniger wertvolle Immobilien ersetzt wurden. Wenn es auch nur ganz selten skrupellosen und kapitalkräftigen Magnaten gelang, unter Mitwirkung käuflicher Qadis größere bebaute Gebiete in ihrer Hand zu arrondieren und so die gewachsene Gelände- und Siedlungsstruktur zu verändern. Einer von ihnen war der Hausmeier *(ustādār)* Sultan Farağs, Ğamāl ad-dīn Yūsuf, der zu Beginn des fünfzehnten Jahrhunderts fast die gesamte nordöstliche fatimidische Altstadt Kairos in seinen Besitz brachte und dann umgestaltete. Dieses Viertel ist noch heute nach ihm benannt: al-Ğamāliyya.[74]

Insgesamt profitierte die Stadt Kairo von dieser Mobilität der Eigentumsverhältnisse. Unter Sultan Qāyitbāy setzte wieder eine rege Bautätigkeit ein, die wohlwollende Beobachter an die goldenen Tage al-Malik an-Nāṣirs erinnerte.[75]

Der Niedergang und schließlich Untergang des Mamlukenreiches wurde durch eine Kette unglücklicher Umstände begünstigt. Der Aufstieg der nach Süden und Osten drängenden Osmanen, denen 1514 der Sieg über den aus ihrer Sicht ketzerischen Safawidenschah Ismāʿīl von Persien gelang, war die wichtigste Veränderung im außenpolitischen Koordinatensystem. Zwar halfen die Osmanen noch 1514 den Mamluken bei ihrem Kriegszug gegen die Portugiesen, die ihren Einfluß vom Indischen Ozean auf das Rote Meer auszudehnen trachteten. Aber bereits zwei Jahre später kam es zur Invasion Sultan Selīms in Syrien.

Die Reformfähigkeit des mamlukischen Systems hatte sich zu dieser Zeit offenkundig erschöpft. Die mamlukische Kavallerie hatte sich, so lange es ging, dagegen gewehrt, sich in offener Feldschlacht der ihnen durchaus vertrauten, aber nach ihrem Ethos unehrenhaften Feuerwaffen zu bedienen – ganz im Gegensatz zu ihren technologisch aufgeschlosseneren osmanischen Gegnern. Sultan Qāyitbāy rekrutierte für die in der Belagerungskriegführung unentbehrliche Artillerie 1490 bezeichnenderweise *awlād an-nās*, also die Elite der nichtmamlukischen *ḥalqa*, der es – anders als echten Mamluken – zugemutet werden konnte, ohne Pferd zu kämpfen. Diese Ehrvorstellung erinnert an die in der Auseinandersetzung mit England so verhängnisvolle Neigung der hochmittelalterlichen französischen

Ritterschaft, lange Zeit alle Waffen und Kampftechniken, die den ritterlichen Zweikampf überflüssig machten, vor allem die weitreichende Armbrust, als unstandesgemäß zu ächten.[76] Als Sultan Qāyitbāys Sohn und Nachfolger 1496 bis 1498 eine Truppe schwarzer Arkebusiere rekrutierte, kam es zur Revolte. Auch ein zweiter Versuch, eine solche modern gerüstete Einheit von Büchsenschützen in die mamlukischen Verbände zu integrieren, scheiterte zwei Jahre vor der Katastrophe.

Die Sultane trugen wohl die geringste Schuld am plötzlichen Zusammenbruch des Reiches. Der Verlierer in der Entscheidungsschlacht gegen die osmanischen Invasoren bei Marǧ Dābiq in Nordsyrien am 24. August 1516, Sultan Qānṣawh al-Ġawrī, war trotz seines hohen Alters einer der fähigsten, flexibelsten und kultiviertesten Herrscher in der Geschichte des islamischen Ägypten. Die Zahl der von ihm für fromme Zwecke gestifteten Güter war immens. „Und wären nicht seine Grausamkeit und die vielen Konfiskationen gewesen, die er seinen Untertanen auferlegte, so wäre er der beste der tscherkessischen Könige gewesen, ja, der beste Herrscher Ägyptens überhaupt", würdigte ihn nach seinem Tode ein zeitgenössischer Chronist.[77]

Die Mamluken als Kaste hatten es den osmanischen Eroberern leicht gemacht. Sie waren in einander rücksichtslos befehdende Parteien zerfallen. Der Hochverrat des mamlukischen Gouverneurs von Aleppo öffnete Selīm das Tor nach Süden. Bei Raydāniyya vor den Mauern Kairos stellte sich – Qānṣawh al-Ġawrī war bei Marǧ Dābiq einem Herzschlag erlegen – das eilends gesammelte letzte Aufgebot der Mamluken um Qānṣawhs Neffen und Nachfolger Ṭūmān Bāy. Die Mamluken verloren am 23. Januar 1517 ein zweites Mal. Kairo wurde erobert und der letzte Sultan in einem die Zeitgenossen zutiefst verstörenden Akt der Grausamkeit im Bāb Zuwayla gehängt. Ṭūmān Bāy, ein populärer und ritterlicher Herrscher, lebte noch lange als Symbol ägyptischer Unabhängigkeit im Bewußtsein der Bevölkerung weiter, die sich anfangs nur schwer mit der osmanischen Herrschaft abfand.[78]

Ägypten und Syrien wurden, jetzt wieder voneinander getrennt, Bestandteile des osmanischen Imperiums. Die Türken und Tscherkessen freilich sollten, wie wir noch öfters in den Folgekapiteln sehen werden, bis in unser Jahrhundert hinein die politische Elite Ägyptens bleiben.

3. Gelehrte und Despoten – Städtisches Leben im vierzehnten und fünfzehnten Jahrhundert

In der spätmittelalterlichen Literatur Ägyptens stoßen wir auf ein überraschendes Interesse an Gesellschaftsmodellen. Diese Vorliebe ist wohl ein Indiz für das Bewußtsein der einheimischen Gelehrten, denen wir diese Modelle verdanken, in einer stark hierarchisierten und zugleich segmentierten Gesellschaft zu leben. Allen Modellen ist eines gemein: Abgehoben vom autochthonen Rest der Gesellschaft thronen die Mamluken über dem Ganzen.

Al-Maqrīzī, der in seinem berühmten Traktat über die Hungersnöte sieben Klassen nennt,[79] polarisiert die Gesellschaft seiner Zeit in die fremde Elite *(ahl ad-dawla)* und die sechs einheimischen Gruppierungen: Großkaufleute, kleine Händler, Bauern, Gelehrte, Handwerker und Lohnempfänger, sowie die amorphe Gruppe der Armen. Tāğ ad-dīn as-Subkī (st. 1370)[80] und – von letzterem inspiriert, aber sehr viel systematischer formulierend – Abū Ḥāmid al-Qudsī[81] schütten zwar scheinbar zusammenhanglos Dutzende von Ämtern und Funktionen, vom Sultan bis zum Hundeführer, vom Beduinenemir bis zum Nachtwächter, vom Qadi bis zum Geschichtenerzähler aus, ordnen sie aber auch den drei Großgruppen Militärelite, ʿUlamāʾ und Gewerbetreibende zu.

Die überaus prominente Stellung der Mamluken hatte ein politisches und ökonomisches Fundament. Sie kontrollierten den Staat und das Heer und waren die privilegierten Nutznießer der landwirtschaftlichen Reichtümer Ägyptens und Syriens. In unterschiedlichem Grade banden sie Zivilisten an sich. Sie honorierten Kooperation bzw. Kollaboration mit der beargwöhnten Obrigkeit durch besondere Vorrechte und versuchten mit Erfolg, ein denkbares Bündnis zwischen den einheimischen gesellschaftlichen Gruppierungen durch selektive und wechselnde Patronage zu unterlaufen. Selbst die untersten Schichten der mamlukischen Gesellschaft konnten so von ihren natürlichen Fürsprechern, den ʿUlamāʾ, isoliert werden. Schutz der Person und des Besitzes wußte man nur durch die wirklichen Herren im Staate, die Mamluken, gewährleistet, in deren Hände alle Fäden der Macht zusammenliefen.

Besonders die ʿUlamāʾ, über die wir besonders gut informiert sind und deren gesellschaftliche Rolle deshalb im folgenden exemplarisch dargestellt werden soll, taten sich schwer mit der türkischen Obrigkeit. Ihnen gegenüber funktionierte die mamlukische Politik des *divide et impera* mit besonderem Erfolg. Die ethnischen und dogmatischen Rivalitäten innerhalb der gelehrten Elite wurden geschürt, die damals selbst nach heutigen Begriffen skandalösen Eifersüchteleien innerhalb des Lehrkörpers der zahlreichen Hochschulen geschickt für eigene Zwecke genutzt. Hanafitische, meist türkischstämmige Juristen, die sich nur allzu gerne in innermamlukische Händel verstricken ließen, standen den bodenständigeren und volkstümlicheren schafiitischen Kollegen, deren früheres Monopol erst Sultan Baybars gebrochen hatte,[82] mißtrauisch gegenüber. Die Käuflichkeit und zugleich Lukrativität der höchsten Zivilämter korrumpierten die Bewerber. Wer den Posten eines Oberqadis glücklich erlangt hatte, schuldete seinen mamlukischen Protektoren hohe Summen. Bestimmte Gelehrte wurden durch attraktive und einträgliche Berufungen, aber auch durch Eheschließungen ihrer Töchter mit Emirssöhnen zur Loyalität gegenüber dem Regime geführt. ʿUlamāʾ und – von der anderen Seite her – zweisprachige Mamlukensöhne, „Wanderer zwischen beiden Welten", waren denn auch die gegebenen Mittler zwischen Hof und städtischer Bevölkerung.

Dennoch muß das Ressentiment gegenüber den fremden Herren tief verwurzelt geblieben sein – aller religiösen Solidarität und aller Anerkennung der überragenden mamlukischen Verdienste um die Verteidigung der gerechten islamischen Ordnung zum Trotz. Die von mamlukischen Kämmerern verwaltete Eigenjustiz der Türken war den ʿUlamāʾ, den Garanten der allein und für jedermann verbindlichen Scharia, ein besonderer Dorn im Auge.

Der kauzige, überhebliche und im persönlichen Umgang offenbar nur schwer erträgliche Gelehrte as-Suyūṭī, der sich weigerte, sich allmonatlich höflich beim Sultan auf der Zitadelle sein Salär abzuholen, um sich nur ja nicht im Umgang mit der weltlichen Macht zu korrumpieren, war ein extremer Vertreter dieser Gesinnung. Er forderte verwegen für den Gelehrten ein staatliches Gehalt, auch wenn er die im Stiftungsakt vorgeschriebenen Pflichten nicht zu erfüllen bereit sei.[83] Er stellte sogar die provokative Frage, ob man denn die Mamluken, die doch Eigentum des *bayt al-māl* (des Fiskus) seien, überhaupt freilassen dürfe.[84]

Ohne die Initiierung der Emire in den Islam, in „die beiden Sätze des Glaubensbekenntnisses",[85] durch die Religionsgelehrten könnten diese heidnischen Ankömmlinge aus unwirtlich-barbarischer Ferne gar nicht zu solchem Rang und zu solcher Macht aufsteigen, wird auftrumpfend und zugleich hilflos argumentiert.[86] Voll xenophoben Hochmuts wird immer wieder auf die Unkultiviertheit der türkischen Offiziere angespielt. Auf diesem Gebiet wenigstens glaubte man sich als Araber, als Erbe der glanzvollen islamischen Hochkultur gegenüber diesen Kaufsklaven aus nördlichen Gefilden noch überlegen. Aber all diese Bekundungen eigener Unersetzlichkeit sollten nur das Bewußtsein der tiefen Ohnmacht betäuben. „Es gibt ʿUlamāʾ, die weltliches Ansehen und die Gunst der Sultane und Emire suchen, ... letztere aber verachten zutiefst all diejenigen, die vor ihrer Tür antichambrieren, während sie dem (wirklichen) Gelehrten auch weiterhin Respekt zollen",[87] umschrieb ein Zeitgenosse das Dilemma des ehrgeizigen Gelehrten und das unüberbrückbare Machtgefälle zwischen Emiren und ʿUlamāʾ, den beiden Klassen also, die doch nach Ibn Taymiyyas Idealkonzept in gemeinsamer Verantwortung die gerechte Gesellschaft hätten führen sollen.

Dabei waren der Willkür der Mamluken durchaus Grenzen gesetzt. Ihre selbstgewählte Isolation machte sie mißtrauisch, aber auch abhängig von der Hilfe einheimischer Experten. Die als Heiden geborenen Mamluken mit ihrer kollektiven und individuellen schamanistischen Vergangenheit zeigten eine eigenwillige Leidenschaft für arkane Dinge wie Alchemie und die diversen Techniken der Weissagung.[88] Von ihrer Hinwendung zu und Abhängigkeit von frommen Männern, insbesondere solchen, die aus der eigenen so weit entrückten Heimat an Wolga, Ural und Kuban nach Ägypten und Syrien gelangt waren, war schon die Rede. Man suchte und fand Halt im eigenen Milieu, über das – zum Kummer moderner Historiker – nur wenige Einheimische zu berichten bereit und wohl auch in der Lage waren.

Chronisten wie Ibn ad-Dawādārī (st. nach 1336), der türkisches Sagengut aus Ost- und Innerasien (darunter Elemente des erst viel später niedergeschriebenen altosmanischen Volksbuchs von Dede Qorqud) in arabischer Form überliefert hat, oder wie Ibn Taġrībirdī, der seinem arabischen Publikum wenn auch zuweilen reichlich phantasievolle Übersetzungshilfen türkischer Termini und Namensbestandteile offerierte, waren Ausnahmeerscheinungen. Ein rechter arabischer *ʿālim* – so scheint es – interessierte sich nicht für die durch Aberglauben und Fremdartigkeiten geprägte türkische Kultur der Mamluken, so reichhaltig sie sich auch unter den letzten Tscherkessensultanen literarisch manifestieren sollte.

Wenn ʿUlamāʾ – was einige Male in der Geschichte des mamlukischen Syrien belegt ist – vereint und beherzt gegen die Obrigkeit opponierten, hatten sie durchaus Chancen auf die Durchsetzung ihrer Interessen. Schlimmer betroffen waren diejenigen Gruppen der zivilen Bevölkerung, die aus vielfältigen Gründen – z. B. wegen ihrer christlich-koptischen Abstammung und deshalb unterstellter schwankender Loyalitäten oder aber, im Falle gebürtiger Syrer, wegen ihrer Fremdheit im Lande – in der ägyptischen Gesellschaft isoliert blieben, deshalb die Nähe der Mamluken suchten, mit besonders unpopulären (wenn auch hochdotierten) Ämtern in der Bürokratie wie demjenigen des obersten Finanzinspekteurs ausgestattet und zuletzt nur allzu oft von ihren Protektoren bei Mißlingen bestimmter politischer oder fiskalischer Maßnahmen erbarmungslos dem Volkszorn geopfert wurden.[89]

Für die Bewohner Ägyptens und Syriens waren das vierzehnte und fünfzehnte Jahrhundert lebensbedrohende, schreckliche Zeiten. Die „anxiety of the age" (Lynn White) prägte das Lebensgefühl der spätmittelalterlichen Menschen auch im islamischen Vorderen Orient. Ein Autor berichtet von der Hungersnot in Kairo im Jahre 695/1295. Einige Leute wurden verhaftet und hingerichtet, weil sie in ihrer Verzweiflung Menschenfleisch verzehrt hatten. Der Verfasser schildert in bewegenden Worten, wie sein eigener Bruder nach einer Krankheit an Auszehrung starb, weil nirgendwo in der Stadt Kairo, auch nicht um den höchsten Lohn, vier Suppenhühner zu erstehen waren.[90]

Das Krisenbewußtsein äußerte sich in vielfältiger Weise. So entdeckten die Menschen in den Pestzeiten alte, längst – so glaubte man – entmachtete Schreine wieder. Pharaonische Monumente wurden wieder zu Wallfahrtsorten, mit Hieroglyphen besetzte Spolien erhielten in großer Zahl neue Funktionen als Stürze und Schwellen in praktisch allen zeitgenössischen Moscheen.

Wenig wissen wir über das ländliche Leben; einer der seltenen Traktate über die Kunst der rechten Bodenbestellung aus dieser Zeit (dem vierzehnten Jahrhundert) stammt merkwürdigerweise von einem der an solchen Dingen ansonsten desinteressierten Türken.[91]

Verinnerlichte Furcht vor religiösen Neuerungen und erstarrter Traditionalismus prägten auch das immense Schrifttum dieser Jahrhunderte. Zahlreiche Autoren, Absolventen der vielen Moscheehochschulen, darunter auch Angehörige einfacher Stände,[92] griffen zur Feder. Hinter der Fassade konventioneller Ausdrucksweisen und Sujets wandelte sich behutsam und stetig der Zeitgeschmack. Diesen Veränderungen nachzuspüren, nicht aber die herkömmliche Fixierung auf das in der Tat beeindruckende Beharrungsvermögen der islamischen Hochkultur im Mittelalter, erscheint mir besonders geboten. Die Geschichtsschreibung blühte wie nie zuvor im islamischen Ägypten und Syrien. Al-Maqrīzī war ihr bedeutendster Vertreter, nicht wegen der Zahl seiner Werke (da lief ihm und jedem anderen der von säkularem Sendungsbewußtsein und gelehrter Arroganz erfüllte Polyhistor as-Suyūṭī mit über fünfhundert belegten Werken den Rang ab), sondern wegen der Breite seines wissenschaftlichen Spektrums. Er hinterließ umfangreiche Werke nicht nur über das Münzwesen, die Gewichte, die Stammesgeographie und die Naturkatastrophen seiner Zeit, sondern auch eine monumentale Geschichte der Mamluken und eine Enzyklopädie zur Topographie und Archäologie seiner Heimat, in der sich – im Kapitel über die Kairoer Zitadelle – auch die kostbare einzige Beschreibung der mamlukischen Kasernen und des Lebens und Treibens ihrer Insassen befindet. Im mamlukischen Ägypten entstand das Volksbuch von König aẓ-Ẓāhir Baybars und ebendort fanden die Geschichten aus Tausendundeiner Nacht ihre endgültige Gestalt. Mit dem Namen Ibn Dāniyāls (st. 1310) sind die Anfänge des literarischen Schattenspiels in der islamischen Welt verbunden. Das durch langen äußeren Frieden verwöhnte Publikum ließ sich, so scheint es, durch historische und historisierende Stoffe besonders in den Bann ziehen.

Das bleibende kulturelle Vermächtnis der mamlukischen Epoche, eines wahrlich „silbernen Zeitalters", will man sich auf derlei Wertungen einlassen und sieht man einmal von den oben zitierten Krisenzeiten ab, aber ist die Architektur, deren Stil heutzutage geradezu als zeitlos-klassisch und darum besonders nachahmenswürdig empfunden wird. Viel ist erhalten. Hunderte von Moscheen, Hochschulen und Mausoleen, aber auch Bädern, Brunnenhäusern, Karawansereien und Emirspalästen wurden errichtet. Ein besonders wichtiger Bestandteil herrschaftlicher Bauten in der mamlukischen Spätzeit waren bezeichnenderweise die sogenannten *maqāʿid* (Plural von *maqʿad*, „Salon"), den Marställen benachbarte Prunkräume, die wohl zu Recht als Zeichen moribunder chevaleresker mamlukischer Exklusivität gedeutet worden sind.[93]

Alle diese Sakral- und Profanbauten, die zu ihrer Zeit von jeweils denselben Meistern geplant, gebaut und ausgestattet wurden, verbinden vielfältige fremde Einflüsse mit behutsam umgestalteten lokalen Traditionen. Waren die Bauten zur Zeit der Verteidigungskriege des dreizehnten und frühen vierzehnten Jahrhunderts noch betont monumental gestaltet, so wurden sie nach der Krise der Jahre 1350 bis 1410 allen Nöten zum Trotz eher verspielt und elegant; der Dekor wurde verschwenderisch – ein ägyptischer „Herbst des Mittelalters".

Die Bauten der Mamlukenzeit geben der Altstadt und den Nekropolen Kairos, aber auch den Zentren der syrischen Hauptorte Damaskus, Tripolis und Aleppo noch heute ihr unverwechselbares Gesicht. Nicht vergessen sei in diesem Zusammenhang das mamlukische Jerusalem mit seiner reichen architektonischen Hinterlassenschaft. Das auch den Muslimen heilige Jerusalem mit seinem berühmten Klima war – neben Mekka und Medina – ein bevorzugter Ruhesitz für wohlhabende und spendierfreudige Pensionäre und Witwen.[94]

4. Der Irak zwischen Mongolen und Safawiden

Über die Geschichte des Zweistromlandes zwischen der Eroberung Bagdads durch die Mongolen im Jahre 1258 und der Einnahme der Stadt durch einen General des Safawidenschahs Ismāʿīl I. im Jahre 1508 sind wir weit weniger gut unterrichtet als über die Geschichte der mamlukischen Territorien zur gleichen Zeit. Die Quellen sind spärlich. Dies darf auch nicht verwundern: Der Irak hatte seine vormalige Bedeutung verloren. Verschiedene, einander verstärkende Faktoren beschleunigten den Niedergang des Landes: militärische Verheerungen, wirtschaftlicher Verfall, Bevölkerungsschwund und die geopolitische Marginalisierung. Aus dem Herzgebiet des Abbasidenkalifats war die südwestliche Grenzmark des riesigen mongolischen Weltreichs geworden. Nicht mehr in Bagdad, vielmehr in Tabrīz oder gar in Qaraqorum wurde über die Geschicke dieser Provinz entschieden. Als einziger Bestandteil der arabischsprachigen islamischen Kernlande – und der heutigen östlichen arabischen Welt – wurde der Irak nicht dem Mamlukenreich eingegliedert.

Dabei hatte es an Versuchen der Mamluken, den Abwehrkampf gegen die verruchten Tataren in einen Triumphzug gen Osten umzuwandeln, nicht gefehlt. Noch Anfang des vierzehnten Jahrhunderts wurde Sultan al-Malik an-Nāṣir Muḥammad b. Qalāwūn von einem Chronisten als charismatischem Herrscher „in der Ägide der Drei" gehuldigt[95] und ihm geweissagt, er werde nicht nur dreimal den Thron besteigen, sondern auch das Befreiungswerk seiner beiden glorreichen Vorgänger Saladin und Baybars vollenden und die irakische Irredenta als dritten Reichsteil zu Ägypten und Syrien hinzu wiedergewinnen. Auf beiden Seiten der Grenze zwischen Syrien und Irak am Euphrat blieb das Empfinden sprachlicher, kultureller und religiöser Zusammengehörigkeit und die Hoffnung, daß die Trennung bald wieder aufgehoben werde, lebendig.

Im Gegensatz zu Syrien und Ägypten blieb der Irak von der (zu Beginn dieses Kapitels genannten) Heimsuchung heidnischer Unterjochung nicht verschont. Die sunnitische Orthodoxie geriet hier in die Defensive. Die 1280 in Bagdad von dem jüdischen Arzt Ibn Kammūna verfaßte Epistel über die drei monotheistischen Offenbarungsreligionen, in der zwar der Prophet Muḥammad als „von Gott durch Prophetie und Gottesnähe vor allen Menschen ausgezeichnet" gepriesen, aber auch die prinzipielle Ebenbürtigkeit von Judentum, Christentum und Islam vertreten wird,[96] wäre unter der 1258 entschwundenen sunnitischen Obrigkeit schwer vorstellbar gewesen. Auch die von den Mamluken so heftig bekämpfte schiitische Heterodoxie blühte unter den mongolischen Īlḫānen. Für den Imamiten Naṣīr ad-dīn Ṭūsī (st. 1274), einen der großen Astronomen des Mittelalters, war Hülägü ein Befreier. Das īlḫānidische Herrscherhaus trat (nach einem ephemeren ersten Versuch Aḥmad Tekūdars, reg. 1282–84) unter Ġāzān Ḫān (reg. 1295–1304) zum Islam über. Er bekannte sich offiziell zur Sunna, seine besonderen Sympathien aber galten der Prophetenfamilie. Alidische Notleidende wurden in seinen Stiftungen mit Vorzug bedacht.[97] Ġāzān Ḫāns Bruder und Nachfolger Ölğaytü (reg. 1304–16) favorisierte die Zwölfer-Schia und wurde deren bedeutendster Förderer im späten Mittelalter. Ḥilla war das geistige Zentrum der damaligen Imāmiyya. Einer der beiden im selben Jahr 726/1325 bzw. 1326 verstorbenen großen zwölferschiitischen Theologen aus Ḥilla, ʿAllāma-i Ḥillī (der andere war Muḥaqqiq-i Ḥillī), war Ölğaytüs Protegé.

Heute neigt man dazu, die Bedeutung der Bruchlinie des Jahres 1258 für die Geschichte des Irak wie der Araber schlechthin überzubetonen. Das Bedürfnis nach sinnvollen Periodisierungsstufen spielt eine Rolle, vor allem aber – wenigstens bei Arabern und Arabophilen unserer Tage – die apologetische Suche nach Verantwortlichen für den Zusammenbruch der mittelalterlichen arabischen Hochkultur und für das Einsetzen einer jahrhundertelangen Phase des Niedergangs, vor dessen Hintergrund sich die heutigen, bei näherem Zusehen vielleicht gar nicht so brillanten Verhältnisse schmeichelhaft abheben. Die Zeichen des Verfalls des Kalifats reichten weit vor das Jahr 1258 zurück, wie auch Mesopotamien nach den wahrlich turbulenten und unheilvollen ersten vier Jahrzehnten īlḫānidischer Macht bis zur Katastrophe des Einfalls Timurs eine durchaus beachtenswerte Renaissance, zumindest im städtischen Bereich, erlebte. Schon der Wesir Hülägüs und seiner Nachfolger, Šams ad-dīn Ğuwayni, der Bruder des Verfassers einer berühmten persischen Geschichte der dschingisidischen Eroberungen, bemühte sich um die Wiederherstellung einer gewissen Ordnung. Bagdad, die Winterresidenz der Īlḫāne, blieb hinter der Hauptstadt Tabrīz immerhin die zweite Metropole im Reich. Viele Gelehrte und Handwerker waren aus dem Irak nach Westen geflohen,[98] dennoch konnte sich die irakische Seidenindustrie (trotz wachsender persischer Konkurrenz) ebenso behaupten wie die Glasbläsereien und Papiermühlen Bagdads,[99] deren Qualitätsprodukte in der ganzen islamischen Welt berühmt waren und blieben. Schon früh wurden auch in kleineren irakischen Städten wieder schwere Silbermünzen geprägt. Trotz des Aufstiegs der Stadt Tabrīz zur neuen Drehscheibe des Fernhandels zwischen Europa und Asien und der fortdauernden militärischen Auseinandersetzungen zwischen Mamluken und Mongolen kam auch der Handel mit Syrien (Antiochien und Aleppo) wieder in Gang, wie wir aus Ibn Šaddāds Baybars-Vita erfahren.[100] 1283 treffen wir Bagdader Kaufleute in Damaskus wieder, und zwar als Kronzeugen in einem Verleumdungsprozeß, die offenbar schon vor 1258 zwischen beiden Regionen Handel getrieben hatten.[101]

In den Reformen Ġāzān Ḫāns wurde der Versuch unternommen, im Rahmen der neuen staatlichen Ordnung eine geordnete Finanzverwaltung wiederherzustellen. Die neu eingeführten Handels- und Gewerbesteuern *(ṭamġā)* wurden gesenkt, Zwangskäufe und gewaltsame Einquartierungen unterbunden. Der Versuch, nach chinesischem Vorbild Papiergeld einzuführen, war schon unter Ġāzāns Vorgänger Gayḫatu (reg. 1291–95) gescheitert. Ġāzāns Wesir Rašīd ad-dīn Faḍlallāh, gleich Ǧuwaynī auch ein bedeutender Historiker, ließ Bewässerungsgräben anlegen – z. B. den an-Nahr al-Ġāzānī zur Versorgung der Heiligen Stadt Kerbela[102] – und bemühte sich, wenigstens regional die angeschlagene Landwirtschaft zu stabilisieren.

Während sich der von den Mongolen verwüstete Osten und Süden des Irak weiter entvölkerte, gelang es in Obermesopotamien, die Wirtschaftskraft der Vormongolenzeit zu bewahren. Leicht war eine solche Politik nicht. Die Mongolen betrachteten das Land als Nutzungsgut der herrscherlichen Sippe *(īl)* und nahmen sich in den ersten Jahrzehnten das Recht, den Boden rücksichtslos auszubeuten. Steuern und Löhne wurden in immer höheren Anteilen in Naturalien entrichtet. Es kam nur allzu oft vor, daß fruchtbares Ackerland in Weidegründe für die Herden der mongolischen Herrscherkaste umgewandelt wurde.

Nach 1280 schritt die Feudalisierung des Īlḫānreiches rasch voran. Die umfangreichen Staatsdomänen wurden zum Teil in Steuerpacht verliehen, zum Teil aber auch mit vollen Eigentumsrechten an staatliche und militärische Würdenträger veräußert.[103] Rašīd ad-dīn Faḍlallāh hinterließ nicht nur seine berühmten Tabrīzer Stiftungen, sondern auch umfangreiche Latifundien für seine Erben, gerade auch im Irak. Der Landwirtschaft kam diese Bodenpolitik zugute. Die neuen Eigentümer betrieben eine planvolle und langfristige, nicht unbedingt auf raschen Ertrag ausgerichtete Bewirtschaftung.

Auch die Handelsbeziehungen mit dem Westen erholten sich. Im Jahre 1323 vermittelte der schon genannte Fernkaufmann Maǧd ad-dīn as-Sallāmī den Friedensschluß zwischen dem letzten Īlḫān Abū Saʿīd (reg.

1316–35) und al-Malik an-Nāṣir Muḥammad; sein Werk als Botschafter zwischen Kairo und Tabrīz setzte 1337 der Fernhändler Šams ad-dīn al-Isʿirdī fort. Seit dieser Zeit traf man in Ägypten und Syrien wieder regelmäßig irakische Kaufleute, denen man nicht mehr wie bisher unbesehen als erstes Anliegen Spionage für den mongolischen Erzfeind unterstellte. Eine ähnliche, wenn auch sehr viel labilere Brückenfunktion hatten die syrischen beduinischen Stammeshäupter *(umarāʾ al-ʿarab)* inne, die die wichtigen Karawanenstraßen nach Arabien und nach dem Osten kontrollierten. Sie waren nicht nur wohlbestallte Lehensleute der Mamlukensultane, sondern ließen sich zeitweilig – manchmal sogar gleichzeitig – auch von den Mongolen mit üppigen Pfründen im Irak aushalten.[104]

Mit dem Zusammenbruch des Īlḫānreiches nach dem Tode Abū Saʿīds im Jahre 1335 machten sich die vormongolischen politischen Strukturen wieder deutlicher bemerkbar. Losgelöst von Iran entstand der Irak als territoriale Einheit wieder, wenn auch in enger Verbundenheit mit Aserbeidschan. Innerhalb des Irak verstärkte sich der Gegensatz zwischen dem nach Anatolien und Syrien orientierten Norden um Mossul und dem Süden des Landes, der sich in den folgenden Jahrzehnten zum Teil über längere Zeit der Hoheit der Bagdader Herrscher und Statthalter zu entziehen vermochte.

Unter der Dynastie der mongolischen Ǧalāyiriden, die sich anfangs als Reichsverweser der Īlḫāne verstanden und erst unter Uways im Jahre 1356 ihre Unabhängigkeit proklamierten, konsolidierten sich ein letztes Mal die politischen Verhältnisse, wenn auch viele der von Uways abgeschafften mongolischen Steuern kurz danach – wie so oft in mongolischer und timuridischer Zeit – unter neuer, oft pseudoreligionsgesetzlicher Nomenklatur wiederkehrten.

Der Irak wurde von Timurs Feldzügen besonders hart getroffen. Zweimal, 1393 und 1401, wurde Bagdad von dem gefürchteten Eroberer aus dem Ulus Čaġaṭāy eingenommen. Bei der zweiten Eroberung der Stadt 1401 kamen Zehntausende von Einwohnern ums Leben, die alte Metropole versank endgültig in Trümmern.

Die Wiedererrichtung der ǧalāyiridischen Souveränität nach Timurs Tod im Jahre 1405 durch Aḥmad b. Uways, der in Kairo vor Timur Zuflucht gesucht hatte, und die Präsenz timuridischer Statthalter war von nur kurzer Dauer. Die Türkmenenföderation der Qara Qoyunlu, der „Schwarzen Horde", deren Sitze in Armenien nördlich des Van-Sees lagen, eroberte 1411 Bagdad und gebot von Tabrīz aus ein halbes Jahrhundert lang über Mesopotamien, Aserbeidschan und das westliche Iran.

In Bagdad residierte ein Vizekönig aus der Herrschersippe der vereinigten Stämme der Schwarzen Horde. Einer von ihnen, der tatkräftige und rücksichtslose Ispand Qara Qoyunlu (irakischer Gouverneur von 1433 bis 1445) erlangte religionspolitische Bedeutung, als er, inspiriert von einem dritten Repräsentanten der schiitischen Theologenschmiede von Ḥilla, Aḥmad b. Fahd al-Ḥillī (st. 841/1437), das imamitische Bekenntnis annahm und lebhaft im Lande förderte.[105] Es liegt nahe, zwischen den schiitischen Sympathien dieses – und anderer – Türkmenenführer Westirans und Ostanatoliens und der plötzlichen Erhebung der Schia zur Staatsreligion Persiens unter Schah Ismāʿīl I. im Jahre 1501 eine Beziehung herzustellen. Der Irak, die Heimstatt der Gräber der schiitischen Märtyrer, war während des ganzen späten Mittelalters eine Hochburg vielfältiger unorthodoxer religiöser Bewegungen. Sunnitische Irak-Reisende wie der berühmte Ibn Baṭṭūṭa (st. nach 1368) äußerten sich entsetzt über die Allgegenwart der „Ketzer" insbesondere in Kerbela und Nadschaf, den Heiligen Städten der Schia.

Unter den politischen Erben der Qara Qoyunlu, den Aq Qoyunlu, der „Weißen Horde", allerdings dominierte noch einmal die Sunna. Ihr Führer, Uzun Ḥasan, löste 1467 nach dem Sieg über Ǧahān Šāh Qara Qoyunlu, den Bruder und Souverän des genannten Ispand, bei Mūš in Ostanatolien die „Schwarze Horde" ab. Das Siedlungs-, Weide- und (nicht ohne Grund erst an dritter Stelle genannt) Herrschaftsgebiet der Aq Qoyunlu dehnte sich von den Stammessitzen im syrisch-mesopotamischen Grenzgebiet (bei Āmid/Diyārbakr am oberen Euphrat) jetzt weit nach Südosten und Osten aus. 1469 gelang Uzun Ḥasan die Einnahme Bagdads.

Waren die frühen Aq Qoyunlu noch Vasallen der Mamluken gewesen, so stieg Uzun Ḥasan zum gleichberechtigten Konkurrenten Sultan Qāyitbāys um die Kontrolle der strategisch und wirtschaftlich wichtigen Ǧazīra, d. i. Obermesopotamiens, auf. Der als Dichter türkischer Gedichte und einer Prophetenvita in arabischer Sprache, vor allem aber als generöser Mäzen, Büchersammler und Restaurator[106] bekannte Generalissimus und *dawādār* Qāyitbāys, Yašbak min Mahdī, unterlag 1480 im Kampf gegen Uzun Ḥasans Sohn und starb schmählich in Edessa von Henkershand.

Im Ringen mit den Mamluken um die politisch und ideologisch hochbedeutsame Protektorenrolle der Heiligen Stätten des Islams im Hedschas, in das sich in den dreißiger Jahren des fünfzehnten Jahrhunderts schon Timurs Sohn Šāh Ruḫ verstrickt hatte, gelang Uzun Ḥasan einmal sogar ein wenn auch ephemerer Triumph: 877/1473 wurde in seinem, nicht Qāyitbāys Namen, im Namen „des gerechten Königs, Ḥasan aṭ-Ṭawīl (‚des Langen' = türkisch *uzun*), Dieners der beiden Heiligtümer" in Medina gepredigt.[107]

Trotz einer schweren Niederlage gegen die Osmanen im Jahre 1473, gegen die auch die Unterstützung westlicher Mächte, namentlich Venedigs, nichts ausrichten konnte, hielt sich das Haus Aq Qoyunlu noch bis 1501, als Uzun Ḥasans eigener Großneffe, Schah Ismāʿīl, Sproß der safawidischen Ordensscheiche von Ardabīl, im Namen der Schia in Iran ein neues Zeitalter proklamierte. Der Irak wurde – wenn auch nur auf kurze Zeit, bis zur osmanischen Eroberung Bagdads im Jahre 1534 – Bestandteil des persischen Safawidenreiches.

Wie schon angedeutet läßt sich darüber streiten, ob die beiden Türkmenenreiche der Schwarzen und der Weißen Horde Staaten in unserem Sinne des Wortes waren. Die großen Stammesführer und in Personalunion Befehlshaber der nomadischen Kavallerie verfügten quasi souverän über die ihnen konzedierten Territorien. Man sprach nicht mehr von *iqṭāʿ*, zugeteiltem Land, in dieser Zeit, sondern – mit einem mongolischen Terminus – von Soyurghalen, Steuerbezirken mit richterlicher und finanzieller Immunität. Versuche Uzun Ḥasans und seines Sohnes Yaʿqūb, im Rahmen einer Land- und Steuerreform nicht nur die unkanonischen mongolischen Abgaben zu mindern, wenn nicht zu abrogieren, sondern auch den Zugriff der Zentrale auf die Soyurghale wiederherzustellen und deren Vergabe an bestimmte Leistungen zu knüpfen, waren nur ansatzweise erfolgreich, zumal die Geistlichkeit besonders opulent mit solchen Pfründen bedacht worden war und heftig gegen eine Änderung des *status quo*, der zwar der Scharia zuwiderlief, ihnen jedoch zugute kam, opponierte.[108] Erst unter Schah ʿAbbās dem Großen (reg. 1587–1629), der 1623 für kurze Zeit (bis 1639) den Irak wieder dem Safawidenreich eingliedern konnte, gelang die endgültige Zerschlagung dieser halbunabhängigen Teilreiche und die Begründung einer wirksamen zentralen Lehensbehörde.

Die Autonomie der Heeresfürsten und die fehlende staatliche Kontrolle verschlimmerten den – nach den Verwüstungen der Feldzüge Timurs und den schrecklichen Pestepidemien des vierzehnten und fünfzehnten Jahrhunderts – ohnehin schon desolaten wirtschaftlichen und demographischen Zustand des Irak. Die Naturalwirtschaft breitete sich weiter aus; Münzen der Türkmenenföderationen sind nur spärlich erhalten.

Im südlichen und mittleren Irak stiegen wie so oft schon in der Geschichte der Araber zu Zeiten geschwächter Zentralgewalt und äußerer Bedrängnis Nomaden zum stärksten Machtfaktor auf. So gerieten selbst große Städte wie Ḥilla und Basra zu Beginn des fünfzehnten Jahrhunderts zeitweilig in die Gewalt von Beduinenstämmen, deren Hinterland in der Arabischen Halbinsel nicht zu kontrollieren war.

Muḥammad b. Falāḥ (st. 870/1465–66), Schüler des genannten imamitischen Theologen Aḥmad b. Fahd und berühmt geworden unter seinem Beinamen *al-mušaʿšaʿ*, „der Strahlende",[109] der dann auch auf seine Anhänger überging, baute seine Herrschaft am unteren Tigris und in Chusistan ebenfalls mit beduinischer Unterstützung auf. Er verkündete 840/1436–37 sein eigenes Mahdītum und vermochte seinen Machtbereich auf Kosten der Qara Qoyunlu weit nach Norden auszudehnen. Unter seinem Sohn al-Muḥsin (st. 914/1508–09) gehörten nicht nur das Grenzland um Basra, sondern auch Teile der Provinz Bagdad und einige der Inseln im Persischen Golf zum Reich dieser in so vielen Einzelheiten an die Qarmaten sechs Jahrhunderte zuvor erinnernden religiös-sozialen Bewegung. Al-Muḥsin beanspruchte für seinen Staat die volle Souveränität und ließ Münzen in seinem Namen schlagen.

Die Bedrohung durch diese radikalen schiitischen Sektierer vermochte sogar die miteinander verfeindeten Türkmenenherrscher und Mamluken in eine begrenzte Interessenallianz zu zwingen. Schon 1457 informierten die Qara Qoyunlu Kairo über einen wenn auch folgenlosen Sieg über diese Ketzer, denen man in guter, aus dem Islam wie dem mittelalterlichen Christentum wohlvertrauter Tradition die scheußlichsten Untaten und Perversionen unterstellte. Der 1484 zuletzt von Yaʿqūb Aq Qoyunlu über die Mušaʿšaʿ errungene Sieg wäre ohne den Druck der Mamluken wohl nicht zustandegekommen. Die Pilgerstraßen ins Innere Arabiens waren jetzt wieder sicher. Der Staat der Mušaʿšaʿ existierte im übrigen auf einem reduzierten Territorium und ohne religiösen Sonderstatus als safawidisches Protektorat in und um Ḥuwayza bis in die Mitte des achtzehnten Jahrhunderts weiter.[110]

Auf kommerziellem Gebiet waren die Beziehungen zwischen dem Irak und Syrien-Ägypten zwischen 1350 und 1500 enger als unter den Īlḫānen. Insgesamt freilich wurde der Irak immer mehr von den Haupthandelswegen abgedrängt. Der schon unter den Īlḫānen in Gang gekommene irakische Handel mit Hormus und Indien über Basra und Bagdad konnte die endgültige Verschiebung des im internationalen Handel so wichtigen südwestlichen Zweiges der Seidenstraße nach Norden, ins armenische Bergland nördlich der irakischen Provinzgrenzen, nicht ausgleichen.

Prosperität und Zentralität sollten in diese in der islamischen Frühzeit so glanzvolle Landschaft weder unter den Safawiden noch unter den Osmanen dauerhaft zurückkehren.

VI. Der Maghreb und die Pyrenäenhalbinsel bis zum Ausgang des Mittelalters

(Hans-Rudolf Singer)

1. Die Eroberung des Maghreb und der Pyrenäenhalbinsel

Kaum hatten die arabischen Heere unter ʿAmr b. al-ʿĀṣ Ägypten und sein Glacis, die Cyrenaika (Barqa) und Marmarica, im Jahre 642/43 besetzt, da richteten sie schon ihre Augen auf den Teil Ostroms, von wo aus Kaiser Heraklios dem Reich als Retter erstanden war: das byzantinische Africa, das sie danach Ifrīqiya nannten und dessen Eroberung sie in dem gewaltigen Ringen zwischen sich und Byzanz augenscheinlich als entscheidend erachteten. Ein gutes halbes Jahrhundert (beginnend 647) dauerte es, bis sie die enorme Landmasse von der Großen Syrte bis an die Gestade des Atlantik unterworfen hatten, und zweier bedeutender Feldherren bedurfte es: Der erste war ʿUqba b. Nāfiʿ, der 663/64 oder 670 Kairuan (al-Qayrawān) mit der großen Moschee seines Namens in strategisch zentraler Lage gründete, eine Stadt, die – anders als Karthago – von der byzantinischen Flotte nicht gestützt bzw. bedroht werden und von wo aus nach allen Richtungen rasch reagiert werden konnte.[1] ʿUqbas berühmter Ritt bis an den Atlantik auf der Höhe von Agadir und sein Märtyrertod (683) bei Tahūda/Biskra begründeten seinen legendären Ruf. Der andere war Mūsā b. Nuṣayr, der zwischen 698 und 709 die Eroberung Nordafrikas wiederholte und festigte. Die Gegenspieler der Araber waren die Byzantiner, dann, ab 680, ausschließlich die Berber unter Kusayla (Kasīlo?) und der Kāhina („Seherin"), der Führerin einer Konföderation von Stämmen der Awrās.[2]

Mit der Eroberung Nordafrikas treten die Araber zum erstenmal in Berührung mit den Berbern, den Autochthonen Weißafrikas und Nachkommen der Libyer, Numidier und Mauretanier der Antike, deren Sprache, den semitischen Sprachen verwandt und in unzählige Mundarten gespalten, den riesigen Raum von den Grenzen Ägyptens bis zu den Kanarischen Inseln erfüllte. Trotz sprachlich-lexikalischer Beeinflussung durch das Griechische (im Osten) und das Lateinische war den Berbern von der von Rom verbreiteten Gesittung – vor allem dem Städtewesen – nur ein karger Rest geblieben (z. B. Tanger, Ceuta und Volubilis/Walīla in Marokko, Pomaria/Tilimsān und Constantine in Algerien). Zwei große Gruppen von Berbern unterscheiden die arabischen Genealogen: erstens die vielfach christlichen, meist seßhaften Barānis, zu denen Kusayla gehörte und die von römischer Kultur beeinflußt waren. Sie teilen sich ihrerseits in die seßhaften Maṣmūda Zentral- und Süd-Marokkos und in die Ṣanhāǧa, deren in der Sahara nomadisch lebendem Zweig dereinst die Almoraviden entsprießen sollten, deren seßhaftem Zweig wiederum die Kutāma Nordostalgeriens, die Basis der Fatimiden, wie auch die Dynastien der Ziriden und Ḥammādiden entstammen. Die andere große Berbergruppe sind die meist nomadischen Butr-Stämme, zu denen die Zanāta, die berberischen Reiterstämme par excellence, gehören und zu denen auch die Untertanen der Kāhina zählten.

In Tunesien und Tripolitanien waren Reste der lateinischen Bevölkerung (*afāriq/afāriqa*) sowie von Byzantinern (*rūm*)[3] verblieben. Daneben gab es, über den gesamten Maghreb bis in die Sahara-Oasen hinein verstreut, jüdische Gemeinden (besonders auf der Insel Dscherba), auch solche von Ackerbauern. Die verbreitete Legende, die Kāhina und ihre Konföderation seien jüdisch gewesen, bezeugt die nicht unerhebliche Verbreitung dieser Religion.

Durch ʿUqba b. Nāfiʿ dürfte gegen 675 Ifrīqiya als Provinz (*wilāya*), die allerdings vom Statthalter des Kalifen in Fusṭāṭ abhängig war, organisiert worden sein. Ihre Unabhängigkeit von Ägypten erlangte sie ab 705 durch Mūsā b. Nuṣayr;[4] wobei der gesamte Maghreb zur Provinz Ifrīqiya zählte.

Mūsā war es wohl auch, der an ein Ausgreifen über die Meerenge von Gibraltar hinweg dachte. Er dürfte dazu durch Nachrichten über den desolaten Zustand des Westgotenreiches von Toledo nach dem Tode König Wittizas 710 und der umstrittenen Wahl Roderichs ermutigt worden sein, Nachrichten, die ihm vom Grafen Julian geliefert wurden, der westgotischer Kommandeur des Hafens Ceuta und offenbar gegen Roderich eingestellt war. Nach einer verheißungsvollen ersten Landung im Juli 710 unter Ṭarīf b. Mallūk[5] übertrug Mūsā im folgenden Jahr seinem *mawlā* Ṭāriq b. Ziyād, Gouverneur von Tanger, mit etwa siebentausend meist berberischen Kämpfern die Aufgabe einer Landung größeren Stils. Ṭāriq, wohl islamisierter Berber, löste diese Aufgabe glänzend. Nach seiner Landung am Felsen von Gibraltar (der seinen Namen trägt: Ǧabal Ṭāriq) marschierte er vor und besiegte in einer Schlacht am Guadalete, unweit von Jerez de la Frontera, am 19. Juli 711 die Westgoten, deren König nach dem Kampf nicht mehr gesehen wurde. Verrat auf gotischer Seite soll eine Rolle gespielt haben.[6] In energischer Ausnutzung seines Sieges drang Ṭāriq in Eilmärschen nach Toledo vor, das er ohne Widerstand einnahm. Der Zusammenbruch, die ,,pérdida de España" löste ein Trauma aus, das in mancher Hinsicht noch heute nicht geheilt ist. Eine völlig überzeugende ,,Erklärung" wird wohl nie gefunden werden. Es gilt auf jeden Fall zu bedenken, daß der Tod bzw. das Verschwinden des Königs und vermutlich vieler bedeutender Männer seines *comitatus* die Goten der Spitze beraubte und die rasche Einnahme Toledos, der Stadt, wo die Könige gewählt, gekrönt und gesalbt werden mußten, den Staat lähmte. Inzwischen schickte sich

Mūsā an, seinerseits mit einem Heer von etwa 18000 Mann, das fast nur aus Arabern oder jedenfalls Orientalen bestand, im Juni 712 überzusetzen und die bisher schwach abgesicherte Westflanke zu sichern: Carmona, Sevilla und andere Städte wurden genommen, indes Mérida ihm hartnäckigen Widerstand entgegensetze; es konnte erst Ende Juni 713 erobert werden. In Talavera am Tajo traf er mit seinem so überaus erfolgreichen Unterfeldherrn zusammen; das Treffen verlief nicht ohne Vorwürfe von Mūsās Seite.

In den folgenden zwei Jahren wurde die ganze Pyrenäenhalbinsel besetzt: 714 Saragossa, von wo aus Mūsā wohl über die Pyrenäen in die Septimania vorzustoßen gedachte. Dazu kam es nicht mehr: Die Boten, durch die er dem Kalifen al-Walīd I. in Damaskus die Eroberung gemeldet hatte, beorderten ihn und Ṭāriq sofort zurück. Nach einem weiteren Doppelfeldzug im Norden der Halbinsel verließen beide im Sommer 714 das Land, um sich nach Damaskus zu begeben, von wo sie nie zurückkehren sollten. Mūsā ließ seinen Sohn ʿAbd al-ʿAzīz als Statthalter zurück, der den Südosten (die „Levante"), noch während sein Vater im Lande weilte, erobert hatte, indem er 713 mit Herzog Theodemir (arab.: Tudmīr) ein Abkommen schloß, das diesen gegen Tributzahlung und Duldung einer arabischen Garnison an sieben Orten im Besitz seines Fürstentums beließ. Der Nordosten mit Barcelona und Narbonne wurde erst 720 gewonnen; in der Septimania regierten noch zwei westgotische Könige: Agila II. (bis 713) und Ardo.

Inzwischen hatte sich der ursprünglich sehr geringe arabische Bevölkerungsteil durch ständige Nachwanderung von Gruppen, im Jahre 741 gar einer ganzen Armee, und zwar Teilen des syrischen Heeres (*ǧund*) unter Balǧ b. Bišr, die von Nord-Marokko aus übersetzten, merklich verstärkt; diese verteilten sich nach blutigen Auseinandersetzungen 743 auf mehrere Provinzen des Südens und lebten dort als Nutznießer auf den Krondomänen. Hinsichtlich des Bodenstatus darf nicht vergessen werden, daß im Unterschied zu Ifrīqiya der allergrößte Teil der Halbinsel nicht mit Gewalt (*ʿanwatan*), sondern per Vertrag (*ṣulḥan*) genommen worden war.[7] Die meisten spanischen Arabisten und Historiker haben seit Ribera den orientalischen Bevölkerungsschub für recht gering eingeschätzt. Er kann indes nicht so exzessiv schwach gewesen sein, haben doch ganze Sippen gesiedelt; auch wäre die wirklich tiefgehende Islamisierung und Orientalisierung Spaniens sonst noch schwerer zu erklären, als sie es ohnehin ist.[8]

2. Der Beginn der Staatlichkeit

a) Al-Andalus: Gouverneure und Gründung des Emirats von Córdoba

Mit ʿAbd al-ʿAzīz, der die Witwe König Roderichs geheiratet hatte, in Sevilla residierte und bereits im März 716 wegen seiner Unabhängigkeitsgelüste auf Befehl des Kalifen ermordet wurde, beginnt die Periode der Gouverneure von al-Andalus. Bis 756 waren es insgesamt achtzehn an der Zahl. Es war eine unruhige Zeit der Rivalität und blutiger Fehden zwischen Nord- und Süd-Arabern sowie zwischen den seit 716 in Córdoba residierenden Gouverneuren und ihren Vorgesetzten in Kairuan. Gleichzeitig aber fanden auch Raubfeldzüge ins Frankenreich statt, deren einer 725 gar bis Sens und Langres, deren letzter (734) ins Rhonetal führte. Zwei Jahre zuvor war ein muslimisches Heer zwischen Tours und Poitiers (*Balāṭ aš-šuhadā'*) von Karl Martell im späten Oktober vernichtend geschlagen worden. Wiewohl keine „Entscheidungsschlacht", hat sie den Elan der Muslime doch wirksam gebremst. Vor allem aber war die Folge, daß Aquitanien wieder ins Frankenreich eingegliedert wurde und fränkische Heere von nun an an den Grenzen von al-Andalus standen. Gegen 751 ging Narbonne den Arabern verloren; sie mußten sich damit abfinden, daß die Pyrenäen zur Grenze wurden.

Inzwischen waren aber Dinge geschehen, die in ihrer Art ebenso bedeutsame Folgen wie die Orientalisierung und Islamisierung Hispaniens haben sollten: der gegen 718 bzw. 722 zu datierende Beginn des organisierten Widerstandes gegen die Eroberer unter dem nach Norden geflohenen Goten Pelayo (Pelagius), der vermutlich aus vornehmer Familie stammte und den die Asturier zu ihrem Führer wählten. Versuche der Araber, die Revolte zu unterdrücken, mißlangen (Covadonga), und mit dem Wirken Alfons' I. von Kantabrien (739–757), der Pelayos Tochter heiratete, war ein Kern geschaffen, von dem aus die Wiedereroberung (Reconquista) der Halbinsel einsetzte, die nach siebenhundert Jahren fast unablässigen Kampfes zur Vertreibung der Muslime führen sollte.

Unter dem Gouverneur ʿAbd al-Malik b. Qaṭan, einem Gegner der syrischen Araber, wurden die Folgen der berberischen Revolte spürbar, die 740 in Nordafrika, insbesondere Marokko ausbrach. Die Berber Spaniens wurden ebenfalls aufsässig, setzten sich nach Süden in Bewegung und trieben dabei die Araber vor sich her. Inzwischen war eine aus dem Orient entsandte Ersatzarmee Ende 741 am Wād Subū schwer geschlagen worden. Ihre Vorhut rettete sich nach Ceuta, wo sie belagert wurde. Ihr Kommandeur, der Qaysit Balǧ b. Bišr, bat den Gouverneur in Córdoba um Hilfe für seine ca. siebentausend Reiter. Der gewährte sie unter der Bedingung, daß man ihm dabei helfe, die Berber im Lande niederzuschlagen und dann dieses räume. Der syrische *ǧund* setzte über, schlug die drei berberischen Heersäulen, setzte sich aber im Lande fest, ja verjagte sogar den Gouverneur, dessen Stelle Balǧ einnahm. Die sechs Abteilungen des *ǧund* wurden, wie oben gesagt, auf bestimmte Provinzen verteilt, die deshalb als *kuwar muǧannada* (abgeleitet von *ǧund*) bezeichnet wurden. Ein gewisser Gegensatz zwischen den früher gekommenen Arabern (*baldiyyūn*), die vorzugsweise in den Städten wohnten, und den Syrern (*šāmiyyūn*) auf dem flachen Lande blieb indes erhalten. Als weitere Bevölkerungsgruppen kamen die

Neumuslime (hier nicht *mawālī*, sondern *muwalladūn*, span. *muladí* genannt, wovon letztlich unser „Mulatte" rührt) und die sich allmählich ebenfalls in Kleidung, Sitten und Sprache angleichenden, aber christlich bleibenden „Mozáraber" (arab. *mustaʿrib* „arabisiert") hinzu.

Unter der Diktatur des Yūsuf al-Fihrī (747–756) schien sich trotz aller Bevorzugung der Nordaraber eine gewisse Stabilität einzustellen, die durch das Ende jedweder Einmischung von außen nach dem Sturz des umayyadischen Kalifats verstärkt wurde. Eine gewisse Sonderstellung besaß Hispanien offenbar von Anfang an. Von 93/711–12 an wurden Golddinare mit der Aufschrift: *Hic solidus feritus in Spania, Anno XCIII, indictione* ... geschlagen. In der arabischen Legende eines zweisprachigen Dinars von 716 tritt zum ersten Mal die Bezeichnung „al-Andalus" auf, die nach den jüngsten Forschungen H. Halms westgotischer Herkunft sein muß. Die Ausführungen von Vallvé Bermejo,[9] der ihn mit „Atlantis" zusammenbringt (!), vermögen nicht zu überzeugen. Eine 750 einsetzende Hungersnot, die fünf Jahre lang Nordspanien heimsuchte, führte dazu, daß beträchtliche Gruppen von Berbern ihre Siedlungsgebiete räumten und in ihre Heimat abzogen, was der Reconquista zugute kam. Zu dieser Zeit erfolgte die Landung eines Umayyadensprößlings, ʿAbd ar-Raḥmān, des Sohnes einer Nafza-Berberin. Er hatte eine fünfjährige Odyssee durch Nordafrika hinter sich gebracht und betrat schließlich 754 in Almuñécar hispanischen Boden. Nach geschickten diplomatischen Verhandlungen seines Freigelassenen Badr, der die Südaraber und andere Unzufriedene für seinen Herrn zu gewinnen wußte, trat er 756 schließlich Yūsuf bei Córdoba militärisch entgegen und besiegte ihn. Das umayyadische Emirat von Córdoba wurde proklamiert.

b) Der Maghreb: Idrisiden, Rustamiden und Aġlabiden

Der Maghreb hatte seit der Zeit der Statthalter große Veränderungen durchgemacht. Mūsā hatte zunächst in Tanger (für Marokko) und in Ifrīqiya eigene Söhne als Gouverneure eingesetzt. In der Folgezeit griffen die Kalifen mit Ernennungen ein. Die 740 ausbrechende Revolte der Berber, die sich, der intransigenten Behandlung seitens der Untergebenen des Gouverneurs von Ifrīqiya, ʿUbaydallāh b. al-Habhāb, überdrüssig, in Marokko unter Führung des Maysara 740 empörten und sich Tangers bemächtigten, machte der direkten Verwaltung durch den Orient vorläufig, und in manchen Regionen für immer, ein Ende. Die Berber hatten sich in Massen in die Arme der ḫāriǧitischen Häresie geworfen, die ihnen eine gerechtere, ihrem Status als Muslime, die sie inzwischen in großer Zahl geworden waren, angemessenere Behandlung zu verheißen schien. Vor allem die grossen Stämme der Miknāsa, Barġawāṭa und Maṭġara schlossen sich der Bewegung an.

Mehrere aus dem Orient geschickte Heere wurden von den Rebellen geschlagen; 741 installierte sich an der Atlantikküste Marokkos zwischen Salā und Ṣafī das Reich der Barġawāṭa, das bis ins elfte Jahrhundert bestehen bleiben sollte. In der zweiten Hälfte des neunten Jahrhunderts verbreitete sich bei ihnen sogar eine besondere Religion, von der nur sicher ist, daß sie islamische Ursprünge hatte und sunnitisches, schiitisches und ḫāriǧitisches Gedankengut enthielt. Sie schufen sich einen Koran von achtzig Suren in berberischer Sprache, von dem leider so gut wie nichts erhalten ist.

Ein weiteres kleines Reich entstand im Tāfīlālt, wo gegen 757 gleichfalls häretische Miknāsa-Berber die Stadt und das Emirat Siǧilmāsa gründeten, das als nördlichster Punkt des westlichen Saharahandels zu großer Wirtschaftskraft und daraus resultierender Bedeutung erwuchs. Es überstand die Angriffe der Fatimiden und erlag erst gegen 1053 den Almoraviden.

Im nördlichen Marokko, in Walīla/Ulīlī, dem antiken Volubilis, also in einem berberischen Milieu, das noch Spuren urbaner Zivilisation römischer Prägung aufwies, schuf sich ein alidischer Scherif namens Idrīs, der seine Abstammung auf Ḥasan zurückführte und aus dem Orient fliehen mußte, seit 788 unter den Awraba eine Anhängerschaft und schließlich einen kleinen Staat wohl gemäßigt schiitischer Richtung. Idrīs I. (bis 791) verstand ihn auszudehnen, wiewohl nicht so umfangreich, wie sich dies spätere Generationen vorstellten. Sein postum geborener Sohn, Idrīs II. (791–828), baute neben der von seinem Vater 789 gegründeten Madīnat Fās (Fes), einem Marktort berberischer Prägung, im Jahre 809 auf dem gegenüberliegenden Ufer des Flusses eine neue Stadt namens al-ʿĀliya, das heutige Viertel oder „Ufer" der Kairuaner (*ʿidwat al-Qarawiyyīn*), wo sich vor allem die 805 aus Kairuan gekommenen – entsprechend auf dem „Ufer" der Andalusier die 818 aus Córdoba ausgewanderten – Araber niederließen. Gemeinsam machten diese Immigranten aus dem berberischen Marktort eine Stadt orientalischer Prägung. Feldzüge in den Hohen Atlas und gegen Tilimsān (Tlemcen) weiteten den Herrschaftsbereich Idrīs' II. bedeutend aus. Unter seinen Nachkommen wurde das Reich geteilt; rasch verloren nun die Idrisiden an politischer Bedeutung. Die vielen (fast ein Dutzend) idrisidischer Fürstentümer bzw. ihre Hauptorte wirkten aber als kulturelle Zentren, die islamischen Glauben und orientalische Zivilisation kräftig förderten. Durch die Gründung von Fes haben sie dem westlichen Maghreb seinen tausendjährigen kulturellen Mittelpunkt geschenkt. 985 starb der letzte regierende Idriside. Das Reich war in den Kämpfen zwischen den Fatimiden und den Umayyaden von Córdoba (die die Miknāsa auf ihrer Seite hatten) um das marokkanische Glacis zerrieben worden. Nichtsdestoweniger haben die Idrisiden durch ihr Wirken die Grundlagen für die Entwicklung der marokkanischen Staatlichkeit geschaffen.

Weiter im Osten war schon gegen 761 von einem Perser, und zwar einem ibaditischen Ḫāriǧiten, ʿAbd ar-Raḥmān b. Rustam, die Stadt und das theokratisch regierte Reich von Tahert-Tiaret (südlich von al-Aṣnām) im

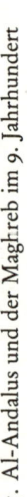

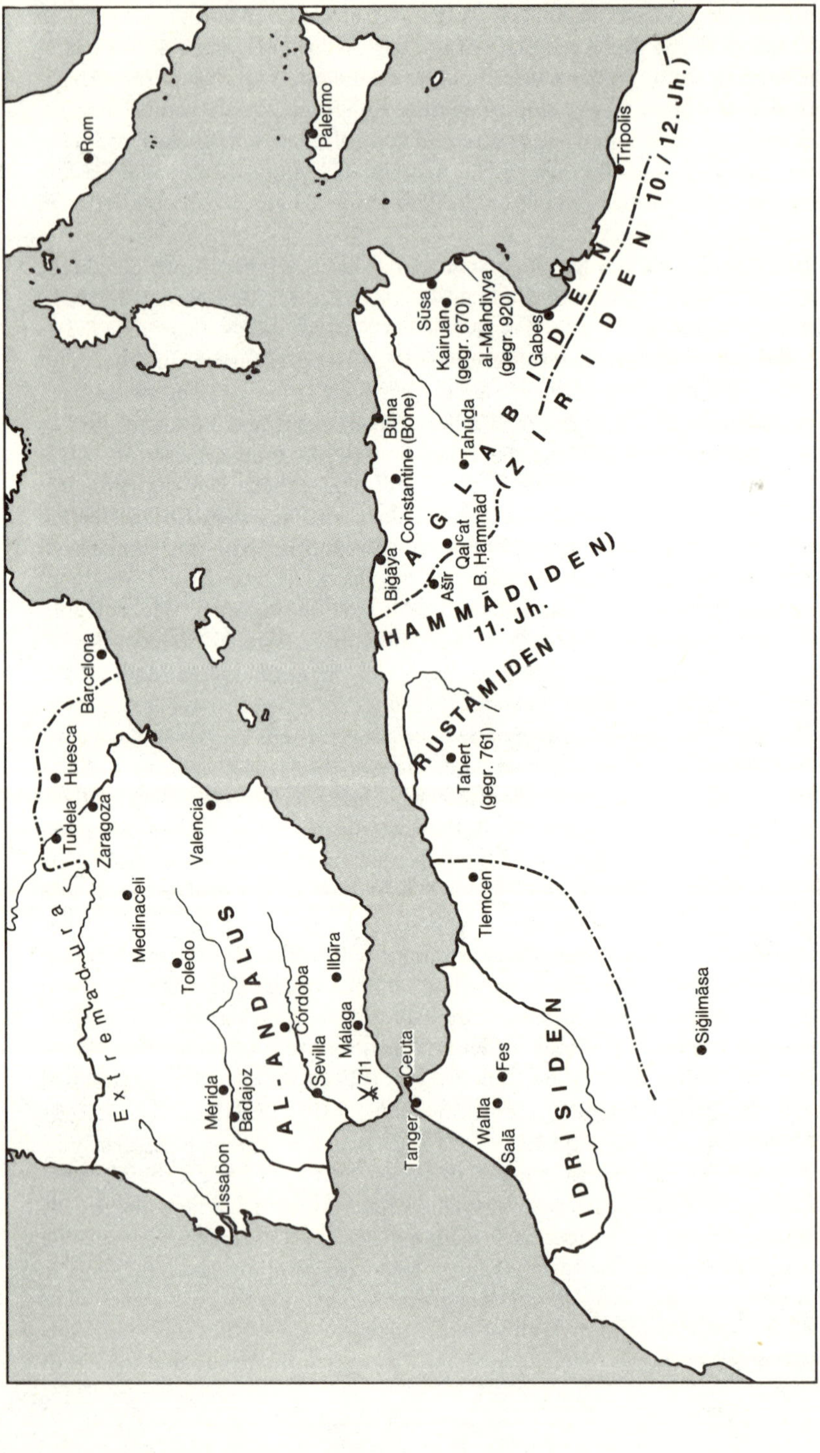

5. Al-Andalus und der Maghreb im 9. Jahrhundert

zentralen Algerien gegründet worden, dem die 1200 km weit entfernten Ibaditen des Ǧabal Nafūsa in Tripolitanien und, näher, die seßhafte Berberbevölkerung des Awrās zinsten. Aus Südarabien, dem Irak, Persien und Ägypten strömten Ḫāriǧiten und Anhänger der Muʿtazila in Tahert zusammen und schlossen ein Bündnis mit den ṣufritischen Emiren von Siǧilmāsa. Auch Christen lebten in Tahert, zählten zu den Notabeln und zu den Verteidigern des Imamats. Als der Staat 908 unter den Schlägen der Fatimiden zerbrach, wanderten die Reste der Sekte nach Sadrāta (nahe Wargla) im südöstlichen Teil der algerischen Sahara aus, bis sie dort von den Almoraviden vertrieben wurden und in den Mzāb zogen, wo sie noch heute sieben Orte bewohnen. Die Kunst von Sadrāta weist Beziehungen zu der Ifrīqiyas auf, das Dekor solche zu dem koptischer Klöster.

Ifrīqiya selbst, von ḫāriǧitischen Armeen bedroht, war nur durch das Eingreifen des *wālī* von Ägypten gerettet worden. 744 entzog es sich aber unter einem Urenkel Sīdī ʿUqbas, ʿAbd ar-Raḥmān b. Ḥabīb, der kalifalen Kontrolle. Der Sturz der Umayyaden und die folgenden schwierigen ersten Jahre der Abbasidendynastie ließen ihn sich bis 755 halten. Anschließend bemächtigten sich ḫāriǧitische Berberstämme des Landes, die erst 761 durch ein ägyptisches Heer verjagt wurden. Weite Gebiete waren nach wie vor rein berberisch, und die Bedeutung des achten und neunten Jahrhunderts für Tunesien liegt nicht so sehr in den verworrenen und ermüdenden Machtwechseln, sondern darin, daß die von Kairuan, der ältesten arabischen Stadt des Maghreb, ausgehende sprachliche Arabisierung andere Städte, dann nach und nach auch das flache Land und schließlich fernerliegende Zentren wie Constantine, Tlemcen und Fes erfaßte.

Mit der Arabisierung ging die Verbreitung der im Entstehen begriffenen Kultur des arabisch-islamischen Orients Hand in Hand. Schon die Zeitspanne von 771–793 unter den muhallabitischen Gouverneuren muß als ein erstes „goldenes Zeitalter“ Ifrīqiyas gelten. Im Geistesleben wie in der materiellen Kultur wurden damals die Grundlagen der frühmittelalterlichen Blüte Ifrīqiyas gelegt. Besondere Beachtung verdienen die Wasserwirtschaftsbauten, die von den Aġlabiden fortgesetzt und vermehrt wurden. Tunis wird Sitz des *ǧund*; schon Ḥassān b. an-Nuʿmān hatte es mit einem von zwangsangesiedelten Kopten betriebenen Arsenal ausgestattet. Diese Anlage und der 795 erbaute Ribāṭ von Monastir wie auch der schon früher errichtete Ribāṭ von Sūsa präludieren das Ausgreifen der kommenden Dynastie über das Meer.

Was die Bevölkerung angeht, blieb Ifrīqiya bis zum Kommen der Banū Hilāl im elften Jahrhundert ein mehrheitlich nicht-arabisches Land von Berbern, Afāriq und Resten der Rūm; in religiöser Hinsicht war es ein Gebiet mit noch immer starken Minderheiten von Christen und Juden. Den eigentlich arabischen bzw. orientalischen Bevölkerungszufluß schätzen Fachleute für die ersten eineinhalb Jahrhunderte auf höchstens 100000 –150000 Seelen. Diese stellten die Klasse der Freien, die sich aus der überaus starken Schicht der Freigelassenen (*mawālī*) im Laufe der Zeit ergänzte; die Sklaven, aus denen sich wiederum die *mawālī* ergänzten, dürften etwa ein Viertel der Bevölkerung gestellt haben.

Die Anarchie nahm gegen Ende des achten Jahrhunderts allmählich überhand, bis schließlich im Jahre 800 der energische arabische Gouverneur des Zāb und einstige Offizier des *ǧund*, Ibrāhīm b. al-Aġlab, die Gunst der Stunde nutzte und sich vom Kalifen als erblicher Emir Ifrīqiyas bestallen ließ. Weder er noch seine Nachfolger versuchten je, die Bande zum „Mutterland" zu zerschneiden, waren aber de facto vom Abbasidenkalifat unabhängig.

Das Staatsgebiet umfaßte den Nordosten des Maghreb – also Ostalgerien, Tunesien und die tripolitanische Küstenebene bis Labda – mit Ausnahme der Gebirgsregionen der Kleinen Kabylei, des Hortes der Kutāma-Berber, sowie der ḫāriǧitischen Gebiete Awrās und Ǧabal Nafūsa, die sich samt und sonders der Kontrolle der Regierung entzogen.

In der Auseinandersetzung der orthodoxen sunnitischen Bevölkerung mit häretischen, zumal ḫāriǧitischen Berbergruppen im achten Jahrhundert entwickelte sich Ifrīqiya zu einem Gebiet, in dem die Orthodoxie malikitischer Observanz die unangefochtene Oberhand gewann und die Ḫāriǧiyya allmählich ganz verdrängte.

Der Aġlabide Ibrāhīm I. (800–812) besaß die Weitsicht, sich bald nach seinem Regierungsantritt einige Kilometer südlich von Kairuan einen Regierungssitz mit dem programmatischen Namen al-ʿAbbāsiyya zu erbauen und dort eine Gardetruppe von 5000 Schwarzen zu stationieren. Ohne diese Vorsichtsmaßregel hätten sowohl er wie einige seiner Nachfolger in Revolten oder durch Angriffe von außen rasch die Herrschaft wieder verloren. Während sich Ibrāhīms I. Sohn und Nachfolger ʿAbdallāh (812–817) einer ruhigen Regierungszeit erfreute, erschütterte unter seinem Bruder Ziyādat Allāh I. (817–838) ein schwerer Aufstand des arabischen *ǧund* von 824–836 das Land; im Laufe der Ereignisse wurde Tunis zerstört, und der *ǧund* verlor an Gewicht. Der Höhepunkt der Dynastie wird zweifellos mit den Regierungen von Abū Ibrāhīm Aḥmad (856–863) und Ibrāhīm II. (875–902) erreicht. Unter anderem erfuhren die Arbeiten zur Wasserspeicherung gewaltige Förderung (die „Bassins der Aġlabiden" in Kairuan wurden errichtet) und die Sīdī ʿUqba-Moschee wurde erweitert.

Unter Muḥammad II. Abū l-Ġarānīq (863–875) waren die Kassen voll, das Land reich und fruchtbar, der wirtschaftliche Aufschwung bedeutend. Ifrīqiya war eine bedeutende Wirtschaftsmacht und Handelsdrehscheibe. Abgesehen von dem Handel mit den islamischen Ländern des Orients blühte auch der Warenverkehr mit Europa, zumal mit Byzanz und Italien, wohin Öl und Weizen exportiert wurden. Die politische Stabilität, von der vor allem das Kerngebiet des Landes, der Sāḥil, profitierte, tat ihre Wirkung. Webwaren aus Baumwolle, Leinen und Seide fanden ihre Abnehmer, desgleichen die Teppichwirkereien aus Kairuan. Mineralien wurden geschürft und exportiert. Der Sklavenhandel brachte große Gewinne. Der Staat besaß sogar eine eigene Handelsflotte. Der Münzumlauf war bedeutend; Steuern und Abgaben aller Art wurden in bar erhoben. Aber auch die ersten Schatten wurden sichtbar. Der Emir war ein Schöngeist, mit verschwenderischen Neigungen, dem Wein und der Jagd ergeben; eine schwere Hungersnot im Gefolge einer Pestepidemie setzte dem Land 873/74 schwer zu. Ibrāhīm II., der am ehesten als aufgeklärter Despot zu bezeichnen ist, besaß eine zwiespältige Persönlichkeit: Tüchtig und weitsichtig in einer Hinsicht – so bei der Schaffung einer neuen, wertbeständigen Münzbasis, des *dirham al-ʿašriyya* 888/89 –, war er andererseits von unglaublicher Grausamkeit; grundlose Hinrichtungen scheinen an der Tagesordnung gewesen zu sein. Er gründete 876 eine neue Residenzstadt, ar-Raqqāda, neun Kilometer südwestlich von Kairuan und umgab sich mit *ṣaqāliba*, Langobarden aus Süditalien, die man sich mit Hilfe der Neapolitaner beschaffte. Seinem absoluten Herrschaftsanspruch vermochte nur eine Macht entgegenzutreten: die öffentliche Meinung. Die aber war seit langem, fast von Anfang an, gegen die Aġlabiden eingestellt gewesen. Ziyādat Allāh I. sah sich einer solchen Opposition gegenüber, daß er zu dem immer probaten Mittel griff: Außenpolitik und Krieg. Er entschloß sich, Sizilien anzugreifen und den Byzantinern zu entreißen. Die Rebellion des diskreditierten byzantinischen Exarchen Euphemius und sein Hilferuf an den Emir von Ifrīqiya lieferte die freudig ergriffene Begründung des Unternehmens. Am 15. Juni 827 stach eine Flotte mit 10000 Mann von Sūsa aus in See, die drei Tage später in Mazzara landete. Den Oberbefehl hatte der *faqīh* Asad b. al-Furāt inne, ein hartnäckiger Opponent des Fürsten, dessen man sich auf diese elegante Weise entledigte. Fast von Anfang an hatte man große Schwierigkeiten; Asad erlag bereits 828 einer Seuche. Palermo konnte 831 erobert und eine Verwaltung eingerichtet werden. In den nächsten zehn Jahren wurde der Westen der Insel erobert, es folgten Messina und Ragusa; 859 fiel Enna, der Hauptmilitärstützpunkt der Byzantiner, und 878 war nach fünfzig Jahre währenden Angriffen Syrakus an der Reihe, das völlig zerstört wurde. Mit dem Fortschreiten der Eroberung entglitt indessen Kairuan mehr und mehr die Kontrolle über das Unternehmen. Ein 835 mit dem Herzog Andreas von Neapel geschlossener Beistandspakt hielt ein halbes Jahrhundert und erlaubte den Arabern, sich am Festland festzusetzen. Tarent wurde 840 erobert, dann Brindisi und Bari (letzteres war zwischen 847 und 871 ein eigenes Emirat); 846 wurde Rom geplündert. 871 ernannte Kairuan einen speziellen Gouverneur für das Festland (*al-arḍ al-kabīra*), dann aber wendete sich das Geschick, und mit dem Tod Ibrāhīms II. 902 vor Cosenza war dieses Kapitel zu Ende: Die Halbinsel wurde wieder geräumt.[10] Trotz dieser langen kriegerischen Auseinandersetzungen erwuchs in Sizilien eine arabisch-islamisch-griechische Kultur, die in der Normannenzeit unter Roger II. ihren Höhepunkt erleben sollte und ihren Nachhall bei Friedrich II. von Hohenstaufen fand.

Die zwiespältige Regierung Ibrāhīms II. führte dazu, daß ab 893 ein fatimidischer *dāʿī* im Nordwesten agitieren, 906/07 den Zāb besetzen und drei Jahre später der ausgelaugten Dynastie das Ende bereiten konnte.

Das Geistesleben unter den Aġlabiden kannte – wie der arabische Osten – die Pflege der Poesie wie der Grammatik, aber auch der Astrologie. In Kairuan existierte – wie in Bagdad – ein *bayt al-ḥikma* als eine Art königlicher Bibliothek, die den Gelehrten offenstand. Besonders die Medizin wurde hochgehalten; dies galt auch für das folgende Jahrhundert. Es genügt, den Namen des 369 H./980 A.D. verstorbenen Ibn al-Ǧazzār mit seinem noch zu Lebzeiten des Verfassers ins Griechische, später auch ins Lateinische und Hebräische übersetzten Traktat *Zād al-musāfir* („Viaticum"), zu nennen und an die Rolle zu erinnern, die Constantinus Africanus für die medizinischen Studien in Salerno spielte.[11]

Die eigentlichen Leitbilder des Aġlabidenstaates waren aber die gelehrten Theologen und Juristen (*fuqahāʾ* und *ʿulamāʾ*) sowie die frommen, heiligmäßigen Männer. Lebhafte Diskussionen über alle Fragen der Theologie wie der Jurisprudenz beschäftigten die Geister. Zwei Figuren waren es, die alle anderen überstrahlten: Asad b. al-Furāt (759–828), der dem Fürsten unbequem war und deshalb „abgeschoben" wurde, und andererseits Saḥnūn b. Saʿīd. Der erste, ein Orientale und Schüler Māliks, der jedoch in Syrien und Bagdad unter den Einfluß der Hanafiten geraten war, schrieb eine *summa juridica*, die *Asadiyya*. Das Erscheinen dieses Werkes bedeutete einen Wendepunkt; mit ihm ging die Epoche des *ḥadīṯ* und des *iǧtihād* zu Ende und begann eine andere, die der *masāʾil* und des *taqlīd*. Saḥnūn, dem die hanafitischen Züge der *Asadiyya* suspekt waren, verfaßte die *Mudawwana*, ein Lehrbuch streng malikitischer Auffassungen, das bald im Emirat von Córdoba Furore machte (wir hören von nicht weniger als 57 von dort stammenden Schülern Saḥnūns) und Ifrīqiya wie al-Andalus in Länder striktester malikitischer Observanz verwandelte. Wie sein Rivale Asad war auch Saḥnūn ein *faqīh* in Opposition zur herrschenden Klasse, der nichts von Fürsten annahm und fromm und genügsam, fast wie ein Asket lebte. Das zuchtlose Leben der Fürsten und ihrer Vertrauten, die wohlweislich in ihren Residenzen vor den empörten Blicken der frommen Gesetzeslehrer und der Bevölkerung abgeschirmt waren, erregte ihren Abscheu und ihren Ärger. Die zunehmenden Schwierigkeiten der Dynastie galten ihnen als Gottes Strafe für eine nicht länger gottgefällige Gemeinschaft. Als die Dynastie zuletzt den Fatimiden erlag, standen herrschende Schicht und Volk einander feindlich gegenüber.

Die Bedeutung der Aġlabidenherrschaft liegt – abgesehen von ihrer kulturellen Leistung – vor allem darin, daß sie – man erinnere sich des Beitrags der Idrisiden zur Genese des späteren Marokko – die Basis für die allmähliche Entwicklung eines Staatswesens schuf, die letzten Endes zur Entstehung Tunesiens führte. Die „Sezession" der Aġlabiden war ein letztes Glied in einer Kette von Abspaltungen vom Kalifat, nicht der *dār al-islām*, die mit dem Emirat von Córdoba 756 begonnen hatte und sich mit den Ṣufriten von Siǧilmāsa 758, den Rustamiden Algeriens 776 und den Idrisiden 788 fortsetzte. Alles in allem darf das Reich der Aġlabiden als das kulturell bedeutendste Staatswesen des Maghreb in dieser Zeit eingeschätzt werden, dessen Glanz das Fes der Idrisiden wie das Córdoba der Emire überstrahlte, wenn auch alle drei, Ifrīqiya, Fes und Córdoba nach dem orientalischen Modell lebten.

3. Emirat und Kalifat von Córdoba

Der Sieger von Córdoba, ʿAbd ar-Raḥmān I. ad-Dāḫil („der Einwanderer"), sah sich einer überaus schwierigen Aufgabe gegenüber.

Abgesehen von dem noch immer mehrheitlich nichtmuslimischen Element, den Christen romanisch-gotischer Abstammung, waren da die „Araber", die in zwei Phasen das Land betreten hatten, die *baldiyyūn* der Eroberungsphase (meist Nord-Araber) und die mit Balǧ b. Bišr gekommenen „Syrer" (*šāmiyyūn*) südarabischer Herkunft. Man muß darauf hinweisen, daß in beiden Gruppen sicherlich ein hoher Prozentsatz Orientalen nicht-arabischer Abstammung steckte, die durch das *walāʾ*-System integriert worden waren und sich zweifellos auch als Araber fühlten. Die ersteren siedelten vorzugsweise in den großen Städten: Córdoba, Sevilla, Beja; die letzteren, wie geschildert, auf mehrere Provinzen verteilt auf dem flachen Lande und in einer von ihnen gegründeten, nahe Granada gelegenen Lagerstadt Ilbīra (nach dem spätantiken-westgotischen Iliberri, am heutigen Albaicín gelegen, genannt). Auch die Berber kamen in zwei Wellen ins Land: während der Eroberung und später gegen Ende des zehnten Jahrhunderts. Sie siedelten – wohl eher zwangszweise als willentlich – im Ebro-Becken, im Gebiet von Valencia, in der südlichen Meseta und der Extremadura.[12] Den Nordwesten, der ihnen ebenfalls zugedacht worden war, räumten sie im Verlauf ihrer 740 einsetzenden Rebellion. Schließlich kamen zu all diesen recht heterogenen Bevölkerungselementen noch die Juden, die aufgrund ihrer Unterdrückung im Westgotenreich die muslimische Eroberung begrüßten und örtlich Hilfsdienste aller Art leisteten.

Insgesamt gilt es zu bedenken, daß die Araber jedweder Herkunft wie die Berber stammesmäßig gegliedert waren und diese Gliederung keinesfalls rasch schwand, sondern mindestens bis zum Ende des zehnten Jahrhunderts Bestand hatte. Diese Bevölkerungsstruktur und die sich daraus ergebenden Loyalitäten und Feindschaften stellten die Umayyaden vor große Schwierigkeiten. Man darf wohl im Vorgriff sagen, daß sie diese Aufgabe im großen und ganzen gemeistert haben. Dabei ist nicht zu vergessen, daß das Emirat von Córdoba trotz seiner meistenteils blühenden Wirtschaft, reichlichen Staatseinkünften (angeblich 300000 Silberdirhems zur Zeit ʿAbd ar-Raḥmāns I. und 5480000 unter dem ersten Kalifen) und bekannt großartiger Bau- und sonstiger Kulturleistungen und trotz seiner oft imponierenden militärischen Unternehmungen nie ein wirklich mächtiger Zentralstaat gewesen ist. Aber vielleicht besteht die Leistung der Dynastie gerade darin, daß sie nicht versuchte zusammenzuzwingen, was nicht vereinheitlicht werden mochte, und sich in bestimmten Situationen mit indirekter Herrschaft zu bescheiden wußte.

Der erste Emir brachte fast seine ganze Regierungszeit mit der Befriedung des Staatsgebietes und der Sicherung der Grenzen zu. Nördlich der Kernlande lag ein breiter Gürtel Landes, der nur unvollständig und intermittierend kontrolliert werden konnte und daher nicht in Provinzen (*kuwar*) eingeteilt, sondern in drei großen „Marken" organisiert wurde: Die erste war die „Obere Mark" mit dem Hauptort Zaragoza, von Anfang an ein quasi halb oder ganz unabhängiges Fürstentum, dessen Herren die Banū Qasī gotischer Herkunft waren, Klienten schon der syrischen Vorfahren der Emire, die im Ebro-Becken vielleicht bereits in westgotischer Zeit eine nicht unwichtige Rolle gespielt hatten; sie hielten sich das ganze neunte Jahrhundert über und waren den Emiren trotz aller Rebellionen unentbehrlich, bis sie 907 ausstarben. Es gab zweitens die „Mittlere Mark" mit dem Hauptort Toledo (ab 946 Medinaceli), das die Rolle des Hauptwaffenplatzes dieser Region spielte und von wo aus die oft jährlichen Feldzüge in das Scharnier des islamischen Gebietes um den oberen Ebro und Duero (nach „Álava und Kastilien", wie die arabischen Quellen immer wieder schreiben) und ins ewig rebellische Baskenland gingen. Schließlich war da drittens die „Untere oder Nahe Mark" mit dem Hauptort Mérida, die ganz Mittelportugal und die spanische Extremadura umfaßte. Im Kalifat kannte man nach der Befriedung des Westens nur mehr deren zwei: die „Mittlere" mit Medinaceli und die „Obere" mit Zaragoza. In diesen Marken regierte nicht ein Zivil- (*wālī*), sondern ein Militärgouverneur (*qā'id*), ein „Markgraf". Die Hauptorte dieser Marken: Mérida, Toledo und Zaragoza rebellierten mindestens ein halbes Dutzend mal und waren oft jahrelang von Córdoba praktisch unabhängig, obwohl die Emire zuweilen drastisch reagierten, wie al-Ḥakam I., der 797 angeblich 5000 Toledaner Edle zu einem Festmahl in den Alcázar bitten und massakrieren ließ. Sehr früh gingen der Nordosten, Septimania und die diesseitigen Fußberge der Pyrenäen, die spätere „Spanische Mark" Karls des Großen, verloren. Karls Nachhut wurde beim Rückzug 778 durch die Pyrenäen im Paß von Roncesvalles unter Graf Hruotland („Roland") von den Basken vernichtet. Im heutigen Nord-Katalonien entstanden allmählich eine Reihe fränkischer Grafschaften, die Basis der späteren Markgrafschaft Barcelona, die 801 den Arabern entrissen wurde, was 806 auch Pamplona widerfuhr. Mehrfache antifränkische Revolten führen dort ab 824 zur Entstehung eines selbständigen Staatswesen, des nachmaligen Königreichs Navarra, das den Emiren noch schwer zu schaffen machte. Am Oberlauf des Rio Aragón entstand eine weitere Grafschaft, die sich zum Königreich Aragonien entwickelte und nach seiner Vereinigung mit der Markgrafschaft der zweitwichtigste christliche Staat der Pyrenäenhalbinsel wurde.

Während die Regierung des ersten Nachfolgers ʿAbd ar-Raḥmāns I., seines Sohnes Hišām I. (788–796), von einigen Rebellionen und einigen Feldzügen gegen die kleinen christlichen Reiche des Nordens und die Spanische Mark abgesehen, im ganzen recht friedlich verlief, war das anders unter seinem Sohn und Nachfolger al-Ḥakam I. (796–822), der ein sehr energischer und dort, wo es ihm nötig schien, brutaler Monarch war. Während beider Regierungszeit kam es in Spanien zur Einführung des malikitischen Ritus, der den zuvor geltenden des Awzāʿī (st. 774) verdrängte und bis zum Ende von al-Andalus der allein herrschende blieb; selbst die von einem spanischen Muslim vom geistigen Range eines Ibn Ḥazm (994–1064) begünstigte ẓāhiritische Rechtsschule vermochte sich nicht durchzusetzen, noch weniger die schafiitische, die unter Muḥammad I. Eingang fand und unter dem frommen al-Ḥakam II., wenn auch unauffällig, gelehrt wurde.

Al-Ḥakam I. hatte sich einerseits gegen Thronansprüche seiner Onkel durchzusetzen, deren einer sich hilfesuchend nach Aachen zu Karl dem Großen begab und schließlich mit dem Gebiet von Valencia (von Huesca bis Murcia) abgefunden wurde. Andererseits mußte er Aufstände in den Marken und schließlich in seiner Hauptstadt selbst zuerst ein Komplott (805) und dann 818 eine regelrechte Revolte niederschlagen, die als „die der Vorstadt" bekannt geworden ist und vom Emir, der einen Augenblick lang ernsthaft gefährdet war, erbarmungslos liquidiert wurde. Die Vorstadt jenseits des Guadalquivir wurde total zerstört, Notabeln, die die Bevölkerung aufgehetzt hatten, wurden hingerichtet und die gesamte Einwohnerschaft dieses Viertels ausgewiesen: angeblich 20000 Familien, was natürlich weit übertrieben ist. Die einen wandten sich nach Fes, wo sie das „Ufer der Andalusier" besiedelten, andere in den Orient (angeblich 15000), wo sie in der Piraterie ihren Unterhalt suchten, wieder andere eroberten 827 das byzantinische Kreta und hielten sich dort bis 961.[13] Gegen Ende seines Lebens wurde der Emir immer verschlossener; er umgab sich mit einer Leibgarde von mindestens zweitausend Söldnern fremder Herkunft (*al-ḫurs*, „die Schweigsamen"), die in zwei Kasernen nahe dem Alcázar stationiert waren und unter dem Kommando des „comes der Christen" (*qūmis an-naṣārā*) standen, der gleichzeitig der Vorsteher der christlichen Gemeinde war.

Das neunte Jahrhundert brachte dem Emirat mehrere große Herausforderungen und die machtvoll einsetzende Orientalisierung.

Erstens: Unter ʿAbd ar-Raḥmān II. (822–852) erlebte al-Andalus den ersten Ansturm der Normannen, die im übrigen Europa längst ihre verheerenden Züge begonnen hatten: 844 landeten sie zuerst in Lissabon, besetzten dann Cádiz, fuhren den Guadalquivir hinauf und plünderten während sieben Tagen Sevilla, wo ihnen schließlich die Truppen des Emirs eine schwere Niederlage zufügten. Weitere Angriffe ereigneten sich 859, 966 und 971; inzwischen hatte man aber eine Flotte geschaffen mit Almería als Hauptstützpunkt, die die Angreifer abwehren konnte.[14]

Zweitens: Die unter al-Ḥakam I. eingeleitete bewußte Orientalisierung des Landes wurde von den Emiren nach Kräften gefördert. Wer von der umayyadischen Sippe (oder ihren *mawālī*) ins Emirat kam, wurde bewillkommnet, bekam – je nach Alter und Bedeutung – eine Staatspension oder -anstellung, zumal im Heer, kurz, wurde mit allen Mitteln gefördert. Aber auch generell wurde der Zuzug von Orientalen, besonders Syrern, begrüßt, vor allem natürlich, wenn es sich um Männer von Bedeutung handelte, seien es Dichter, Gelehrte oder Kaufleute. Al-Andalus, das lange mit sich selbst beschäftigt gewesen war und seit der politischen Abspaltung von Nordafrika, das seinerseits dem Kalifat entglitten war, vom inzwischen „feindlichen" Orient getrennt war, öffnete sich wieder diesem Morgenland. Dieses war, vom Emir angefangen, die eigentliche Heimat vieler Männer der herrschenden Klasse und gleichsam der Mutterboden der entstehenden arabo-islamischen Kultur. Niemand verkörperte diesen Vorgang besser als der irakische Sänger und Musiker ʿAlī b. Nāfiʿ Ziryāb, ein persischer Freigelassener des Kalifen al-Mahdī, der nach Córdoba gerufen wurde, um dort den Lebensstil des Hofes von Bagdad einzuführen und der zum wahren *arbiter elegantiarum* von Córdoba und ganz Andalus wurde.

Diese Entwicklung der Dinge mußte einerseits die einheimischen *mawālī* bedenklich stimmen, deren Lebensformen sich allmählich immer mehr von denen der herrschenden Klasse zu unterscheiden begann, aber auch viele Christen, jedenfalls die strikter gesonnenen unter ihnen. Große Teile der Mozáraber hatten sich nämlich offenkundig mit dem Islam arrangiert; zu ihnen zählte vor allem eine in der hispanischen Kirche gegen 790 aufgekommene häretische Bewegung, der Adoptionismus, die keinen besonderen Widerspruch im Klerus erregte, und zwar wohl deshalb, weil der führende Kopf dieser Richtung, Bischof Elipandus von Toledo, nach wie vor Primas ganz Hispaniens war. Vielleicht empfand eine Gruppe von Christen Córdobas, wo der Einfluß und die Wirkungen der arabisch-islamischen Kultur besonders deutlich wahrzunehmen waren, in dieser Situation, man müsse ein klares Zeichen setzen, das entschlossenen Christen auch anderer Städte zum Fanal werden könne. Wie dem auch sei, zwischen 851 und 859 kam es in Córdoba zu öffentlichen Schmähungen des Propheten und des Islams, teils von klerikaler, teils von laizistischer Seite, die – wie es scheint – meist vom Zaun gebrochen und nicht etwa provoziert waren („Muslim domination was a ‘persecution’ because it was a domination, not because it was intolerant ..."[15]). Obwohl sich die muslimischen Gerichte nicht als fanatische Verfolger gebärdeten, mußten sie die gesetzlich vorgeschriebenen Strafen verhängen und so kam es zu 45 Todesurteilen, von denen einige auch „Araber" betrafen (wahrscheinlich aus Mischehen); prominentestes Opfer war der Historiker dieser Bewegung, der Priester Eulogius (859 enthauptet), der im *Memoriale Sanctorum* die Geschehnisse schildert.

Ein anderes Zeichen des ständig wachsenden Druckes war die stete Abwanderung vor allem von Klerikern, zumal Mönchen, in den Norden, nach Asturien-León und Katalonien, wo sie sich niederließen, Klöster gründeten und kulturell stimulierend wirkten, da sie aus al-Andalus bestimmte architektonische Elemente (z. B. den „Hufeisenbogen" über sehr schmalen Säulenschäften, mit rechteckiger Umrahmung – *alfiz* – und dezentralisiertem Bogenrücken, der in seinem oberen Teil breiter ist als in den Anfangspunkten, also tatsächlich hufeisenförmig ist. Dieses Kennzeichen ist typisch für den cordobesischen Bogen und wurde nie in der westgotischen Architektur verwendet), wie auch eine besondere Art der Buchillumination, kostbare Stoffe etc. mitbrachten.[16] Ihren Höhepunkt erreichte diese Auswanderung in der Zeit von 910–940. Aber auch von Feldzügen der Christen in den Süden kamen Mozáraber mit zurück, so angeblich Tausende von dem kühnen Zug Alfons' I. „El Batallador" von Aragonien 1125–1126 durch Andalusien, der bis Málaga führte.[17] Bereits unter den Almoraviden wurden Mozáraber nach Marokko ausgesiedelt; unter den Almohaden führte diese Aktion zum fast vollständigen Verschwinden der Mozáraber im muslimisch beherrschten Teil der Halbinsel, wobei das Verhalten der einheimischen Christen beim oben erwähnten Zug des aragonesischen Königs viel zu ihrer Vertreibung beigetragen haben soll.

Es versteht sich, daß die Ausschaltung der Christen und der allmähliche Abbau des Grabens zwischen Orientalen und *muwalladūn* eine fortschreitend größere Homogenität der Bevölkerung zur Folge hatte und insoweit die Aufgabe der Herrscher erleichterte; dies erklärt auch, warum die letzte Bastion des Islams, das Königreich Granada, und die spanischen Morisken einen so absolut „islamischen" Eindruck machten und warum alle Assimilationsversuche scheiterten und scheitern mußten. Noch aber war es im neunten Jahrhundert längst nicht soweit; ganz im Gegenteil war die dritte Herausforderung des Emirats just die große Auseinandersetzung der Regierung und der Araber mit den *muwalladūn*, die fast zum Zerfall des Staates geführt hätte.

Es besteht kein Zweifel, daß sich die Neumuslime, ob zu Recht oder Unrecht, benachteiligt und ungerecht behandelt vorkamen und, obwohl sie Muslime waren, genauso wie die Christen die verstärkte Orientalisierung von al-Andalus als Bedrohung empfanden. Ihr erwachender Widerstand war eine Reaktion auf die Drohung einer gründlicheren Islamisierung. Hinzu kam, daß der auf der Halbinsel latent vorhandene Hang zum Banditentum, dem *bandolerismo*, immer wieder durchbrach. Ein Beispiel unter anderen ist der Fall des Berbers Šaqyā von den Miknāsa, der 768 den Gouverneur von Santaver (Cuenca) überfiel und tötete und dann jahrelang (bis 776) die südliche Meseta zwischen Tajo und Guadiana unsicher machte. Selbstverständlich hängte er seinem Treiben ein religiöses Mäntelchen um.

Als bloßer Totschlag begann, was sich zur größten Dissidenzbewegung und schwersten Belastungsprobe des Emirats entwickeln sollte. Im Jahre 879, im 28. Jahr der Regierung des Emirs Muḥammad, brachen in den Gebirgsdistrikten des Südens Unruhen aus. Zuvor war schon ein umayyadischer General in die Gefangenschaft Asturiens gefallen, und das Ebro-Becken führte unter den Banū Qasī sein Eigenleben. Was aber geschah im Süden: ʿUmar b. Ḥafṣūn, der Sohn begüterter Landbesitzer aus der Region von Ronda, erschlug im Streit einen Nachbarn, begann Gesetzlose um sich zu scharen, wurde ergriffen und ausgepeitscht und wich nach Afrika aus. Von dort zurück, richtete er sich in einer unzugänglichen Region seine Operationsbasis ein, die er im Laufe der Jahre zu einer gewaltigen Wehranlage ausbauen sollte: Bobastro.[18] Der Rebell wurde zum Führer von Aufständischen. Nicht weniger als vier Emiren leistete er Widerstand und unterwarf sich erst zwei oder drei Jahre, ehe er 918 starb.[18a] Auf dem Höhepunkt seiner Macht beherrschte er die Provinzen Rayyo (Málaga) und Ilbīra (Granada), war mit Aufständischen der Provinz Jaén verbündet und stand mit seinem Heer in Sichtweite Córdobas. Aber auch im Westen des Emirats gärte es: Die *muwalladūn* von Badajoz, Mérida, Beja und Faro (Algarve) kündigten dem Emir den Gehorsam auf.

Unter ʿAbdallāh (888–912) war das Emirat zeitweise auf Córdoba und sein Weichbild beschränkt. Mit unheimlicher Zähigkeit und unbeugsamem Mut hielt er durch, paktierte mit den Rebellen, spielte sie gegeneinander aus und rettete so den Staat für seinen Nachfolger, seinen Enkel ʿAbd ar-Raḥmān (III.), den künftigen ersten Kalifen. Dieser bestieg 912 gerade einundzwanzigjährig den Thron und erwies sich als ebenso zäh und tüchtig, wenn auch mehr vom Glück begünstigt als sein Großvater. Er mußte fast zwanzig Jahre Krieg führen, bis er endlich 927 Bobastro einnehmen konnte und bis etwa 930 überall den Schwelbrand der Rebellion ausgetreten hatte. Im Jahre 929 proklamierte er das orthodoxe Kalifat des Westens und gab sich den Beinamen an-Nāṣir li-dīn Allāh. Er wollte dadurch gegenüber den Abbasiden den Rechtsanspruch der Umayyaden auf das Kalifat betonen und dem der heterodoxen Fatimiden entgegentreten. Dies geschah auch, indem ʿAbd ar-Raḥmān III. daranging, sich in Nord-Marokko ein Glacis zu schaffen: 931 wurde Ceuta erobert. Von da aus versuchte er, mit Hilfe einheimischer Fürsten der Zanātastämme, aber auch durch direkte Interventionen den Einfluß des Kalifats immer weiter auszudehnen. Diese Geschehnisse erstreckten sich bis ans Ende der Regierungszeit ʿAbd al-Maliks (1002–1008).

ʿAbd ar-Raḥmān III. brachte es nicht nur fertig, die Rebellionen in al-Andalus niederzuschlagen, sondern hielt auch die christlichen Könige des Nordens durch Feldzüge (vor allem nach Navarra, Álava und Kastilien) und Diplomatie in Schach, nachdem er auch die Marken wieder unter die Kontrolle der Zentralregierung gebracht hatte. Diese Politik erlitt allerdings einen schweren Rückschlag durch die empfindliche Niederlage bei

Simancas (939), bei der der Kalif beinahe in die Hände des Feindes gefallen wäre. Schuld daran war vor allem die feige Flucht eines Teiles seines Heeres; der Kalif zog hinfort nicht mehr persönlich ins Feld und nahm überdies an den Verantwortlichen grausame Rache. Seit diesem Vorkommnis wurde er zunehmend mißtrauischer gegenüber der arabischen Aristokratie und den arabischen Truppenteilen und setzte immer stärker auf berberische und sonstige Söldner. Mit der allmählichen Fertigstellung der kalifalen Wohnpaläste in der 936 gegründeten neuen Residenzstadt Madīnat az-Zahrā' hielt er sich immer seltener in dem benachbarten Córdoba auf.[19] Nichtsdestoweniger war und blieb Córdoba eine der drei größten Städte der damaligen Oikumene nach Konstantinopel und Bagdad. Die Zahl von eineinhalb Millionen Einwohnern ist allerdings zweifellos übertrieben. Der Ruhm Córdobas drang bis in die letzten Winkel des christlichen Europa. Die Stadt dürfte sich über eine Fläche von fünftausend Hektar erstreckt haben und zählte insgesamt einundzwanzig Stadtviertel, wovon nur zwei auf die *Madīna al-ʿatīqa*, in der der Alcázar und die große Moschee lagen, entfielen; diese beiden entsprachen der römischen *urbs quadrata* und der Stadt der Westgotenzeit.

Als der Kalif 961 zweiundachtzigjährig starb, hinterließ er seinem ältesten Sohn und Nachfolger al-Ḥakam II. (961–967) ein gefestigtes, von niemandem bedrohtes, vorzüglich verwaltetes Reich mit hohen Staatseinkünften. Als über sechsundvierzigjähriger auf den Thron gekommen, hat dieser nicht so sehr als Feldherr geglänzt, sondern als Bauherr und Förderer der islamischen Wissenschaften. Als Bücherliebhaber soll er eine Bibliothek von 400000 Bänden zusammengetragen haben, die unter al-Manṣūr auf Verlangen der Rechtsgelehrten „gereinigt“ werden mußte und in den Wirren der Endzeit des Kalifats verlorenging. Er war der Beauftragte seines Vaters für die Planung der neuen Residenzstadt gewesen; als Kalif führte er die zweite Erweiterung (ab 961–966) der von seinem Vorfahren ʿAbd ar-Raḥmān I. errichteten Hauptmoschee Córdobas, der Mezquita, mit den großartigen und von Millionen bewunderten Mosaiken des Miḥrāb durch, für die der byzantinische Kaiser das Material (320 Zentner) und einen Mosaizisten geschickt hatte. Byzantinischer Einfluß wurde aber auch in der Dekoration der reichen Empfangssäle von Madīnat az-Zahrā' festgestellt. 988 wurde dann die Mezquita durch al-Manṣūr ein letztes Mal, und zwar um ein Drittel erweitert.

Im Zusammenhang mit dem erwähnten Geschenk des byzantinischen Kaisers sind die weitgespannten diplomatischen Beziehungen des Kalifats zu erwähnen. Von den Fällen abgesehen, in denen übergangene Thronbewerber oder verjagte Könige der nördlichen Reiche der Halbinsel den Kalifen um Hilfe baten, sind uns eine ganze Serien von Gesandtschaften des Kaisers von Konstantinopel an den Umayyaden mit Vorschägen zu einem gemeinsamen Vorgehen gegen die Abbasiden bekannt. Der Kalif hütete sich, auf dergleichen einzugehen, wenn er auch – wie 949 – seinerseits Gesandte zum Kaiser schickte. Ein Jahr zuvor hatte eine andere byzantinische Gesandtschaft ganz besonders wertvolle Geschenke überbracht, unter anderem ein Exemplar der Pflanzenkunde des Dioskorides, Vorlage des Renaissance-Werkes des Spaniers Andrés de Laguna. Da damals niemand in Córdoba Griechisch konnte, schickte der Kaiser 951 auch noch einen Mönch, der sich zusammen mit dem jüdischen Gelehrten und Diplomaten Ḥasdāy b. Šaprūṭ ans Werk der Übersetzung machte.[20] Botschaften wurden aber auch zwischen ʿAbd ar-Raḥmān III. und Otto dem Großen (*Hūtu, malik al-Almān*) durch Vermittlung des Abtes Johann von Gorze ausgetauscht. Sie befaßten sich speziell mit den Klagen des deutschen Kaisers über maurische Piraten, die sich im Massif des Maures an der Küste der Provence niedergelassen hatten und von dort aus ihr Unwesen zu Land wie zur See trieben.[21] Auch andere Große der Provence und Italiens waren in diesem Reigen vertreten.

Alles in allem darf man sagen, daß der Staat von Córdoba unter den beiden ersten Kalifen eines der bedeutendsten Reiche Europas und der islamischen Welt war und ein sehr hohes kulturelles Niveau erreicht hatte, das in al-Andalus allenfalls in der späteren Zeit der „Kleinkönige" (*mulūk aṭ-ṭawāʾif*) noch einmal erreicht wurde. Die politische Macht lag in der Theorie ausschließlich beim Fürsten, dem ein beratendes Gremium von Ministern für die Bereiche Finanzen, Militärwesen, Justiz und Außenpolitik zur Seite stand. Der Fürst ernannte die Qadis der Hauptstadt (vielleicht auch die der Provinzhauptstädte), von denen manche auch dem Fürsten unliebsame Entscheidungen zu treffen wagten, zumal dann, wenn sie die Unterstützung der *šūrā* hatten, einer kleinen beratenden Körperschaft ehemaliger Qadis oder besonders angesehener *fuqahāʾ* bzw. Muftis. Wie überall war die Selbstherrlichkeit des Fürsten durch die öffentliche Meinung und die Einstellung der Gelehrten und Männer des religiösen Gesetzes eingeschränkt, die er nicht mißachten konnte, ohne in den Ruf der *impietas* zu geraten. Solange die Fürsten (ob Emir oder Kalif) volljährig an die Regierung kamen, blieb ihre Autorität im Prinzip unangefochten. Später aber wandelte sich das Bild, und der Kämmerer (*ḥāǧib*) trat aus dem Schatten des Herrschers heraus und konnte die tatsächliche Macht an sich reißen. Davon wird gleich zu sprechen sein.

Das Kerngebiet des Staates war in Provinzen gegliedert (im zehnten Jahrhundert mindestens in 21), deren Einteilung schon vor den Umayyaden existierte und auf die Diözesanordnung der westgotischen Zeit zurückging. In den Provinzen und erst recht in den Marken war die Autorität des Fürsten freilich durch die Fortdauer der Stammesstrukturen und eine gewisse Begrenzung der Effektivität der zentralen Verwaltung eingeschränkt; die Ausübung der Macht mußte nämlich denen anvertraut werden, die sie lokal wie regional ohnehin in den Händen hatten, da nur auf diese Weise die Befolgung der Befehle des Herrschers erzwungen werden konnte. Diesen Nachteil der Existenz sehr unterschiedlicher Gruppierungen verstanden aber starke Persönlichkeiten zu ihrem Vorteil zu wenden, indem sie ausgleichend wirkten und divergierende Parteiungen gegeneinander ausspielten.

Immer stärker wurde im Heer das berberische Element, vor allem gegen Endes des zehnten Jahrhunderts; es sollte schließlich maßgeblich zum Zerfall und Sturz des Kalifats beitragen.

In den letzten Lebensjahren al-Ḥakams II. gelang einem Angestellten der kalifalen Verwaltung arabischer Herkunft, Muḥammad b. Abī ʿĀmir, ein rascher Aufstieg, der damit endete, daß er dem jungen und offenbar unfähigen Sohn des Kalifen, Hišām II., die Zügel der Regierung entriß und alle Nebenbuhler am Hof rigoros ausschaltete. Obwohl er sich mit dem Titel eines *ḥāǧib* begnügte, war er, den Palastmeiern der späten Merowinger gleich, der tatsächliche Herrscher des Reiches. In über fünfzig Feldzügen, auf denen er 985 Barcelona, 988 Léon und 997 gar Santiago de Compostela, das Nationalheiligtum des christlichen Spanien mit dem Grab des Apostels einnahm und zerstörte, lehrte er alle christlichen Reiche der Halbinsel das Fürchten und gab sich den Ehrennamen al-Manṣūr billāh (span. Almanzor). Im Jahre 981 überführte er die Staatsverwaltung aus dem Alcázar von Córdoba und aus Madīnat az-Zahrāʾ in eine von ihm gegründete Palaststadt: al-Madīna az-zāhira, die allerdings kaum dreißig Jahre existieren sollte. Als er 1002 in Medinaceli auf der Rückkehr von einem Feldzug starb, schien das Reich gefestigter denn je. Aber schon unter seinem jüngeren Sohn und unfähigen zweiten Nachfolger ʿAbd ar-Raḥmān Sanchuelo (so genannt nach seinem baskischen Großvater Sancho Garcés II., dem König von Pamplona), brachen 1009 Revolten aus. Nach zwanzig Jahre dauernden Wirren, während deren das Reich in völlige Anarchie versank, erklärten die Notablen von Córdoba im Jahre 1031 das Kalifat für erloschen. Zuvor hatte die Stadt eine Belagerung (ab 1010) und die Erstürmung (1013) durch berberische Söldner über sich ergehen lassen müssen, bei der auch Madīnat az-Zahrāʾ in Schutt und Asche versunken war. Von diesem Schlag sollte sich Córdoba nie mehr erholen.

4. Der Kampf der Kalifate um den Maghreb

a) Marokko als Glacis

Das zehnte und elfte Jahrhundert sind der am wenigsten aufgehellte Teil der Geschichte des Maghreb, und dies, obwohl gerade dieser Epoche eine ganze Reihe gründlicher Einzelstudien gewidmet worden sind. Vor allem das zehnte Jahrhundert erlebte ein gewaltiges Ringen um diesen Raum, und zwar des heterodox-schiitischen Kalifats der Fatimiden, die sich im östlichen Maghreb festgesetzt hatten, gegen das orthodoxe Kalifat von Córdoba. Letzteres hatte keineswegs die Absicht, zu einem Generalangriff gegen die Fatimiden anzutreten, sondern war vor allem daran interessiert, sich in Nordmarokko und – bei günstiger Konstellation – in Westalgerien eine Sicherheitszone zu schaffen, die einen fatimidischen Angriff auf al-Andalus unmöglich machen sollte – was auch gelang. Dieser Kampf um den Maghreb spielte sich auf zwei Ebenen ab: einer religiös-politischen und einer ethnischen Ebene, auf der die Auseinandersetzung mit nicht geringerer Verbissenheit geführt wurde. Es ging um den Lebensraum und das nackte Überleben der Berber. Die seßhaften oder allenfalls transhumanten Ṣanhāǧa, die schiitischen Kutāma zuerst, später – unter den Ziriden und Ḥammādiden – die eigentlichen Ṣanhāǧa Zentralalgeriens, kämpften gegen die nomadischen Zanāta, die die ostalgerische und nordwestalgerische Sahara beherrschten; letztere verloren den Kampf, wurden weiter nach Westen, nach Marokko und Spanien abgedrängt und als Volk zerschlagen. Das Paradoxe an dem ganzen Vorgang war nur, daß die seßhaften Ṣanhāǧa nach der erfolgreichen Vertreibung der berberischen Nomaden des zentralen Maghreb eine Invasion neuer, diesmal arabischer Nomaden aus dem Osten erleben mußten, die ihnen einen erheblichen Teil ihres bisherigen Siedlungsgebietes streitig machten.

In einem anderen Kapitel dieses Werkes ist der Aufstieg der Fatimiden geschildert worden. Hier genüge es darzulegen, daß sie den Angriff auf Marokko eröffneten, nachdem sie den Zentralmaghreb unter ihre Botmäßigkeit gebracht hatten. Die Miknāsa-Zanāta waren zu diesem Zeitpunkt Verbündete der Fatimiden, und ein Zanāta-Häuptling war es auch, der 917 das Fürstentum der Ṣāliḥiden angriff und ihren an der Küste gelegenen Hauptort Nakūr einnahm. Drei Prinzen der Dynastie konnten sich retten und wenig später von al-Andalus aus ihr kleines Reich zurückerobern; Ṣāliḥ b. Saʿīd b. Ṣāliḥ erklärte sich zum Vasallen des Emirs von Córdoba. Die Reaktion ließ bis 922 auf sich warten, als Maṣāla b. Ḥabūs von den Miknāsa auf Befehl des Fatimiden wiederum in Marokko einfiel und diesmal den Idrisiden Yaḥyā IV., der seit 905 in Fes herrschte, schlug und nach einem neuerlichen Feldzug im darauffolgenden Jahr verjagte.

Vor seiner Rückkehr nach Tahert eroberte Maṣāla von neuem Siǧilmāsa und setzte seinen Vetter Mūsā b. Abī l-ʿĀfiya von den Miknāsa als Statthalter ein. Bald konnte aber ein Idriside Fes zurückerobern, und dem Umayyaden ʿAbd ar-Raḥmān gelang es, die Maǧrāwa-Zanāta zu gewinnen, wodurch ein langwährender Kampf zwischen diesen und den Miknāsa ausgelöst wurde, der mit dem Übertritt des Mūsā b. Abī l-ʿĀfiya zu den Umayyaden im Jahre 931, dem Jahr der Einnahme Ceutas, endete. ʿAbd ar-Raḥmān hatte überdies bereits 914 begonnen, seine Flotte auszubauen, um die Küste von al-Andalus zu schützen, mußte er doch fürchten, daß die Fatimiden ihn im Falle einer endgültigen Eroberung Marokkos ihrerseits ernsthaft bedrohen könnten, denn weite Gebiete seines Landes waren von Berbern bewohnt, die der fatimidischen Mission sehr aufgeschlossen gegenüberstanden.

So standen also die Fatimiden, seit Begründung ihrer Macht Herren Zentralalgeriens (Tahert) und Südostmarokkos (Siǧilmāsa), vor den Toren Marokkos, wo weite Gegenden von Ṣanhāǧa bewohnt waren, entfernten Verwandten der Kutāma, der Machtbasis der fatimidischen Dynastie. Aber die seßhaften Kutāma-Kabylen machten keine Anstalten, ihre „Vettern" zu gewinnen. Zudem war die fatimidische Dynastie durch ihre Fixierung auf den Orient unfähig, alle Kraft auf eine endgültige Gewinnung des Maghreb zu richten, und verbrauchte ihre besten Truppen bei der Eroberung und Sicherung Ägyptens und Syriens.

ʿAbd ar-Raḥmān III. nutzte die Gunst der Stunde, besetzte 927 Melilla, 931 Ceuta und errichtete mit Hilfe der ihm nunmehr verbündeten Idrisiden, Miknāsa und Maġrāwa, eine Art Protektorat, das Nordmarokko und weite Gebiete des zentralen Maghreb umfaßte; selbst im fernen Algier wurde im Freitagsgebet der Name des Kalifen von Córdoba genannt. Die Fatimiden reagierten mit einer Vielzahl von Feldzügen, die sie durch ihre Verbündeten bzw. Vasallen, zuerst die Ziriden, dann die Ḥammādiden, durchführen ließen und die wiederholt zur Eroberung von Fes und großer Teile Nordmarokkos führten. Es wäre ermüdend, alle Einzelheiten zu schildern: Gegen 985 gaben die Fatimiden den Plan auf, Marokko zu erobern. Bezeichnenderweise kam es nirgends zu einer direkten Konfrontation zwischen den beiden Kalifaten: Umayyaden und Fatimiden führten vielmehr Stellvertreterkriege. Das Ringen fand auch im kulturellen Bereich seine Entsprechung: Der Ziride Buluggīn stiftete den Minbar, der Umayyade erbaute das Minarett der „Moschee der Andalusier" in Fes.

Das große Duell zwischen Ṣanhāǧa und Zanāta war nach Henri Terrasses Worten der „hundertjährige Krieg der Berberei". Die Zanāta vermochten es nicht, ihren Lebensbereich in Algerien, der sich südwestlich der Linie Awrās – Tinis erstreckte, zu halten, geschweige denn ein dauerhaftes Reich zu errichten; sie wurden nach Marokko abgedrängt und setzten in großer Zahl nach al-Andalus über. Insofern hatte die an sich sehr geschickte umayyadische Interventionspolitik problematische Konsequenzen, die Spanien wie die Dynastie noch teuer zu stehen kommen sollten. Ein weiteres Ergebnis dieses langen und blutigen Kampfes war, daß fast überall in der Region die Orthodoxie die Stelle der Ḫāriǧiyya einnahm, obwohl die siegreichen Ṣanhāǧa ursprünglich die Vorkämpfer der Schia gewesen waren.

Im übrigen sei nachgetragen, daß das marokkanisch-algerische Glacis, nachdem es gegen Ende der Regierung ʿAbd ar-Raḥmāns III. wieder verlorengegangen war, 998 durch al-Manṣūrs Heere wiedergewonnen werden konnte; bis gegen 1016 amtierten ʿāmiridische Gouverneure in Fes. Im Verlauf dieser Ereignisse kam es auch zur endgültigen Vertreibung der Idrisiden aus Marokko, wenn auch 1014 ein Idrisidensproß, ʿAlī b. Ḥammūd, und nach seiner kurzen Regierung dessen Bruder Kalifen von Córdoba wurden; alle diese späten Idrisiden waren vollständig berberisiert und kaum mehr des Arabischen mächtig.[22]

b) Die Ziriden

Als der Fatimide al-Muʿizz 972 seinen Sitz von Ifrīqiya nach Ägypten verlegte, ließ er den Sohn des Mannes als Vizekönig zurück, der 945 in schwerster Stunde dem in al-Mahdiyya von Abū Yazīd az-Zanātī belagerten al-Qā'im zu Hilfe gekommen war: Buluggīn b. Zīrī b. Manād.

Der Fatimide besaß die Vorsicht, seinem Statthalter zunächst Tripolitanien, das Gebiet der Kutāma, die Kleine Kabylei und Sizilien vorzuenthalten. Damit war eine mögliche Expansion nur in die den Fatimiden erwünschte Richtung, nämlich nach Westen, möglich und Buluggīn die Bekämpfung ihrer ärgsten Feinde in Nordafrika, der Zanāta und des Kalifen von Córdoba, vorgegeben. Da al-Muʿizz selbstverständlich auch den Staatsschatz mitgeführt hatte, mußte dem Ziriden alles daran liegen, seinen Finanzen durch eine Vergrößerung seines Gebietes aufzuhelfen, zumal aus Kairo Forderungen nach Geld und Truppen an ihn gerichtet wurden. Damit begann eine Reihe von Feldzügen nach Westalgerien und Nordmarokko, auf die nicht im einzelnen eingegangen werden soll.

Bereits der Fatimide al-Qā'im hatte Buluggīns Vater Zīrī die Erbauung einer regelrechten Hauptstadt erlaubt und ihn durch Entsendung von Baumeistern und Handwerkern unterstützt; sie entstand in drei Etappen zwischen 935/36 und 978 in Ašīr in den Bergen des Tīṭerī im Süden von Algier. Es ist daher nicht verwunderlich, daß Zīrīs Palast Analogien zu demjenigen al-Qā'ims in al-Mahdiyya aufwies. Durch seinen Sohn Buluggīn ließ Zīrī drei Städte gründen bzw. wiederaufbauen, die als Stützpunkte seiner Macht dienen sollten: Algier, Miliana und Médéa (Lamdiyya). Buluggīn behielt nach seiner Übersiedlung nach Kairuan Ašīr als Hauptort bei, hatte aber bei den damaligen Kommunikationsmitteln Schwierigkeiten, sein riesiges Herrschaftsgebiet – 988 war nach zweimaliger, von Kairo geschürter Rebellion das Gebiet der Kutāma unterworfen und dort eine Garnison eingerichtet worden – effektiv zu kontrollieren und überließ seinem Onkel Ḥammād die Stadt Ašīr und die Statthalterschaft im zentralen Maghreb. Dieser nahm den Kampf gegen die Zanāta wieder auf, die in der Folgezeit endgültig aus Algerien vertrieben wurden. Er eroberte und zerstörte Tlemcen und überführte dessen Einwohnerschaft nach Ašīr. Die Ṣanhāǧa waren jetzt Herren des zentralen Maghreb und Ifrīqiyas.

Gegen Ende des Jahrhunderts konstatieren wir die ersten Anzeichen, daß sich der Ziride der fatimidischen Oberherrschaft zu entledigen suchte. Das war nicht überraschend, denn Ifrīqiya war strikt sunnitisch und hatte sich nie wirklich mit der Herrschaft der Fatimiden, also schiitischer Ketzer, abgefunden. Zudem müssen sich die wirtschaftlichen Gegebenheiten verschlechtert haben, woran auch die ständige Abnahme der Bevölkerung schuld gewesen sein dürfte, worüber an anderer Stelle zusammenhängend gesprochen wird. Der Ziride al-Manṣūr (984–996) versuchte noch einmal vergeblich, Fes und Siǧilmāsa zu kontrollieren, und überließ dann den

Westen seinen Feinden. Seinem Onkel Ḥammād, der immer mächtiger geworden war, mußte Bādīs (996–1016), der Kairo gegenüber nichts riskierte, Zugeständnisse machen; jener erbaute sich nun von 1007–1010 eine neue Hauptstadt, die Qalʿat Banī Ḥammād, in den Bergen der Ḥuḍna im Süden von Biǧāya. Die Qalʿat Banī Ḥammād hatte vielleicht ein eigenes christliches Viertel mit besonderer Stadtmauer und einer Kirche unterhalb des Palastes. Wie schon die Fatimiden scheinen auch die Ḥammādiden die Christen recht tolerant behandelt zu haben; sie unterhielten sogar Beziehungen zum Heiligen Stuhl.[23] Als Ḥammād sich 1014 (–1029) selbständig machte, fand Bādīs in Kairo keine Unterstützung gegen ihn, obwohl sein Onkel die Suzeränität der Abbasiden anerkannte.

Es kam zum Kampf zwischen Ḥammād und dem Ziriden, in dem um Haaresbreite Ḥammād unterlegen wäre. Gleichzeitig aber begann eine erbarmungslose Verfolgung der Schiiten in Ifrīqiya, in deren Verlauf 1017 auch al-Manṣūriyya zerstört wurde. Mit den Ḥammādiden wurde 1016 ein Stillhalteabkommen geschlossen, Tripolitanien aber ging den Ziriden 1027 endgültig an rebellische Zanāta verloren. Zwischen 1016 und 1035 waren die Beziehungen zu Kairo trotz des Schiitenpogroms ausgezeichnet. Dann aber verschlechterten sie sich allmählich, und es kam zu einer Reihe von Akten, die den endgültigen Bruch der Ziriden mit den Fatimiden präludierten. Als dieser 1051 eintrat (1049 wurden die ersten Münzen mit sunnitischen Formeln geprägt), befand sich Ifrīqiya am Rande einer gewaltigen Krise und war reif für die Anarchie: Epidemien und Plünderungen suchten das Land heim. Allen Berichten späterer Quellen über ein blühendes Wirtschaftsleben zum Trotz steht fest, daß die Ziriden das Gold abwerteten. Die Reaktion Kairos und die Folgen der nun einsetzenden Infiltration arabischer Beduinenstämme (1057 machte der Ziride al-Mahdiyya zu seiner Hauptstadt) werden andernorts beschrieben. Ifrīqiya zerfiel in eine Anzahl kleinerer, oft von Beduinen-Emiren angeführter Territorien, von denen nur Tunis eigens genannt sei, wohin die Ḥammādiden auf Bitten der Einwohnerschaft – will natürlich heißen: der Notabeln – eine Ṣanhāǧa-Familie, die Banū Ḫurāsān, entsandten, die dort von 1063–1128 regierten und der Stadt Wohlstand und Frieden brachten.

Das Wesentliche der verworrenen Ereignisse ist darin zu sehen, daß der Fall und die Plünderung Kairuans im Jahre 1057 eine Flucht sowohl wirtschaftlicher Kräfte wie auch intellektueller Aktivitäten einerseits in die Küstenstädte Ifrīqiyas – al-Mahdiyya, Tunis, Sūsa, Monastir, Sfax, Gabes –, andererseits zur Qalʿa der Banū Ḥammād auslösten; eine Folge war die Ausrichtung zunächst Ifrīqiyas, dann aber auch Algeriens (worüber im folgenden Abschnitt noch zu reden sein wird) auf das Mittelmeer hin.

Gegen Ende des 11. Jahrhunderts fielen die Normannen ein, die 1088 al-Mahdiyya plünderten und 1148 zusammen mit Sūsa und Sfax eroberten. Doch setzte bald eine Widerstandsbewegung ein: Sfax befreite sich am 1. 1. 1157, und als 1160 die Almohaden einrückten, wurden sie allgemein als Befreier begrüßt.

c) Die Ḥammādiden und die Verselbständigung des zentralen Maghreb

Nördlich bzw. nordöstlich einer Linie vom Nordrand des Ǧabal Awrās bis Tinis an der Küste siedelten Ṣanhāǧa-Stämme, die Schafzüchter bzw. Bauern, vor allem aber Gebirgler waren. Ihre Geschichte läßt sich nicht von den Gebirgsmassiven der Kabylei und den Bergen von Msīla trennen. Es gab kaum Städte, sondern nur kleinere Marktorte. Manād, der Stammvater der Ziriden, war zu seiner Zeit eine Stütze der Aġlabiden gewesen, hatte er doch selbst die seßhaften Talkāta und andere Stämme verteidigt. Sein Sohn Zīrī schloß sich den Fatimiden an, aber die Ṣanhāǧa – in diesem Sinne von den Kutāma zu unterscheiden – dürfen wohl nicht als Schiiten angesehen werden. Zīrī (–970) mußte sich unter größten Anstrengungen seine Vorrangstellung zuerst gegenüber anderen Mitgliedern seiner Sippe und dann unter den Ṣanhāǧa des zentralen Maghreb erkämpfen. Die Gründung von Ašīr an einem Knotenpunkt von Karawanenrouten im zweiten Drittel des zehnten Jahrhunderts stand am Beginn, die Gründung der Qalʿa durch Ḥammād am Ende der Loslösung des zentralen Maghreb von Ifrīqiya. Von Bedeutung war auch, daß die Hauptstadt des Ḥammādidenreiches von der äußersten Peripherie ins Zentrum, vor allem näher an Ifrīqiya rückte. Seine Geschichte läßt sich in drei Perioden einteilen:

Zunächst die des Aufstiegs (1007–1050), in der die Ḥammādiden zuerst Verbündete der Ziriden, dann ihre Rivalen waren, wobei die wechselnde Anerkennung der Suzeränität einmal der Abbasiden, dann wieder der Fatimiden, nur scheinbar eine religiöse Frage, in Wirklichkeit aber der Deckmantel politischer Entscheidungen war.

Die zweite Periode stellte die Blütezeit des Reiches dar. Damals wurde Ifrīqiya von den Banū Hilāl überrannt, die der Ḥammādide, wie zuvor der Ziride, zu Unrecht geglaubt hatte als Hilfstruppen benutzen zu können. Allerdings profitierte das Land von dem Zustrom der Flüchtenden, und die seßhafte Bevölkerung des Gebietes, vor allem der Qalʿa, wurde deutlich gekräftigt. Aber die Beduinen machten nicht halt, sondern drangen auch hier ein; Verwüstungen, Einengung des bebauten Landes und Unsicherheit der Verbindungswege waren die unausbleiblichen Folgen. Zwischendurch kämpften Beduinen tatsächlich für die Dynastie, und zwar die Aṯbaǧ der Banū Hilāl, während deren anderer großer Zweig, die in Tunesien sitzenden Riyāḥ, den Ziriden Hilfstruppen stellten.

Bereits 1067 sah sich an-Nāṣir gezwungen, den kleinen Ort Biǧāya an der Küste (das antike Saldae) als Ausweichlager und zweite Hauptstadt auszubauen; 1088 erfolgte der erste Auszug von Teilen der Einwohnerschaft der Qalʿa zur kabylischen Küste. Inzwischen wurde das Reich von den Almoraviden bedroht, die 1081 Tlemcen, dann auch Oran, Tinis und Algier eroberten, welch letzteres aber 1102 wiedergewonnen werden konnte. Al-Manṣūr mußte den Beduinen die Hälfte aller Ernteerträge abtreten und machte 1090 Biǧāya zu seiner alleinigen Hauptstadt. Mit dem

Exodus von 1088 begann die Periode des Verfalls, bis 1163, elf Jahre nach der Eroberung des Reiches, die Dynastie in Biǧāya von den Almohaden beseitigt wurde. Der Name der Qalʿat Banī Ḥammād aber, die 1148 geräumt wurde, verschwand aus der algerischen Toponomastik.

Wirtschaftlich gesehen war das Auftreten der arabischen Beduinen zumindest eine schwere Beeinträchtigung; zur Katastrophe wurde deren Invasion in Verbindung mit anderen Vorgängen, die am Ende der Almoravidenzeit zu erörtern sein werden.

Wie schon dargelegt, gewannen damals die Küstengebiete an Bedeutung. Die Hauptstädte des Maghreb waren seit der arabischen Eroberung sämtlich im Binnenland gelegen, denn Araber wie Berber waren „Landratten". Für die erste Hälfte des elften Jahrhunderts bezeugt der Geograph al-Bakrī Bône/ʿAnnāba als Korsarenstützpunkt, von wo aus die byzantinischen Besitzungen in Unteritalien, Sardinien und Korsika heimgesucht wurden. Mit den Fatimiden setzte das Vorrücken zur Küste ein (Gründung al-Mahdiyyas), ein Prozeß, der unter den Ziriden vollendet wurde. Biǧāya wurde unter den Ḥammādiden zum Kriegshafen und zum Rivalen al-Mahdiyyas; gegen Ende des elften Jahrhunderts schon war die Kaperei ein veritables Unternahmen der Barbareskenstaaten geworden.

Ifrīqiya vor allem nahm in diesen Jahrzehnten immer mehr eigene Züge an. Das Arabische breitete sich von dort bis in die Steppen und Ebenen des zentralen Maghreb aus. Die künstlerische wie überhaupt die geistesgeschichtliche Inspiration verlief seit langem in Ost-Westrichtung vom Orient über Ägypten hin zum ziridischen Ifrīqiya. So ist der Bauplan der lokalen Paläste typisch orientalisch; die Umwallungen folgen umayyadischen und abbasidischen Mustern. Der Dekor ist allerdings – wenn wir den Palast von Ašīr ausnehmen - linkisch und schwerfällig, eine Kunst der Nachahmung ohne schöpferische Eingebung. Besser steht es um die architektonische Qualität der Qalʿa ab 1050/60, ohne Zweifel dank der aus Kairuan dorthin geflohenen Künstler. Gegenüber der später von den Almoraviden und Almohaden übernommenen hispano-maurischen Kultur dominierte im Maghreb damals der orientalische Einfluß. Nachklänge der ziridischen Kunst begegnen uns in bestimmten Baudenkmälern Europas, in Granada, in Málaga, und im Castillejo de Monteagudo bei Murcia, vor allem aber in den in normannischer Zeit erbauten Palästen Palermos (La Cuba, La Ziza, der Plafond der Capella palatina etc.).[24]

Die dauerhafteste Leistung der Ḥammādiden aber bestand darin, den zentralen Maghreb von Ifrīqiya gelöst und gleichzeitig gegen Marokko abgeschirmt zu haben. Weder das Reich von Tahert noch das der Qalʿa sind echte Vorläufer eines algerischen Staates, aber den ersten Anfang einer selbständigen Entwicklung des zentralen Maghreb haben sie doch bewirkt.

5. Die Zeit der Bürgerkriege und Kleinkönige

Die Periode der Bürgerkriege (*fitna*), die die Endphase des Kalifats von Córdoba markierten und in düsteres Licht tauchten, lief in drei Abschnitten ab: einer von 1009 bis 1016 dauernden Phase des internen Machtkampfes zwischen verschiedenen Personen und Familien der Marwāniden; einer zweiten von 1016 bis 1023, in die das Interregnum der berberisierten Ḥammūdiden, eines Zweigs der Idrisiden, fiel; und schließlich drittens einer Endphase von 1023 bis 1031 („the final gravitation toward disaster"), in der der Staat von Córdoba in etwa zwei Dutzend sehr unterschiedlich große Fürstentümer oder Reiche von Kleinkönigen zerfiel der „Könige der Taifas" (arab. *mulūk aṭ-ṭawā'if*), wie man sie nach ihrer ethnischen Herkunft nennt: der Gruppe (arab. *ṭā'ifa*, pl. *ṭawā'if*) a) arabischer, b) berberischer und schließlich c) „slavischer" Abstammung (*ṣaqāliba*).

Es ist unmöglich, alle die Ländchen aufzuzählen, in denen zumeist Familien zur Macht kamen, die von alters her einflußreich gewesen waren und auf die sich schon das Kalifat hatte stützen müssen, wie z. B. die Hūdiden von Zaragoza, die zu Herren der „Oberen Mark" wurden, oder die ʿAbbādiden von Sevilla, die Vorkämpfer der arabischen Partei, die gegen die Berberfürsten mit besonderem Haß vorgingen und denen es gelang, einen Großteil von al-Andalus unter ihre Herrschaft zu zwingen. Das hieß aber nicht, daß die ʿAbbādiden nicht auch Gebiete von Potentaten arabischer Herkunft kassiert hätten, wenn sie zur Abrundung des eigenen Territoriums dienten, wie z. B. das kleine Fürstentum von Saltés bei Huelva, dessen Herrscher mit seinem Sohn, dem nachmals berühmten Historiker und Geographen al-Bakrī (st. nach 1094) ins Exil nach Córdoba ging. Zu den Arabern gehörten auch die Banū Ṣumādiḥ in Almería, die dort 1041 den Enkel des großen al-Manṣūr ablösten.

Berber, wenn auch arabisierte, waren die Afṭasiden von Badajoz, zu deren Reich auch ganz Zentralportugal gehörte, oder die Ḏū n-Nūniden (hergeleitet vom Namen des Berberstammes der Zennūn) von Toledo, die das heutige Neukastilien beherrschten und aus ihrer Metropole einen kulturellen Mittelpunkt erster Ordnung machten, und schließlich – neben vielen anderen – die uns bereits bekannten Ziriden, die Granada zur Hauptstadt ihres Reiches ausbauten. Im fernen Nordosten saßen die Banū Razīn in Albarracín in den Bergen von Teruel.

Das Hauptgebiet der ʿĀmiriden, der Nachkommen Almanzors bzw. seiner Klienten, war der Osten von al-Andalus, die Levante mit Almería, Murcia, Denia mit den Balearen (unter Muǧāhid), Valencia, Tortosa und Lérida. Wie jämmerlich auch die innenpolitische Lage der meisten dieser Länder gewesen sein mag, wie labil ihre Existenz selbst, so entwickelten sich doch viele ihrer Hauptstädte dank des konkurrierenden Wetteifers ihrer Fürsten zu kulturellen Mittelpunkten, in denen Poesie, Kunst und Wissenschaft blühten, worüber gleich mehr zu berichten ist.

Die beherrschende Figur der Bühne aber war keiner der Kleinkönige, sondern Alfons VI. von León-Kastilien, der von jenen hohe und belastende Tribute erzwang. Als er 1085 Toledo mitsamt seinem Gebiet einnahm, schien den *mulūk aṭ-ṭawāʾif* das Ende des spanischen Islams nahe, erst recht aber, als Alfons VI. auch noch die Burg von Aledo zwischen Lorca und Murcia tief im muslimischen Gebiet besetzte. Man rief den Herrscher des neuentstandenen Almoravidenreiches Yūsuf b. Tāšfīn zu Hilfe, der nach al-Andalus übersetzte und zusammen mit seinen Verbündeten Alfons VI. am 23. Oktober 1086 in Zallāqa (Sagrajas) bei Badajoz vernichtend schlug. Der Stern des Königs begann zu verblassen.

Inzwischen hatte einer seiner in Ungnade gefallenen Vasallen, Rodrigo Vivar „El Campeador", den seine muslimischen Söldner und Verbündeten *sīd* „Herr" nannten (daher der Beiname „el Cid" dieses spanischen Nationalhelden), mit seinen Gefolgsleuten zuerst den maurischen König von Zaragoza gegen den Markgrafen von Barcelona unterstützt und dann das Reich von Valencia 1094 erobert, das er bis zu seinem Tode (1099) hielt. Es mußte dann aber unter almoravidischem Druck wieder geräumt werden. Yūsuf, der im ganzen viermal nach al-Andalus übersetzte, hatte zwischen 1090 und 1094 unter Zustimmung der islamischen Schriftgelehrten und des größten Teils der Bevölkerung alle Kleinkönige abgesetzt und nach Marokko verbannt; hierbei spielte eine entscheidende Rolle der Gedanke, daß die Kleinkönige als Verteidiger des Islams auf der Halbinsel versagt hatten. Al-Andalus wurde zu einer Provinz des Almoravidenreiches.

Kulturell zählt die Periode der Kleinkönige zu den Blütezeiten des islamischen Spaniens und läßt sich in dieser Hinsicht wohl mit dem Kalifat von Córdoba vergleichen. Von den Dichtern, die oft auch die Berater ihrer Fürsten waren, müssen zumindest Ibn Zaydūn aus Córdoba, der mit seiner Geliebten Wallāda glühende, aber gleichzeitig innige Gedichte wechselte, al-Muʿtamid, der Dichterfürst von Sevilla, der in der Verbannung in Aġmāt ergreifende Elegien verfaßte, Ibn ʿAmmār, sein Vertrauter und späterer Feind, sowie Ibn Ḫafāǧa aus Alcira, der bedeutendste der Landschaftsdichter, erwähnt werden.

Von der Kunst dieser Epoche ist uns sehr wenig erhalten geblieben. Das hervorragendste Beispiel ist der Palast der Aljafería in Zaragoza, der im vorigen Jahrhundert in eine Kaserne verwandelt wurde und seit einigen Jahren freigelegt und in durchaus nicht unproblematischer Weise rekonstruiert wird.[25] Hier finden sich unter anderen Merkmalen dieser Kunst die Vielpaßbögen der spätkalifalen (vgl. auch die Mezquita al-Ḥakams II. in Córdoba und die Alcazaba von Málaga) und almohadischen Architektur wieder, deren fernen Nachhall wir noch in der romanischen St. Andreaskirche in Köln feststellen können.[26]

Auf dem Gebiet der Historiographie sind neben dem genannten al-Bakrī al-ʿUḏrī aus Dalías (Granada) (1002–1085) und vor allem Ibn Ḥayyān (987–1076) zu nennen, der nicht nur ein außerordentlich umfangreiches eigenes Werk über die Geschehnisse seiner Zeit verfaßte, sondern auch die ihm voraufgehenden Historiographen, zumal den bedeutenden Aḥmad ar-Rāzī (st. 955) und dessen Sohn ʿĪsā b. Aḥmad ar-Rāzī in einem zehnbändigen Werk edierte.[27].

Ein Philologe sollte unbedingt genannt werden, nämlich der blinde Ibn Sīda aus Murcia (1007–1066), der später nach Denia ging und von Muǧāhid al-ʿĀmirī protegiert wurde. Er schuf zwei große Wörterbücher, deren eines, das *Kitāb al-Muḫaṣṣaṣ*, in siebzehn Bänden das umfangreichste nach Sachgebieten geordnete arabische Nationallexikon ist.

Der bedeutendste Kopf dieser Epoche aber war unbestritten Ibn Ḥazm (994–1064), der zwar in Córdoba geboren war, aber aus einer *muwallad*-Familie der heutigen Provinz Huelva stammte (also nicht etwa persischer Abkunft war, wie er behauptete). Er war ein Schöngeist und verfaßte das der Weltliteratur zuzurechnende *Ṭawq al-ḥamāma* („Halsband der Taube, über die Liebe und die Liebenden"), vor allem aber war er ein bedeutender Vertreter der ẓāhiritischen Rechtsschule und ein Religionswissenschaftler von Rang, der eine Geschichte der monotheistischen Religionen sowie der Sekten und Rechtsschulen des Islams schrieb, das *Kitāb al-Fiṣal fī l-milal wal-ahwāʾ wan-niḥal* (von M. Asín Palacios ins Spanische übersetzt), in dem er sich u. a. als antichristlicher Polemiker hervortat.

Bei den Naturwissenschaften verdient der Name des Astronomen Ibn az-Zarqāl(a) („Azarquiel") von Toledo (st. 1100), hervorgehoben zu werden.[28] In der Medizin brillierte Abū l-Qāsim („Abulcasis") az-Zahrāwī (st. 1010), dessen großes Werk, das *Kitāb at-Taṣrīf*, von Gerhard von Cremona ins Lateinische übersetzt wurde. Über Generationen hinweg blühte die Wissenschaftlerfamilie der Banū Zuhr von Córdoba; deren bekanntester Sproß war Abū Marwān („Abhomeron Avenzoar"); er starb 1161 und gehörte somit bereits in eine spätere Zeit.

Mit Recht berühmt war al-Andalus für seine Pflanzenzüchter und Botaniker. Bereits vom Ende des achten Jahrhunderts besitzen wir einen Hinweis auf die Existenz einer Pflanzschule bzw. einer Art botanischen Gartens im Lieblingslandsitz ʿAbd ar-Raḥmāns I. in der Munyat ar-Ruṣāfa bei Córdoba.[29] Aus der uns gerade beschäftigenden Periode wissen wir, daß Ibn Wāfid („Abenguefith") (1008–1075) einen botanischen Garten in der „Huerta del Rey" bei Toledo anlegte. Der originellste und kritischste Autor dieser Literaturgattung war der Toledaner Ibn Baṣṣāl, dessen Werk im Mittelalter ebenfalls ins Kastilische übersetzt wurde. Nach dem Fall der Stadt ging er nach Sevilla, wo er für al-Muʿtamid einen botanischen Garten schuf. Von al-Andalus gelangte u. a. das Wissen über die Möglichkeit der Waldsaat auf verschlungenen Wegen nach Nürnberg, wo der Patrizier Peter Strome(i)r als erster diese Technik von großem wirtschaftlichen Wert beherrschte.[30]

An dieser Stelle ist es sinnvoll, etwa ausführlicher über die sogenannte „Übersetzerschule von Toledo" zu sprechen, wenn auch deren Geschichte vor dem augenblicklich behandelten Zeitraum begann und noch in weit spätere Zeit hineinreichte. Vorweg muß eine Tatsache klargestellt werden, die bis heute von Legenden überwuchert und entstellt ist: Sowohl die Übertragung arabischer Wissenschaft, die auf der Grundlage des griechischen Erbes gediehen und ausgebaut worden war, als auch die Einflüsse arabischer Literatur auf das europäische Mittelalter vollzogen sich allein in Gebieten und an Orten, die der islamischen Herrschaft entrissen worden waren und christlichen Fürsten unterstanden. Nirgendwo konstatieren wir eine Weitergabe islamischer Gelehrsamkeit an Ungläubige auf muslimischem Territorium. Bis zum Beweise des Gegenteils bleiben all die Behauptungen über Studienreisen ins Land der Mauren, nach Córdoba oder sonstwohin Spekulation. Auf diplomatischen Missionen nach al-Andalus mag diese oder jene Handschrift ihren Besitzer gewechselt haben und Wissensstoff in der einen oder anderen Form weitergegeben worden sein; das ändert aber nichts an der Tatsache, daß uns kein authentischer arabischer Text die Tatsache verbürgt, daß man im muslimischen Gebiet studieren und vor allem die dazu notwendigen Sprachkenntnisse erwerben konnte.

Das früheste Zeugnis der Übertragung arabischen Wissens stammt denn auch aus der Spanischen Mark. Die ersten Übersetzungen vom Arabischen ins Lateinische wurden in der zweiten Hälfte des zehnten Jahrhunderts, und zwar offenbar im berühmten Benediktinerkloster von Ripoll vorgenommen; die Texte handelten von Geometrie, Astronomie und der Konstruktion entsprechender Instrumente. Der berühmte Gerbert von Aurillac (als Silvester II. von 999 bis 1003 Papst), der der schwarzen Magie verdächtigt wurde, stand mit jenem Kloster in Verbindung, verbrachte er doch die Jahre 967–969 beim Bischof von Vich. Auch nach seinem Weggang blieb die Verbindung mit den Mönchen der Spanischen Mark erhalten. Gerbert, einer der größten Gelehrten seiner Zeit, machte Europa mit den arabischen Ziffern (auf Rechensteinen) bekannt. In zwei alten spanischen Handschriften, dem Albeldense von 976 und dem Emilianense von 992 erschienen jene erstmals, und zwar in der sogenannten *ġubārī*-Form, wobei auch ihr indischer Ursprung verzeichnet wurde.[31]

Dann hören wir lange Zeit nichts mehr von Kontakten dieser Art – bis zur Eroberung von Toledo 1085 durch Alfons VI. Der geographische Raum dieser erneuten Fühlungnahme war das Gebiet zwischen Tajo und Barcelona; Toledo spielte keineswegs eine exklusive Rolle, das Ebro-Bekken erscheint vielmehr als ebenso bedeutsam. Wissenschaftliches Interesse zeigte jetzt als erster der konvertierte Jude Petrus Alonsus (eigentlich Moses Sefardi) von Huesca, seit 1106 ein Schützling Alfons' I. von Aragonien, der dem christlichen Abendland in seiner „Disciplina clericalis" orientalische Erzählstoffe zugänglich machte[32] und dann nach England ging, wo 1126 die Übersetzung der Tabellen des Ḫwārizmī durch Adelard von Bath erschien. Nach der Eroberung des Ebro-Beckens durch Alfons (um 1118) brachte in Tarazona ein spanischer Kleriker für Bischof Michael (1119–1151), der vermutlich Franzose war, mehr als zehn Übersetzungen aus dem Arabischen zustande. Nahe Logroño, vielleicht in Nájera, arbeiteten Herrmann von Kärnten („Dalmata") und Robert von Rétines gemeinsam an solchen Übersetzungen, als sie 1141 Petrus Venerabilis von Cluny auf seiner folgenreichen Spanienreise trafen. Danach erst begann Erzbischof Raimundus von Toledo Interesse an den Arbeiten der schon seit längerem tätigen Übersetzer zu zeigen, vor allem an der 1143 abgeschlossenen ersten lateinischen Übersetzung des Korans.[33]

In den Jahren zwischen 1120 und 1160 wirkte die zentrale Figur dieser Epoche, Johannes Hispalensis, der ohne jede fremde Hilfe wissenschaftliche Werke übersetzte und wohl selbst Mozáraber war. Er wurde 1149 Bischof von Segovia und 1151 Erzbischof von Toledo. Andere bedeutende Figuren waren Johannes b. Dāwīd („israelita philosophus"), der Mitarbeiter des nicht minder wichtigen Erzdekans Dominikus Gundisalvus (Domingo González). Letzterer übersetzte vor allem philosophische Werke ins Lateinische, und zwar aus dem Kastilischen, in das Johannes b. Dāwīd die arabischen Originale übertragen hatte. Dieser Johannes, der sich selbst Abendauth (= Ibn Dāwūd/David) nannte, ist wohl mit Johannes David, dem Freunde Platons von Tivoli, und einem oft genannten Johannes Toletanus identisch. Ganz sicher ist man sich noch nicht über die Identität der verschiedenen Übersetzer, die in dieser Phase tätig waren.[34]

Nach 1165 wirkte die Equipe des Gerhard von Cremona in Toledo an der Übersetzung insbesondere philosophischer Autoren: al-Farābī, al-Ġazzālī und Ibn Sīnā. Erst jetzt wurde Aristoteles als Philosoph für Europa entdeckt und begannen islamische Philosophen wie Ibn Bāǧǧa („Avempace"), Ibn Ṭufayl („Albubather"), Ibn Rušd (Averroës), Abulcasis, al-Biṭrūǧī („Albetragius") und der Jude Maimonides im christlichen Europa zu wirken, noch ehe sie in der *dār al-islām* alle Früchte getragen hatten. Gerhard und seine Mitarbeiter, die an die achtzig Werke übersetzten, sind am ehesten als die „Toledaner Schule" zu bezeichnen. Ein Sequel dieser „Schule" war es vielleicht auch, daß in der „Historia Arabum" des Erzbischofs Rodrigo Jiménez de Rada (1208–1247) arabische Geschichtsquellen verarbeitet wurden.[35] Dieser Rückgriff auf arabische Quellen ist gesichert für die „Primera Crónica general" des vielleicht bedeutendsten mittelalterlichen Gelehrten auf einem Thron, Alfons' X. (1221–1284) von León-Kastilien, des Sohnes Ferdinands III. des Heiligen, des Eroberers von Jaén, Córdoba und Sevilla.[36] Der politisch eher erfolglose König und erwählte „römische" Kaiser, der nicht nur als Dichter der „Cantigas e loores de Santa María", sondern auch als Gesetzgeber (Fuero Real, Siete Partidas) und Historiker (Grande e General Historia) berühmt ist, hat die Erstellung und Herausgabe der „Alfonsischen Tafeln" und weiterer astronomischer Werke, des Steinbuchs, des Schachzabelbuches und vieler anderer gelehrter

Werke veranlaßt, die entweder Übersetzungen arabischer Werke darstellten oder doch wenigstens Material aus denselben verarbeiteten. Insbesondere aber hat er die spanische, lateinische und französische Übersetzung des *Kitāb al-Mi ʿrāǧ*, eines arabischen Werkes schlichter Volksfrömmigkeit über die Himmelfahrt des Propheten Muḥammad herstellen lassen und auf diese Weise ganz entscheidend dazu beigetragen, daß sich Kenntnisse der islamischen Vorstellungen über die letzten Dinge im christlichen Abendland verbreiteten und ihre Spuren in Dantes ,,Göttlicher Komödie" hinterlassen konnten.[37]

6. Die großen Berberreiche

a) Die Almoraviden

Während die Kleinkönige von al-Andalus dem zunehmenden Druck der Christen zu widerstehen, sich aber dabei gegenseitig zu vernichten suchten, wuchs im Westen der Sahara die Macht heran, die ihnen das Ende bringen sollte: die Almoraviden. Viehzüchtende Ṣanhāǧa hatten das Gebiet der Berber nach Süden hin ausgeweitet und waren zu Beherrschern des gewinnbringenden Karawanenhandels zwischen den Negerkönigreichen des westlichen Sudans und den islamischen Territorien Nordafrikas geworden. Vermutlich im neunten Jahrhundert waren sie oberflächlich islamisiert worden. Im Südwesten Mauretaniens an der Küste saßen die Gudāla, nördlich davon, im mauretanischen Adrār, ihre Verwandten, die Lamtūna und Masūfa. Zu Beginn des elften Jahrhunderts lag die Oberherrschaft über die „schleiertragenden" (arabisch *mulaṯṯamūn*, vom *liṯām*, dem Mundschleier, abgeleitet) Ṣanhāǧa bei den Führern der Lamtūna, ging aber gegen 1046 an das Gudāla-Haupt Yaḥyā b. Ibrāhīm über. Dieser brachte von einer Pilgerfahrt nach Mekka einen *faqīh* namens ʿAbdallāh b. Yāsīn mit, der die religiöse Praxis der betreffenden Stämme verbessern sollte.

Ibn Yāsīn, ein Gazūla-Berber des Sūs, war kein großer Gelehrter, aber wendig, voller Charisma und ein strenger Puritaner – sicher eher ein Führer als ein Ideologe. Er wird oft dargestellt als bloßer orthodoxer Missionar und censor morum der zügellosen Saharabewohner. In Wirklichkeit war er ein Mann mit ausgeprägtem Machtinstinkt. Nachdem er der Herrschaft über die Gudāla sicher war, war er es, der sie über ihre Nachbarstämme herfallen hieß. Seine Kenntnisse der politischen Situation und der wirtschaftlichen Möglichkeiten des Maghreb und von al-Andalus (wo er mehrere Jahre zugebracht haben soll) ließen ihn allmählich an die Möglichkeit der Gründung eines großen Reiches glauben. Sein Wirken verlief zunächst friedlich, bis es zu einer Abwehrreaktion der Gudāla kam; darauf zog sich Ibn Yāsīn zu seinem Lehrer Wagāg b. Zallūy nach Malkūs (unbekannter Lage) zurück, der den Rebellen Gottes Ungnade androhte und seinen

Schüler offenbar zu einem aggressiveren Verhalten anspornte. Dieser kehrte in die Sahara zurück und suchte nach der Bestrafung der Empörer Halt bei den Lamtūna, deren Chef, Yaḥyā b. ʿUmar, er zum militärischen Führer der nun erstehenden und erstarkenden Bewegung machte. Sich selbst behielt er die geistlichen Aufgaben, das Richteramt und nota bene auch das Steuerwesen vor.

Die Lamtūna, Masūfa und Gudāla wurden zu einem Kampfbund zusammengeschweißt, dessen Genossen hinfort als *murābiṭūn* (= Almoraviden) bezeichnet wurden. Der Name diente zur Unterscheidung der Anhänger der Bewegung von bloßen Mitläufern und regelrechten Gegnern. Es waren „bewaffnete Aktivisten einer grenzüberschreitenden Islamisierungskampagne ... *murābiṭ* wird gesagt, *muǧāhid* ist gemeint".[38] Ibn Yāsīns *murābiṭūn* waren und blieben Angehörige ganz bestimmter Berberstämme. Auch später erfuhr diese exklusive Klasse keine Erweiterung. Daß sich die militärisch-politische Kraft der Bewegung allmählich erschöpfte, wird so verständlich; sie wurde zur Minderheit in einer Aristokratie, die mit der Ausbreitung des Heeres durch den Zustrom fremder Kontingente immer größer und bunter wurde. Nur 1077/78 erfolgte noch einmal eine Verstärkung durch echte *murābiṭūn* aus der Sahara aus dem Kreis der Gründerstämme. Nur sie durften den Mundschleier tragen; andere Berber wie die Gazūla, Lamta, Zanāta und Maṣmūda waren nur *ḥašam* („Gefolge"), von den Söldnern ganz zu schweigen. Über den Hintergrund der Benennung wurde viel gerätselt; das wahrscheinlichste ist, daß Ibn Yāsīn den Namen einer Pflanzstätte (*ribāṭ?, rābiṭa?, zāwiya* oder Konvent?) seines Lehrers Wagāg, der *dār al-murābiṭīn*, übernahm, die nach den Worten des Qadi ʿIyāḍ „für Wissenschaft und das Gute" errichtet worden war.

Es begann der planmäßige Vormarsch nach Norden. Ibn Yāsīns Anliegen war die Beseitigung von Tyrannis und ungesetzlicher Besteuerung einerseits, die Ausbreitung der religiösen Auffassung der Bewegung und Durchsetzung puritanischer Prinzipien wie des Verbotes von Weinschänken und Musikinstrumenten andererseits. Für seine (Ṣanhāǧa-) Stämme aber ging es vor allem um die Bekämpfung ihrer Erbfeinde, der Zanāta, die 1054 aus Siǧilmāsa vertrieben wurden. Dann aber erhoben sich die Gudāla wiederum, Yaḥyā zog zu ihrer Bekämpfung in den Süden und fiel im belagerten Azuggī. Ibn Yāsīn setzte 1056 Yaḥyās Bruder Abū Bakr an dessen Stelle. Von dem genannten Zeitpunkt an trennten sich die Gudāla von den Almoraviden, blieben in der Sahara und vernichteten die dort verbliebenen Teile der Lamtūna.

Nachdem Ibn Yāsīn im Norden missionarisch tätig gewesen war, zog ihm Abū Bakr nach und fand weithin Anerkennung; Ibn Yāsīn ging weiter zu den häretischen Barġawāṭa und fand dort Anfang 1059 den Tod. Damit verlor der geistliche Faktor seine große Bedeutung; das weltliche Emirat trat in den Vordergrund. Abū Bakr ließ sich im Gebiet von Aġmāt nieder und heiratete 1068 Zaynab an-Nafzāwiyya, die einflußreiche Witwe des

Herrn von Aġmāt. Die Bewegung, ihres geistlichen Führers beraubt, nahm nun vorwiegend machtpolitischen Charakter an. Abū Bakr wollte dem entstehenden Reich eine eigene Hauptstadt schaffen und gründete am 7. Mai 1070 Marrakesch (älter *Marrūkuš*, woraus portugiesisch *Marocos*, spanisch *Marruecos* und unser „Marokko" wurde). Die angebliche Gründung durch Yūsuf b. Tāšfīn im Jahre 1060 ist Legende.[39] Ein neuerlicher Aufstand in der Sahara verlangte Abū Bakrs Eingreifen; er ernannte seinen Vetter Yūsuf zu seinem Stellvertreter und überließ ihm auch seine Frau. Als er 1072 aus der Sahara zurückkehrte, mußte er feststellen, daß Yūsuf ihn ausmanövriert hatte. Abū Bakr wich der Gewalt und ging in die Sahara zurück, wo er bis zu seinem Tode im Jahre 1087 die Ungläubigen bekämpfte. Von da an haben wir es mit getrennten Staatswesen zu tun; die Sahara spielte in der almovaridischen Geschichte nie mehr eine Rolle.

Yūsuf hatte inzwischen nach den Vorstellungen Ibn Yāsīns große Teile des durch interne Streitigkeiten zerrissenen Marokko erobert, ohne Widerstand zu finden. Die Zanāta wurden 1075 aus Fes vertrieben, Tāzā und Tlemcen erobert, dann Wažda (Užda), Oran und Algier (1082) und im Jahre darauf Ceuta. Um diese Zeit trafen die ersten Hilfs- und Beistandsersuchen von den Kleinkönigen von Sevilla, Badajoz und Málaga bei Yūsuf ein. Es kam 1086 zum ersten Feldzug nach al-Andalus. Das almoravidische Heer, verstärkt durch Truppen der Kleinkönige, schlug Alfons VI. bei Zallāqa nahe Badajoz. Nach einem zweiten Zug nach al-Andalus (vergebliche Belagerung von Aledo) im Jahre 1088 kehrte Yūsuf 1090 zum drittenmal dorthin zurück und beseitigte bis 1092 alle spanischen Kleinkönige, die zum Teil nach Aġmāt verbannt wurden; nur Valencia (unter dem Cid, s. o.) und Zaragoza konnten erst 1102 bzw. 1110 erobert werden. Nach dem überwältigenden Sieg von Zallāqa nannte sich Yūsuf mit Zustimmung des abbasidischen Kalifen im Juni 1098 *amīr al-muslimīn* und ließ ab 1087 Goldmünzen in seinem Namen prägen.

Yūsuf starb 1106; sein Sohn ʿAlī folgt ihm nach, der zuerst mit einigen Erhebungen fertig werden und in al-Andalus Ordnung schaffen mußte. Siege und Niederlagen wechselten einander ab: 1110 wurde Zaragoza erobert, 1115/16 folgten die Balearen, aber schon 1118 ging Zaragoza mit dem Ebro-Becken wieder an die Christen verloren, ebenso 1119 die große Festung Calatayud. 1125–26 erfolgte der kühne Zug Alfons' I. von Aragonien durch das östliche Andalusien, von wo er 14000 Mozáraber mitbrachte, die er im Norden neu ansiedelte. In der Folge dieses Feldzuges wurden große Teile der Mozáraber nach Marokko deportiert, wo sich ihre Spuren verlieren. In Marokko begann sich damals die almohadische Bewegung störend bemerkbar zu machen, die bereits einen ersten, wenn auch erfolglosen Ansturm auf Marrakesch unternahm. In al-Andalus hatten sich die Almoraviden durch ihre Sittenstrenge und ihren Rigorismus, aber auch durch Übergriffe der afrikanischen Soldaten herzlich unbeliebt gemacht. Der anfängliche Dank für die Beseitigung der christlichen Bedrohung war rasch vergessen. Die rauhen Krieger besaßen wenig Verständnis für die verfeinerte Kultur des Landes; bezeichnend dafür ist der sprichwörtliche „Haß (der Poeten) auf Sevilla".[40] Und doch muß man konstatieren, daß die Akkulturation, vor allem in den Residenzen und an den Höfen der almoravidischen Gouverneure (die meist Prinzen der herrschenden Familie waren) rasche Fortschritte machte und „andalusische" Gelehrte, Verwaltungsfachleute und Architekten bald in hohem Ansehen standen. ʿAlī vor allem, der Sohn und Nachfolger Yūsufs und noch frömmer als sein Vater, war ein gelehriges Instrument der *fuqahāʾ*, auf deren Veranlassung er in Córdoba die Werke al-Ġazzālīs verbrennen ließ. Er war als Städter in al-Andalus aufgewachsen und dem Einfluß der hispano-arabischen Gesittung gegenüber aufgeschlossen.

Unverkennbar ist eine Rückwirkung dieser Kultur auf die Städte des almoravidischen Maghreb, vor allem im Bereich der Baukunst. Zwar sind die Moscheen in Marrakesch und Fes, die Yūsuf erbaute, nicht erhalten, aber die Kathedralmoscheen von Algier und Tlemcen sowie die Erweiterung der Qarawiyyīn von Fes sind großartige Zeugen almoravidischen Bauwillens und spanisch-arabischer Architektur. Fes zumal verdankt ihnen mehr als den Meriniden, die gemeinhin als größte Förderer dieser Stadt angesehen werden.

Nach dem Tode ʿAlīs 1143 ging es rasch abwärts: In Marokko wuchs die almohadische Macht, während im Südwesten der Pyrenäenhalbinsel eine marabutisch geprägte Rebellion der Murīden des Ibn Qasī und des Ibn al-Mundir die Herrschaft der Almoraviden untergrub und ihren Fall beschleunigte. Im Jahre 1144 fiel der katalanische Vizegraf Reverter (arabisch *Ruburtayr*), Befehlshaber der christlichen Söldnertruppe der Almoraviden und wichtige Stütze ihres Throns. Westalgerien wurde von den Almohaden besetzt, und schließlich wurde 1147 Marrakesch erstürmt und der letzte Almoravide Isḥāq umgebracht. Der Name der Almoraviden ging verloren und bedeutete von nun an nur noch „Nachkomme aus ihrem Herrschergeschlecht". Er war ein islamisches Namensschild bestimmter Stämme gewesen, die eine neue Staatsidee getragen hatten. Immerhin haben die Almoraviden auch in religiöser Hinsicht Bedeutendes geleistet: Sie haben alle auf ihrem Staatsgebiet beheimateten Häresien beseitigt und der Religion die konfessionelle Einheit auf der Grundlage der malikitischen Rechtsschule gegeben.

b) Die zweite Fitna in al-Andalus

Während des Niedergangs der almoravidischen Macht in al-Andalus brach eine neuerliche, wenn auch nur dreißig Jahre dauernde Periode der Herrschaft von Kleinkönigen an. Abgesehen von den schon erwähnten murīdischen Führern des Südwestens ist hier vor allem der Herr der Levante, Ibn Mardanīš (1124/25–1172), der „Rey Lobo" (oder Lope) der spanischen Chronisten zu nennen. Er war einheimischer Herkunft und setzte sich in

Valencia fest. Von dort und von Murcia aus eroberte er Jaén, Baeza, Guadix, Carmona und Écija; sein Schwiegervater Ibn Hamušk(o) half ihm bis 1169 im Kampf gegen die Almohaden, bis er zu diesen überwechselte. Ibn Mardanīš war von energischem Wesen, grausam und irreligiös, und preßte aus seinen Untertanen enorme Gelder heraus, mit denen er seine kastilischen, aragonesischen und katalanischen Söldner bezahlte, die ihm sehr ergeben waren. Inzwischen hatte Markgraf Ramón Berenguer IV. 1148 Tortosa und 1149 Lérida erobert; bereits 1147 war Almería von einer vereinigten Streitmacht von Kastiliern, Aragonesen, Pisanern und Genuesen unter Alfons VII. von Kastilien genommen worden; bis 1157 blieb es in ihrer Hand. Al-Andalus war wiederum aufs höchste durch die christliche Reconquista bedroht und aufs neue kam eine afrikanische Macht zu Hilfe: die Almohaden.

c) Die Almohaden

Die Unterwerfung des westlichen Maghreb durch Ṣanhāǧa-Nomaden mußte wegen des latenten Gegensatzes zu den Seßhaften, zumal den Maṣmūda-Stämmen des Atlas, sowie zu den Erbfeinden der Ṣanhāǧa, den Zanāta, zu einer Reaktion führen. Als der ursprüngliche religiöse Elan der Almoraviden erlahmte und durch bloße Machtpolitik ersetzt wurde, bedurfte es nur einer weiteren religiösen Erneuerungsbewegung, um diese Reaktion auszulösen.

Dies geschah durch einen Berber-*faqīh* der Harġa des Anti-Atlas, Ibn Tūmart, der am 5. März 1091 in Iglīz/Igillīz geboren wurde und der sich nach einem Studienaufenthalt in Córdoba im Alter von achtzehn Jahren in den Orient begab, um nach einer Pilgerfahrt im Irak zu studieren.[41] Dort erwarb er sich ausgedehnte Kenntnisse in der von der malikitischen Rechtsschule zugunsten der angewandten Jurisprudenz vernachlässigten Rechtsdogmatik (*uṣūl al-fiqh*). Er wurde sehr beeinflußt durch die von al-Ġazzālī geförderte Versöhnung von Orthodoxie und islamischer Mystik, und die Ächtung der Werke des Meisters durch die malikitischen *fuqahā'* des Maghreb und von al-Andalus empörte ihn zutiefst. Im Juli 1116 machte er sich auf die Rückreise nach Westen; vermutlich in Tunis schloß sich ihm Abū Bakr b. ʿAlī al-Bayḏaq an, der sein getreuer Gefolgsmann wurde und dessen „Memoiren" eine der Hauptquellen für Ibn Tūmarts Karriere darstellen.

In Mallāla nahe Biǧāya fand die schicksalsschwere Begegnung mit Ibn Tūmarts späterem Nachfolger ʿAbd al-Mu'min, einem Berber Nordwestalgeriens, statt. Die Verbindung des Charismas Ibn Tūmarts mit den außerordentlichen administrativen und militärischen Fähigkeiten ʿAbd al-Mu'mins war eine Voraussetzung für den Triumphzug der Almohaden; man darf wohl daran zweifeln, daß Ibn Tūmart je sehr viel mehr im Sinn hatte, als in seiner Heimat dem „richtigen" Islam zum Siege zu verhelfen. Zu dieser Zeit etwa dürfte auch seine Lehre im wesentlichen Gestalt angenommen haben, von der man nicht behaupten kann, daß sie besonders originell gewesen sei.[42]

Dogmatisch ging es Ibn Tūmart vor allem um die Betonung der absoluten Einheit Gottes (*tawḥīd*) – weswegen sich seine Anhänger auch *al-muwaḥḥidūn* (= Almohaden) „Einheitsbekenner" nannten. Diese Lehre machte jede Ausstattung Gottes mit Eigenschaften und jedweden Vergleich zwischen ihm und irgendwelchen anderen Wesen unmöglich und erforderte außerdem die allegorische Auslegung bestimmter mißverständlicher Koranstellen. Heiliger Kampf (*ǧihād*) war Pflicht, und zwar insbesondere gegen die Almoraviden; der *ǧihād* gegen sie war wichtiger und verdienstvoller als derjenige gegen die Ungläubigen. Absolute Vorherbestimmung war eine der Grundlehren, wie auch – obgleich erst gegen Ende 1121 proklamiert – die Anerkennung Ibn Tūmarts als Mahdī und unfehlbarer und sündloser Imam, eine der Schia entlehnte Vorstellung. Im Recht war das direkte Zurückgehen auf die Quellen (Koran und Sunna) und die Ablehnung logischer Schlüsse sowie der individuellen „Meinung" (*ẓann*) wesentlich; der Konsens (*iǧmāʿ*) als Rechtsquelle wurde nur für die Prophetengenossen (*ṣaḥāba*) anerkannt; die Rechtsschulen (*maḏāhib*) wurden abgelehnt. Auf dem Felde der Sitte und Moral galt äußerste Strenge: absolutes Verbot aller berauschenden Getränke, Gebets- und *ǧihād*-Zwang und gerechte Aufteilung der Beute.

Origineller als die almohadische Doktrin war sicherlich die hierarchische Struktur der almohadischen Gesellschaft, die allerdings erst in Tīnmāl geschaffen wurde: die sogenannten *ahl ad-dār*, etwa zwanzig Personen, darunter drei Brüder Ibn Tūmarts, an der Spitze; dann zwei „Räte": einmal der „Rat der Zehn" (zu denen ʿAbd al-Muʾmin und andere seiner ältesten Anhänger, wie Abū Ḥafṣ ʿUmar, gehörten; offenbar eine Art Generalstab der Bewegung) und zum anderen der „Rat der Fünfzig" (ein Konsultativorgan aus den Vertretern der Stämme); ferner die besondere Parade- und Schlachtordnung der Stämme; schließlich eine vertikale Hierarchie nach den verschiedenen Aufgaben – das ganze System ist leider noch immer mit vielen Unklarheiten und Unsicherheiten behaftet.[43] Im dreizehnten Jahrhundert finden wir überdies eine Zweiteilung des Heeres in *ǧumūʿ*, Truppen, die in Marrakesch ihren Dienst leisteten und besoldet wurden, und *ʿumūm*, die normalerweise daheim weilten und bei Mobilmachung einrückten.

Ibn Tūmart kam es im Unterschied zu den Gelehrten des Ostens, die sich gern auf Diskussionen und Auseinandersetzungen in ihren Kreisen beschränkten, auf weiteste Verbreitung und Annahme seiner Lehren an, weshalb er vornehmlich die berberische Sprache nicht nur in Wort, sondern auch in Schrift benutzte (wovon uns leider nur wenig erhalten blieb). Wo immer er weilte, predigte er, gewann er Anhänger und erregte Ärgernis. Schließlich machte er sich in seine Heimat auf und ging 1120 nach

Marrakesch, um die Almoraviden zu „bekehren". Vor dem Herrscher, ʿAlī b. Yūsuf, führte er mit malikitischen Rechtsgelehrten ein Streitgespräch, das die einen wegen seiner Kenntnisse und seiner offensichtlichen Ernsthaftigkeit beeindruckte, andere aber davon überzeugte, daß hier ein für den Staat gefährlicher Mann vor ihnen stand. Die „Sittenlosigkeit" der Almoraviden tadelte er aufs heftigste, als er erleben mußte, daß die Schwester des Herrschers gemäß almoravidischer Art unverschleiert in der Moschee erschien – denn bei den schleiertragenden Ṣanhāǧa der Sahara gingen nur die Männer verhüllt. Angesichts der Gefahr, verhaftet und eingekerkert zu werden, entwich er Anfang 1121 nach Aġmāt und kehrte anschließend zu seinem Stamm zurück.

Dort erfolgte Ende des Jahres seine Proklamation als Mahdī und der Aufruf zum Kampf gegen die Almoraviden. Verschiedene Maṣmūda-Stämme, die dazu nur zu bereit waren, wie die Hintāta, erkannten ihn an und nahmen den Kampf auf. Ibn Tūmart entschloß sich, eine strategisch günstigere Position einzunehmen und verlegte 1124/25 seinen Sitz nach Tīnmāl (Tīnmallal), etwa 75 km südsüdwestlich von Marrakesch. Die ursprünglichen Bewohner scheinen liquidiert worden zu sein.

Hier konstituierten sich die Almohaden als eine „geschlossene Gesellschaft", bestehend aus acht Maṣmūda-Stämmen bzw. Teilen derselben, deren einer – wie bei den Almoraviden – den Emir und das Herrscherhaus stellte. Offenbar gab es interne Streitigkeiten zwischen den verschiedenen Fraktionen der Stämme und Ungehorsam gegenüber der Spitze der Bewegung. Wie auch immer, zwischen Ende 1128 und 1129 kam es zu einer großen Säuberung (*tamyīz*), zu einer Massenexekution unsicherer Kantonisten und in irgendeiner Verbindung damit zur Schaffung der verwickelten almohadischen Hierarchie, die oben kurz skizziert worden ist. Nach einer am 13. Mai 1129 erlittenen Niederlage bei al-Buḥayra und einer fehlgeschlagenen Belagerung von Marrakesch starb der Mahdī am 20. August 1130. Angeblich drei Jahre lang wurde sein Tod geheimgehalten, jedenfalls bis ʿAbd al-Muʾmin fest im Sattel saß. Dieser wurde zum *ḫalīfat Ibn Tūmart* (Stellvertreter, Nachfolger) ernannt und gab sich den kalifalen Titel eines *amīr al-muʾminīn.*

Wie bei den Almoraviden mit dem Tode Ibn Yāsīns trat nun auch bei den Almohaden das religiöse Moment hinter das militärisch-politische etwas zurück: Wir können von einer Dynastie der Muʾminiden sprechen. Die Eroberung Marokkos wurde zwischen 1133 und 1148 vollendet: Nachdem 1145 Tlemcen gefallen war, wurden im Jahr darauf Fes und Marrakesch erstürmt und der letzte der Almoraviden hingerichtet. Nachdem Revolten im Sūs und an der Atlantikküste niedergeschlagen worden waren und eine zweite, noch schrecklichere Säuberung (von al-Bayḏaq als *iʿtirāf* „Eingeständnis" bezeichnet) die angeblich über 32000 Menschen das Leben kostete, dem Land verordnet worden war, konnte Marokko als befriedet gelten.

Wir haben bereits gesehen, wie in al-Andalus von 1145–1147 der Aufstand gegen die Almoraviden eine zweite Periode von Kleinherrschaften herbeiführte; die Almoraviden vermochten nur Sevilla, Granada und die Balearen zu behaupten. Bereits 1146 wurde, zuerst in Cádiz, die Freitagspredigt (*ḫuṭba*) im Namen des almohadischen Kalifen gehalten; Jérez folgte; der almoravidische Admiral ging zu den Almohaden über, und 1147 entschloß sich der Kalif, ein Expeditonsheer nach al-Andalus zu senden, dessen Süden und Südwesten besetzt wurden. Aber das Verhalten der almohadischen Armee, die mit großer Brutalität vorging, machte die Neuankömmlinge rasch verhaßt. Immerhin vermochten klügere Befehlshaber das Land zu befrieden, und 1150 erkannte eine Delegation der Notabeln Niederandalusiens ʿAbd al-Muʾmin als Souverän an.

ʿAbd al-Muʾmin schritt nun zum Ausgriff nach Osten; 1151 beseitigte er die Ḥammādiden, schlug 1152 die arabischen Hilālstämme und deportierte sie – ein verhängnisvoller Entschluß – in die atlantischen Ebenen Nordmarokkos, wo sie in Ländereien der vernichteten häretischen Barġawāṭa angesiedelt wurden. Der Kalif hat mit diesem Entschluß den Kern späterer Fäulnis ins Herzland seines Reiches eingepflanzt. Er designierte einen seiner Söhne zum Nachfolger und setzte weitere Prinzen und Mitglieder seiner Familie (die hinfort den Titel *sayyid* trugen) als Gouverneure ein.

Die Küstenstädte Ifrīqiyas waren unterdessen zwischen 1134 (Dscherba) und 1156 (al-Mahdiyya) von den Normannen unter Roger II. eingenommen, und der Herrschaft der Ziriden war ein Ende bereitet worden, doch lehnten die Araber ein Hilfsangebot der Normannen gegen die Almohaden ab, die nun 1160 Ifrīqiya und Tripolitanien eroberten – von der Bevölkerung als Befreier begrüßt. Der ganze berberische Maghreb war zum ersten und einzigen Mal unter einem Herrscher berberischer Herkunft geeint.

Im Jahre 1161 setzte der Kalif nach al-Andalus über, befestigte Gibraltar und eroberte Granada. 1163 starb ʿAbd al-Muʾmin in Rabat (*Ribāṭ al-Fatḥ*), das seit 1150 als riesiges Heerlager im Aufbau begriffen war. Vorher hatte er seinen *maḫzan* (Regierungsapparat) geordnet und die Grundsteuer (*ḫarāǧ*) organisiert: Zwei Drittel des Landes wurden diesem unterworfen, das restliche Drittel (Gebirge, Wüsten, Salzseen etc.) als unbrauchbarer Rest unbesteuert gelassen. Bestimmte Berber- und Beduinenstämme wurden dem *maḫzan* zu dauernder Heerfolge zugeordnet (*gīš* aus arabisch *ǧayš* „Heer, Armee"), eine Einrichtung, die Marokko bis fast an den Anfang unseres Jahrhunderts beibehalten hat.

Nachfolger wurde Abū Yaʿqūb Yūsuf (1163–1184), der mit Hilfe arabischer Truppen die Levante von al-Andalus eroberte: Ab 1172 war der islamische Teil der Halbinsel eine Provinz des Almohadenreiches.

Im fernen Osten des Reiches erlitt der Staat seine ersten Rückschläge: Der armenische Abenteurer Qarāqūš, der sich 1172 in Tripolis festgesetzt, und Gafṣa, das seit 1166 rebelliert hatte, mußten mit Waffengewalt niedergehalten werden; eine schwere Pest suchte Nordafrika 1174 heim.

Insgesamt aber waren die Regierungsjahre dieses Kalifen eine Zeit größter Blüte und des Wohlstandes. Obwohl Abū Yaʿqūb Berber war, war er im Herzen schon zum „Andalusier" geworden; er holte spanische Muslime an seinen Hof und zog den Umgang mit ihnen vor. Die Philosophen Ibn Rušd (Averroës, 1126–98), der große Kommentator des Aristoteles, und Ibn Ṭufayl (1110–85), der Autor des berühmten philosophischen Romans *Ḥayy ibn Yaqẓān*, waren seine Günstlinge und mußten nur vorübergehend aus der Schußlinie fanatischer almohadischer Rechtsgelehrter genommen werden.

Doch die christliche Drohung blieb und konnte nicht ausgeschaltet werden: 1165 nahmen die Portugiesen Évora ein. Der Gegenangriff der Almohaden (ab 1181) brachte zwar Erfolge, aber der Kalif starb 1184 bei der Belagerung von Santarem, gerade als die almoravidischen Gouverneure der Balearen sich anschickten, den Archipel zu räumen und den Krieg nach Ifrīqiya hineinzutragen. Von 1184 (Landung in Biğāya) an verheerten die Banū Ġāniya den östlichen Maghreb, manchmal mit den Hilāl verbündet, manchmal mit Qarāqūš, auch im Bündnis mit den Banū Sulaym Tripolitaniens; Siege wechselten mit Niederlagen ab. Schon reichte die Kraft des Reiches nicht mehr aus, um mit beiden Bedrohungen – derjenigen der Banū Ġāniya und derjenigen der christlichen Reiche der Pyrenäenhalbinsel – fertig zu werden, und als Yaḥyā b. Ġāniya 1236 in der Wüste als Bandenchef starb, lagen Ifrīqiya und der zentrale Maghreb in Trümmern, entvölkert, die Wirtschaft total ruiniert.

Hinzu kam, daß der Maghreb insgesamt nach einem demographischen Höhepunkt im neunten Jahrhundert langsam, aber unaufhaltsam, eine degressive Entwicklung seiner Bevölkerungszahl und, damit verbunden, seiner Wirtschaftskraft erlitt. Der Tiefpunkt sollte im sechzehnten Jahrhundert zur Zeit Philipps II. erreicht werden, als die städtische Bevölkerung Marokkos kaum mehr als 200000, die des gesamten Maghreb nur noch zwei bis drei Millionen betrug. Die Heimsuchungen von Krieg und Zerstörung, der Mangel an Arbeitskräften und die technische Stagnation wurden durch lange Dürreperioden, Hungersnöte und Epidemien noch verschlimmert. Steuern wurden immer rücksichtsloser eingetrieben, was wiederum die Wirtschaft schädigte. Die sozialen Strukturen der Region wandelten sich von Grund auf durch das Übergreifen des Nomadentums auf einstmals bebautes und dichtbesiedeltes Land.[44]

Die Regierungszeit des folgenden Kalifen, Abū Yūsuf Yaʿqūb al-Manṣūr (1184–1199), war zwar ruhig, aber es war die Ruhe vor dem Sturm. Alfons VIII. von Kastilien, der 1177 Cuenca erobert hatte, wird 1195 bei Alarcos vernichtend geschlagen. Noch blühten am Hofe Dichtung, Wissenschaft und Philosophie. Zugleich wurde die almohadische Doktrin wiederbelebt und begann die Verfolgung malikitischer *fuqahā*ʾ. Bücher brannten, und Freigeister wie Ibn Rušd wurden belästigt. Die Baukunst stand in hoher Blüte; die große Moschee von Sevilla (deren letzter Rest die Giralda ist) wurde ebenso vollendet wie die Moschee der Qaṣba von Marrakesch. Die Ḥasan-Moschee in Rabat, ein Denkmal almohadischen Größenwahns, wurde begonnen, aber nie vollendet.

Mit dem Nachfolger Muḥammed an-Nāṣir li-dīn Allāh (1199–1213) setzte erkennbar der Niedergang ein. Er war ein schwacher und unsicherer Herrscher; er litt an einem Sprachfehler und war daher wortkarg und ohne Energie.

Im Osten des Maghreb hatte sich der Vizekönig Abū Muḥammed b. Abī Ḥafṣ ʿUmar quasi unabhängig gemacht. Er war es gewesen, der Yaḥyā b. Ġāniya 1203 Ifrīqiya entrissen, ihn verjagt und 1209/10 den Beduinen Tripolitaniens eine schwere Niederlage beigebracht hatte. In al-Andalus braute sich unterdessen Unheil zusammen: Der Erzbischof von Toledo, Rodrigo Jiménez de Rada, Erbauer der dortigen Kathedrale, Historiker und Autor, brachte eine Allianz der christlichen Staaten der Halbinsel zusammen, durchreiste diese, Frankreich und Italien, um Truppen zu sammeln, und erreichte, daß von Papst Innozenz III. ein Kreuzzug verkündet wurde. Im Juni 1212 stießen Alfons VIII. von Kastilien, begleitet von den Königen von Navarra und Aragonien, und der Kalif in Las Navas de Tolosa am Südabhang der Sierra Morena aufeinander, und in der darauffolgenden Schlacht wurden die Almohaden entscheidend geschlagen. Damit war im Grunde das Schicksal des Islams in Spanien besiegelt. Der Kalif kehrte, ohne Vorkehrungen zum Schutze Andalusiens zu treffen, nach Marrakesch zurück und starb dort Ende Dezember 1213. Nur eine Epidemie in Kastilien hinderte die Sieger daran, ihren Erfolg mit der Eroberung von Jaén zu krönen.

Der Verfall des Almohadenreiches ging unter seinen Nachfolgern rapide vonstatten. In Marokko tauchten die ersten Vorboten der berberischen Banū Marīn auf; der Osten wurde immer selbständiger. Zwischen 1224 und 1269 konstatieren wir eine zunehmende Anarchie und wachsende Bedeutung der arabischen Beduinen. Im Jahre 1230 schwor gar al-Maʾmūn (1227–1232), mütterlicherseits ein Enkel des Ibn Mardanīš, der almohadischen Lehre ab und verfluchte den Namen des Mahdī. Andererseits wurde den christlichen Garden die Erbauung einer Kirche in Marrakesch (bis 1232) gestattet, und der Papst gründete 1226 das Bistum Marrakesch. Tlemcen erklärte sich 1235/36 unter Yaġmurāsan b. Zayyān unabhängig. Ifrīqiya war 1228 unter Abū Zakariyyāʾ bereits vorangegangen. Die Ḥafṣiden in Tunis drangen 1243 bis Tlemcen vor, und 1269 eroberten schließlich die Meriniden Marrakesch: Das Reich der Almohaden war am Ende.

Ähnlich rasch war die almohadische Herrschaft in al-Andalus zerbrochen, hier vor allem unter dem Einfluß der machtvollen Persönlichkeit Ferdinands III., des Heiligen, des Königs von León-Kastilien, von dem im Kapitel über die dritte *fitna* in al-Andalus noch die Rede sein soll.

Politisch gesehen war die Almohaden-Bewegung ein Mißerfolg. Die dauerhafte Einigung des gesamten Maghreb konnte nicht erreicht werden.

Dafür war es schon zu spät. Das ,,Ferment des Zerfalls", die arabischen Beduinen, waren auf den Plan getreten und hatten sich dank verhängnisvoller Fehlentscheidungen im Herzland des Reiches, in Marokko, ausbreiten könne. Der Machtkampf zwischen Seßhaften und Nomaden (Zanāta, Hilāl, Maʿqil) war zum Schaden der Region zuungunsten der ersteren entschieden worden.

In religiöser Hinsicht waren die Almohaden mit ihrer speziellen, wenn auch nicht sehr spezifischen Doktrin erfolgreicher: Der maghrebinische Rigorismus siegte. Umso erstaunlicher mutet es an, daß die großen Mystiker des islamischen Westens fast alle in almohadischer Zeit lebten.

Freilich gelang den Almohaden, die als energische, aber ungebildete und brutale Kämpfer die Bühne der Geschichte betraten, die Schaffung einer bedeutenden Zivilisation. Von ihren Bauleistungen wurde schon gesprochen. Bereits ʿAbd al-Muʾmin, nicht erst seine ,,hispanisierten" Nachfolger, erbaute die beiden Kutubiyya-Moscheen von Marrakesch (die erste wurde unmittelbar nach ihrer Fertigstellung wegen fehlerhafter Bestimmung der Gebetsrichtung abgerissen). Die almohadischen Paläste sind alle – ausgenommen einige ihrer Umwallungen, wie diejenige des Alcázars von Sevilla – verschwunden, ebenso das große, von al-Manṣūr erbaute Hospital von Marrakesch. Ohne Zweifel wurde in almohadischer Zeit der Höhepunkt der hispano-arabischen Baukunst erreicht.

Wir sprachen schon von den Philosophen. Hier müssen wir noch Ibn Bāǧǧa (,,Avempace") in Sevilla erwähnen, der aber nicht nur als Philosoph, sondern auch als bedeutender Musiktheoretiker in die Kulturgeschichte eingegangen ist (im islamischen Bereich ist die Musik vor allem eine Naturwissenschaft). In seiner Zeit und mit durch ihn entstand die ,,andalusische" Musik (*maʾlūf*), die heute noch die klassische Musik Nordafrikas darstellt. Mit Recht berühmt ist al-Andalus für seine Pharmakologen und Botaniker; genannt seien al-Ġāfiqī[45] und dessen Schüler Ibn al-Bayṭār (st. 1248) aus Málaga, die auf der durch die Übersetzung der ,,Materia medica" des Dioskorides geschaffenen Grundlage weiterbauten.[46]

Wirtschaftlich erlebte das Almohadenreich zu seinen Blütezeiten einen gewaltigen Aufschwung. Werften waren in Alicante und maghrebinischen Häfen in Betrieb. In Almería allein standen achthundert Seidenwebstühle; das Papier aus Játiva (*šāṭibī*), Ceuta (*sabtī*) und Fes war hochberühmt. Entsprechend florierte der Handel. Städte wie Ceuta und vor allem Tunis handelten mit Pisa, Genua, Venedig und Marseille; letztere Stadt ließ in Montpellier Münzen prägen, die in Biǧāya, Oran und Tlemcen abgesetzt wurden. Eine mächtige Flotte schützte diesen Warenverkehr und die Küsten des Reiches, eine gewaltige Armee (mit christlichen und auch bereits türkischen Kontingenten) das Land.

Betrachtet man die Bewegungen der Almoraviden und Almohaden als Ganzes, dann ergeben sich Parallelen, einmal untereinander und dann vor allem mit der Schia: Wagāg und Ibn Yāsīn waren als Sunniten das, was schiitisch *dāʿī*, pl. *duʿāt*, genannt wird, nämlich „Propagandisten", während Ibn Tūmart ein Mann der „inneren Mission" war. Vor allem aber verband beide die Tatsache, daß jeweils eine bestimmte berberische Stammesgruppe, die eine geschlossene Gesellschaft darstellte, die Bewegung trug und die Hegemonie beanspruchte. Schließlich war beiden das von Fritz Meier so genannte „Prinzip des zweiten Mannes" gemein – einmal ʿAbdallāh b. Yāsīn, einmal ʿAbd al-Muʾmin –, der einem Impuls – dort demjenigen der *dār al-murābiṭīn*, hier der Lehre des Mahdī – zum Durchbruch verhalf. Beide Bewegungen hatten einen religiösen Ursprung, wurden aber bald durch militärisch-politische Machtbestrebungen verformt.

7. Die Erben der Almohaden

Mit dem Einsetzen des Verfalls der Almohadenherrschaft zeigte sich wiederum die Tendenz zur Aufteilung der Berberei in drei Staaten, wie schon in der Antike, im neunten Jahrhundert (Idrisiden, Rustamiden, Aġlabiden) und im elften Jahrhundert („Marokko", Ḥammādiden, Ziriden). 1229 erfolgte der Bruch des almohadischen Vizekönigs in Ifrīqiya mit Marrakesch, den 1236 die Selbständigkeitserklärung besiegelte; 1235 wurden die Banū ʿAbd al-Wād unter Yaġmurāsan b. Zayyān in Tlemcen autonom und 1248 bemächtigten sich die Banū Marīn (Meriniden) der Stadt Fes. Bei allen dreien handelte es sich um Berber, alle drei waren Epigonen, von denen sich vor allem die Hafsiden als Rechtsnachfolger der Almohaden verstanden, diese imitierten, und versuchten, die verlorengegangene Reichseinheit wiederherzustellen und die Vergangenheit wieder zum Leben zu erwekken. Auf kraftvollen Beginn folgten lange Stagnation, von nur kurzen Aufschwüngen unterbrochen, und schließlich langsamer Verfall, wobei allerdings der Schlußakt bei jedem der drei Staaten in unterschiedlicher Weise verlief.

Ein großer Historiker, Ibn Ḫaldūn (1332–1406), in Tunis geboren (seine Familie stammte aus Sevilla und war rein arabischer Herkunft), stand in den Diensten aller maghrebinischen Monarchen seiner Zeit, war also Augenzeuge dieses Dramas und sammelte die Früchte seiner Beobachtungen in seinem *Kitāb al-ʿIbar*. Er leitete dieses Werk mit einer großartigen geschichtsphilosophischen Zusammenschau und Analyse ein, der *Muqaddima* („Vorwort"), in der er den Gegensatz von Seßhaften und Nomaden schildert, der für seine Zeit so schicksalhaft werden sollte. Er spricht von der staaten- oder besser dynastiebildenden Kraft der letzeren, die dann langsam ihre Stärke verlieren und von Neuankömmlingen beseitigt werden – eine sich immer wiederholende Entwicklung, die innerhalb dreier Generationen in fünf Phasen verläuft, wobei Ibn Ḫaldūn als die essentielle Kraftquelle aller dieser aufeinanderfolgenden Gruppen bzw. Dynastien die *ʿaṣabiyya*, das besondere Energie erzeugende Stammesbewußtsein, die

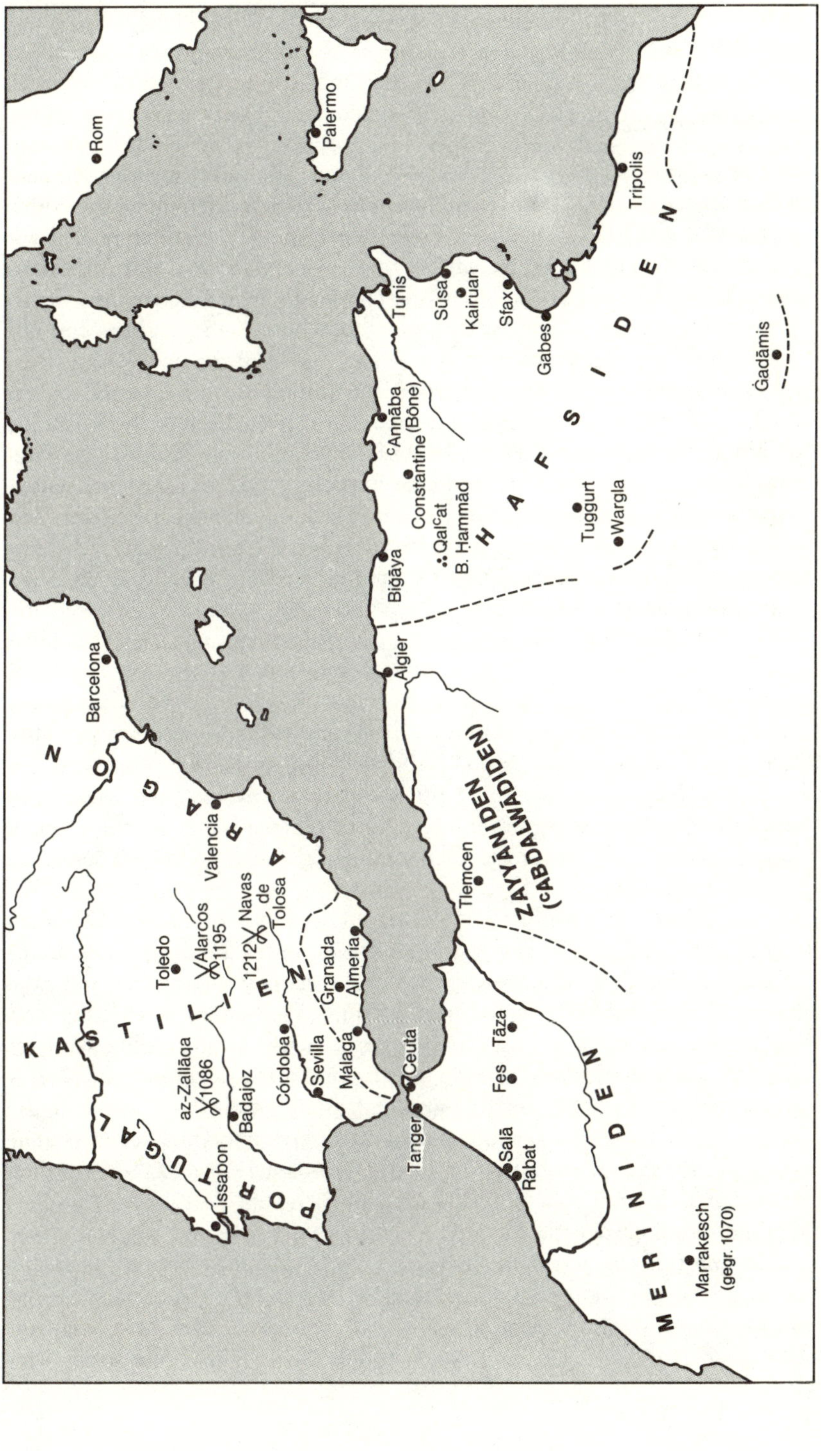

6. Der Maghreb nach der Auflösung des Almohadenreiches (13. Jh.)

Gruppensolidarität, erkannte. Sein Werk ist und bleibt die hauptsächliche Quelle für diese Epoche.

a) Die Meriniden

Mit dem Ende der großen Berberreiche haben auch die bedeutenden religiösen Bewegungen, die mit den Namen der Almoraviden und Almohaden verbunden sind, ein vorläufiges Ende gefunden. Allenthalben stellen wir eine Rückkehr zur Vorherrschaft der malikitischen *fuqahā'* fest. Eine Einschränkung bedeuteten höchstens die almohadischen Scheiche des Hafsidenreiches, die bis in den Anfang des fünfzehnten Jahrhunderts einflußreich blieben und zuweilen in den Gang der Staatsgeschäfte eingriffen. Indessen breitete sich unter der Oberfläche, durch unsere Quellen schwer direkt faßbar, eine neue Bewegung aus, die den Maghreb in der Folgezeit deutlich umgestalten sollte: der Marabutismus, der eine starke Intensivierung der „inneren Mission" und eine Vertiefung des muslimischen Glaubens breiter Volksschichten bewirken und sich in einer noch späteren Zeit sogar in Dynastien – angeblich oder tatsächlich – scherifischer Abstammung manifestieren sollte. Die Vorboten dieser Bewegung sind am deutlichsten im Merinidenreich erkennbar.

Die Banū Marīn, ein Zanāta-Stamm, nomadisierten Ende des elften Jahrhunderts im Zāb (in der Region von Biskra) und wurden von den Hilāl nach Westen in die Hochebenen der Oranie abgedrängt. Wie die anderen Zanāta standen sie in Opposition zu den Almohaden, beteiligten sich aber 1195 an der Schlacht bei Alarcos. ʿAbd al-Ḥaqq, Nachfolger und Sohn des nach dem Sieg verstorbenen Hauptes des Stammes, war ein Mann von exemplarischer Frömmigkeit und religiöser Gnadenkraft *(baraka)*, der in einer Schlacht bei Fes 1217 fiel. Der Stamm zog sich daraufhin an den Rand der Sahara zurück.

Unter Abū Yaḥyā Abū Bakr (1244–1258) begann der Aufstieg. Das noch nicht einmal eingenommene Marokko wurde unter die Sippen des Stammes verteilt; 1245 wurde Meknes (Miknās), drei Jahre später Fes und ganz Nordmarokko erobert. Abū Yūsuf Yaʿqūb (1258–1286), Statthalter von Fes, setzte sich als Oberhaupt des Stammes durch und beseitigte den Rest der Almohadenherrschaft im Hohen Atlas und im Sūs; 1269 wurde Marrakesch erobert. Er stand im Ruf großer Frömmigkeit und beschützte die Marabuts. Er legte sich wie die Almoravidenherrscher den Titel eines *amīr al-muslimīn* bei und eroberte 1273/74 die Nordspitze Marokkos. Aus dem Nasridenreich erreichten ihn Hilferufe und nach dem Vorbild der Almohaden entschloß er sich, in Spanien einzugreifen, was er auf insgesamt vier Feldzügen tat. Als er 1286 in Algeciras starb, das er sich vom Nasridenherrscher als Brückenkopf hatte abtreten lassen, war er der mächtigste Monarch des Maghreb. Er war ein großer Bauherr, der seinem Staat mit der 1276 erfolgten Gründung von Neu-Fes (*Fās al-ǧadīd*) ein neues Verwaltungszentrum und den Hauptwaffenplatz gab. Schon sein Nachfolger Abū Yaʿqūb Yūsuf (1286–1307) hatte mit internen Schwierigkeiten zu kämpfen, so 1292 mit einer ersten Revolte der verwandten Banū Waṭṭās im Rif. Der spanische Kriegsschauplatz trat in den Hintergrund; die mit dem Nasriden verbündeten Kastilier eroberten 1291 Tarifa. Von 1295 an setzte ein zwölfjähriger Kampf gegen die ʿAbdalwādiden ein; während der achtjährigen Belagerung Tlemcens entstand sogar eine eigene Belagerungsstadt, al-Manṣūra. Die Ermordung des Merinidensultans rettete schließlich Tlemcen. Es folgte eine Periode der Schwäche unter dem friedfertigen Abū Saʿīd ʿUṯmān II. (1310–1331), der nicht weniger als drei Madrasas erbaute: die von Neu-Fes (1320), die Madrasat aṣ-ṣahrīǧ (1321) und die Madrasat al-ʿaṭṭārīn (1323).

Nach der Erringung der Macht haben sich die genannten Herrscher mit Eifer darum bemüht, ihre Dynastie zu legitimieren und Prestige zu gewinnen. Durch ihren Kampf gegen die Christen und die Knüpfung enger Bande zu den *šurafāʾ* von Fes wollten die Merinidensultane nationale wie innerislamische Anerkennung erringen. Ihre Politik der Zentralisierung fand Ausdruck in der Gründung eines neuen Mittelpunktes der zivilen und militärischen Verwaltung, der Einführung (1292) der Feier des Geburtstages des Propheten Muḥammad (*mawlid*) für das ganze Reich als allgemeinen Staatsfeiertages und der Einrichtung „weltlicher" Hochschulen (der Madrasas) als Ausbildungsstätten für loyale Staatsdiener, über die eine wirksame Kontrolle des Landes möglich wurde.

ʿUṯmān II. wußte sich vor allem der Unterstützung der *ǧūṭiyyūn-šurafāʾ* in Fes zu versichern. Er ließ durch Ibn Abī Zarʿ die Geschichte der Idrisiden im Sinne der Orthodoxie umschreiben und die Rolle Idrīs' II. betonen, dessen direkte Nachkommenschaft die eben erwähnte Sippe darstellte. Unter den nachfolgenden Herrschern wurde die Bande zwischen jenen und der Merinidendynastie noch enger geknüpft, und zwar durch die Hierarchisierung der *šurafāʾ* – an deren Spitze natürlich die *ǧūṭiyyūn* standen –, durch die Ernennung eines Vorstehers (*naqīb*) aller *šurafāʾ* und zuletzt durch die „Entdeckung" des Grabes Idrīs' II. in der Moschee der *šurafāʾ* im Jahre 1437, woraus sich der Kult Idrīs' II. entwickeln sollte.[47]

Mit Abū l-Ḥasan (1331–51) wurde der Höhepunkt der merinidischen Herrschaft erreicht. Nach der Eroberung von Tlemcen (1337) und Tunis (1347) reichte seine Macht vom Atlantik bis Gabes, alle Zanāta waren unter ihm zum ersten und einzigen Male vereint. Aber in Spanien wurde er nach anfänglichen Erfolgen von einem kastilischen Ersatzheer während der Belagerung von Tarifa am 30. Oktober 1340 vernichtend geschlagen. Vier Jahre später fiel das erst 1333 eroberte Algeciras, und die Meriniden waren für immer von spanischem Boden verwiesen. Ein Jahr nach der Eroberung von Tunis wurde er bei Kairuan von Beduinen besiegt, sein Sohn (der Tlemcen aufgab), erhob sich gegen ihn und 1351 starb er einsam im Hohen Atlas. Er war wie seine Vorgänger ein großer Bauherr; auf ihn geht u. a. die

Große Moschee in Tlemcen-Manṣūra, der größte merinidische Sakralbau zurück.

Obwohl seinem Sohn Abū ʿInān (1348–58) noch einmal (1357) die Eroberung von Tunis gelang, beschleunigte sich der Verfall der Macht: Mehr und mehr entschieden die Wesire anstelle der Sultane, die Anarchie breitete sich aus, Rebellionen und Gegenrebellionen innerhalb des Herrscherhauses zerstörten alle Autorität.

Der Süden Marokkos entglitt allmählich der merinidischen Kontrolle; Hintāta (-Maṣmūda) besetzten Marrakesch; die Maʿqil-Beduinen gewannen an Bedeutung und mischten sich in die Angelegenheiten des Staates ein; überdies bemächtigten sie sich des Tāfīlālt. Die numerische Schwäche des staatstragenden Stammes wirkte sich nachteilig aus; das Heer bestand aus Zanāta und Beduinen, die vor allem die Reiterei stellten; das Fußvolk setzte sich aus spanischen Muslimen (Armbrustschützen) und asiatischen Söldner (Bogenschützen) zusammen. Die christliche Miliz – die seit den Almoraviden existierte – war im Rabaḍ an-Naṣāra in Neu-Fes kaserniert. Weiterhin gab es loyale arabische *maḫzan* – Stämme (später als *gīš* bezeichnet), die der Regierung zum Kriegsdienst nach außen wie nach innen verpflichtet waren und dafür von Steuern befreit und mit der Nutznießung von Ländereien entschädigt wurden; ein Jahrhundert lang waren es die Ḫulṭ (Ḫloṭ), dann nach 1310 die Suwayd. Die Merinidenherrschaft war 1420 praktisch zu Ende. Die wachsenden finanziellen Schwierigkeiten zwangen die späten Meriniden dazu, ihre Zuwendungen an die *šurafāʾ* drastisch einzuschränken, was der Loyalität der letzteren zur Dynastie erheblich Einbuße tat.

Die Meriniden waren in jeder Hinsicht schwächer als ihre Vorgänger: Die zahlenmäßige Basis ihrer Macht war schmäler, wodurch sich die Notwendigkeit von Söldnern ergab; sie waren weniger fanatische Kämpfer, ihre Gegner dagegen stärker als diejenigen der Almohaden, was zumal in Spanien mit den Fortschritten der Kriegskunst im westlichen Europa zusammenhing. In Afrika sahen sie sich nicht einzelnen Stämmen gegenüber, sondern mehr oder weniger gefestigten Staaten. Das beduinische Element – das sich nun im Kernland selbst befand – wirkte mehr denn je destabilisierend. Man hätte sich mit Marokko zufriedengeben und nicht dem Traum von der almohadischen Nachfolge nachjagen sollen.

Aber auch mit all diesen Einschränkungen war die merinidische Zivilisation origineller als die hafsidische. Gewiß reichten die architektonischen Leistungen der Meriniden nicht an die almohadischen Bauwerke heran, da aber das meiste, was in Marokko an Beispielen hispano-arabischer Baukunst zu sehen ist, aus der Zeit der Meriniden stammt (z. B. sind alle Palastanlagen der Almoraviden und Almohaden verschwunden), sind sie im Gedächtnis der Nachwelt die großen Baumeister geblieben; mit ihnen lief der hispano-arabische Stil gegen Ende des vierzehnten Jahrhunderts, wenn man von den späteren Imitationen der Saʿdier und ʿAlawiden absieht, aus. In diesem Zusammenhang sei darauf verwiesen, daß auch die schöpferische Phase der nasridischen Baukunst zu diesem Zeitpunkt endete: Die Paläste der Alhambra von Granada entstammen diesem vierzehnten Jahrhundert.

Der verstärkte Zustrom rückflutender spanischer Muslime nach Marokko ließ deren Einfluß allüberall spürbar werden. Der Zersetzungsprozeß der merinidischen Herrschaft mußte die erstarkten Mächte der Pyrenäenhalbinsel, die sich anschickten, die Reconquista zu vollenden, auf den Plan rufen, zumal die Portugiesen daran interessiert waren, ihren Entdeckungsfahrten nach Süden, entlang der atlantischen Küste Marokkos, Flankenschutz zu geben. Andererseits herrschte ein lebhafter Handelsaustausch des Merinidenreichs mit den italienischen Seerepubliken und besonders mit Aragonien, der auch zu politischen Bündnissen führte.

Das dreizehnte/vierzehnte Jahrhundert war die goldene Zeit des Fernhandels und, in seinem Gefolge, der maritimen Eroberungen der Krone von Aragonien. Es galt, ökonomisch wertvolle Positionen zu erlangen, nicht, feste Plätze zu erobern. Der Maghreb spielte dabei eine im wesentlichen passive Rolle: Der Warenaustausch wurde vornehmlich auf christlichen, vor allem katalanischen Schiffen abgewickelt, und nur noch in der Piraterie, die von beiden Seiten geübt wurde, scheinen die Muslime die Oberhand behauptet zu haben. Eine katalanische Küstenschiffahrt verband Agadir mit Tripolis.

Dieses gegenüber früheren Jahrhunderten völlig veränderte Gesamtbild ist verständlich, wenn man bedenkt, daß inzwischen alle Inseln des westlichen und zentralen Mittelmeers in aragonesischer Hand waren: Die Balearen, Sardinien, Sizilien, Malta, Pantelleria, ja sogar Dscherba und der Kerkena-Archipel waren von 1284–1335 von Aragon besetzt. Die im dreizehnten Jahrhundert unternommene christliche Mission freilich scheiterte vollständig; Christen wurden toleriert, soweit sie – ob als Händler oder Soldaten – nützlich waren und gebraucht wurden. Parteinahme der christlichen Milizen für die eine oder andere Seite in den merinidischen Thronwirren war gar nicht selten. Gegen 1350 machte sich allerdings bemerkbar, daß das wirtschaftliche Gleichgewicht des europäischen Westens aus den Fugen geriet. Der Druck auf Nordafrika minderte sich, und der Gegenangriff des Maghreb setzte ein.

Dies gilt allerdings nicht für den Westen, also Marokko: Ceuta wurde 1415 von den Portugiesen besetzt. Dieses Geschehnis wird in seiner grundsätzlichen Bedeutung leicht unterschätzt. Es war – sieht man von den ephemeren Erfolgen der Normannen und der Aragonesen in Ifrīqiya einmal ab – die erste politische Festsetzung europäischer Christen in Nordafrika überhaupt und wirkte daher wie ein Paukenschlag. Darüber hinaus stieß diese Eroberung – wenigstens prinzipiell – ein Tor zum direkten Handel im muslimischen Binnenland auf und führte so z. B. zur Einrichtung einer Faktorei (*feitoria*) in Fes.[48] Die Portugiesen nahmen nun zwischen 1415 und 1513 sämtliche wichtigen Häfen der Atlantikküste Marokkos ein, die für sie zum Ankauf von Getreide, Pferden und Wolldecken für ihren Handel mit Schwarzafrika wichtig waren, und unternahmen 1515 sogar einen allerdings vergeblichen Vorstoß nach Marrakesch.

Die Meriniden, die nicht mehr die Kraft besaßen zu reagieren, wurden von ihren Vettern, den Waṭṭāsiden, 1465 offiziell abgelöst. Aber auch sie konnten nichts wirklich Entscheidendes unternehmen, und schon bald war ihr Herrschaftsbereich auf Fes begrenzt. Zudem wurden sie vom Kampf gegen die Portugiesen durch die Auseinandersetzung mit der šarīfischen Familie der Saʿdier aus Tarūdānt abgelenkt. Hier, wie auch sonst überall im Lande erwachte der Widerstandswille breiter Volksschichten gegen die christlichen Invasoren. Vermochten die Waṭṭāsiden anfangs noch als Symbol dieser Aspirationen zu wirken, so traten, als ihre Ohnmacht offenbar wurde, die Leiter religiöser Bruderschaften von Sufis und Marabuts, die zuerst noch Organe religiöser und nicht so sehr politischer Propaganda waren, an deren Stelle. Als der Waṭṭāside Muḥammad aš-Šayḫ 1471 mit den Portugiesen einen zwanzigjährigen Waffenstillstand schließen mußte, war es um sein Ansehen geschehen. Mehr und mehr schoben sich die Saʿdier in den Vordergrund, rissen die Führung im Kampf gegen die Portugiesen an sich, die 1505 Agadir besetzt hatten, nahmen Marrakesch und machten es 1525 zu ihrer Hauptstadt. Ihr Ansehen stieg gewaltig durch die Eroberung von Agadir (1541) und die Räumung von Ṣafī und Azammūr durch die Portugiesen. Muḥammad al-Mahdī nahm 1549 Fes ein. Eine türkische Intervention zugunsten des entthronten Waṭṭāsiden schlug fehl. Die Saʿdier waren jetzt die Herren Marokkos; in den damaligen Auseinandersetzungen mit den Osmanen erhielt das Land seine heutige Ostgrenze.

b) Die ʿAbdalwādiden (1235–1554)

Wie das merinidische Marokko war auch das Reich von Tlemcen eine Schöpfung der Zanāta. Yūsuf b. Tāšfīn hatte zu Anfang des zwölften Jahrhunderts Tagrārt, das heutige Tlemcen (berberisch *Tilimsān*) am Schnittpunkt der Straßen von Hunayn und Oran in das Tāfīlālt erbaut. Yaġmurāsan (oder Yaġamrāsan) (1235–83), ein Vasall der Muʾminiden, machte den Ort, der ein wichtiger Handelsplatz vor allem für den Transitverkehr vom Süden zur Küste des Mittelmeeres war, zu seiner Hauptstadt. Trotz der wirtschaftlichen Bedeutung Tlemcens war die politische Situation der Stadt wie des Staates stets prekär. Yaġmurāsan, der sich 1235 von der almohadischen Kontrolle befreite, mußte seine Besitzungen unaufhörlich nach allen Seiten verteidigen: gegen die Hafsiden im Osten, die verwandten Meriniden im Westen, ja selbst gegen andere Zanātastämme der Oranie und schließlich gegen arabische Beduinen, die er gleichwohl zur Stärkung seiner schmalen Volksbasis heranziehen mußte.

Sein Staat (*maḫzan*) stützte sich auf die Zuġba von den Hilāl. Konnte sich der kraftvolle Yaġmurāsan noch behaupten, indem er den Angriff in die Gebiete seiner Feinde trug, so mußten seine Nachfolger die Invasionen der Gegner im eigenen Land abwehren. Ab 1283 setzten die Meriniden viermal zum Angriff an und belagerten 1299–1307 Tlemcen, wobei, wie erwähnt, Abū Yaʿqūb die Belagerungsstadt al-Manṣūra an der Stelle des alten Agadir mit Palast, Moschee, Bädern und Marktviertel errichten ließ. Die durch die Ermordung des Meriniden gerettete Stadt zerstörte ihre Rivalin vor den eigenen Toren vollständig, wurde aber von 1335–37 neuerlich belagert und diesmal erstürmt. Al-Manṣūra wurde wieder aufgebaut (aus dieser Phase stammt, was davon erhalten blieb), und Tlemcen stand von 1337–59 unter direkter merinidischer Verwaltung. Unter Abū Ḥammū I. Mūsā (1359–89) erhob sich der ʿAbdalwādiden- (bzw. Zayyāniden)staat aus der Asche, um dann aber sehr rasch wieder zu verfallen und in einer überlangen Agonie mühsam bis zur Ankunft der osmanischen Türken im Jahre 1550 dahinzuvegetieren.

Die Existenz dieses Reiches muß, alle Umstände in Rechnung gestellt, ein kleines Wunder genannt werden: Die staatstragende Schicht war überaus dünn, hinzu kamen als Erschwernis die fortdauernde und zunehmende Präsenz arabischer Beduinen im Lande, die im Laufe des fünfzehnten Jahrhunderts die Arabisierung der Zanāta im Gefolge hatte, sowie die häufigen Einfälle von Westen wie Osten, die mehrfach zur vollständigen Besetzung des Staatsgebietes führten. Die Verwaltung der ʿAbdalwādiden muß also von einiger Effizienz, und manche ihrer Herrscher müssen von beachtlicher Zähigkeit gewesen sein. Kam doch hinzu, daß das anbaufähige Land längs der Küste zu schmal und die Hochebenen, die Domäne der Nomaden, der Küste zu nahe waren.

So sind denn auch die Spuren der spezifischen Zivilisation dieses Reiches nahezu vergangen. Erhalten sind die von Yaġmurāsan errichteten Minarette der Moscheen von Agadir und Tlemcen und drei kleine Moscheen in Tlemcen. Die Palastburg des Staatsgründers (der Mašwar von Tlemcen) wurde im neunzehnten Jahrhundert mutwillig zerstört, und insgesamt blieben mehr von den Meriniden errichtete Bauwerke erhalten als solche der ʿAbdalwādiden. Bedeutsam ist vor allem die Grabmoschee (erbaut 1339 von Abū l-Ḥasan dem Meriniden) des großen Mystikers und Stadtpatrons von Tlemcen, Sīdī Abū Madyan (ca. 1126–1197), in al-ʿUbbād im Weichbild dieser Stadt. Westalgerien ist ein zutiefst arabisiertes Land geworden, aber um den Preis fast vollständigen Untergangs städtischer Kultur.

Das „politische Testament" Yaġmurāsans – Defensive gegenüber den Meriniden, Offensive gegen die Hafsiden, und freundschaftliche Beziehungen zum Hof von Granada und zu Kastilien als den Feinden seiner Feinde, der Meriniden – führte zu den geschilderten Verwicklungen. So erklären sich aber auch die vielfältigen Kontakte zwischen dem Hof von Tlemcen und den Nasriden, die bis zu deren Ende andauern sollten – waren doch die Wesire unter Abū Ḥammū I. (1308–18) und seinem Nachfolger Muslime aus Spanien. Allerdings waren die ʿAbdalwādiden zu gefährdet, um in Spanien eingreifen zu können, fiel doch Oran selbst 1509 in spanische

Hand. Tlemcen war in den letzten Jahren „selbständiger" Existenz ein Spielball der Spanier, Türken und Sa'dier.

c) Die Hafsiden

Der östlichste der Nachfolgestaaten des almohadischen Imperiums hat dessen Erbe zunächst am getreulichsten bewahrt und konnte wohl auch von der Person des Gründers her – eines Enkels des berühmten Almohadenscheichs und Genossen des Mahdī – am ehesten Anspruch darauf erheben. Der Sohn des ersten noch vom Almohadenkalifen eingesetzten Statthalters von Ifrīqiya, Abū Zakariyyā' Yaḥyā (1229–1249), seinerseits Gouverneur von Gabes, benutzte die Verwerfung der almohadischen Doktrin durch al-Ma'mūn dazu, sich auf den Mahdī zu berufen, den Titel eines Emirs anzunehmen und schließlich das Freitagsgebet in seinem eigenen Namen sprechen zu lassen. Getreu dem Anspruch, das Reich der Almohaden fortzusetzen, setzte er sich und seinen Nachfolgern die Maxime, möglichst weit nach Westen vorzudringen, um die Reichseinheit wiederherzustellen.

Das freilich sollte de facto nie wirklich gelingen. Zunächst wurden ca. 1230 Constantine und Biǧāya, dann 1235 Algier erobert und damit sozusagen das Ziridenreich in seinem ursprünglichen Umfang restauriert. Abū Zakariyyā' Yaḥyā schloß Wirtschaftsverträge mit den oberitalienischen Handelsrepubliken (1231 Venedig, 1234 Pisa, 1236 Genua), knüpfte Beziehungen zu Friedrich II. von Hohenstaufen und dem König von Aragonien, züchtigte 1242 Yaġmurāsan von Tlemcen und wurde gar 1245 von den Meriniden als Oberherr anerkannt. Sein Nachfolger al-Mustanṣir billāh (1249–77) legte sich 1253 den Kalifentitel (*amīr al-mu'minīn*) zu und wurde 1259 von den Scherifen von Mekka, ein Jahr darauf kurzzeitig womöglich sogar von den Mamluken als Kalif anerkannt. In die Regierungszeit dieses Fürsten, der auch ein großer Bauherr war, fiel der mißlungene Kreuzzug des französischen Königs Ludwig IX. des Heiligen, der im Juli 1270 in Karthago landete, aber bereits nach wenig mehr als einem Monat von einer Epidemie in seinem Heer dahingerafft wurde. Der Fall der spanischen Levante lenkte einen beträchtlichen Zustrom von Flüchtlingen und Auswanderern aus al-Andalus ins Land.

Nach al-Mustanṣirs Tod trat eine erste Verfallsperiode des Hafsidenreiches ein; so wird von al-'Abdarī (nach 1289) ein wirtschaftlicher Abschwung konstatiert, der durch christliche Angriffe (zumal von seiten Aragoniens) und Umtriebe der Beduinen hervorgerufen worden sei. In Constantine installierte sich ein Zweig des Herrscherhauses; zwischen 1315 und 1318 erlebte der Staat eine Intervention der 'Abdalwādiden, die erst durch eine Konterintervention der Meriniden gegen Tlemcen beendet wurde; unter dem bedeutenden Abū l-Ḥasan eroberten diese 1347 Ifrīqiya, wenn auch nur für kurze Zeit: Bereits im Jahr darauf wurden die Meriniden von Beduinen besiegt und räumten 1349/50 das Land.

Die „graue Eminenz“ dieser Jahre war der Almohadenscheich Ibn Tafrāgīn, der als „Kammerherr‘ (*ḥāǧib*) von 1343 bis zu seinem Tod 1364 allmächtig war und die Sache der Meriniden bzw. seine eigene Macht förderte. Der Sohn des genannten Meriniden Abū l-Ḥasan, Abū ʿInān, wiederholte dessen Leistung, besetzte das Territorium der ʿAbdalwādiden und annektierte 1353 zunächst Biǧāya, dann 1357 Constantine, al-ʿAnnāba und Tunis, mußte aber genau wie sein Vater alle seine Eroberungen bald wieder aufgeben.

Unter dem bedeutenden und energischen Abū l-ʿAbbās (1370–1394) wurden alle hafsidischen Lande wieder vereint. Von ihm stammen auch alle folgenden Monarchen der Dynastie ab. Seine Leistungen – die Rückgewinnung verlorener Gebiete, Befriedung und Zähmung der Beduinen – wurden von seinem Sohn und Nachfolger Abū Fāris (1394–1434) durch weiteren Landgewinn, die vorübergehende Kontrolle Tlemcens (1424–31) und Interventionen in Marokko, ja sogar in Andalusien, gekrönt. Unter dessen Sohn Abū Bakr ʿUṯmān (1455–1488) erlebte das Hafsidenreich seine letzten glücklichen Jahre, vor allem dank einer auch schon von seinen Vorgängern praktizierten ausgewogenen Behandlung der drei *ṭawāʾif:* der Almohaden (wie überhaupt der Religionsgelehrten), der „Andalusier“ und der arabischen Beduinen. Gegen Tlemcen wurden 1462 und 1466 Angriffe vorgetragen und die hafsidische Souveränität befestigt, die 1472 auch der Waṭṭāside von Fes anerkannte. Die so wichtigen guten Wirtschaftsbeziehungen zu den christlichen Anrainerstaaten des westlichen Mittelmeeres wurden allerdings zunehmend durch die Seeräuberei beider Seiten beeinträchtigt. Die zweite Hälfte seiner Regierungszeit wurde bereits von Hungersnöten, Pestilenz und der zunehmenden Widerspenstigkeit der Beduinen getrübt.

Nach diesen drei bedeutenden Herrschern trat rascher, diesmal irreparabler Verfall und Abstieg ein. Sechs fast durchweg schwache, ja unfähige Herrscher vermochten es nicht, den neu auftretenden beiden Großmächten – dem Spanien Karls V. und dem Osmanischen Reich – Paroli zu bieten: 1510 besetzten die Spanier Biǧāya und Tripolis; 1534 eroberte der Pascha von Algier, Ḫayr ad-Dīn Barbarossa, dessen Bruder ʿArūǧ 1516 die Spanier von dort vertrieben hatte, Tunis und verjagte den Hafsiden al-Ḥasan, der allerdings von Karl V. ein Jahr darauf, nachdem dieser La Goulette eingenommen hatte, wieder eingesetzt wurde. Der Pirat Dragut (Turġūd), der bereits versucht hatte, im Sāḥil Fuß zu fassen, kehrte als Pascha von Tripolis aus Istanbul zurück, nahm 1556 Gafṣa und ein Jahr später Kairuan ein. Schließlich bemächtigte sich 1569 der Pascha von Algier neuerlich der hafsidischen Hauptstadt Tunis, und Aḥmad rettete sich zu den Spaniern nach La Goulette. Als 1574 Don Juan d'Austria Tunis, das er ein Jahr zuvor genommen hatte, wieder an die Türken verlor, endete die Geschichte des Hafsidenreiches.

Wir haben bereits zu verstehen gegeben, daß die kulturelle Leistung der

Hafsiden nicht so hoch wie die der Meriniden einzuschätzen ist. Mit schuld daran war gewiß, daß sich in ihrer Zeit die fast totale Arabisierung Ifrīqiyas, oder genauer: Tunesiens vollzog und daß, einige Städte wie Constantine und Kairuan ausgenommen, städtisches Leben und städtische Zivilisation nur noch in den Küstenstädten ihres Reiches gediehen.

Übrigens wurde nicht nur der „andalusische", sondern auch der jüdische Bevölkerungsanteil durch die großen Progrome von 1391 in Spanien und die daselbst 1492 verfügte Ausweisung aller Juden kräftig verstärkt. Die im Lande lebenden Christen waren nun alle Europäer; die einheimische christliche Bevölkerung war im Laufe des vierzehnten Jahrhunderts untergegangen. Die Europäer waren Händler, Kaufleute, die christliche Miliz der Hafsiden (vor allem Katalanen), Renegaten, christliche Sklaven und ihre Seelsorger.

Tunis erlebte unter den Hafsiden seine große Blütezeit und erreichte die Ausdehnung, die es in der Neuzeit aufwies: die Medina mit ihren zwei Vorstädten, das Ganze mit Wallanlagen umgeben. Die Qaṣba der Almohaden wurde von den Hafsiden ausgebaut, die auch den 1420 zum ersten Mal erwähnten Bardopalast spanisch-arabischer Inspiration errichteten. Seit Abū Zakariyyā' existierten zwei Madrasas, eine dritte wurde Ende des dreizehnten Jahrhunderts erbaut. Die starke Wirtschaftskraft bescherte dem Reich in seiner Blütezeit eine exzellente Gold- und Silberwährung. Die fremden, d. h. europäischen „Nationen" besaßen eigene Vertretungen mit Warendepots; der noch existierende „Funduq der Franzosen" war der berühmteste.[48a]

Das hafsidische Heer war den europäischen Armeen der Zeit ebenbürtig, die Flotte dagegen unterlegen, zumal an Zahl der Schiffe, weshalb wohl fast der gesamte Außenhandel in europäischer Hand war. Der almohadische Staatsaufbau mit dem Rat der zehn Scheichs blieb bis in den Anfang des vierzehnten Jahrhunderts erhalten. Daneben gab es zuerst drei Minister, später, zur Zeit des Leo Africanus deren bereits zehn. Al-Mustanṣir richtete eine „große" und eine „kleine Staatskanzlei" (*dīwān*) ein, die einem „Staatssekretär" unterstanden.

Unter den Hafsiden erlebte der malikitische Rigorismus trotz deren almohadischer Herkunft eine Renaissance. Die islamische Mystik wurde gestärkt durch die Lehren des aus al-Andalus stammenden, 1197/98 gestorbenen Abū Madyan (des Patrons von Tlemcen), die in Ifrīqiya im dreizehnten Jahrhundert durch heiligmäßige Persönlichkeiten verbreitet wurden. Deren Namen leben in der tunisischen Topographie fort, man denke an Abū Saʿīd al-Bāǧī (Sīdī Bū-Sʿīd), Abū l-Ḥasan aš-Šāḏilī (in der *zāwiyat Sīdī Bel-Ḥasan*), ʿĀ'iša al-Mannūbiyya, vor allem aber an Sīdī Ben ʿArūs (st. 1463), einen der beiden Patrone der Stadt (der andere ist Sīdī Muḥriz b. Ḫalaf, der zu Anfang des elften Jahrhunderts in der Ziridenzeit lebte). Um die nicht-religiöse Wissenschaft und Literatur war es damals nicht gut bestellt – Ibn Ḫaldūn wurde vertrieben –, dagegen blühten die Heiligenleben (*manāqib*) und die sonstige Erbauungsliteratur. Schließlich sind reisende Gelehrte wie at-Tiǧānī (vierzehntes Jahrhundert) und Historiker wie ʿĪsā al-Ġubrīnī (st. 1412), Ibn Qunfuḏ (vierzehntes Jahrhundert) und az-Zarkašī (fünfzehntes Jahrhundert) zu erwähnen.

In der Baukunst ist der hispano-arabische Einfluß deutlich erkennbar, so in der almohadischen Moschee der Qaṣba von Tunis, deren Minarett – wie das der Ḥasan-Moschee in Rabat – zeitlich vor dem Betsaal errichtet wurde, oder aber in dem von Abū Fāris erbauten Bardo. Leider ist von den Palästen, Parks und hydraulischen Anlagen al-Mustanṣirs nichts erhalten. Ebenfalls spurlos verschwunden ist der älteste Bau dieser Zeit, der Palast von Rās aṭ-Ṭābiya mit seinen Parkanlagen, der gegen 1225 von einem almohadischen Würdenträger geschaffen worden war.

Alles in allem genommen war die Epoche der landfremden Hafsiden – gerade auch im Vergleich mit der Folgezeit – für Ifrīqiya eine entscheidende und fruchtbare Periode. Sie hat wesentlich dazu beigetragen, dem östlichen Maghreb eine eigene Physiognomie zu geben.

d) Die dritte Fitna in al-Andalus – Die Nasriden von Granada

Der Verfall der almohadischen Macht in al-Andalus während der zwanzig Jahre, die auf Las Navas de Tolosa folgten, ging rasch vor sich. Nach internen Schwierigkeiten nahm die Reconquista 1225 ihren Fortgang: Einfälle, die Sevilla und Murcia zum Ziel hatten, vermehrten die Unzufriedenheit der geplagten Bevölkerung mit den Almohaden. Im Nordosten wurde Peñíscola genommen, und der almohadische Gouverneur mußte den fünften Teil der Steuern als Tribut an den König von Aragonien abführen. Unter diesen Umständen war es nicht verwunderlich, daß ab 1227 überall Rebellionen aufflackerten. Deren Brennpunkt war zunächst die Levante: Ibn Hūd, der seine Abstammung von den Hūdiden Zaragozas ableitete, eroberte 1228 Murcia, und Zayyān b. Mardanīš erhob sich in Onda und bemächtigte sich Valencias. Innerhalb zweier Jahre unterwarf Ibn Hūd, der von der Gunst breiter Volksschichten getragen wurde, fast ganz al-Andalus (Valencia ausgenommen); dann trat der Rückschlag ein: 1231 besiegte ihn Alfons IX. von León bei Mérida, während schon ein Jahr zuvor seine Anhänger bei Jeréz de la Frontera von Ferdinand III. von Kastilien geschlagen worden waren.

Überdies erwuchs Ibn Hūd ein weiterer Rivale: Muḥammed b. Yūsuf b. Naṣr ließ sich 1232 in seiner Hauptstadt Arjona zum Sultan ausrufen und bemächtigte sich im folgenden Jahr der Städte Porcuna und Jaén; Guadix und Baza erkannten ihn an, er mußte sich aber 1234 Ibn Hūd als Vasall unterwerfen. Die zwei Jahre später von Ferdinand III. unternommene Eroberung Córdobas wußte der Nasride zu nutzen und zog 1237 in Granada ein, das er zum Sitz seines kleinen Reiches machte; nach Ibn Hūds Ermordung in Almería nahm er 1238 auch diese Stadt ein, Málaga unterwarf sich kurz darauf. Der Sohn Ibn Hūds, Herr von Murcia, wurde 1243

Vasall Ferdinands III., und als dieser zur Eroberung von Jaén ansetzte und dieses 1246 nach langer Belagerung bezwang, wußte sich der Nasride klug zu verhalten, nahm den Verlust seiner Heimatprovinz hin und erkannte Ferdinand III. als Lehnsherrn an.

Unterdessen hatte Jakob (Jaime) I. von Aragonien zwischen 1229 und 1239 die Balearen und 1238 Valencia erobert; Alcira und Játiva unterwarfen sich 1245. Am anderen Ende des Landes hatte 1248 Ferdinand III. Sevilla nach harter Belagerung eingenommen, und als sich die muslimischen Mudéjares in Murcia und Jeréz erhoben und den Nasriden anerkannten, griff Alfons X. von Kastilien ein und annektierte diese Gebiete: 1260 Cádiz, 1261 Jerez, 1262 Niebla, deren muslimische Bevölkerung – wie schon früher die von Jaén und Sevilla – ihre Heimatorte verlassen mußte, und schließlich 1266 Murcia.

Die Mehrzahl der vertriebenen Muslime Südwestspaniens begab sich vermutlich in das Reich von Granada, das dadurch einen wertvollen Zuwachs an Bevölkerung und eine beachtenswerte Zunahme seiner Wirtschaftskraft erhielt. Die demographische Dichte des Königreiches Granada lag sicher erheblich über dem heutigen Niveau. In der Levante, wo zunächst kleinere muslimische Herren als Vasallen des Königs installiert blieben und daher auch keine Massenauswanderung oder -vertreibung stattfand, vollzog sich aber in einem gewissen Umfang eine Abwanderung der Elite, vor allem von Gelehrten, deren Lebensunterhalt von der Existenz einigermaßen finanzkräftiger muslimischer Fürstenhöfe abhing. Die wohl berühmteste in diesem Zusammenhang zu nennende Persönlichkeit ist der aus Onda stammende Ibn al-Abbār (1199–1260), der seine Heimatstadt Valencia 1238 verließ und zum Hafsiden nach Tunis ging, wo er schließlich in Ungnade fiel und getötet wurde. Er ist der Autor mehrerer wertvoller historischer und biographischer Werke.

Wir haben bereits gesehen, wie es Ibn Hūd in der dritten *fitna* von al-Andalus beinahe gelang, von der spanischen Levante aus die islamisch gebliebenen Lande der Pyrenäenhalbinsel zu einigen und unter seine Herrschaft zu bringen. Er wurde durch drei Faktoren um die Vollendung seines Werkes gebracht: das machtvolle Eingreifen Ferdinands III., der das Tal des Guadalquivir von der Quelle bis zur Mündung in christliche Hand brachte, die Uneinigkeit der spanischen Muslime und – Symptom dieser Parteiungen – den Aufstieg der Nasriden (oder Banū Aḥmar) von Arjona (Jaén). Ibn Hūds Niedergang nutzte Muḥammad b. Yūsuf b. Naṣr (Muḥammad I.) geschickt aus. Er machte sich mit Hilfe einer verwandten Sippe, der Ašqīlūla, zum Herren des gesamten Gebietes zwischen Gibraltar und Vélez Rubio und gewann, wie gesagt, 1237 Granada, ferner Almería und Málaga.

In zwanzig Friedensjahren gelang es Muḥammad I., sein Reich zu konsolidieren und gute Verbindungen zu den Hafsiden und Meriniden herzustellen. Er begann den Ausbau der Alhambra zur stärksten Festung des

Landes und zur Residenzstadt. In seinen letzten Lebensjahren machte ihm die Revolte der Banū Ašqīlūla, der Gouverneure von Guadix und Málaga, schwer zu schaffen. Unter seinem Sohn und Nachfolger Muḥammad II. al-Faqīh (1272–1302) begann mit der Besetzung von Tarifa das aktive Eingreifen der Meriniden in Spanien, das zu einer verwirrenden Schaukelpolitik der Nasriden zwischen jenen und Kastilien und zur zeitweiligen Besetzung des Westens (mit Ronda als Hauptstützpunkt) durch die Meriniden führte. 1278 erkannten gar die Ašqīlūla von Málaga den Meriniden als Sultan an. In dieser Zeit begann auch die Festsetzung aragonesischer Kaufleute in den Hafenstädten des Reiches von Granada, wie dieser Staat überhaupt in wirtschaftlicher Hinsicht nie wirkliche Autarkie erlangte, vielmehr völlig von Aragon und Genua abhing.

Mit der Eroberung von Tarifa durch Kastilien (1292) trat der Kampf um die Meerenge in eine neue Phase; nach manchem Hin und Her gelang es Alfons XI. in zwei großen Feldzügen (1340 und 1343), die merinidische Macht auf der europäischen Seite der Meerenge zu brechen und mit Ausnahme Gibraltars die gesamte Südspitze der Halbinsel zu erobern: 1344 wurde Algeciras besetzt, nachdem die Muslime 1340 in der Schlacht am Rio Salado vernichtend geschlagen worden waren. Diese Siege beendeten das Zeitalter der afrikanischen Einfälle.

Unterdessen war der Nasride Ismāʿīl I. (1314–1325) den Kastiliern entgegengetreten und hatte sie am 26. Juni 1319 in einer Schlacht in der Vega vor den Toren Granadas geschlagen. Unter Muḥammad IV. (1325–1333) begann die Installation eines merinidischen Hilfskorps in Granada, das oft von merinidischen Thronprätendenten gelenkt wurde. Mit deren Hilfe sowie der Unterstützung einer genuesischen Flotte konnte 1333 Gibraltar rückerobert werden.

Yūsuf I. (1333–54), einer der begabtesten Sultane der Dynastie, unternahm es, den Staat zu konsolidieren und ihm Glanz zu verleihen: Bester Zeuge dessen ist die Palaststadt der Alhambra, deren heute noch beeindruckende Bauten hauptsächlich aus seiner und seines Nachfolgers Zeit stammen, so die monumentale „Puerta de la Justicia" aus dem Jahre 1348 oder die im folgenden Jahre errichtete Madrasa in der Stadt selbst (nahe der Capilla Real). Yūsuf ließ es sich – wie auch seine Nachfolger – angelegen sein, gute Beziehungen zu Aragon zu unterhalten.

Die beiden Regierungen des folgenden Sultans, Muḥammads V. (1354–59, 1362–1391) dürfen zusammen mit der seines Vorgängers unbedenklich als Höhepunkt und Blütezeit des Nasridenreiches angesehen werden; kurz danach setzte der Verfall ein. Muḥammad V., ein Freund Pedros I. des Grausamen von Kastilien, wurde samt seinem Gefolge und seiner christlichen Leibgarde von dem Merinidensultan aufgenommen, als er von seinem Stiefbruder Ismāʿīl II. (seinerseits 1360 von Muḥammad VI. ermordet) entthront wurde, und mit Hilfe beider Verbündeter auf seinen Thron zurückgeführt. Die verworrenen Verhältnisse Kastiliens nach der Ermordung Pedros I. gestatteten ihm sogar, 1369 Algeciras zurückzuerobern. Die bis 1371/72 exzellenten Beziehungen zu Marokko, für die der entschieden promerinidische Wesir des Sultans, der berühmte Lisān ad-dīn Ibn al-Ḫaṭīb (1313–1375), eintrat, verschlechterten sich nach dessen Sturz und Flucht nach Fes (wo er drei Jahre später auf Anstiftung des Nasriden im Gefängnis ermordet wurde); Muḥammad V. bemächtigte sich der letzten merinidischen Besitzungen in Spanien, Ronda und Gibraltar, mischte sich in die Thronstreitigkeiten der Meriniden ein, unterhielt aber enge Beziehungen zu Tlemcen und Tunis.

In Granada erbaute Muḥammad V. 1365–1367 ein großartiges Hospital (im vergangenen Jahrhundert abgerissen)[49] und den Löwenhof der Alhambra. In diesem Zusammenhang muß gesagt werden, daß die Kunst der Alhambra – so zauberhaft sie auch auf uns wirken mag – eine dekadente ist: Ihr Kennzeichen sind ärmliches Material und vielfach endlose Wiederholung der immer selben Muster. Etwas überspitzt gesagt: Was in Madīnat az-Zahrā' individuell aus Marmor gehauen ist, das ist in der Alhambra aus gepreßtem Gips.

In dieser Zeit (1350) besuchte der wohl berühmteste Reisende der islamischen Welt, Ibn Baṭṭūṭa (1304–1369 oder 1377) aus Tanger, Granada. Sein Bericht, der zwar nicht sehr ergiebig ist und erstaunliche Auslassungen aufweist (so verliert er etwa über die Alhambra kein Wort!), enthüllt uns Fakten, die uns sonst sicher verborgen geblieben wären: z. B. die Existenz von Sufi-Zirkeln, die in und um Granada ihre Niederlassungen hatten; dort fanden sich Derwische auch aus fernliegenden islamischen, aber nichtarabischen Ländern wie Transoxanien, Churasan, selbst Indien.[50] Den bedeutendsten literarischen Repräsentanten dieser Epoche – während der auch Ibn Ḫaldūn versuchte, in Granada Fuß zu fassen – stellt zweifelsohne der eben genannte Ibn al-Ḫaṭīb dar, dem wir eine ganze Reihe wertvoller historischer, aber auch medizinischer und anderer Werke verdanken. Nach seinem Tode reißen die authentischen Nachrichten über die Geschichte und Kultur des Reiches und des spanischen Islams überhaupt fast völlig ab.

Nach Muḥammad V. setzte der Verfall ein, zunächst langsam und von Erholungen unterbrochen; man denke an die unter Muḥammad VII. (1392–1408) unternommenen Feldzüge über die granadinisch-kastilischen Grenzen oder die 1431 gewonnene Schlacht „de la Higueruela" in der Vega von Granada, in der Johann II. geschlagen wurde. Aber der Verlust von Antequera 1410 und schließlich von Archidona und Gibraltar (1462) waren Vorzeichen des nahen Endes. Im Innern wuchs ab 1419 die Instabilität; ein Kennzeichen war die zunehmende Bedeutung der Sippe der Banū Sarrāǧ (Abencerragen). Hilfe von außen war nicht in Sicht; in Marokko herrschte Anarchie; aus dem Orient versagten die Mamluken dem bedrohten Staat jede tatkräftige Unterstützung.

Die Thronbesteigung des energischen Abū l-Ḥasan ʿAlī 1464 (des „Muley Hacén" der spanischen Chroniken), der die rebellischen Banū Sarrāǧ züchtigte, das Heer reorganisierte und Sicherheit und Ordnung im Lande wiederherstellte, schien neuerlichen Aufschwung zu verheißen, aber die Heirat der Erben der Kronen von Kastilien und Aragonien, Isabella und Ferdinand im Jahre 1469 (nachmals die „katholischen Könige" genannt) bedeutete das Ende einer Zeit des Stillstandes der Reconquista.[51] Der Schlußakt der „guerra de Granada" wurde von den Städten Kastiliens ermöglicht. Mit dem Handstreich gegen die Festung Zahara, das Tor zum Unterlauf des Guadalquivir, wurde er eingeläutet. 1482 bereits fiel Alhama zwischen Granada und Málaga in christliche Hand. In diesen Feldzügen sollten „Compagnien" deutscher Kanoniere, die bei diversen Belagerungen eingesetzt wurden, eine nicht unerhebliche Rolle spielen.

Im muslimischen Lager herrschte Uneinigkeit, ja Bürgerkrieg: 1482 riefen die Granadiner den Sohn ihres Monarchen, Abū ʿAbdallāh Muḥammad („Boabdil") zum König aus, der bei einem Angriff auf Lucena im selben Jahr in Gefangenschaft geriet und sich, als Vasall der Krone Kastiliens freigelassen, in Guadix installierte. Aber auch sein Onkel Muḥammad „el Zagal" beanspruchte die Krone, bis er 1489 nach Afrika ging. Inzwischen waren 1485 Ronda und im Jahr darauf Loja, 1487 Velez Málaga und Málaga erobert worden; Baza kapitulierte 1489. Die „katholischen Könige" belagerten nun Granada, und seit August 1491 geführte Geheimverhandlungen endeten mit der Kapitulation am 2. Januar 1492. Fast acht Jahrhunderte islamischer Herrschaft in al-Andalus waren zu Ende.

e) Das Ende des Islams in al-Andalus

Die überraschend großzügigen Kapitulationsbedingungen wurden nur wenige Jahre gehalten, dann setzten Zwangsbekehrung und -taufe ein, aus Mudéjaren wurden Morisken. Die Stimmung im christlichen Lager stand auf Assimilation, aber im sechzehnten Jahrhundert erwies sich, daß diese Assimiliation unmöglich war, vor allem nach der Rebellion vom Jahre 1569, die nur unter größten Schwierigkeiten und auf Grund rigorosester Maßnahmen niedergeschlagen werden konnte. Praktisch alle Morisken mußten das Reich von Granada verlassen und ins Landesinnere ziehen.

Inzwischen war die politische Konstellation, vor allem die Türkengefahr und das Bündnis des Osmanensultans mit den Franzosen, so bedrohlich geworden, daß die erste Ruheperiode, die Spanien nach den Regierungen Karls V. und Philipps II. genoß, dazu benutzt wurde, die Frage der kryptomuslimischen Minderheit im Lande einer endgültigen Lösung zuzuführen. Die Ausweisungsdekrete ergingen von 1609 bis 1614; insgesamt 296000 Spanier muslimischen Glaubens, aber inzwischen meist spanischer Sprache, mußten ihre Heimat verlassen und nach Nordafrika auswandern.[52]

Natürlich war die Austreibung eine unmenschliche Maßnahme, anders allerdings sah es das damalige Europa, das den Spaniern angesichts der

Türkengefahr gefährlichen Langmut vorwarf. Auch muß bedacht werden, daß die für den Staat Verantwortlichen nicht einfach untätig zusehen konnten, wie eine diesem Staat abgeneigte Minderheit immer stärker wurde. Der Geburtenüberschuß der Moriskos übertraf bei weitem den der *cristianos viejos*, die noch dazu durch Auswanderung nach Amerika abnahmen, wohin Moriskos nicht durften. Im Königreich Valencia z. B. nahm zwischen 1563 und 1609 die muslimische Bevölkerung um sage und schreibe rund 70 Prozent zu. Der Tag war abzusehen, da dieses Gebiet und das Ebro-Becken mehrheitlich andersgläubig sein würden. So entschied man sich für die Vertreibung. Deren demographische und ökonomische Folgen waren gravierend für das „Reino de Valencia" wie für das Ebro-Becken, anderswo aber unbedeutend, denn von den sieben Millionen Bevölkerung der kastilischen Krone kamen nur je drei Morisken auf zweihundert Christen. Im achtzehnten Jahrhundert waren die Verluste, die durch die Ausweisung eingetreten waren, im allgemeinen ausgeglichen. Nicht ausgelöscht werden konnten die Folgen einer fast acht Jahrhunderte dauernden Anwesenheit von Muslimen, seien es nun Araber, Berber oder *muwalladūn* gewesen. Hunderte von Wörtern, Aberhunderte von Orts-, Fluß- und Flurnamen arabischer Herkunft und die baulichen Monumente der islamischen Zeit werden noch viele Jahrhunderte von einem ruhmreichen Abschnitt in der Geschichte und Kulturgeschichte der Halbinsel zeugen.

VII. Der arabische Osten unter osmanischer Herrschaft 1517–1800

(Barbara Kellner-Heinkele)

1. Vorbemerkungen

Die osmanische Eroberung weiter Gebiete mit vorherrschend arabischsprechender Bevölkerung bedeutete deren Ausrichtung auf ein einziges Herrschaftszentrum, wie es zuletzt – zumindest dem Anspruch nach – in abbasidischer Zeit bestanden hatte. Die wesentlichen Ereignisse dieser Ausbreitung fallen in die Jahre 1516–17, als Syrien und Palästina sowie Ägypten osmanisch wurden, und ins zweite Viertel des sechzehnten Jahrhunderts, als auch der Irak und der Jemen größtenteils unterworfen wurden. Der Jemen und andere Gebiete, die heute als zur arabischen Welt gehörig betrachtet werden, wie etwa ein Streifen an der Westküste des Roten Meeres, konnten während dieser Jahrzehnte nur vorübergehend erworben werden und mußten vom siebzehnten Jahrhundert an nach und nach ihrem eigenen Schicksal überlassen werden. Gefährlicher als die Angriffe äußerer Feinde waren dem Bestand des Osmanischen Reiches die zentrifugalen Kräfte im Inneren. Bemühungen, diesen entgegenzuwirken, setzten fast unmittelbar nach den Eroberungszügen ein und sollten sich bis zum Zusammenbruch des Reiches im Ersten Weltkrieg (1918) wiederholen.

Das einigende Band zwischen den neuen Provinzen war sicherlich das Vorherrschen der arabischen Sprache – in ihren diversen Dialekten – unter einer Vielzahl anderer lokal verwurzelter Sprachen wie Türkisch, Armenisch, Kurdisch, Persisch und Syrisch. Daneben bot nach Jahrhunderten muslimischer Herrschaft gewiß auch der Islam in seinen verschiedenen Dimensionen eine gemeinsame Basis. Ansonsten war die Vielfalt allen gemein, die historisch gewachsene Fülle an ethnischen Zugehörigkeiten, Bekenntnissen, ökonomischen und gesellschaftlichen Formen, Traditionen und Interessen. Diese Vielfalt war durch politische Kräfte repräsentiert gewesen, die jetzt durch die osmanische Herrschaft relativiert und vorerst ihrer Kristallisationspunkte beraubt wurden. Istanbul als das Machtzentrum, als wirtschaftlicher und geistiger Mittelpunkt des Reiches, regierte nun die unterschiedlichen arabischen Länder nach Leitlinien, die sich in den früher erworbenen Provinzen bewährt hatten, ließ aber doch weitgehend den lokalen Einheiten ihr Eigenleben.

Allen gemeinsam war die aus Istanbul entsandte Elite einheitlich ausgebildeter Militärgouverneure, oberster Richter und Verwaltungsbeamter.

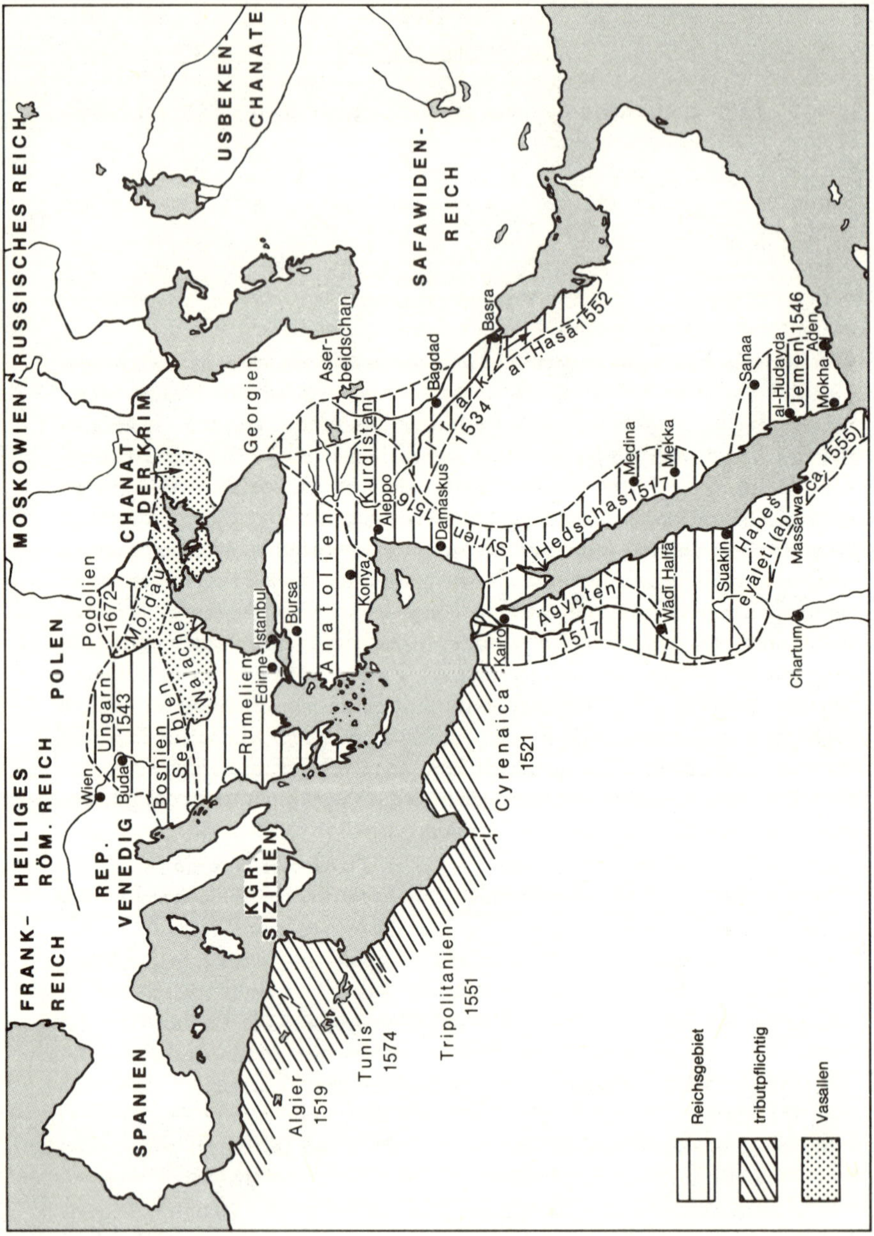

7. Das osmanische Reich zur Zeit seiner größten Ausdehnung (17. Jh.)

Sie waren angewiesen, in ihrem Pflichtenbereich nach gleichen Grundsätzen vorzugehen – ob sie nun in Belgrad, Bursa oder Bagdad eingesetzt waren. Die ehemaligen Metropolen Kairo, Damaskus und Bagdad zählten allerdings in osmanischer Zeit weiterhin zu den bedeutendsten und volkreichsten Städten des Nahen Ostens. Aleppo, Basra, Mekka und andere Städte, die schon seit Jahrhunderten internationale Handelsknotenpunkte waren, erfuhren nun einen Wirtschaftsaufschwung, der trotz mancher Flauten bis gegen Ende des achtzehnten Jahrhunderts anhalten sollte.

Im Vergleich mit den welthistorisch bedeutsamen Ereignissen, die sich in der arabischen Welt im Mittelalter, in der frühen Neuzeit und dann wieder im neunzehnten und zwanzigsten Jahrhundert abspielten, gelten die ersten drei Jahrhunderte osmanischer Herrschaft als verhältnismäßig ereignislos. Zugleich wurden sie bis in die jüngste Zeit von europäischen wie einheimischen Forschern als eine Periode unablässigen politischen und ökonomischen Niedergangs und kultureller Sterilität betrachtet. Dieses negative Bild darf heute für das sechzehnte und siebzehnte Jahrhundert in vielen Punkten als widerlegt gelten und müßte für das achtzehnte Jahrhundert in seiner Verallgemeinerung noch nachgewiesen werden. Die neue Akzente setzende Forschungsarbeit der letzten zwei, drei Jahrzehnte konzentrierte sich sicherlich auf Ägypten. Über das geographische Syrien (Bilād aš-Šām), d. h. Syrien, Palästina und den Libanon, wurden eher punktuelle Untersuchungen angestellt. Die Geschichte des Irak ist nur bruchstückhaft erforscht. Dasselbe gilt für den Jemen und den Hedschas.

Die Schwerpunkte in dem nun folgenden Kapitel wurden notwendigerweise von dieser Forschungslage bestimmt. Die relative Armut an herausragenden politischen Ereignissen gibt in diesem Zusammenhang allerdings die Gelegenheit, der Frage nachzugehen, bis zu welchem Maße die Perioden der politischen Geschichte der arabischen Provinzen – als Funktion der Geschichte der Zentralmacht – mit den Perioden ihrer ökonomischen und intellektuellen Geschichte übereinstimmen.[1]

2. Ägypten und die Anrainer des Roten Meeres

Mit dem Zusammenbruch der letzten mamlukischen Verteidigungskräfte und der Etablierung osmanischer Truppen in ganz Ägypten begann unzweifelhaft eine neue Ära. Ibn Iyās (1448–um 1524), der engagierte Chronist des Mamlukenreiches und kühle Beobachter der ersten Jahre osmanischer Herrschaft in Ägypten, ließ das Mißvergnügen der Bevölkerung immer wieder in seine Aufzeichnungen einfließen. Er wußte der neuen Ordnung durchaus auch positive Aspekte abzugewinnen, doch seine Loyalität galt den früheren Herren, den Mamluken, die er vom Ideal des Rittertums beseelt sah und die seit mehr als 250 Jahren die Geschicke des Landes am Nil mit seinem wichtigen Vorfeld Syrien bestimmt hatten. Auch diese

Herren waren landesfremd gewesen, aber sie hatten es verstanden, von der Metropole Kairo aus den Glanz des mittelalterlichen Ägypten, des Fatimiden- und Ayyubidenreiches, wiederzubeleben und ihm neue Höhepunkte hinzuzufügen. Die rasche Ausweitung des Osmanenreiches in Europa und Anatolien hatte bereits eine Reihe von traditionellen Hauptstädten und blühenden Handelszentren deklassiert und deren wirtschaftliches Potential den Bedürfnissen des Gesamtreiches untergeordnet.

Die Aufzeichnungen des Ibn Iyās brechen im Jahre 1522 ab, noch bevor nach der blitzartigen Eroberung der ägyptischen Kerngebiete eine gewisse Konsequenz des Regierungsstils hätte einsetzen können. Nach dem bewährten Prinzip, die bisherigen Strukturen der Herrschaft auch nach der Übernahme der Macht weiterwirken zu lassen, übernahmen die Osmanen eine große Zahl der früheren Militärs und Verwaltungsbeamten in ihren Dienst; aber der bewußte Versuch, dadurch Ägyptens Quellen des Reichtums so schnell wie möglich wieder zum Fließen zu bringen, war nicht unmittelbar erfolgreich. Noch vor dem Rückmarsch im Frühjahr 1517 hatte Sultan Selīm I. (1512–20) eine neue Landaufnahme angeordnet, und schon 1523 standen neue Kataster- und Steuerübersichten für Unterägypten und einen Teil Oberägyptens zur Verfügung. Doch erst nachdem die Revolten der Mamlukenemire Ǧānim und Īnāl (1522) und die des dritten, aus Istanbul entsandten osmanischen Gouverneurs Aḥmed Paša (1524) niedergeschlagen waren, konnte von einer endgültigen Etablierung der osmanischen Macht die Rede sein.

Die Prinzipien osmanischer Administration in Ägypten wurden in der Gesetzessammlung *(qānūn-nāme)* Sultan Süleymāns des Prächtigen (1520–66) von 1525 niedergelegt. Sie enthielt insbesondere Bestimmungen zum Steuersystem und zur Organisation der frommen Stiftungen *(waqf,* osman. *vaqıf).* In Verbindung mit späteren Zusatzregelungen bildete sie die Richtschnur für die Arbeit von Kommissionen, die im sechzehnten Jahrhundert das Land in regelmäßigen Abständen bereisten, um den neuesten Stand des Steueraufkommens, der Besitzverhältnisse, der Bevölkerungsverteilung und der Art der Bodennutzung zu registrieren *(taḥrīr).*[2]

Grundsätzlich gehörte aller Reichsboden dem Sultan *(mīrī).* Anstelle von Sold- oder Gehaltszahlungen konnte er die Nutznießung von größeren oder kleineren landwirtschaftlichen Parzellen *(muqāṭaʿa)* abtreten. Im europäischen und anatolischen Landesteil, wie auch teilweise in Syrien, geschah dies in einer Art Lehen *(tīmār, zeʿāmet, ḫāṣṣ),* das allerdings – anders als in Europa – nicht vererbbar war. Insbesondere die osmanische berittene Militärelite *(sipāhī)* wurde für ihre Dienste mit diesen „Lehen" entschädigt.[3] In Ägypten wurde dieses System nicht eingeführt, obwohl die Ähnlichkeit des mamlukischen Lehenswesens *(iqṭāʿ)* mit dem osmanischen *tīmār*-System diesen Gedanken nahegelegt hätte. Die Gründe dafür sind in den Quellen nicht ausdrücklich genannt. Die neuere Forschung sieht hier u. a. schon den Versuch, im Zeitalter der Feuerwaffen dem zunehmenden

Gewicht der Infanterie zuungunsten der Kavallerie Rechnung zu tragen. Darüber hinaus war nicht unbekannt, daß die Militärlehen *(tīmār)* den Trägern ein großes Maß an persönlicher und finanzieller Unabhängigkeit verliehen, während der Staatsschatz gleichzeitig auf die Verfügung über immense Geld- und Naturalienquellen verzichtete.[4]

Ägyptens wichtigste Quelle von Einkünften war neben dem internationalen Handel die Landwirtschaft. Im sechzehnten Jahrhundert kamen im wesentlichen *emānet* und *vaqıf* als zu besteuernde Einheit vor. Beim *emānet* („zur Weiterleitung anvertrautes Gut") wurde nach Maßgabe der Steuerregister ein Teil der Einkünfte aus der Steuerquelle (landwirtschaftlichen oder städtischen Charakters) durch einen dazu bestimmten Reichsbeamten eingezogen und dem ägyptischen Staatsschatz zugeführt. Der sogenannte *emīn* erhielt dafür ein festes Gehalt, ungeachtet der Höhe der Einnahmen. Beim *vaqıf* („fromme Stiftung") kam der Reinertrag einer Steuereinheit *(muqāṭaʿa)* nicht dem Fiskus zugute, sondern einer Einrichtung religiösen oder sozialen Interesses (Moschee, Medrese, Derwischkloster, Armenküche, Brunnen u. a.) und deren Personal. Besonders reiche Stiftungen galten den Baulichkeiten und Bewohnern der Heiligen Städte Mekka und Medina. Die Gründung und der Unterhalt eines *vaqıf* gehören zu den Grundpfeilern des muslimischen Sozialverhaltens, nicht zuletzt wegen des Nebeneffekts der privaten Vermögensbildung.

Die „nicht-religiöse" Nutzung der Steuererträge hat in den islamischen Ländern eine Vielfalt von Formen und Systemen angenommen. Im osmanischen Ägypten wurde die Form des *emānet* langsam vom *iltizām*, der Steuerpacht, überlagert und während des siebzehnten Jahrhunderts schließlich gänzlich verdrängt. Die Gründe dafür liegen wahrscheinlich vor allem darin, daß die *emīne* nicht effektiv genug, da ohne Gewinnbeteiligung, arbeiteten, andererseits auch darin, daß es nicht genügend qualifizierte osmanische Verwaltungsbeamte gab, die den Posten des *emīn* ausfüllen konnten. Es ist hier erwähnenswert, daß der *fellāḥ* (Bauer) im Delta und im Niltal drei, an besonders begünstigten Stellen sogar vier Ernten pro Jahr zu bewältigen hatte und daß die Fruchtbarkeit des Bodens eine intensive Nutzung jedes *feddān* Land (etwa 6000 m^2) erlaubte.[5] Auch die Entfernungen spielten eine Rolle. Vom Delta bis zur nubischen Grenze ist es in der Luftlinie etwa so weit wie von Istanbul nach Adana, also einmal quer durch Anatolien. Das Delta wiederum entspricht an der breitesten Stelle etwa den Dimensionen des Marmarameeres in West-Ost-Richtung. Der Steuerpächter *(mültezim)* und die ihm anvertraute Steuerpacht *(iltizām)* gehören zu den zentralen Begriffen der osmanischen Epoche Ägyptens. Steuerpacht bedeutete, daß eine Privatperson bei einer Auktion das Recht ersteigerte, die Steuererträge einer bestimmten Einnahmequelle einzuziehen und an den Staat abzuführen. Üblicherweise wurde dieses Recht auf nicht mehr als drei Jahre vergeben. Die Gewinnspanne hing von der Geschicklichkeit des Steuerpächters und seiner Mittelsmänner ab, dem Steuerzahler über die fixe Steuersumme hinaus noch zusätzliche Zahlungen abzufordern. Die Steuerpacht konnte aus landwirtschaftlichen Erträgnissen, aber auch aus Steuern auf Läden und Waren, aus Zöllen und Schutzgebühren bestehen. Ein Steuerpächter mit umfassenden Pachten konnte diese an andere *mültezims* weiterverkaufen. Durch derartige Transaktionen entstand schließlich eine Hierarchie reicher *mültezim*-Notabeln mit zunehmendem Einfluß auf lokaler und sogar Provinzebene. Der Niedergang dieses Steuersystems in ein Instrument der Unterdrückung von Bauern und Handwerkern, der schrankenlosen Bereicherung und der politischen Erpressung kündigte sich schon im siebzehnten Jahrhundert an, wurde aber in seiner krassesten Form erst in der zweiten Hälfte des achtzehnten Jahrhunderts wirksam.[6]

An der Spitze der Provinz stand der Statthalter *(wālī)*, dessen Amtszeit theoretisch auf ein Jahr beschränkt war; in der Praxis aber kamen Amtszeiten von wenigen Monaten bis zu über elf Jahren vor. Die Statthalter, mit dem Titel eines Paschas und meistens dazu dem Rang eines Wesirs, erhielten Ägypten gewissermaßen als gigantische *muqāṭaʿa* anvertraut und hatten daraus Rechte und Pflichten abzuleiten. Die Rechte bestanden unter anderem aus der Möglichkeit, zu Reichtum zu kommen, während die Pflichten insbesondere die Aufrechterhaltung von Ruhe und Ordnung mit Hilfe von Garnisonstruppen vorsahen. Diese hatten auch die äußeren Bedingungen für das geschmeidige Funktionieren der Steuerverwaltung zu schaffen. Bis zum Ende des sechzehnten Jahrhunderts gelang es fast allen Statthaltern, den ägyptischen Tribut an die Pforte *(irsāliyye-i ḫazīne)* in voller Höhe zu entrichten. 1596 z. B. bestand er aus ca. 20 Millionen *para (aqče)* Bargeld; dazu kamen Lebensmittellieferungen an die großherrliche Küche. Zum Vergleich sei erwähnt, daß dem Statthalter selbst ein Jahreseinkommen von ca. einer Million *aqče* zustand.[7]

Daß dieses Einkommen oft sofort wieder in den Wirtschaftskreislauf Ägyptens eingebracht wurde, beweisen die frommen Stiftungen der osmanischen Statthalter. Dazu gehört die 1528 erbaute Moschee des Eunuchen Süleymān Paša, der Ägypten zweimal insgesamt dreizehn Jahre lang regierte. In der Zwischenzeit führte er eine Flottenexpedition nach Indien, die allerdings die Portugiesen nicht aus ihren Niederlassungen zu verdrängen vermochte. Immerhin trug das Unternehmen dem Weltreich Süleymāns des Prächtigen im Vorbeisegeln den Küstenstützpunkt Aden (ʿAdan) und den Stützpunkt Zabīd im Jemen (1538) ein. Darüber hinaus sind uns die Moschee des Eunuchen Dāvūd Paša (1538–49) aus dem Jahre 1548 und die des Sinān Paša aus dem Jahre 1571 erhalten. Sinān Paša (1567–68 und 1571–73 Gouverneur von Ägypten) ist bekannter als der Wiedereroberer des Jemen (s. u.). Neben drei weiteren Gouverneurs-Moscheen sind außerdem das Brunnenhaus *(sabīl-kuttāb)* des Ḫüsrev Paša (1535–36) und zwei Handelshäuser *(wakāla)* erhalten geblieben – eines 1541 von Süleymān Paša (s.o.) und eines 1583 von Ḥasan Paša (1580-83) erbaut. Insbesondere die Moscheen zeigen in der Anlage Anklänge an den imperialen osmanischen Stil, wie er vom Baumeister Sinān (st. 1588?) zum Höhepunkt geführt wurde, sind aber in den Elementen des Baudekors noch ganz vom mamlukischen Geschmack bestimmt.[8]

Bereits Sultan Selīm I. hatte die ägyptische Bevölkerung und den osmanischen Verwaltungsapparat dem Schutz zweier Infanteriekorps *(oğaq)* anvertraut, den Janitscharen und den sogenannten ʿAzabān (sing. ʿAzab), von denen die Janitscharen *(mustaḥfiẓān)* als Wächter Kairos und der Zitadelle, der Residenz des Gouverneurs, das angesehenere und besser bezahlte war. Aufgabe der ʿAzabān war es, die Zugänge zur Zitadelle und nach Kairo zu bewachen sowie Provinzfestungen und Patrouillenboote auf dem Nil zu bemannen.

Die Korps *(oğaq)* der Müteferriqa und Čavuš waren wie die der Janitscharen und ʿAzabān dem Gouverneur und der Ratsversammlung *(dīvān)* zugeteilt, nicht zuletzt als Kontrolle ihrer Macht. Sowohl Müteferriqa als auch Čavuš bestanden aus Berittenen und Fußsoldaten. Die Müteferriqa-Truppe, die 1554–55 aus ehemaligen Mamluken formiert worden war, war die meistprivilegierte und bestbezahlte unter sämtlichen sieben *oğaq*s in Ägypten, verlor aber zugleich mit dem Niedergang osmanischer Macht ab der Mitte des siebzehnten Jahrhunderts an Einfluß und Status, und zwar besonders zugunsten der Janitscharen. Schon 1524–25 war das Čavuš-Korps aus ehemaligen Mamluken gebildet worden; ihm kam u. a. die Zustellung von Dekreten im ganzen Land zu. Auch ihm standen bestimmte Privilegien und Einkünfte zu, aber auch seine Bedeutung sank mit derjenigen des *wālī*.

Zwei Abteilungen von Berittenen *(sipāhī,* pl. *sipāhiyān),* die Gönüllüyān („Freiwillige") und die Tüfenkčiyān („Flintenschützen"), waren ebenfalls schon mit Sultan Selīm I. nach Ägypten gekommen und hatten kräftig die Erweiterung des eroberten Territoriums betrieben. Um ihre Übergriffe einzudämmen, wurde 1524–25 aus ehemaligen Mamluken das Kavalleriekorps der Čerākise („Tscherkessen") gebildet. Die zuletzt genannten drei Abteilungen wurden in den Unterprovinzen zur Eintreibung der Steuern und als Polizei eingesetzt, aber ihr Sold und ihr Status waren ziemlich gering.

Aufgaben und Zuständigkeit sowie Bedeutung und Einnahmequellen dieser sieben Korps und einiger zusätzlicher Spezialtruppen variierten beträchtlich im Laufe der Jahrhunderte.[9] Die Chefs der Milizen *(ağa)* und führende Offiziere *(ketḫudā* u. a.) gehörten im siebzehnten und achtzehnten Jahrhundert zu den politisch einflußreichsten Figuren der Kairoer Szene.

Noch war die Unterwerfung Ägyptens keineswegs abgeschlossen. Sultan Selīm I. war wenig mehr als das Nildelta und Kairo in die Hand gefallen, und so hatten noch auf Jahre hinaus osmanische Truppen mit dem Widerstand versprengter Mamluken in entlegenen Gegenden des Deltas und

Oberägyptens zu kämpfen. Besonders aber die Beduinen in den wüstenhaften Gebieten östlich und westlich des fruchtbaren Nilstreifens machten ihnen zu schaffen. Schon Sultan Selīm I. hatte dort die Position der Hawwāra-Beduinen anerkennen müssen. Die Banū Hawwāra, arabisierte Berber, kontrollierten bereits seit dem frühen fünfzehnten Jahrhundert, wenn auch unter mamlukischer Oberherrschaft, Landwirtschaft und Handel Oberägyptens. Die mächtigste Großfamilie der Banū Hawwāra, die Banū ʿUmar, sollte sich bis 1606–07 behaupten können.[10] Erst dann machte ein osmanischer Sieg die erfolgreiche Entsendung eines Paschas als Gouverneur dieser Getreidekammer möglich. Allerdings blieb Oberägypten bis in die zweite Hälfte des achtzehnten Jahrhunderts hinein von dem oben beschriebenen *iltizām*-Steuersystem ausgenommen, das sich seit den frühen Jahren osmanischer Herrschaft in Unterägypten herausgebildet hatte. Ǧirǧa war das Zentrum Oberägyptens und der Sitz eines Gouverneurs; dieser hatte die höchsten Einnahmen unter allen 36 (bzw. 37) Gouverneuren ägyptischer Unterprovinzen *(kāšiflik)*. Zu den Steuereinnahmen aus der Landwirtschaft kamen hier insbesondere Zölle auf die reichen Karawanen aus den sudanesischen Königreichen Dārfūr und Sinnār, die Sklaven, Gold und Elfenbein exportierten, hinzu.[11]

Im dritten Viertel des sechzehnten Jahrhunderts stabilisierte sich die osmanische Herrschaft in allen ehemaligen Besitzungen der Mamluken auf afrikanischem Boden und noch weit darüber hinaus. Um die Mitte des Jahrhunderts bereits hatte Unternubien zwischen dem ersten und zweiten Katarakt dazugewonnen werden können, ein Gebiet, das heute teilweise im Assuan-Stausee verschwunden ist. Als südlichster Punkt der Provinz *(eyālet)* galt nun Wādī Ḥalfā, das heute zum äußersten Norden des Sudan gehört. Im Westen war die Grenze weniger scharf definiert und hing von den jeweiligen Beziehungen zu den Beduinen ab. Seit 1555 kam an der Westküste des Roten Meeres das Gebiet von Suakin (Sawākin) bis zum Bāb al-Mandab hinzu, das in seinem südlichen Teil etwa dem heutigen Eritrea entspricht. Für wenige Jahre (bis 1578) erreichte diese „Provinz Abessinien" (osman. Ḥabeš eyāleti) sogar die Spitze des Horns von Afrika als südlichsten und zugleich östlichsten Punkt osmanischer Ausbreitung auf dem afrikanischen Kontinent.

Der Griff nach Ḥabeš entsprang nicht so sehr imperialer Strategie als vielmehr den Handelsinteressen an den Hafenstädten beidseitig des Roten Meeres, nachdem die osmanische Präsenz in Ägypten, dem Hedschas und Jemen gefestigt war. Das Auftauchen der Portugiesen im Indischen Ozean und selbst im Roten Meer seit Anfang des Jahrhunderts brachte eine Beeinträchtigung des Indien- und Rotmeerhandels mit sich und ließ eine zunehmende Gefährdung des Pilgerverkehrs nach Mekka und Medina befürchten. Zusammenstöße osmanischer und portugiesischer Flotten waren die Folge. Nicht zuletzt war die Gründung der Provinz Ḥabeš dem Ideenreichtum und Abenteuersinn Özdemür Pašas (st. 1560) zu verdanken, der zuvor schon durch seine Eroberungen im Jemen Aufsehen erregt hatte. Kriegerische Auseinandersetzungen zwischen den Gouverneuren von Ḥabeš und den christlichen Königen von Äthiopien mündeten schließlich zu Ende des sechzehnten Jahrhunderts in eine Situation gegenseitiger Anerkennung und Kooperation, die auch während des siebzehnten Jahrhunderts anhielt. Beide Parteien waren sich einig in der Abwehr europäischer Missionare. Die Pforte war allerdings zunehmend gezwungen, die Gouverneure von Ḥabeš sich selbst zu überlassen. Im achtzehnten Jahrhundert entschwand die Provinz praktisch völlig aus dem Gesichtsfeld zentraler Verwaltungsstellen. Erst im neunzehnten Jahrhundert sollte sie in der Auseinandersetzung zwischen der Pforte und dem Vizekönigtum Ägypten wieder zu einiger Bedeutung kommen.

Auch das Gebiet der heutigen Arabischen Republik Jemen, der Volksdemokratischen Republik Jemen und der saudiarabischen Provinz ʿAsīr wurde für fast hundert Jahre osmanisch (1538–1635). Binnen kurzem erklärte die Pforte die bescheidenen, im Jahre 1538 erworbenen Küstenstationen zum *beylerbeyilik* (Provinz) und nutzte sie als Ausgangspunkt für einen erbitterten Kampf gegen den in seinem Hochland verschanzten zaiditischen Imam. Erst 1546 fiel Sanaa (Ṣanʿāʾ); 1552 unterwarf sich der Imam der osmanischen Oberherrschaft.[12] Aber unkluge Politik und ausbleibender Nachschub beraubten die Osmanen der Aussicht, jemals wirklich Fuß zu fassen. Schon 1568 war die Provinz auf einen Bruchteil des Küstenlandes, der Tihāma, zusammengeschmolzen. Eine erneute osmanische Offensive (1569–70), wieder unter dem Kommando des Statthalters von Ägypten, rettete für einige weitere Jahrzehnte die Situation. Seit Beginn des siebzehnten Jahrhunderts gelang es den osmanischen Paschas im Jemen nicht mehr, die Europäer davon abzuhalten, sich dort nach Handelsmöglichkeiten umzusehen. Statt der Portugiesen waren es jetzt die Holländer (1608) und Engländer (1614), die hier Zwischenstationen für den Indienhandel zu gründen hofften. Wichtiger als die Gewürze wurde nun im Handelsvolumen zusehends der Kaffee, der insbesondere über den jemenitischen Hafen Mokha (al-Muḫāʾ) exportiert wurde, ein Name, der bei uns zum Synonym für starken Kaffee geworden ist. Bis zu welchem Maße die Europäer den zaiditischen Imam und die Stammesführer des jemenitischen Hochlandes zur Rebellion gegen die Osmanen ermutigten, ist nicht klar; jedenfalls ließ der Großherr nach fünfzehn Jahren Guerillakrieg im Jahre 1635 das Land evakuieren.

In den späteren Jahren der Regierungszeit Sultan Süleymāns I., des Prächtigen (1520–66), den die Osmanen „den Gesetzgeber" (Qānūnī) nannten, überschritt das osmanische Weltreich seinen Zenit. Die Geschichtsschreibung geht in der Regel davon aus, daß der politische und wirtschaftliche Abstieg unter seinen unmittelbaren Nachfolgern einsetzte und mit einer Phasenverschiebung von etwa zwei Generationen auch einen kulturellen und intellektuellen Niedergang auslöste.

Die Ursachen dieser Entwicklung sind oft erörtert worden, sogar schon zu ihrer Zeit, lassen sich aber auch heute noch nicht mit einigen bündigen Thesen fassen. Sicherlich machte sich die allgemeine Inflation und folgende Geldentwertung, die alle Mittelmeerländer gegen Ende des sechzehnten Jahrhunderts erfaßte, auch in der Besoldung sämtlicher militärischer Ränge der osmanischen Armee bemerkbar. Der soziale Abstieg, der damit vorgezeichnet war, ließ die Betroffenen nach neuen Einnahmequellen greifen. Die osmanische Armee als geschlossenes Herzstück osmanischer Macht öffnete sich damit der Korruption auf allen Ebenen. Blieben neue Eroberungen aus, fiel auch die Kriegswirtschaft in sich zusammen. Landflucht, Bandenwesen, Verfall der Feudalstruktur waren die Folge und zeigten sich in Anatolien symptomatisch in den Ǧelālī-Aufständen (ca. 1590–1612).[13] Der vergleichsweise phänomenale Aufstieg seefahrender europäischer Mächte zur gleichen Zeit im Gefolge der Entdeckungen und der Erschließung neuer Seewege läßt das, was vielleicht anfangs nur eine sich ausweitende Stagnation war, vermutlich unverhältnismäßig stark als Abstieg hervortreten.

Für Ägypten läßt sich in der zweiten Hälfte des sechzehnten Jahrhunderts unter dieser Sichtweise und im Licht der nicht sehr zahlreichen zeitgenössischen Quellenzeugnisse feststellen, daß das Steuer- und Finanzwesen noch nicht die Einbrüche zeigte, wie wir sie etwa zur gleichen Zeit aus Anatolien kennen. Die öffentliche Sicherheit und die Stabilität städtischen Lebens waren weitgehend gewährleistet. Auf die unruhigen ersten Jahre osmanischer Präsenz in Ägypten (1517–25) war eine Phase ständiger Konsolidierung und Ausweitung osmanischer Herrschaft gefolgt, die eine Belebung des urbanen und dörflichen Lebens mit sich gebracht hatte.

Selbst Osmanen, die jeden Winkel des Reiches auf Feldzügen erkundet hatten, bot sich Ägypten offenbar noch als eine exotische Welt dar. Muṣṭafā ʿĀlī (1541–1600) z. B., der osmanische Historiker und Staatsbeamte, besuchte Ägypten zweimal, 1568 und 1599. Seine Beschreibung Kairos, einer Metropole, die nun schon seit Jahrzehnten unter osmanischem Einfluß stand, bringt den Zusammenprall mehrerer Welten deutlich zum Ausdruck.[14] Dieser Augenzeugenbericht gehört zu den wenigen unmittelbaren Quellen jener Periode. Muṣṭafā ʿĀlī war ein kritischer, manchmal sogar bitterer Beobachter; dennoch mag der bedenkliche Unterschied, den er zwischen dem Kairo von 1568 und dem von 1599 feststellte, nicht nur aus den goldenen Erinnerungen der Jugendzeit bzw. aus der Skepsis des desillusionierten Staatsdieners zu erklären sein.

Nach seinen Aufzeichnungen hatte auch im reichen Ägypten der Niedergang des Reiches erste Spuren hinterlassen: Die Inhaber höchster Reichsämter hatten schon zu allen Zeiten gegeneinander intrigiert; nun aber sah Muṣṭafā ʿĀlī, daß Rivalität und Profitgier selbst in die unteren Ebenen des Militärs und der Verwaltung vorgedrungen waren. Er kritisiert die Gouverneure ob ihrer Vernachlässigung der Fürsorgepflicht gegenüber der Bevölkerung, den Übermut und Luxus der neo-mamlukischen Beys, die Veruntreuung von Steuergeldern durch die Provinzgouverneure *(kāšif)* und die Disziplinlosigkeit der Garnisonstruppen. Selbst die Unterwanderung der osmanischen Korps *(oǧaq)* durch tscherkessische Sklaven *(mamlūk)* wird schon moniert. Das Ergebnis dieser Verstöße gegen Eigenschaften, die einst das Reich so erfolgreich gemacht hatten, nämlich gegen Disziplin und persönliche Integrität, war nun der Mangel an Lebensmitteln in einem Land, in dem noch vor über dreißig Jahren der Überfluß geherrscht hatte. Noch bedenklicher stimmte vielleicht die Zerstörung des einstmals guten Einvernehmens zwischen den Osmanen *(rūmī)* und den Einheimischen.

Muṣṭafā ʿĀlī kamen offensichtlich keinerlei Zweifel, ob die osmanische Herrschaft über Ägypten an sich legitim und bei der Bevölkerung erwünscht sei; denn mit dem in den erfolgreichen Kriegen gegen die Ungläubigen gewonnenen Prestige und seit der Eroberung des Mamlukenstaates war das Osmanische Reich zur bedeutendsten Macht in der islamischen Welt geworden. Vom Mamlukensultan war das höchste Ehrenamt eines „Dieners der zwei Heiligen Stätten" *(ḫādim al-ḥaramayn)* auf den Großherrn übergegangen. Der Scherif von Mekka hatte Selīm I. nach der Eroberung Kairos (1517) durch seinen Sohn seine Ergebenheit mitteilen und die Schlüssel der Kaʿba überreichen lassen. Er wurde dafür in seinem Amt bestätigt, und schon im folgenden Jahr (1518) konnte die Pilgerfahrt ohne Zwischenfälle abgehalten werden. Der Schutz der Pilgerkarawanen und Pilgerwege, die Erhaltung der Städte Mekka und Medina und der Unterhalt ihrer Bevölkerung gehörte zu den vornehmsten Pflichten des Sultans; die Kosten hatte Ägypten zu tragen. Für Muṣṭafā ʿĀlī – und nicht nur für ihn – war Ägypten ein wertvolles Stück des Gesamtreiches mit allen Rechten und Pflichten. Für ihn konnte der unbefriedigende Gesamtzustand des Landes nicht am Reich selbst oder an den Herrschaftsprinzipien liegen, sondern nur an dem unverantwortlichen Verhalten einzelner Gouverneure.

Ausdruck des auch spirituellen Umbruchs jener Jahrzehnte war die Ausbreitung des Derwischwesens. Die nicht von den herrschenden Schichten, sondern der mittleren und einfachen Bevölkerung getragenen „inoffiziellen" Sufi-Orden Ägyptens hatten schon in spätmamlukischer Zeit einen deutlichen Aufschwung erfahren, der sich in der frühosmanischen Periode verstärkt fortsetzte und bis in unser Jahrhundert alle Ebenen des öffentlichen und privaten Lebens durchdrang. In Kairo äußerte sich dies in einer verstärkten Bautätigkeit an Klöstern und Klausen *(zāwiya, takiyya)*. Ordensscheiche erfreuten sich eines Ansehens wie nie zuvor. Einer der eindrucksvollsten Vertreter des Sufimilieus ist ʿAbd al-Wahhāb aš-Šaʿrānī (1493–1565), dessen ethische und biographische Schriften auch ein Bild der zeitgenössischen religiösen Kultur und Sozialstruktur Ägyptens erkennen lassen.[15]

Allerdings läßt sich nicht übersehen, daß Ägypten vom sechzehnten bis

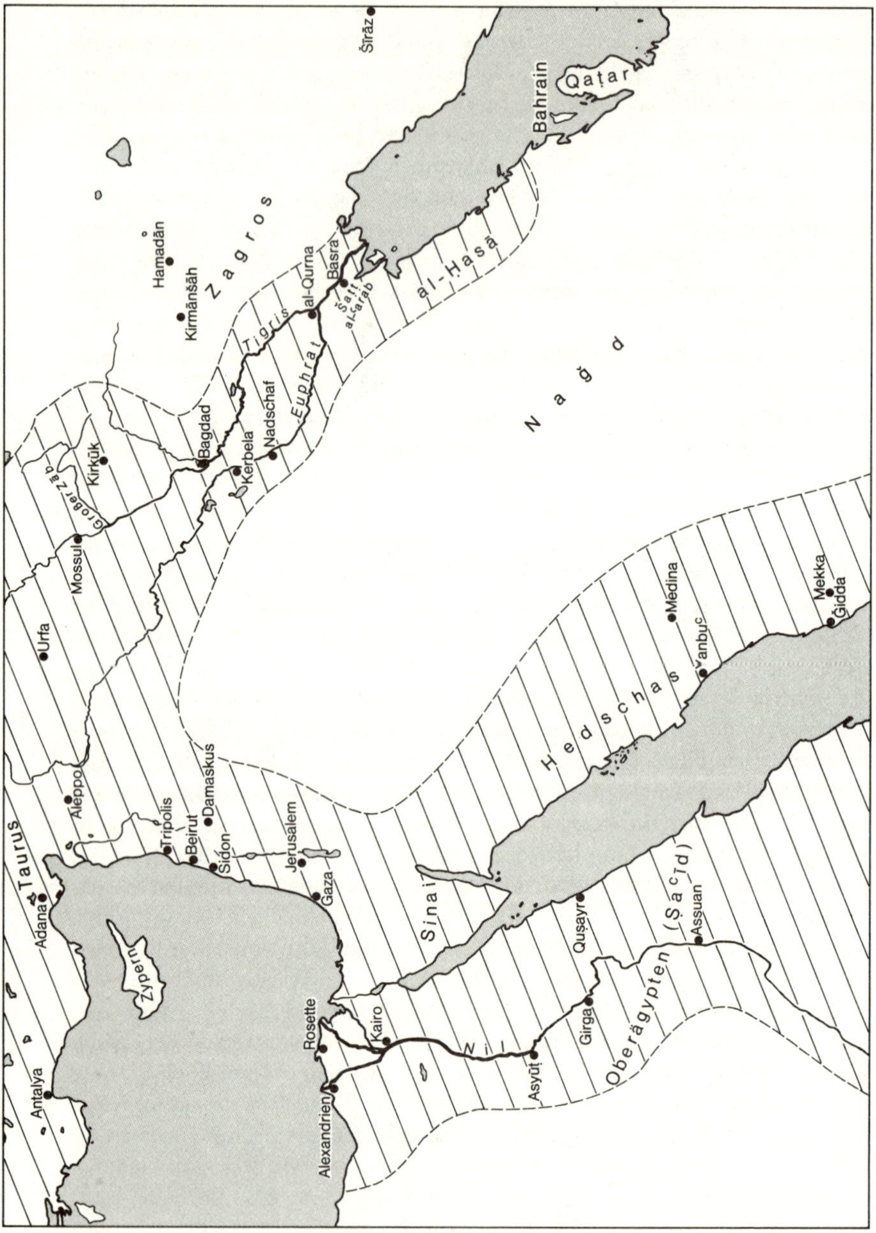

8. Die arabischen Provinzen des osmanischen Reiches (um 1600)

achtzehnten Jahrhundert keine Gelehrten oder Schriftsteller von Format hervorgebracht hat, die etwa denen der Mamlukenzeit vergleichbar wären. Der Schwerpunkt intellektuellen Lebens hatte sich eindeutig nach Istanbul verlagert. Schon Selīm I. hatte nicht wenig für die geistige Ausbeutung der arabischen Länder getan. Bibliophil wie die meisten seiner Vorgänger und Nachfolger (und übrigens auch die Mehrzahl der Mamlukensultane), hatte er nach der Eroberung die Bücherschätze Syriens und Ägyptens nach Istanbul transportieren lassen, wo sie noch heute bewundert werden können. Hunderte von Gelehrten, Künstlern und Handwerkern mußten sich ebenfalls an den Bosporus verfügen. Selīms Nachfolger, Süleymān Qānūnī, vereinnahmte gleichfalls während seiner wiederholten Feldzüge nach Persien und dem Irak die berühmtesten Meister. Die einzigartige Blüte osmanischer Kunst und Kultur in der zweiten Hälfte des sechzehnten Jahrhunderts schöpfte ihre Inspiration aus allen Regionen des Vielvölkerreiches.

Wie Muṣṭafā ʿĀlī schon bemerkt hatte, traten mit einer Zeitverschiebung von etwa einer Generation in Ägypten Kräfte zutage, wie sie vergleichbar zuvor schon den inneren Bestand Anatoliens zu bedrohen begonnen hatten. Eine Serie von Revolten der Milizen *(oğaq)* begann 1586. Auch die Landbevölkerung wurde in Mitleidenschaft gezogen. Die energischen Gegenmaßnahmen des Gouverneurs retteten zwar für den Augenblick das Gesicht der osmanischen Administration, konnten aber den Niedergang ihrer Autorität nicht verhindern.

Die statt dessen aufsteigende Macht in Ägypten waren die Beys, die – entsprechend den hochrangigen Emiren des Mamlukenreiches – keinen bestimmten militärischen Formationen zugeteilt waren, sondern zu speziellen Einsätzen zur Verfügung standen. Sie rekrutierten sich zumeist aus freigelassenen tscherkessischen und anderen kaukasischen Sklaven, deren Import und Ausbildung auch nach dem Untergang des Mamlukenreiches weitergegangen waren. Chefs der neo-mamlukischen „Haushalte" *(bayt)* konnten Beys, aber auch osmanische und einheimische Militär- und Zivilpersonen sein. Anders als die ständig wechselnden osmanischen Administratoren und Offiziere hatten die Beys Gelegenheit, am Ort eine Hausmacht aufzubauen und Bündnisse einzugehen. Mit der Zeit gelang es ihnen, verschiedene einflußreiche und bisher mit von der Pforte entsandten Amtsträgern besetzte Posten für sich zu gewinnen, so z. B. denjenigen des Führers der Pilgerkarawane *(amīr al-ḥāǧǧ)*, des obersten Finanzbeamten *(defterdār)*, des Vertreters *(qāʾim-maqām)* des *wālī*, des Gouverneurs von Oberägypten mit Sitz in Ǧirǧa (osman. Ǧerǧe) sowie das Kommando über den jährlichen Tributkonvoi nach Istanbul und den Oberbefehl über das ägyptische Truppenkontingent beim Einsatz in Ägypten oder in den Kriegen des Großherrn außerhalb des Nillandes.

Im Folgenden wurde immer deutlicher, daß nunmehr die Position des Gouverneurs in Frage stand, nicht mehr die Person eines einzelnen unfähigen oder willkürlichen Amtsinhabers wie noch im sechzehnten Jahrhundert, als z. B. einen Pascha, der sich gründlich unbeliebt gemacht hatte, die Kugel aus dem Hinterhalt traf. Der neuen Kräftekonstellation hatte der osmanische Gouverneur wenig entgegenzusetzen. Noch konnte er bis zu einem gewissen Maße die Vergabe der Steuerpachten beeinflussen oder mit geschicktem Taktieren die Beys gegeneinander ausspielen; das militärische Sagen aber hatten die Beys mit ihren auf sie eingeschworenen Privattruppen.

Die Erhaltung des politischen Gleichgewichts – und damit eine gewisse Stabilität der politischen und wirtschaftlichen Lage – ergab sich aus der Parteiung der Beys in zwei rivalisierende Gruppen (Faqāriyya und Qāsimiyya), deren Anhänger und Sympathisanten bis hinein in die osmanischen *oğaq*s, in die Kaufleute- und Handwerkerschicht zu finden waren. Die Faqāriyya hatte allerdings unter ihrem Führer Čerkes Riḍwān Bey al-Faqārī (st. 1656) rund dreißig Jahre lang das Übergewicht über die Qāsimiyya, deren Führer Aḥmad Bey al-Qāsimī es erst 1660 gelang, die Faqāriyya zu zerschlagen, ihre Angehörigen zu töten oder ins Exil zu treiben. Riḍwān Bey al-Faqārī war die erste herausragende Persönlichkeit auf der ägyptischen politischen Szene seit dem Untergang des Mamlukenreiches, die außerhalb des osmanischen Establishments stand. Er hatte die Ausbildung der neo-mamlukischen Elite durchlaufen, es bis zum Bey gebracht und 25 Jahre fast ununterbrochen das Amt des Führers der Pilgerkarawane ausgeübt.

Die unbestrittene Autorität, die Riḍwān Bey bei der eigenen Anhängerschaft genoß, bescherte Ägypten eine Periode der wirtschaftlichen Blüte, die sich gerade an der Konjunktur des Kaffeehandels verdeutlichen läßt. Obwohl der internationale Gewürzhandel, der über das Rote Meer lief und dessen natürliches Zentrum schon seit der Mamlukenzeit Kairo gewesen war, durch die aggressive Handelspolitik der Portugiesen im sechzehnten Jahrhundert einen gewissen Einbruch erlitten hatte, so kann doch keineswegs von einem ökonomischen Niedergang Ägyptens oder des Mittelmeerraumes als Folgeerscheinung die Rede sein. Das Osmanische Reich hatte vorhandene Grenzen beseitigt und Handelswege gesichert, neue Märkte eröffnet und den Binnenhandel intensiviert.

Als sich im siebzehnten Jahrhundert der Gewürzhandel nach Europa immer mehr auf die Seeroute um das Kap der Guten Hoffnung verlagerte, hatten ägyptische Kaufleute schon eine neue und ebenso einträgliche Kommodität entdeckt: den jemenitischen Kaffee, der insbesondere in Mokha und Bayt al-Faqīh seinen Umschlagplatz hatte. Das Kauen der Kaffeebohne *(bunn)* und das Getränk Kaffee waren schon im fünfzehnten Jahrhundert im Jemen und im Hedschas bekannt. Zu Anfang des sechzehnten Jahrhunderts hielt der Kaffee auch in Ägypten Einzug, aber erst ab der Mitte des sechzehnten Jahrhunderts wurde er im ganzen Osmanischen Reich zu einem Volksvergnügen, das weder die Bedenken der Theologen noch die Sittenpolizei des Sultans aus der Welt zu schaffen vermochten.

Von den ca. 200000 Zentnern Kaffee, die der Jemen gegen Ende des siebzehnten Jahrhunderts exportierte, wurden ca. 100000 Zentner über Kairo gehandelt, von denen wiederum 50000 Zentner im Reich weiterverteilt wurden. Eine größere Menge ging nach Europa. Selbst gegen Ende des achtzehnten Jahrhunderts stellte Kaffee noch immer die Hälfte aller Importe Frankreichs aus Ägypten. Von den 360 Karawansereien Kairos waren allein sechzig nur mit Kaffeehandel ausgelastet. Die reichsten Leute – nicht nur Kairos, sondern Ägyptens – waren daher die Kaffee-Im- und Exporteure *(tuǧǧār)*. Nachlaßlisten der Zeit weisen Millionenwerte an Bargeld, Grundbesitz und Produktionsstätten *(wakāla)* aus. Ihr Lebensstil läßt sich an den palastartigen Wohnbauten erkennen, die das aus der Mamlukenzeit geläufige dekorative Repertoire tradieren.[16]

Kairo erlebte zu dieser Zeit einen Bauboom, der bis in unsere Tage in der Stadtstruktur sichtbar geblieben ist. Die Verlegung der in mancherlei Weise störenden Gerbereien aus der Nähe des ehemals am südlichen Stadtrand gelegenen Zuwayla-Tores (Bāb Zuwayla) in die Gegend des Lūq-Tores (Bāb al-Lūq, im äußersten Westen der Stadt), die um 1600 noch kaum besiedelt war, läßt auf eine Entwicklung der Stadt in südlicher Richtung schließen. Dahin deutet auch die im siebzehnten Jahrhundert deutliche Neigung der Beys – deren Häuser bisher recht gedrängt um den Zitadellenhügel im Stadtkern gelegen waren –, größere Grundstücke am Elefanteneich (Birkat al-Fīl) zu erwerben und mit prächtigen Palästen zu bebauen. Eine ähnliche Tendenz zeigte sich im achtzehnten Jahrhundert, diesmal in Richtung des westlichen, bisher noch wenig besiedelten Geländes jenseits des Nilkanals *(ḫalīǧ)* und um den Azbakiyya-Teich, was auf eine zunehmende Urbanisierung und auf verstärkte kommerzielle und handwerkliche Nutzung des Südteils der Stadt hinweist. Der Auszug der Beys und reichen Kaufleute vor der massenhaften Ansiedlung des einfachen Volkes bedeutete eine neue Periode intensiver, wirtschaftlich bedeutsamer Bautätigkeit.

Hatte Kairo nach neuesten Schätzungen zur Zeit der osmanischen Eroberung etwa 150000 Einwohner, so läßt die Auswertung der Anzahl an Brunnen und Bädern um die Wende vom siebzehnten zum achtzehnten Jahrhundert eine Schätzung von etwa 300000 Einwohnern zu. Nach der *Description de l'Egypte* hatte Kairo zur Zeit der französischen Besetzung (1798–1800) etwa 263000 Einwohner. Der Zuwachs an bebauter Fläche wird von 450 Hektar in der späten Mamlukenzeit auf 660 Hektar um 1798 geschätzt. Die Bevölkerungsdichte wird für den letzteren Zeitpunkt mit ca. 400 Einwohnern pro Hektar angegeben. Für das Absinken der Bevölkerungszahl Kairos – wie auch Ägyptens insgesamt – im achtzehnten Jahrhundert werden die anhaltende politische und ökonomische Krise seit etwa 1770 sowie Epidemien verantwortlich gemacht.[17]

Ähnlich wie viele der Istanbuler – allerdings vorherrschend aus Holz konstruierten – Paläste der Reichen und Mächtigen ist auch ein großer Teil der Kairiner Paläste den Revolutionen, dem Krieg, der Vernachlässigung und dem Städtebau des neunzehnten Jahrhunderts zum Opfer gefallen. Die Stiche der *Description de l'Egypte,* später diejenigen von David Roberts und anderen Künstlern, legen ein beredtes Zeugnis von der Lebensart der Bauherren und von der Meisterschaft der Handwerker ab.[18] Hier seien nur der heute noch existierende Palast des Ǧamāl ad-dīn aḏ-Ḏahabī (1632) und der des as-Sihaymī (aus dem Jahre 1648, 1796 ausgebaut) erwähnt. Am bekanntesten ist der Palast des Maḥmūd Muḥarram (1779, 1788), das sogenannte Musāfirḫāna, das unter Muḥammad ʿAlī Staatsgästen als Residenz diente. Unter den größeren Neugründungen des siebzehnten Jahrhunderts ist die von dem Obersten Haremsaufseher *(dār üs-seʿādet aǧası),* ʿOsmān Aǧa, gestiftete Moschee der Malika Ṣafiyya aus dem Jahre 1610 zu nennen, die in ihrem Grundriß mehr als andere Moscheen Kairos dem Stil der Reichsmetropole angepaßt ist.

Zahlreicher als die frommen Stiftungen sind die Zweckbauten, wie sie der Stellung eines internationalen Handelszentrums wie Kairo nur angemessen waren: die Karawansereien *(ḫān, wakāla)* und Märkte *(sūq, qaṣaba),* etwa die Wakāla des Ḏū l-Faqār Ketḫudā (1673) oder der überdeckte Markt *(qaṣaba)* des Riḍwān Bey al-Faqārī um 1650.[19] Charakteristisch für die osmanische Periode sind aber vor allem die öffentlichen Brunnen, oft mit Koranschule im Obergeschoß *(sabīl-kuttāb),* von denen sich zahlreiche bis heute erhalten haben, aus dem siebzehnten Jahrhundert allein rund ein Dutzend. Die Stifter waren damals noch in der Regel höhere Offiziere aus den sieben osmanischen *oǧaq*s, im achtzehnten Jahrhundert dann einzelne Beys. Insgesamt läßt sich heute nachweisen, daß die Bautätigkeit im siebzehnten Jahrhundert nicht nachließ, vielmehr verstärkt Handelszentren mit der entsprechenden Infrastruktur von Märkten, Bädern und Brunnen entstanden, um dem Bevölkerungszuwachs Rechnung zu tragen. Die großen königlichen Stiftungen (Medresen, Moscheen, Mausoleen) allerdings blieben aus.[20] Auch Rosette (Rašīd), die zweitgrößte Stadt Ägyptens nach Kairo zu dieser Zeit und sein größter Hafen, blühte dank des Handels mit den anderen Reichsprovinzen und mit Europa, besonders Frankreich.[21]

Die generellen Züge der Urbanisierung und das florierende Handels- und Gewerbeleben im sechzehnten und siebzehnten Jahrhundert geben einen Hinweis darauf, daß das Volk nicht unbedingt von den Machtkämpfen innerhalb der herrschenden Schicht betroffen war. Dazu kam – auch auf dem Lande – ein Netzwerk von traditionellen sozialen Strukturen zum Schutze der Bedürfnisse und Rechte des Einzelnen. Die Auswertung von Archivdokumenten aus den religiösen Gerichtshöfen *(maḥkama šarʿiyya)* z.B. hat gezeigt, daß das von den Osmanen neugeregelte Rechtswesen zumindest im siebzehnten Jahrhundert noch verhältnismäßig reibungslos funktionierte.

Grundlage der Rechtsprechung war in Ägypten wie in den anderen Reichsprovinzen das religiöse Gesetz des Islams *(šarīʿa),* und zwar nach hanafitischem Ritus, doch wurden, je nach Lage des Falles, auch Vertreter der drei anderen Rechtsschulen zu Rate gezogen. Dazu traten noch vom Sultan erlassene nichtreligiöse gesetzliche Vorschriften *(qānūn)*, die als Gesetzeskompendium *(qānūn-nāme)* promulgiert wurden. Diese Reichsgesetze ankerten in der uneingeschränkten Autorität des Sultans als Quelle einer unabhängigen staatlichen Gesetzgebung. Inhaltlich basierte *qānūn* meist auf dem Gewohnheitsrecht einzelner Reichsteile, unter Umständen auf Präzedenzfällen oder häufig auch auf dem bestehenden Recht, wie es in neubesetzten Gebieten vorgefunden wurde – so in Syrien und Ägypten.

Der Justiz Ägyptens stand der Richter von Kairo *(qāḍī-ʿaskar)* vor. Er wurde auf Vorschlag des *šayḫ al-Islām (muftī)*, des Oberhauptes der osmanischen Richterschaft in Istanbul, für jeweils ein Jahr entsandt. Nach den Heeresrichtern von Rumeli und Anatolien, den Richtern von Istanbul, Mekka/Medina, Bursa und Edirne gehörte der Richter von Kairo zu den prominentesten Richtern des Reiches. Der *qāḍī-ʿaskar* war wie der *defterdār* (oberster Finanzbeamter der Provinz) und die militärischen Führer der *oğaq*s Mitglied der Ratsversammlung *(dīvān)* des Gouverneurs. Die Hierarchie der Justiz entsprach durchaus der Praxis in den anderen Reichsteilen. Jede der 24 Provinzen Ägyptens hatte einen oder mehrere Gerichtsdistrikte *(qaḍāʾ)* mit je einem Gerichtshof. Insgesamt gab es 37 derartige Hauptdistrikte jeweils unter dem Vorsitz eines aus Istanbul entsandten Richters *(qāḍī)*. Die *qaḍāʾ*s ihrerseits waren in Unterdistrikte *(nāḥiya)* eingeteilt mit wiederum je einem Gerichtshof unter dem Vorsitz eines „Hilfs"richters *(nāʾib)*, der oft ägyptischer Herkunft war. Das jährliche Gehalt des *qāḍī-ʿaskar (sāliyāne)* wurde vom Staatsschatz bestritten, während die Richter und sonstiges Gerichtspersonal (Schreiber, Aufseher, „Schöffen" / *ʿudūl*) aus den Gerichtsgebühren besoldet wurden. Richter konnten in der Regel als Verwalter *(nāẓir)* frommer Stiftungen *(evqāf)* recht gut dazuverdienen. Vor Gericht konnten Muslime, Nichtmuslime, Männer und Frauen als Kläger und Zeugen auftreten.

Über seinen judikativen Auftrag hinaus hatte das Gericht auch noch die Rolle eines Wahrers von sozialer und wirtschaftlicher Ordnung in Stadt und Land und kann daher als eines der gewichtigsten Elemente kommunalen Friedens gelten. Nach den Qadiregistern konnte sich z. B. ein Einwohner an das Gericht wenden, wenn er sich durch das Verhalten eines Nachbarn in seiner Privatsphäre gestört fühlte, etwa durch einen neuen Anbau an dessen Haus oder durch Lärm; andererseits war der Spruch des Gerichts auch ausschlaggebend, wenn z. B. zwischen einem Handwerker und seiner Gilde Meinungsverschiedenheiten über Preis oder Qualität entbrannten.

Auf dem Lande hatte das Gericht dafür Sorge zu tragen, daß jeder Beamte gemäß den Vorschriften *(qānūn)* seine Pflicht tat, vom Provinzgouverneur über den Steuerpächter *(mültezim)* zum Dorfvorsteher *(šayḫ)*; z. B. wurden die Aufseher über die Bewässerungskanäle von den Gerichten überwacht. Der Befehl zum Einzug der Steuern erfolgte in der Regel an Provinzgouverneur und Richter gemeinsam. Erst nach öffentlicher Verkündung konnten die Steuerpächter mit dem Einsammeln beginnen. Für bezahlte Steuern stellte das Gericht den Bauern über die *mültezims* entsprechende Bescheinigungen aus. Die *mültezims* ihrerseits hatten die für ihre Pacht *(iltizām)* festgesetzten Beträge an Geld und Naturalien dem Provinzgouverneur zu übergeben, der die Geldbeträge an den Staatsschatz *(ḫazīne-i ʿāmire)* und die Naturalien an die kaiserlichen Lagerhallen *(anbār-ı ʿāmire)* überwies. Auch für diese Transaktion stellte das zuständige Gericht eine Bestätigung aus. Streitigkeiten zwischen den Parteien (angebliche Steuerschulden oder Ansprüche auf Lehen/*muqāṭaʿāt)* mußten vor Gericht gebracht werden.[22]

Eine der wichtigsten Funktionen der Richter war nach dem *qānūn-nāme* von 1524–25 die Kontrolle der *evqāf*, der Stiftungen für religiöse und gemeinnützige Zwecke, zu denen in Ägypten nicht nur Moscheen, Schulen, Brunnen, etc., sondern auch Mühlen, Wasserräder und Bewässerungskanäle gehörten. Die *waqf*-Urkunde *(waqfiyya)* mußte vor einem Richter registriert und die Einhaltung ihrer Bestimmungen von diesem beaufsichtigt werden. Im Gegensatz zur offiziellen Geschichtsschreibung, die uns die Taten der Reichen und Mächtigen *(akābir, aʿyān)* überliefert hat, gehören Gerichtsakten neben *waqf*-Urkunden zu den zwar umfänglichen, aber noch ungenügend erforschten Primärquellen, die Informationen über die große Mehrheit der Bevölkerung enthalten, also über die Mittelschicht der Kaufleute und Handwerker *(ahl al-aswāq, arbāb al-ḥiraf waṣ-ṣanāʾiʿ)* und die große Masse der Habenichtse *(al-ʿāmma)*: der Straßenverkäufer, Wasserträger, Eselstreiber, Leute im Vergnügungsgewerbe u. ä.; zu dieser namenlosen Bevölkerung können auch die Bauern auf dem flachen Land und die Beduinen mit halb- und vollnomadischer Lebensweise gerechnet werden.

Sowohl zur Oberschicht als auch zur breiten Bevölkerung konnten Angehörige des Gelehrtenstandes *(ʿulamāʾ)* zählen. Während Professoren *(mudarris)* an den religiösen Hochschulen *(madrasa)*, Ordensscheiche und Prophetennachkommen *(ašrāf, sādāt)* zu den Privilegierten im Lande gehörten, gingen Vorbeter *(imām)*, *Prediger (ḫaṭīb)*, Gerichtsschreiber, Lehrer an Koranschulen *(maktab)* und Madrasa-Studenten in der großen Masse auf.[23]

Hatte es in mamlukischer Zeit in Kairo noch mehrere hochangesehene Stätten islamischer Gelehrsamkeit gegeben, z. B. die Medresen von Bayn al-Qaṣrayn, so begann mit dem sechzehnten Jahrhundert die Moschee al-Azhar in zunehmender Weise zum Zentrum intellektuellen und spirituellen Lebens zu werden. Seit dem Ende des siebzehnten Jahrhunderts begann der gewählte *šayḫ al-Azhar*, die führende Persönlichkeit des Lehrkörpers, auch eine politische Rolle innerhalb der religiösen Elite Ägyptens zu spielen. Al-Azhar bildete eine soziale Einheit für sich. Mit ihren Hunderten von Gelehrten und Tausenden von Studenten bot al-Azhar Unterricht, Unterkunft und Verpflegung, Zuflucht, geistige Führung, Gebet, menschlichen und sozialen Kontakt – und nicht nur ein moralisches Gegengewicht gegen die osmanischen und neo-mamlukischen herrschenden Eliten. Zahlreiche religiöse Stiftungen sorgten für den Unterhalt von Lehrenden und Studierenden und für die Erhaltung der Baulichkeiten, ließen aber auch den *šayḫ al-Azhar* gegen Ende des achtzehnten Jahrhunderts zu einem der reichsten Männer Ägyptens werden. An Einfluß und Ansehen stand er innerhalb der einheimischen religiösen Elite nur dem *šayḫ al-Bakrī* und dem *šayḫ as-sādāt* nach.

Der *šayḫ al-Bakrī* war der anerkannte Sprecher all derer, die ihre Abstammung auf den Kalifen Abū Bakr (632–34) zurückführten. Zugleich war er das Oberhaupt sämtlicher Derwischorden, die aus allen Schichten der Gesellschaft Zulauf hatten. Bei den zahlreichen und aufwendigen, speziell in Ägypten gefeierten religiösen Festen, bei denen die Derwische auftraten – wie der Geburt des Propheten und mannigfacher Heiliger, dem Aufbruch zur Pilgerfahrt und der Begrüßung der heimkehrenden Pilgerkarawane –, präsidierte der *šayḫ al-Bakrī*, was ihm fast das Format eines einheimischen Führers verlieh. Der *šayḫ as-sādāt* stand dem *šayḫ al-Bakrī* nur wenig an Autorität und Einfluß nach. Er war der anerkannte Führer derjenigen *ašrāf*, die ihre Abstammung vom Propheten Muḥammad auf dessen Schwiegersohn ʿAlī zurückführten.

Die Ausstrahlungskraft der Institution al-Azhar reichte weit über Ägypten hinaus. Gelehrte und Studenten aus dem Hedschas und Syrien trafen sich mit denen aus Nordafrika und dem Sudan. Wie die ausländischen Kaufleute gern ihre Karawansereien nach der Volkszugehörigkeit wählten, so studierten und wohnten auch die Studenten mit Vorliebe in den Kollegien *(riwāq)* ihrer Herkunftsländer.[24]

Die städtische Bevölkerung organisierte sich tendenziell nach vier Gesichtspunkten: nach Stadtvierteln *(ḥāra*, pl. *ḥārāt)*, nach der Beschäftigung („Gilden", *ṭāʾifa*, pl. *ṭawāʾif)*, nach der Religion und nach der Volkszugehörigkeit. Die Stadtviertel bestanden aus einem großen Netzwerk von Gassen und Sackgassen und waren von einer Mauer umgeben, deren Tor über Nacht oder auch bei Aufständen und kriegerischen Auseinandersetzungen verschlossen werden konnte. Wie bei den Berufsvereinigungen stand auch an der Spitze der Viertel ein Ältester *(šayḫ)* mit der Aufgabe der internen Schlichtung und der Vermittlung zwischen Staatsführung und Volk. Trotz der Tendenz zu religiöser, ethnischer und beruflicher Homogenität in den Vierteln blieb dennoch Spielraum für vielseitige Kontakte, etwa zwischen Muslimen und Nichtmuslimen – und hier wieder besonders für geschäftliche Beziehungen. So weiß man, daß es in Kairo zwar ausgesprochene „Ausländerviertel" (z. B. Türken, Maghrebiner)[25] sowie Christen- und Judenviertel gab, aber auch Quartiere, in denen die verschiedenen Minderheiten nebeneinander wohnten. Auch die Berufsvereinigungen *(ṭawāʾif)* waren oft ethnisch gemischt. Die religiösen Minderheiten waren zwar nicht gleichberechtigt mit den Muslimen, aber andererseits auch keinen Verfolgungen ausgesetzt, sieht man von Einzelfällen ab, deren Ursachen weniger in der Religionszugehörigkeit als in wirtschaftlichen Gründen zu suchen sind.[26]

In selbstmörderischem Schlagabtausch hatten sich die beiden mamlukischen Fraktionen, Faqāriyya und Qāsimiyya, 1660–62 gegenseitig aus dem inneren Kreis der Anwärter auf die Macht in die Peripherie katapultiert. Von nun an mußte der Statthalter – als Repräsentant des Sultans – in den eigenen Milizen seine ökonomisch und militärisch potentesten Gegner erkennen. Trotz des langsamen Wiedererstarkens der Mamlukenbeys und ihrer Gefolgschaft vermochten die *oğaq*s, insbesondere die Janitscharen, die politische Szene für fast hundert Jahre zu dominieren. Die finanzielle Basis ihrer Vorherrschaft bezogen sie dabei aus der Kontrolle der städtischen Wirtschaft durch ein System von Ausbeutung und Protektion *(ḥimāya)*, dem sich Kaufleute und Handwerker zunehmend hatten unterwerfen müssen. Am erfolgreichsten erwies sich die Verfilzung von Geld und Waffen im Bündnis von Janitscharen und Großkaufleuten *(tuǧǧār)* zu der Zeit, als sich im internationalen Kaffeegeschäft enorme Vermögen verdienen ließen. Der Griff nach den agrarischen Einkommensquellen *(iltizām)* sicherte der neuen Elite schließlich das Sagen im ganzen Land. Unter diesen Voraussetzungen konnten Streitigkeiten der *oğaq*s untereinander nicht ausbleiben. Sie entluden sich besonders heftig in der Periode häufiger wirtschaftlicher Krisen (1692–1711).[27]

Mamluken, die das Debakel der Faqāriyya und der Qāsimiyya überlebt hatten, fanden sich in der Folge zu neuen Koalitionen mit den Milizen zusammen und bahnten somit einem *Comeback* der beiden Fraktionen den Weg (bis 1730). Während der ersten Hälfte des achtzehnten Jahrhunderts traten an die Stelle der klar hierarchisierten und von Istanbul legitimierten Personengruppe, die die Geschicke der ägyptischen Provinz lenken sollte, lokal verwurzelte Machtkonstellationen, die sich wenig um die Interessen des Gesamtreiches scherten. Auffallend an dieser Entwicklung ist der quer durch die herrschende Klasse um sich greifende Brauch, Kaufsklaven *(mamlūk)* um sich zu scharen, um politische und wirtschaftliche Positionen zu verteidigen. Damit verwischten sich endgültig die funktionellen Grenzen zwischen osmanischem Establishment, Milizen, Beys, Gelehrten- und Kaufmannselite zugunsten einer Oligarchie von Mamlukenhaushalten *(bayt)* heterogener Herkunft. Ibrāhīm Ketḫudā beispielsweise, Chef der Janitscharen und Patron des mächtigsten Haushaltes der Qāzdağliyya (1742–54), und sein Kompagnon Riḍwān Ketḫudā, Chef der ʿAzab und Patron des *bayt* der Ǧalfiyya, waren trotz ihrer Herkunft und auch ohne den Bey-Titel nach der Struktur ihrer Hausmacht den mamlukischen Beys vergleichbar.

Als epochemachende Persönlichkeit der Qāzdağliyya gilt ʿAlī Bey (st. 1773), genannt der „Wolkenfänger" *(bulut qapan)*, den seinesgleichen als *šayh al-balad* (Chef der Beys) anerkannten. Die Bevölkerung erlebte unter seiner Alleinherrschaft (1760–72) eine gewisse Prosperität, aber auf dem flachen Land genügten diese Jahre kaum, um die Zerstörungen der Jahre zuvor wettzumachen. ʿAlī Beys Zug nach Oberägypten gegen die Hawwāra-Beduinen ruinierte deren Stamm und Gebiet, das bisher nicht in das *iltizām*-System eingebunden gewesen war. Trotzdem hatte der Stamm in der Vergangenheit regelmäßig und vollständig Steuern gezahlt. Es gibt sogar Anzeichen dafür, daß das Gebiet der Hawwāra-Beduinen ertragreicher produzierte als die Ländereien unter *iltizām*-Verwaltung, da die bäuerlichen Stammesmitglieder das bewässerte Land gemeinschaftlich bearbeiteten und den Ertrag nach Stammesübereinkunft teilten.

Die Spannung zwischen Beduinen und Ordnungsmacht hatte eine jahrhundertealte Tradition sowohl in Ägypten als auch in Syrien, läßt sich allerdings nicht einfach auf das Muster vom Gegensatz zwischen Stadt und Land, den Wechsel zwischen mutwilligem räuberischen Angriff auf friedliche Bauernsiedlungen und – im Gegenschlag – Strafexpeditionen der städtischen Legalität reduzieren. Auf Grund ihrer Lebensweise und Traditionen verachteten und fürchteten beide Gegner einander. Die Neo-Mamluken suchten darüber hinaus – nach einem schon im Mamlukenreich oft erprobten Muster – bei den Beduinen das Zweckbündnis mit dem Gegner des eigenen Gegners und brachen es nach Bedarf. Nicht anders nutzten die Beduinen das Bündnis mit Rebellen zur Ausweitung ihrer eigenen Unabhängigkeit. Für die osmanische Periode reicht die Liste dieser prekären Bündnisse von Ṭūmān Bāy, dem letzten Mamlukensultan (1516–17), über das letzte Gespann von Duumvirn vor der französischen Invasion, Ibrāhīm Bey und Murād Bey, bis hin zu den letzten Mamlukenbeys vor Muḥammad ʿAlīs Machtübernahme. Das Muster war stets das gleiche: Wer immer die Macht in der Stadt (besonders Kairo) verloren hatte, rettete sich mit seinen Anhängern ins ferne Oberägypten (oder in die westliche Wüste, die Provinz al-Buḥayra) und versuchte, sich mit den Beduinen zu arrangieren, bis sich das politische Blatt gewendet hatte.[28]

ʿAlī Bey wird oft als Vorläufer Muḥammad ʿAlīs gesehen, nicht zuletzt wegen seiner geschickten Handelspolitik gegenüber den Europäern und seiner Vision von einem mit Syrien wiedervereinten unabhängigen Ägypten, wobei er wie selbstverständlich auch Anspruch auf den Hedschas mit den Heiligen Stätten erhob. Mag ihn sein Eroberungszug gegen Palästina und Syrien (1770–71) und sein Bündnis mit dem Rebellen gegen die Pforte, Ḍāhir al-ʿUmar, dem Herrn von Akkon, kompromittiert haben, formell hat er sich nie der Souveränität des Sultans entzogen.[29] ʿAlī Beys Fall (1772) brachte für drei Jahre Muḥammad Bey Abū ḏ-Ḏahab an die Macht. Seine Nachfolger, Ibrāhīm Bey und Murād Bey, teilten sich die Herrschaft (1775–77, 1778–86, 1791–98), machten aber im Gegensatz zu ihrem Vorgänger keine Anstalten, zumindest die äußerlichen Anzeichen der osmanischen Souveränität zu respektieren, nämlich die jährlichen Steuerzahlungen zu übersenden. Einer Strafexpedition im Jahre 1786–87 unter dem

Admiral *(qapudān)* Ġāzī Ḥasan Paša gelang es zwar schnell, Unterägypten und Kairo zu erobern, Reformen einzuleiten und Ordnung zu schaffen; aber diese Maßnahmen, die osmanische Autorität neu zu festigen und Finanzquellen neu zu öffnen, verloren sofort ihre Wirkung, nachdem der *qapudān* das Land verlassen hatte, um an die europäische Front des Reiches zu eilen, wo der Ausbruch des Krieges mit Rußland (Herbst 1787–1792) bevorstand.

Bürgerkrieg, Naturkatastrophen, Hungersnot und Seuchen bewirkten in den letzten 23 Jahren des neo-mamlukischen Regimes in Ägypten die rasche Verarmung weiter Schichten der städtischen Bevölkerung, die – der schrankenlosen Ausbeutung durch die Duumvirn ausgeliefert – ihrer Verzweiflung in mehreren erfolglosen Erhebungen Luft machten.[30] In dieser Zeit sahen sich die reichsten und einflußreichsten unter den *ʿulamāʾ* immer wieder in die Situation gedrängt, bei den Machthabern für die Bedürfnisse des geplagten Volkes einzutreten, eine Rolle, die während der französischen Okkupation (1798–1800) institutionalisiert werden sollte. Zum ersten Mal erlangten damit Einheimische ein Mitspracherecht bei der Regierung ihres Landes.

Die letzten Jahre direkter osmanischer Herrschaft in Ägypten fielen in die Regierungszeit Selīms III. (1789–1807), der intelligent war und bereit, Vorschläge, die das Reich aus seinem politischen, ökonomischen und militärischen Tiefpunkt herauszuführen versprachen, in der Praxis zu erproben. Der europäische Krieg, der der Französischen Revolution folgte, verstrickte auch das Osmanische Reich in seine Imponderabilien. Die Bestrafung der ungehemmten Gier zweier Mamlukenbeys, die ihrem Souverän den schuldigen Zins verweigerten, mußte in dieser Situation warten. Selīm III. war daher zutiefst verstört, als er von der Landung Bonapartes in Alexandrien im Juli 1798 hörte. Sie war ein deutliches Zeichen dafür, daß das Osmanische Reich selbst seinen Verbündeten nur mehr als Beute galt. Bei der ägyptischen Bevölkerung löste die französische Besetzung zuerst Schrekken, später Mißtrauen und Ablehnung aus, die sich in Kairo in zwei Revolten entluden (1798, 1800). Die christlichen Minderheiten allerdings ergriffen für die Franzosen Partei und waren zur Kollaboration bereit. Das Verhältnis zwischen muslimischen und nichtmuslimischen Ägyptern wurde dadurch im ganzen Land schwer gestört.[31]

3. Der Fruchtbare Halbmond

Der überwiegende Teil der arabischen Territorien des Osmanischen Reiches lag auf asiatischem Boden. Von Aleppo bis Aden und von Beirut bis Basra bildeten sie die Peripherie der syrisch-arabischen Wüste und haben in geschichtlicher Zeit Welle auf Welle von Landsuchenden aus dem Innern der Wüste aufgenommen und integriert. In der osmanischen Ära trug dieser demographische Druck vom Zentrum zur Peripherie nicht wenig zum politischen Geschick der einzelnen Landschaften bei. Sieht man von der für Beduinen fast unzugänglichen Gebirgslandschaft des Jemen ab, so führte dies überall zu einer Art prekärer Symbiose, in der sich Wüstenbewohner, zumeist Hirtennomaden, und ländliche Bevölkerung wohl oder übel das Land außerhalb der großen Städte teilten – eine Beziehung, die den Seßhaften im günstigsten Falle den Schutz eines affiliierten Stammes vor den Überfällen anderer Stämme sicherte und den Beduinen den Zugang zu den Märkten und zum Karawanengeschäft erlaubte. Diese Sonderform des im Nahen Osten so tiefverwurzelten Verhältnisses von Beschützer und Schutzbefohlenen (patron-client relationship) ist eine der Konstanten in der Geschichte des geographischen Syrien und des Irak.[32]

Fragen der nomadischen Ethik können hier nicht angeschnitten werden, aber mag immer die moderne Soziologie den Nomaden als den Nicht-Besitzer von Land, als den in Notzeiten aus den unteren Schichten der seßhaften Bevölkerung hinauskatapultierten Verlierer definieren[33] – der arabische Beduine hat seit vorislamischer Zeit bis heute in vielfältiger Weise sein Selbstwertgefühl geäußert, das ihn wie selbstverständlich den ersten Platz in der sozialen Hierarchie beanspruchen ließ. Das selbstbewußte Auftreten eines Stammesführers mit zahlreicher Anhängerschaft gegenüber der osmanischen Obrigkeit braucht in diesem Sinne nicht unbedingt nur als räuberische Habgier und Aufsässigkeit gesehen zu werden, wie dies z. B. die Reichschroniken in der Regel taten und im Sinne der zentralen Staatsgewalt auch sehen mußten. Im Bewußtsein der ländlichen Bevölkerung von Bilād aš-Šām war der Mythos vom Ursprung aus Innerarabien, von der beduinischen Herkunft fest verankert und realisierte sich in der Identifizierung mit den beiden Stämmen Qaysī und Yamanī,[34] eine Parteiung, die schon in vorosmanischer Zeit gültig war und im sechzehnten und siebzehnten Jahrhundert die politische Szene verkomplizierte – besonders deutlich im Libanongebirge. Auch im Irak lieferte die Auseinandersetzung zwischen den Bewohnern des landwirtschaftlich nutzbaren Bodens und denen der Wüste das Grundmotiv für die historische Entwicklung. Die Variation des schon bekannten Themas ergab sich hier aus dem Nebeneinander sunnitischer und schiitischer Muslime. Al-Ḥasā schließlich, die östlichste Provinz des Osmanischen Reiches an der Westküste des Golfes, zeigte beispielhaft, wie die zentralgelenkte Militärmaschine einer Großmacht lokale Stammesstrukturen unterdrücken, aber nicht auslöschen konnte.

Eine weitere Grundkonstante in der Geschichte der arabischen Provinzen kann als Voraussetzung für die zunehmende Herausbildung lokaler Machtstrukturen gelten: der Typus des starken Mannes, der sich zum Führer einer mächtigen Familie oder einer Stammesföderation emporschwang, benachbarte Stämme oder Machtgruppen an sich zog und rivalisierende Führer unschädlich zu machen suchte. War die Basis dieser

Machtkonzentration eine der großen Städte der Gegend, eine Oase, ein Gebirgsnest oder eine Hafenstadt, der politische Erfolg und seine Dauer hingen immer von der relativen Stärke der osmanischen Zentralregierung und der ökonomischen Basis des Prätendenten ab. Im sechzehnten Jahrhundert erlaubte die Präsenz osmanischer Autorität in Syrien und im Irak – wie in Ägypten – kein Erstarken lokaler Kräfte. Erst mit dem Beginn des siebzehnten Jahrhunderts und besonders im achtzehnten Jahrhundert konnten sich weitgehend autonome Machteinheiten herauskristallisieren, so z. B. in Damaskus und Bagdad (auf städtischer Basis) und in Palästina (auf beduinischer Basis). Den Libanon hatten osmanische Truppen nur zeitweise und örtlich begrenzt unterwerfen können, und so lösten sich schon im sechzehnten Jahrhundert mehrere Familien in der Vormachtstellung ab.[35]

Die Kombination beider Konstanten zeigt sich deutlich im Hedschas, der praktisch jedes Jahr vor der Ankunft der Pilgerkarawane aufs neue den Beduinen entrissen werden mußte: mit Waffengewalt oder mit Gold. Die hāšimitischen Emire der beiden Heiligen Städte Mekka und Medina taten sich gelegentlich durch politisches Eigenleben hervor: Ihren nicht uneinträglichen Platz sicherten sie je nach politischer Opportunität mit der Unterwerfung unter den Willen des Sultans oder im Bündnis mit den benachbarten Stämmen.

a) Die syrischen Provinzen (Bilād aš-Šām)

Das geographische Syrien war das erste der arabischen Territorien, das die Osmanen in ihr Imperium einzugliedern vermochten. Nach der Abrechnung mit den in osmanischen Augen ketzerischen schiitischen Safawiden in der Schlacht bei Čāldirān (August 1514) war das moribunde Mamlukenreich um einen potentiellen Bundesgenossen ärmer, und die Invasion ins mamlukische Syrien blieb nur noch eine Frage der Zeit. Welch große Rolle diese mögliche Allianz zumindest nach osmanischer Vorstellung spielte, zeigt die Polemik der osmanischen Geschichtsschreibung aus den ersten Jahren der Herrschaft über Syrien und Ägypten: Revolten gegen die neuen Herren wurden regelmäßig einem Komplott mit dem Safawidenschah zugeschrieben. Die Rechtfertigung des Krieges mit religiösen Argumenten kann allerdings nicht darüber hinwegtäuschen, daß es macht- und wirtschaftspolitische Gründe waren, die die Osmanen das „*showdown*" mit den Safawiden, der rivalisierenden Großmacht im vorderasiatischen Raum, suchen ließen.[36]

Mit der Annektierung der beiden Türkmenenfürstentümer der Ramaḍān Oğulları und der Dulġadır Oğulları – seit Jahrzehnten Spannungsherde zwischen Osmanen und Mamluken – im Frühsommer 1515 war der Invasionsweg nach Süden frei. Die beiden Heere trafen in der Ebene von Marǧ Dābiq, nördlich Aleppos, im August 1516 aufeinander. Sultan Qānṣawh al-

Ġawrī (1501–16) verlor Schlacht und Leben. Mamluken aller Ränge schlossen sich daraufhin dem Sieger an, andere flohen zurück nach Ägypten. Sultan Selīm I. (1512–20) konnte nun in kürzester Zeit und ohne viel Blutvergießen Aleppo und Damaskus besetzen (August 1516 und Oktober 1516); Ḥamāh und Ḥimṣ ergaben sich ohne Widerstand (September 1516). In Ägypten schlossen sich inzwischen unter dem neugewählten Sultan Ṭūmān Bāy die versprengten Mamluken zusammen, um den osmanischen Invasoren entgegenzutreten; denn Sultan Selīm I. bemächtigte sich auch rasch Palästinas (November/Dezember 1516): Jerusalem, al-Karak, Ṣafad, Ramla, Nablus und Gaza fielen, zum Teil unter großen Opfern der Bevölkerung. Sämtliche mamlukischen Stützpunkte des syrischen Vorfeldes waren nun in osmanischer Hand, und auch Ägypten war nicht mehr zu halten.

Selīm I. kehrte im Oktober 1517 nach Damaskus zurück und verbrachte dort den Winter damit, den Kriegserfolg politisch zu nutzen. Noch waren die Machtverhältnisse in den abseits gelegenen Gebieten, wohin keine osmanischen Truppen gedrungen waren (z. B. im Libanongebirge, in Teilen Palästinas), keineswegs geklärt. Lokale Machthaber *(muqaddam)* und Beduinenscheiche waren zwar teilweise persönlich erschienen, um ihre Unterwerfung zu bekunden, doch waren sie entschlossen, die seit Generationen praktizierte Autonomie auch von den Osmanen einzufordern. Durch die Demonstration frommer Gesinnung, etwa mit der Errichtung eines Mausoleums *(türbe)* über dem Grab des berühmten Mystikers Muḥyī addīn b. ʿArabī (1165–1240) und einer Moschee im Stadtteil aṣ-Ṣāliḥiyya *(at-takiyya as-Salīmiyya)*, hoffte Sultan Selīm, die Animosität der Bevölkerung – nicht nur in Damaskus – zu entschärfen. Das abgewirtschaftete Mamlukenregime hatte neuen, teils bewunderten, teils gefürchteten Besatzern Platz gemacht. Aber ähnlich wie in Ägypten blieb es Selīms Nachfolger, Süleymān Qānūnī (1520–66), vorbehalten, dem so heterogenen Land eine Neuordnung zu geben.

Das historische Großsyrien schließt Libanon und Palästina ein und weist daher als Erbe der Vergangenheit eine große Vielfalt an religiösen, ökonomischen und sozialen Elementen auf. Nord- und Südsyrien mit den beiden dominierenden Städten Aleppo und Damaskus, Palästina und das weitgehend autonome Libanongebiet sollen daher im folgenden getrennt dargestellt werden. Bemerkenswert erscheint in diesem Zusammenhang die Kontinuität von Spannungsfeldern und politischen Verhaltensmustern innerhalb der herrschenden Gruppen, wie sie schon aus mamlukischer Zeit vertraut sind. Das Osmanische Reich gab den Rahmen und die Richtlinien, aber die einzelnen arabischen Reichsteile entwickelten sich unter dieser Voraussetzung deutlich weiter nach Maßgabe ihrer jeweiligen geographischen und historischen Eigenheiten.

Symptomatisch für den langsamen Konsolidierungsprozeß der osmanischen Herrschaft in Syrien war die Revolte des Statthalters von Damaskus,

Ǧānbardī al-Ġazālī, eines ehemaligen Mamluken, im Oktober 1520, der damit einen zweiten osmanischen Einmarsch provozierte. Ǧānbardī fiel im Februar 1521 im Kampf. Von nun an und bis in den Anfang des achtzehnten Jahrhunderts entstammten die Gouverneure von Damaskus *(wālī, beylerbeyi, mīr-i mīrān)* und andere hochrangige Amtsinhaber in der Regel der in Istanbul ausgebildeten Elite und blieben selten länger als ein Jahr auf ihrem Posten. Auf diese Weise versuchte der Sultan – wie dies auch die Mamlukensultane zu tun pflegten –, der Bildung einer Hausmacht vorzubeugen und Autonomiebestrebungen gar nicht erst aufkommen zu lassen.

Unter Süleymān I., dem Prächtigen, verfestigte sich die vorläufige Verwaltungseinteilung Selīms I. zu drei Provinzen *(eyālet,* später *vilāyet)* mit den Hauptstädten Aleppo, Damaskus und Tripolis mit ihrem Netz von Unterprovinzen oder Distrikten *(sanǧaq/livā)* und Sprengeln *(nāḥiye).*[37] 1660 wurden die *sanǧaqs* Sidon, Beirut und Ṣafad zu einer eigenen Provinz Sidon zusammengefaßt, was für die Macht des Gouverneurs von Damaskus eine empfindliche Einbuße bedeutete. Jede der Einheiten war mit einer militärischen und administrativen Infrastruktur versehen, die in letzter Instanz auf die Befehle des Sultans zurückging. Auch die lokalen Machthaber und Beduinenscheiche in den weitgehend autonom verbliebenen Enklaven waren gehalten, alljährlich die großherrliche Bestätigung ihrer Rechte auf Steuereinzug und territoriale Zuständigkeit einzuholen. Insgesamt muß man von einer gewissen Fluktuation der territorialen Verwaltungskompetenzen ausgehen, insbesondere im Zusammenhang mit den Unabhängigkeitsbestrebungen einzelner Gouverneure und regionaler Führer. Die kleinste der ursprünglichen drei Provinzen war diejenige von Tripolis, die bis ins achtzehnte Jahrhundert hinein auch die *sanǧaq*s Ḥamāh und Ḥimṣ umfaßte. Bis 1640 gebot eine lokale sunnitische Magnatenfamilie über die Provinz, um dann direkter osmanischer Kontrolle zu weichen. Aber auch dann trat Tripolis nicht aus dem politischen Windschatten der bedeutenderen Nachbarn Aleppo und Damaskus.

Die Provinz Aleppo (Ḥalab) schloß das übrige Nordsyrien, zeitweilig bis zum Taurusgebirge und an den Euphrat, ein. Ihre strategische Bedeutung innerhalb des Osmanischen Reiches als Nachschubbasis und Winterlager zwischen Anatolien, dem kurdischen Bergland und den übrigen arabischen Provinzen liegt auf der Hand. Dazu kam die eminente handelspolitische Bedeutung der Stadt, nachdem sie nun nicht mehr im Grenzland lag. Neben der Heer- und Handelsstraße in Richtung Sinai-Halbinsel, Hedschas und Ägypten waren vor allem die in Ost-West-Richtung verlaufenden Routen vom Mittelmeer (mit den Hafenstädten Iskenderun/Alexandrette und Latakia) zum Euphrat und weiter nach Bagdad, Basra und zum Golf wichtig. Allerdings galt gerade die Karawanenstraße zwischen Aleppo und Iskenderun oder Antakya/Antiochien als stark gefährdet durch die Überfälle von Türkmenen und Kurden, die im Frühjahr aus dem Taurus in ihre traditionellen Sommerweidegebiete nördlich Aleppos herniederstiegen.

Auch die Route zum Euphrat war wegen der Beduinen und Kurden nie ganz ungefährlich.

Nach Istanbul und Kairo war Aleppo der bedeutendste Umschlagplatz des Fernhandels zwischen Asien, Afrika und Europa mit einer zahlreichen Ausländerkolonie, besonders Franzosen, Holländern und Engländern. Dem entsprach auf der anderen Seite ein hoher Prozentsatz an einheimischer christlicher Bevölkerung, vor allem Armeniern.[38] Aleppos gewinnbringendste eigene Handelsgüter waren Luxusstoffe wie Seide oder Brokat, Goldschmiedewaren, Baumwolle, Wolle, Lederwaren, Gewürze, Seife und Tabak. Dazu kamen Importe aus Indien, Persien und den anderen Reichsgebieten. Europäer brachten Tuche und ebenfalls Luxusstoffe, Glas, Papier, Zinn, Blei, Eisen und vor allem Gold- und Silbermünzen.[39] Wohlstand und Ruhe kennzeichnen die Handelsmetropole vom sechzehnten bis zum achtzehnten Jahrhundert. Neue Forschungen haben gezeigt, daß in dieser Zeit die Innenstadt weitgehend die einzigartige urbane Gestaltung erfuhr, die heute noch zu bewundern ist, denn osmanische Gouverneure investierten ihre Reichtümer in riesige Stiftungskomplexe – Karawansereien *(ḫān)*, Gewerbehöfe *(qayṣariyya)*, Märkte *(sūq)* und Moscheen. Vom wirtschaftlichen Standpunkt aus gesehen, handelte es sich hier nicht nur um Gott wohlgefällige Werke, sondern auch um Vermögensanlagegeschäfte, die es dem Stifter erlaubten, seinen Besitz dem staatlichen Zugriff zu entziehen und sich und seinen Nachkommen unbesteuertes Einkommen zu sichern.[40] Auch in Damaskus hinterließ das Engagement hoher osmanischer Würdenträger im Wirtschaftsleben deutliche Spuren in der baulichen Entwicklung der Stadt.[41]

Aleppo, der wirtschaftlichen Metropole Großsyriens, stand Damaskus als politisches Zentrum gegenüber, eine historisch gewachsene Dualität, die heute noch spürbar ist. Während der Pilgersaison stellte Damaskus seine Vorrangstellung am augenfälligsten unter Beweis. Bis zu 20000, ja 30000 Pilger aus Anatolien und den europäischen Gebieten des Reiches, aus Zentralasien, Persien und dem Irak fanden sich hier jährlich ein. Vornehmste Aufgabe des Statthalters von Damaskus war die logistische Vorbereitung der „syrischen" Pilgerkarawane und die Betreuung und der Schutz während des Marsches nach dem Hedschas sowie die Bereitstellung einer Versorgungskarawane *(ǧurda)* für die zurückkehrenden Pilger.

Mit dem ständig abnehmenden Zugriff der Zentralgewalt im siebzehnten und achtzehnten Jahrhundert wurde diese Aufgabe zu einer immer schwereren politischen und finanziellen Bürde. War es im sechzehnten Jahrhundert und in der ersten Hälfte des siebzehnten Jahrhunderts noch Distriktsgouverneuren *(sanǧaq beyi/mīr livā)* der Provinz Damaskus und später hohen Verwaltungsbeamten oder Janitscharen-Offizieren vergönnt gewesen, das Amt des Führers der Pilgerkarawane *(amīr al-ḥāǧǧ)* auszuüben, so setzten seit Naṣūḥ Paša (1708–14) immer die Provinzgouverneure selbst ihre Autorität und finanziellen Ressourcen dafür ein. Der damit verbundene Gewinn an politischem Format und überregionalem Einfluß läßt sich ebenfalls an Naṣūḥ Paša zeigen, den die Zentralregierung, schließlich mißtrauisch geworden, nach der Rückkehr von Mekka töten ließ.

Die Kosten für die Sicherung und Aufrechterhaltung von Straßen, Festungen, Brunnen, Poststationen und Karawansereien und den Schutz der Handels- und Pilgerkarawanen waren erheblich. Andererseits brachte der Durchgangsverkehr von Menschen und Waren hohe Summen an Zöllen, Wegegeldern und Schutzgebühren ein, die allerdings leicht anstatt in die Staatskasse in die Taschen derer fließen konnten, die an Ort und Stelle die Hand aufhielten. Christliche Pilger im Heiligen Land (Palästina) klagen regelmäßig über die hohen Kosten und Gefahren ihres frommen Tuns.[42] Besonders Jerusalem zog christliche Pilger an, aber auch Nazareth, Bethlehem und der Berg Tabor waren beliebte Ziele. Allerdings wußten offenbar die christlichen Mönche als Hüter der Wallfahrtsstätten und Pilgerherbergen so gut zu schröpfen wie die osmanischen Zolleinnehmer und Karawanenführer. Muslimische Pilger besuchten ebenfalls Jerusalem (al-Quds), aber auch Hebron (al-Ḫalīl) sowie das Grab des Moses am Toten Meer und wurden dabei nicht weniger ausgenommen. Überhöhte Preise für Lebensmittel und Ausrüstung waren noch das Geringste. Gefürchtet waren die Überfälle der Beduinen, denen die osmanische Zentralmacht durch Strafexpeditionen oder präventive Zahlungen *(ṣurra)* entgegenzuwirken hoffte. Ein Aufleben des Pilgerverkehrs stand immer in direktem Bezug zu einer starken osmanischen Militärpräsenz oder einem entschlossenen Pascha von Damaskus, wie etwa Mitte des achtzehnten Jahrhunderts zur Zeit der Gouverneure aus der al-ʿAẓm-Familie.[43] Wichtig ist in diesem Zusammenhang festzustellen, daß der Schutz, dessen das Osmanische Reich seine nichtmuslimischen Untertanen theoretisch versicherte, in der Praxis oft zu wünschen übrig ließ. Aber der Pilgerverkehr, auch aus dem feindlichen Ausland, wurde nie verboten. Christen und Juden verschiedener Zugehörigkeit lebten und arbeiteten generationenlang neben ihren muslimischen Nachbarn, waren oft derselben Willkür ausgesetzt wie diese, konnten reich werden und wurden häufig an wichtigen Stellen eingesetzt, besonders im Finanzwesen und im Kontakt mit den Europäern.

Zur Aufrechterhaltung von Ruhe und Ordnung in Stadt und Land, zur Eintreibung von Steuern und zum Schutz der Karawanen standen den Gouverneuren Fußtruppen zur Verfügung – darunter Kontingente der Elitetruppe der Janitscharen –, die von der Zentralregierung regelmäßig ausgetauscht wurden. Gegen alle Vorschriften fanden allerdings bereits zum Ende des sechzehnten Jahrhunderts lokale Bewerber Aufnahme in die stationierten Truppen und begannen, von deren Privilegien zu profitieren. Damit war eine Entwicklung vorgezeichnet, die sich ähnlich auch in Ägypten, dem Irak und anderswo anbahnte: Lokale Interessen fanden ihre Vertreter in allen Rängen des am Ort stationierten Militärs. Andererseits begannen Angehörige der Korps, sich mit der Ausübung eines Handwerks, als Kaufleute und Geldverleiher ein Zubrot zu verdienen, in einheimische Familien einzuheiraten und in die Lokalpolitik einzugreifen. Schon in der ersten Hälfte des siebzehnten Jahrhunderts gingen Janitscharen längst nicht mehr nur städtischen Geschäftsinteressen nach, sondern investierten in großem Umfang als Steuerpächter *(mültezim)* in der Landwirtschaft.[44] In den Garnisonen unterstanden die Janitscharen nicht dem örtlichen Gouverneur, sondern dem Janitscharenağa, der seinerseits dem Janitscharenağa der Hauptstadt verantwortlich war. So konnte es z. B. dazu kommen, daß das geballte ökonomisch-politische Gewicht der Damaszener Janitscharen jede andere lokale Gruppierung zu vorsichtigem Taktieren zwang. Im Laufe des siebzehnten Jahrhunderts führte dies hier und anderswo regelmäßig zu Machtproben mit den Gouverneuren. Erst dem Großwesir Meḥmed Köprülü (1656–61), der das Reich mit neuer Tatkraft zu regieren begann, sollte es gelingen, das Machtmonopol der Janitscharenführungsspitze zu brechen, das sie seit fast achtzig Jahren, oft im Bündnis mit den tonangebenden Frauen des großherrlichen Harems, ausgeübt hatte. In Damaskus existierten seit diesem harten Durchgreifen der Reichsregierung (1659–60) zwei Janitscharenkorps: die Regulären *(qapı qulları)* und die örtlich Rekrutierten *(yerliyya)*, deren Rivalitäten erneut die lokalen Ereignisse zu dominieren begannen.

Als Beispiel für eine über Generationen hinweg erfolgreiche Janitscharenfamilie, die den militärischen für den politischen Ehrgeiz eingetauscht hatte, mag die des großen osmanischen Historikers Naʿīmā (ca. 1665–1716) aus Aleppo dienen. Mit Hilfe einflußreicher Persönlichkeiten im Istanbuler Janitscharen-Establishment schaffte er selbst den Sprung aus der Provinz in die Palastkarriere.[45] Das Beispiel dieser hochangesehenen Familie darf nicht den Blick dafür verstellen, daß auch in Aleppo die Janitscharen einen chronischen Unruheherd bildeten. Die gewichtigsten Folgen hatte hier der blutige Stadtkrieg, in den sie sich zu Ende des achtzehnten Jahrhunderts mit anderen Anwärtern auf die Macht verstrickten, nämlich der Gruppe der *ašrāf*, d. h. der Nachkommen des Propheten, die in Aleppo besonders zahlreich und auf allen sozialen Ebenen vertreten waren. Hier allerdings gelang es der osmanischen Zentralmacht 1798, den Versuch einer lokalen Gruppe, die Macht an sich zu reißen, zunichte zu machen.[46]

Neben den Fußtruppen verfügte die osmanische Militärspitze in Bilād aš-Šām auch über eine Reiterei *(sipāhī)* unter dem Kommando von *alay beyi* genannten Offizieren. Jedem dieser Berittenen standen entsprechend seinem Rang die Erträgnisse aus Dörfern der Provinz zu, eine Einrichtung, die mit „Militärlehen" *(tīmār)* wiedergegeben werden kann. Allerdings waren diese nicht auf Lebenszeit vergeben und nicht vererbbar. Im Gegenzug hatte der *sipāhī* verschiedenen militärischen Pflichten nachzukommen, insbesondere im Kriegsfall dem Sultan Heeresfolge zu leisten. Nach erhaltenen Landregistern waren gegen Ende des sechzehnten Jahrhunderts in Bilād aš-Šām 8263 *sipāhī* mit *tīmār* verschiedener Größe registriert. Im

Laufe des siebzehnten Jahrhunderts nahm ihre Zahl wegen der Ausweitung des Systems der Steuerpacht *(iltizām)* rasch ab. Einige wenige *tīmār* sind noch aus dem achtzehnten Jahrhundert bekannt.

Die Land- und Steuerregister gehören zu den bewundernswertesten Leistungen osmanischer Provinzverwaltung und können auch heute noch als Muster von statistischer Präzision gelten. Im sechzehnten Jahrhundert wurden mehrmals Kommissionen zur Landaufnahme *(tapu* oder *taḥrīr defterleri)* und zur Anlage detaillierter Steuerlisten *(defter-i mufaṣṣal)* durchs Land geschickt, wobei auch die angestammten Gebiete der Beduinen, Türkmenen, Kurden und Drusen mitberücksichtigt wurden. Diese Listen lassen unzweifelhaft einen Aufschwung in Stadt und Land erkennen. Im siebzehnten und achtzehnten Jahrhundert besaß das Reich offenbar weder das Personal noch die Durchsetzungskraft, die Unterlagen auf den neuesten Stand zu bringen; daher fehlt für diese Periode die objektive Dokumentation über Bevölkerungsfluktuation, Siedlungsgrenze, Produktionszahlen, Steuereinnahmen, Art der landwirtschaftlichen Produkte etc., die das Gegengewicht zu nicht-archivalischen Quellen – wie Chroniken und Reiseberichten – abgeben könnte. Durch ihre Zahl und Höhe spielten auch die für die frommen Stiftungen reservierten Steueraufkommen eine wichtige Rolle im Wirtschaftsleben. So kamen z. B. die Einkünfte aus zahlreichen Dörfern Westpalästinas den lokalen Wallfahrtsstätten (Jerusalem, Hebron etc.) zugute, aber auch Kairo und den Heiligen Stätten des Hedschas.

Nach dem Statthalter und seinem Stellvertreter *(mutasallim)*, dem Janitscharenağa und dem *defterdār* oder Finanzbeauftragten gehörte der Oberrichter *(qāḍī l-quḍāt)* zu den einflußreichsten Würdenträgern der Provinzhauptstädte. Auch er war in der Regel aus Istanbul entsandt und gehörte der offiziellen, der hanafitischen Rechtsschule an. Ihm gegenüber konnten die meist einheimischen Muftis (Rechtsgutachter) der hanafitischen, schafiitischen und hanbalitischen Rechtsschulen politisches Gewicht gewinnen, sofern sie das entsprechende Format mitbrachten. Dem Oberrichter unterstanden die in der Regel einheimischen Richter *(qāḍī)* sowie die Hilfsrichter *(nā'ib)* in den Distrikten und Sprengeln.

Nicht unterschätzt werden darf der vielschichtige Einfluß verschiedener Persönlichkeiten außerhalb der offiziellen Hierarchie, etwa von Gelehrten und Ordensscheichen. Während der gesamten osmanischen Periode behauptete sich Damaskus als hochangesehenes Zentrum der Wissenschaft neben Istanbul und Kairo. Hier sei nur der vielseitige Gelehrte und Scheich des Qādiriyya- und Naqšbandiyya-Ordens, ʿAbd al-Ġanī an-Nābulusī (1641–1731) genannt, der Schüler aus der ganzen islamischen Welt nach Damaskus zog. Weit über die Grenzen Palästinas hinaus erlangte Ḫayr addīn aus Ramla (1585–1671) Einfluß als Lehrer und Rechtsgutachter.[47] Seine Sammlung von *fatāwā* (Rechtsgutachten) spiegelt die vielerlei Probleme des Lebens in Stadt und Land wieder. Die Autoren wertvoller biographi-

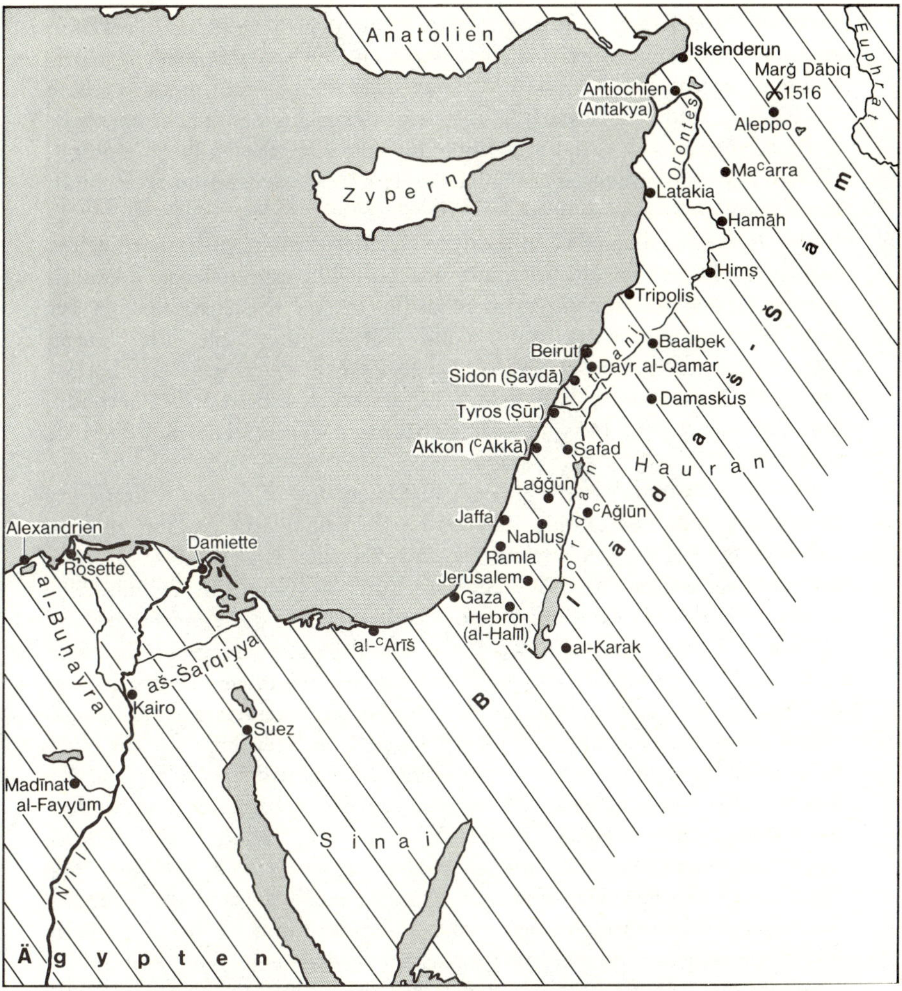

9. Ägypten und Bilād aš-Šām unter osmanischer Herrschaft (16.–18. Jh.)

scher Werke, wie al-Ġazzī (st. 1650/51) und al-Muḥibbī (1651–1699), stammen aus Damaszener Gelehrtenfamilien, die generationenlang wortführend waren. Die Familie aṣ-Ṣumādī führte über Jahrhunderte einen Zweig des Qādiriyya-Ordens. Angehörige der Aleppiner Gelehrtenfamilie al-Baylunī taten sich vom fünfzehnten bis zum siebzehnten Jahrhundert in allen Wissensdisziplinen hervor.[48] Jerusalem und Safad waren als Zentren jüdischer Gelehrsamkeit bekannt.

Der sprichwörtliche Reichtum der syrischen Provinzen basierte neben Handel und Gewerbe auf der Landwirtschaft. Die ertragreichsten Anbaugebiete fanden sich um die großen Städte, in den Küstenstreifen, in der Biqāʿ-Ebene zwischen Libanon- und Antilibanongebirge, im Hauran (Ḥawrān) südlich von Damaskus und in Palästina westlich des Tiberiassees. Das komplizierte System der Agrarsteuern erfaßte z. B. Getreide, Sommerfrüchte, Baumwolle, Olivenbäume, Weinstöcke und Tierhaltung.[49]

Das Weide- und Wüstenland gegen Osten und Südosten beherbergte zahlreiche Beduinenstämme, denen die Osmanen von Anfang an eine zwiespältige Politik von Zuckerbrot und Peitsche entgegensetzten. Generationenlang waren z. B. Mitglieder des Ṭurābāy-Clans von Laǧǧūn (Megiddo) oder des Mawālī-Stammes in Nordsyrien von der Zentralregierung als lokale Führer anerkannt und mit den Privilegien eines *sanǧaq beyi* bedacht. Der ständige Zuzug von beduinischen Stämmen aus dem Innern der Arabischen Halbinsel störte zwischen Nomaden einerseits und Bauern und Lehensinhabern andererseits das labile Gleichgewicht, das auf einer Übereinkunft zur Deckung der jeweiligen Lebensbedürfnisse basierte. So folgten z. B. dem Zuzug der ʿAnaza-Stämme im siebzehnten Jahrhundert die Šammar, die ihrerseits ab der Mitte des achtzehnten Jahrhunderts durch die Ausweitung wahhabitischer Macht nach Osten in Richtung Irak abgedrängt wurden. Das Ergebnis waren Landflucht und die Aufgabe fruchtbarer Böden in den Ebenen und Tälern und in der Folge der Rückzug in weniger ertragreiche, aber besser zu verteidigende Berggebiete.

Schon aus osmanischem Archivmaterial des sechzehnten Jahrhunderts, zumeist Sultanserlassen, kennen wir eine Vielzahl von Mißbräuchen, wie Überfälle auf Handels- und Pilgerkarawanen, Terrorisierung von Dörfern, willkürlich auferlegte Steuern, Preistreiberei durch einzelne Beamte, aber auch Waffenschmuggel der lokalen Bevölkerung, Steuerhinterziehung und Bestechung. Die Dokumente lassen erkennen, daß die Zentralregierung durchaus willens und fähig war, Mißständen nachzugehen, Informationen einzuholen und Entscheidungen zu fällen, die geeignet waren, Abhilfe zu schaffen.[50] Bereits zu Anfang des siebzehnten Jahrhunderts warf die Revolte des Gouverneurs von Aleppo, ʿAlī Paša, aus dem kurdischen Clan der Ǧānbulād, ein deutliches Licht auf die Ambitionen lokaler Führer im Kontrast zu den osmanischen Bemühungen um den *status quo* und zeigt zum ersten Mal den Effekt politischer Einflußnahme europäischer Mächte.

Das plötzliche Ende des sogenannten Langen Krieges mit Österreich (Friede von Zsitvátorok 1606) erlaubte es der Pforte allerdings rasch, ʿAlīs Ambitionen zu Fall zu bringen (1607).

Besser vor osmanischen Strafexpeditionen geschützt war ʿAlī Pašas Nachbar, Amīr Faḫr ad-dīn [II.] (reg. 1591–1635), aus der drusischen Familie der Maʿn. Ihm gelang es innerhalb von zwei Jahrzehnten, das traditionelle Familienlehen in Šūf (dem Gebirgsland südlich von Beirut) auf Ġarb, Ǧurd, Matn und das Küstengebiet auszudehnen und sich auf Kosten benachbarter lokaler Lehensherren, so z. B. der Sayfā im Norden, der Ḥarfūš von Baalbek und der Furayḫ in der Biqāʿ, schließlich zum Herrn des Gebietes zu machen, das heute als Libanon bekannt ist. Hinter seinen Bergen verschanzt und von den Seehäfen (Beirut, Sidon) her wohlversorgt, konnte Faḫr ad-dīn es sich zeitweilig leisten, Befehle des Sultans zu ignorieren und engen Kontakt mit französischen Kaufleuten und italienischen Emissären zu pflegen. Im Jahre 1608 schloß er ein Bündnis mit den Medici, das ihm Unterstützung gegen seine Nachbarn verhieß, im Gegenzug aber seine Militärhilfe für den Fall forderte, daß die Italiener sich Jerusalems und Damaskus' bemächtigen sollten. Faḫr ad-dīns ungenierte Annexionspolitik und seine europäischen Kontakte brachten ihn in offenen Konflikt mit der Pforte, dem er sich 1612 durch die Flucht nach der Toskana entzog. Eine ihm günstigere Machtkonstellation in der Hauptstadt erlaubte ihm 1618, aus dem Exil heimzukehren und die alte Politik mit Erfolg und sogar im Bündnis mit osmanischen Provinzgouverneuren fortzusetzen. Kurz vor seinem Sturz gebot Faḫr ad-dīn über ein Territorium, das vom *sanǧaq* Latakia hinunter zu den *sanǧaq*s Nablus und ʿAǧlūn reichte. Eine energische osmanische Reaktion ließ nun nicht mehr auf sich warten. Faḫr ad-dīn wurde besiegt und 1635 in Istanbul hingerichtet.

Das Phänomen Faḫr ad-dīn läßt sich nicht allein aus einer tatkräftigen Persönlichkeit oder der Ohnmacht des osmanischen Staates erklären. Dessen Bereitschaft, gewähren zu lassen, solange die fälligen Steuerzahlungen und Ergebenheitserklärungen eintrafen, ist ein Charakteristikum seiner Jahrhunderte überdauernden Herrschaft. Faḫr ad-dīn wußte die ganze Gunst seiner Position zu nutzen. Die Dauer seiner Herrschaft und ihr wirtschaftlicher Erfolg beruhten auf der Sicherheit, die er im Lande zu schaffen wußte, auf dem Funktionieren des patriarchalischen Verhältnisses zwischen Feudalherrn und Schutzbefohlenen und auf der religiösen Toleranz, die es Drusen, Christen und Muslimen erlaubte, gleichberechtigt nebeneinander zu leben – eine Praxis, die in keinem anderen Winkel des Osmanischen Reiches denkbar war. Insbesondere das Bündnis zwischen Drusen und Maroniten, dem Faḫr ad-dīn Vorschub leistete, sollte sich als Garantie für die libanesische Autonomie in osmanischer Zeit bewähren. Grundlage des blühenden internationalen Handels war die Seidenherstellung in den Bergdörfern des Libanon. Wie bis in die jüngste Zeit zu sehen war, erlaubte der allgemeine Wohlstand selbst vielen Bergbewohnern, ja ganzen Dörfern, künstlerisch konzipierte, solide Häuser hinzustellen, wie sie sonst nur in den großen Städten Syriens zu finden waren. Der Reichtum des Emirs fand seinen Niederschlag in einer regen Bautätigkeit an seinem Hauptsitz, Dayr al-Qamar, und andernorts.[51] Faḫr ad-dīns Baulust war kein Einzelfall in Syrien; denn im Spiel um die Macht äußerte sich das Selbstbewußtsein regelmäßig in der Errichtung luxuriöser Paläste. Erinnert sei hier nur an die großartigen Schöpfungen der Familie al-ʿAẓm in Damaskus und Hamāh (erste Hälfte des achtzehnten Jahrhunderts).[52]

Keiner seiner Nachfolger erlangte Faḫr ad-dīns politisches Format. Als Emir Aḥmad (1657–97), der Großneffe Faḫr ad-dīns, ohne Erben starb, ging das Emirat an ein Mitglied der weitläufig verwandten sunnitischen Šihāb-Familie. Die Šihābs machten sich weitgehend Faḫr ad-dīns Regierungsprinzipien zu eigen, doch kosteten die Familienhändel und die bürgerkriegsähnlichen Auseinandersetzungen zwischen den seit Jahrhunderten sich befehdenden Fraktionen der Qaysī und der Yamanī so viel Kraft, daß keiner der Emire mehr über das Territorium des heutigen Libanon hinauszugreifen wagte; doch der Ansatz zu einer Art Nationalbewußtsein, einem Zusammengehörigkeitsgefühl der Bewohner des Libanongebirges unter der Führung einer anerkannten Familie, war gelegt.

Die Geschichte Syriens in osmanischer Zeit erscheint mitunter als eine Kette von Unabhängigkeitsbestrebungen einzelner Statthalter und Lokalherrscher, zumal die geographischen Voraussetzungen dies sehr begünstigten. War die Pforte anderweitig präokkupiert, mochte sie gelegentlich gezwungen sein, dem Treiben jahrelang untätig zuzusehen. Eine Reaktion erfolgte am Ende immer, und sei es durch das subtile Mittel, verschiedene Prätendenten zur Macht gegeneinander auszuspielen. Selbst im Laufe des achtzehnten Jahrhunderts, einer Periode des politischen und militärischen Niedergangs der Zentralregierung, trug diese Politik ihre Früchte.

Kennzeichnend für eigenwillige lokale Positionen sind hier drei Beispiele mit jeweils unterschiedlicher und am Ende, anders als im Libanon, ephemerer Machtbasis: die Vorherrschaft der Familie al-ʿAẓm in Damaskus (1725–1807), die wohlwollende Despotie des Šayḫ Ḍāhir al-ʿUmar in Palästina (ca. 1730–75) und das Schreckensregime des Aḥmed Paša al-Ǧazzār in der Provinz Sidon (1775–1804). Allen gemeinsam sind die wirtschaftlichen Impulse, die von ihnen ausgingen und die Syrien bis hinein ins neunzehnte Jahrhundert prägen sollten.

Ihr politisches Gewicht bezog die Familie al-ʿAẓm ursprünglich aus Ländereien in der Gegend von Ḥimṣ, Ḥamāh und Maʿarra, über die sie als *malikāne* (Lehen auf Lebenszeit) verfügte. Ihr Wohlstand erlaubte ihr, eigene Truppen aufzustellen und Beziehungen zu höchsten Regierungskreisen in Istanbul zu knüpfen. So konnte es Angehörigen der Familie über Jahrzehnte hinweg gelingen, sich die Paschawürde einer oder mehrerer syrischer Provinzen zu sichern, ohne bei der Pforte Zweifel an der prinzipiellen Loyalität aufkommen zu lassen. Solange die fälligen Steuergelder aus Syrien flossen und der Schutz der Pilgerkarawanen – das Symbol osmanischer Souveränität – gewährleistet erschien, war die Zentralregierung offenbar bereit, sich mit neuen Trägern der Provinzverwaltung einzulassen. Innenpolitisch sicherten sich die al-ʿAẓms im Bündnis mit städtischen Notabelnfamilien die Rückendeckung für ihre erfolgreichen Handelstransaktionen – z. B. wußten sie das Getreidemonopol der Provinz Damaskus in ihre Hand zu bringen. Zum Nachteil des lokalen Handwerks förderten die al-ʿAẓm-Paschas den Import-Exporthandel von Luxusgütern mit Europa nach Kräften, was nicht ohne Konsequenzen blieb für die von europäischen Wirtschaftsinteressen geprägte Entwicklung des Landes im neunzehnten Jahrhundert. Insgesamt ließ die Herrschaft der al-ʿAẓms, besonders unter Asʿad Paša (reg. 1743–57), unter den kosmopolitisch gesinnten und Istanbul eng verbundenen Notabelnfamilien einen typisch damaszenischen Lebensstil und ein Gefühl der Identität entstehen, was dazu berechtigen mag, die Anfänge des „modernen Syrien" ins achtzehnte Jahrhundert zu datieren.[53]

Nicht nur die Pforte hielt ein wachsames Auge auf den politischen und wirtschaftlichen Erfolg der al-ʿAẓm-Familie. In Galiläa (Nordpalästina mit den Zentren Tiberias und Safad) hatten sich seit dem frühen achtzehnten Jahrhundert Scheiche aus der Familie Zaydānī als Steuerpächter *(mültezim)* eine solide Machtposition innerhalb der Provinz Sidon geschaffen. Dabei dürfte sowohl die Schwäche des Paschas von Sidon als auch der Sieg der Qaysī-Fraktion über die der Yamanī (1711) eine Rolle gespielt haben. Einfluß und Reichtum des bedeutendsten Vertreters der Familie Zaydānī, Ḍāhir al-ʿUmar (st. 1775), basierte auf dem wachsenden europäischen Bedarf an Baumwolle und Getreide, die beide in Palästina in ausgezeichneter Qualität zu haben waren. Gegen 1740 hatte Ḍāhir sein Territorium westwärts bis zur Küste ausgedehnt und vermochte nun, Akkon (ʿAkkā) als seine Hauptstadt zur politisch und wirtschaftlich bedeutendsten Stadt Palästinas auszubauen. Die Gewinnspanne, die europäische Kaufleute – besonders Franzosen – im palästinensischen Baumwoll- und Getreidemonopolhandel erzielen konnten, ließ sie jahrzehntelang Ḍāhirs Bedingungen akzeptieren, die auch ihm und seinem Kreis enorme Profite sicherten.

Nach der Mitte des achtzehnten Jahrhunderts verlagerte sich das politische und ökonomische Schwergewicht in Bilād aš-Šām zusehends von Damaskus und dem Landesinneren an die Küste (Akkon und Sidon), eine Entwicklung, die militärische Aktionen der al-ʿAẓm-Statthalter nicht aufzuhalten vermochten. Gegen Ende seines Lebens geriet Ḍāhir durch sein Bündnis mit ʿAlī Bey, dem starken Mann Ägyptens, in offenen Konflikt mit der Pforte (1770–71). Während des russisch-türkischen Krieges (1768–74) fand er zeitweilig Rückhalt bei der russischen Mittelmeerflotte. Erst nach Kriegsende gelang es Istanbul, Ḍāhir zu beseitigen.

Zum mächtigsten Mann der Region konnte nun Aḥmed Paša al-Ǧazzār aufsteigen, der zuvor in Istanbul und Kairo Karriere gemacht hatte und in seiner Eigenschaft als Statthalter von Sidon die Aufgabe, Palästina wieder unter osmanische Kontrolle zu bringen, so erfolgreich löste, daß er mehrmals sogar zum Pascha von Damaskus bestellt wurde (1785, 1790, 1799, 1803). Dem hatten die al-ʿAẓms keinerlei Trümpfe mehr entgegenzusetzen. Wie zuvor Ḍāhir al-ʿUmar verwandte al-Ǧazzār seine enormen finanziellen Gewinne aus dem Außenhandel (Zentren Sidon, Akkon, Beirut) für den Aufbau einer schlagkräftigen Truppe. Nicht umsonst fand Bonapartes Palästina-Kampagne vor den Mauern von Akkon ein unrühmliches Ende. Wie man auch immer die Herausbildung lokaler Machtzentren in Bilād aš-Šām bewerten mag, anders als in Ägypten erwies sie sich im Endeffekt nicht als eine Vorstufe zur Sezession der Provinzen, sondern im Gegenteil als ein erster Schritt, den Zentrifugalkräften entgegenzuwirken und die Provinzen den Interessen des Gesamtreiches wieder unterzuordnen.

Im gleichen Jahrzehnt, in dem Özdemür Paša Nubien und Teile Äthiopiens für das Reich gewinnen konnte, wurde auch al-Ḥasā (auch al-Aḥsā; in osmanischen Dokumenten meist nach der Hauptstadt als al-Laḥsā bezeichnet) ein osmanischer Vorposten. Nach osmanischen Archivdokumenten gab es 1552 einen *sanǧaq beyi* (ab 1560 *beylerbeyi*) und eine feste Garnison in al-Laḥsā, der bedeutendsten Oasenstadt der Gegend. Schon in den folgenden Jahren wurde die übliche Landaufnahme für fiskalische Zwecke *(taḥrīr)* durchgeführt, und die Pforte bemühte sich, das durch die Eroberung gestörte Gleichgewicht zu stabilisieren und den ehemaligen Grundbesitzern, die vor den Besatzungstruppen geflohen waren, ihr Land zurückzuerstatten. Die Pforte scheint al-Ḥasā als Grenzmark verstanden zu haben, nicht als Vorposten für eine aggressive Eroberungspolitik angesichts eines sich verdichtenden Netzes portugiesischer Stützpunkte im Golfgebiet: Die Könige von Hormuz hatten schon 1514 die persische gegen die portugiesische Oberhoheit eintauschen müssen. Die endgültige Geschichte der Operationen osmanischer Flotten im Roten Meer, im Indischen Ozean und im Golf ist noch nicht geschrieben, aber das Hauptaugenmerk des Sultans lag zweifellos auf der Mittelmeerpolitik.[54] Die in Suez stationierte Rotmeerflotte hatte zwar die Eroberung des Jemen getragen, dennoch ergibt das Gesamtbild ihrer Operationen eher einen defensiven Charakter: das Rote Meer vor portugiesischen und anderen nichtmuslimischen Eindringlingen zu schützen. Ähnlich dürfte die in Basra stationierte Golfflotte dazu bestimmt gewesen sein, den ungestörten Transport von Handelsgütern vom Indischen Ozean zum Zweistromland zu garantieren.

Al-Ḥasā mit seinen zahlreichen Oasen erbrachte recht hohe Steuererträge. Allerdings war der Aufwand, das *eyālet* aufrechtzuerhalten, erheblich; denn der gesamte militärische Nachschub mußte aus Diyārbakr, Damaskus, Bagdad oder Basra beschafft werden. Großherrliche Kuriere zwischen Istanbul und al-Laḥsā waren bis zu zwei Monate mit ihren Botschaften unterwegs. Die Provinz al-Ḥasā konnte bis etwa 1670 als osmanischer Vorposten gewahrt werden und geriet dann wieder unter die Kontrolle der

Banu Ḫālid, die die Vorherrschaft unter den Stämmen Ostarabiens schon vor dem Einbruch der Osmanen innegehabt hatten. Rund hundert Jahre später (1793) mußten sich die Banu Ḫālid der Offensive der Wahhabiten beugen. Al-Ḥasā war nie eine Provinz von Gewicht, und doch ist ihre Geschichte bezeichnend als periphere, in sich geschlossene Bühne des osmanischen Szenariums von Eroberung, Etablierung der Macht und langsamem Autoritätsverlust in der Auseinandersetzung mit den lokalen Kräften.

b) Die irakischen Provinzen

Das Muster der historischen Entwicklung des Irak verlangt nach größeren Maßstäben und verläuft in komplizierteren Bahnen als die des soeben skizzierten al-Ḥasā. Entsprechend seiner geographischen Beschaffenheit zerfällt der Irak in die Räume um Mossul, Bagdad und Basra mit jeweils sehr unterschiedlichen klimatischen, wirtschaftlichen, ethnischen und strategischen Voraussetzungen.

Mossul und die kurdischen Fürstentümer in seinem Norden und Osten waren schon im Verlauf von Sultan Selīms I. Čāldirān-Feldzug (1514) gegen Schah Ismāʿīl I. (1501–24) dem Reiche einverleibt worden. Zwanzig Jahre später, im Anschluß an die Siege in den Ungarnfeldzügen (1526, 1529), gelang es Sultan Süleymān dem Prächtigen, den Irak den Safawiden zu entreißen. In einer großangelegten Kampagne (1534–35) nahmen die osmanischen Heere Aserbeidschan mit Tabrīz ein und gelangten dann über Hamadān nach Bagdad. Der Südirak mit Basra kam 1546 unter direkte osmanische Kontrolle. Damit war der Irak zum östlichen Grenzland geworden – der Auftakt zu einer schwelenden Auseinandersetzung war gegeben, die erst 1639 mit dem Frieden von Qaṣr-i Šīrīn zu einem vorläufigen Ende gebracht werden konnte.

Das Land zwischen Mossul und der Mündung des Šaṭṭ al-ʿArab mit seiner langen Vorgeschichte von Herrscher- und Dynastienwechseln war für den Sultan nicht nur eine weitere Provinz, die Gewinn abzuwerfen versprach. Wollte er die den Reichsbestand bedrohende schiitische Bewegung im eigenen Lande bannen, mußte er das Zentrum der Schia – Iran – besiegen.[55] Zum Kriegsschauplatz wurde der Irak mit seiner religiös gespaltenen Bevölkerung. In dieser Zeit des geistigen und materiellen Umbruchs lebte in Bagdad einer der größten Dichter der islamischen Welt, Fuḍūlī (türkisch Fużūlī, 1480?–1556), ein Schiit. Er verfaßte glänzende Verse in persischer und arabischer Sprache, seine türkischen Verse aber werden zum Besten gerechnet, was in dieser Sprache geschaffen wurde.

Die vier neuen Provinzen – Mossul, Bagdad, Basra und Šahrazūr (im östlichen kurdischen Bergland) – ließen sich allerdings nur unter Aufbietung aller militärischen und finanziellen Kräfte halten. Insbesondere die arabischen Stämme in den Wüstengebieten westlich von Euphrat und Tigris sollten zu einem Dauerproblem werden. Ähnlich schwer zu fassen waren die Stämme des Sumpflandes am Šaṭṭ al-ʿArab, d. h. zwischen den wichtigen Festungen al-Qurna am Zusammenfluß von Euphrat und Tigris, und Basra. Die anfänglich funktionierende Routine der regelmäßig wechselnden Gouverneure, *defterdāre*, Obersten Richter und Garnisonstruppen, der sorgfältig angelegten Steuerregister, der effektiven Steuereintreibung – die insgesamt durchdachte und kontrollierte Strategie der Grenzsicherung brach schon nach wenigen Jahrzehnten in sich zusammen. Die Auseinanderentwicklung der irakischen Regionen machte die aufeinander abgestimmten Stränge des Militärs und der Verwaltung ineffektiv und ließ sie schließlich nur noch auf einer reduzierten Ebene, d.h. in den Städten, weiterfunktionieren. Das Reichszentrum bewies allerdings die Jahrhunderte hindurch eine erstaunliche Hartnäckigkeit darin, mit den Ressourcen der zentralen Provinzen die Grenzlande aufzubauen und damit für die politischen Bedürfnisse des Gesamtreiches verfügbar zu machen.[56] Um 1612 trat der *beylerbeyi* von Basra in unhaltbarer Lage die Provinz an einen lokalen Magnaten mit Namen Afrāsiyāb ab. Seinem Sohn ʿAlī (1624/25–ca. 1652) und seinem Enkel Ḥüseyn (ca. 1652–68) gelang es fast sechzig Jahre lang, Basras Geschichte von der Bagdads zu trennen, sich gegen die Araberstämme aus den Marschen und der Wüste durchzusetzen, die safawidischen Eindringlinge zu verjagen und den Handel mit den Europäern (Portugiesen, Briten, Holländern) in Schwung zu halten. Insgesamt ergibt sich das Bild einer erfolgreichen Lokalherrschaft.

Bagdad hatte inzwischen mehrere Revolten unter der Führung einzelner „starker Männer" durchlebt. Die gefährlichste dieser Unruhen war die unter dem Janitscharen Subaşı Bakr, der im Jahre 1619 ins Rampenlicht getreten war. Hier wie im ganzen Reich, an allen Punkten militärischer Konzentration, lief in diesen Jahrzehnten das Szenarium vom Aufstieg und Fall der Janitscharen ab. Mehrere Versuche der Zentralregierung, die Fäden wieder in die Hand zu nehmen, schlugen fehl; schließlich gelang es 1623 dem Safawidenschah ʿAbbās I. (1587–1629), sich die Situation zunutze zu machen und Bagdad einzunehmen. Eine allgemeine Sunnitenverfolgung setzte nun ein. Auch Mossul und Šahrazūr fielen für einige Zeit an den Schah. Am besten wußten sich die arabischen Stämme zu beschützen: Sie vermieden jeden Konflikt, um sich weder für die eine noch die andere Großmacht entscheiden zu müssen. Sultan Murād IV. (1623–40), der letzte der Großherren, die selbst zu Felde zogen, vermochte erst nach fünfzehn Jahren (Ende 1638) Bagdad wieder an sich zu bringen.

Der neuerliche osmanisch-safawidische Schlagabtausch hatte nicht nur die Bevölkerung, Muslime wie Nichtmuslime, dezimiert, sondern auch große Zerstörungen über Stadt und Land gebracht. Wie sein Vorfahre Süleymān der Prächtige, der erste Eroberer Bagdads, so ließ auch Murād IV. die Gräber Abū Ḥanīfas (699?–767), des Gründers der im Osmanenreich vorherrschenden Rechtsschule, und des Scheichs ʿAbd al-Qādir Gīlānī (1077/78–1166), auf den sich der bei den Osmanen weitverbreitete Derwischorden der Qādiriyya berief, wiederherstellen. Die mittelalterlichen

Bauten Bagdads waren zum großen Teil dem Mongolenansturm (1258), der zweifachen Eroberung durch Timur (1392 und 1401) und nicht zuletzt den Wirren der turkmenischen Periode und der Eroberung durch Schah Ismāʿīl (1507–08) zum Opfer gefallen. Die Bautätigkeit unter den osmanischen Paschas, besonders während des sechzehnten Jahrhunderts und später unter der Mamlukendynastie im achtzehnten Jahrhundert, war bedeutend, konnte sich aber wahrscheinlich nicht mit der in Kairo, Aleppo oder Damaskus messen. Die Hauptsorge der Statthalter galt den Wallfahrtsstätten beider Konfessionen in Bagdad, Nadschaf und Kerbela, den Pilgerrouten und den Karawansereien. Festungen wurden in der Nähe von Euphrat und Tigris errichtet; für Wasserstellen wurde entlang der Verbindungswege gesorgt. Europäer, die seit der zweiten Hälfte des sechzehnten Jahrhunderts immer zahlreicher nach Bagdad gelangten, haben in ihren Reiseberichten ein recht eindrucksvolles Bild hinterlassen.[57] Probleme gab es – wie auch in den anderen arabischen Provinzen – zwischen den aus Istanbul entsandten Janitscharen und den schlechter besoldeten örtlich Rekrutierten. Bis zum Ende des Jahrhunderts konnten die Janitscharen ihre städtische Position zwar weiter festigen, aber wenig gegen das zunehmende Selbstbewußtsein der Wüstenstämme ausrichten.

In den beiden Provinzen des Nordirak, Mossul und Šahrazūr, muß sich in dieser Periode die Distanz zwischen osmanischer Oberherrschaft in den Garnisonsstädten und den kurdischen Fürsten und Stammesführern in den schwer zugänglichen Gebirgstälern vertieft haben. Wenig mehr ist geschichtlich überliefert als ständige Stammesfehden und Familienzwiste. In dieser Zeit relativer Ereignislosigkeit scheinen sich die Grundlinien ethnischer und administrativer Zuordnung herauskristallisiert zu haben, die bis ins neunzehnte Jahrhundert Gültigkeit haben sollten. Der Irak blieb sich selbst überlassen, solange sich die osmanische Reichspolitik auf die westlichen Grenzen zu konzentrieren hatte, wie etwa bei der zweiten vergeblichen Belagerung Wiens (1683). Nördlich des Schwarzen Meeres war der Kosakenstaat in der Auflösung begriffen. Eine direkte osmanisch-russische Konfrontation wurde damit zum ersten Mal wirklich denkbar, zumal Zar Peter der Große mit der Eroberung der Festung Asow (1700) den Osmanen die Dimensionen seiner Expansionspolitik deutlich zu erkennen gegeben hatte. Der zunehmende Druck von Norden her sollte sich von nun an als einer der destabilisierenden Faktoren im Innern des Reiches erweisen. Unter dieser Voraussetzung gelang es den Gouverneuren in einigen der wichtigsten Provinzzentren, sich über Jahre in ihrer Position zu halten und ihre Herrschaft auf Generationen hinaus ihren Nachkommen oder Mamluken (Militärsklaven) zu vererben. Diese Entwicklung ist Bagdad, Basra und Mossul gemeinsam, aber auch in Syrien und Palästina (Damaskus, Sidon) ist sie mit einiger Zeitverschiebung zu beobachten.

In Bagdad begann die neue Ära mit der Etablierung Ḥasan Pašas (1704–23). Er gründete seine Macht auf eine Privatarmee von Militärsklaven (*mamlūk*, im Irak mit dem türkischen Wort *kölemen* bezeichnet). Ähnlich wie die Mamlukenbeys in Ägypten kauften er und seine Nachfolger eine große Anzahl georgischer und tscherkessischer Sklaven und ließen ihnen in Anlehnung an die Serailschulen in Istanbul eine umfassende Ausbildung angedeihen. Auf diese Weise entstand eine örtliche Elite, die sehr bald beweisen sollte, daß sie sich besser zum Regieren eignete als die in schnellem Wechsel aus Istanbul entsandten Statthalter *(wālī)*. Ihre Effektivität erwies sich zuerst im Kampf gegen die immer gegenwärtige Gefahr von seiten der Wüstenbewohner, besonders der Muntafiq-Föderation, die schon in vorosmanischer Zeit in und um Basra vorherrschend gewesen war. In diesem Zusammenhang gelang es Ḥasan Paša 1708, die Provinz Basra den Muntafiq-Stämmen zu entreißen und mit dem Einverständnis der Pforte von Bagdad aus zu regieren. Seinem Sohn Aḥmed Paša (1723–47) mußte die Pforte die Nachfolge gewähren, denn sie brauchte ihn, sobald die osmanisch-persische Grenze wieder in Bewegung geriet. Der Afghane Mīr Maḥmūd hatte 1722 den wenig fähigen Safawidenschah abgesetzt und das recht heruntergekommene Iran unter sunnitische Kuratel gebracht.

Für die Osmanen schien sich hier eine Gelegenheit wohlfeilen Landerwerbs anzubieten. Sie hatten zwar kurz zuvor in dem bitteren Frieden von Passarowitz (1718) die Westgrenze bis diesseits von Belgrad zurücknehmen müssen, stürzten sich aber nun erneut in einen Krieg an der Ostgrenze, der mit wechselndem Schlachtenglück und unterbrochen von Friedensverhandlungen bis 1736 dauern sollte, also bis ins zweite Jahr eines neuen Krieges an der Westgrenze (mit Österreich und Rußland, 1735–39). In der Hauptstadt rangen Kriegstreiber und Kriegsgegner um Einfluß; die öffentliche Meinung kritisierte den Krieg gegen einen sunnitischen Herrscher, andererseits rief der Verlust des Gewonnenen Empörung hervor. Im Herbst 1730 brach in Istanbul die Revolution aus; der lebenslustige Aḥmed III. (1703–30), der Sultan der Tulpenzeit *(lāle devri)*, mußte abdanken. In Persien hatte inzwischen der Afschare Nādir Qūlī, der letzte vom Schlag der „Eroberer aus dem Nichts", das Heft an sich gerissen. Osmanischer Widerstand und Unruhen in Persien zwangen Nādir Qūlī dreimal (zweimal 1733, 1743), seine Belagerung Bagdads abzubrechen. Auch Basra verteidigte sich erfolgreich. Der Frieden von Istanbul (1736) bekräftigte die osmanisch-persische Grenze in ihrem früheren Verlauf und erlaubte beiden Seiten, sich anderen kriegerischen Aufgaben zuzuwenden. Erst mit dem Tode des Eroberers, der sich seit 1736 Nādir Šāh nannte, im Jahre 1747, hörte Persien auf, eine wirkliche Gefahr an der osmanischen Ostgrenze zu bilden.

Nach dem Tode Aḥmed Pašas (1747) machte sich die Pforte sogleich ans Werk, wieder die alte Ernennungsordnung durchzusetzen. Aber selbst die Bevölkerung widersetzte sich nun der Ablösung der vertrauten Sklavenelite. So gelang es 1749 dem Schwiegersohn Aḥmed Pašas, dem Gouverneur von Basra, Süleymān Paša, den neuen osmanischen Gouverneur von Bagdad zu vertreiben und die beiden Provinzen wie zuvor in einer Hand zu vereinigen. Süleymān Paša (1749–62) war der erste wirkliche Sklave der Dynastie, und Istanbul versagte nunmehr weder ihm noch seinen Nachfolgern die Anerkennung. Einem der Nachfolger Süleymān Pašas, Büyük Süleymān Paša (1780–1802), gelang es auch, Basra – nach vierjähriger Okkupation durch die persische Zand-Dynastie – zu entsetzen und schließlich 1780 mit Bagdad und Šahrazūr unter seiner Herrschaft zu vereinigen. Die Regierungszeit des „Großen Süleymān" gilt als der Höhepunkt der Periode der Mamlukenpaschas. Die Stämme der Wüste und der südirakischen Marschen zeigten sich davon allerdings wenig beeindruckt: Steuern waren von ihnen nur einzutreiben, wenn eine Strafexpedition zuvor ihre ephemere Unterwerfung erzwungen hatte. Während der Herrschaft Süleymāns machte sich im Irak auch zum ersten Mal der Druck einer neuen Macht bemerkbar: der Wahhabiten.

Anders als die arabischen Beduinenstämme, die jahrhundertealte Geißel der peripheren Gebiete, waren die Wahhabiten nicht vom inneren Gesetz der Wüstenbewohner getragen. Sie folgten einem religiösen Gesetz. Der Feldzug zur Vernichtung aller Muslime, die nicht bereit waren, sich diesem religiösen Gesetz zu beugen, brach um die Mitte des achtzehnten Jahrhunderts los. Jahrzehnte schier uneingeschränkter Siegeszüge folgten. Dies Gesetz beruhte auf den Lehren des hanbalitischen Gelehrten Muḥammad b. ʿAbd al-Wahhāb (1703–92) aus der Oasenstadt ʿUyayna im Naǧd (Zentralarabien). Für ihn waren sowohl die im Osmanischen Reich herrschende, den *status quo* hütende sunnitische Orthodoxie hanafitischer Prägung als auch die Schia Persiens verfälschte Lehren, wofür er insbesondere den Heiligen- und Gräberkult sowie die Derwischorden als Beweis anführte. Nur Koran und Ḥadīṯ konnten für Muḥammad b. ʿAbd al-Wahhāb Grundlage des Glaubens und des Handelns sein. Seine Forderungen an das Verhalten des Muslim ließen keinen Platz für Spitzfindigkeiten und Nachsicht gegenüber sich selbst. Die neue Reformbewegung verbreitete sich nicht von selbst. In Muḥammad b. Saʿūd (st. 1765) und dessen Sohn ʿAbd al-ʿAzīz I. (1765–1803) fand sie ihre Vorkämpfer. In einer militärischen Offensive, die jahrzehntelang in einer Verbindung von religiösem Eifer und Streben nach diesseitigem Gewinn ihren Impetus zu bewahren wußte, wurden die Stämme Arabiens der Familie *(āl)* Saʿūd untertan gemacht und damit einer Lebensweise nach den Vorstellungen Muḥammad b. ʿAbd al-Wahhābs zugeführt.[58]

Im Irak richtete sich die Offensive der wahhabitischen Kämpfer vor allem gegen die traditionellen schiitischen Pilgerorte Nadschaf und Kerbela, die sie 1801 eroberten und zerstörten. Zwei Straffeldzüge des Großen Süleymān, des Gouverneurs von Bagdad und Repräsentanten des osmanischen Sultans, waren 1797 und 1798 im Sande verlaufen. Diese Herausforderung an die Souveränität des Sultans machte sich tatsächlich und ideell am deutlichsten im Hedschas bemerkbar. Der Emir von Mekka, Ġālib b. Musāʿid, versuchte Jahre hindurch, sich der Gefahr militärisch zu erwehren. 1803 mußte er sich ergeben, 1805 fiel Medina. Erst Muḥammad ʿAlī, offiziell Statthalter des Sultans in Ägypten, vermochte nach mehreren Feldzügen (1811–18) das erste Saudische Königreich zu zerstören und damit das Ansehen des Großherrn in seinen arabischen Provinzen wiederherzustellen.

Ähnlich wie in Bagdad hatte sich im ersten Viertel des achtzehnten Jahrhunderts in Mossul eine Mamlukendynastie, die Ǧalīlīs, etablieren können. Ihr Gründer, Ismāʿīl Paša b. ʿAbd al-Ǧalīl (1726), und seine siebzehn Nachkommen und Nachfolger im Gouverneursamt bis 1834 sorgten für Sicherheit und Ordnung und riefen dadurch eine bescheidene späte Blüte im ökonomischen und kulturellen Leben Mossuls hervor. Hier sind vor allem die Angehörigen der alteingesessenen Gelehrtenfamilie al-ʿUmarī zu nennen, von denen zahlreiche Schriften poetischer und historischer Art auf uns gekommen sind.[59]

VIII. Der arabische Osten im neunzehnten Jahrhundert 1800–1914

(Alexander Schölch)

1. Vorbemerkungen

Es war lange üblich, Darstellungen der Geschichte des Vorderen Orients im neunzehnten Jahrhundert mit der Landung Napoleons I. in Ägypten im Jahre 1798 beginnen zu lassen.[1] Dahinter stand die mehr oder weniger ausgeprägte Vorstellung einer seit Jahrhunderten im Niedergang begriffenen, wirtschaftlich und kulturell verkümmerten, obskurantistischen „islamischen Welt", die durch die Berührung mit Europa zu neuem Leben erweckt wurde – *ex occidente lux*. Das Paradigma von *decline and revival* ist dabei keineswegs absurd. In der aus dem neunzehnten Jahrhundert überkommenen Form, die vom Bewußtsein der zivilisatorischen Mission Europas und der grundsätzlichen Überlegenheit des Westens geprägt war, wird es jedoch der arabischen und osmanischen Geschichte, auch der des siebzehnten und achtzehnten Jahrhunderts, nicht gerecht. In letzter Zeit werden in der historischen Forschung daher zunehmend die Kontinuitätsstränge der vorderorientalischen Geschichte über die „Zeitwende" von 1798 hinweg sowie die autochthonen ökonomischen und kulturellen Entwicklungspotentiale betont.[2] Wenn man dem Datum 1798 aber eher symbolische Bedeutung beimißt, wenn man damit in erster Linie zum Ausdruck bringen will, daß das Verhältnis Europas zum Vorderen Orient in der Zeit um 1800 eine neue Qualität erlangte, kann man doch von einem Epocheneinschnitt sprechen. Das große Thema der Geschichte des Vorderen Orients im neunzehnten und zwanzigsten Jahrhundert war ja die Konfrontation mit dem „Westen", mit Europa. Natürlich gab es nicht erst seit der Zeit um 1800 eine signifikante europäisch-osmanische und europäisch-arabische Interaktion auf kommerzieller, militärischer und kultureller Ebene. Doch seit dem sechzehnten Jahrhundert hatte sich der wissenschaftlich-technologische, militärische und ökonomische Entwicklungsstand der beiden Nachbarräume kontinuierlich zugunsten Europas verändert. Die Beziehungen seit dem Beginn des neunzehnten Jahrhunderts waren geprägt von der Expansion des sich industrialisierenden bzw. industriellen Europas in den Vorderen Orient hinein, und zwar auf allen Ebenen. Die Gesellschaften dieser Region sahen sich einem permanenten Zwang zur Selbstbehauptung gegenüber, zur Adaptation europäischer Kenntnisse und Errungenschaften, zur immer neuen Selbstdefinition. Ihre Beziehungen zu anderen Regionen und die Einflüsse der übrigen Welt, insbesondere Afrikas und Asiens, wurden demgegenüber zweit- und drittrangig. Die Geschichte des Vorderen Orients im neunzehnten Jahrhundert vollzog sich daher im Spannungsfeld zwischen der erzwungenen oder freiwilligen Öffnung für westliche Einflüsse einerseits und dem Willen zur Selbstbehauptung andererseits, zwischen der Annahme des „Fortschritts" auf der einen und der Wahrung der eigenen Identität auf der anderen Seite. Und es waren die Resultate der militärischen Konfrontation mit Europa um 1800, die in Konstantinopel und Kairo zu Überlegungen und zu Programmen für eine militärische, ökonomische und administrative Neuordnung führten, zum Aufbruch zur Selbstbehauptung.

Dabei lassen sich drei große historische Phasen der Entwicklung des Mašriq bis zum Ersten Weltkrieg ausmachen: von der Wende vom achtzehnten zum neunzehnten Jahrhundert bis in die fünfziger Jahre, von den fünfziger bis in die späten siebziger/frühen achtziger Jahre, von den achtziger Jahren bis zum Ersten Weltkrieg. Diese Phasen sind natürlich nicht für alle Länder, Provinzen und Gebiete mit identischen Jahreszahlen gleichermaßen eingrenzbar. Doch gibt es klare Wegmarken, die für die Region insgesamt oder zumindest für ihre Zentren gelten. So umschloß die erste Phase die Herrschaft Muḥammad ʿAlīs (1805–1848) über Ägypten und (zeitweise) über andere Gebiete des Mašriq sowie die ersten Etappen osmanischer Reformpolitik bis zum Jahre 1856. Die zweite Phase war gekennzeichnet durch die forcierte europäische wirtschaftliche und kulturelle Durchdringung einerseits, durch Fortschrittseuphorie und einen neuen Reformimpetus andererseits (zweite osmanische Reformperiode 1856–1876). Sie endete mit dem Staatsbankrott in Konstantinopel und Kairo, mit der Einrichtung einer internationalen Schuldenverwaltung in der osmanischen Hauptstadt (1881) und mit der britischen Okkupation Ägyptens (1882). Dieses doppelte Fiasko bewirkte eine Ernüchterung und Neuorientierung. Die wichtigste Entwicklung in der dritten Phase war die Herausbildung neuer politischer Ordnungsvorstellungen, insbesondere des türkischen, arabischen und ägyptischen Nationalgedankens. Als das Osmanische Reich, dessen Ränder in den Jahren vor dem Ersten Weltkrieg weiter abbröckelten, als Folge seiner Beteiligung am Krieg auf der Seite der Verlierer dann endgültig zerschlagen wurde, stand die Bevölkerung der arabischen Provinzen daher keineswegs hilf- und ziellos da. Es gab dezidierte Vorstellungen von einer Zukunft in Unabhängigkeit, die allerdings wegen der imperialen Machtansprüche Englands und Frankreichs zunächst nicht realisiert werden konnten. Da die Nachkriegsordnung bereits während des Ersten Weltkriegs auf der Basis dieser sich widersprechenden Konzeptionen Gestalt gewann, endet dieser Teil über den Mašriq im neunzehnten Jahrhundert mit dem Jahr 1914. Die Absprachen während des Krieges und die Neuordnung nach dem Zusammenbruch des Osmanischen Reiches werden im anschließenden Teil behandelt.

Eine letzte Vorbemerkung ist noch erforderlich: Da der Mašriq im neunzehnten Jahrhundert ein integraler Bestandteil des Osmanischen Reiches war, müssen selbstverständlich die allgemeinen Entwicklungstendenzen der osmanischen Politik und Verwaltung behandelt werden, insoweit diese auch Rahmenbedingungen für die Entwicklung der arabischen Provinzen setzten. Bis zu einem gewissen Grade wurde die Geschichte des Mašriq im neunzehnten Jahrhundert von den beiden Polen Konstantinopel und Kairo her bestimmt. Von diesen beiden Metropolen gingen die wichtigsten Impulse für die Gesamtentwicklung der Region bis zum Ersten Weltkrieg aus. Daneben gab es administrative, ökonomische und kulturelle Subzentren wie Damaskus, das man durchaus als die Hauptstadt des geographischen Syrien *(bilād aš-Šām)* bezeichnen kann. Außerdem entwickelten sich vor allem an der Mittelmeerküste neue regionale städtische Zentren wie Beirut und Alexandrien. Doch die dominierenden Pole blieben die osmanische und die ägyptische Hauptstadt. Sie werden die beiden alternierenden Betrachterstandpunkte bei der folgenden Darstellung sein.

2. Aufbruch zur Selbstbehauptung

Auch wenn Konstantinopel die Hauptstadt des Osmanischen Reiches war, erscheint es doch als sinnvoll, die Darstellung der Geschichte des Mašriq im neunzehnten Jahrhundert in Kairo zu beginnen: zum einen wegen der historischen Bedeutung der sozio-ökonomischen Transformation, die sich in der ersten Jahrhunderthälfte in Ägypten vollzog, zum anderen wegen der Tatsache, daß man sich in Konstantinopel eine Reihe konkreter Maßnahmen des ägyptischen Herrschers zum Vorbild nahm.

Nur in zwei Ländern Asiens und Afrikas wurden im neunzehnten Jahrhundert ernsthafte Versuche der ökonomischen und militärischen Selbstbehauptung gegenüber dem sich industrialisierenden und expandierenden Europa durch Ingangsetzung vergleichbarer Prozesse sozio-kultureller und ökonomisch-technologischer Umgestaltung unternommen: in Ägypten unter Muḥammad ʿAlī (1805–1848) und in Japan in der Meiji-Ära (1868–1912).[3] Im Gegensatz zum späteren japanischen Versuch fiel der ägyptische schon zu Beginn der vierziger Jahre des letzten Jahrhunderts in sich zusammen, und das Land durchlief eine geradezu exemplarische „Entwicklung zur Unterentwicklung". Die Frage nach den Ursachen des ägyptischen Scheiterns ist daher von großem entwicklungsgeschichtlichem Interesse.

In den letzten Jahren wurde Muḥammad ʿAlī aber auch unter aktuellen entwicklungspolitischen Gesichtspunkten wiederentdeckt. Nach der ägyptischen Revolution von 1952 wurde die Dynastie, deren Gründer er war, zunächst in Grund und Boden verdammt. Doch nach der Erfahrung des Sādāt-Regimes (1970–81) wurde Muḥammad ʿAlī manchmal geradezu zu einem Helden des ägyptischen Unabhängigkeitskampfes stilisiert. Sein Selbstbehauptungsversuch wurde verglichen mit dem Kampf Präsident Ǧamāl ʿAbd an-Nāṣirs (Nasser, 1952–1970) um politische und wirtschaftliche Unabhängigkeit, während Präsident Sādāts Politik der wirtschaftlichen Öffnung und der politisch-militärischen Anbindung an den Westen parallel gesetzt wurde zur Politik Ismāʿīls (1863–1879), der Ägypten in den siebziger Jahren des neunzehnten Jahrhunderts in den finanziellen Ruin und in die politische Abhängigkeit führte.

Schon auf zeitgenössische „Entwicklungstheoretiker" übte das Ägypten Muḥammad ʿAlīs eine große Anziehungskraft aus. Im Jahr 1833 reiste eine Mission französischer Saint-Simonisten an den Nil, um als Experten in die Dienste des Herrschers zu treten. In und durch Ägypten wollten sie das von ihnen propagierte industrielle Friedensreich dem Ziel näherbringen, die Verknüpfung von Orient und Okzident bewerkstelligen und den Bau eines Kanals durch den Isthmus von Suez in die Wege leiten. Heute mag es kurios erscheinen, daß die Saint-Simonisten ausgerechnet Ägypten zu einem der Eckpfeiler ihres industriellen Weltsystems machen wollten. Doch damals standen auch Frankreich oder Deutschland noch ziemlich am Anfang des Weges zur Industriegesellschaft, und auf die französischen Fortschrittsmystiker mußten die Industrialisierungsbemühungen Muḥammad ʿAlīs in diesem „uralten Kulturland" Ägypten, mit dem die französische Öffentlichkeit durch die Gelehrten im Gefolge Napoleons vertraut gemacht worden war, wie ein Magnet wirken. Was war also in Ägypten seit dem Ende der Herrschaft der Mamluken vor sich gegangen?

1798 landeten französische Truppen unter Napoleon I. in Ägypten und besetzten Kairo. Diese Okkupation stand im Kontext der französisch-britischen Auseinandersetzungen (Kontrolle der Verbindungswege nach Indien), doch hatte Napoleon durchaus auch unmittelbare wirtschaftliche Interessen: die Sicherung ägyptischer Weizenlieferungen und die Erschließung Ägyptens als Absatzmarkt für französische Produkte. Die Mamluken wurden zwar besiegt und entmachtet, doch war das französische Regime nur kurzlebig. 1801 wurden die Franzosen mit vereinten osmanisch-britischen Kräften wieder vertrieben. Das bleibende Resultat der napoleonischen Invasion war die Tatsache, daß die Niederlage der Mamluken ihre Herrschaft über Ägypten grundlegend erschüttert und desavouiert hatte. Die Osmanen wollten bzw. konnten die Mamlukenherrschaft nicht restaurieren. Vielmehr gelang es Muḥammad ʿAlī, einem Offizier des albanischen Kontingents, das mit den osmanischen Truppen nach Ägypten kam, aus dem Chaos, das dem Ende des französischen Regimes folgte, als dominierender militärisch-politischer Führer hervorzugehen. Auf der Basis seiner Allianz mit den einheimischen Notabeln Kairos (ʿUlamāʾ und Kaufleuten) und aufgrund der Unterstützung durch die Bevölkerung der Hauptstadt, die sich nach Sicherheit und Ruhe sehnte, wurde er schließlich 1805 vom

Sultan zum Gouverneur Ägyptens ernannt. Dies war der Beginn der Dynastie Muḥammad ʿAlīs, die bis 1952 in Ägypten herrschte.

Muḥammad ʿAlī war ein Albaner aus Kavalla in Mazedonien, wo er gleichzeitig zwei Berufe ausgeübt hatte: Auf der einen Seite war er Tabakhändler, auf der anderen Seite Angehöriger einer Einheit lokaler Hilfstruppen der Osmanen gewesen. Beiden Tätigkeiten ging er auch an der Spitze Ägyptens nach, allerdings in größerem Maßstab: Er war Chef einer der größten Armeen seiner Zeit (1838: 157000 Mann), und er stand als „Merkantilist"[4] an der Spitze eines der erfolgreichsten Wirtschaftsunternehmen des Orients, nämlich des ägyptischen Staates.

Muḥammad ʿAlīs oberstes Ziel war die Sicherung der Herrschaft über Ägypten für sich und seine Familie und die Unabhängigkeit von Konstantinopel und von den europäischen Mächten. Daran orientierte sich seine Politik. Im Gegensatz zu den Reformern in Konstantinopel (s. u.) gab er sich aber nicht der Illusion hin, allein mit Armee- und Verwaltungsreformen das Ziel der Selbstbehauptung erreichen zu können. Vielmehr mußte Ägypten auf eine neue ökonomische und fiskalische Basis gestellt werden. Nur auf einer solchen Basis konnte eine schlagkräftige Armee aufgebaut werden, die Instrument der Herrschaftssicherung im Innern, der Verteidigung des Landes gegen mögliche Invasoren und schließlich auch der Gebietserweiterung sein sollte.

Um den Aufbau einer solchen Militärmacht zu finanzieren, monopolisierte Muḥammad ʿAlī in den ersten anderthalb Jahrzehnten seiner Herrschaft die gesamten wirtschaftlichen Ressourcen Ägyptens (Landwirtschaft, Handel, Handwerk) und versuchte dann in den folgenden anderthalb Jahrzehnten, eine Industrialisierung des Landes auf staatskapitalistischer Basis in Gang zu setzen. Diese Politik war begleitet von Feldzügen und territorialer Expansion, welche der Sicherung von Rohstoffen und Absatzmärkten und der Kontrolle der Handelswege dienen sollten.

Zunächst wies Muḥammad ʿAlī die einheimischen Notabeln und die Einwohner der Hauptstadt in ihre Schranken, d. h. er machte jenen, die ihm zur Macht verholfen hatten, klar, daß er diese Macht nicht zu teilen gedachte. Die Führer der Notabeln und der Bevölkerung Kairos wurden später sogar exiliert oder hingerichtet. Dann kämpfte er den Widerstand der Mamluken nieder, die nach dem Ende der französischen Herrschaft ihre alten Positionen zurückzuerobern hofften. Den Schlußpunkt bildete das legendäre Mamluken-Massaker in der Zitadelle von Kairo im Jahre 1811. Dann begann er 1815 mit dem Aufbau einer neuen Armee nach französischem Muster. An der Spitze der Instrukteure stand ein Franzose, Oberst Sève. Diese neue Armee sollte nicht länger ein buntgeschecktes Konglomerat von Söldner- und Irregulärenverbänden sein. Muḥammad ʿAlīs Idee war, sie aus sudanesischen Sklaven zu bilden. Dies war wohl der wichtigste Grund für die Eroberung des Sudan (s. u.). Die Sudanesen starben in ägyptischen Diensten jedoch wie die Fliegen. Die französischen

Offiziere schlugen Muḥammad ʿAlī daher vor, doch einfach Fellachen zu rekrutieren. Diese Idee gefiel Muḥammd ʿAlī allerdings besser als der betroffenen ägyptischen Bevölkerung. Der Armeedienst war und blieb noch viele Jahrzehnte lang der Schrecken der Fellachen. Sie versuchten ihm durch Bestechung, Selbstverstümmelung oder Flucht zu entgehen. Nichtsdestoweniger entstand nun eine ägyptische Armee.

Allerdings konnten Ägypter nicht in die oberen Offiziersränge aufsteigen. Diese blieben, wie auch die Spitzen der Verwaltung, der turko-tscherkessischen und albanischen herrschenden Schicht vorbehalten. Für Muḥammad ʿAlī und diese militärisch-bürokratische Machtelite waren die einheimischen Ägypter nur ein Heer schmutziger Bauern, die als Kanonenfutter und als Arbeiter gut waren, jedoch nicht zur Teilhabe an der Herrschaftsausübung taugten. Lediglich Muḥammad ʿAlīs Sohn Ibrāhīm, der für seinen Vater die Kriege führte, dachte anders über die Ägypter, mit denen er sich bis zu einem gewissen Grade sogar identifizierte. Muḥammad ʿAlī betrachtete Ägypten schlicht und einfach als sein Privateigentum, das möglichst hohen Profit abwerfen sollte. Diesen Profit gedachte er in die Festigung seiner Herrschaft über Ägypten zu investieren, eine Herrschaft, die er auch seinen Nachkommen sichern wollte. Dabei entwickelte er im Laufe der Jahre eine merkantilistische Vision, die die Expansion und den Aufbau eines ägyptischen Empire einschloß.

Im Wege der Beseitigung des Systems der Steuerpacht und der Konfiszierung eines großen Teils des waqf-Landes entzog Muḥammad ʿAlī nicht nur den entmachteten Mamluken, sondern auch den städtischen Notabeln die wirtschaftliche Grundlage. Ägypten wurde zu einer Art riesiger Staatsdomäne unter der Leitung des neuen Herrschers. Die landwirtschaftliche Infrastruktur wurde durch ihn wesentlich verbessert (vor allem durch die Wiederherstellung und den Ausbau des Bewässerungsystems), die landwirtschaftliche Nutzfläche wurde beträchtlich ausgeweitet, die Produktion wurde auf den Export ausgerichtet, und neue Produkte wurden eingeführt. So erzielte Muḥammad ʿAlī 1809–1812, während der napoleonischen Kriege, hohe Gewinne durch den Export von Weizen nach Europa, und 1821/22 legte er den Grundstein für die spätere ägyptische Baumwollmonokultur durch Einführung der langfaserigen Baumwolle, die zum wichtigsten Exportprodukt des Landes wurde. Weitere Produkte von herausragender Bedeutung waren Zuckerrohr und Reis.

In der Blütezeit des Monopolsystems wurde ein großer Teil der Bauern in gewisser Weise zu Beschäftigten des Staates. Es wurde ihnen vorgeschrieben, was sie anzubauen hatten; sie erhielten den Samen und teilweise auch die landwirtschaftlichen Geräte gestellt; die Verwaltung kaufte ihre Produkte zu festgesetzten Preisen auf, lagerte sie in staatlichen Depots und vermarktete sie auf eigene Rechnung und zu eigenen Bedingungen.

Nachdem Muḥammad ʿAlī so die Kontrolle über die Landwirtschaft erlangt und eine direkte, zentralisierte und rationalisierte Aneignung der

Ressourcen des Landes durch den Staatsapparat garantiert hatte, wandte er sich ab 1816 dem gewerblichen Sektor zu. Größere Manufakturen gab es in Ägypten zu Beginn des neunzehnten Jahrhunderts nicht mehr. Aber die handwerkliche Kleinproduktion (in erster Linie im Textilbereich) wurde jetzt in einer Art Verlagssystem in staatliche Regie überführt. Spinner und Weber arbeiteten dabei nach ihren traditionellen Produktionsmethoden; die Rohstoffe wurden aber von der Verwaltung gestellt, und die Fertigprodukte mußten an diese abgeliefert werden. Die Durchsetzung dieses Systems erfolgte mit oft brutaler Härte gegen die Bevölkerung.

Seit 1821 ging Muḥammad ʿAlī dann zur Gründung von Staatsfabriken über, bis 1826 zunächst in Unterägypten, von 1827–1830 auch in Oberägypten. Als Arbeiter wurden ehemalige Handwerker, in zunehmendem Maße aber Fellachen und vereinzelt sogar Frauen und Kinder rekrutiert. Die „Anwerbung" der Arbeiter war vielfach ein Zwangsvorgang, in manchen Fabriken wurden sie regelrecht kaserniert.

Zunächst handelte es sich um Betriebe im Rahmen eines großen militärisch-industriellen Komplexes; dann gewann die Importsubstitution an Bedeutung, vor allem im Bereich der Textilindustrie, da britische Textilprodukte durch Importverbot vom ägyptischen Markt ferngehalten wurden. Insgesamt blieben die ägyptischen Fabriken aber doch in hohem Maße Zulieferbetriebe für den riesigen Militärapparat, für die Armee und für die Marine. 1836 zählte man u. a. neunundzwanzig Spinnereien und Webereien, zwölf Färbereien, eine Fez-Fabrik, zwanzig Waffen- und Munitionsfabriken, eine große Werft in Alexandrien, vier Reisschälereien, drei Zukkerraffinerien und eine große Druckerei. Die Schätzungen der Anzahl der staatlichen Arbeiter reichen von 30000 – 40000 (Owen) bis zu einigen Hunderttausend, je nachdem, wie weit der definitorische Rahmen gesteckt wird. Marsot sprich von 180000 – 200000 Arbeitern. Dies wären 4% der Bevölkerung oder zwischen 20% und 25% der über fünfzehn Jahre alten Männer gewesen.[5] Diese Zahlen können sich allenfalls auf den Höhepunkt der industriellen Entwicklung beziehen.

Das Problem der ägyptischen Staatsfabriken war der Mangel an qualifizierten Arbeitskräften und an Rohstoffen und auch die Tatsache, daß man sich bei der maschinellen Ausrüstung und der Produktionsorganisation auf Importe und europäisches „Know-how" stützen mußte. Was den Arbeitsmarkt anbelangt, so wurden Hunderttausende arbeitsfähiger Männer nicht nur in der Landwirtschaft benötigt, sondern auch in der Armee und bei den Corvée-Arbeiten, d. h. beim Ausbau der Infrastruktur. Die nichtlandwirtschaftlichen Rohstoffe wie Holz, Kohle, Eisen, Kupfer und Farbstoffe mußten weitestgehend importiert werden. Da es keine Grundlage ausbau- und entwicklungsfähiger Manufakturen gab und da die neuen Fabriken von vornherein nach europäischen technologischen Standards ausgerüstet werden sollten, wurden auch Maschinen aus Europa eingeführt, die teilweise wegen mangelnder Nutzung und Wartung verrotteten. Techniker und Facharbeiter wurden ebenfalls in Europa rekrutiert, blieben aber ganz der Kontrolle Muḥammad ʿAlīs unterworfen.

Zur Heranbildung eines einheimischen technischen Personals wurden unter europäischer (meist französischer) Leitung Fachschulen etabliert, neben denjenigen militärischen Charakters vor allem solche für Technik, Medizin, Pharmazie, Veterinärmedizin, Landwirtschaft, Verwaltung und Fremdsprachen. Hier fanden zahlreiche Saint-Simonisten ein Betätigungsfeld. Zur Schaffung einer technisch-administrativen Elite wurden ab 1826 Studienmissionen nach Europa entsandt, überwiegend nach Frankreich. Es muß jedoch festgehalten werden, daß es dabei um die globale Übernahme europäischer Technologie und neuester wissenschaftlicher Errungenschaften ging, nicht um die Verbesserung und Fortentwicklung bestehender eigener Produktionsmittel und -techniken.

Parallel zum Aufbau dieses Staatskapitalismus im landwirtschaftlichen und industriellen Sektor erfolgte eine Monopolisierung des Binnen- und Außenhandels und damit einhergehend die Abschirmung des ägyptischen Marktes durch eine protektionistische Zoll- und Handelspolitik. Die nach wie vor gültigen Kapitulationen, d. h. die Rechts-, Handels und Steuerprivilegien europäischer Kaufleute im Osmanischen Reich, wurden von Muḥammad ʿAlī de facto außer Kraft gesetzt. Dadurch behielt er die Kontrolle über die fortschreitende Weltmarktintegration Ägyptens. Einheimische und ausländische Kaufleute wurden entweder verdrängt und ausgeschaltet oder konnten nur noch zu den Bedingungen des Herrschers Handel treiben. Der Zwischenhandel verschwand; der Staat war zugleich Aufkäufer und Exporteur. Neben der Kriegsmarine wurde auch eine Handelsmarine aufgebaut; als Kapitäne und Matrosen wurden überwiegend Inselgriechen angeheuert.

Die Einkünfte des Fiskus waren beträchtlich. 1837 wurde 95% des Binnenhandels unter staatlicher Regie abgewickelt, und der Wert des Außenhandels war Mitte der dreißiger Jahre pro Kopf der Bevölkerung ebenso groß wie derjenige Frankreichs. Mehr als die Hälfte des Exports entfiel dabei schon auf Baumwolle. Ein Fünftel der Baumwollproduktion wurde 1830 jedoch in den eigenen Staatsfabriken verarbeitet. Mit den Gewinnen aus dem Handel und der Agrarproduktion (einschließlich der landwirtschaftlichen Steuern) finanzierte Muḥammad ʿAlī seine Armee und seine Kriege sowie die kostspieligen Industrialisierungsprojekte.

Auch die Expansionskriege des ägyptischen Herrschers werden neuerdings nachdrücklich in den Gesamtzusammenhang seiner Politik gestellt, ob er sie nun im Namen des Sultans (wie in Griechenland und Arabien) oder auf eigene Rechnung bzw. gegen den Sultan (wie im Sudan und in Syrien) führte. Es habe sich um Wirtschaftspolitik mit anderen Mitteln gehandelt, wird argumentiert.[6] Es ging Muḥammad ʿAlī dabei um die Erweiterung des Binnenmarktes (der schon durch den Militärapparat als

Konsumenten gleichsam künstlich gestützt wurde), um den regionalen und den Transithandel sowie um Rohstoffe.

Bei den Kriegen auf griechischem Boden (auf Kreta und der Peloponnes, 1822–1827) spekulierte Muḥammad ʿAlī auf die Beherrschung des Handels im östlichen Mittelmeerraum. Diesem Ziel diente dann auch, nachdem er die Peloponnes nicht hatte halten können, die Eroberung Syriens und Kilikiens (1831–1840). Kiliken z. B. war wegen seines Holzreichtums für das Schiffsbauprogramm Muḥammad ʿAlīs von Bedeutung. Den Sudan eroberte er in den Jahren 1820–1823 zum Zwecke der Rekrutierung von Sklaven für seine Armee sowie mit dem Ziel der Gewinnung eines Absatzmarktes und der Kontrolle des Afrikahandels. Die Kriege in Arabien (seit 1811) waren für ihn u. a. zur Sicherung der Handelswege durch das Rote Meer von Bedeutung. Muḥammad ʿAlī versuchte also, die Region um das östliche Mittelmeer und um das Rote Meer zu einem einheitlichen Wirtschaftsraum bei selbstkontrollierter Öffnung zum Weltmarkt zu machen.

Die ägyptische Militär-, Wirtschafts- und Handelsmacht war vor allem England ein Dorn im Auge; im Verein mit anderen europäischen Staaten sollte sie militärisch und handelspolitisch niedergerungen werden. Als Folge des vereinten osmanisch-europäischen militärischen und politischen Drucks mußte Muḥammad ʿAlī 1840/41 Syrien und Kilikien, Arabien und Kreta aufgeben, seine Armee auf 18000 Mann reduzieren und die Flotte auflösen. Damit wurde er der Grundpfeiler seines militärischen und wirtschaftlichen Imperiums beraubt. Direkter griff die erzwungene Anwendung des osmanisch-britischen Handelsvertrages von 1838 in die ägyptische Wirtschaft ein. Mit diesem Vertrag wurde freier Handel zu europäischen Bedingungen durchgesetzt: die Aufhebung der Monopole, das Verbot protektionistischer Maßnahmen, die Festlegung der Zollsätze auf 3% *ad valorem* für Importe und 12% für Exporte. Die Schutzzollpolitik wurde gleichsam auf den Kopf gestellt. Zwar lieferte Muḥammad ʿAlī bei dieser wirtschaftlichen Demontage den Europäern in den vierziger Jahren noch hartnäckige Rückzugsgefechte, doch war das Schicksal des ägyptischen Monopolsystems damit besiegelt.

An den fatalen Auswirkungen der erzwungenen Öffnung Ägyptens auf den Versuch einer selbstbestimmten ökonomischen Entwicklung, die parallel zur Entwicklung in Europa zu einer technisch-industiellen Umgestaltung des Landes hätte führen sollen, kann kein Zweifel bestehen. Doch es ist auch eine Tatsache, daß das ägyptische Monopolsystem schon in den frühen dreißiger Jahren Sprünge zeigte und 1836/37 in eine ernste wirtschaftliche und finanzielle Krise geriet. Die Ursachen dieser Krise sind leider noch kaum erforscht bzw. werden in der Literatur mit dem Argument übergangen, die seit 1840 von außen aufgezwungene Entwicklung hätte Ägypten ohnehin keine Zeit zur Erholung von der Krise gelassen und hätte auf jeden Fall ein tödliches Resultat gehabt. Dies ist sicher richtig;

doch mit dem bislang geübten Verzicht auf eine detaillierte Untersuchung der Krise verzichtete man auch auf den möglichen entwicklungsgeschichtlichen Erkenntniswert einer solchen Analyse. Denn daß die Verdrängung und Dezimierung der einheimischen Händler- und Handwerker-Schicht; daß der Zwangscharakter vieler Entwicklungsmaßnahmen, welcher Bauern zu Revolten und zur Flucht, Arbeiter zur Sabotage in den Fabriken und Rekruten zur Selbstverstümmelung trieb; daß mangelnde Rohstoffe und unzureichende Versuche eigenständiger technologischer Entwicklungen; daß schließlich die Absicherung des Systems durch die komplementäre militärische Unterwerfung anderer Gebiete zumindest diskussionswürdige Probleme sind, liegt ebenfalls auf der Hand.

Jüngst warnte auch Owen zu Recht davor, bei aller Sympathie für den Versuch einer selbstbestimmten ökonomischen Entwicklung das Potential zu überschätzen und die Relationen aus den Augen zu verlieren. So gab es in Ägypten in den dreißiger Jahren sieben oder acht Dampfmaschinen, in England zählte man jedoch 1822 mehr als 10000 Dampfmaschinen und 2000 mechanische Webstühle. Owen weist auch darauf hin, daß Muḥammad ʿAlī im Grunde gar keine Schutzzölle benötigte, da er die Mechanismen des Marktes ohnehin durch interne Zwangsmaßnahmen außer Kraft setzte.[7] Die Produkte seiner Fabriken gingen an die Armee oder mußten von einheimischen Händlern abgenommen werden. Die Ausschaltung des lokalen Handwerks war dann nach der Öffnung des ägyptischen Marktes die Grundlage für den schnellen Vormarsch der europäischen Produkte.

Ein weiterer Faktor, der zum Scheitern des Versuchs wirtschaftlicher Selbstbehauptung beitrug, kam hinzu. Politisches und ökonomisches Kalkül und finanzielle Engpässe hatten Muḥammad ʿAlī schon in den dreißiger Jahren zu einer Durchlöcherung des Monopolsystems veranlaßt, insbesondere zu einer Art „Privatisierung" von Grund und Boden. Es entstand der Kern einer neuen Großgrundbesitzerschicht, deren Interessen Ende der dreißiger und Anfang der vierziger Jahre schon ihre eigene politische Dynamik entfalteten. Um den späteren Herrscher ʿAbbās geschart, drängte diese Gruppe auf die Öffnung des Landes; sie hoffte, mit ihren landwirtschaftlichen Exportprodukten auf eigene Rechnung hohe Gewinne auf dem Weltmarkt zu erzielen. An den Staatsfabriken, die nur billige Arbeitskräfte von ihren Gütern abzogen, hatte sie überhaupt kein Interesse. Zu dem Druck von außen kam also ein entsprechender Druck von innen dazu.

Werfen wir nun einen Blick auf die nicht-ägyptischen Gebiete des ägyptischen Reiches, das in den dreißiger Jahren dem Osmanischen Reich ökonomisch und militärisch weit überlegen war. Chronologisch den Etappen der Expansion folgend soll versucht werden, die Bedeutung der ägyptischen Herrschaft für das Mutterland und für das jeweilige eroberte Gebiet zu klären.

Die Arabische Halbinsel lag weitgehend außerhalb osmanischer Kontrolle. Für den Sultan in Konstantinopel, den Fürst der Gläubigen *(amīr al-*

mu'minīn), hatten allerdings die beiden heiligen Städte im Hedschas, Mekka und Medina, große Bedeutung. Doch lediglich im Hafen von Mekka, in Ǧidda, übten die Osmanen eine bescheidene Kontrolle aus. In Mekka selbst gaben die Scherifen den Ton an; sie waren die Lokalherren des Hedschas. Neben dem Anspruch auf die Oberhoheit über die heiligen Stätten der Muslime war für den Sultan die Sicherung der jährlichen Pilgerkarawane *(ḥaǧǧ)* von Damaskus nach Mekka von großer Wichtigkeit. Die Organisation und der Schutz des Ḥaǧǧ gehörten zu den vornehmsten Aufgaben des Gouverneurs von Damaskus, und ein beträchtlicher Teil der Steuereinnahmen aus den syrischen Provinzen diente der Finanzierung des Ḥaǧǧ.

Die Pilgerkarawanen wurden nun besonders seit Beginn des neunzehnten Jahrhunderts von Angehörigen der puritanischen hanbalitischen Sekte der Wahhabiten bedroht, die 1803 und 1806 Mekka und 1805 Medina eroberten. Diese Sekte war seit 1739 im Naǧd entstanden. Ihr Gründer war Muḥammad b. ʿAbd al-Wahhāb; nach ihm wurde sie benannt. Seine Lehre wurde von dem Stammesführer Muḥammad b. Saʿūd angenommen, der seinen Sitz in Darʿiyya hatte. Die Wahhabiten akzeptierten nur den Koran und die frühe Sunna, d. h die zu gesetzlich verbindlichen Präzedenzfällen erhobenen Aussagen und Handlungen des Propheten. Alle späteren Entwicklungen und Interpretationen lehnten sie als ketzerische Innovationen ab. Vehement bekämpften sie alle Formen von Heiligenverehrung. Sie waren Bilderstürmer *par excellence* und wollten auch keinen Luxus dulden, nicht einmal Tabak. Wer ihnen nicht folgte, wurde als Ungläubiger bekämpft.

Mit Hilfe der Waffen Ibn Saʿūds und seiner Nachfolger verbreitete sich diese Lehre im Naǧd, im Hedschas, in ʿAsīr und im Jemen. Die Wahhabiten fielen wiederholt im Südirak ein; 1801 plünderten sie sogar die Grabmoschee Ḥusayn b. ʿAlīs in Kerbela, eine der bedeutendsten heiligen Stätten der Schiiten. Sie kontrollierten den Ḥaǧǧ, und ihr Einfluß dehnte sich auch nach Syrien aus. Sie bedrohten sogar Damaskus. Nun stand mehr als das Prestige des Sultans auf dem Spiel. Dieser ordnete 1807 seinem Statthalter in Ägypten, Muḥammad ʿAlī, an, dem Spuk der Wahhābiyya ein Ende zu bereiten.

Muḥammad ʿAlī kam der Order des Sultans aber erst nach, als er in Ägypten fest im Sattel saß, d. h. nachdem er die Mamluken als militärische Kraft ausgeschaltet hatte. 1811 begann dann der erste ägyptische Arabien-Feldzug, bei dem Muḥammad ʿAlī aber vor allem an die Kontrolle des Handels im Roten Meer dachte. 1812/13 wurde den Wahhabiten Mekka und Medina wieder entrissen. Muḥammad ʿAlī schickte seinen jüngsten Sohn Ismāʿīl mit den Schlüsseln der beiden Städte nach Konstantinopel, um sie dem Sultan feierlich überreichen zu lassen. 1818 fiel auch Darʿiyya. Der Ort wurde dem Erdboden gleichgemacht, und ʿAbdallāh b. Saʿūd wurde in Konstantinopel hingerichtet. Dennoch gelang es den Ägyptern nicht, den Naǧd wirklich unter ihre Kontrolle zu bringen; vielleicht hatten sie auch kein allzu großes Interesse daran. 1824 wurde dort ein wahhabitisches Fürstentum rekonstituiert. Die Ägypter waren vor allem am Handel des Hedschas und des Roten Meeres interessiert; bis 1840 kontrollierten sie die Küste bis hinunter zum Jemen. Die Wahhābiyya wurde also auf einen lokalen Rahmen reduziert, blieb aber eine wichtige religiös-politische Kraft auf der Arabischen Halbinsel. Zu Beginn des zwanzigsten Jahrhunderts begann dann ein neuer vom Hause Saʿūd getragener Staatsbildungsprozeß auf der ideologischen Grundlage der Wahhābiyya, der mit der Etablierung des Königreichs Saudi-Arabien in seiner heutigen territorialen Gestalt endete.

Eine Folge der ägyptischen Herrschaft über die Westküste der Arabischen Halbinsel war nun, daß sich die Osmanen nach 1840 dort augenfälliger etablieren konnten als je zuvor. Eine weitere Folge der ägyptischen Expansion war, daß sich 1839 die Engländer in Aden festsetzten, um die Ambitionen Muḥammad ʿAlīs, der ihre kommerziellen und strategischen Interessen gefährdete, zu konterkarieren. Damit begann eine osmanisch-britische Rivalität um die Kontrolle der Arabischen Halbinsel bzw. ihrer Küstenzonen, auf deren Entwicklung und Resultate bis zum Ersten Weltkrieg wir zurückkommen werden.

Mit der Eroberung des Sudan 1820–23 expandierte Muḥammad ʿAlī dann auch auf der anderen Seite des Roten Meeres. Der wichtigste Grund für diesen Feldzug war jedoch, wie schon erwähnt, daß der ägyptische Herrscher den Sudan gleichsam als kostenloses Reservoir von Sklaven für seine Armee betrachtete. Daneben hoffte er auf die Ausbeutung von Goldminen, auf andere Bodenschätze und auf die Kontrolle des Afrikahandels. Ebenso wie die Rekrutierung von Sklaven erwies sich die Suche nach Gold als Schlag ins Wasser; die Vorkommen waren unrentabel. Lediglich die Kontrolle der Handelswege gelangte in ägyptische Hände.

Von 1820 bis zur Unabhängigkeit der Republik Sudan im Jahre 1956 war Ägypten nun im Sudan präsent, seit 1899 in Form eines Kondominiums mit Großbritannien. Im zwanzigsten Jahrhundert wurden die ägyptischen Ansprüche dann durch das Konzept der „Einheit des Niltals" ideologisch verbrämt. Das sudanesische Parlament entschied sich 1955 aber doch lieber für die Teilung des Niltals, d. h. für die Unabhängigkeit des Sudan.

Von 1822–1827 war Muḥammad ʿAlī auf die Aufforderung des Sultans hin im Kampf gegen die griechische Unabhängigkeitsbewegung engagiert, zuerst auf Kreta und Zypern, ab 1824 auf der Peloponnes (Morea). Eigentlich hatte Muḥammad ʿAlī überhaupt nichts gegen die Griechen. Er selbst kam ja aus Mazedonien, und in seinen Diensten befand sich eine große Zahl von Griechen. Der ägyptische Herrscher schickte seine Armee auch nicht wirklich für den Sultan in den Krieg; er dachte daran, die Morea für sich selbst zu erobern. Mit Hilfe griechischen „Know-hows" wollte er die Halbinsel als Basis für seinen Handel mit Europa ausbauen. Griechische

Kaufleute und Seeleute in seinen Diensten sollten dazu beitragen, ihm die Kontrolle über den Handel im gesamten östlichen Mittelmeerraum zu verschaffen. Schon sah er Ägypten als fünfte Großmacht neben England, Rußland, Österreich und Frankreich (an Preußen dachte er dabei nicht).

Solche Absichten duldeten die europäischen Großmächte, allen voran England, jedoch nicht. Was Muḥammad ʿAlī für sich reklamierte, waren schließlich Englands künftige Märkte, seine Handelsrouten, seine imperialen Verbindungswege. 1827 wurde die ägyptische Flotte, insgesamt 81 Schiffe, vor Navarino vernichtet. Das war das Ende der griechischen Träume Muḥammad ʿAlīs. Griechenland wurde ein unabhängiges Königreich. Innerhalb zweier Jahre ließ Muḥammad ʿAlī auf seiner eigenen Werft jedoch eine neue Flotte bauen. Seine ganzen Ambitionen zielten jetzt auf Syrien.

Werfen wir zunächst einen Blick auf die Situation des Fruchtbaren Halbmonds (die sichelförmig um die Syrische Wüste gelagerten fruchtbaren Gebiete Syriens und Mesopotamiens) am Vorabend der ägyptischen Invasion. Das geographische Syrien *(bilād aš-Šām)* umfaßte das Gebiet zwischen Taurusgebirge, Mittelmeer, Sinaihalbinsel und Wüste. Die administrative Gliederung dieses Gebiets war häufigen Veränderungen unterworfen. Um 1800 bestanden die Provinzen Aleppo (die allerdings weit nach Anatolien hineinreichte), Damaskus, Tripolis und Sidon (der Gouverneur dieser Provinz residierte in Akkon [ʿAkkā], seit 1841 in Beirut). Es sei schon an dieser Stelle erwähnt, daß Damaskus, Tripolis und Sidon 1864 zur Großprovinz Syrien vereinigt wurden und daß sich 1888 wieder eine Küstenprovinz mit der Hauptstadt Beirut bildete. Das Libanongebirge erhielt 1861, Südpalästina (Jerusalem) 1874 den Status eines reichsunmittelbaren Bezirks. Diese Provinzgliederung galt dann bis zum Ende des Osmanischen Reiches.

In anthropogeographischer und sozio-politischer Hinsicht wies Syrien drei Grundelemente auf: erstens die städtischen Zentren an der Küste und am Rande der Syrischen Wüste mit ihrem jeweiligen ruralen Hinterland, die Fixpunkte staatlich-osmanischer Herrschaft, in denen sich die osmanischen Gouverneure jedoch mit den lokalen Notabelnfamilien und Militärführern arrangieren mußten, inbesondere in Aleppo und Damaskus (auf die lange Prädominanz der Familie al-ʿAẓm in Damaskus, von 1725 bis 1808, folgte bis zur ägyptischen Okkupation eine Zeit besonders instabiler und verwirrender Verhältnisse); zweitens die relativ autonomen Bergregionen, in denen einheimische Lokalherren den Ton angaben, vor allem im Libanongebirge und im palästinensischen Bergland; schließlich drittens die Beduinenstämme jenseits der Siedlungsgrenzen des Fruchtbaren Halbmonds, aber häufig in ihn hineinwogend, die weitgehend außerhalb der Reichweite der osmanischen Staatsgewalt blieben.

Das zentrale palästinensische Bergland um Nablus, Jerusalem und Hebron (Ǧabal Nābulus, Ǧabal al-Quds, Ǧabal al-Ḫalīl) gliederte sich in

Distrikte, in denen die Scheichs, die Oberhäupter lokaler Familien, miteinander um die Kontrolle der ökonomischen und fiskalischen Ressourcen rivalisierten. Der Gouverneur von Damaskus bemühte sich, im Rahmen einer jährlichen Steuerexpedition *(dawra)* so viele Steuern wie möglich einzutreiben.

Im Libanongebirge war das System der Lokalherrschaft stärker formalisiert und hierarchisiert.[8] An der Spitze der dortigen Lokalherren *(muqāṭaʿaǧī)* stand der Fürst (Emir), der den jährlichen Gesamtsteuerertrag als eine Art Tribut den osmanischen Gouverneuren übergeben mußte. Unter der ungewöhnlich langen Herrschaft des Emirs Bašīr II. aš-Šihābī (1788–1840) wurden einerseits die administrativen und sozio-ökonomischen Strukturen des Libanon gefestigt, andererseits wurde durch die Bevorzugung der Maroniten und die Entmachtung zahlreicher drusischer *muqāṭaʿaǧīs* der Grundstein für den Antagonismus zwischen den beiden religiösen Gemeinschaften gelegt, der sich unter der ägyptischen Herrschaft (1831–1840) drastisch verschärfte und schließlich zum Zusammenbruch des Fürstentums führte.

Das Libanongebirge hatte den Charakter eines Refugiums religiös-ethnischer Minderheiten, von denen die wichtigsten die Maroniten im nördlichen und die Drusen im südlichen Teil des Berglandes waren. Seit der Mitte des achtzehnten Jahrhunderts befanden sich die Maroniten demographisch und ökonomisch deutlich auf dem Vormarsch. Sie hatten den von ihnen bewohnten Teil des Libanon für die kulturellen und ökonomischen Einflüsse Europas geöffnet. Schon seit den Kreuzzügen war ihre Glaubensgemeinschaft mit Rom uniert. Seit 1584 gab es ein maronitisches Kolleg in Rom. Seit der ersten Hälfte des sechzehnten Jahrhunderts wurden auf dieser Basis Beziehungen zu Frankreich geknüpft, die 1649 ihren ersten Höhepunkt erreichten, als Ludwig XIV. die Maroniten des Libanongebirges unter seinen Schutz stellte. Die maronitische Gemeinschaft blickte nun nicht mehr nur aus religiösen Gründen nach Rom, sondern aus politischen, wirtschaftlichen und kulturellen Gründen auch nach Frankreich. Sie prosperierte durch ihre Handelsbeziehungen mit Europa, und zwar auf der Basis der maronitisch dominierten libanesischen Seidenproduktion. Die Furcht der Drusen, von den Maroniten an die Wand gedrückt zu werden, vielleicht gar ihres Refugiums im Süden verlustig zu gehen, bestimmte die Auseinandersetzungen bis zur administrativen Neuordnung des Libanongebirges 1861/64.

Auch Mesopotamien stand im frühen neunzehnten Jahrhundert nicht unter direkter osmanischer Verwaltung. Der Norden und Nordosten dieses Gebietes war für Konstantinopel zwar als strategische Pufferzone zwischen dem Osmanischen Reich und Persien von einiger Bedeutung, doch mußte Mesopotamien weitgehend der Kontrolle von Lokalherren überlassen werden: Mossul und sein Hinterland der städtischen Notabelnfamilie der Ǧalīlīs (von 1726 bis 1834), Bagdad einer „Dynastie" von Mamluken georgischer Herkunft (von 1749 bis 1831). Macht und Einfluß dieser mamlukischen Herren von Bagdad erstreckten sich auf städtische Zentren ganz Mesopotamiens.

Doch das Gebiet des heutigen Irak bildete in keinerlei Hinsicht eine Einheit. Die Städte mit ihrem agrarischen Hinterland waren lediglich Siedlungsinseln in einem Territorium, dessen größter Teil von einer Vielzahl von Stämmen und Stammeskonföderationen dominiert wurde. Im Norden entzogen sich die kurdischen Lokalherren, im Westen und Süden die arabischen Stämme weitgehend jeglicher zentralstaatlicher Kontrolle. Auch die schiitischen heiligen Städte Nadschaf und Kerbela hatten ihre eigene lokale Machtstruktur. Die Auseinandersetzungen mit den Persern und die Beduineneinfälle im Süden (im späten achtzehnten und frühen neunzehnten Jahrhundert vor allem der Wahhabiten) gehörten zum Alltag des Lebens in Mesopotamien. Die drei bedeutendsten städtischen Zentren waren nach ganz verschiedenen Richtungen hin orientiert: Mossul nach Syrien und Anatolien, Bagdad nach Persien und der Arabischen Halbinsel, Basra nach dem Golf und nach Indien.

Es war eine Ironie der Geschichte, daß die Osmanen im gleichen Jahr, in dem sie ganz Syrien und Teile Anatoliens an Muḥammad ʿAlī verloren, wieder ihre direkte Herrschaft über Mesopotamien etablieren konnten. Im Januar 1831 brach von Aleppo aus eine Streitmacht auf (die ägyptische Offensive gegen Syrien begann im Herbst 1831), um das Mamlukenregime in Bagdad zu beseitigen. Dāʾūd Paša, der dort schon seit 1817 an der Macht war, sollte kein zweiter Muḥammad ʿAlī werden. Die Osmanen hatten ein relativ leichtes Spiel, da Bagdad in jenem Jahr von einer verheerenden Pest heimgesucht und zu allem Unglück auch noch vom Hochwasser des Tigris überflutet wurde. Von 80000 Einwohnern der Stadt überlebten nur 27000 diese Katastrophen. Unter den überlebenden Mamluken richteten die Osmanen ein Blutbad an. Dāʾūd Paša wurde jedoch ein ehrenvolles Exil in Anatolien gewährt, und bis zu seinem Tode (1851) hatte er dann sogar noch höchste Staatsämter im Osmanischen Reich inne. Die Entmachtung der Ǧalīlīs in Mossul im Jahre 1834 wurde durch vorausgegangene bürgerkriegsähnliche Kämpfe in der Stadt erleichtert. Bagdad blieb bis zum Ersten Weltkrieg die wichtigste osmanische Provinzhauptstadt in Mesopotamien; Mossul und Basra wurden alternierend Bagdad untergeordnet und zu selbständigen Provinzen erhoben. Während der Sultan Mesopotamien also wieder fester in den Griff nahm, verlor er die Kontrolle Syriens an Muḥammad ʿAlī.

Die Flucht von 6000 ägyptischen Fellachen, die beim Gouverneur von Akkon Schutz vor der Rekrutierung für die Armee und für Corvée-Arbeiten suchten, lieferte nun Muḥammad ʿAlī 1831 den gewünschten Vorwand für den Einmarsch in Syrien. Er erklärte, er wolle die flüchtigen Fellachen zurückholen. Doch die ägyptischen Truppen marschierten unter seinem Sohn Ibrāhīm bis Konya in Anatolien, wo die osmanische Armee Ende

1832 eine entscheidende Niederlage hinnehmen mußte. Ibrāhīms Idee war nun, bis Konstantinopel vorzustoßen, Stultan Maḥmūd II. abzusetzen und an seiner Stelle ʿAbdülmeğīd zu inthronisieren. Er marschierte noch bis Kütahya, dann gebot ihm sein Vater Einhalt.

Muḥammad ʿAlī wollte sich nicht mit den europäischen Großmächten anlegen; im Gegenteil, er hoffte auf ihre Unterstützung, vor allem auf die Unterstützung Frankreichs, wenn seine Forderungen bescheidener ausfielen. Er verlangte die politische Unabhängigkeit von Konstantinopel sowie die Herrschaft über Kilikien, Syrien und Zypern. An Mesopotamien zeigten die Ägypter dagegen kein Interesse; dort war nach ihrer Einschätzung nichts zu holen. Nach einer diese Forderungen dämpfenden Intervention der europäischen Großmächte wurde Muḥammad ʿAlī vom Sultan zwar nicht die Unabhängigkeit, aber doch die Kontrolle über Syrien und Kilikien sowie (anstelle Zyperns) über Kreta zugestanden. Dies war allerdings nur ein vorläufiges Zugeständnis; es sollte bis zu dem Tag gelten, an dem die Pforte imstande sein würde, Muḥammad ʿAlī diese Gebiete wieder zu entreißen.

Muḥammad ʿAlī wollte nun aus Syrien ähnlich viel wie aus Ägypten herausholen. Die ägyptische Verwaltung versuchte, wichtige Bereiche des Handels und der Produktion einem Monopolsystem zu unterwerfen, doch konnte sie wegen des europäischen Drucks kein Monopol über die landwirtschaftlichen Exporte durchsetzen. Man betrieb aber eine intensive Landwirtschaftsförderungspolitik und machte Anstalten, die Rohstoffe des Landes zu erschließen und die Bevölkerung für die Armee zu rekrutieren. Die Anordnungen zur Entwaffnung der Bauern der Bergregionen und zu ihrer Konskription provozierten jedoch 1834 in Palästina, 1838 im Südlibanon und im Hauran und 1840 im gesamten Libanongebirge Aufstände gegen die ägyptische Herrschaft. Der palästinensische Aufstand von 1834 wurde schon durch die Ankündigung von Rekrutierungen ausgelöst.

Neben der Wirtschafts- und Steuerpolitik, der Heranziehung zu Corvée-Arbeiten, den Rekrutierungsmaßnahmen und den Versuchen, die Bauern des Libanon, des Hauran und Palästinas, die in häufige lokale Fehden und Kämpfe verwickelt waren, zu entwaffnen, machte auch die ägyptische Minderheitenpolitik böses Blut. Um das europäische Wohlwollen gegenüber der ägyptischen Herrschaft in Syrien zu gewinnen, erklärte Ibrāhīm die völlige Gleichheit von Muslimen und Nicht-Muslimen und untersagte jede Form der öffentlichen Diskriminierung von Christen und Juden. Außerdem wurde Syrien der europäischen religiös-kulturellen und konsularischen Penetration geöffnet; europäische Konsuln und Missionare ließen sich in den Städten im Landesinnern nieder, nicht mehr nur in den Hafenstädten an der Küste. Bei ihrer Handels- und Wirtschaftspolitik stützten sich die Ägypter auf die Dienste von Angehörigen nicht-muslimischer Minderheiten. Dies wurde als Privilegierung der Christen betrachtet und rief bei den Muslimen starke Ressentiments hervor. Die ägyptische Minderheitenpolitik insgesamt trug zur Verschärfung der Gegensätze zwischen den religiösen Gemeinschaften bei und bildete zusammen mit der europäischen Politik des sogenannten „Schutzes" nicht-muslimischer Gruppen den Ausgangspunkt der Spannungen, die von 1840 bis 1860 zu den bewaffneten Auseinandersetzungen im Libanon und 1860 zum Christenmassaker von Damaskus führten.

Es wurde schon erwähnt, daß England auf die ökonomische und politische Herausforderung, die Muḥammad ʿAlīs Expansionspolitik für seine Interessen darstellte, zunächst mit dem Handelsvertrag antwortete, den es 1838 mit dem Sultan schloß, und daß Muḥammad ʿAlī 1840 unter dem vereinten militärischen Druck der Osmanen, Englands und Österreichs seine Eroberungen aufgeben mußte. Die Engländer zogen einen schwachen Sultan, der ihren Kaufleuten alles gewährte und der bereit war, die Russen vom Mittelmeer fernzuhalten, einem ägyptischen Empire vor, das sich quer über die britischen Verbindungswege nach Indien und Ostasien legte und das die nahöstlichen Märkte für die englischen Produkte sperrte. Was Muḥammad ʿAlī am Ende blieb, war die erbliche Herrschaft über Ägypten sowie der Sudan.

Die Osmanen setzten nach ihrem Wiedereinzug in Syrien die Politik der Gleichstellung der Minderheiten und der Öffnung für die europäische Penetration fort; doch dies war mehr auf den europäischen Druck als auf das ägyptische Vorbild zurückzuführen. Als Richtschnur für die osmanische Politik in den arabischen Provinzen galt in den vierziger und frühen fünfziger Jahren das *ḫaṭṭ-i šerīf*, das Reformedikt von 1839. Zumindest wurde das Handeln der osmanischen Verwaltung von den europäischen Beobachtern an diesem Edikt gemessen. Daher sind hier kurz die Entwicklungen in Konstantinopel seit dem späten achtzehnten Jahrhundert zu skizzieren, die in der Ära der Reformen *(tanẓīmāt)* kulminierten.

In der langen Auseinandersetzung mit den europäischen Mächten befand sich das Osmanische Reich seit der Niederlage vor Wien im Jahre 1683 in Europa auf dem Rückzug. Im Vertrag von Küçük Kaynarca (1774) mußten am Nordrand des Schwarzen Meeres sogar Gebiete mit muslimischer Bevölkerung an das Rußland Katharinas II. abgetreten werden. Das Schwarze Meer war nicht länger ein osmanisches Binnemeer. Dieser Vertrag wirkte in Konstantinopel wie ein Schock. Man spürte, daß nun nicht mehr nur relativ ferne Eroberungen in Gefahr waren, sondern daß die Existenz des Reiches auf dem Spiel stand, wenn angesichts der Niederlagen der osmanischen Armeen kein wirksames Heilmittel gefunden wurde. Zwar war die Pforte stets bereit gewesen, auf dem Gebiet der Militärtechnik mit Hilfe von Asylsuchenden und Renegaten europäische Neuerungen zu übernehmen. Doch solche punktuellen und selektiven Innovationsimporte würden, das erkannte man am Ende des achtzehnten Jahrhunderts mit großer Deutlichkeit, nicht mehr genügen. Grundlegende Reformen waren nötig, wobei jedoch die ersten Reformer, vor allem die Sultane Selīm III.

(1789–1807) und Maḥmūd II. (1808–1839), nach wie vor in erster Linie an die militärischen Aspekte dachten.

Im Jahre 1791/92 bat Selīm III. hohe Würdenträger in Konstantinopel um Expertisen über die Ursache der Schwäche des Reiches und Mittel zu seiner Stärkung. Der Schwerpunkt der „Gutachten" lag auf der Reform des Militärapparates, wenn auch unterschiedliche Mittel und Wege vorgeschlagen wurden. Die einen glaubten, man müsse nur die Institutionen und Techniken des „Goldenen Zeitalters", des sechzehnten Jahrhunderts, authentisch wiederbeleben. Die anderen meinten, man könne ruhig europäische Waffen und Ausbildungsmethoden in der Armee übernehmen, ohne ihre Ordnung und ihren Charakter zu verändern. Eine dritte Gruppe war jedoch der Überzeugung, nur der Aufbau einer neuen Armee nach europäischem Vorbild würde die Rettung bringen. Hier zeigten sich schon die grundlegenden Divergenzen in den Zielvorstellungen, welche die osmanische Politik des neunzehnten Jahrhunderts bestimmten, ja welche die Diskussion über Strategien der Selbstbehauptung im ganzen Vorderen Orient prägten: zum einen der konservative Glauben an die Rekonstituierbarkeit der „Goldenen Zeitalter"; zum anderen die reformerische Anpassung an die Bedingungen einer sich wandelnden Welt bei möglichst weitgehender Wahrung der eigenen Identität; zum dritten schließlich die radikale Neuerung unter dem Banner eines universalen Fortschritts.

Selīm III. handelte. Er erließ 1792/93 eine Reihe von Verordnungen und Instruktionen, die schon bald kollektiv *niẓām-i ǧedīd*, „die neue Ordnung", genannt wurden. Im Zentrum stand die Aufstellung einer neuen Infanterietruppe, die nach europäischem Muster ausgebildet und ausgerüstet wurde und in der europäische Offiziere Dienst taten. Der Ausdruck *niẓām-i ǧedīd* wurde auch zur Bezeichnung für diese neue Truppe. In neugegründeten Militärschulen und in den in europäischen Hauptstädten eingerichteten Botschaften wuchs eine kleine, sich an Europa orientierende Gruppe von Reformern heran. Doch ihre Zeit war noch nicht gekommen. Angehörige der alten Truppen (vor allem der Janitscharen), konservative ʿUlamāʾ der Hauptstadt und aufgeschreckte mächtige Provinzgouverneure opponierten und revoltierten schließlich gegen die „neue Ordnung"; sie zwangen Selīm III. 1807 zur Abdankung. Nach der kurzen Herrschaft Muṣṭafās IV. benötigte dann Sultan Maḥmūd II. (1808–1839) einige Zeit, um seine Macht so zu festigen, daß er die Politik Selīms III. wiederaufnehmen konnte.

Neben Selīm nahm sich der neue Sultan auch seinen Statthalter in Ägypten, Muḥammad ʿAlī, zum Vorbild, dessen Reformpolitik er bis zu einem gewissen Grade nachzueifern versuchte. 1826 wurde die *niẓām-i ǧedīd*-Truppe wieder eingeführt. Auf die erwartete erneute Revolte der Janitscharen war Maḥmūd II. vorbereitet: Er setzte die ihm ergebene Artillerie-Truppe ein und ließ die Janitscharen regelrecht niedermetzeln. Dieses Massaker ging als *vaqʿa-i ḫayriyye*, als das „wohltätige Ereignis", in die osmanische Geschichte ein. (In Ägypten hatte Muḥammad ʿAlī ein ähnliches „wohltätiges Ereignis" schon 1811 inszeniert.) Die Janitscharen-Korps wurden vollständig aufgelöst.

Bis zu seinem Tod im Jahre 1839 führte Maḥmūd II. nun ein kontinuierliches, wenn auch bescheidenes und auf den militärischen und administrativen Bereich konzentriertes Reformprogramm durch. Die Erfolge der Kontingente der modernen ägyptischen Armee, die gegen die aufständischen Griechen zum Einsatz kamen, spornten den Sultan zum Ausbau seiner eigenen neuen Armee an. Als Instrukteure wurden auch fünf preußische Offiziere angeworben, darunter Helmuth von Moltke. Wie Muḥammad ʿAlī, der 1826 seine erste große Studienmission nach Paris geschickt hatte, entsandte auch der Sultan osmanische Kadetten und Studenten nach Europa. 1827 wurde eine medizinische Lehranstalt, die Ärzte für die Armee ausbilden sollte, und 1834 eine Militärakademie nach dem Modell von St. Cyr etabliert. In beiden Institutionen unterrichteten europäische Lehrer in französischer Sprache. Um die Sprachbarriere gegenüber Europa überwinden zu helfen, gründete man 1833 das Übersetzungsbüro der Pforte, das ebenso wie der diplomatische Dienst zu einer Keimzelle für junge Reformer wurde. Die Zentralverwaltung in Konstantinopel wurde schrittweise nach europäischen Vorbildern reorganisiert.

Eine neue Phase der Reformen wurde dann durch das *ḫaṭṭ-i šerīf* vom 3. November 1839 inauguriert. Seine Proklamierung ist aber auch im unmittelbaren Kontext des damaligen Standes der „Orientalischen Frage", des europäisch-osmanischen Verhältnisses, zu sehen. Seit den Revolutionskriegen in Europa war das Osmanische Reich in die Status quo-Politik der europäischen Großmachtdiplomatie einbezogen. Der Hauptgrund dafür war die Furcht vor einem Griff Rußlands nach Konstantinopel und den Meerengen sowie die beginnende Sorge Englands um die Sicherung seiner imperialen Verbindungswege im Mittelmeerraum, vor allem des kombinierten See-Land-Weges nach Indien. Das System der Pentarchie, der Kollektivhegemonie der fünf Großmächte England, Frankreich, Rußland, Österreich und Preußen, implizierte auch den Anspruch auf Intervention im Osmanischen Reich. Da alle Großmächte zwar bedeutende, jedoch nicht identische bzw. einander entgegengesetzte Interessen auf dem Balkan und im Vorderen Orient hatten, mußten solche Interventionen kollektiv erfolgen. An eine Aufteilung der Kernlande des Osmanischen Reiches war bis zum Ersten Weltkrieg nicht zu denken, da sich Rußland mit weniger als Konstantinopel nicht zufrieden gegeben hätte. Im Kern war die „Orientalische Frage" des neunzehnten Jahrhunderts daher das schwierige Problem, wieviel vom Osmanischen Reich in welcher Form im Interesse der europäischen Mächte unbedingt erhalten werden mußte. Während Griechenland vom Reich abgetrennt werden durfte (Unabhängigkeitskrieg 1821–1829), mußte Muḥammad ʿAlī Syrien und Kilikien 1840 wieder räumen.

Das Reformedikt vom 3. 11. 1839 wurde also am Vorabend der Vertreibung der Ägypter aus Syrien verkündet. Es richtete sich auch an die Großmächte; das Osmanische Reich präsentierte sich damit als würdiger Bündnispartner. Im Sommer 1839 war die osmanische Armee von den Truppen Muḥammad ʿAlīs vernichtend geschlagen worden, Sultan Maḥmūd II. war gestorben, und der Admiral des Sultans war mit fast der gesamten osmanischen Flotte zu Muḥammad ʿAlī übergelaufen. In dieser Situation einigten sich die europäischen Großmächte (zunächst ohne Frankreich, dessen Politik gespalten war), dem neuen, erst sechzehnjährigen Sultan ʿAbdülmeğīd (1839–1861) rettend beizustehen. Daß sich die Mühe lohnen würde, sollte der im *ḫaṭṭ-i šerīf* zum Ausdruck gebrachte Reformwille dokumentieren. Das Edikt war von Außenminister Rešīd Paša, dem ehemaligen osmanischen Botschafter in Paris, verfaßt worden. Neben ʿAlī Paša und Fuʾād Paša war er einer der drei großen osmanischen Reformminister des neunzehnten Jahrhunderts.

Das Edikt, das verblüffende Parallelen zur „Déclaration des droits de l'Homme et du Citoyen" aufweist, die der französischen Verfassung vom 3. September 1791 vorangestellt war, kündigte den Erlaß von Gesetzen zu einer Reform des Reichs an Haupt und Gliedern an: „Die Grundbestimmungen dieser notwendigen Gesetze", so hieß es im Edikt, „beziehen sich auf die Sicherheit des Lebens, den Schutz der Ehre und des Vermögens, die Fixierung der Steuern, die Art und Weise der Aushebung der nötigen Truppen und die Dauer ihrer Dienstzeit."[9] Die revolutionärste Aussage war aber zweifellos das Postulat der Gleichheit aller vor dem Gesetz, d. h. der rechtlich-politischen Gleichstellung von Muslimen und Nicht-Muslimen. Dies war daher auch diejenige Bestimmung des Edikts, die einerseits in den Provinzen bis zum Krimkrieg bzw. bis zum Erlaß des zweiten großen Reformedikts im Jahre 1856 am wenigsten respektiert wurde und die andererseits den europäischen Konsuln und Botschaftern ein ständiger Anlaß zu Beschwerden war. Sie liefen gleichsam mit dem Reformedikt unter dem Arm umher und beobachteten mit großer Strenge die Behandlung der von ihnen protegierten Nicht-Muslime. Infolgedessen betrafen die meisten Bestimmungen des Edikts von 1856 dann dieses Thema. Bis zum Krimkrieg gestaltete sich die osmanische Reformpolitik nur stockend, und ihre Resultate blieben prekär. Eine wichtige Maßnahme war 1840 die Neuordnung der Provinzverwaltung nach französischem Vorbild. Den Provinzgouverneuren wurde ein beratendes Gremium *(meğlis)* aus lokalen Notabeln an die Seite gestellt, die ihre Befugnisse aber vor allem dazu nutzten, die Durchführung von Reformen à la Konstantinopel zu behindern; denn diese bestanden im wesentlichen in dem Versuch, lokale Autonomiestrukturen zu unterminieren, die Staatseinnahmen zu vermehren und die osmanische Kontrolle auch auf entferntere ländliche Gebiete auszudehnen. Außerdem wurde ein neues Strafgesetzbuch verkündet, das zwar die Gleichheit aller Untertanen vor dem Gesetz deklamatorisch bekräftigte, das ansonsten aber nach wie vor auf der Scharia basierte. 1850 trat ein Handelsgesetzbuch in Kraft, und Handelsgerichte nahmen ihre Arbeit auf. Damit wurde erstmals formal eine staatliche Gerichtsbarkeit neben derjenigen des Qadi konstituiert.

Nach wie vor betrafen die Reformansätze fast ausschließlich die militärischen, administrativen und judikativen Bereiche. Im Gegensatz zur Entwicklung in Ägypten bleiben die sozio-ökonomischen Verhältnisse noch weitgehend außerhalb des Blickfeldes der *tanẓīmāt*-Politiker. Es wurden jedoch erste Versuche einer Durchbrechung der traditionellen Gesellschafts- und Rechtsordnung unternommen, die den Weg ebneten für radikalere Reformansätze nach dem Krimkrieg. Auch die administrativen Reformen in den Provinzen, besser: in den städtischen Zentren der Provinzen, bewirkten noch keinen grundlegenden Strukturwandel im Sinne einer Zentralisierung und Effektivierung der Verwaltung. Derartige Erfolge waren erst nach dem Krimkrieg zu verzeichnen. In Städten wie Aleppo, Damaskus oder Jerusalem ging es nach wie vor darum, Macht und Einfluß der Gouverneure, der Militärkommandanten und der einheimischen Notabeln auszubalancieren. Im palästinensischen Bergland wurde das System der Lokalherrschaft weitgehend wiederhergestellt.

Lediglich im Libanongebirge erfolgte eine tiefgreifende politisch-administrative Neuordnung. Die Tatsache, daß der Emir Bašīr II. mit den Ägyptern kollaboriert hatte und daß diese maronitische Bewaffnete gegen aufständische Drusen eingesetzt hatten, hatte die dortige Koexistenz der beiden Gemeinschaften endgültig untergraben. Das Fürstentum zerbrach. Der letzte Emir wurde 1842 abgesetzt, und an seine Stelle trat ein osmanischer Gouverneur. Die direkte osmanische Herrschaft über den Libanon stieß jedoch in Europa auf Widerstand. Der österreichische Staatskanzler Metternich schlug einen Kompromiß zwischen den Bestrebungen der Osmanen und jenen der Franzosen vor, die ein maronitisches Fürstentum rekonstituieren wollten. Auf der Basis seines Vorschlags wurde am 1. 1. 1843 im Norden des Libanongebirges ein maronitischer und im Süden ein drusischer *qāʾim-maqām* (Bezirksgouverneur) eingesetzt, die beide dem osmanischen Gouverneur von Sidon unterstanden. Die Teilung des Libanon in zwei „Qāʾim-maqāmate" konnte aber schon deshalb keinen Bestand haben, weil sie auf der irrigen Annahme basierte, die Straße von Beirut nach Damaskus stelle eine Art Konfessionsgrenze zwischen der maronitischen und der drusischen Bevölkerung dar. In Wirklichkeit lebten im „maronitischen" Bezirk auch Drusen, während es im „drusischen" Bezirk sogar mehr als doppelt so viele Maroniten wie Drusen gab.

Auf der einen Seite konnten im Libanon hinfort keine Regelungen mehr ohne Beteiligung der europäischen Großmächte getroffen werden, auf der anderen Seite führte der institutionalisierte Antagonismus der beiden Gemeinschaften 1845 zu einem regelrechten Bürgerkrieg. Bei der anschließenden Neuregelung des Verwaltungssystems im selben Jahre versuchte man der Tatsache der gemischten Siedlung Rechnung zu tragen. Das Ordnungsprinzip des administrativen Konfessionalismus wurde geboren. Die Grundabsicht dabei war, die sich befehdenden Gemeinschaften administrativ zu separieren. Kein Repräsentant einer der religiösen Gemeinschaften sollte als Steuereinnehmer, Richter, Polizist etc. staatliche Gewalt allein und in letzter Instanz über Angehörige einer anderen Gemeinschaft ausüben dürfen. Administrative und jurisdiktionelle Funktionen konnten also nicht mehr ohne Ansehen der Konfession des Funktionsträgers und des Adressaten seiner Verwaltungsakte ausgeübt werden. Es sollte sich aber schon bald zeigen, daß dies keine Lösung der sozio-politischen Probleme des Libanongebirges darstellte, zumal seine Bewohner seit den dreißiger Jahren immer stärker in den Strudel der rivalisierenden Schutzmachtpolitik der europäischen Mächte gerieten. (Dem französischen ,,Schutz" der Maroniten setzte England seine Protektion der Drusen entgegen.)

Als Folge der Zerschlagung des ägyptischen Empire und der militärisch-administrativen Reformbestrebungen erzielte die Pforte also zwar einzelne Erfolge bei der administrativen Penetration der arabischen Provinzen. Die lokalherrschaftlichen Strukturen in Mesopotamien waren schon in den dreißiger Jahren aufgebrochen und von einer direkteren osmanischen Kontrolle abgelöst worden. Im Westen der Arabischen Halbinsel konnten die Osmanen vom Hedschas bis zum Jemen ihre Positionen ausbauen bzw. einen Fuß auf den Boden setzen. Das autonome libanesische Fürstentum gab es nicht mehr. Bis zu einem gewissen Grade gewann man also Gelände, das man in Europa verloren hatte, im arabischen Vorderen Orient wieder. Doch waren dies janusköpfige Gewinne, da sie mit dem europäischen Vordringen in dieser Region eng verflochten waren. Die Pforte mußte nun immer stärker mit den europäischen Großmächten um die Kontrolle des Vorderen Orients konkurrieren.

Der Aufbruch zur Selbstbehauptung im Vorderen Orient war Mitte des neunzehnten Jahrhunderts insgesamt gescheitert. Die Osmanen waren, von der neuen Armee abgesehen, ohnehin sehr an der administrativen Oberfläche geblieben. Und auch die neue Armee konnte den äußeren Herausforderungen nicht standhalten. Nur mit europäischer Hilfe konnte Syrien zurückerobert werden, und nur mit westeuropäischer Unterstützung konnte das Osmanische Reich im Krimkrieg von 1853–56 gegen Rußland bestehen.

Muḥammad ʿAlī hatte allerdings an der ökonomischen Basis angesetzt und eine radikale Neuordnung realisiert. Er war jedoch so erfolgreich, daß er, vor allem wegen seiner Expansionspolitik, die europäischen Mächte auf den Plan rief, allen voran England, die das ägyptische Reich demontieren halfen und die Öffnung Ägyptens für den europäischen Handel durchsetzten. Es wäre jedoch verfehlt, die rigorose Monopolisierung des Binnen- und Außenhandels, der gewerblichen und landwirtschaftlichen Produktion sowie das nicht weniger rigorose Vorgehen beim Aufbau einer importsubstituierenden Industrie und auf dem Gebiet der Infrastruktur- und Erziehungspolitik durch Muḥammad ʿAlī zu einer Variante von moderner „Entwicklungspolitik" zu stilisieren. Dies war Machtpolitik. Die Maßnahmen gingen von den Zielvorstellungen und Interessen des Herrschers aus und waren nicht primär an den Bedürfnissen der Bevölkerung des Landes orientiert. Allerdings entwickelte diese Politik der Selbstbehauptung ihre eigene Dynamik.

Die Hoffnung auf Selbstbehauptung wurde auch nach Muḥammad ʿAlī nicht aufgegeben. Was er unter Abschirmung gegen Europa versucht hatte, wollten seine Nachfolger durch Öffnung für Europa erreichen. Sowohl in Kairo als auch in Konstantinopel brach Mitte der fünfziger Jahre eine Euphorie des Fortschritts aus, die bis Mitte der siebziger Jahre andauerte. Mit Hilfe des europäischen Kapitals, im Wege der Europäisierung, sollte der Vordere Orient den Anschluß an Fortschritt und Zivilisation finden, ja er sollte Teil Europas werden.

3. In der Euphorie des Fortschritts

Die sozio-ökonomische Transformation Ägyptens unter Muḥammad ʿAlī und die osmanischen Reformen während der ersten *tanẓīmāt*-Periode, dann aber vor allem die forcierte europäische Penetration und ihre Auswirkungen auf die Gesellschaften des Vorderen Orients seit der Jahrhundertmitte, forderten auch zur intellektuellen Auseinandersetzung mit diesen Wandlungsprozessen heraus. Natürlich gab es viele Intellektuelle und ʿUlamāʾ (wahrscheinlich war es sogar die überwiegende Mehrheit der religiösen Gelehrten), die sich dem Einbruch Europas und den institutionellen Veränderungen im Verwaltungs-, Rechts- und Erziehungssystem kategorisch widersetzten bzw. die sich den neuen Vorstellungen in passivem Widerstand verschlossen. Doch sie konnten den Wandel nicht aufhalten. Die Entwicklung ging über sie hinweg. Ins Rampenlicht traten vor allem jene ʿUlamāʾ und anderen Intellektuellen, welche Antworten auf die akuten Probleme ihrer Zeit suchten, nicht jene, die dem Wunschbild einer intakten, unveränderlichen islamischen Ordnung nachhingen.

Das Hauptproblem derer, die sich der Realität des neunzehnten Jahrhunderts stellten, war das der Selbstbehauptung gegenüber dem expandierenden Europa. In diesem Kontext stellte sich einerseits die Frage, welche technischen Errungenschaften und wissenschaftlichen Erkenntnisse, welche Ideen und welche Institutionen von Europa unter dem Aspekt der Selbstbehauptung übernommen werden konnten, ja mußten, andererseits das Problem, in welcher Form „der Rückhalt im Eigenen"[10] möglich war, wie die islamischen Normen auch zur Basis der politisch-gesellschaftlichen Erneuerung und Stärkung gemacht werden konnten. Die ʿUlamāʾ hatten die konkrete Frage zu beantworten, wie weit die Reformen und die Orientierung an europäischen Vorbildern gehen durften, ohne daß die Scharia als Grundlage des Gemeinwesens in Frage gestellt wurde.

Hourani stellt als Repräsentanten der „ersten Generation" der Analytiker und intellektuellen Protagonisten des Wandels den tunesischen Staatsmann Ḫayr ad-dīn (1810–1889), den ägyptischen *ʿālim* Rifāʿa aṭ-Ṭahṭāwī (1801–1873) und den libanesischen Christen Buṭrus al-Bustānī (1819–1883) vor.[11] Ṭahṭāwī, der von 1826 bis 1831 Imam der ersten großen ägyptischen Studienmission in Paris gewesen war, schrieb sein Hauptwerk über den Weg, den Ägypten seiner Meinung nach einschlagen mußte, als er im Dienste des Vizekönigs Ismāʿīl (1863–1879) stand. Vor dem konkreten Hintergrund der ägyptischen Entwicklung führte er Grundgedanken in die sozio-politische Reflexion ein, die für Jahrzehnte bestimmend bleiben sollten bzw. die von anderen weiterentwickelt wurden: die Vorstellung vom Wandel als einem Grundprinzip des sozialen Lebens und vom Herrscher als dem Initiator des Wandels; die Notwendigkeit der Beratung des Herrschers, und zwar nicht nur durch die ʿUlamāʾ, sondern auch durch die Repräsentanten der neuen Wissenschaften (Ingenieure, Ärzte, Agrarexperten etc.); die Notwendigkeit und Möglichkeit, die Scharia im Lichte der Erfordernisse der Zeit neu zu interpretieren; das politische Ziel des Allgemeinwohls, das durch wirtschaftlichen Fortschritt erreicht werden konnte, vor allem im Bereich der Landwirtschaft; das Erfordernis einer guten Erziehung und Ausbildung; die Bedeutung der Liebe zum Vaterland *(waṭan)*, womit bei Ṭahṭāwī der spezifisch ägyptische Patriotismus gemeint war. Zur Förderung ihres materiellen Wohlstands müßten sich die Ägypter die modernen wissenschaftlichen Erkenntnisse aneignen; die Europäer, die sie vermittelten, seien daher im Lande willkommen. Die religiösen Grundlagen des Gemeinwesens würden dadurch nicht tangiert. In vielen Bereichen hätten die Europäer einst wissenschaftliche Erkenntnisse von den Arabern übernommen; bis zu einem gewissen Grade holten diese jetzt ihr eigenes Erbe zurück.

Bei seiner Verarbeitung und auch Legitimierung des Transformationsprozesses, den Ägypten durchlief, brauchte Ṭahṭāwī als *ʿālim* von keinen Skrupeln geplagt zu sein, weil Muḥammad ʿAlī und Ismāʿīl es vermieden, auch da, wo sie rabiate Neuerer waren, die Prinzipien der Scharia *expressis verbis* anzutasten. Sie ergriffen praktische Maßnahmen, ohne die Veränderungen in feierlichen Proklamationen zu begründen und zu rechtfertigen, wie dies die *tanẓīmāt*-Politiker in Konstantinopel taten. Vor allem die osmanischen Reformedikte von 1839 und 1856 entstanden eben auch unter europäischem Druck bzw. richteten sich an die europäischen Regierungen.

Seit der Mitte des neunzehnten Jahrhunderts verschaffte sich aber auch eine weitere Gruppe von Intellektuellen Gehör, die zusätzliche Zielvorstellungen entwickelten, nämlich syrisch-libanesische Christen. Sie hatten meist eine der neuen christlichen Schulen besucht und wurden führend bei der Herausbildung des Pressewesens im Vorderen Orient seit Beginn der sechziger Jahre, insbesondere in Beirut, Kairo und Konstantinopel. Intellektuelle wie Buṭrus al-Bustānī, der als Maronit zum Protestantismus übergewechselt war, betonten gleichfalls das Erfordernis des Wandels durch grundlegende Reformen, die Notwendigkeit einer Regeneration des Orients durch Aneignung des Wissens und Übernahme der Errungenschaften Europas sowie die Bedeutung des Patriotismus (Bustānīs *waṭan* war das geographische Syrien). Doch ging es ihnen natürlich nicht um eine Neuinterpretation der Scharia, damit die islamischen Normen als Grundlage des Gemeinwesens Bestand hatten. Vielmehr sahen sie die Chance, im Rahmen der sich vollziehenden Transformation die rechtlich-politische Gleichstellung der Nicht-Muslime zu erreichen. Sie suchten nach einer anderen als der religiösen Solidarität als Basis des politisch-gesellschaftlichen Lebens und fanden als gemeinschaftsstiftendes Element die gleichsam säkularisierte arabische Kultur. Auf der Grundlage der Trennung des religiösen vom weltlichen Bereich versuchten sie ihren Platz in der Gesellschaft neu zu definieren. Auf diesem Weg folgten ihnen später aber auch muslimische Denker.

Die intellektuelle Verarbeitung des Fortschritts im Vorderen Orient mußte schon bald auf zwei Entwicklungen reagieren: Auf der einen Seite gebärdete sich dieses Europa, von dem man zu lernen bereit war, seit der Mitte der siebziger Jahre zunehmend aggressiver, ja es wurde zu einer akuten militärischen Bedrohung. Zum anderen brachte die Politik des Fortschritts und der Europäisierung dualistische Strukturen hervor. Ein Teil der Gesellschaften des Vorderen Orients wurde ganz oder partiell von ihr erfaßt, ein Teil blieb von ihr weitgehend unberührt. In den „modernen" Bereichen von Verwaltung und Wirtschaft, Rechtswesen und Erziehung schien die Scharia keine Bedeutung mehr zu haben. Islamische Normen schienen untauglich oder überflüssig zu sein für diejenigen, die vom Wert der universellen Errungenschaften des neunzehnten Jahrhunderts überzeugt waren. Die wirkungsmächtigsten Denker, welche diese Probleme erkannten und eine Antwort darauf suchten, waren Afġānī und ʿAbduh.

Hier ist nicht der Platz, das bewegte Leben und die rastlosen politischen Aktivitäten von Ǧamāl ad-dīn „al-Afġānī" (der Afghane) (1839–1897) zu schildern, der in Wahrheit persisch-schiitischer Herkunft war. Es soll lediglich die Bedeutung der Phase herausgestrichen werden, während derer er in Ägypten wirkte (1871–1879), weil er in Kairo einen Kreis von Schülern um sich sammelte, deren einflußreichster wiederum Muḥammad ʿAbduh wurde. Angesichts der Gefahren der europäischen Expansion propagierte Ǧamāl ad-dīn die Notwendigkeit der Einheit der Muslime, einen revolutionären Panislamismus. Die notwendige Stärke würde dem Orient aus der Praktizierung eines richtig verstandenen Islam erwachsen. Der richtig verstandene Islam, und dies war Afġānīs zweite wichtige Lehre, sei durchaus mit der Übernahme europäischer Errungenschaften in Übereinstimmung zu bringen; als Verstandesreligion *par excellence* sei der Islam voll vereinbar mit den wissenschaftlichen Erkenntnissen der Zeit.

Diesen Gedanken der Rationalität des Islam führte der ägyptische *ʿālim* Muḥammad ʿAbduh (1849–1905) weiter. Er baute den gebildeten Muslimen die intellektuelle Brücke, welche die scheinbare Kluft zwischen dem technisch-wissenschaftlichen Fortschritt und der traditionellen religiös-kulturellen Welt des Islam überwand. ʿAbduh fragte nicht mehr, wie Hourani treffend formuliert,[12] ob der fromme Muslim mit den Institutionen und Ideen der modernen Welt leben könne; sie waren da, sie waren unwiderrufliche Tatsachen geworden. Vielmehr fragte ʿAbduh, ob jemand, der in dieser Welt lebte, noch ein frommer Muslim sein könne. Seine Antwort war ein emphatisches Ja. Da der Islam eine rationale Religion sei, könne er auch die moralische Basis einer fortschrittlichen Gesellschaft bilden. Die Scharia müsse im Lichte der Probleme der Zeit verstandesmäßig interpretiert werden.

Zwar entfaltete ʿAbduh erst während der britischen Herrschaft über Ägypten seine größte Wirksamkeit (vor allem als Mufti des Landes seit 1899), doch sowohl seine wie Afġānīs Lehre war eine Antwort muslimischer Intellektueller auf die Fragen, die sich in einer an Europa orientierten Epoche der Fortschrittsgläubigkeit und ihrer Folgen, der europäischen Intervention, auftaten.

Um die Mitte des neunzehnten Jahrhunderts griff die europäische Fortschrittseuphorie also auch auf den Vorderen Orient über. Materieller Fortschritt hieß vor allem Verbesserung der Infrastruktur und Wirtschaftsentwicklung, und das bedeutete Kapitalinvestitionen. „Banken und ähnliche Institute werden gegründet werden", verkündete das osmanische Reformedikt vom 18. Februar 1856, „um dem Reiche Kredit zu verschaffen und das Münzwesen zu verbessern. Es werden die notwendigen Gelder flüssig gemacht, um die Quellen des materiellen Reichtums Unseres Reiches zu vermehren und durch Eröffnung von Straßen und Kanälen, die für die Versendung der Erzeugnisse Unserer kaiserlichen Länder notwendig sind, und durch Beseitigung aller Hindernisse, die einer Entwicklung der Landwirtschaft und des Handels entgegen stehen, die allgemeinen Interessen in wirksamer Weise zu fördern. Zu diesem Zwecke wird man jene Mittel genau im Auge behalten und allmählich zur Anwendung bringen, die darauf hinzielen, von dem Wissen, den Kenntnissen und den Kapitalien Europas Nutzen zu ziehen."[13]

Dabei ging es also nicht bzw. nicht mehr um industrielle Produktion, sondern um die Landwirtschaft und die Verkehrswege. „The day on which we shall have as many railways as European nations, your Majesty will be at the head of the first empire in the world", schrieb der osmanische *tanẓīmāt*-Politiker und Großwesir Fuʾād allzu enthusiastisch in seinem sogenannten politischen Testament an Sultan ʿAbdülʿazīz.[14] Und der ägyptische Vizekönig Ismāʿīl erklärte nach seiner Thronbesteigung im Jahre

1863 gegenüber den europäischen Konsuln, die ökonomische Basis des Fortschritts in Ägypten werde einerseits die Agrarproduktion sein, für deren Entwicklung alle Ressourcen des Landes aufgeboten werden müßten, andererseits der Freihandel, der den Wohlstand aller Klassen der Bevölkerung befördern würde. Wie im vorangehenden Kapitel beginnen wir auch die Darstellung dieser Entwicklungsetappe von der Mitte der fünfziger bis Anfang der achtziger Jahre in Ägypten, wo sie die tiefgreifendsten Folgen hatte.[15]

Die europäische wirtschaftliche und kulturelle Durchdringung Ägyptens nach dem Ende des Monopolsystems Muḥammad ʿAlīs begann unter Saʿīd (1854–1863) und setzte sich unter Ismāʿīl (1863–1879) fort. Beide Herrscher schufen bereitwillig die Voraussetzungen für diese Penetration, da sie das ehrgeizige Ziel hatten, Ägypten zu ,,zivilisieren" und zu ,,europäisieren", ja zu einem ,,Teil Europas" zu machen. 1878 setzte der designierte Ministerpräsident Nūbār Paša eine Rede für Ismāʿīl auf, in der dieser verkündete: ,,Mon pays n'est plus en Afrique, nous faisons partie de l'Europe actuellement."[16] Es wird sich zeigen, auf welch fatale Weise Ägypten ein ,,Teil Europas" wurde.

Seit der Mitte der fünfziger Jahre wurden also die Tore des Landes weit geöffnet und die Weltmarktverflechtung Ägyptens intensiviert. Doch entglitt den Herrschern die Kontrolle dieses Prozesses. Die einheimischen Händler und Handwerker waren durch die Politik Muḥammad ʿAlīs so sehr geschwächt worden, daß die europäischen Kaufleute unter dem Schirm der neuentdeckten und mißbrauchten Kapitulationen jetzt ein leichtes Spiel hatten. Europäische Produkte fanden einen offenen und gewinnträchtigen Markt. Die Exportorientierung der Agrarproduktion mit der Tendenz zur Baumwollmonokultur wurde forciert, eine Entwicklung, die sich insbesondere während des Baumwollbooms der sechziger Jahre intensivierte. Die Anbaufläche für Baumwolle und die Exportmenge vervierfachten sich von den fünfziger zu den siebziger Jahren. Der Höhepunkt dieser Entwicklung lag in der Zeit des amerikanischen Bürgerkrieges, in den Jahren 1863–1865.

Die Ära Saʿīds und Ismāʿīls war also einerseits die Zeit der Herrschaft von ,,King Cotton", andererseits die Zeit einer besonderen Art von ,,Goldfieber": Scharen europäischer Spekulanten und Geschäftemacher hofften, in Ägypten schnell reich werden zu können, nachdem die europäische Durchdringung seit der Mitte der fünfziger Jahre eine neue Qualität erlangt hatte. Die europäischen Interessen konzentrierten sich jetzt nicht mehr allein auf den freien, ungehinderten Handel, sondern auch auf die Möglichkeit von Kapitalinvestitionen. Im Kontext der Entwicklung der Kapitalakkumulation in den industriellen Zentren wurde der Vordere Orient, und hier besonders Ägypten, zu einem bevorzugten Operationsgebiet europäischer Investoren, die auf der Suche nach raschen und mühelosen Extraprofiten waren.

Diese neue Phase ökonomischer Penetration, an deren Ende der finanzielle Zusammenbruch stand, wurde durch das Projekt des Suezkanals eingeleitet, das sich als politischer und finanzieller Mühlstein am Halse Ägyptens erweisen sollte. Neben den Investitionen in Infrastrukturprojekte waren Investitionen in die Staatsschuld, die Finanzierung des Außenhandels (Export von Baumwolle, Import von Maschinen, Luxusgütern, Textilien etc.) und schließlich direkte Investitionen im Agrarsektor, vor allem durch Landgesellschaften, die wichtigsten Formen des europäischen Kapitalexports an den Nil.

Ursprung und Motor des finanziellen Ruins und der politischen Bevormundung Ägyptens war der Bau des Suezkanals. Muḥammad ʿAlī hatte die Durchführung eines solchen Bauvorhabens strikt abgelehnt, weil er genau jene Folgen befürchtet hatte, die dann unter Ismāʿīl eintraten. Die Konzessionserteilung durch Saʿīd war ein Produkt der engen persönlichen Freundschaft zwischen dem Planer und Unternehmer, dem Franzosen Ferdinand de Lesseps, und dem ägyptischen Vizekönig. Dabei hätte die Suezkanalgesellschaft (Compagnie Universelle du Canal Maritime de Suez) mit europäischem Kapital gegründet und der Kanal mit europäischem Geld gebaut werden sollen. Lesseps konnte seine Aktien in Europa jedoch nicht verkaufen. Es gelang ihm stattdessen, Saʿīd mit psychologisch geschickt eingefädelten Betrugsmanövern und offizieller französischer Unterstützung 44% der Anteile an der Gesellschaft aufzubürden. Die dafür erforderlichen 3,5 Millionen Pfund standen dem Vizekönig aber gar nicht zur Verfügung. Wiederum auf den freundschaftlichen Rat von Lesseps hin griff Saʿīd zum Mittel der Schatzanweisungen, der kurzfristigen staatlichen Verschuldung. Diese sogenannte Dette Flottante war in der Folgezeit das eigentliche Finanzproblem Ägyptens; die spektakulären langfristigen Staatsanleihen waren zunächst nur eine Folge davon.

Der Suezkanal, mit dessen Bau 1859 begonnen und der 1869 eingeweiht wurde, hat Ägypten in der Zeit Ismāʿīls dann eine Last von insgesamt 21,5 Millionen Pfund aufgebürdet, wovon man allerdings die vier Millionen Pfund wieder abziehen muß, die der Verkauf der Kanalaktien Ismāʿīls an die englische Regierung im Jahre 1875 einbrachte. An den Gewinnen der Suezkanalgesellschaft aber wurde Ägypten erstmals 1938 beteiligt – mit ganzen 7%. Bei der Summe von 21,5 Millionen Pfund ist noch nicht einmal berücksichtigt, daß der Kanal in den ersten Jahren von ägyptischen Corvée-Arbeitern gegraben wurde; 1862 waren Monat für Monat fast 25000 Mann im Einsatz. Weil Ismāʿīl die Fellachen in der Zeit des Baumwollbooms jedoch zur Arbeit auf seinen eigenen Gütern brauchte, wollte er die Corvée für den Kanal beenden und gleichzeitig eine Landkonzession für die Kanalgesellschaft annullieren. In der darüber entstehenden Kontroverse mit der Compagnie Universelle wurde Napoleon III. als Schiedsrichter angerufen. Dessen Schiedsspruch verpflichtete Ismāʿīl 1864 zur Zahlung von 3,3 Millionen Pfund „Entschädigung" an die Kanalgesellschaft, und das in einem Augenblick, als diese ohnehin an die Ersetzung der Menschen- durch Maschinenkraft dachte. In Francs ausgedrückt zahlte Ägypten insgesamt mehr als das Gründungskapital, das 200 Millionen Francs betrug, an die Compagnie Universelle, nämlich 202 Millionen Francs.

Der Suezkanal war nur das umfang-, erfolg- und folgenreichste Projekt europäischer Finanziers und Unternehmer. Es gab unzählige davon in jenen Jahren, da Ägypten als neues Eldorado erschien. Die großen Staatsanleihen Ismāʿīls waren dabei zum überwiegenden Teil nicht für direkte Investitionen bestimmt, sondern sie waren vor allem Hilfe in finanzieller Not. Man verschuldete sich langfristig, um die Dette Flottante konvertieren und Budgetlücken schließen zu können. Nur drei der acht zwischen 1862 und 1873 aufgenommenen Anleihen waren zumindest teilsweise für produktive Investionszwecke bestimmt: diejenige von 1865/66 u. a. für Maßnahmen zur Steigerung der Produktivität der Privatgüter Ismāʿīls, diejenige von 1866 teilweise zum Ausbau des Eisenbahnnetzes und diejenige von 1867 zum Ankauf der Güter eines exilierten Prinzen.

Im Zusammenhang mit den drei ersten Auslandsanleihen Ismāʿīls (1864–1866) machte man vor allem Katastrophen und unvorhergesehene Finanzverpflichtungen für den Geldbedarf verantwortlich: die Erneuerung des Viehbestandes nach verheerenden Seuchen; den „Schiedsspruch" Napoleons; die Hilfe für verschuldete ländliche Grundbesitzer nach dem plötzlichen Ende des Baumwollbooms; die Bestechungsgelder für Konstantinopel, mit deren Hilfe Ismāʿīl die Fortschreibung der weitestgehenden Autonomie Ägyptens innerhalb des osmanischen Reichsverbandes erkaufte, welche die Pforte schon Muḥammad ʿAlī zugestanden hatte.

Bis 1868 war die langfristige Auslandsverschuldung auch keineswegs besorgniserregend. Das eigentliche Problem war die Dette Flottante, die Ägypten von Lesseps und Napoleon, von europäischen Spekulanten und von einer herrschenden Schicht aufgebürdet worden war, die nicht wahrhaben konnte oder wollte, daß die „Europäisierung" des Landes, wenn sie so betrieben wurde, unweigerlich in den Ruin führen mußte.

Die bis dahin größte Anleihe von 1868 war dann der Anfang vom Ende. Mit den realisierten 7,19 Millionen Pfund (rund 60,5% des Nominalwerts) konnte das ehrgeizige Ziel der Unifizierung und Konvertierung aller Anleihen und Schatzanweisungen nicht erreicht werden. Nachdem der Sultan dem Khediven (dieser Titel war Ismāʿīl 1867 verliehen worden) weitere Staatsanleihen untersagt hatte und außerdem der Pariser Finanzmarkt durch den Krieg von 1870/71 auch für Ismāʿīl als Privatmann ausgefallen war, versuchte er eine Abschöpfung der liquiden Privatressourcen im Lande selbst, doch ohne großen Erfolg. 1873 belief sich die Dette Flottante auf mindestens 26 Millionen Pfund. Um sie zu konsolidieren, griff Ismāʿīl noch einmal zu einer – den bisherigen Rahmen sprengenden – Anleihe in Höhe von 32 Millionen Pfund. Von dem realisierten Betrag von rund 20 Millionen wurde aber kaum die Hälfte für den vorgesehenen Zweck verwandt. Die nominelle Gesamtsumme aller Auslandsanleihen seit 1862 betrug jetzt 68,5 Millionen Pfund, erhalten hatte man davon aber nur 47,5 Millionen Pfund oder 69,3%. Der Zusammenbruch stand unmittelbar bevor. Ismāʿīl zögerte ihn mit einer weiteren inneren Zwangsanleihe und mit dem Verkauf seiner Suezkanalaktien bis Ende 1875 hinaus – dann mußte er die Karten auf den Tisch legen. (1876 betrugen die Staatseinnahmen 7,6 Millionen Pfund, die festen Verpflichtungen – Schuldendienst und Tribut an die Pforte – 6,4 Millionen Pfund. 1878 war das Verhältnis 7,5 Millionen zu 7,8 Millionen.)

Zunächst machte Ismāʿīl nun den Versuch einer Annäherung an die englische Finanzwelt und eines *gentlemen's agreement* mit den europäischen Gläubigern (die vor allem in England und Frankreich saßen) unter Ausschaltung ihrer Regierungen. Im Mai 1876 wurde die Caisse de la Dette Publique gegründet und eine unifizierte Dette Générale in Höhe von 91 Millionen Pfund festgesetzt. Sie war mit 7% Zinsen in 65 Jahren zu amortisieren. Ein Teil insbesondere der englischen Gläubiger war mit dieser Regelung aber nicht zufrieden. Bei der Ausarbeitung einer komplizierten Neuregelung im November 1876 erhielten die Gläubigervertreter nun massive Unterstützung durch die politischen Repräsentanten Frankreichs und Englands in Kairo. An die Seite der Caisse de la Dette Publique, der schon im Mai die Abwicklung des Schuldendienstes übertragen worden war, traten jetzt ein französischer und ein englischer Generalkontrolleur, die die Finanzverwaltung zu beaufsichtigen hatten. Ägypten war also einer europäischen Zwangsschuldenverwaltung unterworfen worden (der sogenannten Dual Control).

Die Schuldenlast war dabei weder im Mai noch im November 1876 vermindert worden – im Gegenteil. Man hatte vor allem zu verhindern gewußt, daß sich der Khedive nach dem Vorbild des Sultans (s. u.) für zahlungsunfähig erklärte. Ägypten wurde als voll zahlungsfähig deklariert. Wenn es dennoch Schwierigkeiten gab, dann mußte das an der schlechten Verwaltung liegen. Daher wurde im März 1878 eine Commission Supérieure d'Enquête eingesetzt, die unter europäischer Regie administrative Mißstände aufdecken und Vorschläge zu ihrer Beseitigung machen sollte. Sie legte im August 1878 einen Zwischenbericht vor und empfahl eine Reihe von Sofortmaßnahmen. Damit ihre Vorschläge auch verwirklicht würden, mußte im gleichen Monat eine neue Regierung gebildet werden, der ein Engländer als Finanzminister und ein Franzose als Minister für Öffentliche Arbeiten angehörten.

Die Einsetzung dieser „europäischen Regierung", wie sie in Ägypten genannt wurde, bedeutete die weitgehende Entmachtung Ismāʿīls. Als er im Frühjahr 1879 dagegen aufbegehrte, erzwangen die europäischen Mächte seine Absetzung und Exilierung durch den Sultan (Juni 1879) und die Ernennung seines Sohnes Tawfīq (1879–1892) zu seinem Nachfolger. Dem abgesetzten Khediven mußten alle jene ins Exil folgen, die sich nicht mit der europäischen Finanzkontrolle und der forcierten wirtschaftlichen Durchdringung abfanden. So konnte man im Juli 1880 vom neuen Khediven ungehindert das sogenannte Liquidationsgesetz unterzeichnen lassen, das die Staatsschuld auf 98,4 Millionen Pfund festsetzte.

Gegen dieses System einer verschleierten europäischen Kolonialherrschaft formierte sich der ägyptische Widerstand, der 1881/82 in der ʿUrābī-Bewegung seinen Ausdruck fand (so genannt nach dem ägyptischen Offizier Aḥmad ʿUrābī). Die ägyptische Historiographie vor allem der Nasser-Ära begriff diesen Widerstand als die zweite der vier großen nationalen „Revolutionen" der Neuzeit: die Revolution der Bevölkerung Kairos unter Führung ʿUmar Makrams im Jahre 1805, die Muḥammad ʿAlī an die Macht brachte; die ʿUrābī-Revolution von 1881/82; die nationale Revolution von 1919 gegen die britische Kolonialherrschaft unter der Führung von Saʿd Zaġlūl; die Revolution von 1952 unter Führung von Ǧamāl ʿAbd an-Nāṣir. Um die ʿUrābī-Bewegung verstehen zu können, müssen zunächst die sozialen Folgen der europäischen Durchdringung seit den fünfziger Jahren dargestellt werden.

Das unmittelbare ökonomische Resultat dieser Penetration war auf der einen Seite die starke Exportorientierung der Landwirtschaft auf der Basis der Baumwollmonokultur und auf der anderen Seite der finanzielle Ruin des Staates. Das politische Resultat war die direkte europäische Kontrolle der Finanz- und Wirtschaftspolitik. Das gesellschaftliche Resultat war, neben einer partiellen Europäisierung des städtischen Lebens, eine Transformation der ägyptischen Gesellschaftsstruktur, insbesondere eine tiefgreifende soziale Differenzierung innerhalb der ländlichen Bevölkerung. Unter Muḥammad ʿAlī hatte die Machtelite zunächst noch den Charakter einer Militärbürokratie. Dann hatte sie seit Mitte der zwanziger Jahre begonnen, auf dem Lande Fuß zu fassen und sich zu einer Schicht von Großgrundbesitzern zu entwickeln. Dieser Prozeß beschleunigte sich nach der Jahrhundertmitte.

Die Herrscher Ägyptens waren nun grundsätzlich bereit, die rechtlichen und administrativen Rahmenbedingungen für die europäische Penetration und die Exportorientierung der Wirtschaft zu schaffen. Diese notwendigen Rahmenbedingungen ruhten vor allem auf zwei Säulen: Die erste bestand in der neuen Landgesetzgebung (insbesondere dem Landgesetz von 1858), die den Weg zum Erwerb privaten Eigentums an Ägyptens wichtigstem Produktionsmittel und zum privatkapitalistischen Management landwirtschaftlicher Güter eröffnete. Die zweite Säule war die Säkularisierung und Europäisierung des Handels-, Verwaltungs-, Zivil- und Strafrechts, die ihren Höhepunkt in der Errichtung der „Gemischten Gerichtshöfe" im Jahre 1876 hatte, vor denen alle Fälle verhandelt wurden, in die Ausländer verwickelt waren, und in der Reform der sogenannten „Einheimischen Gerichte" nach dem Vorbild der ersteren (1881/83).

Parallel zur Schaffung der internen Rahmenbedingungen für die außenorientierte Weltmarktintegration bildete sich eine breite und einflußreiche Handels- und Finanzbourgeoisie heraus, vor allem an der Peripherie des Landes, die vorwiegend aus Europäern, Levantinern und Angehörigen lokaler Minderheiten bestand. Sie machten Alexandrien zur Rivalin Kairos als Hauptstadt Ägyptens. Viele Angehörige der beiden letztgenannten Gruppen waren oder wurden Protegés europäischer Staaten. Von dieser finanzkräftigen Gruppe wurden die einheimischen Kairiner Kaufleute an die Wand gedrängt. Außerdem formierte sich eine Großgrundbesitzerschicht, die aus drei Gruppen bestand: aus der herrschenden Dynastie, aus Angehörigen der von dieser Dynastie abhängigen Machtelite (die überwiegend turko-tscherkessischer Herkunft war) und aus Angehörigen autochthoner sozialer Eliten, vor allem der sogenannten Provinznotabeln, d. h. der tonangebenden einheimischen Familien in den Provinzen. Als der Wert des Bodens während des Baumwollbooms in die Höhe schnellte, die rechtliche Basis für eine privatkapitalistische Bewirtschaftung geschaffen und der direkte Kontakt der Produzenten mit den Exporteuren ungehindert möglich war, setzte ein Prozeß des *land grabbing* durch diese sozio-politisch dominierenden Gruppen ein. Ismāʿīl und seine Familie allein machten ein Fünftel des bebauten Bodens Ägyptens zu ihrem Privateigentum. Die Großgrundbesitzer zahlten für ihr Land nur ein Minimum an Grundsteuern, sofern sie diese überhaupt entrichteten, während die Steuerlast der Bauern immer drückender wurde. Als Resultat dieser Entwicklung wurde ein beträchtlicher Teil der Landbevölkerung landlos. Schon in den siebziger Jahren war ein ländliches Proletariat entstanden.

Die nicht-landwirtschaftliche Produktion beschränkte sich in dieser Phase im wesentlichen auf die Befriedigung der grundlegenden Bedürfnisse der Unter- und Mittelschicht, wobei allerdings der Bedarf an Textilien in wachsendem Maße durch Importe gedeckt wurde; vor allem britische Manufakturen überschwemmten jetzt auch den ägyptischen Markt. Die steigende Zahl der Ausländer und die einheimische Oberschicht befriedigten ihre Konsumbedürfnisse in hohem Maße durch Importe aus Europa. Nur in zwei Bereichen gab es eine exportfähige industrielle Produktion: Der erste war die Zuckerindustrie, wobei Anbau und Verarbeitung von Zuckerrohr in Mittel- und Oberägypten in großem Maßstab durch Ismāʿīl selbst erfolgte. Der zweite Bereich war die Zigarettenindustrie, mit deren Aufbau griechische Unternehmer Mitte der siebziger Jahre begannen und die später einige Bedeutung erlangen sollte.

Vor diesem Hintergrund ist die sozio-politische Entwicklung zu sehen, die in der ʿUrābī-Bewegung kulminierte. Diese richtete sich sowohl gegen die Bevormundung durch Europa als auch gegen das Machtmonopol einer überwiegend landfremden, nämlich turko-tscherkessischen, Machtelite.

Bis zum finanziellen Zusammenbruch Ägyptens im Jahre 1876 blieb die autokratische Herrschaftsstruktur jedoch intakt. Saʿīd und Ismāʿīl stützten sich auf eine von ihnen abhängige Bürokratie, deren loyalste Vertreter die

Schlüsselpositionen in der Armee und im zentralisierten Verwaltungsapparat innehatten. Zwei Entwicklungen tangierten nun diese Machtstruktur: Auf der einen Seite verloren die Herrscher in zunehmendem Maße die Kontrolle über die ökonomischen Außenbeziehungen, da die europäische oder europäisch protegierte Handels- und Finanzbourgeoisie außerhalb ihrer politisch-rechtlichen Reichweite lag. Auf der anderen Seite machten Saʿīd und Ismāʿīl begrenzte Versuche, die autochthone Elite näher an die Dynastie heranzuführen und insbesondere einheimische Großgrundbesitzer und Kaufleute bis zu einem gewissen Grade in die Machtelite zu kooptieren. Saʿīd ließ Söhne von Provinznotabeln für die Armee rekrutieren und bis zum Rang des Obersten aufsteigen. Diese Politik wurde von Ismāʿīl allerdings nicht fortgeführt; er bildete statt dessen im Jahre 1866 eine „Beratende Delegiertenkammer" aus einheimischen Kaufleuten und Provinznotabeln. Vorübergehend, während der Jahre 1869–1871, besetzte er sogar fast alle Provinzgouverneursposten mit solchen Notabeln. Doch es wurde bald offenbar, daß diese Maßnahme für Ismāʿīl nur instrumentellen Charakter hatte und daß keine konsistente Politik dahinterstand, welche die soziale Zusammensetzung der Machtelite oder gar die interne Herrschaftsstruktur grundlegend verändert hätte. Angehörige der turko-tscherkessischen Verwaltungskader kehrten schnell auf die Gouverneursposten zurück. Die Delegiertenkammer durfte nur so weit aktiv werden, wie dies für Ismāʿīls politische Ziele nützlich war. Sie sollte vor allem seine Versuche unterstreichen, sich gegenüber dem Sultan abzugrenzen und Europa zu beweisen, daß Ägypten ein würdiger Partner „zivilisierter", konstitutioneller Staaten war. In den Krisenjahren 1876–1879 benutzte Ismāʿīl diese Institution dann für seine finanziellen und politischen Manöver.

Die einheimischen Großgrundbesitzer, die Provinznotabeln, konnten also ebensowenig in den inneren Kreis der Machtelite vordringen wie die autochthonen Offiziere in die Armeespitze aufzusteigen vermochten. Die Tür öffnete sich ein wenig, Ismāʿīl ließ sie hereinschauen, doch zuletzt draußen stehen. Dies mußte bei Angehörigen einer sozial und wirtschaftlich erstarkenden Schicht politische Frustrationen hervorrufen. Erst 1881 bot sich ihnen im Rahmen der ʿUrābī-Bewegung dann die Chance, ihre sozio-ökonomische Stärke in politische Macht umzusetzen. Solange die europäische Durchdringung noch relativ reibungslos vonstatten ging, d. h. bis zum finanziellen Zusammenbruch, blieb die Zusammensetzung der Machtelite im Kern unverändert. Sie bestand mehrheitlich noch immer aus Turko-Tscherkessen, außerdem aus Angehörigen anderer Minderheiten (z. B. Armeniern), aus Europäern im Dienste der Herrscher, aus einheimischen Technokraten und aus einzelnen Provinznotabeln.

Was die politischen und ökonomischen Interessen und Zielvorstellungen der herrschenden Schicht anbelangt, so wurden, wann immer sich in jenen Jahrzehnten der „Öffnung" Ägyptens diese Frage stellte, unweigerlich der „Fortschritt" und die „Zivilisation" beschworen. Ein Teil des Kerns der

Machtelite war oder betrachtete sich als europäisiert; viele ihrer Angehörigen hatten eine Ausbildung in Europa erhalten oder hatten einen Reiseaufenthalt in Europa hinter sich. Die europäischen Begriffe für ihre politischen Zielvorstellungen hatten sie weitgehend unkritisch und unreflektiert übernommen. Konkret bezeichnete diese Begrifflichkeit das Streben nach den wissenschaftlichen, materiellen, militärischen und bis zu einem gewissen Grade auch kulturellen und politischen Errungenschaften der europäischen Bourgeoisien. Nicht nur auf den Gebieten des Handels und der Produktion, der Infrastruktur und der Rechtsordnung, sondern auch im politisch-administrativen Bereich sollten Institutionen geschaffen werden, die dem Grundziel der Europäisierung dienten. Unter diesen Institutionen sollte auch eine Delegiertenkammer sein, „da die Wohltaten beratender Versammlungen in allen zivilisierten Ländern festgestellt worden sind", wie Ismāʿīl in einem Brief an den designierten Präsidenten der ersten Kammer 1866 schrieb.[17] Ein Sonderbotschafter des Vizekönigs unterstrich diesen Aspekt der Institutionalisierung der Delegiertenkammer im gleichen Jahr in einer Unterredung mit dem französischen Außenminister: „Unser Parlament ist eine Schule, mittels derer die Regierung, die schon weiter fortgeschritten ist als die Bevölkerung, diese Bevölkerung unterweist und zivilisiert."[18]

Was die regionale und internationale Position Ägyptens anbelangt, so verfolgte Ismāʿīl Ziele, die denjenigen Muḥammad ʿAlīs glichen: Ägypten sollte, praktisch unabhängig von Konstantinopel, ein politischer Machtfaktor im östlichen Mittelmeerraum und ein wichtiger Partner Europas werden. Ismāʿīl wollte den europäischen Herrschern und Regierungschefs ebenbürtig gegenübertreten. Doch die Mittel und Wege waren ganz andere als jene Muḥammad ʿAlīs: Ismāʿīl setzte auf die Öffnung und Europäisierung des Landes.

Einzelne Mitglieder der Machtelite hatten zweifellos Bedenken gegen diese Hinwendung zu Europa, gegen die oft unkritische Übernahme und Nachahmung seiner „zivilisatorischen Errungenschaften", gegen die unkontrollierte ökonomische Durchdringung. Aber insoweit sie überhaupt die Möglichkeit hatten, sich Gehör zu verschaffen, fehlte ihnen ein Anreiz, ihren Bedenken Ausdruck zu verleihen: Als Angehörige der herrschenden Schicht profitierten sie von dieser Politik. Andere, einflußreiche Mitglieder der Machtelite setzten sich noch entschlossener und uneingeschränkter als Saʿīd und Ismāʿīl selbst für die Politik der Europäisierung ein. Der langjährige Ministerpräsident Nūbār Paša z. B. war bereit, Ägypten zu einem Anhängsel Europas zu machen. Der Gedanke an die Errichtung europäischer Protektorate im Vorderen Orient schreckte ihn keineswegs. Nicht die exzessive Europäisierung, sondern ihre Unvollständigkeit im politischen und administrativen Bereich wurde von Nūbār (und seinen europäischen Gönnern) als Hauptursache der Schwierigkeiten Ägyptens in der zweiten Hälfte der siebziger Jahre gesehen.

Es braucht kaum betont zu werden, daß sich diese Politik auch mit den Interessen der Europa-orientierten Handels- und Finanzbourgeoisie in Einklang befand. Ihre politische „Vertretungskörperschaft" in Ägypten war das konsularische Corps. Als „beratendes Gremium" übte es, mit den europäischen Großmächten im Rücken, größeren Einfluß auf Ismāʿīl aus als die Delegiertenkammer. Die Europäer fanden also eine breite „kollaborierende Elite" in Ägypten, welche die reibungslose Weltmarktintegration und die Ausrichtung der Produktion und der Infrastruktur auf die Bedürfnisse der sich industrialisierenden europäischen Staaten garantierte.

Auch die autochthonen Großgrundbesitzer stemmten sich nicht gegen eine Entwicklung, der sie ihren Aufstieg verdankten und aus der sie unmittelbaren Nutzen zogen. Daher ist es auch unlogisch, wenn in der historischen Literatur immer wieder versucht wurde, in der Delegiertenkammer den Geist des Widerstandes gegen die Politik Ismāʿīls aufzuspüren. Weder opponierten die Delegierten gegen die ruinöse Finanzpolitik des Herrschers, noch protestierten sie gegen die Politik der Europäisierung, noch kämpften sie – unter Ismāʿīl – für eine Erweiterung ihrer Rechte. All dies hätte ohnehin nicht im Bereich der institutionellen Möglichkeiten der Kammer gelegen. Sie war keine autonome Körperschaft, die eine eigene Politik hätte verfolgen können, sondern eine abhängige, beratende Institution. Ismāʿīl wählte ihre Präsidenten unter seinen loyalsten Gefolgsleuten aus dem inneren Zirkel der Machtelite aus, wobei diese ihre bisherigen Funktionen beibehielten, z. B. als Kammerpräsidenten gleichzeitig Außenminister oder Armeechef waren.

Es gab also eine gemeinsame ökonomische Interessenbasis der Handels- und Finanzbourgeoisie auf der einen und der Großgrundbesitzerschicht in ihrer Gesamtheit auf der anderen Seite. Innerhalb der letzteren existierte allerdings ein signifikanter Unterschied zwischen Turko-Tscherkessen und einheimischen Notabeln, was den Anteil an den zentralen Machtpositionen anbelangt. Dies ist einer der wesentlichen Faktoren für das Verständnis der Ereignisse von 1881/1882, eines der „Geheimnisse" der ʿUrābī-Bewegung.

Ausgangspunkt der krisenhaften Desintegration der politischen Struktur, die in die britische Okkupation Ägyptens im Jahre 1882 mündete, war der Ruin der Staatsfinanzen, zu dem die europäische wirtschaftliche Durchdringung geführt hatte, sowie die darauf folgende direkte Kontrolle der ägyptischen Finanz- und Wirtschaftspolitik durch europäische Interessenvertreter. Es war diese direkte finanzielle, ökonomische und politische Einmischung, welche die bisherigen „Kollaborationsmechanismen" zerstörte, und nicht ein quasi-mechanischer Zusammenbruch, der die direkte Kontrolle „notwenig" machte – eine Kontrolle, die angeblich wenig mit finanziellen Interessen und ökonomischem Druck zu tun hatte, wie in der Literatur immer wieder behauptet wurde. Einer solchen auf den Kopf gestellten Interpretation des europäischen Imperialismus in Ägypten muß wieder auf die Beine verholfen werden.

Bis zum finanziellen Zusammenbruch Ägyptens war weder die interne Herrschaftsstruktur gefährdet, noch zeigte sich ernsthafter Widerstand gegen die europäische Penetration und die Politik der Europäisierung. Die Situation änderte sich aber, als die Europäer unmittelbare Kontrollfunktionen usurpierten. Die direkte Intervention, die sich zuerst in der Etablierung der Dual Control (1876) und dann der „europäischen Regierung" (1878) manifestierte, hatte zwei eng miteinander verknüpfte Ergebnisse: Zunächst wurden die Machtpositionen der herrschenden Schicht irreparabel erschüttert – der Herrscher wurde entthront, und seine loyalen Gefolgsleute wurden ihrer administrativen Sinekuren beraubt, als sie 1879/1880 versuchten, gegen diese Art von „Europäisierung" aktiven und passiven Widerstand zu leisten. Dann formierte sich im Jahre 1881 eine politische Koalition heterogener sozialer Gruppen, die sich mit dem Ziel „Ägypten den Ägyptern!" sowohl gegen die europäische Kontrolle und Expansion in Ägypten als auch gegen das bisherige Machtmonopol des nichtägyptischen Kerns der herrschenden Schicht wandten. Sie spürten das interne Machtvakuum nach der Exilierung Ismāʿīls und der Kaltstellung seiner Entourage und waren entschlossen, es auszufüllen. Sie waren bereit, sich der administrativen und ökonomischen Kontrolle der Europäer in Ägypten zu widersetzen, und wandten sich daher gegen die neue Administration, die sich nach der Absetzung Ismāʿīls zu etablieren versuchte. Diese bestand aus mehr Europäern denn je und aus einer neu gruppierten, zur Zusammenarbeit mit den europäischen Mächten bereiten Machtelite, welche die persönlichen Gefolgsleute Ismāʿīls ausschloß, aber andere Angehörige der alten herrschenden Schicht sowie einheimische Technokraten und Intellektuelle umfaßte. Der neue Khedive Tawfīq, der nach dem Urteil seines exilierten Vaters „ni tête, ni coeur, ni courage" besaß, war wie geschaffen, dieses zerbrechliche Kollaborationsarrangement zu repräsentieren.

Das Bündnis der opponierenden Gruppen hielt von Herbst 1881 bis Mai 1882 unter den Bannern der Selbstbestimmung und des Patriotismus zusammen. Es zerfiel, als die Drohung und dann die Verwirklichung der militärischen Intervention durch England die Partikularinteressen wieder hinter diesen Bannern hervortreten ließ. Welche Gruppen fanden nun im Sommer und Herbst 1881 in dieser Koalition zusammen, was waren ihre Ziele, und wie entwickelte sich die ʿUrābī-Bewegung?

Einheimische Offiziere bildeten die erste Gruppe. Sie protestierten, weil sie von den Sparmaßnahmen der europäischen Kontrolleure, die die ägyptische Armee für überflüssig hielten, unmittelbar betroffen waren und weil sie bisher nicht in die den Turko-Tscherkessen reservierten militärischen Spitzenpositionen aufsteigen konnten. ʿUrābī, ihr Sprecher, wurde später zum Repräsentanten der Gesamtkoalition. In ihm schien das autochthone Ägypten in besonderer Weise verkörpert zu sein. Es war vor allem diese Offiziersgruppe, die zusammen mit ihren loyalen Anhängern unter den einheimischen Intellektuellen mit Beharrlichkeit politische und soziale Reformen forderte, welche das Los der Bauern erleichtern sollten – von einer sozialen oder politischen Revolution war nie die Rede gewesen – und die den Widerstand gegen die europäische Intervention mobilisierte.

Die zweite Gruppe bestand aus einheimischen Großgrundbesitzern und Kaufleuten, vor allem Mitgliedern früherer Delegiertenkammern. Sie suchten das Bündnis mit den autochthonen Offizieren, um ein klares Ziel zu erreichen: die Teilhabe an der Ausübung der politischen Macht, die ihnen bisher weitgehend verweigert worden war. Ihnen schwebte eine politische Rolle vor Augen, die jener der europäischen Bourgeoisien gleichen sollte. In einer Petition baten sie im September 1881 um die Einberufung einer Kammer, welche die gleichen Rechte wie die Repräsentativversammlungen der „zivilisierten Königreiche" Europas haben sollte, ohne daß sie diese Rechte allerdings näher aufführten. Im Frühjahr 1882 machten sie sich zu Sprechern der Bevölkerung gegen die administrative und ökonomische Expansion der Europäer in Ägypten wie auch zu Vertretern der lokalen Interessen der Provinzen, die sie in der Ende 1881 neu konstituierten Delegiertenkammer repräsentierten. Mit einem neuen Kammer- und einem neuen Wahlgesetz stärkten sie ihre sozio-politische Position und sicherten sie institutionell ab.

Die dritte Gruppe umfaßte Intellektuelle verschiedener Provenienz: muslimische Reformer wie Muḥammad ʿAbduh, konservative ʿUlamāʾ, christliche Journalisten syrischer Herkunft, einheimische Technokraten. Sie leisteten dementsprechend unterschiedliche Beiträge zur ideologischen Mobilisierung der Emanzipations- und Widerstandsbewegung: Konzepte, die von europäischen Institutionen und Ideen wie jenen des Konstitutionalismus, der parlamentarischen Repräsentation und des Patriotismus inspiriert waren; Vorstellungen sozialer Transformation (vor allem durch Erziehung) und politischer Reform (basierend auf dem Prinzip der *šūrā*, der gegenseitigen Beratung), die sie durch eine Neuinterpretation islamischer Normen legitimierten; Konzepte muslimischer Selbstbehauptung vom Panislamismus bis zur Propagierung des defensiven *ǧihād*, des Heiligen Krieges.

Die Repräsentanten dieser Koalition, die sich im Verlauf der zweiten Hälfte des Jahres 1881 formiert hatte, bildeten ungefähr fünf Monate lang, von Januar bis Mai 1882, die neue politische Elite des Landes. Abgesehen von der Tatsache, daß ihr Ziel die Ablösung der unter europäischer Kontrolle stehenden Regierung gewesen war, kann ihr eigenes politisches Programm als eine Alternative zu Ismāʿīls Politik der Europäisierung betrachtet werden. Zumindest versuchten sie, politische Ziele zu formulieren, die auf die Probleme und Hoffnungen der ägyptischen Bevölkerung bezogen waren und denen eine Besinnung auf die kulturelle Identität der eigenen Gesellschaft zugrunde lag.

Diese Allianz zerbrach jedoch an den gesellschaftlichen und politischen

Antagonismen der sie konstituierenden Gruppen, als klar wurde, daß die Europäer ihre Interessen mit Gewalt durchsetzen bzw. die Engländer militärisch intervenieren würden. Neben der überwältigenden Mehrheit der Angehörigen der alten herrschenden Schicht und der Kollaborationsregime der Jahre 1878–1881 schlugen sich auch die meisten prominenten Mitglieder der Delegiertenkammer (Großgrundbesitzer und Kaufleute) sowie ein großer Teil der europäisierten Bildungselite, der nicht-ägyptischen Journalisten und der hohen Amtsträger unter den ʿUlamāʾ auf die Seite des mit den Engländern kollaborierenden Khediven. Ägypten konnte daher unter dem Deckmantel einer Intervention für die Legitimität okkupiert werden. Von der vormaligen Koalition verblieben im wesentlichen nur die einheimischen Offiziere sowie muslimische Reformer und konservative ʿUlamāʾ mittlerer und unterer Ränge.

Im September 1882 wurde Ägypten von britischen Truppen besetzt. Worin lag nun die Gefahr der ʿUrābī-Bewegung für England? Die traditionelle Antwort ist bekannt: Ägypten sei wegen des Suezkanals okkupiert worden. England habe sich genötigt gesehen, für Ruhe und Ordnung entlang dieser *imperial lifeline* zu sorgen. Das Argument von der Bedrohung des Suezkanals ist jedoch ein historiographisches Ammenmärchen. Zu keiner Zeit, nicht einmal auf dem Höhepunkt des Krieges im Sommer 1882, war die freie Schiffahrt durch den Suezkanal bedroht. Auch die Zinsen und die Tilgungsraten der ägyptischen Staatsschuld wurden den europäischen Gläubigern pünktlich bezahlt. Die im Februar 1882 von den Repräsentanten der ʿUrābī-Bewegung gebildete Regierung machte jedoch deutlich, daß sie zwar alle bestehenden finanziellen Verpflichtungen anerkannte, aber jedem weiteren administrativen und ökonomischen Vordringen der Europäer in Ägypten einen Riegel vorzuschieben gedachte. Das Gebäude der finanziellen und wirtschaftlichen Kontrolle drohte nach Ansicht der Vertreter europäischer Interessen in Ägypten einzustürzen. Nachdem im Frühjahr 1882 der neue französische Ministerpräsident Freycinet einen radikalen Kurswechsel in der französischen Ägyptenpolitik vollzogen hatte (die Franzosen mußten erst das 1881 besetzte Tunesien verdauen), waren es dann die Repräsentanten britischer Finanz- und Handelsinteressen, die von Ägypten aus die Politik Londons massiv beeinflußten und die alles daransetzten, die Bedingungen zu schaffen, welche eine Intervention „unvermeidlich" machten. Das Ergebnis war, daß von 1882 bis 1954 britische Truppen auf ägyptischem Boden standen.

Am Anfang dieser Entwicklung hatte der Run europäischer Spekulanten und Geschäftemacher auf die in Ägypten offenbar mühelos zu erzielenden Extraprofite auf der einen und der Wunsch der ägyptischen Herrscher auf der anderen Seite gestanden, mit Hilfe des europäischen Kapitals dem „Fortschritt" am Nil zum Durchbruch zu verhelfen. Es ist dabei durchaus nicht so, daß Saʿīd und Ismāʿīl die Summen, die ihnen levantinische und europäische Geldgeber zu ruinösen Bedingungen zur Verfügung stellten und die sie aus der ägyptischen Bevölkerung herauspreßten, schlicht und einfach verschwendeten, wie oft behauptet wurde. Vielmehr wurde verschiedentlich errechnet, daß die Ausgaben für produktive Investitionen (Suezkanal, Bewässerungskanäle, Brücken, Zuckerfabriken, Hafen und Wasserversorgung von Alexandrien, Docks von Suez, Eisenbahnen, Telegraphen, Leuchttürme) von 1863–1879 höher waren als der Realertrag der Auslandsanleihen Ismāʿīls. Das Beispiel des Suezkanals kann aber verdeutlichen, wie es den ägyptischen Herrschern mit europäischen Projekten erging und wohin die Profite flossen.

Neben den Investitionen in die Infrastruktur sollte auch ein weiterer positiver Aspekt der Entwicklung Ägyptens unter Ismāʿīl nicht übersehen werden. In dieser Phase entfaltete sich nicht nur ein blühendes kulturelles Leben *alla Franca* in den Metropolen Kairo und Alexandrien; Ägypten erlebte auch eine arabisch-islamische kulturelle Renaissance, die auf den von Muḥammad ʿAlī gelegten Grundlagen fußte. Die Expansion des Bildungswesens war beachtlich, und es entstand eine vielfältige Presse. Diese Vielfalt der kulturellen Möglichkeiten zog Intellektuelle aus dem ganzen Orient an, darunter viele Libanesen und Syrer. Nach der britischen Besetzung des Landes setzte sich diese Entwicklung fort. Ägypten war unter Ismāʿīl und blieb unter den Briten ein Magnet und ein Zufluchtsort für Intellektuelle, die zu neuen Ufern aufbrechen oder der osmanischen Zensur entfliehen wollten.

Doch hatte die Politik der Europäisierung auf der heute vielleicht naiv erscheinenden Überzeugung basiert, die Macht und Stärke Europas beruhten auf bestimmten wissenschaftlich-technischen Errungenschaften, Institutionen und Ideen, die auch in Ägypten eingeführt werden könnten. Die Tatsache, daß diese Macht auf einer ganz anderen Wirtschaftsstruktur basierte als jener, die sich in Ägypten entwickelte, ging in solche Überlegungen nicht ein. Ägypten mußte in diplomatischen und militärischen Konfrontationen erfahren, daß die Erfüllung ökonomischer Komplementärfunktionen für industrielle Gesellschaften nicht zu jener Gleichheit und Ebenbürtigkeit führte, nach der es strebte. Diese Erfahrung ist es, die hinter den Vergleichen der Regime Muḥammad ʿAlīs und ʿAbd an-Nāṣirs einerseits und Ismāʿ īls und Sādāts andererseits steht.

Parallel zum finanzpolitischen Zusammenbruch in Ägypten vollzog sich in Konstantinopel während der zweiten *tanẓīmāt*-Periode (vom Reformedikt von 1856 bis zur Verkündung einer Verfassung 1876 bzw. bis zur Auflösung des kurzlebigen osmanischen Parlaments 1878) ein ähnlicher Prozeß. Er begann während des Krimkriegs von 1853–1856, in dem das Osmanische Reich nur dank der militärischen, finanziellen und politischen Unterstützung durch die Westmächte bestehen konnte. Im Kontext dieser westlichen Unterstützung ist auch der neue Reformimpetus zu sehen. Die Europäer machten nun, wie schon erwähnt, vor allem die Behandlung der Nicht-Muslime zum Prüfstein der Glaubwürdigkeit osmanischer Reformpolitik. Ihre Gleichstellung mit den Muslimen stand daher im Mittelpunkt des *ḫaṭṭ-i hümāyūn,* des Reformedikts vom 18. Februar 1856, das gleichsam die Voraussetzung dafür bildete, daß die Bestimmungen des Friedensvertrags von Paris vom 30. März 1856 dem Osmanischen Reich gegenüber wohlwollend formuliert wurden. In diesem Vertrag nahmen die europäischen Monarchen *expressis verbis* Kenntnis vom osmanischen Reformedikt, dessen „hohen Wert" sie feststellten, und sie erklärten daraufhin „la Sublime Porte admise à participer aux avantages du droit public et du concert européens".[19] Das Osmanische Reich war damit in das europäische Staatensystem und in die europäische Völkerrechtsgemeinschaft aufgenommen, was allein „zivilisierten" Staaten vorbehalten war.

Das neue Reformedikt enthielt neben den detaillierten Aussagen zur Position der Nicht-Muslime im Osmanischen Reich vor allem eine Fortschreibung der Absichtserklärungen von 1839 über Steuer-, Verwaltungs- und Militärreformen sowie die Ankündigung, daß Ausländern erlaubt werden solle, Immobilien im Osmanischen Reich zu erwerben, und daß, wie oben zitiert, europäisches Wissen und Kapital für die Entwicklung des Landes nutzbar gemacht werden würden. Es hatte also ein Haupt- und zwei Nebenthemen: Das Hauptthema war die Gleichstellung der Nicht-Muslime, das erste Nebenthema die Fortführung der administrativen Reformen und das zweite die Erleichterung europäischer ökonomischer Aktivitäten im Osmanischen Reich. Dieser Inhalt wird verständlich, wenn man weiß, daß das Edikt unter dem starken Druck der Botschafter Englands, Frankreichs und Österreichs zustande kam. Nichtsdestoweniger wurde es von der Gruppe der osmanischen Reformer aber voll getragen.

Die bedeutendsten Reform-Politiker waren Rešīd Paša (st. 1858), Fu'ād Paša (st. 1869) und ʿAlī Paša (st. 1871). Der bekannteste Reformer in den siebziger Jahren war dann Midḥat Paša, der sich sowohl in den Provinzen (besonders in der Donauprovinz, in Bagdad und in Damaskus) als auch in Konstantinopel als *tanẓīmāt*-Politiker profilierte.

In den beiden dem Krimkrieg folgenden Jahrzehnten wurden nun beeindruckende Rechts- und Verwaltungsreformen durchgeführt, die wesentlich tiefer gingen als während der ersten *tanẓīmāt*-Periode. Sie betrafen das Boden-, Straf-, Handels-, See-, Provinzverwaltungs- und schließlich das Zivilrecht. Das Handels- und Seerecht und die Neugliederung der Provinzen folgten weitestgehend dem französischen Vorbild, während das von 1870 bis 1876 ausgearbeitete Bürgerliche Gesetzbuch, die berühmte Meğelle, nach wie vor auf der Scharia fußte.

Einer der eindeutigsten Reformerfolge war die Neustrukturierung der Provinzverwaltung auf der Basis des *vilāyet*-Gesetzes von 1864 und des Gesetzes über die *vilāyet*-Verwaltung von 1871. Doch erfolgte die Neuordnung der Provinzen durchaus nicht nur mit der Feder des Gesetzgebers, sondern auch mit den Gewehren und Geschützen der osmanischen Armee. Dies soll heißen, daß nach dem Krimkrieg in den arabischen Provinzen die autonome Macht städtischer und ländlicher Lokalherren definitiv gebrochen und eine hierarchische und zentralisierte Verwaltung etabliert wurde mit dem Ziel, die fiskalischen und militärischen Ressourcen (Soldaten) effektiver zu nutzen. Es gab jedoch nach wie vor keine über bescheidene Ansätze hinausgehende Politik der Zentralregierung zur infrastrukturellen und wirtschaftlichen Entwicklung der Provinzen.

Auf der Ebene der Zentralverwaltung war von Bedeutung, daß eine schrittweise Trennung in exekutive, judikative und legislative Funktionen und Zuständigkeitsbereiche erfolgte. Diese Entwicklung wurde gekrönt durch die allerdings kurze konstitutionelle Phase von 1876–1878. Außerdem wurde die Grundlage für ein gegliedertes, säkularisiertes Schulsystem gelegt. So wie ehedem zwei Arten von Armeen nebeneinander bestanden hatten, bis schließlich die europäisierte Variante obsiegte, so erwuchs nun aus den Reformen ein grundlegender Dualismus in der osmanischen Gesellschaft, am offensichtlichsten im Rechts- und Schulwesen. Die *tanẓīmāt*-Politiker setzten ja das neue Recht und die neuen Gerichtshöfe neben die Scharia, sie setzten die neuen staatlichen Schulen neben die Medresen. Säkularisierte und europäisierte Rechts- und Schulsysteme traten neben die traditionell islamisch ausgerichteten Institutionen. Der Widerstreit zwischen diesen beiden Grundorientierungen wurde ein bestimmendes Element der sozio-kulturellen Entwicklung.

Ein weiterer Aspekt der *tanẓīmāt*-Gesetzgebung und ihrer Folgen muß noch hervorgehoben werden, nämlich das neue Bodenrecht, das gleichsam in drei Gesetzeswellen Ende der fünfziger, Ende der sechziger und Mitte der siebziger Jahre geschaffen wurde, nicht zuletzt unter direktem und indirektem europäischem Druck. Am bekanntesten sind das Landgesetz von 1858, das parallel zum ägyptischen Landgesetz aus dem selben Jahre erlassen wurde, sowie das Gesetz von 1867, das Ausländern das Recht auf den Besitz von Immobilien einräumte. Das Ziel des neuen Bodenrechts war die fiskalische *mise en valeur* des Grund und Bodens, der schrittweise in private, individuelle ökonomische Verfügungsgewalt überführt werden sollte. Kommunitäre Besitz- und Bewirtschaftungsformen, wie sie in weiten Teilen des Vorderen Orients vor der europäischen Durchdringung vorherrschten, sollten aufgebrochen und individuelle fiskalische Verantwortlichkeiten hergestellt werden. Ebenso wie im autonomen Ägypten war auch in den arabischen Provinzen des Osmanischen Reiches das Resultat die Herausbildung einer Großgrundbesitzerschicht, da es vor allem die sozio-politisch und ökonomisch dominierenden Gruppen verstanden, sich die neuen Besitztitel zu verschaffen. Die ägyptischen und osmanischen Landgesetze von 1858 inaugurierten also, was man das Jahrhundert der Großgrundbesitzer im Vorderen Orient nennen könnte. Es dauerte an bis zu den revolutionären Umwälzungen der fünfziger Jahre unseres Jahrhunderts mit den durch sie ausgelösten Landreformen.

Nachdem 1871 mit ʿAlī Paša der letzte Reformer des alten Dreigestirns gestorben war (Rešīd, Fu'ād, ʿAlī), setzte, vom Palast gefördert, zunächst eine Reaktion gegen die Europäisierungstendenzen und eine stärkere Betonung des islamischen Charakters des Osmanischen Reiches ein. Vor allem wurde die sozio-religiöse Funktion des Sultans herausgestrichen; es wurde betont, daß er nicht nur Herrscher des Osmanischen Reiches, sondern auch Kalif war, *amīr al-mu'minīn,* der Fürst aller Gläubigen.

Andererseits nahm aber in den sechziger und siebziger Jahren der Gedanke Gestalt an, daß die Reformen auch das politische System erfassen müßten, daß sie nicht vor der autokratischen Macht des Sultans haltmachen dürften. Der Fortschritt Europas beruhe nicht nur auf seinen wissenschaftlichen und technischen Errungenschaften, sondern auch auf der konstitutionellen, repräsentativen Regierungsform. Die Intellektuellen und Politiker, die diese Ideen propagierten, nannte man bald die Jungosmanen *(Yeni Osmanlılar).* Sie waren in dieser Hinsicht die Vorläufer der Jungtürken. In der Krisensituation von 1875/76, als das Osmanische Reich den Staatsbankrott hatte erklären müssen und in einen Krieg auf dem Balkan verwickelt war, in den Rußland einzugreifen drohte, gelang es einer Gruppe ähnlich denkender Staatsmänner unter Führung Midḥat Pašas, Sultan ʿAbdülʿazīz (1861–1876) zur Abdankung zu zwingen. Nach dem Übergangssultan Murād V. (1876) gelangte ʿAbdülḥamīd II. (1876–1909) auf den Thron, der zuvor versprochen hatte, eine Verfassung zu erlassen und ein Parlament einzuberufen. Dieses erlebte während des sogenannten Russisch-Türkischen Krieges (1877–78) zwei Sitzungsperioden, von März bis Juni 1877 und von Dezember 1877 bis Februar 1878.[20] Dann hatte der Sultan genug davon. Als die Abgeordneten forderten, drei Minister sollten der Kammer Rede und Antwort stehen, schickte ʿAbdülḥamīd das Parlament nach Hause. Die nächste Session fand erst dreißig Jahre später statt, nach dem Putsch der Jungtürken von 1908. Dieses erste osmanische Parlament hatte allerdings ohnehin keine wirklichen Gesetzgebungsbefugnisse und keine Möglichkeiten einer effektiven Kontrolle der Exekutive besessen. Es war im wesentlichen ein Forum der Kritik und der Diskussion der Probleme des Reiches und der Provinzen gewesen.

Die Jahre 1876–78 waren also nur ein kurzes konstitutionelles Interludium. ʿAbdülḥamīd herrschte bis zum jungtürkischen Putsch autokratisch, ja despotisch. Die Reformpolitik zur Stärkung des Reiches und des Machtapparates, ohne Liberalismus und Konstitutionalismus, wurde allerdings fortgesetzt. Was die Finanz- und Wirtschaftspolitik betrifft, so hatte jedoch seit 1881 die Administration de la Dette Publique Ottomane (ADPO) ein gewichtiges Wort mitzureden. Diese war das Pendant zur Caisse de la Dette Publique in Ägypten. Vorausgegangen war eine ähnliche Entwicklung wie am Nil: Die Staatsverschuldung hatte zum finanziellen Zusammenbruch und zur europäischen Finanzkontrolle geführt.[21]

Der Ursprung und die fortdauernde Hauptursache der Zerrüttung der osmanischen Staatsfinanzen war die beständige Notwendigkeit, den territorialen Bestand des Vielvölkerreichs gegen die Erosion am Rande und gegen Angriffe von außen, in erster Linie seitens Rußlands, zu verteidigen. Von 1854 bis 1877 wurden insgesamt sechzehn Auslandsanleihen aufgenommen. Die drei ersten und die letzte von 1877 standen in direktem Zusammenhang mit Kriegen gegen Rußland. Ein beträchtlicher Teil der Mittel, die man in den dazwischenliegenden Jahren zur Schließung von „Budgetlücken" benötigte, diente jedoch ebenfalls zur Finanzierung von Militäraktionen in den arabischen Provinzen und auf dem Balkan. Die Staatskasse glich daher dem Faß der Danaiden. Die natürlichen Ressourcen des Reiches, mit denen die europäischen Finanziers und Investoren immer wieder gelockt wurden, blieben unerschlossen. Nach 1870 dienten die Auslandsanleihen im Grunde nur noch der Hinausschiebung des Bankrotts. Als das Budget 1875 auf der Einnahmenseite 18 Millionen Pfund und auf der Ausgabenseite 2 Millionen Pfund für die Zivilliste und 15 Millionen Pfund für die Schuldendienste anzeigte, war die Situation da. Der Schuldendienst wurde weitgehend suspendiert. Die ausländischen Gläubiger mußten nun sechs Jahre lang warten, bis es zu einer Regelung mit der Pforte kam.

Tunesien wurde 1881 von Frankreich und Ägypten 1882 von England im Verlauf von Krisen besetzt, die durch den finanziellen Ruin aufgrund der Verschuldung gegenüber europäischen Gläubigern ausgelöst worden waren. In Konstantinopel jedoch hatten die Mächte, denen es ja um eine Konservierung des Kerns des Osmanischen Reiches ging und nicht um seine Aufteilung, andere Sorgen, als den Gläubigern die Kastanien aus dem Feuer zu holen. Diese mußten sich 1881 selbst mit der Pforte zusammenraufen und dabei im Gegensatz zu Kairo und Tunis beträchtlich Federn lassen. Von dem Nominalbetrag der Auslandsanleihen von 1854–1877 hatte die Pforte nur 52% tatsächlich realisiert, nämlich 128 von 244 Millionen Pfund. Daher wurde das Nominalkapital der im sogenannten Muḥarrem-Dekret vom 20. 12. 1881 erfaßten Anleihen von 220 auf 124 Millionen Pfund gesenkt und der Zinssatz auf 1% des reduzierten Kapitals festgesetzt. Dies bedeutete, daß die Pforte statt 14 Millionen Pfund nur noch 2 Millionen jährlich an die Gläubiger zu zahlen hatte. Die Schuldenverwaltung wurde allerdings der von Europäern kontrollierten ADPO übertragen, die einen großen Einfluß auf die weitere Finanz- und Wirtschaftspolitik des Osmanischen Reiches ausübte.

Das Resultat der Fortschrittserwartungen und der Europäisierungshoffnungen der zweiten *tanẓīmāt*-Periode war also zwiespältig. Während einerseits auf dem Balkan unter russischem und österreichischem Druck weiter Provinz um Provinz verloren ging und während Tunis 1881 unter französische und Zypern 1878 sowie Ägypten 1882 unter britische Kontrolle gelangten, wurden andererseits Anatolien und die arabischen Provinzen Vorderasiens stärker an Konstantinopel gebunden. Die Hoffnungen auf eine finanzpolitische Neuordnung mit Hilfe von Auslandsanleihen und auf eine konstitutionelle und repräsentative Regierung hatten sich jedoch zerschlagen. Politisch und ökonomisch war das Osmanische Reich in noch größere Abhängigkeit von Europa geraten, und die Rechts- und Bildungsreformen hatten einen problematischen Dualismus institutionalisiert. In den anatolischen und arabischen Provinzen vollzog sich zwar ein wirtschaftlicher Aufschwung, doch er war außenorientiert, ausgerichtet auf europäische ökonomische Interessen.

Seit dem Krimkrieg war ein rapides Anwachsen vor allem des britischen Handels mit dem Vorderen Orient zu verzeichnen. In erster Linie wurden aber die Agrarexporte des Osmanischen Reiches forciert. Dies führte zu einer Ausdehnung der landwirtschaftlichen Nutzflächen, zum Zurückdrängen der Nomaden und zur europäischen Penetration des landwirtschaftlichen Sektors. Die osmanische Verwaltung sah das Problem wachsender ökonomischer Abhängigkeit und Außenbestimmung. Es wurden auch Kommissionen eingesetzt, die über Mittel und Wege zu einer eigenständigen industriellen Entwicklung diskutierten; doch die militärischen und finanziellen Probleme des Reiches überschatteten und erstickten solche Versuche. Auch das Problem der Infrastruktur wurde gesehen, doch es fehlten einfach die finanziellen Mittel. Man lud das ausländische Kapital zum Engagement ein und schuf Investitionsanreize; die Investitionen wurden dann aber unter dem Gesichtspunkt ausländischer Interessen getätigt.

Im Libanon wurden nach 1860 die Produktion und der Export von Rohseide zur dominierenden wirtschaftlichen Tätigkeit. Dabei entwickelte sich eine immer engere ökonomische Bindung an Frankreich (Seidenindustrie von Lyon). Der größere Teil des in die Seidenproduktion investierten Kapitals war französisch, und der größte Teil des exportierten Seidenfadens ging nach Frankreich.

In Palästina war die Palette der Exportprodukte breiter: Getreide, Sesam, Olivenöl, Seife, Orangen. Der Wert der Exporte über Jaffa verdoppelte sich während der Phase vom Krimkrieg bis zum Beginn der ersten jüdischen Einwanderungswelle 1882. Wie in Ägypten, Anatolien und Innersyrien kam es auch hier zur Herausbildung von Großgrundbesitz. Für direkte Investitionen war Palästina potentiellen europäischen Investoren aber noch nicht profitabel genug. So gelang es nicht, das Kapital für den dringend notwendigen Ausbau des Hafens von Jaffa aufzubringen. Die Eisenbahnlinie von Jaffa nach Jerusalem wurde erst 1892 in Betrieb genommen, die Strecke von Haifa zum Jordan und weiter zur Hedschas-Bahn im Jahre 1905.

Innersyrien, d.h. das Hinterland der Städte Damaskus, Ḥimṣ, Ḥamāh und Aleppo sowie der Hauran, erlebte in den hier betrachteten Jahrzehnten aus internen und Weltmarktgründen ein Auf und Ab der wirtschaftlichen Entwicklung. Es wurde vor allem Getreide exportiert (besonders begehrt war der harte Hauran-Weizen). Die heimische Textilproduktion kämpfte wegen der billigeren britischen Importe ums Überleben, konnte sich aber seit den achtziger Jahren wieder fangen, als sie sich neue lokale Märkte erschloß.

Die Eingliederung Mesopotamiens in den Weltmarkt begann mit dem Einsatz der ersten Dampfschiffe auf dem Tigris, die ab 1855 zwischen Bagdad und Basra verkehrten. 1861 wurde dann die britische *Euphrates and Tigris Steam Navigation Company* und 1867 die osmanische *Oman-Ottoman Line* gegründet. Nach der Eröffnung des Suezkanals (1869) gab es eine direkte Schiffsverbindung mit Europa. 1870 kam das erste britische Dampfschiff direkt aus England in Basra an. England ersetzte nun Indien als wichtigsten Handelspartner des Landes. Exportprodukte waren vor allem Datteln, Wolle und Getreide. Das Bewässerungssystem wurde verbessert und dadurch die landwirtschaftliche Nutzfläche zwischen 1860 und dem Ersten Weltkrieg um mehr als das Zehnfache ausgedehnt.

Der – wenn auch außenorientierte – wirtschaftliche Aufschwung der arabischen Provinzen in den sechziger und siebziger Jahren ist sowohl im Kontext der verstärkten europäischen Penetration als auch der effektiven osmanischen Zentralisierungspolitik zu sehen. Zwei Gebiete, Südpalästina und das Libanongebirge, erlangten dabei einen administrativen Sonderstatus. Bei der Darstellung der Grundlinien der sozio-politischen Entwicklung des Fruchtbaren Halbmonds nach dem Krimkrieg soll daher mit ihnen begonnen werden.

Weder die zehnjährige ägyptische Okkupation (1831–1840) noch die tastenden osmanischen Reformschritte der vierziger Jahre hatten einen grundlegenden Strukturwandel in Palästina bewirkt. Es war aber auch nicht die zunächst sehr bescheidene und sowohl wirtschaftlich als auch politisch prekäre jüdische Kolonisation ab dem Jahre 1882, die Palästina gleichsam aus dem Dornröschenschlaf erweckte, wie die zionistische Historiographie suggerieren möchte. Vielmehr waren der Durchbruch der osmanischen Reform- und Zentralisierungspolitik nach dem Krimkrieg sowie die Auswirkungen der verstärkten Weltmarktintegration und der europäischen Durchdringung die entscheidenden Faktoren der administrativ-politischen Neuordnung und des sozio-ökonomischen Strukturwandels Palästinas im neunzehnten Jahrhundert.[22]

Ende der fünfziger und Anfang der sechziger Jahre wurden die Lokalherren Untergaliläas und des zentralen palästinensischen Berglandes in einer Reihe militärischer Unterwerfungsaktionen endgültig entmachtet. Auf der Basis der Provinzverwaltungsgesetze von 1864 und 1871 wurde ein direktes osmanisches Verwaltungssystem etabliert, in das sich die ehemaligen Lokalherren eingliedern konnten und mußten, wenn sie ihren gesellschaftlichen und politischen Einfluß in die neue Zeit hinüberretten wollten. Im Rahmen der Ausdehnung der landwirtschaftlichen Produktion, deren Schwerpunkte sich in die Ebenen verlagerten, konnten sie als Großgrundbesitzer und Steuerpächter auch neue ökonomische Positionen erringen. Dabei hatten sie allerdings mit den alten stadtansässigen Notabelnfamilien insbesondere Jerusalems und mit der sich herausbildenden Handels- und Finanzbourgeoisie der Küstenstädte zu konkurrieren. Zu einem der bekanntesten Großgrundbesitzer in Nordpalästina wurde der Beiruter Bankier und Unternehmer Niqūlā Sursuq. Der Unterwerfung des Berglandes, der beträchtlichen Ausdehnung der landwirtschaftlichen Nutzfläche und der Steigerung von Produktion und Handel entsprach im übrigen ein rapides Bevölkerungswachstum von 350000 Einwohnern Palästinas in den fünfziger und frühen sechziger Jahren auf 470000 Anfang der achtziger Jahre.

Das direkte ökonomische Interesse der Europäer an Palästina war, wie schon erwähnt, relativ bescheiden. Umso größer und folgenreicher waren aber die politischen und religiös-kulturellen Aspirationen auf das „Heilige Land". Dabei ging es einerseits um die Politik der europäischen Regierungen, insbesondere derjenigen Englands, Rußlands, Frankreichs und Preußens, andererseits um die Bestrebungen und Aktivitäten gesellschaftlicher Gruppen. Auf der politisch-diplomatischen Ebene war das europäische Interesse an Palästina eine Reproduktion der Politik gegenüber dem Osmanischen Reich *en miniature*, d. h. die rivalisierenden Bestrebungen der Großmächte verhinderten bis zum Ersten Weltkrieg, daß eine von ihnen Palästina zu ihrem exklusiven Einflußgebiet machte. Alle europäischen Mächte versuchten aber, im Wege der religiös-kulturellen Penetration und des „Schutzes" religiöser Minderheiten ihre Präsenz im „Heiligen Land" auf- und auszubauen. Sie förderten daher tatkräftig die missionarischen, philanthropischen und kulturellen Aktivitäten ihrer eigenen Staatsangehörigen. Daher sind diese Aktivitäten auch politisch relevant.

Der Reigen wurde 1841 gemeinsam von England und Preußen eröffnet, nämlich mit der Gründung des protestantischen Bistums Jerusalem. Rußland und Frankreich hatten als traditionelle Schutzmächte der orthodoxen Christen bzw. der Katholiken einen Vorsprung vor den protestantischen Mächten, den diese nun aufholen wollten. Allerdings mußten England und Preußen ihre Schützlinge, Juden und Protestanten, erst noch finden bzw. schaffen. Die Protestanten, für die 1841 ein Bischofssitz in Jerusalem etabliert wurde, gab es noch gar nicht. Sie sollten erst durch die Bekehrung der Juden Palästinas geschaffen werden. Als sich diese nicht bekehren lassen wollten, wurde eine protestantische Gemeinde aus ehemaligen griechisch-orthodoxen Christen kreiert. Schon 1850 mußte der Sultan das kleine Häuflein der Protestanten im Osmanischen Reich als Millet, als offizielle religiöse Gemeinschaft anerkennen. In Palästina gab es 1856 ganze 56 Protestanten unter britischem Schutz. England beanspruchte aber auch die Protektorenrolle für alle Juden in Palästina, auch wenn sie Staatsangehörige anderer Mächte waren.

Die Entsendung eines britischen Konsuls 1838, des protestantischen Bischofs 1841 und eines preußischen Konsuls 1842 forderten eine neue institutionelle Verankerung katholisch-französischer und orthodox-russischer Präsenz in Jerusalem heraus. Es setzte, besonders massiv nach dem Krimkrieg, ein Wettlauf um die Sicherung und Erweiterung europäischer Vorrechte in Palästina ein. Das seit den Kreuzzügen verwaiste Lateinische Patriarchat wurde wiederbelebt. 1843 zogen ein französischer Konsul und 1847 ein Lateinischer Patriarch in Jerusalem ein. Frankreich beanspruchte dabei das Protektorat über alle Katholiken in Palästina, wogegen sich insbesondere Italien, Spanien, Österreich und dann auch Deutschland zur Wehr setzten. Sie beharrten darauf, ihre Staatsangehörigen selbst zu „schützen", welcher Konfession diese auch immer waren.

1858 hielten dann schließlich ein russischer Bischof und ein russischer Konsul Einzug in Jerusalem. Im selben Jahr verlegte auch der orthodoxe Patriarch von Jerusalem, der bisher in Konstantinopel residiert hatte, seinen Sitz wieder in die „Heilige Stadt". Rußland ging es darum, den orthodoxen arabischen Christen, denen die protestantische und katholische Missionstätigkeit hart zusetzte, den Rücken zu stärken und dadurch den eigenen Einfluß in Palästina auszubauen.

Die Palästina-Politik der mittel- und westeuropäischen Regierungen wurde dabei in einem gesellschaftlichen Klima formuliert, das von vier Strömungen geprägt war: dem Gedanken einer „restoration of the Jews", der Vorstellung vom „friedlichen Kreuzzug", den europäischen Kolonisationsbestrebungen und den präzionistischen und zionistischen Aspirationen auf Palästina. Die spezifische geistesgeschichtliche Komponente des britischen Interesses an Palästina war das chiliastische Konzept der „restoration of the Jews". Die Erfüllung der Prophezeiungen über die Endzeit war danach unauflöslich mit der Rückführung der Juden ins Land ihrer Väter verbunden, auf das sie ein unveräußerliches Recht hatten. Die physische und religiöse „restoration", d.h. die Beendigung der Zerstreuung, die Sammlung in Palästina und die Annahme der christlichen Botschaft, wurde als ein wesentlicher Bestandteil des göttlichen Heilsplans und als Voraussetzung für die Ankunft des Königreichs Christi begriffen. Unter den Katholiken des Kontinents, aber auch unter deutschen Protestanten, war hingegen der Gedanke des „friedlichen Kreuzzugs" verbreitet, d.h. der Wiederaufnahme und Fortführung des Werks der Kreuzzüge mit anderen Mitteln. Damit war die schrittweise „Wiedergewinnung" des „Heiligen Landes" für die Christenheit durch die religiöse, kulturelle und philanthropische Einflußnahme und Kontrolle gemeint.

Außerdem wurde, insbesondere seit der Mitte der sechziger Jahre, von allen Seiten der Ruf nach europäischer Kolonisierung des „Heiligen Landes" laut. Er verdichtete sich in zahlreichen mehr oder weniger realistischen Projekten und praktischen Versuchen. Nur zwei Vorhaben hatten jedoch Erfolg, wenn auch in unterschiedlichem Ausmaß: Die Siedlungen der schwäbischen Templer und die jüdische Kolonisation. Die Templer waren eine pietistische Sekte aus Württemberg, die sich die „Sammlung des Volkes Gottes" in Jerusalem zum Ziel gesetzt hatte. Das „Volk Gottes",

d. h. die Templer selbst, hatte nach ihren Vorstellungen ein unverbrüchliches Recht auf den Besitz des „Heiligen Landes", wohin sie mit dem Ziel der Aufrichtung des Tempels in Jerusalem auswandern wollten. Nach langen Anlaufschwierigkeiten gründete das schwäbische „Gottesvolk" von 1868–1873 vier Siedlungen, zu denen in den Jahren 1902–1907 noch einmal drei hinzukamen. Die Massen, die das „Heilige Land" hätten umgestalten sollen, blieben jedoch aus. Die Anzahl der in Palästina siedelnden Templer ging nie über den Höchststand von 2200 Seelen hinaus. Die Anfänge der jüdischen Kolonisation (1882) fielen mit dem Beginn einer neuen Entwicklungsetappe des Vorderen Orients zusammen und werden daher später dargestellt.

Aufgrund dieser vielfätigen politischen und religiös-kulturellen Bestrebungen und Interessen bildete sich in Europa die Überzeugung von einer Art „Besitzrecht" auf Palästina heraus. Doch das „Heilige Land" konnte eben nicht exklusiver Besitz einer einzelnen europäischen Nation werden. Palästina wurde gleichsam als gemeinsames europäisches Erbe betrachtet. Um diesen europäischen Aspirationen entgegenzuwirken, versuchte die Pforte, Palästina fester an Konstantinopel zu binden. Nachdem Jaffa und Jerusalem schon seit 1864/65 an das neue osmanische Telegraphennetz angeschlossen worden waren, wurde Südpalästina 1874 zum reichsunmittelbaren Distrikt Jerusalem erhoben. Die Pforte strich damit die besondere Bedeutung Palästinas mit Jerusalem als einer auch für Muslime „heiligen Stadt" heraus und übernahm die direkte Kontrolle über dieses Gebiet.

Eine andere Art von Sonderverwaltung wurde 1861 aufgrund der europäischen Interessen und unter direkter europäischer Beteiligung im Libanongebirge eingerichtet. Dort war, wie schon erwähnt wurde, die innere Balance zwischen den überwiegend im Norden siedelnden Maroniten und den Drusen im südlichen Bergland durch die ägyptische Herrschaft und die europäische Intervention endgültig erschüttert worden. Das System der beiden Qā'im-maqāmate brach im Bürgerkrieg von 1860 zusammen, dessen Essenz ein drusisches Aufbäumen gegen die Expansion der Maroniten nach Süden war, deren wirtschaftliche und demographische Aufwärtsentwicklung unter dem Dach französischer Protektion unaufhaltsam schien. Ohne von den lokalen osmanischen Verwaltungs- und Militärbehörden daran gehindert zu werden, veranstalteten die Drusen einige regelrechte Massaker unter den Maroniten. In weniger als vier Wochen sollen 15000 Christen ums Leben gekommen und fast 100000 zu Flüchtlingen geworden sein.

Diese mörderische Konfrontation ist nicht nur im libanesischen Zusammenhang zu sehen, sondern auch im größeren Kontext der Reaktion der muslimischen Bevölkerung des Vorderen Orients gegen die von Europa inspirierten osmanischen Reformen, gegen den Aufstieg der Nicht-Muslime und gegen die europäische Einmischung und Durchdringung. Andere Ausbrüche von Gewalt fanden 1856 in Nablus in Palästina, 1858 in Ǧidda

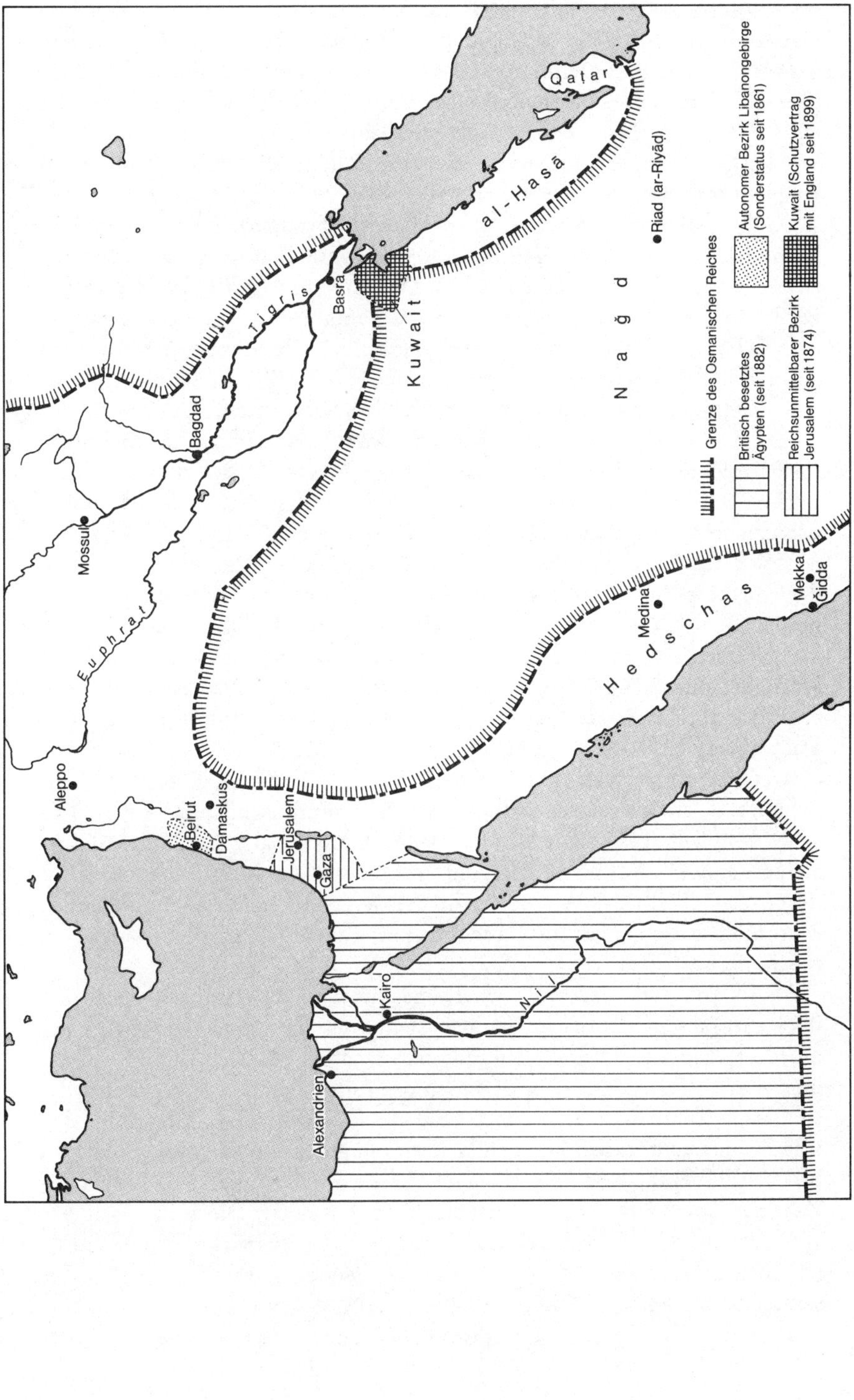

10. Der Mašriq am Vorabend des Ersten Weltkriegs

im Hedschas und vor allem 1860 in Damaskus statt. Das Massaker von Damaskus im Juli 1860 (s. u.), unmittelbar nach dem „Bürgerkrieg" im Libanon, bei dem Tausende von Christen ums Leben kamen, rief die Europäer auf den Plan. Die Franzosen entsandten ein Expeditionskorps, das jedoch Beirut nicht verließ, da sich die Osmanen beeilt hatten, in Damaskus ein furchtbares Strafgericht zu veranstalten, an dem die Stadt noch lange zu tragen hatte.

Das Massaker in Damaskus, das osmanische Strafgericht und die französische militärische Intervention wirkten im gesamten geographischen Syrien gleichsam wie eine kalte Dusche. Die gereizte Atmosphäre der fünfziger Jahre entspannte sich. In einer Zeit ökonomischen Aufschwungs fand man sich mit dem Gang der Dinge ab, einschließlich der sich verstärkenden europäischen Penetration. Es machte sich das Gefühl breit, man lebe in einer Zeit des „Fortschritts". Unter dem Kollektivprotektorat der europäischen Großmächte und unter den besonders wachsamen Augen Frankreichs erlebte der Libanon bis zum Ersten Weltkrieg die ruhigste Phase seiner neueren Geschichte. Am Prinzip des administrativen Konfessionalismus wurde festgehalten. In den Reglements von 1861 und 1864 erhielt er lediglich eine neue Gestalt: Das Libanongebirge wurde unter Ausschluß der Küstenstädte Tripolis, Beirut und Sidon als reichsunmittelbarer, autonomer Bezirk des Osmanischen Reiches (Ǧabal Lubnān, Mont Liban) konstituiert. Der nur mit Zustimmung der europäischen Großmächte einsetzbare osmanische Gouverneur mußte stets ein katholischer Christ sein, er durfte aber nicht aus dem Libanon selbst kommen. Ihm stand ein Verwaltungsrat zur Seite, in dem alle religiösen Gemeinschaften „angemessen" vertreten waren; er hatte vier maronitische, drei drusische, zwei griechisch-orthodoxe, ein griechisch-katholisches, ein sunnitisches und ein schiitisches Mitglied. Insgesamt standen sieben Christen also fünf Nicht-Christen gegenüber. Auf dieser Basis entwickelte sich der Mont Liban während des nächsten halben Jahrhunderts im Selbstverständnis der dominierenden Maroniten zu einer stabilen und prosperierenden „christlichen Insel im muslimischen Meer".

Als im Juli 1860 der Mob von Damaskus über das Christenviertel und über europäische Einrichtungen hergefallen war und eine Woche lang gemordert, geplündert und gebrandschatzt hatte, bot sich der Pforte die unerwartete Gelegenheit, im Rahmen des nun folgenden Strafgerichts das städtische Zentrum Syriens unter ihre direkte Kontrolle zu bringen, den Lokalismus zu beenden und den Widerstand gegen die *tanẓīmāt*-Politik zu brechen. Über die verantwortlichen Urheber des Massakers und die genaue Zahl der Toten existieren unterschiedliche Aussagen. Die Wurzeln dieses Gewaltausbruchs sind jedoch klar erkennbar: die Auswirkungen der europäischen politischen und wirtschaftlichen Penetration und in diesem Zusammenhang der sozio-ökonomische Aufstieg der Nicht-Muslime und die Schwächung der Positionen traditionell einflußreicher Gruppen, darunter der 'Ulamā'. Der nach Damaskus entsandte osmanische Außenminister Fu'ād Paša ließ etwa 170 Personen als Rädelsführer hinrichten und schickte führende Notabeln der Stadt ins Exil. Eine große Zahl muslimischer Männer wurde in die Armee eingezogen und der muslimischen Bevölkerung der Stadt eine Kollektivstrafe in Höhe von 20 Millionen Piastern auferlegt.

Vor allem unter den Gouverneuren Rāšid Paša (1866–1871) und Midḥat Paša (1878–1880) wurde Damaskus nun zu einem Subzentrum osmanischer *tanẓīmāt*-Politik. Diese Politik umfaßte die Einrichtung der Provinzverwaltungs- und Stadträte, Maßnahmen zur Verbesserung der Infrastruktur (Straßen, Telegraphen, dann auch Eisenbahnen), den schrittweisen Aufbau eines staatlichen Schulsystems, die Ausweitung der landwirtschaftlichen Produktion, das Vorrücken der Siedlungsgrenze nach Osten und die Zurückdrängung der Beduinen. Wie auch in anderen Regionen des Vorderen Orients führte diese Entwicklung in Syrien vor allem seit den siebziger Jahren zur Entstehung einer Schicht von Großgrundbesitzern, die sich auf dieser ökonomischen Basis in die neuen administrativen Gremien einkauften. In Damaskus bildete sich eine Gruppe von Familien heraus, die als Großgrundbesitzer und hohe Verwaltungsbeamte in das osmanische administrative System integriert waren und als Stützen des Reiches das soziopolitische und ökonomische Leben zumindest bis zum Putsch der Jungtürken (1908) dominierten.

In Bagdad, wo die Osmanen 1831 wieder ihre direkte Präsenz hatten etablieren können, ließ der Beginn der Reformära am längsten auf sich warten. Hier hielt der „Fortschritt" im Grunde erst mit dem Gouverneur Midḥat Paša (1869–1872) Einzug, der zuvor schon in der Donauprovinz eine Musterverwaltung im Geiste der *tanẓīmāt*-Epoche etabliert hatte. Er hatte auch für Mesopotamien große Pläne, die er allerdings nur in bescheidenem Umfang realisieren konnte. Die lokalherrschaftlichen Strukturen wurden weiter demontiert; u. a. wurden die Gebiete der kurdischen „Dynastien" im Norden und die Städte Kerbela und Nadschaf in die allgemeine *tanẓīmāt*-Verwaltungsstruktur integriert. Es wurden Fortschritte bei der Seßhaftmachung von Beduinen erzielt, und 1870 wurde erstmals versucht, im Süden des Landes Truppen auszuheben. Nachdem schon in den sechziger Jahren Dampfschiffahrtslinien gegründet und Mesopotamien an das osmanische und internationale Telegraphennetz angeschlossen worden waren, erhielt die Stadt Bagdad nun eine ganze Palette von Einrichtungen, welche den Durchbruch des „Fortschritts" manifestierten. Dazu gehörten Verwaltungs- und Stadträte, staatliche Schulen und andere öffentliche Einrichtungen.

Außerdem machte Midḥat Paša Anstrengungen, die osmanische Kontrolle über Nordostarabien, den Naǧd und die Golfküste auszudehnen. Diese Maßnahmen zielten sowohl gegen die Macht und den Einfluß der Wahhābiyya als auch gegen die britischen Bestrebungen in der Golfregion.

In diesem Wettlauf blieb am Ende jedoch England Sieger. Der osmanische Anspruch auf Kuwait, den Naǧd, al-Ḥasā und Qaṭar blieb weitgehend ineffektiv, die Zugehörigkeit dieser Gebiete zum Osmanischen Reich war im wesentlichen nomineller Natur.

Die Epoche, deren Grundtendenzen in diesem Abschnitt dargestellt wurden, hatte in Kairo mit dem Herrschaftsantritt Saʿīds (1854) und in Konstantinopel mit dem Ende des Krimkriegs und dem Reformedikt von 1856 begonnen und mit dem Staatsbankrott, der europäischen Finanzkontrolle und der britischen Okkupation Ägyptens dramatisch geendet. Im geographischen Syrien standen die dramatischen Ereignisse am Beginn dieser Umbruchphase: der ,,Bürgerkrieg" im Libanongebirge, die Schaffung der administrativen Einheit Mont Liban, das Massaker in Damaskus und die Entmachtung der palästinensischen Lokalherren. Vom Sonderstatus des Mont Liban abgesehen, wurde in ganz Syrien eine hierarchisch gegliederte, zentralisierte neue Verwaltungsstruktur begründet. Dabei ging es der Zentralregierung angesichts der militärischen und finanziellen Existenznöte des Reiches vor allem um die Effektivierung der Steuererhebung und um die Rekrutierung von Soldaten für die osmanische Armee. Die Steuereinnahmen der syrischen Provinzen flossen, soweit sie nicht der Finanzierung des Ḥaǧǧ (der Pilgerkarawane von Damaskus nach Mekka) und des in Syrien stationierten Fünften Armeekorps dienten, überwiegend nach Konstantinopel ab. Während des Russisch-Türkischen Krieges von 1877/78 wurden zwischen 100000 und 150000 Männer in Syrien eingezogen. Allein Palästina soll 10000 Kriegstote zu beklagen gehabt haben. Die Folgen des Fortschritts in Syrien waren also durchaus zwiespältig. Die mesopotamischen Provinzen wurden dagegen erst relativ spät von der *tanẓīmāt*-Politik erfaßt, und hier waren die Resultate auch am bescheidensten.

Im ganzen Fruchtbaren Halbmond verlief die Anfang der sechziger Jahre inaugurierte Entwicklung relativ kontinuierlich bis zum Beginn des zwanzigsten Jahrhunderts, bis zum Ende der Ära ʿAbdülḥamīd. Hier wurden also um 1880 keine ähnlich markanten Wegzeichen gesetzt wie in Kairo und Konstantinopel. Lediglich für Palästina stellte sich im Nachhinein der Beginn der jüdischen Kolonisation im Jahre 1882 als ein historisch bedeutsames Ereignis heraus. Doch kann die Entwicklung der arabischen Provinzen des Osmanischen Reiches natürlich nicht losgelöst von jener in Konstantinopel gesehen werden. Auch sie blieben nicht unbeeinflußt von der Ernüchterung, die sich nach dem Scheitern des Glaubens an den Fortschritt mit Hilfe europäischen Kapitals, nach dem Scheitern der konstitutionellen Hoffnungen und mit der verstärkten europäischen Einflußnahme breit machte. Und in den Jahren vor dem Ersten Weltkrieg hatten gerade Damaskus und Beirut entscheidenden Anteil an der politischen Neuorientierung der Araber im Osmanischen Reich.

4. Ernüchterung und Neuorientierung

Für die wirtschaftliche Entwicklung des Vorderen Orients stellten die Ereignisse Ende der siebziger und Anfang der achtziger Jahre insofern einen Einschnitt dar, als die europäische Interessen- und Expansionspolitik nun noch dezidierter und unmittelbarer verfolgt wurde. Über den Einfluß der 1881 etablierten Administration de la Dette Publique Ottomane und die direkte europäische Einflußnahme in den arabischen Provinzen des Osmanischen Reichs wurde die Außenorientierung der wirtschaftlichen Entwicklung noch prononcierter. Jetzt konnten auch die europäischen Interessen an den Bodenschätzen des Osmanischen Reiches (in erster Linie an der Kohle und den Erzen Anatoliens) realisiert werden. Auch der Ausbau des Eisenbahnnetzes blieb ein Instrument der europäischen Durchdringung. Eine Ausnahme stellte hier lediglich die Hedschas-Bahn dar (s. u.), die ein religiös-politisch motiviertes osmanisch-muslimisches Unternehmen war. Die Armee, die 1904 über eine Million Soldaten umfaßte, und der Schuldendienst verschlangen nach wie vor den größten Teil der osmanischen Staatseinnahmen. Auf dem Agrarsektor setzte sich der Trend der Produktionssteigerung, Exportorientierung und Konzentration der Besitztitel fort. Ein Teil der Produktions- und Exportaktivitäten wurde dabei direkt von der ADPO kontrolliert, der wichtige Einnahmequellen des Fiskus verpfändet waren (so das Salz- und Tabakmonopol sowie der Seidenzehnt). Die industrielle Produktion blieb beschränkt auf die Nahrungsmittelverarbeitung und die Textilherstellung für den lokalen Markt. Die Jungtürken versuchten 1909 und 1913, Anstöße zu einer selbstbestimmten Wirtschaftsentwicklung zu geben, doch konnten sie bis zum Weltkrieg natürlich keine Änderung der Wirtschaftsstruktur mehr bewirken. Vor dem Hintergrund dieser osmanischen Erfahrung muß man die spätere panische Furcht Atatürks vor ausländischem Kapital und wirtschaftlicher Abhängigkeit sehen.

Im Mont Liban blieb die Ökonomie auf die Seidenproduktion konzentriert. In den neunziger Jahren nahmen Maulbeerpflanzungen etwa die Hälfte des kultivierbaren Bodens ein. Etwa 50% des Exports über Beirut bestand aus Rohseide, und jede zweite Familie des Libanongebirges verdiente ihren Lebensunterhalt im Seidensektor. Anfang der achtziger Jahre wurden etwa einhundert Spinnereien gezählt, im ersten Jahrzehnt des zwanzigsten Jahrhunderts waren es doppelt so viele. Danach begann der Niedergang der libanesischen Seidenindustrie, die der billigeren japanischen Konkurrenz nicht standhalten konnte und die während der Weltwirtschaftskrise dann vollends ruiniert wurde. Für die weitere Entwicklung des Libanon war von Bedeutung, daß es seit den neunziger Jahren zu einer beträchtlichen Emigration (vor allem von Christen) und zur Gründung libanesischer „Handelskolonien" in Übersee kam. 1915 wurde geschätzt, daß die Geldtransfers der Emigranten schon über 40% des Einkommens der Bevölkerung des Mont Liban ausmachten, ebensoviel wie das Einkommen aus der Seidenraupenzucht und der Landwirtschaft zusammengenommen. Beirut, das nicht zum autonomen Mont Liban gehörte und das seit 1888 Hauptstadt der gleichnamigen Küstenprovinz war, wurde zum bedeutendsten regionalen Handels- und Finanzzentrum.

In Palästina wurde in den drei Jahrzehnten vor dem Ersten Weltkrieg die landwirtschaftliche Nutzfläche weiter ausgedehnt; vor allem kam es zur Expansion der Olivenkulturen im Bergland und der Zitrusplantagen in der Küstenebene. Am Vorabend des Weltkriegs machten Orangen 40% des Werts der Exporte Jaffas aus. Die wachsende Zahl der Europäer im Lande einschließlich der jüdischen Einwanderer (s. u.) veränderte die Importstruktur. Das steigende Handelsbilanzdefizit wurde jedoch ausgeglichen durch die Kapitaltransfers für die christlichen Institutionen und die jüdischen Siedlungen sowie durch das Geld, das Pilger und Touristen ins Land brachten.

Innersyrien erlebte seit den achtziger Jahren einen merklichen wirtschaftlichen Aufschwung. Auch hier wurde die landwirtschaftliche Nutzfläche bis zum Ersten Weltkrieg kontinuierlich ausgedehnt, wobei in diesem Prozeß große Latifundien entstanden. Die Getreideproduktion blieb dominierend. Die lokale Textilproduktion erfreute sich einer neuen Aufwärtsentwicklung, da sie sich durch die Produktion besonders billiger Baumwoll- und Wollstoffe einerseits, besonders luxuriöser Seiden- und Baumwolltuche für die einheimische Oberschicht andererseits neue lokale Märkte erschließen konnte. Der britische Konsul in Damaskus sah sich 1897 genötigt, die Textilfabrikanten von Lancashire zu drängen, sich syrische Muster zu beschaffen und zu kopieren, damit sie nicht vom syrischen Markt verdrängt würden. Die Produktionsstätten blieben aber klein, und viele von ihnen überlebten den härteren Wettbewerb nach dem Ersten Weltkrieg nicht.

Die Provinzen bzw. Bezirke Basra, Bagdad und Mossul gerieten in dieser Phase immer stärker unter den wirtschaftlichen Einfluß Englands. Britische Gesellschaften dominierten die Schiffahrt auf dem Tigris, die Küstenschiffahrt um die Arabische Halbinsel und die Seeverbindungen mit Indien und Europa. Der Wert der Exporte Basras (vor allem Datteln, Getreide, Wolle, Häute und Pferde) verdreifachte sich von Anfang der achtziger Jahre bis 1914. Die Infrastruktur Mesopotamiens blieb aber relativ unterentwickelt. Ansätze zu einer industriellen Produktion gab es praktisch nicht. Noch 1914 war Bagdad der einzige Ort mit einer bescheidenen Wasser- und Elektrizitätsversorgung.

Ägypten blieb auch nach der britischen Okkupation formal Bestandteil des Osmanischen Reiches. Die Repräsentanten der Besatzungsmacht waren (neben den Befehlshabern der Armee) der Generalkonsul (1883–1907 Lord Cromer) und die britischen „Berater" der ägyptischen Minister. De facto wurde Ägypten aber von England regiert. Dabei brachten die vier Jahrzehnte britischer Herrschaft von 1882–1922 keine grundlegende Veränderung der Wirtschaftsstruktur des Landes im Vergleich mit den vier vorausgegangenen Jahrzehnten des informellen Imperialismus (1840–1882), d. h. des erzwungenen Freihandels und des Eindringens europäischen Kapitals. Alle Weichen waren bereits gestellt.

Die ägyptische Wirtschaft wurde nun aber in hohem Maße auf die spezifischen Bedürfnisse und Interessen Englands ausgerichtet. Der Trend zum Großgrundbesitz verstärkte sich. 1907 befanden sich drei Viertel des Bodens in den Händen von 147000 mittleren und Großgrundbesitzern, ein Viertel im Besitz von 1120000 Fellachenfamilien. Auch Europäer und mit europäischem Kapital gegründete Landgesellschaften beteiligten sich in größerem Umfang an der Agrarproduktion: Sie besaßen 1913 schon mehr als 10% des kultivierten Bodens des Landes. Die Baumwollmonokultur nahm noch ausgeprägtere Züge an. Die Engländer bauten vor allem das Bewässerungssystem aus. 1902 wurde der Assuan-Damm errichtet und 1907 und 1912 jeweils erhöht. Zu Beginn der britischen Herrschaft machten Baumwolle und Baumwollsamen 75% des Werts der Exporte aus; am Vorabend des Ersten Weltkriegs war dieser Anteil auf 92% gestiegen. Die Hälfte davon ging nach England. Aus einem Getreideexportland wurde Ägypten während der britischen Herrschaft zu einem Land, das Getreide importieren mußte, um seine rapide wachsende Bevölkerung ernähren zu können.

Die Ansätze zu einer industriellen Produktion in Ägypten stagnierten oder verkümmerten. Die bescheidene baumwollverarbeitende Industrie war zwar überwiegend in den Händen von Europäern und „Levantinern", aber die Engländer hatten keinerlei Interesse, sie zu fördern und ihr etwa durch Schutzzölle Entfaltungsmöglichkeiten zu verschaffen. Das Gegenteil war der Fall; denn Textilien machten rund 30% der ägyptischen Importe aus, und sie kamen in erster Linie aus England. Zum „Ausgleich" des Importzolls von 8% wurde 1901 den neuen Baumwollspinnereien und -webereien sogar eine Importersatzsteuer von 8% auferlegt! Lediglich die Baumwollentkörnungs- und -verpackungsindustrie konnte sich einigermaßen entwickeln, desgleichen die Zigarettenindustrie (der Tabak wurde importiert, Zigaretten exportiert, die Arbeiter waren vorwiegend Ausländer).

Im Vorderen Orient allgemein, besonders klar und eindeutig aber in Ägypten, entsprachen die drei großen Entwicklungsetappen des neunzehnten Jahrhunderts, welche die Gliederung der Darstellung der Geschichte des Mašriq in dieser Zeit bestimmten, dem sich wandelnden Charakter der europäischen wirtschaftlichen Durchdringung: zunächst in erster Linie durch den Handel, seit der Mitte des neunzehnten Jahrhunderts zusätzlich mittels Kapitalinvestitionen, seit den später siebziger Jahren schließlich auf dem Wege der Absicherung der kommerziellen und finanziellen Penetration durch verstärkte politische Einflußnahme und Kontrolle. Die drei Hauptformen des europäischen Imperialismus im neunzehnten Jahrhundert, der Freihandels-, Finanz- und Kolonialimperialismus, können anhand der ägyptischen Erfahrung in geradezu klassischer Weise exemplifiziert werden.

Im Verlauf des neunzehnten Jahrhundert erlebte der Vordere Orient ein beträchtliches Bevölkerungswachstum. Der Wert des Außenhandels der Region stieg im gleichen Zeitraum von etwa 10 Millionen £ auf etwa 100 Millionen £ jährlich, vor allem aufgrund der Expansion der landwirtschaftlichen Nutzfläche und der Steigerung der exportorientierten Agrarproduktion. Diese wirtschaftliche Expansion führte jedoch nicht zu einem kontinuierlichen, allgemeinen Anstieg des Lebensstandards, sondern verstärkte eher die soziale Ungleichheit. Die Nutznießer waren der Fiskus bzw. die Staatsbürokratie und die neue Oberschicht (die Großgrundbesitzer und die Handels- und Finanzbourgeoisie).

Zumindest partiell wurde die Region aus ihren bisherigen ökonomischen Kontexten herausgelöst und auf Europa ausgerichtet. Diese Neuorientierung führte zu einer veränderten „ökonomischen Landschaft", zu der die verbesserten Bewässerungssysteme ebenso gehörten wie das Bankwesen und die Infrastrukturprojekte, die von der Mittelmeerküste aus das Landesinnere erschlossen. Die wirtschaftliche Bedeutung der Städte im Landesinnern verringerte sich beträchtlich; Städte an der Mittelmeerküste wie Alexandrien, Haifa und Beirut wurden zu herausragenden Wirtschaftszentren. Dort erlebte jene soziale Gruppe einen rapiden Aufstieg, welche als Bindeglied zwischen den nahöstlichen Bauern und den europäischen Fabrikanten und Verbrauchern fungierte: die „levantinischen" Händler und Finanziers, die überwiegend Angehörige von Minderheiten und/oder europäische Protegés waren.

Dieser sozio-ökonomische Strukturwandel wurde primär induziert durch die europäische Expansion. Es bildeten sich Abhängigkeitsstrukturen heraus, innerhalb derer die Richtung und das Tempo der wirtschaftlichen Entwicklung des Vorderen Orients immer stärker von externen Faktoren und Einflüssen bestimmt wurden: durch die Bedingungen des Weltmarkts, durch die Abhängigkeit von europäischem Kapital und durch politischen Druck. Schon am Vorabend des Ersten Weltkriegs gab es da, wo der Zusammenhang zwischen ökonomischer und politischer Schwäche bzw. Abhängigkeit erkannt wurde, vereinzelte Versuche zur Durchbrechung dieser Strukturen. Eine an den nationalen Interessen ausgerichtete Wirtschaftspolitik konnte dann aber auch nach dem Krieg lediglich in der Türkei und partiell in Ägypten verfolgt werden.

Nachdem der Fortschrittsoptimismus im Vorderen Orient unbeschadet bleibender positiver Errungenschaften zunächst im finanziellen und politischen Desaster endete, dauerte es ein Jahrzehnt, bis sich in den Metropolen Konstantinopel und Kairo neue sozio-politische Perspektiven herauszukristallisieren begannen. Zum wichtigsten neuen politisch-ideologischen

Element wurde das Erwachen nationaler Bestrebungen, nicht mehr nur auf dem Balkan, sondern im späten neunzehnten und frühen zwanzigsten Jahrhundert auch im Vorderen Orient. Der türkische, der arabische und der ägyptische Nationalismus stellten dabei drei Varianten dieser Neuorientierung dar. Sie bildeten sich jedoch nur langsam und in Konkurrenz zu anderen Bestrebungen heraus.

Richten wir unseren Blick zunächst nach Konstantinopel. Die Suspendierung von Verfassung und Parlament durch Sultan ʿAbdülḥamīd (1876–1909) im Jahre 1878 bedeutete nicht das Ende der Reformpolitik. Mit einer gewissen Berechtigung wird ʿAbdülḥamīd sogar als der letzte *tanẓīmāt*-Politiker, der Vollender der Reformen bezeichnet. So erfolgte unter ihm ein forcierter Ausbau des staatlichen Schulwesens, das 1900 durch die Gründung der ersten modernen Staatsuniversität des Vorderen Orients in Konstantinopel gekrönt wurde. Die Verwaltung des Reiches wurde weiter zentralisiert und effektiviert. Bei seinen Bemühungen, das Reich zusammenzuhalten, stellte ʿAbdülḥamīd drei politisch-ideologische Strömungen gleichzeitig in Dienst: den Osmanismus, den Panislamismus und den Panturkismus, wobei letzterer aber lediglich die russische Politik konterkarieren sollte. Dem Ziel der Festigung des Reichs diente auch der Ausbau des Telegraphennetzes und der Bau der drei großen Bahnlinien: der rumelischen Bahn, die Konstantinopel an das europäische Schienennetz anschloß (der berühmte Orient-Expreß verband seit 1888 Wien, Berlin, Paris und London mit der osmanischen Metropole); der Bagdad-Bahn (die allerdings ein Torso blieb), welche die Kontrolle Anatoliens und Mesopotamiens erleichtern sollte; der Hedschas-Bahn von Damaskus nach Medina, die nach den ursprünglichen Plänen sogar bis in den Jemen hätte verlängert werden sollen.

Je mehr das Osmanische Reich auf dem Balkan in Bedrängnis geriet, umso intensiver wandte sich die Pforte den arabischen Provinzen zu. Als Essenz der „osmanischen Nation" (ein Gesetz über die osmanische Nationalität war schon 1869 erlassen worden) kristallisierte sich immer stärker die politische Gemeinschaft von Türken und Arabern heraus. Und je weniger Christen des Balkans zu den Untertanen des Sultans zählten, umso stärker konnte er den Panislamismus als einigendes Band propagieren. Das Osmanische Reich erschien immer prononcierter als ein islamischer Staat, der Türken und Araber unter der Führung des Sultan-Kalifen vereinte. Die Krönung der panislamischen Politik ʿAbdülḥamīds stellte der Bau der Hedschas-Bahn (1900–1908) dar, die ein osmanisch-muslimisch inspiriertes, finanziertes und realisiertes Unternehmen war. Sie sollte aber gleichzeitig auch den politischen Anspruch des Sultans nicht nur auf die Herrschaft über Damaskus, den Sammelpunkt des jährlichen Ḥağğ, sondern auch über die Arabische Halbinsel mit den „heiligen Städten" der Muslime untermauern. Doch die osmanischen Herrschaftsansprüche blieben auf der ganzen Halbinsel eher nominell als real. Einerseits konnten sich die lokalen religiös-politischen Führer gegenüber den Osmanen behaupten (die Wahhābiyya bzw. die Familie Saʿūd, die Scherifen von Mekka, die zaiditischen Imame im Jemen). Andererseits bauten die Engländer ihre Präsenz und Kontrolle an den Küsten der Arabischen Halbinsel kontinuierlich aus.

Aden wurde schon 1839 durch die East India Company besetzt; die britische Position an der Südspitze der Arabischen Halbinsel wurde dann in den Jahren 1882–1914 durch eine Reihe von Protektoratsverträgen mit den Stammesführern des südarabischen Hinterlandes gefestigt. Am Ausgang des Persischen Golfes bauten die Engländer ihre Position 1891 durch einen Vertrag mit dem Sultan von Masqaṭ und Oman aus. Mit den Scheichs der „Piratenküste" (der heutigen Vereinigten Arabischen Emirate) hatten die anglo-indischen Behörden schon seit 1820 eine Reihe von Verträgen geschlossen. 1853 machten sie dieses Gebiet durch ein Abkommen *(Perpetual Truce,* daher die hinfort gebräuchliche Bezeichnung *Trucial Coast)* zu einer Art exklusiver britischer Einflußsphäre. 1892 folgten separate Protektoratsverträge mit den sieben Scheichtümern. Qaṭar, das ja seit 1872 formell Bestandteil des Osmanischen Reiches war, wurde erst während des Ersten Weltkriegs (1916) zu einem britischen Quasi-Protektorat. Mit dem Scheich von Bahrain waren wie mit jenen der „Piratenküste" seit 1820 mehrere Abkommen geschlossen worden, die ebenfalls 1892 durch einen Protektoratsvertrag gekrönt wurden. Den Abschluß dieser britischen Einkreisung der Arabischen Halbinsel bzw. der Sicherung der Kontrolle der Seewege durch das Rote Meer und den Persischen Golf bildete 1899 der Protektoratsvertrag mit dem Scheich von Kuwait, der sich gegen die Absicht richtete, die Bagdad-Bahn, ein osmanisch-deutsches Unternehmen, bis nach Kuwait weiterzuführen.[23]

Gegenüber dieser Festigung des britischen Einflusses waren die Erfolge der osmanischen Bestrebungen auf der Arabischen Halbinsel eher bescheiden. Über die Unternehmungen Midḥat Pašas im Nordosten der Halbinsel Anfang der siebziger Jahre wurde schon berichtet. Der Naǧd gehörte im späten neunzehnten Jahrhundert aber lediglich auf dem Papier zum Osmanischen Reich. Nach einer wechselvollen Entwicklung und endlosen inneren Auseinandersetzungen wurde 1902 der wahhabitische Staat mit der Hauptstadt Riad (ar-Riyāḍ) von ʿAbd al-ʿAzīz b. Saʿūd rekonstituiert, aus dem dann nach dem Ersten Weltkrieg das heutige Königreich Saudi-Arabien erwuchs. Parallel zu den Expansionsversuchen im Nordosten ergriffen osmanische Truppen 1872 auch vom Jemen Besitz. Seit den neunziger Jahren kam es jedoch zu häufigen und lang andauernden Revolten gegen die osmanische Herrschaft. In einem Abkommen erkannten die Jungtürken 1911 schließlich die De facto-Unabhängigkeit des zaiditischen Hochlands unter dem Imam Yaḥyā an, auch wenn es formal Bestandteil des Reiches blieb.

Am bedeutendsten war und blieb für die Osmanen jedoch der Hedschas. Aber auch hier mußten sie sich bei der Realisierung ihrer Herrschaftsansprüche mit der formalen Oberhoheit bescheiden. Weder erhoben sie Steuern noch rekrutierten sie Soldaten; der Scherif von Mekka, ein Emir aus der Familie der Hāšimiten, kontrollierte in der Phase von 1882 bis 1914 nicht nur die Kaʿba und den Ḥaǧǧ, sondern auch das soziale und ökonomische Leben der „heiligen Stadt" und des Hafens Ǧidda. Die Jungtürken setzten 1908 den Scherifen Ḥusayn b. ʿAlī als Emir von Mekka ein. Anders als erwartet wurde er zum herausragenden Machtfaktor im Hedschas und während des Krieges zum Herausforderer des Sultans in Konstantinopel und zur Galionsfigur der arabischen Unabhängigkeitsbewegung. Bevor deren Entstehungsgeschichte skizziert wird, sind jedoch die Entwicklungen in Konstantinopel zu beleuchten, die zur Herausbildung eines türkischen Nationalismus führten, der wiederum die Entstehung der arabischen Unabhängigkeitsbewegung beschleunigte.

Unter ʿAbdülḥamīd wurde also die Politik der Stärkung des Reiches durch Effektivierung der Verwaltung, Ausbau des Schulwesens und der Infrastruktur etc. fortgesetzt. Doch alle Bestrebungen nach politischer Partizipation blockte der autokratische Herrscher ab. Druckerzeugnisse unterlagen einer strengen Zensur, die eine bedeutsame osmanische Exilpresse und -literatur in Europa und im britisch besetzten Kairo hervorbrachte. Doch die Stärkung des Reiches bei gleichzeitigem Verbot öffentlicher politischer Reflexion konnte schon deshalb nicht gelingen, weil die europäisch-osmanischen bzw. die europäisch-vorderorientalischen Beziehungen ja keineswegs den Zustand friedlicher Koexistenz erreicht hatten. „Wie kann dieser Staat gerettet werden?" blieb eine Grundfrage aller politisch Denkenden, besonders in den staatlichen Schulen, unter der Beamtenschaft und unter den Offizieren. Und ihre unterschiedlichen Antworten wollten sie auch zu Gehör bringen.

1889 fand sich in Konstantinopel ein oppositioneller Studentenzirkel zusammen, der mit einer Gruppe osmanischer Oppositioneller in Verbindung trat, die im Pariser Exil lebten und dort die Zeitung „La Jeune Turquie" herausgaben. (Mit dem Begriff „Jungtürken" wurde in Europa dann die gesamte Opposition gegen ʿAbdülḥamīd bezeichnet.) Die Konstantinopler Gruppe nannte sich später *ittiḥād ve teraqqī* (Einheit und Fortschritt). Diese Bezeichnung, „Komitee für Einheit und Fortschritt", nahm schließlich die Gruppierung an, die den Umsturz von 1908/9 durchführte, die sogenannte jungtürkische Revolution.

Die sich formierende Opposition, die in viele Gruppen und Grüppchen zerfiel, folgte vor allem zwei politisch-ideologischen Hauptrichtungen: Die eine war die der osmanischen Liberalen, die für eine konstitutionelle Monarchie und einen dezentralisierten, föderalistischen Staat eintraten. Für die Vertreter der zweiten Hauptrichtung, die türkischen Nationalisten, war eine solche Politik angesichts der irredentistischen Bestrebungen ethnisch-religiöser Minderheiten und angesichts der ungebrochenen Kraft des europäischen Expansionismus selbstmörderisch. Sie lehnten auch jede europäische Unterstützung im Kampf gegen die autokratische Herrschaft ʿAbdülḥamīds ab. Vor allem Offiziere unter den Jungtürken traten für einen autoritären Zentralismus ein, eine Richtung, die fast zwangsläufig die Oberhand gewann.

Seit 1906 entstanden oppositionelle Zellen unter aktiven Offizieren. Am bedeutendsten wurde eine Gruppe in Saloniki. Ihre politischen Vorstellungen waren rudimentär: Sie traten an für das Vaterland und für die Verfassung, zur Verteidigung des Reiches gegen seine inneren und äußeren Feinde. Anfang 1908 begannen, von Saloniki ausgehend, Revolten unter den in den europäischen Provinzen des Reichs stationierten Militäreinheiten. Am 23. Juli 1908 kam der Sultan schließlich einer ultimativen Forderung der Aufständischen nach Reetablierung der Verfassung von 1876 und Einberufung des 1878 suspendierten Parlaments nach und erklärte, daß die Verfassung wieder in Kraft sei.

Diese Erklärung löste einen Freudentaumel im ganzen Reich aus, da die Hoffnung damit verknüpft wurde, die Gegensätze zwischen den nationalen und religiösen Gruppen in einem konstitutionellen, repräsentativen System überwinden und das Reich von innen heraus stärken zu können. Der Enthusiasmus währte jedoch nicht lange. Die „jungtürkische Revolution" mündete schon bald in eine Militärdiktatur, die den weiteren Zerfall und den endgültigen Zusammenbruch des Osmanischen Reiches im Jahre 1918 auch nicht aufzuhalten vermochte. Zunächst bestanden die beiden politisch-ideologischen Grundorientierungen fort. Auf der einen Seite standen nach wie vor die Liberalen, die sich für die Dezentralisation und für Autonomierechte für religiöse und nationale Minderheiten einsetzten. Auf der anderen Seite standen die Zentralisten und türkischen Nationalisten. Sie wurden repräsentiert durch das „Komitee für Einheit und Fortschritt", dessen „Hauptquartier" vorerst Saloniki blieb. Nicht zuletzt aufgrund der äußeren Ereignisse gewann das Komitee bald die Oberhand: Österreich annektierte 1908 Bosnien und die Herzegowina, Bulgarien erklärte sich unabhängig, Kreta wurde Griechenland angegliedert, Italien fiel 1911 in Tripolitanien ein, und 1912 erklärten die Balkanstaaten dem Osmanischen Reich den Krieg.

Die „jungtürkische Revolution", die ja eigentlich eine Restauration (nämlich der Verfassung) war, war keineswegs von Anfang an gesichert. Die Koalition der Gegner des „Komitees für Einheit und Fortschritt" umfaßte den Sultan, konservative Muslime und traditionelle liberale Politiker. Im April 1909 kam es in Istanbul zum Versuch eines Gegenputsches, der von Truppen aus Saloniki niedergeschlagen wurde. ʿAbdülḥamīd wurde abgesetzt und exiliert; der neue Sultan – Meḥmed Rešād – war eine bloße Marionette des Komitees, das zum bestimmenden Machtfaktor im Reich geworden war.

Die Regungen nationaler Bestrebungen in verschiedenen Teilen des Osmanischen Reiches und ihre kompromißlose Unterdrückung führten in den letzten Jahren vor dem Ersten Weltkrieg zum endgültigen Tod des Osmanismus, zum endgültigen Zusammenbruch der Idee eines multinationalen und multireligiösen Osmanischen Reichs. Die Jungtürken verfolgten stattdessen eine Politik der Turkifizierung des Reichs, welche die Aufoktroyierung der türkischen Sprache in den Schulen und in der Verwaltung der arabischen Provinzen implizierte und dort eine gewaltige Stärkung des entstehenden arabischen Nationalgedankens bedeutete.

Im Parlament wurden jedoch noch immer Stimmen der liberalen Opposition laut. Daher wurde es von den Jungtürken im Januar 1912 aufgelöst. Im April 1912 fanden offen manipulierte Neuwahlen statt, die zum Ergebnis hatten, daß sich unter den 275 Abgeordneten nur noch sechs Oppositionelle befanden. Auch das Parlament befand sich nun in der Hand des „Komitees für Einheit und Fortschritt". Im Juli 1912 erzwang zwar eine oppositionelle Gruppe innerhalb der Armee einen Regierungswechsel, doch die Offiziere des Komitees kehrten im Januar 1913 im wörtlichen Sinne mit der Waffe in der Hand wieder an die Spitze der Regierung zurück. Von nun an stand das Osmanische Reich unter der Diktatur der Jungtürken.

Unter ihrem Regime wurde die Politik der Europäisierung weitergeführt. Neu war z. B., daß die Schulen aller Stufen, einschließlich der Universität, für Mädchen bzw. Frauen geöffnet wurden. 1917 wurde auch ein Familiengesetz dekretiert, das den Frauen größere Rechte verschaffte. Die religiösen Gerichte wurden dem säkularisierten Justizministerium unterstellt. Der sozio-kulturelle Dualismus bestand jedoch fort. Auf der einen Seite standen nach wie vor die mehr oder weniger konservativen Muslime, auf der anderen die „Westler", und zwischen beiden Grundrichtungen gab es viele Zwischentöne. Die Frage der eigenen Identität wurde in jenen Jahren aber breiter und offener als je zuvor diskutiert. Dabei wurde auch die Zielvorstellung einer radikalen Europäisierung, wie sie Atatürk später zu verwirklichen versuchte, schon voll ausformuliert.

Parallel zur Genese des „Turkismus" der Jungtürken und teilweise als Reaktion darauf kristallisierten sich in den Jahren vor dem Ersten Weltkrieg der „Arabismus" in Syrien und die ägyptische Nationalbewegung heraus. Zur Vorgeschichte der arabischen Nationalbewegung in Syrien gehörte die arabische kulturelle Renaissance in der zweiten Hälfte des neunzehnten Jahrhunderts, die Rückbesinnung auf das arabische historische und kulturelle Erbe. Vorausgegangen waren auch protonationale Regungen während der Krisenzeit der zweiten Hälfte der siebziger Jahre. In Beirut hatte sich damals eine kleine Geheimgesellschaft christlicher Intellektueller gebildet, zu der dann auch Muslime stießen; sie traten für die Autonomie und die Einheit des Libanon und Syriens ein. Und 1877/78 hatte angesichts der Existenzkrise des Osmanischen Reiches auch eine Gruppe syrischer und libanesischer muslimischer Notabeln zusammengefunden, um Pläne für die Zukunft Syriens für den Fall zu erörtern, daß das

Osmanische Reich auseinanderbrechen sollte. Doch wie die patriotische Bewegung um ʿUrābī in Ägypten mit der britischen Okkupation ihr Ende fand, so verstummte auch das Rumoren unter libanesisch-syrischen Intellektuellen und Notabeln wieder, als die Krise des Reiches vorüber war, bzw. wurde es durch die repressive Politik des Sultans zum Verstummen gebracht. Erst am Vorabend des Ersten Weltkriegs kam es zu neuen organisatorischen Anläufen.

Der entstehende arabische Nationalismus hatte jedoch verschiedene Gesichter. Einerseits wurde in der muslimischen Perspektive die besondere Rolle der Araber in der Geschichte des Islams betont. Hierbei spielte seit Anfang der achtziger Jahre auch der Gedanke der Wiederbelebung eines arabischen Kalifats eine wichtige Rolle. Muslimische Protagonisten des arabischen Nationalgedankens neigten dazu, ihre politischen Vorstellungen defensiv gegenüber Europa zu formulieren und bei der Bestimmung der arabischen Identität nicht nur die Sprache und die gemeinsame Geschichte und Kultur, sondern auch den Islam als essentiellen Faktor zu betonen. Bei der Übernahme europäischer Ideen und Errungenschaften wollten sie sehr selektiv vorgehen. Andererseits waren bei der Herausbildung der Idee der arabischen Nation aber christliche syrisch-libanesische Intellektuelle überproportional beteiligt. Viele von ihnen waren in christlich-missionarischen Lehranstalten wie dem Syrian Protestant College in Beirut, der heutigen Amerikanischen Universität, erzogen worden. Sie traten offensiv für die Übernahme europäischen Gedankenguts und europäischer wissenschaftlicher Erkenntnisse ein. Mit dem Islam als identitätsstiftendem Faktor konnten sie naturgemäß wenig anfangen. So wurden sie leicht dezidierte Säkularisten. Die nationale Idee war für sie eine emanzipatorische Idee. Wenn der Islam das staatstragende und gemeinschaftsstiftende Element blieb, behielten sie ihre zweitrangige Stellung, dann blieben sie *ḏimmīs,* Schutzbefohlene der muslimischen Herrscher. Als christliche *Araber* würden sie aber gleichberechtigt neben den muslimischen *Arabern* stehen. Das Ziel der Konstituierung einer arabischen Nation war für sie also gleichbedeutend mit dem Ziel ihrer Emanzipation und sozio-politischen Integration. Zur „arabischen Nation" gehörten in der Vorstellung libanesisch-syrischer Intellektueller dabei in erster Linie die Bewohner des Fruchtbaren Halbmonds, allenfalls noch die der Arabischen Halbinsel. Es ist jedoch zu betonen, daß der Säkularismus nicht auf christliche Intellektuelle beschränkt blieb. Die wirklich einflußreichen Säkularisten in der Türkei und in Ägypten waren Muslime.

Zum Zentrum des „Arabismus" wurde nach dem Putsch der Jungtürken die syrische Metropole Damaskus. Die dortigen tonangebenden Familien waren bislang überwiegend „Osmanisten" gewesen; sie hatten ihre Söhne mit Vorliebe nach Konstantinopel zur Ausbildung geschickt. Zunächst wurde auch die Politik des „Komitees für Einheit und Fortschritt" begrüßt. Man glaubte an die Möglichkeit des gleichberechtigten türkisch-arabischen Zusammenlebens im Zeichen eines liberalen, konstitutionellen Osmanismus. Doch als die Jungtürken begannen, in der Provinzverwaltung syrische Notabeln durch ihre türkischen Gefolgsleute zu ersetzen und den Gebrauch der türkischen Sprache in den Schulen, bei den Gerichten und in der Verwaltung zu forcieren, wurde der „Arabismus" zum Instrument der syrisch-arabischen Opposition und der Rückgewinnung verlorener Positionen. Andere Trägergruppen des „Arabismus" waren Studenten, Offiziere und Journalisten. In den Jahren vor dem Ersten Weltkrieg entstand eine ganze Palette von offen agierenden und geheimen Vereinigungen, die allerdings unterschiedliche Zielvorstellungen hatten. Die Mehrheit erstrebte mehr Rechte für die Araber in einem dezentralisierten Osmanischen Reich, eine Minderheit wollte mit Konstantinopel brechen, strebte also nach arabischer Unabhängigkeit.

Zu diesen Gruppen gehörte z. B. der „Literarische Klub" *(al-muntadā l-adabī),* eine 1909 gegründete arabische kulturelle Vereinigung, die zu einem Vehikel der Verbreitung des arabischen Nationalgedankens wurde. Ebenfalls 1909 gründeten Armeeoffiziere aus Syrien in Konstantinopel die „Qaḥṭān-Gesellschaft" *(al-ǧamʿiyya al-qaḥṭāniyya,* benannt nach Qaḥṭān, einem legendären Stammvater der Araber). Aus dieser Gruppe ging 1914 die Geheimgesellschaft „Der Bund" *(al-ʿahd)* hervor, der unzufriedene Offiziere aus Syrien und Mesopotamien angehörten. Ihr Ziel war die politische Autonomie der arabischen Provinzen unter dem Schirm einer türkisch-arabischen Doppelmonarchie nach österreichisch-ungarischem Vorbild. Im gleichen Jahre 1909 riefen arabische Studenten in Paris in Anlehnung an die Bezeichnung „Jungtürken" die „Jungarabische Gesellschaft" *(al-ǧamʿiyya al-ʿarabiyya al-fatāt)* ins Leben. Sie hatte geheime Zellen in Beirut und Damaskus und trat für die Unabhängigkeit der Araber und den Bruch mit dem Osmanischen Reich ein. Dagegen war das Programm der von muslimischen und christlichen Exil-Syrern 1912 in Kairo gegründeten „Osmanischen Dezentralisationspartei" *(ḥizb al-lā-markaziyya al-idāriyya al-ʿuṯmānī)* mit dem der liberalen „Osmanisten" in Konstantinopel verwandt: Ihr Ziel war die administrative Dezentralisierung und die Stärkung der arabischen Positionen in der Verwaltung. Die gleiche Forderung erhob der von einer Handvoll muslimischer und christlicher arabischer Studenten 1913 in Paris initiierte „Arabische Kongreß". Bei der Verwirklichung des Ziels, die Identität der arabischen Nation innerhalb des Osmanischen Reiches zu bewahren, hofften die Teilnehmer auf europäische Sympathien und Unterstützung.

In den Jahren 1909 bis 1914 kam es also zu einer Diffusion und Organisierung der nationalarabischen Bestrebungen vor allem in Syrien. Zur Formierung des arabischen Nationalgedankens hatten christliche Säkularisten, muslimische Intellektuelle, Offiziere und Notabeln beigetragen. Für die noch jungen und sehr kleinen Gruppen und Vereinigungen ergab sich eine neue Situation, als das Osmanische Reich am 30. 10. 1914 an der Seite der Mittelmächte in den Krieg eintrat. Für den Fall der Niederlage der Mittelmächte bestand nun die realistische Perspektive arabischer politischer Unabhängigkeit. Dabei zählte man auch auf die Unterstützung der Westmächte, obwohl man die Gefahr englischer und französischer Aspirationen im Fruchtbaren Halbmond und auf der Arabischen Halbinsel durchaus sah.

Was die nationalen Bestrebungen im geographischen Syrien anbelangt, so muß noch eine spezifische Entwicklung ins Blickfeld gerückt werden. Zwar hatten christliche libanesische Intellektuelle maßgebenden Anteil an der arabischen kulturellen Renaissance, an der Herausbildung des „Arabismus" und an der Entstehung der syrisch-arabischen Nationalbewegung. Doch war im Mont Liban im späten neunzehnten und frühen zwanzigsten Jahrhundert auch ein von Maroniten getragener christlich-libanesischer Nationalismus entstanden, der von französischen kirchlichen und politischen Kräften unterstützt und ermutigt wurde. Das Streben nach einem maronitisch dominierten, unabhängigen libanesischen Staat in enger Anlehnung an Frankreich und unter dessen schützender Hand war eine Variante nationaler Aspirationen im Vorderen Orient, die nach dem Ersten Weltkrieg sehr schnell realisiert wurde.

Gleichzeitig mit diesen Bestrebungen in Syrien und im Libanon entwikkelten sich die ägyptischen nationalen Hoffnungen. Sie wurden gespeist aus der Tradition des Patriotismus, der Liebe zu diesem Land am Nil, die schon Ṭahṭāwī gepredigt hatte, aus dem Widerstand gegen die britische Besatzung und aus der Auseinandersetzung zwischen islamischen und säkularistischen politischen Ordnungsvorstellungen. In diesem letzteren Sinne war der ägyptische Nationalismus also auch ein Ausdruck säkularistischer Bestrebungen, deren Protagonisten von unterschiedlichen Ansatzpunkten her die Konstituierung zweier getrennter Sphären postulierten, einer staatlich-politischen auf der einen und einer privaten, religiös-moralischen auf der anderen Seite. Ägypten war schon seit Muḥammad ʿAlī de facto ein Nationalstaat, auch wenn es im neunzehnten Jahrhundert noch keinen ägyptischen Nationalismus als Ideologie gab. Die Patrioten um ʿUrābī z. B. sahen Ägypten als integralen Bestandteil des Osmanischen Reiches. Eine ägyptische Nationalbewegung begann sich erst seit den letzten Jahren des neunzehnten Jahrhunderts gegen die britische Besatzungsmacht zu formieren. Im frühen zwanzigsten Jahrhundert kristallisierten sich zwei Tendenzen heraus, die 1907 durch die Gründung zweier Organisationen bzw. Gruppen institutionalisiert wurden: der Nationalpartei *(al-ḥizb al-waṭanī)* des Rechtsanwalts und Journalisten Muṣṭafā Kāmil (1874–1908) und der sogenannten Volkspartei *(ḥizb al-umma)*, einer Gruppe um die Zeitschrift al-Ǧarīda, deren führender Kopf der Großgrundbesitzer und Intellektuelle Aḥmad Luṭfī as-Sayyid (1872–1963) war.

Kāmils Nationalpartei fand ihre Anhänger im städtischen Mittelstand, besonders unter Angehörigen der freien Berufe. Ihre Grundforderung war der sofortige Abzug der Engländer aus Ägypten. Zum Osmanischen Reich bzw. zum Sultan in Konstantinopel und zur Rolle des Islam in der Nationalbewegung hatte Muṣṭafā Kāmil ein ambivalentes Verhältnis. Die ägyptische Nation nahm auf seiner politischen Wertskala zwar den obersten Platz ein, aber sie war auch in positivem Sinne Bestandteil der osmanischen, der muslimischen und der orientalischen Welt. Islam und ägyptischer Nationalismus gerieten bei Kāmil nicht in Konflikt; der Islam war eine Stütze der Nation, auch wenn diese zu einem signifikanten Teil aus Kopten bestand.

Der Liberale Luṭfī as-Sayyid dagegen forderte die nationale Unabhängigkeit Ägyptens als Ausfluß der allgemeinen Forderung nach Freiheit. Dabei war er gradualistisch oder, wie die Engländer sagten, gemäßigt. Die Loyalität gegenüber der Nation hatte aus seiner Sicht nichts mit der Religion zu tun; die ägyptische Nation fand ihre Identität ohne Bezug auf den Islam. Insoweit propagierte er also einen liberalen, säkularistischen Nationalismus. Aus der Gruppe um Luṭfī as-Sayyid ging nach dem Ersten Weltkrieg unter der Führung von Saʿd Zaġlūl der Wafd hervor, der die ägyptische Nationalbewegung zu einer Massenbewegung machte und der als Partei bis 1952 die führende politische Kraft des Landes blieb. Bis zur Mitte der dreißiger Jahre war die Nationalbewegung auch dezidiert ägyptisch; erst dann wurden panarabische Strömungen in ihr wirksam.

Die Phase seit den späten siebziger/frühen achtziger Jahren des neunzehnten Jahrhunderts war im Vorderen Orient auf der politisch-ideologischen Ebene zunächst also von einer gewissen Lähmung nach den innen- und außenpolitischen Krisen geprägt, dann seit den neunziger Jahren von einem Wiederaufleben und der Neuformulierung politischer Aspirationen, und schließlich von der ideologischen und organisatorischen Verdichtung türkischer, arabischer und ägyptischer nationaler Bestrebungen in den Jahren vor dem Ersten Weltkrieg.

Von weitreichender Bedeutung für die Entwicklung des Vorderen Orients nach dem Krieg war auch die Entstehung eines anderen Nationalgedankens während jener Phase, nämlich des jüdisch-zionistischen. Die europäischen Juden, die ihn propagierten, gedachten ihre Ziele allerdings nicht in Europa, sondern in Palästina zu realisieren. Die teilweise blühenden jüdischen Gemeinschaften in Nordafrika und im Vorderen Orient hatten an der Entstehung der Zionistischen Bewegung keinen Anteil. Der Zionismus war primär eine Antwort auf die Unfähigkeit der europäischen Gesellschaften, in Frieden mit den jüdischen Gemeinschaften in ihrer Mitte zu leben; bis zu einem gewissen Grade war er auch eine Reaktion auf den jüdischen Identitätsverlust durch Emanzipation und Assimilation in West- und Mitteleuropa.

Der politische Zionismus, der die „jüdische Frage" dezidiert als eine nationale Frage definierte, fand seinen Ausdruck in der von Theodor Herzl ins Leben gerufenen Zionistischen Bewegung. Als Ziel wurde auf dem ersten Kongreß 1897 in Basel die Schaffung einer öffentlich-rechtlich gesicherten Heimstätte für das jüdische Volk in Palästina festgelegt. Herzls

Vorstellung war, daß sich europäische Juden dort unter dem Schirm und als organisierter Partner einer Großmacht niederlassen könnten. Er entfaltete daher hektische Aktivitäten in allen wichtigen europäischen Hauptstädten. In den Jahren 1897/98 versuchte er, die deutsche Reichsregierung bzw. den Kaiser für sein Vorhaben zu gewinnen. Doch der Kaiser ließ den Gedanken an einen deutschen Flankenschutz für die zionistische Kolonisation Palästinas wie eine heiße Kartoffel fallen, nachdem er sich Klarheit über die prinzipielle Ablehnung eines solchen Unterfangens durch Konstantinopel verschafft hatte. Herzl versuchte auch vergeblich, den Sultan selbst für die jüdische Siedlung zu erwärmen. Die Pforte schätzte den ihr vorgerechneten potentiellen Nutzen einer jüdischen „Heimstätte" in Palästina (ökonomisch-fiskalischer Gewinn, Gegengewicht gegen arabische Unabhängigkeitsbestrebungen) weit geringer ein als die Gefahren, die nach ihrer Ansicht von einem Eingehen auf die zionistischen Wünsche drohten (zusätzliches Nationalitätenproblem, Widerstand der arabischen Bevölkerung Palästinas, Gefahr eines jüdischen Staates im Staate, Gefahr ausländischer Einmischung). Erst der Weltkrieg und die mögliche Zerschlagung des Osmanischen Reiches eröffneten der Zionistischen Bewegung neue Möglichkeiten zur Realisierung ihrer Bestrebungen.

Abschließend soll noch ein kurzer Blick auf die Entwicklung der jüdischen Siedlung in Palästina bis zum Beginn des Krieges geworfen werden. Am Vorabend der ersten jüdischen Einwanderungswelle *(Alija)*, im Jahre 1882, lebten dort etwa 24000 Juden, und zwar ganz überwiegend in den vier jüdischen „heiligen Städten" Jerusalem, Hebron, Safad und Tiberias. Die Kolonisation setzte mit dem Beginn der ersten Alija (1882–1903) aus Osteuropa ein, die eine Folge der Pogrome in Rußland und der Unterdrückung der Juden in anderen osteuropäischen Ländern war. Bis zum Ersten Zionistenkongreß in Basel im Jahre 1897 wurden in Palästina achtzehn jüdische Siedlungen mit rund 5000 Einwohnern errichtet. Am Ende der zweiten Alija (1904–1914), die erneut durch die Verfolgung der Juden in Osteuropa ausgelöst worden war, bestanden in Palästina 47 jüdische Siedlungen mit etwa 12000 Einwohnern, von denen vierzehn nun durch die Zionistische Organisation unterstützt wurden. Insgesamt wuchs die jüdische Bevölkerung Palästinas bis zum Ersten Weltkrieg auf 85000 Seelen an (12,3% einer Gesamtbevölkerung von 689000). Die Immigranten der drei Vorkriegsjahrzehnte kamen fast ausschließlich aus Osteuropa. Doch die Ostjuden, die sich in Palästina niederließen, machten nur 2% der jüdischen Gesamtauswanderung aus Osteuropa aus (55000 von 2745000); 96% emigrierten nach Amerika und Westeuropa. Als die britische Regierung 1917 die sog. Balfour-Erklärung abgab, in der sie den Aufbau einer jüdischen nationalen Heimstätte in Palästina zu unterstützen versprach, lebte dort weniger als ein halbes Prozent der jüdischen Weltbevölkerung. Rein quantitativ gesehen trug Palästina noch bis in die dreißiger Jahre des zwanzigsten Jahrhunderts hinein wenig oder nichts zur Lösung der Probleme der europäischen Juden bei, wie auch die Zionistische Bewegung bis zur nationalsozialistischen Machtergreifung in Deutschland die Organisation einer kleinen Minderheit der europäischen Juden blieb.

Es wären bis zum Ersten Weltkrieg aber wohl mehr Juden nach Palästina eingewandert, wenn die osmanischen Behörden dies nicht zu verhindern versucht hätten. Als 1882 nach den Pogromen in Rußland eine große Zahl auswanderungswilliger Juden um osmanische Visa nachsuchte, machte die Pforte bekannt, daß Juden ins Osmanische Reich unter der Bedingung einwandern könnten, daß sie sich nicht in Palästina ansiedelten, daß sie osmanische Staatsbürger würden und daß sie sich an die Gesetze hielten. Dies blieb bis 1914 osmanische Politik. Viele Juden konnten die administrative Behinderung der Niederlassung in Palästina aber dank der Bestechlichkeit osmanischer Beamter und dank des diplomatischen Flankenschutzes durch europäische Mächte überwinden.

Außerdem stand die arabische Bevölkerung der jüdischen Einwanderung von Anfang an feindselig gegenüber. Wo Bauern von Landkäufen der Zionisten direkt betroffen waren, kam es zu wiederholten Attacken auf jüdische Siedlungen. Der Hauptwiderstand ging jedoch von städtischen Handwerkern, Kaufleuten und Intellektuellen aus, zumal sich die jüdischen Einwanderer ja auch überwiegend in Städten niederließen. Die Intellektuellen kannten und verstanden die Ziele der Zionistischen Bewegung. Schon in den letzten Jahren des neunzehnten Jahrhunderts wurden warnende, beschwörende Stimmen laut, die blutige Zusammenstöße vorhersagten, wenn die Zionisten nicht von ihrem Vorhaben abließen. Nach 1908 wurden Zeitungen wie *al-Karmil* in Haifa und *Filasṭīn* in Jaffa gegründet, welche den Widerstand gegen die zionistischen Bestrebungen als eine ihrer Hauptaufgaben ansahen. Wer also glaubte, die Araber Palästinas würden nach der Zerschlagung des Osmanischen Reiches nicht nur die Verweigerung ihrer politischen Unabhängigkeit, sondern auch die Schaffung einer jüdischen Heimstätte in ihrem Land einfach hinnehmen, mußte uninformiert oder uninteressiert sein.

Die Einbeziehung des Vorderen Orients in den Krieg, der in den letzten Julitagen des Jahres 1914 in Europa begann, weckte nun die unterschiedlichsten Hoffnungen und Erwartungen, die sich schrittweise herauskristallisierten: Die Großmächte begannen die Aufteilung des Osmanischen Reiches unter sich selbst zu planen; die Araber des Fruchtbaren Halbmondes und des Hedschas hofften auf ihre Unabhängigkeit vom Osmanischen Reich; die Ägypter hofften auf ein Ende der britischen Okkupation ihres Landes; libanesische Christen setzten auf die Schaffung eines französisch protegierten Staates Libanon; die Zionisten arbeiteten auf ein Bündnis mit den wahrscheinlichen Siegern hin, um ihre Ziele in Palästina verwirklichen zu können. Der Krieg veränderte daher nicht nur die politische Landschaft Europas, sondern auch die des Vorderen Orients in grundlegender Weise. Mit dem Ersten Weltkrieg ging auch im Vorderen Orient eine Epoche zu Ende.

IX. Der arabische Osten im zwanzigsten Jahrhundert 1914–1985

(Helmut Mejcher)

1. Vorbemerkungen

Die Geschichte des Vorderen Orients im zwanzigsten Jahrhundert ist keine bloße chronologische Fortsetzung der Geschichte des neunzehnten Jahrhunderts. Abgesehen von den tiefgreifenden Veränderungen der politischen Landkarte im Gefolge des Ersten Weltkriegs erweist sich das zwanzigste Jahrhundert im Gegensatz zu früheren Jahrhunderten der arabischen Geschichte als eine noch unfertige Epoche. Das betrifft nicht nur die offenen Fragen nach ihrer universellen und epochalen Charakterisierung, sondern gilt auch streng wissenschaftlich in methodischer Hinsicht. Dem Zeitgeschichtler stellt sich das schwierige Problem, wie die Ergebnisse eines archivalisch erforschbaren Epochenabschnitts – gegenwärtig bis zu den fünfziger Jahren – mit den noch kaum erhärteten Einsichten und schillernden Projektionen aus einer erlebten und erlittenen Gegenwart zu einem Gesamtbild gefügt oder gar zu Kontinuitätssträngen verknüpft werden können.

Der in solchen Fällen häufig begangene Weg einer teleologisch und ideologisch determinierten Epochendeutung und einer darunter subsumierten Stoffansammlung soll im folgenden nicht beschritten werden.[1] Die hier beschriebenen Phasen der nahöstlichen arabischen Geschichte des zwanzigsten Jahrhunderts enden in einer noch offenen Zukunft. Ihre Zäsuren sind nicht auf das heute aktuelle Wechselverhältnis zwischen Arabismus und Islamischem Fundamentalismus zugespitzt, das von einem über jede Tagespolitik und Epochen erhabenen gleichsam scholastischen Ordnungsprinzip bzw. der islamischen Imperialdoktrin der *umma* beherrscht zu sein scheint. Ebensowenig wird der Arabische Sozialismus epochenmäßig als ideologische Kompensation für dieses vermutlich unüberbrückbare Wechselverhältnis abgehandelt. Solche Deutungsversuche werden im Zusammenhang mit der Krisis der politischen Kultur zu behandeln sein.

Die Zäsuren der hier markierten Phasen der Geschichte des arabischen Nahen Ostens im zwanzigsten Jahrhundert orientieren sich stattdessen in erster Linie an den für die Gesellschaft und Herrschaft in der Region bedeutsameren sozio-ökonomischen und sozio-kulturellen Veränderungen. Dabei wird immer auch die häufig entscheidende Mitwirkung weltwirtschaftlicher Vorgänge sowie internationaler Politik akzentuiert. In einer solchen Zusammenschau sozialgeschichtlicher Entwicklungen und internationaler Politik im umfassenden Sinne, wie sie der Entwicklung der Weltgesellschaft des zwanzigsten Jahrhunderts angemessen ist, verläuft die arabische Geschichte des neunzehnten und vollends des zwanzigsten Jahrhunderts weder isoliert noch autistisch im Sinne eines Erwachens- oder Kampfmythos.

Die innere Entwicklung des hier beschriebenen Ausschnitts der arabischen Welt stellt sich gerade im zwanzigsten Jahrhundert – neben der Staatenbildung – eher als eine fortschreitende neuartige klassenmäßige Ausdifferenzierung dar. Sie wird jedoch infolge der zunehmenden Tendenzen eines entwicklungspolitisch begründeten Staatskapitalismus und einer im Selbstverständnis arabischer Regierungen erforderlichen autoritären Herrschaftsform sozusagen politisch arretiert. Da diese lokalen und regionalen Prozesse hinsichtlich ihrer Ausbreitung und Beschleunigung in erheblicher Weise den Rahmenbedingungen des „außengelenkten" Entfaltungsprozesses eines kapitalistischen Weltsystems unterliegen,[2] ist die Legitimation politischer Gewalt in der arabischen Region einer unerbittlichen Zerreißprobe zwischen sozio-kulturell tradierten Ordnungsleitbildern, sozio-ökonomisch fundierten gesellschaftlichen Widersprüchen sowie Postulaten der Weltwirtschaft und internationalen Politik ausgesetzt. Die Rolle der Militärs und der Rüstungspolitik ist unter anderem ein Ausdruck dieses Dilemmas.

Diese das zwanzigste Jahrhundert kennzeichnende Komplexität und die kaum mehr zu entkoppelnden weltumfassenden Handlungsketten, in die die Geschichte und Politik des arabischen Nahen Osten fortan verwoben sind, lassen sich nicht mehr wie im neunzehnten Jahrhundert aus den „alternierenden Betrachterstandpunkten" einer bi-polaren nahöstlichen Welt aufzeigen.[3] Für die vorderasiatischen Nachfolgestaaten des Osmanischen Reichs ergibt sich selbst dann ein beachtlicher Polyzentrismus, wenn – wie in dieser Abhandlung – Israel und die neue Türkei unberücksichtigt bleiben. Es entspricht dennoch der historischen Entwicklung sowie der politischen Dynamik des arabischen Nahen Ostens, den Polyzentrismus auf drei hauptsächliche Schauplätze und Ausgangspunkte arabischer Geschichte und Politik zu beschränken. Aus ihnen ergeben sich auch in Verbindung mit den ereignisgeschichtlichen Abläufen die inneren Zäsuren der arabischen Entwicklung. Folgende drei Phasen lassen sich feststellen:

Die erste umfaßt die drei Jahrzehnte nach Ausbruch des Ersten Weltkriegs. Ihre Charakterisierung als heroisches Zeitalter der Arabischen Bewegung soll neben dem arabischen Selbstbehauptungswillen in der Niederlage des Osmanischen Reichs, in der Staatsgründung auf der Arabischen Halbinsel und im Kampf gegen die britische Dominanz nicht zuletzt im Niltal auch die Rolle sogenannter „großer Personen" betonen. Diese entsprachen einem noch traditionellen und auch von den europäischen Kolonialmächten geförderten lokalen Herrschaftsverständnis. Die höchst unterschiedlichen Ausgangsbedingungen und zeitlichen Abläufe für die Implementierung der Nachkriegsordnung machen jedoch einen regionalen Szenenwechsel erforderlich.

Die zweite große Phase, als Ära der Massenbewegungen und Ideologien gekennzeichnet, setzte mit den lokalen Auswirkungen der Weltwirtschaftskrise ein. Der Zweite Weltkrieg verstärkte im Vorderen Orient überall das Auseinanderdriften von traditioneller Herrschaftselite und Masse der Gesellschaft. Er leitete als letzte Etappe in diesem Prozeß die Ära der Revolutionen ein, die mit der ägyptischen Revolution im Jahre 1952 begann. Der revolutionäre Umbruch von Gesellschaft und Herrschaft fand seinen Ausdruck im politischen Aufstieg und in der Machtübernahme durch die Freien Offiziere einerseits und in der Verbreitung der Ideologien des Baathismus und des Nasserismus andererseits. Deren gegenseitige Befehdung reflektiert die ungelöste soziale und nationale Frage in den arabischen Ländern. Eine nicht unerhebliche katalysatorische Wirkung auf die Ausbreitung beider Ideologien ging von der Agitation der Muslimbruderschaft, dem arabischen Fiasko in der Palästinafrage (1948) sowie der regionalen – gegen die Sowjetunion und marxistische Umstürze gerichteten – Containmentpolitik der westalliierten Siegermächte des Zweiten Weltkriegs aus. Der ägyptische Rückzug aus dem Jemen, ein Jahr vor der katastrophalen Niederlage im Sechstagekrieg im Juni 1967, bedeutete das Ende dieser zweiten großen Phase.

Die dritte und letzte Phase ist durch einen Wandel von Wirtschaft, Gesellschaft und Herrschaft gekennzeichnet. Der letztlich über den Nasserismus siegende Baathismus einerseits sowie der wirtschaftliche Pragmatismus der Organisation der erdölexportierenden Staaten und der Finanzoligarchien auf der Arabischen Halbinsel andererseits bilden die Antipoden einer neuen arabischen Formierung. Unter dem Primat der Ölmacht stellt die Regie der Wirtschaftsplaner und Technokraten die politischen Herrscher aus Partei und Dynastie vor neue Legitimationszwänge entwicklungspolitischer Leistung. Die Entfaltung und Geltung der Bürokratien, unter der sämtliche politischen Systeme des arabischen Ostens eine erstaunliche Stabilisierung erfahren, läßt sich keinesfalls mit einem säkularen Stadium der arabisch-islamischen Geschichte gleichsetzen. Dies zeigt nicht nur die neue Virulenz des Fundamentalismus, sondern gerade auch das islamische Legitimationsbedürfnis vor allem der Ölpotentaten auf der Arabischen Halbinsel. Die Frage stellt sich, ob angesichts der Probleme des beschleunigten sozialen Wandels, aber auch der so schwierig kalkulierbaren – weil vom Weltmarkt abhängigen – Sozialkrisen, entweder Sozialismus oder aber Islam der Gesellschaft jeweils eine größere Mitbestimmung und damit ein Bewußtsein der Identität und Souveränität zu offerieren und zu vermitteln vermögen. In diesem Spannungsverhältnis zwischen sozialem Wandel, Sozialismus, Islam und Konstitutionalismus ist die gegenwärtige Krisis der politischen Kultur umrissen.

Eine letzte Anmerkung betrifft die diesem Spannungsverhältnis ebenfalls anhaftende und neuerdings viel diskutierte Thematik von Ethnizität und Pluralismus. Es handelt sich dabei um das sogenannte Mosaikmodell, das dem Konzept der „Orientalischen Despotie" zugrundeliegt und das in der traditionellen Orientalistik lange aufrechterhalten wurde.[4] Ihm zufolge ist die arabisch-islamische Gesellschaft vertikal in Religions- und Siedlungsgemeinschaften strukturiert sowie in Stammes- und Clanzugehörigkeit gegliedert. Als solche ist sie nicht zu einer übergreifenden und nach Maßgabe der politischen Ökonomie schichtungsspezifischen sozialen Integration imstande. Diese einer kritischen historischen Sozialwissenschaft letztlich nicht mehr standhaltende Sichtweise – und das gilt vor allem für die Erforschung sozialer Prozesse im zwanzigsten Jahrhundert – soll ihren neueren Verfechtern in der Konfliktforschung (häufig auch in politischer Absicht) den Nachweis einer in der arabischen Gesellschaft strukturell veranlagten Instabilität und Unfähigkeit zur Nationenbildung und zum Liberalismus liefern. So wie das allzu mechanische Mosaikmodell für die arabisch-islamische Gesellschaft letztlich die immerwährende Reproduktion ihrer Stagnation behauptet und neue soziale Formationen nicht erfaßt, so würde folglich auch eine ausschließlich daran orientierte Geschichtsschreibung über den Nahen Osten im zwanzigsten Jahrhundert letztlich in einer Phänomenologie der Oberflächlichkeiten erstarren und neue Horizonte arabischer Selbstbehauptung und Orientierungssuche verwischen.

2. Das „heroische" Zeitalter der Arabischen Bewegung. Freiheitskampf, politische Neuordnung und europäische Dominanz

Als Arabische Bewegung werden in den folgenden Ausführungen all jene seit Beginn des zwanzigsten Jahrhunderts von Arabern getragenen Unabhängigkeitsbestrebungen verstanden, deren Ordnungsvorstellungen – gleichgültig ob dynastischer, islamisch republikanischer, nationalstaatlicher oder föderativer Art – sich zum Erbe der arabischen Kulturnation sowie zu einer arabischen Schicksalsgemeinschaft bekennen. Ihr heroisches Zeitalter ist keineswegs auf den Ersten Weltkrieg beschränkt. Zwar sahen sich zu der Zeit fast alle arabischen Vertreter einer dezentralistischen osmanischen Reichsreform zur endgültigen Sezession von der inzwischen jungtürkischen Herrschaft gezwungen. Die vor allem vom britischen Arabienbüro in Kairo betriebene und an der Figur Lawrence von Arabiens hochstilisierte Verherrlichung des sogenannten arabischen Aufstands gegen das Türkenjoch ist aber nicht geeignet, den unheildrohenden Kurs der Arabischen Bewegung zwischen der Szylla osmanisch-türkischer Autokratie und der Charybdis des anglo-französischen Imperialismus aufzuzeigen.

Tatsächlich mündete die erfolgreiche Sezession in eine neue Unterordnung. An die Stelle der jungtürkischen Imperialdoktrin trat der schlecht verbrämte Mandatskolonialismus der Ententemächte.[5] Dessen imperiale Klammern waren in einem System ungleicher Verträge mit den arabischen Nachfolgestaaten des Osmanischen Reiches fest verankert.

Das politische Tauziehen um die Revision und Aufhebung dieser Verträge erstreckte sich bis in die Jahre des Zweiten Weltkriegs und danach. Diese sich über die Zwischenkriegszeit hinziehende zweite heroische Periode der Arabischen Bewegung führte gleichzeitig zu einer stärkeren regionalen Integration. Die Arabische Bewegung unterlag in den ersten Jahrzehnten – wie noch gezeigt wird – räumlich wie zeitlich höchst unterschiedlichen Ausgangs- und Rahmenbedingungen, so war zum Beispiel in der Region des Niltals ein arabisches politisches Bewußtsein wie in Syrien kaum vorhanden. Erst für die dreißiger Jahre muß eine bis dahin unbekannte politische Vitalität gesamtarabischer Orientierung, aber auch ein in Ansätzen bereits inter-arabisches Kalkül der Machtbalance festgestellt werden.

In der Retrospektive erscheint das eigentlich Heroische an diesem Zeitalter der Arabischen Bewegung eher wie das vergebliche Mühen des Sisyphos: Der Sezession von der jungtürkischen Autokratie folgten die Unterordnung unter die europäische Dominanz und schließlich der sogenannte „arabische Kalte Krieg“[6] in der zweiten Hälfte des zwanzigsten Jahrhunderts. Diese fast tragisch zu nennende Sequenz mit ihren unterschiedlichen Ausgangspunkten wird im folgenden bis zur Gründung der Arabischen Liga im März 1945 dargestellt.

a) Die Region des Fruchtbaren Halbmonds

Die sichelförmig über der vornehmlich ariden Arabischen Halbinsel gelegenen fruchtbaren Provinzen des Osmanischen Reichs waren seit Jahrhunderten Wanderungsziel von aus dem Süden vordringenden Beduinenstämmen. Die Ausbreitung des Islams hatte diese Wanderungsbewegung – den sogenannten Kreislauf der Wüste – dramatisch beschleunigt und überlagert. Die Region des Fruchtbaren Halbmonds wurde schließlich zum Zankapfel rivalisierender arabischer Herrscherhäuser, die sich als Nachfolger des Propheten verstanden. Die bedeutenden Zentren arabisch-islamischer Kultur, die nacheinander in Damaskus und Bagdad entstanden, strahlten wiederum auf die Halbinsel zurück. Kulturgeschichtlich und verkehrswirtschaftlich bildete sich im arabischen Nahen Osten eine natürliche Süd-Nord Achse aus, die dann im Gefolge der nahezu vierhundertjährigen osmanischen Herrschaft auch vom Norden her gefestigt wurde. Zu Beginn des zwanzigsten Jahrhunderts waren der Hedschas und der Jemen im Westen der Arabischen Halbinsel sowie die heutige Ölprovinz al-Ḥasā im Osten osmanische Verwaltungsbezirke. Sie stellten gleichsam die verlängerten Enden des Fruchtbaren Halbmonds dar.

Bei einer Betrachtung des ersten Höhepunkts der Arabischen Bewegung ist dieser Umstand in zweifacher Hinsicht wichtig. Zum einen wurde durch die Teilungsabkommen der Ententemächte im Ersten Weltkrieg die auch für die Verbindung Ägyptens zu Syrien geltende natürliche Süd-Nord Achse des Fruchtbaren Halbmonds in eine für die Region selbst unnatürliche West-Ost Achse gedreht. Zum anderen bestanden für die Nationen- und Staatenbildung im Norden und Süden der arabischen Nahostregion höchst unterschiedliche soziologische und verwaltungsmäßige Voraussetzungen. Den weitgehend seßhaften ethnisch-konfessionellen Mischgesellschaften in Mesopotamien und Großsyrien standen auf der Arabischen Halbinsel nahezu homogene und vorwiegend tribale, zum Teil noch nomadisierende Gesellschaften gegenüber. Im Niltal wiederum wurde eine größtenteils bäuerliche und auf engstem Raum siedelnde Bevölkerung zentral verwaltet. Die aus diesem vereinfachten Schema herausfallenden ethno-konfessionellen Besonderheiten etwa der Kopten in Ägypten sowie der islamischen Sekten in Südarabien werden an anderer Stelle behandelt. Hier gilt es festzuhalten, daß die ethno-konfessionelle Heterogenität der Bevölkerung des Fruchtbaren Halbmonds und die insgesamt hohe politische Erwartenshaltung der städtischen Notabelnschicht der Arabischen Bewegung eine andere Legitimität abforderten und sie vor andere verfassungspolitische Aufgaben stellten, als dies für die weitgehend homogene und eher von sozialer Kohäsion geprägte Gesellschaft der Halbinsel oder des Niltals galt. Es mußte mit anderen Worten eine Art vertragsmäßiger Konsens, eine gleichsam republikanische Basis geschaffen werden. Vor diese schwierige Aufgabe sah sich der selbsterkorene Führer der Arabischen Bewegung, Scherif Ḥusayn b. ʿAlī, während des Ersten Weltkriegs gestellt.

Im Jahr 1909 hatten ihn die damals noch liberalen Jungtürken sozusagen in einer Verbrüderungsgeste gegenüber den Jungarabern zum Hüter der Heiligen Stätten im Hedschas eingesetzt. Kaum drei Jahre später mußte er um seine Absetzung bangen. Der neuen Türkifizierungspolitik standen die vor allem von Rašīd Riḍā sowie ʿAbd ar-Raḥmān al-Kawākibī verbreiteten Gedanken einer Vorzugsstellung des Arabertums im Islam sowie deren Plädoyer für ein arabisches Kalifat im Wege. Ḥusayn, der kraft seines Amtes und familiären Charismas ein designierter Kandidat war, sah sich veranlaßt, bei den Briten in Kairo um mögliche Unterstützung bei einer eventuellen Loslösung von Konstantinopel nachfragen zu lassen. Diese von seinem Sohn ʿAbdallāh, dem späteren König Transjordaniens, ausgeführte Mission wurde aber abschlägig beschieden. Die britische Diplomatie am Vorabend des Ersten Weltkriegs vermied jede Brüskierung der Türken, was nur der unbequemen deutschen Orientpolitik Vorschub geleistet hätte.

Der Kriegseintritt des Osmanischen Reiches an der Seite Deutschlands schuf eine völlig neue Lage. Von einer Revolutionierung der Araber erhoffte sich die Londoner Regierung jetzt eine militärische Entlastung im Vorderen Orient.

Die Revolutionierung sogenannter Kolonialvölker und Nationalitäten in Vielvölkerstaaten und Überseeimperien wurde von allen Weltkriegsgegnern als neuartiges Mittel der strategischen Kriegführung eingesetzt. Durch innere Unruhen sollte der Gegner geschwächt, seine militärische Macht an möglichst vielen Stellen gebunden werden. Die zumeist irregulären Kampfformen brachten den Typus des legendären Guerillaführers hervor. Bei dieser ersten Generation von Guerillaführern handelte es sich jedoch nicht um nationale Freiheitshelden, sondern um Agenten der kriegführenden Mächte. Der britische Lawrence von Arabien und sein deutsches Pendant, Wassmuß in Südiran, sind jedoch nicht nur ihre berühmtesten Exponenten, sondern zugleich auch Beispiele tragischer Verstrickung in die zumeist unheilige Allianz zwischen militärischer Strategie, politischem Kriegsziel und diplomatischer Finesse.[7] Für die Arabische Bewegung gilt es, die Fährnisse der unheilvollen Passage aufzuzeigen. Sie fand ihren Abschluß im Grunde bereits vor dem 5. Juni 1916, dem Datum der von Scherif Ḥusayn militärisch eingeleiteten arabischen Sezession vom Osmanischen Reich. Die Rahmenbedingungen internationaler Politik nahmen hier einen besonderen Stellenwert ein.

Nach der türkischen Beschießung russischer Schwarzmeerhäfen am 28. Oktober 1914 und der Kriegserklärung der drei Ententemächte Rußland, Großbritannien und Frankreich an die Hohe Pforte am 2. und 5. November befand sich das Britische Empire im Nahen Osten (wenn man von der Landung eines britisch-indischen Expeditionskorps im unteren Mesopotamien absieht) zunächst in einer militärischen Defensive. Die britische Orientpolitik unternahm als erstes die völkerrechtliche und diplomatische Festigung ihrer Position in der Region. Zu diesem Zweck wurden neben der Annexion Zyperns Ägypten und Kuwait zu Protektoraten erklärt. Die britische Kriegführung wollte dann in einer Strategie des „quick kill" die Regierung von Konstantinopel zur raschen Kapitulation zwingen und das Osmanische Reich aus dem Krieg ausschalten. Das Landungsunternehmen auf der Halbinsel Gallipoli und die äußerst verlustreich ausgefochtenen See- und Landkämpfe um die Dardanellen vom 19. Februar 1915 bis zum 9. Januar 1916 hätten im Falle eines militärischen und politischen Erfolges nicht nur den gefährlichen türkisch-deutschen Vormarsch auf den Suezkanal vorzeitig beendet, sondern auch eine britische Allianz mit der Arabischen Bewegung überflüssig gemacht. Die britische Politik hätte sich nur noch auf die Komplementierung des Konstantinopel-Abkommens (4. März bis 10. April 1915) konzentrieren müssen, wie sie zwischen dem 26. April und 23. Oktober des darauffolgenden Jahres auch vorgenommen wurde. Im Konstantinopel-Abkommen hatte das zaristische Rußland seine Ansprüche auf die Meerengen und Teile des vorwiegend armenischen Nordost-Anatoliens von den Ententepartnern bestätigt bekommen.

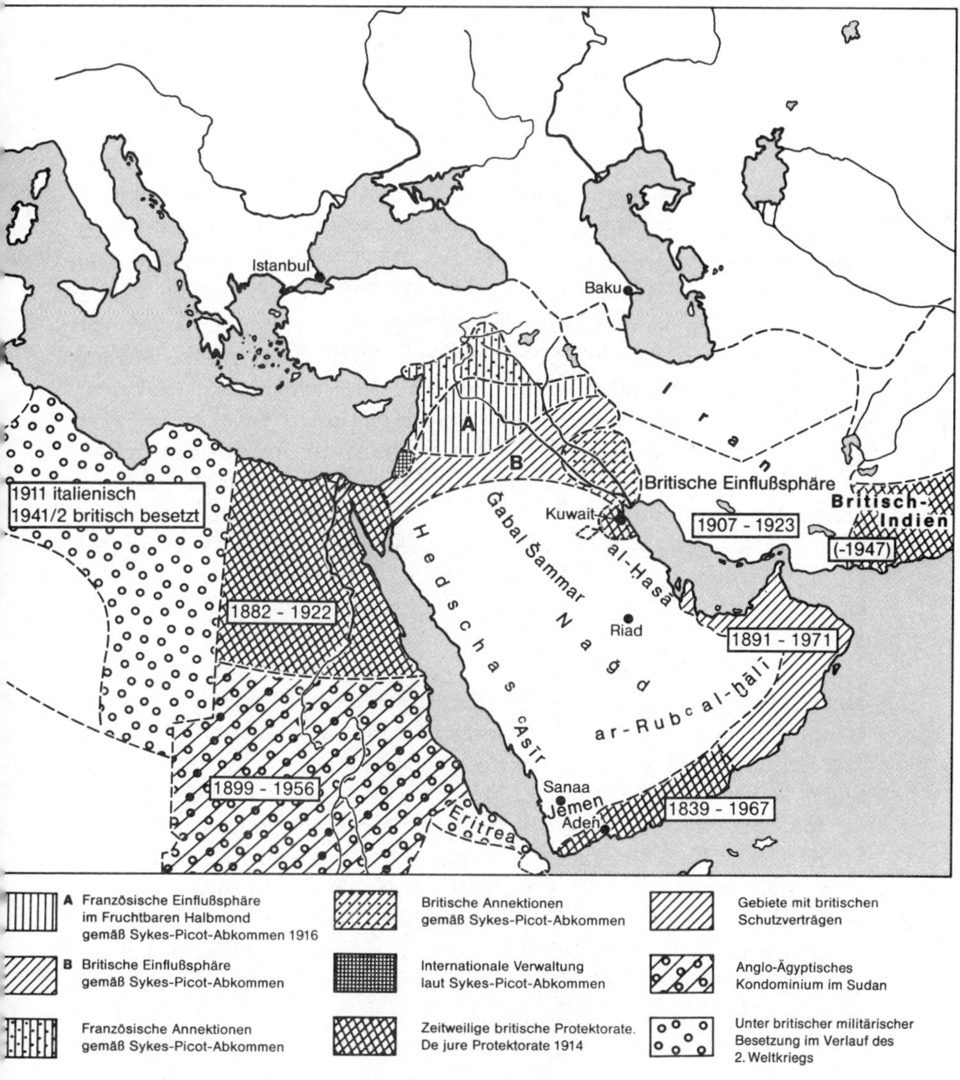

11. Erste Hälfte des zwanzigsten Jahrhunderts. Imperiale Präsenz europäischer Mächte

Im Sykes-Picot-Abkommen setzten Großbritannien und Frankreich die Aufteilung des Osmanischen Reiches fort. Danach wurden Interessensphären mit unterschiedlichem politischen Status vereinbart. Im südlichen Mesopotamien und am Mittelmeer waren Annexionen, weiter im Landesinneren und zur syrischen Wüste hin ein autonomes arabisches Herrschaftsgebiet unter britischer und französischer Kontrolle vorgesehen. Das südsyrische Palästina mit Jerusalem sollte eine internationale Verwaltung erhalten. Lediglich Haifa, das spätere mittelmeerische Terminal der Erdölpipeline aus dem Irak, sollte eine britische Enklave bleiben. Da die Abänderungen des Sykes-Picot-Abkommens im Gefolge der Kriegszieldiskussion und der neuen Prinzipien internationaler Politik (Wilsons vierzehn Punkte; Aufrufe der russischen Revolution) im weiteren Verlauf unserer Darstellung nicht detailliert geschildert werden können, seien sie hier kurz zusammengefaßt: Danach wurden die Region um Mossul sowie Palästina der britischen Kontrollsphäre einverleibt. An die Stelle der Annexionen trat der Mandatsstatus mit dem Auftrag an Großbritannien und Frankreich, die indigene Staatenbildung zu bewerkstelligen. Die Territorien dieser arabischen Nachfolgestaaten des Osmanischen Reiches im Fruchtbaren Halbmond umfaßten jeweils auch die im Ḥusayn-McMahon-Abkommen für eine autonome arabische Herrschaft vorgesehenen Gebiete im Landesinneren.

Unter diesen Rahmenbedingungen schließlich auch vom Völkerbund sanktionierter imperialer europäischer Interessensphärenpolitik bestand wenig diplomatischer Handlungsspielraum für die Arabische Bewegung. Auf den ersten Blick verwundert es daher kaum, daß die arabisch-britischen Verhandlungen, die in der Ḥusayn-McMahon-Korrespondenz vom 14. Juli 1915 bis 10. März 1916 ihren Niederschlag fanden, äußerst zäh verliefen. Für die Schwierigkeiten waren nicht nur die internationalen Rahmenbedingungen maßgeblich. Gefragt werden muß auch nach den Zielen und Entscheidungsfaktoren der arabischen Verhandlungsführung, wie überhaupt nach der Einigkeit und Repräsentation der Arabischen Bewegung. Zwei hauptsächliche Lager müssen unterschieden werden. Das nach Ḥusayn benannte hāšimitische Lager sah in einem Paktieren mit der imperialen Vormacht Großbritannien das kleinere Übel. Die von General ʿAzīz ʿAlī al-Miṣrī befolgte Linie wollte an einem osmanisch-islamischen Loyalitätsverbund festhalten.[8] Durch begrenzte arabische militärische Aktionen gegen türkische Garnisonen sollten politische Autonomiezugeständnisse abgetrotzt werden. Dieser Strategie dürfte auch der politische Eiferer und einer islamischen Reformbewegung verpflichtete Rašīd Riḍā zugestimmt haben. Er war es, der unmittelbar nach dem Krieg als Präsident des Allgemeinen Syrischen Nationalkongresses den islamischen Verfassungsentwurf eines unabhängigen Arabischen Reichs vorlegte. Zur national arabisch-islamischen Denkschule Rašīd Riḍās, der sich in den dreißiger Jahren dem puritanischen und von Saudi-Arabien verfochtenen Wahhabismus zuwandte, müssen neben ʿAzīz ʿAlī al-Miṣrī vor allem auch Sāṭiʿ al-Ḥuṣrī sowie Rašīd ʿAlī al-Gaylānī gezählt werden. Beide sind bereits Protagonisten der zweiten heroischen Phase der Arabischen Bewegung.

Bezüglich der Verhandlungsziele, der Verhandlungsführung sowie der Entscheidungsfaktoren, die das politische Schicksal der Arabischen Bewegung mit der britischen Orientpolitik im Ersten Weltkrieg verbanden, gilt, daß der sogenannte „Arabismus“ alles andere als eine blinde politische Kraft darstellte. Staatspolitisch hervorgegangen aus den spätosmanischen Reichsreformbestrebungen, waren seine Vertreter in den Verwaltungszentren des Fruchtbaren Halbmonds durchaus als Repräsentanten der arabischen Gesellschaft politisch legitimiert. Schon deshalb war es für Scherif Ḥusayn unerläßlich, seine Verhandlungen mit den Briten und seinen eigenen dynastischen Anspruch hinsichtlich einer arabischen Reichsbildung mit eben jener Repräsentationsbasis abzustützen. Umgekehrt blickten die Notabeln und Offiziere der arabischen Geheimgesellschaften *al-fatāt* und *al-ʿahd* in den türkisch besetzten Provinzen hoffnungsvoll nach Mekka, dessen Hüter ihnen am geeignetsten erschien, die Arabische Bewegung gegen die Türken in den Krieg zu führen. Ḥusayn war der türkischen Aufforderung zur Ausrufung des Heiligen Kriegs gegen die Ententemächte nicht nachgekommen. Eine britische Sicherheitsgarantie für den Hedschas war ihm willkommener. Sie stellte den Beginn der taktischen Allianz zwischen der Arabischen Bewegung und der britischen imperialen Vormacht dar.

Die Sicherheitsgarantie für das Gebiet der Heiligen Stätten war erstmals am 31. Oktober 1914, also noch vor der britischen Kriegserklärung an Konstantinopel, abgegeben worden. Ein halbes Jahr später wurde sie erneut bekräftigt. Zur Beschwichtigung traten als weitere Motive die Vorbeugung gegen einen *ǧihād* sowie das Werben um politische Zuneigung. Als langjährige Besatzungs- und inzwischen Protektoratsmacht im islamischen Ägypten konnte das Britische Empire von der Arabischen Bewegung kein uneingeschränktes Vertrauen erwarten. Dem Abbau des Argwohns und gleichzeitig dem Ausforschen der politischen Stimmung mögen die in Kairo gepflegten intensiven Kontakte mit prominenten Exilarabern und Wortführern einer arabisch-islamischen Renaissance wie ʿAzīz ʿAlī al-Miṣrī, Rašīd Riḍā und ʿAlī al-Mirǧānī (Sudan) gedient haben. Um die arabische Karte spielen zu können, war sogar eigens ein Arabienbüro mit einem Team kundiger Experten wie Storrs und Lawrence in der Nilmetropole eingerichtet worden.

Die inzwischen von Konstantinopel nach Damaskus verlegte Zentrale der arabischen Geheimgesellschaft *al-fatāt* ließ dem Scherifen von Mekka die mündliche Botschaft ausrichten, daß die politische und militärische Elite der Arabischen Bewegung in Syrien und Mesopotamien zum Aufstand bereit sei. Über seinen Sohn Fayṣal, den späteren König des Irak, ließ Ḥusayn seinerseits den Kontakt zu *al-fatāt* und *al-ʿahd* in Damaskus herstellen.

Dieser brachte im Mai 1915 von einer Rückreise aus Konstantinopel und seinem zweiten Kontaktaufenthalt in der syrischen Hauptstadt das inzwischen von den beiden politischen Gesellschaften ausgearbeitete und verabschiedete sogenannte Damaskusprotokoll mit.[9] Es zog die Grenzen eines zukünftigen unabhängigen arabischen Territoriums, das mit den Ausnahmen der seit 1839 bestehenden britischen Enklave von Aden sowie des seit 1882 britisch besetzten Ägypten den gesamten Fruchtbaren Halbmond und die Arabische Halbinsel umschloß. Während die östliche Grenze zu Persien nicht weiter spezifiziert wurde, war die Anatolien berührende, umstrittene Nordgrenze genauer markiert. Sie verlief parallel zum 37. Breitengrad über Mersin und Adana im Nordwesten entlang der Linie Birecik, Urfa, Mārdīn, Midyat, Cizre und ʿAmādiya bis zur persischen Grenze. Ḥusayn übernahm diese im Damaskusprotokoll festgelegten Grenzen in seinen brieflich geführten Verhandlungen mit dem britischen Hochkommissar in Kairo, ohne jedoch dessen volle Zustimmung erlangen zu können. Nach Konsultation der Regierung in London machte McMahon die folgenschwere Einschränkung, daß die Gebiete von Mersin und Iskenderun (Alexandrette) sowie Teile von Syrien westlich der Distrikte von Damaskus, Ḥimṣ, Ḥamāh und Aleppo nicht als rein arabisch gelten könnten und deshalb von den geforderten Grenzlinien ausgeschlossen bleiben sollten.

Dieses Detail barg den Keim vieler Nachkriegsprobleme der Region in sich. Bei dieser Beurteilung müssen nicht nur der weitere Verhandlungsverlauf und die wechselseitigen Vorbehalte, sondern auch der Kontext der bereits erwähnten Teilungsabkommen der Ententemächte und schließlich der Wandel des allgemeinen geistigen Klimas der Weltkriegsdiplomatie berücksichtigt werden. Für das Verhältnis der Arabischen Bewegung zur britischen Vormacht stellte die Ḥusayn-McMahon-Korrespondenz den entscheidenden Übergang von der stillschweigenden zur aktiven taktischen Allianz dar. Er war von dramatischen Umständen begleitet: In Syrien und Libanon ließ der jungtürkische Militärgouverneur Ǧamāl Paša nach dem Scheitern seiner Offensive gegen den Suezkanal frankophile Persönlichkeiten und arabische Nationalisten reihenweise aufhängen. Für die britische Kriegführung bahnte sich im Gallipoli-Unternehmen die militärische Niederlage an. Im südirakischen Kūt al-ʿAmāra mußte sich das eingeschlossene anglo-indische Expeditionskorps den Türken ergeben. Neue Angriffsvorbereitungen Ǧamāl Paschas, an denen der deutsche General und Verlierer von Verdun, Falkenhayn, teilnahm, sowie eine verschärfte Jagd auf Mitglieder der *al-fatāt* und *al-ʿahd* drohten die Arabische Bewegung zu dezimieren und ihren Zielen die Basis zu nehmen.

Araber und Briten waren jetzt mehr denn je aufeinander angewiesen. Das Gebot der Stunde hieß gemeinsames Losschlagen. So blieb die Klärung der strittigen Grenz- und Gebietsfragen offen. Schlimmer noch, die von McMahon in die Verhandlungen eingebrachte Rücksichtnahme auf die französischen Interessen in der Levante gehörte bereits in den Kontext des vor den Arabern geheimgehaltenen anglo-französischen Teilungsplans. Die Abstimmung der britischen Zusagen an die Arabische Unabhängigkeitsbewegung mit den Vereinbarungen des geheimen Sykes-Picot-Abkommens war bereits der aussichtslose Versuch einer Quadratur des Kreises. Ḥusayn ging notgedrungen in den strittigen Grenzfragen ein politisches Risiko ein. Ihm blieb jedoch die Hoffnung, sie durch Waffenglück zugunsten der Arabischen Bewegung zu entscheiden. Selbst als die Bolschewiki im Gefolge der russischen Oktoberrevolution die zaristischen Archive öffneten und die geheimen Teilungsabkommen auffliegen ließen, brachte das wenig Änderung. Unter den neuen Prinzipien internationaler Politik verschwanden zwar die Annexionspläne. Doch aus den Bekenntnissen der Ententemächte zum Selbstbestimmungsrecht der Völker ergab sich schon bald, daß die Staatenbildung im Fruchtbaren Halbmond eine europäische Aufgabe sein sollte.

Die Arabische Bewegung erhielt in der zweiten Hälfte des Weltkriegs noch ein weiteres Danaergeschenk: Auf internationaler Ebene fand sie sich aufgrund der Balfour-Deklaration vom 2. November 1917, und ohne von den Briten konsultiert worden zu sein, in einer erweiterten taktischen Allianz mit der Zionismusbewegung: Die mit den Regierungen in Paris und Washington abgestimmte britische Sympathie- und Unterstützungserklärung für die Errichtung einer jüdischen Nationalheimstätte in Palästina sollte den europäischen Ententemächten die Gunst der amerikanischen Politik eintragen und sie aus der Bedrängnis retten, in die sie das Ausscheren Rußlands gebracht hatte.

Auf die Entstehungsgeschichte der Balfour-Deklaration, ihre Ablehnung seitens der Araber sowie die britischen Beschwichtigungsversuche auch bezüglich der Teilungspläne kann nicht weiter eingegangen werden. Die britische Orientpolitik blieb auch während der Friedenskonferenzen in Versailles und Sèvres machiavellistisch. Davon wurde vorübergehend die Arabische Bewegung angesteckt. Ihre politische Lage war verfahren. Über ein Abkommen mit Weizmann, vom 3. Januar 1919, suchte Fayṣal als Leiter der Delegation des Hedschas – verzweifelt und eher schlecht beraten – die amerikanische Unterstützung für die Arabische Bewegung einzuwerben. Das Abkommen, das einen Briefwechsel einschloß, blieb eine Episode allseitiger Mißverständnisse. 1931 ließ Fayṣal, inzwischen König des Irak, sogar erklären, wissentlich nichts Derartiges verfaßt zu haben.[10]

Bisher wurden in der Darstellung der Arabischen Bewegung die „großen Personen" hervorgehoben. Bei der weiteren Betrachtung der Nachkriegsordnung im Fruchtbaren Halbmond sollen Merkmale politischer Legitimation aufgezeigt werden. Der verfassungspolitische Aspekt der Entfaltung des arabischen Staatensystems sowie die vom arabischen Nationalismus – trotz mehrerer späterer Revolutionen – verfochtene These einer historischen Kontinuität der Arabischen Bewegung im zwanzigsten Jahrhundert sind dafür maßgeblich.

Scherif Ḥusayn hatte in seinen Verhandlungen mit dem Vertreter der britischen Regierung, McMahon, die Zusage einer Zustimmung zur Ausrufung eines arabischen Kalifats nach dem Krieg erhalten. Die staatliche Gestaltung des in Aussicht genommenen unabhängigen arabischen Territoriums war dabei offengelassen worden. In den Grenzfragen war es Ḥusayn gelungen, über Muḥammad Šarīf al-Fārūqī, einen durch günstige Kriegsumstände nach Kairo gelangten Emissär der *al-ʿahd*, den Repräsentativcharakter seiner Ansprüche bzw. sein Verhandlungsmandat glaubhaft zu machen. Auch der erfolgreiche arabische Vormarsch auf Damaskus wurde von arabischen Offizieren geführt, die *al-ʿahd* angehörten und auf Umwegen in den Hedschas gelangt waren. Prominent unter ihnen war Nūrī as-Saʿīd, Generalstabschef Fayṣals und später bis 1958 wiederholt irakischer Premier und Außenminister. Gleichsam körperschaftlich organisiert waren auch die politischen Delegationen, die nach 1917 Aufschluß über die wahren Absichten der ambivalenten Verlautbarungen der Briten zu erhalten suchten. Am wirkungsvollsten wurde der breite repräsentative Charakter der Arabischen Bewegung aber durch den Allgemeinen Syrischen Nationalkongreß unterstrichen, der zwischen dem 3. Juni 1919 und dem 19. Juli 1920 in Damaskus tagte. Er betrachtete sich als Vertretung der arabischen politischen Anliegen im Fruchtbaren Halbmond.[11] Viele der Anwesenden hatten dem osmanischen Parlament angehört oder waren in der osmanischen Verwaltung tätig gewesen. Die Legitimität der Versammlung wurde gewissermaßen anerkannt, als sie von der amerikanischen King Crane Untersuchungskommission hinsichtlich der arabischen politischen Bestrebungen und Ansprüche aufgesucht wurde. Die Kommission reiste im Auftrag der amerikanischen Regierung und war für das von Präsident Woodrow Wilson propagierte Selbstbestimmungsrecht der Völker tätig. Sie sollte ursprünglich auch Franzosen und Briten umfassen, wurde jedoch von deren Regierungen boykottiert.

Weder Fayṣals diplomatische Finesse in Paris, noch die Äußerung des arabischen Selbstbestimmungsrechts in Damaskus, noch die Unabhängigkeitserklärung durch den Kongreß am 7. März 1920 vermochten das politische Verhängnis der Arabischen Bewegung aufzuhalten. Das „perfide Albion" honorierte den Franzosen die Überlassung der ölreichen Mossulprovinz mit einer Unterstützung in der Elsaß-Lothringenfrage und einer freien Hand in Syrien. Am 24. Juli 1920 unterlagen die von Fayṣal geführten arabischen Truppen der französischen Übermacht bei Maysalūn. Die Losung „Teile und herrsche" kennzeichnete die anschließenden französischen Maßnahmen. Das syrische Kernland wurde weitgehend nach den auch siedlungsgeographisch markanten ethno-konfessionellen Kriterien in die vier autonomen Gouvernorate von Latakia, Aleppo, Damaskus und Ǧabal ad-Durūz gespalten. Allerdings wurden Aleppo und Damaskus schon bald wieder verwaltungsmäßig zusammengelegt. Der 1860 französischem Schutz unterstellte christlich-maronitische Mont Liban wurde im September 1920 zum ethno-konfessionell bunt gemischten modernen Libanon erweitert: im Nordwesten um die Gebiete von Beirut und Tripolis, im Süden um die Gebiete von Sidon und Tyros, im Osten um die Bekaa-(Biqāʿ-)Ebene und die Gegenden um Baalbek und Ḥaṣbāyā. Die politische Hoheit und zentrale Verwaltungsbefugnis für Syrien-Libanon lagen für das nächste Vierteljahrhundert beim französischen Hohen Kommissar. Ihm unterstanden mehrere hundert französische Beamte, die unter dem seit Juli 1922 rechtskräftigen Mandatssystem des Völkerbunds zum großen Teil als weisungsbefugte französische Berater den autonomen Verwaltungskörperschaften zugeordnet waren.

An dieser Stelle soll ein kurzer Blick auf die Vorgänge in Transjordanien und Palästina sowie auf den Irak die Darstellung der Neuordnung und der Festigung europäischer Dominanz im Fruchtbaren Halbmond vervollständigen.

Nach der Auflösung des Allgemeinen Syrischen Nationalkongresses und der Annullierung seiner Beschlüsse und seiner Unabhängigkeitsproklamation durch die Franzosen waren zahlreiche syrische Mitglieder der Arabischen Bewegung geflohen und hatten im nordjordanischen Irbid eine provisorische unabhängige Regierung gebildet.[12] In anderen Teilen des Landes waren am Kriegsende spontan unabhängige, jedoch Ḥusayn loyale Stammes- und Stadtstaaten ausgerufen worden. Der inzwischen als König des Hedschas von den Briten anerkannte Ḥusayn beanspruchte das südjordanische Gebiet von ʿAqaba bis Maʿān. Die Briten wiederum hatten ursprünglich aus strategischen und verwaltungspolitischen Gründen beabsichtigt, den südlichen Teil von Bilād aš-Šām – also das Ostjordanland, den *sanǧaq* Jerusalem und die bis 1914 zum *vilāyet* Beirut gehörenden Unterprovinzen *(sanǧaq)* Nablus und Akkon (ʿAkkā) – als Palästinamandat zusammenzufassen und von Jerusalem aus zu verwalten. Sie sahen sich jedoch zur Änderung ihres Plans gezwungen, als Ḥusayns zweiter Sohn ʿAbdallāh sich anschickte, mit einem beduinischen Heer nach Damaskus zu ziehen, um dort das Blatt wieder zugunsten der Arabischen Bewegung zu wenden.

Wenn auch ʿAbdallāhs Motive nicht ganz durchsichtig waren und das Unternehmen militärisch ausweglos war, so enthielt der Vorgang doch eine erhebliche politische Brisanz für die britische Position in der Gesamtregion: Die britische Vormacht drohte von der Arabischen Bewegung gegen den französischen Verbündeten ausgespielt zu werden. Eine zweite militärische Niederlage der Arabischen Bewegung hätte nicht nur das verbliebene britische Prestige in der Region völlig erschüttert, sondern hätte vermutlich auch den Hedschas – in Vorwegnahme späterer Ereignisse – dem kriegerischen Wahhabitenherrscher ʿAbd al-ʿAzīz Āl Saʿūd ausgeliefert. ʿAbdallāh hatte erst im Mai 1919 eine vernichtende Niederlage gegen ʿAbd al-ʿAzīz einstecken müssen. Das britische Angebot eines Emirates über Transjordanien im Februar 1921 kam ʿAbdallāh also vermutlich höchst gelegen; es stellte ihn und den Rest der Arabischen Bewegung gewissermaßen unter den Schutz der imperialen Vormacht. Dies wiederum verhinderte ein Vordringen der Franzosen nach Südsyrien, stabilisierte den Hedschas gegenüber dem Naǧd (Nedschd) und dämmte schließlich sogar den Zionismus ein. Aus dieser Interessenkongruenz konnten sich längerfristig neue Chancen für die Arabische Bewegung unter hāšimitischer, wenn nicht seiner persönlichen Führung ergeben.

Die Zurückdrängung der zionistischen Siedlungsinteressen aus Transjordanien – eine der Pariser Friedenskonferenz vorgelegte Karte der zionistischen Ansprüche, datiert vom 3. Februar 1919,[13] umfaßte neben den Gebieten östlich des Jordans bis nahe der Trasse der Hedschasbahn auch den Golan sowie den Südlibanon bis nach Sidon (Ṣaydā) – hatte jedoch weitreichende Folgen für die Arabische Bewegung westlich des Jordans. Diese wurde von der arabischen Staatenbildung im Fruchtbaren Halbmond abgekoppelt und ,,führungslos" der noch konzeptionslosen britischen Verwaltungspolitik überlassen. Im Frühjahr 1919 hatte der britische Außenminister Lord Balfour kategorisch die Anwendung des Selbstbestimmungsrechts auf die nicht-jüdischen Gemeinschaften in Palästina ausgeschlossen. Erste gewaltsame Unruhen, der politische Druck der mehrheitlichen Arabischen Bewegung und die ins Land drängenden Zionisten veranlaßten drei Jahre später – ein Jahr nach der Schaffung des Emirates Transjordanien – den zuständigen britischen Kolonialminister Winston Churchill zu einer offiziellen Interpretation der Balfour-Deklaration und zu einer Darlegung der Leitlinien britischer Palästinapolitik. Er unterstrich die doppelte Verantwortung gegenüber den arabischen und jüdischen Gemeinschaften, deren nationale Entwicklung in Palästina westlich des Jordans gewährleistet werden sollte.[14] Dieses Palästina fiel unter den britischen Vorbehalt in der McMahon-Ḥusayn-Korrespondenz, demzufolge Teile Syriens westlich des Distrikts *(vilāyet)* von Damaskus, in diesem Falle das *vilāyet* von Beirut und die vormals reichsunmittelbare Provinz von Jerusalem, nicht als rein arabisch – bzw. der arabischen Unabhängigkeitssphäre zugehörig – betrachtet werden konnten. Churchills weitere Ausführungen über die seiner Meinung nach vielerorts übertriebenen Erwartungen oder Befürchtungen gegenüber der Balfour-Deklaration, seine Richtlinien für die Einwanderung von Juden sowie der Entwurf einer stufenweisen Verfassungsentwicklung implizierten sämtlich die Schaffung eines bi-nationalen Staatswesens für Palästina. Daran suchte sich denn auch die britische Palästinapolitik der Zwischenkriegszeit zu orientieren. Ihr gegenüber verfolgten die Arabische Bewegung und der Zionismus wechselseitig eine Obstruktionspolitik, die die Briten vergeblich durch eine ,,isolierte" Behandlung der Palästinafrage und die Herbeiführung einer binationalen Gleichgewichtigkeit zu durchbrechen suchten.[15]

Im östlichen Teil des Fruchtbaren Halbmonds, im Irak, stellten sich die Lage der Arabischen Bewegung und die Festigung der europäischen Dominanz in vielem anders dar. Arabische Offiziere irakischer Herkunft wie Nūrī as-Saʿīd, Ǧaʿfar al-ʿAskarī, Yāsīn al-Hāšimī und Notabeln wie Sayyid Ṭālib aus Basra gehörten zu den führenden Mitgliedern der arabischen Dezentralisations- und schließlich Sezessionsbewegung. Doch die für den Irak zuständige anglo-indische Politik hatte vorwiegend aus Furcht vor Rückwirkungen auf die Muslime in Indien die Revolutionierung der Araber im Zweistromland untersagt.[16] Der größte Teil des Südirak sollte zudem gemäß dem Sykes-Picot-Teilungsabkommen ursprünglich annektiert und für den Baumwollanbau entwickelt werden. Weder die Kapitulation General Townshends bei Kūt al-ʿAmāra und eine Geheimmission Lawrence von Arabiens, noch die Übernahme der militärischen Zuständigkeit durch London, geschweige denn der im Juli 1916 von Ḥusayn im Hedschas entfesselte arabische Aufstand führten im Irak eine Änderung der britischen Araberpolitik herbei. Der britische Vormarsch wurde aus eigener Kraft wieder aufgenommen, und Bagdad wurde im März 1917 erobert. Die Bevölkerung wurde zur Ruhe und Ordnung aufgerufen; ein weiterer Vorstoß nach Norden wurde in Ermangelung von Zielen, aber auch angesichts der im Sykes-Picot-Abkommen eingeräumten französischen Interessensphäre um Mossul nicht vorgenommen. Die Eroberung der ölreichen Nordprovinz von Mossul wurde erst auf sehr starkes Drängen der britischen Admiralität im Oktober 1918 begonnen und *nach* Abschluß des Waffenstillstands mit der Türkei beendet.

Die im frühen zwanzigsten Jahrhundert noch schwer überwindbare Landbarriere der syrischen Wüste dürfte zur Isoliertheit der militärischen Strategie im Zweistromland vom allgemeinen nahöstlichen Kriegsschauplatz beigetragen haben. Als weniger hinderlich erwies sie sich nach dem Krieg jedoch für den politischen Funkenflug. Der krönende Abschluß des arabischen Vormarsches auf Damaskus durch den Allgemeinen Syrischen Nationalkongreß und dessen Unabhängigkeitsproklamation, die auch die Föderation mit einem unabhängigen Irak forderte, kontrastierte grell mit der von den Briten verordneten politischen Ruhe in Bagdad. Der fast landesweite Aufstand im Verlauf des Jahres 1920 war die zwangsläufige Reaktion auf die Fortdauer des britischen Besatzungsregimes und die Britisch-Indien entlehnten Methoden direkter Verwaltung. Entscheidend mitgewirkt an der Auslösung und Mobilisierung des wegen seiner Massenbasis gleichsam revolutionären antikolonialen Befreiungskampfes hatten die politischen Aufrufe der Religionsführer in den schiitischen Heiligen Stätten. Die Unruhe unter den Stämmen am unteren Euphrat, die mitverursacht war durch den Entscheidungskampf des saudischen Wahhabitenfürsten gegen die Āl Rašīd im nördlichen Naǧd, bildete ein zusätzliches Ferment. Taktische Allianzen wurden geschlossen zwischen städtischen Notabelnclans, Stammesführern sowie jenen ex-osmanischen Offizieren und Angehörigen der Arabischen Bewegung, die aus Syrien in den Irak geflohen waren. Den Aufstand konnten die Briten erst im Frühjahr 1921 mühsam und unter Bombardierung der Stämme unterdrücken.

Langfristig erwies es sich als verhängnisvolle Entwicklung für die Arabische Bewegung im Fruchtbaren Halbmond, daß sich diese erste Generation ihrer führenden Repräsentanten fast ausnahmslos der Fassade arabischer Selbstregierung zur Verfügung stellte, die von den französischen und britischen Mandatsherren errichtet wurde. Ihre Kompromittierung in den Augen der nachfolgenden Nationalisten und Revolutionäre bestand aber noch stärker darin, daß sie sich in das System der ungleichen Verträge, das eigentliche imperiale Herrschaftsinstrument der Briten auch für die Zeit nach dem Mandat, als Vertragspartner hatten pressen lassen.

Die Briten hatten es dabei besonders auf den charismatischen Anführer des arabischen Aufstands, Fayṣal, abgesehen. Seine Einsetzung als Monarch würde es laut Winston Churchill der britischen Politik gestatten, durch Druck auf eine arabische Sphäre in einer anderen arabischen Sphäre die dort gewünschten Ergebnisse zu erzielen. Wie er im Protokoll der von ihm im März 1921 nach Kairo einberufenen Mittelostkonferenz präzisierte: ,,Wenn Fayṣal im Irak weiß, daß nicht nur die materielle Unterstützung seines Vaters Ḥusayn und der Schutz der Heiligen Stätten vor einem wahhabitischen Angriff, sondern auch die Stellung seines Bruders ʿAbdallāh in Transjordanien von seinem eigenen Wohlverhalten uns gegenüber abhängt, dann wird er viel leichter zu handhaben sein.“[17] Die von der Lloyd George Regierung als Wiedergutmachung ausgegebene Inthronisierung Fayṣals als König des Irak im Frühjahr 1921 sollte also gleichzeitig die Arabische Bewegung der britischen Orientpolitik bzw. der europäischen Dominanz gefügig machen. Vom Abschluß des Vertrags, der dem Typus eines klassischen Protektoratsvertrags gemäß außenpolitische Vollmachten des Hochkommissars sowie militärische Stationierungsrechte vor allem für die britische Luftwaffe einräumte, wurde die weitere Verfassungsentwicklung des Landes abhängig gemacht. Dieser Beugung der arabischen Unabhängigkeitsbewegung folgte die politische Kompromittierung des demokratischen Experiments als eines weiteren Instruments britischer imperialer Kontrolle. Denn um das aufgezwungene Vertragswerk vor einer Revision oder Aufhebung durch ein nationalistisches Parlament abzusichern, wurde die konstitutionelle königliche Gewalt mit außerordentlich starken Prärogativen ausgestattet. Ihre Nutzung konnte in Krisenzeiten vom britischen Hochkommissar beeinflußt und notfalls übernommen werden. Wie die späten dreißiger und fünfziger Jahre zeigen sollten, hatten diese ambivalenten britischen Maßnahmen längerfristig negative Auswirkungen auf das Demokratieverständnis und die Bündnispolitik des Irak.

Für die Nationalisten um Rašīd ʿAlī al-Gaylānī, die Opponenten des Bagdadpakts und schließlich die Träger der 1958er Revolution stellte die Parteigängerschaft der Hāšimiten und ihrer Gefolgschaften aus Militär und Verwaltung mit den Briten einen Verrat an der Arabischen Bewegung dar.

Eine solche Pauschalierung verkennt jedoch die politische Ausstrahlung des Irak auf die Gesamtregion schon kurz nach seiner Unabhängigkeit im Jahre 1932. War der politische Funke 1920 von Damaskus nach Bagdad übergesprungen, so geschah dies ein Jahrzehnt später in umgekehrter Richtung. Eine kurze Einblende der besonderen, sich vom Irak unterscheidenden Umstände der Verfassungsentwicklung in Syrien ist an dieser Stelle wichtig. Die Verdeutlichung der unterschiedlichen Wege der Staatenbildung gehört zum Verständnishintergrund für die politische Dynamik im Fruchtbaren Halbmond und ihre Auswirkungen auf die vom Irak seit den dreißiger Jahren neu aufgeworfene Frage einer Föderation oder arabischen Einheit.

Der syrischen Staats- und Nationenbildung fehlte im Gegensatz zum monarchischen Irak eine einigende und ausgleichende politische Kraft. Die ethno-konfessionelle Vielfalt, der Stammespartikularismus in den ländlichen Gebieten und deren Gegensätzlichkeit zur Stadt, die segregierende französische Verwaltungspraxis sowie der Irredentismus politischer Eliten erschwerten einen wirksamen politischen Widerstand gegen die Franzosen. Die Fragmentierung des politischen Willens und mangelnde Koordination des Protests, der überall im Lande aufflackerte, kennzeichneten die Lage. Erst als 1925 die Bildung politischer Parteien gestattet wurde, zeigte es sich, daß die Protesthaltung in der Gesellschaft für ein nationales Aktionsprogramm mobilisiert werden konnte. Dr. ʿAbd ar-Raḥmān Šāhbandar, einem an der Beiruter Universität ausgebildeten Mediziner, gelang zusammen mit einigen ehemaligen Ministern der kurzlebigen unabhängigen Fayṣalregierung in Damaskus die Vereinigung mehrerer nationalistisch ausgerichteter Parteien. Die sogenannte Volkspartei trat mit kompromißlosen Forderungen an die Franzosen heran. Ihr taktisches Bündnis mit der straff geführten und in sich geschlossenen drusischen Aufstandsbewegung führte schließlich zur Bildung einer provisorischen unabhängigen syrischen Regierung im Ǧabal ad-Durūz, die zum allgemeinen nationalen Befreiungskampf aufrief. Trotz ihrer Basis, die alle Sozialschichten erfaßte, konnte die Erhebung angesichts der französischen militärischen Präsenz und Lufthoheit landesweit nur die Formen irregulärer Kriegführung annehmen. Die französischen Hilfstruppen und Militärs, die ähnlich wie die Briten im Irak nicht vor Flächenbombardements von Dörfern und Herden zurückschreckten, konnten den Aufstand erst nach zwei Jahren ersticken.

Bedeutsam für die längerfristige Profilierung der syrischen Staatsbildung war das aus dieser revolutionären nationalen Erhebung hervorgegangene Muster politischer Macht. Es bestand in der Fundierung eines nationalen Blocks oder einer nationalen Front mit möglichst populistischer Basis. Zwar erfuhr die Volkspartei infolge der Verbannung ihrer Führer einen politischen Niedergang. Doch in der von der französischen Mandatsverwaltung nach 1927 beschleunigten Verfassungsentwicklung – u. a. zwecks psychologischer Rückeroberung des Landes – traten neue nationale Blockbildungen stets als bestimmende politische Kraft auf. Die 1928 gegründete monarchistische Partei, in deren Reihen neben hāšimitischen Kandidaten und anderen auch der spätere saudische König Fayṣal oder der Ex-Khedive ʿAbbās Ḥilmī für den syrischen Thron gehandelt wurden, blieb ohne durchschlagende Wirkung. Sie mußte das politisch abgewertete königliche Charisma akzeptieren; bisweilen wurde sie sogar verdächtigt, Instrument „ausländischer" Interessen zu sein. An der neuen republikanischen Tradition in Syrien hatte sicherlich neben dem innenpolitischen Faktor des Drusentums auch der Pluralismus im benachbarten Libanon mitgewirkt.

Beim Vergleich der Staatenbildung im Fruchtbaren Halbmond kann also vereinfacht festgestellt werden, daß diese unter dem Schirm der Mandatsmächte im Irak und in Transjordanien von oben nach unten verlief, in Syrien und Libanon dagegen umgekehrt. Im Irak konnte die Verfassungsentwicklung erst vonstatten gehen, nachdem der König als „Vertragspartner" von den Briten in die Pflicht genommen worden war. In Syrien dagegen wurde ein Vertrag mit den Franzosen von der Nationalversammlung als eine wichtige Stufe zur Unabhängigkeit gefordert. Die regionalpolitische Bedeutung dieser unterschiedlichen staatlichen Profile im Fruchtbaren Halbmond wird im Rahmen der umfassenderen Föderationsthematik ausführlicher dargelegt.

b) Die Arabische Halbinsel

In den Verhandlungen Scherif Ḥusayns über die britische Anerkennung eines unabhängigen arabischen Territoriums war die natürliche Süd-Nord-Achse des arabischen Nahen Ostens beachtet worden. Das Gebiet zwischen der Küste des Indischen Ozeans und den Höhen des Taurus wurde als ein zusammengehörendes Ganzes betrachtet. Die Not der Stunde und das Werben um ein Bündnis mit der britischen imperialen Vormacht mögen der Grund dafür gewesen sein, daß die unterschiedlichen Herrschafts- und Souveränitätsverhältnisse auf der Arabischen Halbinsel mit der Ausnahme Adens und des Hedschas jedoch nicht zur Sprache gebracht wurden.

Von der britischen Kronkolonie Aden aus erstreckte sich ein britisches Protektorat entlang der südarabischen Küste über den Hadramaut bis nach Dhofar (Ẓufār). Mit Oman sowie mit den Scheichtümern am Persisch-Arabischen Golf einschließlich Bahrains bestanden seit dem neunzehnten Jahrhundert exklusive britische Schutzverträge. Das nominell osmanischer Oberhoheit (Suzeränität) unterstehende Kuwait war bei Kriegsausbruch – wie Ägypten – zum britischen Protektorat erklärt worden. Lediglich die heutige Ölprovinz al-Ḥasā hatte einen loyalen osmanischen Gouverneur.

Im Gegensatz zur weitgehend britisch-imperialen Dominanz an der Ostküste der Halbinsel war die Westküste am Roten Meer eine geschlossene, wenn auch wenig gefestigte Domäne. Das zaiditische Imamat Jemen mit der Hauptstadt Sanaa war bei Kriegsausbruch nur noch *de jure* eine loyale osmanische Provinz. Das nördlich vorgelagerte und später dem saudischen Königreich einverleibte Fürstentum ʿAsīr sympathisierte mit den Briten. Der Hedschas mit den Heiligen Stätten Mekka und Medina und dem Handelsplatz Ǧidda (Dschidda) bereitete den arabischen Aufstand gegen die Herrschaft Konstantinopels vor.

Im Gegensatz zum Fruchtbaren Halbmond gewann die vom Hedschas und von Damaskus ausgehende Arabische Bewegung auf der Arabischen Halbinsel selbst keinerlei längerfristige ordnungspolitische Bedeutung. Die bis zur Gegenwart dauerhafte neue politische Gestaltung, die in der Gründung des Königreichs Saudi-Arabien 1932 – im Unabhängigkeitsjahr des Irak – gipfelte, hatte ihren Ausgangspunkt im Oasengebiet des Naǧd im östlichen Teil der Halbinsel. Dort war erstmals im achtzehnten Jahrhundert die Allianz zwischen dem Begründer der Wahhābiyya, einer streng puritanischen Lehre des Islams, und der nach Herrschaftserweiterung strebenden Familie Āl Saʿūd geschlossen worden. Die verschiedenen saudisch-wahhabitischen Reichsbildungen waren gewöhnlich durch lange Phasen des Niedergangs, besonders im Verlauf des neunzehnten Jahrhunderts, unterbrochen worden. Im zwanzigsten Jahrhundert jedoch brachte die Dynastie mit ʿAbd al-ʿAzīz b.ʿAbd ar-Raḥmān al-Fayṣal Āl Saʿūd den genialen Erneuerer eines Staatswesens von imperialen Ausmaßen und ungewöhnlicher Dauer hervor.

Die Schubkraft der saudisch-wahhabitischen Variante der Arabischen Bewegung entsprang einer einmaligen Konstellation günstiger Rahmenbedingungen regionaler und internationaler Politik einerseits und innen- wie religionspolitischer sowie psychologischer Faktoren andererseits. Es kennzeichnete das staatsmännische Format ʿAbd al-ʿAzīz', daß er diese Konstellation zum Kalkül seines Machtstrebens machte. Kuwait favorisierte ihn in dieser Anfangsphase aus der Überlegung einer regionalen *balance of power* heraus. ʿAbd al-ʿAzīz brach zur Einnahme Riads im Jahr 1902 von Kuwait aus auf, wo er auf der Flucht vor den Āl Rašīd und nach einem längeren Zwischenaufenthalt bei verschiedenen Stämmen Exil gefunden hatte.

In der internationalen Politik war seine religionspolitische Bewegung der Wahhābiyya vor allem für jene eine willkommene Größe, die an einer Zurückdrängung osmanischen Einflusses am Golf interessiert waren. So versuchte das zaristische Rußland vor dem Weltkrieg Kontakt zu ʿAbd al-ʿAzīz aufzunehmen – und zwar im Hinblick auf eine geplante Eisenbahnlinie zum Golf. Während des Weltkriegs war es die Britisch-Indische Regierung, die auf dem Weg der Subsidienzahlung das saudische Gegengewicht zur osmanischen Sphäre in al-Ḥasā stärken wollte. Unmittelbar nach dem Krieg, als Scherif Ḥusayn seine Herrschaft über den Hedschas zu festigen versuchte, waren es die Einwohner der nördlich zwischen dem Naǧd und Hedschas liegenden Ortschaften von Khurma (al-Ḫurma) und Turaba, die ʿAbd al-ʿAzīz zu Hilfe riefen. Sie wollten ihre relative Unabhängigkeit, wenn möglich, unter den Bedingungen einer lokalen saudisch-hāšimitischen Machtbalance bewahren.

ʿAbd al-ʿAzīz wiederum besaß zunächst kaum politischen Handlungsspielraum. Sein Handstreich gegen die Āl Rašīd im Jahr 1902 hatte ihm zwar Riad eingebracht, ihn selbst jedoch in den Augen der osmanischen Regierung zum Rebellen abgestempelt. In den Jahren 1904 und 1905 wurden zwei Expeditionen gegen ihn ausgesandt; bei der ersten konnte er einen militärischen Erfolg verbuchen, der zweiten mußte er sich unterwerfen. Er hatte sich vergeblich um eine Protektion seitens der britisch imperialen Vormacht im Golf bemüht. Seine vom Wālī von Basra arrangierte Bestallung als *qāʾim-maqām* des Bezirks *(qaḍāʾ)* Südlicher Naǧd machte ihn für einige Zeit zu einem untergeordneten osmanischen Vasallen.[18] Sie sicherte ihm jedoch Legalität, Überleben und Vorbereitungszeit für die Wiederherstellung der Suprematie der Familie Saʿūd im Naǧd und darüber hinaus. Dieses feste Ziel, sorgfältiges Abschätzen der vorhandenen Mittel, ein Augenmaß für das jeweils Mögliche, Mut und Umsichtigkeit in der politischen Absicherung seiner Aktionen kennzeichneten seine weitere Strategie.

Bei der weiteren Entwicklung seiner Beziehungen zu den Briten ist eine Parallelität mit den Vorgängen im Hedschas unverkennbar. ʿAbd al-ʿAzīz glaubte, sein Ziel nicht ohne britische Rückendeckung erreichen zu können. Großbritannien verfolgte im Golf jedoch eine von seestrategischen Leitlinien bestimmte Politik und wollte daher seine Schutzverträge mit den Scheichtümern der Küste nicht ins Landesinnere der Halbinsel ausdehnen. In diesem Dilemma schritt ʿAbd al-ʿAzīz 1912 – die osmanische Schwäche anläßlich des Balkankriegs ausnutzend – kurz entschlossen zur Eroberung der Küstenprovinz al-Ḥasā. Gleichzeitig ersuchte er die Briten um ein Schutzverhältnis, das diese aber nicht gewähren wollten. Ihnen lag an einer diplomatischen Vermittlung, um einem größeren osmanisch-saudischen Konflikt am Golf vorzubeugen. Zur Vermeidung einer Brüskierung Konstantinopels am Vorabend des Weltkriegs distanzierten sie sich schließlich von dem Vorgehen ʿAbd al-ʿAzīz'. Er hatte daher keine andere Wahl, als die Legalisierung seiner *de facto* neu erworbenen Stellung bei der osmanischen Regierung zu betreiben, was ihm schließlich auch gelang. Im saudisch-osmanischen Vertrag vom Mai 1914 anerkannte er die osmanische Oberhoheit über den Naǧd, bekam aber gleichzeitig das Amt eines *wālī* zugesprochen. Ferner wurde das *vilāyet (wilāya)* Naǧd den Āl Saʿūd als erbliche Pfründe überlassen. Die rivalisierende Dynastie der Āl Rašīd war damit wieder auf das Gebiet des nördlichen Ǧabal Šammar zurückgedrängt. Dort waren sie ursprünglich im neunzehnten Jahrhundert von den Āl Saʿūd als Statthalter eingesetzt worden. Sie hatten dann jedoch deren Macht usurpiert und osmanischen Vasallenstatus angenommen.

ʿAbd al-ʿAzīz' Aufstieg vom *wālī* des Naǧd zum Emir *(amīr)* des Naǧd und seiner Schutzgebiete (1915), ein Titel, der 1921 in den eines Sultans und 1926, nach der Eroberung des Hedschas, schließlich in den eines Königs umgewandelt wurde, war von vier Faktoren maßgeblich bestimmt: der Gründung und Ausbreitung der *iḫwān;* den Rahmenbedingungen des Weltkriegs; der diplomatischen Selbstisolierung des Hedschas unter König Ḥusayn; den britischen Unterstützungsmaßnahmen für eine politische Konsolidierung der Arabischen Halbinsel.

Es ist umstritten, ob die Gründung der *iḫwān*-Bewegung von ʿAbd al-ʿAzīz persönlich initiiert wurde oder ob er sich eine bereits vorhandene fundamentalistische Strömung in der Wahhābiyya zunutze machte, um sein dynastisches Ziel zu erreichen:[19] die Wiederherstellung eines die Heiligen Stätten umfassenden wahhabitischen Großreiches der Āl Saʿūd. Nach eigenen Aussagen hatte ʿAbd al-ʿAzīz die Idee religiös ausgerichteter Ackerbaukolonien in einem Augenblick tiefen Nachdenkens gefaßt. Er stand einerseits vor dem Problem, die seßhafte Bevölkerung in dem leicht hügeligen und von zahlreichen Oasengürteln durchzogenen Naǧd langfristig vor beduinischen Beutezügen zu schützen und andererseits die kriegerischen, jedoch jeweils nach Beuteaussicht häufig wankelmütigen Beduinenstämme in verläßliche militärische Gefolgschaften umzuwandeln. Die *iḫwān*-Bewegung schien die Lösung beider Probleme in idealer Weise zu verbinden.

ʿAbd al-ʿAzīz mag anfänglich eher an die Befriedung von Beduinenstämmen in einer lokal begrenzten, aber höchst sensiblen Region gedacht haben, wie die erste *iḫwān*-Niederlassung zeigt, die im Januar 1913 – also im Kontext der Eroberung al-Ḥasās – in al-Arṭāwiyya gegründet wurde. Es handelt sich um ein zwischen Riad und Kuwait gelegenes Gebiet, das eine Reihe wohlbekannter Wasserquellen und Dattelhaine aufweist und deren Kontrolle von dem als besonders kriegerisch geltenden Stamm der Muṭayr beansprucht wurde. ʿAbd al-ʿAzīz hatte wiederholt Schwierigkeiten, ihn zu unterwerfen. Dieser Stamm, von dem es hieß, daß Mord und Plünderung in seinen Adern pulsierten, soll dann um 1912/13 freiwillig seine Kamele und Pferde auf dem kuwaitischen Markt verkauft und sich mit dem Erlös im fruchtbaren Tal von al-Arṭāwiyya niedergelassen haben. Allen Fremden sei seither das Betreten des Ortes verboten worden. Der Überlieferung zufolge schloß sich den Bewohnern binnen kurzem der Stamm der al-ʿUraymāt an, der bereits über besondere handwerkliche Fertigkeiten im Brunnen- und Häuserbau verfügte. Philby berichtet, daß die Siedler von ʿAbd al-ʿAzīz bereits frühzeitig mit Waffen versehen wurden, wohl zunächst zur Abwehr von beduinischen Überfällen. Goldrup verweist darauf, daß damals infolge der Verwüstung vieler Oasen einerseits und der vermehrten Kriegszüge ʿAbd al-ʿAzīz' andererseits die Getreideversorgung ein gravierendes Problem dargestellt habe.[20] Gleichzeitig aber wird betont, daß die Aufforderungen zur Seßhaftwerdung von Anfang an mit Aufrufen zum *ǧihād* gegen Siedlungsunwillige verbunden gewesen seien. Die Aufrechterhaltung einer steten Wehrbereitschaft und die in der Tat überaus rasche Ausbreitung der *iḫwān*-Niederlassungen deuten darauf hin, daß hier nur teilweise eine autarke Selbstversorgung der Religionskrieger bezweckt war. So wird dann auch betont, daß ʿAbd al-ʿAzīz beträchtliche Subsidienzahlungen für den Unterhalt und die Ausrüstung der *iḫwān*-Siedlungen *(huǧar,* Singular: *huǧra)* aufbrachte. In erster Linie wurde dafür wohl die traditionell seßhafte Bevölkerung der zahlreichen Kleinstädte und Dörfer des Naǧd veranlagt.

Die Angaben über die Vermehrung wie über die Größe der *huǧar* schwanken beträchtlich. Für die Jahre 1918/1919 ist von 70 bis 500 *huǧar* die Rede. Aufgrund seiner eigenen Untersuchungen hält Goldrup die Zahl von 125 für wahrscheinlich, von denen wiederum lediglich etwa die Hälfte in der Lage gewesen sein dürfte, sich unmittelbar einem Kriegszug anzuschließen. Die jeweilige Siedlergemeinschaft wies eine unterschiedliche stammesmäßige Herkunft auf, die sich auch in einer Art Arbeitsteilung niederschlug. In ihrer elementarsten Form umfaßte eine solche Gemeinschaft zu Friedenszeiten Bauern, Händler und „Missionare". Die Zahl der Bevölkerung einer *huǧra* bewegte sich in der Regel – Frauen und Kinder eingeschlossen – zwischen 500 und 2000; in manchen Fällen ist von 10000 und mehr die Rede.

Auch über die Zahl der gesamten männlichen Bevölkerung aller *huǧar* schwanken die Angaben beträchtlich. Sie dürfte zwischen 75000 und 150000 gelegen haben. ʿAbd al-ʿAzīz soll sie sogar für den Fall einer Generalmobilmachung mit 300000 beziffert haben. Feldzüge umfaßten aber selten mehr als 20000 Krieger.

Formation und Taktik bei kriegerischen Auseinandersetzungen blieben der beduinischen Tradition verhaftet, d. h. also überfallartige Schlachten, die oftmals nach sehr langen Anmarschwegen entweder zu Tages- oder zu Nachtzeiten stattfanden, je nach Stärke der eigenen und der gegnerischen Truppen. Die *iḫwān*-Krieger verschafften sich sehr bald den Nimbus der Unbesiegbarkeit aufgrund ihres religiösen Fanatismus, der sie den eigenen Tod auf dem Schlachtfeld oder aber die Tötung besonders vieler Feinde als besonders erstrebenswert und verdienstvoll erachten ließ. Es sind so gut wie keine Niederlagen der *iḫwān*-Kämpfer überliefert. Meistens ging den Feldzügen eine Aufforderung an die feindlichen Stämme voraus, sich der Siedlungs- und Lebensweise in einer *huǧra* anzuschließen. Wer dieser Aufforderung nicht nachkam, galt als besonders verderblich und tötungswürdig. In der Tat wurden keine männlichen Gefangenen genommen. Berühmte Kampfrufe lauteten: „Die Winde des Paradieses wehen, wo bist du, den ich suche" oder „Ich bin der Knecht der Einzigkeit Gottes, der Bruder desjenigen, der Gott gehorcht, zeig deinen Kopf, oh Feind!" Die Feldzüge der *iḫwān,* die hauptsächlich im Jahrzehnt nach dem Weltkrieg eine entscheidende Rolle bei der Ausweitung saudischer Herrschaft über den Hedschas und ʿAsīr einnahmen, können im weiteren Verlauf der Darstellung nur punktuell in den Blickpunkt gerückt werden. Doch zunächst gilt es, die durch den Weltkrieg geschaffenen neuen Rahmenbedingungen für die saudische Staatsbildung aufzuzeigen.

Bei Kriegsausbruch hatte es ʿAbd al-ʿAzīz begrüßt, daß Scherif Ḥusayn die arabischen Stämme nicht zum *ǧihād* an der Seite der osmanischen Regierung aufgerufen hatte. Er vermied es sorgfältig, sich militärisch in die britische Strategie einbinden zu lassen. Seine abwartende Haltung gegenüber dem Kriegsgeschehen mag durch religionspolitische Gründe bedingt gewesen sein; der Bestand seines Herrschaftsbereiches sollte nicht durch voreilige Beschlüsse gefährdet werden. ʿAbd al-ʿAzīz ließ jedoch nach wie vor erkennen, daß er einem Schutzvertrag mit den Briten nicht grundsätzlich abgeneigt gegenüberstehe, allerdings nicht in der vorübergehend von London gewünschten Form einer aktiven und über den Naǧd hinausgehenden kriegerischen Unterstützung. Ein reines Defensivbündnis dagegen würde gegenüber den Āl Rašīd vorteilhaft sein, zumal diese offen auf die Seite der osmanischen Regierung getreten waren. Schon zu Beginn des Jahres 1915 kam es zu verlustreichen Kämpfen zwischen den beiden miteinander rivalisierenden Dynastien, mit unentschiedenem, aber doch für ʿAbd al-ʿAzīz beunruhigendem Ausgang. Die Gunst der Stunde hatte sich in eine Stunde der Wahrheit verwandelt: Sie endete mit dem britisch-saudischen Schutzvertrag vom 26. Dezember 1915, der für ʿAbd al-ʿAzīz wunschgemäß auch jetzt keine aktive militärische Rolle, geschweige denn die Leitung einer Aufstandsbewegung wie im Falle des Hedschas vorsah.[21] Politisch muß der Vertrag analog zur britischen Sicherheitsgarantie für den Hedschas bewertet werden.

Während die Āl Saʿūd einerseits den Kriegsausgang abwarten konnten und wie erhofft schließlich auch leichtes Spiel mit den Āl Rašīd hatten, bahnte sich andererseits für sie der in der Nachkriegszeit folgenreiche und die gesamte Arabische Bewegung berührende Konflikt mit den Hāšimiten (Āl Hāšim) im Hedschas an. Fünf Monate nach Beginn des Aufstands und der Einnahme der türkischen Garnison in Medina hatte sich Scherif Ḥusayn zum „König der arabischen Länder" proklamieren lassen. Die Ententemächte hatten dieses Präjudiz nicht anerkannt. In gleichlautenden britischen und französischen Noten vom 3. Januar 1917 war lediglich die Anerkennung des Titels „König des Hedschas" ausgesprochen worden.

Angesichts früherer saudisch-wahhabitischer Reichsgründungen auf der Arabischen Halbinsel und der Haltung ʿAbd al-ʿAzīz' liegt die Vermutung nahe, daß die scherifischen Āl Hāšim die in der Vereinbarung mit McMahon vorgesehene Errichtung eines arabischen Kalifats zu ihren Gunsten zu präjudizieren suchten. Aus ihrer Sicht erschien der Zeitpunkt günstig, weil ihr militärischer und politischer Aktivismus gegenüber der „Passivität" der Āl Saʿūd wirksam hervorstach und zusätzlich das Charisma der genealogischen Herkunft aus der Prophetenfamilie – was den Āl Saʿūd fehlte – hinzukam. Die „all-arabische" Königsproklamation mag durchaus auch auf die britischen Vorbehalte in den – von arabischer Seite als „offen" betrachteten – Grenzfragen gezielt haben. Diese politischen Implikationen dürften für die Briten und Franzosen in Anbetracht ihrer Teilungspläne vorrangig für ihr diplomatisches Einschreiten gewesen sein. Für die Arabische Halbinsel war jedoch ein fundamentaler dynastischer und religionspolitischer Konflikt entstanden, der für die Dauer des Weltkriegs zwar aufgeschoben, dessen gewaltsame Austragung danach aber unabwendbar wurde.

Den formalen Anlaß zur Vertreibung der Āl Hāšim aus dem Hedschas bot die Annahme des Kalifentitels durch König Ḥusayn im März 1924. Die neue Türkei hatte zu Beginn des Monats das Amt des Kalifen als unvereinbar mit der republikanischen Verfassung abgeschafft. Daraufhin betrieben Ḥusayns Söhne, insbesondere ʿAbdallāh, zusammen mit den ihnen ergebenen sunnitischen ʿUlamāʾ in Jerusalem und in den Städten des Fruchtbaren Halbmonds die Übertragung des Titels auf den König des Hedschas, der während eines Aufenthaltes in Transjordanien schließlich zögernd eingewilligt hatte. ʿAbd al-ʿAzīz mußte jedoch deswegen bei der Eroberung des Hedschas und der Einnahme Mekkas – kaum ein halbes Jahr später – nicht den Zorn der islamischen Welt fürchten. Denn die Ernennung zum Kalifen wie auch das Verfahren waren umstritten und wurden vor allem in Indien und Ägypten, aber auch in Syrien abgelehnt. Die Einwilligung Ḥusayns hatte aber seine Selbstisolierung noch verschärft.

Zweifellos wurde die Eroberung des Hedschas auch durch die Haltung Ḥusayns in der Nachkriegsdiplomatie begünstigt. Auf der Pariser Konferenz hatte zwar eine von Ḥusayns Sohn Fayṣal geführte Delegation aus dem Hedschas den Versailler Friedensvertrag mitunterzeichnet, wodurch der Hedschas Gründungsmitglied des Völkerbunds wurde. Er verwirkte jedoch seine Mitgliedschaft, weil die Delegation bei den Völkerbundssitzungen in Genf ihre Vorbehalte gegen den Mandatsartikel 22 der Völkerbundsatzung – der die Unabhängigkeit der arabischen Länder im Fruchtbaren Halbmond beschnitt – nicht zurücknehmen konnte. König Ḥusayn hatte die Gegenzeichnung bzw. Ratifizierung des Friedensvertrags verweigert, weil der Mandatsartikel gegen seine Vereinbarung mit den Briten verstieß. Dem Hedschas fehlte ferner die internationale Anerkennung als ein *de jure* unabhängiger arabischer Nachfolgestaat des Osmanischen Reichs. Bei der Lausanner Friedenskonferenz mit der Türkei, an der der Hedschas nicht teilnahm, und bei weiteren Verhandlungen in London hatte König Ḥusayn vergeblich um einen annehmbaren Vertrag mit den Briten verhandeln lassen. Ḥusayn stand unter dem politischen Druck der sich in Jerusalem formierenden Arabischen Bewegung in Palästina, die Garantien für ihre Unabhängigkeit verlangte und britische Vorrechte im Hedschas als unvereinbar mit dem Islam ablehnte. Der palästinensische Faktor, der auch in der Kalifatsfrage eine Rolle spielte, erwies sich somit als weiterer Stolperstein für die Āl Hāšim im Hedschas.

Anders als der schutzlose König Ḥusayn konnte ʿAbd al-ʿAzīz am Vorabend seiner Eroberung des Hedschas nicht nur ein Vertragsverhältnis mit der britischen imperialen Vormacht, sondern auch einen eigenen macht- und ordnungspolitischen Status der Āl Saʿūd vorweisen. Die endgültige Unterwerfung der Āl Rašīd, der Sieg über die mechanisierten Truppen ʿAbdallāhs bei Turaba und das Vordringen der *iḫwān*-Krieger durch das Wādī s-Sirḥān in Richtung der transjordanischen Grenze waren ebenso kennzeichnend für den politischen Stellenwert der Āl Saʿūd wie die unter britischer Vermittlung auf der Konferenz von ʿUqayr in al-Ḥasā im Jahre 1922 getroffenen Grenzabkommen mit dem Irak und mit Kuwait. ʿAbd al-ʿAzīz erfreute sich auch besonderer finanzieller Unterstützung seitens der Briten. Diese hatten auf ihrer Nahostkonferenz in Kairo im Frühjahr 1921 die Subsidienzahlungen von jährlich 60000 auf 100000 Pfund Sterling erhöht. ʿAbd al-ʿAzīz sollte damit Ḥusayn gleichgestellt werden; dessen Hilfsgelder jedoch wurden schon bald darauf wegen der Nichtratifizierung des Versailler Vertrags – der die Völkerbundssatzung enthielt – gekürzt. Wenn auch alle britischen Unterstützungsgelder drei Jahre später im Zuge einer allgemeinen Einsparungspolitik endgültig eingestellt wurden und die Mittel für ʿAbd al-ʿAzīz auch eher der Zügelung der fanatischen *iḫwān* dienen sollten, so waren sie dennoch für die Āl Saʿūd in der entscheidenden und letzten Etappe ihrer Reichserneuerung im Wettbewerb mit den Āl Hāšim von politischem und materiellem Nutzen.

Die Übernahme der Hüterfunktion über die islamischen Heiligen Stätten brachte den Āl Saʿūd jedoch nicht nur die Früchte des Sieges – Herrschaftslegitimierung und Kontrolle über die Einnahmen des Pilgerverkehrs –, sondern stellte sie auch vor neue Anforderungen: Vorrangig waren die verwaltungsmäßige Integration der überwiegend urbanen Gesellschaft des Hedschas in das saudische Herrschaftssystem; die diplomatische Handhabung regionaler Religionspolitik und internationaler Beziehungen von bisher unbekannter Tragweite; die Arrondierung der Herrschaft auf der Arabischen Halbinsel und damit einhergehend die Beseitigung der wachsenden innenpolitischen Belastung durch die proselytischen *iḫwān*. Die erste Aufgabe wurde durch eine auf Konsultation begrenzte Selbstverwaltung gelöst. Schwieriger war die Durchsetzung – und zugleich Milderung – des neuen Puritanismus in der alltäglichen wie offiziellen Religionsausübung. Nach einem vergeblichen Anlauf wurden diese Angelegenheiten und alle mit dem Ḥağğ zusammenhängenden Probleme und Mißstände auf dem Kongreß der Islamischen Welt behandelt, der im Juni 1926 in Mekka tagte. Die politisch so bedeutsame und umstrittene Kalifatsfrage war dem zwei Monate zuvor tagenden Kairiner Kalifatskongreß überlassen worden, der sich, ohne eine Einigung zu erreichen, auf unbestimmte Zeit vertagt hatte. Was die internationalen Beziehungen betraf, so schien die Sowjetunion ʿAbd al-ʿAzīz als anti-kolonialen Freiheitshelden zu betrachten, der dem Aufruf an die orientalischen Völker anläßlich des Kongresses von Baku (1920) gefolgt war. Jedenfalls war sie noch vor Großbritannien der erste Staat, der 1927 ʿAbd al-ʿAzīz als König des vereinigten Hedschas und Naǧd diplomatisch anerkannte. Ein Jahr später tat sie dies auch gegenüber dem Jemen.

ʿAbd al-ʿAzīz war seinerseits früh – und verstärkt in den dreißiger Jahren – um eine Diversifizierung seiner diplomatischen Beziehungen bemüht. Neben einer Konsolidierung seiner in der islamischen Welt keinesfalls unumstrittenen exponierten internationalen Stellung als Hüter der Heiligen Stätten wollte er seinen Handlungsspielraum gegenüber der britischen Politik erweitern, deren Unterstützung der Hāšimiten im Fruchtbaren Halbmond er mißtraute. Die als allzu eng empfundene einseitige Bindung an die britische imperiale Vormacht hatte sich dessenungeachtet Ende der zwanziger Jahre noch einmal auf dramatische Weise als hilfreich erwiesen. Zwischen einem größeren Teil der *iḫwān* und ʿAbd al-ʿAzīz war es zu einem Zerwürfnis angeblich über dessen Modernisierungspolitik gekommen, das schließlich zur Rebellion der von Ibn Biǧād, Fayṣal ad-Dawīš und Ḍīdān b. Ḥiṯlayn geführten Krieger der *iḫwān* führte. Möglicherweise versuchten die *iḫwān,* die militärische Auseinandersetzung in das nordöstliche Grenzgebiet zum Irak und zu Kuwait zu ziehen, um ʿAbd al-ʿAzīz letztlich in einen Konflikt mit den Briten zu verwickeln. Erfahrungen dieser Art lagen immerhin aus dem transjordanischen Grenzgebiet vor, die dort zur Gründung der von Briten geführten Arabischen Legion geführt hatten. Eine Schwächung der übermächtigen Āl Saʿūd lag auch im Interesse der *balance-of-power* Politik Kuwaits. ʿAbd al-ʿAzīz blieb in der Entscheidungsschlacht schließlich überlegen, verdankte seinen Sieg aber nicht zuletzt britischer logistischer Unterstützung und dem Einsatz der Royal Air Force.[22]

Im Zuge der Diversifizierung seiner diplomatischen Beziehungen hatte der „König des Naǧd und Hedschas und deren Schutzgebiete" – wie die offizielle Bezeichnung lautete – am 26. April 1929 erstmals auch einen Freundschaftsvertrag mit dem Deutschland der Weimarer Republik geschlossen.[23] Die Verhandlungen, die auch handelspolitische Abmachungen einschlossen, waren in Kairo geführt worden. Als Fayṣal, der Sohn ʿAbd al-ʿAzīz', anläßlich einer offiziellen Reise durch europäische Hauptstädte im Frühjahr auf dem Wege nach Moskau auch Berlin besuchte, wurde vor allem der weitere Ausbau der wirtschaftlichen Beziehungen besprochen. Fayṣals Reise stand ganz im Zeichen der Krise der saudischen Staatsfinanzen, die durch den scharfen Rückgang der Pilgerzahlen im Gefolge der Weltwirtschaftskrise verursacht worden war. Diese Krise sollte schließlich auch zur Öffnung des Landes für amerikanische Ölkonzessionäre im Jahre 1933 führen.

Die Intensivierung der diplomatischen Beziehungen zu Deutschland (seit 1937) hatte Verhandlungen über Waffenkäufe und die Akkreditierung eines deutschen Botschafters in Ǧidda zum Ziel. Sie müssen im Zusammenhang mit der neuen außenpolitischen Lage Saudi-Arabiens, vor allem mit den politischen Entwicklungen in der Region des Roten Meeres, im Fruchtbaren Halbmond, aber auch an der noch umstrittenen südöstlichen Grenze im Buraymī-Oasengürtel gesehen werden. Italien, das durch seinen faschistischen Kolonialkrieg gegen die Sanussi in der Cyrenaika beträchtliche Unruhe in der arabisch-islamischen Welt hervorgerufen hatte, war nach seiner Besetzung Abessiniens dabei, seinen Einfluß auf den Jemen auszudehnen. ʿAbd al-ʿAzīz befürchtete, daß die Briten und Italiener – analog zur anglo-französischen Zusammenarbeit im Weltkrieg – eine Art Interessensphärenteilung mit ungünstigen Auswirkungen für die Arabische Halbinsel vornehmen könnten. Die Anglo-Italienische-Erklärung vom 2. Januar 1937 und das nachfolgende Abkommen der beiden Mächte vom April 1938 über die beiderseitige Stellung am Roten Meer schienen die Befürchtungen ʿAbd al-ʿAzīz' zu bestätigen. Er versprach sich von guten Beziehungen zu Deutschland, daß dieses diplomatisch die Rolle einer „Dritten Macht" einnehmen und entsprechenden Einfluß auf Italien ausüben würde. Im Fruchtbaren Halbmond beunruhigten ʿAbd al-ʿAzīz nicht nur der Aufstand in Palästina, sondern vor allem auch die transjordanischen und irakischen Vermittlungsbemühungen. ʿAbdallāh und Nūrī as-Saʿīd verfolgten Föderationspläne, die auf eine gefährliche Stärkung der Āl Hāšim hinausliefen. In bezug auf die umstrittene südöstliche Grenzregion glaubte ʿAbd al-ʿAzīz, daß die Briten durch die Schaffung einer Allianz von Emiraten die Grenzfrage vorzeitig bereinigen wollten. Kaum weniger beunruhigend waren für ʿAbd al-ʿAzīz die Vorgänge in Kuwait, wo gegen Ende der dreißiger Jahre eine Verfassungsbewegung die Autokratie der Āl Ṣabāḥ bedrohte und wo der vom Irak ausgehende neue arabische Nationalismus Unterstützung fand.

Verglichen mit der von außen oktroyierten Staatenentwicklung im Fruchtbaren Halbmond bleibt resümierend festzuhalten, daß bei der Herausbildung des saudischen Königreichs auf der Arabischen Halbinsel endogene Faktoren überwogen. Wie seine Titel belegen, verlief der Aufstieg ʿAbd al-ʿAzīz' zunächst in opportuner Anlehnung an die Suprematie Konstantinopels über die osmanisch-imperiale Ämterkarriere. Er stieg vom *qāʾim-maqām* zum *wālī* und schließlich zum Sultan (des Naǧd) auf. Im Verlauf des Weltkriegs erfolgte dann seine Anlehnung an die britische imperiale Vormacht. Nach innen war die politische Gewalt nicht konstitutionell festgelegt. ʿAbd al-ʿAzīz' Herrschaft beruhte gleichsam auf einem tributären Verhältnis zu den Stämmen. Die Lehre der Wahhābiyya und die Gründung und Förderung der *iḫwān*-Bewegung verschafften dem Herrscher zwar Charisma und halfen, den Partikularismus der Stämme zu überwinden. Doch sie stellten keine absolute Garantie für den Zusammenhalt der Gesellschaft und die Aufrechterhaltung der Herrschaft dar. Deshalb hatte es ʿAbd al-ʿAzīz frühzeitig unternommen, sich der Loyalität der Stämme durch eine geschickte Heiratspolitik zu vergewissern. Das weitverzweigte Netz seiner verwandtschaftlichen Beziehungen bestimmte die

Strukturen seiner Verwaltungspolitik und Herrschaftstechnik. Auf ihrer Basis erfolgte die Bestallung der Gouverneursposten in den Provinzen sowie die Rekrutierung der Staatselite. Die Hüterfunktion über die Heiligen Stätten überwölbte dieses System und verlieh dem Königtum zugleich auch die Legitimation, die es fortan jedoch vor Herausforderungen von innen und vor allem auch von außen zu bewahren galt.

c) Das Niltal

Als Ǧamāl ʿAbd an-Nāṣir in seiner 1952/53 verfaßten Schrift ‚Die Philosophie der Revolution' eine politische Ortsbestimmung Ägyptens vornahm, sprach er von drei Kreisen, in denen das Land stehe: dem arabischen Kreis, dem afrikanischen Kreis und dem islamischen Kreis.[24] Den arabischen Kreis bezeichnete er als den wichtigsten. Vier Jahrzehnte zuvor wäre eine solche Rangfolge kaum möglich gewesen. Der politische Diskurs zu Beginn des Jahrhunderts bewegte sich um das Spannungsverhältnis zwischen Islam und Säkularismus in Fragen des Verfassungswesens und der Gerichtsbarkeit. Der Nationalgedanke war dagegen dezidiert säkularistisch. Unter der Losung „Ägypten den Ägyptern" hatte ʿUrābī den Widerstand gegen die britische Besetzung im Jahre 1882 mobilisiert. Unter derselben Losung nahm sein politischer Kampfgefährte, Saʿd Zaġlūl, nach dem Ersten Weltkrieg den Freiheitskampf Ägyptens gegen die Briten wieder auf.

Von allen arabischen Staaten hat Ägypten den längsten Freiheitskampf geführt. Das politische Ringen um die Unabhängigkeit dauerte länger als ein halbes Jahrhundert. Dabei stellte neben der 1936 *de facto* gewonnenen Unabhängigkeit die Transformation des Nationalempfindens im Sinne eines arabischen politischen Bewußtseins ein weiteres bedeutsames Ergebnis dar. Saʿd Zaġlūl hatte allerdings seinen politischen Feldzug am Ende des Weltkriegs nicht als Teil einer größeren Arabischen Bewegung aufgefaßt. Die Idee einer arabischen Einheit soll er mit der Frage verworfen haben, welche Summe eine Addition von Nullen denn ergäbe. Für ihn und die meisten seiner Zeitgenossen lag der politische Schwerpunkt Ägyptens im Niltal, und die zur politischen Formel erhobene Einheit des Niltals schloß den Sudan in den Unabhängigkeitskampf mit ein.

Auch die Briten wußten um den Eigenwert des ägyptischen Nationalempfindens. Wie sonst hätten sie es miteinander vereinbaren können, im Hedschas und in der Region des Fruchtbaren Halbmonds eine arabische Unabhängigkeitsbewegung zu fördern, über Ägypten dagegen einen Protektoratsstatus zu verhängen? Noch wenige Wochen zuvor, im November 1914, war sogar die Annexion Ägyptens geplant, dann aber vor allem mit Rücksicht auf den französischen Ententepartner wieder zurückgenommen worden. Das Protektorat dagegen erschien – auch vielen Ägyptern – als eine zwangsläufige, jedoch vorübergehende kriegsbedingte Maßnahme.

Diese schuf aus britischer Sicht rechtlich und politisch klare Fronten gegenüber Konstantinopel. Die neuralgische Stelle der maritimen Verbindungswege des Britischen Empires sollte mit allen Mitteln verteidigt werden und Ägypten gleichzeitig als logistische Basis und Etappe für die Kriegführung im Nahen Osten und in Europa dienen. Die osmanische Oberhoheit wurde aufgehoben, der abwesende Khedive ʿAbbās Ḥilmī II. durch den willfährigen Ḥusayn Kāmil (nach dessen Tod 1917 durch Fuʾād) ersetzt und die Handhabung der auswärtigen Beziehungen dem britischen Hochkommissar übertragen. Über das Land selbst wurde das Kriegsrecht verhängt. Die Regierung Ḥusayn Rušdīs kooperierte in der Annahme, daß mit dem Kriegsende wieder eine Normalisierung eintreten, also auch das Protektorat aufgehoben werden würde. Zweifel daran schienen kaum gerechtfertigt, nachdem Präsident Wilson den amerikanischen Kriegsbeitritt mit den Prinzipien einer neuen Weltordnung verband, die es in der Nachkriegszeit zu verwirklichen galt: dem Selbstbestimmungsrecht der Völker und der liberalen Handelspolitik der ,,offenen Tür".

Den hohen politischen Erwartungen der ägyptischen Gesellschaft an die Nachkriegszeit, die schließlich eine neue Woge des Nationalismus hervorriefen, lagen unterschiedliche soziale und ökonomische Bedingungen zugrunde. Unter der rigorosen britischen Kriegsbewirtschaftung, die jeden Winkel des Agrarlandes erfaßte, wurde die Masse der Bevölkerung auf ein Subsistenzminimum gedrückt. Die starke Nachfrage und hohe Kaufkraft der Empiretruppen – von Requirierungsmaßnahmen einmal abgesehen – trieben die Lebenshaltungskosten in die Höhe. Während die Getreidepreise anstiegen, wurden die Baumwollpreise auf britische Intervention hin stark gesenkt. Aushebungen zur Zwangsarbeit für die britische Etappe auch außerhalb des Landes waren an der Tagesordnung. Wirtschaftlich besser gestellt waren dagegen die neue Mittelklasse und die traditionelle Großgrundbesitzerschicht. Die Großgrundbesitzer und ihre örtlichen Verwalter wurden zum verlängerten Arm der Kriegsbewirtschaftung, ohne allerdings ihre Gewinne in die durch den Krieg unterbrochene Ausweitung des Bewässerungssystems oder in die Mechanisierung der landwirtschaftlichen Produktion investieren zu können. Die eigentlichen Kriegsgewinnler dagegen waren jene Manufakturisten und Händler, die infolge des kriegsbedingten Ausbleibens ausländischen Wettbewerbs ihre Produktionskapazitäten erweitern, den Umsatz steigern oder überhaupt erstmals Betriebe gründen konnten. Ein Teil der Gewinne der Großgrundbesitzer dürfte in solche Investitionen gegangen sein.

Während die bäuerliche Masse der Bevölkerung mit dem Ende des Krieges die Hoffnung verband, die bedrückenden Lasten der Kriegsbewirtschaftung abzuschütteln, befürchteten die neue Mittelschicht und Teile der Oberschicht eine Schmälerung ihrer Wettbewerbsaussichten, wenn nicht sogar eine Bedrohung ihrer Existenz.

Vor diesem unterschiedlichen sozio-ökonomischen Hintergrund erklärt sich die Ambivalenz der ägyptischen Nationalbewegung in den Nachkriegsjahren. Die Rebellion der Bauern[25] wie auch die Streikbewegung unter den Industrie- und Transportarbeitern vermochten der Nationalbewegung zwar politische Schubkraft zu geben, sie waren aber im wesentlichen Ausdruck sozialen Protests. Vom Mittelstand, der akademischen Jugend sowie einem Teil der agrarischen Oberschicht dagegen wurde die Nationalbewegung als eine Sammlungsbewegung entfacht und taktisch als Instrument ihrer Interessen eingesetzt. Ihre Militanz gegen die Briten sollte die gefährliche soziale Kluft in der ägyptischen Gesellschaft überbrücken helfen und die verfassungspolitischen Errungenschaften vom Vorabend des Weltkriegs wiederherstellen. Sie richtete sich folglich ebenso gegen die autokratischen Tendenzen des Königspalastes wie gegen die imperiale und vor allem auch ökonomische Dominanz der Briten – auch im Sudan. Die Nationalbewegung forderte die Abschaffung der Kapitulationen und wirtschaftliche Unabhängigkeit, die beide zusammen einen Protektionismus zugunsten des aus der Kriegsbewirtschaftung hervorgegangenen ,,mittelständischen" Industrialisierungsschubs gewährleisten sollten.

Das ägyptische Ringen um die nationale und wirtschaftliche Unabhängigkeit bis zum Abschluß des Anglo-Ägyptischen Vertrags vom 26. 8. 1936 und der Abschaffung der Kapitulationen auf der Konferenz von Montreux im Frühjahr 1937 kann hier nur in seinen wichtigsten Stationen aufgezeigt werden.

Bereits zwei Tage nach dem Waffenstillstand in Europa kündigte Saʿd Zaġlūl, unterstützt von Politikern der 1914 aufgelösten Gesetzgebenden Versammlung, dem britischen Hochkommissar die Zusammenstellung und Entsendung einer ägyptischen Delegation *(wafd)* nach London an. Sie sollte am Vorabend der Pariser Friedenskonferenz mit der britischen Regierung über die Aufhebung des Protektorats und den Rückzug aller britischen Truppen aus Ägypten und dem Sudan verhandeln. Doch die Regierung Lloyd George verweigerte jegliche Verhandlungen mit den Ägyptern. Als Reaktion darauf bereitete Saʿd Zaġlūl die Entsendung einer ägyptischen Delegation zur Pariser Friedenskonferenz vor. Ihre Legitimation auf der Basis des Selbstbestimmungsrechts der Völker sollte durch eine landesweite Unterschriftenwerbung erhärtet werden. Die Briten warfen der Wafd – sie nannte sich jetzt al-Wafd al-Miṣrī – Anstiftung zum Aufruhr vor und forderten die Regierung zum Einschreiten auf. Als Ḥusayn Rušdī daraufhin zurücktrat und landesweit Unruhen und Streiks ausbrachen, ließ der britische Hochkommissar Wingate Saʿd Zaġlūl und seine Gefährten kurzerhand nach Malta deportieren, was eine Eskalation der Gewaltaktionen gegen britisches Personal, britische Einrichtungen und das britisch kontrollierte Eisenbahn- und Telegraphennetz des Landes bewirkte. Als Agitatoren nationalen Widerstands und Selbstbestimmungswillens traten nun – in gleichsam ökumenischer Eintracht – die muslimischen ʿUlamāʾ und der koptische Klerus auf. Die britische Politik, die vom revolutionären

Ausmaß der Nationalbewegung überrascht war, sah sich zur Revision ihrer Maßnahmen gezwungen: Sa'd Zaġlūl wurde die Entsendung der Delegation zur Pariser Friedenskonferenz gestattet, der britische Hochkommissar Wingate durch den flexibleren „Kriegshelden“ des Palästinafeldzugs, Allenby, abgelöst. Ferner wurde die Entsendung einer Untersuchungskommission nach Ägypten beschlossen. Sie sollte die Ursachen der Unruhen erforschen, die verfassungspolitische Situation aufzeichnen und Empfehlungen ausarbeiten, wie unter den Rahmenbedingungen des Protektorats Friede und Prosperität, die weitere Entwicklung der Selbstverwaltungsorgane und schließlich der Schutz ausländischer Interessen gewährleistet werden könnten. Die Kommission wurde von Lord Milner geleitet, der aus der Vorkriegszeit Ägyptenerfahrung in der Finanzverwaltung besaß.

Solche Enquêtekommissionen waren ein bevorzugtes Mittel der Politik, in schwierigen Zeiten Entscheidungen zu vertagen. In den Jahren 1919 und 1920 war die politische Lage in der nahöstlichen Region höchst turbulent: Die kemalistische Herausforderung der Ententemächte und die Nichtratifizierung des Friedensvertrags von Sèvres; der Aufstieg Reżā Ḫāns in Persien; die indische Nationalbewegung um Mahatma Gandhi; der Aufstand in Mesopotamien; die Unruhen in Syrien und Palästina; und schließlich der ägyptische Boykott der Milner-Kommission drohten das britisch imperiale Selbstverständnis zu erschüttern. Hinzu traten die Verschärfung der Sozialkrise und eine wütende Pressekampagne im britischen Mutterland gegen das neue imperiale Überengagement im Nahen Osten. Milner und andere warnten vor übereilten Entscheidungen wie der eines militärischen und politischen Rückzugs. Sie waren überzeugt, daß die ordnungspolitische Funktion des Britischen Empire im Nahen Osten notwendig sei, um eine bolschewistische Kettenreaktion regionaler Revolutionen zu unterbinden. Es galt, die imperialen Vorrechte unter dem Protektorat nach Möglichkeit in einem (einseitigen) Vertragswerk zu sichern. Noch vor der Konstituierung und dem Eintreffen der Milner-Kommission in Ägypten hatte die Wafd in Paris eine herbe Enttäuschung erlitten. Ohnehin auf den Rang einer Lobby beschränkt, erfuhr sie bereits am Tag ihrer Ankunft, daß der amerikanische Präsident – der Apostel des Selbstbestimmungsrechts der Völker – soeben das britische Protektorat über Ägypten anerkannt hatte. Ähnlich wie im Falle der Delegationen aus dem Hedschas und auch aus Tunesien war damit der Versuch der ägyptischen Nationalbewegung gescheitert, über Appelle an die Gremien internationaler Ordnungspolitik und an die Weltöffentlichkeit London zu zwingen, ihre Unabhängigkeit herbeizuführen.

Dennoch befand sich die britische Politik gegenüber Ägypten in einer Sackgasse. Die ägyptische Nationalbewegung boykottierte die Milner-Kommission vor allem wegen Milners Ideologie des „white man's burden“.[26] Verhandlungen mit der amtierenden Kairiner Regierung waren erfolglos, solange Sa'd Zaġlūl, der nicht der Regierung angehörte, zu keiner

Vereinbarung zu bewegen war. Die Londoner Regierung war sich jedoch bewußt, daß sie eine Fortsetzung ihrer Politik mit anderen Mitteln – etwa dem Kriegsrecht – militärisch und politisch nicht durchstehen würde. Die Nationalbewegung hatte die Bevölkerung tiefgreifend erfaßt und schließlich auch die Milner-Kommission zu der Einsicht gebracht, daß selbst eine Verleihung des Dominionstatus die Zuspitzung der Lage nicht verhindern würde. In einer dramatischen Zerreißprobe konnte Allenby unter Androhung seines Rücktritts der Regierung in London die Aufhebung des Protektorats abringen, indem er ihr als Alternative die Niederkämpfung eines landesweiten Aufstands aufzeigte. Besonders hartnäckig war das Ringen mit dem Foreign Office gewesen, dessen Minister Curzon noch wenige Jahre zuvor einmal von einem mit Britisch-Indien verschränkten britischen Vizekönigtum in Ägypten geträumt hatte. Allenby war vermutlich überzeugt, unter den ägyptischen Politikern genügend Kräfte zu finden, um unverzichtbare britische Interessen auch weiterhin politisch absichern zu können. Seine Maßnahmen in Ägypten waren jedenfalls auf die Ausnutzung innenpolitischer Rivalitäten, wenn nicht sogar auf eine Spaltung der Wafd und damit der Schwächung der Nationalbewegung abgestellt. Als Ende des Jahres 1921 die Regierung ʿAdlī Yakān und der gemäßigte, aber ehrgeizige ʿAbd al-Ḫāliq Ṯarwat ihre Kompromißbereitschaft zu erkennen gaben, hatte Allenby Saʿd Zaġlūl unter dem Vorwand politischer Unruhestiftung erneut festnehmen und nach den Seychellen (später Gibraltar) deportieren lassen. Er sollte erst am 17. September 1923 wieder nach Ägypten zurückkehren.

Allenbys politisches Kalkül war aufgegangen. Im entscheidenden Stadium seiner Bemühungen in London hatte er ein Aufgebot gemäßigter ägyptischer Politiker und prospektiver Vertragspartner vorzeigen können, die der Verbannung Saʿd Zaġlūls kaum nachtrauerten. Am 28. Februar 1922 gab Allenby öffentlich seine berühmte einseitige ‚Declaration to Egypt' ab.[27] Sie beinhaltete die Beendigung des Protektorats; die Ausrufung Ägyptens als eines unabhängigen souveränen Staates; die alsbaldige Aufhebung des seit dem 2. November 1914 bestehenden Kriegsrechts; und schließlich als unentbehrliche imperiale Klammer einen Vier-Punkte-Vorbehalt, der in zukünftigen Verhandlungen vertraglich abgesichert werden sollte. Dieser betraf die Sicherheit der Verbindungswege des Britischen Imperiums durch Ägypten; die Verteidigung Ägyptens gegen direkte oder indirekte ausländische Angriffe oder Einmischung; den Schutz der ausländischen Interessen und der Minderheiten in Ägypten; und – als letzten Punkt – den Sudan. Nominell war das Protektorat aufgehoben, substantiell jedoch blieben vorerst bedeutsame imperiale Vorrechte wie die Stationierung britischer Truppen im Niltal, das Kondominium im Sudan und eine – wenn auch ungeklärte – Mitsprache in Ägyptens Beziehungen zur Außenwelt gewahrt. Bevor hierüber Vertragsverhandlungen geführt werden konnten, mußten die Verfassungsentwicklung vorangebracht, aber auch ein Friedensvertrag mit der Türkei – *de jure* bestand noch die osmanische Oberhoheit über Ägypten – abgeschlossen werden.

Dem ägyptischen „Ex-Khediven" Fu'ād war die Aufgabe zugewiesen worden, die Verfassungsentwicklung in die Wege zu leiten. Während Vertreter der Wafd-Partei sowie der alten Nationalpartei die einseitige britische Erklärung als völlig unbefriedigend ablehnten, bildete ʿAbd al-Ḫāliq Ṯarwat eine neue Regierung und erklärte sich Fu'ād zum König eines unabhängigen Ägypten. Beide hatten sich angesichts der Proteste der Nationalbewegung gehütet, ein öffentliches Bekenntnis zur britischen Erklärung abzulegen. In der Verfassungsentwicklung aber hatten sie konträre Positionen bezogen, als es um die Stellung des Parlaments und die Vollmachten des Königs ging. Ṯarwat suchte durch Mitbegründung der Liberalen Verfassungspartei im Herbst 1922 seine politische Hausmacht zu stärken. Er vermochte schließlich – mit britischer Unterstützung – dem Monarchen eine parlamentarische Verfassung abzuringen, mußte jedoch starke königliche Prärogative wie das Recht zur Parlamentsauflösung konzedieren. Fu'ād wandte sich daraufhin wieder stärker den Nationalisten zu, was ihm die Wafd damit honorierte, daß Saʿd Zaġlūl nach seiner Rückkehr demonstrativ als erstes dem Monarchen einen Besuch abstattete und die von den Liberalen Konstitutionalisten ausgestreckte Hand zur Versöhnung ausschlug. Die zum Jahreswechsel 1923/24 stattfindenden Wahlen sollten schließlich die politische Macht und das Verhandlungsmandat der Wafd in wirkungsvoller Weise unterstreichen. Bei der Eröffnung des Parlaments am 15. März 1924 nahm die Wafd 190 von insgesamt 214 Plätzen ein.

Der hohe Wahlsieg der Wafd legte in der ägyptischen Innenpolitik den Grundstein jener Dreierkonstellation der Kräfte, deren wechselnde taktische Allianzen alles weitere Geschehen in der Zwischenkriegszeit bestimmen sollte. Es gab Phasen, in denen der Monarch und die nationalistische Wafd britische Versuche, sich das Parlament gefügig zu machen, gemeinsam verhinderten. Ebenso kam es vor, daß die Briten die autokratischen Neigungen des Monarchen gegen das Parlament und vor allem gegen die ihnen bis 1936 unbequeme Wafd auszuspielen suchten. Die Wafd wiederum konnte aufgrund ihrer breiten Basis in der Gesellschaft und unter den urbanen Eliten die Herausforderungen der einen oder anderen Seite – oder beider zusammen – annehmen. Das Kalkül dieser Trias politischer Kräfte veränderte sich auch dann nicht wesentlich, als die von Ḥasan al-Bannā' gegründete Muslimbruderschaft 1928 die ägyptische Bühne betrat. Ernsthafte Verfassungskrisen konnten dennoch nicht immer verhindert werden. Das gilt in erster Linie für die Mitte der zwanziger Jahre und – indirekt und längerfristig – für ein Jahrzehnt danach.

Der überwältigende Wahlerfolg der Wafd hatte im Januar 1924 zur Bildung einer nationalistischen Regierung unter Saʿd Zaġlūl geführt. Den Briten war damit die Möglichkeit genommen, mit den gemäßigten Liberalen Konstitutionalisten ihren einseitigen Vertrag abzuschließen. Saʿd Zaġlūl lehnte kompromißlos Verhandlungen auf der Basis der Allenby-Erklärung ab. Er forderte die bedingungslose Streichung des Vier-Punkte-Vorbehalts und erklärte den Anschluß des Sudans an Ägypten bzw. die politische Einheit des Niltals für unverzichtbar. Unterdessen kam es in Ägypten und im Sudan zu einer Serie von Attentaten auf Vertreter britischer Macht, deren prominentestes Opfer Sir Lee Stack war, der General-Gouverneur im Sudan und zugleich Oberkommandierende *(sirdār)* der ägyptischen Armee. Die neue Welle von Unruhen gab Saʿd Zaġlūl keine Möglichkeit mehr zu einer flexibleren Verhandlungsführung. Die britische Regierung des Sozialistenführers Ramsay MacDonald reagierte auf den Mord an Lee Stack mit einem drakonischen Maßnahmenkatalog: Ultimativ forderte sie von der Regierung Saʿd Zaġlūl die hohe Entschädigungssumme von 500000 Pfund Sterling, den Abzug aller ägyptischen Truppen aus dem Sudan und die Beibehaltung britischer Berater in wichtigen Ministerien der ägyptischen Regierung. Ferner besetzte sie den Zoll in Ägyptens lebenswichtigem Mittelmeerhafen Alexandrien und kündigte die Ausdehnung der Bewässerungs- und Kanalprojekte im Sudan an, was dem ägyptischen Agrarsektor notwendige Wassermengen entziehen und damit die Wirtschaftskraft des Landes lähmen mußte.

Zur Genugtuung der Nationalbewegung zog Saʿd Zaġlūl im November 1924 den Rücktritt seiner Regierung einer Unterwerfung vor. Die Nachfolgeregierung Aḥmad Zīwars fügte sich bedingungslos den britischen Forderungen. Die politische Kraft der Nationalbewegung schien gelähmt. Fuʾād nutzte die Gelegenheit zur Schwächung des Parlaments, indem er dessen Sitzungen aussetzte und noch vor Jahresende das Abgeordnetenhaus auflöste. Durch Änderungen des Wahlsystems und die Gründung einer ihm ergebenen Partei der sogenannten Unionisten wollte er die Rückkehr der Wafd an die Macht in den für das Frühjahr 1925 angesetzten Wahlen unterbinden. Nach dem Wahlsieg der Wafd, der Saʿd Zaġlūl zwar das Amt des Parlamentspräsidenten einbrachte, nicht aber den Auftrag zur Regierungsbildung, leitete Fuʾād die Bildung einer ihm genehmeren Koalitions- und Minderheitsregierung in die Wege. Doch als die oppositionelle Parlamentsmehrheit unter Saʿd Zaġlūl die Regierungsgewalt blockierte, löste Fuʾād das Parlament kurzerhand auf.

Derartige Interventionen und Manipulationen durch die ägyptische Monarchie blieben kennzeichnend für das parlamentarische System und die ägyptische Innenpolitik. Sie spielten der britischen Politik in die Hände, die ihrerseits weiterhin Monarchie und Parlament gegeneinander ausspielen konnte. Zugute kam ihr dabei, daß der 1927 verstorbene Saʿd Zaġlūl durch den leichter zu handhabenden Muṣṭafā an-Naḥḥās im Vorsitz der Wafd – die bis 1952 die stärkste ägyptische Partei blieb – abgelöst wurde. Allerdings brachte auch diese auf eine Neutralisierung der ägyptischen Nationalbewegung angelegte britische Politik nicht die erhoffte Vertragsunterzeichnung.

Dies sollte erst unter den veränderten außen- und innenpolitischen Rahmenbedingungen der dreißiger Jahre gelingen. Italiens neue koloniale Expansion in Libyen und Abessinien, dem Land der Nilquellen; die sich ausweitende Virulenz faschistischer Ideologien im Mittelmeerraum; der arabische Aufstand in Palästina und allgemein der neue Aktivismus der Arabischen Bewegung im Fruchtbaren Halbmond, der jetzt auch verstärkt Parteigänger in Ägypten fand,[28] machten sowohl aus britischer als auch aus ägyptischer Sicht eine vertragliche Regelung des beiderseitigen Verhältnisses vordringlich. Auch eine Stärkung der ägyptischen Demokratie bzw. des Parlaments erschien den Briten wieder opportun, vor allem nachdem auf den Tod Fu'āds im April 1936 der noch unmündige und deshalb einem Kronrat unterstehende Fārūq gefolgt war. Die von der Wafd geforderte und durch britische Intervention mit herbeigeführte Wiedereinsetzung der Verfassung von 1923 und die Abhaltung freier Wahlen im Mai 1936 brachten erwartungsgemäß eine Mehrheitsregierung unter Muṣṭafā an-Naḥḥās hervor. Die von den Briten zugesagte Abschaffung der Kapitulationen, die Völkerbundsmitgliedschaft sowie einige Revisionen früherer Vertragsentwürfe (Beschränkung der britischen Militärpräsenz; Selbstbestimmung für die Sudanesen) waren der Regierung an-Naḥḥās die Unterzeichnung des Vertrags wert.

Die erhoffte Stabilisierung des parlamentarischen Systems unter einer gegenüber dem Palast gestärkten Wafd – in bezug auf Bündnistreue und Berechenbarkeit der Nationalbewegung – erwies sich allerdings als Illusion. Der Vertrag stellte längst nicht alle nationalen Kräfte im Lande zufrieden. Die Beibehaltung der britischen Marinebasis in Alexandrien; die ausschließlich den Briten vorbehaltene Ausbildung der ägyptischen Armee; der Verbleib einer starken britischen Garnison von Land- und Luftstreitkräften in der Suezkanalzone sowie die für den Kriegsfall den Briten eingeräumte Verfügbarkeit über das Transport- und Kommunikationssystem blieben Steine des Anstoßes. Sie lieferten den Extremisten in der Nationalbewegung und den anti-parlamentarischen Kräften im Palast den Vorwand zur Diskreditierung der Wafd. Wie schon unter Fu'ād kehrte auch jetzt wieder – allerdings mit neuer ideologischer Schärfe – die Auseinandersetzung zwischen Palast und Parlament in den politischen Alltag Ägyptens zurück. Sie sollte im Februar 1942 ihren dramatischen Höhepunkt erreichen, als der britische Botschafter König Fārūq mit vorgehaltener Pistole zur Absetzung des achsenfreundlichen Premiers ʿAlī Māhir und zur Einsetzung von Muṣṭafā an-Naḥḥās zwang.[29]

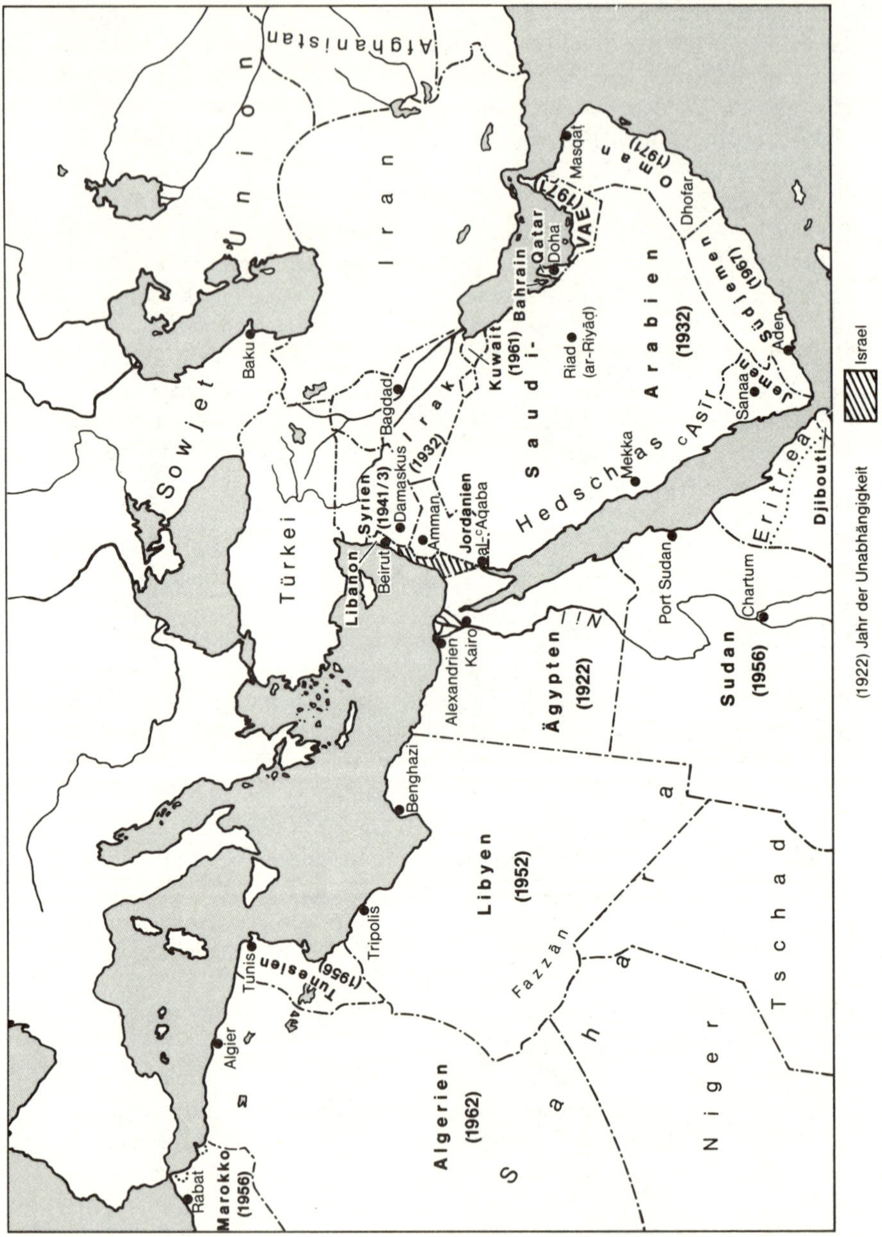

14. Die zweite Hälfte des zwanzigsten Jahrhunderts. Die unabhängigen arabischen Staaten

3. Die Ära der Massenbewegungen und Ideologien 1930–1966. Gesellschaft und Herrschaft im Umbruch

Die Herausbildung der arabischen Nachfolgestaaten des Osmanischen Reichs im Fruchtbaren Halbmond, auf der Arabischen Halbinsel und im Niltal verlief zwar unter höchst unterschiedlichen gesellschaftlichen und politischen Rahmenbedingungen und brachte schließlich ebenso verschiedene staatliche Eigenprofile hervor. Hinsichtlich der sozio-ökonomischen Basis war dennoch allen Staatenbildungen zunächst ein „konservativer" Grundzug gemeinsam. Mit Samir Amin könnte man gleichsam von einem Epiphänomen des arabischen Aufbruchs *(nahḍa)* im neunzehnten Jahrhundert – allerdings im Sinne eines regressiven Provinzialismus – sprechen.

Danach ging mit dem Staatenbildungsprozeß der umfassendere sozioökonomische Transformationsprozeß von der landbesitzenden Verwaltungsaristokratie osmanischer Provenienz zur neueren Agrar- und Handelsbourgeoisie einher. Ihrer Etablierung zur unangefochtenen Staatsklasse bzw. den europäischen Herren mehr oder weniger hörigen Herrschaftselite war jedoch keine lange Dauer beschieden. Die wirtschaftlichen Folgen der sich fast schicksalhaft überstürzenden Sequenz vom Ersten Weltkrieg zur Weltwirtschaftskrise und schließlich zum Zweiten Weltkrieg führten zu revolutionären Erschütterungen des Verhältnisses zwischen Gesellschaft und Herrschaft, ohne daß daraus jedoch gefestigte politische Strukturen für die einzelnen Staaten noch für die Gesamtregion hervorgingen.

Die lokalen und regionalen Auswirkungen der wirtschaftlichen Depression der dreißiger Jahre und der von außen oktroyierten Kriegsbewirtschaftung ein Jahrzehnt später beschleunigten zwar die klassenmäßige Ausdifferenzierung der Gesellschaften bzw. neuartige soziale Schichtungsprozesse. Diese wurden dann aber hinsichtlich einer institutionellen Einbindung und Partizipation im politischen System gleichsam auf halbem Wege angehalten. Zur Disparität zwischen Partikularismus und Unitarismus in der Arabischen Nationalbewegung traten auf nationalstaatlicher Ebene Verfassungsprobleme und eine ungelöste Sozialfrage. Die Ideologien des Baathismus und des Nasserismus waren Ausdruck dieses Dilemmas und zugleich der Versuch einer Disziplinierung der Massen und einer Überbrückung der Kluft zwischen Gesellschaft und Herrschaft – im lokalen und regionalen Maßstab.

a) Weltwirtschaftskrise und Zweiter Weltkrieg: Ökonomische und soziale Auswirkungen im regionalen Maßstab

Gemessen an ihrer Wirtschaftsstruktur und ihrem Produktionsaufkommen waren und sind die arabischen Länder Bauernländer. Die Bedeutung des Fern- bzw. Karawanenhandels gehörte der Vergangenheit an. Der industrielle Entwicklungsstand war sehr niedrig. Die Erdölentwicklung befand sich erst in den Anfängen und sollte überdies vier Jahrzehnte lang europäisch-amerikanischer Dominanz unterstehen. Während im Niltal über die Baumwollmonokultur eine Weltmarktstellung in Produktion und Handel begründet war, befanden sich die Länder des Fruchtbaren Halbmonds in einer peripheren Lage zum Weltmarkt. Ihr Produktions- und Handelsvolumen war insgesamt zu gering, um überhaupt einen nennenswerten Faktor im regionalen Zwischenhandel, geschweige denn auf dem Weltmarkt darzustellen. Eine Ausnahme waren die irakischen Dattelexporte, die achtzig Prozent der Nachfrage auf dem Weltmarkt deckten.

Die weitreichenden sozialen Implikationen und politischen Folgen der Weltwirtschaftskrise und des Zweiten Weltkriegs sollen hier in ihren spezifischen lokalen und regionalen ökonomischen Auswirkungen anhand der Region des Fruchtbaren Halbmonds, der Arabischen Halbinsel und am Beispiel des Niltals aufgezeigt werden.[30] Im Irak wie in Syrien-Libanon waren mehr als sechzig Prozent der Bevölkerung im Landwirtschaftssektor beschäftigt. Etwa drei Viertel der agrarisch genutzten Fläche diente dem Anbau von Getreide, vorwiegend von Weizen und Gerste. Auf dem verbleibenden Areal wurde mit agro-industriellen Rohstoffen wie Baumwolle, Seidenkokons und Tabak experimentiert. Dazu kamen die bereits genannten extensiven Dattelkulturen im Südirak sowie die ausgedehnten Zitrus- und Obstplantagen im Libanon. Die weitgehende lokale Selbstversorgung auf dem Getreidesektor setzte in guten Erntejahren – wenn auch nur geringfügige – Exportkapazitäten frei. Dagegen versorgte der einheimische Baumwollsektor nur einen Bruchteil des umfangreichen Textilhandels. Auf der anderen Seite war es vor allem der Baumwollsektor, auf den sich am Vorabend der Weltwirtschaftskrise die agro-industriellen entwicklungspolitischen Bemühungen in den Mandatsstaaten richteten.

Der rapide Verfall der Weltmarktpreise für Baumwolle und Getreide traf im Gefolge der Weltwirtschaftskrise vor allem die Fellachen – zumeist Pachtbauern – und Händler. Besonders schlimm gestaltete sich die Lage auf dem Baumwoll- und Textilsektor für einheimische Produzenten und Basarhändler, die die Langfristigkeit der Depression und des Preisverfalls zunächst nicht erkannten und einströmende billige Textilwaren horteten. Der unaufhaltsame Preisverfall, der durch die Dumping Praxis der Russen und Japaner noch beschleunigt wurde, brachte einen beträchtlichen Teil des Basarhandels kurz vor den Zusammenbruch.

Nicht weniger dramatisch spitzte sich die wirtschaftliche Notlage auf dem Lande sowie in den verschiedenen einheimischen Gewerbesektoren zu. Die Einnahmen der Pachtbauern – bei gleichbleibender bedrückender Steuerlast – sanken unter das Subsistenzminimum. Der Goldschmuck, die Rücklage für Notzeiten, wanderte in die Schmelztiegel der Aufkäufer. Die Pauperisierung der ländlichen Bevölkerung sowie die Landflucht nahmen erschreckende Ausmaße an und ließen die Masse der Arbeitslosen in den

Städten weiter anschwellen. Die soziale Lage war aufgrund der Misere des Basars, der vermehrten Konkurse traditioneller bzw. veralteter Manufakturen und der daraus resultierenden Entlassungen hochgradig explosiv, Massenaufläufe und Streiks waren an der Tagesordnung. Vor allem in Aleppo hatten in den frühen dreißiger Jahren Tausende von Arbeitern in Straßenumzügen gegen Lohnkürzungen und japanische Dumping Praktiken Protest erhoben.

Nicht weniger desolat war die soziale Lage auf dem öffentlichen Dienstleistungssektor. Der Verfall der internationalen Warenpreise und der damit einhergehende scharfe Rückgang der Exporterlöse und Zolleinnahmen der einzelnen Länder hatte zu einschneidenden Verringerungen der Staatseinkünfte geführt. Die Regierungen suchten sich einerseits mit Tarif- und Gebührenerhöhungen etwa auf dem Elektrizitäts- und Transportsektor zu helfen, andererseits schritten sie zu Kurzarbeit, Lohnkürzungen oder Entlassungen etwa in Hafen- und Eisenbahnbetrieben.

Angesichts des sozialen Protests und der vermehrten Forderungen nach staatlichen Interventionen zeigte sich häufig die politische Ohnmacht der einheimischen Regierungen. Der öffentliche Dienstleistungssektor unterstand noch weitgehend der Kontrolle der europäischen Mandatsmächte. Gegen japanische Billigpreisoffensiven allerdings waren keine Schutzzollmaßnahmen möglich, weil diese gegen die handelspolitischen Bestimmungen des im Mandatsvertrag verankerten Prinzips der Offenen Tür verstoßen hätten. Als die ägyptische Regierung zum Beispiel 1932 zu drastischen Zolltariferhöhungen für ausländische Textilien schritt, wurden die für Alexandrien bestimmten Schiffsladungen japanischer Waren kurzerhand in den syrisch-libanesischen Häfen und in Basra umgeschlagen, von wo aus sie die Basare von Damaskus und Aleppo, Bagdad und Mossul erreichten.

Zur Verschärfung der lokalen Auswirkungen der Weltwirtschaftskrise in der Region des Fruchtbaren Halbmonds trugen u. a. die folgenden Faktoren bei: die Eröffnung des neuen persischen Hafens von Khorramschahr, dem arabischen Muḥammara, am Šaṭṭ al-ʿArab, durch den Basra als Handelsmetropole Einbußen erlitt; die japanischen Textilien, die aufgrund ihrer neuartigen und daher „konkurrenzlosen" synthetischen Gewebe einheimische Baumwolle verdrängten; die infrastrukturellen Entwicklungskonzepte der europäischen Mandatsmächte, die von imperialen Rivalitäten überlagert blieben und die notwendige lokale verkehrswirtschaftliche Baumaßnahmen im Einzugsgebiet der schnell wachsenden Städte häufig zurückstellten.

Auf der Arabischen Halbinsel wirkte sich die Weltwirtschaftskrise für Saudi-Arabien nicht weniger folgenreich, wenngleich auf andere Weise aus. Die Muslime aus den ostasiatischen Agrarländern, vor allem dem heutigen Pakistan und Bangladesch, stellten traditionell die Masse der Pilger anläßlich des alljährlichen Ḥaǧǧ. Infolge des Verfalls der Weltmarktpreise für Getreide und auch Reis konnten sie keine Rücklagen für die weite Fahrt in den Hedschas bilden. Innerhalb von drei Jahren sank die

Zahl der Pilger von 116000 (1930) auf weniger als ein Fünftel. Da die Einnahmen aus der Pilgerfahrt einen Großteil der saudischen Staatsfinanzen – einen regelrechten Staatshaushalt gab es nicht – ausmachten, war dieser Rückgang der Pilgerzahlen für das 1932 gegründete Königreich Saudi-Arabien existenzbedrohend. Ausdruck der desolaten Lage schien auch der Rückfall von Teilen der *iḫwān*-Bewegung in Plünderungszüge – und schließlich die offene Rebellion gegen ʿAbd al-ʿAzīz zu sein. Philby wußte immerhin von der verdrießlichen Stimmung des saudischen Herrschers zu berichten, dessen Züge sich eigentlich erst wieder erhellten, als zahlungskräftige amerikanische Ölgesellschaften im Jahre 1933 ihre Aufwartung machten. Im Vorjahr war bereits Erdöl auf Bahrain gefunden worden. Aber auch dort, wie in den übrigen Scheichtümern, hatte die Weltwirtschaftskrise zunächst indirekte negative Auswirkungen gezeigt. Die Perlenfischerei, das vorherrschende und einträglichste Wirtschaftsunternehmen der Region, befand sich bereits in einer Krise, die durch die Verbreitung der japanischen Zuchtperle seit den zwanziger Jahren herbeigeführt worden war. Die monetären Restriktionen im Gefolge der Depression beschleunigten den Niedergang dieses traditionellen Gewerbes.

Die noch ausführlich zu erörternde Erdölentwicklung sollte hier nicht als Rettung des arabischen Nahen Ostens aus der Weltwirtschaftskrise verstanden werden. Die Ölreserven verliehen zwar den jeweiligen Herrschern und Regierungen Kreditwürdigkeit und halfen, die Krise der Staatsfinanzen zu meistern. Wie aber die Beispiele des Irak, Kuwaits und auch Ägyptens in den dreißiger Jahren belegen, konnten die eigenen Gesetze sowie Krisen des Welterdölmarkts abträgliche wirtschaftliche Auswirkungen für die betroffenen Länder haben.

In den volkswirtschaftlich entwickelteren Ländern des Fruchtbaren Halbmonds und besonders des Niltals wurde die Lösung der Krise wie überhaupt eine Vermeidung ähnlicher Krisenfolgen in der Zukunft programmatisch in den Forderungen nach wirtschaftlicher Unabhängigkeit, Aufbau einer importsubstituierenden industriellen Basis sowie Diversifizierung auf allen Sektoren der Wirtschaftsentwicklung formuliert. Weitere Merkmale solcher Forderungen waren eine gewisse Schlüsselrolle für den staatlichen Interventionismus sowie die wachsende Hinwendung zu einem nahöstlichen Regionalmarkt. Der Weg einer autozentrierten Entwicklung, wie er in Ägypten von der Bank Miṣr in der Zwischenkriegszeit beschritten worden war und wie er durch die Weltwirtschaftskrise erneut vorgezeichnet schien, sollte in den späten dreißiger Jahren vorerst enden, doch schien der Ausbruch des Zweiten Weltkriegs unverhoffte neue Chancen zu eröffnen. Die kriegsbedingte forcierte Importsubstitution im industriellen Bereich, die oktroyierte Diversifizierung des Agrarsektors sowie die Anhäufung beträchtlicher Devisenbestände schufen auf den ersten Blick günstige Voraussetzungen, die Blockierung der autozentrierten wirtschaftlichen Entwicklung wieder aufzubrechen.

Eine Betrachtung der ökonomischen und sozialen Auswirkungen des Zweiten Weltkriegs auf Ägypten bezieht ihren paradigmatischen Wert aus der doppelten Tatsache, daß Ägypten einerseits in den Jahren 1940–1945 den Mittelpunkt der alliierten Kriegsbewirtschaftung des gesamten arabischen Nahen Ostens (und darüber hinaus) darstellte und andererseits in einer Art Spätfolge die Ära der Revolutionen wie des arabischen Hegemonialstrebens einleitete. Die epochale Bedeutung des Zweiten Weltkriegs für den Nahen Osten liegt in dessen sozio-ökonomischen Auswirkungen und politischen Spätfolgen. Dagegen bleiben das italienische und deutsche Intermezzo, der Nordafrika-Feldzug Rommels und der Krieg Rašīd ʿAlī al-Gaylānīs im Irak episodenhaft.

Die Schaltstelle der Kriegsbewirtschaftung des Nahen Ostens, das sogenannte *Middle East Supply Centre* (MESC), war im April 1941 als eine zunächst ausschließlich britische Institution unter dem Schirm des britischen Oberkommandos Mittelost in Kairo eingerichtet worden. Die ersten Vorschläge und Erörterungen des Projekts datieren vom Herbst 1940 – ausgelöst durch die Kriegsentwicklung in Europa und vor allem im östlichen Mittelmeer. Die rasche deutsche Besetzung des größten Teils Europas mit einer wirtschaftstüchtigen Bevölkerung von nahezu 230 Millionen und einer riesigen Industriekapazität, der Kriegseintritt Italiens und der Vormarsch italienischer Truppen von der Cyrenaika nach Ägypten im September 1940, die deutsche Besetzung Griechenlands und die Bedrohung der für England strategisch wichtigen Mittelmeerinseln hatten den Briten unmißverständlich klar gemacht, daß dieser Krieg nur auf der Grundlage globaler Mobilisierung und effizienter Koordinierung aller für die Kriegführung und die Logistik notwendigen Ressourcen bestanden werden konnte. Das Mittelmeer war für den Seehandel geschlossen, der militärische Nachschub für beide Kriegsparteien so gut wie zusammengebrochen. Die Nachschubverbindung General Wavells in Kairo mit dem britischen Mutterland und mit Amerika hatte sich auf dramatische Weise innerhalb weniger Wochen von 5000 auf 12000 Meilen verlängert, was die Überführung von Handelsschiffahrtsraum für militärische Zwecke stark erschwerte. Mit Kriegseintritt Großbritanniens traten die Bestimmungen des 1936 neu verhandelten Anglo-Ägyptischen Vertrags, also die Verfügung über das Transportsystem einschließlich der Seehäfen und Flugplätze in Kraft. Einschneidende Maßnahmen zur wirtschaftlichen Selbstversorgung des gesamten Vorderen Orients einschließlich des Unterhalts der dort stationierten alliierten Streitkräfte wurden unumgänglich. In den territorialen Zuständigkeitsbereich des MESC in Kairo fielen neben dem Niltal, der Region des Fruchtbaren Halbmonds und der Arabischen Halbinsel einschließlich der Scheichtümer auch Iran, Somalia, Zypern, Libyen und zeitweilig die Türkei und einige südosteuropäische Länder wie Griechenland und Jugoslawien.

Unter den Auspizien eines umfangreichen anglo-amerikanischen Expertenteams und in Zusammenarbeit mit den örtlichen Regierungs- und Verwaltungsbehörden wurde vor allem in der Nahrungsmittelversorgung eine rigorose Autarkiepolitik verfolgt, die vor unpopulären Maßnahmen wie Getreiderequirierungen nicht haltmachte. Erfordernisse der alliierten militärischen Logistik sowie auf die Gesamtregion bezogene Bedarfs- und Rationierungsquoten bestimmten die landwirtschaftlichen Produktionsziele und den Einsatz technischer wie monetärer Mittel.

Zu den bedeutenden Auswirkungen des Weltkriegs auf die ägyptische Wirtschaft gehörten neben der Diversifizierung des Agrarsektors (Reduzierung des Baumwoll- zugunsten des Getreideanbaus) eine bis dahin beispiellose Steigerung der industriellen Produktion. Deren Indexzahl schnellte zwischen 1938 und 1947 von 100 auf 151 empor. Fatal waren jedoch die sozialen Weiterungen der außerordentlich hohen, durch die starke Nachfrage der Alliierten ausgelösten Inflationsrate. Während zwischen den Jahren 1939 und 1945 der Indexwert für die Lebenshaltungskosten in Ägypten von 100 auf über 294 stieg, stagnierten die Einkommen der Arbeiterklasse und der Masse der Landarbeiter. Als der ägyptische Finanzminister Makram ʿUbayd am 14. Mai 1945 in der Abgeordnetenkammer den neuen Haushaltsplan vorlegte, zeichnete er in seinen Ausführungen ein düsteres Bild von den Lebensbedingungen der Mehrheit der ägyptischen Bevölkerung. Der Krieg habe die Kluft zwischen den sozialen Klassen erweitert, statt sie wie in Europa zu verringern. Weder die Akkumulation von Industriekapital durch die Kriegsgewinnler aus den Reihen ägyptischer Unternehmer, Großgrundbesitzer und Kaufleute, noch der importsubstituierende Industrialisierungsschub hatten entwicklungspolitisch eine eigentliche Alternative zum vorherrschenden Agrarsektor hervorgebracht. Die wenigen innovativen Industriezweige vornehmlich auf dem Chemiesektor waren beschäftigungspolitisch wiederum wenig extensiv. Der ägyptischen Regierung standen gewaltige sozialpolitische Probleme und Aufgaben ins Haus, u.a. auch die für die Nachkriegszeit erwartete Entlassung von mehr als einer Viertel Million Beschäftigter bei den Alliierten. Wenn auch in Anknüpfung an wirtschaftspolitische Postulate der Zwischenkriegszeit sogenannte Lehren aus den Erfahrungen des Weltkriegs bzw. der Kriegsbewirtschaftung gezogen wurden, so beschränkten sich diese doch recht einseitig und allzu optimistisch auf den industriellen Sektor. Eine zusätzliche Dramatik erhielt der schwelende Sozialkonflikt durch die Steigerungsrate des Bevölkerungswachstums. Sie reduzierte die Pro-Kopf-Wachstumsraten der agrarischen und industriellen Produktivität. Beim Industrialisierungsschub wie bei der Diversifizierung im Agrarbereich handelte es sich also um eine Entwicklung ohne Wachstum.

Ägypten schien damit auch am Ende des Zweiten Weltkriegs entwicklungspolitisch wieder auf den Zustand einer Blockierung hinzusteuern, es sei denn, es gelänge dem Land, in einem „geöffneten" und zukünftig expansiven nahöstlichen Markt eine stärkere, wenn nicht sogar beherrschende Position einzunehmen. Hierfür schien die Bildung der Arabischen Liga unter ägyptischem Vorsitz geeignete institutionelle Voraussetzungen zu schaffen. In der Region des Fruchtbaren Halbmonds, vor allem im Irak und in Syrien-Libanon, hatte unter den ökonomischen Auswirkungen des Weltkriegs der seit der Weltwirtschaftskrise schwelende Sozialkonflikt eine noch größere Schärfe erreicht.

b) Veränderungen in den politischen Systemen und die neue Dynamik in den zwischenarabischen Beziehungen bis zur Revolution in Ägypten

Für ein Verständnis der politischen Auswirkungen der Weltwirtschaftskrise und des Zweiten Weltkriegs auf das Verhältnis zwischen Gesellschaft und Herrschaftselite ist es unerläßlich, die unterschiedlichen politischen Systeme und staatlichen Eigenprofile, wie sie sich in den zwanziger Jahren im arabischen Nahen Osten entwickelten, in ihrer Prozeßhaftigkeit als noch unfertig zu begreifen. Diese dynamische Sichtweise gilt hier weniger der Herausforderung der anglo-französischen und schließlich anglo-amerikanischen Dominanz durch die Arabische Nationalbewegung, sondern in erster Linie den Vorgängen auf der sozio-politischen Ebene.

Am Beispiel des Irak läßt sich die Bedeutsamkeit dieses Aspekts gut herausstellen. Das politische System des Irak war noch in den ersten Unabhängigkeitsjahren von einer Transformation der Herrschaftselite zur Herrschaftsklasse gekennzeichnet.[31] Der Regierungsapparat einschließlich der Monarchie war mit Persönlichkeiten besetzt, die keine nennenswerte ökonomische Basis und Hausmacht im Lande besaßen. Die nach der Führung der Arabischen Sezession sogenannte ‚scherifische' Elite des Irak entstammte der unteren Mittelschicht des Landes. Die Offiziersausbildung in der osmanischen Armee war ihre soziale Aufstiegsleiter gewesen, deren Funktion durch den Kriegsausgang jedoch jäh beendet worden war. Die wirkliche, d. h. sozio-ökonomisch fundierte und mit großer, häufig auch bewaffneter Gefolgschaft ausgestattete Macht lag dagegen bei den einflußreichen – anti-scherifisch eingestellten – Notabelnfamilien der Gaylānīs in Bagdad, der Naqībs in Basra, der Suwaydīs in Mossul sowie bei den Scheichs der größeren Stämme und Stammesföderationen, die häufig schon Großgrundbesitzer waren. Während die scherifische Elite im politischen System des Landes ein Kabinettsmonopol bildete und von dort aus eine sozio-ökonomische Basis und Hausmacht zu erwerben suchte, übernahmen die Notabeln und Scheichs das Parlament, um von hier aus die zentrale Regierungsgewalt zu durchdringen. Die vermehrten taktischen Allianzen zwischen den Eliten begannen das Kabinettskarusell zu drehen. Der Erwerb von Großgrundbesitz durch die scherifische Elite wurde dabei durch neue Gesetze erleichtert, die mit Bewässerungskonzessionen gekoppelt waren. Ferner konnten durch die systematische Förderung der Interessen von Großgrundbesitzern – u. a. durch steuerliche Erleichterungen oder drakonische Maßnahmen gegen Landflucht – scherifische Minister eine eigene Klientel bilden und sogar eine Partei gründen. Als Beispiel für diese Entwicklung sei hier die politische Karriere und autoritäre Regierungszeit Yāsīn al-Hāšimīs (17. 3. 1935–30. 10. 1936) genannt.[32]

Aufschlußreich für die Aussichtslosigkeit einer sozialreformerischen Politik in diesem von der Großgrundbesitzerschicht dominierten politischen System war die erstmalige Bildung einer neuen Allianz zwischen oppositionellen Reformern *(ǧamāʿat al-ahālī)* und Militärs im Bakr Ṣidqī Putsch vom Oktober 1936. Dieser Interventionismus von seiten sozialrevolutionärer Militärs sollte in den nächsten Jahrzehnten kennzeichnend für nahöstliche politische Systeme werden. Dabei handelte es sich um die zweite Generation arabischer Offiziere, deren sozialer Aufstieg über die Armee in den noch jungen Staaten gewährleistet schien.

Für die Zeit nach dem Zweiten Weltkrieg müssen vor allem die neuen Rahmenbedingungen internationaler Politik berücksichtigt werden. Die bis dahin gültige europäische Dominanz im Nahen Osten wurde durch eine amerikanische Hegemonie abgelöst. Die amerikanische Nahostpolitik war jedoch noch unerfahren – wenn nicht argwöhnisch – im Umgang mit den einheimischen und europahörigen Herrschaftseliten. Im Kontext des beginnenden Kalten Kriegs schienen nationalbegeisterte Militärs bessere Bündnispartner zu sein als „reaktionäre" Eliten, durch die Revolutionen ausgelöst werden könnten. Es war bezeichnend, daß sich nach dem Zweiten Weltkrieg die Militärs in Syrien – Adīb aš-Šīšaklī – und in Ägypten – ʿAbd an-Nāṣir (Nasser) – zunächst ausgesprochener amerikanischer Gunst erfreuten.[33] Syrien-Libanon sowie Ägypten waren am Ende des Weltkriegs diejenigen Länder, in denen die europäische Dominanz am ehesten verwundbar war. Die Herrschaftselite mußte hier nicht jenen für den Irak bezeichnenden Transformationsprozeß durchlaufen, um sich im politischen System behaupten zu können. Sie gehörte von Anfang an der Oberklasse an und sie war als solche infolge ihrer teils freiwilligen, teils erzwungenen „Kollaboration" mit den europäischen Mächten in den Augen der Arabischen Nationalbewegung korrumpiert.

Die allmähliche Erosion und Veränderung arabischer politischer Systeme wurden noch durch andere Faktoren herbeigeführt wie die Gründung kulturpolitischer Vereinigungen, das Aufkommen von Massenbewegungen, die Gründung radikaler politischer Parteien sowie die Abspaltungen von bestehenden Parteien – wie der Wafd. Ein knapper Überblick muß hier genügen.[34] Auf das Niltal bezogen sind zunächst die drei folgenden Organisationen erwähnenswert: Der Verein muslimischer junger Männer *(ǧamāʿat aš-šubbān al-muslimīn)*, die Muslimbruderschaft *(ǧamʿiyyat al-iḫwān al-muslimīn)* sowie die Jungägyptische Vereinigung *(ǧamāʿat Miṣr al-fatāt)*.

Ausschlaggebend für die Gründung des Vereins muslimischer junger Männer – der an das christliche Pendant erinnert – mögen die offene Kalifatsfrage nach dem ergebnislosen Kongreß in Kairo sowie der Ideenstreit zwischen Befürwortern einer islamischen Restauration bzw. eines islamischen Reformismus gewesen sein. Jedenfalls ist ein erzieherischer Impetus der 1927 erfolgten Gründung unverkennbar. Die personelle Besetzung des Generalsekretariats umfaßte Vertreter des Erziehungsministeriums, der al-Azhar, verschiedener Fakultäten sowie von Lehrer- und Publizistenverbänden. Oberstes Anliegen war die Gestaltung und Verbreitung eines neuen Lebensgefühls, das auf einer Synthese zwischen den traditionellen Werten des Islams und den neuen Herausforderungen der modernen Zivilisation beruhen sollte. Die zunächst panislamische Ausrichtung wich dann immer mehr nationalistischen Leitmotiven, und zwar im Sinne eines Panarabismus. Die Vereinigung nahm sich in besonderem Maße der politischen Probleme innerhalb der *umma* (der Gemeinschaft der Gläubigen) an. In den dreißiger Jahren waren das neben der Stellung der Muslime in der Sowjetunion vor allem die Vorgänge in Palästina sowie in Jerusalem. Diese *ǧamāʿat aš-šubbān al-muslimīn* richtete Unterorganisationen in fast allen arabischen Ländern und vor allem in Palästina ein. Sie betrieben Öffentlichkeitsarbeit, organisierten Demonstrationen und traten bei Konferenzen in Erscheinung. Kennzeichnend für ihr religiös begründetes politisches Profil – die Vorzugsstellung des Arabertums im Islam – mag die Mitgliedschaft des späteren ersten Generalsekretärs der Arabischen Liga, ʿAbd ar-Raḥmān ʿAzzām Bey, sein. Ebenso aufschlußreich für das arabisch-islamische Selbstbewußtsein und die Abwehrhaltung gegenüber der abendländischen Dominanz war die Nachfolge des Präsidenten der Vereinigung Dr. ʿAbd al-Ḥamīd Saʿīd durch Muḥammad Ṣāliḥ Ḥarb, der im Kabinett des achsenfreundlichen ʿAlī Māhir (1939–1940) das Amt des Verteidigungsministers innehatte. Das Bedeutsame der hier beschriebenen islamischen Vereinigung ist der eindrucksvolle Nachweis, daß die politische Formierung der unruhigen Jugend bzw. der neuen nationalgesinnten Generation eben nicht ausschließlich unter dem Einfluß faschistischer Vorbilder vonstatten ging.

Im regionalen Maßstab und längerfristig zweifellos die bemerkenswerteste organisatorische Erscheinung im politischen System Ägyptens und der gesamten arabisch-islamischen Welt war die 1929 von dem ägyptischen Dorfschullehrer Ḥasan al-Bannāʾ gegründete Muslimbruderschaft. Sie komplementierte gewissermaßen als ländlich-populistisches Pendant die zuvor geschilderte urban-intellektuelle muslimische Bewegung – und absorbierte sie schließlich. Die Zahl ihrer Mitglieder wuchs lawinenartig; ihre Verzweigungen reichten über den Fruchtbaren Halbmond und die Arabische Halbinsel hinaus bis nach Indien und Nordwestafrika. Auch gegenwärtig ist ihre Lebenskraft ungebrochen. Ideologisch gesehen war die Bruderschaft restaurativ im Sinne eines Chiliasmus, politisch war sie jedoch eher arabisch-islamisch als an einem transnationalen Islam orientiert. Dem Arabertum räumte sie eine Vorzugsstellung in der *umma* ein. Dieses

Bekenntnis zur Arabischen Nationalbewegung weist sie zugleich als einen der wichtigsten Schrittmacher der „Arabisierung" Ägyptens aus. Ihre große Gefolgschaft dürfte die Bruderschaft u. a. der engagierten Sozialarbeit in den Krisen der wirtschaftlichen Depression und vor allem auch des Zweiten Weltkriegs verdankt haben. Dies erklärt wohl auch, daß ihr zumindest zeitweise auch die Sozialaufsteiger in der Armee, also die Träger der Revolution von 1952, angehörten. Der größte Erfolg der Bruderschaft mag jedoch darin bestanden haben, daß sie die Verquickung der nationalen mit der sozialen Frage zustande brachte. Sie führte in den vierziger Jahren einen erbitterten Kampf gegen die sozialistischen Tendenzen Marxscher Provenienz in der ägyptischen Arbeiterbewegung, die mit dem Problem steigender Arbeitslosigkeit konfrontiert war. In der sich ausbreitenden revolutionären Stimmung suchten die Muslimbruderschaft und die Gewerkschaftler und Sozialisten ihren miteinander rivalisierenden Werte- und Zielvorstellungen von einem neuen ägyptischen Staatswesen und auch einer neuen ägyptischen Außenpolitik Geltung zu verschaffen. Während die Bruderschaft dabei taktische Allianzen sowohl mit der Wafd als auch mit monarchistischen Kräften einging, benutzte sie gleichzeitig die Palästinafrage als Katalysator für ihr umfassenderes Anliegen einer Neuordnung der arabisch-islamischen *umma.*

Die dritte und diesmal deutlich den Leitbildern des europäischen Faschismus folgende politische Bewegung war die im Jahre 1933 von dem Rechtsanwalt Aḥmad Ḥusayn gegründete Jungägyptische Vereinigung. Ihr paramilitärischer Drill und ihre straffe Organisation wurde durch die Uniformierung in der Öffentlichkeit, das Tragen grüner Hemden, unterstrichen. Ein starkes Ägypten – als nahöstliche Ordnungsmacht – sollte aufgebaut werden. Dazu waren Unabhängigkeit, Landreformen, Erziehung und Wehrtüchtigkeit des Volkes erforderlich. Der politische Mord erschien ihr als Mittel zum Zweck legitim. Bereits 1934 erfolgte aus ihren Reihen ein Attentatsversuch auf an-Naḥḥās, den Parteivorsitzenden der Wafd. Eine Reihe von Namensänderungen sollten den Machtanspruch programmatisch profilieren. Der Begriff *ǧamāʿa* (Vereinigung) wurde zeitweilig durch *ḥizb* (Partei) ersetzt. Im Frühjahr 1940 nannte sie sich sogar *al-ḥizb al-waṭanī al-islāmī* (Islamische Nationalpartei), was den Versuch erkennen läßt, sich als Sammelbewegung darzustellen und nationalpatriotischen und islamischen Konkurrenzbewegungen Gefolgschaften abzuwerben. Neben solchen taktischen Erwägungen basierte Aḥmad Ḥusayns Ideologie auf einer Synthese zwischen Faschismus und Islam. Trotz der italienischen Greuel in Libyen machte er wenig Hehl aus seiner glühenden Verehrung für Mussolini. Hitler soll er in einer öffentlichen Rede die Konversion zum Islam nahegelegt haben. Diese *ǧamāʿat Miṣr al-fatāt,* wie sie sich bald wieder nannte, blieb während und nach dem Krieg die radikalste Gegnerin des Anglo-Ägyptischen Vertrags von 1936. Sie betätigte sich jedoch auch nach 1945 hauptsächlich im politischen Untergrund. Ähnlich wie die Muslimbruderschaft bildete sie vorübergehend die ideologische Heimat für eine neue Generation von Offizieren. Die Aushöhlung des politischen Systems war eher eine Folge der von Korruption begleiteten Rivalitäten zwischen der Wafd und ihren Abspalterparteien, der Liberalen Verfassungspartei und den Saʿdisten.

Eine kurze Einblende der sozio-politischen Veränderungen im Fruchtbaren Halbmond weist erstaunliche Parallelen, jedoch auch markante Unterschiede auf. Die Jungägyptische Vereinigung *(ǧamāʿat Miṣr al-fatāt)* ist hier am ehesten vergleichbar mit der von dem griechisch-orthodoxen Christen Anṭūn Saʿāda gegründeten Syrischen Volkspartei *(al-ḥizb al-qawmī as-sūrī)*.[35] Diese auch im gegenwärtigen libanesischen Bürgerkrieg sehr aktive Partei gründete ihren radikalen Nationalismus in einem starken, „phönizischen“ Großsyrien, das verfassungspolitisch an einem organologischen Staatsmodell orientiert war. Trotz ihrer zunächst ebenfalls paramilitärischen Organisationsmerkmale hat die am 21. November 1936 von Pierre al-Ǧumayyil, Šafīq Nāṣif, Charles Ḥilw (Hélou), Georges Naqqāš und Emile Yārid gegründete Phalangistische Bewegung *(munaẓẓamat al-katāʾib al-lubnāniyya*, kurz al-Katāʾib) vielfältigere Wurzeln.

Anlaß zur Gründung dieser christlich-maronitischen Bewegung hatte die Konferenz der Küstenregionen Großsyriens gegeben, die angesichts der Vertrags- und Unabhängigkeitsverhandlungen mit den Franzosen von Muslimen im März 1936 veranstaltet worden war. Auf dieser Konferenz war ein Muslimischer Rat konstituiert worden. Fast überstürzt waren die Maroniten zur Gründung einer ziemlich losen Partei der libanesischen Einheit geschritten. Vor allem al-Ǧumayyil schien sich bewußt gewesen zu sein, daß mit Honoratiorenparteien und deren Zusammenschlüssen zu Blöcken auf Dauer kein Staat zu machen sei.

Die von der Weltwirtschaftskrise hart getroffene untere Mittelschicht der Maroniten brauchte ein anderes soziales Netz oder Patronagesystem, als es die Feudalherren des vormaligen Mont Liban anbieten konnten. Eine weitere Überlegung war, daß der Staatsbildungsprozeß im ethno-konfessionell gemischten Großlibanon einen neuen Typ des Bürgers erforderte, der durch eine geeignete „staatspolitische“ Erziehung der Jugend hervorgebracht werden mußte. In Anlehnung an europäische Vorbilder, speziell der Hitlerjugend und der tschechischen Sokol-Bewegung, wurden als Vorläufer der späteren Parteien die Jugendbewegungen der maronitischen al-Katāʾib und der muslimischen an-Naǧǧāda gegründet. Ihre paramilitärische Ausbildung ergab sich aus der zweifachen Kampfsituation des Libanon: der Behauptung libanesischer Identität gegenüber großsyrischen Bestrebungen sowie der Erringung der Unabhängigkeit von den Franzosen. Die Profilierung zur politischen Partei setzte erst Mitte der vierziger Jahre ein.

Wenn auch die politische Gewalt im Libanon durch den ungeschriebenen Nationalpakt des Jahres 1943 proporzmäßig zugunsten der Maroniten festgeschrieben wurde, so veränderte der Aufstieg der Phalangisten dennoch das politische System, als er den vorherrschenden Rivalitäten zwischen den von Emile Eddé und Bišāra al-Ḫūrī angeführten maronitischen Blöcken allmählich ein Ende bereitete. Die Partei der al-Katā'ib behielt trotz ihrer straffen Organisation und differenzierten Programmatik immer auch den Charakter einer breiten politischen Bewegung, die – ähnlich wie die Muslimbruderschaft in Ägypten – vor allem die sozial verunsicherten Unterschichten der Maroniten absorbierte.

Das erklärt u. a. auch die Mariginalität der sozialistischen bzw. kommunistischen Partei. Die 1929 entstandene Syrisch-Libanesische Kommunistische Einheitspartei wurde von Ḫālid Baġdāš, einem sunnitischen Muslim kurdischer Abstammung aus Damaskus, und Farağ-Allāh al-Ḥilw, einem Maroniten aus dem libanesischen Städtchen Byblos (Ǧubayl), angeführt. Beide waren im europäischen Kommunismus geschult, was die ideologische Treue der Partei zum orthodoxen Marxismus erklärt. Ein weiteres Merkmal der Partei war und blieb auch nach ihrer Trennung in nationale libanesische und syrische Parteien die vorherrschende armenische und kurdische Mitgliedschaft.

Ähnliche Merkmale ethno-konfessioneller Exklusivität zeigten auch die kommunistischen Gruppierungen im Irak, wobei neben kurdischen hier vor allem schiitische und jüdische Komponenten überwogen. Einen interessanten Versuch ideologisch-pragmatischer Homogenisierung der ethnokonfessionellen Heterogenität der irakischen Gesellschaft (ein Vergleich läßt sich am ehesten zu der fabianisch-sozialistisch inspirierten elitären Bewegung um den Kopten Salāma Mūsā in Ägypten ziehen)[36] stellt die sozialreformerische al-Ahālī-Gruppe dar.[37] Die Gruppe anerkannte grundsätzlich einen gesellschaftlichen Pluralismus, dem die Ideologie der *ša'biyya* („Volksgemeinschaft") übergestülpt wurde. Diese beinhaltete die Wohlfahrt für das Volk ohne Unterschiede der Klasse, der Religion und der Ethnizität. Aber auch dieser Gruppe, die 1936 schließlich – nicht unumstritten – erstmals im Orient mit den Militärs paktieren sollte, blieben größere Gefolgschaften verwehrt, was sicherlich auch auf ihr elitäres Selbstverständnis als einer kreativen Minorität zurückgeführt werden muß.

Wenn die al-Ahālī auch niemals eine Massenbewegung wurde, so gewann sie dennoch in den nächsten Jahrzehnten ein bemerkenswertes patriotisches Profil und parteipolitisches Eigengewicht. Zu Beginn der vierziger Jahre unterstützte sie die Nationalbewegung um Rašīd 'Alī al-Gaylānī. Nach dem Kriege formierte sie sich zur National-Demokratischen Partei *(al-ḥizb al-waṭanī ad-dimūqrāṭī)* und wurde einer der Stützpfeiler der demokratischen Kräfte.[38] Ihre zeitweiligen taktischen Allianzen mit den Vertretern der politischen Rechten, u. a. auch mit dem repressiven Kabinett Nūrī as-Sa'īds, führten jedoch zu parteiinternen Auseinandersetzungen, die insgesamt die Durchsetzungskraft der Partei im politischen System des Irak lähmten. Auch die Allianz mit dem Regime 'Abd al-Karīm Qāsims nach dessen revolutionärem Staatsstreich im Jahre 1958 war von nur kurzer Dauer.

Die in allen arabischen Staaten – abgesehen von der Arabischen Halbinsel – feststellbare lähmende Polarisation der innenpolitischen Kräfte der Rechten und Linken wirkte sich auch auf die Entwicklung der zwischenarabischen Beziehungen und besonders auf die Einigungsbestrebungen aus. Den Vermittlungsbemühungen im Palästinakonflikt im Jahre 1936 sowie den 1943 von Nūrī as-Saʿīd initiierten Föderationsverhandlungen[39] in Kairo lagen immer noch Konzepte der osmanischen Dezentralisations- bzw. arabischen Sezessionsbewegung zugrunde. Wie sehr man in der Tat noch osmanischen ordnungspolitischen Leitbildern verhaftet war, zeigt der Vorschlag einer dem libanesischen Maronitentum analogen jüdischen „Millet"-Autonomie in Palästina.

Doch trotz der scheinbaren Erfolge einer gesamtarabischen Diplomatie, wie sie zum Beispiel in der Schlichtung im saudisch-jemenitischen Konflikt im Jahre 1934 oder in den Palästinakonferenzen in Jerusalem (1931), Bludan bei Damaskus (1937, 1946), Kairo (1939) und London (1939, 1946/47) zum Ausdruck kamen, blieb seit den späten dreißiger Jahren die Frage offen, ob die sozio-ökonomische Entwicklung der einzelnen arabischen Länder Vorrang vor der Einigungsfrage habe oder ob diese Priorität habe – sei es als Angelegenheit der Staatsoberhäupter und Herrschaftseliten oder der arabischen Gesamtgesellschaft. Die Bildung der Arabischen Liga im Frühjahr 1945 hatte diesen Konflikt dadurch zu lösen gesucht, daß sie sich von Anfang an in besonderer Weise der sozialen und wirtschaftlichen Nachkriegsprobleme der arabischen Region annehmen wollte.

Der erste Nahostkrieg im Jahre 1948 setzte jedoch neue Schwerpunkte in dem Aktionsrahmen der Arabischen Liga. Anstelle sozialpolitischer Aktivitäten traten Bemühungen zur Bildung und Ausrüstung einer Interarabischen Vereinigten Verteidigungsallianz. Diesem Plan suchte die beginnende anglo-amerikanische Containmentpolitik im Nahen Osten durch die Errichtung eines ihrer militärischen Kontrolle unterstehenden *Middle East Command* zuvorzukommen. Da die gegen die Sowjetunion gerichtete Containmentpolitik auch sozialrevolutionäre Bewegungen im Nahen Osten verhindern wollte, wurden über den militärischen Rahmen hinaus sozio-ökonomische Entwicklungsziele – wie in der Truman-Doktrin (1947) und im *Point Four Programme* (1949) formuliert – für die Region deklariert und auf bündnispolitischem Weg durchzusetzen gesucht. Durch diese Belastungen internationaler Politik wurden schon bald die politischen Systeme in der Region weiter destabilisiert. Gleichzeitig wirkten sie aber katalysatorisch auf die stärkere Verschränkung der sozialen Frage mit der nationalen Frage der Arabischen Bewegung und machten deren Lösung vordringlich.

c) Die Arabische Bewegung zwischen Nasserismus und Baathismus

Die neue Qualität der Arabischen Bewegung in den Jahren nach dem Zweiten Weltkrieg bestand in ihrer sozial-revolutionären Komponente. Allerdings fehlte ihr bis in die fünfziger Jahre eine politische Führungskraft. Ǧamāl ʿAbd an-Nāṣir (Nasser) hat dieses Dilemma trefflich beschrieben, als er angesichts der Revolution in Ägypten von einer Rolle sprach, die nach ihrem Helden gesucht habe.[40] Doch es bedurfte zunächst des Palästinakriegs von 1948, um die Schwäche der politischen Führung und die Hohlheit der arabischen Staaten offensichtlich zu machen. Das irredentistische Syrien war direkt betroffen. Die von Militärs im Jahre 1949 in rascher Folge herbeigeführten drei blutigen Staatsstreiche (Ḥusnī az-Zaʿīm 25. 6.; Sāmī al-Ḥinnāwī 14. 8.; Adīb aš-Šīšaklī 19. 12.) waren nicht nur Ausdruck der allgemeinen Bestürzung über die Niederlage in Palästina, sondern auch der Rivalität zwischen Bagdad, Amman, Kairo und Riad sowie der Aktivitäten Großbritanniens und Amerikas.[41] Im Kontext der Containmentpolitik und angesichts der traditionellen britisch-imperialen Verbindungen zur Herrschaftselite in den arabischen Staaten favorisierte die amerikanische Politik die neue Elite der Militärs, in denen sie eher Reformer nach dem Vorbild Kemal Atatürks als Revolutionäre sahen.[42] Washington setzte wohl auf den kurdischstämmigen syrischen Generalstabchef Ḥusnī az-Zaʿīm aus Aleppo, möglicherweise auch in der Hoffnung eines politischen Arrangements mit dem neuen Israel. Dieser war – wie das Offizierskorps allgemein – von den Reformbestrebungen der von Akram al-Ḥawrānī, dem eigentlichen Inspirator des Staatsstreichs, geführten Arabischen Sozialistischen Partei beeindruckt. Hinsichtlich des Reformprogramms schien die Hoffnung der sozialistischen Kräfte, u. a. auch der von Michel ʿAflaq und Ṣalāḥ ad-dīn Bayṭār gegründeten Baath-Partei (*ḥizb al-baʿṯ al-ʿarabī* „Partei der arabischen Wiedergeburt") – sowie der Amerikaner – aufzugehen. Landreformen, eine Modernisierung des Rechtswesens, eine Liberalisierung des Wahlsystems und sogar eine Förderung europäischer Bekleidung wurden unternommen.

Um den Waffenstillstand mit Israel aus einer starken Position heraus aushandeln zu können, hatte Ḥusnī az-Zaʿīm den Irak um ein Militärbündnis ersucht, was in Saudi-Arabien und Ägypten Argwohn und politische Gegenmaßnahmen auslöste. Während Riad eine hāšimitisch dominierte Föderation des Fruchtbaren Halbmonds zu verhindern trachtete, wollte Kairo eine Schmälerung seiner eigenen Führungsrolle in der Arabischen Liga nicht hinnehmen. Ḥusnī az-Zaʿīm, der weder einen solch weitgehenden Pakt mit dem Irak anstrebte, noch die Verwirklichung der Großsyrienpläne suchte, wandte sich schließlich Kairo zu. Diese Politik beschleunigte nicht nur den eigenen Niedergang, sondern leitete zwangsläufig die Ära des „Arabischen Kalten Krieges" ein. Auch die nachfolgenden syrischen Militärregime Sāmī al-Ḥinnāwīs und Adīb aš-Šīšaklīs und sogar dasjenige des irakischen Revolutionärs ʿAbd al-Karīm Qāsim sollten später diesem „Kalten Krieg“ zum Opfer fallen.

Zur fortschreitenden inneren Aushöhlung der politischen Systeme der arabischen Staaten war damit auf regionaler Ebene eine Selbstlähmung arabischer Außenpolitik bzw. der Arabischen Nationalbewegung getreten. Die Lösungen der sozialen und der nationalen Fragen, die sich fortan wechselseitig bedingten, mußten fundamentaler in Angriff genommen werden. Dem sich seit dem Zweiten Weltkrieg vor allem in Syrien formierenden laizistischen wie panarabischen Baathismus kam jedoch die Revolution in Ägypten gewissermaßen zuvor, die ʿAbd an-Nāṣir aber fatalerweise ohne Ideologie begann.[43] Er fand sich in seiner Reformpolitik schon bald den Problemen einer wuchernden Bürokratie, einer demographischen Explosion und einer in ihrem Ausmaß unvorhersehbaren Urbanisierung ausgeliefert. Er befreite Ägypten zwar endgültig von der verhaßten britischen Fremdherrschaft, machte es jedoch gleichzeitig zum Streitgegenstand zwischen den übermächtigen Rivalen USA und Sowjetunion. Die Verstaatlichung des Suezkanals (1956) begründete sein Charisma. In der arabischen Welt triumphierte das Bewußtsein der Unabhängigkeit über die Arroganz der Dulles- und Eden-Diplomatie – und über die Abhängigkeit von Investitionsanreizen. Doch als ʿAbd an-Nāṣir das Ideal des vermeintlich starken Ägypten gegen den schillernden Panarabismus tauschte, machte er Israel zum Schicksal seines Landes – und seines Lebens. Seine Politik der Blockfreiheit, des positiven Neutralismus unter panarabischem Vorzeichen, war mehr Folge indischen, jugoslawischen und chinesischen Werbens als eigener Entwurf. Sie beruhte nicht auf einer gründlichen Analyse der Spielregeln der neuen „Orientalischen Frage“ im östlichen Mittelmeer,[44] wie sie aus der alliierten Nachkriegspolitik hervorgegangen war und deren strategische Pfeiler zum Schutz der westlichen Energieversorgung die Flankenmächte des Suezkanals, Ägypten und Israel, darstellten.[45]

Der Nasserismus könnte insofern als hybrider Panarabismus bezeichnet werden, als er primär die Lösung der enormen gesellschafts- und entwicklungspolitischen Probleme Ägyptens in einem gesamtarabischen Rahmen vorsah. ʿAbd an-Nāṣirs ernsthaft in Angriff genommene Landreformen, Industrialisierungsprojekte und hydroelektrische Bauvorhaben konnten das Diktum von der Entwicklung ohne Wachstum kaum umstoßen. Von daher lag in seiner Hinwendung zum Panarabismus eine Zwangsläufigkeit, wie sie durch die gleichzeitige Hervorhebung eines arabischen Sozialismus und nicht zuletzt durch die wirtschaftspolitische Programmatik des Zusammenschlusses mit Syrien zur Vereinigten Arabischen Republik im Jahre 1958 indirekt belegt wird. In den bereits erwähnten „drei Kreisen“ der ägyptischen außenpolitischen Ortsbestimmung wie auch in seinen Motiven zur Intervention im jemenitischen Bürgerkrieg (Oktober 1964–August 1967) wird man u. a. dieselben Komponenten vermuten müssen. Der nicht seltene Vorwurf, daß ʿAbd an-Nāṣir letztlich sein Charisma als Anführer der Arabischen Nationalbewegung mißbrauchte, bezieht seine Rechtfertigung genau aus dieser Verschleierung der spezifisch ägyptischen Problematik. Die Lösung der entwicklungspolitischen Probleme Ägyptens setzte Revolutionen gerade in den ölreichen Staaten der Arabischen Halbinsel voraus, die mit Beginn des OPEC-Zeitalters (1960) ihre entwicklungspolitische Potenz für die Gesamtregion zu erkennen gaben.

Neben dem Überreizen der ägyptischen Karte in der regionalen wie internationalen Politik – wie der Rückzug aus dem Jemen und das Desaster des Sechs-Tage-Kriegs im Juni 1967 offenlegten – stellte die „Irreführung" der Palästinensischen Bewegung eine weitere fatale Folge des Mißbrauchs von Charisma durch ʿAbd an-Nāṣir dar. Zwar konnte er nachweisen, in der Palästinafrage alles zunächst auf eine diplomatische Lösung gesetzt zu haben. Seine Friedensbemühungen zusammen mit dem israelischen Premier Moshe Sharett[46] wurden ausgerechnet von Ben Gurion torpediert, demgegenüber sich die Adenauer Regierung in Bonn im Rahmen deutscher Wiedergutmachung zu kostenlosen Waffenlieferungen verpflichtete. Die Verwendung der Palästinafrage in einem gesamtarabisch-islamischen Kontext wurde infolge des ideologischen Panarabismus und Führungsanspruchs ʿAbd an-Nāṣirs in einem solchen Ausmaß betont, daß zumindest in der außerarabischen Welt und vor allem in dem vom Ost-West-Konflikt befangenen Europa die Vorstellung von einem palästinensisch-arabischen Volk schwand. Dabei hatte ʿAbd an-Nāṣir maßgeblichen Anteil an der Gründung der Palästinensischen Befreiungs-Organisation (PLO) im Jahre 1964 gehabt. Doch während sich deren erster Vorsitzender Aḥmad aš-Šuqayrī die gewaltsame Sprache ʿAbd an-Nāṣirs zu eigen machte, betätigte sich nicht minder vehement die palästinensische Avantgarde als sozialrevolutionäre Speerspitze des Nasserschen Panarabismus in einem Netz von politischen Zellen, das die gesamte Arabische Halbinsel und Jordanien umspannte.[47]

Der Niedergang des Nasserismus war durch den Zusammenbruch der Vereinigten Arabischen Republik (VAR) bzw. das Ausscheren Syriens aus der Föderation im Jahre 1961 eigentlich schon besiegelt. Denn die Region des Fruchtbaren Halbmonds und Ägypten waren die Kernländer jeder panarabischen politischen Renaissance. Der Anschluß Nordjemens durch eine Föderation im März 1958 und die ägyptische militärische Intervention zugunsten der republikanischen Regierung des Feldmarschalls ʿAbdallāh as-Sallāls (31. Oktober 1962–5. November 1967) sollten sich bestenfalls als ein Nachhutgefecht gegen die neue hegemoniale Macht Saudi-Arabien erweisen.

Unterdessen befand sich der Baathismus in der Region des Fruchtbaren Halbmonds auf – wenn auch nicht unbeschwertem – Siegeskurs. Anders als ʿAbd an-Nāṣir hatten die Gründer der Baath-Partei aufgrund ihrer teils biographischen, teils ideologischen „Abweichungen" von arabisch-islamischen Normen die Handlungsspielräume politischer Aktionen sorgfältiger abzuschätzen gewußt.[48] Die erklärte Priorität sozialpolitischer Postulate des Panarabismus unterschied den Baathismus grundsätzlich vom Nasserismus. Da sich die Baath-Partei jedoch allzu optimistisch den panarabischen Zielen der VAR untergeordnet hatte, mußte deren Zusammenbruch eine entsprechende Verunsicherung herbeiführen. Heftige ideologische Richtungskämpfe zwischen den zivilen und militärischen Angehörigen der Baath waren die Folge, bei denen es vor allem um den Stellenwert des Klassenkampfes gegenüber dem Ideal arabischer Einheit ging.[49] Dabei konnte sich in Syrien die vorwiegend alawitisch-schiitische Offiziersgruppe – mit geringfügiger ziviler Unterstützung – gegenüber der eher akademisch-bürgerlichen Faktion der Baath durchsetzen. Die soziale Revolution im eigenen Lande sollte Maßstab und zugleich Schrittmacher der arabischen Einheit sein, die von unten statt von oben bewerkstelligt werden sollte. Dem politischen Erfolg stand jedoch die sich gegenseitig ausschließende minoritäre Stellung der Führungen der Baath in Syrien und im Irak hinderlich im Wege.[50] In Syrien hatte die sozial-deklassierte alawitisch-schiitische Minderheit, die sich vom Wehrdienst nicht freikaufen konnte, über die soziale Aufstiegsleiter der Armee schließlich Machtstellungen im Lande einnehmen können, die noch durch den Zusammenbruch der VAR politisch ausgebaut werden konnten. Eine wirkliche panarabische Programmatik verbot sich jedoch von selbst, weil sie anders als auf einer laizistisch-sozialistischen Basis nur den Minderheitenstatus ihrer Protagonisten offengelegt hätte.

Im Irak dagegen wurde die Baath nach ihrer Machtergreifung im Jahr 1968 von einer sunnitisch-arabischen Minderheit angeführt, die von einem Export ihrer Ideologie eigentlich nur eine Majorisierung und politische Besserstellung erwarten konnte. Vor diesem Hintergrund ist der seit den sechziger Jahren fortwährende Streit der syrischen und irakischen Regionalführungen des Baathismus letztlich eine Kapitulation vor dem erklärten Ziel arabischer Einheit. Diese Manifestation ethno-konfessionellen Partikularismus schließt jedoch Rivalitäten um einen machtpolitischen Führungsanspruch in der Region nicht aus. Wie im Nasserismus muß also auch im Baathismus letztlich von einer hybriden Form der Arabischen Nationalbewegung gesprochen werden, die auch bisher nicht durch die von Michel ʿAflaq von Anfang an postulierte permanente Revolution geläutert werden konnte.

Davon ist die Palästinensische Bewegung abermals, wenn auch diesmal mit noch ungeklärtem Ausgang, betroffen.

4. Die Regie der Technokraten. Aktuelle Entwicklungen der siebziger und achtziger Jahre in historischer Perspektive

In den Vorbemerkungen wurde die Problematik aller Versuche einer universellen Epochendeutung des zwanzigsten Jahrhunderts der arabischen Geschichte angesprochen. Ihre Phasen, so hieß es, endeten in einer noch offenen Zukunft. Die vorangegangenen Kapitel dürften u. a. aufgezeigt haben, daß ein lineares Entwicklungsdenken für eine Gesamtinterpretation der Ereignisse fehl am Platz ist. Neben der Entfaltung der arabischen Nachfolgestaaten des Osmanischen Reichs, der Einrichtung politischer Systeme und der klassenmäßigen Ausdifferenzierung – und sozio-politischen Polarisation – der Gesellschaft wurde die Gegenläufigkeit von Entwicklungen festgestellt: etwa das arabische Einigungsstreben unter nationalen wie islamischen Vorzeichen oder die Monopolisierung politischer Gewalt durch eine – häufig minoritäre – ethno-konfessionelle Gemeinschaft.

Diese Gleichzeitigkeit des Ungleichzeitigen ist auch für die im folgenden dargestellten siebziger und achtziger Jahre der arabischen Zeitgeschichte – wenn auch in anderer Hinsicht – charakteristisch. Die Regie der Technokraten sollte also nicht als (höhere) Entwicklungsstufe etwa in einem Drei-Stadien-Gesetz – nach einer heroischen Ära und einem Zeitalter der Massen – mißverstanden werden. Die Regie der Technokraten – also die Bürokratien der Planungsministerien – ist weniger eine entwicklungs-immanente Schöpfung, sondern eher das Ergebnis exogener Faktoren. Mit anderen Worten, den arabischen Erdölländern wurden unter den „Zwängen" des Weltmarkts überproportionale Ökonomien auferlegt, die das Verhältnis zwischen Gesellschaft und Staat bzw. Herrschaftselite empfindlich beeinträchtigten. Selbst der „erste Diener des Staates" – um das Bild des aufgeklärten Absolutismus in Europa zu benutzen – mußte sich unter solchen Umständen schleunigst nach einer in den klassischen „Kamarilla-Wissenschaften" geschulten Verwaltung umsehen. Man stelle sich Stein-Hardenbergsche Reformen – statt im preußischen Bergwerksrecht – im Erdölkonzessionsrecht vor. Neue Anforderungen an politische Legitimation waren gestellt. Die erstaunliche Stabilität politischer Regime vor allem im Fruchtbaren Halbmond wurde bereits erwähnt. Doch wie sind die gegenläufigen Entwicklungen, das Ungleichzeitige, die langen Kriege im Libanon und im Konflikt zwischen Irak und Iran, die Herausforderungen durch den Fundamentalismus wie durch den ethno-konfessionellen Provinzialismus zu erklären und zu deuten?

a) Arabische Politik unter dem Primat der Ölmacht und der Ökonomie

Die Anfänge der Erdölentwicklung im arabischen Nahen Osten, zunächst in Ägypten, dann im Irak und zuletzt bei den arabischen Anrainern am Arabisch-Persischen Golf sind nicht gleichzusetzen mit dem Beginn der Ära arabischer Ölmacht.[51] Diesbezüglich müssen drei Phasen unterschieden werden: In der ersten Phase, die sich bis zur Mitte des Jahrhunderts erstreckte, unterlag die Erdölentwicklung gänzlich anglo-amerikanischer Dominanz, d. h. Konzessionen und Ölförderung wurden von der Geschäftspolitik der anglo-amerikanischen Ölkonzerne bestimmt, die den

Weltmarkt beherrschten. Dem OPEC-Kartell der siebziger Jahre vergleichbar, hatten die sieben größten Konzerne 1928 in Achnacarry, dem schottischen Landsitz des Vorsitzenden der *Royal Dutch Shell Company,* Lord Deterding, ein Internationales Erdöl-Kartell vereinbart.[52] Im selben Jahr verständigten sich die in der *Iraq Petroleum Company* (IPC) zusammengeschlossenen europäischen und amerikanischen Gesellschaften im sogenannten *Red Line Agreement,* bei Konzessionsausschreibungen im Nahen Osten nicht gegeneinander zu konkurrieren.

Wie wenig die Konzessions- und Förderpolitik unter diesen Kartellbestimmungen an den Entwicklungsbedürfnissen arabischer Länder orientiert war, demonstriert die Marktabsprache in Kuwait im Jahre 1933 zwischen der britischen regierungseigenen *Anglo-Persian Oil Company* (APOC) und der amerikanischen *Gulf Exploration Company,* die zusammen die *Kuwait Oil Company* bildeten. Darin war unter anderem festgelegt worden, daß kuwaitisches Öl, falls es in kommerziellen Mengen entdeckt würde, nicht die bereits bestehende Marktposition und die Vermarktung von persischen Ölprodukten durch die APOC beeinträchtigen dürfe. Da die APOC ein Marktmonopol in Kuwait besaß, konnte gemäß diesen Bestimmungen kuwaitisches Öl bestenfalls für den Export gefördert werden, dagegen mußte für den Eigenverbrauch persisches Öl importiert werden.[53] In einem Zusatzabkommen wurde diese Vereinbarung auch auf die assoziierten Gesellschaften der beiden Konzerne ausgedehnt, was u. a. implizierte, daß kuwaitisches Öl nicht auf dem entwicklungsfähigen irakischen Markt bzw. im benachbarten Basra abgesetzt werden konnte.

Im Irak war ein ähnliches Marktabkommen in Kraft. Dort hatte die *Rafidain* Tochtergesellschaft der APOC das Marktmonopol. Sie vermarktete für den irakischen Eigenverbrauch das von der APOC im Gebiet von Ḫāniqīn geförderte Öl. Dieser zum iranischen Konzessionsgebiet der APOC gehörende Landstreifen war im Verlauf des osmanisch-persischen Grenzabkommens vor dem Ersten Weltkrieg Mesopotamien zugesprochen worden. Das von der IPC geförderte Öl in Kirkuk mußte wie das kuwaitische Öl ausgeführt werden. Ähnliche Beispiele lassen sich auch für Ägypten anführen. Das Tempo und Volumen der Ölförderung in den arabischen Ländern wurde also ausschließlich von der Nachfrage auf dem Weltmarkt bestimmt. Das freie Spiel der Marktkräfte unterlag hier wiederum – nicht zuletzt preismäßig – den Regulierungen des Achnacarry-Kartells. In der Sicht arabischer Regierungen waren die geschilderten Marktabkommen eine Protektionsmaßnahme zugunsten der Erdölförderung und Gewinnmaximierung der APOC – bzw. des britischen Schatzamtes – in Iran. Aber auch ohne sie waren die sonstigen Rahmenbedingungen des Achnacarry-Kartells wenig geeignet, die Erdölentwicklung zu einer soliden Basis der Staatsfinanzierung und Industrialisierung zu machen.

Die Forderungen nach stärkerer staatlicher Mitsprache an der Erdölentwicklung, nach eigenen nationalen Anteilgesellschaften, nach staatlichen Raffinerien und Preisautonomie und schließlich nach vollständiger Verstaatlichung des Erdölsektors nahmen nicht zuletzt unter den Auswirkungen der Weltwirtschaftskrise eine besondere Dringlichkeit an. Die Ölschwemme auf dem Weltmarkt der dreißiger Jahre war allerdings eine schlechte Voraussetzung zur Durchsetzung solcher Forderungen. Die Achnacarry-Gesellschaften kämpften mehr denn je um die Behauptung ihrer Marktanteile, und sie ließen auch den Achsenmächten keine Chance, in der nahöstlichen Ölregion Fuß zu fassen. Auch neuen amerikanischen oder japanischen Gesellschaften sollte die Tür nicht geöffnet werden. Die britisch dominierte IPC dehnte gleichsam als Sperrmaßnahme in den späten dreißiger Jahren ihre Konzessionsgebiete in die Golfregion aus, konnte aber die große amerikanische Konzession in Saudi-Arabien nicht mehr verhindern.

Die zweite Phase der Erdölpolitik im arabischen Nahen Osten setzte im Gefolge des Zweiten Weltkriegs ein. Die neuen Rahmenbedingungen auf dem Erdölsektor wurden durch das Vordringen amerikanischer Ölinteressen und die langfristigen rohstoffstrategischen und sicherheitspolitischen Postulate der amerikanischen Nachkriegsplanung für die westliche Hemisphäre bestimmt. Das im großen Stil zu fördernde arabische Erdöl sollte dem Wiederaufbau des kriegszerstörten Europa – unter der Ägide amerikanischer Ölgesellschaften – verfügbar gemacht werden und zugleich die kriegsbedingte hohe Inanspruchnahme amerikanischer Rohölreserven kompensieren. In Anbetracht der im Weltmaßstab großen Ölvorräte im Nahen Osten und ihrer bisher sehr geringen Entwicklung bestanden aus amerikanischer Sicht für die fünfziger und sechziger Jahre die Probleme der Erdölpolitik nicht in einer Energieverknappung, sondern in einer geordneten, d.h. die Struktur des Weltmarkts und die strategische Vorratshaltung des Westens nicht störenden Verteilung eines Überflusses an Erdöl. Für die arabischen Förderländer sollten deshalb nach dem Vorbild der amerikanischen Erdölpolitik in Zentralamerika neue Anreize geschaffen werden, die zugleich Verstaatlichungstendenzen vorbeugen würden. Die amerikanischen Maßnahmen im Nahen Osten konzentrierten sich in erster Linie auf Saudi-Arabien und Kuwait. Unter der Kurzformel „Saudi Arabia's Vital Link to the West" sollten einerseits das Öl der Arabischen Halbinsel beschleunigt gefördert und über Pipelines an das Mittelmeer zum Weitertransport nach Europa gebracht und andererseits eine strategische Vorratshaltung für militärische Zwecke in einem nicht auszuschließenden neuen Krieg gesichert werden. Der arabische Nahe Osten nahm damit eine rohstoffstrategische bzw. geopolitische Schlüsselstellung in der westlichen Containmentpolitik gegenüber der Sowjetunion ein.[54]

Die innere Absicherung dieser Politik fand ihren programmatischen Ausdruck in der bereits erwähnten Truman-Erklärung (Point Four) des Jahres 1949 sowie der späteren Eisenhower-Doktrin 1956, ihre pragmatische und entwicklungspolitische Anwendung in einer Revision bisheriger Konzessions-, Markt- und Preispolitik. Die Bestimmungen des *Red Line Agreement* sowie der Vermarktungsvereinbarungen zugunsten der APOC in Kuwait und im Irak wurden von der amerikanischen Politik als Verstöße gegen das Prinzip der „offenen Tür" gebrandmarkt und verworfen. Die Einführung des in Zentralamerika bewährten *fifty to fifty profit splitting* zu Beginn der fünfziger Jahre sollte die arabischen Regierungen paritätisch am Gewinn der Ölgesellschaften beteiligen. Für das nahöstliche Öl wurde ein eigener – niedrigerer – Basispreis angesetzt, der vom bisher weltmarktüblichen „Golf-von-Mexiko"-Preis unabhängig war. Neben den Entwicklungsprojekten der *Arab-American Oil Compony* (ARAMCO) in Saudi-Arabien wurde im Irak mit britischer Unterstützung ein *development board* errichtet, das mit Erlösen aus der Erdölgewinnung vor allem infrastrukturelle Entwicklungsprojekte wie Flußregulierungen und Bewässerungsanlagen durchführen sollte.

Der neue Entwicklungsschub auf dem nahöstlichen Erdölsektor löste Erwartungen und Impulse sowohl in Ägypten, das selber nur wenig Öl förderte, als auch im Libanon, in Syrien, Jordanien und, bis 1948, in Palästina aus. Deren Bemühungen, die Terminals der geplanten Pipelines – wenn möglich mit einem Raffineriekomplex – an die eigenen Küstenhäfen zu ziehen und/oder aus Transitgebühren den Fiskus aufzustocken, müssen u. a. im Kontext der Anstrengungen zur Bewältigung der sozio-ökonomischen Nachkriegsprobleme gesehen werden. Einen besonderen Stellenwert in der Bewerkstelligung des schwierigen Übergangs von der Kriegsbewirtschaftung zur Friedenswirtschaft nahmen – vor allem in Ägypten – die unter den Kriegszwängen entstandenen innovativen Industriezweige auf dem Chemiesektor ein. Daneben sollte eine industrielle Verarbeitung von Rohöl dem in allen arabischen Ländern enormen Anstieg der Motorisierung (Bewässerungspumpen, Straßen- und Schienenverkehr, Militär, Luftfahrt) zugute kommen. Die gegenläufigen Tendenzen der anglo-amerikanisch dominierten Ölgesellschaften, europäische Raffinerie- und Chemiestandorte vorzuziehen, schufen Konflikte, deren Austragung die dritte Phase der nahöstlichen Erdölentwicklung mitbestimmte.

Diese gewöhnlich als Ära des Kartells der *Oil Exporting Countries* (OPEC) oder der arabischen Ölmacht dargestellte dritte und vorerst letzte Phase erhielt ihre entscheidenden Impulse erstaunlicherweise nicht aus dem Nahen Osten, sondern vielmehr aus Venezuela.[55] Arabische Bemühungen zur Errichtung eines autonomen regionalen Erdölmarkts mit eigener Preisstruktur lassen sich zwar bis in die dreißiger Jahre zurückverfolgen. Aber die nahöstliche Erdölförderung auch im Weltmaßstab der fünfziger Jahre ließ keinen Raum für Illusionen, daß ein derartiger Preisdurchbruch ohne die Unterstützung solcher Hauptförderländer wie Iran und Venezuela zu bewerkstelligen sei. In Venezuela war unterdessen angesichts einer amerikanischen sicherheitspolitischen Kampagne, die eine Unabhängigkeit von auswärtigen Ölimporten demonstrieren sollte, eine sorgfältige Untersuchung über mögliche und von den USA ausnutzbare Preisdifferenzen auf dem Weltmarkt unternommen worden. Die Ergebnisse zeigten, daß sich die Vereinigten Staaten aufgrund der starken Stellung ihrer Ölgesellschaften und des niedrigeren Preisniveaus im Nahen Osten von der Erdölförderung und den entwicklungspolitischen Programmen in Venezuela abkoppeln konnte. Die Beunruhigung darüber veranlaßte die Regierung in Caracas Ende der fünfziger Jahre, Kontakt mit den Regierungen der nahöstlichen Erdölstaaten aufzunehmen. Der unmittelbare Anlaß waren Preissenkungen der amerikanischen Ölkonzerne in Zentralamerika, die die dortigen entwicklungspolitischen Vorhaben, wie die Staatsfinanzierung überhaupt, gefährdeten. Global gesehen handelte es sich um eine Angleichung des „Golf-von-Mexiko"-Preises an die niedrigeren Gestehungskosten auf der Arabischen Halbinsel und im Golf. Aus arabischer Sicht dagegen erforderten die immensen entwicklungspolitischen Aufgaben der Region eine Höherbewertung des reich verfügbaren und international begehrten Rohstoffs Erdöl. Der Wirtschaftsausschuß der ansonsten vielgeschmähten Arabischen Liga hatte großen Anteil am Zustandekommen einer gesamtarabischen Solidarität in dieser Angelegenheit.

Der Gründung der OPEC im September 1960 in Bagdad – der Einladung der irakischen Regierung folgten die hauptsächlichen Ölförderländer Iran, Kuwait, Saudi-Arabien und Venezuela – folgte ein Jahrzehnt später anläßlich der Konferenz in Teheran 1971 eine erste 30%ige Preiserhöhung für Erdöl. Während diese nicht unbeträchtliche Preisentwicklung erstaunlicherweise keine größere internationale Resonanz fand, ist die Preisentwicklung im Kontext der arabischen Boykottmaßnahmen gegen Israels stärkste Verbündete im Verlauf des Ramadan-Krieges von 1973 als machiavellistischer Einsatz der sogenannten Erdölwaffe und Zenit arabischer Ölmacht in den westlichen Medien dargestellt worden. Dagegen blieb die längerfristige entwicklungspolitische „Erdölwaffe" zur Förderung einheimischer Industrialisierungsvorhaben, nämlich die Koppelung der Ausfuhren von Rohöl mit Raffinerieprodukten, bis in die achtziger Jahre verborgen.

Die Industriestaaten antworteten auf die Herausforderungen der siebziger Jahre – dramatische Ölpreiserhöhung und Kontingentierung von Förderquoten – mit der Gründung einer Internationalen Energie Agentur im November 1974. Neben der Koordinierung von Maßnahmen der Ölverbraucherländer erarbeitete sie eine neue Strategie westlicher Erdöl- und Energiepolitik. Die Erschließung neuer Erdölvorkommen außerhalb der OPEC-Sphäre, vor allem in der Nordsee, die Entwicklung von Alternativenergien wie der Nuklear- und Sonnenenergie und schließlich die generellen Energieeinsparungsmaßnahmen bewirkten am Ende im Kontext der neuen weltwirtschaftlichen Depression eine Erosion des Rohölpreises und damit des OPEC-Kartells. Trotz der Strategie der für Nuklearenergie optierenden Industriestaaten, die Erdölländer im Rahmen des Nord-Süd-

Gefälles auf die Dritte Welt zu verweisen, haben die finanzpolitische Potenz der arabischen Ölländer – etwa in der Weltbank, bei *joint ventures* in der Entwicklungspolitik oder in der Gewährung von Krediten an Industriestaaten – sowie die Fortschritte in der industriellen Erdölverarbeitung inzwischen zu einem Handelskrieg hinsichtlich des Absatzes von Erdölprodukten in der Europäischen Gemeinschaft wie in Amerika geführt. Die neuen protektionistischen Tendenzen in Europa und auf dem Weltmarkt könnten den Absatz europäischer Waren und Dienstleistungen gleichermaßen längerfristig gefährden. Vom Ausgang dieser für die achtziger Jahre spezifischen handelspolitischen Auseinandersetzungen ist die Regie der Technokraten, die der Politik arabischer Staaten eine neue Legitimationsbasis gegeben haben,[56] auf jeden Fall betroffen. Eine Blockierung der arabischen erdöl- und handelspolitischen Bestrebungen könnte deshalb eine gefährliche politische Destabilisierung der Staaten herbeiführen.

b) Konfliktfelder und Kriege im Wandel inter-arabischer Beziehungen und internationaler Politik

Verglichen mit Europa, das allein in der ersten Hälfte des zwanzigsten Jahrhunderts zwei Weltkriege verursacht hat, könnte der Nahe Osten als eine relativ friedfertige Region gelten. Europa, das selbst auch mit seinen jüdischen Gemeinschaften nicht in Frieden leben konnte, hat jedoch durch seine Schaffung der Palästinafrage dem Vorderen Orient eine verhängnisvolle Kette von Kriegen beschert, deren Ausbreitungsrisiko infolge der Überlagerung durch den Ost-West Konflikt der Supermächte seit den vierziger Jahren stetig zugenommen hat.

Der Nahostkonflikt kann mit seinen zyklischen militärischen Eskalationen (1936, 1948, 1956, 1967, 1973) als eine Art Matrix aller anderen kriegerischen Auseinandersetzungen in der Region betrachtet werden. Das gilt für den Bürgerkrieg im Libanon, in gewisser Hinsicht auch für den irakisch-iranischen Krieg sowie für die wechselhaften jordanisch-syrischen Beziehungen. Die Vernetzung der Konfliktfelder wurde Mitte der siebziger Jahre ebenso abstrakt wie anschaulich von einem Angehörigen des Pentagon einmal mit einem ‚Mobile' verglichen, dessen drei Hauptgewichte die Sowjetunion, die demokratischen Industrieländer und die Ölproduzenten um den Arabisch-Persischen Golf, seine drei wichtigsten Balance-Ebenen das Öl, der arabisch-israelische Konflikt und die Ost-West-Entspannung darstellten.[57] Im folgenden sollen die drei hauptsächlichen Konfliktfelder: der arabisch-israelische Konflikt, der Bürgerkrieg im Libanon sowie der irakisch-iranische Krieg hinsichtlich ihrer konstitutiven Merkmale, wechselnden politischen und strategischen Rahmenbedingungen und Eskalationsstufen der Gewalt betrachtet werden.

Die eigentlichen Wurzeln des arabisch-israelischen Konflikts liegen in der nunmehr hundertjährigen Palästinafrage,[58] die einerseits ihren Ursprung in Europa nahm, wo jüdische Gemeinschaften immer wieder diskriminiert und vernichtet wurden, und die andererseits infolge der zionistischen Landnahme, der Verdrängung der palästinensischen Gesellschaft und der Errichtung eines jüdischen Staates unter den Auspizien britisch-imperialer Vormacht der Nahostregion aufgebürdet wurde. Die von Israel offengehaltenen Grenzfragen vor allem im Osten und nicht zuletzt die geopolitische Lage des Landes im Schnittpunkt der vom Fruchtbaren Halbmond, der Arabischen Halbinsel und dem Niltal genährten interarabischen Rivalitäten machten die Palästinafrage zum größten regionalen Konfliktfeld. Hinter Israels Anspruch auf machtpolitische Vorrangstellung bzw. prinzipielle Unbesiegbarkeit mag neben dem Sicherheitsbedürfnis das Eingeständnis der doppelten politischen Erbsünde stehen, die sich das neuzeitliche Israel im Gefolge seiner Schöpfung auflud: nämlich die Mißachtung der Rechte der Palästinenser einerseits und die Indienststellung bei imperialen Vormächten andererseits. Die Kompensation erfolgt in der psychologischen Projektion eines vermeintlich unerbittlichen arabischen Vernichtungswillens, den es immer wieder, sei es durch diplomatische Brüskierung oder mit militärischen Mitteln nachzuweisen galt. Während Israel noch die Nahostkriege der Jahre 1956 und 1967 weniger zum Schutz der Sicherheit als vielmehr zur Demonstration der Überlegenheit führte, scheint diese eindimensionale machtpolitische Strategie durch die neue „pluralistische" arabische Politik erstmals seit den frühen fünfziger Jahren wieder gebrochen worden zu sein.

Die Frage bleibt jedoch offen, ob dabei die Wurzeln des Konflikts, die Palästina- und Palästinenserfrage zur Behandlung freigelegt, oder ob sie „zugeschüttet" werden. Hinsichtlich einer nationalstaatlichen Lösung im israelisch besetzten Westjordanland und Gaza müssen die umstrittenen Autonomievereinbarungen von Camp David (Dezember 1978) und die Reagan Initiative (September 1982) zum föderativen Anschluß der Gebiete an Jordanien eher negativ bewertet werden. Das gilt ebenso hinsichtlich der offiziellen palästinensischen Einstellung zu den UNO Resolutionen; kompromißbereite Vertreter der PLO geben der völkerrechtlich gewichtigeren und auch gebietsmäßig vorteilhafteren Resolution 181 vom 29. November 1947 Vorrang vor der zwanzig Jahre späteren und vom machtpolitischen *fait accompli* Israels geprägten Resolution 242. Vor allem die Reagan Initiative, die nach dem militärischen Desaster der PLO im Südlibanon und in Beirut vermutlich auch deren politisches Ende herbeiführen sollte, muß vor dem Hintergrund der Problematik einer unsicheren politischen Orientierung eines unabhängigen palästinensischen Staates gesehen werden. Die außenpolitische Steuerung eines mit Jordanien föderierten Rest-Palästina durch die Monarchie in Amman würde eine Entwicklung wie im Südjemen, in Libyen oder Syrien verhindern. Die unsichere ideologische Orientierung eines unabhängigen Palästina muß bei jeder Beurteilung der in sich zerstrittenen arabischen Politik im Nahostkonflikt berücksichtigt werden. Mit der Ausnahme des Oktoberkriegs von 1973 standen alle Nahostkriege im Zeichen des Dilemmas der arabischen Staaten, sich zu Friedenszeiten im „politischen Ringen" um Palästina stets zu zerstreiten, im Kampf aber geeint zu fallen. Der von Anwar as-Sādāt (Sadat) 1973 unter Ausnutzung des Überraschungsmoments begonnene vierte Nahostkrieg wurde von Anfang an als begrenzter Krieg geführt. Diese Kriegführung war sicherlich durch den sehr engen politischen Handlungsspielraum Ägyptens aufgrund seiner schwierigen Wirtschaftslage mitbedingt. Dennoch lag in ihr auch eine Clausewitzsche Weisheit, eine Abwendung vom Machiavellismus bisheriger Nahostkriege. Sadats gewagte Reise nach Jerusalem (November 1977) sollte vermutlich nicht nur die Rückgabe des Sinai einhandeln und Ägyptens Vorstreiterrolle in der Palästinafrage betonen, sondern auch den israelischen Massadakomplex aus dem Nahostkonflikt schaffen. Die Jerusalemreise war kurzfristig sicherlich nachteilig für die Palästinafrage, da sie das Junktim zwischen der Autonomie-Interim-Lösung der nachfolgenden Camp-David-Vereinbarungen und dem israelischen Rückzug aus dem Sinai aufhob. In diesem Sinne nahm in der Sadatschen Politik die Wiedergewinnung des Sinai Priorität vor der Palästinafrage ein. Die Frage nach den längerfristigen Chancen der ägyptischen Politik für die Bereinigung der Palästinafrage ist schwieriger zu beantworten. Die Barbarei der israelischen Invasion im Libanon im Jahre 1982 hat hier mehr als ein Fragezeichen gesetzt.

Es könnte als eine Ironie der Geschichte bezeichnet werden, daß der Libanon seinen Modellcharakter für eine demokratische bzw. pluralistische Lösung des Palästinaproblems in entscheidendem Maße unter den Auswirkungen des Nahostkonflikts selbst verlor. Noch am 14. November 1974 empfahl der libanesische Staatspräsident Franǧiyya im Auftrag der arabischen Konferenz von Rabat vor der Vollversammlung der Vereinten Nationen eindringlich sein Land als Vorbild für eine Konfliktlösung. Doch schon wenige Monate später brach der Bürgerkrieg aus, sanken Stadtteile und Flüchtlingslager in Beirut in Schutt und Asche, zogen sich Fallstricke politischer Intrigen und Gräben des Hasses durchs Land.

Die Geschichte des Libanon ist reich an sozialen und politischen Erschütterungen, und es lassen sich darin spezifische historische Konfliktmuster erkennen, die strukturell mit Machtverschiebungen zwischen den verschiedenen Konfessionsgemeinschaften verbunden zu sein scheinen. Unter dieser historischen Perspektive könnte die Krise der siebziger und achtziger Jahre längerfristig die Ablösung der maronitischen Vorherrschaft durch die Schiiten bedeuten, so wie die ersteren einst die drusische Suprematie ablösten. Verfassungspolitisch würde dieser Vorgang auf eine Neuverteilung des obsoleten politischen Proporzes im Nationalpakt aus dem Jahre 1943 hinauslaufen. Eine solche „zwangsläufige" Forderung wird gegenwärtig weder von der säkularistisch orientierten Mehrheit der Schiiten noch von der drusisch geführten Progressiven Sozialistischen Partei (PSP) oder von der Syrischen Sozial-Nationalistischen Partei (PPS) erhoben. Noch mehr Hinweise ließen sich dafür anführen, daß neue überkonfessionelle soziale Schichtenbildungen ein wesentliches Ferment der vorwiegend in den städtischen Ballungszentren stattfindenden Unruhen bilden. Die traditionellen Loyalitätsstrukturen patrimonialer Clanherrschaft und ethno-konfessioneller autonomer Gemeinschaften sind *nicht mehr* stark genug, das politische Schicksal des Landes zu bestimmen, während die neuen sozialen Formationen überkonfessioneller Schichtenbildung *noch nicht* stark genug sind, die politische Gewalt in eigener Regie zu übernehmen. Der noch nicht abgeschlossene überkonfessionelle sozio-ökonomische Transformationsprozeß in der libanesischen Gesellschaft läßt sich gerade auch innerhalb der schiitischen Gemeinschaft beispielhaft personalisieren. Ihrem – gemessen am *zuʿamāʾ*-System[59] – eher traditionellen Führer ʿĀdil ʿUsayrān steht als Politiker neuen Formats Nabīh Barrī gegenüber. Die Frage, ob die *bonapartistische* Phase des gewaltsamen Sozialkonflikts im Libanon letztlich zu einem überkonfessionellen *Contrat Social* oder zu einer Neuauflage des *Chehabismus* (1958–1964, nach dem libanesischen Präsidenten General Šihāb benannt) führen oder auch nur in einen Kreislauf der Eliten münden wird, ist gegenwärtig noch offen.

Im Libanonkonflikt war, abgesehen von diesem sozio-ökonomischen Sprengsatz der Auseinandersetzung, auch deren Überlagerung durch den Nahostkonflikt insgesamt konstitutiv für den Ausbruch und den Verlauf des Kriegs im Lande. Die 1971 (im „Schwarzen September") aus Jordanien vertriebenen palästinensischen Freischärler hatten in den darauffolgenden Jahren den Südlibanon zur Ausgangsstellung für ihren Kampf gegen Israel gemacht. Die größtenteils schiitische Bevölkerung wurde einer Art „Besatzungspolitik" unterstellt und den häufig überzogenen militärischen Gegenschlägen Israels ausgeliefert. Die Sprengung südlibanesischer Dörfer, die Fluchtbewegung nach Sidon und Beirut, der Rückgang der Investitionstätigkeit und die Unterentwicklung trugen erheblich zur Verschärfung des Sozialkonflikts im Libanon bei. Die libanesische Außenpolitik sah sich bezüglich des Nahostkonflikts und der neuen diplomatischen Initiativen der Arabischen Liga immer stärker einem Zugzwang gegenüber den arabischen Staaten ausgesetzt. Ihre stärkere gesamtarabische Orientierung rief im maronitischen Lager Gegenreaktionen hervor, die auf eine Konfrontation mit der Palästinensischen Befreiungs-Organisation (PLO) im Lande hinausliefen und die, glaubt man den Memoiren Kamāl Ǧunblāṭs,[60] schon zuvor einer Anlehnung an Israel den Vorzug vor einem Aufgehen in der vermeintlich erstarkten Arabischen Nationalbewegung gegeben hatten. Die im gesamtarabischen Auftrag von Syrien unternommene Vermittlung und schließlich Intervention zur Befriedung des Konflikts etablierte Syrien als politische Ordnungsmacht, was Israel unter der Likud-Regierung nicht hinnehmen wollte. Auf dieser letzten Ebene der Verschränkung des Nahostkonflikts mit dem Bürgerkrieg im Libanon, die von der syrisch-israelischen Rivalität um die ordnungspolitische Vormachtstellung in der Region gekennzeichnet war, muß die israelische Invasion im Libanon bis nach Beirut angesiedelt werden. Über die Zerschlagung der PLO hinaus wollte sie mittels eines Bündnisses mit einem von Bašīr al-Ǧumayyil geführten Libanon den „Machtgewinn" Syriens in der Region wieder schmälern.

Der Ausbruch des irakisch-iranischen Kriegs im September 1980 hat ein drittes großes Konfliktfeld im Nahen Osten geschaffen. Seine längerfristigen innenpolitischen Auswirkungen für den Irak sowie seine regionalpolitischen und internationalen Dimensionen sind noch kaum abzuschätzen, was nicht zuletzt an den ideologischen und geopolitischen Komponenten der Auseinandersetzung liegt. Der Krieg wird von zwei Regimen geführt, die sich jeweils durch eine „irredentistische" Ideologie legitimieren: den revolutionären panarabischen Baathismus einerseits und den revolutionären Islamismus des schiitischen Fundamentalismus andererseits. Vor diesem Hintergrund erscheint auf den ersten Blick der unmittelbare Anlaß des vom Irak begonnenen, aber von Iran mit herbeigeführten Krieges eher geringfügig.

Im Abkommen von Algier vom 6. März 1975 war die Talfahrtlinie des Šaṭṭ al-ʿArab als iranisch-irakische Grenze vereinbart worden. Diese Wasserstraße, die den Zusammenfluß des Tigris und Euphrat mit dem Arabisch-Persischen Golf verbindet, ist für beide Länder eine lebenswichtige Verkehrsader. An ihr liegen auf iranischer Seite der mit Teheran durch eine Eisenbahn verbundene Hafen von Khorramshahr und die bedeutende Raffineriestadt Abadan (ʿAbbādān) sowie auf irakischer Seite der Haupthafen Basra. Ṣaddām Ḥusayn, der irakische Staatspräsident, hatte sich nur zähneknirschend zu diesem Kompromiß bereit gefunden, und er hoffte nach dem Sturz der Pahlavi-Dynastie die Aufhebung des Abkommens zu erreichen.

Zuvor hatte die gesamte Wasserstraße gemäß einer Vereinbarung aus dem Jahre 1937 irakischer Hoheit unterstanden. Doch Mitte der siebziger Jahre war das Regime in Bagdad durch die von Iran unterstützten kurdischen Rebellen ernsthaft bedroht, gleichzeitig mußte es den Aufstieg Irans zur Vormacht im Golf mitansehen. Die Umstände der Revolution in Iran gaben Saddām Ḥusayn die Gelegenheit, seinen eigenen Führungsanspruch in der Golfregion durchzusetzen. Er forderte neben der Revision des Abkommens von Algier Autonomie für die Araber Chusistans sowie die Rückgabe der 1971 von Iran besetzten drei Inseln Abū Mūsā und Großer und Kleiner Tumb an die Vereinigten Arabischen Emirate. Dieser Selbstauftrag im Dienste arabischer Golfinteressen wurde von den Golfstaaten nicht honoriert, denn bei der späteren Gründung des *Gulf Cooperation Council* (GCC) war der Irak ausgeschlossen. Die offizielle Begründung dafür lautete, daß der Irak kein eigentlicher Golfstaat sei und eher dem Fruchtbaren Halbmond zugehöre. Obwohl die arabischen Golfanrainer, vor allem Kuwait und Saudi-Arabien, die Kriegsanstrengungen des Irak finanziell fördern, muß die Exklusivität der GCC letztlich als arabischer Baustein in der von beiden Supermächten befolgten Strategie zur Eindämmung – nicht zur Beendigung – des Golfkriegs gesehen werden. Die geopolitische Komponente dieses Konfliktfeldes, Erdöl, stellt zwar ein vorrangig saudisches Nationalinteresse dar. Aber das gilt gleichermaßen auch für den Westen. Damit erhebt sich die Frage, ob und in welche Richtung diese Interessenkongruenz ein gemeinsames Aktionsprogramm hervorgebracht hat.

Gemessen am politischen Verhalten kann von einer zweiphasigen Strategie gesprochen werden. Während der *ersten* Phase ging die militärische Initiative vom Irak an Iran über. Die iranische Kriegführung, die mit dem Einsatz von Menschenwellen den Irak zum Rückzug aus Chusistan zwang, verfolgte ein doppeltes Ziel: erstens die innenpolitische Konsolidierung der von radikalen Mullahs angeführten Islamisch-Republikanischen Partei (IRP) und die Entmachtung der Regierung und der Präsidentschaft Banī Ṣadrs, zweitens den Export der Revolution in den Irak und darüber hinaus.

Die in die Defensive gezwungene irakische Kriegführung suchte unter der Losung *Qādisiyyat Ṣaddām* eine gesamtarabische Abwehr gegen die von Iran ausgehende revolutionäre Bedrohung zu mobilisieren. Gleichzeitig wollte das Regime Ṣaddām Ḥusayns (in Analogie zu dem 638 bei Qādisiyya gegen die Sassaniden aus einer anfänglichen arabischen Unterlegenheit heraus für den Islam erfochtenen Sieg) den Krieg am Golf auf die neue Legitimationsbasis einer im Auftrag des wahren Islams unternommenen zivilisatorischen Mission stellen. Dieser irakische Baathismus im neuen Gewande suchte aus der Not eine Tugend zu machen. Seine finanzielle und logistische Unterstützung war im „gesamtarabischen" Kalkül – Syrien und Libyen standen auf der Seite Irans – jedoch eher die Wahl des kleineren Übels. Nicht zuletzt aufgrund vermehrter sowjetischer, französischer und ägyptischer Rüstungslieferungen an den Irak verwandelte sich der Krieg jetzt in einen gleichgewichtigen Stellungskrieg. Der damit einhergehende Verschleiß der ehemals vor allem für die Golfländer so bedrohlichen irredentistischen Ideologien hat vermutlich nicht nur nahöstliche Metropolen mit Genugtuung erfüllt. In diese erste Phase fiel schließlich auch die Zerstörung des irakischen Nuklearreaktors durch die israelische Luftwaffe am 7. Juni 1981.

Die *zweite* Phase befindet sich Mitte der achtziger Jahre in der Entwicklung. Ihr Beginn ist durch vorsichtige diplomatische Initiativen Saudi-Arabiens zur Beendigung des Kriegs markiert. Die saudischen Bemühungen konzentrieren sich dabei sowohl auf Teheran als auch auf Damaskus. Die Grundzüge der von Saudi-Arabien im Rahmen der Organisation der Islamischen Konferenz entwickelten islamischen Außenpolitik sind unverkennbar.[61] Nicht zu übersehen ist jedoch auch die indirekte amerikanische Unterstützungsaktion, die im *Timing* der Wiederaufnahme diplomatischer Beziehungen zwischen Washington und Bagdad zum Ausdruck kommt.

Sowohl eine militärische wie eine diplomatische Lösung des irakisch-iranischen Krieges wird, gleichgültig ob mit oder ohne Regimesturz auf der einen oder anderen – oder auf beiden – Seiten, einschneidende längerfristige Folgen für die Legitimierung politischer Gewalt in der Region haben. Ob damit nach mehr als einem Jahrzehnt auch jene von der westlichen Nahostpolitik seit längerem betriebene Entkoppelung zwischen dem Nahostkonflikt und der Ölmacht am Golf, deren Verschränkung König Fayṣals Einsatz der Ölwaffe im Gefolge des Oktoberkriegs 1973 dramatisch verdeutlichte, abgeschlossen ist, bleibt abzuwarten.

c) Die Krisis der politischen Kultur und neue Horizonte

Es gehört zur Schicksalstragödie des arabischen Nahen Ostens, daß der im neunzehnten Jahrhundert begonnene Aufbruch zur Selbstbehauptung auf der Grundlage einer Synthese zwischen Islam und westlichem Positivismus und Säkularismus keine etwa mit der Lebensweise und Staatskunst klassischer arabisch-islamischer Epochen vergleichbare gefestigte politische Kultur hervorgebracht hat. Die Prozesse der Staats- und Nationenbildung sowie eines forcierten, häufig von revolutionären Erschütterungen begleiteten sozialen Wandels wurden der Region unter abendländischer Ägide und unter dem Druck des Weltmarkts auferlegt. Die Aushöhlung kultureller Identität trug zur Erschwernis politischer Selbstbestimmung bei – ein Prozeß, der noch nicht als Krisis erscheinen muß. Eine Krisis liegt erst dann vor, wenn die Rückschläge überhand nehmen und eine Rückwärtsorientierung an quasi-rudimentäre Rituale einer fernen Vergangenheit einsetzt.

Ṣādiq al-ʿAẓm, der ebenso mutige wie scharfsinnige syrische Denker,[62] hat in diesem Zusammenhang unlängst die bemerkenswerte Aussage gemacht, daß die zunehmende politische Virulenz des islamischen Fundamentalismus in arabischen Staaten hinsichtlich seiner psychologischen und politischen Implikationen grundsätzlich vom iranisch-schiitischen, von Ḫumaynī angeführten Fundamentalismus unterschieden werden muß. Letzterer sei ein geistiger Aufbruch, der einer Art revolutionärer, wenn nicht utopischer Befreiungstheologie gleichkäme, wie es sie ähnlich auch im christlichen Lateinamerika gibt. Der sich vor allem im Fruchtbaren Halbmond und auch im Niltal ausbreitende Fundamentalismus sei dagegen eher ein Ausdruck von Ratlosigkeit, Frustration und Nihilismus in der jüngeren Generation. Dahinter stecke das Scheitern aller bisherigen arabischen Antworten wie Reformislam, Liberalismus, Nationalismus und Sozialismus auf die sozialen und politischen Probleme der Region und die Erfordernisse der Zeit. Genau an diesem Punkt des Rückzugs in die Hoffnungslosigkeit ist die Krisis der politischen Kultur, die drohende Kulturanomie der jüngeren Generation festzumachen. Sie findet ihren symbolischen Ausdruck nicht zuletzt im Libanonkonflikt.

Der Libanon war stets ein Mikrokosmos der größeren arabisch-islamischen Umwelt. Hier konnten die Defizite politischer Freiheiten in anderen arabischen Staaten kompensiert bzw. deren Rivalitäten untereinander in der vielfältigen Presse ausgetragen werden. So wie Stabilität und Krisis als auch der philosophische und der politische Diskurs im Libanon meist eine Barometerfunktion für die Gesamtregion hatten, so sind im gegenwärtigen libanesischen Krieg alle inner-arabischen und inner-kulturellen Gegensätze möglicherweise zum letzten selbstzerstörerischen Gefecht angetreten. Auf der anderen Seite bietet die besondere Problematik des Libanon nicht zuletzt unter dem Einfluß des Nahostkonflikts keine absolute Gewähr dafür, daß Vorgänge und Veränderungen im libanesischen Mikrokosmos einen Erklärungswert im nahöstlichen Maßstab haben.

Ein Blick auf die Arabische Halbinsel zeigt zwar vordergründig eine Restauration des islamischen Konservatismus. Bei näherer Betrachtung gerade des theokratisch unitaristischen saudischen Staatswesens aber fällt auf, daß der Islam dort zwar die Rituale der Staatssymbolik und des öffentlichen Lebens umfassend bestimmt, daß er aber substantiell und institutionell im politischen Entscheidungsprozeß zurückgedrängt wurde.[63] Die im Bündnis der Āl Saʿūd und Āl aš-Šayḫ ehemals gewährleistete Unabhängigkeit geistlicher Gewalt ist inzwischen in den wichtigen Bereichen des Erziehungs- und Rechtswesens in die Ministerialbürokratie integriert worden. Die politische Bedeutung der ʿUlamāʾ hat, wie auch die Vorgänge anläßlich der Besetzung der großen Moschee in Mekka im Jahre 1979 zeigen, stetig abgenommen. Daran haben auch die Schaffung saudischer Institutionen wie des *Rats der Höchsten ʿUlamāʾ* (1971) und des *Obersten Rats der ʿUlamāʾ* nichts geändert. Ihre Bedeutung liegt eher in einer Legitimationsfunktion für die Herrschaft der Āl Saʿūd.

In der Region des Niltals führt Muḥammad Ǧalāl Kišk, ein der Muslimbruderschaft zuzurechnender Denker und Antipode Ṣādiq al-ʿAẓms, die politische Schwäche der arabisch-islamischen Welt auf die Kulturdependenz vom Westen zurück.[64] Parallel zur wirtschaftlichen Durchdringung seitens Europas habe eine Kulturinvasion stattgefunden. Die von westlichen Ideen mitgeprägten Ideologien des Nationalismus und Baathismus hätten die Diffusion der islamisch-arabischen Kultur nur noch vergrößert. Die im Namen von Revolution und Sozialismus schließlich zur Macht gelangten Militärs seien nichts anderes als eine neue Variante der Mamluken. Ihren Konzepten fehle die Authentizität. Kišk plädiert für eine Revolution, die ihre Wurzeln in den objektiven sozialen Ausgangsbedingungen der islamischen Welt habe und die sich nicht westlicher Kategoriensysteme bedienen dürfe. So gesehen ist die Rückbesinnung auf die eigene Kultur und Gesellschaft in ihren spezifischen islamischen Rahmenbedingungen nicht mit einem Abgleiten in den Nihilismus gleichzusetzen, sondern sie fordert zu einer neuen Ethik der Revolution auf bzw. zur vollen Mobilisierung aller der Gesellschaft zur Verfügung stehenden geistigen und materiellen Ressourcen. Unklar bleibt, ob diese islamische Kulturrevolution – etwa im Sinne Marcuses – auch auf ein historisches Kalkül hinausläuft, d. h. auch immer die Chancen konkurrierender revolutionärer Erneuerungsbewegungen zu den eigenen Opfern in Relation setzt. Auf jeden Fall aber sind bei Kišk trotz aller Radikalität Anklänge an den Reformislam feststellbar, der Moderne und Kompromiß nicht der Absolutheit von Prinzipien opfert. Doch politisch bedeutsamer, weil revolutionärer, ist der populistische Grundzug in der manifestartigen Argumentation von Kišk, worin er der Tradition und Taktik der Muslimbruderschaft folgt.[65] Die Identitätsfindung durch Mobilisierung aller geistigen und materiellen Ressourcen der Kultursphäre bedeutet Kraft, Immunität und eine Art politischer Gegenkultur zur Repression der unter der Ägide der Militärs und totalitärer Ideologien vorherrschenden Kontrollregime,[66] deren Schutzmaßnahmen – nämlich den Islam gleichsam zu kooptieren – sich auf die Dauer als unwirksam erweisen dürften. Wie aber steht es um den Gewinn an politischer Kultur?

Die Beantwortung dieser Frage läuft zwangsläufig auf eine Problematisierung der Fragestellung bzw. ihrer Anwendbarkeit hinaus. Denn die bereits schwierige Definition des Begriffs „politische Kultur" setzt in aller Regel als Prämisse den Begriff der Gesellschaft voraus. Es handelt sich dabei um die bürgerliche Gesellschaft, die sich vom absolutistischen Obrigkeitsstaat emanzipiert hat. Davon ausgehend könnte *politische Kultur* definiert werden als die Gesamtheit aller Werte, Mittel und Übereinkünfte, deren sich eine Gesellschaft (gegenüber dem Staat) zur Lösung ihrer Konflikte und zur Befriedigung ihrer Bedürfnisse bedient.

Wie bereits die für den arabischen Nahen Osten festgestellte Identitätskrise andeutet, liegt die Problematik bei der Übergangsgesellschaft, wobei mehrere Ebenen zu berücksichtigen sind. Auf der Ebene der irredentistischen Ideologien des Panarabismus, des großsyrischen Nationalismus, des Baathismus sowie des Panislamismus haben die betroffenen Gesellschaften ihre volle Identität noch nicht erreicht. Häufig werden ihre inneren Konflikte nach „außen" gelenkt.

Auf der entwicklungssoziologischen Ebene stellt neben den sozio-ökonomischen und verwaltungspolitischen Dimensionen die ethno-konfessionelle Mischgesellschaft eine spezielle Variante und Problematik der Übergangsgesellschaft dar. Wie am Beispiel des Libanon verdeutlicht wurde, beschränkt sich die spezielle Problematik nicht auf die verfassungspolitischen Aspekte der Konsensfrage und die Distribution politischer Gewalt, sondern sie liegt in der tieferen Herausforderung der ethno-konfessionellen Strukturen der politischen Gemeinschaft durch neue soziale Schichtungsprozesse, die u. a. katalysatorisch zugunsten der einen oder anderen Ideologie wirken könnten. Schließlich können einige nahöstliche Gesellschaften, vor allem in der Golfregion, als Übergangsgesellschaften bezeichnet werden, weil sie sich in einer Unklarheit über die politischen Teilnahmemöglichkeiten zuströmender Bevölkerungsgruppen befinden. Kuwait und Bahrain sind gute Beispiele dafür, wie dieser Umstand die Entwicklung bzw. volle Ausübung parlamentarischer Verfassungen hemmen oder unterbrechen kann.

In den Scheichtümern am Golf haben Ansätze eines parlamentarischen Systems bereits eine gewisse Tradition, die auf Oligarchien der Kaufmannsfamilien zurückgeführt werden kann. Nicht Leitbilder westlichen Demokratieverständnisses, sondern das Bewußtsein eigener auf Wohlstand und tribalem Rückhalt beruhender Macht bestimmt ihre Akzeptanz des Scheichs als eines *primus inter pares.* Das sogenannte Parlament war unter diesen Bedingungen ein exklusiver Konsultativrat, der auf der patrimonialen Gewalt der Familienoberhäupter beruhte. Erst die sozio-ökonomischen Veränderungen, die Ausweitung der Bürokratien und der Aufstieg technokratischer Eliten, der Zuzug „fremder" Bevölkerungsgruppen und schließlich eine nicht zuletzt von Saudi-Arabien beeinflußte islamische Agitation haben den Parlamentarismus bzw. Konstitutionalismus zu einer umstrittenen Angelegenheit gemacht. Strittig ist das mit dem theokratischen Postulat einer islamischen Konsensgemeinschaft unvereinbare Pluralismuskonzept, das wiederum konstitutive Bedeutung für politische Parteien hat.

An dieser letztlich naturrechtlichen Frage des allgemeinen Staatsrechts – ob alle Gewalt vom Volke ausgeht – brechen sich immer wieder die Wellen der islamischen Reformbewegung.[67] Attraktiver als das Pluralismuskonzept ist ihr das Ideal der Egalité im Sozialismus – gäbe es dessen Atheismus nicht. Der islamische Sozialismus, wie er im Grunde von der populistischen Muslimbruderschaft vertreten wird, läuft also auf eine Rettung der Theokratie hinaus. Damit schließt sich wohl ähnlich wie schon einmal in den dreißiger Jahren auch in den achtziger Jahren wieder der Kreis zu der im neunzehnten Jahrhundert von al-Afġānī und Muḥammad ʿAbduh begonnenen islamischen Reformbewegung. Die Krisis der politischen Kultur scheint demnach gleichsam zyklisch fortzubestehen.

Die Antwort des arabischen Christentums auf die Koexistenzproblematik des islamischen Staatsrechts war die Betonung der vorislamischen gemeinsamen Wurzeln im Arabismus.[68] Die Arabische Nationalbewegung des frühen zwanzigsten Jahrhunderts ebenso wie der zeitgenössische Baathismus sollten die Brücke zur Koexistenz bilden. Geopfert wurden seitdem Parteien und sonstige Autonomiebewegungen, gleichgültig ob ideologischer, ethnischer oder sozio-ökonomischer Formation. Gewerkschaften und Kommunisten sind besonders betroffen. Ein Ärgernis eigener Art stellen das Janusgesicht und der scheinbare Triumph des Zionismus im Nahostkonflikt dar. Anders als in westlicher Sicht, wo er sich als demokratischer Außenposten im politisch instabilen und unberechenbaren Vorderen Orient darstellt, erscheint er im islamischen Blickpunkt als eine zutiefst religionspolitische Herausforderung. Während Israel die jüdische Religion als Staatssymbolik rituell in den Dienst der Politik stellt, gestattet der in der Gesellschaft weitverbreitete Atheismus dem Staat gleichzeitig alle institutionellen und sonstigen Attribute des Säkularismus. Eine daraus resultierende zwitterhafte politische Kultur stellt für die islamische Lebenssphäre etwas Befremdendes dar. Für den im Fruchtbaren Halbmond hauptsächlich von Christen ideologisch entwickelten laizistischen Arabismus – auch in seiner sozialistischen Variante – entbehrt die Demokratie Israels wegen ihrer konfessionell begründeten Staatslegitimation und Symbolik eines Modellcharakters für die verfassungspolitischen Probleme der Region. Auch ein politisch auf Staatssymbolik eingeschränkter Islam würde – abgesehen von seiner privatpersönlichen Ethik – den minoritären Status der keinesfalls nur numerisch zu messenden Nichtmuslime unterstreichen. Damit kollidieren die vom Arabismus und Islamismus ausgelösten integristischen Prozesse.

Im Gesamtresultat könnten die zwangsläufige Desintegration der bestehenden innergesellschaftlichen und regionalen politischen Strukturen bzw. deren Umstrukturierung als das epochale Ereignis der zweiten Hälfte des zwanzigsten Jahrhunderts gedeutet werden. Neue Horizonte politischer Kultur würden eine Identifikation der nahöstlichen Gesellschaften mit den noch unwägbaren und sich wandelnden Existenzbedingungen voraussetzen.

X. Nordafrika in der Neuzeit

(Peter von Sivers)

1. Der Aufstieg Iberiens zur Führungsrolle in der christlichen Zivilisation (1300–1500)

Urbanisierung und Entwicklung städtischer (oder: Städte begünstigender) Technologien waren die vielleicht wichtigsten Merkmale sozialer Transformation in den Gebieten der islamischen und christlichen Zivilisationen im hohen und späten Mittelalter. In den meisten Regionen der Alten Welt von Westeuropa bis Indien bedeutete Urbanisierung die Entstehung oder den Ausbau großer Metropolen wie Córdoba, Palermo, Konstantinopel, Alexandrien, Kairo, Nīšāpūr, Bagdad und Delhi – mit oft bis zu mehreren hunderttausend Einwohnern –, die von landwirtschaftlich intensiv genutzten Dorflandschaften umgeben waren. Speziell in Ober- und Mittelitalien sowie in den Niederlanden kam es zur Urbanisierung in der Form von Stadtlandschaften, die von einer Anzahl kleiner und mittlerer Städte mit im Höchstfall einigen zehntausend Einwohnern sowie von dazwischenliegenden Dörfern mit mehr oder weniger intensiver Landwirtschaft geprägt waren. In beiden Fällen, der großstädtischen wie auch der stadtlandschaftlichen Urbanisierung, konnte der Anteil der städtischen an der gesamten Bevölkerung bis zu dreißig Prozent betragen, so daß zwar die Mehrheit der Gesellschaft in den islamischen und christlichen Regionen bäuerlich blieb, die Stadtbewohner aber immerhin den Platz einer beachtlichen Minderheit einnehmen konnten.

Städtische Zentren waren seit jeher Stätten technischer Neuerungen. Die wichtigsten Erfindungen, die im hohen Mittelalter in urbanen Zentren gemacht wurden, waren um 1310 die Entwicklung der ersten Feuerwaffen und um 1325 der ersten ohne Ruderer, nur durch Segel angetriebenen Hochseeschiffe. Beide Neuerungen gingen von italienischen Städten aus; die neuen Segelschiffe waren ein Ergebnis der Zusammenarbeit zwischen Genua und dem portugiesischen Lissabon. Daß bei diesen Innovationen Italiener führend waren, war vielleicht nicht zufällig, wenn man davon ausgeht, daß in Stadtlandschaften ein regerer Wettbewerb herrschte als in Metropollandschaften. In letzteren, so könnte argumentiert werden, erlaubte der schwächere Wettbewerb eine stärkere Entfaltung von Monopoltendenzen, die wiederum eher die Stabilität als den Wandel begünstigten. Wenn auch die größeren Menschenzahlen in Metropollandschaften natürlich ihrerseits ebenfalls hohe Forderungen an die technische Erfindungsgabe ihrer Bewohner stellten und deren Rolle bei technischen Umwälzungen keineswegs in Abrede gestellt werden soll, so dürfte doch der Antrieb zu solchen Neuerungen tendentiell nicht ganz so stark ausgebildet gewesen sein.

Die Vorteile verbesserter Artillerie und Handfeuerwaffen vom Ende des vierzehnten Jahrhunderts an gegenüber herkömmlichen Katapulten, Langbögen und Armbrüsten waren so eindeutig, daß Kanonen und Arkebusen in der christlichen und islamischen Welt rasche Verbreitung fanden, auch in städtisch wenig entwickelten Gebieten. Interessanterweise kam es in China, einer durch großstädtische Urbanisierung charakterisierten Zivilisation, wo das Prinzip der Propulsion durch Schießpulver zur gleichen Zeit wie in Italien entdeckt wurde, zunächst nur zur Entwicklung von Feuerwerkskörpern und erst später zur Einführung von Feuerwaffen. In Europa, im Vorderen Orient und in Nordafrika konnten Herrscher jedweder Art, sofern sie nur Geld hatten, im fünfzehnten Jahrhundert nunmehr sehr viel rascher Truppen aufstellen und einsetzen, als es vorher der Fall gewesen war. Städter, die relativ eng beieinander wohnten und daher rasch ausgehoben werden konnten, bedurften einer weit kürzeren Ausbildung an den Feuerwaffen als verstreut lebende Dörfler, die lebenslange Übung am Langbogen brauchten, oder Reitersleute, die ihre Fähigkeiten im Sattel sozusagen ererben mußten, um für die Kriegführung eingesetzt werden zu können. Der hohe Preis für Feuerwaffen wurde durch die Vorteile städtischer Rekrutierung und kurzfristiger Ausbildung der neuen Fußsoldaten aufgewogen.

Die bäuchigen, großsegeligen Karavellen mit hohem Seitenaufbau, tiefem Kiel und neuartiger Hecksteuerung erwiesen sich ebenfalls von großem Nutzen, als Genua nach der atlantischen Umschiffung Europas seinen Handel mit den Niederlanden aufbaute und dabei Lissabon als Zwischenstation benutzte. Die herkömmlichen beweglicheren Galeeren mit kleinen Segeln, flachem Aufbau und Tiefgang blieben zunächst noch im Mittelmeer vorherrschend, wo das Wasser ruhiger und Windstillen häufiger waren als im Atlantik. Im Verlaufe des fünfzehnten Jahrhunderts wurden die neuen Segelschiffe zunehmend seetüchtiger gemacht, um küstenfernes Segeln im Atlantik zu erlauben. Die atlantisch-mediterrane Verbindung verhalf den europäischen Städten zu neuen Formen des Kontakts und Austauschs.[1]

Die Ausbreitung der Feuerwaffen im fünfzehnten und sechzehnten Jahrhundert bewirkte eine beträchtliche Intensivierung der traditionellen christlich-muslimischen Rivalität, die seit dem frühen Mittelalter die Politik der alten Welt kennzeichnete. Für christliche und muslimische Herrscher war der Kampf zwischen den beiden Systemen eine Selbstverständlichkeit und bedurfte im allgemeinen keiner Rechtfertigung. Ihre Theologen predigten die Falschheit der jeweils anderen Religion. Ihre Kaufleute drängten, je nach Herkunft, auf die Brechung oder aber den Erhalt der muslimischen Mittlerrolle im Handel mit Gold, Gewürzen und Textilfärbemitteln aus Afrika, Indien und Ostasien. Nicht alle Herrscher waren Vorkämpfer für ihre Zivilisation, aber zu jeder Periode gab es einige, die ihren Führungsanspruch in der eigenen Zivilisation durch Kampagnen gegen die gegnerische zu untermauern suchten. Während der Kreuzzüge waren es die politischen Päpste, deutschen Kaiser, französischen Könige sowie die syrischen Zengiden und syrisch-ägyptischen Ayyubiden und Mamluken gewesen, die den jeweiligen Führungsanspruch verkörperten. Im sechzehnten Jahrhundert übernahmen die iberischen Könige und osmanischen Sultane die Führung; sie verdankten sie dem konsequenten Einsatz von Feuerwaffen.

Die Grundlagen für den Aufstieg der portugiesischen Krone in ihre Führungsrolle waren im vierzehnten Jahrhundert gelegt worden, als in der Hauptstadt Lissabon eine differenzierte städtische Bevölkerung heranwuchs. In Lissabon kam im Jahr 1385 Johann I. (1385–1433) mit Hilfe rebellischer Adliger und Bürger an die Macht; er begründete die Dynastie der Avis, die durch eine Politik der Zentralisierung die nötigen Finanzen zum Aufbau nicht-feudaler Truppen und einer Flotte zu finden suchte. Um diese Politik rasch ins Werk zu setzen, verfiel er auf einen Beutezug gegen die Muslime. Diese Expedition im Jahre 1415, die sowohl von den lissabon-genuesischen Kaufleuten als auch den Adligen unterstützt wurde, führte zur erfolgreichen Besetzung der im Norden Marokkos liegenden Handelsstadt Ceuta. Die Kaufleute erhielten die erhofften Handelsvorteile; der Adel und der König teilten sich Beute und Steuern. Die nächste Expedition – 1437 gegen Tanger in der Nähe Ceutas – scheiterte, weil die Muslime besser vorbereitet waren, und in der Folgezeit entwickelten sich die Interessen der Kaufleute und des Adels auseinander. Die Kaufleute waren auf der Suche nach einem direkten Zugang (also ohne die muslimische Mittlerrolle) zum Gold Westafrikas und zu den Gewürzen und Färbemitteln Süd- und Ostasiens, während der Adel Beute und Steuern vorzog. Ein dreiviertel Jahrhundert lang verfolgten die Avis daher eine zweispurige Politik der kommerziellen Erschließung Westafrikas (1444–98) und Indiens (1498–1518) sowie der Eroberung der Küstenstädte Marokkos (1458–1516).[2]

Das städtisch weniger entwickelte Kastilien schlug den Weg zur Zentralisierung, militärischen Umrüstung und Flottenmodernisierung erst in der zweiten Hälfte des fünfzehnten Jahrhunderts, nach der Vereinigung mit dem urbaneren Aragon, ein. Auch hier bot sich die Eroberung muslimischer Territorien als das schnellste Mittel zur Beschaffung der für die Zentralisierung benötigten Finanzen an, und so wurde 1482 das muslimische Granada angegriffen. Dieses urbanisierte und für seine intensive Landwirtschaft bekannte Königtum war zwar finanzkräftig genug, die neue Waffentechnologie anzuschaffen, mit seinen traditionellen Ziegelbefestigungen für einen Verteidigungskrieg aber schlecht gewappnet. Im kastilischen Arsenal waren etwa siebzig Kanonen, und die zu drei Vierteln aus Fußsoldaten bestehende Belagerungsarmee schoß mit ihren Arkebusen muslimische Ausfälle methodisch zusammen. Granada fiel 1492 in christliche Hände, und damit fand die letzte Bastion muslimischer Herrschaft in Iberien ihr Ende.

Etwa zur gleichen Zeit begann Kastilien-Aragon in Karavellen zu investieren und besetzte 1478 die von Berbern bewohnten Kanarischen Inseln, bevor dann 1492 Christoph Columbus zur Entdeckung Amerikas aufbrach. Columbus war ein Genuese, der ursprünglich in portugiesischen Diensten stand, aber zu den kastilischen Rivalen überwechselte, als die Portugiesen auf Afrika als den erfolgversprechenderen Weg um die islamischen Gebiete herum nach Indien setzten und seinen Alternativplan zur Umschiffung des Globus ablehnten. Nach seiner Einigung mit Portugal im Jahre 1494 über die beidseitigen ozeanischen Interessensphären rückte das kastilisch-aragonesische Spanien in den Kreis der zentralisierten Staaten mit ihren neuen Technologien auf.

Wie schon Portugal, so betrieb auch Spanien seine Überseepolitik im sechzehnten Jahrhundert zweispurig. Auf der einen Seite wurde Amerika kommerziell ausgebeutet (zudem voll erobert und kolonisiert, im Gegensatz zum portugiesischen Afrika und Indien) und auf der anderen Seite die nordafrikanische Küste des Mittelmeers erobert (1497–1574). Die Eroberung brachte zunächst reiche Beute; selbst als in der Mitte des sechzehnten Jahrhunderts der Profit allmählich nachließ, blieb die nach Nordafrika vorgeschobene Grenze ein nützliches Faustpfand gegenüber etwaigen gegnerischen Versuchen, die in Spanien verbliebenen Muslime vom christlichen Joch zu befreien.[3]

Durch Urbanisierung, Zentralisierung, technische Umrüstung, Kampf gegen die Muslime, Überseehandel und Ausbeutung der amerikanischen Kolonien erlangten Portugal und Spanien eine eindeutige Führungsstellung in der christlichen Welt. Portugiesische Kanonen und spanische Arkebusen wurden das beste Kriegsmaterial der Zeit, und die ursprünglich führenden Italiener fielen im sechzehnten Jahrhundert zurück. Im Kampf zwischen der christlichen und muslimischen Zivilisation gelang es den Christen, die muslimische Mittlerstellung im Handel mit Gold, Gewürzen und Färbemitteln zu erschüttern. Die Entdeckung Amerikas war ein zusätzlicher Bonus, ein Nebenprodukt sozusagen des Kampfes gegen die Muslime.

2. Der osmanisch-iberische Kampf um die Vorherrschaft in Nordafrika (1500–1600)

Nordafrika stellte sich auf die neuen Technologien verspätet und definitiv erst am Anfang des sechzehnten Jahrhunderts um. Wie schon erwähnt, waren Feuerwaffen teuer und setzten relativ hochentwickelte fiskalische, handwerkliche und kommerzielle Infrastrukturen sowie eine Tradition politischer Zentralisierung voraus. Der Maghreb war traditionell weniger dicht bevölkert als Oberitalien oder sogar Iberien und besaß wenige und relativ kleine urbane Zentren. Herrscher, die ihre Sitze zu Metropolen ausbauen, in ihren Ländern zentrale Verwaltungssysteme errichten und schließlich sogar auf die neuen Technologien umsteigen wollten, hatten es daher schwerer als ihre christlichen Partner auf der anderen Seite des Mittelmeeres. Beutezüge und Eroberungen auf Kosten des Glaubensfeindes, die sie bisher – ebenso wie die christlichen Könige – als Mittel zur Erreichung ihrer Ziele benutzt hatten, waren im fünfzehnten Jahrhundert, im Abwehrkampf gegen die technologisch überlegenen Iberier, nicht mehr möglich. Beute gab es allenfalls noch bei mißglückten christlichen Expeditionen zu gewinnen, z. B. bei den portugiesischen Versuchen, sich zwischen 1437 und 1458 im Nordwesten Marokkos festzusetzen. Solange die iberische Offensive gegen den Maghreb in Gang war, war an eine Umrüstung auf den Christen ebenbürtige Artillerie- und Infanterietruppen aus eigener Kraft im Maghreb nicht zu denken.

Hinzu kam, daß die Nordafrikaner in den Jahrhunderten vor der Erfindung der Feuerwaffen, also als noch die Militärtechnologie der Kavallerie vorherrschte, ihre Truppen zumeist aus nomadischen Stammesreitern rekrutierten. Aber die Zucht von Reittieren und die Ausbildung der Reiter war den Herrscherdynastien weitgehend entzogen und konnte von diesen nicht wirksam kontrolliert werden. Anders als die Ritter und ihre Gefolge auf den Landgütern Nordspaniens oder Portugals konnten die Reiter Nordafrikas in Stammesformationen von mehreren tausend Personen auftreten und waren zudem auf kein festes Territorium begrenzt. Im Resultat ist es nicht verwunderlich, daß es ambitionierte Herrscher im Maghreb bei der Zentralisierung ihrer Verwaltungen schwerer hatten als ihre iberischen Kollegen. Die muslimischen Dynastien der Waṭṭāsiden in Marokko, der Zayyāniden in Westalgerien und der Hafsiden in Ostalgerien und Tunesien waren im fünfzehnten und frühen sechzehnten Jahrhundert fragile Gebilde, die angesichts der Abwehr der Iberier aus Übersee und auf Grund ihrer Abhängigkeit von Stämmen im Landesinneren wenig Finanzmittel aufbringen konnten und zudem in ihren wenigen und kleinen Städten kaum das Menschenmaterial besaßen, das für einen technologischen Wandel notwendig war.

Militärhilfe von außen war schließlich nötig, um Nordafrika auf das Niveau der Iberier zu heben. Schon 1480/81 hatte das Osmanische Reich mit der vorübergehenden Besetzung Otrantos in Süditalien sein Interesse am westlichen Mittelmeer bekundet. Die Osmanen hatten sich die neuen Feuerwaffen früh zunutze gemacht und waren mit ihrer Hilfe tief in den Balkan vorgestoßen. In ihrem Verteidigungskampf gegen Kastilien richteten die Granadiner 1487 Hilfsappelle an den osmanischen Sultan, die dieser mit der Entsendung des Freibeuters Kemāl Reʾīs beantwortete. Dieser Korsar suchte wiederholt die Südküste Iberiens heim, konnte aber am Fall

Granadas nichts ändern und wurde 1495 vom Sultan zurückbeordert. Nichtsdestoweniger war Istanbul jetzt über das westliche Mittelmeer wohlinformiert.

Eine neue Gruppe von Korsaren um die Gebrüder Barbarossa von der Insel Mytilene in der Ägäis traf 1512 oder 1513 im Westen ein und erhielt von den Hafsiden-Emiren im östlichen Maghreb die Erlaubnis, den Hafen von Tunis als Hauptquartier für ihre Streiffahrten zu benutzen. Erste Erfolge bei diesen Fahrten veranlaßten die Brüder, sich nach einem eigenen Hafen an der algerischen Küste umzuschauen, von der aus es weniger weit zum christlichen Feind in Iberien war. Einen solchen Hafen mußten sie sich aber erst von den Spaniern erobern, die 1497 mit ihrer Expansion nach Nordafrika begonnen hatten. Da die für die Streiffahrten mitgebrachten leichten Schiffe und Kanonen für eine regelrechte Kampagne gegen die Spanier nicht ausreichten, wandten sich die Barbarossas 1516 mit einem Gesuch um Militärhilfe an den osmanischen Sultan. Selīm I. (1512–20) gewährte eine bescheidene Unterstützung in Form zweier mit Kanonen bestückter Kriegsgaleeren samt einem Kontingent Infanterie (*yeničeriler*, Janitscharen), und so unternahmen die Korsaren im Namen des osmanischen Sultans die ersten Schritte zur Rückeroberung des islamischen Westens von den Iberiern. Der Maghreb hatte den Anschluß an das technologische Niveau der Christenheit gefunden, wenngleich unter fremder Führung.

Die Korsaren setzten sich 1516 zuerst im zentral gelegenen Algier fest, wohin sie von einem einheimischen Führer eingeladen worden waren. Der Hafen der Stadt wurde erst 1529 benutzbar, als die Spanier von einer vorgelagerten Insel vertrieben werden konnten. Das westalgerische Tlemcen erreichten die Korsaren 1517, wo sie über die dort regierenden Zayyāniden ihre Oberherrschaft errichteten. Versuche, nach Tunis im östlichen Maghreb zurückzukehren, scheiterten am Widerstand der Hafsiden, die sich inzwischen einer Politik der Neutralität zwischen Spaniern und Osmanen zugewandt hatten. Die meisten Stämme von Tlemcen bis zum hafsidischen Territorium unterwarfen sich den Korsaren, aber der entscheidende Durchbruch, das heißt, die Eroberung der Küstenhäfen von den Spaniern, gelang nicht.

Aus offenkundiger Sorge über den schleppenden Fortschritt bei der Eroberung des Maghreb durch die Korsaren zitierte Sultan Süleymān (1520–66) Ḫayreddīn Barbarossa 1533 nach Istanbul, um ihn im darauffolgenden Jahr an der Spitze einer in der Zwischenzeit ausgerüsteten neuen Flotte wieder nach Nordafrika zurückzuschicken. Ḫayreddīn gelang es prompt, Tunis zu besetzen und die Hafsiden botmäßig zu machen. Er mußte die Stadt zwar 1535 gegen eine dreifach überlegene Expeditionsflotte Kaiser Karls V. (1519–58) aus Spanien wieder räumen, hatte aber die Genugtuung, daß die Spanier zum ersten Mal nicht mehr eine eroberte Stadt besetzten, sondern diese den Hafsiden unter ihrer Oberhoheit zur Regierung überließen. Von nun an konnten die Korsaren offensiv operieren.[4]

Ein ähnlicher Wandel von der Defensive hin zur Offensive vollzog sich auch in Marokko in der Auseinandersetzung mit den Portugiesen. Hier waren die Mittel auf der muslimischen Seite zwar bescheidener, aber dafür gelang es den Einheimischen, ohne wesentliche osmanische Militärhilfe den Schritt zur Umrüstung zu vollziehen. Hier, im fernen Westen, kamen die Osmanen nicht zum Zug, da die Logistik für Galeerenfahrten vom östlichen Mittelmeer zur marokkanischen Mittelmeer- oder gar Atlantikküste mit den technischen Mitteln der Zeit nicht zu lösen war. Anstelle der Korsaren übernahmen Scherifen (*šurafā'*), das heißt, Männer aus der in Marokko prominenten Schicht der tatsächlichen oder vermeintlichen Prophetenabkömmlinge, die Führung bei der Zentralisierung des Landes und der Einführung von Feuerwaffen. Zwar gab es auch im übrigen Maghreb prominente Scherifenfamilien, aber ihr politischer Freiraum war durch die Korsaren eingeengt. Im Niemandsland zwischen den Portugiesen und Osmanen konnten die Scherifen ihre Chance zum Aufstieg von einer gesellschaftlich hochrangigen zu einer politisch dominanten Gruppe wahrnehmen.

Um 1510 gelang es Muḥammad al-Qā'im (1509–17), einem Mitglied der Scherifenfamilie der Banū Sa'd, die Fraktionen des mit ihm verbündeten Stammes der Ma'qil im südmarokkanischen Sous (Sūs) zu vereinigen. Der späteren offiziellen Geschichtsschreibung zufolge hatte er den Auftrag zu dieser Einigung von einem Heiligen erhalten, der zum Glaubenskrieg gegen die Portugiesen aufrufen wollte. Interessant an diesem Gründungsmythos ist, daß ein genuin Heiliger ohne Scherifengenealogie einen durch Abkunft Heiligen zur Verwirklichung eines Glaubensgebots, nämlich der Beseitigung nicht-muslimischer Herrschaft über Muslime, aufrief. Die Politik wurde Anfang des sechzehnten Jahrhunderts gleichsam zu einer Domäne für Heilige erster und zweiter Klasse, in die vorzudringen für gewöhnliche Sterbliche in der Folgezeit zunehmend schwieriger wurde. Die Korsaren in Algerien legitimierten sich zwar auch durch ihren Glaubenskrieg gegen die Christen, aber die Scherifen in Marokko umgaben sich noch zusätzlich mit der Aura der Prophetenabkunft.

Nach der Vereinigung der Ma'qil gründete al-Qā'im eine zentrale Verwaltung, die die Landwirtschaftsabgaben des Sous eintrieb. Er intensivierte den Anbau von Zuckerrohr und die Produktion von raffiniertem Zucker für den Export nach Europa. Ebenso belebte er den Transsaharahandel um Gold wieder, den die Portugiesen bisher weitgehend nach La Mina an der westafrikanischen Küste umgelenkt hatten. Sein Nachfolger, Aḥmad al-'Arūǧ (1517–44), zog 1524 nach Marrakesch, in die weiter nördlich gelegene Metropole Südmarokkos, um. Dorthin wurden auch die Gebeine des Heiligen verbracht, der ursprünglich zum Heiligen Krieg aufgerufen hatte – ein bleibendes Symbol für die Rechtmäßigkeit der Zentralisierungspolitik, die sich die Sa'dier zu verwirklichen anschickten.

Die Einnahmen der Sa'dier waren nunmehr hoch genug, um spanische und französische Waffenhändler an die südmarokkanische Atlantikküste zu locken, sehr zum Leidwesen der Portugiesen, die den Handel mit Feuerwaffen vergeblich zu verhindern suchten. Mit Hilfe europäischer Waffen sowie zum Islam übergetretener ehemals christlicher Waffenschmiede aus den englischen und französischen Königreichen, sogenannter Renegaten, gingen ʿArūǧ und sein Bruder Muḥammad aš-Šayḫ (1544–57) im Jahr 1536 zum Angriff über. Zunächst errangen sie 1536 einen wichtigen Sieg über ihre nominalen Oberherren, die Waṭṭāsiden in der Nordmetropole Fes. Dann nahmen sie im Jahr 1541 den Portugiesen die Stadt Agadir ab, die sie zu ihrem Exporthafen für den Europahandel machten. Portugal räumte daraufhin Safi (Ṣafī) und Azemmour (Azammūr) freiwillig, um sich in dem noch verbliebenen halben Dutzend marokkanischer Küstenplätze zu konsolidieren. Die inzwischen nach osmanischem Vorbild organisierte Armee – im Halbkreis angeordnete Kavallerie-, Arkebusen- und Artilleriekontingente – überwältigte 1545 die Waṭṭāsiden. Letztere hatten sich zwar mit ursprünglich portugiesischer und später osmanischer Hilfe umzurüsten begonnen, aber die Saʿdier waren in der Offensive und konnten 1549 die Waṭṭāsiden aus Fes vertreiben.

Den Osmanen paßte der Aufstieg der Saʿdier in Marokko nicht ins Konzept. Sie hätten am liebsten Korsaren in Fes gesehen, denen zwar logistische Autonomie zugestanden worden wäre, die aber gleichzeitig die osmanische Oberhoheit anerkannt hätten. Gesandte Sultan Süleymāns erschienen am Hof Sultan Muḥammad aš-Šayḫs und übergaben einen Brief an den „Scheich der Arabernomaden“, der gefälligst die Freitagspredigt im Namen der Osmanen halten solle. Verärgert schrieb Muḥammad an den „Scheich der Ägäis-Fischer“ zurück, er werde es den Osmanen schon zeigen, wenn er sie aus Nordafrika und Ägypten vertreiben würde. Mit ihrer Ankunft in Nordmarokko waren die Saʿdier zu Anrainern der osmanischen Politik geworden. Waren bisher Glaubenskrieg, Zentralisierung und technologische Umrüstung problemlos miteinander vereinbar gewesen, gab es jetzt gefährliche Spannungen mit den eigenen Glaubensgenossen.

Um die Initiative zu behalten, besetzte Muḥammad aš-Šayḫ 1550 das von den algerischen Korsaren kontrollierte Tlemcen in Westalgerien. Aber er verlor die Stadt schon im Jahr darauf wieder, und im Gegenzug besetzten die Korsaren 1553 Fes, aus dem sie ihrerseits freilich ein Jahr später vertrieben wurden. In Geheimverhandlungen suchte der marokkanische Sultan nunmehr Militärhilfe von den Spaniern, verärgerte damit aber nur die Portugiesen, die sich als Christen keinen ernsthaften Krieg der Marokkaner gegen die Osmanen vorstellen konnten und an eine List glaubten. In diesem diplomatischen Spiel verlor Muḥammad zusehends die Kontrolle, und 1557 gelang es osmanischen Agenten, in den Hof des Sultans einzudringen und ihn zu ermorden. Marokko war zwar dank seiner erfolgreichen Umrüstung in den Rang einer diplomatisch gewichtigen Macht aufgestiegen, aber mit den Osmanen konnte es sich nicht messen.

Es ist daher nicht überraschend, daß den Saʿdiern, allen exaltierten Abstammungsansprüchen zum Trotz, der Ruch des Parvenuhaften anhaftete, wie aus einer zeitgenössischen Beschreibung des Einzugs der Dynastie in Fes hervorgeht. Die Saʿdier, so heißt es dort, legten sich in Fes unter dem Einfluß eines Mannes und einer Frau einen neuen Lebensstil zu. Der Mann, ein ehemaliger Wesir unter den Waṭṭāsiden, verlieh den neuen Sultanen Haltung, indem er sie einkleidete, ihnen Manieren beibrachte und sie pünktlich beim Essen zu erscheinen lehrte. Er zeigte ihnen, wie man Politik mit Notabeln und Stammesführern machte, Versammlungen leitete, jedem seinen angestammten Platz zuwies, die Steuern handhabte und die Soldaten bezahlte. Kurz, durch ihn erhielten sie Würde und Autorität.

Ebenso gab es eine Verwalterin, so heißt es im Text, die den Saʿdiern beibrachte, welche Mahlzeiten man wann einnahm und wie kochte, welches Personal man in der Küche und im Eßzimmer anstellte, wie der Palast einzurichten und zu dekorieren sei und welche Parfums man auftrug. Die beißende Ironie des unbekannten Autors ist unüberhörbar, und sein vernichtendes Urteil über die aus seiner Sicht fremde Dynastie macht deutlich, mit welcher Verachtung die verschiedenen Landesteile Marokkos einander noch betrachteten. Von einem zentralistischen Staat war Marokko im Gegensatz zu Spanien oder Portugal noch weit entfernt.[5]

Die Ermordung Muḥammad aš-Šayḫs im Jahre 1557 war der Auftakt zu einem Vierteljahrhundert spektakulärer Materialschlachten: In der Periode von 1557 bis 1581 trafen die beiden führenden Dynastien der christlichen und muslimischen Welt, die Habsburger und die Osmanen, mit der vollen Wucht ihrer neuen Militärtechnologien aufeinander. Bei diesem Zusammenprall ging es um nichts weniger als die Beherrschung der Alten Welt. Die Zonen, in denen die Auseinandersetzung besonders wütete, waren der Balkan und die nordafrikanische Küste. Dort fanden Zusammenstöße statt, die selbst heute noch erstaunlich anmuten: Christen und Muslime bekriegten einander, erpreßten voneinander Lösegeld und verdammten sich zu besonders harten Frondiensten. Aber ebenso wechselten sie ihre Religion, besuchten einander auf diplomatischen Missionen und suchten und schlossen mit einer Leichtigkeit Verträge, wie sie in der Folgezeit nicht mehr so rasch erreicht wurde. Im Vergleich zu diesem wildbewegten Vierteljahrhundert der Weltpolitik versank die Region in den folgenden Jahrhunderten wieder in tiefe Provinzialität.

Die Habsburger und Osmanen nutzten ihre Einnahmen aus Mexiko und Ägypten voll und ganz für ihre Kriegsanstrengungen gegeneinander. Enorme Summen wurden auf dem Mittelmeer in immer größere und mit immer schwereren Kanonen bestückte Galeeren investiert. Der osmanische Großwesir Meḥmed Soqollu zum Beispiel prahlte 1571 damit, daß der Bau einer Flotte von 200 Galeeren für das Reich eine Kleinigkeit sei. Der Unterhalt einer solchen Flotte, von ihrem Bau ganz zu schweigen, kostete etwa 1,2 Millionen Goldstücke oder ein Viertel der Steuereinnahmen des Reiches.

Angesichts dieser Größenordnungen war es nicht einfach, während der Kriegssaison von Mitte April bis Anfang Oktober Kampagnen zu Ende zu führen. Ruderer mußten rekrutiert, Soldaten abgestellt, Vorräte angesammelt, Schiffe, Arkebusen und Kanonen gefechtsbereit gemacht, das Kampfziel erreicht und der Heimathafen wieder angesteuert werden. Dabei wurden Belagerungen der neuen, sternförmigen, flach angelegten Festungen, mit denen die Verteidigung fester Plätze dem Artilleriezeitalter angepaßt wurde, immer zeitraubender. Die Inflation, die den hohen Staatsausgaben für Militärzwecke in allen Ländern folgte, machte die Ersetzung gut bezahlter freiwilliger durch zwangsrekrutierte Ruderer erforderlich, was wiederum die Effektivität der Galeeren, das heißt deren Reichweite und Manövrierfähigkeit beeinträchtigte. Es ist daher um so eindrucksvoller, daß der spektakuläre Seekrieg zwischen den Habsburgern und Osmanen um das westliche Mittelmeer und seine südlichen Küsten ein Vierteljahrhundert lang durchgehalten werden konnte.

Angesichts der Schwäche Marokkos und des Zögerns der Spanier, dem Land Militärhilfe zu gewähren, gelang den Korsaren 1558 die Eroberung des von den Spaniern kontrollierten Mostaganem (Mustaġānim), der ein Streifzug nach Minorca und die Erbeutung 150 spanischer Galeeren folgten. Einen weiteren Triumph feierte die osmanische Flotte unter den Korsaren, als sie 1560 eine spanische Seestreitmacht unter Andrea Doria bei der tunesischen Insel Dscherba besiegten. Die Spanier sahen sich zusehends ans Ende des westlichen Mittelmeers zurückgedrängt, wo sie allerdings 1563 und 1564 den osmanischen Korsaren zwei Niederlagen beibrachten. Ein Jahr später wagten sie sich wieder nach Osten vor, wo sie vor Malta einen osmanischen Eroberungsversuch zurückschlugen. Die christlichen Korsaren auf Malta und die muslimischen Hafsiden in Tunis blieben weiterhin Verbündete der Spanier an der strategischen Nahtstelle zwischen den beiden Mittelmeerhälften.

Wie lebenswichtig für die spanischen Könige auch jetzt noch die nach Nordafrika vorgeschobene Grenze war, zeigte sich, als von 1568 bis 1570 in Spanien selbst ein Großteil der dort verbliebenen Muslime rebellierte. Ihre Gesamtzahl betrug etwa eine Viertelmillion. Offiziell waren diese Muslime 1502 zum Christentum bekehrt worden, aber die katholische Kirche kümmerte sich weniger um die christliche Erziehung dieser „Morisken" genannten Konvertiten als um ihre Bestrafung durch die Inquisition, wenn sie heimlich an den islamischen Bräuchen festhielten.

Die Inquisition war ein Instrument, das entscheidend zum Niedergang der Morisken-Gesellschaft beitrug. Da sie sich selbst finanzieren mußten, entdeckten die Inquisitoren die islamische Häresie mit Vorliebe bei bessergestellten Morisken. Neben Geldstrafen verhängten sie auch die Verdammung zum Galeerendienst. Philipp II. (1556–98) verpflanzte viele Morisken-Familien von Granada in den Norden und umgekehrt Christen-Familien aus dem Norden nach Granada. In Granada verkam die einst blühende

Seidenindustrie als Folge der hohen Besteuerung und der Abwanderung der Morisken nach Nordafrika. Zahlreiche Morisken standen in Kontakt mit sogenannten Andalusiern, ehemals spanischen Muslimen, die nach Nordafrika ausgewandert waren, und zahlten sogar Tribut an den sa'ditischen Sultan 'Abdallāh al-Ġālib (1557–74). Als in dieser Situation allseits wachsender Probleme für die Morisken Philipp II. 1567 ein neues Edikt mit dem Ziel der Ausrottung des Islams auf spanischem Boden erließ, revoltierten die Betroffenen schließlich.

Die Revolte selbst war für Philipp II. ein militärisch unbedeutendes Ereignis; rasch wurde er der Situation Herr. Was der König aber fürchtete, waren die engen Verbindungen der Morisken mit den Herrschern Marokkos und des Osmanischen Reiches. Dem zwischen den Spaniern und Osmanen lavierenden marokkanischen Sultan bedeutete Philipp II. erfolgreich, sich aus dem Konflikt herauszuhalten. Was die Osmanen betraf, so waren diese eben im Begriff, von den Venezianern das für sie so wichtige Zypern zu erobern. Die Insel wurde zum Schutz der Flotte gebraucht, die die ägyptischen Tributzahlungen nach Istanbul transportierte. Zum Glück für Philipp plante Sultan Selīm II. (1566–74) daher keine Invasion Spaniens, sondern lediglich Guerillaoperationen und Streifzüge. So suchte eine Korsarenflotte 1569 Lanzarote auf den Kanarischen Inseln heim, um den Spaniern zu demonstrieren, daß ihre atlantischen Verbindungen keineswegs unverletzlich waren. Im gleichen Jahr besetzte ein Expeditionskorps aus Algerien das hafsidische Tunis. Einige hundert Infanteristen, die 1570 in Spanien landeten und die Morisken unterstützen sollten, kamen zu spät, um die Niederlage noch abzuwenden. Dank der osmanischen Konzentration auf Zypern kam der spanische Monarch mit einem blauen Auge davon.

Bei der ersten Gelegenheit ging Philipp zur Offensive über. In einer Heiligen Liga mit dem Vatikan und Venedig wurde eine Flotte gebildet, die die Osmanen 1571 bei Lepanto im Ostmittelmeer überraschte. Gravierende taktische Fehler auf der osmanischen Seite führten zu einer vernichtenden Niederlage mitten in der Interessensphäre, die das Reich des Großherrn als ureigen ansah. Zum Glück entging der nordafrikanische Teil der osmanischen Seestreitmacht der Zerstörung und wurde zum Kern einer so rasch wie möglich in Istanbul wiederhergestellten Flotte mit mehreren hundert Einheiten. Die Spanier nutzten ihren Sieg dazu, die Korsaren 1573 aus Tunis zu vertreiben. Aber als im nächsten Jahr die frisch gebaute osmanische Flotte von 250–300 Schiffen Kurs auf Tunis nahm, hatte Spanien keine ausreichende Armada mehr zur Hand. Tunis fiel endgültig in die Hände der Osmanen, die hafsidische Dynastie fand ihr Ende, und Spanien mußte seine nordafrikanische Bastion am Engpaß zwischen den beiden Meereshälften endgültig räumen. Für Philipp wurden die Früchte des Sieges von Lepanto bitter.

Jetzt war es an den Osmanen, ihren Sieg auszukosten. Jahre zuvor schon hatten sie ʿAbd al-Malik, einem Bruder des marokkanischen Sultans al-Ġālib, Asyl gewährt. ʿAbd al-Malik versuchte mehrmals, mit spanischer oder osmanischer Hilfe nach Marokko zurückzukehren. Die Spanier, denen an der Neutralität Marokkos lag, winkten jedesmal ab. Aber die Osmanen witterten Ende 1574 ihre Chance, als nach dem Tod Ġālibs im Frühjahr und nach der Eroberung von Tunis im September dieses Jahres der Weg für ein erfolgversprechendes Eingreifen in die marokkanische Politik frei wurde. Nach sorgfältigen Vorbereitungen marschierte Ende 1575 eine von Korsaren geführte Infanteristentruppe mit ʿAbd al-Malik im Troß nach Fes. Dem Sohn Ġālibs lief seine Verteidigungsarmee buchstäblich davon, und er selber floh nach Portugal. ʿAbd al-Malik bestieg 1576 den Thron der Saʿdier im Namen des osmanischen Sultans, wenn er auch die algerischen Truppen, mit denen er gekommen war, bald nach Hause zurückschickte und sich von den Osmanen eine Reihe kommerzieller und religiöser Privilegien im Reich geben ließ. In Marokko hatten die Osmanen nun zwar einen Verbündeten, aber noch keine neue Provinz gewonnen.

Den Rückschlag in Marokko nahm Madrid zunächst ohne Gegenmaßnahmen hin, in der Hoffnung, daß ʿAbd al-Malik sich die Osmanen schon vom Leibe halten werde. Philipp war mit seinen vier in Nordafrika verbliebenen Festungen zufrieden. Zwei Staatsbankrotte, fortwährende Probleme mit den niederländischen Provinzen und wachsende Schwierigkeiten mit dem protestantischen Atlantikrivalen England sowie die fortdauernde Integrationsverweigerung der Morisken zwangen den spanischen König, seine Prioritäten vorsichtiger abzuwägen, als es in den vorangegangenen Jahren der Fall gewesen war.

Dom Sebastian dagegen, der Neffe Philipps II. und König von Portugal, nahm den anwachsenden osmanischen Einfluß in der Region sehr ernst und sprang in die Bresche. Er war von den komplizierten Kalkülen des spanischen Herrschers frei. Der Papst hatte 1494 die überseeischen Sphären Portugals und Spaniens im Vertrag von Tordesillas voneinander abgegrenzt, und entsprechend hatten sich die beiden Überseereiche einmal im Indischen Ozean und in Brasilien, zum anderen in Zentral- und Südamerika entwickelt. Was den Maghreb betraf, so waren diese Sphären, *conquestus* genannt, am Ende des sechzehnten Jahrhunderts keine Zielgebiete für eigene Eroberungen mehr. Aber wenn auch die Portugiesen die meisten Küstenplätze geräumt hatten, so wollte Sebastian doch nicht, daß andere Länder nunmehr in Marokko Fuß faßten. Neben dem Osmanischen Reich, das vielleicht eine Flotte an der marokkanischen Atlantikküste zu stationieren beabsichtigte, mißtraute er auch Venedig, das sich möglicherweise im Einvernehmen mit den Osmanen in den Atlantikhandel einschalten wollte. Dann war da auch noch England, das offiziell in Marokko Textilien gegen Zucker tauschte, aber inoffiziell einen blühenden Waffenhandel im Tausch mit Salpeter unterhielt und von ʿAbd al-Malik ermutigt wurde, anstelle Deutschlands und Italiens Marokko als Um-

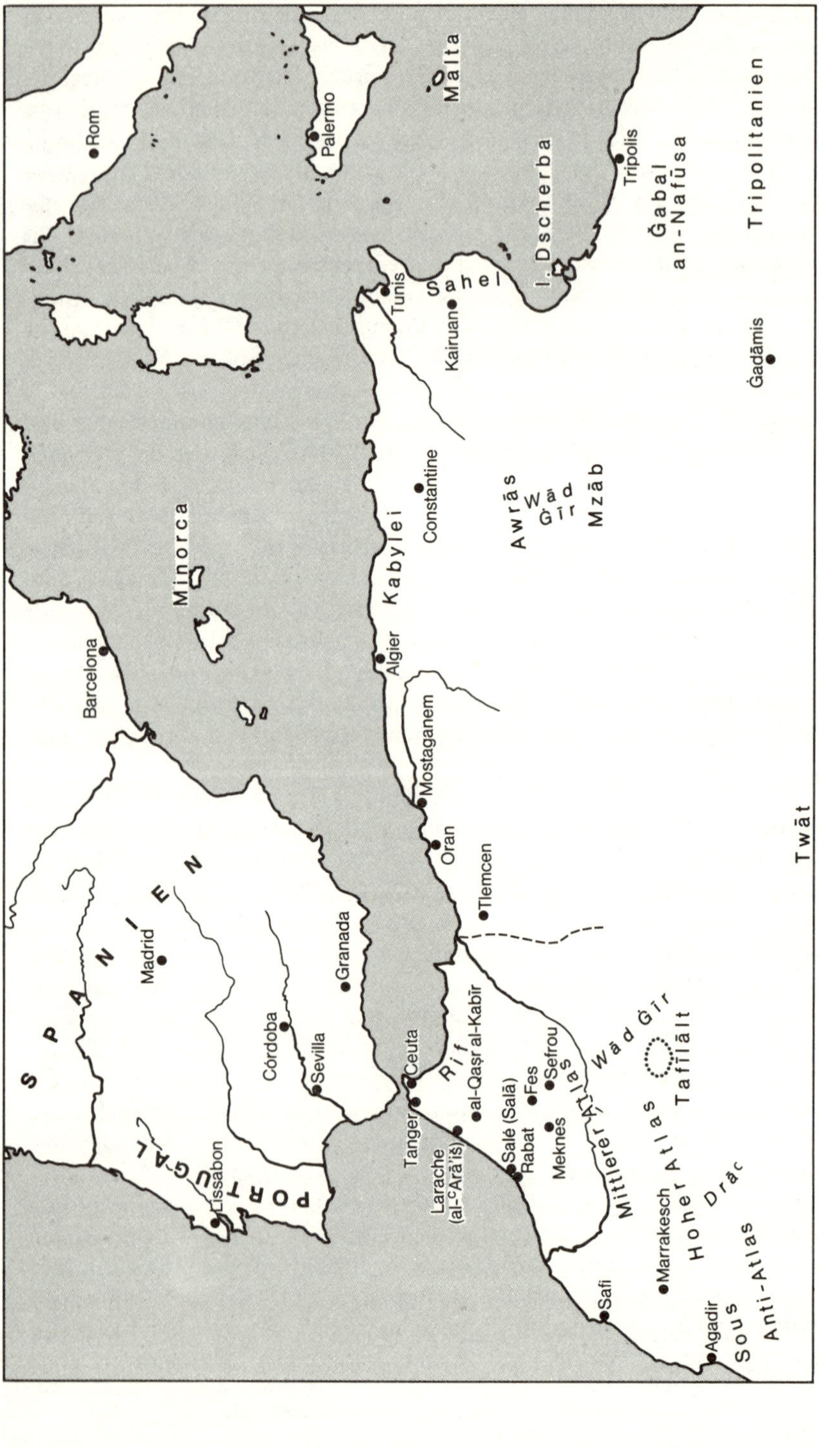

13. Das westliche Mittelmeer im 16. und 17. Jahrhundert

schlagplatz für die Güter zu benutzen, die vom Atlantik ins Ostmittelmeer geliefert wurden. Für Sebastian ging es bei seinen Plänen, in Marokko einzugreifen, offensichtlich um den Schutz des alten *conquestus* im Gewande des aufkommenden Merkantilismus.

An der Spitze einer beträchtlichen Armee, in der sich auch der geflohene Vorgänger ʿAbd al-Maliks befand, erschien Sebastian 1578 in Nordmarokko. Aber auf dem hastig gewählten Schlachtfeld bei al-Qaṣr al-Kabīr, das ʿAbd al-Malik durch die Zerstörung eines Dammes hatte überfluten lassen, konnten die Portugiesen nicht viel ausrichten. Aus Andalusiern rekrutierte Arkebusen-Schützen besorgten den Rest, und die portugiesische Invasionsarmee wurde vernichtend geschlagen. Der Zufall wollte es, daß in dieser „Dreikönigsschlacht" alle drei versammelten Herrscher starben (ʿAbd al-Malik durch Krankheit). Da Sebastian zuhause ohne legitimen Erben war, fiel Portugal an den nächsten Verwandten, Philipp II. von Spanien, der somit als Zaungast und ohne jedes eigene Zutun für seine Stillhaltepolitik belohnt wurde.

Die beiden Hauptgegner, Spanien und das Osmanische Reich, nahmen al-Qaṣr al-Kabīr zum Anlaß, eine drastische Verminderung ihres Einsatzes in ihrer Auseinandersetzung im Mittelmeer zu vereinbaren. Philipp entschied sich endgültig für die vorrangige Verfolgung seiner Interessen in Nordeuropa (Niederlande und England). Da seine Ressourcen für einen gleichzeitigen Krieg in Nordafrika nicht mehr ausreichten, war ihm an einem Waffenstillstand gelegen. Die Osmanen waren sich umgekehrt wohl bewußt, daß der Atlantik, Marokko und Granada zu weit von ihrem Zentrum entfernt waren, um eine dauerhafte militärische Beherrschung zu erlauben. Osmanische Attacken auf spanische Konvois im Atlantik und Guerillaunterstützung für die Morisken waren zwar physisch möglich, für eine langfristige Provinz- und Handelspolitik im Westen aber fehlte Istanbul die Technologie. Persien an der Ostgrenze des Osmanischen Reiches dagegen war in bequemer Reichweite; so war es nicht verwunderlich, daß auch in Istanbul ein Umschwung der politischen Orientierung, und zwar in östlicher Richtung, stattfand, der natürlich einen Waffenstillstand im Westen voraussetzte. Beide Seiten wurden sich 1581 einig, im Mittelmeer nicht mehr direkt Krieg zu führen und nurmehr ihre Korsaren gegeneinander kämpfen zu lassen.

Das spektakuläre Ringen um die Vorherrschaft in der Alten Welt während des vorausgegangenen Vierteljahrhunderts hatte also mit einem Unentschieden geendet. Die Muslime hatten zwar die Herrschaft in Granada verloren, aber dafür hatten sie die Christen weitgehend aus Nordafrika zurückgedrängt. Die neue Grenze zwischen christlicher und islamischer Zivilisation war das Mittelmeer.[6]

Das Auseinanderrücken der großen Machtblöcke hatte noch einen nordafrikanischen Epilog. Der Ehrgeiz der Saʿdier hatte immer auf Gleichheit mit den Osmanen abgezielt und jetzt, mit dem Rückzug der Osmanen aus der aktiven Politik im Maghreb, konnte sich der neue Sultan Aḥmad al-Manṣūr (1578–1603) Großmachtträumen hingeben. Sultan al-Manṣūr mußte zwar 1582 mit Sultan Murād III. (1577–95) einen bittersüßen Kompromiß eingehen, wonach er sich als Gegenleistung dafür, daß die algerischen Korsarenangriffe auf sein Land aufhörten, unter den speziellen Schutz des osmanischen Sultans stellte – gegen einen jährlichen Tribut natürlich –, aber dafür erlangte er einen diplomatischen Spielraum, den er sogleich für wirtschaftliche Verbindungen mit England zu nutzen wußte. Elisabeth I. (1558–1603) autorisierte 1584 die Gründung der Barbary Company mit einem Büro in Marrakesch, und der Handel ließ sich zunächst auch gut an. Die von al-Manṣūr erhofften Holzsendungen für den Aufbau einer marokkanischen Flotte blieben indessen aus; vor der Expedition der spanischen Armada nach England konnte die Königin nicht liefern, nach der Niederlage Spaniens brauchte Marokko nicht mehr unterstützt zu werden. Immerhin waren die marokkanischen und englischen Diplomaten gern gesehene Gäste im jeweils anderen Land, und al-Manṣūr hatte allen Grund zur Zufriedenheit.

Ein anderes Großmachtunternehmen al-Manṣūrs war die Invasion Westafrikas. Schon die frühen Saʿdier-Sultane hatten, wie schon erwähnt, eine aktive Westafrikapolitik betrieben, um den Fluß westafrikanischen Goldes nach Norden zu intensivieren. Nach einigen kriegerischen Auseinandersetzungen mit dem Askiya Dāwūd (1549–82), dem Herrscher von Songhay in Westafrika, hatte man sich darauf geeinigt, in den Salzminen von Taghaza, auf halbem Wege durch die Sahara, die Abbausteuern zu teilen. Seit Jahrhunderten schon hatten sich maghrebinische Händler auf der Durchreise nach Westafrika mit diesem Salz versorgt, das sie zusammen mit Stoffen, Leder- und Metallwaren dann in Audaghost, Timbuktu oder Walāta (Oualata) gegen Gold eintauschten. Al-Manṣūr zwang den Askiya al-Ḥāǧǧ Muḥammad II. (1582–86) mit einer Truppe 1584/85 dazu, auf seinen Steueranteil zu verzichten, und entsandte ein Expeditionskorps in die Wüste südwestlich von Taghaza, das den Auftrag hatte, neue Salzminen zu erkunden und bei den Beduinen Beute zu machen. Über den Erfolg der Expedition liegen die Quellen im Widerstreit, fest steht aber, daß sie al-Manṣūr wertvolle Einsichten über die Logistik militärischer Operationen in der Sahara einbrachte.

Östlich von Songhay lag das Kalifat von Bornu, Ende des fünfzehnten Jahrhunderts errichtet und traditionell an guten Handelsbeziehungen mit Tunis und Tripolis interessiert. May Idrīs Aloma (1564–96), mit einer angeblich auf den Propheten zurückreichenden Genealogie, war ein unermüdlicher heiliger Krieger (*muǧāhid*), der um der Scharia willen die Gebiete seiner Nachbarn eroberte und die dabei anfallenden Sklaven ans Osmanische Reich oder nach Europa verkaufte. Der Kalif unterhielt diplomatische Beziehungen mit Sultan Murād III., um moderne Feuerwaffen zu kaufen, früher besessene Hoheitsrechte im Fazzān wiederherzustellen und

Sicherheitsgarantien für Händler und Pilger aus Bornu im Osmanischen Reich zu erhalten. Dem dritten Ansinnen stimmte Murād zu, aber die beiden anderen waren unannehmbar und wurden 1577 abgelehnt. Idrīs Aloma wandte sich mit seinem Waffengesuch darauf 1582/83 an Marokko, um, wie er es begründete, als Muslim seiner *ǧihād*-Verpflichtung gegen die Götzendiener nachkommen zu können. Al-Manṣūr hatte ebenfalls keine Waffen zu verkaufen, da ihm England nicht genügend davon überließ. Aber diesen Grund konnte der marokkanische Sultan, der sich genauso als Glaubenskämpfer (gegen die Christen) verstand und ebenfalls Prophetenabkömmling zu sein behauptete, natürlich nicht mitteilen. So wurde der Gesandte aus Gao erst einmal mit Geschenken überhäuft und zur Klärung angeblich unverständlicher Passagen in der Botschaft wieder nach Hause geschickt. Bei der nächsten Verhandlungsurkunde verlangte al-Manṣūr, als alleiniger Kalif und Imam anerkannt zu werden; bei der dritten starb der Botschafter, und danach scheint Idrīs Aloma seinen Wunsch nach Feuerwaffen aufgegeben zu haben.

Seine Erkenntnisse über die Salzminen in der Sahara und über die waffentechnische Unterentwicklung Westafrikas setzte al-Manṣūr 1588 in den konkreten Plan einer Invasion um. Die spanische Niederlage gegen England und ein Kampf um den Thron des Askiya ergaben für ihn eine günstige politische Konstellation, um ungestört und mit Aussicht auf Erfolg nach dem Süden zu marschieren. Als Vorwand diente das Argument, daß die Salzminen unter der Oberhoheit des alleinigen Kalifen und Imams al-Manṣūr stehen sollten und daß die daraus anfallenden Steuern nur zum Wohle der islamischen Gemeinschaft im Glaubenskrieg gegen die Christen verwendet werden dürften. In einer Kriegsrede 1590 verglich er sich implizit mit dem ‚Rechtgeleiteten' *(Mahdī)* oder Messias, der die Welt vom Bösen erlösen würde. Nach dem Mahdī-Glauben durchläuft die Welt drei Zeitalter des Übels und der Wahrheit, nämlich erstens die Zeit des Heidentums und der Botschaft Muḥammads, zweitens die Zeit der Tyrannen und Heiligen, und schließlich drittens die Zeit des Antichristen und Christi vor der Begründung der endgültigen Gerechtigkeit. Man war kurz vor dem Jahr 1000 der Hiǧra (1591 n. Chr.), in dem die Ankunft der Heiligen unter Führung des von Muḥammad und Fāṭima abstammenden Mahdī des zweiten Zeitalters erwartet wurde. Als das Jahr 1000 d. H. kam, marschierte ein Expeditionskorps gegen Gao und Songhay, die dank mitgeführter Feuerwaffen rasch erobert wurden. Enorme Reichtümer wurden erbeutet und nach dem Norden geschickt, aber für eine dauerhafte Verwaltung und Ausbeutung des eroberten Landes waren die Entfernungen zu groß. Nicht einmal die Kontrolle über die Salzminen konnte behauptet werden. So rasch Gao und Songhay gewonnen worden waren, so schnell gingen sie wieder verloren.

Nach seiner Kriegspropaganda wäre al-Manṣūr dazu verpflichtet gewesen, einen Teil der Beute in den *ǧihād* gegen die Spanier zu stecken, die noch ein halbes Dutzend spanische bzw. portugiesische Festungen auf marokkanischem Boden unterhielten. Und in der Tat waren die diplomatischen Interessen des Sultans denjenigen Spaniens entgegengesetzt, aber ohne den Schutzschirm einer Allianz mit England wagte er nicht zu handeln. Da indessen England in seinen antispanischen Plänen mehr auf das Osmanische Reich als auf Marokko setzte, konnte al-Manṣūr nicht viel ausrichten.

Spanien seinerseits versuchte, Marokko zu destabilisieren, und schickte 1595 einen Bruder des mit Dom Sebastian in der Dreikönigsschlacht umgekommenen Sultans an der Spitze einer Truppe aus Morisken und Exilmarokkanern nach Marokko. Im Norden fanden die Eindringlinge erstaunlich breite Unterstützung bei der Bevölkerung. Mißernten und Seuchen hatten das Land seit dem Songhay-Feldzug heimgesucht. Al-Manṣūrs Kriegspropaganda waren alle unterworfen gewesen, von der Kriegsbeute aber profitierten nur wenige. Der versprochene Mahdī war nicht gekommen. Erst nach der Mobilisierung großer Kräfte und nach zwei Anläufen gelang es al-Manṣūr, die Invasoren 1596 schließlich zu stoppen und die sie unterstützende Volksbewegung zu zerschlagen. Innenpolitisch hatte der Sultan entschiedene Schwächen offenbart.

Diese Schwächen blieben auch nach außen hin nicht verborgen. In England, wo man Marokko bisher immer als einen möglichen, wenn auch nicht vorrangigen Partner in einer wirksamen antispanischen Front angesehen hatte, sank die Achtung auf einen Tiefpunkt. Königin Elisabeth entsandte 1600 einen Kaufmann mit dem Auftrag, al-Manṣūrs Plan einer Allianz zurückzuweisen, dafür aber ein vage beschriebenes gemeinsames Kolonialprojekt auf Kosten der spanischen Provinzen in Amerika in Aussicht zu stellen. Angesichts seiner prekären inneren Lage und in Erinnerung an bessere Tage klammerte sich der Sultan an dieses Phantasma anglo-marokkanischer Überseekolonisation, bei der sich arbeitsteilig hitzeunempfindliche marokkanische Siedler im Süden und kaltblütige Engländer in der nördlichen Hemisphäre ergänzen sollten. Auf jeden Fall wollte oder konnte al-Manṣūr den verlangten finanziellen Beitrag zu dem Projekt nicht überweisen, zumindest nicht ohne englische Garantien, und der Kaufmann reiste unverrichteter Dinge wieder ab.

Al-Manṣūr starb 1603 an der Pest, ohne seine Nachfolge geregelt zu haben. Der Kronprinz saß im Gefängnis, weil er in Vorbereitung seiner Nachfolge eigenmächtig Verhandlungen mit Spanien geführt hatte, während zwei weitere Söhne als Gouverneure der wichtigsten Städte Marrakesch und Fes die tatsächliche Macht in Händen hielten. Unter diesen Umständen war es nicht verwunderlich, daß das Land in seine Nord- und Südprovinzen auseinanderbrach. In verschiedenen Landesteilen regierten Saʿdier bis 1659 weiter, um dann schließlich der neuen Dynastie der ʿAlawiden Platz zu machen, die vom Tāfīlālt im Südosten Marokkos aus das Land wiedervereinigten. Ein Jahrhundert dynastischer Zentralisierung hatte offenkundig nicht ausgereicht, um die Regionalloyalitäten zu verringern. Im Vergleich zum Osmanischen Reich mit seinem großen Verwaltungs und Militärapparat, der das Kernland zusammenhielt und der mit seinen Ablegern sogar in den autonomen Provinzen Tripolis, Tunis und Algier für eine wenigstens grundsätzliche Einheit sorgte, gab es im viel kleineren Marokko fast keine nichtregionalen, auf die Dynastie eingeschworenen Beamten und Offiziere. Die Andalusier, die noch am ehesten die Rolle überregionaler Einheitsgaranten hätten spielen können, waren nach einer Revolte im Norden von al-Manṣūr in die Wüste, das heißt nach Taghaza und Westafrika, geschickt worden. In seinen transkontinentalen Großmachtsträumen hatte der Sultan Aḥmad al-Manṣūr die Entwicklung einer von Regionalinteressen unabhängigen zentralen Machtbasis im eigenen Land vernachlässigt.

Im Zeitraum zwischen dem osmanisch-habsburgischen Waffenstillstand von 1581 und dem Tod al-Manṣūrs 1603 war die allgemeine Tendenz zum Auseinanderrücken der christlichen und muslimischen Machtblöcke deutlich geworden. Philipp II. war 1598 gestorben; Elisabeth I. und Murād III. starben 1603. Der Waffenstillstand wurde zum Frieden: Frankreich und Habsburg schlossen ihn 1598, die Osmanen und die Habsburger 1604, Habsburg und die Niederlande (provisorisch) 1609. In den voraufgegangenen drei Jahrhunderten waren der Ausbreitung neuer Militär- und Transporttechnologien eine ungeahnte geographische Expansion und astronomische Steigerungen der staatlichen Ausgaben gefolgt, die auf ihre Weise jeweils von großen historischen Persönlichkeiten verkörpert wurden.

Im Ergebnis war der Maghreb des Jahres 1600 fest in die allgemeine gesellschaftliche Entwicklung der christlichen und islamischen Zivilisationen eingegliedert. Obwohl er im Vergleich weniger stark urbanisiert und zentralisiert war als die christlichen Länder und auch als die muslimischen Gebiete im östlichen Mittelmeerraum, hatte er technologisch ein ihnen gleichwertiges Niveau erreicht. Verlustreiche Kriege hatte es in diesem Jahrhundert zuhauf gegeben, aber zugleich waren muslimische und christliche Diplomaten, Thronprätendenten, Söldner, Kriegshandwerker, Seeleute und Händler rege beieinander ein- und aus- oder sogar zueinander übergegangen. Ohne daß sich jedoch dabei die Unterschiede zwischen islamischer und christlicher Zivilisation verwischt hätten: Ein Engländer war sich im Jahre 1600 sehr wohl bewußt, daß Marokko sozial „weit entlegen" *(far remote)* und „sehr verschieden" *(very different)*, wenngleich schneller als Süditalien zu erreichen war. Auf der anderen Seite empfand er es keineswegs als „abscheulich" oder „skandalös", daß Ungläubige zur Bewunderung des Ruhmes und der Pracht der englischen Königin nach London reisen durften. Eine technologisch expandierende Welt war eben trotz aller sozialen und politischen Hemmnisse relativ leicht zu durchdringen.[7]

3. Nordafrika als autonome Region (1600–1800)

Die stürmische militär- und transporttechnologische Entwicklung des fünfzehnten und sechzehnten Jahrhunderts verlangsamte sich im siebzehnten Jahrhundert. Die relativ leichten Arkebusen waren in der Zeit zwischen 1550 und 1600 durch schwere Musketen ersetzt worden, die eine größere Weite und Durchschlagskraft hatten. Bei diesen Musketen wurden dann um 1660, von Frankreich ausgehend, die ursprünglichen Lunten- und späteren Rad- und Schnapphahnschlösser (1517 und 1550) durch Stein- oder Flintenschlösser ersetzt, wodurch der Kammermechanismus zuverlässiger wurde. Dabei blieb es aber die nächsten anderthalb Jahrhunderte. Ähnlich war in den Kanonen zwischen 1550 und 1600 in Nordeuropa Bronze durch das billigere Gußeisen ersetzt worden. Die zunächst schweren und gefährlichen Ursprungstypen verfeinerten sich zwar in den folgenden zwei Jahrhunderten, aber technisch blieb die Artillerie unverändert. Als Vorderlader waren Musketen und Kanonen relativ umständlich und langsam zu handhaben, und ihre Treffsicherheit und die Durchschlagskraft ihrer Geschosse hielten sich in Grenzen, aber sie waren nunmehr zu den zentralen Waffensystemen einer jeden Armee oder Flotte geworden.

Der Hauptgrund für die Verlangsamung der Entwicklung militärischer Technologien war der Kostenaufwand. Wie schon erwähnt, waren selbst die immens reichen spanischen und osmanischen Regierungen nicht in der Lage, die ‚Materialschlacht' des sechzehnten Jahrhunderts ins siebzehnte Jahrhundert hinein fortzusetzen. Die Suche nach billigeren Waffen war aber erfolgreich, und so war es möglich, daß trotz des Auseinanderrückens der beiden Machtblöcke der Krieg auf kleiner Flamme fortgesetzt werden konnte. In Nordafrika kämpften Korsaren im Namen des vom Osmanischen Reich repräsentierten Islams gegen christliche Korsaren weiter, die von Frankreich direkt oder aber indirekt über Malta unterstützt wurden. Dort befehligte der Johanniter- oder Malteserorden die christliche Korsarenflotte.

Im siebzehnten und achtzehnten Jahrhundert wurde auf kleineren Galeeren mit weniger Kanonen und geringeren Truppenkontingenten weitergekämpft. Aber da sich die christliche Zivilisation inzwischen in ein katholisches und ein protestantisches Lager aufgespalten hatte und sich diese Lager seit dem Rückzug der Osmanen aus der Politik des westlichen Mittelmeeres untereinander die Vorherrschaft auf Erden streitig machten, nahm die traditionelle Auseinandersetzung zwischen islamischer und christlicher Welt antiquarische Züge an. Der Kleinkrieg der muslimischen und christlichen Korsaren miteinander und um die jeweils gegnerischen Handelsschiffe wurde zusehends zu einem Nebenkonflikt, den niemand schätzte, den zu unterdrücken man sich aber dennoch nicht aufraffen konnte. Während der katholisch-protestantische Kampf zur Triebfeder der

Geschichte des siebzehnten und achtzehnten Jahrhunderts wurde, entwikkelte sich das westliche Mittelmeer zur „vergessenen Grenze" zwischen Islam und Christentum.

So unbedeutend der Krieg der Korsaren im Gesamtbild des frühmodernen Geschichtsprozesses erscheinen mag, so wurde er von 1600 bis 1650 auf muslimischer Seite immerhin von nahezu hundert Freibeuterschiffen geführt und wurde als solcher eine große Belastung für den Handel und die Küstenbewohner der iberischen und der italienischen Halbinsel. Spaniens alte Gegner England, Frankreich und Holland kamen glimpflicher davon, schützten sich aber auch durch eine gute Bewaffnung ihrer Schiffe und durch Bombardierungen der nordafrikanischen Küste gegen mögliche Übergriffe. Das Kapern ergiebiger Beute und die Entführung von Geiseln gegen Lösegeld wurde von der zweiten Hälfte des siebzehnten Jahrhunderts an immer schwieriger, und in der zweiten Hälfte des achtzehnten Jahrhunderts schrumpften die Korsarenflotten auf kleine Reste. Aber der Korsarenkrieg zog sich noch bis zum Anfang des neunzehnten Jahrhunderts hin, weil er einigen Ländern weniger schadete als anderen und damit indirekte Vorteile verschaffte. Zudem konnten das wohlabgeschirmte England und Frankreich durch günstige Frachtraten in den mittelmeerischen Küstenhandel vordringen, während die Spanier und Italiener teure Kaperversicherungen abschließen mußten. Der Korsarenkrieg überdauerte aufgrund des steigenden Handelswettbewerbs zwischen den europäischen Ländern.

Zu Anfang des siebzehnten Jahrhunderts fanden die atlantischen Karavellen und ihre Abarten Eingang ins Mittelmeer. Im Jahr 1625 etwa hatten Algier und Tunis je sechs Galeeren und sechzig bzw. vierzehn Segelschiffe mit fünfundzwanzig bis sechzig Kanonen pro Einheit sowie mehrere Dutzend kleinerer Ruder- und Segelboote, die kleinsten mit vier Kanonen. Tripolis und Salé (Salā) besaßen weniger umfangreiche Flotten. Etwas über ein Jahrhundert später, um 1737, war die Flotte von Algier auf acht Segelschiffe mit acht bis zehn Kanonen und neun Ruderboote geschrumpft. Von den Flotten von Tunis, Tripolis und Salé gab es nurmehr einige wenige Schiffe. In den vierziger und sechziger Jahren des achtzehnten Jahrhunderts sowie von 1789 bis 1815 lebten die Korsaren vorübergehend wieder auf, als die maltesische Konkurrenz inaktiv war und die Franzosen mit sich selbst und dem Kontinent beschäftigt waren. Reste des Korsarentums blieben bis zum Beginn des Kolonialismus erhalten.

Bei der Einführung der Segelschiffe im Mittelmeer leisteten Engländer und Holländer Schrittmacherdienste. Seit dem Ende der Kriege gegen Spanien traten arbeitslose englische und holländische Atlantikkapitäne zu den Korsaren beider Religionen über. Die von ihnen mitgebrachten Karavellen und anderen sogenannten Rundschiffe, die mit Längen-Breiten-Verhältnissen von 4:1 sturmtüchtiger waren als die längeren und schmaleren Galeeren (Proportionen bis zu 9:1), machten die Korsaren weniger abhängig von den Jahreszeiten, den Küsten und den Fährnissen des Mittelmeers. Neuartige Segel, die am unteren Ende gerafft werden konnten, erlaubten optimales Segeln bei fast jeder Windstärke. Entsprechend dehnten die nordafrikanischen Korsaren in der ersten Hälfte des siebzehnten Jahrhunderts ihre Fahrten nach Irland, England, Island und Neu-Schottland aus. Rundschiffe ersetzten in der zweiten Hälfte des siebzehnten Jahrhunderts die großen Galeeren, die von Sklaven gerudert werden mußten und daher weniger effizient als kleinere Ruderschiffe waren, auf denen freiwillige und an der Beute beteiligte Ruderer den Dienst versahen. Es war diese Kombination von Segel- und Ruderschiffen, die das Überleben der Korsaren im achtzehnten Jahrhundert ermöglichte.

Kapitäne, Matrosen und Ruderer (insofern letztere keine Sklaven waren) der muslimischen Freibeuterschiffe rekrutierten sich aus mediterranen und nordeuropäischen, vom Christentum zum Islam übergetretenen Renegaten, Muslimen aus dem östlichen Mittelmeerraum und Nordafrikanern von der Küste und aus dem Landesinneren. Sie bildeten das Schiffspersonal, während die Janitscharen die Militärkontingente auf den Korsarenschiffen stellten. Die Janitscharen kamen fast durchweg aus Anatolien und Rumelien, waren aber nun nicht mehr hauptsächlich in ihrer Jugend bei den Griechen ausgehobene Fußsoldaten, sondern in der muslimischen Bevölkerung angeworbene Infanteristen. Janitscharenoffiziere kehrten von Zeit zu Zeit zu Anwerbekampagnen nach dem Osten zurück, um Abgänge zu ersetzen. Im Gegensatz zu den aus heterogenen ethnischen Elementen bestehenden Seeleuten waren die Janitscharen in den drei Korsarenstaaten Tripolitanien, Tunesien und Algerien ein sich bewußt und systematisch von außen erneuerndes Militärkontingent.

In einer Zeit, in der die wichtigen technologischen Veränderungen auf den Gebieten des Militärwesens und des Seetransports stattfanden, war es nicht verwunderlich, daß Seeleute und Soldaten die Macht ausübten. Da zudem die Produktion von Feuerwaffen und der Bau und die Unterhaltung von Rundschiffen hohes handwerkliches Können voraussetzten, zumindest bis zum Ende des technischen Experimentierens in der Mitte des siebzehnten Jahrhunderts, fiel es den Inhabern der Macht leicht, ihren Besitz zu monopolisieren. Insbesondere im relativ wenig urbanisierten Maghreb, der in vielen Dingen auf Importe von Fertigprodukten und die Anwerbung von Spezialisten angewiesen blieb, war es einfach, die Ausbreitung zum Beispiel von Musketen auf die allgemeine Bevölkerung zu vermeiden.[8]

Von 1600 bis in die zweite Hälfte des achtzehnten Jahrhunderts herrschten in den drei Korsarenstaaten jeweils wenige tausend Korsaren und Janitscharen über Hunderttausende von Einwohnern, ohne daß es zu gefährlichen Aufständen kam. Natürlich besaßen die Herrscher Verbündete in den Stämmen des Hinterlandes, denen sie Privilegien beim Eintreiben der Steuern gewährten. Auch nahmen die Söhne türkischer Väter und einheimischer Mütter, die sogenannten Quloğlis *(Kuloğulları)* eine wichtige Stellung zwischen Herrschern und Beherrschten ein, sowohl in der Verwaltung als auch in der Handwerkerschicht und gelegentlich sogar in der Landwirtschaft. Aber trotz dieser Polster, die die Regierenden in der Gesellschaft besaßen, bleibt der minimale Umfang der herrschenden Janitscharenregimenter und Korsarengruppen doch bemerkenswert; ihre Stärke ist sicher mit der spezifischen Situation der Feuerwaffentechnologie in der frühen Neuzeit zu erklären.

Die regelmäßige Rekrutierung von Janitscharen in den Kernprovinzen des Osmanischen Reiches garantierte eine enge Anlehnung der Verwaltung der Maghrebstaaten an das Zentralsystem in Istanbul. Zwar erwarb der Maghreb in der ersten Hälfte des siebzehnten Jahrhunderts politische Autonomie von der Pforte, als die von der Zentrale entsandten Paschas 1591 in Tunis, 1603 in Tripolis und 1659 in Algier durch vor Ort bestimmte Kapitäne oder Offiziere im Gouverneursamt ersetzt wurden, aber Kommandostrukturen, Vergünstigungen, Verwaltungspraktiken, Sprache und Rechtsprechung folgten weiter dem Vorbild Istanbuls. Tripolitanien, Tunesien und Algerien wurden zu Regentschaften und befanden sich damit in einer Mittelposition zwischen regulären Provinzen des Osmanischen Reiches und souveränen Staaten.

Die Instrumente der Autonomie waren die Diwane oder Ratsorganisationen, in denen alle wichtigen Kapitäne und Offiziere saßen und nach mehr oder weniger anerkannten Spielregeln um die Vormacht kämpften. Die Machtverhältnisse in diesen Diwanen wechselten häufig. In Algerien gab es nur in Ausnahmefällen Beys, die länger als fünf Jahre regierten, geschweige denn das Amt an ihre Söhne vererbten. In den Regentschaften Tunesien und Tripolis dagegen ging 1705 und 1711 ein Großteil der Macht von den Diwanen auf die erblichen Bey-Dynastien der Ḥusayniden und Qaramanlis über. In diesen Regentschaften hatte nach dem Abflauen des Korsarenkriegs im achtzehnten Jahrhundert der Zustrom von Abenteurern auf die Korsarenschiffe und in die Janitscharenkasernen offensichtlich so stark nachgelassen, daß Einheimische in die Diwane nachdrängen konnten und damit die Geschlossenheit ihrer Mitglieder gegenüber der Exekutive sprengten. Die Regierungsform der Diwanherrschaft in Algerien und Erbdynastien in Tripolitanien und Tunesien spiegelten also unterschiedliche Entwicklungsmomente beim Übergang von Fremd- auf Landeseliten wider.[9]

Salé (Salā) in Marokko stellt eine interessante Sonderentwicklung in der Geschichte des Korsarentums dar. Die Stadt, eigentlich Salā al-ǧadīd oder Rabat (Ribāṭ) auf dem linken Ufer des Flusses Bū Ragrag (Bou Regreg) gelegen, empfing 1609/10 einige Tausend der etwa 275000 Morisken, die sich nach ihrer Vertreibung durch Philipp III. (1598–1621) von Spanien über den Maghreb und den islamischen Osten ergossen. Die Katholisierung dieser Morisken war nach über einem Jahrhundert mehr oder weniger brutaler Inquisition und Umsiedlungen als hoffnungslos aufgegeben worden. Da den Spaniern die nationale Einheit wichtiger war als die Integration einer inzwischen heruntergekommenen krypto-islamischen Handwerker- und Bauerngesellschaft im Süden ihres Landes, hatte die spanische Krone schließlich die Massenausweisung verfügt, bis auf einen Rest von etwa 25 000 Neukatholiken, die im Lande blieben.

Salé hatte einen zwar sandgefährdeten, jedoch brauchbaren Hafen, und da nach dem Tode Sultan Aḥmad al-Manṣūrs 1603 die Einheit Marokkos zusammengebrochen war, fanden es die angekommenen Morisken leicht, die Macht von dem schwachen Lokalgouverneur zu übernehmen. Ein Diwan wurde errichtet, der sich 1627 formell mit etwa einem Dutzend Mitgliedern aus den drei Stadtteilen Rabat, Salé und Zitadelle (Qaṣba) konstituierte. Dieser Diwan bestimmte einen Großadmiral und zwei Gouverneure für Salé und die Zitadelle, geriet aber 1641 unter den Einfluß eines Lokalheiligen aus dem Religionszentrum *(zāwiya)* Dilā' (im Landesinneren südlich von Fes gelegen) und 1668 schließlich unter die Regierung des Sultans Mūlāy ar-Rašīd (1666–72) von der neuen ʿAlawidendynastie aus dem Tāfīlālt im Südosten Marokkos, der das Land wiedervereinigte. Die ʿAlawiden ließen die Korsaren weiter gewähren und beteiligten sich – wie ihre Herrscherkollegen in Algier, Tunis und Tripolis – an der Ausstattung der Schiffe für Kaperungen. Offiziell schaffte erst Mūlāy Sulaymān (1792–1822) 1818 unter europäischem Druck das Korsarentum ab.[10]

Die ʿAlawiden waren ebenso wie ihre Vorgänger scherifischer Abstammung. Aber im Gegensatz zu den Saʿdiern, die von dem großen südmarokkanischen Araberstamm der Maʿqil getragen worden waren, besaßen die ʿAlawiden keinen besonderen Stammesrückhalt. Die ersten Sultane behalfen sich mit gemischten Truppenkontingenten aus Maʿqil und anderen arabischen und berberischen Einheiten sowie Infanteristen aus den Städten. Aber obwohl die Stämme, die Truppen stellten, Steuerprivilegien erhielten, war die Rekrutierung des bunten Gemisches nicht einfach, und bei jeder Mobilisierung gab es einige Stämme oder Städte, die sich weigerten, ihr Kontingent beizusteuern. Besonders bei Stammesrevolten war es häufig unmöglich, genügend Truppen zu finden. Da eine Anwerbung von Türken aus historischen Gründen, wie oben erwähnt, nicht in Frage kam und Renegaten in Marokko nicht zahlreich waren, gab es nur noch einen Weg für die Sultane, ein schlagkräftiges, ihnen ergebenes und nicht stammesgebundenes Heer zu schaffen, nämlich die Rekrutierung von Schwarzen. Aus Schwarzen bestehende Regimenter hatte es schon im Heer des Saʿdiers al-Manṣūr gegeben. Auch unter den Fatimiden in Ägypten (969–1171) waren zeitweise Schwarze rekrutiert worden. Die ʿAlawiden konnten sich also auf Präzedenzfälle berufen.

Die von Mūlāy Ismāʿīl (1672–1727) aufgestellten Truppen waren in Marokko lebende, in der Landwirtschaft oder in Haushalten tätige Unfreie, aber auch freigelassene Sklaven *(ʿabīd, ḥarāṭīn)*. Ismāʿīl schickte Agenten im Lande umher, um diese Männer und Frauen ihren Besitzern abzukaufen bzw. deren Arbeitgeber zu entschädigen. Jungen wurden in Meknes in Handwerkslehren gegeben, um dann systematisch im Schießen und Reiten ausgebildet und schließlich mit einem Mädchen verheiratet zu werden. Als ausgebildete Soldaten versahen sie dann Garnisonsdienste in den Städten und Qaṣbas des Landes, um die vielfältigen Stämme in Schach zu halten – so das erklärte Ziel Ismāʿīls. Stammes- und Renegatentruppen gab es allerdings weiterhin, denn ganz wollte der Sultan das traditionelle System nicht aufgeben. Mit diesen Truppen gelang Ismāʿīl, was keiner seiner Vorgänger geschafft hatte: Zwischen 1681 und 1689 vertrieb sein Heer die Spanier aus al-Mahdiyya und Larache (al-ʿArāʾiš) und die Engländer aus Tanger (die Stadt war 1622 als Brautgabe Katharinas von Spanien in die Hände Karls II. von England gelangt). Der Sultan hatte das Fundament eines in Marokko noch nicht dagewesenen Einheitsstaates gelegt.

Es überrascht nicht, daß ein erbitterter Widerstand gegen den Staat Ismāʿīls und sein Symbol, die Schwarzen Garden, schwelte. Ein Religionsgelehrter in Fes, Scheich Gassūs, warf dem Sultan vor, sowohl freie Muslime versklavt, als auch Sklaven im Heiligen Krieg eingesetzt zu haben, und Scheich al-Ḥasan b. Masʿūd al-Yūsī (st. 1691), ein berühmter Heiliger aus dem Mittleren Atlas bei Sefrou, beklagte die Entwaffnung der Stammesbevölkerung, die das Land der Fähigkeit zum *ǧihād* beraubt habe. Daß Ismāʿīl mit seinen Garden ein sehr viel erfolgreicherer ‚Heiliger Krieger' als die lokalen Interessen verbundenen Stammesführer war, übersahen beide Scheiche geflissentlich, aber ihre auf das islamische Recht rekurrierenden Argumente fanden Resonanz in der Bevölkerung. Als Ismāʿīl starb und dynastische Wirren ausbrachen, schrumpften die Schwarzen Garden rasch, und das gewohnte Flickwerk eines Heeres privilegierter Stämme, das sogenannte *gīš (ǧayš)*, kehrte in seine alten Herrschaftspositionen zurück. Marokko blieb ein dezentralisiertes Land, aufgeteilt in ein Regierungslager *(maḫzan)* und ein „Land des Dissenses" *(bilād as-sibāʾ)*. Ismāʿīls tapferer Versuch der Zentralisierung Marokkos blieb Episode, wie es schon zuvor die ähnlichen Unterfangen der Saʿdier-Sultane gewesen waren.[11]

Je stärker sich die Christen im achtzehnten Jahrhundert gegen die Kaperungen der Korsaren schützten, umso reger bemühte man sich in den Regentschaften, die dadurch entstehenden Verluste durch friedlichen Handel wettzumachen. Einige Beispiele sollen die steigende Bedeutung kommerzieller Beziehungen demonstrieren. Der Tunesier ʿAmmār b. ʿAbdallāh reiste 1757 auf einem nordafrikanischen Schiff mit einer Ladung Wolle nach Marseille. Die Stadtbehörden wollten den heidnischen Besucher zunächst nicht einlassen, mußten sich aber vom französischen Marineministerium, das an die französisch-tunesischen Handelsabkommen erinnerte, eines Besseren belehren lassen. Nichtsdestoweniger wurde einem Türken, der 1759 mit einer Ladung Seide aus Algier ankam, die Aufenthaltserlaubnis verweigert. Weniger Schwierigkeiten hatten tunesische Schiffe mit

Wolle, Pottasche, Olivenöl und Weizen, die 1767 in Marseille einliefen, obwohl die Besorgnis der Provenzalen gegenüber den „Barbaresken, die seit einiger Zeit selber Handel in Marseille betreiben", anhielt. Insgesamt scheinen die Nordafrikaner bei hinhaltendem Widerstand der Europäer nur begrenzte Handelserfolge erzielt zu haben.

Die nordafrikanischen Kaufleute versuchten bei ihren Besuchen in Marseille und Toulon, Kontakte mit den muslimischen Sklaven auf den französischen Korsarenflotten aufzunehmen. Der algerische Bey protestierte 1775 gegen die Behinderung seiner Kaufleute beim Besuch der neben den Häfen liegenden Friedhöfe. Europäische Kaufleute oder Mönche, die ihrerseits Kontakte mit christlichen Sklaven in Nordafrika aufnehmen oder sie freikaufen wollten, wurden natürlich oft ähnlich schikaniert. Europäische Regierungen nahmen Renegatenkapitäne in Haft, auch wenn sie auf europäischen Handelsschiffen fuhren, und die Herrscher der Regentschaften ermutigten ihre Untertanen gelegentlich zu Überfällen auf europäische Handelsniederlassungen. Alte Gewohnheiten machten den Übergang zu friedlichem Handel schwierig.

Dennoch aber schoben sich die Franzosen während des achtzehnten Jahrhunderts im Handel mit Nordafrika langsam in eine führende Position vor. In den Ländern des Maghreb unterhielten sie Niederlassungen zum Einkauf von Getreide, Wolle, Leder, Olivenöl und Wachs, das heißt der Grundprodukte der mittelmeerischen Landwirtschaft, die seit jeher zum Ausgleich von Mißernten oder zur handwerklichen Verarbeitung in die Provence und den Languedoc importiert wurden. Umgekehrt verkauften sie die speziellen Stoffe Südfrankreichs und begannen damit, die Schiffe für den Transport der südostasiatischen Gewürze und Färbemittel sowie der levantinischen Seidenwaren aus dem östlichen Mittelmeer nach Nordafrika zu stellen. Für die Mützen- und Hutindustrie in Tunis lieferten sie die feine spanische Wolle, die die Tunesier der groben einheimischen vorzogen. Nach mehreren vorangegangenen vergeblichen Anläufen konstituierte sich 1740 eine königliche Afrikakompanie mit dem Investitionskapital von Aktionären aus Paris und dem Geschäftssitz in Marseille, um an einem von den Beys überlassenen Küstenstrich in Ostalgerien Korallen abzubauen und Landwirtschaftsprodukte aufzukaufen. Aus Korallen wurde in Frankreich und Italien Schmuck gearbeitet, der im achtzehnten Jahrhundert bei der städtischen Gesellschaft Europas in Mode gekommen war. Insgesamt war das Volumen des französischen Handels in Nordafrika allerdings gering, vergleichbar dem Umschlag eines einzigen Levantehafens. Innerhalb des Maghreb umfaßte der Austausch mit Marokko soviel wie der Handel mit allen Regentschaften zusammengenommen. Nordafrika war für französische Handelsinteressen eine Nische, kein Hauptmarkt.

Neben Frankreich waren natürlich auch noch die anderen europäischen Mittelmeer- und Atlantikländer in Nordafrika vertreten. Durch die Engländer und Holländer kamen im achtzehnten Jahrhundert Textilien und mechanische Produkte, besonders die von den Janitscharen geschätzten Uhren, sowie – unter der Hand – Waffen und Bauholz nach dem Maghreb. Eichen- und Kiefernholz gab es zwar auch in beträchtlichen Mengen im Atlas und in der Kabylei, aber der Transport erwies sich als ein nahezu unlösbares Problem, und so bevorzugten die Korsaren auf ihren Werften importiertes Holz.

Für die europäischen Importe bezahlten die Maghrebiner zumeist mit Bargeld, wobei nicht mehr wie bisher das westafrikanische Gold, sondern spanische, aus mexikanischem Silber geprägte Münzen als Hauptzahlungsmittel bevorzugt wurden. Gold, das weiterhin durch die Sahara einfloß, wurde zu großen Münzen oder zu Schmuck verarbeitet und nach der Levante exportiert. Mit Silbergeld versorgten sich die Einwohner, indem sie bei der Ausfuhr von Grundprodukten wie Getreide und Olivenöl auf Barzahlung bestanden. Im Handel mit der Levante spielte Münzgeld eine geringere Rolle, da hier handwerkliche Produkte wie Filzwaren aus Tunesien oder Lederwaren aus Marokko wichtiger waren. Der Aufstieg des Silbers als Zahlungsmittel war wohl eine Funktion sowohl der enormen Minenkapazitäten in den spanischen Kolonien als auch des gestiegenen Kleingeldbedarfs zur Löhnung besoldeter Armeen. Die Zeiten, in denen im Rahmen eines Systems von Lehen oder Steuerkommissionen mit Naturalien bezahlt wurde, neigten sich ihrem Ende zu. Im neuen Zeitalter der Feuerwaffen dominierte der Söldner.

Die innere Wirtschaft Nordafrikas von 1600 bis 1800 war durch eine komplizierte Verschränkung von Eigen- und Marktproduktion gekennzeichnet. Zwar herrschte bei der Mehrzahl der Einwohner (ebenso wie natürlich in Europa vor der Industrialisierung) Eigenwirtschaft vor, aber im Gegensatz zu Nordeuropa gab es schon seit der Antike, das heißt seit der Einführung des Transportkamels, eine hochentwickelte Marktproduktion, die vielerorts über Hunderte von Kilometern ausgetauscht wurde. Nomaden und Oasenbewohner in der Sahara tauschten Tiere und Datteln gegen das Getreide der Fellachen in den küstennahen Ebenen. In geringerem Maße gab es im Norden einen Austausch von Getreide und Olivenöl. Neben den einfachen Produkten der Eigenwirtschaft stand eine ganze Palette hochspezialisierter Tier-, Dattel-, Weizen-, Gersten- und Olivenzüchtungen. Zudem besaßen viele Nomaden und Bergstämme eine entwikkelte Textilproduktion, mit der sie sich das Geld für die Getreidekäufe erwarben. Ende des achtzehnten Jahrhunderts breitete sich in Bergdörfern der Kabylei die Manufaktur von Musketen aus. Im Gegensatz zur bäuerlichen Bevölkerung der Küstenebenen, die mit ihrer Eigenwirtschaft einen hohen Grad von Autonomie besaß, waren die an den Markt gebundenen Nomaden, Oasen- und Bergbewohner sowie die Städter natürlich nicht autonom und mußten sich das ihnen Fehlende durch spezielle Fertigkeiten in der Landwirtschaft, der Viehzucht und im Handwerk sowie durch die Integration in örtliche Marktsysteme beschaffen. Diese Märkte waren noch nicht wirklich miteinander verbunden, wie aus enormen lokalen Preisunterschieden in den Dokumenten ersichtlich ist, und eine Anbindung an den ozeanischen Weltmarkt gab es noch nicht.

Das neue Element in der Entwicklung dieser spezifisch nordafrikanischen Verschränkungen zwischen Eigen- und Marktproduktion während des Zeitraums von 1600 bis 1800 war ein verstärktes Eingreifen des Staates. Die Fähigkeit der Staaten des Maghreb zur Intervention, die in den Regentschaften stärker ausgeprägt war als in Marokko, kann als Resultat der Umstellung auf die neuen Waffen- und Transporttechnologien sowie der sich bis ins achtzehnte Jahrhundert erhaltenden staatlichen Monopolstellung in diesen Technologien angesehen werden. Ein System sich steigernder Wechselwirkungen existierte insoweit, als die neuen Technologien einen hohen finanziellen Aufwand erforderten, der wiederum das Gewicht des Staates erhöhte und die fiskalischen Eingriffe in die produktive Kapazität der Bevölkerung vertiefte. Aus der neuen Politik verstärkter Regierungseingriffe ging eine Art nordafrikanischer Version des europäischen Merkantilismus hervor, das heißt von Versuchen der Produktionssteuerung durch staatliche Wirtschaftspolitik.

Ein typisches Beispiel war die Politik der Beys von Constantine in Ostalgerien, die den Deys von Algier unterstanden und zu regelmäßigen Tributzahlungen in Geld, handwerklichen und landwirtschaftlichen Produkten verpflichtet waren. Diese Beys verwandelten sich im Laufe des achtzehnten Jahrhunderts von bloßen Provinzverwaltern in Wirtschaftsunternehmer, indem sie den ländlichen Weizen- und Gerstenanbau unter immer direktere Kontrolle brachten. Zu Beginn ihres Regiments in Ostalgerien hatten die Janitscharen das für das Mittelalter typische System gemischter Natural- und Geldsteuern übernommen. Bauern hatten bis dahin einen Teil ihrer Naturalien für den Markt produziert, um sich den Geldanteil der Steuern zu besorgen, den die Herrscher verlangten. Der von den Bauern verlangte Naturalanteil war gerade so hoch bemessen gewesen, daß er die Versorgung des Herrscherhaushaltes und der Armee sicherstellte. Im achtzehnten Jahrhundert wurde der Naturalanteil erheblich erhöht und wurden die angesammelten, vom Bey und den Janitscharen nicht benötigten Getreidemengen gegen Bargeld an die Vertreter der französischen Afrikakompanie verkauft. Auf den besten Ländereien um Constantine wurden Bauern angesiedelt, die unter der Aufsicht dorthin abgestellter Verwalter Naturalabgaben für den Bey produzierten. Während sich früher viele Bauern, Nomaden oder Kaufleute allein in die Vermarktung des Getreides im Lande geteilt und die Herrscher nur von Zeit zu Zeit (etwa bei Getreideknappheit zuhause oder in den Ländern um das Mittelmeer herum) eingegriffen hatten, wurden letztere jetzt zu regelrechten Großhändlern.[12]

Im Falle Tunesiens sind Dokumente erhalten, die einen Einblick in die Entwicklung der Bevölkerungsstruktur und Wirtschaftskonjunktur im achtzehnten Jahrhundert erlauben. In dieser Zeit waren die demographischen Auswirkungen von Massenseuchen, wie etwa der Pest oder Cholera, vergleichsweise geringer als im siebzehnten Jahrhundert. Nur zwei Pestepidemien suchten die Regentschaft 1702–5 und 1784/5 heim. Obwohl sich die Regierung für Quarantäne und Beobachtungsstationen nicht interessierte (im Gegensatz zu Frankreich und Italien, die schon 1720 bzw. 1743 pestfrei wurden), blieb die Bevölkerung weitgehend von demographischen Einbrüchen verschont. Der Historiker Ḥammūda b. ʿAbd al-ʿAzīz war sich der positiven Bevölkerungsentwicklung im Lande bewußt, als er schrieb, daß es über eine lange Zeit hinweg eine geringe Sterblichkeit gab: „Die menschliche Gesellschaft, von der Pest, der Hungersnot und dem Krieg verschont, vermehrt sich und die Zahl der Geburten übertrifft die der Tode um das Doppelte." Weniger präzise, impressionistische Berichte von europäischen Besuchern in Algerien und Marokko lassen vermuten, daß sich die Bevölkerung im ganzen Maghreb vermehrte, und so erscheint das achtzehnte Jahrhundert bis kurz vor seinem Ende als eine Periode zumindest der demographischen Stabilität, vielleicht sogar des Wachstums.

Die Bevölkerungsvermehrung drückte sich in Tunesien in gesteigerter wirtschaftlicher Aktivität aus. Die Domänen der Beys in Nordtunesien sind ein gutes Beispiel. Dort, im Hauptgetreideanbaugebiet, besaßen die Beys etwa zweihundert Ländereien, von denen sie die meisten jeweils für ein Jahr an meistbietende Pächter versteigern ließen. Diese Pächter bewirtschafteten die Felder mit Hilfe von Landarbeitern und lieferten am Ende der Anbausaison einen festgelegten Prozentsatz der Ernte an den Bey ab. Abgesehen vom Wetter hing der Ernteertrag von der Menge des Saatgutes und der Größe der Anbaufläche ab, die den Pächtern innerhalb ihrer Domäne überlassen blieb. Nach einem guten Erntejahr wurde im folgenden Jahr gewöhnlich auf einer größeren Fläche ausgesät, in der Hoffnung auf eine neue gute Ernte. Umgekehrt verringerte sich nach einem schlechten Jahr die im darauffolgenden Jahr besäte Fläche. Diese Schwankungen konnten bis zu 80 Hektar betragen. Im Schnitt waren die Jahre 1753–74, für die erste Statistiken vorliegen, am besten. Von 1774 bis 1810 stagnierte die Produktion, sie blieb aber im Vergleich zu den dann beginnenden schlechten Jahren von 1810 bis 1840 noch beachtlich. Eine vermehrte Bevölkerung konnte bei unverändert extensiven landwirtschaftlichen Anbaumethoden ohne Schwierigkeiten ernährt werden: Große Allmenden bargen noch beachtliche Reserven für den Pflug.

Entsprechend zogen auch die Preise für landwirtschaftliche Produkte an. Bekanntlich ist die marginale Mehrarbeit, die zur Ernährung größerer Familien notwendig ist, teurer als der entsprechende Anteil an der Arbeit, die für kleinere Familien zu leisten ist, und so war das Ansteigen der Preise zu erwarten. Im achtzehnten Jahrhundert läßt sich eine Verfünffachung des Preises des auf den Märkten von Tunis gehandelten Weizens konstatieren. Im Falle der anderen Grundnahrungsmittel Gerste, Olivenöl und Hülsenfrüchte verliefen die Preiskurven ähnlich. Die Produktion und die Vermarktung landwirtschaftlicher Produkte waren im Tunesien des achtzehnten Jahrhunderts in der Tat profitabel.

Wie auch in Algerien waren die Beys die Hauptverkäufer von Getreide und bemühten sich, ihre bevorzugte fiskalische Stellung mit einem Monopol zu sichern. Aber Beduinen, die gewöhnlich den Austausch im Landesinneren besorgten, suchten ebenfalls häufig die Küste auf, um französische oder italienische Getreidehändler zu beliefern. Bei dem arbeitsintensiven und darum lukrativen Olivenöl besaßen die Beys allerdings ein Quasi-Monopol. Sie erwarben die Ware zu künstlich niedrigen Preisen, um sie dann an die meistbietenden Aufkäufer für die Seifenmischereien von Marseille abzugeben. Wie auch in Algerien nutzten die Herrscher ihre fiskalischen Hoheitsrechte zu merkantilismusähnlichen wirtschaftlichen Unternehmungen.

Freilich kann von einem Ansporn zur Intensivierung der Wirtschaft im Gefolge der Bevölkerungsvermehrung nicht gesprochen werden. Die bleierne Hand des Fiskus lag auf allen wirtschaftlichen Aktivitäten, und durch ihre Politik künstlich niedriggehaltener Preise, die einer zusätzlichen Besteuerung gleichkamen, nahmen die Herrscher Tunesiens der Expansion ihre Spitze. Im Endeffekt änderte sich an der Wende zum neunzehnten Jahrhundert wenig. Auf dem Lande und in der Stadt wurde weiterhin mit den ererbten Methoden und Geräten produziert – sie wurden keineswegs kapitalintensiver oder arbeitssparender, und auch der Energieaufwand änderte sich nur wenig. Obwohl sich global die Landarbeit auf größeren Anbauflächen vermehrte, blieb es bei derselben Extensivität, und die Steuern nahmen sogar noch zu. Der Bevölkerungszuwachs war also noch weit von dem Punkt entfernt, an dem sich die Technologien landwirtschaftlicher und städtischer Produktion geändert hätten.[13]

Die geschichtliche Entwicklung der zwei Jahrhunderte von 1600 bis 1800 ist daher doppeldeutig. Auf der einen Seite vollzog der Maghreb erfolgreich den Übergang vom großen Krieg des sechzehnten Jahrhunderts zum kleinen Krieg der Korsaren sowie im fiskalisch-wirtschaftlichen Bereich zu einem von ferne an den Merkantilismus Europas erinnernden Unternehmertum seiner Herrscherschichten und erlangte dabei eine staatliche Autonomie, deren gesellschaftlicher Widerhall weit über 1800 hinauswirkte. Auch verstanden es dieselben Schichten, waffentechnologisch mit Europa wettbewerbsfähig zu bleiben. Auf der anderen Seite war die Region weiterhin relativ dezentralisiert, bevölkerungsarm, unterurbanisiert, extensiv bewirtschaftet und kapitalschwach, kurzum nur teilweise auf die neuen Herausforderungen vorbereitet, mit denen Europa im neunzehnten Jahrhundert antrat.

4. Die europäische Ausdehnung nach Nordafrika (1800–1900)

Jedes Waffenmonopol wird im Laufe der Zeit untergraben. Waffen werden billiger und lassen sich einfacher nachbauen, sobald sie dem Experimentierstadium entwachsen sind. In Nordafrika waren Musketen von dem Augenblick an für die allgemeine Bevölkerung interessant, als sie leicht genug waren, um auf Pferden mitgeführt werden zu können. Ein großer Teil der Landbevölkerung besaß Pferde und Maultiere und kämpfte, wie oben erwähnt, traditionell in berittenen Formationen. Offenbar waren die schwarzen Sklaven Ismāʿīls in Marokko die ersten mit Gewehren ausgestatteten Kavalleristen, und es kann angenommen werden, daß im Laufe des achtzehnten Jahrhunderts Feuerwaffen bei den meisten maghrebinischen Stämmen ihren Einzug hielten.

Waffenschmieden breiteten sich von den Städten in viele Bergdörfer aus, zum Beispiel in der Kabylei in Algerien. In den Städten Marokkos gab es eine Art von Bürgerwehren, die theoretisch von den Sultanen zum Dienst aufgerufen werden konnten, oft aber die Interessen der führenden Handwerkerschichten, denen sie angehörten, gegen das Regime vertraten und Aufstände organisierten. Vielleicht spielten auch in den religiös inspirierten Aufständen in West- und Südwestalgerien gegen die Beys am Ende des achtzehnten Jahrhunderts Musketen eine Rolle. Am Anfang des neunzehnten Jahrhunderts war das Waffenmonopol der Janitscharen jedenfalls verschwunden.

Just zu dieser Zeit begann in Europa eine neue waffentechnologische Entwicklung, und zwar im Rahmen der weit umfassenderen industriellen Revolution mit ihren neuen Transport- und Produktionstechniken. Was die neue Waffentechnologie betraf, so fand ihre Einführung auf einem technisch weit höheren Niveau statt als seinerzeit bei den alten Knallbüchsen zwischen 1310 und 1600. Nach den Befreiungskriegen in Europa kam das Perkussionsgewehr mit seinen quecksilbergefüllten Zündhütchen auf, die auch bei Regen funktionierten. Patronen, bei denen Zündmasse, Pulver und Geschoß in einer Hülse vereinigt waren, gab es seit 1827. Nikolaus von Dreyse erfand 1835 den Hinterlader, mit dem für das Militär eine ganz neue Ära begann. Fußsoldaten konnten jetzt im Liegen und ebenso wie Berittene mit einer mehrfach gesteigerten Feuergeschwindigkeit schießen. Von Preußen breiteten sich die Hinterlader in den sechziger Jahren des neunzehnten Jahrhunderts im übrigen Europa und nach Übersee aus. Mit dem Mehrfachlader, dem Repetiergewehr und später (1870/71) der selbstspannenden Mauser wurden die Vorderlader endgültig in die Museen verbannt. In der Artillerie gab es in Preußen ähnliche Entwicklungen und am Ende des neunzehnten Jahrhunderts wurden Waffen nicht mehr von Handwerkern, sondern Ingenieuren konstruiert.[14]

Angesichts dieser neuen waffentechnologischen Überlegenheit kam es im neunzehnten Jahrhundert wieder zu einer Ausdehnung Europas. Im fünfzehnten und sechzehnten Jahrhundert war es Iberien gewesen, das im Namen der christlichen Zivilisation die Expansionskriege gegen die Muslime angeführt hatte. Im neunzehnten Jahrhundert waren es inzwischen säkularisierte europäische Nationalstaaten, die in wechselseitiger Rivalität die Welt eroberten. In Nordafrika griff Frankreich 1830 als erstes Land die Regentschaft Algerien an. Da die Franzosen aber zu dieser Zeit waffentechnisch noch kaum überlegen waren, zog sich die Eroberung bis 1850 hin. Die Annexion Tunesiens 1881 ging der französischen Regierung schon leichter von der Hand. In Libyen 1911 und Marokko 1912 dagegen konnten Italien und Frankreich ihre Überlegenheit gegen die Bergregionen nicht ausspielen, und so zog sich dort die Eroberung bis in die dreißiger Jahre des zwanzigsten Jahrhunderts hin.

Der militärischen Eroberung folgte das durch die industrielle Revolution gestärkte wirtschaftliche Potential Europas, und so kam es im Unterschied zum fünfzehnten und sechzehnten Jahrhundert zu einer wesentlich tieferreichenden Kolonialisierung des Maghreb. Ehedem hatten sich Portugiesen und Spanier nur an den Küstenplätzen festgesetzt; jetzt erwarben europäische Siedler große Ländereien im Inneren der Region. An der militärischen Ausdehnung Europas im neunzehnten Jahrhundert war – abgesehen von den neuen Waffen – nichts Neues, wohl aber an der wirtschaftlich-kolonialen Durchdringung, deren Folgen noch heute fortdauern, eine Generation nach dem Verschwinden der Kolonialregime.

Die Reaktionen der Nordafrikaner auf die militärische Bedrohung, wirtschaftliche Durchdringung, Eroberung und Kolonisierung waren unterschiedlich. Marokko entkam der Eroberung und Kolonisierung am längsten. Es mußte sich mit der fremden Bedrohung auseinandersetzen, ohne dafür – mangels genügender politischer Zentralisierung – wirksam gerüstet zu sein. Im Unterschied zu Marokko besaß Tunesien ein Mindestmaß an staatlicher Einheit, so daß eine Reformpolitik in Gang gesetzt werden konnte. Aber auf der anderen Seite konnte es trotz aller Reformen den Zentralisierungsprozeß nicht infinit fortsetzen, eine unabdingbare Voraussetzung dafür, den Wettlauf gegen das expandierende Europa zu gewinnen. Libyen eroberten sich die Osmanen zurück; dort schufen sie die ersten wirksamen Institutionen einer Zentralverwaltung, wurden aber schließlich von den Italienern überholt. Algerien hatte keine Möglichkeiten, sich auf die neue europäische militärische und industrielle Revolution einzustellen, und so fehlten dort staatliche und private Institutionen zunächst ganz, mit denen die Einheimischen Antworten auf die europäische Herausforderung hätten formulieren können.

Die ersten verläßlichen Schätzungen der Bevölkerungszahl Nordafrikas stammen aus der ersten Hälfte des neunzehnten Jahrhunderts. Marokko war mit etwa 3,5 Millionen Einwohnern, davon etwa 200000 Städtern, am volkreichsten, Algerien hatte mit 1,5 Millionen Bewohnern, einschließlich weniger als 100000 Städtern, nur etwa die Hälfte der marokkanischen Einwohnerschaft, und Tunesien folgte an dritter Stelle mit weniger als 1 Million Einwohnern, 200000 Städter eingeschlossen. Libyen, aus den beiden Provinzen Tripolitanien und Cyrenaika bestehend, war mit einigen hunderttausend Bewohnern, davon ein paar zehntausend Städtern, relativ menschenarm. Tunis und Fes zählten beide etwa 100000 Einwohner und waren damit die größten städtischen Agglomerationen der Region. Das verhältnismäßig kleine und kompakt besiedelte Tunesien mit seinen 164150 km^2 besaß 21 Städte mit über 2000 Einwohnern. Großbritannien, 244030 km^2 groß, hatte dagegen zur gleichen Zeit nicht weniger als 500 Städte dieser Größenordnung. Nordafrika war in der Tat wenig urbanisiert.

In diesem Vergleich zwischen Tunesien und England wird klar, warum Nordafrika im neunzehnten Jahrhundert im Wettbewerb mit Europa nicht mehr bestehen konnte. Stadtlandschaften, wie eingangs in diesem Kapitel beschrieben, hatten zwangsläufig eine gute verkehrstechnische Infrastruktur, die fast allen Bauern der dazwischenliegenden Dörfer Marktzugang in den Städten erlaubte. Damit konnten Bauern städtisch produzierte Waren wie Textilien und landwirtschaftliche Instrumente kaufen, ohne auf deren Herstellung eigene Zeit verwenden zu müssen. Die gewonnene Zeit konnte für zusätzliche Landarbeit und damit Marktgewinne genutzt werden. Diese Gewinnspanne beim Übergang von der Eigen- zur Marktwirtschaft war es, die – vereinfachend gesagt – die Entwicklung Europas zu Industrieländern finanzierte.

Nordafrika besaß zwar, wie im vorigen Abschnitt festgestellt, im Binnenbereich eine rege Marktwirtschaft, aber diese Wirtschaft betraf verschiedene Segmente der Landbevölkerung und übte daher keine stimulierende Wirkung auf städtische Produktionstechnologien aus – eine Wirkung, die nötig gewesen wäre, um die landwirtschaftliche Produktion zu steigern. Keine voluntaristische Entscheidung tunesischer oder marokkanischer Ministrialbürokraten im neunzehnten Jahrhundert, die Entwicklung des Landes zu betreiben, kam an dem Problem der Unterurbanisierung vorbei. Eine Politik verbesserter Infrastrukturen war im neunzehnten Jahrhundert sicher sinnvoll für die städtische Entwicklung, aber solange die demographischen Gegebenheiten gleich blieben, war sie bestenfalls ein Wechsel auf die Zukunft. Erst eine Bevölkerungsvermehrung, wie sie dann gegen Ende des neunzehnten Jahrhunderts begann, konnte solche Infrastrukturen sinnvoll ausfüllen.

Die Politik verbesserter Infrastrukturen verfolgte im neunzehnten Jahrhundert denn auch einen anderen, wichtigeren und näherliegenden Zweck. Telegraphen, Straßen, Schiffe und Eisenbahnen erlaubten einen schnellen und vollständigen Transport der fiskalischen Naturalabgaben in die Hauptstadt. Beim herkömmlichen Transport auf Lasttieren gab es den notorischen Schwund auf den Zwischenstationen durch sich selbst entlöhnende Verwaltungsbeamte, den wir heute Korruption nennen. Aber in unterurbanisierten Ländern mit langsamen und teuren Verfahren für den Transport von Steuerabgaben war es einer Zentralregierung gar nicht anders möglich, als nach dem Prinzip der Selbstentlöhnung zu verfahren; der Preis dafür war die Aufhebung des Zentralismus. Daher die endemischen Probleme, die Marokko und Tunesien während des neunzehnten Jahrhunderts mit ihren Verwaltungsreformen hatten. Davon soll im folgenden die Rede sein.

Mit Max Weber halten wir heute die Errichtung sogenannter rationaler Verwaltungsorganisationen für eine europäisch-westliche Errungenschaft. Da solche Organisationen im Westen zuerst Wirklichkeit geworden sind, gilt diese Errungenschaft in der Tat als westliches Spezifikum. Aber Rationalität in der Verwaltung wird nicht durch eine einfache Geisteshaltung, sondern ein hochkompliziertes Netzwerk infrastruktureller Gegebenheiten erzeugt. Nur dort, wo die Infrastruktur es erlaubt, das gesamte Steueraufkommen ohne Verzug zentral zu sammeln, ist es auch möglich, Gehälter zu zahlen. Wo solche Infrastruktur fehlt, ist Eigenentlöhnung rational, auch wenn sie natürlich nicht mit dem Zentralismus vereinbar ist. Durch ein ehrliches Vorbild des Herrschers und seiner Minister oder aber mit Waffengewalt konnte diese Unvereinbarkeit natürlich abgemildert werden. Aber eine solche Abmilderung war notorisch schwierig, da Herrscher und Minister häufig kamen und gingen. Und auch das Waffenmonopol der Obrigkeit war oft durchlöchert, wie etwa in Marokko, wo die Europäer auch an die örtlichen Qā'ids lieferten. Damit schufen sie lokale Machthaber, die sich in der zweiten Hälfte des neunzehnten Jahrhunderts, wie unten zu zeigen sein wird, nurmehr widerwillig dem Sultan unterordneten. Zur Rationalität in der Verwaltung gehört neben der Gesinnung eben auch der notwendige Kontext.

Beginnen wir mit der Geschichte Marokkos im neunzehnten Jahrhundert: Hier war die ʿAlawidendynastie nach dem fehlgeschlagenen Versuch mit den schwarzen Sklavengardisten wieder ganz zu dem System der Stammestruppen zurückgekehrt, das auch schon die Saʿdier praktiziert hatten. In diesem System war der Staatsapparat *(maḫzan)* auf Stämme gegründet, die im Norden in einem Korridor zwischen Tanger und Fes sowie in der Nachbarschaft von Meknes, Rabat und Marrakesch angesiedelt waren. Diese Stämme lebten von den Einkünften der ihnen zugeteilten Ländereien und waren von Steuern befreit. Dafür versahen sie Militär- und Garnisonsdienst. Die prominenten Stammesfamilien stellten das Verwaltungspersonal am Hof der Sultane, die oft zur Festigung der Truppenloyalität Ehen mit Töchtern aus den Stammesfamilien schlossen. Der zentrale *maḫzan* war minimal. Sein militärischer Teil bestand aus einigen Tausend mehr oder weniger nebenberuflichen Kavalleristen, sein Verwaltungszweig aus einigen Dutzend Beamten. Im Gegensatz zu den Beys und Deys der Regentschaften konnten sich die Sultane Marokkos keinen richtigen Staat leisten.

Auf der Lokalebene war der Sultan offiziell durch Qāʾids vertreten, die für die Sicherheit und für die Ablieferung der Steuern verantwortlich waren. Häufig aber ergriffen diese Qāʾids Partei für die unter ihrer Verwaltung stehenden Stämme, und der Sultan mußte dann mehr für Stillhaltegeschenke an einen Qāʾid ausgeben, als dieser an Steuern ablieferte. Besonders in Südmarokko im westlichen Hohen Atlas, wo die Karawanen, die auf dem Weg aus dem oder in den Süden waren, durch bestimmte Pässe ziehen mußten, gab es Qāʾid-Familien, wie die Glāwīs, Mtūggīs und Gundāfīs, die sich in der zweiten Hälfte des neunzehnten Jahrhunderts durch den Handel mit Leder und Wolle bereicherten, dafür in Europa moderne Waffen und Gebrauchsgüter kaufen konnten und damit zu richtigen Konkurrenten der fernen Sultane im Norden wurden. Der *maḫzan* war viel zu klein, um hier eine wirksame Kontrolle auszuüben.[15]

In anderen Teilen des Landes, wie etwa dem östlichen Hohen Atlas oder dem Rif-Gebirge im Norden waren die Qāʾids eher schwache Figuren mit nur marginaler Autorität, oder aber sie existierten überhaupt nicht. In diesen Landesteilen herrschte die sogenannte segmentäre Gesellschaft vor. Der Begriff der Segmentarität stammt ursprünglich aus der englischen Ethnologie der Mitte des zwanzigsten Jahrhunderts und besagt, daß es, „wenn ein Mann Unrecht erlitten hat, keine Autorität gibt, an die er seine Klage richten und von der er eine Wiedergutmachung erhalten kann". Bei Fehlen einer solchen zentralen Instanz war die Gesellschaft in Segmenten organisiert: vom Stamm oder der Stammesförderation absteigend in Klans und weiter in Familien. Wenn von außen Unrecht kam, fusionierten die Familien, Klans und Stämme zu Stammesförderationen, bei innerem Zwist spalteten sie sich in Klan- oder Familienallianzen. Solche Bündnisse waren oft ganz formell, d. h. in mathematischen Verhältnissen (3 : 5 oder 4 : 5), konstituiert. Krieg und Fehde riefen trotz der Abwesenheit einer zentralen Autorität kein Chaos, sondern eine „kontrollierte Anarchie" hervor, in der Gewalt strukturell durch Gegengewichte ausbalanciert wurde. Sultanische Qāʾids waren daher notwendigerweise Randfiguren.

Kontrollierte Anarchie braucht aber, so besagt die Segmentaritätstheorie weiter, Vermittler. Das Gleichgewicht der Gewalt könne ohne die Absicherung durch den Segen oder Fluch vermittelnder Heiliger nur ein temporärer Zustand sein. Solche Heiligen hatten ihre Schreine oft auf den Grenzen zwischen den Kriegs- oder Fehdeparteien und lebten von den Geschenken und Almosen derer, an die sich ihr Segen oder Fluch richtete, sowie von den Erträgnissen, die die Pächter ihrer Ländereien lieferten. Kontrollierte Anarchie war undenkbar ohne kontrollierende Vermittlung.

Dieses traditionelle Segmentaritätsmodell ist in den letzten Jahren sowohl bei Marokkanern als auch bei westlichen Ethnologen auf Kritik gestoßen. Segmentarität als ein auf Gruppen basierendes System, so wird eingewandt, trage der Individualität der Persönlichkeiten in einem Stammeskrieg oder einer Fehde nicht genügend Rechnung. Darüber hinaus, so wird weiterhin dagegen argumentiert, sei das Modell zu grob funktionalistisch. Segmentarität zeige sich nicht nur in Kriegen oder Fehden, bei denen handfeste Gewalt manifest sei und aus konkreten Gründen gekämpft werde, sondern sei auch bei Versammlungen, Festen, Besuchen und anderen sozialen Ereignissen präsent, bei denen sich Ehre und Rang der betroffenen Parteien durch rhetorische Manipulation gegeneinander verschieben konnten. Ehre und Status, nicht Land, Wasser, Getreide und Vieh, standen für die Akteure im Mittelpunkt ihres Denkens und ihrer Handlungen. Nur der Ethnologe, der Stammespersönlichkeiten und ihre Manöver um Rang und Ehre studiert, versteht das Verhalten nicht-zentral regierter Gesellschaften und ihrer Segmente.[16]

Die Heiligen, die Vermittlerdienste versahen, waren oft die Hüter von Heiligengräbern, über denen ein Religionszentrum *(zāwiya)* errichtet worden war. Stämme verteilten sich häufig auf mehrere umliegende Zentren und komplizierten damit die segmentären Trennungslinien: Verschiedene Segmente riefen verschiedene Heilige an. Manche Segmente begnügten sich mit der Zahlung von Almosen (*ziyāras*, wörtlich: „Besuche"), in anderen gab es zusätzlich Adepten *(ṭalaba)* und Brüder *(iḫwān)*, die sich zur Zeit des Freitagsgebets zu vertieften Gebetsübungen mit liturgischen Litaneien, Gesängen, Exerzitien, Eurhythmien oder Geißelungen trafen und den Eintritt in den Zustand mystischer Trance zum Ziel hatten. Gemeinschaftsmähler konnten sich anschließen. Am Jahrestag der Heiligen gab der verantwortliche Hüter an dessen Grab ein allgemeines Fest. Adepten bekannten sich zu ihren jeweiligen Religionszentren durch spezielle Farben ihrer Kleidung und Rosenkränze.

Eine Litanei *(ḏikr)* bestand aus Gebetsformeln wie: „es gibt keinen Gott außer Gott", „Gott, gewähre dem Propheten Deinen Segen" oder „ich erflehe Gottes Verzeihung". Daneben gab es die regelmäßige Lektüre bestimmter Koransuren und prophetischer Traditionen sowie der Schriften früherer Heiliger in bestimmten Tages-, Wochen- und Monatsrhythmen. Das genaue Programm der Litaneien und der Textlektüre war das spezifische Unterscheidungsmerkmal der diversen Religionszentren. In Nordafrika leitete sich dieses *wird* genannte Programm zumeist von den Lehren des Mystikers Abū l-Ḥasan ʿAlī aš-Šāḏilī (st. 1258) her, wobei Varianten und Zusätze bei der Überlieferung für die Herausbildung regional unterschiedlicher und manchmal miteinander konkurrierender Zentren verantwortlich waren. Im neunzehnten Jahrhundert waren in Marokko besonders die Kulturmittelpunkte von Dilāʾ, der Aït Sīdī ʿAlī sowie der Aḥansāliyya, Nāṣiriyya, Ṭayyibiyya und Darqāwiyya prominent, die insgesamt etwa eine halbe Million praktizierender Anhänger besaßen.

Ähnliche in „Wege" = Orden *(ṭarīqa,* pl. *ṭuruq)* organisierte Zentren oder Gruppen von Zentren gab es auch in Algerien, Tunesien und Libyen. Sie wurden von Scheichs oder Großscheichs geleitet, denen die durch jahrelange Übung erworbene Fähigkeit zur Entrückung zu jener besonderen wundersamen Autorität verhalf, die für ihre Vermittlerrollen notwendig war. Da die Entrückungstechniken auf die schriftlich fixierte islamische Religionstradition gegründet waren und sich die Religionszentren bis in die hintersten Winkel der Bergtäler und Wüstenoasen verbreitet hatten, war die Kunst des Lesens und Schreibens nicht auf die Städte begrenzt. Wie hoch der Prozentsatz der Nichtanalphabeten im Maghreb des neunzehnten Jahrhunderts war, läßt sich möglicherweise an der oben genannten Zahl von 500000 Adepten und Brüdern abschätzen. Sicher kam den Kultzentren eine wichtige Funktion bei der Tradierung nicht nur lokaler Religionsbräuche, sondern auch der offiziellen islamischen Kultur zu.

Wie sich bei den Staaten in der zweiten Hälfte des achtzehnten und der ersten Hälfte des neunzehnten Jahrhunderts Zentralisierungstendenzen bemerkbar machten, so gab es in ähnlicher Weise auch Religionsscheichs, die zu dieser Zeit verstärkt die universalen Momente im Islam betonten. Typische Beispiele waren die Orden der Tiǧāniyya in Westalgerien und der Sanūsiyya in der Cyrenaika (oder Ostlibyen), die ihre umfassende Mission betonten und wesentlich straffer zentralisiert waren als ihre zeitgenössischen Konkurrenten. Der Gedanke einer globalen Reform des Islams, in der sogar eine Eliminierung örtlicher Heiligenkulte und der Aufbau religiöser Bruderschaften unter nicht mehr ortsgebundenen, rein charismatischen Scheichs vorgesehen war, kam auch in einer Serie von Briefen zum Ausdruck, die die zentralarabische Wahhābiyya-Bewegung um 1800 herum dem tunesischen Bey und dem marokkanischen Sultan schickte. Der Bey wies diesen Gedanken empört zurück, aber der Sultan fand ihn für sein zersplittertes Land sehr attraktiv, wenngleich er auch keine praktischen Konsequenzen daraus zu ziehen vermochte. Die Betonung eines universalistischen Islams ging mit den Versuchen zur politischen Zentralisierung einher.[17]

Marokko war also in ein Regierungslager (die zentrale Küstenebene und die angrenzenden Hügellandschaften), die autonomen Regionen der Qā'ids (westlicher Hoher Atlas) und die mehr oder weniger segmentierten Stämme mit ihren Heiligen (östlicher Hoher Atlas, Mittlerer Atlas und Rif-Gebirge) aufgesplittert. Die Regierungsarmee erlitt 1844 eine vernichtende Niederlage gegen Frankreich, als Sultan Mūlāy ʿAbd ar-Raḥmān (1822–59) versuchte, durch die militärische Unterstützung des algerischen Emirs ʿAbd al-Qādir gegen die Franzosen seinen Einfluß nach Westalgerien auszudehnen. Der Sultan rekrutierte daraufhin eine Infanterie und Artillerie von etwa 7000 Soldaten aus der Bevölkerung, die von europäischen Offizieren ausgebildet wurden, aber nie eine militärische Bedeutung erlangten und sogar bei Feldzügen innerhalb Marokkos versagten. Der Rest der Truppen, der aus einigen hundert städtischen Musketieren und mehreren zehntausend Stammesreitern bestand, war nur theoretisch verfügbar und blieb von Reformen unberührt.

Mūlāy Muḥammad (1859–73) und Ḥasan (1873–94) kauften moderne europäische Waffen und bauten Fabriken für Artilleriegeschosse in Marrakesch und für Gewehre in Fes. Auch ein halbes Dutzend in Europa gekaufter Kriegsdampfer versah seinen Dienst an der Küste, wo einige moderne Verteidigungsbatterien eingerichtet wurden. Dem fügten sich einige Zivilprojekte an, wie der Bau von Leuchttürmen, Hafenmolen, Rohrzucker- und Baumwollplantagen, Dampfmühlen, Druckereien und Bergwerken in verschiedenen Landesteilen. Aber angesichts nach wie vor fehlender Verkehrsverbindungen blieben diese Projekte Stückwerk.

An der Küste allerdings setzte sich eine interessante Tendenz zur Urbanisierung in Gang, die Marokko von den anderen Maghrebländern unterschied. In Essaouira (aṣ-Ṣawīra/Mogador), dem Hafen von Marrakesch, waren es hauptsächlich Juden aus der mehr als 100000 Mitglieder umfassenden, ursprünglich aus Spanien stammenden Diaspora im Lande, die aus dem Inland kommend die Stadt bevölkerten. In Casablanca, Tanger und fünf weiteren Küstenstädten siedelten sich in der Mehrzahl Araber und Berber an. Zwischen 1856 und 1900 stiegen die Einwohnerzahlen in Casablanca von 1600 auf 21000, Tanger von 10000 auf 45000 und den weiteren Städten von 4000 auf 8500. Insgesamt verdoppelte sich die Zahl der Küstenbewohner von 88600 auf 176000 im gleichen Zeitraum, wobei sich der Anteil der Europäer von 1864 bis 1894 von 1360 auf 9000 Personen vermehrte.

Diese Urbanisierung war nicht staatlich gelenkt, vielmehr das Ergebnis privater Initiative. Sie war möglich dank der relativen Sicherheit in dem von der Regierung kontrollierten Gebiet, blieb im neunzehnten Jahrhundert aber dennoch hinter ihrem Potential zurück. Da sich das Hinterland demographisch weniger rasch auffüllte als die Küste, waren von der Allgemeinheit genutzte Allmenden vielerorts noch vorherrschend. Städtische Investitionen in ein Straßennetz gab es entsprechend nur zögernd. Der Transport landwirtschaftlicher Güter blieb vom städtischen Gesichtspunkt aus unwirtschaftlich: Das Verschicken einer Tonne Wolle von Marrakesch nach Essaouira kostete 1865 92, von Essouira nach Marseille aber nur 88 Franken. Ohne Straßen war an eine nachhaltige städtische Initiative bei der Entwicklung der Landwirtschaft nicht zu denken. Außer bei einigen Tabak-, Baumwoll-, Mais- und Viehfarmen in Stadtnähe gab es keine Stimulierung der Landwirtschaft durch die Städte.

Einen Austausch zwischen Stadt und Land gab es natürlich, aber nur in dem Maße, in dem die Landbevölkerung willens war, die hohen Transportkosten selbst zu tragen, bzw. unternehmerische Lokalnotabeln Naturalabgaben von den Bauern erzwangen und an städtische Aufkäufer liefern ließen. Eine solche Form des Austauschs aber hatte wenig Chancen, die Kaufkraft der bäuerlichen Bevölkerung zu stärken und die Integration mit den urbanen Zentren zu fördern. Im neunzehnten Jahrhundert änderte sich daher wenig an den Produktionsformen auf dem Lande. Bauern stellten auf Kosten ihrer landwirtschaftlichen Produktivität auch weiterhin

Textilien und landwirtschaftliche Geräte selbst her und tauschten ihre Güter allenfalls mit Nomaden und Bergbewohnern. Von einer wirtschaftlichen Durchdringung der küstenfernen Gebiete Marokkos mit europäischen Textilien und anderen Gebrauchsgütern konnte noch nicht die Rede sein.

Der internationale Handel der Küstenstädte war weitgehend auf die Bedürfnisse der Städter abgestellt. Die Hälfte der Importe bestand aus Textilien. Tee und Zucker machten einen guten Teil des Restes aus. Soweit sich in den sich entwickelnden Städten ein lokales Handwerk auftat, siedelte es sich in Marktnischen an; ein Beispiel ist die Lederverarbeitung. Direkter Wettbewerb, z. B. bei Webwaren, war aus Preisgründen schwierig: Die europäische Konkurrenz stellte billiger her. Es wäre allerdings falsch, nur diese Konkurrenz für die Nichtentstehung einheimischer handwerklicher oder mechanischer Industrien verantwortlich zu machen. Konkurrenz ruft eigentlich immer Gegenreaktionen hervor, und den marokkanischen Küstenstädten wäre ihr Standortvorteil im Lande bei einer solchen Reaktion sicherlich behilflich gewesen. Der tiefere Grund für das Ausbleiben einer Antwort auf die europäische Herausforderung war das Fehlen binnenländischer Märkte, die den Städtern leicht und gefahrlos zugänglich gewesen wären. Ausgleich für die Importe mußte daher, von den landwirtschaftlichen Produkten für Nischenmärkte abgesehen, hauptsächlich von den oben erwähnten bäuerlichen Abgaben an Getreide und Wolle kommen.[18]

Die binnenländischen Städte blieben weithin vom Küstenboom ausgeschlossen. Das Textilhandwerk der Stadt Fes ist ein gutes Beispiel; es blieb bis zur Errichtung des Protektorats der wichtigste Industriezweig der Stadt, und seine Kunden kamen aus der Umgebung sowie dem weiteren marokkanischen und algerischen Inland. Eine Zunft war auf grobwollene Umhänge für die um die Stadt herum siedelnde Landbevölkerung spezialisiert. Andere Zünfte umfaßten die Woll- und Baumwollweber sowie die Seidenweber, die je nach Manufaktur noch weiter untergliedert waren. Ob ihre Gesamtzahlen im neunzehnten Jahrhundert zurückgingen, ist schwierig festzustellen. Das vorhandene Material deutet selbst noch für das Jahr 1939 eher auf eine stabile Industrie, die je nach Wirtschaftslage 1800 bis 2000 in Werkstätten und noch einmal bis zu 2000 zuhause arbeitende Personen umfaßte. Die Textilzünfte blieben eindeutig die bedeutendsten Berufsorganisationen der Stadt.

Wenn man die bestenfalls 4000 Personen umfassende Zahl der Textilarbeiter der Stadt mit der sich auf 100000 Personen belaufenden Gesamteinwohnerzahl von Fes vergleicht, fällt ein gewisses Mißverhältnis auf. In der Tat war der Markt erheblich größer, wenn man an die jeweils mindestens einige hunderttausend Franken umfassenden Stoffimporte aus England, Frankreich, Deutschland, Italien, der Schweiz und anderen Ländern in die Stadt im neunzehnten Jahrhundert denkt. Da England schon seit dem sechzehnten und Frankreich seit dem achtzehnten Jahrhundert lieferten, bleibt eigentlich nur der Schluß, daß die Waren der Fabrikanten von Fes nicht direkt mit den Importen konkurrierten. Ausländische Stoffe hatten sich offenbar eigene Klientelen geschaffen, während die einheimischen Textilien einen anderen Kundenmarkt bedienten. Da sich dieser (sehr kleine) Markt im Landesinneren während des neunzehnten Jahrhunderts nicht wandelte, blieb auch das Textilgewerbe von Fes unverändert.[19]

Selbst in den Küstenstädten war der Markt noch weit bis ins neunzehnte Jahrhundert hinein von Monopolkonzessionen und Preisverzerrungen geprägt. In der Tat galt die Hauptstoßrichtung der europäischen Konsuln vor Ausbruch des Kolonialfiebers in den achtziger Jahren des neunzehnten Jahrhunderts der Liberalisierung der Marktbedingungen. Zwischen 1856 bis 1861 schloß Marokko Handelsverträge mit einer Reihe von europäischen Ländern ab, die die Monopole des Sultans reduzierten, europäische Aufkäufer im ganzen Land zuließen sowie die Europäer der Küstenstädte von allen nichtkommerziellen Steuern und der Jurisdiktion des Sultans freistellten. Durch diese Liberalisierung büßte der Sultan beträchtliche Einkünfte ein. Sie waren im *maḫzan*-Budget nicht auszugleichen, da das Militär fehlte, sie einzutreiben. Symptomatischerweise blieb allen Steuerreformen der Erfolg versagt. Durch die Liberalisierung verursachten die Europäer in der zweiten Hälfte des neunzehnten Jahrhunderts eine weitere Schwächung des Staatsapparates.

Da eine Marktproduktion von Getreide und Wolle im Landesinneren fehlte, stieg das marokkanische Handelsdefizit stetig von 1878 bis 1900 im Jahresdurchschnitt um 4 Millionen Franken. Aber weil Mūlāy Ḥasan, abgesehen von Waffenkäufen, teure Reformmaßnahmen vermied, machte er wenigstens – nach der Rückzahlung einer 1864 bei England aufgenommenen Anleihe zur Begleichung spanischer Reparationsforderungen (nach dem spanisch-marokkanischen Krieg 1859/60) – keine zusätzlichen Schulden. Im Gegensatz zu Tunesien, das sehr viel früher insolvent wurde, war beim Tode Ḥasans 1894 noch einiges Geld im Staatsschatz. Der Regent Sī Aḥmad b. Mūsā, der bis zu seinem Tode im Mai 1900 für den minderjährigen Sultan ʿAbd al-ʿAzīz (1894–1907) regierte, widersetzte sich ebenfalls allen europäischen Versuchen, endlich mit Reformen der Infrastruktur zu beginnen. Trotz unzureichender staatlicher Mittel gelang es ihm, gefährliche Stammesrevolten 1894–97 niederzuwerfen; er war nicht bereit, die politische Ruhe mit wirtschaftlichen Abenteuern zu gefährden. Zudem fingen im Frühjahr 1900 die Franzosen vom Südosten Algeriens aus und die Spanier in Mauretanien damit an, von Marokko beanspruchte Territorien zu annektieren. Unter europäischem militärischem Druck aber war an ein wirtschaftliches Nachgeben bei ihm nicht zu denken.

Profithungrige und risikofreudige europäische ‚Handlungsreisende', die oft über keinerlei soliden Hintergrund verfügten und skrupellos den nationalistischen Ehrgeiz der englischen, französischen und spanischen Diplomaten ausnützten, waren die treibende Kraft in den chaotischen Jahren von 1903–7. Die Korruption in Fes blühte, der Nordosten rebellierte unter Bū Ḥimāra, und nach einer Attacke von Stammeskriegern auf eine Eisenbahn, die den im Bau befindlichen Hafen von Casablanca mit einem Steinbruch verband, riefen die französischen Bauherrn die Marine ihrer Regierung ins Land. Der Bruder des Sultans, ʿAbd al-Ḥafīẓ, setzte sich an die Spitze einer von den großen Qāʾids des Südens gesteuerten Rebellion und ließ sich von den Religionsgelehrten von Fes zum neuen Sultan ausrufen. Die Qāʾids hatten enge Kontakte zu europäischen Diplomaten und Verkäufern und waren am Gelingen der Infrastrukturreformen interessiert, über die ʿAbd al-ʿAzīz die Kontrolle verloren hatte.

Zu dieser Zeit aber wurde die Politik Marokkos bereits in Europa gemacht. Wie schon in Tunesien waren die Engländer auch in Marokko daran interessiert, Frankreich ans westliche Mittelmeer zu binden, um selbst im östlichen Mittelmeer freie Hand zu haben. Aber anders als bei der noch ohne Programm erfolgten Besetzung Tunesiens besaß Frankreich jetzt eine ideologisch durchkonstruierte Kolonialpolitik. Mit Spanien einigte es sich nach der *entente cordiale* mit England im gleichen Jahr (1904) auf eine Aufteilung Marokkos in eine nördliche spanische und eine südliche französische Zone. Blieb nur noch das widerspenstige Deutschland, das sich im Falle Tunesiens noch vom Kolonialismus ferngehalten hatte, jetzt aber ebenfalls dem Prestigekampf der Nationen um Kolonialbesitz, auch wenn er wirtschaftlich unergiebig war, erlegen war. Auf der Konferenz von Algeciras 1906 ging es um die von Deutschland geforderte internationale bzw. die von Frankreich und Spanien gewünschte französisch-spanische Kontrolle der staatlichen Stabilität Marokkos bei dessen Infrastrukturreformen. Da Deutschland trotz seiner mit dem Einsatz Frankreichs vergleichbaren wirtschaftlichen Investitionen in Marokko politisch weit weniger als die Franzosen engagiert war, zog es in Algeciras diplomatisch den kürzeren. Es konnte lediglich noch Frankreich im Jahre 1911 dazu überreden, ein Stück Äquatorialafrika als Gegenleistung für den deutschen Verzicht auf jegliche politischen Interessen in Marokko abzutreten. Am 3. März 1912 übernahm Frankreich in der Form eines Protektorats die politische Gewalt in Marokko. Damit handelte es sich für seinen Prestigegewinn im Konzert der Nationen die Verantwortung für die Infrastrukturreformen des Landes ein.[20]

Das stärker zentralisierte Tunesien entging in seiner Entwicklung zwar ebenfalls nicht dem französischen Kolonialismus, aber es vermochte doch, ein kohärentes eigenständiges Reformwerk in Bewegung zu setzen. In diesem Lande ging die im vorangegangenen Abschnitt dargestellte günstige demographische und wirtschaftliche Entwicklung des achtzehnten Jahrhunderts am Anfang des neunzehnten Jahrhunderts zu Ende. Eine Pestepidemie von 1818–20 wurde von vier Cholerawellen zwischen 1836 und 1856 abgelöst. Entsprechend sank die Getreideproduktion. Auf den Staatsdomänen der Beys reduzierte sie sich zwischen 1806 und 1830 um 35 bis 66

Prozent. Exporte waren nur 1824 und 1826 möglich. Zur gleichen Zeit sanken die international gezahlten Preise für Getreide und Olivenöl, im letzteren Fall gar um zwei Drittel. Nach dem Ende der Revolutions- und Freiheitskriege und dem Friedensschluß von Aachen 1815 normalisierte sich der Mittelmeermarkt wieder, aber Schwarzmeerweizen wurde ein ernsthafter Konkurrent. Mangels ausreichender Exporte mußte die tunesische Regierung auf die Geldreserven des Landes zurückgreifen. Münzgeld wurde rar; 1824 mußte sein Silberanteil um ein Drittel vermindert werden. Die Steuern wurden angehoben, und prompt schlossen sich Revolten an, 1817 im Westen, 1819 im Südosten und 1824–25 im Nordwesten. Sechs weitere Aufstände folgten bis zur großen Erhebung des Jahres 1864, als der gesamte Süden und Nordwesten dem Bey die erst 1856 eingeführte Geldsteuer, die *mağbā*, verweigerte.

Zur gleichen Zeit wurden die Beys des waffentechnischen Wandels in Europa gewahr. Nach mehreren Experimenten mit französischen Militärberatern noch unter seinen Vorgängern gründete Aḥmad Bey (1837–55) 1840 die Kriegsschule *(al-maktab al-ḥarbī)*. Ihr erster Direktor war ein Italiener mit Erfahrungen im Osmanischen Reich. Die Schule unterrichtete einige Dutzend Kadetten mehr schlecht als recht in den Wissenschaften und der französischen Sprache und wurde 1869 wieder geschlossen. Zur gleichen Zeit wurde auch die Armee modernisiert. Anstelle der Janitscharen, die nach zwei Revolten 1811 und 1816 nicht mehr ausgehoben wurden, warb man Infanteristen aus der bäuerlichen Bevölkerung der tunesischen Ostküste an. Auch ein Kavallerieregiment wurde aufgestellt, bestehend aus Einheimischen und etwa siebzig tscherkessischen Mamluken-Offizieren, das heißt, aus ursprünglich als Knaben im Osmanischen Reich rekrutierten Sklaven. Die Sklaverei wurde 1846 in Tunesien abgeschafft. Für die bis zu 16000 Mann der Truppe gab es eine Mühle, Bäckerei, Kürschnerei und wassergetriebene Textilmanufaktur. Die Truppen waren aber wenig wert, da die Bauern die Söhne zur Arbeit brauchten und die Bezahlung notorisch unregelmäßig war. Die Marine wurde nach dem Desaster von Navarino 1827, als die vereinigte osmanische Flotte von England und Frankreich vernichtet wurde, mit Hilfe französischer Offiziere wiederaufgebaut. Aber außer dem Kauf von siebzehn altertümlichen Einheiten, darunter fünf Dampfern, kam nicht viel zustande. Es gab nur vier ausgebildete tunesische Dampferkapitäne. Die militärische Modernisierung ließ sich angesichts der prekären Finanzlage schlecht an.

Die Hauptfunktion der Truppen bestand darin, zweimal im Jahr Steuerexpeditionen in den Süden zu unternehmen. Ihr Befehlshaber war im allgemeinen der Kronprinz, und die Truppen bewegten sich mit mehr Pomp als Effizienz durch die Stammesterritorien, deren Qā'ids die Steuern präsentieren mußten. Vorneweg marschierten die Marabuts und die türkische Musikkapelle, gefolgt von der Infanterie, der Kavallerie und den verbündeten Stammestruppen. Im Troß waren neben unzähligen Hofbeamten auch

Jagdhunde und -falken, Handwerker sowie Lasttiere mit Koranen, Sänften, Ehrengewändern, Geschenken, Zelten und Versorgungsgütern. Wo immer die mehreren tausend Teilnehmer der Kavalkade *(maḥalla)* ihre Zelte aufschlugen, mußten die steuerzahlenden Gastgeber ein Festgelage geben – eine von den Stämmen gefürchtete Zusatzsteuer. Von der persönlichen Bereicherung der Teilnehmer abgesehen kam bei diesen Kampagnen nicht viel heraus. Ein guter Teil der Steuern wurde auf der Tournee verbraucht, und am Ende langten nur etwa ein Drittel der Einnahmen in Tunis an.

Am Beispiel dieser Kampagnen ist ersichtlich, wo in Tunesien der Reformhebel angesetzt werden mußte, wenn angesichts des sinkenden Steueraufkommens die Staatsfinanzen nicht ganz zusammenbrechen sollten. Eine Verwaltungsreform war nötig, um der fiskalischen Dezentralisierung gegenzusteuern, die die wachsende Kommerzialisierung landwirtschaftlicher Produkte auf dem internationalen Markt nach sich gezogen hatte. Aḥmad Beys Militär verschlang zwei Drittel aller Einnahmen; aber weder dieses noch der Verwaltungsapparat vermochten zu verhindern, daß höchstens ein Drittel aller den Bauern abgenommenen Steuern in die Staatskasse flossen. Es war die unkontrollierte Selbstentlöhnung der Provinzgouverneure und hohen Staatsbeamten, die besonders in einer demographischen und landwirtschaftlichen Krisensituation einer zwangsläufig kostspieligen Militärreform im Wege stand.

Das Dekret von 1856, mit dem die sogenannte *maǧbā*-Steuer eingeführt wurde, sollte die fiskalische Dezentralisierung zurückdrängen. Alle Steuern und Abgaben, mit Ausnahme des Zehnten *(ʿušr)*, des Oliven-*qānūn* und der Marktrechte, wurden abgeschafft und stattdessen Gehälter für die zentralen Verwaltungsbeamten und lokalen Steuereinnehmer eingeführt. Zur Finanzierung dieser Gehälter sollte die neue *maǧbā* dienen, wonach jeder erwachsene Tunesier, außer den Bewohnern von Tunis, Kairuan, Sousse (Sūsa), Monastir und Sfax sowie Soldaten, Veteranen und Studenten der Zaytūna-Universität, drei Piaster monatlich zahlen sollte. Die genannten fünf Städte bezahlten geringere, unter der *maǧbā* liegende Abgaben und waren damit gegenüber dem Lande privilegiert. Die Verbrauchssteuern auf Salz, Tabak und Färbemittel, die einem Regierungsmonopol unterworfen waren, blieben in Kraft. Auf dem Papier sah diese Steuerreform wie das perfekte Heilmittel der Finanzmisere aus.

Um jedoch der Steuerreform in der Praxis zum Erfolg zu verhelfen, hätte das Land einer ganz anderen Infrastruktur bedurft. Naturalabgaben hätten rasch und zuverlässig nach Tunis oder einigen wenigen Provinzstädten geschafft werden müssen. Große Warenhäuser und eine Zentralbank mit Filialen in der Provinz wären ebenso notwendig gewesen wie Straßen, Fuhrwerke, Eisenbahnen, Dampfschiffe und Telegraphen. Da die Regierung aber außer der Modernisierung des Militärs keine weiteren Reformprojekte formuliert, geschweige denn in Angriff genommen hatte, mußte sich die gutgemeinte Steuerreform zuletzt in ihr Gegenteil verkehren. Die Bestrafung einiger Scheichs, die sich auch weiterhin ungeniert bedienten, blieb ohne Wirkung. Alles blieb beim alten, aber eine neue Steuer, die keineswegs für die Finanzierung von Gehältern verwendet wurde, war nun auch noch hinzugekommen.

Gute Absichten sind nun einmal ansteckend, auch wenn sie sich längst ins Gegenteil verkehrt haben: 1857 wurde der Fundamentalpakt *(ʿahd al-amān)* und 1861 die Verfassung *(dustūr)* erlassen. Während ersterer die Sicherheit und Gleichheit aller Tunesier garantierte, führte letztere – erstmalig im Vorderen Orient und in Nordafrika – die Gewaltenteilung und einen Legislativrat ein. Der Bey ernannte vierzig der sechzig Mitglieder des Rates *(al-maǧlis al-akbar)* aus den oberen Notabelnfamilien von Tunis, fast durchweg Handwerkern. Von 1862 an waren auch fünf Mitglieder der Schicht der Religionsgelehrten (ʿUlamāʾ) von der Zaytūna-Universität beteiligt. Die sechzig Ratsmitglieder versammelten sich zweimal in der Woche und debattierten voller Elan alles, was ihnen vorgelegt wurde. Viel entscheiden konnten sie nicht, war doch schon bei ihrem Antritt die Staatsverschuldung auf 19 Millionen Franken, das heißt die Summe der durchschnittlichen Jahreseinkünfte des Fiskus angestiegen. Zum Glück waren die Schulden der öffentlichen Hand bisher auf den einheimischen Finanzmarkt begrenzt. Was die Verfassung allerdings bewirkte, war eine Verlagerung des Reformwillens weg vom Bey und seinen fünfzig oberen Verwaltungsmamluken hin zu dem Rat. Bey und Mamluken konnten nunmehr bei der Finanzbeschaffung weit weniger zurückhaltend sein als in der Vergangenheit.

Die erste Auslandsanleihe über knapp 30 Millionen Franken schloß die Regierung 1863 mit dem Pariser Bankhaus Erlanger ab, und zwar gegen die Garantie der *maǧbā* und mit der Verpflichtung eines um mehr als doppelt so hohen Rückzahlungsbetrages. Die Idee einer Eisenbahn zwischen Tunis und dem Hafen La Goulette (Ḥalq al-Wād) tauchte zum ersten Mal auf, aber für hochfliegende Pläne war keine Zeit mehr. Der Rat mußte sich 1864 zur Annahme eines Regierungsdekrets zur Verdopplung der *maǧbā* bequemen, da die erste Rate der Anleihe fällig wurde. Eine Revolte praktisch der gesamten tunesischen Landbevölkerung im April des Jahres war die Folge, und alle Reformen erreichten ihr Ende. Die Verfassung wurde aufgehoben und der Rat nach Hause geschickt; die nach ersten Erfolgen uneins gewordenen Aufständischen wurden zwischen August und November besiegt. Der Revolte folgten vier Jahre Epidemien, Dürren und Hungersnöte, die die Regierung lähmten.

In dieser schwierigen Situation oktroyierten Frankreich, England und Italien 1869 der tunesischen Regierung eine Finanzkommission auf, die fortan die Rückzahlung der inzwischen auf 160 Millionen Franken aufgelaufenen Auslandsschulden abwickeln sollte. Schon seit Jahren hatten die Konsuln Frankreichs, Englands und Italiens im Verein mit risikofreudigen, nach hohen Gewinnen Ausschau haltenden Bankiers und Wirtschaftskonzessionären in nationalem Wetteifer um die Gunst der tunesischen Obrigkeit gebuhlt. Dort in Tunis, abseits von den Beletagen diplomatischer Karrieren und wirtschaftlicher Investitionen, hofften Neuankömmlinge aus dem Souterrain des Kapitalismus aufsteigen zu können. Und als sie dann politisch oder finanziell zu scheitern drohten, wie im zahlungsunfähigen Tunesien der sechziger Jahre des neunzehnten Jahrhunderts, drangen sie bei ihren Regierungen auf Intervention. Und diese engagierten sich dann, ohne es direkt zu wollen, aus Prestigegründen gegenüber den anderen Nationen, und so war es auch der Fall mit Tunesien im Jahre 1869.

Präsident der Finanzkommission wurde Ḫayr ad-dīn (1822/23–83), ein tscherkessischer Mamluk. Er hatte seit 1839 eine eindrucksvolle Karriere in Tunesien durchlaufen; er war Marineminister und Präsident des von der Verfassung geschaffenen Rates. Als – wenn auch verspätet aktiv gewordener – Gegner der Verdopplung der *maǧbā* war er von der Krise relativ unbetroffen und hatte sich zudem aus der aktiven Politik zurückgezogen, um unter anderem sein berühmtes Reformmanifest: „Der sicherste Pfad zur Kenntnis des Zustands der Länder *(Aqwam al-masālik fī maʿrifat al-mamālik)*" zu schreiben. Ḫayr ad-dīn setzte 1870 die *maǧbā* von 36 auf 40 Piaster im Jahr leicht herauf und regelte die den etwa 125 in der Zentralverwaltung angestellten Beamten zur Eigenentlöhnung zugestandenen Prozentsätze. Die Steuerveranlagung auf dem Lande wurde überprüft und zum erstenmal im neunzehnten Jahrhundert der Produktivität angeglichen. Hoffnung auf eine erfolgreiche Rezentralisierung der Verwaltung keimte auf.

Zum Premierminister ernannt, machte sich Ḫayr ad-dīn 1873 an die Verwirklichung der in seinem Buch dargelegten Reformpläne. Da an eine systematische waffen- und verkehrstechnologische Modernisierung wegen der schwachen Finanzlage nicht zu denken war, wandte er sich einer Reform des Erziehungswesens zu. Die Lehr- und Prüfungspläne der Zaytūna wurden 1875 umgestaltet, und im gleichen Jahr wurde ein Kolleg für die modernen Wissenschaften gegründet, die Medrese Sadikia (aṣ-Ṣādiqiyya), die im Gegensatz zur früheren Kriegsschule Erfolg hatte. Einige erste Absolventen wurden in den Folgejahren zum Weiterstudium nach Paris und Istanbul geschickt. Die Hoffnung war, qualifiziertes Personal für die Verwaltung und die Armee auszubilden.

Trotz andauernder Probleme bei der Schuldenrückzahlung lockte der bisherige Achtungserfolg Ḫayr ad-dīns wieder europäisches Spekulationskapital an. In den frühen siebziger Jahren hatte eine französische Firma ein Telegraphennetz und eine englische Gesellschaft eine Bahn zwischen Tunis und seinem Hafen La Goulette gebaut. Eine französische Firma erhielt 1876 den Zuschlag für eine Eisenbahnlinie von Tunis durch das Maǧarda-(Mejerda-)Tal nach Jandouba im Nordwesten. Diese Firma aber trat 1877 ihre Konzession an eine andere Firma ab, die in der seit 1830 französischen

Kolonie Algerien Eisenbahnen betrieb; mit dieser Abtretung wurde in der tunesischen Regierung die Befürchtung geweckt, daß sie nach einer Vereinigung der algerischen und tunesischen Linien die Kontrolle über die Eisenbahn verlieren würde. Ḫayr ad-dīn, der von der Verbindung der beiden französischen Gesellschaften über dieselben Banken anscheinend nicht gewußt hatte, blieb nichts anderes übrig, als eine Annullierung der Konzession zu fordern. Damit verlor er den Rückhalt beim französischen Konsul, der sogleich beim Bey seine Absetzung erwirkte. In Tunis begannen die Kabalen machtbewußter europäischer Konsuln und Spekulanten.

Wie voraussehbar kehrte der gesamte Verwaltungsapparat wieder zu dem Prinzip der freien Selbstentlöhnung zurück. Ein Versuch der ʿUlamāʾ von Tunis, das Schlimmste durch die Schaffung einer neuen beratenden Versammlung zu verhüten, schlug wegen mangelnder Einheit fehl. In kurzer Zeit waren die Finanzen wieder hoffnungslos zerrüttet. Zur gleichen Zeit, aber unabhängig von den tunesischen Geschehnissen, begann England, seine Interessen im östlichen Mittelmeer, insbesondere in Ägypten und auf Zypern, genauer zu formulieren. Um das französische Wohlwollen beim Aufbau einer englischen Interessensphäre in der Levante zu erlangen, bot England den Franzosen freie Hand in Tunesien an. Die französische Regierung griff das Angebot auf und begann nach einer günstigen Gelegenheit für die Errichtung eines Protektorats zu suchen. Die Kabinettsmitglieder standen unter dem Druck verschiedener Bankiers, Kaufleute und Industrieller aus Paris und Marseille, mit denen sie geschäftlich zu tun hatten oder persönlich befreundet waren und denen in Verfolgung ihrer mehr oder weniger risikogefährdeten Spekulationsgewinne an einer raschen Wiederherstellung der Verwaltungseffizienz und an einer zügigen Verkehrserschließung Tunesiens gelegen war. So kam es dann zwischen 1881 und 1883 zur Entsendung der französischen Marine und zur Errichtung eines Protektorats, mit dem Frankreich im Dienste nationalen Ruhms seinen Steuerzahlern die Infrastrukturreformen eines bankrotten Landes aufbürdete.[21]

Die Errichtung eines Protektorats bedeutete, daß Frankreich der bestehenden tunesischen Verwaltung „Berater" zur Seite stellte, vorneweg einen dem Bey beigeordneten „Residenzminister" genannten Kommissar. Diese Berater hatten zur Aufgabe, den Kapitalisten und der Produktion Frankreichs ein unterbevölkertes, technisch und wirtschaftlich rückschrittliches Land exklusiv zu sichern, dessen Ressourcen nicht gewinnbringend genutzt wurden – so erklärte es Ministerpräsident Jules Ferry 1885 ganz unumwunden vor der Pariser Nationalversammlung. Mit anderen Worten: Welche französischen Firmen auch immer in Tunesien investieren wollten, dort würden sie ein sicheres und stabiles Betätigungsfeld finden. Entsprechend stürzte sich das französische Kapital auf Land (über 400 000 Hektar von 1881 bis 1892), das ihnen der tunesische Staat und die Notabeln aus Tunis zumeist im nordwestlichen Getreidegürtel und in den zentralen

Steppen verkauften. Andere Europäer, zumeist Italiener, erwarben etwa 220000 Hektar.

Die landwirtschaftliche Nutzung war allerdings nicht einfach. Die Anlage von Weinbergen (1892 waren es 5500 Hektar) wurde zunächst von der in Frankreich grassierenden Phylloxera-Rebkrankheit begünstigt. Aber in den neunziger Jahren des neunzehnten Jahrhunderts erholte sich der qualitätsmäßig überlegene französische Wein wieder und beeinträchtigte die Chancen einer tunesischen Konkurrenz. Moderner Weizenanbau mit Dampfpflügen und Düngung brachte zunächst hohe Erträge, aber nach wenigen Jahren reduzierte der hochgepflügte sterile Unterboden die Ernteerträge wieder. Überdies sank der Weltmarktpreis für Weizen nach 1880 beständig. Es war besser, auf dem Land den traditionellen Pächter *(ḫammās)* zu belassen, der nur den dünnen Oberboden umpflügte und damit bei weniger Arbeit genau so viel erntete. Im übrigen warteten die Spekulanten auf die Verkehrserschließung und auf bessere Zeiten am Weltmarkt, um ihre Großdomänen (174 von 331 französischen Ländereien waren 100–400 Hektar groß) gewinnbringend zu verkaufen.

Von 1892 bis 1914 gelang es einigen Spekulanten, ihr Land an kleine italienische Weinbauern auszuparzellieren, die ihrerseits zumeist ihre harte Arbeit einbrachten. Die Mehrzahl der kolonialen Grundbesitzer investierte zum Ärger der französischen Regierung nicht. Um den italienischen Siedlern wenigstens eine gleiche Zahl französischer Kolonialisten zur Seite zu stellen, kaufte die Protektoratsbehörde etwas über 400000 Hektar für letztere, so daß sich das in europäischer Hand befindliche Land auf etwa 865000 Hektar (von insgesamt etwa 3,2 Millionen Hektar Ackerland) vermehrte.

Der Großteil der Investitionen in die Infrastruktur fiel in die Jahre 1890 bis 1906, als das Straßennetz von 560 auf 3100 km ausgedehnt wurde. Nur französische Siedler durften bei der Planung des Straßennetzes mitreden. Gebaut wurde es zumeist von der einheimischen Landbevölkerung, die traditionell in Form eines Arbeitsdienstes zur Steuer herangezogen werden konnte, sowie vom Militär. Daneben entstand ein Schienennetz von etwa 2000 km, wovon nur die Linie Tunis-Algerien in Normalspur gebaut wurde. Beim Straßenbau fällt auf, daß er nicht nur außerordentlich bescheiden und eindeutig für die Siedler gedacht, sondern daß er auch für das Protektorat nahezu kostenlos war. Es war also zu einem guten Teil dem Versagen des Bey-Regimes zuzuschreiben, daß diese Chance der Entwicklung nicht früher wahrgenommen worden war.

Die Auswirkungen der Besiedlung des Landes mit europäischen Landwirten waren unterschiedlich. Im Norden von Tunis und im Olivengürtel um Sfax herum, dem Sāḥil (Sahel), änderte die Ankunft relativ weniger Weinbauern oder anderer an intensiver Obst- und Gemüsezüchtung interessierter Farmer in der Nachbarschaft ähnlich arbeitender Tunesier zunächst wenig. Aber im Getreidegürtel und in der südlichen Steppenregion verschlechterte sich die Situation für die Einheimischen. Hier sahen sich viele von der Nutzung der Allmenden (für Wildfrüchte, Holz, Holzkohle, Weiden etc.) abgeschnitten, die die Siedler nun umpflügten. Die bisher halbseßhafte Bevölkerung, die im Steppengebiet einen Mischtyp von Landwirtschaft und Viehzucht betrieb, mußte sich auf kleineren Flächen mit reduzierten Viehbeständen ansiedeln und einem unsicheren Ackerbau als ihrer mehr oder weniger ausschließlichen Einkommensquelle nachgehen. In dem Maße, in dem Land allmählich knapp wurde, wandelte sich das System der Pächter in eines von Tagelöhnern. Während sich der sich mechanisierende Weizengürtel demographisch ausdünnte, verdichtete sich die Bevölkerung in den landwirtschaftlich ärmeren Regionen, ohne daß sich dort aufgrund der fehlenden Infrastrukturen zum Ausgleich eine arbeitsteilige Marktwirtschaft entwickeln konnte.[22]

Ähnlich wie in den intensiven Anbaugebieten um Tunis und Sfax änderte sich auch in der Hauptstadt zunächst wenig. Die traditionellen Handwerke existierten weiter, wobei betont werden muß, daß hier (ebenso wie im oben erwähnten Fes) ein schon lang etabliertes Gleichgewicht zwischen importierten und lokal produzierten Gegenständen existierte. Dieses besonders für Textilien typische und auf das achtzehnte Jahrhundert zurückgehende Gleichgewicht bedeutete, daß Massenware aus Europa kam und Qualitätsstoffe im Lande hergestellt wurden. Die Industrie der Filzmützen *(šāšiyyas)* ist ein gutes Beispiel. Sie existierte in Tunis schon vor der Vertreibung der Morisken und wurde möglicherweise von früheren Rückwanderern aus Iberien errichtet. In der Mitte des neunzehnten Jahrhunderts erlebte sie einen Aufschwung, als die osmanische Armee vom Turban auf die sogenannte *šāšiyya stambūlī*, im Westen unter dem Namen „Fez" bekannt, umgerüstet wurde, und blieb bis zum Ersten Weltkrieg das führende Handwerk der Stadt.

An dieser Zunft ist interessant, daß sie geschickt die Marktstrategie der Exklusivität wählte, um zu überleben, sich dabei aber so spezialisierte, daß ihr eine Rückkehr zum Massenmarkt nicht mehr gelang. Filzmützen wurden in einer Abfolge langwieriger Arbeitsgänge hergestellt. Frauen strickten sie zunächst zuhause. Eine wasserbetriebene Walkerei außerhalb von Tunis verdichtete sodann die Textur. Färbung (im Falle roter Mützen), Formung und Bestickung in Tunis schlossen sich an, bevor die fertigen Mützen verkauft wurden. Bis in die siebziger Jahre des neunzehnten Jahrhunderts war die seit zirka 1750 existierende Marseiller Konkurrenz relativ unbedeutend gewesen. Aber ähnlich wie die in der zweiten Hälfte des neunzehnten Jahrhunderts in den Markt eintretende österreichische Konkurrenz verlegte sich Marseille auf billige Ware, um den Massenmarkt zu erschließen. Tunis setzte auf Qualitätsware und erreichte 1880, daß europäische und tunesische Mützen deutlich voneinander getrennt ausgelegt und ausgezeichnet werden mußten. Im Jahr 1902 verkaufte das Ausland knapp 60000 Einheiten im Wert von 54000 Franken in Tunesien, während

Tunis knapp 100000 Einheiten für 170000 Franken verkaufte. Die Zahlen von 1906/7 sind noch deutlicher: 80000 importierte Mützen kosteten 96000, 63000 lokale 337000 Franken. Sinkende Produktionszahlen erbrachten steigende Gewinne.

Aber nach dem Ersten Weltkrieg manövrierte sich das Filzmützenhandwerk in eine Sackgasse. In der dem Osmanischen Reich nachfolgenden Türkei ersetzte Kemal Atatürk den Fez durch gewöhnliche westliche Kopfbedeckungen. Statt seine eingefahrenen Produktionsweisen auf Filzhüte variabler Kreation umzustellen, machte die Zunft lieber ihre Mützen zum Symbol des beginnenden tunesischen Nationalismus. Die Mütze wurde als das Zeichen der Forderung nach nationaler Unabhängigkeit angepriesen, aber bezahlen konnten sie nur wenige. Ebenso wie die einheimische Landwirtschaft so war auch das Handwerk Tunesiens um den Ersten Weltkrieg herum in einer ernsten Krise angelangt.[23]

Von den vier nordafrikanischen Ländern hatte die Regentschaft von Tripolis das wirtschaftlich schwächste Hinterland. Landwirtschaft gab es nur auf einem kleinen Küstenstreifen um die Stadt herum, den nahegelegenen Nafūsa-Bergen und weiter östlich im al-Aḫḍar-Gebirge sowie in den inländischen Oasen, besonders im Fazzān. Von den Bauern gab es nur wenige und von den Nomaden gar keine Steuern, obwohl die Nomaden immerhin den auch fiskalisch einträglichen Karawanenhandel durch die Sahara unterhielten, auf den oben schon hingewiesen wurde. Anders als in Tunesien und Algerien konnten die Paschas von Tripolis daher im achtzehnten Jahrhundert keinen Getreideexport entwickeln.

Wie oben erwähnt, war neben Tunesien auch Tripolis eine osmanische Regentschaft, in der die Diwan-Herrschaft einer erblichen Dynastie Platz gemacht hatte. Die Qaramanli-Dynastie war wirtschaftlich weit weniger potent als die benachbarte Ḥusayniden-Dynastie und hatte daher im achtzehnten Jahrhundert keinen Exporthandel in Getreide aufbauen können. Die Naturalabgaben der Bauern an der Küste reichten gerade für den Unterhalt des Paschas und der Stadt Tripolis, wozu die mäßigen, auf Militärexpeditionen eingetriebenen Abgaben von den nomadischen und halbnomadischen Bewohnern des Ǧabal Nafūsa und des al-Ǧabal al-aḫḍar sowie den Oasenbauern im Landesinneren (besonders im Fazzān) kamen, außerdem die Importsteuern für Güter und Sklaven aus dem Afrika südlich der Sahara. Der Außenhandel von Tripolis war in der ersten Hälfte des neunzehnten Jahrhunderts sicherlich defizitär, zumal das Land – ebenso wie seine westlichen Nachbarn – von Pest und Hungersnot heimgesucht wurde. Nur dank eines großen Hortes an Silber und Gold in der Qaṣba hielten sich die Qaramanli-Paschas.

Als die wohlgerüsteten Franzosen 1830 Algier in der Hoffnung angriffen, die wenigen tausend Janitscharen zu überrumpeln, bevor sie sich mit den Algeriern solidarisieren konnten, und die Stadt in der Tat rasch eroberten, waren die osmanischen Oberherren in Istanbul in einem Dilemma.

Algier war für einen Gegenangriff zu weit entfernt, und die osmanische Marine war nicht mehr das, was sie einstmals im sechzehnten Jahrhundert gewesen war. Auf der anderen Seite aber mußte den Franzosen gegenüber demonstriert werden, daß der Sultan nach wie vor Oberherr der Regentschaften war, und so rüstete er 1835 ein Expeditionskorps gegen das näher gelegene Tripolis aus. Den Vorwand lieferten seit vier Jahren dort tobende Unruhen; eine Nebenabsicht war es, dem autonomen Herrscher Ägyptens, Muḥammad ʿAlī, den Oberherrschaftsanspruch des Sultans zu demonstrieren. Angesichts der Wirren in Tunis gelang die osmanische Besetzung von Tripolis, und die Regentschaft wurde in eine Provinz unter einem in Istanbul ernannten Gouverneur zurückverwandelt.

Im nordafrikanischen Vergleich war die Situation der Tripolitanier einerseits derjenigen der Algerier nicht unähnlich. Die Stämme lebten in Eigenwirtschaft oder waren in einen ländlichen Binnenhandel integriert; mit dem entwickelten Mittelmeerhandel verband sie wenig. Die Angreifer konnten ihnen daher keine Vorteile anbieten und sahen wie auf gewaltsame Unterjochung erpichte bloße Tyrannen aus. Entsprechend wehrten sich die Stämme und mußten von 1835 bis 1856 nacheinander von den Türken erobert werden. Andererseits aber waren die osmanischen Eroberer Muslime, und so entwickelte sich die Provinz in einer zwischen Marokko/Tunesien und Algerien liegenden Richtung. Libyen erfuhr eine zaghafte europäische wirtschaftliche Durchdringung ohne Kolonisierung, aber es wurde auch mehr oder weniger direkt von einem fremden Verwaltungsapparat beherrscht.

Für ihre militärische Besetzung brauchten die Osmanen modernes Kriegsmaterial, das sie aus Istanbul mitbrachten. Zur Verbesserung der Kommandostruktur legten sie ein Telegraphennetz an. Aber Straßen bauten sie ebenso zögernd wie die Marokkaner und Tunesier vor dem Protektorat. Da die Osmanen alle dem Militär angehörten und Gehälter empfingen, die allerdings oft unregelmäßig ausbezahlt wurden, und da sie zudem zu oft versetzt wurden, um lokale Wirtschaftsinteressen entwickeln zu können, blieb das marokkanisch-tunesische Phänomen der Selbstentlöhnung in Libyen weniger stark entwickelt. Die Osmanen verpflichteten sich ebenso wie die tunesische Regierung den *tanẓīmāt*-Verwaltungsreformen, die eine Beteiligung der Bevölkerung an der Verwaltung vorsahen. So war dem Gouverneur ein Verwaltungsrat beigegeben, in dem ein Rechnungsführer, Sekretär, Richter und Rechtsgelehrter sowie vier vor Ort gewählte Vertreter der Bevölkerung saßen. Ähnliche Räte gab es in den Städten auch auf lokaler Ebene. An ihrer militärischen Autorität ließen die Osmanen keinen Zweifel, immerhin mußte – nach Abzug der Verwaltungskosten und Saläre – ein jährlicher Steuerbetrag nach Istanbul geschickt werden, aber wirtschaftlich ließen sie die einheimischen Kaufleute gewähren.[24]

In der Cyrenaika gab es eine pragmatische Sonderregelung. Hier hatte 1843 Muḥammad b. ʿAlī as-Sanūsī (1787–1859) ein Religionszentrum gegründet, das zum Stammhaus der Sanūsiyya, einer mystischen Bruderschaft des oben erwähnten neuen universalistischen Stils wurde. As-Sanūsī kam ursprünglich aus Mostaganem in Algerien. Nach langjährigem Wohnsitz in Mekka war er unter den Einfluß des Scheichs Aḥmad b. Idrīs al-Fāsī geraten, einer aus Marokko stammenden Schlüsselfigur für die Formulierung einer universalistischen islamischen Erneuerung. Eine Rückkehr nach Algerien hatte as-Sanūsī aufgegeben, als die Franzosen Algier besetzten und die Eroberung des Landes begannen. Die Cyrenaika erschien as-Sanūsī günstig, weil die Osmanen diese Regionen vom fernen Tripolis aus verwalteten. Erst 1888 errichteten sie in Benghazi ein direkt Istanbul unterstehendes *sanǧaq*. In den Jahren davor ließen sie as-Sanūsī gewähren, solange er die osmanische Oberhoheit anerkannte.

Während seiner libyschen Karriere gewann as-Sanūsī Brüder *(iḫwān)* aus den Beduinenstämmen und dehnte seinen Einflußbereich langsam in Richtung der nord-südlichen Weide- und Handelswege dieser Stämme aus. Er baute in den Oasen Südlibyens zahlreiche Religionszentren, brachte den Beduinen islamische Tugenden bei und hielt vor allem die Stämme an, die Steuern pünktlich bei den Osmanen abzuliefern. Dafür befreiten die Osmanen die zu den Religionszentren gehörigen Ländereien von den Steuern, und als sie 1904/5 und 1908 gegen diese Absprache verstießen, gab as-Sanūsīs Enkel dem Gouverneur deutlich zu verstehen, daß er sich als Mitgouverneur, nicht als Untertan betrachtete. Anfang des zwanzigsten Jahrhunderts war die Sanūsiyya mit nahezu 150 Zentren in Ostlibyen, Ägypten und Zentralafrika vertreten und bildete zusammen mit den Osmanen ein informelles Kondominium in der Cyrenaika.[25]

Die europäische wirtschaftliche Durchdringung begann erst spät. Landverkäufe an Europäer waren verboten, und Investitionen waren daher nur über Mittelsmänner möglich. Italiener, die ähnlich wie in Tunesien auch in Tripolitanien Handel betrieben und investieren wollten, begannen 1908 mit der finanziellen Hilfe des Banco di Roma Getreide, Oliven, Obst und Alfalfa zu produzieren. Dieselbe Bank investierte auch in Ölpressen, Druckereien und Mühlen. Aber im Vergleich zum übrigen Nordafrika war das europäische Kapital minimal, und folglich gab es keine Kabale der Konsuln und Spekulanten, die den Boden für ein Protektorat vorbereitete.[26]

In der modernen Geschichte des Vorderen Orients und Nordafrikas ist Algerien das erste Kolonialland, die am gründlichsten wirtschaftlich durchdrungene Kolonie und die zuletzt dekolonisierte Nation. Lange Jahre des Widerstands begleiteten die französische Eroberung, und lange Jahre des Guerilla-Kriegs waren notwendig, bevor die Franzosen die Unabhängigkeit gewährten. Im Unterschied zu den anderen nordafrikanischen Ländern kam es in Algerien zu scharfen historischen Brüchen, obwohl auch hier letztlich wichtige Kontinuitäten bestehen blieben.

Zwischen Algerien und Frankreich gab es am Ende des achtzehnten

Jahrhunderts rege wirtschaftliche Beziehungen. Von 1793 bis 1798 lieferte der Dey Weizen nach Südfrankreich sowie an die französischen Expeditionstruppen in Italien und Ägypten. Der Dey und seine Mittelsmänner Jacob Bacri und Nephtali Busnach gewährten Napoleon eine Stundung der auf sieben Millionen Franken aufgelaufenen Schulden. Im Jahr 1800 zahlte die französische Regierung einen Vorschuß von etwa drei Millionen an Bacri und Busnach aus, die diese in Erwartung der Restzahlung einbehielten, mit der sie die von ihnen beanspruchte Kommission regeln wollten. Der Dey drängte auf Zahlung, erhielt aber keinen Sou, da sich die französische Regierung und die Mittelsmänner gegenseitig der Zahlungsunwilligkeit beschuldigten. Die Zahlungsaffäre zog sich hin, beide Seiten begannen mit militärischen Vorbereitungen und hie und da kam es sogar zu Scharmützeln. Dey Ḥusayn (1818–30) berührte oder schlug (die Meinungen der beiden Parteien gingen auseinander) 1827 den französischen Konsul mit seiner Fliegenklappe und die Franzosen blockierten darauf den Hafen von Algier. An eine friedliche Regelung des Weizengeschäfts war nicht mehr zu denken.

Den Ausschlag für eine regelrechte Expedition nach Algier zur Absetzung des Deys gab 1830 die innenpolitische Situation Frankreichs. Die Regierung König Karls X. (1815–30) hatte 1827 eine Wahlschlappe erlitten, und die liberale Opposition versuchte, sich durch den gegen den König gerichteten Vorwurf außenpolitischer Untätigkeit zu profilieren. Mit diesem Vorwurf waren allerdings die Unabhängigkeit Belgiens und die Grenzen Lothringens gemeint, Algerien spielte eine Nebenrolle. Die Regierung aber griff den Fall Algerien auf und entschied sich, ihr außenpolitisches Renommee mit einer Expedition aufzupolieren und damit bei den bevorstehenden Wahlen die Opposition zu neutralisieren. In Paris verurteilten die Liberalen prompt diese Unternehmung als „Libertizid", während die Kaufleute von Marseille sie als Präludium zur staatlichen Stabilität Algeriens begrüßten, von der sie sich Sicherheit bei ihren Handelsgeschäften erhofften. Die wirtschaftlichen Interessen Marseilles trugen allerdings nur am Rande zur Expedition bei; die außen- und innenpolitischen Kalküle standen eindeutig im Vordergrund.

Das Expeditionskorps stach am 25. Mai 1830 von Toulon aus in See. Es umfaßte 37000 Soldaten auf knapp 700 Schiffen, zumeist angemieteten Frachtern, einschließlich sieben Dampfern. Der Dey verfügte über 26000 Janitscharen und Quloğlis plus 16–18000 kabylische Infanteristen. Am 14. Juni landeten die Franzosen westlich von Algier und griffen, entgegen den Erwartungen Ḥusayns, die Stadt von der Landseite an. Der Dey konnte den Vormarsch der französischen Truppen nicht aufhalten und streckte am 5. Juli seine Waffen. Die Franzosen stürzten sich auf den 150 Millionen Franken geschätzten Staatsschatz, der ein eindrucksvolles Zeugnis sowohl der fiskalischen und kommerziellen Fortüne der türkischen Herrscherklasse als auch deren merkantilistischer, aufs Horten ausgerichteten Borniertheit darstellte. 50 Millionen Franken verschwanden spurlos, 100 Millionen fanden ihren Weg nach Paris, aber nur 42 Millionen langten bei der Staatskasse an. Die Blockade und Expedition 1827–30 kosteten 75 Millionen Franken und hätten sich selbst getragen, wenn alle Beteiligten ehrlich gewesen wären. Selbstentlöhnung war keineswegs ein orientalisches Problem und kam den französischen Steuerzahler nicht weniger teuer zu stehen als den algerischen.

Die Nemesis schlug jedoch unverzüglich und unerbittlich zu. Die Pariser Wähler durchschauten das Machtkalkül Karls X. und wählten liberal. Die Julirevolution folgte, und im August dankte der König ab, einen Monat nach dem Dey von Algier. Der neuen, sogenannten Juli-Monarchie unter dem vom Pariser liberalen Bürgertum getragenen Louis-Philippe war der Besitz Algiers peinlich, besonders gegenüber dem mißtrauischen England. Aber zur Räumung der Stadt konnte sich der König nicht entschließen, da er nicht willens war, den Engländern mehr als die Unabhängigkeit der revoltierenden Belgier im September zuzugestehen. So blieb es also bei der Besetzung von Algier, und die Besatzungsarmee begann sogar mit ersten Schritten zur Eroberung (Bône) und Kolonisation (Maison-Carrée) des Landes.[27]

Im Lande selbst begann sich der Widerstand gegen die Franzosen zu regen. Im Jahr 1832 nahmen Aḥmad, der Bey von Constantine, und Muḥyī ad-dīn, der Leiter eines Religionszentrums und Stellvertreter *(ḫalīfa)* des Sultans von Marokko in Westalgerien, den Kampf gegen Frankreich auf. (Der Bey von Oran war 1830 von den Franzosen abgesetzt worden und mehrere Parteien, darunter auch die Marokkaner, versuchten in der Provinz die Macht zu ergreifen.) Angesichts dieses Widerstands und um Zeit zu gewinnen, schloß ein französischer General einen Vertrag mit dem Sohn des alternden Muḥyī ad-dīn, ʿAbd al-Qādir. In der arabischen Version dieses Vertrages wurde ʿAbd al-Qādir als *amīr al-muʾminīn,* also als unabhängiger Emir der Gläubigen, bezeichnet, der mit Frankreich konsularische Beziehungen unterhalten würde. Kurz darauf entschied sich Paris endgültig für eine Beibehaltung der inzwischen auf ein kleines Gebiet um Algier angewachsenen algerischen Kolonie, und es sah so aus, als sei eine Art Kondominium zwischen ʿAbd al-Qādir, Aḥmad und Frankreich entstanden.

Bei diesem Kondominium blieb es aber nicht lange. Die französischen Besatzungs-Generäle drängten auf volle Eroberung, während der Bey und der Emir sich mit dem Ankauf von Waffen und Vorräten auf den Entscheidungskampf rüsteten. Die erste Runde gewannen Aḥmad und ʿAbd al-Qādir, ersterer 1836 mit der Abwehr einer französischen Belagerung von Constantine, letzterer 1837 mit dem Vertrag von Tafna, der die französischen Grenzen festlegte, Aḥmad unerwähnt ließ und damit implizit dem Emir auch Ostalgerien zusprach. Aber in einem zweiten Anlauf 1837 eroberten die Franzosen Constantine und zwangen den Bey, sich in den

Süden zurückzuziehen. Zum Glück für die Franzosen verbündete sich Aḥmad nicht mit seinem westlichen Rivalen. Die Generäle setzten alles daran, den Emir daran zu hindern, ins östliche Machtvakuum vorzustoßen. In der Tat wurde auch ʿAbd al-Qādir mit der Abdrängung Aḥmads weniger gefährlich. Im Mai 1840 erklärte sich General Bugeaud für eine volle Eroberung Algeriens und verfolgte dieses Ziel nach seiner Ernennung zum Gouverneur im Dezember mit vollem Nachdruck. Eine Dekade nach der Expedition von Algier hatte die algerische Militär-Lobby den Widerstand der französischen Regierung gegen die Besetzung ganz Algeriens niedergerungen.

Trotz seiner kurzen Karriere gelang ʿAbd al-Qādir die Grundlegung eines nicht unwesentlichen Staatsgebäudes. Die regulären Truppen, überwiegend Infanteristen, betrugen knapp 10000 Soldaten. Sie waren zunächst mit französischen Gewehren, die gemäß dem Vertrag von 1832 geliefert wurden, und nach Tafna 1837 mit geschmuggelten englischen Gewehren ausgerüstet. Die Artillerie umfaßte etwa 20 Kanonen. Zeitweise traten bis zu 54000 Mann zählende freiwillige Stammestruppen hinzu. Die Finanzierung gewährleisteten Beamte, die einen Staatsschatz von 1,5 Millionen Franken, Getreidesilos und eine Reihe von Fabriken (einschließlich Webereien und einer Waffenfabrik) für das Heer aufbauten. Unter starkem äußeren Druck gelang ʿAbd al-Qādir ein sehr viel besserer Anschluß an die europäische Waffentechnologie des frühen neunzehnten Jahrhunderts als seinen weit weniger bedrohten tunesischen Nachbarn.

Den konzentrierten Angriffen Bugeauds widerstand ʿAbd al-Qādir sieben Jahre, ehe er von seinem marokkanischen Oberherrn im Stich gelassen am 23. Dezember 1847 gegen die französische Übermacht aufgab. Aḥmad Bey unterwarf sich 1848. ʿAbd al-Qādir übersiedelte nach Damaskus, wo er sich von 1852 bis zu seinem Tode 1883 dem Studium der Religion widmete. Aḥmad starb 1850 in Algier. Der Widerstand hörte damit aber nicht auf. Er verlegte sich vielmehr von der hohen Ebene direkter staatlicher Konkurrenz mit dem französischen Generalgouvernement auf die lokale Ebene der Stammesführer, Vorsteher von Religionszentren oder gelegentlich sogar Abenteurer. Der Widerstand manifestierte sich in regelmäßig bis um die Wende zum zwanzigsten Jahrhundert aufflackernden, zumeist kurzlebigen Revolten. Die Aufstände konnten dem Kolonialregime nicht viel anhaben, aber sie waren doch Merkmale der sehr viel brutaleren Gewalt, mit der sich Europa in Algerien – verglichen mit Marokko und Tunesien – präsentierte. Aḥmad, ʿAbd al-Qādir und ihre Anhänger waren die ersten Opfer dieser Gewalt; hunderte mehr folgten in der zweiten Hälfte des neunzehnten Jahrhunderts.[28]

Der größte Aufstand war zweifellos derjenige von 1871. Unter dem Druck der europäischen Siedler war 1868 der Plan einer Umwandlung der militärischen in eine zivile Kolonialregierung gefaßt worden. Einflußreiche Stammesführer, die auf lokaler Ebene im Dienst der Militärverwaltung

Steuern erhoben und für die öffentliche Sicherheit verantwortlich waren, sahen dieser Umwandlung mit Besorgnis entgegen, denn unter einer Zivilverwaltung wären die Steuerprivilegien und Sicherheitsfunktionen ihrer Ämter beschnitten worden. Der deutsch-französische Krieg im Sommer 1870 verlangsamte die Umwandlung. Als die Besatzungsarmee auf 43 000 Soldaten schrumpfte, Kaiser Napoléon III. in preußische Gefangenschaft geriet, die Dritte Republik ausgerufen und ein weiterer Teil der Armee abgezogen wurde, paarte sich die Besorgnis der Stammesführer mit der Faszination, die die Niederlage der Franzosen bei der breiten Stammesbevölkerung auslöste.

Im Winter 1871 einigten sich der Baš-Aġa Muḥammad al-Ḥāǧǧ al-Muqrānī und Scheich al-Ḥaddād von dem die Kabylei dominierenden Religionszentrum Ṣaddūq, das dem Orden der Raḥmāniyya angehörte, den Aufstand zu proben. Muqrānī entstammte einer bedeutenden Familie, die seit Generationen mit den Deys alliiert gewesen war und auf dem Weg von Algier nach Constantine die Sicherheit garantiert hatte. Ḥaddād war der Führer einer seit einem halben Jahrhundert in Expansion begriffenen Bruderschaft, die allerdings nicht zum Umkreis der universalistischen Reformorganisationen der Tiǧāniyya und Sanūsiyya gehörte, sondern in der Kabylei und dem Awrās (Aurès) zu einer Art berberischer Kulturbewegung der algerischen Regentschaft avanciert war. Aufmunternde Briefe eines Sohnes ʿAbd al-Qādirs aus dem benachbarten Tunesien machten die Runde. Die Revolte breitete sich rasch nach dem südlichen Constantinois aus, wo sich im Wād Ġīr (Oued Ghir) ein obskurer Wohlfahrtsrat etablierte. Französische Truppen reichten kaum aus, die beiden anderen Provinzen (Algier und Oran) gegen die Rebellen zu schützen, geschweige denn in ihrer eigenen zu besiegen. Aber der plötzliche Tod Muqrānīs in einem militärischen Engagement im Mai 1871 brach dem Aufstand das Rückgrat, und im Januar 1872 war er zu Ende.

Die Folgen des Aufstandes waren fürchterlich. Die Verwaltung verurteilte rund 300 Stammesfraktionen oder 800 000 Algerier zu einer Gesamtstrafe von nahezu 35 Millionen Franken und beschlagnahmte rund 450 000 Hektar Gärten, Acker- und Weideland sowie fast 10 Millionen Franken von weniger belasteten Algeriern, denen sie den Rückkauf ihrer Länder erlaubte. Insgesamt verloren die betroffenen Algerier, ungefähr ein Viertel der Bevölkerung, 70% ihres Besitztums. Etwa 16 000 Algerier entschlossen sich, eher nach Tunesien auszuwandern, als unter einer solch brutalen Kolonialregierung von vorne anzufangen. Andere verarmten derart, daß sie sich als Pächter bei den elsässischen Siedlern verdingten, die ohne Leistung einer Bezahlung auf den beschlagnahmten Ländereien angesiedelt wurden. Das Gros der Algerier mußte sich im wörtlichen Sinne in die Büsche schlagen, um sich auf den früheren Allmenden neues Ackerland zu erschließen. Mit der Niederschlagung des Aufstandes von 1871 begann die europäische Landnahme im großen Stil.

Auch die Revolte des Sīdī ʿAmāma 1881 zeitigte immense Folgen, und sie soll hier als ein weiteres Beispiel aus der Sequenz des runden Dutzends von Aufständen zwischen 1847/8 und dem Ersten Weltkrieg gelten. Im Süden der Provinz Oran hatte es in der zweiten Hälfte des siebzehnten Jahrhunderts einen Heiligen gegeben, Sīdī Šayḫ, der in Figīg ein Religionszentrum gegründet hatte. Seine Nachkommenschaft war so zahlreich, daß sie sich um 1800 in einen östlichen und einen westlichen Zweig teilte. Die Pflege des Zentrums fiel an den östlichen Zweig, und sein Führer Sī Ḥamza wurde 1853 von den Franzosen als *ḫalīfa* in der Verwaltung der Sahara eingesetzt. Sein Sohn erhielt 1864 einen geringeren Rang und ein verkleinertes Territorium. Er revoltierte darauf im großen Aufstand der Awlād Sīdī Šayḫ, der sich 1871 mit dem der Kabylen unter Muqrānī und Ḥaddād verband. Ein Teil der Familie kehrte im Zuge der französischen „Befriedung" nach 1871 zurück, aber andere verharrten im Aufstand und insgesamt blieb die Situation unklar.

In der Zeit zwischen 1860 und 1880 rückten französische Militärposten langsam in die Sahara vor. Straßen und Telegraphenlinien wurden gebaut und Brunnen gegraben. Siedler beuteten die Alfalfagrasvorkommen aus. In dieser Situation entschloß sich ein Angehöriger des westlichen Zweigs der Awlād Sīdī Šayḫ, Sīdī ʿAmāma, das Erbe des Gründerheiligen universalistisch zu erneuern, und baute zwischen 1876 und 1878 ein Religionszentrum in der Oase Moghar (Muġār) Taḥtānī. Die Vereinigung aller Muslime in einer Gemeinschaft, so predigte er, sei eine Vorbedingung für die Vertreibung der sich immer tiefer in der Sahara festsetzenden Franzosen. Ein Leutnant versuchte Sīdī ʿAmāma 1880 gefangenzunehmen, aber seine algerischen Truppen mochten den Heiligen nicht anrühren. Im April 1881 brach der Aufstand mit der Ermordung eines anderen Leutnants aus. In den zwei Jahren dieses Aufstands fanden 187 Menschen, zumeist Alfalfaarbeiter, den Tod, und die beteiligten Stämme wurden zu einem Schadensersatz von etwa zwei Millionen Franken verurteilt. Sīdī ʿAmāma selbst entkam ins marokkanische Exil.

Die Revolte ist aus zwei Gründen wichtig. Zum einen zeigt sie, wie sich die Vorstellung einer universalistischen Erneuerung des Islams im neunzehnten Jahrhundert lokal ausbreitete: Tiǧāniyya und Sanūsiyya wurden als andere Beispiele oben schon erwähnt. Zum andern war die Niederschlagung des Aufstandes Sīdī ʿAmāmas das Signal für einen sich langsam verstärkenden Druck der lokalen französischen Militärs auf Südostmarokko, das noch nicht durch eine offiziell gezogene Grenze von Algerien abgetrennt war. Paris widerstand zwar zunächst aus Gründen der internationalen Diplomatie diesem Druck, aber dann gab es mit der Besetzung der Twāt (Touat)-Oasen 1900 doch nach und ließ sich zum Sprachrohr der Forderung der Militärs nach einem Protektorat über Marokko machen. So wie der Plan einer Eisenbahn zwischen Ostalgerien und Tunesien zu einem Druckmittel der Interessengruppe der Konsuln und Spekulanten auf Paris geworden war und zum Protektorat über Tunesien geführt hatte, so bildete sich in vergleichbarer Weise in Westalgerien um die Frage der Oasen und der Grenzziehung eine Militärlobby.[29]

Im Zuge der Eroberung bemühte sich die militärische und nach 1871 die zivile Kolonialregierung um die Errichtung einer Infrastruktur, die natürlich in erster Linie für die Siedler gedacht war. Die Militärverwaltung war vom Generalgouverneur über drei departementale Generäle (Algier, Constantine und Oran) bis hinunter zu den *bureaux arabes* organisiert, wo örtliche Offiziere die Stammesführer ihrer Bezirke überwachten. Diese Stammesführer wurden unter den Familien mit Prestige und Reichtum ausgesucht. Und da die Offiziere in der Regel großen Bezirken vorstanden und auf die Kooperation der Stammesführer angewiesen waren, blieb es zumeist bei einer bemerkenswerten Kontinuität der lokalen algerischen Führungseliten. Selbst als nach der Umstellung auf eine Zivilverwaltung die Bezirke auf Sektionen verkleinert wurden, war die Kontinuität stärker als die Diskontinuität. Etwa ein Drittel der lokalen Verwalter zur Zeit des Ersten Weltkriegs waren Abkömmlinge von Verwaltern aus den letzten Jahren der Türkenherrschaft.

Schon in den sechziger Jahren des neunzehnten Jahrhunderts erhob die französische Verwaltung alle Steuern in Geldform und zwang damit die einheimische Bevölkerung zum Verkauf eines Teiles ihrer Ernten auf dem Markt. Diese Verkäufe unterstützten die beginnende Urbanisierung, und da die fiskalisch motivierten Verkäufe generell niedrigere Preise erzielten als speziell für den Markt gedachte, erhielten die neuen Städte erhebliche indirekte Subventionen. Die Städte waren durchweg Verwaltungszentren, von den Franzosen für die Überwachung der einheimischen Bevölkerung und die Bedürfnisse der Siedler errichtet. Die die Städte verbindenden Straßen bauten, wie in Tunesien, zum großen Teil Algerier, die zur Ableistung von Steuerschulden zum Arbeitsdienst verpflichtet waren. Im Jahre 1890 gab es 3000 km nationale, 1500 departementale und 10000 km lokale Straßen sowie 3000 km Eisenbahnen. Das Verkehrsnetz war primär auf die kolonialen Verwaltungs- und Wirtschaftsinteressen abgestellt, und es ist daher nicht verwunderlich, daß dieses Netz im Vergleich zu demjenigen Frankreichs um mehr als zwei Drittel kleiner war – und dies nur auf der Ebene der überörtlichen Hauptstraßen. Die Siedler wollten für ihre Marktproduktion keine Konkurrenten haben.

Eine weitere wichtige Infrastrukturmaßnahme war die Öffnung der traditionellen Landbesitzstrukturen für den Markt. Eine Serie von Gesetzen zwischen 1863 und 1887 sorgte dafür, daß die prinzipiell drei Arten von Land, das heißt kollektives Ackerland, kollektive Weiden und Einzelbesitz, vermessen und in Einzelparzellen oder Gemeinschaftsbesitz aufgeteilt wurden. Die teuren und mit speziellen Steuern finanzierten Vermessungen fanden zwar bis zum Ende des Kolonialregimes längst nicht auf allen Ländereien statt, aber sie genügten, um den europäischen Siedlern zum Ankauf von etwa 380000 Hektar Land zu verhelfen. In wenigen Jahren war ein Immobilienmarkt entstanden.

Neben dem landwirtschaftlich genutzten Land gab es ebenfalls vermessene Flächen mit Wäldern und Buschland. Algerier nutzten dieses Land mit ihrem Vieh und sammelten dort Brennholz, Beeren und Baumfrüchte. In unregelmäßigen Abständen legten sie Brände an, um die Fruchtbarkeit des Bodens zu erneuern. Auf diese Weise, aber offenbar auch aus Unachtsamkeit, gab es alle zwei bis fünf Jahre große Waldbrände, die die wegen der Aufstände ohnehin schon nervöse Siedlerbevölkerung beunruhigten und zu erbitterten Kämpfen zwischen der Verwaltung und den Algeriern um die Nutzung dieser Gelände führten. Zudem war bei der Vermessung ein um beinahe ein Drittel größeres Areal zu Wäldern und Buschland erklärt worden, als es die vorhandenen zirka 1,5 Millionen Hektar rechtfertigten, und so gab es nicht einmal Einigkeit über die Definition. Enorme Geldstrafen für Brände und unbefugte Nutzung waren die Folge.

Am Ende des Ersten Weltkriegs betrug die Oberfläche des Siedlern gehörenden Landes im Norden Algeriens 2,3 Millionen Hektar. Das landwirtschaftlich nutzbare Areal in Nordalgerien umfaßte 5,9 Millionen Hektar, koloniales Siedlerland machte also 39% der Gesamtnutzfläche aus. Viele Algerier waren Pächter auf den den Europäern gehörenden Ländereien, aber es ist wohl nicht verfehlt anzunehmen, daß die einheimische Bevölkerung enorme Landreserven in der Allmende urbar machen mußte, um zu überleben.

Bei dieser Urbarmachung wurde aber um den Ersten Weltkrieg herum eine unüberwindliche Grenze erreicht, wie die folgenden Zahlen zeigen. Von 1870 bis 1914 stieg die einheimische Bevölkerungszahl von 2,1 auf 4,8 Millionen Menschen. Die eingesäte Fläche für Getreide aber verringerte sich zwischen 1874 und 1914 absolut von durchschnittlich 2,33 bis 2,52 Millionen Hektar auf 2,14 bis 2,43 Millionen Hektar. Der Ertrag blieb ungefähr gleich. Die Fläche für Hülsenfrüchte stieg im Zeitraum von 1900 bis 1914 von 39000 auf 74000 Hektar. Offensichtlich fand hier eine leichte Verschiebung von extensivem auf intensiven Anbau statt, insofern auf kleiner werdenden Getreideflächen gleichviel geerntet und auf größer werdenden Flächen im Vergleich zu Getreide nährstoffreichere Hülsenfrüchte angebaut wurden. Die Zahl des Kleinviehs (Schafe, Ziegen) und der Rinder blieb mit zirka 8,4 und 0,9 Millionen im Zeitraum 1890–1914 konstant. Aus diesen Zahlen ist ersichtlich, daß das Ackerland sein Maximum erreicht hatte und die Allmende keine Reserven mehr enthielt.

Mit der Erschöpfung der Ackerlandreserven erreichte Algerien um den Ersten Weltkrieg herum als erstes maghrebinisches Land eine völlig neue Situation, mit der es in der Vergangenheit nie konfrontiert gewesen war. Falls die Bevölkerung nicht stagnierte, sondern sich weiter vermehrte, was sie mit Ausnahme des Hungerjahres 1920 zwischen 1921 und 1931 im jährlichen Rhythmus von 1,35% tat, dann konnte sie nur überleben, wenn sie den Anteil an Hülsenfrüchten und Gartenpflanzen auf Kosten des Getreides weiter erhöhte – unter der Annahme, daß die Kolonialregierung nicht willens war, in Kunstdünger, Bewässerung, Wege und Transportmittel für die Einheimischen zu investieren.

Die Tendenz zur Intensivierung der Landwirtschaft, das heißt der Übergang zu ertragreicheren landwirtschaftlichen Produkten, zeigt sich auch bei einem Blick auf die Veränderungen der Sozialstruktur auf dem Lande. Zwischen 1901 und 1914 blieb die Zahl der Landbesitzer mit durchschnittlich 1,7 Millionen gleich, obwohl sich ihr Anteil an der Gesamtbevölkerung auf dem Lande von 54 auf 48% verminderte. Die Zahl der vollen wie auch ernteanteiligen Pächter (die letztere Art war der etwa ein Fünftel der Ernte erhaltende *ḫammās*) blieb mit 1,2 Millionen ebenfalls gleich und behauptete sich auch im Anteil mit durchschnittlich etwa 35%. Landarbeiter vermehrten sich sowohl absolut (von 356000 auf knapp 600000) als auch anteilmäßig (von 11 auf 16%). Die ländliche Gesamtbevölkerung der Algerier wuchs um 12%, von 3,2 auf 3,6 Millionen, und es war somit klar, daß zumindest bis zum Ersten Weltkrieg die Intensivierung nicht mit der Bevölkerungsvermehrung Schritt hielt.

Einen teilweisen Ausgleich brachte die Überproduktion der Siedler. In der kolonialen Landwirtschaft entfielen im Jahr 1896 auf etwas über 200000 ländliche Siedler 3,5 Millionen Hektoliter Getreide, während 3,7 Millionen algerische Bauern 8,4 Millionen Hektoliter Getreide produzierten. Da eine Reihe dieser Algerier (etwa 300000) bei den Siedlern arbeiteten, kam ihnen ein Teil des Überschusses zugute. Ein anderer Teil ging an die langsam steigende, aber noch minimale städtische Bevölkerung von etwa 400000 Siedlern und 320000 Algeriern in fünfzig Städten. Einen weiteren Ausgleich brachte die algerische Emigration in die Industriegebiete Frankreichs, die 1906 begann. Bis 1914 emigrierten etwa 10–15000 Algerier, in der Mehrzahl Kabylen, die – wie oben erwähnt – von der Kolonisation besonders hart getroffen worden waren. Zu Beginn des Ersten Weltkrieges hatte die einheimische Landwirtschaft unter den bestehenden Bedingungen ihr Optimum erreicht, und ohne massive Investitionen in die Infrastruktur konnte an ihr kaum mehr gewinnbringend manipuliert werden.[30]

Das neunzehnte Jahrhundert brachte für die nordafrikanischen Länder sehr unterschiedliche Veränderungen. Alle Nordafrikaner machten schon früh mit der neuen, überlegenen militärischen Gewalt Europas Bekanntschaft, wenn auch in unterschiedlichem Grade. Marokkaner und Tunesier waren ihr, von einigen Militärepisoden abgesehen, am wenigsten ausgesetzt. Die Libyer lernten sie indirekt über die Osmanen kennen; die Algerier wurden am brutalsten unterworfen. Mit dem europäischen Markt machten sie mehr oder weniger direkt alle die gleiche Erfahrung, nämlich daß sie nur einseitig herangezogen wurden: Sie lieferten unter dem Zwang entweder ihrer eigenen Regierungen (Tunesien vor 1881, *maḫzan* und Qāʾids in Marokko, Osmanen in Libyen) oder der Kolonialverwaltungen

(Tunesien nach 1881, Algerien) Steuern in Form von landwirtschaftlichen Überschüssen und Arbeitsdienstleistungen, die ihnen im Gegenzug nur geringe Marktgewinne brachten. Soweit Europa in Nordafrika investierte, handelte es sich vorwiegend um Kapitalanlagen in Infrastrukturen, wogegen nichts einzuwenden war; freilich waren sie wegen fehlender politischer Sicherheit im Lande durchweg risikoreich, lockten darum zunächst wenig seriöse Spekulanten an und endeten mit dem Eingreifen der mit den Spekulanten befreundeten europäischen Staatsmänner.

5. Urbanisierung und Nationalismus (1900–1950)

Mit der Errichtung einer italienischen Kolonie in Libyen 1911 und eines französisch-spanischen Protektorats in Marokko 1912 vervollständigte sich die koloniale Machtstruktur in Nordafrika. Unter dem Schutz nunmehr wesentlich gestärkter Verwaltungsapparate wiederholte sich, was sich schon in Tunesien und Algerien gezeigt hatte: forcierte Investitionen in die Infrastruktur und die Entwicklung einer auf Export angelegten Siedlerlandwirtschaft. Im Resultat wurde diese Landwirtschaft während der dreißiger Jahre des zwanzigsten Jahrhunderts in Marokko, Tunesien und Algerien so produktiv (in Libyen war sie in ihrem Volumen zu klein, um ins Gewicht zu fallen), daß sie in eine ernste Absatzkrise geriet und von Getreide und Wein stärker auf Obst und Gemüse umstrukturiert werden mußte.

Die Produktivitätssteigerungen im Getreideanbau wurden durch Mechanisierung erreicht. Die Folge war eine Abwanderung eines Teils der europäischen Siedlerbevölkerung in den zwanziger und dreißiger Jahren in die Städte, besonders in Tunesien und Algerien. Diese Bevölkerung ernährte sich durch Investitionen in Handwerk, Handel, Verkehr und Industrie in dem bescheidenen Rahmen, den ihnen die Selbstfinanzierung ermöglichte; die auf dem Lande verbliebenen Siedler investierten dementgegen in importierte Landmaschinen. Mit der Getreidekrise und der allmählichen Umstellung auf Obst und Gemüse bot die Siedlerlandwirtschaft wieder verstärkt Arbeitsplätze: Für Gemüsefelder und Obstplantagen mußten die Maschinen erst noch erfunden werden. Da die meisten Siedler in die Städte abgewandert waren, nahmen in den dreißiger, vierziger und fünfziger Jahren Einheimische diese Arbeitsplätze ein, insbesondere in Algerien; dadurch blieb wenigstens ein teilweiser Ausgleich (von der Auswanderung in die Industrien Frankreichs war schon die Rede) für die ungenügende Produktion im einheimischen Landwirtschaftssektor auch weiterhin erhalten.

Die einheimische Landwirtschaft hatte, wie oben erwähnt, ihre volle Kapazität in Algerien vermutlich schon vor dem Ersten Weltkrieg erreicht. In Libyen, Marokko und Tunesien war es erst nach dem Zweiten Weltkrieg soweit. Volle Kapazität bedeutete, daß sich die einheimische Landbevölkerung in guten Jahren mehr schlecht als recht nahe dem Existenzmini-

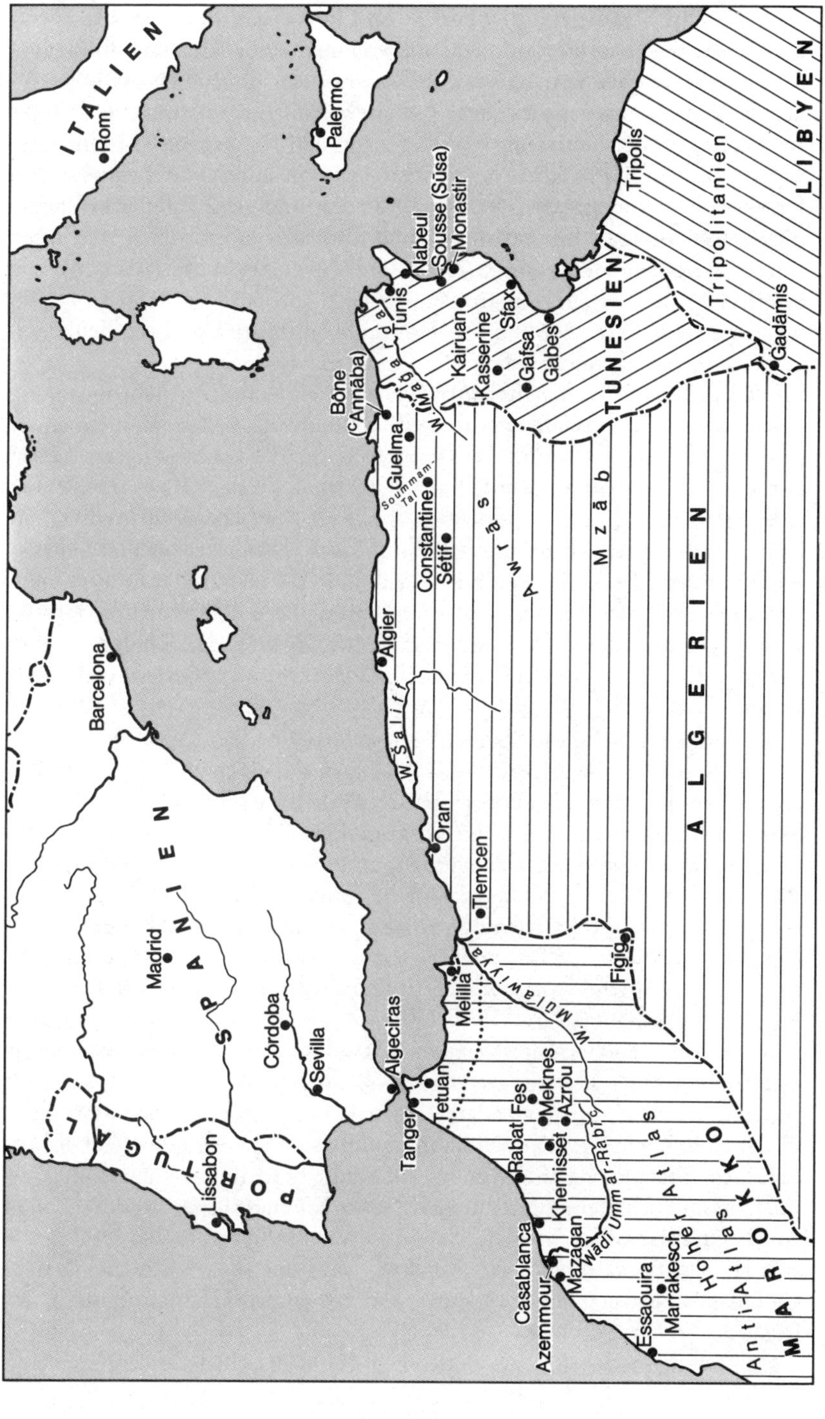

14. Der Maghreb im 20. Jahrhundert

mum von 300 kg Weizen pro Person und Jahr ernährte sowie ihre Wolle und Schlachttiere in die Stadt trug und von dem Erlös Kleidung und Hausrat kaufte bzw. ihre Steuern bezahlte. Aber da sich die einheimische Bevölkerung dank nunmehr wirksamer Gesundheitsmaßnahmen – je nach Land und Zeitraum der Schätzung – in der Zwischen- und frühen Nachkriegszeit um 1,8 bis 2,2% jährlich vermehrte und gleichzeitig Arbeitsplätze in Frankreich, in der Landwirtschaft der Siedler und – im Falle Marokkos – durch französische Infrastruktur- und Industrieinvestitionen verfügbar waren, wanderte sie verstärkt in die etwa zwanzig tunesischen, fünfzig algerischen und zwanzig marokkanischen Städte ab. Von etwa 1936 an wuchsen viele dieser Zentren pro Jahr im Schnitt um 7,5%, das heißt, um 5,3% schneller als die einheimische Gesamtbevölkerung.

Die Bevölkerungsvermehrung auf einen irrationalen Vermehrungsdrang zurückführen zu wollen, wäre gewiß verkehrt. Daß Kinder nicht mehr sterben, sondern aufgrund verbesserter Gesundheitsfürsorge am Leben bleiben, kann erst nach ihrer Geburt festgestellt werden. Da es überdies in der Eigen- und in der beginnenden städtisch-ländlichen Marktwirtschaft keine staatliche Altersversorgung gibt, müssen die Kinder für den Lebensunterhalt der Eltern in deren schon früh einsetzendem Alter aufkommen. Die kleinen Kinderzahlen förderliche elterliche Verantwortung für die Kinder (anstelle der herkömmlichen Verantwortung der Kinder für ihre Eltern) setzt eine ausgeprägt arbeitsteilige Markt- und Industriegesellschaft voraus.

Insofern sich die in die Städte abgewanderte Landbevölkerung – besonders in Tunesien und Algerien – durch Eigeninvestition ihre Arbeitsplätze schaffen mußte, war das Lebensniveau natürlich auf den ersten Blick kaum besser als bei den auf den Dörfern zurückgebliebenen Verwandten. Um Händler oder Handwerker zu werden, mußte ein ehemaliger Fellache oder Pächter nicht nur ein Metier erlernen, sondern sich das Geld für einen Laden oder eine Werkstätte noch zusätzlich ersparen. Bei näherem Hinsehen aber profitierte ein Zuwanderer von dem, was in der Fachliteratur das „städtische Vorurteil" *(urban bias)* genannt wird, das heißt, von der Infrastruktur (Krankenhäusern, Verkehrsmitteln, Schulen usw.), die auf dem Lande nur den Siedlern zur Verfügung stand, in der Stadt aber, wenn auch nicht immer ohne weiteres zugänglich, so doch physisch präsent war. Mit anderen Worten, die Zuwanderer lebten von zusätzlichen Subventionen, zu denen letztlich die Landbevölkerung mit ihren Steuerzahlungen beitrug. Ländliche Steuern, dazu bestimmt, auf Städte beschränkte Infrastrukturen finanzieren zu helfen, kamen einem Netto-Kapitaltransfer von der Land- auf die Stadtbevölkerung gleich. Und so war das Leben in den Wellblechstädten oder *bidonvilles* – ein Ausdruck, der um 1934 wahrscheinlich in Casablanca zum erstenmal aufkam – keineswegs ärmlicher als in den Dörfern.

Den bescheidenen Eigeninvestitionen der städtischen Zuwanderer entsprachen auf dem Lande ähnlich bescheidene Ersparnisse der einheimischen Landbevölkerung. Das Investieren von Spargeldern in Landmaschinen fällt in Algerien ins späte neunzehnte Jahrhundert, und für ein beginnendes Interesse an intensiv bearbeiteten Kulturen gibt es zu dieser Zeit ähnliche Zeugnisse. Marginale Veränderungen also, die sich hier vollzogen, tendierten in Nordafrika in die gleiche Richtung wie bei den europäischen ländlichen Siedlern: Auf Weizenflächen war nur die Mechanisierung rentabel; bei Obst- und Gemüseplantagen aber, wo es auf gesicherten Absatz und rasche Vermarktung ankam, bedurfte es genossenschaftlicher Organisationen. Vor 1950 freilich kam es bei der einheimischen Bevölkerung nur in Ansätzen zu solcher Mechanisierung und Vergenossenschaftung.

Diese Feststellungen führen zu einer wichtigen Einsicht beim Studium der modernen Sozialgeschichte des Maghrebs: So diskontinuierlich und – insbesondere in Algerien und Libyen – sogar destruktiv die Periode der wirtschaftlichen Durchdringung und des Kolonialismus war, so hielt sie doch die historische Entwicklung nicht auf, sondern fügte sich vielmehr in diese ein. Für eine allein auf Getreide und Vieh basierende Eigenwirtschaft ohne Bewässerung, Dünger, modernes Gerät und gute Verkehrsanbindung gab es konkrete physische und damit demographische Grenzen. Wurden diese Grenzen erreicht oder sogar überschritten, dann half nur die Umstrukturierung in Großflächen für den Getreideanbau oder aber in Intensivflächen mit der dazugehörigen Marktintegration. Die Proletarisierung früherer Besitzer in Landarbeiter, die Abwanderung der Landbevölkerung in städtische Elendsviertel und die Bescheidenheit von Eigeninvestitionen sind daher keine spezifischen Phänomene der europäischen Wirtschaftsdurchdringung und des Kolonialismus, wenn sie auch zweifellos durch letzte krasser und brutaler ausgeprägt wurden, sondern Begleiterscheinungen technologischen und demographischen Wandels, so wie es ihn in allen Gesellschaften und zu allen Zeiten geben kann und auch gegeben hat.

Im folgenden sollen die sozialen Veränderungen im Maghreb der ersten Hälfte des zwanzigsten Jahrhunderts punktuell näher illustriert werden. Italien und Frankreich investierten in die Infrastrukturen Libyens und Marokkos in der ersten Hälfte des zwanzigsten Jahrhunderts massiver und konsequenter, als es ihnen im industriell noch weniger entwickelten neunzehnten Jahrhundert möglich gewesen war. Italien besiegte die Osmanen 1912 und rückte im Kampf gegen die Stämme bis in den Fazzān vor, aber 1914 gelang es einer Truppe vorwiegend sanussitreuer Stämme, die Italiener zur Küste zurückzudrängen. Nach dem Ersten Weltkrieg kam es erst 1921 zur Rückeroberung dieser Gebiete. Mit derselben Brutalität, mit der schon Frankreich im neunzehnten Jahrhundert vorgegangen war, enteigneten die Italiener das Land der Bauern und Berber, die sich ihnen widersetzten. Aber der Widerstand dauerte unter ʿUmar al-Muḫtār an, einem Stammesführer, dem Sayyid Idrīs as-Sanūsī die Leitung der Sanūsiyya übergab, bevor er selbst 1922 ins freiwillige Exil nach Ägypten ging, um dem peinlichen Angebot eines Emirats von Italiens Gnaden auszuweichen. Im Ǧabal al-aḫḍar hielt ʿUmar al-Muḫtār trotz Stacheldrahtverhauen, Luftangriffen, vergifteter Brunnen und drakonischer Strafen mit seinen Guerillatruppen bis September 1931 aus, als ihn die Italiener schließlich gefangennehmen konnten und hinrichteten.

Die Eroberung Libyens war im Namen der Ideologie der „Vierten Küste" geführt worden, wonach die Ende des neunzehnten Jahrhunderts hochgeschnellten Geburtenraten in Italien die Eroberung dieser alten römischen Provinz erforderten. Zum Verdruß Mussolinis ging die Rate aber nach 1927 von 2,8 wieder auf 2,3% zurück, und es bedurfte der sogenannten *Ventimila,* der spektakulären Propagandaaktion der zwanzigtausend Emigranten im Oktober 1938, bevor sich Kolonisten in größerer Anzahl ansiedelten. Im Jahr 1940 betrug der Anteil der Italiener immerhin nahezu 12% der Gesamtbevölkerung von einer Million Einwohnern – vergleichbar dem Prozentsatz der Europäer in Algerien. Nahezu 189000 Hektar wurden kultiviert, und auf nahezu drei Vierteln dieser Fläche gab es junge Olivenbäume, Rebstöcke und Getreide. Bäume und Futterpflanzen waren auf knapp 3500 Hektar bewässertes Land in der Umgebung von Tripolis begrenzt. Eine in Richtung Eritrea konzipierte strategische Küstenstraße von 1700 km Länge, die dann im Zweiten Weltkrieg für Rommel und Montgomery von Nutzen war, verband seit 1937 Tunesien und Ägypten. Insgesamt kostete das Kolonialunternehmen die italienischen Steuerzahler 1,2–1,4 Milliarden Lire, denen in den späteren dreißiger Jahren vielleicht einige hundert Millionen Lire Einnahmen gegenüberstanden – im zwanzigsten Jahrhundert war der Kolonialismus eindeutig kein Geschäft mehr für seine Unternehmer.[31]

In Marokko dienten zahlreiche Offiziere aus der westalgerischen Lobby mit langjähriger Erfahrung im Umgang mit Stämmen. Dank der in Algerien erworbenen Schulung verfuhren sie – ebenso wie die Italiener in Libyen – im Mittleren Atlas nicht eben zimperlich. Aber im allgemeinen begnügten sich die Offiziere mit Geldstrafen und Waffenkonfiskationen und vermieden die drakonischen Landnahmen, die in Algerien die Bevölkerung verbitterten. Ein Stamm galt als befriedet, wenn die Stammesmitglieder im Bus zum Markt fuhren und zum Steuerzahlen in der Schlange standen. Fast gleichzeitig mit Libyen, im Jahr 1934, war Marokko befriedet.

Ein besonderer Fall war der Rif-Krieg, den ʿAbd al-Karīm (Abd El Krim) in den zur nördlichen, spanischen Zone gehörenden Rif-Bergen von 1921 bis 1926 führte. ʿAbd al-Karīm war der Sohn eines Religionsgelehrten und Richters aus der seit dem sechzehnten Jahrhundert spanischen Enklave von Melilla, der eine Ausdehnung des spanischen Protektorats ablehnte. An der Spitze der Rif-Stämme erklärte er sich zu einem Emir scherifischer Abstammung in einer islamischen Republik und vertrieb 1921 die Spanier. Den Krieg gegen die Franzosen nahm er 1925 mit einem Marsch gegen Fes auf, wurde aber kurz vor der Stadt gestoppt und besiegt. Anders als ʿUmar al-Muḫtār in Libyen überlebte ʿAbd al-Karīm im Exil auf der französischen Insel Réunion.[32]

Ähnlich wie in Tunesien bedeutete das Protektorat in Marokko die Errichtung einer Generalresidenz unter der Aufsicht des französischen Aussenministeriums. Das einzige Konsultativorgan waren 1919 eingerichtete Landwirtschafts-, Handels- und Industriekammern mit gewählten französischen und ernannten (von 1947 an ebenfalls gewählten) marokkanischen Mitgliedern sowie ein Regierungsrat, bestehend aus den Präsidenten und Vizepräsidenten der Kammern. Der Hauptzweck der Kammern und des Rates war natürlich die Steuerung der französischen Investitionen. Insgesamt investierten der französische Staat 1000 Milliarden und die internationale Öffentlichkeit 500 Milliarden Franken (des Jahres 1953), davon 350–400 Milliarden aus Frankreich, in Marokko. An eigenen Steuereinnahmen trug Marokko 1338 Milliarden Franken bei. Investitionen waren wegen geringer Steuern, Löhne, Sozialabgaben und laxer fiskalischer Nachforschungen attraktiv, aber es ist interessant, daß der französische Steuerzahler doppelt so stark herangezogen wurde, wie sich das Privatkapital zu engagieren bereit war. Wie in Libyen war Kolonialismus in erster Linie eine staatliche Angelegenheit.

Die Investitionen gingen 1914–38 zu 75% in die Infrastruktur und die Wirtschaft, zu 20% in den Verwaltungsapparat und zu 5% in das Gesundheits- und Unterrichtswesen des Landes. Die Domäne verteilte 1912–53 über eine Million Hektar oder etwa sieben Prozent des anbaufähigen Bodens an 5900 Betriebe, zumeist Großbetriebe über 300 Hektar. (Im Vergleich: Algerien hatte 21000 Betriebe auf 38% des anbaufähigen Bodens.) Getreide machte 10–18% der Gesamtproduktion aus, und die Exporte erbrachten 1951 13 und 1952 28 Milliarden Franken. 60000 marokkanische Arbeiter waren bei den Siedlern beschäftigt. Neben der Landwirtschaft war die Montanwirtschaft (Metalle, Phosphate, Kohle, Erdöl) mit 35 Milliarden Franken Exporterlösen und 35000 marokkanischen Arbeitern wichtig. Verarbeitende Industrien gab es – vom Bauwesen abgesehen –, ebenso wie auch in Algerien und Tunesien, im Marokko der Zwischenkriegszeit kaum. Die Länge des Eisenbahnnetzes war 1953 1600 km; das Nationalstraßennetz umfaßte 15000, das Nebenstraßennetz 34000 km. Aus diesen Zahlen ist ersichtlich, daß um die Zeit des Zweiten Weltkriegs Marokkos Investitionen denen Algeriens und Tunesiens nicht nachstanden und in den drei Ländern mehr oder weniger analoge Verhältnisse eintraten.[33]

Die einheimische Bevölkerung entwickelte sich in den drei Maghrebländern zwischen 1921 und 1955 wie folgt: Algerien von knapp 5 auf 8,5, Tunesien von knapp 2 auf 3,7 und Marokko von 5,1 auf 10,1 Millionen Einwohner. Algerien hatte eine deutlich weniger massive Zuwachsrate als die beiden anderen Länder, in denen die Bevölkerung – anders als in Algerien – in der Eigenwirtschaft noch nicht ganz so nah an die Grenzen ihrer

Produktionskapazität gekommen war. Schon 1914 war Algerien mit 324 kg Getreide pro Kopf dem Existenzminimum von 300 kg nahe, während Marokko 1953 noch 338 kg pro Kopf produzierte. Für die Produktion des Existenzminimums einer Familie von fünf Personen war, je nach Qualität des Bodens, ein Minimum von 10–15 Hektar Land vonnöten, von dem die Hälfte angesichts fehlender Düngemittel zur Erholung brach liegen mußte. Da zum Ziehen des einfachen hölzernen, mit Eisen beschlagenen Hakenpflugs ein Paar Rinder oder Maultiere notwendig waren und auch Nahrung und Wolle von Ziegen, Schafen und/oder Kamelen für die Herstellung oder den Kauf von Kleidern gebraucht wurden, war das Brachland zudem wichtiges Weideland und stellte somit ein unverletzliches Pendant zum jeweiligen Ackerland dar.

Dort, wo mehr als fünf Personen auf dem Landminimum leben mußten, half nur der Eintritt des Bauern in ein Pachtverhältnis bei einer Nachbarsfamilie, die über mehr als 10–15 Hektar verfügte. Als Pächter *(ḫammās)* erhielt der Bauer ein Maximum von einem Fünftel des Ernteertrages für seine Arbeitskraft, während der Verpächter das Land, das Saatgut, ein Rinderpaar mit Pflug und die Nahrung für das Anbaujahr stellte. Die eigene Kleinparzelle des Bauern war derweil nurmehr als Weide brauchbar, was den konstanten Viehbestand in Nordafrika erklärt – ein Umstand, der natürlich angesichts der steigenden einheimischen Bevölkerung eine relative Verringerung pro Kopf bedeutete. Da aber ein Pachtverhältnis nicht für die Ernährung einer Familie ausreichte, mußte der Bauer Schritt um Schritt Teile seiner Kleinparzelle an die ihn ernährende Nachbarsfamilie abgeben. Wenn sich auch das Land der Nachbarschaftsfamilie zu erschöpfen begann, wurde der Bauer zu einem Tagelöhner, im Laufe der Zeit vielleicht sogar zum Saisonarbeiter. Da es sich um einen Lohnempfänger handelte, sparte der arbeitgebende Nachbar die für die Ernährung des Pächters erforderliche Getreidemenge und konnte sie durch kleinere Naturalmengen oder Geldbeträge ersetzen. Der zum Tagelöhner oder Saisonarbeiter heruntergekommene Bauer mußte sich nun eine Teilzeitarbeit anderswo suchen oder ganz aufgeben und in die Stadt ziehen, wohin ihm der Nachbar meistens bald nachfolgte.

Die Pacht- und Lohnverhältnisse waren wenig flexibel. Das landwirtschaftliche Jahr war so beschaffen, daß zwar in der Zeit des Pflügens und der Aussaat im Oktober und November sowie dann wieder in der Ernteseason im Mai Akkordarbeit geleistet werden mußte, damit der Regen ausgenutzt und das mit Sicheln gemähte Getreide geerntet werden konnte, bevor es von den Ähren fiel. Vollbeschäftigung gab es daher nur für diversifizierte Bauern in der Eigenwirtschaft, die im restlichen Landwirtschaftsjahr in Gärten arbeiteten, Obst-, Oliven- und Nußbäume kultivierten, Bienenkörbe aufstellten und Hülsenfrüchte anbauten. Pächter und Tagelöhner, die sich als nicht mehr lebensfähige Kleinbauern zur Sicherung ihres Existenzminimums bei diversifizierten Bauern verdingten, arbeiteten für sich dagegen nur im Getreideanbau und waren entsprechend weniger beschäftigt.

Aus einer (1960 in Algerien erstellten) Umfrage bei 769 repräsentativen Landarbeitern wird deutlich, daß 27% im Durchschnitt 51 bis 70 Tage und 34% mehr als 275 Tage arbeiteten. Auf für das ganze Land gültige Zahlen von 1954 übertragen ergibt sich, daß die bei etwa einer Million Landbesitzern beschäftigten 550000 Landarbeiter zu jeweils einem Drittel entweder nur zwei Monate (zum Pflügen und Ernten) oder das ganze Jahr über arbeiteten. Beim ersten Drittel handelte es sich offensichtlich um ehemalige Vollbauern im Übergang zur Landlosigkeit und Abwanderung. Das andere Drittel ist schwer zu interpretieren: Diese Arbeiter waren Dauerarbeiter auf entweder großen Getreidefarmen oder aber modernen Obst- und Gemüseplantagen oder beides und daher nur noch teilweise im Bannkreis der Eigenwirtschaft. Klar ist jedoch, daß der Getreideanbau am Rande des Existenzminimums eine allenfalls zweimonatige Beschäftigung gewährte.[34]

Über das wichtige Phänomen der ‚Zweimonatsbauern' in Nordafrika während der Zwischenkriegszeit geben einige Statistiken Auskunft: Im Constantinois in Ostalgerien gab es 1914 55% Landbesitzer mit weniger als 10 Hektar, je 20% mit 11–20 und 21–40 Hektar sowie 5% mit über 41 Hektar. Für das ganze Land waren die Zahlen 1930: 70% 10 Hektar, 23% 11–50 Hektar, 7% über 51 Hektar. Kleinstbesitzer bewirtschafteten 21%, mittlere Besitzer 35% und Großgrundbesitzer 42% des anbaufähigen Bodens. Im Jahre 1950/51 schließlich sah die Verteilung folgendermaßen aus: 70% unter 10 Hektar, 27% 11–50 Hektar, 4% über 51 Hektar, mit Kleinstparzellisten auf 19%, Mittelständlern auf 43% und Latifundisten auf 38% der bebaubaren Fläche. Die Zahlen ergeben keinen Trend und unterstreichen die Richtigkeit der These, daß spätestens zu Beginn des zwanzigsten Jahrhunderts die einheimische Eigenlandwirtschaft in Algerien ihre volle Kapazität erreicht hatte.[35]

Im einzelnen bedeutete diese volle Auslastung, daß die algerische Eigenwirtschaft im wesentlichen blieb, was sie im neunzehnten Jahrhundert geworden war. Solange sich an den technischen Bedingungen nichts änderte, nagten nahezu drei Viertel der Bauern dauernd am Hungertuch, hatte ein Viertel eben genug zum Leben und erfreuten sich einige wenige durchgehend großen Reichtums. Was die Anbaufläche betraf, so addierten sich die Kleinstparzellen zu einer bemerkenswert kleinen Gesamtfläche, während normalflächige, mindestens 10–15 Hektar große, traditionell von Besitzern, Pächtern oder Landarbeitern bepflügte Einheiten mehr als Dreiviertel der Anbaufläche ausmachten. Von einer Krise der Landwirtschaft im Sinne der technischen Organisation oder der Ernten konnte – mit Ausnahme eines nicht ins Gewicht fallenden Kleinstparzellenbereichs – keine Rede sein, wohl aber von einer Krise der auf dem Lande verfügbaren Arbeit. Bei den existierenden Arbeitsmethoden wurden rund eine halbe Million (= 15%) Landbewohner (70% Kleinstparzellisten abzüglich Pächter und Landarbeiter) auf dem Lande nicht gebraucht und waren auf dem Sprung in die Stadt oder mit einem Bein schon dort.

Was aber taten diese Abwanderer in der Stadt? Statistiken aus dem Algerien der ersten Jahre des zwanzigsten Jahrhunderts zeichnen das Bild des Kleinbürgertums und der Arbeiterschaft Nordafrikas in seiner Geburtsstunde: Etwa 50000 Arbeiter (davon 20000 Algerier) wurden für rund 12000 europäische Unternehmen wie Mühlen, Ölpressen, Schreinereien, Faßbindereien, Stellmachereien, Sattlereien oder Schmieden registriert. Zehn Jahre später waren es schon 59000 algerische Arbeiter und über 21000 Arbeiterinnen. Viele Frauen sammelten Altkleider, zerrissen sie zu Lumpen und brachten diese zu Aufkäufern. Auch 1000 Hafenarbeiter gab es schon, die sich 1907 zu einem ersten Streik erkühnten. Über das Land verteilt gab es außerdem 4500 Bergleute. Um den ersten Weltkrieg herum erschienen die ersten Domestiken (ca. 19000), Wächter und Kuriere (ca. 6000) im Stadtbild. Die Zahl der an Algerier ausgegebenen Gewerbescheine stieg von knapp 50000 im Jahre 1901 auf 60000 Jahre 1912. Angesichts der Gesamtzahl von 4,7 Millionen Algeriern im Jahre 1911 waren Kleinbürger und Arbeiter also noch praktisch unsichtbar.

Anders sah es schon 1936 im Département von Oran aus, dem einzigen, dessen soziale Struktur in der Zwischenkriegszeit studiert worden ist. Zu dieser Zeit gab es dort etwa 150000 städtische Algerier (750000 in Algerien insgesamt). Die arbeitende Bevölkerung umfaßte etwa 90000 Personen. Ungefähr fünfzig größere Unternehmer besaßen Kapitalien in den herkömmlichen Handwerken, in der Lebensmittelverarbeitung und im Großhandel, aber sie kontrollierten auch Tabakfabriken und Bauunternehmen. Viele gehörten den traditionellen grund- und hausbesitzenden Familien Tlemcens an oder hatten in sie eingeheiratet. Ihnen angegliedert war eine zweite Gruppe von 250–300 Großhändlern, Grossisten und Spediteuren. Die Spedition der vier Brüder Bendimered war typisches Beispiel für eine einheimische Firma mit einigen Lastwagen, zumeist europäischen Fahrern sowie Büroangestellten und Frachtarbeitern, insgesamt etwa sechzig an der Zahl. Etwa 350–400 Einzelhändler in den expandierenden Branchen Textilien, Schuhe, Möbel und Baumaterialien schlossen sich an. In der Nachbarschaft dieser dritten Gruppe befanden sich 34 Rechtsanwälte, Notare, Ärzte und Apotheker. Alle drei Gruppen bildeten eine vielleicht 1000 Individuen umfassende Mittelschicht, was immer das im einzelnen bedeutet haben mag.

Mehr oder weniger deutlich davon abgegrenzt gab es das Kleinbürgertum. Eine erste Gruppe bestand aus etwa 1000 Bauunternehmern, Schuhmachern und lokalen Transportunternehmern, sowie in europäischen Unternehmen und beim Staat arbeitenden Angestellten. Eine sich daran anschließende Gruppe bestand aus etwa 10000 Handwerkern, Händlern, kleinen öffentlichen und privaten Bediensteten sowie den Angestellten der Handwerker und Händler. An deren Rande gab es einige Soldaten, Chauffeure, Restaurateure, Kaffeehausbesitzer und all jene Arbeiter, vielleicht 8000 an der Zahl, die sich bei ihren Arbeitgebern hochgedient hatten. Insgesamt waren die Mittelschicht und das Kleinbürgertum deutlich heterogen und eindeutig von den individuellen Investitionsstrategien geprägt, die Städter wählen mußten, um angesichts fehlender öffentlicher Investitionen zu reüssieren.[36]

Ganz unten in der Hierarchie der städtischen Bevölkerungsschichten befanden sich die Zuwanderer, die ganz im Gegensatz zu den zuletzt genannten Gruppen ethnisch homogen und sozial strukturiert waren. In den vierziger Jahren etwa kam kein Zuwanderer nach Casablanca oder Rabat, der nicht wußte, wohin er in der *bidonville* zu gehen hatte. Ein Chleuh (Šillūḥ) aus dem Anti-Atlas z. B. kannte genau den Gewürz- oder Gebrauchtkleiderladen, in dem er einen seiner Vettern ablösen, und wo er leben, schlafen, verkaufen und sparen sollte, bis er sich einen eigenen, besseren Laden leisten konnte. Andere ethnische Gruppen dominierten im Gartenbau, im Holzkohlen- oder Geflügelverkauf. Die Bauchladenhändler oder Wagenschieber, die auf Sportveranstaltungen Kaugummi und Lutschbonbons verkauften, tendierten zu ethnischer Solidarität, und selbst in den Fabriken wurden Arbeiter gemäß ihrer angeblich ethnisch bestimmten Tugenden wie Ausdauer, Pünktlichkeit oder Bescheidenheit eingestellt. Von einer blinden, unvorbereiteten Migration in die Städte konnte keine Rede sein.[37]

Ethnische Solidarität bei der Eroberung eines Marktes oder der Verteidigung eines Marktvorsprungs war natürlich nichts Neues. Die Wasserträger in Fes waren Berber aus dem Wād Ġīr (Oued Ghir) und die Krämer in Algier waren Ibaditen aus dem Mzāb, und so war es seit undenklichen Zeiten gewesen. Das Marktverhalten pendelt immer zwischen den in der Realität nie existierenden Polen des reinen Wettbewerbs und eines vollen Monopols. Ethnische Solidarität ist vielmehr das spontane Mittel all derjenigen, die nur mit ihrer Arbeitskraft, also ohne Kapital, in den Markt eintreten wollen. Sie ist im übrigen das private Pendant zu dem gewesen, was auf der öffentlichen Ebene heute volltönender „Importersatz" *(import substitution)* genannt und im nächsten Abschnitt noch zu besprechen sein wird. So menschenunwürdig und anarchisch dem westlichen Bürger die Wellblechsiedlungen heute vorkommen, so entbehren sie nicht einer logischen Organisation, die zudem voll dem rationalen Marktverhalten entspricht.

Vor diesem Hintergrund sich allmählich formierender Mittelschichten, Kleinbürgermilieus und Zuwandererethnien muß der Nationalismus verstanden werden, der in den dreißiger Jahren unseres Jahrhunderts in den drei Maghrebländern Fuß faßte. Forderungen nach politischer Reform in Algerien oder gar nach der Wiederherstellung der vollen Souveränität des Beys in Tunesien hatte es zwar schon vorher gegeben. Aber die jungen Algerier und Tunesier mit ihrer französischen Oberschulbildung und der dazugehörigen Forderung nach *Egalité* oder aber die gescheiterten Handwerker, die sich in der tunesischen Destour(Dustūr)-Partei zusammenfanden, entstammten einem zu begrenzten Sozialmilieu, als daß sie zum Sammelpunkt einer nationalen Unabhängigkeitsbewegung werden konnten. Es mußten sich erst weitere städtische Schichten bilden, bevor der Nationalismus wirklich gedieh.

Natürlich waren auch die nationalistischen Parteien aus den dreißiger Jahren noch keine breiten Volksparteien. Die Néo-Destour-Partei (PND) in Tunesien aus dem Jahre 1934, die Algerische Volkspartei (PPA) von 1936 und die marokkanische Nationalpartei für die Verwirklichung der Reformen (PNRR) von 1937 gründeten sich auf winzige, allenfalls ein paar tausend Mitglieder umfassende Gruppen, die sich in den frühen dreißiger Jahren gebildet hatten. Überdies waren es erst die Nachfolgeorganisationen der PNRR, die 1942 formell den Anspruch auf die Unabhängigkeit Marokkos formulierten. Aber sie hatten eine potentiell breite Basis, und ihre Führer waren mutige Männer, die Konfrontation und Gefängnis nicht scheuten. Zentral für die Forderung nach nationaler Unabhängigkeit war in allen drei Ländern die Behauptung, der Maghreb sei ein Teil der arabisch-islamischen Nation, der es ihre angestammte Freiheit wiederzugeben gelte. Daß es dabei Probleme gab – es handelte sich um drei Maghrebländer und um vielerorts Berberdialekte sprechende Einwohner, nicht um eine einzige arabisch-islamische Nation –, war offensichtlich, aber für die Agitation sekundär. Das Symbol „arabisch-islamische Nation" war sprachlich, kulturell und religiös vieldeutig genug, um sowohl für einen aus Frankreich zurückgekehrten kabylischen Industriearbeiter als auch einen Religionsgelehrten aus einer alten städtischen Familie in Fes oder Tunis interpretationsfähig zu sein.

Die großen Marksteine in der Agitation der dreißiger Jahre waren denn auch Ereignisse, an denen sich arabisch-islamische Leidenschaften entzündeten. In Marokko war es der Berber-Ẓāhir (Dahir) des Jahres 1930, ein Dekret *(ẓāhir)*, das die Verwaltung des berberischen Gewohnheitsrechts speziell zu diesem Zwecke geschaffenen Gerichtshöfen übertrug, die dann aber in zweiter Instanz der Revision französischer Appellationsgerichte unterworfen waren. Der Ẓāhir war auf die französische Annahme gegründet, daß berberisches Gewohnheitsrecht und islamisches Scharia-Recht in Gegensatz zueinander stünden. Nach nationalistischer Auffassung ergänzten die beiden aber einander und hatten die arabischen und berberischen Muslime die Pflicht, allen französischen Versuchen entgegenzutreten, die Berber zu Nicht- oder Halbmuslimen zu stempeln. In Tunesien waren es 1932 die Begräbnisse von naturalisierten Franzosen tunesischer Herkunft in öffentlichen Friedhöfen, die für Erregung sorgten und nach Demonstrationen zur Errichtung getrennter Friedhöfe führten. Das zentrale Ereignis in Algerien war die Ablehnung der Blum-Viollette-Vorlage aus dem Jahre 1936 im französischen Senat 1938. Nach dieser Vorlage sollte das aktive und passive Wahlrecht in Algerien auf bestimmte, dienstlich, geschäftlich oder akademisch als „entwickelt" *(évolué)* ausgewiesene Algerier ausgedehnt werden. Zwei Jahre lang gab es in Algerien Demonstrationen der Algerier und Siedler für und gegen die Vorlage. Auf dem Höhepunkt der Kampagne wurde Scheich Tayeb El Okbi (aṭ-Ṭayyib al-ʿUqbī), ein bedeutender Führer der muslimischen Kulturreformer, unter der falschen Anschuldigung verhaftet, im Oktober 1937 den Mord am Großmufti von Algier begangen zu haben. In allen drei Ländern ging es unverkennbar um die arabisch-islamische Identität, die es zu popularisieren galt.[38]

Die nationalistischen Aktionen waren im Zweiten Weltkrieg unterbrochen. Die Kriegswirtschaft lehrte die Nationalisten aber nichtsdestoweniger eine wichtige Lektion: Die Unterbrechung der Lieferung von aus Europa importierten Textilien und anderen Gebrauchsgegenständen des täglichen Lebens bedeutete einen mächtigen Ansporn zur Ausweitung der heimischen städtischen Gewerbe und Industrien. Besonders in Marokko entwickelten sich mit Hilfe einheimischen oder aus Frankreich fliehenden Kapitals marokkanische bzw. französisch-marokkanische Firmen in den Branchen Weberei, Lederverarbeitung und Fettindustrie. Die Kapitalzufuhren hielten auch nach dem Krieg an, hauptsächlich dank der amerikanischen Verteidigungsplanung, für die bei ihren europäischen Invasionsplanungen die schwache industrielle Basis Nordafrikas ein Handikap gewesen war; die Region wurde entsprechend in den Marshall-Plan eingeschlossen. Umso enttäuschender war es für die Nationalisten, daß die Franzosen ihre kolonialen Verwaltungsstrukturen wiederherstellten, als ob nichts gewesen wäre. Die Loyalität der meisten Nationalisten gegenüber den demokratischen Siegermächten blieb unbelohnt.

Es waren aber just diese günstigen wirtschaftlichen Bedingungen im Nachkriegsnordafrika, die bei den europäischen Politikern und Unternehmern den Gedanken gar nicht erst aufkommen ließen, den Wiederaufbau mit einer Entkolonisierung zu verbinden. Der Steuerzahler hatte ja auch vor dem Krieg, ohne zu murren, die staatlichen französischen, italienischen und spanischen Investitionen bewilligt, von denen die privaten Kapitalanleger dann profitierten. Die Nationalisten waren eben noch nicht laut genug geworden, um Politiker und Anleger zu beunruhigen. Es ist daher auch nicht überraschend, daß Italien trotz seiner Niederlage nach einer Rückkehr nach Libyen strebte. Die Vereinten Nationen aber stimmten dagegen und schlugen die Unabhängigkeit des Landes vor. England und Frankreich, die Libyen im Kriege besetzt hatten, versuchten, die Unabhängigkeit durch eine Übergangslösung aufzuschieben. Eine solche Lösung zu finden, erforderte mehrjährige diplomatische Finesse auf allen Seiten. Einigkeit bestand lediglich darin, die Italiener nicht zu ihrer ‚Vierten Küste' zurückkehren zu lassen.

Der exilierte Sanūsī-Emir Sayyid Idrīs kam 1944 zu einem Besuch und 1946 ganz aus seinem Exil in Ägypten in die Cyrenaika zurück. Zwei

Gruppen, deren eine aus älteren Stammesführern, deren andere aus jüngeren, in Ägypten diplomierten Nationalisten bestand, propagierten die Idee der Unabhängigkeit der Cyrenaika unter der konstitutionellen Monarchie der Sanūsī-Dynastie, wobei die Frage, ob ohne oder mit Vereinigung mit Tripolitanien, offen blieb. Um Dissens zu vermeiden, rief Idrīs 1948 einen Nationalkongreß ein, und als Führer dieses ungeduldig die Unabhängigkeit fordernden Kongresses deklarierte sich Idrīs am 1. Juni 1949 zum Emir der unabhängigen Cyrenaika. Die Nationalisten Tripolitaniens hatten unterschiedliche Vorstellungen über die Modalitäten einer Vereinigung und einer Regierung. Da zwischen dem guten Dutzend verschiedener Nationalistengruppierungen und Emir Idrīs Einvernehmlichkeit nicht erzielt werden konnte, ernannten die Vereinten Nationen schließlich einen UN-Kommissar, der mit Hilfe einer beratenden Zehner-Kommission in einem Jahr einen Verfassungsplan ausarbeitete und Wahlen vorbereitete. Auf der Grundlage der Vorarbeiten dieser Kommission wurde das vereinigte Libyen unter seinem konstitutionellen König Idrīs am 1. Januar 1951 unabhängig.[39]

In Marokko wurde die in den dreißiger Jahren bisher nur implizite Forderung nach Unabhängigkeit 1943/44 formell im Namen selbst einer neuen Sammelpartei proklamiert: Istiqlāl (arabisch: Unabhängigkeit). Ihre Führer waren Ahmad Belafrej, ein in Frankreich ausgebildeter Intellektueller aus Rabat, und Allal El Fassi (ʿAllāl al-Fāsī), diplomierter Religionsgelehrter aus Fes, der 1946 aus der Verbannung in Gabun nach Marokko zurückkehren durfte. Die Istiqlāl-Partei unterhielt freundschaftliche Beziehungen mit Sultan Muḥammad V. (1927–58), der entschlossen war, sich des Protektorats zu entledigen. Zu seinem Unglück hatte er es nach 1947 mit einem Generalresidenten zu tun, der seinerseits den nationalistischen Sultan loswerden wollte und es 1951 mit Hilfe eines der großen Qā'ids des Südens, Tihāmī al-Glāwī, auch schaffte – desselben Mannes übrigens, der schon 1909 einen Sultan gestürzt hatte. Muḥammad mußte nach Madagaskar ins Exil, während in Marokko ein Verwandter, Muḥammad b. ʿArafa, das Sultanat übernahm. Jetzt hatte die Istiqlāl-Partei ihren Märtyrer, die Nationalisten gingen in den Untergrund, und 1955 bildete sich eine Nationale Befreiungsarmee. Das französische Protektorat wurde zusehends unhaltbarer, nicht nur in Marokko, sondern zur gleichen Zeit auch in Tunesien. Muḥammad V. kehrte zurück, und am 2. März 1956 wurde Marokko unabhängig.[40]

Auch für die Tunesier gab es nach 1945 keine Alternative zur Unabhängigkeit mehr. Auf einem Parteikongreß im August 1946 wurden sich die alte Destour, die Néo-Destour und die neugegründete Gewerkschaft UGTT, die Nachfolgeorganisation der bis in die zwanziger Jahre zurückreichenden Arbeiterbewegung, über die Notwendigkeit der nationalen Unabhängigkeit einig. Aber wenig geschah auf französischer Seite, und schließlich raffte sich 1951 sogar ein nicht der Néo-Destour-Partei angehörender Premierminister, Mohammed Chenik, zur Forderung nach Unabhängigkeit auf. Die Situation trieb langsam auf eine Entscheidung zu, als 1952 Unruhen ausbrachen. Habib Bourguiba, ein aus Monastir im Olivengürtel stammender, in Frankreich ausgebildeter Rechtsanwalt und Vorsitzender der Néo-Destour, wurde, nachdem er schon wiederholt im Gefängnis gesessen hatte, zusammen mit weiteren Prominenten der Partei erneut verhaftet. Einige tausend Néo-Destour-Anhänger gingen in den Untergrund. Zwischen 1954 und 1956 gab die französische Regierung langsam nach, zumal sie sich auch von den marokkanischen Nationalisten unter Druck gesetzt sah, und am 20. März 1956 wurde Tunesien unabhängig.[41]

In Algerien radikalisierten sich 1943 die bisher für eine Assimilation an Frankreich optierenden gemäßigten *évolués* der ‚Freunde des Freiheitsmanifests' (AML) um Ferhat Abbas, einen Apotheker und Sohn eines im Aufstand von 1871 enteigneten, aber dann in der französischen Lokalverwaltung tätigen Bauern. Abbas schloß sich Messali Hadj an, dem Führer der Algerischen Volkspartei (PPA), der als Schuhmacher in Tlemcen angefangen hatte, zum Organisator der nordafrikanischen Arbeiter in Frankreich aufgestiegen und in Algerien zum Führer der PPA geworden war. Eine spontane Demonstration in Sétif (Saṭīf) im Constantinois am 8. Mai 1945, dem Tag der alliierten Siegesfeiern in Deutschland, brachte die erste Gelegenheit, erneut die nationalen Ziele zu proklamieren. Einige der etwa 8000 Demonstranten entfalteten Spruchbänder, auf denen die Freilassung des nach Brazzaville im Kongo verbannten Messali Hadj und die Unabhängigkeit gefordert wurden. Andere Algerier schwangen die grün-weiße Fahne, die einst ʿAbd al-Qādir zum Symbol seines algerischen Staates gemacht hatte. Schüsse fielen, nervöse Siedler auf den Gehsteigen mischten sich ein und in der nachfolgenden Straßenschlacht, die sich auch in die Umgebung hinein bis nach Guelma (Qālama) fortsetzte, fanden 103 Siedler den Tod. Wie üblich war die französische Rache fürchterlich. Armee, Marine und Luftwaffe töteten bei ihren Befriedungsaktionen nach verläßlichen Schätzungen 6000 Algerier. Das Massaker von Sétif wurde zum Märtyrersymbol der Nationalisten.

Der Unterdrückung des Aufstandes von Sétif folgte in Algerien die systematische Zerstörung der PPA und AML und ihrer nach dem Verbot 1946 organisierten Nachfolgeorganisationen durch Verhaftungen und Wahlbetrug. Viele ehemalige PPA-Mitglieder hatten keine andere Wahl, als in den Untergrund zu gehen – schon ein halbes Dutzend Jahre früher als ihre Kollegen in Tunesien und Marokko. Dieser Untergrund war schwierig für die mehreren tausend Nationalisten, und der französischen Polizei gelang es auch hier, mit Verhaftungen für Demoralisierung zu sorgen. Aber im Juli 1954 trafen sich schließlich neun algerische Führer, die übriggeblieben und im Widerstand abgehärtet waren, in Bern in der Schweiz: Hocine Aït Ahmed, Ahmed Ben Bella, Mostafa Ben Boulaid, Larbi Ben M'zidi, Rabah Bitat, Mohammed Boudiaf, Mourad Didouche,

Mohammed Khider und Belkacem Krim. Im Durchschnitt waren sie 32 Jahre alt, hatten Volksschulbildung und kamen aus allen Teilen Algeriens, und zwar aus kleinstädtischem Handwerker- und Verkäufermilieu oder aber der ländlichen unteren Mittelschicht. Keiner war ein an die französische Kultur assimilierter *évolué*. Aber es war auch keiner direkt von der muslimischen Reformbewegung beeinflußt, die seit den dreißiger Jahren unter dem Constantiner Scheich Abd El Hamid ben Badis (ʿAbd al-Ḥamīd b. Bādīs) in freien Schulen und Vereinigungen religiöse Erneuerung betrieb. Sie beschlossen, im Untergrund den algerischen Unabhängigkeitskrieg zu organisieren.

Der vom 1. November 1954 bis zur Unabhängigkeit am 18. März 1962 geführte Guerillakrieg gehört zu den großen und inspirierenden Ereignissen des zwanzigsten Jahrhunderts, die weit über Algerien und Frankreich hinaus das politische Bewußtsein geprägt haben. Die französischen Folterungen erregten eine ganze Generation europäischer Schüler und Studenten, wichtige Filme porträtierten den Krieg oder einige seiner Episoden. Die Literatur füllt ganze Regale – nahezu soviele wie der Palästina-Konflikt, der indessen noch andauert. Für die Algerier selber – so wie einst auch für die USA – ist der Krieg zu einer Revolution geworden, die den Platz eines Gründungssymbols einnimmt, mit all den dazugehörigen Märtyrern, Denkmälern, Feiertagen, Paraden und patriotischen Reden. Frankreich brachte der Krieg einen Regimewechsel – die Vierte wurde von der Fünften Republik abgelöst – und das Ende des Siedlerlandes. Kurzum, der algerische Unabhängigkeitskrieg war eine historische Zäsur mit Folgen für weit mehr Menschen als die unmittelbar Beteiligten.

Der Krieg begann bescheiden genug mit der landesweit koordinierten Detonation selbstgebauter Bomben, bewaffneten Angriffen auf etwa siebzig militärische Ziele und der Verteilung von Flugblättern in der Nacht vom 31. Oktober zum 1. November 1954. Fünf französische Soldaten, ein Qāʾid und ein Zivilist fanden den Tod. Der Sachschaden belief sich auf 200000 alte Franken. Die Algerier erhoben sich nicht spontan, en masse, aber dafür antworteten die Franzosen mit massiven Verhaftungen. Die harte Zeit des *maquis* begann, in dessen Dörfern die auf sechs Regionen *(wilāyas)* aufgeteilten etwa 3000 Guerilleros, wenn sie überhaupt am Leben blieben, erst einmal Basisarbeit leisten mußten. In einem Verzweiflungsangriff im August 1955 mähten Guerilleros 71 Siedler und 62 Algerier in Philippeville nieder – ein Angriff, der eine ebenso blindwütige französische Rache mit tausenden von Toten zur Folge hatte und nunmehr die algerische Bevölkerung der Nationalen Befreiungsfront (FLN) in die Arme trieb. Im Sommer 1956 hatte die FLN bereits so viel Zulauf aus bzw. Rückhalt bei der Bevölkerung gefunden, daß sie mit 250 Delegierten eine wichtige strategische Konferenz im Soummam (Summān)-Tal abhalten konnte. Nach zwei Jahren waren die Massen da, die es im November 1954 noch nicht gegeben hatte.

Das Resultat der Konferenz war eine verstärkte politische Arbeit. Ein Revolutionsrat wurde geschaffen und die Stadt Algier in den Terror einbezogen. Aber die Franzosen verhafteten im Oktober 1956 vier FLN-Führer, mit denen sie wegen einer Friedenslösung indirekt Kontakt aufgenommen hatten, unterdrückten die FLN in Algier (März 1957) und vollendeten einen elektrischen Verhau entlang der tunesischen Grenze (September 1957). Ende 1957 war die FLN militärisch praktisch auf die Lage von 1954 zurückgeworfen. Die im Soummam-Tal beschlossene verstärkte politische Arbeit war mehr oder weniger die einzige Waffe, die Aussicht auf Erfolg hatte.

Die Siedler waren sich wohl bewußt, welche Sympathien sich die FLN im Ausland erworben hatte, besonders nach der französischen Bombardierung einer tunesischen Grenzstadt (Tunesien war seit 1956 souverän) im Februar 1958. Da eine parlamentarisch zersplitterte, von instabilen Regierungen geleitete Vierte Republik im politisch-diplomatischen Krieg den kürzeren zu ziehen drohte, setzten die Siedler mit dem Einverständnis der Armee die Rückkehr Charles de Gaulles in die französische Regierung durch. De Gaulle akzeptierte, entließ die Nationalversammlung und ließ die neue, ihm auf den Leib geschnittene Präsidialverfassung der Fünften Republik schreiben.

In den folgenden vier Jahren durchschnitt de Gaulle in der Algerienfrage, wenn auch nicht ohne innere Qualen und erst nach beträchtlichem Sinneswandel, die beiden schwierigsten gordischen Knoten. Im Januar 1958 floß das erste Erdöl in der algerischen Sahara, und de Gaulle konnte daher im Oktober den ehrgeizigen Constantine-Plan verkünden, mit dem die längst überfällige Industrialisierung Algeriens in Angriff genommen wurde. Im Dezember 1960 erkannte de Gaulle dann während eines Algerienbesuches, daß eine Lösung ohne das Zugeständnis der Selbstbestimmung an die Algerier nicht denkbar war. Da er sich der starken Stellung der französischen Wirtschaft im Lande bewußt war, nahm er lieber ein unabhängiges, aber für französische Investitionen offenes als ein politisch labiles, von unberechenbaren Siedlern beherrschtes Algerien in Kauf. Was de Gaulle 1945 nicht getan hatte, leistete er schließlich siebzehn Jahre später, nach dem Tod von 20000 Franzosen und einer Million Algeriern, indem er in Algeriens Unabhängigkeit einwilligte.

Die Kriegskosten hatten etwa 10–15% des Jahreshaushaltes Frankreichs ausgemacht, waren also beträchtlich gewesen. Hinzu waren Verluste durch Löhne gekommen, die algerische Arbeiter in Frankreich an die FLN überwiesen. Der gesamte Handel zwischen Frankreich und Algerien hatte lediglich demjenigen zwischen Frankreich und dem Saarland entsprochen und machte selbst nach dem Beginn des Constantine-Plans nur 17% des französischen Außenhandels aus. Ein Gutteil des algerischen Handelsdefizits in Höhe von 3,8 Milliarden neuen Franken war von Frankreich absorbiert worden. Nicht von ungefähr erlebte Frankreich sein Wirtschaftswunder nicht vor, sondern erst nach 1962.[42]

Vom wirtschaftlichen Gesichtspunkt aus waren Kolonien von dem Augenblick an archaische Gebilde, da es in ihnen nationalistische Sammelbewegungen gab. Nationalisten versprachen genau die Bedingungen politischer Stabilität und Sicherheit, nach denen die Investoren suchten. Und wenn wir uns die geschichtliche Entwicklung des Maghrebs seit der Unabhängigkeit ansehen, haben die Nationalisten in der Tat ihre Versprechen treu gehalten. Sicherheit geht auch heute noch vor Demokratie. Nur wenige französische Politiker, wie Pierre Mendès-France, der die Entkolonisierung Marokkos und Tunesiens einleitete, und de Gaulle, der das algerische Dilemma löste, waren vorausschauend genug, sich über kurzsichtige Politiker und überängstliche Investoren hinwegzusetzen.

6. Der unabhängige Maghreb (1950–1985)

Die Durchsetzung der zentralen Regierungsautorität im eigenen Lande ist ohne Frage das überragende Problem des unabhängigen Maghreb im jetzt gerade abgelaufenen Vierteljahrhundert seiner wiedergewonnenen Unabhängigkeit gewesen – und wird es wohl auch noch für einige Zeit bleiben. Gewiß, die wirtschaftliche Entwicklung (Infrastruktur, Importersatz und Anschluß an den Weltmarkt) spielt eine große Rolle, aber nirgendwo haben die maghrebinischen Regierungen entschiedener reagiert als bei inneren Zwistigkeiten. Dem auf Kontinuitäten ausgerichteten Blick des Historikers entgeht nicht das Trauma des neunzehnten Jahrhunderts, das hier nachwirkt: Länder, die im internationalen Vergleich eine Rolle spielen wollen, müssen offenbar national geeinigt und zentral organisiert sein. Ohne nationale und zentrale Institutionen können weder der technologische Anschluß noch ein kulturelles Selbstbewußtsein gewonnen werden.

Warum staatliche Einheit und Zentralisierung so wichtig sind, wird durch einen Blick auf die Zusammensetzung der nationalistischen Organisationen deutlich, die in den fünfziger und sechziger Jahren im unabhängigen Maghreb die Macht übernahmen.

Im Falle Libyens liegen Statistiken für je 28 Politiker einmal des königlichen Regimes nach der Errichtung des Einheitsstaates (1963–69), zum anderen der Republik 1969 vor. In der ersten Gruppe entsprach die geographische Verteilung der Politiker in etwa derjenigen der Bevölkerung: Die meisten kamen aus Tripolitanien, die wenigsten aus dem Fazzān. Die Mehrheit hatte Väter aus der reichen oder wenigstens gutsituierten städtischen oder ländlichen Prominenz. In der zweiten Gruppe stieg die Zahl der Cyrenaiker überproportional im Vergleich zu ihrem Bevölkerungsanteil in Libyen an. Das Verhältnis zwischen der Herkunft aus der Stadt bzw. vom Land blieb gleich, wenn auch Väter bescheidenerer Abkunft jetzt zahlreicher vertreten waren. In der ersten Gruppe besaßen die Hälfte eine Hochschulbildung, davon vier allerdings eine islamische. Die Mehrheit der Studierten hatte ägyptische und anglo-amerikanische Hochschulen besucht. In der zweiten Gruppe besaßen alle eine Hochschulbildung. Auch hier hatte man zumeist in Ägypten oder der englischsprachigen Welt studiert. Die Mehrzahl gehörten freien Berufen und unteren Offiziersrängen an. Die libyschen politischen Führer entstammten seit 1969 zunehmend nicht mehr der städtischen und ländlichen Elite, sondern bescheideneren Verhältnissen und kamen vorzüglich aus der ländlichen Cyrenaika. Aber sie selbst hatten zumeist eine höhere zivile oder militärische Ausbildung durchlaufen und waren daher bereits arriviert.

In Marokko war die städtische Basis der Nationalisten im Zeitraum von 1955–69 am deutlichsten ausgeprägt. Hier wurden 141 politische Karrieren, zumeist in der Istiqlāl, aber auch den übrigen Parteien untersucht, die sich nach der Unabhängigkeit formierten. Niemand kam aus den am wenigsten bevölkerten und mit Schulen versehenen Regionen östliches Rif, Beni Mellal (Banī Mallāl) (zwischen Mittlerem und Hohem Atlas) bzw. von der Südseite des Hohen Atlas. Fast 92% kamen aus 19 mittleren und großen Städten, vorab Fes (fast 35%) und Rabat (11%). Fast zwei Drittel kamen aus den fünf alten Städten Fes, Rabat, Salé, Meknes und Marrakesch, während doch vier Fünftel der marokkanischen Gesamtbevölkerung auf dem Land wohnten. Es gab nicht nur eine überwältigende Überrepräsentation der Städte insgesamt, sondern auch einiger weniger Städte, insbesondere Fes, Salé und Meknes, innerhalb des städtischen Ensembles. Bemerkenswert ist aber auch, daß neue und erst kürzlich aus dem ländlichen Milieu aufgestiegene Kleinstädte, wie Demnate (Damnāt), Khemisset (al-Ḫumaysāt) und El Jadida (al-Ǧadīda), überproportional vertreten waren. Insgesamt kamen weniger als 9% der Politiker vom Land.

Über die Hälfte der Politiker entstammte der Oberschicht aus Verwaltungsbeamten, Religionsgelehrten, Grundbesitzern, Kaufleuten und Notabeln. Etwa 16% gehörten der oberen Mittelschicht aus mittleren Beamten (besonders im Gerichtswesen: also Richtern, Notaren, Sachverständigen) und Händlern an, 20% der unteren Mittelschicht (Handwerker, Krämer, Liegenschaftsverwalter und mittlere Bauern) sowie schließlich 12% der Unterschicht, also Kleinbauern, Arbeitern, kleinen Funktionären und Angestellten (*šāwuš:* Bürodiener, Türsteher, Boten). Ingesamt kamen mehr als zwei Drittel aus der Oberschicht und oberen Mittelschicht und davon fast drei Viertel wiederum aus Fes und Rabat.

Die große Mehrheit der Politiker hatte einen Hochschulabschluß. Nur drei hatten nur eine Volksschule, sieben nur eine Oberschule durchlaufen. Fast alle waren Absolventen der Collèges Franco-Musulmans in Fes, Rabat, Khemisset, Marrakesch und Azrou mit gemischtem arabisch-französischem Unterricht. Ein Viertel kam von französischen Gymnasien in Marokko und nur eine kleine Minderheit von wenigen Prozent von der Qarawiyyīn- und der Ibn Yūsuf-Universität in Fes bzw. Marrakesch, wo sie Diplome als Notare (*ʿādil,* pl. *ʿudūl)* oder Schariagelehrte *(faqīh,* pl. *fuqa-*

hā') erworben hatten. Die häufigsten – vorwiegend in Frankreich betriebenen – Universitätsstudien waren Jurisprudenz, Politik, Verwaltung, Literatur, Medizin, Naturwissenschaften und Landwirtschaft.[43]

Für Tunesien sind 97 nationalistische Politiker der Periode von 1955–69 erforscht worden. Nahezu drei Viertel entstammten der Großstadt Tunis oder den mittleren Städten der Küste (des Sāḥil) im Olivengürtel um Sousse (Sūsa) bzw. der Insel Dscherba im Süden. Gemessen an der Verteilung der Bevölkerung waren diese drei Regionen überrepräsentiert, Dscherba und Sousse am stärksten; zwei Drittel der Nationalisten kamen aus Regionen, in denen nur ein Drittel der Gesamtbevölkerung lebte. Über die Hälfte hatten begüterte und einflußreiche Väter in den Branchen Handel und Grundbesitz; etwas mehr als ein Viertel entstammte mittleren, 21% bescheidenen Verhältnissen. Nahezu 20% der Begüterten kamen aus Tunis, 10% von Dscherba, 22% aus dem Sāḥil, aus Sfax, Nabeul (Nābul), Ras Djebel (Ra's Ǧabal) oder Kasserine (al-Qaṣrayn). Die Söhne mittlerer und armer Familien waren zumeist (56%) aus dem Sāḥil. Reichtum, Her- und Abkunft waren also deutlich miteinander korreliert.

Was die Erziehung betraf, so waren nur 5 Volksschüler. Von den übrigen besaßen 60% eine säkulare Oberschulbildung, und zwar von der 1875 gegründeten arabisch-französischen Sadikia (Ṣādiqiyya)-Schule, nur 7% von der arabischen Zaytūna-Universität. Die große Mehrheit erwarb nach der Oberschule eine Universitätsausbildung, zu 23% in arabischer Literatur, 38% im Recht, 16% in den Grandes Ecoles (Verwaltung, Technik) und 13% in den Naturwissenschaften. Die meisten Grundbesitzers- und Kaufmannssöhne, aber nur wenige Abkömmlinge von Arbeiter- und Handwerkerfamilien waren Studierte. Die steilsten Karrieren machten Kleinhändlerssöhne. Die meisten Nationalisten aus dem Sāḥil hatten Eltern, die dort geboren waren – die Abwanderung vom Sāḥil nach Tunis war offensichtlich nicht weit verbreitet. Die Anpassung der führenden Familien an neue Berufschancen fällt am Fall der tunesischen Nationalisten eher auf als der Aufstieg neuer Familien in diese neuen Berufe.

Für Algerien gibt es eine Untersuchung über 91 bekannte FLN-Nationalisten, die von 1958 bis 1969 Funktionen oder Ämter innehatten, und aus der hervorgeht, daß drei Viertel aus Kleinstädten oder Dörfern kamen und zwar, in mehr oder weniger gleichen Teilen auf die drei Départements Algier, Constantine und Oran verteilt: 30% aus Kleinstädten, in denen 8%, und 47% aus Dörfern, in denen 68% der Gesamtbevölkerung im Jahre 1969 lebte. Nahezu die Hälfte waren Studenten gewesen, hatten ihr Studium aber abgebrochen, um sich dem Befreiungskrieg anzuschließen. Die Eltern der meisten dieser ehemaligen Studenten gehörten der Kleinbürgerschicht von Händlern, Lokalbeamten und Grundbesitzern oder dem mittleren Bauerntum an, aber es gab auch genügend Söhne von Kleinbauern und Kleinfunktionären. Mit anderen Worten: Obwohl die 91 FLN-Nationalisten *grosso modo* dem Bevölkerungsprofil entsprachen, hatten ihre Eltern schon einen Schritt und sie selbst einen zweiten vom kleinbäuerlichen Eigenwirtschaftsmilieu weg getan, in dem 1969 noch mehr als zwei Drittel der Gesamtbevölkerung lebten.

Aus dieser Sozialstruktur der politischen Führungsschicht in den Maghrebländern während der ersten fünfzehn Jahre der Unabhängigkeit ergeben sich deutlich zwei Tatsachen. Erstens: Allenfalls in Libyen nach al-Qaḏḏāfis Machtübernahme repräsentierten die Nationalisten mehr oder weniger exakt die überwältigende ländliche Bevölkerungsstruktur. Schon in Algerien war ein Vordringen zumindest kleinstädtischer Überrepräsentation zu beobachten. Im Falle Tunesiens und ganz besonders Marokkos war die überproportionale Vertretung der Städte gewaltig. Zweitens gab es zwischen der beruflichen Ausbildung der Elterngeneration und derjenigen ihrer nationalistischen Söhne einen weitgehenden Bruch. Wenn wir Libyen in der Phase von 1963–69 und Algerien beiseite lassen, gab es in der Politik keine unstudierten Grundbesitzer, Händler, Handwerker, Arbeiter oder Kleinbauern. Selbst in Algerien waren die meisten Söhne im Unterschied zu ihren Eltern zumindest Volksschulabsolventen. Was die Generationen natürlich verband, war ihre arabisch-islamische Identität, die sie, auch wenn sie im wesentlichen ideologisch wenig ausformuliert war, der französischen (bzw. italienischen oder spanischen) des Kolonialregimes entgegenstellten. Aber die physische Entfernung der Nationalisten von der überwältigenden, bäuerlichen Mehrheit ihrer Länder war doch ausgeprägter als die beide Gruppen verbindende gemeinsame Mentalität.

So ist es denn nicht verwunderlich, daß die Nationalisten sich einerseits berufen fühlten und noch fühlen, ihren „Fortschritt" den „archaischen" ländlichen Abwanderern, Kleinstbauern, Kleinbauern und „feudalen" mittleren und großen Getreidefarmern nahezubringen. Offizielle Dokumente, Kongreßbeiträge und Reden sind voll von Beispielen für das Selbstverständnis der Nationalisten als Lehrer ihrer Völker. Je niedriger oder höher die eigene Stellung im städtischen Spektrum ist, desto stärker betonen die Nationalisten ihre Sympathien für die „unterprivilegierten" oder aber die „tragenden" ländlichen Schichten. Aber sie sind nicht nur wohlwollende, sondern auch strafende Lehrmeister: So zielten die Sozialisierungsversuche der Tunesier während der sechziger Jahre (ländliche Kooperativen) und der Algerier während der siebziger Jahre (agrarische Revolution; eintausend sozialistische Dörfer) darauf ab, Kleinbauern zu „modernisieren" und Großfarmer zu „entfeudalisieren". Oder aber es sollte die Arabisierung der Erziehung den sprachlichen Separatismus der ländlichen berberischen Bevölkerung zurückdrängen (die städtische war immer zweisprachig gewesen). Als die Regierungen den Widerstand gegen diese ungebetenen Segnungen trotz des Einsatzes polizeilicher oder gar militärischer Mittel nicht überwinden konnten, wurden die Nationalisten in den achtziger Jahren im Umgang mit ihren Bauern vorsichtiger. Die Kluft zwischen städtischem Nationalismus und dörflicher Eigenwelt besteht nach wie vor.[44]

Ohne ein Verständnis dieser zwischen wohlwollender und strafender Pädagogik schwankenden Haltung der Nationalisten der großen Masse der Bevölkerung ihrer Länder gegenüber ist es auch schwer, das Phänomen Muʿammar al-Qaḏḏāfī zu begreifen. Nationalismus ist, wie schon erwähnt, eine Ideologie der arabisch-islamischen Identität, deren man sich ursprünglich zur Eroberung der zentralen kolonialen Verwaltungsapparate und seit der Unabhängigkeit zur Erfassung der gesamten Bevölkerung durch den zentralen Staat bediente. Da in Europa spätestens seit Hitler die Kontrolle eines jeden durch den Staat zu einer vollendeten Tatsache geworden ist, kann man sich nur schwer vorstellen, daß dies im Maghreb noch nicht der Fall ist. Diese Perspektive aber braucht der an geschichtlichen Kontinuitäten interessierte Historiker, um al-Qaḏḏāfī von der Tagespolitik weg in einen größeren Kontext zu stellen.

Mutatis mutandis ist die nationalistische Großmannspolitik des libyschen Führers nicht viel anders zu bewerten als das Verhalten etwa deutscher Nationalisten vor dem Ersten Weltkrieg. Nationalisten, deren Kontrolle die Mehrheit ihrer Landsleute noch entzogen ist, machen gerne mit internationalen Donnerschlägen auf ihre Machtansprüche aufmerksam. Auf dem Reißbrett betreiben sie auch eine totale Planung, oder aber sie entwerfen freihändig eine neue Kultur. In den Führungsriegen Marokkos, Algeriens und Tunesiens wird der Elan der nationalistischen Ideologie von der Machbarkeit des Zentralstaates mit seinen neuen wirtschaftlichen, sozialen, politischen und kulturellen Beziehungen unerbittlich durch das pragmatische Gegengewicht der explodierenden Geburtenrate gebremst. Eine zahlreiche nicht-nationalistische Bauernschaft ist weit weniger leicht zu bewegen als eine geringe nomadische Bevölkerung wie in Libyen. Aber auch der westliche Maghreb hat seine oben kurz gestreiften Mobilisierungskampagnen gekannt und unterscheidet sich daher in seinem Nationalismus nur graduell, nicht aber grundlegend von Libyen.

Ein Beispiel soll den Inhalt der arabisch-islamischen Ideologie Libyens illustrieren. Kurz nach seiner Machtübernahme 1969 beauftragte al-Qaḏḏāfī einen ägyptischen Juristen mit dem Projekt der Ersetzung des positiven Rechts durch die Scharia. Den Empfehlungen des Juristen gemäß begann der Revolutionsrat mit dem allmählichen Austausch alter Gesetze durch neue, scharia-konforme Bestimmungen. Islamische Doktrinen und kultische Gesetze mußten unverändert aus dem Koran übernommen werden, bei der rechtlichen Bestimmung der menschlichen Handlungen *(muʿāmalāt)* aber gab es bei der Ableitung von Gesetzen aus dem Koran einen Spielraum, der per Entscheidung al-Qaḏḏāfīs maximal bemessen wurde: Die Sunna mit ihren vielen zweifelhaften Ḥadīṯen sollte fortan in der Gesetzgebung keine Rolle mehr spielen. Insgesamt änderte sich an dem auf ägyptischem Vorbild gegründeten libyschen Recht nicht viel, aber al-Qaḏḏāfī konnte fortan den Koran frei auslegen.

In einer ersten Exegese dekretierte er 1975, daß die Libyer durch das

Freitagsgebet erbaut und nicht mit der Litanei von Ḥadiṯen konfrontiert werden sollten. Kritische Imame wurden 1978 aus ihren Moscheen entfernt. Als nächstes kam ein neuer Kalender. Da die Auswanderung des Propheten Muḥammad von Mekka nach Medina ein Akt der Erniedrigung, sein Tod aber ein Augenblick des Triumphs über das Heidentum war, führte al-Qaḏḏāfī einen neuen Kalender ein, der zehn Jahre später als die gebräuchliche islamische Zeitrechnung anfängt. Umfassenden Ausdruck fand diese Neuauslegung in al-Qaḏḏāfīs „Dritter Theorie" im sogenannten „Grünen Buch" 1980. Die Dritte Theorie zwischen Kapitalismus und Sozialismus sei nichts anderes als ein universaler Islam, der auf dem Glauben an einen Gott und seine Propheten aufbaue und darum auch von Christen und Juden anerkannt werden könne. Mit der Entdeckung dieses Universalismus erwarb sich al-Qaḏḏāfī das Kriterium für Wahr und Falsch, Recht und Unrecht; dementsprechend kann er ohne pragmatische Bedenken handeln.[45]

Wie sieht nun die vorläufige Bilanz des Nationalismus im Maghreb nach fünfzehn bis fünfundzwanzig Jahren Unabhängigkeit aus? Unzweifelhaft ist der Zentralstaat heute ein nicht mehr rückgängig zu machendes Faktum, auch wenn er sich noch nicht vollständig durchgesetzt hat und darum für Staatsstreiche anfällig bleibt. Auch ist er mit wirtschaftlichen Gegebenheiten, wie etwa dem internationalen Finanz- oder Getreidemarkt, konfrontiert, die der nationalen Souveränität und damit dem Entscheidungsspielraum der Politiker Grenzen setzen. Föderationspläne tauchen auf und verschwinden wieder, und der ungeregelte Status der West-Sahara schafft Probleme im Verhältnis zwischen Algerien und Marokko. Aber im Ausbau zentraler Verwaltungsorganisationen und – davon abhängig – in der Infrastruktur- und Wirtschaftsentwicklung ist die Bilanz eindrucksvoll – gewiß besser als unter dem Kolonialismus.

Libyen wurde, wie im vorangegangenen Abschnitt diskutiert, als erstes Land in Nordafrika unabhängig. Aber obwohl die ersten Öleinnahmen schon 1960 flossen, gab es die ersten Investitionen erst 1968, und zwar in Form von Waffenkäufen in England. Das solchermaßen privilegierte Militär putschte sich am 1. September 1969 unter einem Revolutionsrat an die Macht. Oberst al-Qaḏḏāfī übernahm den Vorsitz des Rates und bekannte sich als Anhänger des vom ägyptischen Präsidenten Ǧamāl ʿAbd an-Nāṣir (Nasser) propagierten Nationalismus. Entsprechend schloß er 1970 die Militärstützpunkte Englands und der USA und beschlagnahmte den Besitz der Italiener und Juden, die er zur Auswanderung animierte. Von 1971 bis 1985 versuchte er, sein Land nacheinander mit dem Sudan, Syrien, Tunesien, Ägypten, dem Tschad und Marokko zu vereinigen, wobei er nicht davor zurückscheute, auch Druck auszuüben, Invasionstruppen zu schikken oder Waffen zu liefern. So ließ er 1973 40000 Libyer zur Grenze mit Ägypten marschieren, fiel im gleichen Jahr in den Tschad ein, dessen Nordteil er noch heute (1986) besetzt hält, und ermutigte angeblich Guerilleros zu einer Aktion 1980 in der südtunesischen Bergwerksstadt Gafṣa (Qafṣa). Auch im arabisch-israelischen Konflikt und im palästinensischen Terror ist al-Qaḏḏāfī aktiv, getreu dem Prinzip der von ihm verfochtenen einen arabisch-islamischen Nation vom Atlantik bis zum Persischen Golf.

Institutionell verwandelte sich Libyen 1977 in die Arabisch-Libysche Sozialistische Volks-Jamahiriyya (Ǧamāhīriyya) unter einem Allgemeinen Volkskomitee von zwanzig Mitgliedern (1984) und lokalen Volkskomitees, die angeblich die Ministerialbürokratie unnötig machen. Mit Hilfe dieser Komitees setzte al-Qaḏḏāfī Anti-Korruptions- und auch Liquidierungskampagnen ins Werk, mit denen Gegner bis ins Ausland verfolgt werden. Widerstand gegen diese Aktionen und gegen das Regime insgesamt hat sich zu regen begonnen, besonders in der durch eine konkurrierende Miliz verunsicherten Armee, aber zu mehr als unkoordinierten Aktionen ist es bisher nicht gekommen.

Das Erdöl war bisher die wirtschaftliche Grundlage für Libyens politischen Aktivismus. Die enormen Ölpreissteigerungen und eine fortschreitende Nationalisierung in den siebziger Jahren brachten dem Land mit 6910 US-Dollar (1978) das höchste pro-Kopf-Bruttosozialprodukt in Afrika. Eine petrochemische Industrie – anstelle unverarbeiteten Rohöls sollen Fertigprodukte ausgeführt werden können – entwickelte sich in den siebziger Jahren. Enorme, mit Straßen, Strom und Bewässerung ausgestattete Farmen wurden in Angriff genommen. Zwischen 20 und 30% des Staatshaushalts gingen in die Landwirtschaft, verglichen mit maximal 10% in anderen Öländern des Vorderen Orients und Nordafrikas. Das Ziel ist, die Selbstversorgung mit Nahrungsmitteln wiederherzustellen; 1977 war die Rate auf 20% gesunken.

Bei der Industrialisierung sind qualifizierte Arbeitskräfte das Hauptproblem: 1979 waren ein Drittel der Arbeiter in Libyen aus dem Ausland. Die „Importersatz-Industrialisierung" (Import Substitution Industrialization, ISI) drückte den Anteil des Öls am Bruttosozialprodukt zwischen 1970 und 1983 von 63% auf 50% herab und hob den Industrieanteil auf nahe 50% (der Anteil der Landwirtschaft liegt mit etwa 1% an dritter Stelle). Der Prozentsatz der in der Landwirtschaft tätigen Bevölkerung an der Gesamteinwohnerzahl ist von 50% 1970 auf etwa 16% 1984 gesunken; Libyen wird wohl das erste voll urbanisierte Land Nordafrikas werden. Alle Investitionen sind staatlich, und obwohl im Ölsektor internationale Konzerne prozentual beteiligt sind, ist seit 1981 der gesamte private Sektor (einschließlich des Handels) durch Volkskomitees für Wirtschaft ersetzt worden.[46]

Marokko, das zweite unabhängige Maghrebland, tat sich mit dem Aufbau einer für alle Nationalisten akzeptablen Staatsform schwer. König Ḥasan II., seit dem Tod seines Vaters Muḥammad V. im Jahre 1957 auf dem Sultansthron, optierte für eine Vielzahl nationalistischer, unabhängiger und sogar bäuerlicher Parteien. Sein Vater hatte zwar mit der Hilfe der

Nationalisten seinen Thron wiedergewonnen, aber er war der Sultan aller Marokkaner. So war es auch für Ḥasan natürlich, die Rolle eines über den Nationalisten, Bauern und Arbeitern stehenden, für Ausgleich sorgenden Vaters aller Untertanen zu übernehmen, statt sich als Speerspitze städtischer Populisten bei der Modernisierung des Landes zu sehen, wie es in Tunesien und Algerien geschah. Ḥasan manipulierte daher das 1962 in einer Verfassung verankerte Parlament auf eine Weise, die die Entwicklung demokratischer Gewohnheiten verhinderte. Wahlbetrug, Verhaftungen, Parteiverbote und das mysteriöse Verschwinden des Politikers Mehdi Ben Barka 1965 ließen das politische Leben verkümmern.

Die Quittung für seine über den Parteien schwebende Politik, bei der es auch schon mal zu handfester Korruption kam, erhielt Ḥasan im Juli 1971, als er nur eben einem Putsch rechter Offiziere entkam, die eine Republik ausrufen wollten, sowie im August 1972, als er einen ähnlichen Coup ebenfalls nur knapp überlebte. Der König lernte daraus und mauserte sich von 1973 an zu einem Nationalisten, der ausländisches Eigentum in Industrie und Landwirtschaft enteignete, die Seegrenze auf 70 Meilen erweiterte und im arabisch-israelischen Konflikt aktiv wurde. Zwei Jahre darauf annektierte er in einem sorgfältig mit allen nationalistischen Mitteln orchestrierten „Grünen Marsch" 350000 unbewaffneter Marokkaner die von Spanien aufgegebene Westsahara, über die die Saʿdier, wie eingangs erwähnt, einmal die Souveränität besessen hatten. Algerien ergriff Partei für die sich zu einem Befreiungskrieg organisierende Polisario in der Westsahara, und die Beziehungen zwischen den beiden Maghrebnachbarn sanken auf einen Tiefpunkt. Trotz enormer Kriegskosten, die etwa ein Viertel des Haushalts verschlangen, hielt Marokko zu seinem König, der damit seine Krise überwunden hatte.

Marokko rundete 1979 seinen Saharabesitz mit der Annektion des ursprünglich Mauretanien zugestandenen, aber von letzterem nach einem Friedensschluß mit der Polisario geräumten südlichen Teils der Westsahara ab. Trotz starken Drucks von seiten der Organisation für Afrikanische Einheit weigerte sich Marokko, mit der Polisario zu verhandeln, die es für keine unabhängige, sondern eine algerische Front hält, und so bleibt es bei der *de facto*-Integration der West-Sahara in den marokkanischen Staat. Die hohen Kriegskosten und die entsprechenden Kürzungen anderswo im Etat produzierten nach 1979 zahlreiche innere Spannungen, die im Januar 1984 nach einer Erhöhung des Brotpreises in Straßenunruhen kulminierten. Die Verfassung ist nach wie vor auf die königliche Gewalt zugeschnitten, aber seit Anfang 1985 ist ein Privatisierungsprogramm in Angriff, das die desillusionierten oberen dreihundert Familien des Landes wieder zur Mitarbeit animieren soll.

Marokko ist ein Land mit hoher Verschuldung (1983: 13 Milliarden Dollar). Dem großen Mineralreichtum (Kohle, Eisen, Edelmetalle und seit der Annektion der Westsahara zwei Drittel der Phosphatreserven der

Welt) stehen niedrige Weltmarktpreise entgegen. Ebenso wie bei Öl hilft auch hier nur der Aufbau einer verarbeitenden Industrie (Phosphorsäure, Kunstdünger), der aber nur langsam vorankommt. Die Schaffung von Importersatzindustrien ist relativ weit gediehen, besonders bei Textilien, wo Marokko sogar schon mit Exporten in die Europäische Gemeinschaft begonnen hat. Etwa 60% der Bevölkerung leben immer noch auf dem Lande, 50% in Eigenwirtschaft. Ein Teil der Landwirtschaft ist von Getreide auf Früh- und Trockengemüse, Zitrusfrüchte, Nüsse und Gewürze umgestellt worden, und 30% aller Exporte sind landwirtschaftlicher Natur. Aber seit der Mitte der siebziger Jahre produziert das Land aufgrund einer starken Bevölkerungsvermehrung (20,4 Millionen 1982) nicht mehr genügend Brotgetreide, das daher importiert werden muß. Große Anstrengungen werden für die Verbesserung der Bewässerung gemacht, so daß eine intensivierte exportorientierte Landwirtschaft teilweise für die steigenden Getreideeinfuhren aufzukommen vermag.[47]

Im dritten unabhängigen Land, in Tunesien, setzten die Nationalisten gleich nach der Unabhängigkeit 1957 den Bey ab und riefen eine Republik mit Bourguiba als Präsidenten aus. Bourguiba entledigte sich einiger Konkurrenten, und 1959 wurde eine auf ihn zugeschnittene Präsidialverfassung angenommen. Der vollen Souveränität standen aber noch die französische Marinebasis in Bizerte (Banzart) und ein Stück Sahara unter französischer Verwaltung entgegen. Erst nach militärischen Auseinandersetzungen und langen Verhandlungen bequemte sich Frankreich 1962, beides Tunesien zu übergeben. Alle von Ausländern kontrollierten Ländereien (1,1 Millionen Hektar) wurden 1963/64 enteignet und die Néo-Destour-Partei (PND) in Sozialistische Destour-Partei (PSD) umbenannt. Es kam zu einem staatlichen Investitionsplan, dessen Kernstück das landwirtschaftliche Kooperativen-Programm unter Finanz- und Planungsminister Ahmed ben Salah war. Am Widerstand der großen Getreidebauern, denen die staatlichen Kooperativen- und Vermarktungsvorschriften nicht paßten, scheiterte das Programm 1969, und so kam der Sozialismus der sechziger Jahre zu seinem Ende.

Ähnlich wie Ḥasan gab Bourguiba zunehmend der Versuchung nach, seine Kabinette, das Parlament und die Verfassung zu manipulieren (1970–73) sowie linke Opponenten einzusperren (1974–76). Außenpolitische Rückschläge nach einer vorübergehenden Union mit Libyen (1974), erneuter Kooperation mit Libyen (1977) und vergeblichen Vermittlungsversuchen im Saharakonflikt zwischen Marokko und Algerien (1977) traten hinzu. Im Lande selbst kam es anläßlich steigender Preise und Arbeitslosenzahlen zu schweren Arbeiterunruhen und Konflikten zwischen der PSD und der Gewerkschaft CGTT. Ein Generalstreik mit Straßenschlachten, bei denen 51 Menschen den Tod fanden, legte das Land im Januar 1978 lahm. Die Repression regierte, und am zweiten Jahrestag der Gewerkschaftsunruhen kam es zum angeblich von Libyen inspirierten Guerillaangriff auf Gafṣa (Qafṣa), der wie ein Fanal des nun beginnenden linken Terrorismus aussah. Aber der neue Ministerpräsident Mohammed Mzali begann 1980 eine Liberalisierungspolitik, die 1982 zu Parlamentswahlen mit drei konkurrierenden Parteien führte. Alle 136 Sitze wurden im November 1982 allerdings von der mit der CGTT verbündeten PSD gewonnen, so daß das Mehrparteiensystem bisher auf dem Papier blieb. Unruhen, die nach Brotpreiserhöhungen im Januar 1984 ausbrachen, unterstrichen die andauernden wirtschaftlichen Probleme, und die Liberalisierung war so bisher nur ein halber Erfolg.

Anders als in Libyen und Marokko ist Tunesiens Wirtschaft stärker diversifiziert. Am Brutto-Nationalprodukt ist die Landwirtschaft mit 18%, das Erdöl mit 14%, die Industrie mit 18% und der Tourismus mit 4% beteiligt. Hohe Wachstumsraten konnten bei den Investitionen bis 1975 durchgehalten werden, aber sinkende Weltmarktpreise für Phosphate, Erdöl (nach 1979) und Olivenöl seit dieser Zeit verlangsamen die Entwicklung. In der Landwirtschaft hat auch Tunesien mit Getreideimporten begonnen, obwohl in den siebziger Jahren mit staatlichen Subventionen für Mechanisierung, Kunstdünger und Saatgut sowie mit Steuersenkungen und einer erneuten Landreform Produktionssteigerungen angeregt wurden. Gleichzeitig wird aber auch hier die Umstellung auf Intensivkulturen gefördert; die Investitionen der achtziger Jahre sehen fast 19% der Planfinanzen für Landwirtschaft und Bewässerung vor.

Tunesien baut Phosphate ab, die zu Kunstdünger und anderen Chemikalien verarbeitet werden und besitzt Erdölreserven, die etwa die Hälfte seines Bedarfs decken. In den siebziger Jahren erhielt die Industrie über 30% der Investitionen; das Land besitzt heute gut verdienende Textil-, Leder- und Chemiebranchen. Große Anstrengungen werden unternommen, die wenig arbeitsintensiven Importersatzindustrien umzubilden, in dem jetzt Halbfabrikate in die Europäische Gemeinschaft geliefert werden. Aber die im Jahre 1984 auf 7 Millionen angewachsene Bevölkerung nimmt weiter rasch zu und wird, zumindest kurzfristig, die Lösung des politisch brisanten Arbeitslosenproblems schwierig machen.[48]

Algerien, das zuletzt unabhängig gewordene Maghreb-Land, begann 1962 mit dem schwierigen Übergang vom Guerillakrieg zur Staatlichkeit. Schwere Differenzen zwischen den seit 1958 voneinander isolierten FLN-Mitgliedern im Lande sowie zwischen der Nationalen Befreiungsarmee (ALN) an der tunesischen Grenze und den FLN-Studenten und Arbeitern in Frankreich waren unvermeidlich. Ein Krieg zwischen den Parteien konnte nur mit Mühe vermieden werden. Am Ende obsiegte Ben Bella, der im französischen Gefängnis zum Märtyrer geworden war, und wurde im September 1962 mit Hilfe der ALN Premierminister. Eine Million Siedler hatten das Land verlassen; 70% der städtischen Bevölkerung waren arbeitslos. Arbeiterkomitees übernahmen mit Hilfe der Gewerkschaft UGTA ehemalige Siedlerfarmen und errichteten eine Selbstverwaltung *(autogestion)*, die zum Kern des algerischen Sozialismus wurde. Ben Bella wurde 1963 gemäß einer Präsidialverfassung und nach Wahlen, in denen die FLN als Einheitspartei auftrat, Präsident, aber er entfremdete sich zusehends von der ALN, ohne rechtzeitig für eine eigene Machtbasis zu sorgen. Algerien war ein nationalistischer Einheitsstaat geworden, aber seine Regierung war noch nicht dauerhaft.

In einem Gewaltstreich übernahm Oberst Houari Boumedienne am 19. Juni 1965 die Regierung. Er stammte aus einer in bescheidenen Verhältnissen lebenden Familie in Guelma (Qālama), war auf eine freie islamische Reformschule gegangen und hatte in Kairo arabische Literatur studiert, bevor er zum Kommandeur der ALN an der tunesischen Grenze aufgestiegen war. Boumedienne regierte mit einem Revolutionsrat und schickte die Nationalversammlung nach Hause, brauchte aber noch vier Jahre, bevor er bewaffnete Aufstände ehemaliger FLN-Freunde und Studentenstreiks überwunden hatte und den von ihm sorgfältig gepflegten Eindruck einer stabilen Regierung präsentieren konnte.

Eine ehrgeizige Nationalisierungspolitik kam 1971 mit der Übernahme einer Mehrheit bei den französischen Ölfirmen der Sahara in Gang. Frankreich fügte sich erst 1975 in Algeriens einseitigen Enteignungsakt und begann wieder im Lande zu investieren. Die Agrarrevolution wurde verkündet, mit deren Hilfe eine Umverteilung des Landes von Großfarmen auf Kleinparzellen stattfinden sollte. Studentische Freiwillige wurden angeworben, um die Agrarrevolution den Bauern zu erklären. In den Staatsindustrien wurden Arbeiterräte eingerichtet und der Nahrungsmittelvertrieb wurde verstaatlicht. Allen diesen Maßnahmen gab die FLN eine systematische Begründung in der Nationalcharta von 1976, in der der Sozialismus zur unveräußerlichen Gesellschaftsform erhoben wurde (eine Revision erfolgte 1986 mit der Zulassung privater Industrie). Eine Verfassung folgte, und in den Wahlen von 1977 gab sich Boumedienne die seit 1965 fehlende Legitimität sowie eine FLN-Nationalversammlung an die Hand. Aber bevor er die Verstaatlichungspolitik fortführen konnte, starb er plötzlich am 17. Dezember 1978 an einer Blutkrankheit.

Trotz fehlender Verfassungsbestimmungen verlief die Machtübergabe an Oberst Chadli Bendjedid reibungslos und wurde in einer Wahl bestätigt. Unter dem Druck von Studenten in Algier wurde 1979 die Arabisierung der Erziehung und Verwaltung forciert, aber im Gegenzug demonstrierten 1981 kabylische Studenten in Tizi-Ouzou für die Anerkennung der berberischen Sprache und Kultur, mit dem Ergebnis, daß Universitätsprogramme für kabylische Volksliteratur und -dialekte eingerichtet wurden. Den wasserkopfartigen Staatssozialismus verkleinerte ein Komitee der FLN durch die Reorganisation der Industriefirmen auf handlichere Einheiten. Schritte zur Konservierung der Öl- und Gasreserven wurden unternommen, und das Tempo der Industrialisierung wurde gebremst. Statt dessen sollten Landwirtschaft, Infrastruktur, Gesundheit und Erziehung stärker gefördert und die darniederliegende Privatwirtschaft wieder angekurbelt werden. Von 1981 bis 1982 stärkte Bendjedid durch eine Reihe von Eingriffen in die FLN-Parteiorganisation seine Kontrolle und entfernte eine Reihe potentieller Rivalen. Er stellte sich 1984 zur Wiederwahl und unterstrich damit die schon von seinem Vorgänger unternommenen Bemühungen um kontinuierliche Machtausübung.

Die algerischen Staatsindustrien konzentrieren sich auf Bodenschätze und Kapitalgüter, während der winzige Privatsektor mit 5000 Firmen und 60000 Angestellten Konsumgüter herstellt. Bisher erhielten die Staatsindustrien fast 44% des Investmentkapitals, die Infrastruktur 14%, die Sozialdienste und der Wohnungsbau 13% und die Landwirtschaft 10% – eine Verteilung, die eine starke Konsumenthaltung vorschrieb. Entsprechend den geringen Investitionen trägt die Landwirtschaft nur mit knapp 8% zum Bruttosozialprodukt bei, obwohl in ihr noch 42% der arbeitenden Bevölkerung tätig sind. Die Industrie steuert 56% zum Bruttosozialprodukt bei. Wie auch in den anderen Maghrebländern ist für die Erdölproduktion eine Veredelungsindustrie aufgebaut worden, aber bisher hat diese zusammen mit der Stahlindustrie nur wenige Arbeitslose aufgesogen; die Rate liegt bei etwa 20% der arbeitenden Bevölkerung.

Die Getreideeinfuhren sind auch in Algerien stark gestiegen; 1980 mußten 70% des Bedarfs importiert werden. Weintrauben- und Zitrusexporte bringen zwar Devisen, aber nicht entfernt genug, um die Getreideeinfuhren auszugleichen. Dessenungeachtet hält Algerien an Plänen zur Wiederherstellung der Selbstversorgung mit Nahrungsmitteln fest. Um die Bauern auf dem Lande zu halten und die Getreideproduktion zu erhöhen, wird seit 1980 verstärkt elektrifiziert, Wohnungsbau betrieben und ein höherer Preis für Getreide gezahlt. Direkte Verkäufe auf städtischen Märkten werden gefördert, und wie auch im Rest des Maghreb wird die Bewässerung ausgedehnt.

Die Agrarrevolution hat sich verlangsamt und zeigt bisher auch nur begrenzte Resultate. Auf einem Drittel des anbaufähigen Bodens gibt es *autogestion*, mit 235000 regulären und saisonalen Arbeitskräften, die zweimal soviel produzieren wie die nach wie vor fünf Millionen Bauern in der Eigenwirtschaft. Wie auch zu Kolonialzeiten gab es in Algerien in den siebziger Jahren 16500 Großgrundbesitzer oder 3%, die ein Viertel des anbaufähigen Bodens von etwa 5,8 Millionen Hektar kontrollierten. Zunächst verteilte die Regierung Land aus der Domäne an landlose Bauern, aber bis 1979 wurden immerhin angeblich 22000 Besitzer gezwungen, ihr Land selber zu bebauen oder aber an Kleinbauern abzugeben. Von den geplanten eintausend sozialistischen Dörfern waren bis 1981 140 fertiggestellt und 203 im Bau. Gesamtzahlen über die Auswirkungen der Agrarrevolution auf den Eigenwirtschaftssektor sind noch nicht vorhanden, und insgesamt muß ihr Effekt auf die Umstrukturierung der Besitzverhältnisse als gering eingeschätzt werden.

Die algerische Bevölkerung betrug 1984 21 Millionen Einwohner, von denen 56% noch auf dem Lande lebten, zusätzlich eine Million in Frankreich. Jährlich wandern 100000 Bauern in die Städte ab. Die Bevölkerung steigt um 3,2%; die Städte vermehrten sich 1960–70 um 7% und 1970–75 um 6% jährlich. Ob sich der Anstieg der Stadtbevölkerung verlangsamt, läßt sich noch nicht abschätzen, aber eine Politik landwirtschaftlicher Einkommenssteigerung ist sicher das beste Mittel, die Attraktivität der Abwanderung zu vermindern.[49]

An dieser Übersicht über die politische und wirtschaftliche Entwicklung der Maghrebländer seit der Unabhängigkeit wird deutlich, daß die Nationalisten die zentrale Staatsgewalt gründlich konsolidiert haben und sich hier und da (in Tunesien und Algerien) sogar schon die ersten zarten Anfänge demokratischer Partizipation erlauben, ohne daß (von Studenten abgesehen) die Bevölkerung sonderlich stark darauf drängte. Die Bevölkerungsvermehrung ist im Vergleich zur Vorkriegs- und frühen Nachkriegszeit so massiv geworden (Ansteigen der Geburtenrate von 1,8 auf 3,2%), daß die bis zu 7% betragenden Wachstumsraten der Städte an die Regierungen nicht mehr zu meisternde Anforderungen stellen. Auf der einen Seite sind große Bevölkerungen positiv zu bewerten – beim Übergang von der Eigen- auf die Marktwirtschaft werden hohe Bevölkerungsdichten gebraucht –, aber solange die Städter wenig verdienen, nützen sie dem Markt wenig. Erst wenn sie vom Arbeitsmarkt aufgenommen sind, und sei es auch nur vom sogenannten informellen Sektor der Wirtschaft, und sie zu kaufen beginnen, wird sich die Situation verbessern. Das verstärkte Interesse an der Privatisierung der Wirtschaft und Konsumgüterindustrie klingt darum logisch.

Bevor es zur Konsumstärkung kommen kann, wird allerdings noch ein zentrales politisches Problem zu lösen sein. Die Gründernationalisten treten langsam ab, und die städtische Zuwanderung ist so massiv, daß sich zwangsläufig der Eindruck einer Generationenverschiebung einstellt. Nationalismus bedeutet für die nach der Unabhängigkeit in den Städten Geborenen wenig; gegen den Zentralstaat können sie wenig ausrichten, und erwarten können sie von ihm noch weniger. Der sogenannte islamische Fundamentalismus, der seit der Iranischen Revolution von 1979 eine wachsende Rolle in den Städten spielt, ist die Ideologie der neuen Generation, die den Nationalismus der alten Generation abzulösen beginnt und stärker islamisch-international ausgerichtet ist. Der Fundamentalismus ist politisch weniger brisant als der Nationalismus, weil der sich selbst regierende Zentralstaat inzwischen problemlos vorausgesetzt wird, aber er ist von gesellschaftlicher Sprengkraft, insofern er die Grenzen nationalistischer Machbarkeitshoffnungen enthüllt. Entgegen den nationalistischen Ankündigungen haben sich die Länder Nordafrikas nur langsam transformiert.

Was die wirtschaftliche Entwicklung der vier Maghrebländer angeht, so beeindrucken die hohen Investitionen, die sich auf Infrastruktur, Industrie,

Landwirtschaft, Wohnungsbau und Erziehung erstrecken. Die Hauptstoßrichtung dieser Investitionen war bisher auf Importersatz-Industrialisierung (ISI) gerichtet gewesen. Im Resultat müssen die Ergebnisse der ISI, wenn sie auch im einzelnen eindrucksvoll sind, als hinter den Erwartungen zurückgeblieben beschrieben werden. Die importsubstituierenden Industrien haben nicht genügend Arbeitsplätze geschaffen, sind entscheidend an hohe Weltmarktpreise für Öl, Gas und Phosphate gebunden und bringen, da sie international nicht wettbewerbsfähig sind, keine Devisen. Die Anzeichen mehren sich – man denke an Tunesien mit der Lieferung von Halbfertigprodukten an die Europäische Gemeinschaft –, daß die ISI durch Exportorientierung (Export Oriented Industrialization, EOI) ersetzt wird. Ob EOI erfolgreicher sein wird, ist schwer zu beurteilen und hängt davon ab, mit welchen billig hergestellten Massenwaren Nordafrika auf dem Weltmarkt gegen die Konkurrenz von Ländern wie Ägypten, Türkei, Indien oder Brasilien mit weit größeren Binnenmärkten antreten kann. Oder aber die Maghrebländer schlagen den ganz anderen Weg spezialisierter Kleinproduktion ein, etwa von Modekleidung, Schuhen und Lederwaren, wie sie von Italien in hochmechanisierten Betrieben praktiziert wird.[50] Nur über EOI und/oder Kleinproduktion wird man dem Beschäftigungsproblem zu Leibe rücken können.

EOI erfordert darüberhinaus ein erhebliches Umdenken, was die Autarkievorstellungen der herrschenden Nationalisten betrifft. Alle vier Länder streben offiziell nach der Wiederherstellung der Nahrungsmittelselbstversorgung, die wohlweislich auf einen fernen Tag irgendwann nach dem Jahr 2000 aufgeschoben ist. Aber gemessen an den großen Getreideanbaugebieten der Welt, das heißt Nordamerika, Argentinien, Australien, der Sowjetunion und dem Sudan (die beiden letzteren potentiell), wird in Nordafrika nie eine produktive Getreidewirtschaft aufgebaut werden können. Getreide wird auch weiterhin nur in Eigenwirtschaft sowie auf den durch Abwanderung leergewordenen und im Gefolge mechanisierten Großfarmen auf bewässerungsfernem Land produziert werden. Aber die Produktion der Großfarmen wird im Verhältnis zur Bevölkerung unzureichend bleiben. Importe sind daher eine ständige Einrichtung und können nur durch verstärkten Obst-, Gemüse-, Nuß- und Blumenexport teilweise ausgeglichen werden.

Wenn aber der Nationalismus wegen der Unmöglichkeit, die Nahrungsmittelselbstversorgung zu erzielen, schon zum Umdenken genötigt ist, empfiehlt es sich, hier noch einen Schritt weiter zu gehen. In dem Maße, in dem diese Autonomie sinkt, steigt die Integration in den Weltmarkt. Diese Eingliederung ist schon so weit gediehen, daß es heute in der internationalen Schuldenkrise kein Land und keine Bank mehr wagt, auf fristgerechter Rückzahlung von Verbindlichkeiten zu bestehen, so wie es noch – wie oben besprochen – im weniger integrierten neunzehnten Jahrhundert der Fall gewesen war. Eine verheerende Kettenreaktion über die ganze Welt hinweg wäre die Konsequenz. Autonomieverlust ist also keineswegs eine nationale Kalamität, sondern kann im Gegenteil sogar zu größerer Sicherheit führen. Ganz davon abgesehen ist der Maghreb nach wie vor stark von den Waffentechnologien der USA, der Sowjetunion und anderer europäischer Länder abhängig. Der schon weit gediehene Einbau Nordafrikas in den internationalen Markt hat der Region auf allen Gebieten, von der Wirtschaft bis zur Kultur, bisher sicher mehr genützt als geschadet.

Vielleicht wird eines der Resultate des islamischen Fundamentalismus der Eintritt einer neuen, weniger nationalistischen, dafür eher internationalistisch (wenn auch im Augenblick primär islamisch-internationalistisch) gesinnten Generation in die Politik sein. Nationales Autonomiedenken, das angesichts der unvermeidlichen wirtschaftlichen Integration ohnehin überholt ist, könnte dann zum Beispiel durch die Vision eines föderierten Maghreb ersetzt werden. Ein solcher Maghreb würde einen Binnenmarkt von 50 Millionen Konsumenten – oder mehr, da sich die Bevölkerung in Zukunft noch weiter stark vermehren wird – darstellen, für den in Massendimensionen zu produzieren und aus dem in Massendimensionen zu exportieren sich dann lohnen würde. Die Schlagworte von einer maghrebinischen Kooperation führen zwar alle Nationalisten im Munde, und immerhin fährt der Trans-Maghreb-Expreß schon von Tunis nach Algier. Aber eine weniger nationalistische Generation, die stärker in (islamisch-)internationalen Kategorien denkt, wird da vielleicht mehr ausrichten.

Historische Brüche hat es in der frühmodernen und modernen Geschichte des Maghreb allemal gegeben. Sie waren zumeist technologiebedingt, das heißt hingen mit Änderungen der Waffen-, Transport- und Produktionstechnologien zusammen, wie in diesem Kapitel für die Periode von 1300 bis 1985 betont wurde. Historische Kontinuität blieb allerdings trotzdem gewahrt. Erst war es die relative Unterbevölkerung und Unterurbanisierung, die allem Wandel natürliche Grenzen setzte. Die Zentralisierung der Regierung war ein ferner Traum, an dessen Stelle nur allzu oft der Wildwuchs der Selbstentlöhnung trat. Heute sind es dagegen die rasche, im Vergleich zum langsamer wachsenden Europa allzu rasche Bevölkerungsvermehrung und Urbanisierung, die der technologischen Machbarkeit Grenzen setzen. Die Geschichte verläuft meistens anders, als geplant, wie Portugiesen, Spanier, Osmanen, europäische Kolonialisten und libysche, marokkanische, tunesische und algerische Nationalisten erfahren haben und noch erfahren.

Anhang

Anmerkungen

I. Früher Islam
(Albrecht Noth)

1. Dazu aṭ-Ṭabarī: *Tāriḫ ar-rusul wal-mulūk,* hrsg. v. de Goeje u. a., Leiden 1879–1897, Serie I, S. 2480, 4ff., 2749, 4ff.; al-Ǧahšiyārī: *K. al-Wuzarā' wal-kuttāb,* Ausgabe Kairo 1938, S. 20, 4ff.
2. *Encyclopaedia of Islam*[2] (= *EI*[2]), Bd. V, S. 415f., s. v. „Ḳur'ān"; auch Nöldeke, Th. – Schwally, F.: *Geschichte des Qorāns,* [2]Leipzig 1909, Nachdruck Hildesheim – New York 1970, Bd. I, S. 59f.
3. Für das Datum scheint eine authentische Quelle zu fehlen. Die Angaben der Überlieferer beruhen durchweg auf sekundären Rückrechnungen.
4. Ibn Hišām: *as-Sīra an-nabawiyya,* 4 Bde., Kairo 1936, Bd. I, S. 1ff. (d. h. er beginnt sein Buch damit!); aṭ-Ṭabarī: *a. a. O.,* Bd. I, S. 1073ff. (von verschiedenen Gewährsmännern).
5. Ibn Hišām: a. a. O., Bd. I, S. 164f.
6. Z. B. al-Māwardī: *al-Aḥkām as-sulṭāniyya wal-wilāyāt ad-dīniyya,* Ausgabe Kairo 1960, S. 6 (Kap.: „fī ʿaqd al-imāma"); vgl. *EI*[2], Bd. V, S. 435, s. v. „Ḳuraysh".
7. Die folgenden Ausführungen beruhen in ihren Grundzügen, wenn auch mit z. T. differierender Akzentsetzung, auf: Donner, Fred McGraw: *The Early Islamic Conquests,* Princeton 1981, vor allem S. 12–29.
8. So ebd., S. 34–37.
9. Siehe *EI*[2], Bd. V, S. 434f., s. v. „Ḳuraysh" (W. Montgomery Watt), vor allem die dort angegebenen Quellen und Literatur.
10. Aṭ-Ṭabarī: a. a. O., Bd. I, S. 2910f.
11. Vgl. Watt, W. Montgomery: *Muhammad at Mecca,* Oxford 1953 (und mehrfach nachgedruckt), S. 1ff.
12. Vgl. Ibn Hišām: a. a. O., Bd. I, S. 130ff. (Kap. „ġalb Quṣayy b. Kilāb ʿalā amr Makka").
13. Vgl. *EI*[2], Bd. IV, S. 322, s. v. „Kaʿba".
14. Dazu ebd., Bd. III, S. 31–33, s. v. „Ḥadjdj", Abschnitt i.: „The pre-Islamic Ḥadjdj".
15. Dazu demnächst eine umfangreiche Untersuchung von Crone, Patricia, die m. E. den Nachweis erbringt, daß die qurayšitischen Handelsaktivitäten erheblich bescheidener waren als bisher angenommen. P. Crone gestattete mir freundlicherweise Einblick in ihr Manuskript, wofür ich ihr an dieser Stelle vielmals danken möchte.
16. Vgl. Watt: *Mecca,* S. 10f.
17. Ebd., S. 10f. und 154ff. (Excursus A).
18. Vgl. Nagel, Tilman: *Untersuchungen zur Entstehung des abbasidischen Kalifates,* (Bonner Orientalistische Studien, N. S. Bd. 22), Bonn 1972, S. 70ff. Ferner Rubin, U.: „The Īlāf of Quraysh. A Study of sura CVI", in: *Arabica* 31 (1984), S. 179f.

19. Vgl. Watt: *Mecca,* S. 4ff. und 30ff.
20. Ebd., S. 33–39 und 50; *EI*², Bd. IV, S. 898f., s.v. „Khadīdja" (Watt).
21. Ebd., S. 39–50; Paret, Rudi: *Mohammed und der Koran,* (Urban-Bücher, Bd. 32), Stuttgart 1957 (dann mehrfach nachgedruckt), S. 35–52.
22. Vgl. Watt: *Mecca,* S. 128.
23. Hierzu sei auf zwei nützliche Ausgangs-Bibliographien verwiesen: Endress, Gerhard: *Einführung in die islamische Geschichte,* München 1982, S. 268–270, Nr. 31.12–31.36; *EI*², Bd. V, S. 427 unten („General Studies") f., s.v. „Ḳur'ān" (A. T. Welch).
24. Zur Diskussion siehe Watt: *Mecca,* S. XI–XVI.
25. Bei aṭ-Ṭabarī: *Tārīḫ,* Bd. I, S. 1180, 12ff.; bei Ibn Saʿd: *K. aṭ-Ṭabaqāt al-kabīr,* hrsg. v. Mittwoch u.a., 9 Bde., Leiden 1904ff., Bd. I (1), S. 133, 1ff.; vgl. Watt: *Mecca,* S. 87f.
26. Vgl. Watt: *Mecca,* S. 131ff.; Paret: *Mohammed,* S. 96f.
27. Ebd., S. 10ff.
28. Ebd., S. 22, 48ff.; Watt: *Mecca,* S. 127ff., vor allem auch die dort zitierten Koranverse.
29. Ibn Isḥāq bei aṭ-Ṭabarī: *Tārīḫ*: Bd. I, S. 1191, 12ff. und ders. bei Ibn Hišām: *Sīra,* Bd. I, S. 315f. (Kap. „mā dāra bayna rasūl allāh . . wa-bayna ru'asā' Qurayš wa-tafsīr li-sūrat al-kahf"). Vgl. Watt: *Mecca,* S. 122f.
30. Zu (auch) dieser Bedeutung von „dīn" vgl. *EI*², Bd. II, S. 294, s.v. „Dīn".
31. Paret: *Mohammed,* S. 14ff.; ferner Rubin, U.: „The Īlāf of Quraysh", S. 167–170, 172f., vor allem auch die dort zitierten Quellen und Literatur.
32. Paret: *Mohammed,* S. 62.
33. Ebd., S. 62f.
34. Ebd., S. 15f., S. 60f.; *EI*², Bd. IV, S. 321f. (Abschnitt V), s.v. „Kaʿba".
35. Dazu El Tayib, Abdulla in: *The Cambridge History of Arabic Literature: Arabic Literature to the End of the Umayyad Period,* hrsg. v. Beeston, Johnstone, Searjeant, Smith, Cambridge 1983, S. 81–85; Lichtenstadter, I.: *Introduction to Classical Arabic Literature,* New York 1974, S. 23; Caskel, W.: „Aijam al-ʿArab. Studien zur altarabischen Epik", in: *Islamica* 3 (1930), S. 54ff.
36. Bei aṭ-Ṭabarī: *Tārīḫ,* Bd. I, S. 1180, 13–15; auch ähnlich bei Ibn Saʿd: *Ṭabaqāt,* Bd. I (1), S. 133, 3–7.
37. Dazu Paret: *Mohammed,* S. 60f., vor allem auch die dort (S. 61) angegebenen Quellen.
38. Übersetzung Paret, *Der Koran,* Stuttgart 1966. *Alle* im Folgenden gegebenen Koranzitate orientieren sich an dieser Übersetzung, auch wenn sie diese nicht immer völlig wörtlich wiedergeben.
39. Zum Wort Paret: *Mohammed,* S. 73 unten f.; zum Folgenden vgl. auch die in Anm. 31 angegebene Literatur.
40. Beispiele für dieses gedankliche Junktim bei Ibn Hišām: *Sīra,* Bd. I, S. 283 unten f., 284, 9f. (Kap. „mubādāt rasūl allāh (Eulogie) qawmahū wa-mā kāna minhum"), S. 315 unten f., 319, 5f. (Kap. „mā dāra bayna rasūl allāh (Eulogie) wa-bayna ru'asā' Qurayš wa-tafsīr li-sūrat al-kahf").
41. Dazu Paret: *Mohammed,* S. 89–91.
42. Ebd., S. 91.
43. Siehe o. S. 20.
44. Z.B. Ibn Hišām: *Sīra,* Bd. I, S. 284, 1, 9; 285, 13 (Kap. „mubādāt rasūl allāh"), S. 315, 19; 319, 6 (Kap. „mā dāra bayna rasūl allāh (Eulogie) . . .).

45. Zum Inhalt der qurayšitischen *aḥlām: EI*², Bd. III, S. 390f., s.v. „Ḥilm" (Ch. Pellat) und Watt: *Mecca,* S. 11.
46. Vgl. Paret: *Mohammed,* S. 63ff., 87ff.
47. Ebd., S. 65f.
48. Vgl. Watt: *Mecca,* S. 72ff.
49. Ibn Hišām: Bd. I, S. 315, 18f. (Kap. „mā dāra bayna ...").
50. Ebd., S. 315, 19f. (gleiches Kap.); S. 285, 12f. (Kap. „mubādāt ..." – wie Anm. 40).
51. Vgl. dazu Watt: *Mecca,* S. 88ff., bes. S. 95f.; Paret: *Mohammed,* S. 96f.
52. Ibn Hišām: *Sīra,* Bd. I, S. 339ff. (Kap. „ḏikr ʿudwān al-mušrikīn ...").
53. Siehe o. S. 22.
54. Dazu Noth, A.: *Heiliger Krieg und Heiliger Kampf in Islam und Christentum,* (Bonner Historische Forschungen, Bd. 28), Bonn 1966, S. 14; auch Watt: *Mecca,* S. 118.
55. Dazu Watt: *Mecca,* S. 109ff.
56. Siehe o. S. 17.
57. Dazu Watt: *Mecca,* S. 120ff. Der in der Sekundärliteratur übliche Ausdruck für die geschilderten Maßnahmen, nämlich „boycott", ist hier – als anachronistisch – absichtlich vermieden.
58. Ibn Saʿd: *Ṭabaqāt,* Bd. I/1, S. 141, 21ff.
59. Dazu Watt: *Mecca,* S. 138ff.
60. Siehe o. S. 13f., 16.
61. Zu diesen Schutzformen jetzt sehr fundiert: Juda, J.: *Die sozialen und wirtschaftlichen Aspekte der Mawālī in frühislamischer Zeit,* phil. Diss. Tübingen 1983, S. 2ff., 19ff.
62. Vgl. Watt: *Mecca,* S. 138.
63. Vgl. Ibn Hišām: *Sīra,* Bd. II, S. 66 (Kap. „ʿArḍ rasūl allāh nafsahū ʿalā l-qabāʾil").
64. Dazu Watt, W. M.: *Muhammad at Medina,* Oxford 1956, S. 151ff.
65. In der arabischen Überlieferung ist einfach von *kitāb* (= „Schriftstück"/ „schriftliche Abmachung") die Rede. Ich zitiere diesen Vertrag nach Serjeant, R. B.: „The *Sunna Jāmiʿa,* Pacts with the Yat͟hrib Jews, and the *Taḥrīm* of Yat͟hrib: Analysis and Translation of the Documents Comprised in the So-called ‚Constitution of Medina'", in: *BSOAS* 41/1 (1978), S. 1ff.; *kitāb* dort S. 16, Z. 1 (des Textes).
66. Ebd., S. 16, Z. 2 (des Textes).
67. Ebd., S. 16f.
68. Zu diesen Vorgängen Watt: *Medina,* S. 155ff.
69. Vgl. Paret: *Mohammed,* S. 29f.
70. Vgl. Watt: *Mecca,* S. 144ff., bes. S. 146.
71. Vgl. Watt: *Medina,* S. 180ff. und Rahman, H.: „The Conflicts Between the Prophet and the Opposition in Madina", in: *Der Islam* 62/2 (1985), S. 260ff.
72. Vgl. Paret: *Mohammed,* S. 103.
73. Siehe o. S. 22f.
74. Siehe o. S. 19f.
75. Siehe o. S. 31f.
76. Text bei Serjeant: „The *Sunna Jāmiʿa*", S. 16f.
77. Siehe o. S. 31f.
78. Text bei Serjeant: „The *Sunna Jāmiʿa*", S. 16, Z. 2 (des Textes).

79. Ebd., Z. 3 (des Textes).
80. Siehe o. S. 34.
81. Siehe o. S. 26f.
82. Siehe o. S. 21ff.
83. Text bei Serjeant: „The *Sunna Jāmi'a*", S. 16f.: „'alā rib'atihim". Vgl. Serjeants Anmerkung dazu: S. 21 (zur Stelle).
84. Ebd., S. 23.
85. Text ebd. S. 24 oben; zum Vorhergehenden und Folgenden auch Watt: *Medina*, S. 221ff.
86. Dazu Paret: *Mohammed*, S. 113ff.
87. Vgl. Noth: *Heiliger Krieg*, S. 13f.
88. Dazu Watt: *Medina*, S. 65ff.
89. Siehe o. S. 15f.
90. Dazu unten S. 43, 48.
91. Dazu Watt: *Medina*, S. 46ff.
92. Ebd., S. 67f.
93. Ebd., S. 66f.
94. Ebd., S. 73f.
95. Ebd., S. 78.
96. Ebd., S. 78–150; Paret: *Mohammed*, S. 130ff.
97. Vgl. die instruktive Auswahl von Vertragstexten (in literarischer Überlieferung) bei Watt: *Medina*, Excursus F, S. 354ff.
98. Ebd., S. 144.
99. Dazu Paret: *Mohammed*, S. 73.
100. Ebd., S. 72.
101. Ebd., S. 74.
102. Siehe o. S. 22f.
103. Paret: *Mohammed*, S. 73f.
104. Ebd., S. 104ff.; 126ff.
105. Vgl. Watt: *Medina*, S. 192ff.
106. Text bei Serjeant: „The *Sunna Jāmi'a*", S. 17 ult., S. 26f., 29, 33, 35.
107. Dazu Watt: *Medina*, S. 208ff.
108. Ebd., S. 217f.
109. Vgl. Paret: *Mohammed*, S. 106f., 128f.
110. Ebd., S. 107f.
111. Watt: *Medina*, S. 202.
112. Siehe o. S. 15f.
113. Dazu Paret: *Mohammed*, S. 108ff.; Schumann, O.: „Abraham – Vater des Glaubens, Teil 2", in: *Evangelisches Missions-Magazin* 111 (1967), S. 104–122.
114. Zu diesem Aspekt: Watt, W. M. – Welch, A. T.: *Der Islam I (Mohammed und die Frühzeit – Islamisches Recht – Religiöses Leben)*, (Die Religionen der Menschheit, Bd. 25, 1), Stuttgart, Berlin, Köln, Mainz 1980, S. 118ff.
115. Dazu Noth, A.: „Möglichkeiten und Grenzen islamischer Toleranz", in: *Saeculum* 29/2 (1978), S. 193ff.
116. Vgl. Nagel, T.: *Staat und Glaubensgemeinschaft im Islam*, Bd. I: *Von den Anfängen bis ins 13. Jahrhundert*, (Bibliothek des Morgenlandes), Zürich und München 1981, S. 81–83.
117. Vgl. Paret: *Mohammed*, S. 125.
118. Ebd., 125f.

119. Siehe o. S. 38–40.
120. Dazu Watt: *Medina,* S. 82ff.
121. Siehe o. S. 40.
122. Dazu Muranyi, M.: *Die Prophetengenossen in der frühislamischen Geschichte,* phil. Diss. Bonn 1973.
123. S. 37.f.
124. Vgl. die Liste der bei Uḥud Gefallenen bei al-Wāqidī: *Kitāb al-Maġāzī,* hrsg. v. M. Jones, Oxford 1966, Bd. I, S. 300–09.
125. Dazu Rotter, G.: *Die Umayyaden und der Zweite Bürgerkrieg (680–692),* (Abhandlungen für die Kunde des Morgenlandes, Bd. 45/3), Wiesbaden 1982, S. 13ff.
126. Anteile an dem nach Kriegszügen von den Kämpfern abzuliefernden Fünftel der Beute: Koran 8, 41; 59, 7.
127. Dazu Graham, W. A.: „The Earliest Meaning of ‚Qur'ān'", in: *Die Welt des Islams* 23/24 (1984), S. 361ff.
128. Das Islamische Recht *(šarīʿa)* unterscheidet später „Gottesdienstliche Bestimmungen *(ʿibādāt)*" und „Bestimmungen für die zwischen-muslimischen Beziehungen *(muʿāmalāt)*"; dies geschieht vorwiegend aus Gründen der Systematik und schafft nicht etwa zwei voneinander abgegrenzte Rechtsbereiche.
129. Dazu Watt/Welch: *Der Islam I,* S. 263ff.
130. Siehe S. 43.
131. Dazu Watt/Welch: *Der Islam I,* S. 311ff.
132. Siehe o. S. 37f.
133. Siehe o. S. 16.
134. Dazu Watt/Welch: *Der Islam I,* S. 327ff.
135. Siehe o. S. 16, 21.
136. Vgl. Paret: *Mohammed,* S. 108ff.; Rubin, U.: „The Great Pilgrimage of Muhammad: Some Notes on Sura IX", in: *Journal of Semitic Studies* 27/2 (1982), S. 241ff.
137. Vgl. die oben in Anm. 97 genannten Verträge, passim.
138. Dazu Watt/Welch: *Der Islam I,* S. 299ff.
139. Sure 2, 219 und 5, 90.
140. Vgl. Watt: *Medina,* S. 299.
141. Ebd., S. 143ff. und 261ff.
142. Sure 5, 38.
143. Zu diesem Fragenkomplex jetzt die Arbeiten von Motzki, H.: „Wal-muḥṣanātu mina n-nisā'i illā mā malakat aimānukum (Koran 4: 24) und die koranische Sexualethik", in: *Der Islam* 63/2 (1986); „Geschlechtsreife und Legitimation zur Zeugung im frühen Islam", in: Müller, E. W. (Hrsg.): *Geschlechtsreife und Legitimation zur Zeugung,* Freiburg/München 1985, S. 497ff.; „Und dann schuf er die beiden Geschlechter, das männliche und das weibliche (Koran 75:39) – Die historischen Wurzeln der islamischen Geschlechterrollen", im Druck (erscheint 1987) für: Martin, J./Zöpffel, R./Mitterauer, M. (Hrsg.): *Aufgaben, Rollen und Räume von Mann und Frau,* Freiburg/München. In diesen Arbeiten auch die ältere Literatur zum Thema.
144. So Motzki: „Und dann schuf er die beiden Geschlechter".
145. So enthält das älteste biographische Lexikon des Islam, die *Ṭabaqāt* des Ibn Saʿd, bereits einen eigenen Band über Frauen (Bd. 8).
146. Vgl. Donner: *Conquests,* S. 29ff. und die dort zitierte Literatur.

147. Dazu und zum Folgenden Noth: *Heiliger Krieg und Heiliger Kampf*, S. 13–42.
148. Vgl. Watt: *Medina*, S. 7ff.
149. Dazu Paret: *Mohammed*, S. 116.
150. Siehe o. S. 37f.
151. Dazu Noth: *Heiliger Krieg und Heiliger Kampf*, S. 14f.
152. Vgl. Watt: *Medina*, S. 35ff., bes. S. 39.
153. Dazu ebd., S. 46ff.
154. Ebd., S. 66ff.
155. Siehe o. S. 37f.
156. Dazu in aller wünschenswerten Ausführlichkeit Watt: *Medina*, S. 78ff.
157. Eine sehr ausgewogene Diskussion dieser Frage bei Paret: *Mohammed*, S. 148ff.
158. Dazu Watt: *Medina*, S. 70ff.
159. Siehe o. S. 42.
160. Siehe o. S. 42.
161. Vgl. Noth: *Heiliger Krieg und Heiliger Kampf*, S. 33f.
162. Ebd., S. 13.
163. Siehe o. S. 55.
164. Vgl. Bell, R.: *The Qur'ān Translated, with a critical re-arrangement of the Sūrahs*, Edinburgh 1937, 1960, Bd. I, S. 172, 184.
165. Vgl. Noth: *Heiliger Krieg und Heiliger Kampf*, S. 27f.
166. Zu den Problemen mit den letztgenannten Auflagen vgl. Watt: *Medina*, S. 101, 104, 147, und Paret: *Mohammed*, S. 132f.
167. Vgl. Noth, A.: *Quellenkritische Studien zu Themen, Formen und Tendenzen frühislamischer Geschichtsüberlieferung*, (Bonner Orientalistische Studien, N.S., hrsg. v. O. Spies, Bd. 25), Bonn 1973, S. 87.
168. Dazu Donner: *Conquests*, S. 82ff. und die dort angegebene Literatur.
169. Ebd., S. 82–85, samt Quellen und Literatur.
170. Siehe o. S. 39f.
171. Vgl. Donner: *Conquests*, S. 85.
172. Ebd., S. 87.
173. Ebd., S. 88.
174. Vgl. (Anonymus): *Aḫbār maǧmūʿa fī fatḥ al-Andalus ...*, hrsg. v. E. Lafuente Y Alcántara, (Collección de Obras Arábigas), Madrid 1867, S. 25, Zeile 1.
175. Eine sachgemäß akzentuierte und kommentierte Daten-Tabelle bei Endress: *Einführung*, S. 193ff.
176. Eine gute Zusammenfassung der Diskussion bei Donner: *Conquests*, S. 1–9.
177. Ebd. S. 8f.
178. Die folgenden Ausführungen beruhen in vielem auf Donner: *Conquests*, S. 82ff., der auch im Material den neuesten Stand der Forschung bietet. Meine Akzentsetzungen und Fragestellungen weichen jedoch vielfach von Donner ab. Sie sind niedergelegt und begründet in Noth: *Quellenkritische Studien*, passim, und ders.: „Toleranz", S. 194–199; in beiden Arbeiten auch weitere Literatur zum Thema.
179. Dazu Noth: *Quellenkritische Studien*, S. 131ff.
180. Siehe o. S. 41–44.
181. Vgl. al-Balāḏurī: *Kitāb Futūḥ al-buldān*, hrsg. v. Ṣalāḥ ad-dīn al-Munaǧǧid, Kairo 1956, S. 71–81.
182. Dazu Noth, A.: „Die literarisch überlieferten Verträge der Eroberungszeit",

in: *Studien zum Minderheitenproblem im Islam* Bd. 1, (Bonner Orientalistische Forschungen, N. S. Bd. 27/1), Bonn 1973, S. 282ff.; Hill, D. R.: *The Termination of Hostilities in the Early Arab Conquests A.D. 634–656*, London 1971.

183. Noth: „Die literarisch überlieferten Verträge", S. 288f.
184. Vgl. Noth: *Quellenkritische Studien*, S. 60ff.
185. Dazu Noth: „Toleranz", S. 202; ders.: „Abgrenzungsprobleme zwischen Muslimen und Nicht-Muslimen", im Druck für: *Jāhiliyya and Islamic Studies in Honour of M. J. Kister.*
186. Dazu Noth: „Toleranz", S. 196.
187. Al-Balāḏurī: *Futūḥ*, S. 538.
188. Vgl. Noth: „Abgrenzungsprobleme", Manuskript S. 5 und Anm. 34.
189. Siehe o. S. 59f.
190. Dazu vor allem Donner: *Conquests*, S. 221ff.
191. Maximilian Harden über Bismarck, zitiert nach Gall, L.: *Bismarck. Der weiße Revolutionär*, Frankfurt – Berlin – Wien 1983, S. 726 (Zitatnachweis: S. 776).
192. Vgl. Donner: *Conquests*, S. 221–226.
193. Vgl. Noth: *Quellenkritische Studien*, S. 72ff.; S. 126f.
194. Siehe o. S. 52ff.
195. Siehe o. S. 56f.
196. Vgl. die Quellen und Literatur bei Caskel: „Ajjam al-ʿArab" zu S. 23–31.
197. Dazu Noth: *Heiliger Krieg und Heiliger Kampf*, S. 42ff.
198. Dazu Noth: *Quellenkritische Studien*, S. 122f.
199. Dazu jetzt die eingehende Untersuchung von Morony, M.: *Iraq after the Muslim Conquest*, Princeton 1984.
200. Vgl. Rotter: *Umayyaden*, S. 68ff. und 93ff. (für Basra und Kufa), ferner 126ff. (für Syrien).
201. Ebd.
202. Vgl. Crone, P.: *Slaves on Horses*, Cambridge 1980, S. 42–91.
203. Siehe o. S. 58f.
204. Vgl. zum Folgenden, auch wenn *hier* die Fragestellungen und Akzentsetzungen vielfach unterschiedlich sind, Nagel: *Staat*, S. 81ff., und Rotter: *Umayyaden*, S. 1–36; vgl. dort auch – und vor allem – die zitierten Quellen und Literatur.
205. Zu der Ausnahme „Ḫāriǧiyya" siehe u. S. 78.
206. Vgl. Nagel: *Staat*, S. 81–83.
207. Siehe o. S. 17.
208. Siehe o. S. 47f.
209. Vgl. Nagel: *Staat*, S. 83–85.
210. Siehe o. S. 68 und Anm. 193.
211. Dazu Watt: *Medina*, S. 55ff. (und passim).
212. Vgl. Rotter: *Umayyaden*, S. 8ff.
213. Vgl. ebd. S. 15; zu „Vorstufen": siehe o. S. 38, 59.
214. Siehe o. S. 17, 29.
215. Dazu Rotter: *Umayyaden*, S. 54ff.
216. Vgl. Nagel: *Staat*, S. 134ff.
217. Dazu Rotter: *Umayyaden*, S. 35f.
218. Siehe o. S. 77.
219. Siehe o. S. 78.

220. Siehe o. S. 77f.
221. Dazu Nagel: *Abbasidisches Kalifat,* S. 70ff.
222. Neuere Theorien, die sich mit den Namen Crone/Cook, Wansbrough, Burton u. a. verbinden, bestreiten dies; da sie mir jedoch vorerst noch nicht genügend abgesichert erscheinen, sei hier noch von einer ,,ʿuṯmānischen Redaktion" ausgegangen.
223. Siehe o. S. 46ff.
224. Dazu Schacht, J.: *The Origins of Muhammadan Jurisprudence,* Oxford 1950, S. 190ff.
225. Ebd., S. 192ff.
226. Siehe o. S. 43f., 64f.
227. Vgl. al-Qāḍī, W.: ,,Madḫal ilā dirāsat ʿuhūd aṣ-ṣulḥ al-islāmiyya zaman al-futūḥ (Vorstudien zu den islamischen Vertragsabschlüssen während der Eroberungsbewegung)", im Druck für die Akten der ,,Bilād al-Shām"-Konferenz, Amman 1985, Ms. S. 57f.
228. Dazu Dennett, D. C.: *Conversion and Poll Tax in Early Islam,* Cambridge 1950.
229. Dazu Noth: *Quellenkritische Studien,* S. 75ff.
230. Text bei al-Balāḏurī: *Futūḥ,* S. 149.
231. Dazu Noth, A.: ,,The Muslim Conquest of Damascus – Futūḥ-History and Futūḥ-Historiography", im Druck für die Akten der ,,Bilād al-Shām"-Konferenz Amman 1985.
232. Siehe o. S. 64f.
233. Dazu (samt Quellen und älterer Literatur) Rotter: *Umayyaden,* S. 33f.
234. Vgl. *EI*², Bd. III, S. 884bf., s. v. ,,Ibn al-Muḳaffaʿ" (Fr. Gabrieli).
235. Dazu Schacht, J.: *An Introduction to Islamic Law,* Oxford 1964, S. 6–75, und ders.: *Origins;* dort die Quellen und weitere Literatur.
236. Abū Yūsuf: *Kitāb al-Ḫarāǧ,* Ausgabe Būlāq 1302 H.
237. Siehe o. S. 76.
238. Genannt seien – in der Reihenfolge des Erscheinens – (dort jeweils auch weitere Literatur zum Thema): Haase, C. P.: *Untersuchungen zur Landschaftsgeschichte Nordsyriens in der Umayyadenzeit,* phil. Diss. Kiel 1975, S. 52ff. und passim; Crone: *Slaves,* S. 29ff. und passim; Donner: *Conquests,* S. 221ff., Appendices und passim; Rotter: *Umayyaden,* S. 60ff. und passim.
239. Vgl. Noth: *Heiliger Krieg und Heiliger Kampf,* S. 33–42.
240. Siehe o. S. 68.
241. Vgl. Crone: *Slaves,* S. 42ff.
242. Siehe o. S. 55ff.
243. Siehe o. S. 69ff.
244. Vgl. aṭ-Ṭabarī: *Tārīḫ,* Bd. I/5, S. 2355f.
245. Ebd., I/4, S. 2183; al-Balāḏurī: *Futūḥ,* S. 328f.; auch Donner: *Conquests,* Index, s. v. ,,Bajīla".
246. Vgl. Noth: *Quellenkritische Studien,* S. 162ff. (Ägypten); Lévi-Provençal, E.: *Histoire de l'Espagne Musulmane,* Bd. I, Paris – Leiden 1950, S. 8ff., bes. S. 16ff. (Spanien).
247. Dazu Noth: *Quellenkritische Studien,* S. 24f.
248. Siehe o. S. 82f.
249. Dazu Noth, A.: ,,Der Charakter der ersten großen Sammlungen von Nachrichten zur frühen Kalifenzeit", in: *Der Islam* 47 (1971), S. 183f.

250. Siehe o. S. 70f.
251. Vgl. Anonymus: *al-ʿUyūn wal-ḥadāʾiq fī aḫbār al-ḥaqāʾiq,* hrsg. v. M. J. De Goeje/P. De Jong, Leiden, 1869, S. 24ff.
252. Vgl. Rotter: *Umayyaden,* S. 126ff.
253. Siehe o. S. 78–80.
254. Dazu Crone: *Slaves,* S. 49ff., 74ff.
255. Dazu Hinds, M.: „The Murder of the Caliph ʿUthmān", in: *International Journal of Middle East Studies (IJMES)* 3 (1972), S. 450–469.
256. Siehe o. S. 78.
257. Vgl. *EI*[2], Bd. I, S. 381ff., bes. 385, s. v. „ʿAlī b. Abī Ṭālib" (L. Veccia Vaglieri).
258. Zur Person o. S. 77f.
259. Dazu Rotter: *Umayyaden,* S. 60ff., 152ff.
260. Vgl. Crone: *Slaves,* S. 34–36.
261. Dazu Nagel: *Abbasidisches Kalifat,* S. 135ff.
262. Als wichtige Vorarbeiten seien genannt (dort auch Quellen und ältere Literatur): Schmucker, W.: *Untersuchungen zu einigen wichtigen bodenrechtlichen Konsequenzen der islamischen Eroberungsbewegung,* (Bonner Orientalistische Studien, N. S. Bd. 24), Bonn 1972; Morimoto, K.: *The Fiscal Administration of Egypt in the Early Islamic Period,* (Asian Historical Monographs, Bd. I), Dohosha 1981; Noth, A.: „Zum Verhältnis von kalifaler Zentralgewalt und Provinzen in umayyadischer Zeit: Die ‚Ṣulḥ' – ‚ʿAnwa' – Traditionen für Ägypten und den Iraq", in: *Die Welt des Islams* 14 (1973), S. 150ff.; ders.: „Verträge der Eroberungszeit".
263. Siehe o. S. 49.
264. Siehe o. S. 64f.
265. Dazu Noth: „Verträge der Eroberungszeit", S. 301f.
266. Zur Steuerleistung dieser Provinzen vgl. Rotter: *Umayyaden,* S. 60ff., bes. S. 63 (die graphische Darstellung).
267. Dazu *EI*[2], Bd. I, S. 76f. s. v. „ʿAbd al-Malik b. Marwān" (H.A. R. Gibb).
268. Siehe o. S. 72f.
269. Dazu die grundlegende Arbeit von Puin, G. R.: *Der Dīwān des ʿUmar Ibn al-Ḫaṭṭāb. Ein Beitrag zur frühislamischen Verwaltungsgeschichte,* phil. Diss. Bonn 1970.
270. Vgl. ebd., S. 105f.
271. Zu Fragestellungen in diesem Kontext, die von den Quellen nahegelegt werden, vgl. Noth: *Quellenkritische Studien,* S. 117, 119, 123, 135ff.
272. So der Kopten 725/6; vgl. Noth: „Zentralgewalt und Provinzen", in: *Welt des Islams* 14 (1973), S. 155f.
273. Vgl. Noth: *Quellenkritische Studien,* S. 108f.
274. Dazu Noth: „Zentralgewalt und Provinzen", S. 158ff.
275. Siehe o. S. 49.
276. Dazu die detaillierte Untersuchung von Juda: *Die sozialen und wirtschaftlichen Aspekte der Mawālī,* passim, bes. S. 120ff.
277. Siehe o. S. 44.
278. Vgl. Juynboll, G.H. A.: *Muslim Tradition,* Cambridge 1983, S. 34ff.
279. Siehe o. S. 93f.
280. Vgl. die bei aṭ-Ṭabarī: *Tārīḫ,* regelmäßig zum Ende der Jahresberichte erstellten „Gouverneurslisten".
281. Vgl. Crone: *Slaves,* S. 37ff.

282. Siehe o. S. 92 und Anm. 266.
283. Über Ziyād informiert immer noch am besten (die direkte Quellenlektüre – aṭ-Ṭabarī: *Tāriḫ*, Bd. II/1, S. 11ff. – natürlich ausgenommen): Wellhausen, J.: *Das Arabische Reich und sein Sturz*, zuerst Berlin 1902, Nachdruck ebd. 1960, S. 75ff.
284. Zu seiner Person *EI*², Bd. III, S. 39ff. s. v. „Al-Hadjdjādj b. Yūsuf" (A. Dietrich).
285. Siehe o. die in Anm. 267 gemachte Literaturangabe.
286. Siehe o. S. 74.
287. Siehe o. S. 79f.
288. Siehe o. S. 28, 53.
288a. Siehe o. S. 89f.
289. Siehe o. S. 77f.
290. So bezeichnet, weil die Prophetenwitwe während dieser Vorgänge auf einem Kamel ritt.
291. Siehe o. S. 78.
292. Vgl. aṭ-Ṭabarī: *Tāriḫ*, Bd. II/1, S. 1ff., bes. S. 2–4.
293. Jetzt auf dem neuesten Stand durch das Buch von Rotter: *Umayyaden*.
294. Ebd., S. 133–151.
295. Siehe o. S. 73ff.
296. Dies wird besonders deutlich bei Rotter: *Umayyaden*, S. 126ff.
297. Siehe o. S. 44f.
298. Siehe o. S. 95f.

II. Das Kalifat der Abbasiden
(*Tilman Nagel*)

1. Shaban, M. A.: *The Abbasid Revolution*, Cambridge 1970.
2. Aṭ-Ṭabarī: *Annales*, Bd. III, S. 1954.
3. Ebd., S. 1973.
4. Nagel, T.: *Rechtleitung und Kalifat*, (Bonner Orientalistische Studien, Bd. 27/2), Bonn 1975, S. 96.
5. Ders.: *Alexander der Große in der frühislamischen Volksliteratur*, (Beiträge zur Sprach- und Kulturgeschichte des Orients, Bd. 28), Walldorf 1978, S. 87ff., 111.
6. Ders.: *Staat und Glaubensgemeinschaft im Islam*, Zürich/München 1981, Bd. I, S. 147.
7. Glagow, R.: *Das Kalifat des al-Muʿtaḍid billāh*, Diss. phil., Bonn 1968.
8. Zum Erbrecht s. Schacht, J.: *An Introduction to Islamic Law*, Oxford 1966, S. 169ff.
9. Aṭ-Ṭabarī: *Annales*, Bd. III, S. 79–85.
10. Ebd., Bd. III, S. 115.
11. Saʿd b. ʿAbdallāh: *Kitāb al-Maqālāt*, hrsg. v. Maškūr, Teheran 1963, S. 64, 195.
12. Mélikoff, I.: *Abū Muslim, le porte-hache de Khorassan*, Paris 1962.
13. Aṭ-Ṭabarī: *Annales*, Bd. III, S. 128, 133f.
14. Ibn Kaṯīr: *al-Bidāya wan-nihāya*, Bd. X, S. 97ff.; Lassner, J.: *The Topography of Baghdad in the Early Middle-Ages*, Detroit 1970.
15. Nagel: „Ein früher Bericht über den Aufstand von Muḥammad b. ʿAbdallāh im Jahre 145 h.", in: *Der Islam* 46 (1970), S. 227–262.

16. Aṭ-Ṭabarī: *Annales,* Bd. III, S. 324, 379.
17. Nagel: *Rechtleitung und Kalifat,* S. 297ff.
18. Goitein, S. D.: „A Turning-Point in the History of the Muslim State", in: *Studies in Islamic History and Institutions,* Leiden 1966, S. 149–167.
19. Aṭ-Ṭabarī: *Annales,* Bd. III, S. 129ff.
20. Nagel: *Staat und Glaubensgemeinschaft,* S. 148ff.
21. Aṭ-Ṭabarī: *Annales,* Bd. II, S. 2001.
22. Ebd., Bd. III, S. 382.
23. Lassner, J.: *The Shaping of Abbasid Rule,* Princeton 1980, S. 88.
24. Al-Ǧahšiyārī: *Kitāb al-Wuzarāʾ,* Kairo 1938, S. 141; im ganzen vgl. Sourdel, D.: *Le Vizirat Abbaside,* Damaskus 1960.
25. Ḫalīfa: *Tārīḫ,* hrsg. v. al-ʿUmarī, Nadschaf 1967, S. 446f.
26. Nagel: *Staat und Glaubensgemeinschaft,* Bd. I, S. 160f.
27. Ders.: *Rechtleitung und Kalifat,* S. 100, 103, 108ff.
28. Ibn Abī Ḥātim: *al-Ǧarḥ wat-taʿdīl,* Haidarabad 1952, Bd. I, S. 214, 193ff.
29. Aṭ-Ṭabarī: *Annales,* Bd. III, S. 505.
30. Lassner: *Shaping,* S. 122f.
31. Ebd., S. 132.
32. Aṭ-Ṭabarī: *Annales,* Bd. III, S. 320.
33. Nagel: *Rechtleitung und Kalifat,* S. 126ff., 358.
34. Aṭ-Ṭabarī: *Annales,* Bd. III, S. 678.
35. Ebd., Bd. III, S. 585.
36. Al-Masʿūdī: *Murūǧ aḏ-ḏahab,* hrsg. v. Ch. Pellat, Beirut 1965, Bd. III, S. 397.
37. Nagel: *Rechtleitung und Kalifat,* S. 138f.
38. Ebd., S. 140ff.
39. Gabrieli, F.: *Al-Maʾmūn e gli Alidi,* Leipzig 1929.
40. Nagel: *Rechtleitung und Kalifat,* S. 441ff.
41. Halm, H.: *Die Traditionen über den Aufstand ʿAlī b. Muḥammads, des „Herrn der Zanǧ",* Diss. phil., Bonn 1967.
42. Glagow: *al-Muʿtaḍid billāh.*
43. Al-Balāḏurī: *Futūḥ al-buldān,* Kairo 1956, S. 529.
44. Töllner, H.: *Die türkischen Garden am Kalifenhof von Samarra,* Diss. phil., Bonn 1971.
45. Al-Yaʿqūbī: *Kitāb al-Buldān,* Leiden 1892, S. 258.
46. Töllner: a.a.O., S. 99.
47. Für die Phase der Söldnerwirren grundlegend: Forstner, M.: *Das Kalifat des Abbasiden al-Mustaʿīn,* Diss. phil., Mainz 1968 und ders.: *Al-Muʿtazz billāh,* Germersheim 1976.
48. Duri, A.: *Arabische Wirtschaftsgeschichte,* Zürich/München 1979, S. 87ff.
49. Cahen, C.: „L'evolution de l'iqṭāʿ", in: *Les peuples musulmans dans l'histoire médiévale,* Damaskus 1971, S. 231ff.
50. Ebd., S. 240.
51. Miskawayh: *Taǧārib al-umam,* hrsg. v. H.F. Amedroz, Kairo 1914, Bd. I, S. 60ff.
52. Hilāl aṣ-Ṣābiʾ: *Rusūm dār al-ḫilāfa,* hrsg. v. ʿAwwād, Bagdad 1964, S. 17f.
53. Über die Zindiqe s. G. Vajda, „Les zindiqs en pays de l'islam au début de la période abbaside", in: *Rivista degli studi orientali* 17 (1938), S. 173–229.
54. Text in Brünnow-Fischer: *Arabische Chrestomathie,* Leipzig [9]1966, S. 1f.
55. Wagner, E.: *Abū Nuwās,* Wiesbaden 1965, S. 113.

56. Ibn an-Nadīm: *al-Fihrist,* hrsg. v. G. Flügel, Halle 1872, S. 12ff.
57. Rescher, O.: *Orientalische Miszellen,* 1926, Bd. II, S. 146–186.
58. Al-Ǧāḥiẓ: „Risāla fi manāqib al-atrāk", hrsg. v. van Vloten, in: *Tria opuscula,* Leiden 1903.
59. Ibn Qutayba: „Kitāb al-ʿarab", in: Kurd ʿAlī, (Hrsg.): *Rasāʾil al-bulaġāʾ,* Kairo 1913, S. 279.
60. Ibn al-Aṯīr: *al-Kāmil,* Ausgabe Beirut 1965, *sub anno* 320.
61. Hitti, P.: *History of the Arabs,* London [8]1964, S. 469.
62. Nicholson, R. A.: *A Literary History of the Arabs,* Cambridge [8]1966, S. 271.
63. Ǧuwaynī: *Tārīḫ-i Ǧahānguśā,* hrsg. v. Mīrzā Muḥammad Qazwīnī, Bd. III, (Gibb Memorial Series, Old series, Bd. XVI, 3), London 1937, S. 174ff.
64. Das glanzvollste unter ihnen: die Hamdaniden von Aleppo; darüber Canard, M.: *Histoire de la dynastie des Hamdanides,* Algier/Paris 1951.
65. Mottahedeh, R.: *Loyalty and Leadership in an Early Islamic Society,* Princeton 1980.
66. Ibrāhīm b. Hilāl aṣ-Ṣābiʾ: *al-Muḫtār min rasāʾil … Ibrāhīm aṣ-Ṣābiʾ,* hrsg. v. Šakīb Arslān, Beirut o. J., S. 142ff.
67. Mottahedeh: a.a.O., S. 157ff.; Cahen, C.: „Mouvements populaires et autonomisme urbain dans l'Asie Musulmane du moyen âge", in: *Arabica* 5 (1958), S. 225–250 und 6 (1959), S. 25–26 und 233–265; Havemann, A.: *Riʾāsa und Qaḍāʾ,* (Islamkundliche Untersuchungen, Bd. 34), Freiburg 1974.
68. Nagel: *Staat und Glaubensgemeinschaft,* Bd. I, S. 328f.
69. Ibn al-Aṯīr: *sub anno* 415; Bayhaqī: *Tārīḫ-i Masʿūdī,* hrsg. v. S. Nafīsī, Teheran 1319ff., Bd. I, S. 203ff.
70. Ibn al-Aṯīr: *sub anno* 420.
71. Ebd.
72. Ebd.
73. Ebd.: *sub anno* 432.
74. Ebd.: *sub anno* 448.
75. Madelung, W.: „The Assumption of the Title Shāhānshāh by the Buyids and the Reign of the Daylam (Dawlat al-Daylam)", in: *Journal of Near Eastern Studies* 28 (1969), S. 84–108.
76. Ibn al-Aṯīr: *sub anno* 448.
77. Al-Ḫaṭīb al-Baġdādī: *Tārīḫ Baġdād,* Ausgabe Kairo 1931, Bd. IX, S. 399ff.; Sibṭ b. al-Ǧawzī: *Mirʾāt az-zamān,* hrsg. v. A. Sevim, Ankara 1969, S. 37.
78. Ibn al-Aṯīr: *sub anno* 454.
79. Ebd.: *sub anno* 455.
80. Nagel: *Staat und Glaubensgemeinschaft,* Bd. I, S. 348ff.
81. Busse, H.: *Kalif und Großkönig,* (Beiruter Texte und Studien, Bd. 6), Beirut/Wiesbaden 1969, S. 205.
82. Nagel: „Ursprünge der Religionspolitik der … seldschukischen Sultane", in: *Zeitschrift der Deutschen Morgenländischen Gesellschaft, Supplement II,* 1974, S. 241–248.
83. Sibṭ b. al-Ǧawzī: a.a.O., S. 113, 116.
84. Schabinger von Schowingen: *Niẓāmulmulk, Siyāsatnāma,* Freiburg 1960, S. 9ff.
85. Sibṭ b. al-Ǧawzī: a.a.O., S. 211.
86. Al-Bundārī: *Zubdat an-nuṣra,* Ausgabe Beirut [2]1978, S. 70.
87. Sibṭ b. al-Ǧawzī: a.a.O., S. 243; vgl. auch S. 217f.
88. Al-Bundārī: a.a.O., S. 240ff.

89. Über Futuwwa s. Taeschner, F.: *Zünfte und Bruderschaften im Islam,* Zürich/München 1979; zu an-Nāṣir s. Hartmann, A.: *An-Nāṣir li Dīn Allāh,* (Studien zur Sprache, Geschichte und Kultur des islamischen Orients, NF, Bd. 8), Berlin 1975.
90. Übersetzt von O. Spies in: *Der Islam* 40 (1965), S. 106f.
91. Al-Qalqašandī: *Maʾāṯir al-ināfa,* hrsg. v. Farrāǧ, Kuwait 1964, Bd. I, S. 80.

III. Die Fatimiden
(*Heinz Halm*)

1. Die Fatimiden haben ihre alidische Genealogie mehrfach geändert, was nicht gerade für ihre Echtheit spricht; s. dazu Madelung, Wilferd: „Das Imamat in der frühen islamitischen Lehre", in: *Der Islam* 37 (1961), S. 43–135; für die Echtheit plädieren Hamdani, Abbas, und de Blois, François: „A Re-examination of al-Mahdī's Letter to the Yemenites on the Genealogy of the Fatimid Caliphs", in: *Journal of the Royal Asiatic Society* (1983), S. 173–207.
2. Dazu Hrbek, Ivan: „Die Slawen im Dienste der Fatimiden", in: *Archiv Orientální* 21 (1953), S. 543–81.
3. Die *siǧillāt al-Ḥākims* sind Gegenstand der Untersuchung von Halm, Heinz: „Der Treuhänder Gottes. Die Edikte des Kalifen al-Ḥākim", in: *Der Islam* 63 (1986), S. 11–72.
4. Die einschlägigen Texte zum sog. ʿUmar-Vertrag sind übersetzt in: Lewis, Bernard: *Der Islam von den Anfängen bis zur Eroberung von Konstantinopel,* (Bibliothek des Morgenlandes), Zürich/München 1981, Bd. II: Religion und Gesellschaft S. 271–8, und in Khoury, Adel: *Toleranz im Islam,* München 1980, S. 81–4.
5. Dazu Canard, Marius: „La destruction de l'Eglise de la Résurrection par le calife Ḥākim et l'histoire de la descente du feu sacré", in: *Byzantion* 35 (1955), S. 16–43.
6. Lewicki, Tadeusz: „Une langue romane oubliée de l'Afrique du Nord", in: *Rocznik Orientalistyczny* 17 (1951/52), S. 415–80.
7. Der Geograph Idrīsī nennt unter den Gewürzen, Drogen, Hölzern und Wertwaren, die über Aden nach Ägypten verschifft werden: Moschus, Pfeffer, Kardamon, Zimt, Myrobalanen, Kampfer, Muskatnüsse, Aloe- und Ebenholz, Kokosnüsse, Elfenbein und Schildpatt.
8. Das „Buch der Schatzkammern und Geschenke" *(Kitāb aḏ-Ḏaḫāʾir wat-tuḥaf);* dazu Kahle, Paul: „Die Schätze der Fatimiden", in: *Zeitschrift der Deutschen Morgenländischen Gesellschaft* 89 (1935), S. 329–62.
9. Das lateinische *assassini* gibt das arabische *ḥaššāšiyyīn* „Haschisch-Esser" (im Genitiv-Akkusativ) wieder, wahrscheinlich im Sinne eines Schimpfworts für Leute, die nicht ganz klar im Kopf sind. Es fehlt jeder Beleg dafür, daß die nizaritischen Attentäter ihre Anschläge im Drogenrausch begingen, und Marco Polos bekannte Erzählung der *paradis artificiels* des „Alten vom Berge" (*Il Milione,* Zürich 1983, S. 60–64) ist eine ätiologische Legende zur Erklärung des Namens und entbehrt jeder historischen Grundlage.
10. Das Oberhaupt des nizaritischen Zweiges der Ismailiten, der in Indien sog. Hodjas, ist der Agha Khan; s. dazu den Artikel *K͟hōd͟ja* (A. Yusuf Ali), in:

Encyclopaedia of Islam, doch gibt es im Pandschab wie in Syrien Nizārīs, die den Agha Khan nicht anerkennen.

11. Die Legende vom nächtlichen Ritt des Propheten Muḥammad auf dem himmlischen Reittier Burāq von Mekka nach Jerusalem beruht auf dem Koranvers Sure 17,1, wo die „heilige Kultstätte" *(al-masǧid al-ḥarām,* d.h. Mekka) mit der „fernen Kultstätte" *(al-masǧid al-aqṣā)* verbunden wird. Die Lokaltradition von Jerusalem verknüpft die Nachtreise mit einer Himmelsreise, die vom Felsen auf dem Tempelplatz ihren Ausgang genommen habe; Aqṣā-Moschee und Felsendom, von den Umayyadenkalifen ʿAbd al-Malik und seinem Sohn al-Walīd erbaut, erinnern an diese Ereignisse.
12. Usāmas Autobiographie ist ins Deutsche übersetzt von Rotter, Gernot: *Ein Leben im Kampf gegen Kreuzritterheere,* Tübingen/Basel 1978.
13. Canard, Marius: „Un vizir chrétien à l'époque fâṭimite, l'Arménien Bahrâm", in: *Annales de l'Institut d'Etudes Orientales de la Faculté des Lettres d'Alger* 12 (1954), S. 84–113 (Nachdruck in: *Miscellanea Orientalia,* London 1973).
14. Von den sechs Madrasas Nūr ad-dīns in Aleppo, von denen zwei in einem „Winkel" *(zāwiya)* der Großen Moschee untergebracht waren, existiert noch die Ḥallāwiyya, die in den Bauresten der ehemaligen christlichen Bischofskirche eingerichtet wurde. Die von Nūr ad-dīn in Damaskus gegründete Madrasa wurde erst von Saladins Bruder al-ʿĀdil 1218 vollendet und trägt dessen Namen: al-ʿĀdiliyya.

IV. Die Ayyubiden
(*Heinz Halm*)

1. Alle Ayyubiden tragen mit *Malik* (König, Fürst) zusammengesetzte Thronnamen; so hieß Saladin (eigentlich: Ṣalāḥ ad-dīn Yūsuf) *al-Malik an-Nāṣir* („der siegreiche Fürst"), sein Bruder und Nachfolger *al-Malik al-ʿĀdil* („der gerechte Fürst"); *al-Kāmil* ist der „Vollkommene", *al-Ašraf* „der „Vorzügliche" und *al-Muʿaẓẓam* „der Mächtige". Diese Thronnamen sind auf den Usus der späteren Fatimiden zurückzuführen, ihren Wesiren Ehrentitel dieses Typs zu verleihen; Saladin hatte seine Laufbahn ja als Wesir des letzten Fatimiden begonnen.
2. Ḫwārizm ist die alte iranische Kulturlandschaft im Delta des Oxus (Amu Darya), heute auf dem Territorium der Sowjetrepubliken Turkmenistan und Usbekistan (mit den Hauptorten Urgentsch und Khiva).
3. Idrīsīs *Nuzha* wurde erstmals arabisch gedruckt in der Druckerei der Medici in Rom; eine erste italienische Übersetzung von 1600 blieb unpubliziert. Eine Gesamtausgabe durch E. Cerulli u. a. erscheint seit 1970 in Neapel und Rom.
4. Zur Wirkung des *Milione* s. die Einleitung zur deutschen Übersetzung von Elise Guignard, Zürich 1983.

V. Der arabische Osten im späten Mittelalter 1250–1517
(*Ulrich Haarmann*)

1. Vgl. hierzu Little, Donald P.: „Religion under the Mamluks", in: *Muslim World* 73 (1983), S. 165.
2. Haarmann, Ulrich: „Alṭun Ḫān und Čingiz Ḫān bei den ägyptischen Mamlu-

ken", in: *Der Islam* 51 (1974), S. 27–9 mit Quellenverweisen auf den Historiker Ibn ad-Dawādārī.

3. Abū Šāma: *aḏ-Ḏayl ʿalā r-rawḍatayn. Tarāǧim al-qarnayn as-sādis was-sābiʿ*, hrsg. v. Z. al-Kawṯarī, Beirut ²1974, S. 208.
4. *Kitāb al-ʿIbar*, Bd. V, Būlāq 1284, ²1391/1971, S. 371; vgl. auch Ayalon, David: „The Mamluks and Ibn Xaldūn", in: *Israel Oriental Studies* 10 (1980), S. 12–3.
5. Al-Masʿūdī: *Murūǧ aḏ-ḏahab*, hrsg. v. Ch. Pellat, Bd. V, Beirut 1974, S. 89, Zeile -7, § 3099.
6. Becker, Carl Heinrich: *Beiträge zur Geschichte Ägyptens unter dem Islam*, Straßburg 1902–3, S. 194.
7. Diese These vertritt Pipes, Daniel: *Slave soldiers and Islam. The Genesis of a military system*, New Haven/London 1981, passim.
8. Ibn Azraq al-Fāriqī: *Tārīḫ al-Fāriqī*, hrsg. v. Ğ. ʿAwaḍ, Kairo 1959, S. 76.
9. Haarmann, Ulrich: *Quellenstudien zur frühen Mamlukenzeit*, (Islamkundliche Untersuchungen, Bd. I), Freiburg 1970, S. 147; Holt, Peter: „Three biographies of al-Ẓāhir Baybars", in: *Medieval Historical Writing in the Christian and Islamic Worlds*, hrsg. v. D. O. Morgan, London: School of Oriental and African Studies 1982, S. 26 und 29, Anm. 19.
10. ʿIzz ad-dīn b. Šaddād: *Tārīḫ al-Malik aẓ-Ẓāhir*, (Bibliotheca Islamica, Bd. 31), hrsg. v. A. Ḥuṭayṭ, Beirut/Wiesbaden 1403/1983, S. 77.
11. Vgl. Thorau, Peter: „The Battle of ʿAyn Jālūt. A Re-examination", in: *Crusade and Settlement*, hrsg. v. P. W. Edbury, Cardiff 1985, S. 236–41; vgl. auch Smith, John Masson: „ʿAyn Jālūt: Mamlūk Success or Mongol Failure?", in: *Harvard Journal of Asiatic Studies* 44 (1984), S. 307–45.
12. So der Kölner Pilger Arnold von Harff: *The Pilgrimage of Arnold von Harff, Knight from Cologne, through Italy, Syria, Egypt, Arabia, Ethiopia, Nubia, Palestine, Turkey, France and Spain which he accomplished in the years 1496 to 1499*, translated from the German and edited with notes and an introduction by Malcom Letts, (The Hakluyt Society. Second series, Bd. 94), Nendeln, Liechtenstein ²1967, S. 121–2.
13. Chesneau, Jean/Thevet, André: *Voyages en Egypte des années 1549–1552*, Kairo: Institut Français 1984, S. 178: „voire les enfants sortis d'un Mamelu, ne pouvoient estre honorez du tiltre d'hommes d'armes: qui estoit cause, que le Soldan ne pouvoit faire que ses enfants luy succedassent".
14. Harff, Arnold von: a.a.O., S. 120.
15. Huizinga, Johan: *Im Bann der Geschichte. Betrachtungen und Gestaltungen*, Basel 1943, S. 245.
16. Ayalon, David: *L'Esclavage du mamelouk*, (Oriental Notes and Studies, 1), Jerusalem 1951, S. 22–4.
17. Ibn Šaddād: a.a.O., S. 341.
18. Flemming, Barbara: „Literary activities in Mamluk halls and barracks", in: *Studies in memory of Gaston Wiet*, hrsg. v. M. Rosen-Ayalon, Jerusalem 1977, S. 249–60.
19. *K. al-Mawāʿiẓ wal-iʿtibār bi-ḏikr al-ḫiṭaṭ wal-āṯār (= al-Ḫiṭaṭ)*, Bd. II, Kairo/Būlāq 1270/1853, S. 213–4; s. auch Schimmel, Annemarie: *Studien zur Kulturgeschichte des mittelalterlichen Ägyptens*, ungedr. Habil.-Schrift Berlin 1944, S. 45.
20. Chesneau, J./Thevet, A.: a.a.O., S. 178.

21. Zitat nach Ayalon, David: „Studies on the Structure of the Mamluk Army", in: *Bulletin of the School of Oriental and African Studies* 15 (1953), S. 205.
22. Die von Abū Ḥāmid al-Qudsī (st. 1483) genannte Zahl von 100000 ist sicherlich weit übertrieben. Vgl. Labib, Subhi Y.: „Qudsī's Werk ‚Duwal al-Islām aš-Šarīfa al-Bahiyya wa Ḏikr mā Ẓahara lī min Ḥikam-Allāh al-Ḫafiyya fī Ǧalb Ṭā'ifat al-Atrāk ilā ad-Diyār al-Miṣriyya", in: *Der Islam* 56 (1979), S. 117; über die möglichen Gründe für diese maßlose Übertreibung s. Haarmann, Ulrich: „Rather the injustice of the Turks than the righteousness of the Arabs – changing ʿulamā' attitudes towards Mamluk rule in the late fifteenth century", in: *Studia Islamica* 68 (1988), S. 61–77.
23. Haarmann, Ulrich: „The Sons of Mamluks as Fief-holders in Late Medieval Egypt", in: *Land Tenure and Social Transformation in the Middle East,* hrsg. v. Tarif Khalidi, Beirut: American University Press 1984, S. 163, note 5.
24. Amīn, Muḥammad Muḥammad: *Catalogue des documents d'archives du Caire de 239/853 à 922/1516 (depuis le IIIe/IXe jusqu'à la fin de l'époque mamelouk),* Kairo: Institut Français 1981, S. 370, Anm. 1; idem: *al-Awqāf wal-ḥayāt al-iǧtimāʿiyya fī Miṣr 648–923 h./1250–1517 m. Dirāsa tārīḫiyya waṯā'iqiyya,* Kairo 1980, S. 110.
25. Harff, Arnold von: a.a.O., S. 104, Anm. 1; 121.
26. Ebd., S. 103, 120.
27. Holt, Peter M.: „Some observations on the ʿAbbāsid caliphate of Cairo", in: *Bulletin of the School of Oriental and African Studies* 47/3 (1984), S. 505.
28. Holt, Peter M.: „The position and power of the Mamlūk sultan", in: *Bulletin of the School of Oriental and African Studies* 38/2 (1975), S. 240.
29. Al-Ġiyāṯ, ʿAbdallāh b. Fatḥallāh al-Baġdādī: *at-Tārīḫ al-Ġiyāṯī,* hrsg. v. Ṭāriq Nāfiʿ al-Ḥamdānī, Bagdad 1975, S. 42, Zeile 5.
30. *Kitāb Zubdat kašf al-mamālik wa-bayān aṭ-ṭuruq wal-masālik,* hrsg. v. Paul Ravaisse, Paris 1894, S. 90.
31. Ebd., S. 89.
32. Amīn: *Catalogue,* S. 353–63.
33. Ebd., S. 321, Nr. 862.
34. Al-Qudsī, Abū Ḥāmid: *Badl an-naṣā'iḥ aš-šarʿiyya fīmā ʿalā s-sulṭān wa-wulāt al-umūr wa-sā'ir ar-raʿiyya,* Handschrift Berlin (arab.) Nr. 5618, fol. 13a.
35. Ebd., fol. 15b.
36. Holt, Peter M.: „The structure of government in the Mamluk sultanate", in: *The Eastern Mediterranean Lands in the Period of the Crusades,* hrsg. v. P. M. Holt, Warminster 1977, S. 53.
37. Halm, Heinz: *Ägypten nach den mamlukischen Lehensregistern,* (Beihefte zum Tübinger Atlas des Vorderen Orients), Bde. I und II, Wiesbaden 1979, 1982, hier Bd. I, S. 27, mit dem Verweis auf Maqrīzīs *Ḫiṭaṭ,* Bd. I, S. 90.
38. Holt: „Structure of government", S. 52.
39. Poliak, A. N.: *Feudalism in Egypt, Syria, Palestine, and the Lebanon, 1250–1900,* London: Royal Asiatic Society 1939, S. 9–14.
40. Halm: a.a.O., S. 28–9.
41. Rabie, Hassanein: *The Financial System of Egypt A.H. 564–741/A.D. 1169–1341,* (London Oriental Series, Bd. 25), London: Oxford University Press 1972, S. 37–8, mit einem Verweis auf Maqrīzīs *Ḫiṭaṭ,* Bd. II, S. 216.
42. Ayalon, David: „The System of Payment in Mamluk Military Society", in:

Journal of the Economic and Social History of the Orient 1/3 (1958), S. 269; Poliak: a.a.O., S. 6.

43. Harff, Arnold von: a.a.O., S. 102–9.
44. Ibn Šaddād: a.a.O., S. 60.
45. Ebd., S. 360.
46. Garcin, Jean-Claude: *Un centre musulman de la Haute-Egypte médiévale: Qūṣ,* Kairo: Institut français 1976, S. 309.
47. Vgl. Goldziher, Ignaz: „Beiträge zur Literaturgeschichte der Šīʿa und der sunnitischen Polemik", in: *Gesammelte Schriften,* Bd. I, Hildesheim 1967, S. 279.
48. Sublet, Jacqueline: „La folie de la princesse Bint al-Ašraf", in: *Bulletin d'études orientales* (Damaskus) 27 (1974), S. 45–50.
49. Ibn Šaddād: a.a.O., S. 76 und 286.
50. Ebd., S. 297–8.
51. Ebd., S. 100–1.
52. So – und nicht Berke Ḫān – lautete der Name bei den unmittelbaren Zeitgenossen. Vgl. die Goldmünze dieses Sultans, Exponat Nr. 534 in der Ausstellung *Trésors de l'Islam Musée Rath,* Genf 1985, mit der Legende: *al-Malik as-Saʿīd Nāṣir ad-dunyā wad-dīn Baraka Qān b. al-Malik aẓ-Ẓāhir* . . .
53. Ibn Šaddād: a.a.O., S. 120 (Jahr 674).
54. Ebd., S. 338.
55. Ebd., S. 335.
56. Haarmann, Ulrich: „The Sons of Mamluks", S. 155–7.
57. Herausgegeben als Anhang zu al-ʿĀmilīs *Kitāb al-Miḫlāt,* Beirut 1399/1979, S. 347–474.
58. Krebs, Werner: *Innen- und Außenpolitik Ägyptens 741–784/1341–1382,* Diss. phil. Universität Hamburg, 1980, S. 304.
59. Ebd., S. 283.
60. *Kitāb al-Ilmām bil-iʿlām fīmā ǧarat bihī l-aḥkām wal-umūr al-maqḍiyya fī waqʿat al-Iskandariyya,* 7 Bde., Hyderabad 1388/1968 ff.
61. Vgl. Ayalon, David: „The Mamluks and Naval Power. A Phase of the Struggle between Islam and Christian Europe", in: *Proceedings of the Israel Academy of Sciences and Humanities* 1 (1965), und Saʿīd, Ibrāhīm Ḥasan: *al-Baḥriyya fī ʿaṣr salāṭīn al-mamālīk,* Kairo 1983.
62. Amīn, Muḥammad Muḥammad: *Catalogue,* Nr. 9 (Jahr 667 h.), S. 4.
63. Jaritz, Felicitas: „Auszüge aus der Stiftungsurkunde des Sultans Barqūq", in: Mostafa, Saleh Lamei: *Madrasa, Ḫānqāh und Mausoleum des Barqūq in Kairo,* (Abhandlungen des Deutschen Archäologischen Instituts in Kairo, Islamische Reihe, Bd. 4), Glückstadt 1982, S. 117–78; Haarmann, Ulrich: „Mamluk Endowment Deeds as a Source for the History of Education in Late Medieval Egypt", in: *al-Abhath* (Beirut) 28 (1980), S. 31–47.
64. Vgl. Schimmel, Annemarie: „Sufismus und Heiligenverehrung im spätmittelalterlichen Ägypten", in: *Festschrift Werner Caskel,* hrsg. v. Erwin Gräf, Leiden 1968, S. 275. Daneben Abū Ḥāmid al-Qudsī: *Badl,* fol. 9a–b.
65. *Kitāb as-Sulūk li-maʿrifat duwal al-mulūk,* hrsg. v. Saʿīd ʿAbd al-Fattāḥ ʿĀšūr, Bd. IV/1, Kairo 1972, S. 255 (Jahr 815).
66. Hierzu zusammenfassend Udovitch, Avram: „England to Egypt, 1350–1500: Long-term Trends and Long-distance Trade, IV: Egypt", in: *Studies in the Economic History of the Middle East,* hrsg. v. M. A. Cook, London 1970, S. 115–28; Shoshan, Boaz: *Money, Prices, and Population in Mamluk Egypt,*

1382–1517, Dissertation Princeton University 1978, 281 S.; idem: „From Silver to Copper: Monetary Changes in Fifteenth-Century Egypt", in: *Studia Islamica* 56 (1982), S. 97–116.

67. Garcin, Jean-Claude: „Habitat médiéval et histoire urbaine à Fustat et au Caire", in: J. Cl. Garcin, B. Maury, J. Revault, M. Zakariya: *Palais et Maisons du Caire, I: Epoque mamelouke*, Paris 1982, S. 188–90.
68. Udovitch: a.a.O., S. 121; vgl. auch Ashtor, Eliyahu: *A Social and Economic History of the Near East in the Middle Ages*, London 1976, S. 288–319, besonders S. 292–98; über die monetären Aspekte der Getreidepreise vgl. Shoshan, Boaz: „Money Supply and Grain Prices in Fifteenth-Century Egypt", in: *The Economic History Review*, Second Series 36/1 (1983), S. 47–67.
69. *Baḏl*, fol. 11a.
70. Vgl. Ayalon, David: „The Muslim City and the Mamluk Military Aristocracy", in: *Proceedings of the Israel Academy of Sciences and Humanities*, Jerusalem 1968, S. 327.
71. Von Taqī ad-dīn as-Subkī (st. 1355) stammt der einschlägige Traktat: *al-Qawl al-mūʿib fī l-qaḍāʾ al-mūǧib*, s. Brockelmann, Carl: *Geschichte der arabischen Litteratur*, Bd. II, Leiden 1949, S. 87 (= 107).
72. Petry, Carl F.: „A Paradox of Patronage During the Later Mamluk Period", in: *The Muslim World* 73 (1983), S. 182–207.
73. Sartain, Elizabeth M.: *Jalāl al-dīn al-Suyūṭī*, Bd. I, Cambridge 1975, S. 97.
74. Meinecke, Michael: *Die Restaurierung der Madrasa des Amīrs Sābiq ad-Dīn Miṯqāl al-Ānūkī und die Sanierung des Darb Qirmiz in Kairo*, (Archäologische Veröffentlichungen, Bd. 29), Mainz 1980, S. 26–7.
75. Garcin: „Habitat médiéval", S. 191 und Anm. 1.
76. Tuchman, Barbara: *Der ferne Spiegel. Das dramatische 14. Jahrhundert*, München 1982, S. 90. Über das Verhältnis der Mamluken zu Feuerwaffen vgl. Ayalon, David: *Gunpowder and firearms in the Mamluk kingdom*, London 1956.
77. Ibn Iyās: *Alltagsnotizen eines ägyptischen Bürgers*, übers. von Annemarie Schimmel, (Bibliothek arabischer Klassiker, Bd. 13), Stuttgart 1985, S. 7.
78. Vgl. den Bericht André Thevets in: Jean Chesneau-André Thevet: *Voyages*, S. 177.
79. *Iġāṯat al-umma bi-kašf al-ġumma*, (Ḫizānat al-fikr al-ʿarabī), Beirut 1980, S. 111–14.
80. *Muʿīd an-niʿam wa-mubīd an-niqam*, hrsg. v. David W. Myhrman, London 1908; deutsche Teilübersetzung von Rescher, Oskar: *Tâǵ eddîn Es Subkî's Muʿîd en-niʿam wa mubîd en-niqam. Über die moralischen Pflichten der verschiedenen islamischen Bevölkerungsklassen*, Konstantinopel 1925, Osnabrück [2]1980 (= Bd. II/2 der *Gesammelten Werke*).
81. In seinem Werk *Baḏl an-naṣāʾiḥ aš-šarʿiyya*.
82. Nielsen, J.: „Sultan al-Ẓāhir Baybars and the Appointment of Four Chief Qāḍīs, 663/1265", in: *Studia Islamica* 60 (1984), S. 176. – Ein beredtes Zeugnis für die z. T. geradezu süffisante ideologische Auseinandersetzung zwischen hanafitischen und schafiitischen Juristen, in die auch die Stifter der beiden Rechtsschulen hineingezogen wurden, liefert Ḥusayn b. Muḥammad al-Ḥusaynī im *K. Nafāʾis maǧālis as-sulṭāniyya fī ḥaqāʾiq asrār al-qurʾāniyya* (den Protokollen der Abendgespräche Sultan Ġawrīs aus dem Jahre 1505), hrsg. v. ʿAbd al-Wahhāb ʿAzzām, Kairo 1360/1941, S. 4–5.

83. Sartain, E. M.: a.a.O., S. 85–6, 207–8, Anm. 66.
84. Ebd., S. 85, Anm. 183.
85. Abū Ḥāmid al-Qudsī: *Badl*, fol. 10b.
86. Vgl. hierzu auch: Haarmann, Ulrich: „Rather the injustice of the Turks", passim.
87. Subkī: *Muʿīd*, S. 96–7; übers. Rescher: a.a.O., S. 60. Der Gedanke und seine Formulierung wurden übernommen von Abū Ḥāmid al-Qudsī: *Badl*, fol. 20a.
88. Reiches Material zu diesem Thema bei Langner, Barbara: *Untersuchungen zur historischen Volkskunde Ägyptens nach mamlukischen Quellen*, (Islamkundliche Untersuchungen, Bd. 74), Berlin 1983, bes. S. 63–120.
89. Vgl. Petry, Carl F.: *The Civilian Elite of Cairo in the Later Middle Ages*, Princeton 1981, S. 213–18.
90. Ibn ad-Dawādārī: *Kanz ad-durar wa-ǧāmiʿ al-ġurar*, Bd. VIII, hrsg. v. Ulrich Haarmann, Kairo/Freiburg 1971, S. 364–65.
91. Ṭaybuġā al-Ǧiriklimišī: *Kitāb al-Filāḥa al-muntaḫaba*, ausgewertet von Rabie, Hassanein: „Some Aspects of Agriculture in Medieval Egypt", in: *The Islamic Middle East, 700–1900: Studies in Economic and Social History*, hrsg. v. Avram L. Udovitch, Princeton 1981, S. 59–90, bes. S. 63, 68.
92. Hierzu vgl. Haarmann, Ulrich: „Auflösung und Bewahrung der klassischen Formen arabischer Geschichtsschreibung in der Zeit der Mamluken", in: *Zeitschrift der Deutschen Morgenländischen Gesellschaft* 121 (1971), S. 46–60.
93. Garcin, Jean Claude: „Habitat", S. 214–15.
94. Lutfi, Huda: *Al-Quds al-mamlûkiyya. A History of Mamlûk Jerusalem Based on the Ḥaram Documents*, (Islamkundliche Untersuchungen, Bd. 113), Berlin 1985, S. 110–19.
95. Vgl. die Übersetzung der Partien aus Ibn ad-Dawādārīs Chronik *Kanz ad-durar* bei Haarmann, Ulrich: *Quellenstudien*, S. 224–31.
96. *Tanqīḥ al-abḥāṯ lil-milal aṯ-ṯalāṯ (= Saʿd b. Manṣūr b. Kammūna's Examination of the Inquiries into the Three Faiths)*, hrsg. v. Moshe Perlmann, Berkeley and Los Angeles 1967.
97. *At-Tārīḫ al-Ġiyāṯī*, S. 53.
98. Ibn Šaddād: a.a.O., S. 330–33.
99. Ashtor: *A Social and Economic History*, S. 262.
100. Ibn Šaddād: a.a.O., S. 281, 307.
101. Haarmann, Ulrich: „Die Leiden des Qāḍī Ibn aṣ-Ṣāʾiġ. Ein Beitrag zur Sozialgeschichte der Stadt Damaskus im 13. Jahrhundert", in: *Studien zur Sprache und Kultur des Vorderen Orients. Festschrift für Bertold Spuler zum Siebzigsten Geburtstag*, hrsg. v. Hans Robert Roemer und Albrecht Noth, Leiden 1981, S. 114–5.
102. *At-Tārīḫ al-Ġiyāṯī*, S. 51, Zeile 8.
103. Ḫaṣbāk, Ǧaʿfar Ḥusayn: „Aḥwāl al-ʿIrāq al-iqtiṣādiyya fī ʿahd al-Īlḫāniyyīn al-Muġūl 656–737/1258–1336", in: *Maǧallat kulliyyat al-ādāb*, Universität Bagdad 4 (1961), S. 1–56, hier S. 130–32.
104. Vgl. Poliak: *Feudalism*, S. 10; Hiyari, Mustafa: „The Origin and Development of the amīrate of the Arabs during the 7th/13th and 8th/14th centuries", in: *Bulletin of the School of Oriental and African Studies* 38 (1975), S. 519. Ibn Šaddād: a.a.O., S. 64–5, 104–5 (s. a. 673) berichtet wiederholt von einer beduinisch-tatarischen Kollusion.
105. Vgl. Mazzaoui, Michel M.: *The Origins of the Ṣafawids. Šīʿism, Ṣufism and*

the Ġulāt, (Freiburger Islamstudien, Bd. III), Wiesbaden 1972, S. 64; Caskel, Werner: „Ein Mahdī des 15. Jahrhunderts. Saijid Muḥammad ibn Falāḥ und seine Nachkommen", in: *Islamica* 3/4 (1931), S. 55. Von Ispands Bruder, dem in Tabrīz regierenden Sultan Ǧahān Šāh Qara Qoyunlu ist eine zumindest ambivalente Haltung gegenüber der Schia verbürgt. Er ließ auf seinen Münzen die schiitische Münzformel mit dem spezifischen Zusatz: „... und ʿAlī ist der Freund Gottes" zum Glaubensbekenntnis *und* die Namen der allein von den Sunniten anerkannten vier rechtgeleiteten Kalifen prägen. Ein Sproß der Qara Qoyunlu war es auch, der Ende des fünfzehnten Jahrhunderts die Zwölferschia nach Golkonda in Südindien brachte, vgl. Minorsky, Vladimir: „The Qara-Qoyunlu and the Quṭb-Shāh's", in: *Bulletin of the School of Oriental and African Studies* 17 (1955), S. 50–73.

106. Er ließ die Moschee des letzten Fatimidenwesirs Ṭalāʾiʿ b. Ruzzīk wiederherstellen. Vgl. Garcin: „Habitat", S. 193.
107. Woods, John: *The Aqqoyunlu. Clan, Confederation, Empire. A Study in 15th/9th Century Turko-Iranian Politics,* Minneapolis und Chicago 1976, S. 120.
108. Minorsky, Vladimir: „The Aq-Qoyunlu and Land-Reforms", in: *Bulletin of the School of Oriental and African Studies* 17 (1955), S. 449–62.
109. Über diesen Namen vgl. Caskel, Werner: „Ein Mahdī", S. 91–2.
110. Vgl. Caskel, Werner: „Die Wālī's von Ḥuwēzeh", in: *Islamica* 6 (1934), S. 415–31.

VI. Der Maghreb und die Pyrenäenhalbinsel bis zum Ausgang des Mittelalters (*Hans-Rudolf Singer*)

1. Der zeitliche Ansatz der Gründung liegt ca. sechs Jahre vor dem traditionell angesetzten Datum. S. jedoch Lévi-Provençal, E. in: *Arabica* 1, S. 17–43, und dazu Idris, H. R., ebd. Bd. 11, S. 5–18 und M. Talbi in: ²*EI*, Bd. IV, S. 825–7. Zur Moschee vgl. Lézine, Alexandre: *Architecture de l'Ifriqiya. Recherches sur les monuments aghlabides,* Paris 1966.
2. Vgl. Talbi, M.: „Un nouveau fragment de l'histoire de l'Occident musulman 62–196/682–812. L'épopée d'al-Kāhina", in: *Les Cahiers de Tunisie* 19 (1971), S. 19–52.
3. Vgl. Marçais, Georges/Golvin, Lucien: *La Grande Mosquée de Sfax,* Tunis 1960, bes. S. 36–38 (griech. Inschrift).
4. Vgl. Djaït, H.: „La Wilāya d'Ifrīqiya aux IIᵉ/VIIIᵉ siècles: étude institutionelle", in: *Studia Islamica* 27 (1967), S. 77–121; 28 (1968), S. 79–107.
5. Die Leugnung der Faktizität der Person und der Ereignisse durch Roger Collins *(Early Medieval Spain. Unity in Diversity, 400–1000,* London 1983, S. 150f.) stützt sich auf J. Vallvé („Sobre algunos problemas de la invasión musulmana", in: *Anuario de Estudios Medievales* 4 [1967], S. 361–67) und zeigt nur, wie recht der Nestor des spanischen Mediävisten, Claudio Sánchez-Albornoz, hatte, vor dessen phantastischen Konstruktionen zu warnen („Frente a unas páginas erróneas sobre la conquista de España por los musulmanes", in: *Cuadernos de Historia de España* 49/50 [1969], S. 294–309).
6. Wahrscheinlich ist dieses Problem sehr übertrieben worden. Ganz inakzeptabel ist die These Ignacio Olagües, eines Außenseiters, der gar behauptet, die Araber

seien von einer insgeheim arianisch gebliebenen Fraktion der Goten selbst gerufen worden; vgl. sein *Les Arabes n'ont jamais envahi l'Espagne,* Paris 1969.

7. Vgl. Chalmeta, P.: „Concesiones territoriales en al-Andalus (hasta la llegada de los Almorávides)", in: *Cuadernos de Historia* 6 (1975), S. 1–90.
8. Vgl. P. Guichard, 1977 bzw. 1973.
9. *Al-Qanṭara* 4 (1983), S. 301–55, s. aber H. Halm, *Der Islam* 66 (1989), S. 252–63.
10. S. Moscato, G. B.: *Cronica dei musulmani in Calabria,* Cosenza 1983 und Giosuè Musca: *L'Emirato di Bari 847–871,* Bari 1964.
11. Ben Yahia, B.: „Constantin l'Africain et l'école de Salerne", in: *Les Cahiers de Tunisie* 3 (1955), S. 49–59.
12. S. Guichard, P.: „Le peuplement de la région de Valence aux deux premiers siècles de la domination musulmane", in: *Melanges de la Casa de Velazquez* 5 (1969), S. 103–158, ferner Dubler, C.: „Über Berbersiedlungen auf der Iberischen Halbinsel", in: *FS. Sache, Ort und Wort,* (Romanica Helvetica, 20) 1943, S. 183–96.
13. Vgl. Christides, V.: *The Conquest of Crete by the Arabs (ca. 824). A turning point in the struggle between Byzantium and Islam,* Athen 1984.
14. S. Barbour, N.: „L'influence de la géographie et de la puissance navale sur le destin de l'Espagne musulmane et du Maroc", in: *Revue de l'Occident Musulman et de la Méditerranée,* Numéro special 1970, (Actes du IIe Congrès international d'Etudes Nord-Africaines), S. 45–54.
15. S. Daniel, Norman: *The Arabs and Medieval Europe,* London 1975, S. 23–48 („The Martyrs of Cordova"), der jede vorhergehende tatsächliche Verfolgung oder Bedrückung der Christen verneint, das ganze Geschehen aber in den grösseren Rahmen des kirchlichen Ausschließlichkeitsstandpunktes stellt, der notwendigerweise Intoleranz bedingte und letztlich zur Vertreibung der Muslime aus Sizilien wie aus Spanien führte.
16. S. Gómez Moreno, Manuel: *Iglesias mozárabes. Arte español de los siglos IX al XI,* Madrid [2]1975; ders.: *Arte mozárabe,* (Ars Hispaniae, III), Madrid 1951, S. 355–409; Fernandez Arenas, José: *La arquitectura mozárabe,* Barcelona 1972.
17. Vgl. Dozy, R.: *Recherches,* Bd. I, S. 348–63.
18. Die Lage von Bobastro ist immer noch umstritten; in Frage kommen die Region im Nordwesten (Mesas de Villaverde) oder im Nordosten von Málaga; vgl. Vallvé, J.: „De nuevo sobre Bobastro", in: *Al-Andalus* 30 (1965), S. 137–74.

18a. Zu seiner Unterwerfung vgl. Chalmeta, P.: „Precisiones acerca de ʿUmar b. Ḥafṣūn", in: *Actas de las II Jornadas de Cultura árabe e islámica 1980,* Madrid 1985, S. 163–75.

19. Zur Schlacht und ihren Folgen vgl. Chalmeta, P.: „Simancas y Alhándega", in: *Hispania* 36 (1976), S. 359–444; „Simancas-Alhandega: al año siguiente", in: *Actas de las Jornadas de Cultura árabe e islámica 1978,* Madrid 1981, S. 623–39.
20. S. Levi della Vida, G.: „La traduzione araba delle Storie di Orosio", in: *Al-Andalus* 19 (1954), S. 257–93.
21. Dazu vgl. Senac, Philippe: *Musulmans et Sarrasins dans le sud de la Gaule du VIIIe au XIe siècle,* Paris 1980, und umfassender Luppi, Bruno: *I saraceni in Provenza, in Liguria e nelle Alpi occidentali,* Bordighera 1973.
22. Seco de Lucena, L.: *Los hammûdíes, señores de Málaga y Algeciras,* Málaga 1955.
23. Vgl. Golvin, L.: *Le Magrib central à l'époque des Zirides,* S. 150–53.

24. Vgl. Marçais, G.: *L'architecture musulmane d'Occident,* S. 120ff.
25. S. Ewert, Chr.: *Die Aljafería in Zaragoza* (Spanisch-islamische Systeme sich kreuzender Bögen, III), (Madrider Forschungen, XII 1.2), Berlin 1978–80.
26. Vgl. Borger, H.: *Romanische Kirchen in Köln* (Tele-Manuskript-Dienst), S. 6.
27. García Gómez, E.: „A propósito de Ibn Ḥayyān", in: *Al-Andalus* 11 (1946), S. 395–423.
28. Vgl. Millás Vallicrosa, J. M.: *Estudios sobre Azarquiel,* Madrid 1943–50.
29. Samsó, J.: „Ibn Hišām al-Lajmī y el primer jardín botánico en al-Andalus", in: *Revista de Estudios islámicos de Madrid* 21 (1981–82), S. 135–141.
30. Vgl. Sporhan-Krempel, L./Stromer, W. von: „Die Nadelholzsaat in den Nürnberger Reichswäldern zwischen 1469 und 1600", in: *Altnürnberger Landschaft/ Mitteilungen* 18 (1969), S. 3–30.
31. Vgl. Millás-Vallicrosa, J. M.: „Las primeras traducciones científicas de origen oriental hasta mediados del siglo XII", in: *Actes du IXᵉ Congrès international d'Histoire des Sciences ... 1959,* Bd. I, Barcelona 1960, S. 33–65.
32. S. Alfonsi, Petrus: *Die Kunst, vernünftig zu leben (Disciplina clericalis).* Dargestellt und aus dem Lateinischen übertragen von Eberhard Hermes, (Die Bibliothek des Morgenlandes), Zürich/Stuttgart 1970.
33. Vgl. Cabanelas, D.: *Juan de Segovia y el problema islámico,* Madrid 1952, S. 127–36.
34. Vgl. Lemay, R.: „De la Scolastique à l'Histoire par le truchement de la Philologie", in: *La diffusione delle scienze islamiche nel medio evo europeo,* Rom 1987, S. 399–535 (mit reichen Literaturangaben).
35. Sánchez-Albornoz, C.: *En torno a los orígenes del feudalismo,* II, Buenos Aires ²1977, S. 240–48, 322.
36. Vgl. Dubler, C.: „Fuentes árabes y bizantinas en la Primera Crónica General", in: *Vox romanica* 12 (1951/52), S. 120–80, bes. S. 139–76.
37. Dazu Cerulli, E.: *Il „Libro della Scala" e la questione delle fonti arabo-spagnole della Divina Commedia,* (Studi e testi, 150), Città del Vaticano 1969, und *Nuove ricerche sul Libro della Scala e la conoscenza dell' Islam in Occidente,* (Studi e testi, 271), ebd. 1972.
38. So Meier, F., in seinem für alle hier behandelten Fragen grundlegenden Artikel „Almoraviden und Marabute", in: *Welt des Islams* 21 (1981), S. 80–163.
39. Vgl. Lévi-Provençal, E.: „La fondation de Marrakech (462–1070)", in: *Mélanges d'histoire et d'archéologie de l'Occident musulman,* Bd. II, Algier 1957, S. 117–20.
40. S. vor allem García Gómez, E.: „Un eclipse de la poesía en Sevilla: la época almorávide", in: *Al-Andalus* 10 (1945), S. 285–343, und ebenda 14 (1949), S. 143–48.
41. Bourouiba, R., in: *Revue d'Histoire et de Civilisation du Maghreb* (Algier) 1 (1966), S. 19–25.
42. Vgl. Bourouiba, R.: „La doctrine almohade", in: *Revue de l'Occident Musulman et de la Méditerranée* 13–14 (1973), S. 141–58.
43. S. Hopkins, J. F. P.: „The Almohade Hierarchy", in: *Medieval Muslim Government in Barbary,* London 1958, S. 85–111.
44. Vgl. den instruktiven Artikel von Talbi, M.: „Effondrement démographique au Maghreb (XI–XVᵉ s.)", in: *Les Cahiers de Tunisie* 25 (1977), S. 51–60.
45. Vgl. Sarnelli, T.: „Primauté de Cordoue dans la médecine arabe d'Occident",

in: *Actas del Primer Congreso de Estudios Arabes e Islámicos, Córdoba 1962*, Madrid 1964, S. 441–51.

46. Für die wissenschaftlichen Leistungen der spanisch-arabischen Landwirtschaft muß auf die ausgezeichneten Studien von Lucie Bolens: *Agronomes andalous du Moyen-Age*, Genève/Paris 1981, verwiesen werden.
47. Dazu vgl. die Leidener Dissertation von Beck, Herman Leonard: *Idrīs de kleine en de idrīsidische shurafā' in Fās tijdens de Marīnieden*, Leiden 1984 (als Ms. gedruckt).
48. Vgl. Hennig, R.: *Terrae incognitae*, ²4, Leiden 1956, S. 1. Hinsichtlich der Entwicklung des Handels im westlichen Mittelmeerraum ist grundlegend das Werk von Dufourcq, Ch.-E.: *L'Espagne catalane et le Maghreb aux XIIIe et XIVe siècles*, Paris 1966.

48a. Vgl. Revault, J.: *Le Fondouk des Français et les consuls de France à Tunis (1660–1860)*, Paris 1984.

49. Vgl. Torres Balbás, L.: „El Māristān de Granada", in: *Obra dispersa*, I/2, Madrid 1981, S. 481–98, und Jetter, Dieter: *Spanien von den Anfängen bis um 1500*, (Geschichte des Hospitals, 4), Wiesbaden 1980, S. 50–67.
50. S. Lévi-Provençal, E.: „Le voyage d' Ibn Baṭṭūṭa dans le royaume de Grenade (1350)", in: *Mélanges William Marçais*, Paris 1950, S. 205–22.
51. S. hierzu Fischer Weltgeschichte, Bd. 12, S. 45.
52. Über die Geschicke der Ausgewiesenen gibt es nur für Tunesien eine Bestandsaufnahme: Latham, J. D.: „Towards a Study of Andalusian Immigration and its place in Tunisian History", in: *Les Cahiers de Tunisie* 5 (1957), S. 203–52, ferner Marçais, G.: „Testour et sa Grande Mosquée. Contribution à l'étude des Andalous en Tunisie", in: *Revue Tunisienne* (1942), S. 147–69.

VII. Der arabische Osten unter osmanischer Herrschaft 1517–1800 (*Barbara Kellner-Heinkele*)

1. Vgl. dazu den Gedankengang bei Hourani, Albert: „History", in: Binder, Leonard (Hrsg.): *The study of the Middle East. Research and scholarship in the humanities and social sciences*, New York 1976, S. 116.
2. Shaw, Stanford J.: „The land law of Ottoman Egypt (960/1553): A contribution to the study of landholding in the early years of Ottoman rule in Egypt", in: *Der Islam* 38 (1963), S. 106–37.
3. Z.B. in der Form, daß die gesamten Erträgnisse eines oder mehrerer Dörfer oder auch von Dorfparzellen an den Lehensträger fielen, solange er fähig und bereit war, sich selbst und eine entsprechende Reihe von Berittenen auszustatten und für den Feldzug des Sultans zur Verfügung zu stellen.
4. Shaw, Stanford J.: „Landholding and land-tax revenues in Ottoman Egypt", in: Holt, P. M. (Hrsg.): *Political and social change in modern Egypt*, London 1968, S. 92.
5. Shaw („The land law of Ottoman Egypt . . .", in: *Der Islam* 38 [1963], S. 108) präzisiert, daß 1 *feddān* in spätmamlukischer Zeit 6034 m² entsprach, Ende des achtzehnten Jahrhunderts kamen 4200 m² bestes Land oder 5929 m² schlechtes Land einem *feddān* gleich.
6. Vgl. İnalcık, H.: „Military and fiscal transformation in the Ottoman Empire, 1600–1700", in: *Archivum Ottomanicum* 6 (1980), besonders S. 327–33.

7. Shaw, Stanford J.: *The budget of Ottoman Egypt 1005–1006/1596–1597*, The Hague/Paris 1968, gibt die Einzelheiten.
8. S. dazu Meinecke, Michael: „Die Architektur des 16. Jahrhunderts in Kairo, nach der osmanischen Eroberung von 1517", in: *IVème Congrès international d'art turc, Aix-en-Provence, 10.–16. IX. 1971. Referate*, Aix-en-Provence 1976, S. 145–52.
9. Eine ausführliche Beschreibung der Militärhierarchie findet sich in Shaw, Stanford J.: *The financial and administrative organization and development of Ottoman Egypt 1517–1798*, Princeton 1962.
10. So nach Garcin, Jean Claude: „Émirs Hawwāras et beys de Ǧirǧa aux XVIe et XVIIe siècles", in: *Annales Islamologiques* 12 (1974), S. 253; Holt, Peter M.: „The Beylicate in Ottoman Egypt", in: Holt, Peter M.: *Studies in the history of the Near East*, London 1973, S. 183, schlägt das Jahr 1576 vor.
11. S. dazu die Arbeiten von Walz, Terence, insbesondere: *Trade between Egypt and Bilād as-Sūdān 1700–1820*, (Textes arabes et études islamiques, 8), Kairo 1978.
12. Blackburn, J. R.: „The Ottoman penetration of Yemen", in: *Archivum Ottomanicum* 6 (1980), S. 55–100, mit ausführlicher Bibliographie.
13. Zuletzt untersucht von Griswold, William J.: *The Great Anatolian rebellion, 1000–1020/1591–1611*, (Islamkundliche Untersuchungen, Bd. 83), Berlin 1983.
14. Tietze, Andreas: *Muṣṭafā ʿĀlī's description of Cairo of 1599*. Text, transliteration, translation, notes, (Österreichische Akademie der Wissenschaften, Phil.-hist. Klasse. Denkschriften, 120), Wien 1975.
15. Winter, Michael: *Society and religion in early Ottoman Egypt. Studies in the writings of ʿAbd al-Wahhāb al-Shaʿrānī*, New Brunswick, N.J., 1982.
16. Raymond, André: „Le Caire sous les Ottomans (1517–1798)", in: *Palais et maisons du Caire. 2: Époque ottomane (XVIe–XVIIIe siècles)*, Paris 1983, S. 22–23. Sehr ausführlich bei Raymond, André: *Artisans et commerçants au Caire au XVIIIe siècle*, Damaskus 1973–74, S. 144–49 et passim; Meinecke, Michael: „Die islamische Kunst in Ägypten", in: Schamp, Heinz (Hrsg.): *Ägypten*, Tübingen/Basel 1977, S. 329.
17. Raymond, André: „Le Caire sous les Ottomans (1517–1798)", in: *Palais et maisons du Caire. 2: Époque ottomane (XVIe–XVIIIe siècles)*, Paris 1983, S. 26–27.
18. Zusammengefaßt bei Volkoff, Oleg V.: *1000 Jahre Kairo. Die Geschichte einer verzaubernden Stadt*, (Aus d. Franz.), Mainz 1984.
19. Raymond, André: *Artisans et commerçants au Caire au XVIIIe siècle*, Damaskus 1973–74, dort unter Qaṣaba Riḍwān, bes. S. 328–29; vgl. auch ders.: „Les constructions de l'émir ʿAbd al-Raḥmān Katḫudā au Caire", in: *Annales Islamologiques* 11 (1972), S. 235–51.
20. Man sollte dabei aber auch im Auge behalten, daß zur gleichen Zeit selbst in Istanbul nur zwei größere Stiftungsprojekte verwirklicht werden konnten: die Moschee Aḥmeds I. (1603–17), die sogenannte Blaue Moschee, erbaut 1611–17, und die Moschee der Sultansmutter, die Yeni Cami, erbaut 1620–22.
21. Rosette war das Zentrum der Reisproduktion und -vermarktung im Delta; auch hier sind bedeutende Zivilbauten Zeugen einer Periode der Prosperität (17. Jh.), vgl. Lézine, A./Abdul Tawab, A.-R.: „Introduction à l'étude des maisons anciennes de Rosette", in: *Annales Islamologiques* 10 (1972), S. 152–53.
22. Zur Auswertung von Gerichtsakten s. al-Nahal, Galal H.: *The judicial adminis-*

tration of Ottoman Egypt in the seventeenth century, (Studies in Middle Eastern History, 4), Minneapolis/Chicago 1979.

23. Zur sozialen Schichtung vgl. Baer, Gabriel: „Popular revolt in Ottoman Cairo", in: *Der Islam* 54 (1977), S. 212–42.

24. Jomier, Jacques: „Un aspect de l'activité d'al-Azhar du XVIIe aux débuts du XIXe siècle: Les ʿaqāʾid ou professions de foi", in: *Colloque International* 1969, S. 243–52; Crecelius, Daniel: „The emergence of the Shaykh al-Azhar as the pre-eminent religious leader in Egypt", in: *Colloque International* 1969, S. 109–23; Marsot, Afaf Lutfi al-Sayyid: „The wealth of the ulama in late eighteenth century Cairo", in: Naff, Thomas/Owen, Roger (Hrsg.): *Studies in eighteenth century Islamic history,* (Papers on Islamic History, 4), Carbondale/Edwardsville (Ill.) 1977, S. 205–16; Baer, Gabriel: „Patrons and clients in Ottoman Cairo", in: *Mémorial Ömer Lûtfi Barkan,* (Bibliothèque de l'Institut Français d'Études Anatoliennes d'Istanbul, 28), Paris 1980, S. 11–18.

25. Raymond, André: „Les quartiers de résidence des commerçants et artisans maghrébins au Caire aux XVIIe et XVIIIe siècles", in: *Revue d'Histoire Maghrébine* 10.31–32 (1983), S. 355–64.

26. Am Ende des achtzehnten Jahrhunderts entfielen z.B. von den ca. 263000 Einwohnern Kairos 10% auf die Minderheiten, s. Raymond, André: „Le Caire sous les Ottomans (1517–1798)", in: *Palais et maisons du Caire. 2: Époque ottomane (XVIe–XVIIIe siècles),* Paris 1983, S. 28, 35–36. Bis ins achtzehnte Jahrhundert waren Juden auf allen Ebenen der Steuerverwaltung als Vertreter der zumeist muslimischen Steuerpächter *(mültezim)* tätig. Vornehmlich Kopten dienten als Taxierer der Steuereinnahmen. Zum Aufstieg der Syrer vgl. Philipp, Thomas: „Image and self-image of the Syrians in Egypt: from the early eighteenth century to the reign of Muḥammad ʿAlī", in: Braude, Benjamin/Lewis, Bernard (Hrsg.): *Christians and Jews in the Ottoman Empire,* Bd. 2, New York/London 1982, S. 167–84.

27. Raymond, André: „Une ‚révolution' au Caire sous les mamelouks. La crise de 1123/1711", in: *Annales Islamologiques* 6 (1966), S. 95-120; zur geistigen Atmosphäre der Zeit vgl. Flemming, Barbara: „Die vorwahhabitische fitna im osmanischen Kairo 1711", in: *İsmail Hakkı Uzunçarşılı'ya armağan,* Ankara 1976, S. 55–65.

28. Zahlreiche Beispiele bringt al-Ǧabartī in seiner Chronik Ägyptens; s. z.B. die Biographien des Janitscharenağa ʿAbd ar-Raḥmān und des ʿAbd ar-Raḥmān Bek in: *Bonaparte in Ägypten. Aus der Chronik des ʿAbdarraḥmān al-Ǧabartī (1754–1829),* übers. von Arnold Hottinger, (Die Bibliothek des Morgenlandes, Bd. 21), Zürich/München 1983, S. 66–71.

29. Lachman, Samuel: „The coins struck by Ali Bey in Egypt", in: *The Numismatic Circular* 83 (1975), S. 198–201, 336–38.

30. Zur Lage des Landes am Ende des achtzehnten Jahrhunderts s. Shaw, Stanford J. (Hrsg.): *Ottoman Egypt in the eighteenth century. The Niẓâmnâme-i Mıṣır of Cezzâr Aḥmed Pasha,* Cambridge, Mass. 1962. Daß es noch immer wohlhabende Bauern gab, weist nach Cuno, Kenneth M.: „Egypt's wealthy peasantry. 1740–1820. A study of the region of al-Manṣūra", in: Khalidi, Tarif (Hrsg.): *Land tenure and social transformation in the Middle East,* Beirut 1984, S. 303–32.

31. Motzki, Harald: *Ḏimma und égalité. Die nichtmuslimischen Minderheiten Ägyptens in der zweiten Hälfte des 18. Jahrhunderts und die Expedition Bona-*

partes (1798–1801), (Studien zum Minderheitenproblem im Islam, Bd. 5), Bonn 1979.

32. Zum folgenden s. die stimulierenden Überlegungen bei Salibi, Kamal S.: „Middle Eastern parallels: Syria – Iraq – Arabia in Ottoman times", in: *Middle Eastern Studies* 15.1 (1979), S. 70–81.
33. So Spooner, Brian: „Desert and sown: a new look at an old relationship", in: Naff, Thomas/Owen, Roger (Hrsg.): *Studies in eighteenth century Islamic history,* S. 236–49.
34. Die Nachkommen der aus Nord- und Südarabien eingewanderten Bewohner Großsyriens.
35. Salibi, Kamal S.: „The Buḥturids of the Ġarb. Mediaeval lords of Beirut and of Southern Lebanon", in: *Arabica* 8 (1961), S. 74–97; ders.: „Northern Lebanon under the dominance of Ġazīr (1517–1591)", in: *Arabica* 14 (1967), S. 144–66; ders.: „The Sayfās and the *eyalet* of Tripoli 1579–1640", in: *Arabica* 20 (1973), S. 25–52; ders.: „The muqaddams of Bšarrī: Maronite chieftains of the Northern Lebanon 1382–1621", in: *Arabica* 15 (1968), S. 63–86.
36. S. z. B. Bacqué-Grammont, Jean-Louis: „Documents ottomans sur quelques mamlouks ralliés ou capturés au début de 1517", in: *Annales Islamologiques* 20 (1984), S. 141. Die Argumente faßt zusammen Niewöhner-Eberhard, Elke: „Machtpolitische Aspekte des osmanisch-safawidischen Kampfes um Bagdad im 16./17. Jahrhundert", in: *Turcica* 6 (1975), S. 103–27.
37. Für ins einzelne gehende Angaben zur Provinz Damaskus s. Bakhit, Muhammad Adnan: *The Ottoman province of Damascus in the sixteenth century,* Beirut 1982.
38. Masson, Paul: *Histoire du commerce français dans le Levant au XVIIIe siècle,* Paris 1911, S. 284–86.
39. Tietze, Andreas (Hrsg.): *Sieben Jahre in Aleppo (1656–1663). Ein Abschnitt aus den „Reißbeschreibungen" des Wolffgang Aigen,* (Wiener Zeitschrift für die Kunde des Morgenlandes, Beiheft 10), Wien 1980, S. 33, 79.
40. Zur baulichen Entwicklung Aleppos in osmanischer Zeit s. Gaube, H./Wirth, E.: *Aleppo. Historische und geographische Beiträge zur baulichen Gestaltung, zur sozialen Organisation und zur wirtschaftlichen Dynamik einer vorderasiatischen Fernhandelsmetropole,* (Tübinger Atlas des Vorderen Orients, Reihe B, 58), Teil 1. 2, Wiesbaden 1984, S. 109–10, 113, 126–29.
41. Pascual, Jean-Paul: *Damas à la fin du XVIe siècle d'après trois actes de waqf ottomans,* (Publ. de l'Institut Français de Damas, 115), Bd. I, Damaskus 1983.
42. S. z. B. Bosworth, Clifford Edmund: „William Lithgow of Lanark's travels in Syria and Palestine, 1611–1612", in: *Journal of Semitic Studies* 20 (1975), S. 219–35.
43. Barbir, Karl K.: *Ottoman rule in Damascus, 1708–1758,* Princeton 1980.
44. S. Pascual, Jean-Paul: „The Janissaries and the Damascus countryside at the beginning of the seventeenth century according to the archives of the city's military tribunal", in: Khalidi, Tarif (Hrsg.): *Land tenure and social transformation in the Middle East,* Beirut 1984, S. 357–69.
45. Thomas, Lewis V.: *A study of Naima,* ed. by Norman Itzkowitz, (New York University Studies in Near Eastern Civilization, 4), New York 1972, S. 5–16, 22–24, 49–51.
46. Bodman, Herbert L. Jr.: *Political factions in Aleppo, 1760–1826,* Chapel Hill 1963.

47. Seikaly, Samir M.: „Land tenure in the 17th century Palestine: The evidence from the *al-Fatāwā al-Khairiyya*", in: Khalidi, Tarif (Hrsg.): *Land tenure and social transformation in the Middle East*, Beirut 1984, S. 397–408.
48. Meier, Fritz: „Die *ṣumādiyya*, ein zweigorden der *qādiriyya* in Damaskus", in: Haarmann, U./Bachmann, P. (Hrsg.): *Die islamische Welt zwischen Mittelalter und Neuzeit. Festschrift für Hans Robert Roemer*, (Beiruter Texte und Studien, Bd. 22), Beirut/Wiesbaden 1979, S. 445–70; Sellheim, Rudolf: „Die Gelehrtenfamilie Ibn al-Bailūnī", in: Haarmann, U./Bachmann, P. (Hrsg.): *Die islamische Welt zwischen Mittelalter und Neuzeit*, S. 562–82.
49. Detaillierte Karten finden sich bei Hütteroth, Wolf-Dieter/Abdulfattah, Kamal: *Historical geography of Palestine, Transjordan and southern Syria in the late 16th century*, (Erlanger geographische Arbeiten. Sonderband 5), Erlangen 1977.
50. Heyd, Uriel: *Ottoman documents on Palestine 1552–1615: A study of the firman according to the Mühimme defteri*, Oxford 1960, S. 64, 68, 79, 129.
51. Vgl. Ragette, Friedrich: *Architecture in Lebanon. The Lebanese house during the 18th and 19th centuries*, Beirut 1974.
52. Kuran, Aptullah: „Eigtheenth century Ottoman architecture", in: Naff, Thomas/Owen, Roger (Hrsg.): *Studies in eigtheenth century Islamic history*, S. 303–27.
53. Verschiedene Wertungen der Periode diskutiert Schatkowski-Schilcher, Linda: *Families in politics. Damascene factions and estates of the 18th and 19th centuries*, (Berliner Islamstudien, Bd. 2), Stuttgart 1985.
54. Imber, C. H.: „The navy of Süleyman the Magnificent", in: *Archivum Ottomanicum* 6 (1980), S. 211–82.
55. Vgl. Imber, C. H.: „The persecution of the Ottoman Shīʿites according to the mühimme defterleri, 1565–1585", in: *Der Islam* 56 (1979), S. 246–49.
56. Z.B. Murphey, Rhoads: „The construction of a fortress at Mosul in 1631: A case study of an important facet of Ottoman military expenditure", in: *Türkiye'nin sosyal ve ekonomik tarihi (1071–1920)*, Ankara 1980, S. 163–78.
57. Zusammenfassung in *Encyclopaedia of Islam*² I, dort unter *Bag͟hdād* (A. A. Duri).
58. Peters, Rudolph: „Erneuerungsbewegungen im Islam vom 18. bis zum 20. Jahrhundert und die Rolle des Islams in der neueren Geschichte: Antikolonialismus und Nationalismus", in: Ende, Werner/Steinbach, Udo (Hrsg.): *Der Islam in der Gegenwart*, München 1984, S. 96–98.
59. Kemp, Percy: „Mosuli sketches of Ottoman history", in: *Middle Eastern Studies* 18 (1981), S. 310–33.

VIII. Der arabische Osten im neunzehnten Jahrhundert 1800–1914 (*Alexander Schölch*)

1. Die grundlegende und auch diesem Kapitel zugrunde liegende Literatur ist im Anhang S. 631 ff. zusammengestellt. Daher wird auf Anmerkungen weitgehend verzichtet.
2. Besonders radikal in Gran, Peter: *Islamic Roots of Capitalism. Egypt, 1760–1840*, Austin 1979.
3. Vgl. Schölch, Alexander: „Ägypten in der ersten und Japan in der zweiten

Hälfte des 19. Jahrhunderts: ein entwicklungsgeschichtlicher Vergleich", in: *Geschichte in Wissenschaft und Unterricht* 33/6 (1982), S. 333–46.

4. Marsot, Afaf Lutfi al-Sayyid: *Egypt in the reign of Muhammad Ali,* Cambridge 1984, S. 164 und 177.
5. Owen, Roger: *The Middle East in the World Economy 1800–1914,* London 1981, S. 72; Marsot, a.a.O., S. 181.
6. Marsot, a.a.O., Kap. 9.
7. Owen, a.a.O., S. 72 und 75.
8. Zum Vergleich der lokalherrschaftlichen Strukturen im Libanongebirge und im palästinensischen Bergland siehe Schölch, Alexander: „Zum Problem eines aussereuropäischen Feudalismus: Bauern, Lokalherren und Händler im Libanon und in Palästina in osmanischer Zeit", in: *Peripherie* 5/6 (1981), S. 107–21.
9. Kraelitz-Greifenhorst, Friedrich von (Hrsg.): *Die Verfassungsgesetze des Osmanischen Reiches,* Wien 1919, S. 16.
10. Braune, Walther: *Der islamische Orient zwischen Vergangenheit und Zukunft,* Bern 1960, Kap. III.
11. Hourani, Albert: *Arabic Thought in the Liberal Age 1798–1939,* London 1962, Kap. IV.
12. Ebd., S. 139.
13. Kraelitz-Greifenhorst, a.a.O., S. 27.
14. Farley, J. Lewis: *The Decline of Turkey, Financially and Politically,* London [2]1875, S. 35.
15. Ich fasse hier einige meiner Arbeiten zusammen, insbesondere: *Ägypten den Ägyptern! Die politische und gesellschaftliche Krise der Jahre 1878–1882 in Ägypten,* Zürich 1972; „Wirtschaftliche Durchdringung und politische Kontrolle durch die europäischen Mächte im Osmanischen Reich (Konstantinopel, Kairo, Tunis)", in: *Geschichte und Gesellschaft* 1/4 (1975), S. 404–46; „The Men on the Spot and the English Occupation of Egypt in 1882", in: *Historical Journal* 19/3 (1976), S. 773–85; „The Formation of a Peripheral State: Egypt 1854–1882", in: Groupe de Recherches et d'Études sur le Proche-Orient (Hrsg.): *L'Égypte au XIXe Siècle,* Paris 1982, S. 175–85.
16. *Moniteur Égyptien,* 24. 8. 1878.
17. Guindi, Georges/Tagher, Jacques (Hrsg.): *Ismail d'après les Documents Officiels,* Kairo 1946, S. 59.
18. Ebd., S. 62.
19. Testa, I. de (Hrsg.): *Recueil des Traités de la Porte Ottomane avec les Puissances Étrangères,* Bd. 4, Paris 1876, S. 232–42.
20. Vgl. dazu Devereux, Robert: *The First Ottoman Constitutional Period,* Baltimore 1963.
21. Vgl. dazu Schölch, „Wirtschaftliche Durchdringung".
22. Was die Darstellung der Entwicklung Palästinas bis zum Ersten Weltkrieg anbelangt, so fasse ich hier die Ergebnisse einiger meiner Arbeiten zusammen, insbesondere „Araber und Juden in Palästina. Die demographische Problematik eines hundertjährigen Konflikts", in: *Journal für Geschichte* 1/4 (1979), S. 15–18; „Ein palästinensischer Repräsentant der Tanzimat-Periode: Yūsuf Ḍiyā'addīn al-Ḫālidī (1842–1906)", in: *Der Islam* 57/2 (1980), S. 311–22; „Europa und Palästina 1838–1917", in: Mejcher, H./Schölch, A. (Hrsg.): *Die Palästina-Frage 1917–1948,* Paderborn 1981, S. 11–46; „European Penetration and the Economic Development of Palestine 1856–82", in: Owen, Roger (Hrsg.): *Studies in*

the Economic and Social History of Palestine in the Nineteenth and Twentieth Centuries, London 1982, S. 10–87; *Palästina im Umbruch 1856–1882. Untersuchungen zur wirtschaftlichen und sozio-politischen Entwicklung,* Stuttgart 1986.

23. Zur britischen Kontrolle der Randzonen der Arabischen Halbinsel von Aden bis Kuwait siehe Koszinowski, Thomas: „The Arabian peninsula in the 19th and 20th centuries", in: Bagley, F. R. C. (Hrsg.): *The Muslim World. A Historical Survey,* Part IV, Fasc. 1, Leiden 1981, S. 199–235.

IX. Der arabische Osten im zwanzigsten Jahrhundert 1914–1985 (*Helmut Mejcher*)

1. Hierzu ausführlicher Sivers, Peter von: „Arabismus: Arabischer Nationalismus und Sozialismus seit dem Zweiten Weltkrieg", in: Büttner, F. (Hrsg.): *Reform und Revolution in der islamischen Welt,* München 1971, S. 119ff.; Binder, L.: *The Ideological Revolution in the Middle East,* New York 1964.
2. Vgl. Amin, Samir: *The Arab Nation. Nationalism and Class Struggles,* London 1978. Senghaas, D. (Hrsg.): *Kapitalistische Weltökonomie. Kontroversen über ihren Ursprung und ihre Entwicklungsdynamik,* Frankfurt 1979.
3. Vgl. das vorangehende Kapitel von Schölch, Alexander: „Der arabische Osten im neunzehnten Jahrhundert 1800–1914."
4. Vgl. Turner, Bryan S.: *Marx and the End of Orientalism,* London 1978, S. 39–52.
5. In den Ausführungen zu diesem Aspekt fasse ich Ergebnisse einiger meiner Arbeiten zusammen: *The Birth of the Mandate Idea and its Fulfilment in Iraq up to 1926,* (Oxford University D. Phil. Thesis, 1970); „Sir Mark Sykes und die Arabischen Nachfolgestaaten des Osmanischen Reiches", in: *Deutsche Orientalistik am Beispiel Tübingens,* Tübingen 1974, S. 98–114.
6. Kerr, Malcolm: *The Arab Cold War 1958–1967,* London 1967.
7. Vgl. Morsey, Konrad: *T. E. Lawrence und der arabische Aufstand 1916/18,* Osnabrück 1976.
8. Khadduri, Majid: „Aziz 'Ali-Misri and the Arab Nationalist Movement", in: Hourani, A. (Hrsg.): *Middle Eastern Affairs,* No. 4, Oxford 1965, S. 140–63.
9. Antonius, George: *The Arab Awakening,* New York 1965, S. 157f.
10. Laqueur, W./Rubin, B. (Hrsg.): *The Israel-Arab Reader. A Documentary History of the Middle East Conflict,* Harmondsworth 1984, S. 18ff.
11. Vgl. Abū Khaldūn Ṣāṭiʿ al-Ḥuṣrī: *The Day of Maysalūn,* Washington 1966.
12. Kazziha, Walid: „The Political Evolution of Transjordan", in: *Middle Eastern Studies* 15/2 (May 1979), S. 239–57.
13. Vgl. Mejcher, H./Schölch, A. (Hrsg.): *Die Palästina-Frage 1917–1948,* Paderborn 1981, S. 250.
14. Hurewitz, J. C. (Hrsg.): *The Middle East and North Africa in World Politics. A Documentary Record, vol. 2: British-French Supremacy 1914–1945,* London ²1979, S. 301ff.
15. Hierzu ausführlicher Mejcher, H.: „Palästina in der Nahostpolitik europäischer Mächte und der Vereinigten Staaten von Amerika 1918–1948", in: Ders./Schölch, A. (Hrsg.): a.a.O., S. 163–216.
16. Vgl. Busch, B. C.: *Britain, India, and the Arabs, 1914–1921,* Berkeley 1971.
17. Minutes of the Cairo Conference, March 12–30, 1921, FO 371/6343 Public

Record Office London. Vgl. auch: Klieman, A. S.: *Foundations of British Policy in the Arab World: The Cairo Conference of 1921*, Baltimore 1970.

18. Goldberg, J.: „Philby as a Source for Early Twentieth-Century Saudi History: A Critical Examination", in: *Middle Eastern Studies* 21/2 (April 1985), S. 231f.
19. Vgl. Habib, John S.: *Ibn Sa'ud's Warriors of Islam. The Ikhwan of Najd and their Role in the Creation of the Sa'udi Kingdom, 1910–1930*, Leiden 1978; Kostiner, J.: „On Instruments and their Designers: The Ikhwan of Najd and the Emergence of the Saudi State", in: *Middle Eastern Studies* 21/3 (July 1985), S. 298–323.
20. Goldrup, L. P.: *Saudi Arabia 1902–1932: The Development of a Wahhabi Society* (Ph. D. thesis, The University of California 1971).
21. Hurewitz, J. C. (Hrsg.): a.a.O., S. 57f.
22. Holden, D./Johns, R.: *The House of Saud*, London 1982, S. 94.
23. Hierzu ausführlicher Mejcher, H.: „Saudi Arabia's Relationship with Germany under King ʿAbd al-ʿAzīz", in: *ad-Dāra*/Riad 12/2 (1407/1986), S. 5–26.
24. Allemann, F. R. (Hrsg.): *Die arabische Revolution. Nasser über seine Politik*, Frankfurt 1958, S. 42.
25. Schulze, R.: *Die Rebellion der ägyptischen Fallahin 1919. Zum Konflikt zwischen der agrarisch-orientalischen Gesellschaft und dem kolonialen Staat in Ägypten 1820–1919*, Berlin 1981.
26. Vgl. Milner, A.: *England in Egypt*, London [6]1899, S. 5f.
27. Hurewitz, J. C. (Hrsg.): a.a.O., S. 299ff.
28. Vgl. Coury, Ralph M.: „Who ‚Invented' Egyptian Arab Nationalism?", in: *Int. J. Middle East. Stud.* 14 (1982), S. 249–81, 459–79.
29. Warburg, G.: „Lampson's Ultimatum to Faruq, 4. February, 1942", in: *Middle Eastern Studies* 11/1 (Januar 1975) S. 29ff.
30. In der folgenden Darstellung sind Ergebnisse einiger meiner Arbeiten zusammengefaßt. Dort finden sich auch ausführliche Belege: „Die Reaktionen auf die Weltwirtschaftskrise in Westasien und Nordafrika (Syrien/Libanon, Irak, Tunesien, Marokko)", in: Rothermund, D. (Hrsg.): *Die Peripherie in der Weltwirtschaftskrise: Afrika, Asien und Lateinamerika 1929–1939*, Paderborn 1983; „Egypt and the Mediterranean in World War II. The Middle East Supply Centre in Perspective", in: Abbas, R. (Hrsg.): *Egypt and the Mediterranean in History*, Kairo 1987. „Die Auswirkungen des Zweiten Weltkriegs auf die Wirtschaft und Gesellschaft Ägyptens", in: Schölch, A. (Hrsg.): *Studien zur ägyptischen Gesellschaft im 20. Jahrhundert*, Frankfurt 1986; „American Oil Interests and Policies of Penetration in Saudi Arabia and the Gulf in World War II", in: Qatar History Committee (Hrsg.): *Historical Studies on Eastern Arabia*, Doha 1977, S. 123–46.
31. Vgl. Pool, D.: „From Elite to Class: The Transformation of Iraqi Political Leadership", in: Kelidar, Abbas (Hrsg.): *The Integration of Modern Iraq*, London 1979, S. 63–87; Batatu, Hanna: *The Old Social Classes and the Revolutionary Movements of Iraq. A Study of Iraq's Old Landed and Commercial Classes and of its Communists, Ba'thists, and Free Officers*, Princeton 1978.
32. Vgl. ʿAbdallāh al-Bāšir (Pseudonym für Kāmil Ǧādirǧī): *Fī l-ʿahd al-Hāšimī*, Bagdad 1936; Marr, Phebe Ann: *Yāsīn al-Hāšimī. The Rise and Fall of a Nationalist. A Study of the Nationalist Leadership in Iraq 1920–1936*. (Ph.D. thesis Harvard 1966).

33. Petran, Tabitha: *Syria*, London 1972, S. 96ff.; Copeland, Miles: *The Game of Nations. The Amorality of Power Politics*, London [6]1970.
34. Vgl. Gibb, H. A. R. (Hrsg.): *Whither Islam? Survey of Modern Movements in the Moslem World*, London 1932; Mitchell, R. P.: *The Society of the Muslim Brothers*, London 1969; Jankowski, James P.: *Egypt's Young Rebels. „Young Egypt". 1933–1952*, Stanford 1975; Porath, Y.: *The Palestinian Arab National Movement 1929–1939. From Riots to Rebellion*, London 1977.
35. Vgl. Labib Zuwiyya Yamak: *The Syrian Social Nationalist Party: An Ideological Analysis*, Harvard 1966. Zum Gesamtspektrum libanesischer politischer Bewegungen und Parteien vgl. George, Lucien/Mokdessi, Toufic: *Les partis Libanais en 1959*, Beirut 1960; Suleiman, M. W.: *Political Parties in Lebanon. The Challenge of a Fragmented Political Culture*, New York 1967.
36. Salāma Mūsā schrieb das erste arabische Werk zum Sozialismus (*al-Ištirākiyya*, Kairo 1912). Vgl. Abdel-Malek, Anouar: *La pensée politique arabe contemporaine*, Paris 1970, S. 240ff.
37. Vgl. Batatu, Hanna: a.a.O., S. 300ff.
38. Vgl. Fāḍil Ḥusayn: *Tārīḫ al-ḥizb al-waṭanī ad-dimūqrāṭī 1946–1958*, Bagdad 1963; Kāmil Ǧādirǧī: *Muḏakkirāt wat-tārīḫ al-waṭanī d-dimūqrāṭī*, Beirut 1970.
39. „Nūrī as-Saʿīd's Fertile Crescent Project", in: Muhammad Khalil (Hrsg.): *The Arab States and the Arab League. A Documentary Record, vol. II. International Affairs*, Beirut 1962, S. 9ff.; Gomaa, Ahmed M.: *The Foundation of the League of Arab States. Wartime Diplomacy and Inter-Arab Politics 1941 to 1945*, London 1977.
40. Gamal Abd an-Nasir: *Die Philosophie der Revolution*, (hrsg. und kommentiert von Fritz René Allemann), Frankfurt 1958, S. 43.
41. Vgl. Seale, Patrick: *The Struggle for Syria. A Study of Post-War Arab Politics 1945–1958*, Oxford 1965.
42. Petran, T.: a.a.O., S. 96ff.
43. Vgl. Büttner, F.: „Nassers Ägypten zwischen islamischer Tradition und sozialistischer Zukunft", in: Opitz, P. J. (Hrsg.): *Profile und Programme der Dritten Welt*, München 1970, S. 78.
44. Siehe dazu die höchst originellen und aktuellen Thesen von Brown, L. C.: *International Politics and the Middle East. Old Rules, Dangerous Game*, Princeton 1984.
45. Eine ausführliche Diskussion der Prämissen und komplexen Umstände dieser Perspektive findet sich in Mejcher, H.: „Egypt and the Mediterranean in World War II", in: Abbas, R. (Hrsg.): a.a.O.
46. Zur israelischen Sichtweise dieser Vorgänge, wobei die Lavon-Affäre unerwähnt bleibt, vgl. Touval, Saadia: *The Peace Brokers. Mediators in the Arab-Israeli Conflict, 1948–1979*, Princeton 1982, S. 114–33. Zur arabischen Sichtweise vgl. Nutting, A.: *Nasser*, London 1972, S. 93ff. Zur Lavon-Affäre s. Stephens, R.: *Nasser. A Policical Biography*, Harmondsworth 1973, S. 154f.
47. Für eine umfassende Darstellung s. Kazziha, Walid: *Revolutionary Transformation in the Arab World. Habash and his comrades from Nationalism to Marxism*, London 1975.
48. Zum Aspekt parteiinterner Auseinandersetzungen vgl. u. a. Kamel S. Abu Jaber: *The Arab Ba'th Socialist Party. History, Ideology, and Organization*, Syracuse/New York 1966.

49. Petran, T.: a.a.O., S. 172f.
50. Vgl. Batatu, H.: „Some Observations on the Social Roots of Syria's Ruling Military Group and the Causes for its Dominance“, in: *Middle East Journal*, 35/3, Washington 1981; Van Dam, N.: *The Struggle for Power in Syria. Sectarianism, Regionalism and Tribalism in Politics, 1961–1978*, London 1979.
51. Im folgenden werden wiederum Ergebnisse einiger meiner Arbeiten zusammengefaßt. Dort finden sich auch weiterführende Quellen- und Literaturbelege: „Die britische Erdölpolitik im Nahen Osten 1914–1956“, in: *Vierteljahrschrift für Sozial- und Wirtschaftsgeschichte*, 59. Bd., Wiesbaden 1972, S. 350–77; *Imperial Quest for Oil: Iraq 1910–1928*, London 1976; „American Oil Interests and Policies of Penetration in Saudi Arabia and the Gulf in World War II“, in: *Studies on Eastern Arabia*, Doha 1977, S. 123–46; *Die Politik und das Öl im Nahen Osten. Bd. 1: Der Kampf der Mächte und Konzerne vor dem Zweiten Weltkrieg*, Stuttgart 1980; „Saudi Arabia's ‚Vital Link to the West‘: Some Political, Strategic and Tribal Aspects of the Transarabian Pipeline (TAP) in the Stage of Planning 1942–1950“, in: *Middle Eastern Studies* 18/4. (Oct. 1982), S. 359–77; Gantzel, K. J./Mejcher, H. (Hrsg.): *Oil, the Middle East, North Africa and the Industrial States. Developmental and International Dimensions*, Paderborn 1984.
52. Hierzu besonders: *The International Petroleum Cartel. Staff Report to the Federal Trade Commission submitted to the Subcommittee on Monopoly of the Select Committee on Small Business*, United States Senate, Washington 1952, New York 1976 (Reprint); Blair, John M.: *The Control of Oil*, New York 1976; Barnikel, H.-H. (Hrsg.): *Theorie und Praxis der Kartelle. Das Achnacarry-Agreement*, (Wege der Forschung Bd. CLXXIV), Darmstadt 1972, S. 442–61.
53. Chisholm, A. H. T.: *The First Kuwait Oil Concession Agreement. A Record of the Negotiations 1911–1934*, London 1975.
54. Vgl. Kuniholm, B. R.: *The Origins of the Cold War in the Near East. Great Power Conflict and Diplomacy in Iran, Turkey, and Greece*, Princeton 1980; Rubin, B.: *The Great Powers in the Middle East 1941–1947. The Road to the Cold War*, London 1980.
55. Al-Otaiba, Mana Saeed: *OPEC and the Petroleum Industry*, London 1975, S. 47f.
56. Für eine differenzierte Problematisierung vgl. Hudson, M. C.: *Arab Politics. The Search for Legitimacy*, New Haven: Yale 1977.
57. Ellsworth, R.: „Folgen des Energieproblems für das strategische Gleichgewicht“, in: *Europa Archiv*, 21/1975 (Bonn).
58. Ausführlicher hierzu: Bernstein/Hamdan/Schneider (Hrsg.): *Der Palästina Konflikt. Geschichte, Positionen, Perspektiven*, Bad Wörishofen 1983; Mejcher, H./Schölch, A. (Hrsg.): *Die Palästina-Frage 1917–1948. Historische Ursprünge und internationale Dimensionen eines Nationenkonflikts*, Paderborn 1981.
59. Hottinger, A.: „Zuʿamaʾ in Historical Perspective“, in: Binder, L.: *Politics in Lebanon*, London 1966.
60. Joumblatt, K.: *I Speak for Lebanon*, London 1982.
61. Zum Geflecht internationaler islamischer Organisationen und zur Rolle des Islams in der Außenpolitik nahöstlicher Staaten s. Reissner, J.: „Internationale

islamische Organisationen", in: Ende, W./Steinbach, U. (Hrsg.): *Der Islam in der Gegenwart,* München 1984, S. 539–547; Dawisha, Adeed (Hrsg.): *Islam in Foreign Policy,* Cambridge 1983.

62. Ṣādiq al-ʿAẓm, ein Sprößling der aristokratischen Damaszener Familie al-ʿAẓm, studierte Philosophie in Yale und lehrte dieses Fach an der Amerikanischen Universität von Beirut. Das arabische Desaster im Junikrieg 1967 machte ihn zum engagierten linksorientierten Kritiker der arabischen politischen Kultur. Heute lehrt er an der Universität Damaskus.
63. Vgl. Bligh, A.: „The Saudi Religious Elite (Ulama) as Participant in the Political System of the Kingdom", in: *Int. J. Middle East. Stud.,* 17 (1985), S. 37–50.
64. Vgl. Ajami, Fouad: *The Arab Predicament. Arab Political Thought and Practice Since 1967,* Cambridge 1981, S. 52ff.
65. Unklar ist, ob die scharfe Polemik gegen die *mamlukischen* Militärregime nicht letztlich den enttäuschten Erwartungen besonders der Muslim-Bruderschaft an Ǧamāl ʿAbd an-Nāṣir bzw. an die erstmalige Allianz mit einer neuen Elite entspringt.
66. Vgl. Hudson, M. C.: *Arab Politics. The Search for Legitimacy,* New Haven: Yale 1977, S. 389.
67. Neben Ende, W./Steinbach, U.: a.a.O. vgl. besonders: Kerr, M. H.: *Islamic Reform. The Political and Legal Theories of Muhammad ʿAbduh and Rashid Rida,* Berkeley 1966; Smith, W. C.: *Islam in Modern History,* Princeton 1957; Cragg, K.: *Counsels in Contemporary Islam,* Edinburgh 1965.
68. Hervorragend biographisch dokumentiert in: Reid, Donald M.: *The Odyssey of Faraḥ Anṭūn. A Syrian Christian's Quest for Secularism,* Minneapolis 1975. Zur allgemeinen politischen Rolle des arabischen Christentums in Vergangenheit und Gegenwart vgl. Betts, R. B.: *Christians in the Arab East. A Political Study,* Athens 1978.

X. Nordafrika in der Neuzeit
(Peter von Sivers)

1. Die stark zusammenfassende Diskussion auf den vorangegangenen Seiten stützt sich auf eine Literatur, von der hier nur eine knappe Auswahl wiedergegeben werden kann, etwa McNeill, William H.: *The pursuit of power. Technology, armed force and society since A. D. 1000,* Oxford 1982 (deutsch: *Krieg und Macht,* München 1984); Contamine, Philippe: *War in the Middle Ages,* Oxford 1984; und Miskimin, Harry A., Udovitch, Abraham L., und Herlihy, David: *The medieval city,* New Haven, Conn. 1977.
2. Diese Zusammenfassung des Aufstiegs Portugals im Mittelalter beruht auf Magelhães-Godinho, Vittorio: *L'économie de l'empire portugais aux XVe et XVIe siècles,* Paris 1969; Diffie, Bailey W.: *Foundations of the Portuguese Empire, 1415–1580,* London 1978; und Castro Armando: *A evolução económica de Portugal dos seculos XII a XV,* Lissabon 1964.
3. Diese Übersicht über den Aufstieg Kastiliens und Aragons im Mittelalter basiert auf Vicens Vives, Jaime: *An economic history of Spain,* Princeton, N. J. 1969; Dufurcq, Charles-Emmanuel: *L'Espagne catalane et le Maghreb aux XIIIe et XIVe siècles,* Paris 1966; und Arié, Rachel: *L'Espagne musulmane au temps des Nasrides (1232–1492),* Paris 1973.

4. Über den Beginn der osmanischen Interessen im Maghreb siehe Benachenhou, Abdelhamid: *Duḫūl al-Atrāk al-ᶜuṯmāniyyīn ilā l-Ǧazā'ir*, Algier 1972; und Soucek, Svat: „The rise of the Barbarossas in North Africa", in: *Archivum Ottomanicum* 3 (1971), S. 238–50.
5. Al-Ifrānī, Muḥammad: *Nuzhat al-ḥādī fī aḫbār mulūk al-qarn al-ḥādī ᶜašar*, hrsg. und übers. v. O. Houdas, Paris 1888–89, Bd. I, S. 1–23; und Anonymus: *Tārīḫ ad-dawla as-Saᶜdiyya at-Takamdariyya*, hrsg. und übers. v. G. S. Colin, Rabat 1934, S. 1–27.
6. Ifrānī: *Nuzha*, S. 56–110; Anon.: *Tārīḫ*, S. 28–63; siehe auch Yahya, Dahiru: *Morocco in the sixteenth century. Problems and patterns in African foreign policy*, London 1981, S. 25–91; und Hess, Andrew C.: *The forgotten frontier. A history of the sixteenth-century Ibero-African frontier*, Chicago 1978, S. 71–156. Für die Morisken in Spanien siehe Vincent, Bernard: „Les bandits morisques en Andalousie au XVIe siècle", in: *Revue d'Histoire Moderne et Contemporaine* 21 (1974), S. 389–400.
7. Al-Fištālī, ᶜAbd al-ᶜAzīz: *Manāhil aṣ-ṣafā' ma'āṯir mawālīnā š-šurafā'*, hrsg. v. K. Kuriem, Rabat 1974, S. 68–189; Anonymus: „La conquête du Soudan par El-Mansour", hrsg. und übers. v. H. de Castries, in: *Hespéris* 3 (1923), S. 433–88; as-Saᶜdī, ᶜAbd ar-Raḥmān b. ᶜĀmir: *Tārīḫ as-Sūdān*, hrsg. und übers. v. O. Houdas, Paris 1888, S. 120–37. Vgl. auch Yahya: *Morocco in the sixteenth century*, S. 120–96, und Martin, Bradford G.: „Mai Idris of Bornu and the Ottoman Turks, 1576–78", in: *International Journal of Middle East Studies* 3 (1972), S. 470–90.
8. Unger, Richard W.: *The ship in the medieval economy, 600–1600*, London 1980, S. 251–81; Guilmartin, Jr., John Francis: *Gunpowder and galleys. Changing technology and Mediterranean warfare at sea in the sixteenth century*, Cambridge 1974, S. 135–276 und 284–91; McNeill: *The pursuit of power*, S. 117–43.
9. Ibn Abī Dīnār, Muḥammad: *al-Mu'nis fī aḫbār Ifrīqiya wa-Tūnis*, Tunis 1967; Ibn Yūsuf, Muḥammad aṣ-Ṣaġīr: *Mechra el melki. Chronique tunisienne (1705–71) pour servir à l'histoire des premiers beys de la famille Husseïnite*, übers. v. V. Serres und M. Lasram, Tunis ²1978; Ibn ᶜAbd al-ᶜAzīz, Ḥammūda: *al-Kitāb al-bāšī*, Bd. I, Tunis 1970, Ms. Bibl. Nat. Tunis; Wazīr al-Andalusī, Muḥammad as-Sarrāǧ: *al-Ḥulal as-sundusiyya fī l-aḫbār at-tūnisiyya*, hrsg. v. M. H. al-Ḥīla, Bde. I und II, 1, Tunis 1970–73; Ms. Bibl. Nat. Tunis; Earle, Peter: *Corsairs of Malta and Barbary*, London, 1970; Bono, Salvatore: *I corsari barbareschi*, Turin 1964; Pignon, Jean: „La milice des janissaires de Tunis au temps des deys (1590–1650)", in: *Cahiers de Tunisie* 4 (1956), S. 301–26; und Colombe, Marcel: „Contribution à l'étude du recrutement de l'odjaq d'Alger dans les dernières années de l'histoire de la Régence", in: *Revue Africaine* 87 (1943), S. 166–83.
10. Coindreau, Roger: *Les corsaires de Salé*, Paris 1948, S. 29–144.
11. Ibn ᶜAbd as-Salām al-Qādirī, Muḥammad b. aṭ-Ṭayyib: *Našr al-maṯānī li-ahl al-qarn al-ḥādī ᶜašar waṯ-ṯānī*, Fes 1310/1892, hrsg. v. N. Cigar, Rabat 1978; az-Zayyānī, Abū l-Qāsim: *at-Turǧumān al-muᶜrib ᶜan duwal al-Mašriq wal-Maġrib*, hrsg. und übers. v. O. Houdas, Paris 1886; Morsy, Magali: „Moulay Ismaᶜil et l'armée de métier", in: *Revue d'Histoire Moderne et Contemporaine* 14 (1967), S. 97–123; Cigar, Norman: „Société et vie politique à Fès sous les premiers ᶜAlawites (ca. 1660/1830)", in: *Hespéris-Tamuda* 18 (1978/79), S. 93–172.

12. Mathiez, Jean: „Sur la marine marchande barbaresque au XVIIIe siècle", in: *Annales ESC* 13 (1958), S. 87–93; Emerit, Marcel: „La marine marchande barbaresque au XVIIIe siècle", in: *Cahiers de Tunisie* 3 (1955), S. 363–70; Masson, Paul: *Histoire des établissements et du commerce français dans l'Afrique barbaresque (1560–1793),* Paris 1903, S. 163–80, 229, 310–65, 530–45, 488–529.
13. Ibn Abī ḍ-Ḍiyāf, Aḥmad: *Itḥāf ahl az-zamān bi-aḫbār mulūk Tūnis wa-ʿahd al-amān,* Tunis 1963–66, Bd. III, passim; Cherif, Mohamed-Hédi: „Expansion européenne et difficultés tunisiennes de 1815 à 1830", in: *Annales ESC* 25 (1970), S. 714–45; Valensi, Lucette: „La conjoncture agraire en Tunisie aux XVIIIe et XIXe siècles", in: *Revue Historique* 243 (1970), s. 321–36.
14. Detaillierte Beschreibungen in Rothenburg, Gunther: *The art of warfare in the age of Napoleon,* Bloomington, Ind. 1978; Craig, Gordon S.: *The politics of the Prussian army, 1640–1945,* Oxford 1955 (deutsch: *Die preußisch-deutsche Armee, 1640–1945,* Düsseldorf 1960, Neuaufl. 1980); und Showalter, Dennis: *Railroads and rifles. Soldiers, technology and the unification of Germany,* Hamden, Conn. 1975.
15. An-Nāṣirī, Aḥmad b. Ḫālid: *K. al-Istiqṣāʾ li-aḫbār duwal al-Maġrib al-aqṣā,* Casablanca 1954–56, Bd. IX, passim.
16. Eine Zusammenfassung über den Stand der Diskussion findet sich in Caton, Steven: „Power, persuasion, and language: A critique of the segmentary model in the Middle East", in: *International Journal of Middle East Studies* 19 (1987), S. 77–102.
17. Drague, Georges: *Esquisse d'histoire religieuse du Maroc. Confréries et zaouias,* Paris 1951, S. 79–103 und 127–288; Michon, Jean-Louis: *L'autobiographie (Fahrasa) du soufi marocain Aḥmad ibn ʿAǧība (1747–1809) et son miʾraǧ,* Paris 1973.
18. Schroeter, Daniel: *Merchants of Essaouira. Urban society and imperialism in southwestern Marocco (1844–1886),* Cambridge 1988; Brown, Kenneth L.: *People of Salé. Tradition and change in a Moroccan city, 1830–1930,* Manchester 1976, S. 1–187.
19. Le Tourneau, Roger: *Fès avant le Protectorat. Etude économique et sociale d'une ville de l'Occident musulman,* Casablanca 1949, S. 275–367.
20. Burke III, Edmund: *Prelude to protectorate in Morocco. Precolonial protest and resistance, 1860–1912,* Chicago 1976; Lahbabi, Mohammed: *Le gouvernment marocain à l'aube du XXe siècle,* Rabat 1958; Guillen, Pierre: *L'Allemagne et le Maroc de 1870 à 1905,* Paris 1967.
21. Brown, Leon Carl: *The Tunisia of Ahmad Bey, 1837–55,* Princeton 1974; van Krieken, G. S.: *Khayr al-Din et la Tunisie (1850–81),* Leiden 1976; Kraïem, Mustapha: *La Tunisie précoloniale,* Tunis 1972; Mahjoubi, Ali: *L'établissement du Protectorat français en Tunisie,* Tunis 1977.
22. Rosenbaum, Jürgen: *Frankreich in Tunesien. Die Anfänge des Protektorates (1881–86),* Zürich 1971; Poncet, Jean: *La colonisation et l'agriculture européennes en Tunisie depuis 1881,* Paris 1961, S. 44–115 und 199–214.
23. Ferchiou, Sophie: *Technique et sociétés. Exemple de la fabrication des chechias en Tunisie,* Paris 1971.
24. Ibrahim, Abdallah A.: *Evolution of Government and Society in Tripoli and Cyrenaica (Libya), 1835–1911,* Ph. D. Dissertation Salt Lake City, Utah 1982; Cachia, Anthony J.: *Libya under the second Ottoman occupation, 1835–1911,* Tripolis 1945.

25. Evans-Pritchard, E. E.: *The Sanusi of Cyrenaica,* London 1949; ad-Daǧǧānī, ʿA. S.: *al-Ḥaraka as-Sanūsiyya. Našʾatuhā wa-numuwwuhā fī l-qarn at-tāsiʿ ʿašar,* Kairo 1967; Ziadeh, Nicola A.: *Sanusiyya. A study of a revivalist movement in Islam,* Leiden 1958.
26. Wright, John: *Libya,* London 1969, S. 103–17; Miège, Jean-Louis: *L'impérialisme italien de 1870 à nos jours,* Paris 1978.
27. Julien, Charles-André: *Historie de l'Algérie contemporaine. La conquête et les débuts de la colonisation (1827–71),* Paris 1964, S. 1–105.
28. Danziger, Raphael: *Abdel Qadir and the Algerians' resistance to the French,* New York 1977; Temimi, Abdeljelil: *Le beylik de Constantine et Hadj Ahmed bey,* Algier 1977.
29. von Sivers, Peter: „Demographic sparsity and productive self-sufficiency as factors in nineteenth-century rural revolts. Theoretical extrapolations from the Algerian case, 1851–1914", in: Lapidus, Ira, und Burke III, Edmund, (Hrsg.): *Nineteenth century political movements in the Middle East and North Africa,* Berkeley, Calif. 1987, S. 39–57.
30. Ageron, Charles-Robert: *Les algériens musulmans et la France (1871–1919),* Paris 1968, S. 367–93, 545–82 und 792–858; von Sivers, Peter: „Invading the village common. The origins of Algeria's modern rural crisis, 1870–1914", in: Cannon, Byron, (Hrsg.): *Terroirs et sociétés au Moyen Orient et au Maghreb,* Paris 1986.
31. Segrè, Claudio: *Fourth Shore. The Italian colonization of Libya,* Chicago 1974.
32. Bidwell, Robin: *Morocco under colonial rule. French administration of tribal areas, 1912–56,* London 1973; Pennell, C. E. Richard: *A critical investigation of the opposition of the Rif confederation led by Muḥhammad bin ʿAbd al-Karīm al-Khattābī to Spanish colonial expansion in northern Morocco, 1920–25, and its political and social background,* Ph. D. Dissertation Leeds 1980; Ayache, Germain: *Les origines de la guerre du Rif,* Paris und Rabat 1981.
33. Ayache, Albert: *Marokko. Bilanz eines Kolonialunternehmens,* Berlin 1959, S. 91–311; Stewart, Charles F.: *The economy of Morocco, 1912–62,* Cambridge, Mass. 1967, S. 71–146.
34. Sari, Djilali: *La dépossession des fellahs (1830–1962),* Algier 1975; Benachenhou, Abdellatif: *Formation du sous-developpement en Algérie. Essai sur les limites du développement du capitalisme en Algérie (1830–1962),* Algier 1978; Darbel, Alain; Rivet, Jean-Paul; Seibel, Claude; und Bourdieu, Pierre: *Travail et travailleurs en Algérie,* Paris und den Haag 1963, S. 93–99.
35. Ageron: *Les algériens musulmans,* S. 829–35; Nouschi, André: *Enquête sur le niveau de vie des populations rurales constantinoises de la conquête jusqu'en 1919. Essai d'histoire économique et sociale,* Tunis 1961, S. 591.
36. Meuleman, Johan H.: *Le Constantinois entre les deux guerres mondiales. L'évolution économique et sociale de la population rurale,* Assen 1985, S. 122–40; Carlier, J. L.: „Contribution à une approche de la petite bourgeoisie urbaine algérienne entre les deux guerres", in: *Revue Algerienne des Sciences Juridiques, Economiques et Politiques* 15, 4 (Dezember 1978), S. 123–68.
37. Montagne, Robert u. a.: *Naissance du prolétariat marocain. Enquête collective executée de 1948 à 1950,* Paris 1951, S. 180–223; Adam, André: *Casablanca. Essai sur la transformation de la société marocaine au contact de l'Occident,* Paris [2]1972, S. 257–79; Waterbury, John: *North for the trade. The life and times of a Berber merchant,* Berkeley, Calif. 1972.

38. Hermassi, Elbaki: *Leadership and National Development in North Africa. A comparative study,* Berkeley, Calif. 1972, S. 91–157; Halstead, John P.: *Rebirth of a nation. The origins and rise of Moroccan nationalism, 1912–44,* Cambridge, Mass. 1967; Mahsas, Ahmed: *Le mouvement révolutionnaire en Algérie de la Ière guerre mondiale à 1954,* Paris 1979; Liauzu, Claude: *Salariat et mouvement ouvrier en Tunisie. Crises et mutations (1931–39),* Paris 1978.
39. Pelt, Adrian: *Libyan independence and the UN,* New Haven, Conn. 1971; Khadduri, *Modern Libya. A study in political development,* Baltimore 1963, S. 53–179; Owen, Roger: *Libya. A brief political and economic survey,* London 1961.
40. Julien, Charles-André: *Le Maroc face aux imperialismes (1415–1956),* Paris 1978, S. 203–458.
41. Micaud, Charles: *Tunisia. The politics of modernization,* New York 1964, S. 89–128; Ling, Dwight L.: *Tunisia. From protectorate to republic,* Bloomington, Ind. 1967, S. 131–94.
42. Horne, Alistair: *A savage war of peace. Algeria, 1954–62,* London 1977; Quandt, William B.: *Revolution and political leadership. Algeria, 1954–68,* Cambridge, Mass. 1969; Courrière, Yves: *La guerre d'Algérie,* Paris 1968–71; Elsenhans, Hartmut: *Frankreichs Algerienkrieg, 1954–62. Entkolonialisierungsversuch einer kapitalistischen Metropole,* München 1974.
43. Berrady, Lhachemi; Bleuchot, Hervé; Camau, Michel, und andere: *La formation des élites politiques maghrébines,* Paris 1973.
44. Leca, Jean, und Vatin, Jean-Claude: *L'Algérie politique. Institutions et régime,* Paris 1975; Etienne, Bruno: *Algérie. Cultures et révolution,* Paris 1977; Burgat, François, und Nancy, Michel: *Les villages socialistes de la révolution agraire algérienne,* Paris 1984.
45. Deeb, Marius und Mary Jane: *Libya since the revolution. Aspects of social and political development,* New York 1982, S. 93–108; First, Ruth: *Libya. The elusive revolution,* Harmondsworth, Middlesex 1974, S. 119–40 und 213–57.
46. Zu den statistischen Daten siehe: *The Middle East and North Africa 1986,* London 1985, S. 582–95 (hernach *MENA*); *Annuaire de l'Afrique du Nord et du Moyen Orient (1981–82). Economie et développement,* Paris 1980, S. 272–73 (hernach *AAMO*); El Fathaly, Omar I., und Palmer, Monte: *Political development and social change in Libya,* Lexington, Mass. 1980, S. 163–208.
47. *MENA,* S. 609–18; *AAMO,* S. 278–80; siehe auch Waterbury, John: *Commander of the faithful. The Moroccan political elite – a study in segmented politics,* London 1970; Leveau, Remy: *Le fellah marocain. Défenseur du trône,* Paris [2]1985; El Maliki, Habib: *L'économie marocaine. Bilan d'une décennie,* Paris 1982; Clausen, Ursula: *Der Konflikt um die Westsahara,* Hamburg 1978.
48. *MENA,* S. 747–59; *AAMO,* S. 321–23; siehe auch Stone, Russell, A., und Simmons, John, (Hrsg.): *Change in Tunisia. Studies in the social sciences,* Albany, N. Y. 1976; Bolz, Reinhardt: *Entwicklung und Abhängigkeit. Zur Entwicklung des peripheren Kapitalismus in Tunesien als eines Beispiels der neuen internationalen Arbeitsteilung im Mittelmeerraum,* Bremen 1981.
49. *MENA,* S. 275–89; *AAMO,* S. 226–27; siehe auch Chaulet, Claudine: *La terre, les frères et l'argent,* Thèse de doctorat Paris 1984; Dahmani, Mohamed: *Algérie. Légitimité historique et continuité politique,* Paris 1979; Amir, Tayeb Saïd: *Le développement industriel de l'Algérie. Bilan de l'industrialisation,* Paris 1981; Benhouria, Tahar: *L'économie de l'Algérie,* Paris 1980.

50. Über Probleme der exportorientierten Industrialisierung am Beispiel Ägyptens siehe: Waterbury, John: *The Egypt of Nasser and Sadat,* Princeton 1983, S. 391–422. Über Kleinproduktion als Form der Industrialisierung siehe Piore, Michael J., und Sabel, Charles F.: *Das Ende der Massenproduktion. Studie über die Requalifizierung der Arbeit und die Rückkehr der Ökonomie in die Gesellschaft,* Berlin 1985.

Quellen und Literatur

I. Früher Islam
(Albrecht Noth)

Quellen

Für den gesamten hier behandelten Zeitraum fehlt nennenswertes *urkundliches* Material so gut wie ganz (zu den wenigen Papyrus-Überresten, vorwiegend fragmentierteste Détails ägyptischer Provinzial-Verwaltung betreffend, vgl. Dennett [wie Anm. 228, s. oben S. 600] und Diem, W.: „Einige frühe amtliche Urkunden aus der Sammlung Papyrus Erzherzog Rainer (Wien)", in: *Le Muséon* 97 [1984], S. 109ff.; dort vor allem auch die ältere Lit.). Quasi-urkundlichen Charakter hat für die Zeit Muḥammads der *Koran* (Übersetzung von Paret [wie Anm. 38, s. oben S. 594]); zu seiner Benutzung als (urkundliche) historische Quelle meisterhaft: Paret: *Mohammed und der Koran* (wie Anm. 21, s. oben S. 594). Nahezu alle im folgenden aufgeführten Quellen sowohl zur Zeit des Propheten als auch für das (ca.) erste Jahrhundert nach seinem Tode sind Kompilationen/Sammlungen/Rezensionen von Nachrichten, die zum großen Teil erheblich älter sind, als es die Lebensdaten der jeweiligen „Sammler" vermuten lassen; diese Daten sind folglich vorwiegend nur als „Terminus ante quem" von Bedeutung. Die hier zu nennenden Quellenschriften sind fast ausschließlich im achten bis zehnten Jahrhundert kompiliert worden.

Hauptquellen für die *Zeit Muḥammads* sind neben dem Koran die Propheten-Biographie des Ibn Hišām (st. 828 oder 833 – wie Anm. 4, s. oben S. 593) und die „Kriegerischen Unternehmungen (*maġāzī*) (des Propheten)" von al-Wāqidī(st. 823 – wie Anm. 124 –; Übersetzung von Wellhausen, J.: *Muḥammed in Medina; das ist Vakidi's Kitab alMaghazi in verkürzter deutscher Wiedergabe*, Berlin 1882).

Die Zeit des Propheten mit einbeziehend (wie der größte Teil der jetzt noch zu nennenden Sammel-Werke), dann Hauptquelle für die hier behandelten Ereignisse und Entwicklungen im (ca.) *ersten Jahrhundert nach dem Tode des Propheten* ist die frühe islamische Annalistik, repräsentiert (vor allem) durch die Kompilation „Geschichte der Propheten und Herrscher (*Tārīḫ ar-rusul wal-mulūk*)" aṭ-Ṭabarīs (st. 923 – wie Anm. 1, s. oben S. 593; hier einschlägig: Serie I, S. 1073–3476. Serie II, S. 1–1304, Serie III, S. 1–23); ferner: Ḫalīfa b. Ḫayyāṭ (st. 854): *Tārīḫ* (hrsg. v. A. D. al-ʿUmarī, 2 Bde., Nadschaf 1967). Unter dem Gesichtspunkt „Eroberungen" ist das umfangreichste und wertvollste Material gesammelt bei al-Balāḏurī (st. 892? – wie Anm. 181, s. oben S. 598; übers. von Hitti, P. K. und Murgotten, F. C.: *The Origins of the Islamic State*, New York 1916 und 1924). Prosopographisches Material gewaltigen Ausmasses wurde kompiliert (vor allem) von Ibn Saʿd (st. 845) in seinen – in acht Bänden edierten – „Generationen (*Ṭabaqāt*)" (wie Anm. 25, s. oben S. 594), sowie von dem genannten al-Balāḏurī in seinen „Genealogische(n) Verhältnisse(n) der Adligen (*Ansāb al-ašrāf*)"; bisher ediert: Bd. III (A. A. Duri, Beirut 1978), Bd. IV/1 (I. ʿAbbās, Beirut 1979), Bd. IV/2 (M. Schloessinger, Jerusalem 1936), Bd. V (S. D. F. Goitein, Jerusalem 1936). Ausdifferenziert unter dem zentralen Aspekt der Finanzen, der engstens mit der arabisch-islamischen Expansion zusammenhängt, sind die Nachrichtensammlungen von Abū Yūsuf (st. 798) unter dem Titel „Über Besteuerung (*Kitāb al-Ḫarāǧ*)“ (wie Anm. 236), von Abū ʿUbayd al-Qāsim b. Sallām (st. 838) namens „Alles über Finanzen (*Kitāb al-Amwāl*)“ (mehrfach hrsg., auch: Kairo 1353 Hiǧra) und von Muḥammad b. Idrīs aš-Šāfiʿī (st. 820) in Teilen seines Rechtswerkes „Hauptbuch (*Kitāb al-Umm*)“, hrsg. in 7 Bden., Būlāq 1321–25 Hiǧra; hier einschlägig: Bd. IV, S. 63–133. Bei Abū Yūsuf und vor allem Šāfiʿī bereits juristische Verarbeitung der gesammelten Überlieferungen. Als charakteristische frühe Nachrichten-Sammlung zu *fitna*-Vorgängen sei genannt: „Die Auseinandersetzung bei Ṣiffīn (*waqʿat Ṣiffīn*)“ des Naṣr b. Muzāḥim (al-Minqarī, st. 827; hrsg. v. ʿA. M. Hārūn, Kairo 1382 Hiǧra).

Alle seinerzeit erreichbaren Quellen zur frühislamischen Geschichte sind – in Anlehnung an die (alles andere als sichere) muslimische Chronologie und dieser Jahr für Jahr und Ereignis für Ereignis folgend – teils zusammengefaßt, teils wörtlich und mit Kommentaren versehen wiedergegeben in dem Monumentalwerk von Caetani, L.: *Annali dell'Islam,* 10 Bde., Mailand 1905–1926. An unbedingt fortzusetzenden und auszubauenden Versuchen, brauchbare Methoden zur sachgemäßen Benutzung des umfangreichen Nachrichten-Materials zur frühislamischen Geschichte zu entwickeln, seien genannt: Duri, A. A.: *The Rise of Historical Writing Among the Arabs,* (Edited and Translated by Lawrence I. Conrad. Introduction by Fred M. Donner), Princeton 1983; Noth, A.: *Quellenkritische Studien* (wie Anm. 167, s. oben S. 598); Crone, P.: *Slaves on Horses* (wie Anm. 202, s. oben S. 599), S. 3–17. Dort jeweils auch weitere Literatur zum Thema Quellenkritik.

Bei der vorliegenden Darstellung des frühen Islam habe ich mich in Aufbau, Fragestellungen und Akzentsetzungen nach dem Gesamttenor der hier aufgeführten (und anderer) frühen Nachrichten-Sammlungen gerichtet; diese fortlaufend zu zitieren und quellenkritisch zu beleuchten, war im vorgegebenen Rahmen allerdings nicht möglich. Unter *diesem* Aspekt ist die Funktion der von mir viel häufiger als die Quellen zitierten und jetzt in minimaler Auswahl zu charakterisierenden Sekundärliteratur – auf meine Darstellung bezogen – zu betrachten.

Literatur

An nützlichen Gesamtdarstellungen der islamischen Geschichte, in denen auch die Frühzeit behandelt wird, seien genannt: Hitti, P. K.: *History of the Arabs* (zuerst erschienen London u. a. 1937, dann zahlreiche weitere Auflagen); Cahen, C.: *Der Islam I,* in: Fischer Weltgeschichte, Bd. 14, Frankfurt/M. 1968 und weitere Auflagen; Endress, G.: *Einführung in die islamische Geschichte* (wie Anm. 23, s. oben S. 594); unter dem im Titel gekennzeichneten speziellen Aspekt: Lewis, B.: „Politik und Kriege“, in: *Das Vermächtnis des Islam,* Bd. 1 (Die Bibliothek des Morgenlandes), Zürich–München 1980, S. 193 ff. Tendenziell (noch) der Auffassung folgend, (die späteren islamischen Geschichtsbildern entspricht,) daß die Zeit Muḥammads und der frühe Islam *nach* seinem Tode deutlich voneinander zu trennende historische Einheiten seien, gliedert sich die Spezialliteratur zum Frühislam vorwiegend in solche über Muḥammad, seine vorislamische Umgebung und den Koran, und in solche, die sich mit der Zeit nach dem Propheten (häufig bis zum Ende der Umayyadenzeit) befaßt (dies gilt auch für die genannten Gesamtdarstellungen).

Für die Zeit Muḥammads etc. sind immer noch maßgebend die beiden Bände von Watt, W. M.: *Muhammad at Mecca* (wie Anm. 11, s. oben S. 593) und: *Muhammad at Medina* (wie Anm. 64, s. oben S. 595), und Paret, R.: *Mohammed und der Koran;* dort findet sich auch das Wesentliche zu Muḥammads vorislamischer Umwelt. Neu und zukunftweisend (besonders für den tribalistischen Aspekt der Muḥammad-Zeit) sind vor allem die Arbeiten von Serjeant (wie Anm. 65, s. oben S. 595, dort auch weitere Literatur von ihm). Zur Organisationsstruktur der frühen *umma* ist die (offenbar kaum rezipierte) Studie von (el-)Tigani Humodi, S.: *Studien zur politischen Struktur der islamischen Gemeinde zur Zeit Muhammad's,* Diss. phil. Berlin 1973 wichtig.

Als nützliche Kurz-Einführung in den *Koran* sei Gätje, H.: *Koran und Koranexegese,* (Die Bibliothek des Morgenlandes), Zürich–Stuttgart 1977 genannt. Über das Zustandekommen und den Charakter des Koran und damit über die „ideologische" Grundlage des frühen Islam – folglich auch über einen zentralen Aspekt seiner Geschichte – sind in jüngster Zeit einschneidend neue Theorien entwickelt worden, die hohes Interesse beanspruchen, aber m. E. noch nicht genügend abgesichert sind; die entsprechenden Studien müssen aber hier genannt werden: Lüling, G.: *Über den Ur-Qurʾān,* Erlangen 1974; Wansbrough, J.: *Quranic Studies,* Oxford 1977; Burton, J.: *The Collection of the Qurʾān,* Cambridge 1977; Crone, P.-Cook, M.: *Hagarism. The Making of the Islamic World,* Cambridge 1977.

Für die Auflösung der Dichotomie „Zeit des Propheten/Zeit davor und danach" steht vor allem der Name M. J. Kister (und seine Schule: U. Rubin, E. Landau-Tasseron, M. Lecker u. a.); Kisters wichtigste Arbeiten sind jetzt gesammelt in: *Studies in Jāhiliyya and Early Islam,* London 1980. An wichtigen *umfassenderen* Studien für die Zeit nach dem Tode des Propheten seien zunächst erwähnt (die Titel lassen die schwerpunktmäßige Ausrichtung erkennen): (immer noch) Wellhausen, J.: *Das Arabische Reich und sein Sturz,* zuerst Berlin 1902, 2. Aufl. ebd. 1960; Gabrieli, F.: *Muhammad and the Conquests of Islam,* London 1968; Donner, F. M.: *The Early Islamic Conquests* (wie Anm. 7, s. oben S. 593); Crone P.: *Slaves on Horses. The Evolution of the Islamic Polity* (wie Anm. 202, s. oben S. 599); Rotter, G.: *Die Umayyaden und der zweite Bürgerkrieg* (wie Anm. 125, s. oben S. 597); (vor allem geistesgeschichtlich) Nagel, T.: *Staat und Glaubensgemeinschaft im Islam* (wie Anm. 116, s. oben S. 596); (von arabischer Seite) ʿĀqil, N.: *Tārīḫ ḫilāfat Banī Umayya* (Geschichte des Banū Umayya-Kalifats), Beirut 1975.

Für *regionale* Spezifika sind von Bedeutung: Morony, M.: *Iraq after the Muslim Conquest* (wie Anm. 199, s. oben S. 599); Haase, C. P.: *Untersuchungen zur Landschaftsgeschichte Nordsyriens* (wie Anm. 238, s. oben S. 600); Butler, A. J.: *The Arab Conquest of Egypt,* edited by P. M. Fraser, ²Oxford 1978; Spuler, B.: *Iran in frühislamischer Zeit,* Wiesbaden 1952; Lévi-Provençal, E.: *Histoire de l'Espagne Musulmane,* Bd. 1 (wie Anm. 246, s. oben S. 600).

Zu dem zentralen Aspekt: „Eroberungsverträge/Finanzen/Anfänge der Administration" sei verwiesen auf: Puin, G. R.: *Der Dīwān des ʿUmar Ibn al-Ḫaṭṭāb* (wie Anm. 269, s. oben S. 601); Denett, D. C.: *Conversion and Poll Tax* (wie Anm. 228, s. oben S. 600); Schmucker, W.: *Untersuchungen zu einigen wichtigen bodenrechtlichen Konsequenzen der islamischen Eroberungsbewegung* (wie Anm. 262, s. oben S. 601); Hill, D. R.: *The Termination of Hostilities in the Early Arab Conquests* (wie Anm. 182, s. oben S. 598–9); Noth, A.: „ Die literarisch überlieferten Verträge der Eroberungszeit" (wie Anm. 182, s. oben S. 598–9); ders.: „Zum Verhältnis von kalifaler Zentralgewalt und Provinzen in umayyadischer Zeit" (wie Anm. 262, s. oben S. 601).

Zu den Anfängen des außerhalb des Herrschertums (im ausgehenden 7. / beginnenden 8. Jh.) sich entwickelnden islamischen Rechts (Scharia – Šarīʿa) seien zitiert:

Schacht, J.: *The Origins of Muhammadan Jurisprudence* (wie Anm. 224, s. oben S. 600) und (mit dem Schwergewicht auf dem Ḥadīṯ als Rechtsquelle) Juynboll, G. H. A.: *Muslim Tradition* (wie Anm. 278, s. oben S. 601). Eine neue wichtige Basis-Arbeit für die „Mawālī"-Frage ist: Juda, J.: *Die sozialen und wirtschaftlichen Aspekte der Mawālī in frühislamischer Zeit* (wie Anm. 61, s. oben S. 595). Zu nahezu allen wichtigen Namen, Ereignissen und Phänomenen/Begriffen ist fortlaufend die zweite Auflage der *EI* (*Encyclopaedia of Islam*) zu konsultieren (bisher bei Buchstabenfolge M-I-D).

II. Das Kalifat der Abbasiden
(Tilman Nagel)

Quellen

Die wichtigsten Geschichtsquellen zum Kalifat der Abbasiden haben eine annalistische Form. Diese annalistische historische Überlieferung wird vor allem durch die „Geschichte der Gottesgesandten und Könige" *(Tārīḫ ar-rusul wal-mulūk)* des Muḥammad b. Ǧarīr aṭ-Ṭabarī (st. 923) und seine Fortsetzer repräsentiert: für die späte Abbasidenzeit ist vor allem „Das Vollkommene: über die Geschichte" des Ibn al-Aṯīr (st. 1233) zu nennen. In diese großen Werke, deren Darstellung der Ereignisse mit der Schöpfung beginnt und die sich auch mit der Geschichte der Israeliten, der Perser usw. beschäftigen, sind zahlreiche kleine Monographien in unterschiedlich stark überarbeiteter Form aufgenommen. So zitiert aṭ-Ṭabarī unter den Jahren 255ff. einen ausführlichen, ursprünglich selbständigen Bericht über den Aufstand der Neger in den Sümpfen um Basra (H. Halm: *Die Traditionen über den Aufstand ʿAlī b. Muḥammads,* phil. Diss., Bonn 1967). Im zehnten und elften Jahrhundert wurde die Annalistik auch von abbasidischen Hofbeamten betrieben. Deren Werke – es sei nur die „Geschichte" des Hilāl b. aṣ-Ṣābiʾ (st. 1056) genannt – sind oft besonders wertvoll, weil sie in größerer Anzahl offizielle Verlautbarungen und Urkunden wiedergeben, eine Quellengattung, die ansonsten leider völlig fehlt. Die annalistischen Geschichtsquellen sind durch eine große Zahl weiterer wichtiger Quellen zu ergänzen. So enthält die umfangreiche „Geschichte Bagdads" *(Tārīḫ Baġdād)* des al-Ḫaṭīb al-Baġdādī (st. 1071) wertvolle Angaben zur Entstehung der Stadt sowie biographische Notizen zu über 7800 Personen, die mit der Stadt in einer engeren Beziehung standen. Von hohem Quellenwert sind ferner Abhandlungen über die Geographie, über das Wegenetz und das Steueraufkommen des Reiches und seiner Provinzen. Einen Überblick über diese Quellen findet man bei André Miquel: *La géographie humaine du monde musulman,* Bd. I, Paris 1967. Über das kulturelle Leben bei Hofe sind wir ebenfalls gut unterrichtet. Als herausragende Quelle für die frühe Abbasidenzeit sei hier stellvertretend das „Buch der Lieder" *(Kitāb al-Aġānī)* des Abū l-Faraǧ al-Iṣfahānī (st. 967) erwähnt.

Literatur

Eine moderne Gesamtdarstellung der Geschichte der Abbasiden gibt es nicht. Einen kurzen Überblick findet man z. B. in Cahen, Claude: *Der Islam I,* (Fischer Weltgeschichte, Bd. 14). Die etwa bis 1952 erschienene Sekundärliteratur ist aus den Werken von Sauvaget, Jean: *Introduction à l'histoire de l'Orient musulman,* Paris 1946, und Spuler, B./Forrer, L.: *Der Vordere Orient in islamischer Zeit,* (Wissenschaftlicher Forschungsbericht, Bd. 21), Bern 1954, ersichtlich.

Die mit der Entstehung des abbasidischen Kalifats verbundenen Probleme werden von Cahen, Claude: „Points de vue sur la ‚Révolution abbaside'", in: *Revue historique* 230 (Okt.–Dez. 1963), S. 295–338, und Nagel, T.: *Untersuchungen zur Entstehung des Abbasidischen Kalifats,* Bonn 1972, diskutiert. Der Versuch einer zusammenhängenden Deutung der ersten hundert Jahre abbasidischer Herrschaft findet sich bei Nagel, T.: *Rechtleitung und Kalifat,* Bonn 1975. Die Lage der Dynastie zur Zeit der Buyiden beschreibt ausführlich Busse, Heribert: *Kalif und Großkönig. Die Buyiden im Irak 945–1055,* (Beiruter Texte und Studien, Bd. 6), Beirut 1969. Untersuchungen zu einzelnen Kalifen sind in den letzten Jahrzehnten in großer Zahl vorgelegt worden. Als Beispiele seien genannt: Forstner, Martin: *Al-Muʿtazz billāh. Die Krise des abbasidischen Kalifats im 3./9. Jahrhundert,* Germersheim 1976 und Hartmann, Angelika: *An-Nāṣir li Dīn Allāh,* Berlin 1975. Einen Teil der neuesten Forschung verzeichnet Endress, Gerhard: *Einführung in die islamische Geschichte,* München 1982.

III. Die Fatimiden
(*Heinz Halm*)

Quellen

Unsere Kenntnisse der inneren Verhältnisse des Fatimidenreichs fußen zum größten Teil auf der Kairiner Annalistik, und diese ist fast ausschließlich Hofgeschichtsschreibung. Von Ibn Zūlāq (st. 997) stammte eine Biographie des Kalifen al-Muʿizz; Rūḏbārī, der Sohn eines Höflings, verfaßte eine Fatimidenchronik, die die Regierungszeiten von al-ʿAzīz und al-Ḥākim umfaßte; die „Viten der Imame" *(Sīrat al-aʾimma)* al-Muʿizz, al-ʿAzīz und al-Ḥākim schrieb Ibn Muhaḏḏab, dessen Onkel Chef des Schatzhauses *(bayt al-māl)* war; die „Annalen" *(at-Tārīḫ)* des Höflings al-Musabbiḥī (st. 1029) sind die Hauptquelle für die Zeit al-Ḥākims und aẓ-Ẓāhirs; der Kairuaner ar-Raqīq weilte jahrelang als Gesandter am Kairiner Hof, so daß seine „Geschichte Ifrīqiyas und des Maghreb" eine Quelle ersten Ranges für die Zeit al-Ḥākims war; al-Quḍāʿī (st. 1062), Beamter und Richter unter aẓ-Ẓāhir und al-Mustanṣir, verfaßte neben einer Weltchronik eine Landeskunde Ägyptens, die „Quartiere" *(al-Ḫiṭaṭ,* d.h. die Stadtviertel von Fusṭāṭ/Altkairo, von denen die Darstellung ihren Ausgang nahm); der Annalist Mūsā b. al-Maʾmūn al-Baṭāʾiḥī war der Sohn eines Wesirs des Kalifen al-Āmir; al-Qurṭī verfaßte seine Geschichte Ägyptens für den letzten Fatimidenwesir Šāwar.

Keines dieser Werke ist erhalten (ausgenommen ein nur zwei Jahre umfassendes Fragment der Chronik des Musabbiḥī, hrsg. v. Sayyid, A. F./Bianquis, Thierry, Kairo 1978 sowie v. Millward, William, Kairo 1980), doch werden sie alle ausgiebig benutzt und zitiert in den Werken der späteren ägyptischen Chronisten, vor allem in der Fatimidengeschichte des mamlukenzeitlichen Autors al-Maqrīzī (st. 1449), *Ittiʿāẓ al-ḥunafāʾ bi-aḫbār al-aʾimma al-Fāṭimiyyīn al-ḫulafāʾ* („Warnung der Frommen durch die Kunde von den fatimidischen Imam-Kalifen", 3 Bände, Kairo 1967–1973) sowie in dessen Landeskunde, die – wie das als Vorlage dienende Werk des Quḍāʿī – „die Quartiere" *(al-Ḫiṭaṭ)* betitelt ist (vollständiger Druck in 2 Bänden Kairo-Būlāq 1853/54); der Abschnitt über al-Ḥākim aus den *Ḫiṭaṭ* ist übersetzt in:

Lewis, Bernard: *Der Islam von den Anfängen bis zur Eroberung von Konstantinopel.* (Die Bibliothek des Morgenlandes), Zürich/München 1981, Bd. I, S. 96–111.

Erhalten ist ein Verwaltungshandbuch des Ibn aṣ-Ṣayrafī (st. 1127), der Chef des Korrespondenzbüros *(dīwān al-mukātabāt)* war (franz. Übersetzung von Massé, Henri: „Code de la chancellerie d'état", in: *Bulletin de l'Institut français d'Archéologie orientale du Caire,* Bd. 11, 1914); von demselben Autor besitzen wir ein Werk über die fatimidischen Wesire *(al-Išāra ilā man nāla l-wizāra,* „Angaben zu den Inhabern des Wesirsamtes", hrsg. v. ʿA. Muḫliṣ in derselben Zeitschrift, 25, 1927).

Das Land Ägypten wird ausführlich geschildert im Werk des Ibn Ḥawqal (um 977), der als fatimidischer Werber und Agent *(dāʿī)* die Welt durchreiste (franz. Übersetzung von Kramers, J. H. und Wiet, G.: *Configuration de la terre,* 2 Bände, Paris 1964), und in der für König Roger II. von Sizilien verfaßten Geographie des Idrīsī, die zur Zeit vollständig herausgegeben wird (franz. Teilübersetzung von Dozy, R. und de Goeje, M. J.: *Edrîsî: Description de l'Afrique et de l'Espagne,* Leiden 1866, Reprint 1968) sowie im persischen „Reisebericht" *(Safar-nāma)* des ismailitischen Werbers Nāṣir-i Ḫusraw, der zur Zeit des Fatimiden al-Mustanṣir Syrien, Palästina und Ägypten bereiste (hrsg. und franz. Übersetzung von Schefer, Ch., Paris 1881; Reprint Amsterdam 1970).

Neben den muslimischen Autoren sind einige christliche zu erwähnen, etwa der Chronist Yaḥyā al-Anṭākī (Johannes von Antiochien, st. 1065), der während der Christenverfolgung unter al-Ḥākim aus Ägypten ins byzantinische Antiochien übersiedelte (Teiledition mit franz. Übersetzung von Kratchkovsky, I. und Vasiliev, A., in: *Patrologia Orientalis,* Bde. XVIII, 1924, und XXIII, 1932). Michael von Tinnīs vollendete 1051 die Fortsetzung der Patriarchengeschichte des koptischen Bischofs von al-Ušmūnayn in Oberägypten, Severus b. al-Muqaffaʿ (hrsg. mit engl. Übersetzung von ʿAbd al-Masīḥ, J., ʿAṭiyya, ʿA. S. und Burmester, O. H. E., Kairo 1943ff.), die vor allem an den Geschicken der ägyptischen und syrischen Christenheit interessiert ist.

Die Geschichte Syriens in der Zeit der Kreuzzüge schreibt der Damaszener Ibn al-Qalānisī (st. 1160) in seiner „Fortsetzung" *(Ḏayl)* der Chronik *(Tārīḫ)* des Hilāl aṣ-Ṣābiʾ (st. 1056); hrsg. v. Amedroz, H. F., Leiden 1908; engl. Übersetzung von Gibb, H. A. R.: *The Damascus Chronicle of the Crusades,* London 1932, ²1967.

Originales Urkundenmaterial aus fatimidischer Zeit ist nur spärlich erhalten; meist handelt es sich um spätfatimidische Petitionen oder Dekrete: Stern, Samuel M.: „Three Petitions of the Fatimid Period", in: *Oriens* 15 (1962), S. 172–209; ders.: *Fatimid Decrees: Original Documents from the Fatimid Chancery,* London 1964. Die Dekrete *(siğillāt)* der fatimidischen Kalifen sind jedoch meist nur literarisch überliefert; die wichtigsten Sammlungen sind: Māğid, ʿAbd al-Munʿim: *as-Siğillāt al-Mustanṣiriyya,* Kairo 1954; aš-Šayyāl, Ğamāl ad-dīn: *Mağmūʿat al-waṯāʾiq al-fāṭimiyya/Corpus Documentorum Fatimicorum,* Kairo 1958. Eine Quelle ersten Ranges sind die Dokumente aus dem Depotraum (Geniza) der Kairiner Synagoge, die S. D. Goitein in mehreren Aufsätzen und in seinem mehrbändigen Werk: *A Mediterranean Society* (Berkeley/Los Angeles 1971ff.) ausgewertet hat.

Sammlungen von Übersetzungen ausgewählter Quellentexte zur Geschichte der Kreuzzüge liegen sowohl für die fränkische wie für die arabische Seite vor: Pernoud, Régine: *Die Kreuzzüge in Augenzeugenberichten,* Düsseldorf 1961; Gabrieli, Francesco: *Die Kreuzzüge aus arabischer Sicht,* Zürich/München 1973.

Literatur

Die europäische wissenschaftliche Literatur über die Fatimiden beginnt mit de Sacy, Silvestre: *Exposé de la religion des Druzes,* Paris 1838, das sich ausführlich mit dem Kalifen al-Ḥākim beschäftigt. Die wichtigsten Gesamtdarstellungen sind: Lane-Poole, Stanley: *A History of Egypt in the Middle Ages*, London 1901, ^{4}1925, Reprint 1968; O'Leary, De Lacy: *A Short History of the Fatimid Khalifate*, London 1923; Wiet, Gaston: „L'Egypte arabe", in: Hanotaux, Gabriel (Hrsg.): *Histoire de la nation égyptienne*, Bd. IV, Paris 1937. Unter mehreren arabischen Darstellungen ist hervorzuheben: Māǧid, ʿAbd al-Munʿim: *Ẓuhūr ḫilāfat al-Fāṭimiyyīn wa-suqūṭuhā fī Miṣr* („Aufstieg und Fall des fatimidischen Kalifats in Ägypten"), Kairo 1968. Die nordafrikanische Periode des Fatimidenkalifats behandelt Halm, Heinz: *Das Reich des Mahdi. Der Aufstieg der Fatimiden (875–973),* München 1991.

Mit einer Reihe von Aufsätzen hat in den vierziger und fünfziger Jahren der französische Orientalist Marius Canard für die Erforschung der Fatimidenzeit eine neue Grundlage geschaffen; seine Arbeiten sind gesammelt in: *Miscellanea Orientalia,* London 1973; daneben ist zu nennen: „Le cérémonial fatimide et le cérémonial byzantin. Essai de comparaison", in: *Byzantion* 21, (1951), S. 355–420. Seitdem wird die Forschung auf der Basis neu erschlossenen Quellenmaterials durch zahlreiche Einzeluntersuchungen vorangetrieben: Madelung, Wilferd: „Fatimiden und Baḥrainqarmaṭen", in: *Der Islam* 34 (1959), S. 34–88; Hamdani, Abbas: „Evolution of the Organizational Structure of the Fāṭimī Daʿwah", in: *Arabian Studies* 3 (1976), S. 85–114; Halm, Heinz: „Die Söhne Zikrawaihs und das erste fatimidische Kalifat (290/903)", in: *Die Welt des Orients* 10 (1979), S. 30–53; Bianquis, Thierry: „La prise du pouvoir par les Fatimides en Egypte", in: *Annales islamologiques* 11 (1972), S. 48–108; Lev, Yaacov: „The Fatimid Conquest of Egypt – Military, Political and Social Aspects", in: *Israel Oriental Studies* 9 (1979), S. 315–28; ders.: „The Fatimid vizier Yaʿqūb ibn Killis and the Beginning of the Fatimid Administration in Egypt", in: *Der Islam* 58 (1981), S. 239–49; Assaad, Sadik A.: *The Reign of al-Hakim bi Amr Allah,* Beirut 1974; van Ess, Josef: *Chiliastische Erwartungen und die Versuchung der Göttlichkeit. Der Kalif al-Ḥākim (386–411 H.),* (Abh. der Heidelberger Akad. d. Wiss., phil.-hist. Klasse, 2. Abh.), 1977. Eine neuere Gesamtdarstellung gibt es nicht; vorläufig ist auf den Artikel „*Fāṭimids*" (M. Canard) in der *Encyclopaedia of Islam* zu verweisen.

Die Wirtschafts- und Finanzgeschichte Ägyptens unter den Fatimiden behandeln mehrere Aufsätze von Claude Cahen, die gesammelt sind in: *Makhzūmiyyāt. Études sur l'histoire économique et financière de l'Égypte médiévale,* Leiden 1977. Die Geschichte der Handelsbeziehungen Europas und des byzantinischen Reiches mit Ägypten und der Levante haben ihre klassische Darstellung gefunden in Heyd, Wilhelm: *Geschichte des Levantehandels im Mittelalter,* Stuttgart 1879 (Hildesheim ^{2}1971).

Zur Baukunst der Fatimiden: Creswell, K. A. C.: *The Muslim Architecture of Egypt,* Bd. I, Oxford 1952.

Zur Geschichte Syriens unter Nūr ad-dīn: Elisséeff, Nikita: *Nūr ad-Dīn. Un grand prince musulman de Syrie au temps des Croisades,* 3 Bde., Damaskus 1967.

Eine Übersicht über die dogmatische und sektengeschichtliche Entwicklung des Ismailitentums gibt Daftary, Farhad: *The Ismāʿīlīs. Their History and Doctrines*, Cambridge 1990. Zu den Anfängen: Halm, Heinz: *Kosmologie und Heilslehre der frühen Ismāʿīlīya*, Wiesbaden 1978. Unter den sektiererischen Abspaltungen verdienen besonderes Interesse die von den Kreuzfahrern als „Assassinen" bezeichneten Nizārīs: Hodgson, M. G. S.: *The Order of Assassins*, Den Haag 1955; Lewis, Bernard: *The Assassins*, London 1967; eine knappe Einführung in die Glaubensvorstellungen der heutigen Agha-Khan-Anhänger (Hofjas) gibt Makarem, Sami N.: *The Doctrine of the Ismailis*, Beirut 1972. Das Schisma der jemenitischen Ṭayyibiten (in Indien: Bohras) behandelt Stern, Samuel M.: „The Succession to the Fatimid Imam al-Āmir, the Claims of the later Fatimids to the Imamate, and the Rise of Ṭayyibi Ismailism", in: *Oriens* 4 (1951), S. 244–9. Zur Entstehung des Drusentums: Bryer, David R. W.: „ The Origins of the Druze Religion", in: *Der Islam* 52 (1975), S. 47–84, 239–62; 53 (1976), S. 5–27. Zur modernen Entwicklung des Drusentums: Makarem, Sami N.: *The Druze Faith*, Delmar, New York ²1974; Schmucker, Werner: *Krise und Erneuerung im libanesischen Drusentum*, (Studien zum Minderheitenproblem im Islam, Bd. 3), Bonn 1979.

Die ausführlichste Darstellung der Geschichte der Kreuzzüge ist herausgegeben von Setton, Kenneth M.: *A History of the Crusades*, 4 Bde., Philadelphia/Madison, Wisc., 1955–77. Eine sehr gute handliche Übersicht bietet Mayer, Hans Eberhard: *Geschichte der Kreuzzüge*, Stuttgart ⁴1976; Runciman, Steven: *Geschichte der Kreuzzüge*, 3 Bde., München 1957–60; Cahen, Claude: *Orient et Occident au temps des Croisades*, Paris 1983.

IV. Die Ayyubiden
(*Heinz Halm*)

Quellen

Wie die fatimidische, so ist auch die ayyubidische Historiographie eng mit Hof und Dynastie verbunden. Der Qāḍī al-Fāḍil, unter den letzten Fatimiden Chef der Kanzlei *(dīwān al-inšāʾ)*, wurde Saladins Wesir und engster Ratgeber; seine Tagebücher, *al-Mutağaddidāt* („Neuerungen"), sind zwar nicht erhalten, doch dienten sie späteren Autoren wie Maqrīzī als Quelle. ʿImād ad-dīn, nach seiner Herkunft „der Isfahaner" genannt (st. 1201), war Sekretär *(kātib)* erst Nūr ad-dīns und dann Saladins und als solcher unmittelbarer Untergebener des Qāḍī al-Fāḍil; er verherrlicht in gezierter rhythmisierter Reimprosa die Rückeroberung Jerusalems: *al-Fatḥ al-Qussī fī l-fatḥ al-Qudsī* („Die Quss'sche Eingebung über die Eroberung Jerusalems"; Quss b. Sāʿida ist in der arabischen Überlieferung das sprichwörtliche Muster der Beredsamkeit); hrsg. v. de Landberg, Carlo, Leiden 1888; franz. Übersetzung von Massé, Henri: *Conquête de la Syrie et de la Palestine par Saladin*, Paris 1972. Der aus Mossul stammende Bahāʾ ad-dīn Ibn Šaddād diente Saladin als Heeresqadi und war später Oberqadi von Aleppo (st. 1234); von ihm stammt die erste Saladin-Biographie: *an-Nawādir as-sulṭāniyya wal-maḥāsin al-Yūsufiyya* („Die Sultansanekdoten und die Josef'schen Tugenden"; Yūsuf/Josef – Saladins Vorname – wurde von den Panegyrikern zu Anspielungen auf die Tugenden des biblischen Josef, des musterhaften Regenten Ägyptens, benutzt). Aus Damaskus stammte Abū Šāma (st. 1267), der in seinem *Kitāb ar-Rawḍatayn fī aḫbār ad-dawlatayn* („Das Buch der beiden Gärten. Nachrichten über die beiden Herrschaften") die Heroen des *ğihād*, Nūr ad-dīn und Saladin, verherrlicht; hrsg. v. Aḥmad,

M. H. M./Ziyāda, M. M., Kairo 1956, 1962; franz. Teilübers. von Barbier de Meynard, C.: *Abou Chamah, Le Livre des deux jardins. Histoire des deux règnes ...*, (Recueil des historiens des croisades, Bde. IV, V), 1898, 1906.

Die wichtigste Quelle für die späteren Ayyubiden ist das Werk des Ibn Wāṣil aus Ḥamāh (st. 1298), der seine Karriere seinen Verbindungen zu den Ayyubiden von Damaskus verdankte; er wirkte in Ägypten als Richter und Professor und ging 1261 als Gesandter an den Hof Manfreds von Sizilien. Sein *Mufarriǧ al-kurūb fī aḫbār Banī Ayyūb* (,,Der Zerstreuer der Ängste. Nachrichten über die Ayyubiden") wird seit 1953 in Alexandrien und Kairo ediert. Für die Ayyubiden von Damaskus schrieb Sibṭ b. al-Ǧawzī (st. 1256) seine Universalgeschichte *Mir'āt az-zamān fī tārīḫ al-a'yān* (,,Spiegel der Zeit. Annalen der bedeutenden Männer"), dessen interessantester Teil, der letzte, von 1101 bis 1256 reichende, 1951/52 in Haidarabad/Deccan herausgegeben wurde. Aus der Sicht eines Christen berichtet Ǧirǧis al-Makīn b. al-ʿAmīd (st. 1273), dessen Werk zu den frühesten in Europa gedruckten und übersetzten arabischen Chroniken gehört (Leiden 1625); seine ,,Nachrichten über die Ayyubiden" (*Aḫbār al-Ayyūbiyyīn*) hat Claude Cahen herausgegeben: ,,La chronique des Aiyoubides", in: *Bulletin d'Etudes Orientales* 15 (1955–57).

Typisch für Ägypten mit seiner Jahrtausende alten Bürokratie ist die Quellengattung der Verwaltungshandbücher. Die fatimidische Tradition (Ibn aṣ-Ṣayrafī; s. o. S. 636) setzt al-Maḫzūmī fort mit seinem 1169/70 verfaßten *Kitāb al-Minhāǧ fī ʿilm al-ḫarāǧ* (,,Methode zur Kenntnis des *ḫarāǧ*"); die im British Museum befindliche Handschrift hat Claude Cahen in mehreren Aufsätzen ausgewertet (*Makhzūmiyyāt*, Leiden 1977); Teiled. Kairo 1986. Ebenfalls aus der fatimidischen Bürokratie stammt Ibn Mammātī (st. 1209), Sproß einer koptischen Beamtenfamilie, Chef des Heeresdiwans und Inspekteur der Diwane (*nāẓir ad-dawāwīn*, eine Art Premierminister) unter Saladin und al-Malik al-ʿAzīz. Seine ,,Richtlinien der Diwane" (*Kitāb Qawānīn ad-dawāwīn*, hrsg. v. ʿA. S. ʿAṭiyya, Kairo 1943) enthalten nicht nur ein genaues Verzeichnis aller ägyptischen Dörfer, sondern auch ausführliche Abschnitte über Kanäle und Dämme, Anbau, Bewässerung und Ernte, Kalender und Besteuerung. Gouverneur mehrerer ägyptischer Provinzen unter al-Malik al-Kāmil war Abū ʿUṯmān an-Nābulusī, der im Jahre 1239 al-Kāmils Sohn aṣ-Ṣāliḥ Ayyūb anläßlich dessen Thronbesteigung ein umfangreiches Verwaltungshandbuch widmete: *Kitāb Lumaʿ al-qawānīn al-muḍī'a fī dawāwīn ad-diyār al-miṣriyya* (,,Erhellende Lichtstrahlen der Richtlinien für die Diwane Ägyptens"), hrsg. von Becker, Carl H./Cahen, Claude, in: *Bulletin d'Etudes Orientales* 16 (1958–60). Nābulusī, der 1243/44 von Sultan aṣ-Ṣāliḥ Ayyūb mit der Steuerveranlagung des Fayyūm beauftragt wurde, hat außerdem ein penibles Verzeichnis aller Siedlungen dieser Provinz samt ihren verschiedenen landwirtschaftlichen Kulturen und ihrem jeweiligen Steuerertrag hinterlassen, hrsg. von Moritz, B.: *Description du Faiyoum au VIIme siècle de l'Hégire*, Kairo 1899.

Im Jahre 1183 durchreiste der Spanier Ibn Ǧubayr auf der Pilgerfahrt nach Mekka das Niltal und lernte auf der Rückreise Syrien und seine von den Kreuzfahrern beherrschte Küste kennen; sein Reisebericht (*ar-Riḥla*, hrsg. von Wright, William, Leiden ²1949) ist übersetzt von Gaudefroy-Demombynes, Maurice: *Ibn Jobair, Voyages*, Paris 1949. Die Schilderung Ägyptens aus der Feder des Bagdaders ʿAbd al-Laṭīf, um 1200 entstanden, ist übersetzt von de Sacy, Silvestre: *Relation de l'Egypte, par Abd-allatif, médecin arabe de Bagdad*, Paris 1810. Yāqūt ar-Rūmī (,,der Grieche") aus Ḥamāh (st. 1229) ist der Verfasser eines mehrbändigen geographisch-historischen ,,Wörterbuchs der Städte" (*Muʿǧam al-buldān*), hrsg. v. Wüstenfeld, Ferdinand, 6 Bde., Leipzig 1866–73, sowie eines Gelehrtenlexikons, *Iršād al-arīb fī maʿrifat al-adīb* („Anleitung des Klugen zur Kenntnis des Gebildeten"), hrsg. v. Margoliouth, D. S., 5 Bde., Leiden 1907–13. Viten berühmter Zeitgenossen, darunter auch mehrerer ayyubidischer Fürsten, enthält die Biographiensammlung des Ibn Ḫallikān (st. 1281), *Wafayāt al-aʿyān* („Das Hinscheiden der Großen"), hrsg. von ʿAbbās, Iḥsān, 8 Bde., Beirut 1968–72, engl. Übers. von MacGuckin de Slane, *Ibn Khallikan's Biographical Dictionary,* 4 Bde., Paris/London 1842–71.

Die Lokalgeschichte von Aleppo schrieb Ibn al-ʿAdīm (st. 1262), dessen Annalen alle erreichbaren Nachrichten über seine Vaterstadt enthalten sollten; da das Riesenwerk nie vollendet wurde, verfaßte er selbst einen Auszug mit den wichtigsten Informationen: *Zubdat al-ḥalab min tārīḫ Ḥalab* („Der Rahm der Milch aus den Annalen von Aleppo"), hrsg. v. Sāmī ad-Dahhān, 3 Bde., Damaskus 1951–68. In Mossul lebte als Privatgelehrter Ibn al-Aṯīr (st. 1233), der durch seinen Bruder, den Kanzleichef des zengidischen Emirs von Mossul, Zugang zu wichtigen Dokumenten und Informationen hatte; seine „Vollständige Chronik" (*al-Kāmil fī t-tārīḫ*), hrsg. v. Tornberg, 14 Bde., Leiden 1851–76, gilt nicht nur deshalb, sondern auch wegen der unparteiischen Darstellung der zeitgenössischen Ereignisse als das bedeutendste historische Werk der ganzen Epoche.

Literatur

Im Rahmen der ägyptischen Geschichte wird die Ayyubidendynastie behandelt von Lane-Poole und Wiet (s. o. S. 637); von Gibb, H. A. R. stammt der Abschnitt: „The Ayyubids" in Settons *History of the Crusades* (s. o. S. 638), von Cahen der ausführliche Artikel: „Ayyūbids" in der *Encyclopaedia of Islam.*

Von den ayyubidischen Herrschern hat vor allem die Gestalt Saladins, des Gründers der Dynastie, das Interesse der Historiker auf sich gezogen; ihm sind mehrere umfangreiche Arbeiten gewidmet: Ehrenkreutz, Andrew Stefan: *Saladin,* Albany, N.Y. 1972; Gibb, Hamilton Alexander Roskeen: *The Life of Saladin from the Works of ʿImād ad-Dīn and Bahāʾ ad-Dīn,* Oxford 1973; Lyons, Malcolm Cameron/Jackson, David: *Saladin. The Politics of the Holy War,* Cambridge 1982; Möhring, Hannes: *Saladin und der dritte Kreuzzug. Aiyubidische Strategie und Diplomatie im Vergleich vornehmlich der arabischen mit den lateinischen Quellen,* Wiesbaden 1980.

Zu Saladins Nachfolgern: Dahlmanns, Franz-Josef: *Al-Malik al-ʿĀdil. Ägypten und der Vordere Orient in den Jahren 589/1193 bis 615/1218. Ein Beitrag zur ayyubidischen Geschichte,* Diss. phil. Gießen 1975; Gottschalk, Hans Ludwig: *Al-Malik al-Kāmil von Egypten und seine Zeit,* Wiesbaden 1958; Humphreys, R. Stephen: *From Saladin to the Mongols. The Ayyubids of Damascus, 1193–1260,* Albany, N.Y. 1977.

V. Der arabische Osten im späten Mittelalter 1250–1517
(Ulrich Haarmann)

Quellen

Die wichtigste Primär- und Sekundärliteratur zur Geschichte des Mašriq im späten Mittelalter ist zusammengestellt in *Jean Sauvaget's Introduction to the History of the Muslim East. A Bibliographical Guide. Based on the Second Edition as Recast by Claude Cahen,* Berkeley und Los Angeles 1965, S. 176–83 (Ägypten, Syrien, Arabien und Irak). Man konsultiere auch die – was die Präzision der Angaben und der Transkription sowie das Arrangement des Materials betrifft – gegenüber der genannten ersten Ausgabe deutlich abfallende Überarbeitung von Cahen, Claude: *Introduction à l'histoire du monde musulman médiéval. VII–XVe siècle,* Paris 1982, S. 157–64 (Ägypten, Syrien und Arabien) und S. 165–71 (der Irak als Bestandteil der mongolisch geprägten östlichen Lande des Islams). Eine überaus umfangreiche, grob nach Sachgebieten gegliederte, wenn auch unkommentierte Mamlukenbibliographie gibt Lapidus, Ira M.: *Muslim Cities in the Later Middle Ages,* Cambridge/Mass. 1967, S. 217–42 (insgesamt 573 Eintragungen). Die wichtigsten nach 1967 erschienenen Titel hat Lapidus mit einer kurzen Charakterisierung versehen und anstelle der ursprünglichen Bibliographie in Form von ,,Bibliographical Notes" seiner Neuausgabe von *Muslim Cities,* Cambridge/England 1984, beigefügt (S. 192–97). Eine vorzügliche Auswahl des Schrifttums zur Institution und Geschichte des Mamlukensultanats bis 1980 findet sich bei Ayalon, David, und Holt, Peter M. in den Artikeln „Mamlūk" und „Mamlūks", in der *Encyclopaedia of Islam,* Bd. VI, S. 314–331.

Urkunden: Unsere Kenntnis von den archivalischen Quellen zur Geschichte des mamlukischen Ägypten und Syrien hat sich in jüngster Vergangenheit deutlich verbessert. Verfügten wir an größeren Editionen bislang nur über Ernst, Hans: *Die mamlukischen Sultansurkunden des Sinai-Klosters,* Wiesbaden 1960 (mit einer eindrucksvollen Bibliographie), so liegen jetzt immerhin ausführliche Kataloge zu zwei wichtigen neuerschlossenen Urkundensammlungen vor, von denen herausragende Einzelstücke auch schon kritisch herausgegeben worden sind: (1) Amīn, Muḥammad Muḥammad: *Catalogue des documents d'archives du Caire de 239/853 à 922/1516,* Kairo 1981 (888 Privaturkunden, die in bis zu elf Einzelakte aufgegliedert sind und vorwiegend das ausgehende fünfzehnte und beginnende sechzehnte Jahrhundert behandeln; es dominieren Kauf-, Stiftungs- und Tauschurkunden; im Anhang werden einige Spezimina ediert und kommentiert; die Bibliographie verweist auf meist unbekannte, zum Teil auch unpublizierte Urkundendissertationen bzw. -M.A. Arbeiten an ägyptischen Universitäten). (2) Little, Donald Presgrave: *A Catalogue of the Islamic Documents from al-Ḥaram aš-Šarīf in Jerusalem,* (Beiruter Texte und Studien, Bd. 29), Wiesbaden 1984: Zu den jüngst entdeckten mehreren hundert Urkunden vom Jerusalemer Tempelberg (ein großer Teil stammt aus dem letzten Viertel des vierzehnten Jahrhunderts) existiert inzwischen schon ein ansehnliches Schrifttum; es sei verwiesen auf die Sammlung der Aufsätze Donald Littles zu diesem Thema in der Reihe *Collected Studies* des Verlags *Variorum Reprints: History and historiography of the Mamluks,* London 1986, insbesondere auf seinen Artikel: „The Significance of the Ḥaram Documents for the Study of Medieval Islamic History", in: *Der Islam* 57 (1980), S. 189–219, sowie auf Lutfi, Huda: „A Study of Six Fourteenth Century Iqrārs from al-Quads Relating to Muslim Women", in: *Journal of the Economic and Social History of the Orient* 26 (1983), S. 246–94 (siehe hierzu auch: Lufti, Huda and Little, Donald P.: „Iqrārs from al-Quds': Emendations", in: *Journal of the Economic and Social History of the Orient* 28 [1985], S. 326–30 mit wichtigen bibliographischen Zusätzen).

Erzählende Quellen: Eine analytische Einführung in die mamlukische (vor allem frühmamlukische) Geschichtsschreibung (Chroniken und biographische Wörterbücher) gibt Little, Donald P.: *An Introduction to Mamluk Historiography,* (Freiburger Islamstudien, Bd. 2), Wiesbaden 1970; um die gattungsgeschichtliche Einordnung dieses kaum überschaubaren Corpus erzählender Quellen bemüht sich Haarmann, Ulrich: *Quellenstudien zur frühen Mamlukenzeit,* (Islamkundliche Untersuchungen, Bd. 1), Freiburg 1970. Landesgeschichtliche Interessen und apologetische Argumente leiten Hamadé, Muhammad bei der Beantwortung der Frage: „Li-māḏā t-tārīḫ al-mamlūkī" („Wozu mamlukische Geschichte?"), in: *Al-Fikr al-ʿarabī al-muʿāṣir*/Beirut 12 (Mai 1981), S. 121–26.

Eine Synopse der beträchtlichen Fülle narrativer Quellen zur Mamlukengeschichte und zum spätmittelalterlichen Irak kann nicht gegeben werden. Einige über die Jahrhunderte verteilte Chroniken, Biographiensammlungen und Staatshandbücher seien im folgenden ausgewählt, die in (Teil-)Übersetzungen in eine westliche Sprache zugänglich sind.

(a) Mamlukisches Ägypten und Syrien: Aus dem dreizehnten und vierzehnten Jahrhundert liegen die folgenden Werke vor: Ibn ʿAbd aẓ-Ẓāhir: *ar-Rawḍ az-zāhir fī sīrat al-Malik aẓ-Ẓāhir,* hrsg. v. ʿAbd al-ʿAzīz al-Ḫuwayṭir, Riad 1396/1976; englische Teilübersetzung dieser Baybars-Vita durch Sadeque, Syedah Fatima: *Baybars I of Egypt,* Dacca 1956, S. 75–239 (Jahre 1249/50–1265). Ibn al-Furāt: *Tārīḫ ad-duwal wal-mulūk;* hrsg. und englische Übersetzung des Berichts über die Jahre 1243–77 von Lyons, U. und M. C.: *Ayyūbids, Mamlukes and Crusaders, Selections from the Tārīkh al-Duwal wa'l-Mulūk of Ibn al-Furāt,* 2 Bde., Cambridge 1971. Al-Ǧazarī: *Ḥawādiṯ az-zamān;* Regestenübersetzung der Jahre 689/1290 bis 698/1299 (Ereignisse und Nekrologe) durch Sauvaget, Jean: *La chronique de Damas d'al Jazari,* Paris 1949. Der Christ Mufaḍḍal b. Abī l-Faḍā'il: *an-Nahǧ as-sadīd wad-durr al-farīd fīmā baʿd tārīḫ Ibn al-ʿAmīd;* hrsg. und französische Übersetzung des ersten Teiles (Jahre 658/1260 bis 716/1317) von Blochet, Edgar in: *Patrologia Orientalis* 12 (1916), S. 345–550; 14 (1920), S. 375–672; 20 (1928), S. 1–270; der zweite Teil (Jahre 717/1317 bis 741/1341) liegt ediert und in deutscher Übersetzung vor bei Kortantamer, Samira: *Ägypten und Syrien zwischen 1317 und 1341 in der Chronik des Mufaḍḍal b. Abī l-Faḍā'il,* (Islamkundliche Untersuchungen, Bd. 23), Freiburg 1973, S. 47ff. Über mamlukische Belange berichtet besonders ausführlich Šams ad-dīn aš-Šuǧāʿī: *Tārīḫ al-Malik an-Nāṣir Muḥammad b. Qalāwūn aṣ-Ṣāliḥī wa-awlādihī* (der Text ist fragmentarisch erhalten und handelt von den Jahren 737/1336 bis 745/1345); Edition (Wiesbaden 1977) und deutsche Übersetzung (Wiesbaden 1985) besorgt von Schäfer, Barbara. Auch eine Prosopographie des frühen vierzehnten Jahrhunderts ist in einer Übersetzung zugänglich: Ibn aṣ-Ṣuqāʿī: *Tālī wafayāt al-aʿyān (Un fonctionnaire chrétien dans l'administration mamelouke),* hrsg. und übers. von Sublet, Jacqueline, Damaskus 1974. Die Annalen des Abū l-Fidā', Fürsten von Ḥamāh, sind jüngst teilweise ins Englische übertragen worden, und zwar die Partien, in denen von dem ayyubidischen Kleinstaat und seinem Souverän in den Jahren 1285 bis 1329 die Rede ist: Holt, Peter M.: *The Memoirs of a Syrian Prince,* (Freiburger Islamstudien, Bd. 9), Wiesbaden 1983. Von Syrien zur Zeit des Dynastienwechsels handelt Ibn Ṣaṣrā: *ad-Durra al-muḍīʾa fī d-dawla aẓ-ẓāhiriyya,* herausgegeben und übersetzt von Brinner, William M.: *A Chronicle of Damascus 1389–1397,* 2 Bde., Berkeley und Los Angeles 1963. Das Verwaltungshandbuch des Ibn Faḍlallāh al-ʿUmarī: *Masālik al-abṣār fī mamālik al-amṣār,* Bd. I, hrsg. v. Aḥmad Zakī Paša, Kairo 1342/1924; Bd. II, Kap. 2, hrsg. u. dt. Übs. v. Lech, Klaus, Wiesbaden 1968; Kap. 6 und 7, hrsg. v. A. Fu'ād Sayyid, Kairo 1985; Kap. 15, hrsg. v. D. Krawulsky, Beirut 1985, liegt in Auszügen in Deutscher Fassung vor: Hartmann, Richard: „Politische Geographie des Mamlukenrei-

ches. Kapitel 5 und 6 des Staatshandbuches Ibn Faḍl allāh al-ʿOmarī's", in: *Zeitschrift der Deutschen Morgenländischen Gesellschaft* 70 (1916), S. 1–40, 477–511; 71 (1917), S. 429–30. Ebenfalls aus der Mitte des vierzehnten Jahrhunderts ist uns ein Leitfaden der Kunst des Bogenschießens erhalten: Ṭaybuġā al-Ašrafī al-Baklamišī al-Yūnānī: *Ġunyat aṭ-ṭullāb fī maʿrifat ramy an-nuššāb*, übersetzt von Latham, J. D. und Paterson, W. F.: *Saracen Archery. An English Version and Exposition of a Mameluke Work on Archery (ca. A.D. 1368)*, London 1970.

Aus dem fünfzehnten und dem beginnenden sechzehnten Jahrhundert stammen die berühmtesten mamlukischen Geschichtswerke. An erster Stelle sei die Verwaltungsenzyklopädie al-Qalqašandīs genannt: *Ṣubḥ al-aʿšā fī ṣināʿat al-inšāʾ*, 14 Bde., Kairo 1331/1913–1338/1920; Index von Baqlī, Muḥammad Qandīl, Kairo 1972; den Inhalt dieses noch bei weitem nicht ausgeschöpften Werks resümiert und gliedert Björkman, Walter: *Beiträge zur Geschichte der Staatskanzlei im islamischen Ägypten*, Hamburg 1928. Al-Maqrīzīs Mamlukenchronik *as-Sulūk li-maʿrifat duwal al-mulūk* liegt jetzt in einer vollständigen Ausgabe vor: 4 Teile in 12 Bänden, hrsg. v. M. Ziyāda und S. A. ʿĀšūr, Kairo 1934–73; unentbehrlich ist noch immer die französische Teilübersetzung der *Sulūk* von Quatremère, Marc Etienne: *Histoire des Sultans Mamlouks de l'Egypte écrite en arabe par Taki-eddin-Ahmed-Makrizi*, 4 Teile in 2 Bänden, Paris 1837–45 (Bericht über die Jahre 648/1250 bis 708/1309). Auch al-Maqrīzīs nicht minder berühmtes Werk über die Quartiere *(ḫiṭaṭ)*, *al-Mawāʿiẓ wal-iʿtibār fī ḏikr al-ḫiṭaṭ wal-āṯār*, vollständige Ausgabe Kairo 1853–4, Teilausgabe von Wiet, Gaston in den *Mélanges de l'Institut Français d'archéologie orientale* 30 (1911), 33 (1913), 46 (1922), 49 (1924) und 53/1 (1925), ist jetzt besser zugänglich: vgl. den dreibändigen Index von Harīdī, Aḥmad ʿAbd al-Maǧīd: *Index des Ḫiṭaṭ. Index analytique des ouvrages d'Ibn Duqmāq et de Maqrīzī sur le Caire*, Kairo 1983–4; die Passagen über die Märkte Kairos haben Raymond, André und Wiet, Gaston übersetzt: *Les Marchés du Caire. Traduction annotée du texte de Maqrīzī*, Kairo 1979; Stowasser, Karl plant eine englische Übersetzung wichtiger Abschnitte der *Ḫiṭaṭ*. Des Werkes Ibn Taġrībirdīs, des zweiten großen Chronisten des fünfzehnten Jahrhunderts, hat sich entsagungsvoll Popper, William angenommen; von ihm stammt die umfangreiche englische Übersetzung des Berichts über die Jahre 1382 bis 1468 in Ibn Taġrībirdīs Chronik *an-Nuǧūm az-zāhira fī mulūk Miṣr wal-Qāhira*, vgl. seine *History of Egypt 1382–1469 A.D.*, Berkeley 1954–63 (acht Bände Text und ein Indexband). Ibn Taġrībirdīs Biographiensammlung *al-Manhal aṣ-ṣāfī wal-mustawfī baʿd al-wāfī* (bisher Bd. I, hrsg. v. Naǧātī, A. Y., Kairo 1375/1956, Bde. I–V, hrsg. v. Amīn, Muḥammad M. u. a., Kairo 1984–88, hat Wiet, Gaston in Regesten erschlossen: *Les Biographies du Manhal Safi*, (Mémoires presentés à l'Institut d'Egypte, Bd. 19), Kairo 1932. Von dem Geschichtswerk des Ibn Iyās, des letzten mamlukischen Chronisten, mit dem Titel: *Badāʾiʿ az-zuhūr fī waqāʾiʿ ad-duhūr*, Bde. I a–b, II–V, (Bibliotheca Islamica, Bd. 5), hrsg. v. Mostafa, Mohamed, Wiesbaden 1960–75; Index, bisher 4 Bde. Wiesbaden 1404/1984–1406/1986, ist seit kurzem eine deutsche Teilübersetzung verfügbar: *Ibn Iyâs. Alltagsnotizen eines ägyptischen Bürgers*, eingeleitet und übers. von Schimmel, Annemarie, (Bibliothek Arabischer Klassiker, Bd. 13), Stuttgart 1985 (enthält die Jahresberichte 906/1501 bis 921/1516).

(b) Irak: Hier sei verwiesen auf Schmidt-Dumont, Marianne: *Turkmenische Herrscher des 15. Jahrhunderts in Persien und Mesopotamien nach dem Tārīḫ al-Ġiyāṯī*, (Islamkundliche Untersuchungen, Bd. 6), Freiburg 1970 (mit der Edition und Übersetzung der Abschnitte über die Qara- und Aq Qoyunlu).

Europäische Reise- und Pilgerberichte: Die Quellen sind verzeichnet bei Röhricht, R.: *Bibliotheca geographica Palestinae*, Berlin 1890; idem und Meisner, R. H.: *Deutsche Pilgerreisen nach dem heiligen Lande*, Innsbruck 1894. Vgl. jetzt auch Richard, Jean: *Les Récits de voyages et de pèlerinages*, (Typologie des sources du moyen âge occidental, Bd. 38), Turnhaut 1981; Ziele dieser Studie sind die äußere und innere Bestimmung der Gattung des Pilgerberichts und die Untersuchung deren historischer Ergiebigkeit.

Literatur

Die Mamlukenforschung hat in den letzten Jahren einen beträchtlichen Aufschwung genommen. Neben Gustav Weils immer noch beeindruckende *Geschichte der Chalifen*, Bde. IV und V, Stuttgart 1860–62, in die zahlreiche, mittlerweile gar in Vergessenheit geratene erzählende Quellen eingearbeitet worden sind, treten seit kurzem neue Darstellungen der mamlukischen Geschichte. Holt, Peter M. verdanken wir den bereits genannten Artikel „Mamlūks" für die *Encyclopaedia of Islam* (mit dem Schwergewicht auf der Institutionengeschichte und unter Einschluß der neomamlukischen Beys vor 1798) sowie die Monographie: *The Age of the Crusades: The Near East from the Eleventh Century to 1517*, London 1986 (besonders verwiesen sei auf den Abschnitt über die Primärquellen im *Bibliographical Survey*, S. 207–16). Von Irwin, Robert erschien ebenfalls 1986 eine politische Geschichte der ersten Phase mamlukischer Herrschaft: *The Middle East in the Middle Ages. The Early Mamluk Sultanate 1250–1382*, London 1986. Beachtenswert ist in diesem Zusammenhang aber auch die reich dokumentierte Dissertation von Krebs, Werner: *Innen- und Außenpolitik Ägyptens 741–784/1341–1382*, Hamburg 1980, in der die Ära der späten Qalāwūniden erschöpfend abgehandelt wird.

Wichtige Einzelstudien zu bestimmten kürzeren Phasen bzw. ausgewählten Herrschern sind: Schregle, Götz: *Die Sultanin von Ägypten. Šağarat ad-Durr in der arabischen Geschichtsschreibung und Literatur*, Wiesbaden 1961; Khowaiter, Abdul-Aziz: *Baibars the First: His Endeavours and Achievements*, London 1978; Thorau, Peter: *Sultan Baibars I. von Ägyten*, Wiesbaden 1987; Northrop, Linda S.: *A History of the Reign of the Mamluk Sultan al-Manṣûr Qalâ'un (678–689 A.H./ 1279–1290 A.D.)*, Dissertation McGill University, Institute of Islamic Studies 1982; Darrag, Aḥmad: *L'Egypte sous le règne de Barsbay 825–841/1422–1438*, Damaskus 1961.

Einen bündigen, sehr akzentuiert formulierten Überblick über die spätmittelalterliche Geschichte der Region Vorderer Orient gibt Lewis, Bernard: „Egypt and Syria", in: *Cambridge History of Islam*, Bd. I, Cambridge 1970, Kapitel II/2, S. 201–30.

Wenn wir heute so umfassend über die Institution der mamlukischen „one generation military aristocracy" (Ayalon) informiert sind, ist dies vornehmlich das Verdienst David Ayalons. Seine weit verstreuten Aufsätze, die sein leider nie erschienenes *magnum opus* über die Mamluken vertreten, sind zum größten Teil jetzt handlich greifbar in zwei Bänden der *Variorum Reprints: Studies on the Mamlūks of Egypt (1250–1517)*, London 1977 (zehn Beiträge) und *The Mamluk military society*, London 1979 (elf Beiträge); hinzuzufügen sind seine Arbeit: *Gunpowder and firearms in the Mamluk kingdom*, London 1956, und die in vier Raten veröffentlichte Untersuchung: „The great Yāsa of Chingiz Khān. A re-examination", in: *Studia Islamica* 33 (1971), S. 97–140 (= A); 34 (1971) S. 151–80 (= B); 36 (1972), S. 113–58

(= C_1) und 38 (1973), S. 105–56 (= C_2). Es ist beklagenswert, daß Annemarie Schimmels gerade zur Welt der Mamluken so reichhaltige Habilitationsschrift: *Studien zur Kulturgeschichte des spätmittelalterlichen Ägyptens*, Berlin 1944, nie gedruckt worden ist. Der wohl strengste Beobachter institutionellen Wandels innerhalb der mamlukischen Elite, dem überdies Analogien zum mittelalterlichen Europa besonders am Herzen liegen, ist Holt, Peter M. Auf wenigstens drei seiner Untersuchungen sei gesondert verwiesen: „The position and power of the Mamlūk sultan", in: *Bulletin of the School of Oriental and African Studies* 38 (1975), S. 237–49; „The structure of government in the Mamluk sultanate", in: Holt, P. M. (Hrsg.), *The eastern Mediterranean lands in the period of the Crusades,* Warminster 1977, S. 44–61; „Some observations on the ʿAbbāsid caliphate of Cairo", in: *Bulletin of the School of Oriental and African Studies* 47 (1984), S. 501–07. Unentbehrlich für das Verständnis des Übergangs der Herrschaft und der militärischen Institutionen von den Ayyubiden zu den Mamluken ist Humphreys, R. Stephen: „The emergence of the Mamluk army", in: *Studia Islamica* 45 (1977), S. 67–99; 46 (1977), S. 147–82.

Die regen Aktivitäten auf dem Gebiet der spätmittelalterlichen Wirtschafts- und Sozialgeschichte dürften nicht zuletzt als Folge der Urkundenfunde von Kairo und Jerusalem andauern; hier kann ich nur auf die wichtigsten Arbeiten – darunter einige leider nicht in Buchform verlegte amerikanische Dissertationen – Bezug nehmen: Ashtor, Eliyahu: *A Social and Economic History of the Near East in the Middle Ages,* London 1976, Kapitel VIII „Mamluk Feudalism", S. 280ff.; ders.: *Histoire des prix et des salaires dans l'Orient médiéval,* Paris 1969; ders: *Les métaux précieux et la balance des paiements du Proche-Orient à la Basse Epoque,* Paris 1971; ders.: *Levant Trade in the Later Middle Ages,* Princeton 1983; Cooper, R. C.: „Agriculture in Egypt, 640–1800", in: *Wirtschaftsgeschichte des Vorderen Orients in islamischer Zeit,* (Handbuch der Orientalistik, Bd. I/6/6/1), S. 188–204; Labib, Subhi Y.: *Handelsgeschichte Ägyptens in Spätmittelalter (1171–1517),* Wiesbaden 1965; Udovitch, Avram L.: „England to Egypt 1350–1500: Long-term Trends and long-distance Trade (IV)", in: Cook, M. A. (Hrsg.), *Studies in the Economic History of the Middle East,* London 1970, S. 115–28. Zu Währungsfragen einschlägig sind die beiden Doktorarbeiten: Bacharach, Jere L.: *A Study of the Correlation between Textual Sources and Numismatic Evidence from Mamluk Egypt and Syria A.H. 784–872/1382–1468,* Dissertation University of Michigan Ann Arbor 1967; Shoshan, Boaz: *Money, Prices, and Population in Mamluk Egypt, 1382–1517,* Dissertation Princeton 1978. Vgl. auch ders.: „Exchange-Rate Policies in Fifteenth-Century Egypt", in: *Journal of the Economic and Social History of the Orient* 29 (1986), S. 28–51. Das Standardwerk über die mamlukische Finanz- und Steuerpolitik (bis zum Tode an-Nāṣirs) ist Rabie, Hassanein: *The Financial System of Egypt A.H. 564–741/A.D. 1161–1341,* London 1972. Die Katasterlisten des Ibn Duqmāq und des Ibn al-Ǧīʿān sind geographisch aufbereitet bei Halm, Heinz: *Ägypten nach den mamlukischen Lehensregistern,* Bde. I und II (Tübinger Atlas des Vorderen Orients, Beihefte B, Bd. 38), Wiesbaden 1979, 1982 (mit einer vorzüglichen Einleitung zu den diversen Bodenreformen des hohen und späten Mittelalters); vgl. auch seine dazugehörige Karte im Tübinger Atlas (Nr. B VIII 13) „Ägypten unter den Mamluken", Wiesbaden 1984.

Als für die nachfolgende Forschung überaus fruchtbar und anregend hat sich eine Arbeit zur Soziologie der mamlukischen Städte erwiesen: Lapidus, Ira M.: *Muslim Cities in the Later Middle Ages,* Cambridge/Mass. 1967; ausgehend von Lapidus nimmt Petry, Carl F.: *The Civilian Elite of Cairo in the later Middle Ages*, Princeton 1981, eine stärkere Differenzierung der Notabeln in ihren Beziehungen zur mamlukischen Obrigkeit vor. Daß die Sozialgeschichte Ägyptens erst gerade begonnen hat, macht Amīn, Muḥammad Muḥammad: *al-Awqāf wal-ḥayāt al-iǧtimāʿiyya fī Miṣr 648–923 h./1250–1517 m.*, Kairo 1980, deutlich, der aus den von ihm gesammelten und studierten Urkunden schöpft. Ähnlich richtungweisend ist Lutfi, Huda: *Al-Quds al-mamlûkiyya. A History of Mamlûk Jerusalem Based on the Ḥaram documents*, (Islamkundliche Untersuchungen, Bd. 113), Berlin 1985; die Basis ihrer Arbeit sind die Archivalien des Islamischen Museums auf dem Tempelberg. Eine dritte Urkundenmonographie ist im Entstehen: Marmon, Shaun arbeitet in Princeton über die nichtmilitärische Sklaverei im Mamlukenreich, eine vierte wendet sich besonders der Baugeschichte zu: Fernandes, Leonor E.: *The Evolution of a Ṣūfī Institution in Mamluk Egypt: The Khānqāh*, (Islamkundliche Untersuchungen, Bd. 134), Berlin 1988. Auf narrativen Quellen bauen zwei sozialhistorische Monographien auf: Escovitz, Joseph H.: *The office of Qâḍî al-Quḍât in Cairo under the Baḥrî Mamluks*, (Islamkundliche Untersuchungen, Bd. 100), Berlin 1984 – in vielem eine Ergänzung zu Petrys genanntem Werk – und ʿAbd ar-Rāziq, ʿAlī: *La femme au temps des Mamlouks en Egypte*, Kairo 1973. Zur Rechtspraxis im dreizehnten und vierzehnten Jahrhundert liegt jetzt vor: Nielsen, Jørgen S.: *Secular justice in an Islamic state: Maẓālim under the Baḥrī Mamlūks, 662/1264–789/1387*, Leiden 1985.

Die Mentalitäts- und Kulturgeschichte der Mamlukenzeit findet jetzt auch wieder verstärktes Interesse. Vgl. Garcin, Jean Claude: „Histoire, opposition politique et piétisme traditionaliste dans le Ḥusn al-Muḥāḍarat de Suyûṭi", in: *Annales Islamologiques* 7 (1967), S. 33–90; idem: *Un centre musulman de la Haute-Egypte médiévale: Qūṣ*, Kairo 1976 (über das religiös-gelehrte Unterzentrum Oberägyptens); Dols, Michael W.: *The Black Death in the Middle East*, Princeton 1977; von den Auswirkungen solcher Katastrophen auf das Kollekivverhalten handelt knapp Tucker, William F.: „Natural disasters and the peasantry in Mamlūk Egypt", in: *Journal of the Economic and Social History of the Orient* 24/2 (1981), S. 215–24; über den „Horizont" mittelalterlicher Ägypter orientiert Petry, C. F.: „Travel patterns of medieval notables in the Near East", in: *Studia Islamica* 62 (1985), S. 53–87. Auf diesen Gebieten öffnen sich für zukünftige Forschungen besonders reiche Möglichkeiten. Siehe auch Langner, Barbara: *Untersuchungen zur historischen Volkskunde Ägyptens nach mamlukischen Quellen*, (Islamkundliche Untersuchungen, Bd. 74), Berlin 1983. Einige Literatur zur Sprache der Mamluken ist verzeichnet bei Flemming, Barbara: „Zum Stand der Mamluk-Türkischen Forschung", in: *Zeitschrift der Deutschen Morgenländischen Gesellschaft, Supplement III, 2*, (XIX. Deutscher Orientalistentag), Wiesbaden 1977, S. 1156–64. Über die Kennzeichen der Mamluken informiere man sich bei Mayer, Leo A.: *Mamluk Costume*, Genf 1952, und Meinecke, Michael: „Zur mamlukischen Heraldik", in: *Mitteilungen des Deutschen Archäologischen Instituts Abteilung Kairo* 28/2 (1972), S. 213–87. Eine Enzyklopädie über die literarischen Aktivitäten im mamlukischen Ägypten, vor allem aber die Panegyrik, ist Salīm, Maḥmūd Rizq: *ʿAṣr salāṭīn al-mamālīk wanitāǧuhū l-ʿilmī wal-adabī*, acht Bde., Kairo 1955–65.

Um die Erforschung der Geschichte des Irak im späten Mittelalter steht es sehr viel schlechter. Eine Ereignisgeschichte alten Stils ist: al-ʿAzzāwī, ʿAbbās: *Tārīḫ al-ʿIrāq bayn iḥtilālayn. I: Ḥukūmat al-Muġūl, II: Ḥukūmat al-Ǧalāyiriyya, III: Ḥukūmat at-Turkumāniyya*, Bagdad 1935–57. Vorzüglich dokumentiert und auf dem letzten Forschungsstand ist das Kapitel: „Irak under Mongol and Turcoman Feudal Lords" in Ashtor, E.: *A Social and Economic History*, S. 249–79 (mit den weiterführenden Anmerkungen auf S. 360–64). Über die Ǧalāyiriden, deren Schwerpunkt in Mesopotamien lag, informiert knapp: Smith, J. M.: „Djalāyir, Djalāyirid", in: *Encyclopaedia of Islam, New Edition,* Bd. II, S. 401a–402a. Das Standardwerk für die Īlḫāne ist unverändert Spuler, Bertold: *Die Mongolen in Iran. Verwaltung und Kultur der Ilchanzeit 1220–1350,* Berlin [3]1968. Den neuesten Wissensstand über die Qara Qoyunlu und Aq Qoyunlu gibt Roemer, Hans: „The Türkmen Dynasties", in: Jackson, P. und Lockhart, L. (Hrsg.), *The Cambridge History of Iran, Bd. VI, The Timurid and Safavid Periods,* Cambridge 1986, S. 147–88.

VI. Der Maghreb und die Pyrenäenhalbinsel bis zum Ausgang des Mittelalters
(Hans-Rudolf Singer)

Quellen

Die Quellenwerke für den behandelten Raum können nicht alle säuberlich nach Raum und Zeit getrennt werden; dies gilt besonders für die großen Kompilationen. Diejenigen zur Geschichte des östlichen Maghreb sind ausführlich und kritisch behandelt in: Talbi, M.: *L'Emirat aghlabide,* Paris 1966, S. 9–15; Idris, H. R.: *La Berbérie Orientale sous les Zīrīdes X^e–XIIe siècles,* I, Paris 1962, S. XIII–XXVII; R. Brunschvig: *La Berbérie Orientale sons les Ḥafṣides des origines à la fin du XVe siècle,* I, Paris 1940, S. XXV–XL. Speziell für die Eroberung des Maghreb ist wichtig die Einleitung A. Gateaus in seiner Teiledition des Ibn ʿAbd al-Ḥakam: *Conquête de l'Afrique du Nord et de l'Espagne,* (Bibl. Arabe-Français, 11), Algier 1948, S. 25–31; vgl. dazu Idris, H. R.: „Le récit d'al-Mālikī sur la conquête de l'Ifrīqiya", in: *Revue des Etudes Islamiques* 37 (1969), S. 117–49, spez. S. 118. – Seit Erscheinen der drei großen Werke ist wenig neues hinzugekommen; wichtig ist die Edition eines Fragments des bedeutendsten Historikers der Vor-Ḥafṣidenzeit, ar-Raqīq: *Tārīḫ Ifrīqiya wal-Maġrib,* hrsg. v. Monji al-Kaâbi, Tunis 1968, dessen Authentizität allerdings nicht unwidersprochen geblieben ist.

Die Texte zur Geschichte und Geographie des islamischen Siziliens wurden gesammelt von Amari, Michele: *Biblioteca arabo-sicula,* Lipsia 1857; *Appendice alla Biblioteca arabo-sicula,* ebd. 1875; Versione italiana, Torino 1880, 1881, 1889 (Appendice). Sie wurden ergänzt von Fagnan, Emile: „Nouveaux textes historiques relatifs à l'Afrique du Nord et à la Sicile", in: *Centenario Michele Amari,* Bd. 2, Palermo 1910, S. 35–114 (französ. Übersetzung). Wichtige Urkunden liegen gesammelt vor in Cusa, Salvatore: *I diplomi greci ed arabi di Sicilia* I/1, 2, Palermo 1868, 1882; Köln/Wien [2]1982. Für die Geschichte der ʿAbdalwādiden wichtig ist *Buġyat ar-ruwwād fī ḏikr al-mulūk min Banī ʿAbd al-Wād* des Yaḥyā b. Ḫaldūn (st. 1379), texte arabe et trad. français par A. Bel, 3 Bde., Algier 1903–13 und der *Naẓm ad-durr* des ʿAbd al-Ǧalīl at-Tanasī (s. Kurio, H. im Literaturverzeichnis; dort auch weitere Angaben über ältere Ausgaben).

Grundlegend für das gesamte behandelte Gebiet sind die beiden folgenden grossen Kompilationen Ibn Ḫaldūns und Ibn al-ʿIḏārīs, wobei die *Muqaddima* des ersteren natürlich den gesetzten Rahmen sprengt: Ibn Ḫaldūn, ʿAbd ar-Raḥmān: *K. al-ʿIbar,* 7 Bde., Būlāq 1284/1867, Beirut [2]1956–1959. Teilübers. v. de Slane: *Les*

Prolegomènes, (Notices et Extraits, 19–21), Paris 1862–68, ²1938; engl. Übers. derselben v. Rosenthal, F.: *The Muqaddimah. An Introduction to History*, 3 Bde., Princeton ²1967; de Slane: *Histoire des Berbères*, 4 Bde., Paris 1852–56, ²1925–26, ³1968. „Histoire des Banou l-Ahmar, rois de Grenade", in: *Journal asiatique*, 9. Serie, Bd. 12 (1898), S. 309–462. – Ibn ʿIḏārī al-Marrākušī: *al-Bayān al-muġrib fī ḫtiṣār mulūk al-Andalus wal-Maġrib*. Editionen: I. Teil (+ II/1): Colin, G. S./ Lévi-Provençal, E.: *Histoire de l'Afrique du Nord et de l'Espagne musulmane intitulée* ...., 2 Bde., Leiden ²1948, 1951. – II/2. Teil: Lévi-Provençal, E.: *Al-Bayān al-Muġrib. Tome troisième. Histoire de l'Espagne musulmane au XIe siècle*, Paris 1930. – III. Teil (III/1): Huici Miranda, A.: „Un fragmento inédito de Ibn ʿIḏārī sobre los Almorávides", in: *Hespéris-Tamuda* 2 (1961), S. 13–111. – III/2. Teil: Huici Miranda, A. et alii, Tetuan 1963 (vgl. Chalmeta, P., in: *Al-Andalus* 37 [1972], S. 393–398). – Übersetzungen: Fagnan, E.: *Histoire de l'Afrique et de l'Espagne intitulée* ..., 2 Bde., Algier 1901, 1904 (dazu Schwarz, P., in: *Mitteilungen des Seminars für Orientalische Sprachen* 10/2 [1907], S. 242–281); Huici Miranda, A., in: *Colección de crónicas árabes de la reconquista*, II–III, Tetuan 1953–4; „Nuevos fragmentos almorávides y almohades", *Textos Medievales* 8 (1963).

Als Quellen der Almohadenzeit – zeitgenössische der Almoraviden sind verloren – kommen neben dem eben angeführten Ibn ʿIḏārī in Frage: der nicht ganz zuverlässige ʿAbd al-Wāḥid al-Marrākušī mit seinem *K. al-Muʿǧib fī talḫīṣ aḫbār al-Maġrib*, hrsg. v. Dozy, R. *(The History of the Almohades)*, Leiden 1845; S. al-ʿUnyān, Kairo ²1383/1963; franz. Übers. v. Fagnan, E.: *Histoire des Almohades*, Algier 1893; span. Übers. v. Huici Miranda, A.: *Crónicas árabes de la Reconquista*, Bd. IV, Tetuan 1955; weiterhin Ibn al-Qaṭṭān: *Naẓm al-ǧumān*, Teilausgabe von M. A. Makkī, Tetuan 1964, und die anonymen *al-Ḥulal al-mawšiyya fī ḏikr al-aḫbār al-marrākušiyya*, (Collection de textes arabes, VI), hrsg. v. Allouche, I. S., Rabat 1936, bzw. v. S. Zakkār-ʿA. Zamāma, Casablanca 1979; span. Übers. von Huici Miranda, A.: *Colección de crónicas árabes de la Reconquista*, Bd. I, Tetuan 1951; vor allem aber die von Lévi-Provençal, E. herausgegebenen *Documents inédits d'histoire almohade*, Paris 1928, die auch die Memoiren von Ibn Tūmarts Gefolgsmann al-Bayḏaq enthalten.

Die Quellen der Merinidenzeit sind verzeichnet und werden kritisch besprochen in den im Literaturverzeichnis genannten Büchern von H. Beck und M. Shatzmiller (s. d.). Ein besonders wichtiges Werk dieser Zeit ist erschlossen worden mit der Herausgabe von Ibn Marzūqs (1310–79) *al-Musnad aṣ-ṣaḥīḥ al-ḥasan fī maʾāṯir mawlānā Abī l-Ḥasan* durch Mª-Jesús Viguera, Algier 1981; span. Übersetzung von derselben *Hechos memorables de Abu l-Ḥasan*, Madrid 1977.

Für Westafrika besitzen wir – in englischen Übersetzungen – ein von Hopkins, J. F. P. und Levtzion, N. herausgegebenes ausgezeichnetes *Corpus of early Arabic sources for West African History*, Cambridge 1981.

Für al-Andalus fließen die Quellen reichlicher, so daß wir gezwungen sind, uns noch kürzer zu fassen. Abgesehen von Werken, die bereits anderswo zitiert werden, wie al-Bakrī, al-Idrīsī u. a., kommen vor allem in Frage: die anonymen *Aḫbār maǧmūʿa fī fatḥ al-Andalus*, (Colección de obras arábigas de historia y geografía, I), hrsg. u. span. Übers. von Lafuente y Alcántara, E.: *Ajbar Machmuâ. Crónica anónima del siglo XI*, Madrid 1867. S. dazu Sánchez-Albornoz, Cl.: *El „Ajbār Maŷmūʿa". Cuestiones historiográficos gue suscita*, Buenos Aires 1944; weiterhin der *Tārīḫ iftitāḥ al-Andalus* des Ibn al-Qūṭiyya, (Colección de obras arábigas de historia y geografía II), hrsg. v. de Gayangos, P./Saavedra, E./Codera, F., Madrid

1868; *Historia de la conquista de España,* übers. v. Ribera, J., Madrid 1926; der oben genannte Ibn ʿIḏārī; vor allem aber Ibn Ḥayyān, dessen Hauptwerk, *al-Matīn,* eine Geschichte seiner Zeit, derjenigen der Kleinkönige, bis auf geringe Teile verloren ist, der aber die voraufgegangene Historiographie von al-Andalus gesammelt und uns damit Teile der Werke der beiden bedeutenden Historiker des neunten/zehnten Jahrhunderts Aḥmad ar-Rāzī und seines Sohnes ʿĪsā ar-Rāzī erhalten hat: Ibn Ḥayyān, Abū Marwān: *K. al-Muqtabis fī tārīḫ aḫbār riǧāl/balad al-Andalus.* Die Band-Angaben des Werkes, das aus zehn Bänden bestanden haben soll, fehlen in den Handschriften oder sind widersprüchlich, vgl. Chalmeta, P.: „Historiografía medieval hispana: arábica", in: *Al-Andalus* 37 (1972), S. 353–404, bes. 373–77. Die Teileditionen werden gemäß der Chronologie der Ereignisse aufgezählt: 1. Garcia Gómez, E./Lévi-Provençal, E.: „Textos inéditos del ‚Muqtabis' de Ibn Ḥayyān sobre los orígenes del reino de Pamplona", in: *Al-Andalus* 19 (1954), S. 295–315. – 2. Makkī, M. ʿA., *al-Muqtabas min anbāʾ ahl al-Andalus,* (Regierung ʿAbd ar-Raḥmāns II.), 3 Bde., Beirut 1393/1973. – 3. Antuña, M. M., *Al-Mukṭabis III. Chronique du règne du calife umaiyade ʿAbd Allāh,* Paris 1937. – 4. Chalmeta, P./Corriente, F./Ṣubḥ, M., *Al-Muqtabas V,* (Regierung ʿAbd ar-Raḥmāns III. der Jahre 912 bis 942), Madrid 1979; span. Übers. v. M.ª Jesús Viguera/Corriente, F. (*Textos Medievales,* 64), Zaragoza 1981. – 5. al-Ḥaǧǧī, *al-Muqtabas* (al-Ḥakam II.), Beirut 1965; span. Übers. v. García Gómez, E.: *Anales palatinos del califa ... al-Ḥakam II,* Madrid 1967. Auf ar-Rāzī stützen sich auch die Angaben des Orientalen Ibn al-Aṯīr in seinem *K. al-Kāmil fī t-tārīḫ* (französ. Teilübersetzung von Fagnan, E.: *Annales du Maghreb et de l'Espagne,* Algier 1898 [1901]). Hier sei gleich noch der Ägypter an-Nuwayrī, Aḥmad Šihāb ad-Dīn, mit seiner noch immer nicht vollständig edierten *Nihāyat al-arab fī funūn al-adab,* teilweise Ausgabe und span. Übers. v. M. Gaspar Remiro: *Historia de España y África por En-Nuguairi,* 2 Bde., Granada 1915, 1916, angeschlossen.

Eine Quelle erster Ordnung für Geschichte wie Geographie der kalifalen wie nachkalifalen Zeit ist das leider nur fragmentarisch erhaltene Werk des Aḥmad b. ʿUmar al-ʿUḏrī (st. 1085): *Nuṣūṣ ʿan al-Andalus min K. Tarṣīʿ al-aḫbār,* hrsg. v. al-Ahwānī, ʿAbd al-Azīz, Madrid 1965; span. Teilübers. v. de la Granja, F.: „La Marca Superior en la obra de al-ʿUḏrī", in: *Estudios de Edad Media de la Corona de Aragón* 8 (1967), Zaragoza, S. 447–545.

Leider muß fast die Gesamtheit der großen Biographiensammlungen unerwähnt bleiben, die zuweilen wertvolle historische und geistesgeschichtliche Nachrichten liefern, wie die des Ibn al-Faraḍī, Ibn Baškuwāl, Ibn al-Qāḍī, Qāḍī ʿIyāḍ, Ibn az-Zubayr, aḍ-Ḍabbī, es sei aber erwähnt Muḥammad b. ʿAbd al-Malik al-Marrākušī: *aḏ-Ḏayl wat-takmila li-kitābay al-mawṣūl waṣ-ṣila,* Bd. I, hrsg. v. Muḥammad b. Šarīfa, Beirut o. J.; Bde. IV/2–VI, hrsg. v. ʿAbbās, Iḥsān, Beirut 1965, 1973, und Ibn al-Abbār (st. 1270), von dem zwei Werke genannt seien: *K. al-Ḥulla as-siyarāʾ,* hrsg. v. Muʾnis, Ḥ., 2 Bde., Kairo 1963–64, und *K. at-Takmila li-K. aṣ-Ṣila,* hrsg. v. Codera, F., (Bibl. ar.-hisp., V–VI), Madrid 1887–90; Appendix dazu von Alarcón, M./González Palencia, A., in: *Misceláneas de estudios y textos árabes,* Madrid 1915, S. 147–690; Bd. I, hrsg. v. Bel. A./Ben Cheneb, M., Algier 1920; Ausgabe Kairo (2 Bde.) 1955–56 (2188 Nummern: umfaßt die Ausgabe Bel und bis Nr. 1524 die Ausgabe Codera incl.).

Für die juristischen Institutionen wichtige Quellen sind der *Tārīḫ quḍāt Qurṭuba* des al-Ḫušanī *(Historia de los Jueces de Córdoba,* hrsg. u. span. Übers. von Ribera, J., Madrid 1914), das *K. al-Marqaba al-ʿulyā* des an-Nubāhī (hrsg. v. Lévi-Provençal, Kairo 1947), und die enorme Sammlung von Rechtsgutachten des 1508 gestorbenen A. al-Wanšarīsī: *K. al-Miʿyār al-muġrib wal-ǧāmiʿ al-muʿrib ʿan fatāwā ahl Ifrīqiya wal-Andalus wal-Maġrib,* 12 Bde., Fes 1314–15 H.; 13 Bde., Rabat ^{2}1981. Franz. Teilübers. v. Amar, E.: *La Pierre de touche des Fetwas* (al-Miʿyār) *de Aḥmad al-Wanšarīsī. Choix de consultations juridiques des faqīhs du Maghreb,* Paris 1908–09.

Leider verloren ist das *Kitab al-Murīdīn* des aus Beja stammenden Ibn Ṣāḥib aṣ-Ṣalāḥ (st. nach 1198) über die Rebellen des Algarve am Ende der Almoravidenzeit; dagegen besitzen wir den zweiten Band seiner Almohadengeschichte (reicht von 1159–73), das einzige erhalten gebliebene Werk eines Zeitgenossen, das ausschließlich dieser Dynastie gewidmet war: *al-Mann bil-imāma* (II), hrsg. von Hādī at-Tāzī, Beirut 1383/1964, (span. Übers. von Huici Miranda, A., *Textos Medievales* 24, Valencia 1969).

Für die Zeit der *mulūk aṭ-ṭawāʾif* sind bedeutsam die von Lévi-Provençal im *Bayān* des Ibn ʿIḏārī (Tome Troisième, Paris 1930, S. 287–316) herausgegebenen Blätter und vor allem die Autobiographie des letzten Ziriden: *K. at-Tibyān ʿan al-ḥādiṯa al-kāʾina bi-dawlat Banī Zīrī fī Ġarnāṭa, (Les „Mémoires" de ʿAbd Allāh, dernier roi zīride de Grenade),* Kairo 1955, frz. Übers. in: *al-Andalus* 3 (1935), S. 283–317; 4 (1936), S. 29–86, 99–123; 6 (1941), S. 18–41, 46–54; span. Übers. v. García Gómez, Emilio: *El Siglo XI en 1ª persona,* Madrid 1980; engl. Übs. von Tibi, A: *The Tibyān,* Leiden 1986.

Unbedingt genannt werden müssen noch zwei Autoren: Der berühmte granadinische Wesir und Historiker Ibn al-Ḫaṭīb, Muḥammad: *K. Aʿmāl al-aʿlām fī-man būyiʿa qabl al-iḥtilām min mulūk al-islām,* Teil II, hrsg. v. Lévi-Provençal, E.: *Histoire de l'Espagne musulmane,* Beirut ^{2}1956; Teil III von al-ʿAbbādī, A. M./al-Kattānī, M. I.; *Tārīḫ al-Maġrib al-ʿarabī fī l-ʿaṣr al-wasīṭ,* Casablanca 1964; span. Übers. v. Castrillo Márquez, R.: *Historia Medieval Islámica del Norte de Africa y Sicilia,* Madrid 1983; dt. Übers. von Teil II v. Hoenerbach, W.: *Islamische Geschichte Spaniens,* (Die Bibliothek des Morgenlandes), Zürich/Stuttgart 1970. Dem Granadiner verdanken wir weitere wichtige Werke, vor allem *al-Iḥāṭa fī aḫbār Ġarnāṭa,* hrsg. v. ʿInān, M., Bd. I–IV, Kairo ^{2}1973, 1974, 1976, 1978, und *al-Lamḥa al-badriyya fī d-dawla an-naṣriyya,* Ausgabe v. M. Ḫaṭīb, Kairo 1347 H. bzw. v. A. ʿĀṣī, Beirut 1978. Der zweite ist Aḥmad al-Maqqarī (st. 1631 im Orient), dessen späte Kompilationen unendlich viele und wertvolle alte, heute verlorene Quellen zitieren und uns so erhalten haben: 1. *Nafḥ aṭ-ṭīb min ġuṣn al-Andalus ar-raṭīb,* 10 Bde., Kairo 1367/1949; hrsg. v. ʿAbbās, I., 8 Bde., Beirut 1968; hrsg. v. Dozy, R. u. a. der ersten Hälfte *(Analectes sur l'histoire et la littérature des Arabes d'Espagne),* 2 Bde., Leiden 1855–61, Amsterdam ^{2}1967. Span. Adaptation von Gayangos, Pedro de: *The History of the Muhammadan Dynasties in Spain,* 2 Bde., London 1840/43, New York ^{2}1965; 2. *Azhār ar-riyāḍ fī aḫbār al-qāḍī ʿIyāḍ,* Bd. 1–3 (von 8), Kairo 1358/1361 = 1939/42.

Vom Ende des Reiches von Granada besitzen wir einen anonymen Text: *Nubdat al-ʿaṣr fī aḫbār mulūk Banī Naṣr,* hrsg. v. Müller, M. J.: *Die letzten Zeiten von Granada (Aḫbar al-ʿaṣr fī nqiḍāʾ dawlat Banī Naṣr),* S. 1–56, 103–59 (deutsche Übers.), München 1873; hrsg. v. Bustani, Alfredo: *Fragmentos de la época sobre noticias de los Reyes nazaritas* mit span. Übers. v. Carlos Quirós, Larache 1940, sowie eine in der Kompilation des Maqqarī übermittelte Chronik (das *Kitāb Ǧannat ar-riḍā* des Ibn ʿĀṣim): *Nafḥ* (hrsg. v. I. ʿAbbās), Bd. IV, S. 507–29.

Literatur

Eine noch immer gute, aber inzwischen doch der Überarbeitung bedürftige Gesamtdarstellung ist der von Roger le Tourneau bearbeitetete zweite Band von Ch.-A. Juliens *Histoire de l'Afrique du Nord,* Paris ²1952. Eine eigenwillige, aber immens lesbare Deutung der Geschichte des Maghreb gibt Gautier, E.-F.: *Le passé de l'Afrique du Nord. Les siècles obscurs,* Paris ³1952, eine Darstellung aus der Sicht der Einheimischen Laroui, Abdallah: *L'histoire du Maghreb. Un essai de synthèse,* 2 Bde., Paris 1976. Der bedeutsamen Frage der Arabisierung des Maghreb ist nachgegangen: Marçais, William: „Comment l'Afrique du Nord a été arabisée", in: *Articles et conférences,* Paris 1961, S. 171–192. Von Alfred Bel stammt der leider unvollendete Versuch einer Gesamtdarstellung des maghrebinischen Islams: *La Religion Musulmane en Berbérie. Esquisse d'histoire et de sociologie religieuses,* Bd. I, Paris 1938. Älter, aber immer noch lesenswert ist Doutté, Edmond: *Magie et religion dans l'Afrique du Nord,* Paris 1908. Instruktiv ist Le Tourneau, R.: *Les villes musulmanes de l'Afrique du Nord,* Algier 1957.

Für den östlichen Maghreb sind die drei schon bei den Quellen zitierten umfangreichen Untersuchungen von Talbi, Idris und Brunschvig zu nennen. Eine erst jüngst aufgefundene Quelle ist ausgewertet in Idris, Hady Roger: „L'Occident musulman à l'avènement des ʿAbbāsides d'après le chroniqueur zīride al-Raqīq", in: *Revue des Etudes Islamiques* 39 (1971), S. 209–91. Eine nützliche Gesamtdarstellung liegt vor in der *Histoire de la Tunisie – Le Moyen Age* von Djaït, H./Talbi, M./ Dachraoui, F./Douib, A./M'rabet, M. A. (Tunis o. J.), oder – etwas älter – Marçais, Georges: *La Berbérie musulmane et l'Orient au Moyen Age,* Paris 1946, der auch das grundlegende Werk über das Kommen der Beduinen verfaßte: *Les Arabes en Berbérie du XIe au XIVe siècle,* Constantine/Paris 1913.

Der zentrale Maghreb ist ausgezeichnet behandelt von Golvin, L.: *Le Magrib central à l'époque des Zirides,* Paris 1957. Der zentrale und östliche Maghreb während der späteren Almohadenzeit erfahren ihre Darstellung durch Bel, A.: *Les Benou Ghânya, derniers représentants de l'Empire almoravide et leur lutte contre l'empire almohade,* Paris 1903. Ein Ergänzung zu Idris' Hauptwerk ist Bouyahia, Ch.: *La vie littéraire en Ifriqiya sous les Zirides,* Tunis 1972.

Die post-almohadische Epoche des zentralen Maghreb ist behandelt bei Kurio, Hars: *Geschichte und Geschichtsschreiber der ʿAbd al-Wādiden (Algerien im 13.–15. Jahrhundert),* (Islamkundliche Untersuchungen, Bd. 20), Freiburg i. Br. 1973.

Die Geschichte des islamischen Sizilien hat Amari, M. geschrieben: *Storia dei Musulmani di Sicilia,* Secunda ed. ... di D. A. Nallino, 3 in 5 Bden, Catania 1933–39. Von Aziz Ahmad stammt *A History of Islamic Sicily,* (Islamic Surveys, Bd. 10), Edinburgh 1975.

Für Marokko besitzen wir einerseits eine aus dem vergangenen Jahrhundert stammende Gesamtdarstellung im *Kitāb al-Istiqṣā li-aḫbār duwal al-Maġrib al-aqṣā* des an-Nāṣirī as-Salāwī (st. 1897) in 9 Bänden, Casablanca ²1954–56 (französ. Übersetzung in den *Archives Marocaines,* Bde. 9–10, 30–34, Paris 1906/07, 1923, 1925, 1927, 1934, 1936) und andererseits die meisterhafte *Histoire du Maroc* von Terrasse, Henri, 2 Bde., Casablanca 1949/50.

Speziell hinsichtlich der Almoraviden und des westlichen Sudans verfügen wir über eine reich kommentierte Übersetzung von sechzehn Kapiteln des Werkes al-

Bakrīs durch Monteil, V.: ,,Routier de l'Afrique blanche et noire du Nord-Ouest", in: *Bulletin de l'Institut Fondamental d'Afrique Noire* 30 (1968), S. 39–116 und über die Anfänge der Almoraviden von de Moreas Farias, P. F.: ,,The Almoravids: some questions concerning the character of the movement during its periods of closest contact with the Western Sudan", in: *Bulletin de l'Institute Fondamental d'Afrique Noire* 29 (1967), S. 794–878; ferner diverse Aufsätze von Huici Miranda, A. (in: *Hespéris* 47 [1959], S. 155–183; *Hespéris-Tamuda* 1 [1960], S. 513–543). J. Bosch Vilá verdanken wir eine allerdings etwas überholte Gesamtdarstellung *Los Almorávides,* (Historia de Marruecos, V), Tetuan 1956, zu ergänzen durch Monès, Husein: ,,Les Almoravides", in: *Revista del Instituto Egipcio de Estudios Islámicos de Madrid* 14 (1967/68), S. 49–102, und A. Huici Miranda eine sehr viel umfassendere *Historia política del Imperio Almohade,* 2 Bde., Tetuan 1956/57. Roger Le Tourneau hat eine neuere Darstellung: *The Almohad movement in North Africa in the 12th and 13th centuries,* Princeton 1969, geschrieben.

Wir haben zwar keine umfassende Darstellung der Meriniden, wohl aber zwei Monographien über die merinidische Historiographie: Shatzmiller, M.: *L'historiographie mérinide. Ibn Khaldūn et ses contemporains,* Leiden 1982, und die in Anmerkung 47 zitierte Arbeit von H. L. Beck. Immerhin besitzen wir eine Abhandlung über die Geistesgeschichte dieser Epoche: Bouchekroun, M. b. A.: *La vie intellectuelle Marocaine sous les Merinides et les Waṭṭāsides,* Rabat 1974.

Für al-Andalus existiert die ausgezeichnete, vor allem über die Kulturgeschichte und die Institutionen gründlich informierende Gesamtdarstellung *España musulmana (siglos VIII–XV)* von Arié, R., Barcelona 1982. Stark kunsthistorisch ausgerichtet ist Terrasse, Henri: *Islam d'Espagne,* Paris 1958. Eine stimulierende Kurzdarstellung ist Cantarino, Vicente: *Entre monjes y musulmanes. El conflicto que fué España,* Madrid 1978. Eine neue Sicht (Stichwort: Akkulturation) bietet: Glick, Thomas, F.: *Islamic and Christian Spain in the Early Middle Ages. Comparative Perspectives on Social and Cultural Formation,* Princeton 1979.

Das hier nur angetippte Problem des ‚Wesens' Spaniens ist von allen Seiten betrachtet bei Castro, Américo: *La realidad histórica de España,* Mexico [4]1971 (die deutsche Übersetzung: ,,Spanien. Vision und Wirklichkeit" der span. Erstauflage: *España en su historia. Cristianos, Moros y Judíos* ist überholt) und – diametral entgegengesetzt – von Sánchez-Albornoz, Claudio: *España, un enigma histórico,* Buenos Aires [2]1962. Grundlegend, aber unvollendet ist die *Histoire de l'Espagne musulmane, I–III,* Paris 1950–53, von E. Lévi-Provençal. Eine Darstellung der Periode der Kleinkönige mit wertvollen neuen Einsichten verdanken wir Wasserstein, David: *The Rise and Fall of the Party Kings. Politics and Society in Islamic Spain, 1002–1086,* Princeton 1985.

Für eine ganze Anzahl von Fragen noch immer wichtig ist Dozy, Reinhardt: *Recherches sur l'histoire et la littérature de l'Espagne pendant le Moyen Age,* 2 Bde., Leiden [3]1881 (Neudruck Amsterdam 1965). Die wichtige Epoche der Kleinkönige behandelt aus christlicher Sicht Menéndez Pidal, Ramón: *La España del Cid,* 2 Bde., Madrid [6]1967, unparteiischer dagegen Huici Miranda, A.: *Historia musulmana de Valencia y su región,* 1–3, Valencia 1970, dem wir auch ein gründliches Buch über *Las grandes batallas de la Reconquista durante las invasiones africanas,* Madrid 1956, verdanken.

Die letzte Epoche des spanischen Islams wird behandelt von Arié, Rachel: *L'Espagne musulmane au temps des Naṣrides (1232–1492),* Paris 1973; sehr viel kürzer ist Ladero Quesada, Miguel Ángel: *Granada. Historia de un país islámico*

(1232–1571), Madrid [2]1979. Ausführlich behandelt die ersten einhundert Jahre des Nasridenreiches Torres Delgado, Cristóbal: *El antiguo reino nazarí de Granada (1232–1340)*, Granada 1974 (mit vielen seltenen Fotos). Speziell ist al-ʿAbbādī, A. Muḫtār: *El reino de Granada en la época de Muḥammad V*, Madrid 1973. Der letzten Zeit sind viele Arbeiten von Luis Seco de Lucena gewidmet, darunter seine postum erschienenen *Muhammad IX, sultán de Granada*, Granada 1978, und *La Granada nazarí del siglo XV*, Granada 1975. Die Mozáraber fanden ihren Fürsprecher in Simonet, Franc. J.: *Historia de los mozárabes de España*, Madrid 1897–1903, Amsterdam [2]1967, kürzer Cagigas, Isidro de las: *Los Mozárabes*, 2 Bde., Madrid 1947–48, der auch *Los Mudéjares* schrieb, Madrid 1948–49. Eine wichtige neue Untersuchung ist Millet-Gérard, Dominique: *Chrétiens mozarabes et culture islamique dans l'Espagne des VIII*^{e}*–IX*^{e} *siècles*, Paris 1984.

Eine ganze Serie von Untersuchungen widmete Burns, Robert J., der spanischen Levante: *The Crusader Kingdom of Valencia: Reconstruction on a Thirteenth-Century Frontier*, Cambridge 1967; *Islam under the Crusaders*, Princeton 1973; *Medieval Colonialism. Postcrusade Exploitation of Islamic Valencia*, Princeton 1975; *Muslims, Christians and Jews in the Crusader Kingdom of Valencia. Societies in Symbiosis*, Cambridge 1984. J. Boswell schrieb über die aragonesischen Mudejaren: *The Royal Treasure. Muslim Communities under the Crown of Aragon in the Fourteenth Century*, New Haven/London 1977. Über die Juden in Spanien unterrichtet Baer, Yitzhaq: *Historia de los judíos en la España cristiana*, 1–2, Madrid 1981 (der englischen Ausgabe vorzuziehen).

Die Literatur über die Moriskos ist gleich einer Flut angeschwollen, nur weniges kann genannt werden. Meisterhaft ist Caro Baroja, Julio: *Los Moriscos del reino de Granada. Ensayo de historia social*, Madrid [2]1976; wichtig schon wegen seiner Bibliographie Domínguez Ortiz, A., Vincent, B.: *Historia de los moriscos. Vida y tragedia de una minoría*, Madrid 1978 (S. 291–313 Bibliographie). Lapeyre, Henri: *Géographie de l'Espagne morisque*, Paris 1959, verdanken wir genaue Kenntnisse über die Durchführung der Aussiedlung und die Zahl der Vertriebenen.

Das maßgebliche Werk über die Städte des muslimischen Spaniens ist von Torres Balbás, L.: *Ciudades hispanomusulmanas*, 1–2, Madrid 1971. Zu Fragen der Wirtschaft, zumal des Marktes, vgl. Chalmeta Gendrón, Pedro: *El señor del zoco en España*, Madrid 1973.

Zur Kunst, zumal der Architektur, sehe man Gomez-Moreno, Manuel: *Arte árabe hasta los almohades – Arte mozárabe*, (Ars Hispaniae, III), Madrid 1951; Torres Balbás, L.: „Arte hispanomusulmán. Hasta la caída del califato de Córdoba", in: *Historia de España*, dirigida por R. Menéndez Pidal 5 (1957), S. 331–788; ders.: *Arte almohade. Arte nazarí. Arte mudéjar;* (Ars Hispaniae IV), Madrid 1949, und selbstverständlich das großartige Handbuch von Marçais, G.: *L'Architecture musulmane d'Occident*, Paris 1954. Sehr wichtig und überaus beeindruckend ist Ewert, Christian/Wisshak, Jens-Peter: *Forschungen zur almohadischen Moschee.* Bd. I: Vorstufen, (Madrider Beiträge, 9), Bd. II: Die Moschee von Tinmal, (Madrider Beiträge, 10), Mainz 1981, 1984. Nicht unerwähnt dürfen bleiben das schon klassische Werk des Grafen Adolf von Schack: *Poesie und Kunst der Araber in Spanien und Sizilien*, Hildesheim [2]1979, und von Pérès, Henri: *La poésie andalouse en arabe classique au XI*^{e} *siècle*, Paris [2]1953. Abschließend sei die großartige Gesamtschau von Vernet Ginés, Juan: *Die spanisch-arabische Kultur in Orient und Okzident*, (Die Bibliothek des Morgenlandes), Zürich/München 1984, genannt. Dem Nachleben islamischer Kultur sind des großen Geographen Hermann Lautensachs *Maurische Züge im geographischen Bild der Iberischen Halbinsel,* (Bonner Geographische Abhandlungen, 28), Bonn 1960 (mit wertvoller Bibliographie S. 90–97) gewidmet.

VII. Der arabische Osten unter osmanischer Herrschaft 1517–1800 (*Barbara Kellner-Heinkele*)

Quellen

Unsere Kenntnisse über die arabischen Provinzen des Osmanischen Reiches beruhen auf einer Vielfalt von Quellen, unter denen Archivdokumente die bedeutendste Rolle spielen. Allerdings hat die Forschung erst begonnen, die Fülle dieser Materialien systematisch zu erschließen und insbesondere für Fragestellungen der Wirtschafts- und Institutionengeschichte nutzbar zu machen. Archivbestände aus osmanischer Zeit in Kairo und Istanbul sowie erzählende Quellen weist nach Shaw, S. J.: „Turkish source materials for Egyptian history", in: Holt, P. M. (Hrsg.): *Political and social change in modern Egypt,* London 1968, S. 28–48. Archive in Damaskus, Aleppo, Bagdad und Mossul sowie Typen von Dokumenten beschreiben Matuz, Josef: „Osmanistische Archivreisen im Irak und in Syrien", in: *Zeitschrift der Deutschen Morgenländischen Gesellschaft* 129 (1979), S. *1*–*7* und Lewis, Bernard: „The Ottoman archives as a source for the history of the Arab lands", in: *Journal of the Royal Asiatic Society of Great Britain and Ireland* 1951, S. 139–55. In spezielle Sammlungen führen ein Matuz, Josef: „Les registres du Centre des tribunaux de la loi divine de la Syrie", in: Gallotta, Aldo/Marazzi, Ugo (Hrsg.): *Studia turcologica memoriae Alexii Bombaci dicata,* Neapel 1982, S. 367–78 und Mandaville, Jon E.: „The Jerusalem *Sharī'a* Court records: A supplement and complement to the central Ottoman archives", in: Ma'oz, Moshe (Hrsg.): *Studies on Palestine during the Ottoman period,* Jerusalem 1975, S. 517–24; Crecelius, Daniel: „Des incidences des cas du Waqf dans trois cours du Caire (1640–1802)", in: *Revue d'Histoire Maghrébine* 10.31–32 (1983), S. 153–63. Detaillierte Angaben über Archive und Bestände, auch europäischer Staats- und Wirtschaftsarchive, liefern in vielen Fällen die bei den einzelnen Ländern erwähnten, aus Archivmaterialien hervorgegangenen Monographien und Artikel. Neben der zusehends an Bedeutung gewinnenden Auswertung archivalischer Quellen treten Chroniken, Biographiensammlungen, Reiseberichte u. ä. in der neueren Forschung in den Hintergrund.

Einzelne Länder: Am besten ist die Quellen- und Literaturlage für Ägypten. – Zwei in sich geschlossene Dokumente der osmanischen Finanzverwaltung in Ägypten gab in Transkription und Übersetzung heraus Shaw, Stanford J. (s. Anm. 2 und 7). Eine *waqf*-Urkunde publizierten Winkelhane, Gerd/Schwarz, Klaus: *Der osmanische Statthalter Iskender Pascha (gest. 1571) und seine Stiftungen in Ägypten und am Bosporus,* (Islamwissenschaftliche Quellen und Texte aus deutschen Bibliotheken, 1), Bamberg 1985. Nur zu Beginn und Ende der hier betrachteten Periode begegnen uns einheimische Berichterstatter von hoher Qualität: Ibn Iyās (1448–um 1524) und 'Abd ar-Raḥmān al-Ǧabartī (1754–1829). Der fünfte Band der Chronik *Badā'i' az-zuhūr fī waqā'i' ad-duhūr* des Ibn Iyās, hrsg. von Mohamed Mostafa, Kairo ²1961, betrifft den Zusammenbruch des Mamlukenreiches und die ersten Jahre osmanischer Besetzung; französische Übersetzung von Wiet, Gaston: *Journal d'un bourgeois du Caire. Chronique d'Ibn Iyâs,* Bd. 2, (Bibliothèque Générale de l'École Pratique des Hautes Études, VIe section), Paris 1960. Von al-Ǧabartīs Chronik *ʿAǧāʾib al-āṯār fī t-tarāǧim wal-aḫbār* existieren mehrere Editionen (z. B. Kairo 1958–68, 7 Bde.) und eine unzuverlässige französische Übersetzung *Merveilles biographiques et historiques ou Chroniques du Cheikh Abd-el-Rahman el Djabarti,* traduction de l'arabe par Chefik Mansour Bey [u. a.]. 9 Bde., Kairo 1888–96. Eine deutsche Übersetzung in Auszügen: *Bonaparte in Ägypten. Aus der Chronik des ʿAbdarraḥmān al-Ǧabartī (1754–1829),* übers. von Arnold Hottinger, (Die Bibliothek des Morgenlandes, 21), Zürich/München 1983, beginnt mit der Herrschaft des ʿAlī Bey und endet mit dem Abzug der Franzosen im Jahre 1802. Weitere ägyptische Chronisten des siebzehnten und achtzehnten Jahrhunderts wertet Holt, P. M.: „Ottoman Egypt (1517–1798): An account of Arabic historical sources", in: Holt, P. M. (Hrsg.): *Political and social change in modern Egypt,* London 1968, S. 3–12, aus. In osmanischer Sprache berichtete Muṣṭafā ʿĀlī über das Kairiner Leben in der zweiten Hälfte des sechzehnten Jahrhunderts. Text, Transliteration und englische Übersetzung wurden veröffentlicht von Tietze, Andreas (Hrsg.): *Muṣṭafā ʿĀlī's Description of Cairo of 1599,* (Österreichische Akademie der Wissenschaften, Phil.-hist. Klasse, Denkschriften, 120), Wien 1975. Für die osmanische Zentralregierung schrieb Aḥmed Paša al-Ǧazzār, der Statthalter von Sidon, seine Beobachtungen über Ägypten (1785) nieder, die ediert und ins Englische übersetzt wurden von Shaw, Stanford J. (Hrsg.): *Ottoman Egypt in the eighteenth century. The Niẓâmnâme-i Mıṣır of Cezzâr Aḥmed Pasha,* Cambridge, Mass. 1962. Obwohl während der französischen Besetzung verfaßt, bezieht sich das Memorandum des Finanzbeamten Ḥusayn Efendi doch auf die Verhältnisse des achtzehnten Jahrhunderts: *Ottoman Egypt in the age of the French revolution by Ḥuseyn Efendî,* translated from the original Arabic with introduction and notes by Stanford J. Shaw, (Harvard Middle Eastern Monographs, 11), Cambridge, Mass. 1964. Inschriften der osmanischen Periode an Kairiner Monumenten publizierte und übersetzte Mantran, Robert: „Inscriptions turques ou de l'époque turque du Caire", in: *Annales Islamologiques* 11 (1972), S. 211–33, Taf. V–X. Wichtige Informationen zum Ägypten des achtzehnten Jahrhunderts trug auch die Gruppe französischer Wissenschaftler im Gefolge Bonapartes zusammen: *Description de l'Égypte ou Recueil des observations et recherches qui ont été faites en Égypte pendant l'expedition de l'armée française,* Bde. 11–18: État moderne, Paris ²1822–1830.

Arabische und osmanische Chroniken und Istanbuler Archivbestände zur ersten Periode osmanischer Herrschaft im Jemen (1538–1635) evaluiert Blackburn, J. R.: „Arabic and Turkish source materials for the early history of Ottoman Yemen, 945/1538–976/1568", in: *Sources for the history of Arabia,* (Studies in the history of Arabia, 1), Teil 2, Riad 1979, S. 197–210. J. R. Blackburn gab ebenfalls Text und annotierte Übersetzung des *Fetḥ-nāme* des Özdemür Paša aus dem Jahre 1547 heraus: Blackburn, J. R.: „The Ottoman penetration of Yemen", in: *Archivum Ottomanicum* 6 (1980), S. 55–100. Eine Paraphrase der Geschichte der osmanischen Dynastie (*Tārīḫ-i āl-i ʿOsmān*) von Rüstem Paša (?), mit einem Augenzeugenbericht über den Jemen, publizierte Forrer, Ludwig: *Die osmanische Chronik des Rustem Pascha,* (Türkische Bibliothek, 21), Leipzig 1923. Eine frühe Übersetzung der Lokalgeschichte *al-Barq al-Yamānī fī l-fatḥ al-ʿUṯmānī* („Der jemenitische Blitz, die osmanische Eroberung") von Quṭb ad-Dīn an-Nahrawālī (st. 1582), hrsg. von Ḥamad al-Ǧāsir, Riad 1967, stammt von Sacy, Sylvestre de: „La foudre du Yémen, ou Conquête du Yémen par les Othomans", in: *Notices et extraits des manuscrits de la Bibliothèque Nationale* 4 (1788), S. 412–504. Das gleiche Werk diente als Grundlage für Wüstenfeld, Ferdinand: *Jemen im XI. (XVII.) Jahrhundert. Die Kriege der Türken, die Arabischen Imâme und die Gelehrten. Mit einem geographischen Anhange*, (Abhandlungen der Königlichen Gesellschaft der Wissenschaften zu Göttingen, 32), Göttingen 1884. Eine umfassende Bibliographie von Handschriften und Sekundärliteratur zur Geschichte des islamischen Jemen stellte zusammen Sayyid, Ayman Fu'ād: *Sources de l'histoire du Yémen à l'époque musulmane,* (Maṣādir tārīḫ al-Yaman fī l-ʿaṣr al-islāmī), (Textes et traductions d'auteurs orientaux, 7), Kairo 1974. Die Situation des Jemen, des Roten Meeres und des Indischen Ozeans aus osmanischer Sicht reflektiert ein Dokument aus dem Jahre 1525, das in Faksimile, Transkription und Übersetzung herausgegeben wurde von Lesure, Michel: ,,Un document ottoman de 1525 sur l'Inde portugaise et les pays de la Mer Rouge", in: *Mare Luso-Indicum* 3 (1976), S. 137–60. Etwas von dem Eindruck, den die Europäer an den arabischen Küsten hinterließen, vermittelt Serjeant, R. B. mit der Quellensammlung: *The Portuguese off the South Arabian Coast. Ḥaḍramī chronicles. With Yemeni and European accounts of Dutch pirates of Mocha in the seventeenth century,* Oxford 1963.

Über die Pilgerfahrt und die Heiligen Stätten liegt eine reiche islamische Literatur vor. Nachrichten zur Geschichte der osmanischen Herrschaft allerdings sind über die gesamte Reichschronistik verstreut. Eine deutsche Paraphrase der entsprechenden Abschnitte aus Quṭb ad-Dīn an-Nahrawālīs Mekka-Chronik findet sich bei Wüstenfeld, Ferdinand: *Geschichte der Stadt Mekka. Nach den Arabischen Chroniken bearbeitet* . . ., Leipzig 1861 (Nachdruck Beirut 1964; Hildesheim 1981), Bd. 4: Mekka unter den Türkischen Sultanen, S. 300–24; ders.: *Die Scherife von Mekka im 11. (17.) Jahrhundert. Fortsetzung der Geschichte der Stadt Mekka,* Göttingen 1887 (Nachdruck Hildesheim 1981).

Auf der Grundlage von osmanischem Archivmaterial (*mühimme defterleri* – Erlasse aus dem großherrlichen Diwan) wurde mit zahlreichen Zitaten eine Geschichte der Provinz al-Ḥasā zusammengestellt von Mandaville, Jon E.: ,,The Ottoman province of al-Ḥasā in the sixteenth and seventeenth centuries", in: *Journal of the American Oriental Society* 90 (1970), S. 486–513. Zu den osmanischen Operationen im Persisch-arabischen Golf publizierte und analysierte Salih Özbaran eine Anzahl von osmanischen und portugiesischen Dokumenten: Özbaran, Salih: ,,The Ottoman Turks and the Portuguese in the Persian Gulf, 1534–1581", in: *Journal of Asian History* 6/1 (1972), S. 47–87; ders.: ,,Bahrain in 1559. A narrative of Turco-Portuguese conflict in the Gulf", in: *Osmanlı Araştırmaları/The Journal of Ottoman Studies* 3 (1982), S. 91–104. Die Abenteuer des osmanischen Admirals Kātib-i Rūmī (Seyyidī ʿAlī Re'īs, st. 1562) im Golf und im Indischen Ozean wurden u. a. auch ins Deutsche übersetzt von Diez, Heinrich Friedrich von: ,,Mir'āt ül-mämālik li-Kātibi ʿr-Rūmī aʿnī Sīdī ʿAlī bin Ḥüsäin. Spiegel der Länder von Kjatibi Rumi, das ist, Sidi Aly Sohn Husseïn's", in: Diez, Heinrich Friedrich von: *Denkwürdigkeiten von Asien in Künsten und Wissenschaften, Sitten, Gebräuchen und Alterthümern, Religion und Regierungsverfassung.* Theil 2, Berlin 1815, S. 133ff.

Informative Notizen zur Geschichtsschreibung über den Irak in osmanischer Zeit finden sich allein im bibliographischen Anhang zu der Gesamtdarstellung von Longrigg, Stephen Hemsley: *Four centuries of modern Iraq,* Oxford 1925 (Neudruck Beirut 1968), S. 327–45. Niewöhner-Eberhard, Elke: ,,Einige Quellenwerke zur Geschichte Bagdads in osmanischer Zeit", in: Haarmann, U./Bachmann, P. (Hrsg.): *Die islamische Welt zwischen Mittelalter und Neuzeit. Festschrift für Hans Robert Roemer zum 65. Geburtstag,* (Beiruter Texte und Studien, 22), Beirut/Wiesbaden 1979, S. 483–502 listet elf Werke in arabischer und osmanischer Sprache auf und vermerkt Handschriften, Drucke und Übersetzungen. Von den *qānūn-nāmes* der irakischen Provinzen wurden bisher nur solche der Provinz Basra ediert und übersetzt: Mantran, Robert: „Règlements fiscaux ottomans. La province de Bassora (2e moitié du XVIe s.)", in: *Journal of the Economic and Social History of the Orient* 10 (1967), S. 224–77, 8 Taf.; Abū l-Ḥāǧǧ, Rifʿat ʿAlī: „al-Intāǧ wat-tiǧāra waḍ-ḍarā'ib fī wilāyat al-Baṣra ḫilāl al-qarn as-sādis ʿašar ṭibqan li-mā ǧā'a fī qānūn al-wilāya", in: *Maǧallat al-Buḥūṯ at-Tārīḫiyya* (Tripolis, Libyen) 5.2 (1983), S. 299–317; englische Übersetzung: „Production, trade and taxation in the liva of Basra in the sixteenth century (according to the liva kanunnameler)", (Prepared for the International Conference on the Decolonization of Turkish-Arab Relations, Centre for Libyan Studies, Tripoli, December 1982). Mehrere Studien beleuchten mit Edition und teilweiser Übersetzung von Archivmaterialien den osmanisch-safawidischen Konflikt: Matuz, Josef: „Vom Übertritt osmanischer Soldaten zu den Safawiden", in: Haarmann, U./Bachmann, P. (Hrsg.): *Die islamische Welt zwischen Mittelalter und Neuzeit,* S. 402–15; Murphey, Rhoads: „The construction of a fortress at Mosul in 1631: A case study of an important facet of Ottoman military expenditure", in: *Türkiye'nin sosyal ve ekonomik tarihi (1071–1920),* Ankara 1980, S. 163–78; Gökbilgin, T.: „Arz ve raporlarına göre İbrahim Paşa'nın Irakeyn seferindeki ilk tedbirleri ve fütuhatı", in: *Belleten* 21 (1957), S. 449–82, 40 Tafeln [„Die ersten Maßnahmen und Eroberungen des (Großwesirs) Ibrāhīm Pascha während des Irakfeldzuges, nach seinen Lageberichten und Meldungen"]; Parmaksızoğlu, İsmet: „Kuzey Irak'ta Osmanlı hâkimiyetinin kuruluşu ve Memun Bey'in hatıraları", in: *Belleten* 37 (1973), S. 191–230, 45 Taf. [„Die Errichtung der osmanischen Herrschaft im Nordirak und die Erinnerungen des Memun Bey"]. Das Itinerar Sultan Süleymāns des Prächtigen während des Irakfeldzugs reproduziert mit zahlreichen zeitgenössischen osmanischen Städteminiaturen Naṣūḥü 's-Silāḥī (Maṭrāḳçī): *Beyān-ı menāzil-i sefer-i ʿIrāḳeyn-i Sulṭān Süleymān Ḫān,* hrsg. von Hüseyin G. Yurdaydın, Ankara 1976. Wie für die anderen arabischen Gebiete sind auch für den Irak die Aufzeichnungen des dänischen Reisenden Carsten Niebuhr sehr aufschlußreich: Niebuhr, Carsten: *Reisebeschreibung nach Arabien und den umliegenden Ländern,* (Nachdruck der Ausgabe Kopenhagen 1774–78 und Hamburg 1837), 3 Bde., Graz 1968; ders.: *Beschreibung von Arabien,* (Nachdruck der Ausgabe Kopenhagen 1772), Graz 1969.

Von den zahlreichen historischen Werken des Ibn Ṭūlūn (1475–1546) wurde seine Chronik der Stadt Damaskus von Henri Laoust ins Französische übersetzt und durch eine Übersetzung der Aufzeichnungen des Ibn Ǧumʿa (st. nach 1744) ergänzt: Laoust, Henri: *Les gouverneurs de Damas sous les mamlouks et les premiers ottomans (658–1156/1260–1744). Traduction des Annales d'Ibn Ṭūlūn et d'Ibn Ǧumʿa,* (Institut Français de Damas), Damaskus 1952. Zahlreiche andere Chroniken, die das geographische Syrien oder Teile davon betreffen, liegen in arabischen Editionen vor, nicht aber als Übersetzungen in europäische Sprachen. Zumindest einen Abriß vom Inhalt der Chronik des al-Budayrī (für die Jahre 1741–62) gibt Haddad, George M.: „The interests of an eighteenth century chronicler of Damascus", in: *Der Islam* 38 (1963), S. 259–71. Kurzinformationen zu Damaszener Autoren und Werken liefert Rafeq, Abdul-Karim: *The province of Damascus 1723–1783*, Beirut ²1970. Osmanische *qānūm-nāmes* für die drei syrischen Provinzen im sechzehnten Jahrhundert publizierten Barkan, Ömer L.: *XV ve XVI-inci asırlarda Osmanlı İmparatorluğunda ziraî ekonominin hukukî ve malî esasları.*

Bd. 1.: *Kanunlar*, Istanbul 1943 (osmanischer Text in lateinischer Schrift) und Mantran, Robert/Sauvaget, Jean: *Règlements fiscaux ottomans. Les provinces syriennes*, Beirut 1951 (französische Übersetzung und zusätzliche *qānūn-nāmes*). *Qānūn-nāmes* hatte auch schon Joseph von Hammer-Purgstall für seine Darstellung der osmanischen Institutionen verwendet: *Des osmanischen Reichs Staatsverfassung und Staatsverwaltung, dargestellt aus den Quellen seiner Grundgesetze*, Theil 1, Wien 1815 (Nachdruck Hildesheim [2]1977). 126 Erlässe (*firmān*) der Zentralregierung übersetzte und analysierte Heyd, Uriel: *Ottoman documents on Palestine 1552–1615: A study of the firman according to the Mühimme defteri*, Oxford 1960. Von der Zahl europäischer Reiseberichte, die sich mit Syrien, Libanon und Palästina in osmanischer Zeit befassen, gibt eine Vorstellung Weber, Shirley H.: *Voyages and travels to Greece, the Near East and adjacent regions made previous to the year 1801*, Princeton 1953. Als guter Beobachter seiner syrischen und ägyptischen Umwelt (1783–85) gilt weiterhin Volney, C. F. Chasseboeuf, Comte de: *C. F. Chasseboeuf Cte de Volney's Reise nach Syrien und Aegypten in den Jahren 1783, 1784, 1785*, aus dem Französischen übersetzt, Theil 2, Jena 1788.

Literatur

Eine klassische Gesamtdarstellung ist Holt, P. M.: *Egypt and the Fertile Crescent 1516–1922. A political history*, Ithaca, N. Y. 1966, ([2]1967, Taschenbuchausgabe Ithaca/London 1980). Nicht ersetzt ist weiterhin Joseph von Hammer-Purgstalls vielgescholtenes Werk, das zahlreiche osmanische Historiker, auch zur Geschichte der arabischen Provinzen, ausführlich zitiert: *Geschichte des Osmanischen Reiches, grossentheils aus bisher unbenützten Handschriften und Archiven*, Bde. 2–9, Pest 1828–1833 (Nachdruck Graz 1963). Aus der Sicht des ägyptischen Historikers: ʿAbd ar-Raḥīm ʿAbd ar-Raḥmān ʿAbd ar-Raḥīm: *ar-Rīf al-miṣrī fī l-qarn at-tāmin ʿašar*, Kairo 1974. Neue Denkanstöße zur Wirtschaftsgeschichte des Vorderen Orients vor 1800 gibt Roger Owen in seinem Einleitungskapitel zu: *The Middle East in the world economy 1800–1914*, London/New York 1981, S. 1–23. Zur Stadtgeschichte: Raymond, André: *Grandes villes arabes à l'époque ottomane*, Paris 1985.

Einzelne Länder: In seiner Übersicht *L'Égypte turque* stützt sich Henri Dehérain besonders auf französische Konsularberichte: Dehérain, Henri: „L'Égypte turque", in: Hanotaux, Gabriel (Hrsg.): *Histoire de la nation égyptienne*, Bd. 5, Paris 1931. Zur Wirtschafts- und Sozialgeschichte Ägyptens sind vor allem André Raymonds Untersuchungen über Kairo zu nennen, der auf Grund von Archivalien und Bauuntersuchungen methodisch neue Wege vorgezeichnet hat, besonders durch sein Werk *Artisans et commerçants au Caire au XVIIIe siècle*, (Institut Français de Damas), 2 Bde., Damaskus 1973–74. Auf Archivforschung fußt auch Crecelius, Daniel: *The roots of modern Egypt. A study of the regimes of ʿAli Bey al-Kabir and Muhammad Bey Abu al-Dhabab, 1760–1775*, (Studies in Middle Eastern History, 6), Minneapolis/Chicago 1981. Neue Überlegungen zur osmanischen Baukunst in Kairo bringt J. M. Rogers im Artikel „al-Ḳāhira" in: *Encyclopaedia of Islam*[2], IV. Französische Projekte dokumentieren konservatorische Bemühungen, z. B. *Palais et maisons du Caire du XIVe au XVIIIe siècle*, (Mémoires publiés par les membres de l'Institut Français d'Archéologie Orientale du Caire, Nr. 96, 100, 108), Bde. 1.2.4, Kairo 1975–83.

In Darstellungen der Geschichte des Jemen liegt der Schwerpunkt in der Regel nicht auf der ersten Periode osmanischer Herrschaft; so Salibi, Kamal S.: *A history of Arabia*, Delmar, N.Y. 1980.

Die meisten Gesamtdarstellungen der Geschichte von Bilād aš-Šām streifen die osmanische Periode bis 1800 nur kurz. Am ausführlichsten ist hier wieder Holt, P. M.: *Egypt and the Fertile Crescent* (s. oben S. 658). Weiterhin Salibi, Kamal S.: *The modern history of Lebanon*, Nachdruck, Delmar, N.Y. 1977; Hourani, Albert: ,,The Fertile Crescent in the eighteenth century", in: Hourani, Albert: *A vision of history. Near Eastern and other essays*, Beirut 1961, S. 35–70; Abdel Nour, Antoine: *Introduction à l'histoire urbaine de la Syrie ottomane (XVIe-XVIIIe siècle)*, Beirut 1982. Speziell zur nichtseßhaften Bevölkerung dieses Raumes: Oppenheim, Max Freiherr von: *Die Beduinen*, Bde. 1–3, Leipzig/Wiesbaden 1939–52 (Nachdruck Hildesheim 1983). Weitgehend aus Forschung in türkischen und arabischen Archiven gingen die folgenden Einzelstudien hervor: Bakhit, Muhammad Adnan: *The Ottoman province of Damascus in the sixteenth century*, Beirut 1982; Pascual, Jean-Paul: *Damas à la fin du XVIe siècle d'après trois actes de waqf ottomans*, (Publications de l'Institut Français de Damas, 115), Bd. 1, Damaskus 1983; Cohen, A./Lewis, B.: *Population and revenue in the towns of Palestine in the sixteenth century*, Princeton 1978; Hütteroth, Wolf-Dieter/Abdulfattah, Kamal: *Historical geography of Palestine, Transjordan and southern Syria in the late 16th century*, (Erlanger geographische Arbeiten. Sonderband 5), Erlangen 1977; Cohen, Amnon: *Jewish life under Islam: Jerusalem in the 16th century*, Cambridge, Mass./London 1984; Bakhit, Muhammad Adnan: ,,Christian population of the province of Damascus in the sixteenth century", in: Braude, Benjamin/Lewis, Bernard (Hrsg.): *Christians and Jews in the Ottoman Empire*, Bd. 2, New York/London 1982, S. 19–66; Abu-Husayn, Abdul-Rahim: *Provincial leaderships in Syria, 1575–1650*, Beirut 1985 (über die Familien Sayfā, Maʿn, Ḥarfūš, Furayḫ und Ṭurabāy); Barbir, Karl K.: *Ottoman rule in Damascus, 1708–1758*, Princeton 1980; Cohen, Amnon: *Palestine in the 18th century. Patterns of government and administration*, Jerusalem 1973 (die ausführlichste Darstellung der Regime von Ḍāhir al-ʿUmar und Aḥmad Paša al-Ǧazzār); Schatkowski-Schilcher, Linda: *Families in politics. Damascene factions and estates of the 18th and 19th centuries*, (Berliner Islamstudien, 2), Stuttgart 1985; Peri, Oded: ,,The waqf as an instrument to increase and consolidate political power: the case of Khāṣṣekī Sulṭān waqf in late eighteenth-century Ottoman Jerusalem", in: Warburg, G. R./Gilbar, G. G. (Hrsg.): *Studies in the social history of the Middle East. In memory of Gabriel Baer*, (= Asian and African Studies 17 [1983]), Haifa 1983, S. 47–62; Carmel, Alex: *Geschichte Haifas in der türkischen Zeit. 1516–1918*, übers. aus dem Hebräischen von Clara Zellermayer, (Abhandlungen des deutschen Palästinavereins), Wiesbaden 1975. Auf historiographischem und archäologischem Material basiert die Stadtmonographie von Gaube, H./Wirth, E.: *Aleppo. Historische und geographische Beiträge zur baulichen Gestaltung, zur sozialen Organisation und zur wirtschaftlichen Dynamik einer vorderasiatischen Fernhandelsmetropole*, (Tübinger Atlas des Vorderen Orients, Reihe B, 58), Teil 1. 2, Wiesbaden 1984.

Die politische Geschichte des Irak in osmanischer Zeit wurde, wie oben erwähnt, ausführlich von Longrigg nach arabischen und osmanischen Quellen dargestellt (S. 657). Übersichtlicher sind die dem Irak gewidmeten Abschnitte in Holt, P. M.: *Egypt and the Fertile Crescent* (s. oben S. 658). Zur Stadtgeschichte: Mantran, Robert: „Baġdād à l'époque ottomane", in: *Arabica* 9 (1962), S. 311–24; Olson, Robert W.: *The siege of Mosul and Ottoman-Persian relations 1718–1743*, (Indiana University publications, Uralic and Altaic series, 124), Bloomington, Ind. 1975.

VIII. Der arabische Osten im neunzehnten Jahrhundert 1800–1914 (*Alexander Schölch*)

Quellen

Die Hauptquellen für die Geschichte des Mašriq im neunzehnten Jahrhundert sind die Bestände der osmanischen Archive in Istanbul und Ankara, die lokalen Archive unterschiedlicher Art in den arabischen städtischen Zentren und die europäischen Staats- und Wirtschaftsarchive. Die Bedeutung verschiedener Archive Nordafrikas und des Vorderen Orients wird diskutiert in Berque, Jacques und Chevallier, Dominique (Hrsg.): *Les Arabes par leurs archives (XVIe–XXe siècles)*, Paris 1976. Von den Sammlungen grundlegender Dokumente in europäischen Sprachen sind vor allem die folgenden nach wie vor nützlich: Testa, I. de (Hrsg.): *Recueil des Traités de la Porte Ottomane avec les Puissances Étrangères*, 11 Bde., Paris 1864–1911; Aristarchi, Grégoire (Hrsg.): *Législation Ottomane*, 7 Bde., Konstantinopel 1873–1888; Young, George (Hrsg.): *Corps de Droit Ottoman*, 7 Bde., Oxford 1905–1906; Kraelitz-Greifenhorst, Friedrich von (Hrsg.): *Die Verfassungsgesetze des Osmanischen Reiches*, Wien 1919; Hurewitz, J. C. (Hrsg.): *The Middle East and North Africa in World Politics. A Documentary Record*, Bd. 1, New Haven [2]1975. Von den reichhaltigen Quellensammlungen zu Ägypten im neunzehnten Jahrhundert sind hervorzuheben: Gelat, Philippe (Hrsg.): *Répertoire de la Législation et de l'Administration Égyptiennes*, 9 Bde., Alexandrien 1888–1899; Sāmī, Amīn (Hrsg.): *Taqwīm an-Nīl*, 6 Bde., Kairo 1913–1936.

Literatur

Gesamtdarstellungen: Noch immer ein Standardwerk zur Entwicklung des Osmanischen Reiches im neunzehnten Jahrhundert ist Lewis, Bernard: *The Emergence of Modern Turkey*, London [2]1968; faktenreich ist Shaw, Stanford J. and Shaw, Ezel Kural: *History of the Ottoman Empire and Modern Turkey*, Bd. 2, Cambridge 1977; zur Hauptphase der osmanischen Reformpolitik siehe Davison, Roderic H.: *Reform in the Ottoman Empire 1856–1876*, New York [2]1973. Einen Überblick über die „Orientalische Frage" gibt Anderson, M. S.: *The Eastern Question 1774–1923*, London 1966. Zur Wirtschaftsgeschichte vgl. Issawi, Charles (Hrsg.): *The Economic History of the Middle East 1800–1914. A Book of Readings*, Chicago 1966 und Owen, Roger: *The Middle East in the World Economy 1800–1914*, London 1981; zur europäischen wirtschaftlichen Durchdringung siehe „Imperialismus im Nahen und Mittleren Osten" (= *Geschichte und Gesellschaft* 1/4 [1975], mit Beiträgen von A. Schölch, H. Mejcher, L. Schatkowski-Schilcher und P. Luft). Zum sozialen Wandel siehe Polk, William R./Chambers, Richard L.: *Beginnings of Modernization in the Middle East. The Nineteenth Century*, Chicago 1968. Das klassische Werk zur Ideengeschichte ist Hourani, Albert: *Arabic Thought in the Liberal Age 1798–1939*, Cambridge 1983 ([1]1962); zur Entstehungsgeschichte der arabischen nationalen Bestrebungen vgl. auch Zeine, Zeine N.: *The Emergence of Arab Nationalism*, Beirut [2]1966; sowie Dawn, C. Ernest: *From Ottomanism to Arabism*, Urbana 1973.

Einzelne Länder: Am reichhaltigsten ist die Literatur zu Ägypten. Einen Überblick über die Geschichte des neunzehnten und zwanzigsten Jahrhunderts gibt

Vatikiotis, P. J.: *The History of Egypt*, London ²1980. Zur Entstehung des ägyptischen Nationalstaats im neunzehnten Jahrhundert siehe Abdel-Malek, Anouar: *Idéologie et Renaissance Nationale. L'Égypte Moderne*, Paris 1969; zur Konfrontation der ägyptischen Gesellschaft mit dem Einbruch Europas im neunzehnten und zwanzigsten Jahrhundert siehe Berque, Jacques: *L'Égypte. Impérialisme et Révolution*, Paris 1967. Zur sozio-politischen Entwicklung im neunzehnten Jahrhundert vgl. Baer, Gabriel: *Studies in the Social History of Modern Egypt*, Chicago 1969; sowie Groupe de Recherches et d'Études sur le Proche-Orient (Hrsg.): *L'Égypte au XIXᵉ Siècle*, Paris 1982; zur wirtschaftlichen Entwicklung siehe Owen, E. R. J.: *Cotton and the Egyptian Economy 1820–1914*, Oxford 1969; zur Geistesgeschichte Delanoue, Gilbert: *Moralistes et Politiques Musulmans dans l'Égypte du XIXᵉ Siècle (1798–1882)*, 2 Bde., Kairo 1982. Zu den einzelnen Etappen der Entwicklung siehe Marsot, Afaf Lutfi al-Sayyid: *Egypt in the reign of Muhammad Ali*, Cambridge 1984; Hunter, Robert F.: *Egypt under the Khedives 1805–1879. From Household Government to Modern Bureaucracy*, Pittsburgh 1984; Schölch, Alexander: *Ägypten den Ägyptern! Die politische und gesellschaftliche Krise der Jahre 1878–1882 in Ägypten*, Zürich 1972; Tignor, Robert L.: *Modernization and British Colonial Rule in Egypt 1882–1914*, Princeton 1966; Steppat, Fritz: „Nationalismus und Islam bei Muṣṭafā Kāmil", in: *Die Welt des Islams* IV/4 (1956), S. 241–341.

Eine Gesamtdarstellung der Geschichte Palästinas im neunzehnten Jahrhundert gibt es nicht. Am umfangreichsten ist die Literatur über die europäischen Interessen und Aktivitäten im „Heiligen Land"; vgl. dazu Tibawi, A. L.: *British Interests in Palestine 1800–1901*, London 1961; Hopwood, Derek: *The Russian Presence in Syria and Palestine 1843–1914*, Oxford 1969; Sinno, Abdel-Raouf: *Deutsche Interessen in Syrien und Palästina 1841–1898*, Berlin 1982. Zur allgemeinen Entwicklung vgl. Ma'oz, Moshe (Hrsg.): *Studies on Palestine during the Ottoman Period*, Jerusalem 1975 (im Mittelpunkt dieses Sammelbandes stehen die jüdischen Gemeinden und die ausländischen Aktivitäten); Schölch, Alexander: *Palästina im Umbruch 1856–1882. Untersuchungen zur wirtschaftlichen und sozio-politischen Entwicklung*, Stuttgart 1986; Mandel, Neville J.: *The Arabs and Zionism before World War I*, Berkeley 1976 (Haltung der Osmanen und der Araber zur jüdischen Einwanderung in Palästina).

Die Literaturbasis für den Libanon im neunzehnten Jahrhundert ist sehr gut. Eine vorzügliche Gesamtdarstellung ist Salibi, Kamal S.: *The Modern History of Lebanon*, London 1965. Ansonsten sind herauszustellen: Harik, Iliya F.: *Politics and Change in a Traditional Society. Lebanon 1711–1845*, Princeton 1968; Chevallier, Dominique: *La Société du Mont Liban à l'Époque de la Révolution Industrielle en Europe*, Paris 1971; Khalaf, Samir: *Persistence and Change in 19th Century Lebanon*, Beirut 1979; Havemann, Axel: *Rurale Bewegungen im Libanongebirge des 19. Jahrhunderts*, Berlin 1983; Fawaz, Leila Tarazi: *Merchants and Migrants in Nineteenth-Century Beirut*, Cambridge, Mass. 1983; Spagnolo, John P.: *France & Ottoman Lebanon 1861–1914*, London 1977.

Eine Gesamtdarstellung der neueren Geschichte Syriens bietet Tibawi, A. L.: *A Modern History of Syria including Lebanon and Palestine*, London 1969. Außerdem sind folgende Monographien in den Vordergrund zu stellen: Kalla, Mohammad Sa'id: *The Role of Foreign Trade in the Economic Development of Syria 1831–1914*, Ph. D. (American University), Washington 1969; Ma'oz, Moshe: *Ottoman Reform in Syria and Palestine 1840–1861*, Oxford 1968; Schatkowski-Schilcher, Linda: *Families in Politics. Damascene Factions and Estates of the 18th and*

19th Centuries, (Berliner Islamstudien, Bd. 2), Stuttgart 1985; Khoury, Philip S.: *Urban notables and Arab nationalism. The politics of Damascus 1860–1920,* Cambridge 1983.

Die Literaturlage zum Irak im neunzehnten Jahrhundert ist ausgesprochen schlecht. Noch immer unentbehrlich ist Longrigg, Stephen Hemsley: *Four Centuries of Modern Iraq,* Oxford 1925. Zum frühen neunzehnten Jahrhundert siehe Nieuwenhuis, Tom: *Politics and Society in Early Modern Iraq. Mamlūk Pashas, Tribal Shayks and Local Rule Between 1802 and 1831,* The Hague 1982; zur Situation im frühen zwanzigsten Jahrhundert Batatu, Hanna: *The Old Social Classes and the Revolutionary Movements of Iraq,* Princeton 1978; zur wirtschaftlichen Entwicklung Hasan, M. S.: *Foreign trade and the economic development of Iraq 1869–1939,* D. Phil. Thesis, Oxford 1958.

Zum Naǧd und zum Hedschas siehe Winder, R. Bayly: *Saudi Arabia in the Nineteenth Century,* London 1965 (Geschichte der Wahhābiyya und der Herrschaft des Hauses Saʿūd); sowie Ochsenwald, William: *Religion, Society, and the State in Arabia. The Hijaz under Ottoman Control 1840–1908,* Columbus 1984. Zur Bedeutung der Hedschas-Bahn siehe Ochsenwald, William: *The Hijaz Railroad,* Charlottesville 1980.

IX. Der arabische Osten im zwanzigsten Jahrhundert 1914–1985 (*Helmut Mejcher*)

Quellen

Die Quellen zur Geschichte des arabischen Nahen Ostens im zwanzigsten Jahrhundert sind außerordentlich weitgestreut. Die langwierigen Prozesse der Staatenbildung und Dekolonisation bzw. die relativ späte Erringung politischer Unabhängigkeit der arabischen Nachfolgestaaten des Osmanischen Reichs haben dazu geführt, daß im Fruchtbaren Halbmond und auf der Arabischen Halbinsel der Aufbau von Nationalarchiven und Dokumentationszentren erst in der zweiten Hälfte dieses Jahrhunderts in Angriff genommen wurde. Nur in Ägypten – sieht man einmal von Oman und dem Jemen ab – dürfte im Archivwesen eine ungebrochene Traditionslinie seit dem neunzehnten Jahrhundert bestehen. Über die Bemühungen arabischer Staaten, ein letztlich auch der historischen Forschung zugängliches und wohlkoordiniertes Archivwesen aufzubauen, informiert die vom Arab Regional Branch des International Council on Archives (Arbica) und deren Vizepräsidenten Salim al Alousi herausgegebene zweisprachige Zeitschrift: *The Arab Archives (al-Waṯāʾiq al-ʿarabiyya),* deren erste Nummer 1975 in Bagdad erschien. Die frühe Unterbrechung dieser Jahresschrift kann als symptomatisch gelten für die Rückschläge bzw. Fragmentierung anderer Dokumentationsvorhaben und Aktenpublikationen in arabischen Ländern. So erscheinen die 1967 über die zwanziger Jahre begonnene Serie jordanischer Akten: *al-Waṯāʾiq al-urdunniyya,* die vom Institute for Palestine Studies ebenfalls seit 1967 publizierten Dokumente: *al-Waṯāʾiq al-filisṭīniyya al-ʿarabiyya* und auch die von der Amerikanischen Universität in Beirut 1963 begonnene Reihe: *al-Waṯāʾiq al-ʿarabiyya* höchst unregelmäßig.

Ganz anders ist es um die Staatsarchive und Aktenpublikationen in Europa und in den Vereinigten Staaten von Amerika bestellt. Die verwaltungsmäßige und imperiale Präsenz sowie die Intensität der wirtschaftlichen Durchdringung und politischen Einflußnahme westlicher Mächte im Nahen Osten haben dazu geführt, daß hier bedeutende Quellenbestände lagern, mit denen inzwischen auch nahöstliche Archive und Dokumentationszentren ihre Lücken auffüllen bzw. Aspekte ihrer Nationalgeschichte dokumentieren. Zu erwähnen sind z.B. die von al-Rashid, Ibrahim aus amerikanischen Konsularberichten zusammengestellten: *Documents on the History of Saudi Arabia,* von denen bisher drei Bände erschienen sind (Salisbury, N.C. 1976), die den Zeitraum von 1909 bis 1935 behandeln. Als weitere Spezialdokumentation von Beständen aus dem Nationalarchiv in Washington ist zu nennen Sinclair, R. W. (Hrsg.): *Documents on the History of Southwest Arabia. Tribal Warfare and Foreign Policy in Yemen, Aden and Adjacent Tribal Kingdoms 1920–1929,* Salisbury, N.C. 1976, 2 Bde.

Umfassende Spezialdokumentationen aus arabischen Quellen betreffen zumeist bedeutendere Ereignisse oder das Wirken von Parteien und Staatsmännern. Zu nennen sind hier z.B. die Protokolle des Militärgerichtshofs der irakischen Revolution: *Maḥāḍir ǧalasāt al-maḥkama al-ʿaskariyya l-ʿulyā l-ḫāṣṣa,* Bagdad 1959–62, 22 Bde; die Veröffentlichung wichtiger Dokumente der Baath Partei: *Niḍāl al-Baʿt,* Beirut 1963–74, 11 Bde.; oder die vom Zentrum für Politische und Strategische Studien der al-Ahrām in Kairo herausgegebene Sammlung von Reden, Überlieferungen und Erklärungen Nassers: *Waṯāʾiq ʿAbd an-Nāṣir.* An dieser Stelle sei auch auf die außerordentlich reichhaltige, obgleich hinsichtlich ihres Quellenwerts problematische Memoirenliteratur solcher Persönlichkeiten hingewiesen wie Muḥammad Ḥusayn Haykal (*Muḏakkirāt fī s-siyāsa al-miṣriyya,* Kairo 1951–53, 2 Bde.); Ḥasan al-Bannāʾ (*Muḏakkirāt ad-daʿwa wad-dāʿiya* Kairo, o.J.); Muḥammad Kurd ʿAlī (*Muḏakkirāt,* Damaskus 1948–51, 4 Bde.); Kāmil al-Ǧādirǧī (*Muḏakkirāt Kāmil al-Ǧādirǧī wa-tārīḫ al-ḥizb al-waṭanī ad-dīmuqrāṭī,* Beirut 1970; *Min awrāq Kāmil al-Ǧādirǧī,* Beirut 1971); Ḫālid al-ʿAẓm (*Muḏakkirāt,* Beirut 1979, 3 Bde.) oder Bišāra Ḫalīl al-Ḫūrī (*Ḥaqāʾiq lubnāniyya,* Beirut 1960, 3 Bde.).

Die bereits erwähnte langjährige europäische und vor allem britische Präsenz im Nahen Osten hat entsprechende schriftliche Zeugnisse hinterlassen. Ein wichtiges Findbuch für die weitgestreuten schriftlichen Nachlässe in Großbritannien ist: Pearson, J. D. (Hrsg.): *A Guide to Manuscripts and Documents in the British Isles relating to the Middle East and North Africa,* Oxford 1980.

Als unentbehrliche Sammlungen arabischer und europäischer Quellen in englischer Sprache bzw. Übersetzung sind zu nennen: Khalil, Muhammad (Hrsg.): *The Arab States and the Arab League. A Documentary Record. Vol. I: Constitutional Developments; Vol. II: International Affairs,* Beirut 1962; Hurewitz, J. C. (Hrsg.): *The Middle East and North Africa in World Politics. A Documentary Record;* Vol. 2: *British-French Supremacy, 1914–1945,* New Haven 1979; Vol. 3: *British-French Withdrawal and Soviet-American Rivalry, 1945* – (forthcoming); sowie Moore, J. N. (Hrsg.): *The Arab-Israeli Conflict. Readings and Documents,* Princeton 1977, 3 Bde.

Bibliographien

Die Suche nach Literatur über die verschiedensten Aspekte der Geschichte des arabischen Nahen Ostens im zwanzigsten Jahrhundert erleichtern die beiden folgenden fortlaufenden Bibliographien: (1.) *Index Islamicus,* Cambridge-London, 1906ff., hrsg. von J. D. Pearson. Die Erscheinungsweise ist vierteljährlich; ein Gesamtindex erscheint im Fünfjahresrhythmus. (2.) *Middle East Journal,* Washington

1947 –. Diese bedeutende Fachzeitschrift enthält eine gut differenzierte Bibliographie der vielsprachigen Fachzeitschriftenliteratur sowie von Rezensionen.

Als eine sehr brauchbare abgeschlossene Bibliographie sei erwähnt: Atiyeh, George N.: *The Contemporary Middle East 1948–1973. A Selective and Annotated Bibliography,* Boston 1975. Über russischsprachige Neuerscheinungen zum Nahen Osten informieren in regelmäßigen Abständen die von Jacob Landau verfaßten Sammelbesprechungen in der in London erscheinenden Fachzeitschrift: *Middle Eastern Studies.*

Abgeschlossene Bibliographien zu speziellen Themen gibt es in großer Zahl. Neben DeVore, R. M.: *The Arab-Israeli Conflict. A Historical, Political, Social and Military Bibliography,* Oxford 1976, sowie Sherman, J.: *The Arab-Israeli Conflict 1945–1971. A Bibliography,* New York 1978, sei hier vor allem auf die fortlaufenden und zu wechselnden Themen erscheinenden Spezialbibliographien des Referats Vorderer Orient der Übersee-Dokumentation in Hamburg (Neuer Jungfernstieg 21, 2000 Hamburg 36) hingewiesen. Dort erschien auch das sehr brauchbare *Zeitschriftenverzeichnis Moderner Orient, Stand 1979,* Hamburg 1980, hrsg. von Bloss, I. und Schmidt-Dumont, M.

Als schwierig gestaltet sich häufig das Bibliographieren arabischsprachiger Literatur. Als hilfreich erweisen sich hier neben den regelmäßig erscheinenden *Anschaffungslisten der Tübinger Universitätsbibliothek, Sondersammelgebiet Vorderer Orient,* auch die allerdings unregelmäßig erscheinenden Spezialbibliographien einiger Dokumentationszentren im Nahen Osten, die gewöhnlich abgefragt werden müssen. Als Beispiel sei angeführt: As-Safi, Abdul Ridha M.: *Arab Gulf. Selected Bibliography,* Basra (Gulf Studies Centre) 1975.

Gesamtdarstellungen

Eine umfassende Darstellung der Geschichte des arabischen Nahen Ostens im zwanzigsten Jahrhundert läßt sich nur schwerlich vom neunzehnten Jahrhundert abkoppeln. Das gilt vor allem hinsichtlich ihrer ideen- und wirtschaftsgeschichtlichen Dimensionen. Hinreichende Belege dafür sind Hourani, Albert: *Arabic Thought in the Liberal Age 1798–1939,* Oxford 1962, sowie Issawi, Charles: *An Economic History of the Middle East and North Africa,* London 1982. Unter dem Blickpunkt internationaler Politik und klassischer Diplomatiegeschichte ist diese Abkoppelung am besten gelungen in Lenczowski, George: *The Middle East in World Affairs,* New York [4]1980. Nicht zuletzt wegen ihrer Berücksichtigung der sozialgeschichtlichen Aspekte und spezifischen Unterschichtenproblematik sind die Bände 3 bis 7 der von einem ostdeutschen Autorenkollektiv erstellten *Geschichte der Araber,* Berlin 1974–1982, ein unverzichtbares Korrelat. Schon um der Authentizität willen empfiehlt sich für den zeitgeschichtlich interessierten Leser und Forschenden ein eher interdisziplinärer Zugang, der die gesellschaftliche Ebene der nahöstlichen Geschichte und Politik besser erschließt. Zu verweisen ist hier auf folgende Werke: Eickelman, Dale F.: *The Middle East. An Anthropological Approach,* Englewood Cliffs 1981; Lutfiyya, Abdullah M. und Churchill, Charles W. (Hrsg.): *Readings in Arab Middle Eastern Societies and Cultures,* Paris 1970; Antoun, Richard and Harik, Iliya (Hrsg.): *Rural Politics and Social Change in the Middle East,* London 1972; Bill, James A. und Leiden, Carl: *Politics in the Middle East,* Boston [3]1978; Landau, Jacob M. (Hrsg.): *Man, State, and Society in the Contemporary Middle East,* London 1972. Den Übergang zu einer interregional vergleichenden sozialgeschichtlichen und politikwissenschaftlichen Analyse der Herrschaftssysteme stellen her: Hudson, Michael C.: *Arab Politics. The Search for Legitimacy,* New Haven 1977; Amin, Samir: *The Arab Nation. Nationalism and Class Struggles,* London 1983, aber auch Binder, Leonard: *The Ideological Revolution in the Middle East,* New York 1964; Be'eri, Eliezer: *Army Officers in Arab Politics and Society,* Jerusalem 1969, sowie Haddad, George M.: *Revolutions and Military Rule in the Middle East,* New York 1965–1973, 3 Bde. Den ideologischen Aspekt und seine politischen Implikationen verdeutlichen im nahöstlichen Maßstab – und darüber hinaus –: Ende, Werner und Steinbach, Udo (Hrsg.): *Der Islam in der Gegenwart,* München 1984; Curtis, Michael (Hrsg.): Religion and Politics in the Middle East, Boulder, Colorado 1981; Voll, J. O.: *Islam. Continuity and Change in the Modern World,* Boulder, Colorado 1982. Hinsichtlich der gleichsam zyklischen Wiederkehr des „Islamismus" sei verwiesen auf Gibb, H. A. R. (Hrsg.): *Whither Islam? Survey of Modern Movements in the Moslem World,* London 1932. Wie sich der Islam im Alltag des Muslims dem europäischen Anthropologen darstellt, darüber informiert Gilsean, Michael: *Recongnizing Islam,* London [1981]. Eine gute Übersicht der Verbreitung und Rolle der verschiedenen christlichen Konfessionen im Nahen Osten geben Betts, Robert Brenton: *Christians in the Arab East,* Anthes 1978 und Hartmann, Klaus-Peter: *Untersuchungen zur Sozialgeographie christlicher Minderheiten im Vorderen Orient,* Wiesbaden 1980. Bezüglich der Minderheiten generell wie auch der Kurden, Drusen etc. sei auf die aktualisierten Reports der *Minority Rights Group* (29 Craven Street, London WC2N 5NT) verwiesen.

In die politische Dynamik der Nahostregion und die Außenpolitik der verschiedenen arabischen Staaten führen ein: Gomaa, Ahmed M.: *The Foundation of the League of Arab States. Wartime Diplomacy and Inter-Arab Politics 1941–1945,* London 1977, sowie Kerr, Malcolm: *The Arab Cold War: Gamal ʿAbd al-Nasir and His Rivals, 1958–1970,* Oxford ³1971. Systematisch und komparatistisch angelegte Studien über die Bestimmungsfaktoren und Rahmenbedingungen der Außenpolitiken der arabischen Staaten einschließlich der PLO in den siebziger und achtziger Jahren enthält der von Korany, Bahgat und Dessouki, Ali E. Hillal herausgegebene Band: *The Foreign Policies of Arab States,* Boulder, Colorado 1984. Eine schonungslose Abrechnung eines arabischen Politologen mit der arabischen Politik ist Ajami, Fouad: *The Arab Predicament. Arab Political Thought and Practice Since 1967,* Cambridge 1981. Die vielfältigen Überlagerungen arabischer Politik und nahöstlicher Krisenherde durch die Außenpolitiken außerregionaler Mächte behandelt umfassend das von Hammond, Paul Y. und Alexander, Sidney S. in der Reihe: *The Middle East. Economic and Political Problems and Prospects* edierte Werk: *Political Dynamics in the Middle East,* New York 1972. Wiederkehrende Muster und Gesetzmäßigkeiten sucht in einer synoptischen Betrachtung des neunzehnten und zwanzigsten Jahrhunderts aufzuspüren: Brown, L. Carl: *International Politics and the Middle East. Old Rules, Dangerous Game,* Princeton 1984. Eine um Durchblick bemühte und zur vertieften Diskussion anregende Typologisierung von Konstanten politischer Dynamik im Nahen Osten wird vorgenommen in dem schon genannten Werk von Bill, James A. und Leiden, Carl: *Politics in the Middle East,* Boston ³1978.

Zur Wirtschaftsgeschichte einschließlich der Erdölindustrie, Erdölpolitik und entwicklungspolitischen Bemühungen gibt es eine Reihe vorzüglicher Gesamtdarstellungen. Klassiker zur Landreformproblematik und zum Agrarsektor sind Warrinner, Doreen: *Land Reform and Development in the Middle East. A Study of Egypt, Syria, and Iraq,* Oxford ²1962, sowie Clawson, Marion/Landsberg, Hans H./Alexander, Lyle T.: *The Agricultural Potential of the Middle East,* New York 1971. Zur Problematik des Bevölkerungswachstums sei empfohlen Cooper, Charles A. und Alexander, Sidney S. (Hrsg.): *Economic Development and Population Growth in the Middle East,* New York 1972. Für den Industrie- und Bankensektor fehlen vor allem für die zweite Hälfte des zwanzigsten Jahrhunderts ähnliche, länderübergreifende Studien. Unentbehrlich bezüglich der Industrialisierungsanstrengungen bis zur Jahrhundertmitte ist immer noch Grunwald, Kurt und Ronald, Joachim O.: *Industrialization in the Middle East,* New York 1960. Unter den zahlreichen Werken über die Erdölentwicklung und Erdölpolitik bemühen sich um eine historische und entwicklungspolitische Perspektive besonders: Longrigg, S. H.: *Oil in the Middle East. Its Discovery and Development,* Oxford ³1968; Stocking, George W.: *Middle East Oil. A Study in Political and Economic Controversy,* London 1971; Mejcher, H.: *Die Politik und das Öl im Nahen Osten. Bd. I: Der Kampf der Mächte und Konzerne vor dem Zweiten Weltkrieg,* Stuttgart 1980, Bd. II: *Die Teilung der Welt 1938–1950,* Stuttgart 1990. Den wichtigen, aber von der Forschung lange vernachlässigten Aspekt der Auswirkungen der Ölentwicklung auf neuere soziale Schichtungsprozesse in arabischen Ländern behandelt der von Nore, Petter und Turner, Terisa herausgegebene Sammelband: *Oil and Class Struggle,* London 1980. Was die Entwicklung des Bankensektors angeht, so muß auf gelegentliche Spezialberichte des in London erscheinenden *Middle East Economic Digest* verwiesen werden. Die Unternehmensgeschichte der unter dem Einfluß des Erdölhandels seit den dreißiger Jahren aufstrebenden großen arabischen Kaufmannsfamilien vor allem im Golf schildert sehr anschaulich Field, Michael: *The Merchants. The Big Business Families of Arabia,* London 1984. Alle sektoralen Aspekte der arabischen Wirtschaftsgeschichte in der zweiten Hälfte dieses Jahrhunderts vereint die ländermäßig gegliederte und als Standardwerk geltende umfangreiche Studie des renommierten palästinensischen Wissenschaftlers Sayigh, Yusif A.: *The Economies of the Arab World: Development since 1945,* London 1978. Die spezifisch entwicklungspolitischen Determinanten sind in seinem zweiten Band: *The Determinants of Arab Economic Development,* London 1978, nach systematischen Gesichtspunkten abgehandelt.

Zum Schluß dieser Annotation von Gesamtdarstellungen zur arabischen Geschichte im zwanzigsten Jahrhundert seien noch drei Handbücher genannt, die in periodischer Folge die aktuellen Entwicklungen aufzeichnen und ländermäßig wie thematisch einordnen. In Steinbach, U. und Robert, R. (Hrsg.): *Der Nahe und Mittlere Osten. Bd. I: Politik, Gesellschaft, Wirtschaft, Geschichte, Kultur. Bd. II: Länderanalysen,* Opladen 1988, sind die jeweiligen Kapitel hervorragend kondensierte landeskundliche und zeitgeschichtliche Überblicke. In zweijähriger Folge erscheint in London, inzwischen in 28. Auflage, das als umfassendes Nachschlagewerk konzipierte: *The Middle East and North Africa.* Als ein vorwiegend politischen Fragen gewidmetes Handbuch mit ausgezeichneten Dokumentationen und Quellenbelegen bleibt der ebenfalls in zweijähriger Folge in Israel herausgegebene *Middle East Contemporary Survey* zu nennen, dem vor 1976 der seit 1960 erscheinende *Middle East Record* vorausging. Ein arabisches Äquivalent zu diesen Handbüchern – etwa seitens der Arabischen Liga – fehlt.

Auf eine Annotation der Literatur zu den einzelnen arabischen Ländern des Mašriq muß hier verzichtet werden. Die folgende Auswahl europäischsprachiger

Literatur kann als Standardlektüre gelten. Hinzugefügt sind gegebenenfalls wichtigere Neuerscheinungen.

Einzelne Länder

Ägypten:

Abdel-Malek, Anouar: *Ägypten: Militärgesellschaft. Das Armeeregime, die Linke und der soziale Wandel unter Nasser*, Frankfurt 1971.

Allemann, Fritz René (Hrsg.): *Die arabische Revolution. Nasser über seine Politik*, Frankfurt 1958.

Berque, Jacques: *L'Egypte: Imperialisme et Revolution*, Paris 1967.

Davis, Eric: *Challenging Colonialism. Bank Misr and Egyptian Industrialization, 1920–1941*, Princeton 1983.

Hussein, Mahmoud: *Class Conflict in Egypt: 1945–1971*, New York 1973.

Jankowski, J. P.: *Egypt's Young Rebels. „Young Egypt". 1933–1952*, Stanford 1975.

Kerr, Malcolm H. und Yassin, El Sayed (Hrsg.): *Rich and Poor States in the Middle East. Egypt and the New Arab Order*, Boulder, Colorado 1982.

Krämer, Gudrun: *Ägypten unter Mubarak: Identität und nationales Interesse*, Baden-Baden 1986.

Dies.: *Minderheit, Millet, Nation? Die Juden in Ägypten 1914–1952*, Wiesbaden 1982.

Mabro, Robert und Radwan, Samir: *The Industrialization of Egypt 1939–1973. Policy and Performance*, Oxford 1976.

Mitchell, Richard P.: *The Society of the Muslim Brothers*, London 1969.

Terry, Janice: *The Wafd 1919–1952. Cornerstone of Egyptian Political Power*, London 1982.

Pawelka, Peter: *Herrschaft und Entwicklung im Nahen Osten: Ägypten*, Heidelberg 1985.

Vatikiotis, P. J.: *The History of Egypt. From Muhammad Ali to Sadat*, London [2]1980.

Waterbury, John: *The Egypt of Nasser and Sadat. The Political Economy of Two Regimes*, Princeton 1983.

Irak:

Batatu, Hanna: *The Old Social Classes and the Revolutionary Movements of Iraq. A Study of Iraq's Old Landed and Commercial Classes and of its Communists, Ba'thists, and Free Officers*, Princeton 1978.

Helms, Christine Moss: *Iraq. Eastern Flank of the Arab World*, Washington 1984.

Kelidar, Abbas (Hrsg.): *The Integration of Modern Iraq*, London 1979.

Khadduri, Majid: *Independent Iraq. A Study in Iraqi Politics, 1932–1958*, Oxford 1960.

Ders.: *Republican Iraq. A Study in Iraqi Politics Since the Revolution of 1958*, Oxford 1969.

Ders.: *Socialist Iraq. A Study of Iraqi Politics Since 1968*, Washington 1978.

Longrigg, S. H.: *Iraq, 1900 to 1950. A Political, Social, and Economic History*, London 1953.

Marr, Phebe: *The Modern History of Iraq*, Boulder, Colorado 1985.

Penrose, Edith und E. F.: *Iraq: International Relations and National Development*, Boulder, Colorado 1978.

Sluglett, Peter: *Britain in Iraq 1914–1932*, London 1976.
Tarbush, Mohammad A.: *The Role of the Military in Politics. A Case Study of Iraq to 1941*, London 1982.

Jordanien:
Haas, Marius: *Husseins Königreich. Jordaniens Stellung im Nahen Osten*, München 1975.
Shlaim, Avi: *Collusion across the Jordan. King Abdullah, the Zionist Movement, and the Partition of Palestine*, Oxford 1988.
Wilson, Mary C.: *King Abdullah, Britain and the Making of Jordan*, Cambridge 1987.

Libanon:
Couland, Jacques: *Le Mouvement Syndical au Liban 1919–1946*, Paris 1970.
Deeb, Marius: *The Lebanese Civil War*, New York 1980.
Hanf, Theodor: *Koexistenz im Krieg. Staatszerfall und Entstehen einer Nation im Libanon*, Baden-Baden 1990.
Hourani, A. H.: *Syria and Lebanon. A Political Essay*, London 1947.
Joumblatt, K.: *I Speak for Lebanon*, London 1982.
Khalidi, Walid: *Conflict and Violence in Lebanon: Confrontation in the Middle East*, Cambridge, Mass. 1979.
Qubain, Fahim J.: *Crisis in Lebanon*, Washington 1961.
Salibi, K. S.: *Cross Roads to Civil War. Lebanon 1958–1976*, London 1976.
Suleiman, Michael W.: *Political Parties in Lebanon. The Challenge of a Fragmented Political Culture*, New York 1967.
Yamak, Labib Zuwiyya: *The Syrian Social Nationalist Party. An Ideological Analysis*, Cambridge, Mass. 1966.

Syrien:
Al-Ḥuṣrī, Abū Khaldūn Ṣāṭiʿ: *The Day of Maysalūn*, Washington 1966.
Devlin, John F.: *The Ba'th Party. A History from its Origins to 1966*, Stanford 1976.
Khoury, Philip S.: *Syria and the French Mandate. The Politics of Arab Nationalism 1920–1945*, Princeton 1987.
Kienle, Eberhard: *Baʾth v. Baʾth. The Conflict between Syria and Iraq 1968–1989*, London 1990.
Mahr, H.: *Die Baath-Partei. Portrait einer panarabischen Bewegung*, München 1971.
Perthes, Volker: *Staat und Gesellschaft in Syrien 1970–1989*, Hamburg 1990.
Petran, Tabitha: *Syria*, London 1972.
Reissner, J.: *Ideologie und Politik der Muslimbrüder Syriens, 1947–1952*, Freiburg 1980.
Seale, Patrick: *The Struggle for Syria. A Study of Post-War Arab Politics 1945–1958*, London 1965.
Van Dam, Nikolaos: *The Struggle for Power in Syria. Sectarianism, Regionalism and Tribalism in Politics, 1961–1978*, London 1979.
Zeine N. Zeine: *The Struggle for Arab Independence. Western Diplomacy and the Rise and Fall of Faisal's Kingdom in Syria*, Beirut 1960.

Sudan:

Eprile, Cecil: *War and Peace in the Sudan 1955–1972*, London 1974.

Holt, P. M.: *A Modern History of the Sudan*, London 1972.

Ibrahim, Hassan Ahmed: *The 1936 Anglo-Egyptian Treaty. An historical study with special reference to the contemporary situation in Egypt and the Sudan*, Khartoum 1976.

Tetzlaff, Rainer und Wohlmuth, Karl (Hrsg.): *Der Sudan: Probleme und Perspektiven der Entwicklung eines weltmarktabhängigen Agrarstaats*, Frankfurt 1980.

Palästina und Nahostkonflikt:

Flapan, Simcha: *Die Geburt Israels. Mythos und Wirklichkeit*, München 1988.

Flores, A. und Schölch, A. (Hrsg.): *Palästinenser in Israel*, Frankfurt 1983.

Ingrams, Doreen: *Palestine Papers 1917–1922. Seeds of Conflict*, London 1972.

Laqueur, W. und Rubin, B. (Hrsg.): *The Israeli-Arab Reader. A Documentary History of the Middle East Conflict*, Harmondsworth 1984.

Lustick, Jan: *Arabs in the Jewish State. Israel's Control of a National Minority*, Austin 1980.

Mejcher, H. und Schölch, A. (Hrsg.): *Die Palästina-Frage 1917–1948. Historische Ursprünge und internationale Dimensionen eines Nationenkonflikts*, Paderborn 1981.

Morris, Benny: *The birth of the Palestinian refugee problem, 1947–1949*, Cambridge 1987.

Porath, Y.: *The Emergence of the Palestinian-Arab National Movement, 1918–1929*, London 1974.

Ders.: *The Palestinian Arab National Movement, 1929–1939. From Riots to Rebellion*, London 1977.

Quandt, W. B./Jabber, Fuad/Lesch, Ann Mosely: *The Politics of Palestinian Nationalism*, London 1973.

Stein, Leonard: *The Balfour Declaration*, London 1961.

Touval, Saadia: *The Peace Brokers. Mediators in the Arab-Israeli Conflict, 1948–1979*, Princeton 1982.

Arabische Halbinsel und Arabisch-Persischer Golf:

Gesamtdarstellungen:

Al-Hasan, Sufyan Abdul Razzak: *Die Interessen- und Konfliktkonstellationen in der Arabischen Golf-Region. Eine Studie zu den Abhängigkeits-Strukturen der Peripherien*, Hamburg 1982.

Cordesman, Anthony H.: *The Gulf and the Search for Strategic Stability. Saudi Arabia, the Military Balance in the Gulf, and Trends in the Arab-Israeli Military Balance*, Boulder, Colorado 1984.

Cottrell, Alvin J. (Hrsg.): *The Persian Gulf States. A General Survey*, Baltimore 1980.

Halliday, Fred: *Arabia without Sultans. A Survey of Political Instability in the Arab World*, New York 1975.

Heard-Bey, Frauke: *Die arabischen Golfstaaten im Zeichen der islamischen Revolution. Innen-, außen- und sicherheitspolitische Zusammenarbeit im Golf-Rat* (Arbeitspapiere zur Internationalen Politik, 25), Bonn 1983.

Hopwood, Derek (Hrsg.): *The Arabian Peninsula*, London 1972.
Niblock, Tim (Hrsg.): *Social and Economic Development in the Arab Gulf*, London 1980.
Nyrop, R. F.: *Area Handbook for the Persian Gulf States*, Washington 1977.
Scholz, F. (Hrsg.): *Wirtschaftsmacht im Krisenherd. Die Golfstaaten*, Braunschweig 1984.

Bahrain:
Rumaihi, M. G.: *Bahrain. Social and Political Change since the First World War*, Durham 1976.

Jemen:
Bujra, Abdalla S.: *The Politics of Stratification. A Study of Political Change in a South Arabian Town*, Oxford 1971.
Daum, Werner: *Jemen. Das südliche Tor Arabiens*, Tübingen 1980.
Kostiner, Joseph: *The Struggle for South Yemen*, New York 1984.
Peterson, J. E.: *Yemen. The Search for a Modern State*, Baltimore 1982.
Stookey, Robert W.: *Yemen. The Politics of the Yemen Arab Republic*, Boulder, Colorado 1978.
Wenner, M. W.: *Modern Yemen, 1918–1966*, Baltimore 1968.

Kuwait:
Chisholm, A. Th.: *The First Kuwait Oil Concession Agreement. A Record of the Negotiations 1911–1934*, London 1975.
Crystal, Jill: *Oil and politics in the Gulf: Rulers and merchants in Kuwait and Qatar*, Cambridge 1990.
Dickson, H. R. P.: *Kuwait and her Neighbours*, London 1968.
Ismael, Jacqueline S.: *Kuwait. Social Change in Historical Perspective*, Syracuse 1982.

Oman:
Bierschenk, Thomas: *Weltmarkt, Stammesgesellschaft und Staatsformation in Südostarabien (Sultanat Oman)*, Saarbrücken 1984.
Townshend, John: *Oman. The Making of the Modern State*, London 1977.

Katar:
Zahlan, Rosemarie Said: *The Creation of Qatar*, London 1979.

Saudi-Arabien:
Cole, Donald Powell: *Nomads of the Nomads. The Āl Murrah Bedouin of the Empty Quarter*, Chicago 1975.
De Gaury, Gerald: *Feisal. King of Saudi Arabia*, London 1966.
Dickson, H. R. P.: *The Arab of the Desert*, London 1972.
Habib, John S.: *Ibn Sa'ud's Warriors of Islam. The Ikhwan of Najd and their Role in the Creation of the Sa'udi Kingdom, 1910–1930*, Leiden 1978.
Helms, Christine Moss: *The Cohesion of Saudi Arabia*, Baltimore 1981.
Holden, David und Johns, Richard: *The House of Saud*, London 1981.
Howarth, David: *The Desert King. A Life of Ibn Saud*, London 1964.
Leatherdale, Clive: *Britain and Saudi Arabia 1925–1939. The Imperial Oasis*, London 1983.

Önder, Zehra: *Saudi-Arabien. Zwischen islamischer Ideologie und westlicher Ökonomie,* Stuttgart 1980.
Safran, Nadav: *Saudi Arabia. The Ceaseless Quest for Security,* Cambridge, Mass. 1985.
Wohlfahrt, Eberhard: *Die Arabische Halbinsel,* Berlin 1980.

Vereinigte Arabische Emirate:
Anthony, John Duke: *Arab States of the Lower Gulf. People, Politics, Petroleum,* Washington 1975.
Fenelon, K. G.: *The United Arab Emirates. An Economic and Social Survey,* London 1973.
Heard-Bey, Frauke: *From Trucial States to United Arab Emirates. A Society in Transition,* London 1982.

X. Nordafrika in der Neuzeit
(Peter von Sivers)

Quellen

Das Gros der Geschichtsquellen für die Periode von ca. 1500 bis 1800 sind auf Arabisch verfaßte Chroniken sowie Berichte europäischer Besucher. Einen beträchtlichen Teil dieser Texte edierten und/oder übersetzten französische Forscher während der Kolonialperiode; am systematischsten geschah dies für Marokko in den Serien: *Archives marocaines,* 31 Bde., Paris 1904–25, und *Les sources inédites de l'histoire du Maroc de 1530 à 1945,* 7 Bde., Paris 1904–61. Aber auch unveröffentlichte Handschriften gibt es in nicht unbeträchtlicher Zahl, insbesondere in Marokko (Nationalbibliothek; Königliches Palastarchiv) und Tunesien (Nationalbibliothek). Darüberhinaus sei auf die bisher nur teilweise zugänglich gewordenen Privatsammlungen in verschiedenen Religionszentren *(zāwiyas)* Marokkos verwiesen. In Algerien (Nationalbibliothek) stellen die sogenannten türkischen Register, die die Zeit von der zweiten Hälfte des achtzehnten Jahrhunderts bis 1830 umfassen, eine bisher noch kaum ausgewertete Quelle dar. Eine Kopie dieser Register befindet sich im französischen Nationalarchiv, Dépôt Aix-en-Provence. Zum Inhalt der Register sowie einigen Diskrepanzen zwischen Originalen und Kopien siehe Temimi, Abdeljelil: „Sommaire des registres arabes et turcs d'Alger", in: *Revue d'Histoire Maghrébine* 13–14 (1979), S. 123–86. Die wichtigsten Archive außerhalb Nordafrikas, die einschlägige Dokumente enthalten, sind das Generalarchiv von Simancas in Spanien und das Başbakanlık Archiv in Istanbul. Insgesamt ist die Quellenlage für das sechzehnte und siebzehnte Jahrhundert relativ gut; weniger Quellen sind für das achtzehnte Jahrhundert verfügbar; siehe darüber Berque, Jacques: *L'intérieur du Maghreb (XVe au XIXe siècles),* Paris 1978; Berque und Chevallier, Dominique, (Hrsg.): *Les arabes par leurs archives (XVIe au XXe siècles),* Paris 1976.

Im einzelnen sind die im Text benutzten Quellen (siehe Anmerkungen Nr. 5, 7, 9, 11, 13 und 15) durch die folgenden Chroniken, Biographiensammlungen und Besucherberichte zu ergänzen. Im Falle Marokkos sind es für die Periode der Saᶜdier Fagnan, Edouard, (Hrsg.): *Extraits inédits relatifs au Maghreb. Géographie et histoire,* Algier 1925; Kātib Čelebī: *Tuḥfat al-kibār fī asfār al-biḥār,* Istanbul 1911; teilw. übers. von J. Mitchell unter dem Titel: *History of the Maritime War of the Turks,* London 1831; at-Tamaġrūtī, Abū l-Ḥasan: *K. an-Nafḥa al-miskiyya fī s-sifāra at-Turkiyya. Relation d'une ambassade marocaine en Turquie (1589–91),* übers. v. H. de Castries, Paris 1929; Ibn al-Qāḍī, A. M.: *Durrat al-ḥiǧāl fī asmā' ar-riǧāl,* Kairo 1970.

Für die Periode der ᶜAlawiden siehe zusätzlich al-Fuḍaylī, Idrīs b. Aḥmad: *ad-Durar al-bahiyya wal-ǧawāhir an-nabawiyya fī l-furūᶜ al-ḥasaniyya wal-ḥusayniyya,* Fes 1314/1896; al-Kattānī, Muḥammad b. Ǧaᶜfar: *Salwat al-anfās wa-muḥādaṯat al-akyās bi-man uqbir min al-ᶜulamā' waṣ-ṣulaḥā' bi-Fās,* Fes 1316/1898; Ibn aṭ-Ṭayyib al-Qādirī, ᶜAbd as-Salām: *al-Maqṣad al-aḥmad fī t-taᶜrīf bi-sayyidinā Ibn ᶜAbdallāh Aḥmad,* Fes 1351/1932; Braithwaite, J.: *A history of the revolutions in the Empire of Morocco upon the death of the late emperor Mouley Ishmael,* London 1729; Ockley, Simon: *An account of southwest Barbary,* London 1713.

Die wichtigsten Berichte über Algerien von 1500 bis 1800 sind Dan, Pierre: *Histoire de la Barbarie et de ses corsaires,* Paris 1637; Dapper, O.: *Description de l'Afrique,* Amsterdam 1686; Delphin, G., (Übers.): *Histoire des pachas d'Alger de 1515 à 1745. Extrait d'une chronique indigène,* Paris 1925; de Haëdo, Diego: *Topografía y historia general de Argel,* Madrid 1612; Laugier de Tassy, N.: *Histoire du royaume d'Alger avec l'état present des son gouvernement,* Amsterdam 1725; del Marmol Carvajal, Luis: *Descripcion general de Affrica,* Granada 1573–99; Peyssonel, J. A.: *Voyage dans les régences de Tunisie et d'Algérie,* Paris 1838; von Rehbinder, J. A.: *Nachrichten und Bemerkungen über den algierischen Staat,* Altona 1798–1800; El Antri, Salah, *Constantine sous les Turcs,* übers. v. A. Dournon, Constantine 1930; Shaler, William: *Esquisse de l'Etat d'Alger,* Boston 1826; Shaw, Thomas: *Voyages du Monsieur Shaw,* Den Haag 1743.

Zusätzliche Quellen für die Geschichte Tunesiens 1500–1800 sind Bayram, Muḥammad: *Ṣafwat al-iᶜtibār bi-mustawdaᶜ al-amṣār wal-aqṭār,* Kairo ²1303/1885; Ḫūǧa, Ḥusayn: *aḏ-Ḏayl li-baṣā'ir ahl al-īmān,* Tunis 1975; d'Arvieux, Chevalier Laurent: *Mémoires,* Paris 1735; Béranger, Nicolas, zitiert in Lucas, Paul: *Voyage dans la Grèce, l'Asie mineure, la Macédonie et l'Afrique,* Paris 1712; de Saint-Gervias, Jacques Boyer: *Mémoires historiques qui concernent le gouvernement de Tunis, avec des réflexions sur la conduite d'un consul et un détail du commerce,* Paris 1736; al-Masᶜūdī, Muḥammad al-Bāǧī: *al-Ḫulāṣa an-naqiyya fī umarā' Ifrīqiya,* Tunis 1283/1866.

Zu Libyen siehe Ogilby, John: *Africa,* London 1670; Dearden, Seton, (Hrsg.): *Tully's Ten Years Residence at the Court of Tripolis,* London 1957; Ibn Ġalbūn, Muḥammad b. Ḫalīl: *Tārīḫ Ṭarābulus al-ġarb,* Kairo 1349/1930; an-Nā'ib, Aḥmad Ḥusayn: *al-Manhal al-ᶜaḏb fī tārīḫ Ṭarābulus al-ġarb,* Istanbul 1317/1899.

Die Quellen für die Zeit von 1800 bis 1985 bestehen größtenteils aus Dokumenten der Kolonial- und Nationalregierungen im Maghreb, die heute sowohl in den obengenannten Nationalbibliotheken und -archiven wie auch in den folgenden Institutionen zugänglich sind: Archives du Ministère de la Guerre, Paris; Archives du Ministère des Affaires Etrangères, Paris; Archives de la Résidence Générale à Tunis, Nantes; Centre des Hautes Etudes sur l'Afrique et l'Asie Moderne, Paris; Markaz al-Buḥūṯ Lībiyā/Libyan Studies Centre, Tripolis; Archivio Storico dell'ex-Ministero dell'Africa Italiana, in: Ministerio degli Esteri, Rom; Instituto de Estudios Africanos, Madrid; Archivo Histórico Nacional, Madrid; Biblioteca Central Militar, Madrid.

Literatur

Die folgende Literaturauswahl berücksichtigt zum größten Teil nur Bücher jüngeren Datums, in deren Literaturverzeichnissen ältere Arbeiten und Bibliographien gefunden werden können. *Index Islamicus*, London, *The Middle East Journal (MEJ)*, Washington, D. C., und *Orient*, Hamburg, informieren über neuerschienene Bücher und/oder Artikel. Zeitschriften, in denen Artikel über die Maghrebländer veröffentlicht werden, sind neben den vorgenannten (*MEJ* und *Orient*) auch *Revue de l'Occident Musulman et de la Mediterranée*, Aix-en-Provence; *Maghreb-Machrek*, Paris; *The Maghreb Review*, London; *Revue d'Histoire Maghrébine*, Tunis; *Hespéris-Tamuda*, Rabat; *Revue Algérienne des Sciences Juridiques, Economiques et Politiques*, um nur die wichtigsten zu nennen. *Jeune Afrique*, Paris, ist ein gewöhnlich gut informiertes Wochenmagazin liberaler Ausprägung, das sich auch durch zahlreiche Sonderpublikationen auszeichnet, z. B. durch die populärwissenschaftliche Serie *Les africains* mit Biographien prominenter Afrikaner aus Vergangenheit und Gegenwart.

Von den Gesamtdarstellungen der nordafrikanischen Geschichte sind Jamil Abun-Nasr: *A history of the Maghrib in the Islamic period*, Cambridge 1987, und Laroui, Abdallah: *Histoire du Maghreb. Un essai de synthese*, Paris 1970, engl. Übers.: *The History of the Maghreb. An Interpretive Essay*, Princeton 1977, zu erwähnen. Der erste ist eher an einer detaillierten politischen Beschreibung interessiert, dem letzteren geht es vor allem um eine übergreifende Entkolonialisierung der nordafrikanischen Geschichte. Valensi, Lucette: *Le Maghreb avant la prise d'Alger (1790–1830)*, Paris 1969, engl. Übers.: *On the eve of colonialism. North Africa before the French Conquest, 1790–1830*, New York 1978, enthält eine historisch informierte Strukturanalyse der sogenannten ‚traditionellen' Gesellschaft Nordafrikas. Eine politisch orientierte Übersicht der frühen Kolonialzeit bietet Morsy, Magali: *North Africa, 1800–1900. A survey from the Nile valley to the Atlantic*, London 1984.

Quellenmäßig gut fundierte Spezialstudien für die Periode von ca. 1500 bis 1800 sind Hess, Andrew C.: *The forgotten frontier. A history of the sixteenth-century Ibero-African frontier*, Chicago 1978; Yahya, Dahiru: *Morocco in the sixteenth century. Problems and patterns in African foreign policy*, London 1981; Friedman, Ellen G.: *Spanish Captives in North Africa in the Early Modern Age*, Madison, Wis. 1983; Cherif, Mohamed-Hédi: *Pouvoir et société dans la Tunisie de H'usayn Bin 'Ali (1705–1740)*, Bd. I, Tunis 1984; Mojuetan, B. A.: *The rise of the Alawi dynasty in Morocco, 1631–72*, Ph. D. Dissertation London 1969. Zwei detaillierte Chroniken im traditionellen Sinn sind Dāwūd, Muḥammad: *Tārīḫ Tiṭwān*, Tetuan 1959–66; und Ḥiǧǧī, Muḥammad: *az-Zāwiya ad-Dilāʾiyya*, Rabat 1964. Eine gute Übersicht zum Moriskenproblem geben Dominguez Ortiz, Antonio, und Vincent, Bernard: *Historia de los moriscos. Vida y tragedia de una minoria*, Madrid 1977, sowie Dressendörfer, Peter: *Islam unter der Inquisition. Die Moriscoprozesse in Toledo (1575–1610)*, (Akad. der Wiss. u. Lit., Oriental. Kommission, Bd. 26), Wiesbaden 1971.

Gründliche Arbeiten mit reichem Material für die frühe Kolonialperiode Marokkos von ca. 1800 bis 1900 sind zwei neuere Dissertationen: Schroeter, Daniel: *Merchants and peddlars of Aṣ-Ṣawira. A social history of a Moroccan trading town, 1844–86*, Ph. Dissertation Manchester 1984, und Rollman, Wilfred J.: *The 'New*

Order' in a pre-colonial Muslim society: Military reform in Morocco, 1844–1904, Ph. Dissertation Ann Arbor, Mich. 1983. Schroeter, dessen revidierte Arbeit 1988 in Cambridge herausgekommen ist (s. oben S. 627, Anm. 18), weist gegenüber Jean-Louis Miège (vgl. dessen bisher richtungweisendes Werk *Le Maroc et l'Europe 1830–94*, Paris 1961–63) nach, daß es sehr wohl eine eigenständige wirtschaftlich leistungsfähige Kaufmannsschicht gab. Städtischen Wandel untersucht Brown, Kenneth L.: *People of Salé. Tradition and change in a Moroccan city*, Manchester 1976; die Entwicklung hin zum Kolonialismus und die einheimischen Reaktionen darauf analysieren Burke III, Edmund: *Prelude to protectorate. Precolonial protest and resistance*, Chicago 1976; und Dunn, Ross E.: *Resistance in the desert. Moroccan responses to French imperialism, 1881–1912*, London und Madison, Wis. 1977.

Die politische Entwicklung Tunesiens im neunzehnten Jahrhundert behandeln Brown, Leon Carl: *The Tunisia of Ahmad Bey, 1837–55*, Princeton, N. J. 1974, und van Krieken, G. S.: *Khayr al-Din et la Tunisie (1850–81)*, Leiden 1976; den wirtschaftlichen Wandel analysiert Valensi, Lucette: *Fellahs tunisiens. L'économie rurale et la vie des campagnes*, Paris und Den Haag 1975; die religiösen Reformen diskutiert Green, Arnold H.: *The Tunisian Ulama, 1873–1915. Social structure and response to ideological currents*, Leiden 1978.

Für Libyen gibt es neben Anderson, Lisa S.: *The State and Social Transformation. Tunisia and Libya (1830–1980)*, Princeton 1986, und El-Horeir, Abdelmola S.: *Social and economic transformation in the Libyan hinterland during the second half of the 19th century: The role of Sayyid Ahmad al-Sharif al-Sanusi*, Ph. D. Dissertation Univ. of Calif., Los Angeles 1981, bisher nur wenige Materialstudien.

Im Falle Algeriens sind die Arbeiten von Julien, Ageron und Nouschi (vgl. oben Anmerkungen 27, 30 und 35) nach wie vor richtungweisend. Hinzugekommen sind Danziger, Raphael: *Abdel Qadir and the Algerians' resistance to the French*, New York 1977; Temimi, Abdeljelil: *Le beylik de Constantine et Hadj Ahmed bey*, Algier 1977; Rey-Goldzeiguer, Annie: *Le royaume arabe. La politique algérienne de Napoléon III (1861–70)*, Algier 1977; Turin, Yvonne: *Affrontements culturels dans l'Algérie coloniale. Economie, médicine, religion (1830–80)*, Paris 1971; und Leggewie, Klaus: *Siedlung, Staat und Wanderung. Das französische Kolonialsystem in Algerien*, Frankfurt 1979.

Für die spätere Kolonialperiode und die Zeit der Entkolonisierung von ca. 1900 bis 1950 werden die Archive jetzt allmählich zugänglich; an die Stelle überwiegend tagespolitisch oder journalistisch orientierter Literatur können darum nun gründliche Materialstudien treten. Hervorzuheben sind Segrè, Claudio: *Fourth Shore. The Italian colonization of Libya*, Chicago 1974; Bidwell, Robin: *Morocco under colonial rule. French administration of tribal areas, 1912–56*, London 1973; Martin, Miguel: *El colonialismo español en Marruecos (1860–1956)*, Paris 1973. ʿAbd al-Karīms Befreiungsbewegung im nordmarokkanischen Rif hat besondere Aufmerksamkeit auf sich gezogen, wie die in Anmerkung 32 zitierte Literatur bezeugt. Eine neue politische Geschichte alten Stils, aber hervorragend durch Literatur belegt, ist Julien, Charles-André: *Le Maroc face aux impérialismes (1415–1956)*, Paris 1978 (nur zwei der insgesamt dreizehn Kapitel sind der Periode von 1415 bis 1912 gewidmet). Die beste Studie über Tunesien in der Zwischenkriegszeit ist Liauzu, Claude: *Salariat et mouvement ouvrier en Tunisie. Crises et mutations (1931–39)*, Paris 1978; das Buch ist der zweite Teil einer Thèse de doctorat (Nizza 1977), deren erster Teil den Titel *Naissance du salariat et du mouvement ouvrier en Tunisie à travers un démi-siècle de colonisation (1881–1931)* trägt. Für Algerien siehe Benachenhou, Abdellatif: *Formation du sous-développement en Algérie. Essai sur les limites du développement du capitalisme en Algérie (1830–1962)*, Algier 1978; Colonna, Fanny: *Instituteurs algériens (1883–1939)*, Algier 1975; Henni, Ahmed: *La colonisation agraire et le sous-développement en Algérie*, Algier 1982; Kaddache, Mahfoud: *Histoire du nationalisme algérien. Question nationale et politique algérienne (1919–51)*, Algier 1980; Meynier, Gilbert: *L'Algérie revelée. La guerre de 1914–18 et le premier quart du XXᵉ siècle*, Genf 1981; Sari, Djilali: *La dépossession des fellahs (1830–1962)*, Algier 1975; Sivan, Emmanuel: *Communisme et nationalisme en Algérie (1920–62)*, Paris 1970; Meuleman, Johan: *Le Constantinois entre les deux guerres mondiales. L'évolution économique et sociale de la population rurale*, Assen 1985. Der Algerienkrieg konnte in Anbetracht der noch geschlossenen Archive bisher noch nicht befriedigend untersucht werden; verwiesen sei aber auf umfangreiche neuere Veröffentlichungen, s. oben Anmerkung 42.

In der Literatur über den unabhängigen Maghreb von ca. 1950 bis zur Gegenwart finden sich nur wenige fundierte historische Studien. Es dominieren politikwissenschaftliche, soziologisch-demographische, anthropologisch-religionssoziologische und wirtschaftliche Arbeiten. Politische Übersichten geben die beiden Jahrbücher *The Middle East and North Africa*, London, und *Annuaire de l'Afrique du Nord*, Aix-en-Provence.

Zur Politik siehe Hermassi, Elbaki: *Leadership and national development in North Africa. A comparative study*, Berkeley, Calif. 1972, franz. Übers. *Etat et société au Maghreb. Etude comparative*, Paris 1975; Moore, Clement Henry: *Politics in North Africa. Algeria, Morocco and Tunisia*, Boston 1970; El Fathaly, Omar, und Palmer, Monte: *Political development and social change in Libya*, Lexington, Mass. 1980; Waterbury, John: *Commander of the faithful. The Moroccan political elite – a study in segmented politics*, London 1970; Leveau, Remy: *Le fellah marocain. Défenseur du trône*, Paris ²1985; Rudebeck, Lars: *Party and people. A study of political change in Tunisia*, Stockholm 1967; Toumi, Mohsen: *La Tunisie. Pouvoirs et luttes*, Paris 1978; Leca, Jean, und Vatin, Jean-Claude: *L'Algérie politique. Institutions et régime*, Paris 1975.

Zur Soziologie und Demographie Nordafrikas in der Gegenwart siehe Rouissi, Moncer: *Population et société au Maghreb*, Tunis 1977; Deeb, Marius K. und Mary Jane: *Libya since the revolution. Aspects of social and political development*, New York 1982; Abu-Lughod, Janet L.: *Rabat. Urban apartheid in Morocco*, Princeton, N. J. 1980; Adam, André: *Casablanca. Essai sur la transformation de la société marocaine au contact de l'Occident*, Paris ²1972; Attia, Habib: *Les hautes steppes tunisiennes. De la société pastorale à la société paysanne*, Thèse de doctorat Paris 1977; Allman, James: *Social mobility. Education and development in Tunisia*, Leiden 1979; Stone, Russell A., und Simmons, John, (Hrsg.): *Change in Tunisia. Studies in the social sciences*, Albay, N. J. 1976; Vandevelde-Daillière, Hélène: *Femmes algériennes. A travers la condition féminine dans le Constantinois depuis l'indépendance*, Algier 1980.

Zur Anthropologie und Religionssoziologie siehe Gellner, Ernest: *Saints of the Atlas*, London 1968; Eickelman, Dale F.: *Moroccan Islam. Tradition and society in a pilgrimage center*, Austin, Texas und London 1976; Hart, David M.: *The Aith Waryaghar of the Moroccan Rif. An ethnography and history*, Tucson, Ariz. 1976; Jamous, Raymond: *Honneur et baraka. Les structures sociales traditionelles du Rif*, Cambridge 1981.

Die Literatur zur Wirtschaft der Region ist beträchtlich; hier seien nur rezente Veröffentlichungen aufgeführt: Joffé, E. G. H., und McLachlan, Keith S., (Hrsg.): *Social and economic development of Libya*, Boulder, Colo. 1982; El Maliki, Habib: *L'économie marocaine. Bilan d'une décennie*, Paris 1982; Bolz, Reinhardt: *Entwicklung und Abhängigkeit. Zur Entwicklung des peripheren Kapitalismus in Tunesien*, Bremen 1981; Benhouria, Tahar: *L'économie de l'Algérie*, Paris 1980; Swearingen, D. Will: *Moroccan mirages. Agricultural dreams and deceptions (1912–1986)*, Princeton 1987; Bouyacoub, Ahmed: *La gestion de l'entreprise industrielle publique en Algérie*, Algier 1988.

Verzeichnis der Karten

Register

Vorbemerkung: Im Register sind im Interesse des Lesers erklärende, auch im Text selbst nicht genannte Angaben (Lebens- bzw. Regierungsdaten, Beinamen etc.) nachgetragen. Bei mit Āl, Banū, (al-)Malik, Mūlāy, Sī(dī) etc. zusammengesetzten Namen siehe auch unter dem darauffolgenden Namensbestandteil.

Erläuterungen zur Umschrift und zur Aussprache

Das arabische Alphabet und seine Umschrift

ا	ʾ,ā	ط	ṭ
ب	b	ظ	ẓ
ت	t	ع	ʿ
ث	ṯ	غ	ġ
ج	ǧ	ف	f
ح	ḥ	ق	q
خ	ḫ	ك	k
د	d	ل	l
ذ	ḏ	م	m
ر	r	ن	n
ز	z	ه	h
س	s	و	w od. ū (persisch/ osmanisch-türkisch v)
ش	š	ى	y od. ī
ص	ṣ		
ض	ḍ		

In türkischen Wörtern werden, der Aussprache folgend und in Anlehnung an die moderne Orthographie der Lateinschrift, arab. ḍ als ż, ḏ als ẕ, ṯ als s̱, w als v transkribiert. Die moderne Lateinschrift des Türkischen (seit 1928) hat ferner c für ǧ, ğ für ġ (velarer Reibelaut, stimmhaft), ş für š, ç für č und ı (ohne Punkt) für das „dumpfe" i. Auch entfallen hier die übrigen, nur für die Unterscheidung arabischer Laute in Betracht kommenden Sonderzeichen.

Zur Aussprache arabischer Phoneme

ā/ī/ū : Strich über dem Vokal = Längezeichen
ṯ : Stimmloser interdentaler Reibelaut, wie in engl. „three"
ǧ : Stimmhafter präpalataler Verschluß-Reibelaut, wie in „Dschungel", in Ägypten als g gesprochen
ḥ : Stimmloser pharyngaler Reibelaut, von h deutlich unterschieden, wie letzteres nie Dehnungszeichen
ḫ : Stimmloser velarer Reibelaut, wie in „Bach"
ḏ : Stimmhafter interdentaler Reibelaut, wie in engl. „there"
r : Stets Zungen-r!

z : Stimmhafter präpalataler Reibelaut, wie in „Sand"
š : Stimmloser präpalataler Zischlaut, wie in „Schande"
ṣ : Emphatisches s
ḍ : Emphatisches d
ṭ : Emphatisches t
ẓ : Emphatisches z
ʿ : Sogenanntes „ʿAin", stimmhafter pharyngaler Reibelaut
ġ : Stimmhafter velarer Reibelaut, Zäpfchen-r wie in (hochdeutsch) „Rinde"
q : Stimmloser velarer Verschlußlaut, am hinteren Gaumen gebildetes k (nicht qu bzw. kw!)
h : Immer konsonantischer Hauchlaut, kein Dehnungszeichen. Klar unterschieden von ḥ und ḫ
y : Wie deutsches j
ʾ : Stimmloser laryngaler Verschlußlaut, fester Stimmabsatz wie in „ʾunter", „beʾenden"

Die Autoren

Ulrich Haarmann, geb. 1942, ist Professor für Islamwissenschaft an der Universität Freiburg. Veröffentlichungen u. a: Quellenstudien zur frühen Mamlukenzeit, Freiburg 1970; Die Chronik des Ibn ad-Dawādārī, Bd. VIII, Freiburg 1971; Das Pyramidenbuch des Abū Ǧaʿfar al-Idrīsī, Stuttgart 1991. Hauptarbeitsgebiete: Kultur- und Sozialgeschichte des arabischen Ostens im Mittelalter; Sprach- und Rechtswissenschaft im Islam.

Heinz Halm, geb. 1942, ist Professor für Islamkunde an der Universität Tübingen. Veröffentlichungen u. a.: Kosmologie und Heilslehre der frühen Ismāʿīlīya, Wiesbaden 1978; Ägypten nach den mamlukischen Lehensregistern, Wiesbaden 1979–1982; Die islamische Gnosis, Zürich 1982; Das Reich des Mahdi 875–973, München 1991. Hauptarbeitsgebiete: Geschichte Nordafrikas, Ägyptens und Syriens; Geschichte des Schiitentums und der islamischen Sekten.

Barbara Kellner-Heinkele ist Professorin für Turkologie an der Freien Universität Berlin. Veröffentlichungen u. a.: Bibliographisches Handbuch der Turkologie (gemeinsam mit Georg Hazai), Wiesbaden-Budapest 1986. Hauptarbeitsgebiete: Provinz- und Institutionsgeschichte des Osmanischen Reiches; Geschichte der Turkmenen im Vorderen Orient.

Helmut Mejcher, geb. 1937, ist Professor für Neuere Geschichte (Schwerpunkt Westasien und Nordafrika) an der Universität Hamburg. Veröffentlichungen u. a.: Imperial Quest for Oil: Iraq 1910–1928, London 1976; Die Politik und das Öl im Nahen Osten, 2 Bde. Stuttgart 1980, 1990; (als Mitherausgeber und Mitautor) Die Palästina-Frage 1917–1948, Paderborn 1981; Oil, the Middle East, North Africa and the Industrial States, Paderborn 1984. Hauptarbeitsgebiet: Sozial- und Wirtschaftsgeschichte der arabischen Länder; internationale Erdölpolitik; Nahostkonflikt.

Tilman Nagel, geb. 1942, ist Professor für Arabistik an der Universität Göttingen. Veröffentlichungen u. a.: Staat und Glaubensgemeinschaft im Islam, Zürich 1981; Der Koran, München ²1991; Die Festung des Glaubens, München 1988. Hauptarbeitsgebiet: Geschichte und Religionsgeschichte der islamischen Welt.

Albrecht Noth, geb. 1937, ist Professor am Seminar für Geschichte und Kultur des Vorderen Orients an der Universität Hamburg. Veröffentlichungen u. a.: Heiliger Krieg und Heiliger Kampf in Islam und Christentum, 1966; Quellenkritische Studien zur frühislamischen Geschichtsüberlieferung, 1973; Die arabischen Dokumente Rogers II. von Sizilien, 1978; Reihe: Studien zum Minderheitenproblem im Islam, 1973ff. (bisher 7 Bände). Hauptarbeitsgebiete: Islamische Geschichte mit den Schwerpunkten Islamgeschichte/Europäische Geschichte; Islamische Rechts-(Sozial-)Geschichte; Islamische Historiographie.

Alexander Schölch, 1943–1986, war zuletzt Professor für Zeitgeschichte und Politik des Vorderen Orients an der Universität Erlangen-Nürnberg. Veröffentlichungen u. a.; Ägypten den Ägyptern! Die politische und gesellschaftliche Krise der Jahre 1878–1882 in Ägypten, Zürich 1972; Die Palästina-Frage 1917–1948 (Hrsg. mit H. Mejcher), Paderborn 1981; Palästinenser in Israel (Hrsg. mit A. Flores), Frankfurt/M. 1983; Palestinians over the Green Line (Hrsg.), London 1983; Palästina im Umbruch 1856–1882, Stuttgart 1986. Hauptarbeitsgebiete: Ägypten, Palästina/Israel und Libanon im 19. und 20. Jahrhundert.

Hans-Rudolf Singer, geb. 1925, ist Professor für Arabische Sprache und Kultur an der Universität Mainz-Germersheim. Veröffentlichungen u. a.: Grammatik der arabischen Mundart der Medina von Tunis, Berlin 1984. Hauptarbeitsgebiete: Arabische Dialektologie, besonders des Westens; Geschichte und Kultur des Muslimischen Westens.

Peter von Sivers, geb. 1940, ist Professor für Islamische Geschichte an der University of Utah, Salt Lake City. Veröffentlichungen u. a.: Khalifat, Königtum und Verfall. Die politische Theorie Ibn Khalduns, Schriftenreihe zur Politik und Geschichte, München 1968; Nordafrika, in: G. E. von Grunebaum (Hrsg.): Der Islam II, Fischer Weltgeschichte Bd. 15, Frankfurt 1971; Les plaisirs du collectionneur: capitalisme fiscal et chefs indigènes en Algérie, in: Annales 35 (1980), 679–699; Work, Leisure and Religion: The Social Roots of the Revival of Fundamentalism in North Africa, in: E. Gellner und J.-C. Vatin (Hrsg.): Islam et politique au Maghreb, Paris 1981; „Maghreb und Westafrika", in: Ende, Werner, und Steinbach, Udo, Hrsg.: Der Islam in der Gegenwart, München ³1991, S. 399–418. Hauptarbeitsgebiete: Sozialgeschichte des Vorderen Orients und Nordafrikas, Mittelalter und Frühe Neuzeit.